契約法

平野裕之

民法総合

5 契約法

信山社
SHINZANSHA

はしがき

　平成16年(2004年)12月に、民法の現代語化が実現された。しかし、保証規定の内容的な改正もあったが、それはいわば「装い」を現代化しただけであり、その「中身」は100年前の民法のままである。内容的には、100年前の民法の「現代的慣用」は判例によって担われているのであり、判例、即ち最上級審裁判所の判決で、具体的事件についての判断を超えて、その前提として一般法理を展開しているものは、それが法規にも匹敵する重要性を有しているのである。その意味で、裁判所の判決においてのみならず、期末試験や各種試験においても、判例を引用することは条文を引用するのにも匹敵するほどの重要性を有する。これに対して、判例と異なり学説は、判例法の変更を提案する私的提案にすぎず、実務における重要度は判例に比べれば低い。しかし、学説が将来の判例を変更することもありえるのであり（判例に賛成する学説でも、判例の理解を深める理論的補強をするために必要である）、また、法的思考力を身につけるためには、判例を条文のごとくに暗記するのでは足りず、判例を理解するための補助的な材料として学説を調べることは、不可欠ではないにしろ有益である。本来ならば、教科書も、条文そして条文に準ずる判決、そして、私的提案である学説をすみ分ける必要があるが、必ずしもそのように明確に分けることはされていないというのが教科書の現状である。そのため、本書では、なるべく判例を中心とした説明を心がけようとはした。

　また、「法律の最良の解釈者は慣習である」という法格言（出典は不明のようである）があるように、とりわけ契約法の分野においては、確立した契約実務や社会通念を探り、それになるべく合致するように民法解釈を行うことが要請される。しかし、書かれたものから推察するにしても契約実務や社会通念をすべて正確に理解することは限界があり、推論で論じるところが多々ある。この点はこれから徐々に補完をしていきたいと思っている。

　ところで、契約法の改正が今や現実味の帯びた話になってきているが、いつまでも本書の改訂を先延ばしにするわけにもいかないので、2007年度の法科大学院の契約法の授業のために今回の改訂を行った。本書は、実務家が、

『注釈民法』などによって詳しく調べる前に簡単に調べるためのものでもあり、学部レベルの学生が更に進んで勉強しようというための簡単な参考書であるが、法科大学院用の学習用教材として開発されていることを確認しておく。授業での教材として用いることを前提としたため、学習効率を考えた工夫をしており、本文と発展的な記述を分け、また、判例を資料として多用している。

　なお、契約の基礎理論については、『民法総則』（日本評論社）で法律行為論の一貫として説明をしたので、本書では、契約法の教科書で通常冒頭に説明される、契約をめぐる基礎理論の説明はない。

　なお、カタカナ文の判決や旧民法などの古い条文は、読みやすさを考えてひらがな文とし、適宜句読点を追加した。また、判決文の漢数字をアラビア数字に変更し、「つ」が大文字になっているのを小文字に変更している。

　本書の校正については、慶應義塾大学平野研究会（ゼミ）の3・4年塾生の小宮直人、河村大地、真銅摩依、高本泰弘、田畑文香、伊藤慎也、日下田智紀、福山純平、藤森卓也、三村悠貴、吉田菜摘子の諸君に行ってもらった。この場を借りて感謝したい。また、信山社の今井守氏には、本書の出版に当って非常にお世話になった。「民法総合」シリーズとして完結させようと思い立ったのも、今井氏のおかげであり、同時期に『不法行為法』を出し、半年後には『担保物権法』を出すことにしている。その後、『民法総則』と『債権総論』をこのシリーズ化に合わせて改訂し、最後に『物権法』で完結させる予定である。事務管理と不当利得は別巻とするか、または、『不法行為法』に合本することを考えている。

　　2006年10月

　　　　　　　　　　　　　　　　　　　　　　　　　　平野裕之

〈文献略語〉

(太字部分は引用略語)

石田文次郎　『債権各論』
　　(1947(昭和22)年、早稲田大学出版部)

石田　穰　『民法Ⅴ 契約法』
　　(1982(昭和57)年、青林書院新社)

磯谷幸次郎　『債権法 各論 上』
　　(1882(大正15)年、嚴松堂)

磯谷幸次郎　『債権法 各論 下』
　　(1929(昭和4)年、嚴松堂)

内田　貴　『民法Ⅱ 債権各論(第2版)』
　　(2007(平成19)年、東京大学出版会)

江頭憲治郎　『商取引法(第4版)』
　　(2005(平成17)年、弘文堂)

近江　幸治　『民法講義Ⅴ 契約法(第2版)』
　　(2003(平成15)年、成文堂)

大村敦志　『基本民法Ⅱ 債権各論』
　　(2005(平成17)年、有斐閣)

戒能通孝　『債権各論』
　　(1946(昭和21)年、嚴松堂)

勝本正晃　『債権法概論 各論』
　　(1949(昭和24)年、有斐閣)

加藤一郎　『民法教室 債権編』
　　(1972(昭和47)年、自治日報社)

川井　健　『民法概論4 債権各論』
　　(2006(平成18)年、有斐閣)

加藤正男　『債権法各論 契約総論』
　　(1972(昭和47)年、法律文化社)

北川善太郎　『現代契約法Ⅰ』
　　(1973(昭和48)年、商事法務研究会)

北川善太郎　『債権各論(第3版)』
　　(2003(平成15)年、有斐閣)

神戸寅次郎　『契約総則』
　　(1915(大正4)年、嚴松堂[但し、『神戸寅次郎著作集(上)』(1969(昭44) 慶応義塾大学法学研究会編・同法学会叢書)による])

来栖三郎　『契約法』
　　(1974(昭和49)年、有斐閣)

近藤英吉　『債権法各論』
　　(1933(昭和8)年、弘文堂)

潮見佳男　『債権総論(第2版)Ⅰ』
　　(2003(平成15)年、信山社)

潮見佳男　『契約各論Ⅰ』
　　(2002(平成14)年、信山社)

品川孝次　『契約法 上』
　　(1986(昭和61)年、青林書院)

品川孝次　『契約法 下』
　　(1998(平成10)年、青林書院)

末川　博　『契約法 上』
　　(1958(昭和33)年、岩波書店)

末川　博　『契約法 下』
　　(1975(昭和50)年、岩波書店)

末弘嚴太郎　『債権各論』
　　(1918(大正7)年、有斐閣)

鈴木禄弥　『債権法講義(3訂版)』
　　(1995(平成7)年、創文社)

宗宮信次　『債権各論(新版)』
　　(1971(昭和46)年、有斐閣)

田山輝明　『契約法(第3版)』
　　(1993(平成5)年、成文堂)

田山輝明　『口述契約・事務管理・不当利得』
　　(1989(平成元)年、成文堂)

鳩山秀夫　『増訂日本債権法各論 上』
　　(1924(大正13)年、岩波書店)

鳩山秀夫　『増訂日本債権法各論 下』
　　(1924(大正13)年、岩波書店)

半田吉信　『契約法(第2版)』
　　(2005(平成17)年、信山社)

樋口範雄　『アメリカ契約法』
　　(1994(平成6)年、弘文堂)

広中俊雄　『債権各論講義(第6版)』
　　(1994(平成6)年、有斐閣)

星野	英一	『民法概論Ⅳ』	
		（総論は1975(昭和50)年、各論は1976(昭和51)年、良書普及会）	
松坂	佐一	『民法提要 債権各論(第5版)』	
		（1989(平成元)年、有斐閣）	
水辺	芳郎	『債権各論(第2版)』	
		（2006(平成18)年、三省堂）	
水本	浩	『契約法』	
		（1995(平成7)年、有斐閣）	
三潴	信三	『契約法』	
		（1940(昭和15)年、日本評論社）	
三宅	正男	『契約法 総論』	
		（1978(昭和53)年、青林書院新社）	
三宅	正男	『契約法 各論 上』	
		（1983(昭和58)年、青林書院新社）	
三宅	正男	『契約法 各論 下』	
		（1978(昭和53)年、青林書院新社）	
村上	恭一	『債権各論』	
		（1914(大正3)年、厳松堂）	
山中	康雄	『契約総論』	
		（1949(昭和24)年、弘文堂）	
山主	政幸	『債権法各論』	
		（1959(昭和34)年、法律文化社）	
山本	敬三	『民法講義Ⅳ―Ⅰ 契約法』	
		（2005(平成17)年、有斐閣）	
柚木	馨	『債権各論』	
		（1956(昭和31)年、青林書院新社）	
横田	秀雄	『債権各論』	
		（1912(明治45)年、清水書店）	
我妻	栄	『債権各論 上』	
		（1954(昭和29)年、岩波書店）	

我妻　栄　『債権各論 中一』
　　　　　（1957(昭和32)年、岩波書店）
我妻　栄　『債権各論 中二』
　　　　　（1962(昭和37)年、岩波書店）

〈講座等〉

石外克喜編　『現代民法講義5 契約法(第2版)』
　　　　　（1993(平成5)年、法律文化社）
現代講義

稲本洋之助他　『民法講義5 契約』
　　　　　（1980(昭和55)年、有斐閣）
大学双書

『注釈民法13巻〜17巻』（有斐閣）
注民(13)〜(17)［執筆者］

『新版注釈民法13巻〜17巻』（有斐閣）
新注民(13)〜(17)［執筆者］

『基本法コンメンタール債権各論Ⅰ(第4版)』
　　　　　（2005(平成17)年、日本評論社）
基コメ版Ⅰ［執筆者］

『民法コンメンタール(11)〜(14)』
　　　　　（ぎょうせい）
民コメ(11)〜(14)［執筆者］

『注解法律学全集14民法Ⅴ［契約総論］』
　　　　　（1997(平成9)年、青林書院）
注解民Ⅴ［執筆者］

『民事法Ⅲ 債権各論』
　　　　　（2005(平成17)年、日本評論社）
民事法Ⅲ［執筆者］

＊　著者自身の『民法総則(第2版)』(2006(平成18)年、日本評論社)、『物権法(第2版)』(2001(平成13)年、弘文堂)、『債権総論』(2005(平成17)年、信山社) は、それぞれ総則、物権法、債権総論で引用する。

〈法令の略記等〉

　雑誌及び判例集の引用については、現在統一化が促進されている略語法に従った。

　なお、近時はオランダ民法改正、ドイツ債務法改正、イギリス動産売買法改正などが行われ、アメリカのUCC統一商事法典改正、フランス民法の大改正作業（担保編の新設部分はすでに成立）、消費用動産の売買におけるEC指令とその国内法化、国際取引についてはウィーン国連動産売買条約（CISGと略記する）があるほか、ユニドロア国際商事契約原則（PICCと略記する）があり、また、ヨーロッパ契約法委員会（ランドー委員長）による2000年のヨーロッパ契約法原理（PECLと略記する）、2002年にはヨーロッパ民事法学者アカデミーによるヨーロッパ契約法典草案第1編といった、ヨーロッパの統一契約法を模索する私的作業の成果も公表されている。

　また、中国においては統一契約法が制定され、韓国では契約法の改正作業が検討されている。

　これらのグローバルな動きを無視してわが民法を語ることはできないといってよい。そのため、これらの立法等を本書では参考とするが、翻訳についてはそれぞれ次のものを参考にした。

- ユニドロア国際商事契約原則（PICC）——ユルゲン・バセドウ編『ヨーロッパ契約法への道』357頁（NBL754号66頁の廣瀬久和教授らの翻訳を収録）
- ヨーロッパ契約法原理（PECL）——角田光隆編訳「ヨーロッパ契約法原理」琉大法学66号186頁、65巻256頁、川角由和ほか『ヨーロッパ私法の動向と課題』481頁以下の藤井徳展・益澤彩訳
- ドイツ債務法改正——岡孝編『契約法における現代化の課題』、半田吉信『ドイツ債務法現代化法概説』
- ウィーン国連動産売買条約（CISG）——曽野利明・山手正史『国際売買法』の翻訳、甲斐道太郎ほか『注釈国際統一売買法Ⅱ』の巻末の翻訳
- 中国契約法——何天貴『詳解 中華人民共和国契約法』、徐傑・銭偉栄訳「中国契約法（上）（下）」法学志林97巻3号、4号、円谷峻・市川英一訳「中華人民共和国契約法（総則，売買契約）」横浜国際経済法学9巻3号355頁
- 韓国契約法改正——岡孝編『契約法における現代化の課題』

【目　次】
（数字は欄外番号）

はしがき
文献略語

第1編　契約総論

序章　契約の分類及び契約をめぐる私法規範 ── 1
　Ⅰ　契約の分類 ……………………………………………………… 1
　　1　典型契約(有名契約)・非典型契約(無名契約)(1)　2　諾成契約・要物契約(3)　3　要式契約・不要式契約(諾成契約)(5)　4　有償契約・無償契約──合意と契約の限界(14)　5　双務契約・片務契約(32)　6　予約・本契約(34)　7　一時的契約・継続的契約(35)　8　個別的契約・複合的契約(36)　9　事業者間契約・消費者契約(54)　10　交渉による契約・付合(附合)契約(57)
　Ⅱ　契約をめぐる私法規範 ………………………………………… 71

第1章　契約の成立 ── 1-1
　第1節　契約交渉過程及び契約締結上の過失 ………………… 1-1
　　1　契約交渉過程での合意(1-1)　2　いわゆる「契約締結上の過失」(1-9)
　第2節　申込みと承諾の合致による契約の成立 ……………… 1-39
　　Ⅰ　契約の申込み ………………………………………………… 1-45
　　　1　申込みの意義及び性質(1-45)　2　申込みの拘束力と承諾期間(1-54)
　　Ⅱ　承　諾 ………………………………………………………… 1-94
　　　1　承諾の意義及び性質(1-94)　2　承諾の効力発生時期（契約の成立時期）(1-100)
　第3節　申込み・承諾以外の方法による契約の成立 ………… 1-115
　　Ⅰ　交叉申込みによる契約の成立 ……………………………… 1-115

　　　　Ⅱ　意思実現による契約の成立 …………………………………… *1-118*
　　　　Ⅲ　事実的契約関係 ………………………………………………… *1-122*
　　第4節　補論──契約の有効要件 …………………………………… *1-127*

第2章　懸 賞 広 告 ─────────────────── *2-1*

　　　Ⅰ　懸賞広告の意義及び性質 …………………………………………… *2-1*
　　　　1　懸賞広告の意義 *(2-1)*　2　懸賞広告の法的性質 *(2-2)*
　　　Ⅱ　普通懸賞広告 ………………………………………………………… *2-7*
　　　　1　懸賞広告の撤回 *(2-7)*　2　懸賞広告の効力 *(2-9)*
　　　Ⅲ　優等懸賞広告 ………………………………………………………… *2-11*

第3章　契約の効力 ─────────────────── *3-1*

　第1節　総論的考察──契約の効力 …………………………………… *3-1*
　第2節　双務契約の特殊な効力 ………………………………………… *3-10*
　　　Ⅰ　双務契約における牽連関係 ………………………………………… *3-10*
　　　Ⅱ　同時履行の抗弁権 …………………………………………………… *3-14*
　　　　1　同時履行の抗弁権の意義と根拠 *(3-14)*　2　同時履行の抗弁権の成立要件 *(3-23)*　3　同時履行の抗弁権の効果 *(3-72)*
　　　Ⅲ　危 険 負 担 …………………………………………………………… *3-75*
　　　　1　危険負担の意義(総論) *(3-75)*　2　債権者主義と債務者主義 *(3-82)*　3　債権者主義による危険負担 *(3-89)*　4　債務者主義による危険負担 *(3-137)*　5　停止条件付契約 *(3-138)*
　　　Ⅳ　第三者のためにする契約──契約の効力の人的拡大 …… *3-152*
　　　　1　契約の第三者に対する効力 *(3-152)*　2　第三者のためにする契約の意義 *(3-156)*　3　第三者のためにする契約の要件 *(3-160)*　4　第三者のためにする契約の効果 *(3-163)*

第4章　契約の解除 ─────────────────── *4-1*

　第1節　契約解除の意義及び機能 ……………………………………… *4-1*
　　　Ⅰ　契約解除の意義及び類似の制度 …………………………………… *4-1*
　　　　1　契約解除の意義と発生原因 *(4-1)*　2　解除に類似する制度 *(4-3)*　3　事情変更の原則 *(4-13)*
　　　Ⅱ　解除(法定解除)の機能 ……………………………………………… *4-53*
　　　　1　遅滞解除の場合 *(4-53)*　2　不能解除の場合 *(4-63)*

第2節 解除の要件——解除権の成立要件 ... 4-64
- Ⅰ 履行遅滞による解除 ... 4-64
  1 債務者がその債務を履行しないこと (4-74)　2 債権者が相当の期間を定めて催告をなしたこと (4-80)　3 債務者が相当期間内に履行をしなかったこと (4-96)
- Ⅱ 履行不能による解除 ... 4-117
  1 履行が全部または一部不能なこと (4-118)　2 債務者に帰責事由があること (4-119)

第3節 解除権の行使 ... 4-128
- Ⅰ 解除権の行使方法 ... 4-129
- Ⅱ 解除権不可分の原則 ... 4-131

第4節 解除権の消滅 ... 4-137
- Ⅰ 相手方の催告による消滅 ... 4-137
- Ⅱ 解除権の放棄による消滅 ... 4-138
- Ⅲ 履行または履行の提供による消滅 ... 4-139
- Ⅳ 目的物の滅失・毀損による消滅 ... 4-140
- Ⅴ 解除権の消滅時効 ... 4-142

第5節 契約解除の効果 ... 4-144
- Ⅰ 契約解除の効果の法的構成 ... 4-144
- Ⅱ 契約関係の解消 ... 4-156
  1 契約の遡及的消滅 (4-156)　2 物権の復帰 (4-157)
- Ⅲ 原状回復義務 ... 4-158
  1 原状回復義務の意義と解除の効果論との関係 (4-158)　2 受領物の返還義務 (4-167)　3 金銭の返還義務 (4-190)　4 果実・使用利益の返還義務 (4-191)
- Ⅳ 損害賠償義務 ... 4-206
- Ⅴ 解除と第三者 ... 4-218
  1 解除前の第三者 (4-218)　2 解除後の第三者 (4-226)

第6節 法定解除以外の解除 ... 4-230
- Ⅰ 約定解除 ... 4-230
- Ⅱ 合意解除(解除契約) ... 4-231

第 2 編　契約各論 1　財産の取得を目的とした契約

第 1 章　贈　　　与 ——————————————————— 5-1

　Ⅰ　贈与の意義 ……………………………………………………… 5-1
　Ⅱ　贈与の成立及び拘束力 ………………………………………… 5-7
　　　1　諾成契約性 (5-7)　　2　書面によらない贈与の撤回権 (5-8)
　　　3　忘恩行為及び贈与者の困窮化の場合の贈与者の保護 (5-43)
　　　4　目的不到達の法理による贈与の返還請求——結納を中心に (5-62)
　Ⅲ　贈与の効力 ……………………………………………………… 5-76
　　　1　贈与者の履行義務 (5-76)　　2　贈与者の担保責任 (5-80)
　Ⅳ　特殊な贈与 ……………………………………………………… 5-87
　　　1　定期贈与 (5-87)　　2　負担付贈与 (5-88)　　3　死因贈与 (5-94)

第 2 章　売　　　買 ——————————————————— 6-1

　第 1 節　売買契約の意義 ………………………………………… 6-1
　第 2 節　売買契約の成立 ………………………………………… 6-2
　　Ⅰ　売買契約の予約 ……………………………………………… 6-3
　　　　1　予約の意義 (6-3)　　2　予約完結権 (6-16)
　　Ⅱ　手　付——解約手付契約 ………………………………… 6-34
　　　　1　手付の意義——手付自体と手付契約の区別の必要性 (6-34)
　　　　2　解約手付と民法は扱っている——推定規定か否か (6-41)
　　　　3　解約手付(契約)による解除の要件 (6-56)　　4　解約手付(契約)による解除の効果 (6-76)
　　Ⅲ　売買契約に関する費用 ……………………………………… 6-77
　第 3 節　売買の効力 1 ——売主の義務 ………………………… 6-78
　　Ⅰ　財産権移転義務 ……………………………………………… 6-79
　　　　1　財産権移転義務とは (6-79)　　2　引渡義務、移転登記義務 (6-88)
　　Ⅱ　担保責任 1 ——特定物についての担保責任 ……………… 6-95
　　　　1　他人の権利の売主の担保責任(追奪担保責任) (6-97)　　2　数量

不足または物の一部滅失の担保責任 *(6-136)*　3　占有を妨げる権利がある場合の担保責任 *(6-159)*　4　目的物に担保権がついている場合の担保責任 *(6-165)*　5　債権の売主の担保責任 *(6-167)*

　　Ⅲ　担保責任2──瑕疵担保責任 …………………………………… 6-172
　　　　1　瑕疵担保責任の意義 *(6-172)*　2　瑕疵担保責任の法的性質 *(6-174)*　3　瑕疵担保責任の要件 *(6-217)*　4　瑕疵担保責任の効果 *(6-280)*　5　権利行使期間 *(6-305)*

　　Ⅳ　担保責任3──担保責任をめぐる補論 …………………………… 6-325
　　　　1　強制競売と担保責任 *(6-325)*　2　担保責任についての免責特約 *(6-328)*　3　買主の検査通知義務 *(6-333)*　4　担保責任と同時履行の抗弁権 *(6-341)*

第4節　売買の効力2──買主の義務 ……………………………………… 6-342
　　Ⅰ　代金支払義務 …………………………………………………… 6-342
　　　　1　代金額 *(6-343)*　2　代金の支払時期 *(6-347)*　3　代金の支払場所(支払方法) *(6-348)*　4　代金支払拒絶権 *(6-351)*

　　Ⅱ　利息支払義務 …………………………………………………… 6-354

第5節　特殊の売買 ………………………………………………………… 6-355
　　Ⅰ　見　本　売　買 ………………………………………………… 6-355
　　Ⅱ　試　味　売　買 ………………………………………………… 6-356
　　Ⅲ　継続的供給契約 ………………………………………………… 6-360

第6節　買戻し及び再売買の予約 ………………………………………… 6-361
　　Ⅰ　買　戻　し ……………………………………………………… 6-361
　　　　1　買戻しの意義 *(6-361)*　2　買戻特約の要件 *(6-367)*　3　買戻権の行使と効果 *(6-371)*　4　買戻しの期間 *(6-373)*　5　買戻しの対抗要件 *(6-375)*　6　買戻権の譲渡 *(6-382)*　7　共有持分の買戻し *(6-383)*

　　Ⅱ　再売買の予約 …………………………………………………… 6-384

第3章　交　　換 ──────────────── 7-1

第3編　契約各論2　財産の利用を目的とした契約

第1章　消費貸借 ——————————————— 8-1
第1節　消費貸借の意義及び法的性質 ……………………… 8-1
　　Ⅰ　消費貸借の意義 …………………………………………… 8-1
　　Ⅱ　消費貸借の法的性質 ……………………………………… 8-5
第2節　消費貸借の成立 …………………………………………… 8-7
　　Ⅰ　消費貸借の目的物 ………………………………………… 8-7
　　Ⅱ　消費貸借の要物性 ………………………………………… 8-8
　　　1　金銭以外の物の交付でもよい (8-12)　2　貸主から借主への交付でなくてもよい (8-20)　3　諾成的消費貸借 (8-21)
第3節　消費貸借の効力 ………………………………………… 8-52
　　Ⅰ　貸主の義務 ……………………………………………… 8-52
　　　1　貸金交付後の貸主の義務 (8-52)　2　貸主の担保責任 (8-55)
　　Ⅱ　借主の義務 ……………………………………………… 8-57
　　　1　元本返還義務 (8-57)　2　利息支払義務 (8-58)
第4節　消費貸借の終了 ………………………………………… 8-59
　　　1　返還時期の定めのある場合 (8-59)　2　返還時期の定めのない場合 (8-60)
第5節　準消費貸借 ……………………………………………… 8-67
　　Ⅰ　準消費貸借の意義 ……………………………………… 8-67
　　Ⅱ　準消費貸借の成立 ……………………………………… 8-70
　　　1　「消費貸借によらないで金銭その他の物を給付する義務」を負っていること (8-70)　2　「当事者がその物を消費貸借の目的とすることを約した」こと (8-71)
　　Ⅲ　準消費貸借の効力 ……………………………………… 8-75
　　　1　消費貸借としての効力 (8-75)　2　旧債務の消滅・消費貸借上の債務の発生 (8-76)　3　新旧債務の同一性をめぐる諸問題 (8-77)

第2章　使用貸借 ——————————————— 9-1
第1節　使用貸借の意義 ………………………………………… 9-1

Ⅰ　使用貸借の意義 ……………………………………………… *9-1*
　　　Ⅱ　使用貸借の法的性質 ………………………………………… *9-6*
　　　　1　無償契約である *(9-6)*　2　要物契約である *(9-9)*
　第2節　使用貸借の効力 …………………………………………… *9-13*
　　　Ⅰ　使用貸主の義務 ……………………………………………… *9-13*
　　　Ⅱ　使用借主の義務 ……………………………………………… *9-14*
　　　　1　善管注意義務 *(9-14)*　2　通常の必要費負担義務 *(9-16)*
　　　　3　第三者への転貸の禁止 *(9-17)*
　　　Ⅲ　借主の第三者との関係 ……………………………………… *9-18*
　　　　1　使用借権の対抗力 *(9-18)*　2　使用借権に基づく妨害排除請求権 *(9-19)*
　第3節　使用貸借の終了 …………………………………………… *9-20*
　　　Ⅰ　期間の定めがある場合 ……………………………………… *9-20*
　　　Ⅱ　期間の定めがない場合 ……………………………………… *9-21*
　　　　1　使用目的が定められている場合 *(9-21)*　2　使用目的の定めもない場合 *(9-24)*　3　借主の死亡 *(9-43)*　4　借主の義務違反による終了 *(9-45)*

第3章　賃 貸 借 ——————————————————— *10-1*

　第1節　賃貸借の意義及び特別立法 ……………………………… *10-1*
　　　Ⅰ　賃貸借の意義 ………………………………………………… *10-1*
　　　Ⅱ　不動産賃貸借をめぐる特別立法 …………………………… *10-12*
　　　　1　建物保護法 *(10-13)*　2　借地法及び借家法 *(10-14)*　3　農地法 *(10-15)*　4　借地借家法 *(10-16)*
　第2節　賃借権の対抗力——不動産賃借権の物権化 …………… *10-21*
　　　Ⅰ　「売買は賃貸借を破る」という原則 ……………………… *10-21*
　　　Ⅱ　不動産賃借権の物権化 ……………………………………… *10-22*
　　　　1　民法自体による修正 *(10-22)*　2　特別法による修正 *(10-23)*
　第3節　賃貸借の存続期間及び終了原因 ………………………… *10-44*
　　　Ⅰ　民法の原則 …………………………………………………… *10-44*
　　　　1　期間の定めのある場合 *(10-44)*　2　期間の定めのない賃貸借の場合——任意解約権 *(10-51)*　3　目的物の滅失による契約の終了 *(10-58)*　4　債務不履行による解除 *(10-59)*

　　　　　Ⅱ　特別法による修正 ……………………………………………… *10-64*
　　　　　　　1　賃貸借の存続期間（*10-64*）　2　更新及び解約申入（*10-82*）
　　第4節　賃貸借契約の効力 …………………………………………… *10-104*
　　　　　Ⅰ　賃貸人の権利義務 ……………………………………………… *10-105*
　　　　　　　1　賃貸人の権利（賃借人の義務）（*10-105*）　2　賃貸人の義務
　　　　　　（賃借人の権利）（*10-116*）
　　　　　Ⅱ　賃借人の権利義務 ……………………………………………… *10-155*
　　　　　　　1　賃借人の権利——使用収益権（*10-155*）　2　賃借人の義務
　　　　　　（*10-156*）
　　第5節　敷金及び権利金 ……………………………………………… *10-167*
　　　　　Ⅰ　敷　　金 ……………………………………………………… *10-167*
　　　　　　　1　敷金の義務（*10-167*）　2　敷金の効力（*10-172*）　3　敷金と当
　　　　　　事者の変更（*10-181*）
　　　　　Ⅱ　権　利　金 …………………………………………………… *10-194*
　　第6節　賃借権の譲渡・転貸 ………………………………………… *10-200*
　　　　　Ⅰ　賃借権の譲渡 ………………………………………………… *10-200*
　　　　　　　1　612条の規定する内容（*10-200*）　2　612条の解釈による制限
　　　　　　（信頼関係破壊の法理）（*10-208*）
　　　　　Ⅱ　転　貸　借 …………………………………………………… *10-225*
　　　　　　　1　612条の規定（*10-225*）　2　解釈による612条2項の制限（*10-*
　　　　　　233）　3　転貸借が賃貸人に対抗できる場合の効果（*10-234*）

第4編　契約各論3　役務の取得を目的とした契約

第1章　雇用契約 ——————————————————— *11-1*
　　第1節　雇用の意義・性質及び特別立法 …………………………… *11-1*
　　　　　Ⅰ　雇用の意義及び性質 …………………………………………… *11-1*
　　　　　　　1　雇用の意義（*11-1*）　2　雇用の法的性質（*11-2*）
　　　　　Ⅱ　雇用をめぐる特別立法 ………………………………………… *11-6*
　　第2節　雇用の締結及び成立 ………………………………………… *11-7*
　　第3節　雇用の効力 …………………………………………………… *11-14*
　　　　　Ⅰ　労働者の義務 ………………………………………………… *11-14*

　　　　　　1　労務提供義務 *(11-14)*　2　その他の義務 *(11-19)*
　　　Ⅱ　使用者の義務 ……………………………………………………… *11-26*
　　　　　　1　報酬（賃金）支払義務 *(11-26)*　2　付随義務──安全配慮義
　　　　　務 *(11-28)*
　第4節　雇用の終了 ……………………………………………………………… *11-29*
　　　Ⅰ　期間の定めのある場合 …………………………………………… *11-29*
　　　　　　1　雇用期間についての制限 *(11-29)*　2　期間の満了 *(11-30)*
　　　　　　3　626条による解除 *(11-31)*　4　やむをえない事由による解除
　　　　　(11-33)
　　　Ⅱ　期間の定めのない場合 …………………………………………… *11-35*
　　　　　　1　民法の規定 *(11-35)*　2　労基法による修正 *(11-36)*
　　　Ⅲ　その他の終了原因 ………………………………………………… *11-37*

第2章　請負契約 ──────────────────────── *12-1*

　第1節　請負の意義と性質 …………………………………………………… *12-1*
　　　Ⅰ　請負の意義 ………………………………………………………… *12-1*
　　　Ⅱ　請負の法的性質・成立 …………………………………………… *12-3*
　第2節　請負の効力 …………………………………………………………… *12-15*
　　　Ⅰ　請負人の義務 ……………………………………………………… *12-15*
　　　　　　1　仕事完成義務 *(12-15)*　2　完成物引渡義務 *(12-27)*　3　仕
　　　　　事の目的物の所有権の帰属 *(12-29)*　4　目的物の滅失・毀損の
　　　　　損失負担（危険負担を含む）*(12-45)*　5　請負人の瑕疵担保責任
　　　　　(12-66)
　　　Ⅱ　注文者の義務 ……………………………………………………… *12-122*
　　　　　　1　報酬支払義務 *(12-122)*　2　付随的注意義務（信義則上の注
　　　　　意義務）*(12-133)*
　第3節　請負の終了 …………………………………………………………… *12-136*
　　　Ⅰ　債務不履行による解除 …………………………………………… *12-137*
　　　　　　1　請負人による解除 *(12-137)*　2　注文者による解除 *(12-138)*
　　　Ⅱ　特別規定による解除 ……………………………………………… *12-139*
　　　　　　1　注文者の任意解除権 *(12-139)*　2　注文者についての破産手
　　　　　続き開始 *(12-146)*

第3章　委任契約 —————————————————— 13-1

第1節　委任の意義と法的性質 ……………………………… 13-1
Ⅰ　委任の意義 ……………………………………………… 13-1
Ⅱ　委任の法的性質 ………………………………………… 13-8

第2節　委任の効力 ………………………………………… 13-17
Ⅰ　受任者の義務 ………………………………………… 13-17
1　善管注意義務 (*13-17*)　2　自分で事務を処理する義務 (*13-39*)　3　付随的義務 (*13-46*)　4　受任者の義務違反の効果 (*13-56*)

Ⅱ　委任者の義務 ………………………………………… 13-61
1　有償委任の場合の報酬支払義務 (*13-61*)　2　委任者のその他の義務 (*13-77*)

第3節　委任の終了 ………………………………………… 13-91
Ⅰ　任意解除(告知) ……………………………………… 13-92
1　任意解除権の立法趣旨——有償委任にも適用されるか (*13-92*)　2　651条2項の損害賠償について (*13-98*)　3　受任者の利益ためにも委任契約が結ばれている場合——委任者による解除の制限 (*13-102*)　4　解除しない特約 (*13-110*)

Ⅱ　当事者の死亡等の事由の発生 ……………………… 13-111
1　委任者または受任者の死亡 (*13-112*)　2　当事者の破産または受任者が後見開始の審判を受けた場合 (*13-120*)

Ⅲ　委任終了の効果と終了の際の措置 ………………… 13-123
1　委任終了の効果 (*13-123*)　2　受任者の善処義務 (*13-124*)　3　委任終了の対抗 (*13-125*)

第4章　寄　　託 —————————————————— 14-1

第1節　寄託の意義と法的性質 ……………………………… 14-1
Ⅰ　寄託の意義 ……………………………………………… 14-1
Ⅱ　寄託の法的性質 ………………………………………… 14-3
1　無償かつ要物契約として規定されている (*14-3*)　2　物の保管を目的とする (*14-5*)　3　継続的契約関係である (*14-10*)

第2節　寄託の効力 ………………………………………… 14-11
Ⅰ　受寄者の義務 ………………………………………… 14-11
1　保管義務 (*14-11*)　2　目的物返還義務 (*14-21*)

　　　　Ⅱ　寄託者の義務 …………………………………………………… *14-30*
　　　　　　1　報酬支払義務（*14-30*）　2　費用償還義務など（*14-31*）
　　　　　　3　寄託物による損害の賠償義務（*14-32*）
第3節　寄託の終了——任意解除 ………………………………………… *14-33*
　　　　Ⅰ　寄託者による任意解除 …………………………………… *14-34*
　　　　Ⅱ　受寄者による任意解除 …………………………………… *14-38*
第4節　消費寄託——預貯金契約 ………………………………………… *14-39*
　　　　Ⅰ　消費寄託の意義 ………………………………………… *14-39*
　　　　Ⅱ　消費寄託の成立 ………………………………………… *10-42*
　　　　　　1　要物契約性（*14-42*）　2　契約の成立時期（*14-43*）　3　預金者の認定（*14-49*）
　　　　Ⅲ　消費寄託の効力 ………………………………………… *14-72*
　　　　Ⅳ　消費寄託の終了 ………………………………………… *14-73*
　　　　　　1　期間の定めのない場合（*14-74*）　2　期間の定めのある場合（*14-76*）

第5編　契約各論4　その他の契約

第1章　組合契約 ──────────────────────── *15-1*
第1節　組合の意義 ………………………………………………………… *15-1*
　　　　Ⅰ　組　合　契　約 …………………………………………… *15-4*
　　　　Ⅱ　団体としての組合 ………………………………………… *15-16*
第2節　組合の設立 ………………………………………………………… *15-16*
　　　　Ⅰ　構成員（契約当事者） …………………………………… *15-17*
　　　　Ⅱ　出　　　資 ………………………………………………… *15-18*
　　　　Ⅲ　共同事業の目的 …………………………………………… *15-25*
　　　　Ⅳ　意思の合致 ………………………………………………… *15-28*
第3節　組合の業務執行 …………………………………………………… *15-35*
　　　　Ⅰ　内部的意思決定及び業務執行行為（事実行為）………… *15-35*
　　　　　　1　組合契約で業務執行組合員を決定していない場合（*15-37*）
　　　　　　2　組合契約で業務執行組合員を決定した場合（*15-38*）
　　　　Ⅱ　対外的業務執行——組合代理 …………………………… *15-41*

　　　　　　　1 組合代理の形式 (15-41)　2 670条と組合代理 (15-42)
　第4節　組合の財産関係 ……………………………………………… 15-48
　　　Ⅰ　所有権などの財産権 ……………………………………… 15-48
　　　　　1 668条にいう「共有」とは (15-48)　2 組合員の持分処分の
　　　　　制限 (15-58)　3 分割請求の制限 (15-59)
　　　Ⅱ　組合の債権 …………………………………………………… 15-62
　　　Ⅲ　組合の債務 …………………………………………………… 15-70
　　　Ⅳ　損益分配 ……………………………………………………… 15-78
　第5節　組合員の変動 ………………………………………………… 15-79
　　　Ⅰ　組合員の脱退 ………………………………………………… 15-79
　　　　　1 任意的脱退 (15-79)　2 非任意的脱退 (15-80)　3 脱退の
　　　　　効果 (15-81)
　　　Ⅱ　組合員の加入 ………………………………………………… 15-86
　第6節　組合の消滅 …………………………………………………… 15-87
　　　　　1 解散原因 (15-88)　2 清算手続き (15-89)

第2章　終身定期金 ──────────────────── 16-1

第3章　和解契約 ──────────────────── 17-1

　第1節　和解の意義 …………………………………………………… 17-1
　第2節　和解の成立 …………………………………………………… 17-6
　　　Ⅰ　当事者間に争いが存在すること …………………………… 17-7
　　　Ⅱ　当事者間で互譲をなすこと ………………………………… 17-9
　　　Ⅲ　争いを止める合意をすること ……………………………… 17-13
　第3節　和解の効力 …………………………………………………… 17-15
　　　Ⅰ　和解の効力は創設的か認定的か …………………………… 17-19
　　　Ⅱ　和解と錯誤 …………………………………………………… 17-23

事項索引 (巻末)
判例索引 (巻末)

第1編　契約総論

序　章　契約の分類及び契約をめぐる私法規範

Ⅰ　契約の分類

1　典型契約（有名契約）・非典型契約（無名契約）

(1) 典型契約

1　民法の契約編第2節以下（549条～696条）（講学上、契約各論といわれる部分）に規定されている「贈与」から「和解」までの契約を、民法が典型的な契約類型を規定したという意味で**典型契約**、また、民法典に名称を持っているという意味で**有名契約**という。この典型契約を契約の目的を基準に分類してみると、次のように分けることができる。なお、現在、民法の債権法改正が検討されており、リース契約など新たな契約類型が導入される予定である。

> ①　"財産の取得"を目的とする契約（贈与、売買、交換）
> ②　"財産の利用"を目的とする契約
> 　ⓐ　消費貸借　　金銭の消費貸借を典型とするが、受け取ったその物を返還するのではなく、受け取った物を消費してそれと同じ種類の物を返還する契約である。
> 　ⓑ　賃貸借、使用貸借　　受け取った物を利用し、それを善管注意をもって保管して、契約の終了時にその物自体を返還する契約である。
> ③　"役務の取得"を目的とする契約（雇用、請負、委任、寄託）　　399条以下の「債権の目的」の中に為す債務が規定されていないことからも分かるように、民法ではいわゆる与える債務が中心に構成されており、為す債務については、その内容分析、そしていかなる場合にその不履行があるかについてこれまで十分な検討がされていない。

> ④ その他の契約（組合、終身定期金、和解）

（2）無名契約及び混合契約

実際の契約には、民法の典型契約のいずれの給付にも該当しない給付を目的とする契約や、種々の典型契約の給付が組み合わされた契約が行われている。前者の民法に規定のない契約を**非典型契約**または**無名契約**（民法上名前がないというだけの意味）といい、後者の複数の典型契約の要素が取り込まれた契約（ホテルで食事付きで部屋を借りる契約、売買契約と共に購入したパソコンの一定期間の無料の修理を引き受けたり、有料で配達を引き受ける契約）を**混合契約**という。

無名契約と混合契約の区別、さらには典型契約か否かは微妙な場合が多く、また、1つの混合契約なのか売買契約と修理や運送契約といった複数の契約が同時に締結されているだけなのか微妙な場合が少なくない[1]。しかし、いずれと分類することは重要ではない。実際の契約の規律については、どの典型契約に振り分けるかを先ず性質決定し適用する条文を発見するという方法ではなく、当事者が達しようとしている内実を明らかにし、それにいかなる規律をするのが妥当なのかを柔軟に考えるべきである[2]。ある条文や法理が妥当するならば、純粋な典型契約か否か問わずその適用を肯定すべきであろう。また、消費者契約法10条の適用についても、このような柔軟な姿勢がとられるべきであり、典型契約にしか消費者契約法10条は適用されないと考えるべきではない。

なお、本書では特に無名契約・混合契約について独立して説明することはせず、それぞれその近い契約類型の中で言及することにしたい。

---

[1] 複数の契約と構成しても、1つの契約と構成しても結論は変わらないこともありえよう（⇒**41**以下参照）。本文に述べた混合契約だけでなく目的物が複数ある売買、賃貸借、請負契約なども、1つの契約か複数の契約かといったことが問題になる。例えば、ある商品を2つ買うのは2つ売買契約か1つの売買契約か（2つ買うので合計の値段を値引いてもらったらどうか）といったようにである。①1つの契約だとしても、1つの物のみに解除原因があった場合に一部のみの解除ができるか、反対に2つの契約だとして、一部の契約の解除原因により全部の契約を解除できるか、といった形で、個数をどう考えるかによって問題の立て方がずいぶん異なってくる（複数当事者となると問題は更に難しくなる）。

[2] 典型契約の意義を問いかけるものとして、河上正二「契約の法的性質決定と典型契約」『現代社会と民法学の動向 下』277頁以下、大村敦志『典型契約と性質決定』参照。

2　諾成契約・要物契約

(1) 諾成契約

3　申込みとこれに対する相手の承諾だけで成立する契約を、**諾成契約**という（次の要式契約に対して、**不要式契約**ともいう）。民法上は、「契約の成立」の規定（521条以下）において、契約は申込みに対する承諾の発信だけで成立するものと規定されており（526条1項）、契約は合意だけで成立し諾成契約を原則とするという**諾成主義**が採用されている。また、契約各論においても、多くの契約が、その契約の定義規定において、合意だけで契約が成立することが規定されている（贈与、売買、交換、賃貸借、雇用、請負、組合、終身定期金、和解）。

　歴史的に見ると、ローマ法では契約は原則として要式契約であった。ところが、中世において、合意をした以上守るべきであるという教会法的思想、また、自然法の思想からは、元来自由な人間が拘束される根拠はその意思であり、逆に意思の合致さえあれば十分と考えられることなどから（そのほか、国家の個人の自由への干渉を排除する近代自由主義思想）、合意のみで契約が成立することが承認されていくのである。これを日本の民法も受け継いだのである。

(2) 要物契約──諾成主義の例外 1

4　他方で、民法には、当事者の合意だけでは契約は成立せず、物の交付が契約の成立要件とされている契約がある。このような契約を、物の交付が必要だという意味で**要物契約**という。消費貸借（587条）、使用貸借（593条）、寄託（657条）の他、代物弁済契約（482条）、手付契約（557条）、質権設定契約（344条）がこれにあたる[3]。なお、民法の契約各論では物の交付は有効要件かのように規定されているが、これは起草者が契約の成立要件と有効要件との区別を十分にできていなかったことによるものであり、解釈上は成立要件と理解されている。

　代物弁済契約、質権設定契約及び手付契約については、それぞれ独自の根拠に基づくものであるが、消費貸借、使用貸借及び寄託については、要物契約というのは無償契約ということと結びついており、無償契約において好意で他人に何か給付をする約束をしても、それだけで法的な拘束を認めるべきではなく、本人の自発にまかされるべきことを保障する意味を持つものといえる（後述**17**参照。贈与

　3　但し、私見は、代物弁済契約（⇒債権総論**2-434**）、また、解約手付契約（⇒**6-55**）については、諾成契約と考えている。

は諾成契約とされているが、別にこの考慮がなされている⇒**8**）。

3 要式契約・不要式契約（諾成契約）

(1) 不要式契約が原則

5　合意だけで契約が成立するという諾成契約の原則に対しては、要物契約という例外の他に、契約書の作成を契約の成立要件とする例外もあり、そのような契約を**要式契約**という。これに対して、契約書の作成を契約の成立につき不要とする諾成契約のことを**不要式契約**といい、民法は521条以下の契約の成立についての原則規定においては、申込と承諾だけで契約が成立することになっており、契約書の作成は契約の成立要件にはなっていない（その根拠は諾成契約と同じ）。不要式契約では、契約書の作成は、合意だけで成立した契約につき、契約の成立また内容につき後日争いにならないように証拠を残すという意味があるにすぎない。

6　【口頭の合意と契約書】　確かに契約内容を当事者で交渉により練り上げていく場合には、最終案が作成され、それで了承した時点で契約が成立し、後日正式な契約書が作成されるのは証拠のためだといえよう。しかし、現代の消費者・事業者間の約款による契約では、そうではない。というのは、合意で目的物などを合意して契約が成立し、後日契約書に署名押印をしてその契約書どおりの契約をすることを約束するのであり、契約成立段階では契約書の中の細かい内容は合意されていないからである。この場合の説明としては、①契約は合意で中心的な内容を取り決めることにより成立し、後日詳細を当事者の合意で補充したり場合によっては内容を変更することは可能であり、契約書で合意をする際にそのような合意がされているものと考えることと、②口頭での合意の際に、契約書を作成することが前提とされている場合には、細かい内容については事業者側の提供する契約によるという、いわば「おまかせ契約」が、口頭の合意の段階で成立しているということが考えられる。契約書への署名押印の段階であらためて契約内容が確認されるのではない場合には（不動産取引の重要事項説明のような場合を別として）、その段階で補充的な契約内容を合意しているというのは実際の経験からいって無理であり、②のような解釈の可能性もあろう（①②のいずれも可能であり、事例により柔軟に認定すればよい）。

7　【準要式契約】　契約書の作成を契約の成立要件とする要式契約のほかに、契約書の作成を契約の成立要件とはしないが、法律で契約書の作成を義務づけ、契約書を作成しないと消極的に各種の不利益を受けることにして、間接的に契約書の作成を促している契約がある。要式契約に準ずる契約である。

　まず、消費者・事業者間契約において、事業者に契約の作成、消費者への交付を義務づけ、その違反に各種の罰則を用意している契約がある。これは、特商法などにおける消費者のクーリングオフの権利を実効あらしめるために、消費者が熟慮す

ることができるように契約書を交付させるためであったり、不動産取引のような重要な契約において消費者に重要事項を説明させるためであったり、また、消費者金融の借主のように、切羽詰まった状態で貸主側の言うなりに契約をしてしまった場合、消費者がどのような貸付けを受けたのか内容を吟味できるようにさせたり（保証人にも書面交付義務は拡大されている）、契約を慎重に行わせるためのものである。なお、口約束でも契約は有効に成立するというのを逆手にとって、訪問販売の規定を免れるため、悪徳業者は電話勧誘により直ちに承諾をさせるという手法を使う者があったため、事業者が後日契約書を送付し、消費者がそれに署名して送付するまで契約の拘束力を否定し、かつ、クーリングオフの権利が認められた（訪販法の改正）。また、借地借家法には、定期借地権（⇒*10-67*以下）及び期限付建物賃貸借の契約については、書面によらなければならないという規定があり、契約書の作成を義務とは規定しておらず、契約自体の成立要件ではなく、書面がないと定期借地とするという特約の部分のみが無効とされるだけであり、賃貸借契約自体は定期借地でない通常の借地契約として有効である。

(2) 要式契約──諾成主義の例外2

8 **(a) 贈与契約における要式契約（日本民法は不採用）**　詳しくは後述するが（⇒*5-7*以下）、わが国では贈与契約は諾成契約とされているものの、ヨーロッパの民法では、贈与契約は要式契約、しかも公正証書による要式契約とされている（ヨーロッパ契約法典草案35条4項も同様）。これは、書面を作らなければ贈与契約は成立しないことにして、軽率な贈与を予防し、書面無しに為された軽率な贈与を契約不成立としてその拘束力を否定し、さらには、後日、贈与契約をしたことをめぐる争いを避けようとしているのである。

9 **(b) 重要な契約における要式契約（日本民法は不採用）**　フランス民法では、一定額以上の高額の契約について契約書の作成を必要として、軽微な契約とは異なり高額の契約であれば後日争いになった場合に大変なので、紛争を事前に回避するために証拠を残させようとしている[4]。また、フランス民法の2006年担保法改正では、担保契約については、不動産を目的とするもの以外についても要式契約とする規定が多くみられる[5]。

4　ヨーロッパ契約法典草案36条2項は5,000ユーロを超える契約につき書面を要求する。旧民法はこれに倣い、証拠編60条1項に「物権又は人権を創設し、移転し、変更し又は消滅ぜしむる性質ある総ての所為に付ては、其所為より各当事者又は其一方の為めに生ずる利益が当時50円の価額を超過するときは、公正証書又は私署証書を作ることを要す」と規定していたが、現行民法には承継されていない。

5　例えば、質権契約は、要物契約ではなく物の引渡しを契約の成立要件とはせず、その代

10　**(c) 詐欺防止のための要式契約（日本民法も保証について採用）**　英米法では詐欺防止法により、一定の契約については契約書を作成し、かつ債務者の署名がなされていない限り、契約に基づく裁判上の救済が与えられないことになっている。但し、完全に無効ではなく、例えば保証契約であれば、保証人が履行してしまえば有効な履行と扱われるので、わが国にいう自然債務（⇒債権総論**3-23**）に匹敵するものといわれる（樋口130頁。なお、アメリカ法において書面を作成する意味については樋口137頁参照）。また、英米法以外でも、保証契約についても要式契約（更には公正証書を要求する立法もあり）としている立法が多く、日本の民法も平成16年の改正により保証契約を要式契約としている（446条1項。電子書面でもよい）。日本の民法において要式契約は保証契約だけである。

11　**(d) 不動産取引における要式契約（日本民法は不採用）**　外国の民法には、抵当権の設定などの不動産取引に書面を要求したり、または、登記のためには公正証書が必要とされている（ヨーロッパ契約法典草案35条1項）。ここでは、公正証書を作成することを義務づけることにより、虚偽の登記がされることを予防することが目論まれている。不動産取引においても、公証人の役割はわが国の司法書士のそれとは比較にならない程重要である。登記は勝手にはできず、必ず公証人の作成した書面が登記のためには要求され（わが国ではやろうと思えば当事者でもできる）、また、買主が代金を支払ったり、住宅ローンを金融機関から借りて支払ったりする場合、直接売主に支払われるのではなく、一旦公証人の口座に振り込まれ、公証人が代金を確認した上で、登記をして売主に代金を支払うというやり方をとり、代金の支払と移転登記とが引換えになされることを担保している（二重譲渡は生じうるが、買主が代金を支払って損するということはない）。このように、公証人は紛争予防のために大きく貢献しており、不動産取引についてわが国ほど豊富な判例がない（従って、学説上の議論も盛んでない）というのは、このような予防効果のお陰である。

12　**【公正証書による契約】**　諾成契約でも、重要な契約であれば契約書を作成するのが通常であるが、更に契約書を公証人により作成してもらうことがある（公証人の作成した書面を**公正証書**という）。公正証書により契約をすることには、次のような利点があり、それゆえにヨーロッパには公正証書による要式契約が少なくない。
　①公証人が作成したものであるため書面に証明力が付与され、後日その内容を争

わりに契約書の作成（公正証書である必要はない）を契約の成立要件としている（2336条1項）。債権質権の設定も同様に要式契約とされている（2349条1項）。

うことができない、②契約書に執行受諾文言が記載されていればその書面だけで債務名義となり（そうでないと訴訟をして判決を得ることが原則となる）、執行力が付与される、③契約の作成に公証人が関与しているため、当事者の利益保護に後見的に関係しうる。

　わが国では、公証人という伝統がないため、契約書を公正証書で作成するものではなく、公正証書の作成が遺言について要件として（別のやり方も可能）規定されているにすぎない。これに対し、フランスでは、公証人は市民に身近な存在であり（わが国では、登記などの事務を司法書士という別の制度に任せたため、フランスとは異なり公証人の事務はそちらに殆ど奪われてしまっている）、公正証書によることが要求されている法律行為も少なくない。公正証書が要求されている理由として、①当事者の熟考を促し、②公証人によるアドバイスが得られることを期待できることが挙げられる（従って、クーリングオフが受けられる類型でも、公正証書が作成されたならば熟慮がなされているものとして、クーリングオフは排除されている）。

13　**【黙示的契約】**　　書面が作成された契約と書面のない契約とは、契約書が作られたか否かによる区別であり、要式契約か諾成契約かという区別とは異なるが、書面がない契約において、その成立が明示の合意がないのに認められることもある。明示の意思表示に対して、黙示の意思表示という区別があるが、これはもっぱら付随的内容について問題とされ、契約自体が黙示的に成立を認められることは殆ど考えられない。その数少ない例外が、「通行地役権設定契約」であるといわれている（渡部晃『公序良俗入門』106頁以下参照）。また、明示の合意があっても、それが契約か契約とはいえない単なる社会生活上の合意か、という区別が必要な場合についても、この黙示的契約ということとは対応したものでもない。

4　有償契約・無償契約――合意と契約の限界

(1)　有償契約

14　契約の当事者がお互いに対価的意味（当事者が主観的に対価と考えていればよく、客観的には対価関係がなくてもよい。例えば、1万円相当の商品を1,000円で売る、3,000円相当の商品を1万円で売る）をもつ給付＝出捐をし合う契約を**有償契約**という。

　有償契約の代表が売買契約であり、そのため民法は、売買についての「<u>この節の規定は、売買以外の有償契約について準用する。ただし、その有償契約の性質がこれを許さないときは、この限りでない</u>」（559条）と規定している。即ち、売買についての規定は、有償契約総論の意味があることになる。なお、契約総論は一切の契約に適用されるという形になっているが、同時履行の抗弁権や危険負担や解除の規定は、もっぱら売買が念頭に置かれており、これを他の有償契約に準

用するのに実質的に等しいものである。

(2) 無償契約

15　契約当事者の一方のみが給付＝出捐する、または両者が給付＝出捐をするが、両給付が当事者において対価関係とは考えていない契約を**無償契約**という（無償契約については、広中俊雄『契約法の理論と解釈』1頁以下参照）。対価関係に立たなければ、他方が何らかの給付（無償契約においてこのような債務を**負担**という）をする場合も無償契約であり、無償契約は俗にいうただの場合（いわば完全無償契約）と、負担つきの無償契約とに分かれることになる[6]。

16　【無償契約の特殊性】　無償契約は対価を得ずに相手に対して何か給付をなすものであり、何か特殊な人間関係がある場合や義捐金などの寄付のような場合でなければ考えられないものであり、いわば道徳に片足を突っ込んだ行為である（好意的契約）。そのため、無償契約は、法的には「契約」として有償契約と共通にくくれるかのようであるが、有償契約のように「取引」として割り切れない特殊性がある。このことから、次のような無償契約の特殊な扱いが要求される（岡本詔治「無償契約という観念を今日論ずることには、どういう意義があるか」『現代契約と現代債権の展望5』31頁以下参照）。

(1) 契約の成立（拘束力）

17　(a) **民法は無償契約に寛大**　半分道徳による規律によった方が適切な関係であり、無償契約に口約束だけで法的な拘束力を与えてよいのかは疑問がある（広中俊雄『契約とその法的保護』参照）。この要請を実現するために民法が採用した手段は次の3つである。

> ① 贈与につき、口約束だけで有効に契約が成立するとしたが（549条）、書面によらざる贈与についてはいつでも撤回ができるものとした（550条）。
> ② 使用貸借、無償消費貸借及び無償寄託について（後二者については有償とする特約が可能で、有償の場合には適用を認めるべきではない）、要物契約としてそもそも口約束では契約が成立しないことにした。
> ③ 無償委任につき（有償とする特約が可能で、有償の場合には適用を認めるべきではない）、いつでも理由を示すことなく自由に解約することを認めた（651条。贈与同様、両当事者に解約権が規定され受益者側も解約できる）。

---

[6]　無償契約については、無償契約の代表である贈与の規定を他の無償契約に準用するという規定はない。しかし、無償契約の拘束力を弱める規定（550条）や、無償出捐者の責任を軽減する規定（551条。無償寄託についての659条はその思想の表れ）といった無償契約一般に通ずる規定もあり、準用規定はないが、これを一般原理の発現にすぎないとみて、性質が許す限り類推適用することが許されると思われる。

このように、無償契約の履行については、好意行為者の任意に委ねようというのが民法を貫く原則といってよい。

(b) 贈与についての規定の拡張可能性　贈与契約では、書面がつくられている場合には、有償契約と同様の拘束力が認められている。英米法における有償契約では対価関係が約因であり、無償契約では書面が必要とされていることを想起させるが、このような書面による無償契約＝有償契約と同じ拘束力という構図を、他の無償契約にも拡大してよいであろうか。

❶ 否定説　無償契約という好意的行為の拘束力を認めない民法の基本思想に対する例外だとすれば、「書面」（550条）ということを安易に拡大できないと共に、特に準用を認める規定がない以上は、贈与にのみ適用を限定するべきで、他の無償契約に拡大することは許されないということも考えられる。要物契約とされる使用貸借などにつき、書面の有無を問わず要物契約性を貫くのが一般的な理解と考えるべきであろうか。

❷ 肯定説　これに対して、無償契約といえども、書面まで作成してなされた場合には、拘束力が与えられてしかるべきであるとすれば、書面による無償契約全般に拡大することも許されるであろう。また、無償契約でも契約をした以上拘束されるのが原則であり、書面がない場合がむしろ例外とすれば、なおさらである。本書としては、無償契約では拘束力が否定されるのが原則であり、書面による場合が例外だと考え、書面の安易な拡大は否定されるべきであるが（⇒**5-33**）、書面を作った以上、慎重に判断して決意されたものであり、相手方も給付がされることに真摯に信頼するため、他の無償契約も書面を作成すれば要物契約とされている類型でも契約の成立を認めてよいと考えたい（委任については書面を作成しても651条の適用は排除されないと考えるべき）。

なお、無償契約では契約の拘束力がより弱くてよいということに関連して、事情変更による契約内容の変更や契約からの解放は、有償契約よりも広く認められてよい。

(2) 担保責任　贈与者については、担保責任を軽減する規定があり（551条。596条で使用貸借に準用されている）、消費貸借についても同様の規定がある（590条2項）。物の無償の供給という契約類型は民法上他にはないが、例えば無償で仕事の完成（例えば建物を建てる、無償で修理するなど）を約束する契約は民法に規定がなく（請負は有償契約に限定されている→632条）、上の規定を類推適用することができる。

(3) 注意義務　無償の寄託については、受寄者の注意義務が軽減されているが（659条）、それ以外の無償契約については同様の規定はない。中世ローマ法学の下では、契約類型によりその責任を問うために要求される過失の程度が3つに段階分けされていたが、これを近代において債務不履行の一般規定に一元化してしまったわけだが、過失の段階分けということが契約各論に再び顔を出してくることになる。

債務不履行の過失を無理に415条で一元化する必要はなく、その要求される注意義務（手段債務、結果債務という分類はそのような意味を持ち、より柔軟であってよい）に応じ過失の内容も異なってしかるべきであり、高度な義務を負わせ実質無過失責任となるようなものから、無償契約のように注意義務が軽減されてしかるべきものまで、種々の段階があってよい。従って、受寄者についての659条はこのような一般原理の発現にすぎず、この場合に限定する必要はなく、原則として無償契約全般に同様の注意義務の軽減を認めてよい[7]。但し、自己の事務を他人に代わりに行わせるという、重大でかつ信頼関係により支えられている委任契約のような場合には、例外的により注意義務を高めてもよいが、しかし、事業者ほどの注意義務は要求されないというべきである（⇒**13-19**以下も参照）。

23　　**（4）契約の終了**　　これはもっぱら継続的契約関係における問題であるが、賃貸借では解約申込みには一定の予告期間が必要であり（617条）、更には、借地借家法の正当事由制度により解約申込みが制限されているが、使用貸借ではそのような制限がされていない。委任契約において、両当事者が自由に契約をいつでも解除できることになっているが（651条）、これを無償契約についての特別規定と理解するかは学説に争いがある（⇒**13-93**以下）。

24　**【無償契約と社会生活上の合意——好意的合意】**　　有償の合意の場合には、どのような契約として形質決定をするかだけが問題となり契約か否かは問題にならないが、無償で何かを約束する場合には、贈与のように財産の給付を目的とする場合は別として何らかの「行為」を約束するにすぎない場合には、単なる社会生活上の合意（授業に欠席するので、自分の分のプリントをもらっておくよう頼むなど無数にありふれている）なのか、それとも契約（無償契約）といえるのか、判断が微妙な事例が少なくない。その場合には、単に不法行為法の注意義務を負い、違反には不法行為のみが問題になり更には道義的な責任だけしか問題にならないのか——事務処理を開始した場合には、事務管理（697条）が問題になり、債務不履行を問題にできる——、それとも、契約として約束した債務を負担するのかといった評価が問題になるのである。当事者が用いた表現とその合意がなされるまでの背景を総合して、当事者が法的な債務を負担する効果意思が認められるかを判断するしかない[8]（新注民(13)49頁以下

7　旧民法財産編334条２項は寄託に限定せず、「無償にて譲渡したる物の保存に付ては諾約者は自己の物に加ふると同一の注意を加ふるのみの責に任ず」と規定していた。この規定は現行民法には承継されていないが、特にこのような扱いを否定する趣旨ではないと思われる。

8　東京地判平10・10・20判時1708号126頁では、暴力団関係者と見られる者が、ガソリンスタンドに車を止めて従業員に後でとりに来るからよろしくといって、従業員が戸惑っているのに去ってしまった事例で寄託契約の成立が否定されてる（**14-4**の判決も同様）。好意的合意ではないが、合意が否定された事例として、親会社が子会社が融資を受ける際に発行する「経営指導念書」の事例が有名である（⇒債権総論**5-188**）。

(a) 拘束力 契約として成立していると考えられる場合においても、651条により好意行為者はいつでも契約を解除することができる。契約とは認められない場合には、契約解除ということは問題にならないが、不法行為上の作為義務が認められる可能性があり、合意を守らなかった場合には、合意の相手方が自ら適切な管理ができるようになるまで、合意に基づいた行為を続ける義務を認める余地がある。

(b) 履行に際しての損害の賠償責任 無償寄託については、受寄者の注意義務を軽減する規定がある（659条）。規定がなくても、無償契約における無償給付者の注意義務を軽減することはできる。例えば、好意同乗で事故を起こす、近所の子供を預かっていて目を離していたら川に落ちてしまった、写真を撮るのを頼まれて渡されたカメラを誤って落して壊してしまった、このような履行に際しての拡大損害（付随損害）につき、問題となる約束を契約だとすれば債務不履行責任の成立が認められる。その場合には、無償委任でも善管注意義務が要求されるが（644条）、無償か否かは善管注意義務の内容についての解釈により、自己の事務と同じ注意には軽減されないが、事業者のような注意義務は要求されることはない。

合意が法的に契約とは認められない場合でも、合意という先行行為により不法行為上の作為義務の成立を認める余地がある（⇒**28**判決参照）。契約のように善管注意義務、自己のためにするのと同じ注意義務といった区別は条文上認められていないが、不法行為においても、無償であるということは考慮されるべきであり、注意義務の軽減が肯定されてよい[9]。また、事務管理に該当する場合には、管理が不適切であれば債務不履行が問題になるが、善管注意の内容は委任契約に準じて考えてよい。

● 津地判昭58・2・25判時1083号125頁（隣人訴訟）　《事案》 幼稚園に通う子供同士が友達の母親（X₁）が、午後3時ごろ買い物に行くために遊んでいた子供A（4歳）を連れて行こうとしたところ、幼稚園の友達Bとそのまま遊んでいたいといいはり買い物に行くのを嫌がった。そのため、X₁は、Bの母親（Y₁）に、その夫Y₂の口ぞえもあり、X₁はAをそのままBと遊ばせておくこととし、使いにゆくからよろしく頼む旨を告げ、Y₁も、子供たちが2人で遊んでいるから大丈夫でしょうといってこれをうけた。Y₁は両児が団地内道路や乙地付近で前同様自転車を乗りまわして遊んでいるのを仕事の合い間合い間に視認していたが、その後屋内へ入り7、8分後、次の仕事にとりかかろうとしているところへBが戻ってきて、Aが泳ぐといって池にもぐり帰ってこない旨告げた。Aは近くの池に入って溺死していた。

---

[9] 加藤教授は、**27**の判決の過失の認定を抽象的過失として批判をし、自己のためにすると同一の注意を基準とした具体的過失は、無償契約として契約が認定できるか否かを問わず、無償の好意的行為関係を一般に規律するものとして妥当するという（加藤雅信「判批」判タ507号107頁）。東京地判平10・10・20判時1708号126頁（⇒注**8**参照）は、ガソリンスタンドがオイル交換に来た車を好意でそのまま止めさせて盗難にあった場合に、重過失があれば損害賠償責任が生じる可能性があるという。

そこで、Aの両親X₁X₂が、Bの両親Y₁Y₂と、市、県、国に対して損害賠償を求めた事例である。市、県、国に対する損害賠償請求は棄却され、Y₁Y₂に対する損害賠償請求だけが認容されるが、次に述べるように7割減額がされている。

《判旨》 (1) 責任の有無
(a) 債務不履行責任　「X₁とYらとの応答は従前から近隣者として、また同一幼稚園へ通い遊び友達である子供の親として交際を重ねていた関係上、時間的にも短時間であることが予測されるところでもあり、現に子供らが遊びを共にしていることを配慮し、近隣のよしみ近隣者としての好意から出たものとみるのが相当であり、XらがAに対する監護一切を委ね、Yらがこれを全て引受ける趣旨の契約関係を結ぶという効果意思に基づくものであったとは認められないから、準委任契約の成立を前提とするXらの債務不履行の主張は、その余の点につき判断するまでもなく失当である。」

(b) 不法行為責任　しかし、「Y₁は、X₁が去った後、子供らが乙地で自転車に乗って遊んでいるのを認識していたのに加え、……乙地と本件池との間には柵などの設備がなく、水際までは……子供らが自由に往来できる状況にあったこと、掘削により水深の深い部分が生じていること、Aが比較的行動の活潑な子であること、本件池への立入りをきびしく禁じていたBの場合と異なり、Aは渇水期にはX₂と共に水の引いた池中に入り、中央部の水辺までいっていたことなどをYらは知っていたものと認められ、かつ……当日は汗ばむような気候であったのであるから、乙地で遊んでいる子供ら、ことにAが勢のおもむくまま乙地から水際に至り、水遊びに興ずることがあるかもしれないこと、したがってまた深みの部分に入りこむおそれがあることは、Yらにとって予見可能なことであったというべく、そうだとすれば、幼児を監護する親一般の立場からしても、かかる事態の発生せぬよう両児が乙地で遊んでいることを認めた時点で水際付近へ子供らだけで立至らぬように適宜の措置をとるべき注意義務があったものといわなければならないから、かかる措置をとることなく、両児が乙地で遊んでいるのをそのまま認容していた以上、これによって生じた結果につき、Yらは民法709条、719条に基づく責任を負うべきものといわなければならない」。

(2) 責任の減額　①「有償で監護保育を委託するごとき場合と監護のあり方について全く事情を異にするものであることは自明の前提というべきであるから、かかる場合に、よって生じた結果につき、有償の委託の場合などと同様の責任をYらに負担させることは、公平の観念に反し許されない（いうなれば有償の委託の場合などに比し、義務違反の違法性は著しく低い）ものというべき」こと、及び、②死亡した幼児が泳ぐといって深みに入っていったのは、Xらの「平素からのAに対する仕付けのあり方に至らぬところがあったこともその背景をなしているものと推認できるから、過失相殺の法意を類推し、この点もまた被告らの責任の範囲を考えるにつき斟酌」すべきであること、この2点から7割の減額が認められている[10]。

---

[10] 内田422頁により、被害者の過失のみならず、素因、好意同乗、好意的関係などにおいて減額が肯定されることの根底には、加害者に帰責性を減じる要素があると、最終的な賠償額の算定において斟酌されるという法理（帰責性の原理）があるとして、統一的に根拠づける提案をしている。

序　章　契約の分類及び契約をめぐる私法規範　13

31　　（c）**好意行為者の損害**　　例えば、やくざにからまれている女性が助けてくれといって、通りがかりの者が助けようとしてやくざにひどく殴られた場合、子供が溺れて助けを求めているまたは母親が助けを求めていて、通行人がこれに応じて川に飛び込んで自分も溺れて死にかけた場合、車が田んぼに落ちたため運転者が近くの農作業中の者に助けを求め、車道に車をひき上げる作業中、この農家の者が負傷した場合等、好意行為者が好意行為中に損害を受けた場合にも問題となる。

31-1　　（ア）**問題点**　　契約の成立を認めると、650条 3 項により相手方に賠償請求できる（⇒**13-86**）、契約がないとすると、法律上の義務なくして行った行為であり事務管理ということになり、事務管理には650条 3 項は準用されていないので、相手方に賠償請求しえないことになる（しかし、類推適用を肯定し、差をなくすべきであろう）。

31-2　　（イ）**650条 3 項の根拠と事務管理**　　650条 3 項については、受任者に経済的負担をかけさせまいとする趣旨であると考えられており（我妻・中二684頁、川井310頁）、受任者が他人の事務処理について費用――本来は義務の履行の費用は債務者負担――も損失も個人的に負担すべきではないと説明できる。この説明だけでは、事務管理にもあてはまるか不明であり、よりつめて考える必要がある。

31-3　　❶ **頼んだ点に根拠を求める**　　先ず、契約がある場合には、委任者は自ら頼んだのであるから受任者の特別の保護がされているのであるとすれば、委任者が頼んだのでもないのに、自ら事務管理を始めた場合には、委任者に損害賠償責任を認めるのは酷であるということになる（また、頼んだ場合のみ659条の意義務の軽減あり）。頼まれてもいないのに、他人の事務に任意に干渉した以上はその危険は自ら負担すべきであるといわれている（磯谷・下787頁）。但し、頼んだ点に根拠を求めると、契約とはいえなくても合意がある場合には、650条 3 項を拡大して適用する余地がある。

31-4　　❷ **相互の助け合いの助長という政策的な観点を入れると**　　次に、無償委任も事務管理も社会生活上の相互の助け合いの精神に基づく隣人愛に基づく行為であり、等しくそのような行為は助長されるべきであり、また保護されるべきであるとすれば、同様の保護が与えられるべきことになる。但し、そのためには、反面において、本人の依頼のない事務管理においては、お節介な他人の行為から本人を守る必要があり、事務管理の成立要件に絞りをかけるか、または、お節介な事例には650条 3 項の保護を認めないといった救済が必要になる。

31-5　　❸ **他人の行為により利益を受ける**　　他人の行為により利益を受けるということを根拠とし、その行為が委任に基づくか否かを問うべきではなく、等しく損害賠償義務を認めるのが公平だという主張は古くからされている（岡松参太郎『無過失損害賠償責任論』190頁。磯谷・下787頁反対）。冒頭の受任者に経済的負担をかけないという趣旨も同様のものといえようか。

31-6　　（ウ）**委任（準委任）とを全く同じように扱ってよいか？**　　上記の検討から、少なくとも立法論として 3 つの可能性が導かれる[11]。①先ず、❶の観点からは、本人の

依頼を受けたか否かにより差を設けるのは合理的であるということになる。②次に、❷❸の観点からは、無償委任も事務管理も同じ規律がされるべきことになる。③しかし、立法論としては中間的な解決が提案されており、これが妥当である。すなわち、立法論としては、事務管理にも同様の保護を認めるとしても、事務管理の場合には、委任の場合よりもすこし軽いものとして認めるのが適当と評されている（我妻・下一922頁）。「利益の属する者に危険も属する」という原則が一方にあるが、他方で、①事務管理では本人の受動的地位、また、②管理者の活動の利他性を考慮すべきであるといわれている（四宮和夫『事務管理・不当利得』33頁）。これが完全に委任の場合と同一の扱いにまで踏み切れない理由であり、解釈としても合理的な差は認めるべきである。

31-7　（エ）無償行為者の保護の方法
❶ 702条による学説
ⓐ「費用」拡大説　①まず、例えば、火事で助けを求めている者を救出するために火の海の中に飛び込んで救出したが、服が焦げてしまった場合（緊急事務管理）、この焦げた服の費用などを702条の事務管理のための「費用」と考えて、本人に求償請求できるという学説があり（我妻・下一922頁、川井360頁）、この考えでは、「偶発的な損害以外は費用に含まれることになる」ものとされる。しかし、これを事務管理費用というのはこじつけ以外の何ものでもない。②そのため、学説には、確率的に予測される損害で、なおかつその事務管理に必要な損害については、確率的必用費として、裁判所が当該事案の状況から必要であったと認める限度で、有益費の償還を認め、これは事務管理が成立していることが必要なので——このような費用負担を伴っても事務管理を行うことが「本人の意思および利益に不適合でない」ことが必要——、「本人の生命、身体に危害が及ぶ等の、緊急事務管理のごく一部にかぎって認められる」という提案がされている（加藤雅信『事務管理・不当利得』33頁）。

31-8　ⓑ **702条類推適用説**　先のように委任との差を認め、650条3項のような広い損害賠償義務を認めるのは適切ではなく、702条の「費用」に準ずるものに限って「損害賠償請求」を認めようという学説がある（四宮・**31-6**文献34頁）。但し、死亡による損害については、公的補償でカバーできない部分につき、しかも、相当の額に限って認めようとする。

31-9　**❷ 650条3項の類推適用説**　しかし、650条3項を準用の対象からはずしたのは立法論として問題であり、無償委任と事務管理でこのような区別をするのが合理性のないものであるとすれば、起草者の意思には反するかもしれないが、敢えて反対

11　なお、組合の業務執行には650条は準用されるが（671条）、共有物の管理については準用規定がない。しかし、自分の事務でもあり事務管理は成立しないが、たまたま保存行為（例えば、植木を剪定していて蜂に刺される）をした者が貧乏くじを引くというのも不公平であり、同様のバランス論はここにも生じる。

解釈をせずに650条3項を類推適用するということも考えてよい。学説には、条文根拠を示すことなく、「本人は、<u>他人の行為によって利益を受けているのであるから</u>、その他人の行為をなした理由が委任に基づくと否とに関係なく、<u>当事者間の公平を図るために</u>、損害賠償義務を認めるのが妥当である」とする少数説がある（松坂佐一『事務管理・不当利得（新版）』6頁）。本書も650条3項の類推適用を肯定するが、**31-6**に述べたように、相当の範囲に限るべきである。

5 双務契約・片務契約

32 売買契約に代表されるように、両当事者が対価関係にある債務を負担し合う契約を**双務契約**という。これに対して、一方のみが債務を負担する（他方が対価関係に立たない債務＝「負担」を負うことは可能）にすぎない契約を**片務契約**という。双務契約においては、両当事者の対価関係にある債務の牽連関係が認められ、特殊な問題が生じる（⇒**3-10**以下。なお、解除も双務契約のための特殊な制度とみるかにつき、**4-65**参照）。

33 【**有償契約・無償契約の区別と双務契約・片務契約の区別**】　有償契約と双務契約、無償契約と片務契約とは基本的には一致するが、次のように必ずしも常に一致するものではない。

> ① **有償契約＝双務契約の場合**　売買、賃貸借、請負、有償の委任等有償契約は通常同時に双務契約である。
> ② **無償契約＝片務契約の場合**　贈与、使用貸借、無償の委任など、無償契約は常に片務契約である（なお、無償の消費寄託でいうと、債務を負うのは無償の出捐者ではない点が他の場合と異なる）。
> ③ **有償契約＝片務契約の場合**　利息つきの消費貸借や消費寄託がこの例である（要物契約と考えた場合の話であり、諾成契約と認めれば双務契約である）。消費寄託でいえば、貸主が貸金を交付して契約が成立し、契約が成立したのちは借主の利息を付して返還する義務のみが契約上残るだけである。

6 予約・本契約

34 当事者が将来において一定内容の契約を締結すべきことを約束する契約を**予約**といい、この予約に基づいて締結される契約を**本契約**という。両者が本契約締結義務を負うものを**双方の予約**または**双務予約**、一方のみがこの義務を負うものを**一方の予約**または**片務予約**という。民法は予約については、契約総論に一般規定を置かず、売買につき一方の予約を規定し（556条）、これを有償契約に準用して

いるにすぎない（559条）。無償契約である無利息消費貸借についても、予約が可能であることを前提とするかのような規定があるが（589条）、無利息消費貸借は要物契約であり予約は認められないというべきであり、諾成契約である利息付消費貸借についてのみ予約の効力を認めるべきであろう。

7 一時的契約・継続的契約

35　売買のように代金の支払、目的物の引渡しといった一回的給付により契約が終了し、契約関係の継続が考えられていない契約を一時的契約といい、契約関係の継続が考えられている契約を継続的契約ということができる。また、継続的契約をめぐる法律関係を継続的契約関係という。継続的契約にも、次の2つがある（継続的契約関係の概念と類型については、中田裕康『継続的売買の解消』31頁以下、橋本恭宏『長期間契約の研究』参照）。

> ① **給付の性質によるもの**（継続的給付契約）　賃貸借、寄託といった契約では、給付義務自体（使用させる、保管する）が継続的なものである。従って、給付を同時履行の関係に立たせることはできない。
> ② **契約の有効期間が予定されている基本契約**　これに対し、継続的供給契約のように、それに基づいて個々の一時的契約である売買契約が締結される基本契約も、その契約の有効期間ということが観念でき継続的契約として考えられている。継続的供給契約においては、一方的にその関係を破壊する行為が問題となることが多い（この問題を扱うものとして、川越憲次『継続的取引の終了』、中田・上記文献がある）。

継続的契約関係においては、①解除の効果（遡及効なし。ドイツ民法では解除と区別して告知という）及び要件（信頼関係の破壊を重視）における特殊性、②期間が定めがない場合の解約権が問題になる、③事情変更の原則が問題になる、④同時履行の抗弁権などの点で一時的契約とは異なる特殊な考慮を要する、などの特殊性がある。わが国で継続的契約関係という概念が導入されたのは、大正から昭和にかけてであり、民法上の概念ではなく、民法は例えば解除の規定をみれば分かるように、ドイツ民法のように解除と告知とを民法上の用語において区別していない。

8 個別的契約・複合的契約

36　この分類は契約の種類の分類というものではなく、取引構造の分類といってよ

い。個々それだけで独立した契約がされるのが原則であるが、当事者を一部共通にする複数の契約が何らかの意味で結合している取引形態が存在し、このような取引は増加傾向にある（河上正二「複合的給付・複合的契約および多数当事者の契約関係」法教172号48頁以下参照）。

37　**(a) 追加型（第三者が担保のため介入してくるもの）**　既に独立して成立している契約に、他の契約が結びつくものである。代理受領がその例であり、ＡＢ間に金銭債権を生じさせる契約関係（工事代金債権の債権譲渡が禁じられている地方公共団体との請負契約がその例）があり、Ａに対して債権を有するＣがＡのＢに対する債権を担保とするため、ＣがＡからその債権についての代理受領権限を得ると共にＢがこれを承認するものである（債権質の代用といってよい）。

38　**(b) 結合型（第三者が与信機関として介入するもの）**　物品の購入資金を他から融資を受ける場合に、買主が代金支払のために金融機関から融資を受ける場合には、債務者の主観ないし動機において２つの契約が結びついているだけであるが、そもそも代金支払の融資のために設計された第三者与信取引がある。つけ売買のように、商社が物品を買い取って融資先に転売し、代金債権名目で融資金の回収を図るような得意な例もあるが、一般に普及している取引としては、割賦購入あっせん契約及びファイナンスリース契約（⇒**10-2**）の２つがよく知られている。<u>債務者の主観だけで結びついているのではなく、取引の仕組み全体として結びついているため、売買契約ないしは融資契約の効力などが他方に影響を及ぼすこと</u>、いわゆる抗弁権の接続を認めることが可能になる。

39　**(c) 下請型**　ＡがＢに対して負う義務をＣに代わりに行わせるものであり、請負契約における下請（建築や運送などにみられる）、委任契約における復委任がこれに該当する。ＡＣ間の直接訴権による保護、Ｃの行為によりＡが損害を被った場合の不法行為責任の規律（ＢＣ間の契約関係における規律をＣがＡに対抗できるか、ＡＢ間の契約関係における規律をＣがＡに援用できるか）など、興味のある問題が生じてくる（興味深い判例として⇒**12-43**）。賃貸借契約における転貸借の法律関係も、この法律関係の延長線で考えることができよう。

40　**(d) 連鎖型**　Ａ製造の商品をＢに販売し、Ｂが消費者Ｃに販売する場合や、ＡがＢに製造させた商品をＣに販売したり、ＡがＢから購入した材料を使用してＣのために工事をするといったように、最終的な使用という目的のために方向づけられた契約が連鎖する場合である。直接の契約関係のない者の間に直接訴権により、直接の請求関係を認めることができるかが問題となる。

41 【同一当事者間における複合契約論】　本文に述べたのは、複数の当事者間の契約の結合の話であったが、同一当事者間における複合契約論も問題とされている。

　　(1) 全体の効力を一蓮托生にする複合契約論　複合契約という概念を認めようという提案によれば、「当事者間で同時に複数の契約が結ばれた場合、それらの契約が集合として当事者の企図する契約上の利益を実現する構造になっており、その一個が機能しなければ他を契約した意味がない（一個だけならば契約しない）という関係にあるもの」と定義されている（池田眞朗「判批」NBL617号66頁）。

　　このような理論を認める意義を解除に関して認めたのが、**43** に紹介する最判平8・11・12民集50巻10号2673頁であるが、「複合契約」という類型を立てただけでは問題は解決されたことにはならない。なぜ複数の契約が「複合契約」の関係に立てば、その一つの契約の不履行で他の契約の解除も許されるのか、理論的な説明が必要だからである。このような場合、そもそも契約が複数あると考えるかという問題を含めて、今後の課題である[12]。なお、土地と建物は別々の物であり、建売住宅で建物が欠陥のため使用できない場合に、土地には瑕疵があるわけではないが、「全体として契約の目的を達成できない」として土地を含めて全部の解除が認められている（東京地判平13・1・29消費者のための欠陥住宅判例集［第2巻］124頁）。妥当な判決である。

42　　(2) 1つのようにみえる契約を複合契約として効力を切り離す議論　逆に、1つの法律関係のように見えるものが、実は複合的法律関係であり、一部のみを切り離して効力を失わせることも考えられる。マンションの区分所有で言うと、建物という「もの」を管理する組織である管理組合と居住者という「ひと」を管理する団体である自治会とは異なるものであるが、これが1つの団体の設立・加入により担われている場合に、当然加入の管理組合部分は脱退できないが（脱退しても管理費の支払を免れない）、自治会部分は脱退を認めてもよい（脱退により自治会費は免れる）。この点で、県営の賃貸住宅の団地の自治会について、自治会は「会員相互の親ぼくを図ること、快適な環境の維持管理及び共同の利害に対処すること、会員相互の福祉・助け合いを行うことを目的として設立された権利能力のない社団であり、<u>いわゆる強制加入団体でもなく、その規約において会員の退会を制限する規定を設けていないのであるから、Xの会員は、いつでもXに対する一方的意思表示により被上告人を退会することができる</u>」としながらも、「<u>そこに入居している限りXに対して共益費を支払うことを約したものと</u>」認定して、脱退により共益費の支払義務は消

---

[12] 立法としては、特定商取引法において、特定商取引法48条1項の規制を受ける特定継続的役務供給契約の締結に際して、商品が合わせて購入された場合（学習塾で教材、エステでエステの効果を高めるための健康食品など）、役務提供契約についてクーリングオフが行われた場合に、関連商品の売買契約がどうなるか問題が生じ、これにつき「当該商品の販売に係る契約（以下この条及び次条において「関連商品販売契約」という。）についても、前項と同様とする」と規定がされている（48条2項本文）。

序　章　契約の分類及び契約をめぐる私法規範　19

減しないと判示されていることは興味深い（最判平17・4・26判時1897号10頁、判タ1182号60頁）。3つの団地の周辺土地を含めて、県に対する使用借権を賃借人が準共有する関係になり、「ひと」についての自治会を脱退しても、「もの」の管理については依然として共有（準共有）法理の規律を脱しえないのであり、妥当な判決である。

43　● **最判平8・11・12民集50巻10号2673頁**　XらがYからリゾートマンションの1室を購入すると共に、X1がYの運営する付随するスポーツ施設のスポーツクラブ会員権契約を結んだ。契約当時、スポーツ施設として室内プールが完成予定とされていた、Xが再三請求してもYは屋内プールが建設されなかったため、Xらがスポーツクラブ会員権契約のみならずリゾートマンションの売買契約の解除を主張した事例で、次のように判示された。

44　(1) **複合契約論の一般論**　「本件マンションの区分所有権を買い受けるときは必ず本件クラブに入会しなければならず、これを他に譲渡したときは本件クラブの会員たる地位を失うのであって、本件マンションの区分所有権の得喪と本件クラブの会員たる地位の得喪とは密接に関連付けられている。すなわち、Yは、両者がその帰属を異にすることを許容しておらず、本件マンションの区分所有権を買い受け、本件クラブに入会する者は、これを容認してYとの間に契約を締結しているのである。」「このように同一当事者間の債権債務関係がその形式は甲契約及び乙契約といった2個以上の契約から成る場合であっても、それらの目的とするところが相互に密接に関連付けられていて、社会通念上、甲契約又は乙契約のいずれかが履行されるだけでは契約を締結した目的が全体としては達成されないと認められる場合には、甲契約上の債務の不履行を理由に、その債権者が法定解除権の行使として甲契約と併せて乙契約をも解除することができるものと解するのが相当である。」

45　(2) **事例へのあてはめ（解除肯定）**　「本件不動産は、屋内プールを含むスポーツ施設を利用することを主要な目的としたいわゆるリゾートマンションであり、前記の事実関係の下においては、Xらは、本件不動産をそのような目的を持つ物件として購入したものであることがうかがわれ、Yによる屋内プールの完成の遅延という本件会員権契約の要素たる債務の履行遅滞により、本件売買契約を締結した目的を達成することができなくなったものというべきであるから、本件売買契約においてその目的が表示されていたかどうかにかかわらず、右の履行遅滞を理由として民法541条により本件売買契約を解除することができるものと解するのが相当である。」

46　● **東京高判平10・7・29判時1676号55頁、判タ1042号160頁**
(1) **ライフケアサービス契約**　老人専用の居住マンション売買契約について、ライフケアサービス契約との関係については、次のように密接不可分の関係を認める（傍論）。
「本件マンションの区分所有権の得喪とライフケアサービス契約〔注：売主とは異なる業者〕のメンバーとなることは密接に関連づけられ、Yは両者がその帰属を異にすることを予定していないのみならず、およそライフケアサービスの内容とされる物的施設及び食事を含む各種サービスの提供、利用関係を抜きにしては、居住の用に供すべき本件マンションの所有権取得の目的を達成することができない関係にあるというべきである。その意味で、本件マンションの売買契約とライフケアサービス契約とは相互に密接な関連を有し、前者の解除が契約条項上当然に後者の契約の消滅事由とされている（23条）にとどまらず、

後者について債務の本旨にしたがった履行がないと認められる場合には、本件マンション売買契約を締結した目的が達成できなくなるものというべきであり、ライフケアサービス契約について債務不履行を原因とする解除事由がある場合には、Xらとしては右ライフケアサービス契約の債務不履行を理由として右ライフケアサービス契約と併せて本件マンション売買契約についても法定解除権を行使し得るというべきである。」

47　**(2) ケアホテル会員契約**　しかし、介護が必要になったとき同社が経営するケアホテルを優先的に使用できるケアホテル会員契約と称する契約が、更に別の業者（ライフケアサービス契約の業者とも別）と締結されているが、「本件マンション売買契約との相互の密接な関連性については、本件全証拠によるもこれを認めることができない」。「ケアホテルの特別会員となることは、本件マンションにおいてケアサービスを受けつつ居住することとは別個の利益を付与するものであって、本件マンション売買契約とホテル会員契約はかなり性格が異なり（しかもYにおいて、本件マンションの販売に当たり、本件ホテル会員契約となることを本件マンション購入の条件としたり、本件マンション売買契約とホテル会員契約を事実上一体のものとして扱っていたという事情も認められない。）、社会通念上ホテル会員契約についての無効原因や債務不履行があった場合には本件マンションの購入の目的までが全体として達成されないという関係にあったとまではいえないというべきであるから、他に特段の事情の認められない本件においては、Xらとしては、仮に、ホテル会員契約について無効または債務不履行に基づく解除原因がある場合でも直ちにこれと併せて本件マンション売買契約の無効を主張しまたは法定解除権を行使するということはできないというべきである」。

48　● **東京地判平15・3・28判時1836号89頁**　歌手が所属事務所とマネジメント契約を締結すると共に、事務所とレコード会社と三者間で専属実演契約を締結して芸能活動を行っていたが、マネジメント契約の終了によって、専属実演契約の前提が失われ同契約は当然に失効し、二者契約として存続すると考えることもできないとした判決である。

49　**(1) 専属契約について**　本件専属契約における債権債務の関係を検討すると、Xが、Y（ソニー・エンタテインメント）の専属実演家として実演を提供する債務を負い、かつ、実演家としてYに対して実演の録音・録画を許諾する一方で、Yが、Aに対して、「税込価格－消費税－ジャケット代」の1パーセントの割合による実演家印税を支払う債務を負うというのが、基本的な債権債務の関係となっている。そして、Xは、Yから何らの対価を得ることなく、実演義務等の債務のみを課されるという関係になっている。他方、Aは、実演家印税を同Yから受け取る権利を有しているほか、Yから印税明細書を受け取り、Xと共同で本件専属契約の終了の意思表示をする権利を有するとされている。以上によれば、本件専属契約においては、Xは、基本的には義務のみを課され、その義務履行と本来対価関係となるべき権利はAに帰属するとされているのであって、本件専属契約の構造は、Xにとっては、片務・無償契約であるということができる。

50　**(2) マネジメント契約**　次に、本件マネジメント契約を見ると、Xは、A又はAの指定する者のために実演等のアーティスト活動を行うものとされ、Xのそのアーティスト活動による報酬ないし対価はすべてAに対して支払われることとされ、その一方で、本件マネジメント契約によって支払われるべき対価として、AがXに月額20万円の給与及び「税込価格－消費税－ジャケット代」の0.4％の割合による印税報酬を支払うとされている。

すなわち、本件マネジメント契約においては、本件専属契約の履行を含めたXのあらゆるアーティスト活動に伴う報酬・対価はすべてAに帰属するものとされ、その上で、AがXに報酬を支払うという関係になっているのである。

51　（3）2つの契約の関係　「以上からすると、本件専属契約において、XのYに対する実演提供が何らの対価を伴わない債務として定められているのは、Xが、同Yから実演家印税を受け取るAから本件マネジメント契約に基づき報酬を受領することが予定されているからであるということができる。言い換えれば、本件専属契約は、この本件マネジメント契約と合わせ考えることによって、初めて契約の本質たる各当事者間の双務性と有償性を確保しているということが認められるのであって、この意味において、本件専属契約は、その契約の構造ないし性質上、本件マネジメント契約を前提としている契約であるということができる。」

52　（4）マネジメント契約の失効と専属契約　「本件マネジメント契約の存在によって、本件専属契約における三当事者間の双務性と有償性が確保されているということからすれば、本件マネジメント契約が何らかの理由により終了した場合には、契約の前提を欠くことになり、本件マネジメント契約の存在によって確保されていた三当事者間の双務性・有償性が失われてしまい、本件専属契約の本質が破壊されるとともに、Xに著しい不利益を課することになるから、三者契約としての本件専属契約自体も、原則として失効すると解すべきである。」

53　（5）本件専属契約が二者契約として存続するか否か（否定）　「本件専属契約及び本件マネジメント契約の各条項に照らして、本件専属契約の構造を検討すると、本件専属契約の債権債務関係は、単純なものではなく、AのXに対する包括的な指揮管理関係及びXとA間の対価関係を定めた契約関係を前提として、①Xは、Yに対して、Aの指揮管理の下、専属実演家として実演を提供する義務を負い、②Aは、Yに対し、YのためにだけXに実演させるため、Xを管理してYへの実演を実現させ、録音・録画の許諾等をする債務を負い、③Yは、上記②の対価として、Aに対して実演家印税等を支払う債務をそれぞれ負うという三面的なものであると認めることができる。」「本件専属契約の構造を以上のように考えるならば、Aは本件専属契約において従たる当事者にすぎないとは到底認められず、重要な債務を負い、固有の権利を有する契約当事者であるというほかない。したがって、本件マネジメント契約の終了によって、Aが当然に本件専属契約から離脱すると解することはできない。また、本件専属契約上のAの地位は、Xを代理する者などといったものではなく、A固有のものである以上、本件マネジメント契約の終了によって、Aの地位が当然にXへ移転・承継されるべきものであると認めることもできない。そうすると、本件マネジメント契約の終了によって、本件専属契約が当然にY又はYを承継したY'（ソニー・レコーズ）とXとの間の二者契約になると考えることは、両契約の構造・性質上は極めて困難である」。

9　事業者間契約・消費者契約

54　更には、契約主体により契約を分類することもできる。商人間契約か否かという商法の適用の有無をめぐる分類はすでにされており（民事契約・商事契約）、また、

労働者・使用者間契約といったことは、労働法という分野の独立により民法から独立していった。また、公法上の契約といった分類も主体による契約の分類といえる。しかし、これらに対して、近時注目されるようになっているのが、事業者間契約・消費者契約といった分類である。

55　**(a) 事業者間契約**　事業者間の取引では、中小企業や下請企業のように弱者保護ということが要請される事例もあるが[13]、同等の当事者の自律的規律に任せるのが原則となる。まさに契約自由の原則、私的自治の原則が絵に描いたようにあてはまる契約類型である。契約のための情報の取得は各当事者の自己責任の問題であり、情報提供義務は一方事業者のみの専門的事業領域に属する契約をするような場合にのみあてはまることになる。

56　**(b) 消費者契約**　消費者と事業者との契約では、専門的能力、交渉力、経済力の格差があり、どうしても事業者主導で契約が締結され消費者に不利な内容になり、また、事業者に不履行があっても消費者は泣き寝入りになることが多いため、消費者保護という特別の要請が入ってくる。2002年から施行された消費者契約法2条は、「消費者」を「個人（事業として又は事業のために契約の当事者となる場合におけるものを除く。）」（1項）、「事業者」を、「法人その他の団体及び事業として又は事業のために契約の当事者となる場合における個人」とし（2項）、「消費者契約」を、「消費者と事業者との間で締結される契約」と定義している。消費者契約には、消費者契約法が適用されるのみならず、解釈上消費者保護のための情報提供義務などの法理を問題にすることができる。

10　交渉による契約・付合（附合）契約

57　契約の成立過程を基準とした区別として、次の2つに契約を分けることができる。

---

[13] 大阪高判平15・7・30未公刊は、従前から継続的取引のある消火器点検業者であるかのように装い、各種自動車の販売・修理等を業とする会社を訪問し、契約書に基づき消火薬剤詰替費用などの名目で高額な金銭を被害会社に請求した事例につき、被害会社にクーリングオフを認めた。クーリングオフ等の適用除外を定める特定商取引法26条1項1号は、平成12年改正前は購入者等にとって、「商行為となるもの」を適用除外としていたが、改正によって「営業のために若しくは営業として締結するもの」を適用除外とするに至っており、被害会社は各種自動車の販売・修理等を業とする会社であって、消火器を営業の対象とする会社ではないから、消火器薬剤充填整備、点検作業等の実施契約が営業のため若しくは営業として締結されたということはできない、というのが理由である。

(a) 交渉による契約　当事者間でどのような契約をするのか、対等の立場で交渉し内容を１つ１つ取り決めて最終的合意がなされる契約もありえよう。自由主義の思想の下に契約自由の原則によって念頭におかれていたのは、自然状態において自由な者の間の押し付けられることのない自由な取り決めによるこのような契約である（内田貴『契約の再生』47頁以下参照）、つまり、自由で合理的理性人が、自己責任で自由に交渉して契約をするという理念に基づいている。契約の成立、解釈などをめぐる議論は基本的にこのようなモデルを念頭において構築されたものといってよい。このような契約は、現在でも個別的に事業者間で重要な取引を行うような場合に依然として残っている。

(b) 付合契約　ところが、現在の我々の生活を眺めてみると、当事者が協議して個々の契約内容を一から決定するといったことはなく、消費者は事業者が一方的に作成した契約書の内容通りの契約をするだけである。即ち、企業たる事業者が大量の契約を画一的に処理するために、事前に契約書や約款（約款については、石原全『約款法の基礎理論』参照）を作成し、消費者はその通りの契約をするかまたは契約を全くしないかの自由しかなく、契約内容を修正するという選択肢は残されていない。即ち消費者は事業者の提示した契約に付合するしかないので、このような契約を付合契約と呼ぶ。いちいち内容を交渉していては、事業者側には人件費など膨大なコストがかかり、これが代金に組み込まれ最終的には消費者に跳ね返ってくるので、<u>事業者のみならず消費者の利益にもなり</u>、このような契約は寧ろ経済社会に必然的な存在であり、それ自体は望ましいものである。問題はその内容である。内容が合理的ならば何も問題はない。しかし、事業者が一方的に作成するものであるため、事業者に一方的に有利な内容が盛られることになることは避けられない。

【付合契約をめぐる問題点】　そこで、以下では付合契約についての問題点を幾つか指摘しておくことにする（約款規制をめぐっては、河上正二『約款規制の法理』、石原全『約款による契約論』及びその引用文献参照）。

（1）読んでもいない契約書、約款が契約内容となるのはなぜか　古典的契約モデルでは、契約の各条項が当事者により逐一協議され合意されるわけであるから、契約書に記載されている条項は協議され合意されたものとみられることになる。ところが、契約書による契約でも、付合契約では、消費者は基本的な事項のみ事業者から説明を受けるだけで、契約書など読まずに署名してしまうのが常である（不動産取引のように重要な取引については消費者の保護のために、事業者に重要事項説明義務が負わされる）。しかし、例えば売買であれば、目的物と代金と引渡時期・場所程度を決

めておくだけであり、消費者が後で契約書を読んで、半年間しか瑕疵について責任を負わないとか、争いがあった場合の裁判管轄を事業者の本社の所在地に指定されていること（沖縄での契約なのに東京地裁を管轄にするなど）を知ることがあり、消費者はそのような条項を予想も合意もしていない。この場合、契約書通りの契約が成立するのか、成立するとしたら、消費者が知らず同意もしていないはずなのに、どうして契約書の条項の効力が生じるのであろうか。このような議論は、20世紀初頭にフランスで始まり諸国に波及していった。

61　**(a) 非契約説**　合意もしていない内容に効力を認めることは、契約法理では説明不可能として、根拠を別に求めようとする考えである。ポストへの投函は郵送という契約の締結ではなく、郵便制度の利用という制度への付合であり、付合契約も同様に、一方が作り出した制度に付合する単独行為であり、内容につき合意する必要はなく、制度を利用する意思があれば十分という考えである（会員への加盟など団体に参加しその団体の規則の規律を受けるのと同じ）。

62　**(b) 契約説**　しかし、非契約説は古典的契約モデルに乗らないものは契約とはいえないという硬直した考えによっているが、契約をそのように狭く捉える必要はなく、付合契約も契約として説明しようとするのが現在の一般的理解である。しかし、個々の条項を消費者が知らないのに、どのようにして契約の成立を説明するかは次のように種々の考えが可能である。

63　❶ **意思の推定によるもの**　古典的契約モデルによれば、契約書に署名がされている以上は、そこに記載されている内容について同意が当然されているものと推定される。これを、付合契約にパラレルに持ってきて、契約書通りの契約がされたものと推定し、その反証を特別の場合にのみ認めるという処理が考えられる。しかし、このような推定が非常識なことは明らかであり、現実の意思ではなく、知っていたらその通り契約したであろうという推定的意思でも引き出すしかない。

64　❷ **慣習によるもの**　定型化された契約書、約款による契約は社会必然的なものであるが、そのような形で契約をすることが慣習になっており、契約の内容は明示に合意されたところの他、契約書・約款により補充されるという慣習があり、その効果として契約書や約款通りの契約の成立が認められるという説明も可能である（白地慣習説）。また、約款が認可の対象となり行政のコントロールを受けている場合には法に準じてその効力を認めたり、それ以外は慣習によったり種々の根拠で説明する学説もある。

65　❸ **契約書通りの契約をするという包括的意思表示による（本書の立場）**　本書としては、消費者の意思表示を、個々の内容につき取り決めて合意をするのではなく、重要な基本的事項を取り決めて契約書に署名するのは、その契約書通りの契約をするという包括的な意思表示と考える。但し、消費者の意思表示解釈として、どのような内容が含まれていてもその危険を引き受けるというのではなく（事業者側も不合

理な内容についても承諾してもらえるという信頼は保護に値しない)、合理的な内容である限り契約してもその危険を引き受けるという意思表示と考えるべきである。いわば<u>おまかせ契約</u>であるが、当然の限度があり、不意打ち的な条項については契約内容にならないと考えるべきである。

66 **(2) 不当条項**　ドイツにおけるように不意打条項を不当条項とを区別する立法もあるが、消費者に不利で事業者に一方的に有利な条項、いわゆる不当条項についてのみ消費者保護規定を置く立法が多い。不当条項は、不意打条項とは異なり(不当条項は、<u>65の本書の立場ではそもそも契約内容にならない</u>)、たとえ消費者に説明され消費者が明示的に承諾したとしても、事業者がその経済的地位を利用して(=濫用して。従って**濫用条項**ともいわれる)消費者に不当に不利な条項を押しつけたと考えられる場合には、その効力を排除する必要がある(消費者のためにはその条項の効力のみを排除し、契約の効力は維持する可能性を認めるべき)。

不当条項を規制する立法がわが国では遅れ、2002年施行の**消費者契約法**によってようやく実現された。立法前には、外国語受講契約において、契約書の「会員費の払い戻しはいたしません」という条項を、いかなる場合でも会費を返還しないという約定は、消費者にのみ一方的に不利益なもので信義則に反し無効とする処理がされていた(大分簡判平6・12・15判時1539号123頁)。しかし、消費者契約法も2つの個別的規制をする他に、準包括的規制をするに止まっており、十分な立法ではない(詳しくは、日弁連消費者問題対策委員会編『コンメンタール消費者契約法』参照)。

67 **(a) 個別的規制**　次の特に規制の必要な2つの条項については個別的に取り上げて規制をしている。

(ア) 免責条項(8条)──<u>全部無効</u>　以下の免責条項は、<u>全部無効</u>とされている(8条1項)。但し、責任の制限する条項については、故意または重過失がない事例に関する限りでは有効であり、その意味では一部無効ともいえる。

①「事業者の債務不履行により消費者に生じた損害を賠償する<u>責任の全部を免除</u>する条項」、②「事業者の債務不履行(当該事業者、その代表者又はその使用する者の<u>故意又は重大な過失によるものに限る。</u>)により消費者に生じた損害を賠償する<u>責任の一部を免除</u>する条項」、③「消費者契約における事業者の債務の履行に際してされた当該事業者の不法行為により消費者に生じた損害を賠償する民法の規定による責任の全部を免除する条項」、④「消費者契約における事業者の債務の履行に際してされた当該事業者の不法行為(当該事業者、その代表者又はその使用する者の故意又は重大な過失によるものに限る。)により消費者に生じた損害を賠償する民法の規定による責任の一部を免除する条項」、及び、⑤「消費者契約が有償契約である場合において、当該消費者契約の目的物に隠れた瑕疵があるとき(当該消費者契約が請負契約である場合には、当該消費者契約の仕事の目的物に瑕疵があるとき。次項において同じ。)に、当該瑕疵により消費者に生じた損害を賠償する事業者の責任の全部を免除する条項」(5号に

68　**(イ) 消費者が支払う損害賠償の額を予定する条項等（9条）**── **一部無効**　「当該消費者契約の解除に伴う損害賠償の額を予定し、又は違約金を定める条項であって、これらを合算した額が、当該条項において設定された解除の事由、時期等の区分に応じ、当該消費者契約と同種の消費者契約の解除に伴い当該事業者に生ずべき平均的な損害の額を超えるもの」については、「当該超える部分」が無効とされる（9条1項1号）。また、「当該消費者契約に基づき支払うべき金銭の全部又は一部を消費者が支払期日（支払回数が2回以上である場合には、それぞれの支払期日。以下この号において同じ。）までに支払わない場合における損害賠償の額を予定し、又は違約金を定める条項であって、これらを合算した額が、支払期日の翌日からその支払をする日までの期間について、その日数に応じ、当該支払期日に支払うべき額から当該支払期日に支払うべき額のうち既に支払われた額を控除した額に年14.6％の割合を乗じて計算した額を超えるもの」については、「当該超える部分」の無効とされている[14]。

69　**(b) 任意規定＋信義則違反（一般的規制）**　以上の2つの個別規定のほかに、消費者契約法には、①「<u>民法、商法その他の法律の公の秩序に関しない規定の適用による場合に比し、消費者の権利を制限し、又は消費者の義務を加重する消費者契約の条項であって</u>」、②「<u>民法第1条第2項に規定する基本原則に反して消費者の利益を一方的に害するものは</u>」、「<u>無効とする</u>」（10条）と、包括的な規定を置いている。これまで、不当条項を無効とするために90条を活用しようとしても限界があったため、この規定によりこれまで無効とされなかった条項を無効にすることが可能になったと評価されている（山本敬三「消費者契約法の意義と民法の課題」民商123巻4・5号541頁）。しかし、任意規定に反する内容であるという制限がある。そのため、任意規定が類推適用されている場合や、さらには明確な任意規定がなくても、信義則などを理由に解釈上認められている結論（保証人の解約権など数多くある）についても、10条の適用を広く認めてよいと考えるべきである。

70　**(3) 約款条項の解釈**　事業者が一方的に作成し、消費者がそれによる契約を契約書や約款をよく読むこともなく承諾してしまう場合に、契約条項に疑義がある場合に、その条項の解釈については「作成者に不利に」という原則が解釈上認められるべきである[15]。近時の判決としては、**10-166** に述べる最判平17・12・16があり、建物の賃貸借において、通常損耗の原状回復義務は賃借人にはなく、この原則を修正

14　利息制限法では法定利率の2倍が違約金として許されており、遅延損害金について14.6％とする消費者契約法に対する特則かのようであるが、消費者契約法11条1項により、利息制限法が消費者契約法の特則になるので、<u>消費者契約法が適用を排除される</u>ことになる。

15　この原則については、上田誠一郎『契約解釈の限界と不明確条項解釈準則』参照。

する特約について、特約が明確ではなくまた口頭でも説明されていないために、そのような特約の合意がされていないとして合意不存在（合意の効力否定ではなく）により処理がされている。

Ⅱ　契約をめぐる私法規範

71　契約をめぐる規範としては、契約内容や契約の締結資格、契約の勧誘方法などについての行政的取締規定また刑事規定もあり、それらも考慮して契約の効力や内容を検討する必要があるが、本書で扱うのはもっぱら契約をめぐる私法規定である。

　契約をめぐる私法規定の基本規定が、民法の債権編の中の契約についての規定であり、この部分を講学上「契約法」（狭義ないし形式的意義の契約法）と呼んでいる。契約法は、すべての契約についての「総論」部分、いわゆる契約総論の部分と、個別契約ごとの「各論」、いわゆる契約各論の部分とに分かれている。ただし、各論規定でも、売買の規定は性質に反しない限り、有償契約に一般的に準用されるので（559条）、売買規定は有償契約総論としての意味も有していることになる。以下には、契約総論についての規定を説明し、その後に、個別契約についての規定の検討をすることにしたい。個別契約については、各種の特別法（借地借家法など）が制定されており、必要な限りで特別法についても言及をしていくことにする。

第1章　契約の成立

第1節　契約交渉過程及び契約締結上の過失

1　契約交渉過程での合意

1-1　**(1) 契約締結の過程における合意**

　スーパーでの食品の購入、クリーニング屋での衣類のクリーニングの依頼などの日常頻繁に行われる消費者契約と異なり、重大な契約とりわけ事業者間取引では、慎重に交渉し契約内容を煮詰めていって最終的な契約が締結される。その場合には、例えば業務提携といった大枠は特定しているものの、申込みの誘引ともいえない、いわば交渉の相手方を選択する「交渉をすることの申込み」が先ずなされ、相手方がこれを了承、交渉の相手方が特定されて交渉が開始される。交渉過程では、相互に自己に有利な契約内容を提案し合うことになり（国際取引では、自分に有利な契約書を送りつけ合う「書式の争い」がみられる）、最終案を決定しそれを相互に了承し（会社内部で決定権者の承諾を得る内部でのプロセスを経る。そのため、いずれが申し込みで、いずれが承諾かは釈然としない）、最終的な契約締結が行われることになる[1]。

　このように、契約締結の過程では、種々の合意が認められる。例えば、先ず相手方選考段階で、複数の業者に見積もりを出させて、その中から一番適切な見積もりを出した業者を交渉相手と決定したり（この段階で約定書が作成されることもある）、また、程度交渉が進んだところで、何らかの理由で本契約は先にすること

---

[1] いきなり契約全部について合意が成立するのではなく、個々の内容について先ずある事項について合意に達し、次に別の事項について合意に達し最終的にすべての事項について合意が成立するといったプロセスを経ることになる。そのため、契約を「単体の約束」ではなく、「小さな『部分的約束』の有機的な結合体」といった比喩も使われる（河上正二「『契約の成立』をめぐって(2)」判タ657号26頁以下）。また、契約交渉過程における合意の類型化として、最終的に成立する契約内容になるものを「吸収的合意」とし、契約に至らなかった場合に、交渉過程で知りえた情報を漏洩しない義務などそれが独立した存在であるものを「独立的合意」として、2つに区別することも提案されている（村井武・平井宜雄「交渉に基づく契約の成立(上)」NBL702号6頁）。いずれも比喩また分類としては正当なものである。

にして、予備的な合意（仮契約）がされることもあり、これらの合意にどのような効力を認めるべきかが問題になる[2]。特に問題になるのは、一方が正当な理由もなしに交渉を破棄してしまった場合の、相手方当事者の保護の問題である[3]。

(2) 判例の状況

交渉過程で何らかの合意がされた事例に関する判例を紹介していくと、以下のような判決がある[4]。

1-2 **(a) 不動産取引**　次のような判決がある[5]。

> ● 京都地判昭61・2・20金判742号25頁　YからXへの結婚式場の用地の売買が目論見られたが、結婚式場の建設が可能か否か未定であったため、「不動産売買協定」を締結したという事例で、次のように判示されている。
>
> *1-3*　**(1) 協定の性質**　「本件売買協定は、XらとYとの間で本件土地の売買契約を締結するまでの準備段階においてなされた合意であって、本件売買協定書に定めた事項が満たされた後に本件土地の売買契約を締結することが予定され、右締結を終局目的とするものであるから、XらとYは本件売買協定において、<u>本件土地上に結婚式場を建築することがで</u>

---

[2] 藤田寿夫『表示責任と契約法理』59頁以下、同「不動産取引と協定」法時69巻8号87頁以下、今西康人「予約と契約準備段階」法時67巻11号46頁以下、有賀恵美子「契約交渉過程における『合意』の法的効果に関する一考察」法律論叢73巻2・3号457頁以下参照。なお、契約が成立したかそれともそれ以前の何らかの合意にすぎないのか不明なことが多い。契約の成立の有無をめぐっては、山口志保「契約の種類にみる成立の時期」都法36巻1号231頁以下及びその引用文献参照。なお、**セールストーク**の効力については、久保宏之「不動産販売価格維持約束と『セールストーク』の効力」『民法学の課題と展望』591頁以下参照。

[3] この問題につき、詳しくは、池田清治『契約交渉の破棄とその責任』、田沼柾「契約交渉当事者間に、いかなる債権関係が成立するか」朝日13号以下参照。

[4] その他に、信義則上の義務違反を認めたものとして、東京地判平10・10・26判時1680号93頁（但し、損害の立証なしとする）、東京高判平11・9・8判時1710号110頁がある。なお、実務では、予備的合意（letter of intent）ということを明示して正式の契約でないことを明らかにするが、このことにより誠実交渉義務を免れるわけではない。学説としては、円谷峻『新・契約の成立と責任』303頁は、交渉をすべき合意が成立すれば、誠実に交渉をする義務を負うが、予約とは異なり両当事者はいかなる合意にも拘束されないが、不誠実な交渉破棄については、信頼利益の賠償が義務づけられると述べている。敢えて予約を避け契約締結の自由を留保した以上は、この考えのように、信頼利益の賠償に止まると考えるのが妥当であろう。

[5] 京都地判昭61・2・20（⇒*1-2*）では、損害として、結婚式場建設のために造成をした土地を買い取らざるをえなくなり、時価とその買取価額との差額（約585万円）を損害として賠償請求が認められている。東京地判平6・1・24（⇒*1-6*）では、損害賠償として、設計計画費用2,720万円の賠償のみが認められている。

きるための諸条件を成就させるように努力し、かつ本件土地の売買契約を締結することができるよう互いに誠実に交渉をなすべき義務を負うことを合意したものと認められる」。

1-4 　　**(2) 予約か**　　「宅建業界において売買予約を締結する場合には通常売買予約契約書を用いるのに、本件では売買協定書名下の合意をなしていること、売買予約の場合、手附金を交付するのが通常であるのに、本件では、被告が金6,000万円を原告らの指定する金融機関に見せ金として預金したにすぎないこと、Xら、Yは、国土法23条に規定する手続を進めるまでは、売買契約、違約金、損害金の定めをすることは、同法に違反すると考えていたこと、そして、本件売買協定は、結婚式場を建築することができるようにするため各種の法律上行政上の問題があり、これを解決する必要があったこと、前記協定書には、代金支払方法時期等についての定めの記載がなく、これについては約定されていないことの各事実が認められ、これらの事実に照らすと、前記協定書において、本件土地の代金の単価、面積、及び前記判示のとおり売買契約をなす旨の定めがなされているとしても、本件売買協定が原告ら主張のような売買予約であると認めることは相当でない」。

1-5 　　**(3) 違反による責任**　　「本件売買協定は、……本件土地の売買契約を締結するまでの前記条件成就の努力義務、誠実交渉義務を定めたものであるが、右売買契約の締結を妨げる問題が生じ、それが当事者の責に帰すべき事由によらないものである場合には、当事者の一方は本件売買協定を破棄することが許されると解すべきである。しかし、そのような事由がないのに当事者が一方的に本件売買協定を破棄した場合には、……条件成就の努力義務、誠実交渉義務違反による債務不履行の責を免れないものと解すべきである」。

1-6 　　●**東京地判平6・1・24判時1517号66頁**　　また、リゾートマンションの建築、分譲を目的とする土地建物の売買協定につき、何ら法的拘束力を有しないという主張も、売買の予約であるという主張もいずれも退け（後者については、売買契約締結のための交渉を予定しているというのがその理由)、「これにより、当事者としては、売買契約の成立に向けて誠実に努力・交渉すべき信義則上の義務を負うに至ったというべきである。したがって、一方の当事者が、正当な事由もないのに売買契約の締結を拒否した場合には、右信義則上の義務違反を理由として相手方の被った損害につき賠償すべき義務を負うものと解するのが相当である」とし、買主側として協定した者が売買を拒否したのは、主としてバブル景気が崩壊したことによるマンション市況の悪化が理由であり、大手マンション販売業者としては本件協定締結に当たっては景気の動向等諸般の事情を総合的に検討したはずであり、協定からわずか1年後に市況の悪化を理由に売買を拒絶するのは、正当な理由ではないとして、「契約準備段階における信義則上の義務に違反し売買契約の締結を拒否した」として責任が肯定されている。

1-7 　　**(b) 業務提携**　　銀行再編の動きの過程で、X（住友信託銀行）とY（UFJ信託銀行）との間で共同事業化のための「基本合意書」が作成されたが、後者が一方的にこの合意を破棄し、他の銀行と交渉を開始した事件がある。XがYに対して、三菱東京フィナンシャルグループとの業務提携にかかる取引に関する情報提供または協議を行うことの禁止を認める仮処分決定は東京高決平16・8・11で退けられ、最高裁でもこの結論は支持されるが、その際に***1-8***のように判示されている[6]。

第 1 章　契約の成立　31

1-8　●最判平16・8・30民集58巻6号1763頁　「前記の事実関係によれば、本件基本合意書には、抗告人（X）及び相手方らが、本件協働事業化に関する最終的な合意をすべき義務を負う旨を定めた規定はなく、<u>最終的な合意が成立するか否かは、今後の交渉次第であって、本件基本合意書は、その成立を保証するものではなく、Xは、その成立についての期待を有するにすぎないものであることが明らかである。そうであるとすると、相手方らが本件条項に違反することによりXが被る損害については、最終的な合意の成立によりXが得られるはずの利益相当の損害とみるのは相当ではなく、Xが第三者の介入を排除して有利な立場で相手方らと交渉を進めることにより、Xと相手方らとの間で本件協働事業化に関する最終的な合意が成立するとの期待が侵害されることによる損害とみるべきである。</u>Xが被る損害の性質、内容が上記のようなものであり、事後の損害賠償によっては償えないほどのものとまではいえないこと、前記のとおり、<u>Xと相手方らとの間で、本件基本合意に基づく本件協働事業化に関する最終的な合意が成立する可能性は相当低いこと</u>、しかるに、本件仮処分命令の申立ては、平成18年3月末日までの長期間にわたり、相手方らがX以外の第三者との間で前記情報提供又は協議を行うことの差止めを求めるものであり、これが認められた場合に相手方らの被る損害は、相手方らの現在置かれている状況からみて、相当大きなものと解されること等を総合的に考慮すると、本件仮処分命令により、暫定的に、相手方らがX以外の第三者との間で前記情報提供又は協議を行うことを差し止めなければ、Xに著しい損害や急迫の危険が生ずるものとはいえず、本件仮処分命令の申立ては、上記要件を欠くものというべきである」。

2　いわゆる「契約締結上の過失」

(1)　契約締結上の過失の意義——交渉段階の信義則に支配される法律関係

1-9　いわゆる契約締結上の過失という問題は、契約で約束した給付をしなかったと

6　東京地判平16・8・4未公刊では、この合意書の中の、「誠実交渉義務」と「独占交渉義務」についての規定が問題になり、仮処分事件ではその合意の効力が問題とされた。この点については、予約とは異なって最終的な合意をする義務を負わせるものではないが、その中の「独占交渉義務に関する合意は、最終的な合意に至る交渉過程においてこそ意味を有するものであって、最終合意の方向性を示す条項とは異なり、交渉過程における中間的な合意書面の中に置かれていても、法的拘束力を持たせるのが当事者の通常の意思に合致する」と判示されている。その後の1,000億円の損害賠償請求訴訟においては、独占交渉義務及び誠実交渉義務違反を認め、「これらの義務違反による債務不履行責任」を認めながら、最終契約の内容が確定していたとはいえず、契約が成立することにより原告が得ることのできた履行利益というものを観念できないので、「契約が締結されていれば得られたであろう利益相当額の賠償義務を負わせることは、そもそも不可能である」、「<u>本件協同事業化に関する最終契約が締結されていれば原告が得られたであろう利益相当額は</u>」「<u>独占交渉義務違反及び誠実協議義務違反と相当因果関係にある損害ということはできない</u>」として、請求が棄却されている（東京地判平18・2・13判タ1202号212頁）。

いう契約ないし契約上の債務の不履行ではなく、契約締結過程における信義則上の注意義務の違反をめぐる事例の総称といってよい（池田・注3文献、新注民(13)84頁以下［潮見］参照）。当初は原始的不能の類型だけが問題とされ、また、契約責任を認める「責任法理」について名づけられたものであるが、今や次第にその問題とされる類型が拡大され、そしてそれに応じて契約締結に際して当事者の一方に何らかの義務違反が認められる場合の他方当事者の救済を「契約締結上の過失」の名の下に論じるようになっており、1つの責任原理というよりもこのような多様な事例についての救済を扱う問題の「総称」化している[7]。

この問題は、契約の交渉過程における交渉当事者の行為義務をどう規律するかという問題でもある。売買契約であれば、売主はより高く、買主はより安くと考え、両当事者の利益は相反するものであり、詐欺や強迫に該当しない限り自分の利益の追求のために契約をするのであり、一方が他方の利益のために契約をするのではない[8]。しかし、そのような駆け引きが許される以上に、詐欺や強迫を行ってはいけないだけで、本来的には相手方の利益への配慮は問題にならないのであろうか。また、契約締結の判断に必要な情報や専門知識については、契約自由・自己責任の原則の下では、各自が自分の費用と責任とで取得すべきであり、一方がそれを怠り自己に不利な契約をしたとしても、やはり詐欺でもない限り救済の必要はないことになる。

しかし、専門事業者・消費者間に見られるように、そういい切れなくなってきているのが現状である。そこで、①信義則により支配される信頼関係を交渉段階で当事者間に認め、どのような場合に信義則上相手方の利益への配慮義務を認め、その内容をどのようなものとするか、②その義務の違反を不法行為により規律するか、債務不履行として規律するか、また、③損害賠償の範囲を信頼利益に限定するか、といったことが議論されているのである[9]。

---

[7] これらを「契約締結上の過失」という1つの法理として括る意義を否定するものに、円谷・注4文献106頁以下、加藤雅信『民法大系Ⅰ』286頁、潮見Ⅰ539頁。

[8] 交渉過程を、「戦略的」なものと「信認的」なものとに区別をして考察するものに、三枝健治「アメリカ契約法における開示義務（2・完）」早稲田法学72巻3号152頁以下。

[9] 契約締結前後でドラスティックに法の世界が変更を遂げるというのが古典的な理解であったが、現在では、「熟度論」のように段階的に発展していくものと考え、契約が無から有に変じるということは全く観念的であるという理解もされるようになっている（不動産売買についてであるが、鎌田薫「不動産売買契約の成否」判タ484号20頁）。なお、交渉過程で、当事者の一方が秘密として提示した情報は、後に契約が締結されたか否かを問わず、

1-10　**【ドイツ民法における発展と近時の契約法の動向】**
　　(1) **ドイツにおける発展**　　元来、契約締結上の過失は、19世紀のドイツ普通法学において、イェーリングが契約締結をしたが原始的不能で、契約が無効な場合にも、その保護を契約責任の訴権により可能にするために考えたものであり、20世紀のドイツにおける保護義務論と手を携えて拡大をしていった法理である（デパートで店員に絨毯の説明を受けている最中に、絨毯が崩れて説明を聞いていた客が負傷をしたり、店で床に落ちていたバナナの皮や野菜くずで滑ったなどの事例にも債務不履行責任が肯定される）。そして、その背景にはドイツ民法における、不法行為責任による保護の狭隘性という事情があり、それを埋め合わせるために債務不履行が拡大されていったのである。従って、立法的解決の選択肢としては、不法行為法の改善によりこのような場合の被害者救済を図るということも考えられるが、2002年改正のドイツ民法の採用したのは、これまでの判例・学説を承認することであった。即ち、ドイツ民法311条2項は、保護義務を交渉の開始により成立することを規定する[10]。

1-11　　(2) **近時の契約法の立法提案など**　　例えば、ヨーロッパ契約法典草案の第2章「契約の成立」第一節「契約前の交渉」でも、契約の交渉段階における誠実交渉義務や情報提供義務を明文化している（⇒注15参照）。その違反を債務不履行と構成するか否かは別として、今や、契約締結段階において信義則によって誠実に行動すべきであり、契約自由がこのことに支障にはならないことは当然視されているといってよい。

(2) 無効な契約が締結された場合（不能型）

1-12　例えば、特定物の売買で、その目的物がたまたま契約の前日に盗難に遭い紛失してしまっていたが、売主がそれに気がつかずにその物の在庫を確認しないで売却してしまった場合、契約は原始的不能により無効と考えられている[11]。なお、既に他に売却し引渡済の場合も原始的不能であるが、他人物売買の特則があり、契約は有効である（560条）。契約は無効なので、契約の成立を前提として履行できないことを問題とすることはできず、売却前に確認しないで無効な契約を締結させた注意義務違反を問題にするしかない。問題は、①責任の法的性質、及び、

　守秘義務が負わされることは、PICC 2-16条などの認めるところであり、日本においても、規定はなくても同様の義務が認められるであろう。
10　ドイツ民法311条2項「241条2項の義務［241条2項は「債務関係は、その内容及び性質の顧慮のもとに、各当事者に相手方の権利及び法益を顧慮する義務を負わせる」と保護義務論を明記する］を伴った債務関係は、1　契約商議の開始、2　それによって一当事者が法律行為的な関係において相手方にその権利、法益及び利益への作用の可能性を与え、または彼にこれをゆだねる、契約の勧誘、または、3　それに類似した法律行為的な接触、によっても発生する。」（条文訳は、半田吉信『ドイツ債務法現代化法概説』による。）
11　法律的な不能でもよく、東京地判昭60・9・17判夕616号88頁は、住宅の建築が原則として禁止されている市街化調整区域における建物建築工事契約を原則的に不能で無効とした。

②損害賠償の範囲である。なお、相手方が履行不能を知らないことは必要であるが、過失相殺がされればよいので、無過失までは必要ではない（川井9頁は無過失まで要求）。

1-13　**(a) 債務不履行責任説**　415条の債務不履行責任は給付義務の不履行に限らず、信義則に基づく付随義務違反をも含むということが、今では判例・学説により広く認められており（⇒債権総論**3-153**以下）、契約を締結しようとして交渉を開始して信頼関係を形成した以上、相手方の法益に対してある程度配慮をすべき信義則上の義務が生じ、売主が在庫の確認もしないで販売したのはこの義務の違反であり、債務不履行責任が成立するという考えが可能である[12]。この立場においても、損害賠償の範囲について次のように理解が分かれる。

1-14　❶ **信頼利益の賠償に限定する説**　先ず、契約が無効で法的に保護されない以上、契約上の債権の効力に支えられた履行を受けるという利益保障はここでは認められず、従って履行利益の賠償は請求できず、単に契約を有効と信じたがために無益に費したことになってしまった支出を損害として（これを履行利益に対して信頼利益という）賠償請求できるだけという考えがある（近江35頁。半田22頁は、不法行為責任に準じた信義則上の責任と構成しつつ、信頼利益に限定する）。

1-15　❷ **履行利益の賠償まで認める説**　これに対して、そもそも原始的に給付が不能であることを理由に契約を無効とする必然性はなく、また、履行すると約束しているのだから、契約がたとえ無効であっても、通常の債務不履行同様に履行利益の賠償まで認めてよいという考えもある（星野51～2頁）。また、履行不能が債務者たるべき者の帰責事由による場合に限り、履行利益の損害賠償を認めるという折衷説もある（内田74頁。帰責事由がなくても信頼利益の賠償請求を認めることになる）。

1-16　**(b) 不法行為責任説**　契約上の義務とは別個に信義則上の義務を考え、その義務違反につき債務不履行責任を認めるのはドイツ法的な考えであり、契約もないのに債務不履行責任を認めることに疑問を持ち、不法行為責任で処理すれば

---

[12] この立場で、更に不法行為責任も成立し請求権の競合問題が生じるかは議論がある。このような、交渉相手への積極的な配慮義務は信義則上の注意義務としてのみ認められ、不法行為法上の不可侵義務として認めることはできず、債務不履行しか成立しえないのではないかという議論である。また、信義則上の義務ではなく、履行ができることについて「前提的保証合意」がされていると考えて、債務不履行責任を認める提案もされている（加藤雅信「不能論の体系」法政論集158号55頁以下、宮下修一『消費者保護と私法理論』218頁）。

十分であるという考えもあり、本書もこの立場を支持している。即ち、ここでは債権の効力として履行利益の賠償を対象とする債務不履行責任を問題にはできないため、不能な契約を締結して相手に損害を与えない義務違反による不法行為を問題にすればよいと考える[13]。そして、損害賠償の範囲については、709条の「よって生じた」という因果関係を相当因果関係と解することにより、416条から離れて、即ち必ずしも予見可能性にこだわることなく、賠償範囲を確定すればよい[14]。

(3) 契約交渉の一方的破棄（交渉破棄・不成立型）

1-17　契約交渉が長期にわたり、そのための費用もかなり費やしたのに、最終的には相手方が一方的に契約の締結を拒絶してきた場合、**1-1**のように何らかの交渉過程での合意が認められる場合でなければ、相手方の責任は問題にならないのであろうか[15]。契約自由の原則があるので、契約をするかどうかは自由であり、契約

---

[13] 但し、これは原始的不能の契約は無効、ということが前提であり、原始的不能の契約も締結された以上は有効であり、後発的不能と同様に相手方に契約解除、損害賠償請求を認める（免責事由があれば免責される）という考えを採れば、無効な契約をした責任を問題にする必要はない（⇒**1-128**以下）。

[14] 例えば、その後他に売却したが安くしか売れなかったという差額の損害については、履行利益の問題のようであるが、販売を妨害する不法行為の場合でも賠償範囲に含まれるのであり、履行利益か信頼利益かという問題に拘泥する必要はない（履行利益・信頼利益については、高橋眞『損害概念論序説』参照）。

[15] PECL 2-301条2項は、信義誠実の要請に反して、交渉を行ったり破棄した場合には、相手方に対してそれより生じた損害の賠償を義務づけられることを規定する。また、PICC 2-15条も、「当事者は事由に交渉することができ、合意に達しなくても責任を負わない」（1項）、「前項の規定にかかわらず、交渉を不誠実に行いまたは交渉を不誠実に破棄した当事者は、相手方に生じた損害につき賠償の責任を負う」（2項）、「特に、合意に到達しない意思を有しながら相手方との交渉を始め、または交渉を継続することは、不誠実なものとする」（3項）、と規定する。

　ヨーロッパ契約法典草案第6条も、「〔契約の交渉の〕各当事者は、契約を締結するために交渉を行う自由を有し、契約が締結されなくても一切責任を負うことはない。但し、信義誠実に反する行動である場合には、この限りではない」（1項）、「契約を締結しようという意図もないのに交渉を行い、また続ける当事者は、信義誠実に反して行動するものである」（2項）、「交渉の最中に、当事者が締結しようとしている契約の本質的要素についてすでに検討した場合には、契約の締結について合理的な信頼を相手方に生じさせながら、正当な理由なしに交渉を破棄した当事者は、信義誠実に反して行動するものである」（3項）、「前項までに規定された事例において、信義誠実に反する行動をした当事者は、他方当事者が受けた損害を賠償する責に任ずる。但し、契約の締結のためにこの者〔＝相手方当事者〕が交渉中に支出をした費用、及び、並行している交渉による同じような〔契約をする〕機

の締結を拒絶したことが義務違反となることはないのが原則である。しかし、例外は認められないのか、例外が認められる場合にその要件をどう考えるべきか議論がされている[16]。

　本書としては、先ず責任の性質を先に述べてしまうと、この場合も不法行為の成立を認めれば十分であり（賃貸借契約の締結を拒絶した事例で、神戸地尼崎支判平10・6・22判時1664号108頁は、不法行為責任を認めた）、損害賠償については416条を適用せず本来の相当因果関係により規律すればよいと思われる（他に売却するチャンスを失った損失など）。そして、要件としては、契約自由の原則からいって、原則はどんなに契約締結のため費用を費やそうと相手が契約をしてくれなかったら、その

　　会の喪失〔による損害〕を限度とする」（4項）と規定する。また、同法典第7条は、「〔契約〕交渉の最中において、各当事者は、相手方が契約を締結する利益があるか、また、契約の有効性について考慮することを可能とする、自ら知りまたは知り得べかりし一切の事実上また法律上の状況について相手方に知らせる義務を負う」（1項）、「情報を提供しなかったり、誤った情報を提供したり、情報を完全に提供しなかった場合に、契約が締結されなかった、または、契約が無効となったならば、信義誠実に反する行動をした者は、第6条4項に規定する限度で、他方に対して責任を負う。もし契約が締結された場合には、〔信義誠実に反する行動をした者は、〕裁判所により公平に従い評価される〔受領した〕金額賠償金を返還または支払う義務を負う。但し、相手方に契約につき錯誤を援用する権利は害されることはない」（2項）と規定する。

16　池田・注3文献は、契約交渉の破棄事例を、「誤信惹起型（説明義務違反型）」と「信頼裏切り方（契約締結利益＝誠実交渉義務違反型）」とに分けて検討し、後者について「信頼」を重視した検討の重要性を指摘するが、責任の性質には興味を示さない（不法行為の可能性を示唆するだけである）。なお、行政が企業を誘致したが、その後に行われた村長選挙により建設反対派が勝利し、計画が撤回され誘致され資金を既に費やした企業が損害を被った事例で、地方公共団体の709条による責任が肯定されており、契約締結交渉そのものとは異なるが参考になる判決である（最判昭56・1・27民集35巻1号35頁）。地方公共団体が一定内容の将来にわたって継続すべき施策を決定してもこれに拘束されるものではないが、「右決定が、単に一定内容の継続的な施策を定めるにとどまらず、特定の者に対して右施策に適合する特定内容の活動をすることを促す個別的、具体的な勧告ないし勧誘を伴うものであり、かつ、その活動が相当長期にわたる当該施策の継続を前提としてはじめてこれに投入する資金又は労力に相応する効果を生じうる性質のものである場合には」、「右のように密接な交渉を持つに至った当事者間の関係を規律すべき信義衡平の原則に照らし、その施策の変更にあたってはかかる信頼に対して法的保護が与えられなければならない」として、「社会観念上看過することのできない程度の積極的損害を被る場合に、地方公共団体において右損害を補償するなどの代償的措置を講ずることなく施策を変更することは、それがやむをえない客観的事情によるのでない限り、当事者間に形成された信頼関係を不当に破壊するものとして違法性を帯び、地方公共団体の不法行為責任を生ぜしめる」ものとしている。

損失は自分の負担だという危険を引き受けなければならないのであり、また、責任を負わせるのは間接的に契約自由の原則の制限になり、慎重でなければならないと考える（特に、相手の意思を確認せず既成事実を勝手に積み重ねていって契約を迫るというのは妥当なやり方ではない）。また、例外的に、責任を認める場合にも[17]、本来は各当事者の負担すべき費用であるので、安易に相手方の言葉に信頼し、本来ならば契約がされてから行うべき費用の支出などをしたことについて、過失相殺を活用すべきであろう[18]。

なお、損害賠償責任の性質であるが、最高裁判例として **1-19** のような判決があるが、債務不履行責任を認めたものかは明確とはいえない（債務不履行責任を主張する学説として、本田純一『契約規範の成立と範囲』50頁以下）。

1-18 【交渉破棄型の事例と損害賠償の範囲】　交渉破棄型の事例では契約は成立していないので、契約上の債権が成立しておらず、債権の効果として認められる履行利益の賠償が請求できないかのようである（信頼利益の賠償に限定する学説として、川井9頁）[19]。

そもそも信頼利益と履行利益との区別は明確ではない。例えば、破棄後に目的物件の価格が下落し、安くしか売れなかった場合、その値下がり額は履行利益の問題と考え、契約が成立していないのにこれを認めるのは背理であると考えられるかのようである。しかし、このようないわば販売の「機会の喪失」といった損害については、不法行為においてもこの差額の賠償請求は場合によっては可能である。即ち、

---

[17] 交渉破棄者の責任が認められる場合にも、不法行為ないし信義則上の義務とされる行為は、契約自由の原則があるので契約を締結をしなかった行為そのものではなく、契約締結をするかどうか未確定なのに相手に契約締結が確実といった信頼を惹起した行為にすぎないことを注意すべきである。

[18] 判例の分析として、池田・注3文献195頁、河上正二「わが国裁判例にみる契約準備段階の法的責任——交渉破棄事例を中心に〈総合判例研究〉」千葉大学法学論集4巻1号189頁、円谷・注4文献178頁以下、渡辺博之「わが国における『契約交渉の際の過失責任』の総合的分析(1)〜(5)」判時1679号、1682号、1685号、1688号、1691号参照。

[19] 学説には要件を加重した上で、履行利益の賠償を認める提案がされている。ほぼ合意が成立し、契約締結日を待つのみの段階に交渉が進んでいた場合には、当事者の期待は一種の期待権類似のものにまでになっているとして、128条、129条を類推適用して履行利益の賠償を認める提案（今西康人「契約準備段階における責任」『不動産法の課題と展望』80頁）、「交渉の熟度」に加えて「破棄者側の背信性の強さ」を履行利益の賠償請求ができるための要件とする提案（本田純一『契約規範の成立と範囲』37頁）などがある。これに対して、損害賠償の範囲に関する一般法理によって決すれば足り、必ずしも明確な概念ではない「信頼利益」に限定する必要はないという主張もされている（民事法Ⅲ11頁［中田康裕］）。

マンション建設反対などで不当に販売を妨害した場合に、高い値段で売る機会を害され、値下り後の販売による損失を不法行為を理由に賠償請求できるはずであり、破棄型はましていわんやである。そのためには、交渉が煮詰まっていたため他からの買い入れの申込みを断ったといったように、他に売れる可能性が高かったなどの損害の確実性の要件が充たされることが必要である。ここでの絞りをかけることにより妥当な結論を認めれば足りるであろう。

1-18-1　● **最判昭58・4・19判時1082号47頁**　土地の売買交渉を進め、売買代金をはじめ、約定すべき事項について、相互の諒解に達し、一旦、契約を締結すべき予定日まで取り決めたけれども、売主Yが契約締結期日における契約締結の延期を申し入れると共に、建物取壊費用の負担について、買主Xに不利益に変更する申入みをして、Xからその承諾を得た後、再度契約締結日を相互で取り決め、かつYはXの求めに応じて契約事項の確認を目的とした土地付建物売買契約書と題する書面の売主名欄に、その記名用ゴム印を押捺したばかりでなく、Y自らも、特約事項を記載した書面を作成してXに交付したが、Yが結局契約締結を拒絶した事例で、Xとしては、「右交渉の結果に沿った契約の成立を期待し、そのための準備を進めることは当然であり、契約締結の準備がこのような段階にまでいたった場合には、YとしてもXの期待を侵害しないよう誠実に契約の成立に努めるべき信義則上の義務があると解するのを相当とし、Yがその責に帰すべき事由によってXとの契約の締結を不可能ならしめた場合には、特段の事情のない限り、Xに対する違法行為が成立するというべきである」とした原審判決が是認されている。

1-19　● **最判昭59・9・18判時1137号51頁**　Xは分譲マンションの建築の着工と同時に買受人の募集を開始した。Yは歯科医院を経営していたが、かねてからよい物件があれば移転したいと思っていたので、このマンションを知りXと交渉を開始した。Yは歯科医院開業のためのレイアウトを専門業者に作成してもらい、これをXに交付した。Yは歯科医院を経営するには電気を大量に消費するので、Xに問い合わせた。Xは調べたところ電気容量が不足するので、Yの意向を確認することなく東京電力と電気容量変更契約等をしてしまい、これをYに告げこれに伴う出費を上乗せするよう求めてきたが、その際、Yは特に異議を述べなかった。Yとしては1階だけではスペースが足りないので、2階も使えることを望んでいたが、2階部分の所有者（敷地所有者）から2階の1室について賃貸してよいという申し出があったが、結局、これを断り、最終的にYはXからのマンションの購入を拒否した。そのため、Xが主位的には契約の成立を主張し、予備的には、契約締結上の過失を理由として損害賠償を請求した。

1-20　**(1) 第1審及び原審判決**　第1審は「取引を開始し契約準備段階に入ったものは、一般市民間における関係とは異なり、信義則の支配する緊密な関係にたつのであるから、のちに契約が締結されたか否かを問わず、相互に相手方の人格・財産を害しない信義則上の義務を負うものというべきで、これに違反して相手方に損害を及ぼしたときは、契約締結に至らない場合でも契約責任としての損害賠償義務を認めるのが相当である」と判示し、控訴審も同様であった。「取引を開始し契約準備段階に入ったものは、一般市民間における関係とは異なり、信義則の支配する緊密な関係にたつのであるから、のちに契約が締結されたか否かを問わず、相互に相手方の人格、財産を害しない信義則上の注意義務を負うも

のというべきで、これに違反して相手方に損害をおよぼしたときは、契約締結に至らない場合でも、当該契約の実現を目的とする右準備行為当事者間にすでに生じている契約類似の信頼関係に基づく信義則上の責任として、相手方が該契約が有効に成立するものと信じたことによって蒙った損害（いわゆる信頼利益）の損害賠償を認めるのが相当である」。

1-21　**(2) 最高裁判決**　そして、最高裁も「原審の適法に確定した事実関係のもとにおいては、Yの契約準備段階における信義則上の注意義務違反を理由とする損害賠償責任を肯定した原審の判断は、是認することができ、またY及びX双方の過失割合を各5割とした原審の判断に所論の違法があるとはいえない。」とした。「契約準備段階における信義則上の注意義務違反を理由とする損害賠償責任」とは表示しているが、債務不履行責任ということまで認めたのかは明らかではない。

(4) 不公正な方法による契約締結（有効成立型）
——契約締結の際の説明義務・警告義務違反

1-22　**(a) 基本的立場**

❶ **債務不履行責任説——契約締結上の過失法理による解除**　以上の事例と異なって契約が有効に成立している事例でも、例えば土地の売買で有効に契約が成立したが、法律上の規制があって買主が購入の目的とした使用ができない場合、事業者である売主としてはそのような事情を調査してこれを告げて、無駄な契約をさせないよう配慮する義務を認め（**説明義務**ないし**情報提供義務**。情報提供を超えた**助言義務**とは異なる）、その義務違反を考えることができる。

そして、この義務も契約成立前の交渉段階における義務であるため、ここでも契約締結上の義務の違反として、また、そのように構成する実益として契約締結上の過失による損害填補と方法として買主は契約を解除できると考えられている（本田純一「『契約締結上の過失』理論について」『現代契約法体系1』1205頁以下）。確かにこのような場合、民法の既存の錯誤、詐欺、担保責任などの制度では十分には、被害者とくに消費者が保護できない。例えば、消費者を先物取引などに事業者が勧誘する際に、適切な説明をしなかったといったような場合に、錯誤や詐欺では消費者を十分に救済することはできない。そのため、契約締結上の過失を理由とする解除を認めて消費者を保護しようとしたのが、この学説の意図するところである。しかし、現在では消費者取消権が創設されており、この学説の意義はあまりなくなっている[20]。

20　消費者保護の方法については、錯誤による無効など契約の拘束力を解放する方法、及び、損害賠償による方法とが考えられ、事例により適切な方法を消費者が選択できてよいであろう。判例上、損害賠償責任が認められたものとしては、フランチャイザーのフランチャ

1-23 ❷ **不法行為説──詐欺などの法理の拡大**　これに対して、本書としては、詐欺行為は不法行為であり、それよりも違法性が低い程度の説明義務についても、敢えて債務不履行と構成しなければ責任が認められないとは考えず、故意か過失かで区別せずいずれも不法行為を問題にする。そして、基本的には、錯誤法理の拡大ないし詐欺法理の拡大により、相手方消費者は契約を白紙に戻すことを認めるべきであるが、現在では消費者取消権が創設されているので、その活用も考えるべきであろう。また、便宜上、損害賠償として支払った金額を賠償請求することも認められる場合も考えられる[21]。

1-24 　**(b) 問題となる事例類型**　問題となる事例類型を整理しておこう。

　❶ **欺瞞的取引**　詐欺に積極的に該当すれば、96条1項により被害者は契約を取り消すことができる。しかし、確実でもないのに値上がり確実などと断言して、消費者に契約をさせる場合には、詐欺と言い切れない、ないし故意の証明が難しい点がある。しかし、現在では、この類型の消費者取引については、消費者契約法4条1項1号によって、いわゆる消費者取消権が認められている。

1-25 　❷ **説明義務（ないし情報提供義務）違反**　消費者が契約をするか否かの意思決定において重要な事項について、自分に不利な情報を事業者が故意的にまたは不注意で、消費者に告げないことがある。その場合に、民法上も不作為による詐欺を認めることができるが、現在では、消費者契約法4条1項2号により消費者取消権が認められている。また、説明義務違反を不法行為または債務不履行として、損害賠償を請求することも考えられる[22]。

　　イジーの勧誘に際しての情報提供義務（信義則上の保護義務という）違反による債務不履行責任を認めたもの（京都地判平3・10・1判時1413号102頁）、予備校の入学の勧誘に際しての虚偽の宣伝、説明を理由とする不法行為責任を認めたもの（大阪地判平5・2・4判時1481号149頁）などがある。その他、*1-26* のような特殊な事例もある。いずれにしても判例は、不法行為の問題として処理しており、説明義務の問題も含めて不法行為法で説明されるべきである（説明義務ないし情報提供義務につき、後藤巻則『消費者契約の法理論』1頁以下、潮見佳男『債権総論Ⅰ（第2版）』565頁以下参照）。

21　例えば、予備校や学習塾の虚偽の宣伝がされた場合に、全く授業として意味をなさない場合には、支払った授業料全部を損害として賠償が認められており（福井地判平3・3・27判時1397号107頁、大阪地判平5・2・4判時1481号149頁、大阪地判平15・5・9判時1828号68頁）、宣伝どおりの授業が一部行われなかったにすぎない場合には、その分の割合に応じて支払った授業料などが損害として賠償が肯定されている（東京地判平15・9・10判時1847号34頁。なお、神戸地判平14・3・19判例体系CDは、損害ではなく当然の代金減額を認めて返還請求を認める）。

第 1 章　契約の成立　*41*

　　なお、単なる情報提供ではなく、より高度の義務として契約に際して専門的知識・経験を持つ側が、他方当事者に対して契約締結に際して種々の助言をする「助言義務」も考えられるが、契約締結後も継続的に続く義務であり、契約前に前倒し的に契約の意思決定の判断のために必要なために認められる義務である（情報提供義務を端的に基本契約上の義務と構成する提案として、宮下・注**12**文献）。

1-26　【説明義務違反をめぐる近時の判例】　　説明義務違反を認めた判例としては、次のような最高裁判決がある。

　　高額のマンションを購入した買主Ａが、防火戸のスイッチの説明を受けず、その場所が分かりにくかったためオフのままになっており、そのため火災に際して防火戸が作動せず、買主Ａが火傷を負い死亡した事例で、売主及び仲介業者の説明義務違反が認められている（最判平17・9・16判タ1192号256頁⇒**13-55**）。また、火災保険締結に際して、地震によって生じた火災は対象外であることが説明されなかった事例で、説明義務の可能性は認めながら、「このような地震保険に加入するか否かについての意思決定は、生命、身体等の人格的利益に関するものではなく、財産的利益に関するものであることにかんがみると、この意思決定に関し、仮に保険会社側からの情報の提供や説明に何らかの不十分、不適切な点があったとしても、特段の事情が存在しない限り、<u>これをもって慰謝料請求権の発生を肯認し得る違法行為と評価することはできない</u>」とされている（最判平15・12・9民集57巻11号1887頁）。これに対して、公団住宅の建替えに際して、賃借人に優先的に分譲されたが、同等の価格で直ちに一般分譲されると買主（賃借人）側は思い、適切な価格であると信じていたが、公団は適正価格ではないことを認識しており、直ちに一般分譲せずその後に値引き販売をした事例で、「<u>一般公募を直ちにする意思がないことを全く説明せず、これによりＸらがＡの設定に係る分譲住宅の価格の適否について十分に検討した上で本件各譲渡契約を締結するか否かを決定する機会を奪った</u>」とされ、「本件各譲渡契約を

22　説明義務ないし情報提供義務については、中田裕康ほか編『説明義務・情報提供義務をめぐる判例と理論』（判例タイムズ1178号）及びその引用文献参照。2005年のフランス民法改正予備草案にも、判例の成果を取り入れた次のような規定が提案されている。
　　1110条「他方当事者にとって決定的に重要である情報を知っているないし知っているべき契約当事者は、それを知らせるべき義務を負う」（1項）。「この情報提供義務は、自ら情報を得ることが不可能な者、とりわけ契約の性質、ないし、当事者の性質からして他方の契約当事者に正当に信頼することが許される者のためにのみ認められるに過ぎない」（2項）。情報提供義務の債権者と主張する者が、他方当事者が問題の情報を知っていたないし知るべきであったことを証明しなければならず、情報保有者は、その義務を充たしたことを証明して責任を免れることになる」（3項）。「契約の原因ないし客体と直接の関係を有する情報は、関連性を有するものと考えられる」（4項）。1111条「情報提供義務に違反した場合には、欺罔の意思がなくても、その義務者の責任を生じさせる」。

締結するか否かの意思決定は財産的利益に関するものではある」が、「慰謝料請求権の発生を肯認し得る違法行為」と認められている（最判平16・11・18民集58巻8号2225頁）。後者では、価格が適正でないことを認識していたという主観的な態様の差により、行為の違法性ないし非難の程度が高かったということが、慰謝料請求が認められるか否かの差につながったものと思われる。

　最高裁判決以外にも注目される判決が多数出されており、**1-29**以下に紹介するもの以外として、建物を建築するために土地を購入したが、その時点で既に土地の南側隣接地に県道の高架道路の建設計画があることを売主が知っていたのに、一切買主に説明がされなかった事例で（その後、県道ができたため、玄関を出ると、すぐ前に高いコンクリート擁壁がそびえ立つといった状態で、圧迫感があり、日照や通風等が妨げられるという支障が生じている）、売主が、本件土地売買の際、南側隣接地に本件高架道路が建設されることを知悉していながら、自宅の建築のために本件土地を購入しようとしていた買主に、「土地利用に支障を来すことが明らかな右事実を説明しなかったことは、不動産取引業者として**重大な契約上の義務違反**である」とされ、不法行為責任が肯定した判決がある（松山地判平10・5・11判タ994号187頁）。虚偽の説明をした事例としては、土地の売買契約に際して、売主が建設業者である買主から土地譲渡の課税につき誤った説明を受け、税務上の優遇措置の適用を受けられると信じて売買契約を締結したが、優遇措置の適用を受けられず修正申告により追加納税を余儀なくされ損害を被った事例で、買主に「契約締結上の過失があり、原告に対し、不法行為による損害賠償義務を負う」ものとされている（大阪地判平10・11・26判タ1000号290頁）。

1-27　【**消費者契約法と情報提供義務**】　消費者契約法3条は、事業者の消費者に対する情報提供を努力義務としてのみ規定したにすぎない。とはいえ、この規定はすべて事業者の消費者に対する情報提供義務が努力義務にすぎないと限定したと考えるべきではなく、解釈によって情報提供義務を認めることができるのは当然である[23]。

　大津地判平15・10・3未公刊は、消費者契約法の趣旨から、「事業者が、一般消費者と契約を締結する際には、契約交渉段階において、相手方が意思決定をするにつき重要な意義をもつ事実について、事業者として取引上の信義則により適切な告知・説明義務を負い、故意又は過失により、これに反するような不適切な告知・説明を

---

[23]　問題は、情報提供義務の根拠づけである。従来は、合意ではなく、交渉により成立した信義則により支配される信頼関係から、信義則に基づいて導かれるといった理解が強かったが、加藤雅信教授は、「前提的保障合意」論、「三層的法律行為」論などを採用し、情報提供義務を当事者の意思に基づく債務として契約の中に取り込むことを提言している。但し、前提的保障合意が認められない場合には、信義則違反を問題とし、契約を無効とし、また、勧誘態様だけで契約の無効を導くことに躊躇するような場合には、事業者の一般的な営業姿勢等の諸要素も考慮したうえで、「合わせ技的公序良俗違反」として処理することが提案されている（宮下・注**12**文献81頁以下、463頁以下）。

行い、相手方を契約関係に入らしめ、その結果、相手方に損害を被らせた場合には、その損害を賠償すべき義務がある」と一般論として説明義務を認めている。この判決では、パソコンスクールの受講契約の際に予約制では、その宣伝する給付制度が利用できないことを説明しなかったとして事業者側に責任を認め、給付制度によれば受けられた30万円を損害として賠償請求を認めた。

1-28　❸ **調査義務違反（過失の事例）**　❷と同じ事例で、問題の事項を事業者も知らず、そのために消費者に告げなかった場合には故意がないので詐欺にはなりえない。しかし、消費者としては事業者の情報収集能力に信頼を寄せている可能性もあり、調査をして消費者に情報を提供することまで信義則上要求される可能性がある[24]。

　このように有効に契約が成立した事例まで、契約締結上の過失の事例に含めてしまうと、あまりにも雑多なものが入ってきて、結局契約締結段階に問題がある場合の事例の総称という意味くらいしかなくなってしまう。更には、瑕疵担保も含めて、担保責任との関係、錯誤との関係など伝統的に既に認められている制度との役割分担をどうするのか、あまりにもほかの既存の制度・法理と競合してしまうことになる（単に契約締結段階に原因がある事例の総称にすぎないという整理が説得的である）。

1-29　【マンションの売買でその後に南側に高層の建物が建築された場合】　眺望や日当たりを売り物にして、リゾートマンションや都会の臨海部のマンションが販売されたが、その後に眺望、日当たりを害するような建物が建設された場合に、購入者としては売主に何らかの法的主張をすることができるであろうか。ここでは、判例の結論を示すだけにして、どのような法的救済が可能かは環境瑕疵のところで説明する。

1-30　**(1) 原則的には買主の救済は無理**　周辺の土地の所有者がその自分の土地をどう利用するか、将来の予測はつかないのであり、買主としては、今はその眺望・日当たりだが、未来永劫それが得られると期待できるはずはない（売主も他人の土地に

---

[24] 土地の有効活用を考えているXが、Y₁銀行から紹介された不動産業者Y₂から、土地上の建物を建て替える計画が提案されその後、北側の土地を3億円で売却すれば資金の捻出が可能とされたが、建物建築後、北側の土地を売却すると残された土地では容積率の制限を超える違法な建物になってしまうことが分かり、売却ができず建物建築のためのY₁からの借入金のために設定された本件土地建物上の抵当権が実行された事例で、Y₂に説明義務違反を認め、また、Y₁についても、北側土地についてXが「確実に実現させる旨述べるなど特段の事情」があれば、「本件敷地問題を含め本件北側土地の売却可能性を調査し、これをXに説明すべき信義則上の義務を肯定する余地がある」として、Y₁の責任を否定した原審判決が破棄されている（最判平18・6・12金判1245号16頁）。

ついて、特別の事情がなければ保障できるはずはない)。したがって、たとえ、現在眺望・日当たりがよいことを売り物にして売りに出されていたとしても、買主は売主に対してなんら救済を求めることはできない。

東京地判平2・6・26判タ743号190頁は、錯誤の主張も詐欺の主張も、瑕疵担保の主張も退けているが、損害賠償については、傍論として、「かかる事柄について説明及び記載をするにつき、事前に充分な調査を尽くすこともなく軽率に行った等、被告の側に過失が認められる場合には、この事により被ったと認められる損害(通常損害として精神的苦痛が考えられる。)については、不法行為に基づく賠償責任が問責されてしかるべきである」と述べるものの、過失の有無を判断するまでもなく、「日照及び眺望を享受し得る利益が経済的価値を有する場合、この価値は、本質的に、周辺の状況の変化によっておのずから変容を余儀なくされる不安定なものであることを併せ考えると、本件で原告らの主張する右損害と右説明及び記載がなされたこととの間に因果関係を認めるのは、相当ではない」とされている(結局、請求棄却)。

東京地判平5・11・29判時1498号98頁も、「眺望自体、その性質上、周囲の環境の変化に伴い不断に変化するものであって、永久的かつ独占的にこれを享受し得るものとはいい難い」とし、他方で、「近々にこれが阻害されるような事情が存するときは、これを知っている、又は、悪意と同視すべき重過失によりこれを知り得なかった売主は、売買契約締結に際し、買主に対し、右事情を告知すべき信義則上の義務を有しているというべく、この義務に違反した売主は買主に対し債務不履行責任を負う」と傍論的に述べるが、マンション建築計画を知っていたとは認められないとして、やはり買主の損害賠償請求を棄却している。また、「眺望自体、その性質上、永久的かつ独占的にこれを享受し得るものとはいい難いことに照らせば、本件不動産からの眺望が原告の予期に反して阻害されるに至ったとしても、結局は、動機の錯誤というべく、右動機が意思表示の内容として表示されていた事実を認めるに足りる証拠のない本件においては、これが本件売買契約の錯誤無効を来すものとは解されない」ともいう。大阪地判平11・12・13判時1719号101頁、札幌地判昭63・6・28判時1294号110頁も売主の悪意を否定して、買主の救済を否定している。

1-31 **(2) 例外も考えられる**　　しかし、例外も考えられる。

❶ 共通錯誤——過失による不適切な説明　売主が、条例により4階以上の建物が建てられなくなったと説明したが、そのような条例は成立していなかった場合、いわゆる共通錯誤として、買主を錯誤無効の主張を認めて救済する余地がある。しかし、前掲東京地判平2・6・26(⇒*1-30*)は、売主の従業員がこのような説明をして欺罔したという主張がされたが、○○町が環境保全のために建築規制を強化し、4階以上の建物については、事前協議の段階で建築に反対する態度で臨む方針であることを、宣伝材料として用いただけであり、欺罔の意思なしとして退けられている。

他方で、東京高判平11・9・8判時1710号110頁、判タ1046号175頁は、契約締結上

の過失にもとづく損害賠償と題して、「本件建物の日照・通風等に関し、正確な情報を提供する義務があり、誤った情報を供して本件建物の購入・不購入の判断を誤らせないようにする信義則上の義務がある」と述べて、南側隣地が横浜駅から至近距離にあるという立地条件と相まって、大蔵省において、早晩これを換金処分し、その購入者がその土地上に中高層マンション等を建築する可能性があることやマンション等の建築によって本件建物の日照・通風等が阻害されることがあることを当然予想できたのに、大蔵省所有だから建物が建たないと説明した点で、この義務違反があるとして売主に損害賠償責任が肯定されている（5割過失相殺）。

1-32　❷ 売主が隣接地の所有者でありかつ保証をした場合　大阪地判昭61・12・12判タ668号178頁は、マンションの庭付きの1階を、交渉段階で、売主が買主に南側の土地は売主所有であり、日照を訴外する建物を建てないことを保証したため、買主が温室で趣味のらん栽培をするために日当たりを重視して購入したが、その後、売主が第三者にその土地を売却してしまい、その第三者が高層の建物を建築した事例で、錯誤無効、解除条件成就を否定したが、瑕疵担保を肯定して、契約を達しえなくなったわけではないとして解除を否定し、代金中400万円を買主の損害と認めてその賠償が命じられている。また、大阪地判平5・12・9判タ888号212頁は、「バルコニー越しに望む遥か大阪湾の素晴らしい眺望が優雅な暮らしを演出します」というパンフレットの説明があり、眺望が良いことが強調され、南側土地は半分が市有地であり又は里道が通っているので、建物が建つことはないとか、大きな建物を建築することはできないとか、低層のスーパーマーケット位しか建たないとか、被告が購入して又は所有しているので、二階建てまでしか建築しないと説明がされた事例で、「このような経緯からすると、原告らの右信頼は、法的に保護されるべきものであり、被告には、原告らに対し、本件南側土地に本件マンションの眺望を阻害する建物を建築しないという信義則上の義務がある」とし、自分で建築するのみならず、建物を建築することが予想される第三者に売却してしまうことも違反になるとして、財産的損害の賠償を認容している。横浜地判平8・2・6判時1608号135頁も、信義則上建物を建築しない義務を認め、その違反による不法行為を認めている。

【契約締結段階における確認義務違反、表示義務違反】

1-33　● 浦和地判平5・12・27判時1506号128頁　Yの経営するガソリンスタンドにおいて、Xが20ℓのポリタンクを持ってきてガソリンの購入を求めたため、Yの学生アルバイトAはそのタンクにガソリンを詰め、Xの自宅のマンションのエレベーターまで運搬した。Xがこのガソリンを石油ストーブに入れて点火したところ、火力が強すぎるため火災となった事例で、Xら（保険金を支払った保険会社も）がYに対して損害賠償を請求した。

本判決は、A個人には不法行為上の過失はないとしながらも、販売当時の事情からして、「売買契約の締結というXと極めて緊密な契約関係に入ったYの履行補助者であるAには、遅くともポリタンクをマンションのエレベーター内に運び込んだ時点までに、Xが灯油を注文するところを誤ってガソリンの購入を申し込んだのではないかと疑問を持つことは十

分可能であり（現にAは当初からその疑問を持った）、AにおいてXが注文の間違いをしていることに気付き、注文を確認すべき信義則上の付随義務があったと考えられる」、と述べ、Aを履行補助者として使用しているYに「売買契約の債務不履行責任」を認めた（但し、8割の過失相殺）。控訴審たる東京高判平6・9・14判タ887号218頁もこの立場を踏襲している[25]。

1-34　●大津地判平8・10・15判時1591号94頁　事案を簡略化して説明すると、境界間隔について協定がされている分譲宅地に土地建物を所有しているXが、建築業者Yと建物を取り壊して二世帯住宅を建築する契約を結んだ。この契約締結の際、Xは本件住宅建築は先の協定に違反することになるためYの担当者に質問したところ、協定を守らない住民もいるので心配はない旨の説明を受け、そのために契約を締結したものであった。Xは建築確認を得て、建物を取り壊し、地鎮祭を行ったが隣接の住民から協定違反を主張され、結局は建築に着手できず、XはYとの建築契約を解除した。そこで、XがYに対して損害賠償を請求したのであるが、裁判所は次のようにこれを認容している。

「右認定事実によれば、旧建物を取り壊して新建物を建築しようとする原告にとって、本件協定を根拠として境界に関する隣家のクレームが付いた場合に工事中止の危険性があるか否かは、本件請負契約を締結する意思決定に対し重要な事柄であることは疑いを容れないところ、本件協定の拘束力についての見直しは判断困難な事柄ではあるものの、後日Y顧問弁護士が適切に指導していることにかんがみると、本件協定が有効に存続していることを知悉しているYとしては、専門の建築請負業者として、信義則又は公正な取引の要請上、本件請負契約を締結する際はもとより、おそくとも旧建物の取り壊しまでの間に、適切に調査、解明して、本件協定違反による新建物の建築工事に着工した場合には工事中止になる危険性があることを告知ないし教示すべき義務があったのに、過失によりこれを怠り、旧建物が取り壊されるまでの間に右工事中止の危険性を告知ないし教示しなかったため、次項の旧建物相当額、慰謝料の損害を与えたものといわなければならない」。

1-35　●京都地判平12・3・24判タ1098号184頁　「全戸南向き」と表示してマンションを青田売りしたが、それは正確ではなかった事例で、「不動産分譲事業者が居住を目的とする買主に不動産を分譲する場合、売主は不動産売買に関する専門知識を有しているのに対し、買主は事業者から提供される情報を信頼して判断せざるを得ない立場にあることが多く、加えて不動産売買は代金額が高額であり、買主が正確な情報を得て、真に購入を望む物件

---

[25] ガソリンの売買が成立しているので（Xが石油というのをガソリンと言い間違えたのではないし、石油をガソリンと日本語でいうものと内容の錯誤をしているわけでもない）、Yとしては瑕疵のないガソリンを引き渡せば契約上の給付義務としては違反はない。ガソリンの売買で、買主が石油ストーブに使用して火災になってもガソリンの瑕疵ではない（「石油」ストーブにガソリンを使用するのは常軌を逸している）。従って、問題は、ガソリンという危険物を素人に販売するYとしては、Xの用途を確認し間違って石油ストーブに使用して火災を生じないようにする注意義務があるのか、ということになる。ガソリンの使用方法の説明義務というのならば、契約上の義務として契約に結び付けようが、ガソリンを何に使うのかまで確認する義務を、売買契約上の義務とするのは無理がある。このような無理をして、債務不履行責任を拡大した背景には、本件は火災による被害であり、不法行為責任でいったら失火責任法が適用されるという事情があったものと思われる。

を売買の対象とする要請が強いのであるから、<u>不動産分譲事業者には、買主の意思決定に対し重要な意義を持つ事実について、不正確な表示・説明を行わないという信義則上の付随義務がある</u>」として、Ｙは、本件マンションを販売するに当たり、その向きについて不正確な表示・説明をしないよう注意すべき義務があったのに、これに違反したものであり、Ｘらに対し、損害賠償責任を負わなければならないとしたが、<u>財産損害を認めず慰謝料で斟酌している</u>（不法行為に匹敵する違法性があるとして、弁護士費用の賠償も認められている）。

1-36　**(c) 有効成立型についての本書の立場**　本書としては、消費者被害事例では、契約締結過程に問題があり被害者を契約から解放する形での保護は民法が既に用意しているのであるから、詐欺や錯誤を緩やかに運用して消費者保護をはかればよいと考えている（但し、近時は公序良俗に白羽の矢が立っている。山本敬三『公序良俗論の再構成』、大村敦志『公序良俗と契約正義』参照）。確認までにいうと、錯誤を活用するといっても、自己責任の原則からいって単に錯誤があったというだけで契約から解放されるというのは不合理であり、積極また消極の説明義務違反（更には助言義務違反）が相手方にある場合に限られ、このように錯誤法理を再構築した上での話である。学説としては、このような場合の消費者保護のためには、96条2項を類推適用したり、95条と96条の法意に基づく取消しを認める提案もされている（大村敦志『消費者法』88～9頁参照）。また、消費者契約法の制定により、消費者取消権も利用できるようになっており、特に、4条1項はこれまで詐欺によると欺罔の故意の点で証明が困難であったのを救済するために、故意を要件としておらず消費者保護を大きく前進させている。

(5) 契約締結交渉中に知りえた相手方の情報についての守秘義務

1-37　契約交渉の過程で、相手方が提供した情報については、これを無断で利用したり公表したりしない義務が負わされるというべきである[26]。交渉段階での合意でこの義務が明示的に合意されることが多いが、合意がなくても、不可侵義務の信義則により支配される交渉関係における具体化として、当然に認められるべきである。これに違反し、相手方に損害を与えたならば、その賠償義務を免れない。合意がある場合には債務不履行、合意がない場合には不法行為となるが、責任内

---

[26] ヨーロッパ契約法典草案8条は、「〔契約〕当事者は、交渉の最中に秘密裏に取得した情報の使用を控える義務を負う。」（第1項）、「この義務に違反した当事者は、相手方に生じた損害を賠償する義務を負う。もし、この〔義務に違反した〕者が秘密の情報により不当な利益を得ている場合には、相手方当事者に対して、その利得の範囲内での損害賠償を義務づけられる」（第2項）と規定している。

容に差を認める必要はない[27]。

(6) 契約締結上の加害

1-38　契約締結上の過失の一種として、契約交渉中の積極的加害（例えば、建売住宅の建築現場に案内して、安全が確保されていなかったため顧客が事故により負傷するなど）を受けた場合も問題とされている[28]。もし信義則から安全配慮義務や保護義務といったものが導き出されるのだとすれば、契約の交渉のため接触し、自己の支配領域（建築現場）に相手が入る場合その安全を配慮すべき義務、即ち単なる不法行為上の他人を侵害してはならないという不可侵義務ではなくて、積極的に相手の安全を保護する義務が生じるということになる。そして、信義則から生じる安全配慮義務等の違反にも債務不履行責任が認められるということを結び付ければ、ここでも、契約さえなくても債務不履行責任を導くことは不可能ではない。そして、従業員の過失は履行補助者の問題に解消される。しかし、本書としては、不法行為責任を認めれば十分であると考えている。

---

[27] 時効期間や損害賠償の範囲などの点で債務不履行責任と不法行為責任との間に差が生じるが、不法行為と債務不履行は白黒単純に形式的に決めるのではなく、時効などそれぞれの問題について、不法行為でありながら債務不履行についての特別規定の趣旨が妥当するような事例もあり、中間的な灰色の領域があり、これをオール・オア・ナッシング的に処理するのは土台無理である。損害賠償法については根本的な再構成が立法論的には必要である（解釈論としても、債務不履行にも724条を類推適用すべきである）。

[28] 判例としては、次のような判決がある。YコンビニチェーンのフランチャイジーＡの経営する店舗で、Ｘ（22歳の女性）が昼前に両手にパンと牛乳を持ってレジに向かう途中に、床がモップでの水拭きの後に乾拭きがされておらず濡れていたために、Ｘが足を滑らし転倒し、その際に陳列棚の端で左腕の肘から上腕にかけて、一部筋組織に達する左上腕部挫滅創を受けた。本件Ａのような店舗は、「<u>不特定多数の者を呼び寄せて社会的接触に入った当事者間の信義則上の義務</u>として、不特定多数の者の通常ありうべき服装、履物、行動等、例えば靴底が減っていたり、急いで足早に買い物をするなどは当然の前提として、<u>その安全を図る義務があるというべきである</u>」。Ａは、顧客に対する信義則上の義務に基づく安全管理上の義務として、水拭きをした後に乾拭きをするなど、床が滑らないような状態を保つ義務を負っていたのに、これを尽くしておらず不法行為責任を負うとした（大阪高判平13・7・31判時1764号64頁）。しかし、責任追及がされているのはＡではなく、フランチャイザーのＹであるので傍論である。

第2節　申込みと承諾の合致による契約の成立

1-39　契約が成立するためには、申込みと承諾という相対立する意思表示が合致しなければならないが（要物契約では、更に物の交付が必要）、この合致については次の2つの合致が区別されている。この合致があれば、それだけで契約は設立し、民法上契約は諾成契約であることが原則とされている[29]。

1-40　❶ **客観的合致──契約内容の合致**　先ず、申込みと承諾の内容が合致していなければならない。例えば、Aがある絵画を100万円で買わないかとBに持ちかけたが、Bがこれに対して90万円ならば買うと答えた場合、意思表示の合致がないため契約は成立しない（Bの意思表示は変更を加えた承諾として新たな申込みとして扱われる）。但し、本質的事項について合致していれば、付随的事項について齟齬があっても契約の成立を認める余地はある[30]。例えば、売買については代金額または代金を決定する方法について取り決めておかなければいけないが、委任などではそれは必要ではなく、商法512条の適用や慣習によって代金が定められることが考えられる[31]。

　内容の合致があるか否か、客観的に判断されると考えられている。上の例でいえば、Bが単に「買います」と答えれば、もしBが10万円で売ってくれるものと誤解していたとしても、Bの「買います」という意思表示は、その表示価値としては「100万円で買います」という意思表示と解され、従って契約は成立した上で、後は錯誤が問題となるだけである（*1-41*の判決は疑問）。

---

[29]　契約書の作成は契約の成立要件ではなく、単に契約内容を明確にし証拠を残すためのものであり、契約内容については一切の証拠により証明をすることができる。なお、旅行業約款では、顧客の電話による申込みによる契約については、3日以内に顧客が申込書と申込金を提出しないと契約は成立しないものとされている（平野鷹子『私たちの消費者法（第2版）』71頁）。

[30]　CISG19条は、申込みの内容を実質的に変更するものでない限り、付加的条件や異なった条件を含んだ承諾であっても、申込者が遅滞なく異議を述べないとその承諾通りの契約が成立するものとしている。

[31]　売買と異なり、請負では代金が定まっている必要はなく（⇒*12-123*）、さらには、仕事の具体的内容も定まっている必要がない（例えば、電話でタクシーを呼べばそれだけで旅客運送契約が成立する［大阪地判昭40・6・30下民集16巻6号1180頁］。どこまで運送すると内容が具体的には契約成立時には定まっていないが、<u>客の指示する地点まで運送するという旅客運送契約が成立するのだという</u>）。

1-41 ● **大判昭19・6・28民集23巻15号387頁**（客観的合意を否定した判決）　XがYに生糸製造権を1万290円で売却する契約を結んだが、Yは代金には全国蚕糸業組合連合会からXに支払われる繰糸釜の権利譲渡の補償金2,000円が含まれ、従ってYとしてはその差額8,290円だけ支払えばよいものと思っていた。これに対して、Xはこの補償金は代金には含まれず、Yから代金として1万290円を受けられると思っていた。そのため、Yが全額を支払わないので、Xが残額2,000円の支払を求めて訴訟を提起した。大審院は次のように判示している。

1-42 《判旨》「本件契約に於てはXは生糸製造権利を譲渡しYは其の代金として金1万290円を支払ふべき旨を定めたるのみにて、生糸繰糸釜に関する権利並に補償金に付何等意思表示を為さざりしこと、及当時の事情に鑑みるときは生糸製造権利の譲渡は当然繰糸釜に関する権利の譲渡を包含し之に伴ひ譲渡人が全国蚕糸業組合連合会より受くべき補償金は譲渡代金の一部たるべきものと解すべく、従て之に付何等意思表示なかりし本件契約に於てもXは生糸製造権利と共に之に相当する繰糸釜に関する権利をも譲渡し之に対しYが右連合会より受くべき補償金は代金の一部たるべく、Yは1万290円より右補償金を控除したる残額を支払へば足るべき趣旨なりと解するを相当することは原判決の確定したる所なり。而して本件契約に当り、Xに於ては契約の文言の通り生糸製造権利のみを譲渡し、其の代金としてYより1万290円全額の支払を受くる意思を以て右契約を為したるに反し、Yに於ては生糸製造権利と共に繰糸釜に関する権利も共に譲渡せられ之に対しYより代金として1万290円中右補償金を控除したる残額のみを支払ふべき意思を以て右契約を為したること亦原判決の確定せる所なれば、此等原判示事実に依れば本件契約の文言に付ては当事者双方に於て互に解釈を異にし、双方相異れる趣旨を以て右文言の意思表示を為したるものにして、両者は契約の要素たるべき点に付合致を欠き従て契約は成立せざりしものと云はさるべからず」。[32]

1-43 ❷ **主観的合致──主体の合致**　更には、その当事者間に契約を成立させようというものでなければならない。例えば、AがBに対してある絵画を10万円で買わないかと申し込んだのを横で聞いていたCが、Aに対して「私に売ってください」といっても、AC間に契約は成立しない（Cの意思表示はAへの申込みとなり、Aは承諾して契約を成立させることができる）。

　わが国の民法体系上またそれに従った講学上の説明では、契約の解釈は法律行為の解釈という形で民法総則において説明されるものであるため（法律行為規定は契約総論といってよい）、契約解釈については民法総則に譲る（⇒総則**3-29**）。

1-44 【**本人が契約書を作成しても契約の成立が否定されることもある**】　保証契約書に署名押印を頼まれて、内部の処理のために形式に必要なだけだからといわれて、保

---

[32] しかし、客観的にみて意思表示の解釈としては、いずれかの内容通りに契約の成立を認めて（Xの主張の内容か）、自己の思っていたところと契約とが食い違った者につき錯誤を問題にすれば十分であったとも考えられる（川井8頁）。

証をするつもりもないのにこれに応じた場合について、保証契約の成立を否定した判決がある（東京地判平8・8・30判時1632号49頁）。また、法外な金利による闇金の貸付行為は、消費貸借の名のもとに金銭を奪い取る犯罪行為であり、消費貸借契約の成立さえ否定されている（札幌高判平17・2・23最高裁HPより）。この判決は、「Yは、……Xとの間で金員の授受をしていたことが認められるところ、それは、貸金業法や出資法を全く無視する態様の行為であり、まさに無法な貸付と回収であって、貸金業者として到底許されない違法行為であるというべきである。」「法は、ある程度の高利による消費者金融を許容してはいるが、本件のように出資法の罰則に明らかに該当する行為については、もはや、金銭消費貸借契約という法律構成をすること自体が相当ではなく、Yが支出した貸金についても、<u>それは貸金に名を借りた違法行為の手段にすぎず、民法上の保護に値する財産的価値の移転があったと評価することは相当ではない</u>」として、借主Xの受領した元本の返還義務を否定し、借主Xが支払った金銭全額について不当利得返還請求を認容している。

I　契約の申込み

1　申込みの意義及び性質

(1)　申込みの意義

1-45　契約の成立のためには、合意＝意思の合致が必要であり、一方の意思（例えば、売る）と他方の意思（買う）が表示上合致しなければならないが、同時に2つの意思表示がされて合致するわけではない。先ず、一方がある確定した一定内容の契約を提案して、他方がこれに同意して契約が成立することになる。前者の契約を提案する意思表示を**申込み**といい（相手の申込みに対して内容を修正した提案をするのも新たな申込みである）、後者のこれを受け入れる意思表示を**承諾**という[33]。

---

[33]　実際には、「注文」という言葉がよく使われている。レストランでの食事の注文、本屋での本の注文などである。この場合には、注文というと申込みの意味であり、事業者が注文を「受け入れて」それにより承諾が認められ、契約の成立が認められることになる。ところが、日本自動車販売協会連合会作成の「新車注文書（モデル書面）」では、あくまでも「注文書」と銘打ってその裏面の4条（契約の成立時期）の規定を見ると、「<u>この注文による契約の成立日</u>は、自動車の登録がされた日、注文により甲〔販売したディーラー〕が改造、架装、修理に着手した日、または自動車の引渡しがなされた日のいずれか早い日とします。但し……略……」と規定している。あくまでも、注文は未だ申込みで、ディーラーがこれらの現実の行為をして承諾をすることにより契約が成立するという構成がとられている（そのため、3条2項では、4条により契約が成立するまでは、買主は「注文を撤回」

申込みはこれに相手方（特定している必要はなく、不特定多数または特定多数の者に対する申込みも可能〔客待ちのタクシー、自動販売機・券売機や無人の野菜売り場の設置〕）の同意があれば契約が成立しうるほど契約の成立のために必要な内容が示されている必要がある。このように、相手方の承諾さえあれば契約が成立するだけの要件が充たされていることを、申込みの効力の1つとして承諾適格という。

(2) 申込みの誘引

1-46　広告のチラシを郵便受けに入れたり、店の前の本日のランチなどという掲示は、申込みではなく**申込みの誘引**といわれ、消費者に対して申込みを誘引するだけのものにすぎない。なお、内容を協議の上取り決めていかなければならない複雑かつ重大な契約においては（共同事業の提案など）、契約交渉の申込みは、契約の申込みではないが単純な申込みの誘引自体とも異なっている。そこには交渉を誠実に行うことについての合意の成立が認められよう[34]。

1-47　【**申込みと申込みの誘引とを区別する基準**】　実際には、申込みか申込みの誘引か微妙な場合も少なくない。この点について、参考になるものとしてPECL 2-201条1項があり、申込みの要件として、次の2つを規定している。

> ① 承諾により契約が成立する程に十分に確定した内容が含まれていること
> ② 相手方が承諾をすれば契約が成立することが意図されていること

この要件を充たせば、1人または複数の特定の者に対する表示でなく、不特定多数人に対する表示であっても申込みとなるものとされている（同2-201条2項）。そして、注目される点は、商人が広告、カタログ、または、商品の陳列により、特定の価格で商品またはサービスを提供する旨を表示した場合には、在庫またはサービスの供給能力がある限りにおいて、その価格での商品やサービスの契約の申込みと推定していることである（同2-201条3項）。

わが国の解釈としても、上の申込みの2つの要件を認めてよいであろう。但し、

　できるとしている）。モデル約款作成時の運輸省の指導によるということであるが、買主としては契約が成立したものと考えているはずであり、ディーラーがこのような内容であることを特に説明しない以上は、契約の成立を肯定してよいであろう（3条2項は解約権の規定として援用することは許されよう）。

34　雇用契約において、営業社員の月額固定給として金20万5000円支給する趣旨の記載の募集広告は、申込みの誘引にすぎないとされ（東京地判昭58・12・14労判1187号3頁）、また、「公社の募集案内の法的性格は見習社員契約締結の申込の誘引であり、被控訴人がその誘引に応じて見習社員採用試験を受験したのはその申込であって、その後の本件採用通知等一連の手続は、公社の誘引にもとづく申込からその承諾に至る過程の手続である」とされている（大阪高判昭48・10・29判時722号25頁、判タ303号131頁）。

広告などを不特定多数人に対する申込みと推定することについては、経験則に合致したものかは疑問なしとはしない。この点は**1-48**に別に説明をしよう。

1-48 【広告・カタログと契約内容】　わが国の解釈としてはPECL 2-201条3項のような推定（⇒**1-47**）を認めることは無理であろう。確かに、例えばスーパーが新聞に折込広告を入れた場合に、虚偽の広告をしたりすることは規制されるべきであるが、それは別の問題である（不正競争防止法や各種の業法で行政的また掲示的規制をすべき）。やはり申込みとなるためには、承諾により契約が成立するだけの内容が含まれているだけでなく、相手方の意思表示を無条件で受け付ける意思がありそしてそれが表示されていることが必要であり、広告やカタログ等の場合にそこまでの意思そして意思表示があるかは疑問だからである（磯村保「法律行為の課題（上）」民法研究2号15頁は、カタログの送付につき、注文に応じない可能性が留保されていない限り、申込みとみてよいという）。

　しかし、本文に述べたところは、広告やカタログが申込みではなくその誘引にすぎないというだけであり、広告やカタログの内容が契約内容とは無関係であるということを意味するものではない。顧客（消費者）側としては、<u>広告やカタログに表示された内容の契約を申し込んでいる</u>と考えるべきであり、契約の際に事業者側が契約内容が広告・カタログと異なることを説明し了承を得なければ、広告・カタログどおりの契約が成立すると考えるべきであろう[35]。

1-49 【単独行為による契約の成立】　契約＝合意は取消しや解除などの単独行為と区別され、契約が単独行為で成立するというのは矛盾と思われるであろう。しかし、次のような事例がある（なお、契約もそれぞれ債務を引き受ける単独行為であったという理解もある。滝沢昌彦『契約プロセスの研究』23頁以下参照）。

1-50 　**(1) 法律により一方的な契約形成権が認められている場合**　賃借人の造作買取請求権（借地借家33条）や、借地人や借地権の譲受人の建物買取請求権（同13条）のように、一方的に売買契約を成立させる権限が特定の者に与えられている場合がある。①契約は申込みと承諾で成立するというのを貫徹すれば、承諾が法により擬制されているとみることになるが、②そのように拘泥しなければ、単独行為により契約形成ができると率直にみるか、③さらに単独行為を契約というのは矛盾するとして、行政法上の収用の裏返しみたいなもの（売主からみると）で、契約ではないが契約と同様の効果を生じさせる法律関係とみることになろう（これに対して、借地借家法上の更新請求の場合については契約を認めるしかあるまい）。

---

[35]　判例の傾向としては、<u>広告等は申込みの誘引にすぎない</u>として、契約内容の認定について考慮することには慎重な傾向があるが、大阪地判平15・5・9判時1828号68頁は、野球専門学校につき、学校案内の記載内容に加えて、学生らが、年間100万円以上の高額な学費等を負担することも併せて考慮して、そのパンフレットの内容が債務の内容として認定されている。

54 第1編 契約総論

1-51 **(2) 予約完結権の行使** 予約は当事者の一方または双方に契約の締結義務を負わせるもので、一方が申込みをした場合、他方はこれに応じなければならない義務を負うが、相手が任意に承諾しない場合、意思表示に代わる判決を得て契約を成立させることができるが、その手間を省くため民法は予約完結権というものを認め、その行使により（承諾の強制手続を省略し、承諾を擬制して）契約が成立するものとした。

通常の契約における承諾も、一方的意思表示で契約を成立させる単独行為であるが、相手の申込みがあるからこれに応じて契約を成立させることになるのであって、申込みは相手方に契約を一方的に成立させる形成権を与えるものとはいえない[36]。

1-52 **【契約の成立時期が明確ではない事例──大学入学契約など】**[37]
(1) 入学契約 契約の成立があることは明らかだが、いつ成立したか必ずしも明らかではない事例として、大学への入学契約（在学契約）がある。手続的には、大学による学生募集→受験生による出願→受験→大学による合否決定→合格発表・個別の合格通知→入学手続・入学金支払→授業料納付→4月1日になり学生の地位取得といった経過を辿ることになる。いつ在学契約は成立したというべきであろうか。

判例には、①合格した受験生の入学手続が申込みで、大学が異議を述べないことにより黙示に承諾があったとする判決（京都地判平15・7・16判時1825号46頁など多数）、②合格発表によって一身専属的な予約完結権を合格者が取得し、入学手続をすることにより予約完結権が行使されて在学契約が成立するという判決（大阪地判平15・10・9判例集未搭載）、③「入学金の納入、必要書類の提出並びに前期授業料及び前期施設費の納入といった一連の過程を経て段階的に成立に至る」という判決（大阪地判平15・11・7判例集未搭載）がある。入試の受験契約を1つの別個の契約（入学資格があるかの

---

[36] 但し、承諾により契約を成立させることができることを一つの権限とみることはできるであろう（樋口110頁参照）。契約自由の原則があるので代位行使はできないかのようであるが、一身専属権ではないので（死亡が契約の終了原因でない限り、申込みを受けた法的地位は相続される）、代位行使の可能性はある。

[37] テレビの放送や映画の製作などとは異なって、出版契約では、執筆依頼の際に出版契約書が作成されることはなく、作品ができた段階で出版契約書が取り交わされる（内藤篤『エンターテイメント契約法』218頁）。これは執筆活動自体に費用を要するわけではない事情による。この場合に、合意は依頼の段階で成立しているが、それが契約といえるのかは問題が残る。未だ契約ではなく拘束力がないとすれば、執筆者は執筆をしなくても債務不履行にはならず、逆に執筆が完成しても出版社は出版契約の締結を拒絶できることになる。雑誌の執筆になると、原稿提出後に契約書を取り交すことさえない。やはり最初の合意で執筆を依頼しこれを受ける契約が整理し、作品ができた断水でその特定の作品を対象とした出版契約が締結されるというべきである。執筆依頼契約は自然債務とまではいわないが、それ自体について対価が支払われるわけではなく、無償なので執筆者側から任意に解除ができるというべきであろう。

判定をしてもらう契約）とするとしても、合格者の入学手続を拒否できないので、合格発表により合格者に予約完結権が与えられるという②が、社会通念に合致するものといえようか。近時、最高裁は次のような立場に立つことを表明した。

1-52-1　●**最判平18・11・27最高裁HP**　「特段の事情のない限り、<u>学生が要項等に定める入学手続の期間内に学生納付金の納付を含む入学手続を完了することによって、両者の間に在学契約が成立するものと解するのが相当である</u>。なお、要項等において、<u>入学金とそれ以外の学生納付金とで異なる納付期限を設定し、入学金を納付することによって、その後一定期限までに残余の学生納付金を納付して在学契約を成立させることのできる地位を与えている場合には、その定めに従って入学金を納付し、入学手続の一部を行った時点で在学契約の予約が成立する一方、残余の手続を所定の期間内に完了した時点で在学契約が成立し、これを完了しなかった場合には上記予約は効力を失う</u>ものと解するのが相当である」。

1-53　**(2) 自動販売機による契約**　また、自動販売機での契約も、①設置者による販売機の設置が、その販売機で契約可能なすべての契約について、相手方を特定しないでなされた申込みなのか（品切れの表示がない限り、すべて商品の申込み）、それとも、②単なる申込の誘引にすぎず、客が販売機で希望の契約ボタンを押すことが申込みにあたるのか、明確ではない。いわゆる万馬券訴訟では、客が、レースの予想をマークした所定のカードと紙幣を自動販売機に入れたが、紙詰まりで職員が点検しているうちにレースが始まってしまい、結果はマークと同じであり、もしその馬券を買っていれば100円に対して1万7,150円の配当がされるものであり、客は1,000円分購入しようとしていた[38]。②の考えでは、承諾がされておらず契約は成立していないことになる。自動販売機は操作ミスがあり得、金額を入金するまでは取消しボタンを押して取消しができるが、だからといって金額を入れて券や商品が出てくるまで契約は成立していないという必要はない。

　社会通念から言えば、ボタンを押せば契約は成立したものと考えているものといってよいであろう。但し、機械が故障していて、紙を入れても戻ってきてしまうといった場合に、①説でも、承諾の到達は発信主義であるから不要だとしても、発信があったといえるのか、といった疑問がある。自動販売機が故障で操作ができない場合には、社会通念によれば契約は成立したとはいえないであろう。その意味で、先の事件は、競馬の自動券売機ないし類似の券売機に限定した上で、券を購入できるようにしておかなかった不法行為を問題にするしかないであろう（慰謝料請求を認めるしかないが、配当金額が慰謝料相当額というべきか）。

---

[38] 新聞報道によれば、大阪地裁の判決では契約は成立していなかったとして、客の請求を棄却したそうである（和解成立。但し、券売機の点検に努力を約束しただけ）。

2　申込みの拘束力と承諾期間

(1) 申込みの拘束力

1-54　人が他人に対して拘束を受けるのは、法規定によるかまたは自己の意思によるかのいずれかであるが、申込みをしただけでは、未だ契約は成立しておらず、本来ならば未だ法的拘束は申込者について生ぜず、申込者は何時でも相手が承諾して契約を成立させるまで自由に申込みを引っ込める（撤回という）ことができるはずである[39]。しかし、申込みを受けた相手方は、契約が重要であればあるほどそう簡単に答えの出せるものではなく、それなりの期間と費用（人件費も含めて）をかけて検討する必要がある。いつ撤回されるか分からないのでは不安であるし、折角検討して承諾しようという答えを出したのに、承諾前に撤回されては折角の苦労が水の泡になってしまう。

　この相手方の救済としては、2つの方法が考えられる。①1つは、撤回を自由としながら、撤回により被った損害を賠償させるものである（フランス法）。しかし、これだと、履行利益までは救済されないし、また、撤回が自由なのが原則だとすると、撤回したことにつき責任が生じるのは濫用的な特別な例外事例のみしか認められないことになる。②他は、そもそも申込みに拘束力を与えて、申込みの撤回の自由を制限するという方法である。合意が未だない以上何も拘束がないという論理を貫くよりも、現在では取引保護の要請が高まっているので、取引の相手方をより厚く保護するこの方法のほうが優れているといえ、わが国もこの解決方法を採用した（この問題についての立法の経緯については、滝沢・*1-49*文献に詳しい）。

　民法は、隔地者間の場合と対話者間の場合、また、承諾期間の定めのある場合とない場合とを分けて規定しており、この分類にそって以下説明していく。

1-55　**【申込みの拘束力は私的自治の原則の例外である】**　申込みの拘束力は当然に認められるものではなく、歴史的にみると比較的近時のものである。

　　(1) フランス民法　フランス民法では、申込みの拘束力は規定されておらず、申込みの撤回は自由であるが、以下のような制限が解釈上加えられている。①申込者が期間を定めた場合には、その期間内に撤回するのは当然義務違反となり不法行為責任が成立するが、損害賠償の方法としては、金銭賠償に止める説、契約の締結（成立）まで認める説とがある。また、②期間を定めない申込みの場合には、特定人

---

[39]　これが、契約と法のみを拘束力の原因とすることを貫くフランス民法の立場であり、CISG16条1項、PICC 2-4条、中国契約法17条も申込みの自由な撤回を認める。

に対する申込みでは、相当期間撤回はできず、これに違反してなされた撤回も不法行為責任を成立させるだけで撤回自体は有効である。不特定人に対してなされた場合には自由に撤回できる。なお、①では期間の経過、②では相当期間の経過により申込みは当然に失効する。以上明文規定はないが解釈によりこのように考えられている。ヨーロッパ契約法典草案15条1項は、申込みは承諾の発信まで撤回が可能としている。

1-56　（2）アメリカ法　アメリカでも、申込みは承諾がなされるまでは自由に撤回ができる。その理由は、①申込みは無償で相手方に契約を成立させる権能を与えるものであるため、そこには約因（対価）がないこと、②義務の相互性に反し、申込者だけが拘束されるのはおかしいこと（申込者だけ拘束され、相手方はその間の市場の推移をみるなど投機的行為が許されるのは不公平）、③申込みだけでは契約がないので拘束力を生じさせる原因がないことなどである（因みに、フランスでの根拠はこれであり、意思自治の原則に反することである）。但し、UCC§2-205では、申込者が申込みを一定期間撤回しない趣旨を署名つきの書面でなした場合には、約因がなくても撤回はできなくなるとされている。また、第2次契約法リステイトメント87条2項は、契約の申込みに対して約束的禁反言の法理が適用されえるものとし、その場合には申込みはオプション契約としての拘束力を持つことを規定している。

1-57　（3）旧民法　旧民法では、①期間を定めた場合には、その期間撤回ができず、②期間を定めない場合には、自由に撤回ができるものとされており（財産編308条1項、2項）、②では申込みの拘束力を認めていなかったのであり、中間的な立法であった。次のようである。

　　旧民法財産篇第308条「遠隔の地に於て取結ふ合意の言込は其受諾の為め明示又は黙示の期間なきときは、受諾の報なきの間は之を言消すことを得。但言消の報の達するに先だち受諾の報を発したるときは、其受諾は有効にして其言消は無効なり」（1項）。「右に反し明示又は黙示の期間あるときは、其期間は言込を言消すことを得ず。但言消の報が言込又は期間指示の報に先だち又は同時に先方に達したるときは、此限に在らず」（2項）。「此指示期間に受諾を為さざるときは、言込は期間満了のみにて消滅す」（3項）。「受諾も亦之を言消すことを得。但其報が受諾の報に先だち又は同時に言込人に達することを要す」（4項）。「言込人が死亡し又は合意する能力を失ひたるも、先方が未た此事実を知らざる間は其受諾は有効なり」（5項）。

1-58　【取消しと撤回】

　　（1）民法上の「撤回」という用語の導入　当初の民法には、総則に「取消」という言葉が出てくるが、それ以外にも内容が異なるのに「取消」という言葉が各所に出てきていたため混乱があった。現代語化法により「撤回」と「取消し」とが、用語の上でも明確に区別された。民法総則120条以下に規定されている取消しは、制限行為能力、詐欺、強迫といった契約成立時に存した原因を理由に初めに遡って有

効な効力を消滅させるもの（121条）であり、これと区別される撤回とは次のようである。

1-59　❶ 一度した行為の効力の発生の阻止としての「撤回」　まず、一度生じた効力を消すのではなく（但し問題の行為は成立している）、未だ生じていない効力を生じないようにする行為が撤回と考えられる。①無権代理行為は本人の追認により有効となる可能性があるが（116条）、その追認がされる前に相手方は取消しをして効力発生を阻止することができる（115条）。②また、遺言は遺言者の死亡の時から効力を生じるが（985条）、いつでも「撤回」ができるものとされており（1022条）、これも効力の発生の阻止である。また、懸賞広告も指定行為を完了する者がいない間は「撤回」ができる（530条）。①だけは現代語化法でも取消しのままとなっている。

　これに対して、申込みの「撤回」（521条、524条）は微妙である。確かに、承諾があるまでは、契約は成立しておらず、従って申込みの撤回は効力発生の阻止ともいえるが、しかし、申込み自体は有効に成立しており、これを消すという意味では既に生じている効果を消滅させるものといえるからである。

1-60　❷ 理由の不要な自由な取消し　取消しと同様に既に生じている法律行為の効果を消滅させるものであるが、法律行為当時に存した原因によるのではなく、理由を示すことなく一度した法律行為をなかったことにできる場合に、その意思表示を撤回ということもある（遡及効もない）。贈与の「撤回」（550条）、否定的規定であるが、解除の「撤回」（540条2項）、取消しと規定されてはいないが、供託物の取戻（496条）をその例として上げることができる（なお後者は未だ効力不発生とも構成できる⇒債権総論 *2-313*）。総則の取消しとは異なり、相手方の催告権（20条）や、取消権の時効（126条）といった規定は適用されない。

1-61　(2)「撤回」の区別　上に見たように、撤回にも2つの場合があるが、これまで撤回という講学上の概念について、❶に限定するか（❷は撤回ではなく特殊な取消しなどといわれる）、❶❷の両者を含めるかは、必ずしも理解が一致していたわけではない。今回の現代語化法により115条以外はすべて「撤回」という用語が採用されている。しかし、「撤回」として統一されても、内容的な差があるので、法的扱いに何らかの差を認めることはできるであろう。今後の課題である。

1-62　(a) 隔地者間の申込み　「隔地者」とは対話者に対する概念であり、場所が離れているというのではなく、対話により直ちに返答ができない状態にある者をいう（対話者間では即答が求められるのが通常であるが［⇒ *1-70*］、そのような状況にないという点だけしか差はない）。従って、場所が離れていても、電話で話している者は対話者であって隔地者ではない。隔地者については、対話者以外の者というように、消極的に定義するしかない。

1-63　(ア) 承諾期間の定めのある申込み　いつまで（何日までとか、1週間以内とか）

にご返答下さいと、申込みに際して承諾期間が添えられている場合である。

❶ **申込みの拘束力**　「承諾の期間を定めてした契約の申込みは、撤回することができない」(521条1項)。申込みは単独行為であり、承諾があって契約を成立させるものにすぎないため、申込みだけではなんらの拘束力が発生しないはずである(梅380頁)。しかし、被申込者としては承諾をするまでに特別の調査をしたは一定の準備をすることを要することもあり、申込みを一方的に撤回されてしまっては「意外の損失を被ること稀」ではない(梅380頁)。また、期間を定めた場合には、相手としてはその期間は承諾ができると期待するし、申込者としても申込みをその期間内は撤回しない表示をしたとみられるので、撤回自由という原則を修正して、承諾期間内の申込みの撤回を否定したのである[40]。この期間は、次の(イ)の相当期間よりも短くても有効である(相手が覚悟しているから)。

1-64　❷ **期間経過後の効果**　「申込者が前項の申込みに対して同項の期間内に承諾の通知を受けなかったときは、その申込みは、その効力を失う」(521条2項)。従って、申込者は改めて撤回の通知をする必要はない。期間を過ぎたら承諾を受けないという意思表示[撤回の意思表示]が承諾期間の設定には含まれているといってもよい。承諾期間内の承諾の「到達」を要求したのは、申込者の意思はその期間内の承諾の到達を要求する趣旨であり、到達がないので他と契約してしまった後に、後述の526条によりその期間内に発信があったとして契約の成立が認められては「意外の結果」を生ずるので、申込者を保護するためである(梅382頁)。

1-65　**(イ)承諾期間の定めのない申込み**　申込みにいつまで承諾をしてくれというようなことが添えられていない場合である。

❶ **申込みの拘束力**　「承諾の期間を定めないで隔地者に対してした申込みは、申込者が承諾の通知を受けるのに相当な期間を経過するまでは、撤回することができない」(524条)[41]。相当な期間は、①答えを出すのに必要な調査・検討をするのに通常(但し、特別な事情で通常より時間が必要な場合に、申込者がその事情を知ってい

---

[40] 申込みの拘束力は、申込みの効力の1つであるから、97条1項の到達主義が適用になり、申込者は発信後到達前であれば、申込みを撤回してその効力の発生を阻止することができる(梅381頁も認めているところであり、現在も異論なし)。

[41] なお、「隔地者に対してした申込み」であるが、家の前に家具を置いて100万円で売りますと表示した場合はこれに該当せず、524条の適用はなく、懸賞広告に準じていつでも撤回可能というべきである。521条1項は、特定人に対する申込みが念頭に置かれており、上記のような事例には適用にならないというべきか。

ればこれを考慮してよい）要する期間、及び、②承諾の発信から承諾の通知が到達するのに必要な期間の両者を含むと考えてよい[42]。

1-66　❷ **期間経過後の効果**　524条によれば、その反対解釈により相当期間を経過しても撤回が可能になるというだけであり、撤回しない以上は申込みの承諾適格は存続することになる。そうすると、申込者が撤回の意思表示をしないで放置し、例えば1年後に相手方が承諾をした場合でも、契約が成立してしまうことになる（申込の消滅時効は語りえないとしても、承諾して契約を成立させる法的権限の消滅時効を考えることは可能）。しかし、それはいきすぎであり、次のような考えがある。

1-67　ⓐ **第1説**　古くは、商法とは異なって、相当期間の経過は単に撤回が可能になるというだけであり、飽くまでも申込みの効力を失効させるためには撤回が必要と考えられていた。しかし、永久に申込みが有効というのも不合理であり、申込者は期間を特に定めない場合であっても、相当の期間に限り効力を持続させる意思で申込みをなしており、黙示の意思表示を活用して次の2説と同じ結論に達することはできる（石坂1846頁。なお、柚木13～4頁は10年の時効を認める）。なお、申込みを債権のごとくにみて消滅時効を考えるのは疑問である（川井12頁）。

1-68　ⓑ **第2説**　相当の期間経過して申込みの撤回ができるようになるというだけであるから、直ちに承諾適格が失われることはないが、承諾適格がいつまでも存続するというのも不合理であり、申込みの撤回ができるようになってから相当の期間（524条の相当期間とは必ずしも一致せずこれより長くなる）が更に経過すれば、撤回がなくても申込みの効力は失われると解する学説がある（鳩山・上21頁、戒能45頁、山中117頁、我妻・上62頁、松坂16頁）。但し、何故失効するのか、それが妥当だというだけで根拠は明確ではない。もしこれを黙示の承諾期間と説明すればⓐ説と同じことになる。

1-69　ⓒ **第3説**　商法508条1項は、申込みの撤回がなくても相当期間経過すれば当然に申込みの効力は消滅することを規定しているが、商事か民事かで区別する

---

[42] 条文の文言だけからは②の承諾の発信から到達までに必要な相当期間だけが問題にされているかのようであるが、発信により契約が成立するのであり、発信があればもはや申込みを撤回できないので、意味のある規定ではなくなってしまう。承諾の発信がない間に申込みの撤回ができない期間を到達までの相当期間とする必然性もないことになる。歴史的には*1-71*②の趣旨で生まれてきた規定のようであるが（滝沢・前掲*1-49*文献参照）、本文に述べたような趣旨と合理的に解釈すべきであろう。梅388頁も、単に承諾の通知が到達するのに必要な期間というのに止まるのではなく、「多少の勘考を為すべき時間を加ふべき」ものと説明している。

合理的な理由はなく、民法解釈としても相当期間内に承諾の通知が発せられない限り申込みはその効力を失うと解する学説もある（柳川昌勝「承諾期間の定めなき隔地者間の契約申込みの存続期間」法曹界雑誌2巻1号12頁、三猪21頁、戒能45頁、川井12頁）。商法508条1項の相当期間と民法524条の相当期間が異なると考えれば、ⓑ説と同じことになる。本書もこの立場に賛成である[43]（ヨーロッパ契約法典草案15条3項b号も、相当期間が経過すれば当然に申込みが失効するものと規定している）。

1-70　**（b）対話者間の申込み（口頭による申込）**
　（ア）承諾期間を定めのある申込み　521条は隔地者間の申込みに限定していないので、対話者間でいつまでに返事を下さいといって申込みをした場合にも当然適用になる（初めから期間を設ける必要はない、相手が考えさせてくれといって、では1週間以内に返事を下さいというのも同じ）。従って、**1-63**以下に述べたところがそのままあてはまる。

1-71　**（イ）承諾期間の定めのない申込み**　これに対し、524条は隔地者間の申込みに適用が限定されており、対話者間で承諾期間を定めない申込みがされた場合については、民法には規定がない[44]。他方で、商法では、対話者間の申込みは直ちに承諾がなされないと申込みは効力を失うものと規定されている（商法507条）。ヨーロッパ契約法典草案11条1項も、口頭による申込みは原則として直ちに承諾がされなければならないものと規定している。民法の解釈としてはどうしたらよいであろうか。
　骨董品商Ａが店に立ち寄った得意客Ｂと口頭で掛け軸の売買の交渉をしているとしよう。この場合も、次の2つを区別して考えるのが適切である。

---

[43] 承諾期間を明示する場合は当然、明示がない場合も当然相当の期間だけ承諾を認める趣旨と解するのが合理的であり（承諾期間の定めがなくても、当然合理的な限度が考えられているはずである）、問題はその相当期間と承諾するための相当期間との関係である。両者は異なってもよいと思われるので、商法508条1項は申込みの効力の存続期間の規定、民法524条は申込みの拘束力の存続期間の規定としてずれを認めるべきである。そして、これは商人間に限る必然性はなく、商法508条1項は確認規定にすぎず、同様の解釈を民法上も認めるべきであり、ⓑ説ないしⓒ説でよいと思われる。

[44] 梅387頁は、対話者間の申込みについては、「申込の当然の性質に拠り承諾に合はば直ちに契約の成立を来すべきこと及び相手方が承諾を為すまでは何時にて之を取消すことを得べきこと固より明らかなる所なり」と述べている。当然には申込みが失効するとは考えていない。

> **① 即答要求ケース**　まず、AがBにある掛け軸を見せて10万円で買わないかといって、客Bが考えているので買う気がないと思い、Aが別のこの掛け軸を10万円でどうですか、ともちかけた場合。
> **② 即答留保ケース**　AがBにある掛け軸を50万円で買わないかと持ちかけて、客Bがすぐには答えられないので時間をくれと言い、これに対してAがではなるべく早めにお返事下さい、といって別れた場合。

1-72　❶ **第1説**　商法507条と同様に、直ちに承諾されない限り対話者関係の終了と共に申込みの効力も終了すると考えるのが通説であり（川井12頁など）、判例（大判明39・11・2民録12輯1413頁）も「契約の申込を為すに当り承諾の期間を定めたるにあらず、亦隔地者に対して申込を為したるにあらざる場合に於ける契約の申込に対しては、直に承諾を為す可きものなることは民法の契約の成立に関する規定に徴して明瞭なり」とする。しかし、①ケースを念頭において考えているものである。①ケースでは、即答が求められており、Bが承諾をしない限り、その場を別れれば、または、次の商品の話へと勧めで、先の申込みは当然に失効するものと考えられる。

1-73　❷ **第2説**　逆に民法524条を対話者間の申込みに類推適用するものもある（柚木11〜2頁）。とはいえ、対話者間における承諾のための相当期間を、通常は対話者関係の継続中（＝即ち「直ちに」という即答が求められる）を標準とすると考えるため、実際の結論は❶説と変わりがない。相当期間を発信から到達までに必要な期間と考えればこれで不合理ではないが、熟慮期間と考えると、524条の相当期間というのは難しくなる。

1-74　❸ **第3説**　更に、折衷的な解決として、対話者関係の終了は、申込みの拘束力を失わせるだけで承諾適格は失われないという考えもある（柳川昌勝「承諾期間の定めなき隔地者間の契約申込の存続期間」法曹会雑誌2巻1号24頁）。❷説も524条の相当期間を過ぎても撤回が明示的に必要だとすれば、結局は本説と同様になる。しかし、①ケースの場合には、申込みの撤回の意思表示がなくても、その申込みの会話が終了すれば当然にその申込みは失効すべきであり、撤回の意思表示を要求するのは適切ではない。

1-75　❹ **本書の立場**　*1-71* の①と②の2つのケースを分けて考えるべきである。承諾期間は申込者が自由に決められ、相当である必要はなく、通常、対話者間で申込みがされるときは、特にいついつまでと承諾期間が定められない場合には、

第1章　契約の成立

その場で返答（即答）することが求められている（従って、承諾期間のある申込みに等しい）、即ちその対話の間だけが承諾できるものと黙示の表示があるものとみてよい。商法507条は商人間に限定されるものではなく単なる確認規定と考え、同様の結論を民法でも解釈上認めるべきである。従って、*1-71*①ケースの場合には対話者関係の終了と共に申込みの効力は消滅し、但し、②ケースの場合には、ただBが少し考えさせてくれと期間の付与を求めてAがこれに応じた場合（しかし、別にいつまでと期間を定めなかった場合）には、524条の原則通り相当期間の経過まで撤回はできないと考えるべきである。後者のような余地まで否定する必要はない（期間の定めがないというのは、承諾期間は与えるがその期間を定めないというだけのものであるから）。なるべく早く返事をくれという申込みが、書面か口頭かで扱いを異にする合理的根拠はない。

1-76 【申込みの効力の消滅事由のまとめ】　申込みについては、①申込みの拘束力だけの消滅と、②申込みの効力そのもの（承諾適格）の消滅との2つが考えられることは既述の通りである。ここでは、申込みの効力の消滅事由を一まとめにして整理しておこう。

　❶ 承諾期間の経過　承諾期間が経過すると、申込みの効力が当然に消滅する（521条2項）。

　❷ 承諾期間の定めがない場合の相当期間の経過　承諾期間の定めのない申込みについて、相当期間経過により商法同様に申込みの効力が当然消滅するという考えがある。

　❸ 申込みの撤回　承諾期間の定めのない申込みにつき、相当期間の経過によって当然に申込みの効力が消滅するのではないという考え、または、②のための相当期間と申込みの撤回ができない相当期間を分ける考えでは、相当期間経過により申込みが撤回可能であり、撤回により効力を失うことになる。

　❹ 承諾の拒絶　特に規定はないが、相手方が承諾期間または相当期間内であっても、承諾拒絶の意思表示をした場合には、申込みの効力は消滅する。申込者としては、承諾がないものとして行動をすることになるので、その後に承諾を認めると申込者の予期に反するからである（但し、遅延した承諾同様に、申込みとみてこれに承諾することを認めてもよい）。

　❺ 申込者の死亡　*1-77*に述べるように、申込み発信後（さらに学説によっては承諾発信前まで）申込者が死亡した場合にも、一定の場合には申込みの効力が消滅する。

　❻ 申込みの取消し　民法総則の規定に従い、制限行為能力、詐欺、強迫を理由とした取消しが可能であり、これは契約が成立した後でもできる。なお、説明としては、契約成立後は、申込みの取消しではなく、契約の取消しと説明がされてい

64　第1編　契約総論

る。

1-77　**(c) 申込者の死亡または行為能力制限と申込みの効力**　申込者が申込みを発信してからそれが相手方に到達するまで（従って隔地者間の申込みについてのみ問題となる）に死亡または行為能力を喪失した場合、そのなされた申込みの効力はどうなるであろうか（Aがその所有の美術品をBに対して10万円で売る申込みを手紙でなしたが、その到達前にAが交通事故で死亡しCが単独相続した場合を例に考える）。

1-78　**(ア) 民法の原則によると**　民法の意思表示についての原則は、「<u>隔地者に対する意思表示は、表意者が通知を発した後に死亡し、又は行為能力を喪失したときであっても、そのためにその効力を妨げられない</u>」（97条2項）と規定されている。従って、これによると、申込みの効力は何ら影響を受けないということになる。

1-79　**(イ) 申込みについての特則**　ところが、申込みについては、「<u>第97条第2項の規定は、申込者が反対の意思を表示した場合又はその相手方が申込者の死亡若しくは行為能力の喪失の事実を知っていた場合には、適用しない</u>」（525条）と規定した[45]。従って、①「<u>申込者が反対の意思を表示</u>」した、または、②「<u>その相手方が申込者の死亡若しくは行為能力の喪失の事実を知っていた</u>」場合には、申込みの効力が影響をうけることになる。即ち、ⓐ死亡の場合は効力を失い、ⓑ能力喪失の場合は取消しが可能となる（これに対し、この場合も申込みの効力が消滅するという説もある〔末川・上41頁〕）。なお、承諾については、発信主義が採られ発信時に効力が生じてしまうので、発信後の事情は関係がない。

　このような例外を認めたのは、意思表示があれば申込みを受けた者は危険を覚悟しているし、また、その事実を知った場合には、申込みを受けた者も申込みを信頼して承諾また履行の準備をするということもないため、申込者の相続人の利益を保護しても不都合がないからである。要するに、相続により取得した財産を自分の意思に反して失うCとBの利益とを調整した規定ということができる。

1-80　**【申込み到達後・承諾までの間の申込者の死亡・能力喪失】**　525条が適用になるのは、①申込み発信後その到達までに生じた申込者の死亡・行為能力喪失に限られるのか、それとも、②申込み到達後承諾発信までに生じた申込者の死亡・行為能力喪失についても認められるのであろうか。この問題は、<u>97条2項と525条との関係</u>についての理解にかかわってくる。

---

[45] 比較法を見ると、ヨーロッパ契約法典草案18条は、申込者の死亡または無能力により申込みは効力を失わないものとし例外を認めていない。

1-81　❶ **適用否定説（原則・例外説）**　通説（水本17頁、川井13頁など）は、525条が97条2項に対する特則に過ぎないと考え（到達時に死亡していれば効力は発生しないと構成できるが、到達後については一旦何もなく到達により申込みが効力を生じてしまっている）、同規定は意思表示の到達までに生じた事由についての規定であると考えている。この説では、*1-80* については *1-84* 以下のように考えることになる。

1-82　❷ **適用肯定説（併列説）**　これに対して、①申込みの相手方の不測の損失を回避するというのなら、承諾の発信前までなら相手を害しないし、また、②死亡・能力喪失がたまたま到達前であったか後であったかで取扱いに区別をすべき合理的理由はないことから、*1-80* の①②の両方につき525条を適用してよいという考えもある（梅382頁などかつての学説。現在でも星野33頁）。これによれば、525条は単なる97条2項の例外規定ではなく、それぞれ独立の妥当領域を持つ並列的な規定ということになる（⇒*1-101* 以下も参照）。

1-83　❸ **本書の立場**　確かに、到達の前か後かという偶然で扱いに差異を設ける不合理感はあるが、それはここに限ったことでない（例えば、取消し前の第三者か否か、更には相続の順序）。また、承諾の意思決定のために時間と費用を増した後であったら、524条の趣旨とも矛盾することになる。但し、525条がＢとＣの利益調整というのであれば、❶説のように考えるのは形式的すぎ、❷説のような考えも可能であろう。そこで、折衷的解決として、❷説を採用しながら、Ｂの保護を考慮し（そもそも無償の相続よりも取引の安全の方が保護されるべき）、Ｂにとって酷な場合、即ちＢが意思決定のために費用などを費した後にＡの死亡を知ったとしても、Ｂを保護し承諾ができるものと考えたい。

なお、この論理でいくと、到達により申込みが有効になり、その後に相手方が承諾前に申込者死亡の事実を知ったことにより申込みの効力が失効することになる。

1-84　**【申込み到達後の申込者の死亡・能力喪失の効果】**　*1-79* 以下で❷説をとれば、525条で処理されるが、❶説をとるならば525条によっては処理できず、民法の一般法理により解決するしかないことになる。そうすると、❶説による限り、到達により一旦有効に申込みの効力が生じた以上、その後の事情により申込みの効力が影響を受けることはないことになる。

1-85　（1）**原則**　即ち、相続人が申込人の地位を承継し、相手方はこの相続人に対して承諾し相続人との間に契約を成立させることになる（*1-77* の例でいうと、Ａを相続したＣに対して、Ｂが承諾しＣに対して売買契約を成立させ、その美術品［Ｃはこれも相続している］の引渡しを求めることになる）。

1-86　（2）**例外**　但し、当事者の死亡・能力喪失が契約の終了事由とされている場合には、契約が成立していたとしても相続されないので、申込人たる地位も相続されることはない。委任がその例であり（653条）、例えば、Ａがその経営する店舗の経営の委任をＢに依頼する申込みをしたが、その到達後死亡しＣがその店舗を相続した

場合、ＢＣ間には信頼関係はなく、ＢがＣに対して承諾をしてＣの店舗の経営をすることができるというわけにはいかず、この場合には申込みはＡの死亡により失効し承諾をなすことはできない。また、逆に、ＡがＢの店舗の経営をなすことを申し込んで、その到達後承諾がなされる前にＡが死亡しＣが相続した場合も、同様に申込みはＡの死亡により当然に失効する（653条は契約の終了事由なので、申込みの失効の根拠にするとすれば653条の類推適用である。なお、653条を根拠に申込者たる地位を一身専属的に捉えて、申込みの失効ではなく896条ただし書で相続を否定するということも可能）。

では、死亡が契約の終了原因とされていない場合は、常に申込者たる地位が承継されるということになるのであろうか。物の売買なら不合理でもない。では、請負では当事者の死亡は契約の終了原因ではないので、例えばＡがＢの庭の造園作業の申込みをしたが、その到達後承諾前にＡが死亡してＣが相続した場合、ＢはＣに承諾して造園作業をさせることができるのであろうか。一見すると不合理のようにもみえるが、もしＢがＡに承諾をして契約成立後であったら、Ｃは契約を承継すべきであったのだから、これはやむをえないというべきか。

1-87　【被申込者の死亡・行為能力喪失】　問題は変わるが、便宜上被申込者が死亡または行為能力を喪失した場合についても、ここで説明をしておこう。

（1）申込み到達前

（a）死亡の場合　到達前に被申込者が死亡した場合には、死者に対して申込みをしたことになり、申込みは到達しても効力を生じない。ここでは、未だ相続される地位がないので、相続人が被申込人たる地位を承継するといった問題は生じない。

1-88　（b）行為能力喪失の場合　到達前に被申込者が行為能力を喪失した場合には、受領能力の問題となる（98条）。いずれも、意思表示は到達時に効力が生じるため、意思表示者以外の事情については効力発生時即ち到達時を基準にするということの帰結にすぎない。

1-89　（2）申込み到達後承諾発信前

（a）死亡の場合　被申込者が、申込み到達後に死亡した場合については、次の3つの考えが可能である。

　❶ 第1説　*1-84*以下と同様に、被申込人の地位を相続人が承継するという処理をするものであり、当事者の死亡が契約の終了原因の場合には相続を否定する。

1-90　❷ 第2説　申込人は被申込者との契約を考えたのであり、被申込者の死亡により申込みの効力は失われ、被申込人の相続人が承諾をするといったことはできないのが原則であるが、例外的に被相続人でもよい（販売の申込みは通常そうであろう）という意思が推測される場合に限り相続を認めるという考えもある。

1-91　❸ 第3説　申込者はその相手との契約を欲したのであり、その相手方により承諾されなければ契約は成立する余地はなく、ただ例外的に申込者が死亡した場合には、相続人を被申込者とする意思が推測できれば、相続人に対する申込みとして（す

なわち、被申込人たる地位の相続による承継というものを認めない点が第2説との差である）相続人が承諾することをできるという考えもある。

しかし、被相続人の意思により相続性が左右される点に問題があり、また、もし承諾後すなわち契約成立後に被申込人が死亡した場合には、死亡が契約の終了原因とされていない限り相続されてしまうのだから、❶説でもよいと思われる。

1-92　**(b) 行為能力喪失の場合**　被申込者が申込みを受けた後に行為能力を喪失しても、申込みの効力に影響はないのが原則であり、ただ行為能力喪失が契約の終了原因とされているものについては、申込みの効力が消滅するというべきである。従って、被申込者が承諾しても契約は成立しないと考えてよい。それ以外の場合には、被申込者の承諾（ないし契約）が取消可能となる。

1-93　**(3) 承諾発信後**　民法は承諾につき発信主義を採用しているので発信により契約は成立し、成立した契約がその後の死亡により相続人に承継されるだけである（到達主義によったとしても、意思表示の一般原則通り承諾の効力に影響はなく、その到達により有効に契約が成立する）。

II　承　諾

1　承諾の意義及び性質

1-94　**承諾**とは、特定の申込みに対してなされる、その申込みに同意しその提案された契約を成立させようとする意思表示である。申込みにより提案された契約を成立させようとするものでなければならず、変更を加えた承諾（例えば80万円で買わないかという申込みに対して、70万円なら買うと表示する）は、それにより契約は成立せず、承諾としての価値はない。「承諾者が、申込みに条件を付し、その他変更を加えてこれを承諾したときは、その申込みの拒絶とともに新たな申込みをしたものとみなす」ものとされる（528条）。従って、申込者は、新たにこれに承諾することができ、新たな申込みに申込みの拘束力が認められる。なお、承諾は黙示になされることも可能である[46]。

インターネット上のヤフーのショッピングサイトにおいて、パソコンが誤って2,787円と表示されて売りに出されていた事例で、サイト上の表示は申込みの有

---

[46]　YがA会社に石炭の注文をしたのに、A会社の石炭の一手販売権を有するXが、Yに対して石炭を数10回にわたって送付し、Yがこれを異議を留めずに受領してきた事例で、黙示の承諾が認められている（大判昭8・4・12民集12巻1461頁）。

因にすぎず、また、消費者の申込みに対する「受注確認メール」は、ヤフーが注文者の申込みが正確になされたことを確認するだけのメールであり、売主が送信したものではなく、これによって契約が成立したものとは認められないとされている（東京地判平17・9・2判時1922号105頁。不法行為を理由とした損害賠償請求も退けられている）。

1-95 【申込みの承諾適格は1つ？】　例えば、Ａがその所有の絵画の売却を複数人に申込み、申込みを受けた者の中からＢとＣが承諾をしてきたとする。この場合の契約の成立についてはどう考えるべきであろうか、次の2つの考えを想定することができる。

1-96　❶ 第1説　物権行為と異なって債権行為を申し込む点についていえば、契約（債権）は複数同一内容のものが成立可能であり、ＡＢ及びＡＣ間に売買契約が成立し、二重譲渡の関係になるという構成が先ず考えられる。

1-97　❷ 第2説　しかし、一度売却後に二重に売却したのとは異なり、たしかに競争締結ではないにしろ、Ａとしては1つの契約のみを成立させる意図しかなく、申込みは複数人になされても飽くまでも1つの契約の成立を目的としたものであり、承諾適格は1つであるということも考えられる。従って、ＢＣの承諾のいずれか先に到達した方との間に契約が成立することになる（遅れてきた者には、もう売れてしまいましたとお詫びすることになる）。こちらの説が妥当であり、ただ同時にＢＣの承諾が到達したら困るが（またＢとＣの承諾の到達の前後が不明な場合も同じ）、そのときは契約はいずれについても成立しえないというべきか。

1-98 【承諾の自由の制限】
　（1）立法による規制　契約をするか否かの自由については、医師などの社会的責任ある職業や、ガス、電気といった生活に必需なものの供給でありかつ独占的に行われている事業につき、契約締結義務が負わされる[47]。他にも、旅館についても旅館業法5条により、「宿泊しようとする者が伝染性の疾病にかかっていると明らかに認められるとき」、「宿泊しようとする者がとばく、その他の違法行為又は風紀を乱す行為をする虞があると認められるとき」及び「宿泊施設に余裕がないときその他都道府県が条例で定める事由があるとき」のいずれかの理由によらなければ、宿泊を拒むことはできないことになっている。なお、契約の締結を直接規定するものではないが、身体障害者補助権犬法は、国等が管理する施設（7条）、公共交通機関（8条）、不特定かつ多数の者が利用する施設（9条）について、補助犬同伴の立ち入

---

[47] 医師法19条1項は「診療に従事する医師は、診察治療の求があった場合には、正当な事由がなければ、これを拒んではならない」と、また、ガス事業法16条1項は、「一般ガス事業者は、正当な理由がなければ、その供給区域又は供給地点における一般の需要に応ずるガスの供給を拒んではならない。」と規定する（電気事業法18条1項も同様）。

第1章　契約の成立　69

りを拒絶してはならないものとしている[48]。

1-99　**(2) 不法行為理論による間接的規制**　*1-98*のような規定がなくても、契約の締結拒絶が不法行為になるとして、間接的に規制することは可能である。宝石店経営者が、過去に外国人風の盗賊団の被害にあった経験から、来店したブラジル人に対して、外国人お断りの張り紙を見せ、警官を呼ぶなどして追い出そうとした行為を不法行為として、150万円の慰謝料の支払を命じられている（静岡地判浜松支判平11・10・12判時1718号92頁）。その他に、マンションの賃貸借につき、交渉が煮つまった後に外国人を理由に入居を拒んだことを不法行為と認めた事例（大阪地判平5・6・18判時1468号122頁）、ゴルフ会員契約につき、プレーの制約のある会員から制約のない会員への登録申請を、日本国籍を有しないことを理由に拒否したことを不法行為と認めた事例（東京地判平7・3・23判時1531号53頁）、外国人を理由にした公衆浴場への入浴を拒否（ドイツ人とアメリカ人3人）につき、外国人一律禁止は不合理な差別であり違法であるとして、原告らに各100万円の慰謝料の支払が命じられた事例（札幌地判平14・11・11判時1806号84頁）などがある。

2　承諾の効力発生時期（契約の成立時期）

(1) 発信主義の採用

1-100　意思表示の効力発生時期についての、民法上の原則は「隔地者に対する意思表示は、その通知が相手方に到達した時からその効力を生ずる」という到達主義である（97条1項）。ところが、契約の承諾については民法はこれに対して例外を認め、「隔地者間の契約は、承諾の通知を発した時に成立する」ものと規定し、発信主義を採用した（526条1項）[49]。

契約の承諾につき発信主義を採用した理由は[50]、承諾者としては承諾の発信と

---

[48]　「ただし、身体障害者補助犬の同伴により当該施設に著しい損害が発生し、又は当該施設を利用する者が著しい損害を受けるおそれがある場合その他のやむを得ない理由がある場合は、この限りでない」、といったただし書がいずれの規定にも付されている。

[49]　承諾の発信主義は郵便による承諾を念頭において考えられたものであり、EDIといった電子取引については、電子消費者契約及び電子承諾通知に関する民法の特例に関する法律4条により、「民法第526条第1項及び第527条の規定は、隔地者間の契約において電子承諾通知を発する場合については、適用しない」として、到達主義に修正されている。但し、Eメールでは、発信と到達は同時であり、到達が問題となる事例はまれであろう（ウイルスに感染していてメールが開けない場合に、了知可能性がないので到達を否定しても、発信主義だと契約は成立するといった場合）。

[50]　本規定はイギリス法の影響を受けたものといわれている。しかし、比較法的にみると異例な立法である。CISG18条2項、PICC2-6条、中国契約法26条1項は承諾も到達主義をとる。ヨーロッパ契約法典草案16条2項は申込者が承諾を知った時に承諾の効力が生じる

共に契約の準備にとりかかるのであり、承諾の効力が到達により生じるとすれば、承諾の到達までは申込みの撤回が可能になってしまい、承諾者の期待を害することになるので、承諾者の期待を保護したものといわれる（承諾者は承諾の到達まで承諾の意思表示の撤回を認めてよいであろう）。なお、アメリカでも承諾につき発信主義が採られているが、これは申込みの撤回が自由であることと結びついているものであり、申込みの撤回自由との利害調整として（承諾を発すれば申込みはもはや撤回できなくなる）承諾の発信主義が採られているものである（樋口125〜6頁）。これに対し、わが国では申込みの拘束力自体を認めているので、承諾期間の定めのない申込みについて到達を不要とすることなどしか（承諾期間の定めのない申込みで、相当期間経過後に、発信により申込みの撤回の可能性を奪うということは存在意義として残る）その意義はないことになる。

1-101 【97条1項と526条1項の関係】　両条文の関係については、次のように理解が分かれている。

❶ **第1説**　通説は、97条1項が意思表示全般について効力発生時期をめぐる原則を定めた一般規定、これに対して、526条1項はその例外を契約の承諾について認めた特則規定と考えている。

1-102　❷ **第2説**　これに対して、526条1項は契約の成立の規定、97条1項はそれ以外についての規定と、並列的な存在であり、97条を意思表示全体の原則規定という必要はないという考えもある（星野31頁）。しかし、結論に差がない以上、総則規定という位置づけからして、❶のように説明しても不都合はないと思われる。

1-103　【「通知を発」する（＝発信）とは】　細かい事項だが、「通知を発」するとはどういうことであろうか。結論としては、これは郵便による「発信」を原則的に意味するものというべきである。そうしないと、例えば、Aが社員Bに承諾書を持たせて申込人Cの所に届けさせる場合も、通知を発したことになりかねず、その社員が途中でその承諾書を捨ててしまい到達しなくても、AC間に契約が成立してしまうことになってしまう（しかし、郵便と異なり、自己の社員の行為についてはリスクを引き受けるべき）。また、Bに投函に行かせた場合でも、投函の時ではなく社員Bが会社を出た時が発信になってしまう恐れがある。

やはり、発信とは、Aの支配領域を離れて国家の郵便制度の支配領域に入った時に成立するというべきであり、それだからこそ不到達は通常あるはずはなく、不到達の危険をAが引き受けなくてよいということになるのである（承諾について到達主義を採用した国の背景には、郵便制度への不信ということがあった）。なお、住所の誤記により返送された場合は、そもそも申込者に対する発信がなかったことになる。ま

ものと規定する。

た、口頭で伝える使者を送った場には、口頭による意思表示であり、使者が口頭で表示をして始めて発信また到達が認められることになる。

(2) 承諾が承諾期間内に到達しなかった場合の例外

1-104　民法は承諾の意思表示につき発信主義を採用しながら、他方で、これと矛盾するように思える規定を置いている。即ち、申込みにつき承諾期間の定めがある場合に、「申込者が前項の申込みに対して同項の期間内に承諾の通知を受けなかったときは、その申込みは、その効力を失う」（521条2項）と規定された[51]。承諾がその発信により効力を生じ、その結果契約が成立するのならば、承諾発信が承諾期間内であればよいはずである。しかし、申込者としても、承諾期間内に承諾がない限りそれなりの行為（申込んだ商品を他に売るなど）をなすわけであるから、承諾がないと思って何か行為をした後に、承諾期間内に承諾が発信されていた、従って契約が成立していたということになると、今度は申込者の予期に反することになる。このように、承諾者の先の期待と、申込者のこの期待の両者の保護を認めた折衷的解決が、526条1項と521条2項という矛盾する規定の設置という形になっている[52]。

526条1項の理解をめぐっては、次のような問題がある（判例はなく机上の論争である）。

---

① 発信主義と承諾期間内に承諾が到達しないと契約の成立が認められないこととをどう矛盾なく説明するか。

② 承諾期間の定めのない申込みで、承諾が発信されたが到達しなかった場合、契約は成立するのか。

---

②の問題については民法は明示的に規定を置いていないが、①の説明如何により答えが変わってくるので、両者を関連させて説明してみよう。以下のような学説に分かれる（新注民(13)395頁以下［遠田新一］に詳しい）。

1-105　**(a) 到達主義重視説**　承諾も飽くまで97条1項の原則通り到達して効力を生じるべきであるということを理念とし、526条1項を単なる発信主義の規定と

---

[51] なお、到達主義重視説に立つ石田・*1-106* 文献43〜44頁は、承諾期間のない申込みについても、相当期間の経過により承諾適格を失うことを前提として、その相当期間内に承諾が到達しなければならないという。

[52] これは、発信主義に立つ梅及び穂積と、到達主義に立つ富井との起草者間の対立があり、未調整のまま立法されたことが原因といわれている（星野英一「編纂過程からみた民法拾遺」『民法論集1』184頁以下）。

72　第1編　契約総論

は考えないものである。

1-106　❶ 契約成立時遡及説　　先ず、526条1項は承諾につき到達主義を修正したものではなく、飽くまでも承諾はその到達により効力が生じこれにより契約が成立するのであるが、ただ承諾の発信時に契約が成立したものと擬制したにすぎず、契約の効力発生自体は飽くまでもやはり承諾の効力発生時期であるという考えがある（神戸寅次郎「承諾論」『神戸寅次郎著作集　下』360頁以下、田中実「契約の成立時期について」法研38巻1号83頁以下。なお、近時のものとして、石田喜久夫『現代の契約法』48頁以下も、526条1項を到達した承諾の発信時に契約の成立時期を遡らせたものとする）。これによると、①承諾の到達まで、申込みの撤回ができ、②承諾の撤回も可能ということになる。また、③承諾期間の定めなき申込みの場合に承諾が到達しなければ契約は成立しないことになる。②はよいとしても、①は526条1項の趣旨に反することになる。

1-107　❷ 停止条件説　　また、承諾は到達により効力を生じ、従ってその時に契約も効力を生じるが、承諾の到達を停止条件とみて、その発信の時に遡って効力を生じさせるものという考えもある（石坂1882頁）。

1-108　❸ 不確定効力説　　更に、❶説を修正したものに、526条1項は契約の成立時期についてだけでなく効力発生についても規定しているものと考えて、承諾は発信により不確定的に効力が生じるが、承諾期間の定めのある場合には承諾期間内に承諾が到達しなければ、初めから効力が生じなかったことになり、また、承諾期間の定めのない場合には到達しなければ効力が生じなかったことになるというものがある（鳩山・上45頁以下、新注民(13)402頁［遠田新一］）。①申込みの撤回はできない、②承諾の撤回もできないが（この点では後述の(b)説と共通する）、③承諾期間の定めのない申込みで承諾が到達しなければ、契約は成立しないことになる。

　　以上の説は、到達ということをあまりにも重視しすぎるものであり、1-104の問題について、特別の制限が条文上ないのにも拘らず到達という要件を付け加えることになると批判される。現在では、次のように単に期間の定めある場合についてだけ、521条2項の特則があると考えればよいというのが一般的理解となっている。

1-109　(b) 発信主義重視説

　　❶ 解除条件説　　先ず、526条1項の原則通り承諾の発信により承諾は効力を生じ、契約は成立するが、承諾期間の定めがある場合については521条2項の法定の制限があり、承諾期間内に到達しなければ承諾の効力は失われるという考え

がある（通説である。柚木16頁、三宅・総論20頁、水本23頁、注解民Ⅴ85頁［遠藤浩］、半田57頁、川井15頁）。これによれば、①申込みの撤回はできない、②承諾の撤回もできない（到達主義ならば到達して効力が生じるまでは撤回できる）、また、③申込みに承諾期間の定めがない場合については、526条1項が適用されこれを制限する規定がなく、承諾が到達しなくても一度成立した契約の効力に影響はないことになる（承諾を発信したという事実は契約の成立を主張する者が証明しなければならない）。この不到達の危険をどちらに分配するかについては、郵便の不到達ということは殆ど考えられないこと、そして、申込者は承諾期間を定めて申込みをすることによりこの危険を回避できるが、承諾者には手だてがないことから、申込者負担とすべきことが主張される（星野・注**52**論文217頁）。但し、承諾者としては、電話か何かで相当の期間に申込者に到達したか否かを確認する信義則上の義務を認めることができようか。

1-110 　❷ **申込失効説**　❶説とは説明の差にすぎないが、❶説は承諾の効力を問題にし、これが承諾期間がある場合には解除条件つきだというわけであるが、これに対して、521条2項は「申込みは、その効力を失う」と規定しており、526条1項の発信主義を否定する規定ではなく、承諾期間内に承諾が到達しない場合には申込みが効力を失い、その結果承諾がいくら発信により効力を生じていても契約はその要素を欠くことになり成立しないという説明をする考えもある（末弘107頁、末川・上46頁）。結論は❶説と異ならない。結論において異ならないのならば、521条2項の文言に素直なこの説でよいのではないだろうか。

1-111 　**【延着した承諾についての特則】**　既述のように（⇒1-104）承諾期間の定めがある申込みに対する承諾については、承諾期間内に承諾が到達しなければならないが（521条2項）、これには例外が設けられている。「前条第一項の申込みに対する承諾の通知が同項の期間の経過後に到達した場合であっても、通常の場合にはその期間内に到達すべき時に発送したものであることを知ることができるときは、申込者は、遅滞なく、相手方に対してその延着の通知を発しなければならない。ただし、その到達前に遅延の通知を発したときは、この限りでない」、と（522条1項）。また、「申込者が前項本文の延着の通知を怠ったときは、承諾の通知は、前条第一項の期間内に到達したものとみなす」（522条2項）、従って承諾は承諾期間内に到達したことになり契約の成立を認められる。

　なお、「申込者は、遅延した承諾を新たな申込みとみなすことができる」（523条）。従って、申込者がこれに対して承諾して契約を成立させることができる。承諾者は契約の成立を欲しており、「双方の為に便利のみありて些の弊害なきものとす」るた

めである（梅386頁。なお、何時まで承諾できるかの相当期間は、最初に申込んだ者であることを考えると、普通よりも短くてよいであろう）。

1-112 【契約の競争締結】　申込みと承諾による契約の成立の特殊な形態として、競売や入札のように、一方の当事者に競争させて最も有利な条件を提示した者と締結するという、いわゆる契約の競争締結というものがある（インターネットオークションにつき検討したものとして、大久保輝「契約の競争締結」日大院31号255頁）。

1-113 　（1）狭義の競争締結（競売）　競争締結の申出人が最低価格を提示し、または提示しないで、相手に価格を競り上げさせて、最終的に最高価格を提示した者との間で契約を締結するというものである。①最低価格が提示されている場合には、それ以上ならばいくらでも売るという意思表示であり、競争締結の申出が申込みになり（特殊なところは代金額が不確定な申込みという点である）、これに対して相手方が代金を提示するのが承諾であり、ただ最高価格を提示した者との間にのみ契約が成立するにすぎない（1つの契約の締結だから）。②次に、先ず相手の方から価格を提示させ、競り上げさせる場合には、いかなる価格の提示でも売るという表示ではない限り、価格の申出が申込みであり、その中で最高価格を提示した者に対して競売申出者が承諾して契約が成立するということになる。

1-114 　（2）入札　①最低価格（最高価格）が提示されていれば、入札の公告が申込みとなり、これに対して入札するのが承諾で、最高価格をつけた者の承諾が契約を成立させることができるというものになる。②これに対し、入札の公告に最低価格が示されていなければ（いくらでも売るという場合は別として）、入札の公告は申出の誘引に過ぎず、これに対して入札することが申込みであり、落札決定が承諾ということになる。なお、国や地方公共団体の主催する入札の場合、契約書を作成し契約書に記名押印がなされなければ契約は確定しない（会計29条の8、地自治234条5項）。判例も落札段階では予約が成立したにすぎないと考えている（最判昭35・5・24民集14巻7号1154頁）。

第3節　申込み・承諾以外の方法による契約の成立

Ⅰ　交叉申込みによる契約の成立

1-115　例えば、Aがその所有する美術品を50万円で売却する申込みをBに発送し、他方で、BもAの申込みの到達前に、Aに対してその物を50万円で売ってほしいと申込みを発した場合、これを**交叉申込み**というが、ここでは申込みが2つあるだけであり、申込みと承諾により契約は成立するとすれば、改めてどちらかが承諾をしなければ契約は成立しないことになる。しかし、この場合、敢えていずれかが承諾をしなくても、交叉申込み自体により契約が成立するとみてよいと一般に考えられている（規定はない。梅393頁は、改めていずれかが承諾を発した時に契約が成立するという）。従って、申込みと承諾とによる契約の成立ということに対する例外となる。この考えは、かつては申込みと承諾とは本質的に異なる意思表示であり、この2つがなければならないと理解されていたのが、契約とは「意思の合致」であると理解されるようになり、その間に本質的な差はないとされるようになったために可能となったものである（新注民(13)350頁以下［遠田新一］参照）。

1-116　**【契約の成立時期】**　交叉申込みの場合に何時契約が成立したと考えたらよいであろうか。つぎの2つの考えが可能である。

❶ **後の申込みの発信時とする説**　先ず、後の申込みの発信時に契約の成立を認める少数説がある。その理由は、ⓐ後のBの申込みは承諾に等しいこと、ⓑ2つの意思の合致した時点で契約は成立すべきであるということにある（水本26頁）。しかし、これでは、Bの申込みが（更にはAの申込みが）到達しなくても契約が成立してしまうことになるし、また、申込みはその承諾までは撤回可能であるという原則とも抵触することになる。

1-117　❷ **両申込みが到達した時とする説**　いずれも申込みにすぎず、本来ならば更に承諾が必要なのを便宜的に省略しただけのものであり、原則通り両申込みが到達した時に契約の成立を認めるべきである（現在の通説）。この考えによれば、AもBもその時点までは、申込みがその到達までは（到達したらここでも当然拘束力が生じる）撤回が可能ということになる。

Ⅱ　意思実現による契約の成立

1-118　526条2項は「申込者の意思表示又は取引上の慣習により承諾の通知を必要としない場合には、契約は、承諾の意思表示と認めるべき事実があった時に成立する」と規定する。これを**意思実現**による契約の成立という。例えば、生協が教員用に書籍の注文箱を設置し、これに注文票を投入する場合、ホテルに手紙で予約をとるなどの場合がこれに該当し、生協が注文された本を問屋に発注する、ホテルが注文された部屋を予約として確保しておくなどの行為があれば、その時点で契約が成立することになる。なお、沈黙というだけでは原則として承諾としての価値はない（例外は商法509条）。

1-119　**【意思実現の法的性質】**　契約は申込みと承諾とにより成立するのであり、意思実現をこれとの関係において例外と捉えるか否かは、意思実現の法的性質をどう捉えるかにかかってくる。

1-120　❶ **黙示の意思表示（承諾）と解する説**　「承諾の意思表示と認むべき事実」を承諾の意思表示と考えれば、契約は申込みと承諾で成立するという原則を破壊するものではないということになる（滝沢・**1-49**文献203頁は、意思実現とされる多くは黙示の意思表示として構成できるという）。しかし、確かに、ⓐ申込みに応じて、承諾の通知をせずにいきなり商品を発送する（通信販売は通常は確認を入れる）といった行為であれば、それは申込者に向けられた行為であり承諾の意思表示と解してよいが（従って、それが承諾の意思表示であるから、その発送の時に契約が成立し、到達しなくてもよいことになる）、ⓑ申し込まれた商品をメーカーなどに発注する行為は、申込者には向けられておらず、このような行為はこの説では意思実現ではカバーされなくなり、意思実現の妥当領域が非常に狭められることになる。

1-121　❷ **申込みと承諾による契約の成立に対する例外とする説**　そこで、このような申込者に向けられていない行為も意思実現に含ませ、通説は承諾とは異なり申込者に表示される必要はなく、その行為は意思表示ではないと考えている（三宅・総論35頁、石田穣38頁等。なお、滝沢・**1-49**文献は、契約とは異なる単独行為である「約束」による構成の可能性を示唆する）。承諾の発信主義を採用した以上、上の例で商品発送により承諾が発信されていることになり、その時点で契約が成立するのであり、特別規定は不要である。そのため、意思実現ということに存在意義を認めれば、❷説のように、注文を受けた業者による商品の卸売やメーカーへの発注によっても契約の成立を認めるべきであり、より厚く承諾者側を保護することができる。

Ⅲ　事実的契約関係

1-122　**事実的契約関係**とはドイツにおいて考え出された理論であり、日常定型的な契約類型については、その定型的行為がなされれば、契約をする意思また能力が行為者になくても契約関係の成立を認めてよいとする考えである[53]。その利点は、①制限行為能力、錯誤による効力の影響がないこと（例えば、自動販売機の利用で間違えてボタンを押した）、②契約の締結を無視する者に対しても報酬の請求ができること（例えば、駐車場を無断で利用する）が挙げられる。しかし、①についてはそれが本当に妥当なのか疑問があり、また、②についても、契約の代金（駐車料金）相当額を不当利得と考えればよく（損害賠償も可能）、別に契約理論の混乱をもたらしてまで、このような理論を認める必要性はないと思われる（反対説として、石田・*1-106*文献9頁以下。好意的な学説として、米倉明『民法講義総則(1)』105頁）。

1-123　【**法による契約成立の強制・擬制**】　この他にも、厳密にいえば、①造作買取請求権の行使の場合、②借地借家法における契約の更新請求、③商法509条の「商人が平常取引をする者からその営業の部類に属する契約の申込みを受けたときは、遅滞なく、契約の申込みに対する諾否の通知を発しなければならない」（1項）、「商人が前項の通知を発することを怠ったときは、その商人は、同項の契約の申込みを承諾したものとみなす」（2項）という規定、これらも申込みと承諾による契約の成立に対する例外として位置づけることも可能である。

　なお、契約自由の原則の帰結として、①契約を締結する自由、②誰と締結するかの選択の自由、及び、③どのような内容の契約を締結するかの自由が導かれるが、公共的立場から、ガス・電気等については供給を拒みえず、また、社会政策的立場から医師などにつき診療等を拒みえないものと特別立法がなされているが（⇒*1-98*）、契約成立擬制の規定はないので、仮に契約の成立を拒否すれば契約は成立せず（NHKとの受信契約締結義務についても同じである）、後は損害賠償責任が残るのみである（契約の締結強制については、山下丈「契約の締結強制」『現代契約法大系1』235頁以下参照）。ところで、消費者保護の立場からは、事業者は相当な理由なしに消費者の申込みを拒絶しえないという立法が望まれ（フランスではある）、また、立法がなくても不可侵義務の1つとして差別的取扱を避ける義務を認めることができ、損害賠償責任を認めることにより間接的に承諾強制を認めることが可能となる（⇒*1-99*）。

---

[53]　わが国でも、四宮和夫『民法総則（第四版）』49頁がこれに好意的。事実的契約関係については、森島昭夫「事実的契約関係」法教93号88頁以下、新注民(13)282頁以下［五十川直行］参照。

1-124 【補論——撤回とクーリングオフ】　以上のように契約が成立すると、無効または取消原因がない限り、また解除が可能でない限り当事者は契約に拘束されることになるはずであるが、一定の場合には契約を任意に一方的に白紙にする権限が認められている。

1-125 　❶ 無償契約の場合　無償契約は口約束だけで拘束力を生じさせるには適さないものであり、ⓐ要物契約としての交付までは拘束力を認めないか、ⓑ書面を作成しない限りいつでも自由に撤回できるものとするか、いずれかの解決が可能であるが、民法は沿革的な理由から、贈与についてはⓑを採用し、それ以外の無償契約（但し、物の交付が問題となるようなもの）ではⓐを採用している。ⓒ更に、物の交付が問題とならない委任では、口約束でも契約は成立させた上で、いつでも任意に解除ができるものとされている（651条1項）。

1-126 　❷ 消費者取引の場合　消費者と事業者との契約にあっては、消費者が熟慮せずに不意打的に事業者のセールストークに乗って契約をしてしまうことがあり、このような場合の消費者を保護するために、いわゆるクーリングオフという権利が消費者には認められている（クーリングオフの根拠については、近藤充代「クーリングオフ権をめぐる学説の検討」都法35巻1号403頁以下参照）。一旦した契約の拘束力を自由に免れうるというのは、私的自治の原則に対して例外となるようにもみえるが、むしろ、自由な意思決定が阻害された場面での契約締結からの救済であり、私的自治の原則の尊重ということができる（意思主義の復権などとして消費者取引では当事者の意思を重視する考えが現れている）。

第4節　補論——契約の有効要件

1-127　民法は、契約の上位概念として「法律行為」という概念を認め、これについての一般的規定を民法総則に規定している。しかし、法律行為の規定はもっぱら契約についての規定といってよく、本来契約総論に位置づけられるべきものである（性質が許す限り、他の法律行為に準用するという規定を置いておけばよい）。

　契約の成立要件については、他の法律行為とは同列に規定できないため、民法総則の法律行為規定に規定を置かず、契約総論につき特別の規定を以上までみたように規定している。ところが、有効要件については、民法総則で法律行為一般について規定を設け、契約もそこでカバーされることになるため、契約総論には何も規定を置いていない。従って、有効要件については、民法総則の説明に譲り、ここでは要点だけをまとめておく。

> ① 無効原因のないこと
>   ⓐ 公序良俗に反しないこと（90条）
>   ⓑ 強行規定に違反しないこと（91条）
>   ⓒ 心裡留保の93条ただし書に該当しないこと（93条ただし書）
>   ⓓ 虚偽表示ではないこと（94条2項）
> ② 取消原因に基づき取消しがなされていないこと
>   ⓐ 無能力（5条2項、9条、13条4項）
>   ⓑ 詐欺（96条1項）
>   ⓒ 強迫（96条1項）
>   ⓓ 錯誤（95条）

　以上の①ⓒとⓓでは契約は無効となるが、ⓐⓑの絶対的無効と異なり善意の第三者には無効を対抗できない（但し、飽くまで有効要件は充たしていないのであり、有効要件の充足と対抗不能の問題とは区別すべきである）。取消しの場合には、取消しという行為がなければならないという差があるが、取消しがなされた限り①の場合と同じく無効である（いずれも結果は無効な契約である）。

1-128　**【給付の原始的不能による契約の無効】**　民法に明文規定はないが、原始的に不能な給付を目的とする契約は、当事者がたとえ不能なことを知らなかったとしても、無効と考えられている。その結果、次のようなことになる（Aが既に滅失してなく

80　第1編　契約総論

なっているのを確かめずに、Bの注文に応じて骨董品をあるものとして販売した場合を例に考える）。

> ⓐ　Aの債務が成立しない以上、双務契約の牽連関係からいってBの債務も発生せず、結局契約は無効である。
>
> ⓑ　契約が無効で履行請求権がない以上、履行利益の保護は考えられず、Aがよく調べもしないで販売した過失があればAの責任が認められるが、いわゆる信頼利益の賠償しか請求できない。

1-129　**(1) 学説の状況**　このような、原始的不能→契約無効→信頼利益の賠償という公式に対しては、以下のような異論をとなえる説もある[54]。なお、2001年のドイツ民法の改正債務法も、原始的不能な契約を有効としている[55]。

1-130　❶ **第1説**　先ず、原始的不能を契約の無効原因とはみないで、契約を有効として処理する考えがある（辰巳直彦「契約解除と帰責事由」『谷口追悼2』346～7頁、加藤雅信「危険負担・原始的不能・契約締結上の過失」法教164号22頁）。契約が有効なので、Bは履行利益の賠償を求めることができる。但し、Aの義務違反は、抽象的にはBに履行ができないことであるが、後発的不能の場合と異なって保管義務の違反が過失となるわけではなく、原始的不能では、滅失を気づかずに契約をしてしまったという、契約前の行為義務における過失であるという差は見逃せない。

1-131　❷ **第2説**　次に、一定の場合に限って契約を有効とするという考えがある。即ち、主観的には不能・可能が不明な状態で、債務者が不能な場合のリスクを甘受する意図で契約を締結する場合（一種の投機行為）には、契約を有効としてよいとされる（奥田昌道『債権総論』30頁、半田76頁）。

1-132　❸ **第3説**　学説には、原始的不能の一種である他人物売買につき（フランス民法では無効とされている）、わが民法ではこれを有効として担保責任を認めていることから（561条、562条）、目的物の不存在、全部滅失についてもこれを類推適用し、かつ履行利益の賠償を認めるものがある（戒能60頁以下）。

1-133　❹ **第4説**　更には、契約は無効としながら（無効と考えるのが、川井健『債権総論』15頁など通説といえようか）、「自分の責に帰すべき事由によって履行をすると約束しながらそれが不可能であったのだから」、Aに履行利益の賠償まで認めてもよいという考えもある（星野51～2頁、前田達明「原始的不能についての一考察」『現代私法学の課題と展望下』77頁以下）。

54　三林宏「『原始的不能・不能無効』に関する一考察」『民法における『責任』の横断的考察』93頁以下、松下英樹「原始的不能ドグマ克服論の体系」九大法学73号201頁以下、田中宏治「原始的不能と契約無効」阪大法学48巻5号93頁以下参照。

55　ドイツ民法311 a条1項。債権者は、債務者に帰責事由がない場合を除き、損害賠償を請求しうる（同情2項）。PICC 3-3条も、「契約締結時に、債務の履行が不可能であったという事実のみで、契約の有効性が影響を受けることはない」と規定する。

1-134　**❺ 第5説**　加藤教授は、売主は目的物が存在することについての黙示的な「前提的」保証合意をしているものとみて、原始的不能をこの合意の違反として構成しようとしている（加藤雅信「『不能論』の体系」法政論集158号55頁以下）。

1-135　**(2) 本書の立場**　ここでの問題は、①契約は有効とみてよいか、また、②契約が無効とされた場合にその賠償の範囲（そして、③賠償責任の性質論もあるが、これについては *1-12* 以下）の2つである。そして、原始的に履行が不能なのに契約を有効とする意味であるが、それは履行利益の賠償が可能となるという点にあるといってよい。そのため、契約が無効でも履行利益の賠償を認める学説では、敢えて契約を有効とする必要はないことになる。

　そうすると、要は履行利益の賠償までどうやって認めるか（当然、債務者の帰責事由は必要である）という点であり、契約があり債権があるからこそ履行利益の保障そして賠償が認められるものと構成して、契約を有効にすることをはずせないと考える必要はない。どこまでの利益保障まで当事者間で注意義務として認められるべきか、注意義務の向けられる利益保障の程度の問題とすればよい。そうすれば、契約締結にまで至ったのであるから、これまでのいわゆる履行利益（填補賠償）と合致するかは別として、何らかの得べかりし利益の賠償まで認められて然るべきであろう。

第2章　懸賞広告

Ⅰ　懸賞広告の意義及び性質

1　懸賞広告の意義

2-1　ある行為をした者に一定の報酬を与えることを約束する広告を**懸賞広告**といい（例えば、逃げた犬を探してくれた者に謝礼を支払う、鮫を退治した者には1匹につきいくら支払うなど[1]）、広告に示された行為をした者に広告者は約束した報酬を与えなければならない。この特殊なものに、指定された行為をした者の中から優れたものにのみ報酬を与えるというものがあり（小説、漫画等の何々賞といったものがこれにあたる）、これを**優等懸賞広告**という。これに対し、通常のものを**普通懸賞広告**という。

　懸賞広告の規定は、民法上「契約の成立」の款の中に規定されているが、位置的にここにおくのがよいのかは問題があり[2]（また**2-2**以下に述べるように契約であるかも問題がある）、契約各論で説明するのが適切かもしれないが、本書では一応民法の編別に従い契約総論で説明はするが、「契約の成立」とは別の問題として位置づけた。

2　懸賞広告の法的性質

2-2　広告者が報酬支払義務を負担することをどう法的に説明するかをめぐって、学説は次のように分かれ、いずれによるかで、行為者が広告を知らない場合の効果が異なってくる。

2-3　**(a) 契約説**　広告が申込みであり、定められた行為をすることにより（意思実現のように）契約が成立するというものである（古くは鳩山・上93～4頁、柚木24～5頁、近時は石田穰39～40頁、新注民(13)419頁〔五十嵐清〕、半田70頁、川井19頁〔ただし、

---

[1]　開店から先着100人様に景品を差し上げるというのは懸賞広告であるが、開店から100人までは料金を10％引きにするという広告は報酬を給付するというのではないが、懸賞広告に準じて扱ってよいであろう。

[2]　懸賞広告については、契約総論ではなく、契約各論で説明する教科書もある（末川・下192頁以下）。

法律行為解釈により単独行為を認定することも認める〕)。①起草者は契約の一種と考え、懸賞広告は民法上「契約の成立」の中に規定されていること (梅398頁)、②単独行為により義務を負担するというのは異例であり、特に明文が (ドイツ民法のように) なければならないことがその理由である。

但し、どの時点で契約が成立するのか (行為の完了とは、犬の発見時か発見を通知した時か)、その契約上の義務は行為者側としてはどうなるのか[3]という疑問が残るし、また、契約説によると広告を知らないで広告に定められた行為をした者 (広告を知らないで、犬を発見し飼主に連絡したり、鮫を退治した者) は、契約をする意思がないので、契約は承諾がなく成立しておらず、後で広告を知っても報酬を請求できないことになる (なお、優等懸賞広告では、応募が必要なのでこのような問題は考えられない)。但し、最後の点については、承諾の意思表示の追完という構成が提案されている (半田70頁)。

2-4　**(b) 単独行為説**　これに対し、懸賞広告を敢えて契約と構成する必要はなく、広告者は広告という単独行為により債務を負担するという考えがある。これも更に次の2つの学説に分かれる。

2-5　**❶ 停止条件説**　先ず、広告者は広告により債権者未定の停止条件付き債務を負担し、広告に指定された行為がされること (優等懸賞広告では、更に優等と判定されることにより) により、報酬を与える債務がその者との間に生じることになるという学説がある (我妻73頁以下、末川・下193～4頁)。

2-6　**❷ 結合説**　懸賞広告という法律行為は、契約でも単なる単独行為でもなく、広告と指定行為という2つの法律事実から成立するものと考えるものもある (神戸235頁、末川・下194頁)。

いずれの構成によっても、単独行為説によれば、行為者が広告を知らなくても広告者には報酬支払義務を生じることになる (なお、契約説の石田穣39～40頁は、広告を知らなくても承諾があったと同じに扱ってよいという)。この単独行為説が素直であるが (「契約の成立」の中に規定されている点であるが、起草者は懸賞広告は単独行為ではあるが、契約に類似した法律関係を生じさせるためここに規定したもののようである)、広告によっては広告を見て指定行為を行うことが要件とされていると解釈することもでき、単独行為説を採用したからといって常に報酬支払義務が生じるというもので

---

[3]　犬を捕まえたことにより契約が成立するならば、その後の通知・保管・引渡し等の義務は契約上の義務となりそうであるが、単に報酬を支払う義務を広告者に義務づけるだけであるとすれば、これらの義務は事務管理に基づく義務ということになる。

はない。広告の意思表示解釈として問題を解決すべきである。

II 普通懸賞広告

1 懸賞広告の撤回

2-7　**(a) 撤回しない旨の表示がなされている場合**　この場合には一度した懸賞広告を撤回しえないのは当然である（530条1項ただし書）。なお、「懸賞広告者がその指定した行為をする期間を定めたときは、その撤回をする権利を放棄したものと推定する」とされている（530条3項）。

2-8　**(b) 撤回しない旨の表示がない場合**　この場合には、申込みのように相当期間は撤回できないといった拘束力は設けずに、いつでも懸賞広告を撤回しうるものとした。但し、指定行為がなされれば既に報酬支払義務が実現しているので、もはや撤回をなしえない（530条1項本文）。撤回は広告と同一の方法によらねばならないが、同一方法によれない場合（例えば、広告に掲載した雑誌の廃刊）には、他の方法により撤回をなしうるが、この場合には撤回を知った者に対してのみ、撤回の効力が認められる（530条2項）。

2 懸賞広告の効力

2-9　**(a) 報酬請求権の発生**　指定行為がされたことにより、契約説では契約の効力として、単独行為説では広告により設定された停止条件が成就され、広告者には指定行為をした者に対する報酬支払義務が生じる。

2-10　**(b) 指定行為を完了したものが数人ある場合**
　① 先ず、懸賞広告でそのような場合の処理について規定されていれば、それに従うことになる（531条3項）。何も広告に規定をしていなければ、以下の民法の規定による処理に従う。
　② 最初に指定行為をした者のみが報酬請求権を取得する（531条1項）。
　③ 数人が同時に指定行為をした場合には、平等の割合で報酬を受ける権利を取得する（531条2項本文）。報酬が分割に不便なものであるとき、または、広告で1人にのみ報酬を与えるものとした場合には、抽選で報酬を受ける者を決定しなければならない（531条2項ただし書）。

Ⅲ　優等懸賞広告

2-11　**(a) 応募期間の設定の必要性**　「広告に定めた行為をした者が数人ある場合において、その優等者のみに報酬を与えるべきときは、その広告は、応募の期間を定めたときに限り、その効力を有する」(532条1項)。このような懸賞広告を優等懸賞広告といい、応募期間を定めなければ、応募者を確定できないため、必ず応募期間を設定しなければならないのである。

2-12　**(b) 優等懸賞広告の撤回**　特別の規定はなく、普通懸賞広告について述べたと同じ規律に服するが、優等懸賞広告では必ず期間の設定があるため、撤回する権利を放棄したものと推定される (530条3項)。

2-13　**(c) 優等懸賞広告の効力**　広告者は指定行為をした者の中から、優等と判断された者に報酬を支払う義務を負うが、そのためには優等な者を選ばなければならない。選択者につき、広告で定められた者が選択をしなければならず、選択をする者を広告で定めなかった場合には広告者が判定をしなければならない (532条2項)。応募者は判定に異議を述べることはできない (532条3項)。数人が同等と判断された場合には、報酬を平等に分割し、報酬が分割に不便であるか広告で1人のみを報酬を受ける者とすることを表示した場合には抽選で報酬を受ける者を決定する (532条4項による531条2項の準用)。

第3章　契約の効力

第1節　総論的考察——契約の効力

3-1　契約が有効に成立すると、契約の効力として債権（債務）が発生し、その債権の効力として受領力、請求力、強制力が認められ（⇒債権総論**3-5**以下）、また、債務不履行があった場合に損害賠償請求権（ないし義務）が発生することになる。これらは、債権総論の中で「債権の効力」として規定されており、債権総論で説明される。契約法に目を転じると、民法の契約総論の中には「契約の効力」と題された款があり、次のような内容が規定されており、以下に説明をするのはこれらの条文についてである。

> ① **双務契約に特殊な効力**　双務契約では、両当事者が対価関係に立つ債務を負い合う関係にあり、このことから特別の規律が必要になる（⇒**3-10**以下）。なお、契約解除についても、双務契約の特殊な効力と位置づける立法例が多いが、我が民法では解除は双務契約に特殊な制度とはされていない（⇒**4-65**以下）。
> 　　ⓐ　同時履行の抗弁権（533条）
> 　　ⓑ　危険負担（534条〜536条）
> ② **契約の効力の第三者への拡大**　契約の効力（債権・債務の帰属）は契約をした当事者間にのみ生じ、契約の当事者となっていない第三者には、利益・不利益を問わず効力が及ばないはずである。民法はこの例外として、いわゆる第三者のためにする契約（537条〜539条）を規定した。これは第三者に権利を与えるものであり、第三者に義務を負担させる契約というものは認められていない。

3-2　【契約の効力か法の適用か】　例えば、売買でいえば、目的物、代金、引渡時期、場所等を明示的に定めていれば、それは契約当事者が決定して契約内容とされるもの（当事者の意思による自治）であることは疑いない。ところが、実際には、すべての問題が契約で規律されているわけではない。そのため、判例をみると、当事者が明示的に合意もしておらず、また、法にも規定されていない内容、特に義務が認められることが多い[1]。このような判決はその根拠を何に求めているのであろうか。私

的自治の原則（意思自治の原則）からいえば、当事者の意思が第一で、当事者が合意していない部分については、客観的規範＝法に基づいて裁判がされなければならないはずである。しかし、問題は簡単ではない[2]。

3-3 **(1) 契約を意思で根拠づけると**　意思理論を貫けば、契約の根拠は意思であることが当然視され（意思自治）、契約内容の決定は当事者の意思の探究であり、それが契約の解釈ということになる（なお、契約の解釈については、沖野眞己「契約の解釈に関する一考察」法協109巻2号、4号及びその引用文献参照）。これによると、当事者が明示的に合意をしていない部分については、次のようになるであろう。

3-4 **(a) 補充的解釈**　当事者が明示的に合意していない問題点について解決をするために、①その問題点についてもし当事者が定めていたならばどう定めたであろうか（合理的意思の探究）といわば仮定的意思を探究して、それが当事者の意思であるとして契約内容を決定することが考えられる（補充的解釈の問題については、山本敬三「補充的契約解釈」法学論叢119巻2号以下が詳しい）。個別具体的な任意規定（推定規定）とは別に、明確ではない場合には合理的な意思を探究するというのは、いわば包括的な任意規定を認める一般条項を認めるようなものである。②また、当事者は信義則に従って行動しなければならないことから、どう契約したであろうか仮定的意思の決定につき、信義則が考慮されることはあろうが、それは意思の内容決定につき信義則が考慮されるというだけであり、飽くまでも信義則自体により契約内容が補充されるものではないことになる。

3-5 **(b) 補充規定（任意規定）**　また、当事者が合意していない内容について民法が規定を置いている場合、それは当事者の通常の意思（①の仮定的意思）を想定したものにすぎず、①の仮定的意思が法により明定されたにすぎないことになる。従って、法による解釈ではなく、法により契約内容が決定され、飽くまでも契約の適用により問題が解決されるということになる。任意規定とは単なる意思解釈規定にすぎないことになる。

しかし、このように何でも意思にこじつけるのは、いかにも堅苦しく、また不自然である。任意規定はやはり法の適用といってよいし、また、明示的に合意をしていないところの補充も、やはり無理に意思にこじつけなくてもよいであろう。しかし、任意規定はよいとして、(a)の補充は何によりなされ、また、何により正当化さ

---

[1] アメリカでは、契約締結につき、①履行の円滑化の工夫と、②リスク対処の工夫を行うことが法律家の役割であり、このような工夫のこらされていない契約書は法的には欠陥のあるものとされ、これに対して、わが国では、契約は信頼関係であり、問題が生じたら後日協議すればよいと考えて、簡単な契約書しか作成されない（樋口5頁以下）。

[2] 契約法理論については近時活発な議論がなされ、内田貴『契約の再生』、シンポジウム「現代契約論」私法54号、特集「現代契約法理論の研究」法時66巻8号など数多くの文献がある。

れるのであろうか。次にこの点を検討していこう[3]。

3-6　**(2) 契約をすべて意思により根拠づけることを否定すると**
　(a) 信義則に求める解決方法　当事者が明示的に合意していない内容につき、信義則を根拠として種々の義務、解除権等の権利を当事者に認める（契約の内容として結び付けるかはおくとして）ということが、先ず考えられる（内田貴「現代契約法の新たな展開と一般条項(3)」NBL516号22頁以下）。また、信義則が、現代において法による裁判と道理（義理）とをつなぐパイプ役を果たしているものと評価されている[4]。

3-7　**(b) 関係的契約理論によるもの**　アメリカにおいて提案された関係的契約理論を日本的に加工して、解釈論としてこれをわが国にも持ち込む学説がある。判例が信義則を持ち出してきて解決せざるをえないのは、意思に解決を求めようとする古典的契約モデルの不十分性を示すものであり、新しい契約モデルが求められているとして次のように述べる。

　「当事者の義務の根拠は、締結時の意思というより、当事者が形成した『関係』そのものというのが適切に感じられる。そのような契約モデルが、関係的契約に他ならない」。「関係的契約という観念を想定することによって、信義則によって吸い上げられた内在的契約規範は、もはや給付義務の付随物でもなければ裁判官の恣意的な判断の産物でもなくなる」。「こうして秩序を与えられた新たな契約原理は、以後の裁判において、信義則よりもより具体的な指針を裁判官に与えるであろう」（内田・注2文献28頁）。

　このような関係的契約理論は、特に継続的契約関係において妥当するものと評価されている。即ち、長く契約関係が継続するものであるため、当初の合意がどうであったかを探るだけでは合理的な解決はできず、単なる合意だけでは律しえない規範的内容を探究すべきだといわれている（「『価格破壊』の減少下の継続的取引(下)」NBL561号32頁［新堂］）。

3-8　**(3) 若干の分析及び提案**
　(a) 若干の分析　契約は当事者の自治＝意思を中心に規律されるべきであるが、合意の内容をすべて意思に根拠づけるのは不可能である。本来ならば任意規定により明らかにされる規範が立法化されていない場合に、それをどう実現＝実質立法を行うかが問題である（実質立法には、①条文の拡大・類推解釈、更には制限解釈によるも

---

[3]　英米法の議論の紹介であるが、久須本かおり「契約法理論の再構成を目指して(一)〜(四)完」法政論集169〜172号の分析は興味深い。同論文自体は債権の発生原因につき意欲的な再構成を試みている（特に172号304頁以下）。

[4]　石井紫郎「現代契約法の新たな展開と一般条項(3・完)」NBL518号7頁。また、江戸時代の裁判官は道理を優先させて「法による裁判」をあっさり放棄したが、「あくまで『法の名において』裁判をしなければならない現在の裁判官を救っているのが『信義則』であろう。この意味で、『信義則』は『義理』を『法』に換える『打出の小槌』のようなもの、といったらいいすぎであろうか」、と述べる。

の、②信義則によるもの、③契約解釈の名を借りたものがある）。近代法治国家の下では、法治主義（法による裁判）の理念からして、当事者が契約で定めていない事項については実定法を適用することが要求されるが、そのあるべき実定法がない場合、契約解釈にかこつけるか（⇒**3-4**）、実定法解釈にかこつけるか（⇒**3-5**）、または、実定法と条理の中間的な信義則によるか（⇒**3-6**）、という種々の解決方法が考えられているのである。

3-9　**(b) 本書の立場**　先ずは、契約当事者の主観的に合致した意思を探し、当事者が作り出した自治規範である契約による規律が優先されるべきである。しかし、契約の内容が完全であるはずはなく、契約という自治規範を補充する必要がある。なるほど、個別具体的な任意規定（推定規定）が完備されていれば、任意規定ないしその類推適用によればよい。しかし、任意規定の欠缺は避けられず、また、類推適用による拡大にも限度がある。ところが、裁判所は適用規範なしとして紛争を放置するわけにはいかないのである。そのため<u>立法府による任意規定作成の不備を裁判所が補う</u>ことを認める必要があり、裁判所に任意規定を一定の限度で作り出す権限を付与することが好ましい（立法府の立法とは異なり、判例として確立するまでは不安定性は避けられないがやむを得ない）。それが、いわば「解釈に名を借りた任意規定の創造」であり、「合理的意思の解釈」というフィクションを用いるしかない。このファジーな運用は、任意規定が完全ではないのを補完するための不可欠なものとして容認してよいであろう（但し、合理的な意思＝立法されたならばこうなるであろう、という内容であって、裁判官の個人的価値判断を押し付けることは許されない）。

　このような作業を、関係的契約関係の発見と称するかは、言葉の問題であって内容的には変わるものではない。なお、このような実質的な任意規定の裁判所による創造作業としては、義務の認定や解除権、契約改訂権などにおいては、信義則という形で契約解釈ではなく客観的規範の適用による解決も採用されている。また、合理的意思解釈と信義則による解決を区別する基準は明確ではなく、できればいずれかに統一するのが理想であろうが、ファジーな運用なので、この2つの運用について神経質になる必要はなく両者を認めてよいであろう。

第2節　双務契約の特殊な効力

Ⅰ　双務契約における牽連関係

3-10　売買を典型とする双務契約においては、一方が給付をするから、他方がその自己の給付をするという、give and take の交換関係ないし対価関係にあるという特色を有している。すなわち、買主は、目的物を手に入れるから代金を支払う、売主は、代金が手に入るから目的物を引き渡すという関係にある。このような、給付の相互関係を双務契約の**牽連関係**という。この牽連関係は次の3つの場面で問題とされている。

> ① 成立上の牽連関係
> ② 履行上の牽連関係
> ③ 存続上の牽連関係

3-11　❶ **成立上の牽連関係**　双務契約では、一方の債務が原始的に不能であり発生しえない場合、他方の給付（例えば代金債務）が可能であっても、一方の債務だけ生じさせるわけにはいかないので、他方の債務も成立させるわけにいかず、結局、契約全体が無効とならざるをえない。これは特に民法に規定はないが、当然視されている。但し、契約を無効とすることに疑問がないわけではないことは *1-129* 以下に述べた。

3-12　❷ **履行上の牽連関係**　双務契約では、特に一方の債務が先に履行されるべきものとされていない限り、両債務は引換えに履行されるのが公平であり、それが当事者の期待しているものといえる。そのため、民法は、一方が自己の債務の履行の提供もしないで相手の債務の履行を求めてきた場合（売買契約でいうと、売主が目的物を提供せずに買主に代金の支払を求める、買主が代金を提供しないで売主に目的物の引渡しを求める場合）、相手方は債務があり履行もしなければならないが、その履行を拒絶しうる抗弁権を認めた（533条。従って、損害賠償責任を負わず、解除もされない）。これを同時履行の抗弁権という。

3-13　❸ **存続上の牽連関係**　例えば、Aが特定物の骨董品の壺を引き渡す前にこの壺が滅失した場合、Aの債務は履行不能になり、Aに帰責事由がなければ（な

いし免責事由があれば）Aの引渡義務は消滅し、損害賠償義務も発生しない。他方、Bの代金債務は別に履行不能ではないので、Aの債務が消滅した後も存続すると考えると、Bは目的物がこないのに目的物の対価たる代金を支払わなければならないことになる。そのため、双務契約における give and take の牽連関係を維持しようとすれば、Bの代金債務も消滅させることになる。このような問題を危険負担という（534条以下）。牽連関係を認めるのが原則であるが、所有者危険の移転という特殊な問題がでてくる場合には特殊な取り扱いがされ、Bは代金を支払わねばならないものとされている（534条1項）。

II　同時履行の抗弁権

1　同時履行の抗弁権の意義と根拠

（1）同時履行の抗弁権の意義

3-14　「双務契約当事者の一方は、相手方がその債務の履行を提供するまでは、自己の債務の履行を拒むことができる。ただし、相手方の債務が弁済期にないときは、この限りでない」（533条)[5]。

このように、双務契約において、相手の履行の提供があるまで自分の債務の履行を拒絶できる権利を、**同時履行の抗弁権**という[6]。例えば、個人商店の文房具屋に客が来て、文房具を買ったとしよう。売主である文房具屋は売った目的物を引き渡す義務がある。ところが、買主が今ちょうど金がないので後で払いにくるからといって、文房具の引渡しを求めているとして、引渡義務があるのでこれを拒絶できないのであろうか。顔なじみの客なら後でいいとつけで売ることもあろ

---

[5]　旧民法では、財産取得編47条3項で、売買契約の中で売主の義務について、「然れとも買主か代金弁済に付き合意上の期間を得さりしときは売主は其弁済を受くるまて売渡物を留置することを得」と規定され、他方で、買主の義務について、財産取得編74条1項で「買主は合意したる時期に於て代金を弁済することを要す又其時期に付き特別の合意なきときは引渡の時に於て之を弁済することを要す」と規定がされていた。それ以外は、交換の中に、財産取得編109条1項で「売買の規則は左の例外を以て交換に之を適用す」という規定があっただけで、包括的な規定はなかった。未だ、双務契約の一般法理が形成されていないフランス民法を承継したためであるが、現行民法では、ドイツ法に倣って一般規定を設けたものである（梅412頁）。

[6]　同時履行の抗弁権についての判例の総合研究として、清水元『同時履行の抗弁権の判例総合解説』（2004年）が有益である。

うが、見ず知らずの者につけで売るわけにはいくまい。後で代金を持ってこない可能性が高いからである。そこで、このような場合に自分だけ履行をして馬鹿を見ないように同時履行の抗弁権が認められ、売主は代金の支払までは商品を渡せないということができるのである。身代金の支払と人質の解放のように、相互に信頼ができない場合に引き換えでないと履行しないと主張できるのである。

(2) 同時履行の抗弁権の機能

3-15　同時履行の抗弁権のおかげで、①相手は給付を受けたければ自らの給付をなさなければならないという心理的強制を受けることになり、相手方の履行を促し給付を受けることを確保する武器が与えられることになる。留置権と同様の担保としての機能を持つことになるのである。②また、もしこのような抗弁権がなく、相手の履行がなくても自分の債務は履行しなければならないとすると、自分の債務は履行しなければならず、履行後結局相手が履行をせず契約を解除せざるをえなくなった場合、相手が受け取った代金を使ってしまっていたり、受け取った目的物を消費、転売等して返還しえない状態にあると、結局給付したものを取り戻せないという損失を被るが、同時履行の抗弁権が認められればこのような損失を未然に防ぐことができる（梅413頁は、295条の留置権、541条の解除権と同一の理由に基づくものと説明する）。

3-16　【双務契約の履行以外への同時履行の抗弁権の拡大】　同時履行の抗弁権は、民法上（双務）「契約の効力」とされており、双務契約の履行の場面で問題となるものであるが、それ以外の場面にも拡大がされている（清水元『留置権』1頁以下も参照）。

3-17　**(1) 民法自身が認めているもの**　民法自身が同時履行の抗弁権の拡大を認めているものとして、①契約が解除された場合の原状回復（546条）、②担保責任が認められる場合（571条）、③請負において注文者が損害賠償を請求する場合（634条）、④終身定期金の解除の場合（692条）、⑤負担付贈与（553条）がある（その他、特別法にも仮担法3条2項など規定がある）。

3-18　**(2) 解釈上認められる場合**　民法上規定はないが、解釈上同時履行の抗弁権が認められている事例として、①契約が取り消された場合の原状回復義務（最判昭28・6・16民集7巻6号629頁、最判昭47・9・7民集26巻7号1327頁。但し、詐欺または強迫による取消しについて⇒**3-19**以下）、②弁済と受取証書の交付（⇒債権総論**2-94**）、③債務者が手形ないし小切手を振り出した場合、債務者による原因たる債務の支払と手形ないし小切手の返還（最判昭33・6・3民集12巻9号1287頁、最判昭40・8・24民集19巻6号1435頁）、④譲渡担保の場合の、譲渡担保者の清算金支払と債務者の目的物の引渡し（最判昭46・3・25民集25巻2号208頁）がある。その他、学説上は、⑤敷金の返還と建物明渡し（⇒**10-177**）、⑥修繕義務と賃料支払義務（⇒**10-133**以下）も同時履行の抗弁

権が認められている[7]。但し、②⑤⑥については、対価的牽連関係が認められず、上の同時履行の抗弁権の根拠の①の履行を促す武器という点を流用したにすぎないもので、厳密には同時履行の抗弁権ではなく、相手の履行を確保するための特殊な抗弁権というべきである（②⑤⑥の各所で述べた）。少なくとも、②⑤については、自分から提供をしないでも、同時履行の抗弁権があることを理由に債務が履行遅滞とはならないということはできないであろう。

【取消しと同時履行の抗弁権】

3-19　(1) 詐欺・強迫取消し
　(a) 戦前の判例　戦前の判例は、詐欺者からの同時履行の抗弁権の主張についてこれを否定していた。①まず、国内産の馬をロシア産と欺罔して販売した場合について、目的物は犯罪の用に供したものであり不法原因給付であり、詐欺者は給付した目的物の返還を請求できず、たとえ転売され買主が代金を取得していたとしても詐欺を働いた売主には何も権利がないという理由で、同時履行の抗弁権が否定されている（大判明41・4・27刑録14輯453頁）。②その後、詐欺者にも返還請求権を認めつつ、「此義務は相互に条件を成すものに非ず、各独立して履行せられるべき性質のもの」として、同時履行の抗弁権が否定されている（大判大3・4・11刑録20輯525頁）。

3-20　(b) 戦後の判例　土地を売却した代金を他に融資をして利殖をするのを仲介してあげると、売主を欺罔して土地の売買契約を締結させた事例で、売主が詐欺を理由に売買契約を取り消し、買主（第三者の詐欺の事例であり、詐欺の事実を知っている）に対して土地の返還を求めたのに対して、533条の類推適用により同時履行の抗弁権が認められている（最判昭47・9・7民集26巻7号1327頁）。

　戦後は詐欺事例でも同時履行の抗弁権が認められてはいるが、第三者の詐欺の事例であり、詐欺者自身が返還の相手方とされた事例ではないことは注意をすべきである。学説には、信義則からみて同時履行の抗弁権が排除される場合を認めるという主張（川井25頁）や、295条2項の類推適用により、詐欺や強迫をした当事者については、同時履行の抗弁権を認めない主張がある（本書は後者に賛成）。

3-21　(2) 無能力（制限行為能力）取消し　戦前には無能力取消しの事例はなく、戦後、未成年取消しの事例で、次のように述べて相手方の同時履行の抗弁権が肯定されている（最判昭28・6・16民集7巻6号629頁）。妥当な解決といえよう。

---

[7] これに対して、担保物権は被担保債権の消滅の効果として（付従性という）消滅するのであり、理論的には、担保物の取戻等は被担保債権の弁済と同時履行の抗弁権の関係には立たないことになる。例えば被担保債権の弁済と抵当権登記の抹消（最判昭57・1・19判時1032号55頁）、譲渡担保の目的物の返還（最判平6・9・8判時1511号71頁。但し、譲渡担保が実行された場合の、清算金の引渡しと譲渡担保の目的物の引渡しとは同時履行の関係に立つことが肯定されている）とは同時履行の関係には立たない（弁済と質物の返還も）。但し、留置権については、単なる物権的拒絶権のようなものであり、引換え給付の関係が肯定されている（清水・注6文献27頁以下参照）。

「未成年者の取消については原審のいう如く契約解除による原状回復義務に関する民法546条に準じ同法533条の準用あるものと解するを相当とする。蓋し公平の観念上解除の場合と区別すべき理由がないからである。未成年者の取消は特に未成年者の利益を保護する為めのものであるから、未成年者に対しては相手方は同時履行の抗弁を主張し得ないものであるとする考え方もないではない。しかし未成年者は随意に一方的に取消し得るのであり、しかも現存利益だけの返還をすればいいのであるから、これによって十分の保護を受けて居るのである。これに反し相手方は取消されるか否か全く未成年者の意思に任されて居り非常に不利益な位地にあるのであるから、それ以上更に先履行の不利益を与えて迄未成年者に不公平な利益を与える必要ありとはいえない。」

3-22 **【同時履行の抗弁権と留置権】** 同時履行の抗弁権と類似した権利として、担保物権の中に留置権というものが規定されている（295条）。ちなみに、旧民法は、フランス民法に倣い、同時履行の抗弁権といった統一的な制度を持たず、個別的に拒絶権（留置権）を各所に認めていただけである。例えば、買主については、財産取得編47条3項で「売主は其弁済を受くるまで売渡物を留置することを得」と規定している。AがB特定物をBに売却したという例で比較してみよう。

①同時履行の抗弁権は、特定の請求権に対する抗弁権にすぎず（BのAに対する引渡請求権に対するもの）、②これに対して、留置権は、特に特定の請求権に対する抗弁権ということをこえて、物の占有を正当化する物権として構成されている。その結果、以下のような大きな差異が理念的には生じてくることになる。

ⓐ留置権では、Bが契約上の請求権ではなく、所有権に基づく物権的返還請求権を行使してきても、Aは拒絶できるが、ⓑ同時履行の抗弁権では、双務契約上の対価関係にある債権に対してしか抗弁権を行使しえないため、Bが所有権に基づいて返還を求めてきたら拒めなくなる（売買と同時に所有権が移転するとすれば）。但し、契約上の請求権の行使しか認めなければ別である。

また、留置権は特定人に対する権利ではないため、目的物がBからCに譲渡された場合にCが所有権にもとづいて返還を求めてきても、Aは返還を拒絶できるが、同時履行の抗弁権では、Bの債権がCに譲渡されたならば特定の請求権に対する抗弁権という関係は維持されるので対抗しうるが、目的物をCに譲渡されCが所有権に基づいて引渡しを求めてきたら拒絶できないことになる（ここでも、Bの契約上の請求権の行使しか認めなければ別である）。

2　同時履行の抗弁権の成立要件

① 同一の双務契約から生じた対価関係にある債権の存在。
② 相手方の債務が履行期にあること。

③　相手方が自己の債務の履行を提供しないで履行請求してきたこと。

(1) 同一の双務契約から生じた対価関係にある債権の存在

3-23　双務契約上の対価関係にある特定の債務と債務の間に同時履行の抗弁権が成立するのであり、このことからは、次の２点を注意すべきである。なお、履行場所が同一であることは必要ではない（大判大14・10・29民集４巻522頁）。

3-24　**(a) 同一の契約上の債務でなければならない**　例えばＡとＢとが、10万円でセメント10kgの売買を何回か締結したとする。もし、第１契約では、Ａがセメントを引き渡したが、Ｂが代金を支払っていない、第２契約では、Ｂが代金を支払ったが、Ａがセメントを引き渡していない場合、確かにＡＢ間には債権・債務の対立があるが、その債務は同一の契約から生じたものではなく同時履行の抗弁権は認められない[8]。それぞれの契約の同時履行の抗弁権は履行することにより消滅しているわけである。

3-25　**(b) 同一の契約当事者間でなくてもよい**　同一の双務契約から生じた対価関係にある債務であればよく、主体が契約当事者でなくてもよい。例えば、ＡＢ間で売買契約成立後、売主Ａが代金債権をＣに譲渡して、ＡＢ間に債権の対立がなくなっても、Ｃは同時履行の抗弁権のついた債権を取得するにすぎず（468条２項）、ＢはＣの請求に対しても同時履行の抗弁権を主張できる（ＡもＢの引渡請求に対してＣへの支払との同時履行の抗弁権を主張できる）。また、第三者のためにする契約により、Ａの取得するはずであった代金債権をＣが取得する場合も同様である（⇒**3-195**）。

3-26　**【一部履行・提供】**　例えば、Ａがセメント10kgをＢに10万円で販売する契約をしたとする。この場合に、もし、Ａがセメント10kg全て提供すれば、Ｂは同時履行の抗弁権を失う。

　(1) **一部提供（一部履行）**　では、Ａが５kgのみセメントを提供した場合、Ｂの同時履行の抗弁権はどうなるであろうか。提供について説明したように（⇒債権総論**2-294**以下）、一部提供は提供としての効力が認められないとすれば、全く提供がない

---

[8]　商事留置権については同一の債権関係から生じたということは要求されていない（商法521条）。但し、同時履行の抗弁権については、商法に要件を緩和する規定はない。但し、後述する東京高判昭50・12・18判時806号35頁は、雑誌の印刷代金につき、<u>５・６月号と７・８月号の印刷代金を支払わないので、９・10月号の印刷を拒絶し期日を経過したのが履行</u>遅滞になるかが争われた事例で、「同一雑誌の印刷製本という継続的取引から生じた<u>相互に密接な関連を有する債務であるから、その履行についても一定の牽連関係がある</u>」としてこれを認めている。しかし、これを超えて拡大することはできないであろう。

場合と同視してよく、Bは代金全額の支払を拒絶できることになる。しかし、一部提供ないし一部履行でも、残部が僅少な場合には、同時履行の抗弁権が否定されることも考えられる（ドイツ新債務法320条2項は、わずかな債務が残っていても、拒絶が信義則に反する場合には、同時履行の抗弁権が認められないことを明記している）。

3-27　**(2) 一部履行**　では、Aが一部の5kgを引き渡した場合、その後の関係はどうなるであろうか。

(a) Bの同時履行の抗弁権　Bの同時履行の抗弁権については、Bは履行があった分に対応する5万円については同時履行の抗弁権を失い、残りの5万円についてのみ残されたAの5kgの給付義務との引換え給付を主張できるにすぎない（我妻・上92頁は公平の観点からこのように解決する）。但し、大判大12・5・28民集2巻413頁は、大豆粕を1万6000円で購入した買主が、内金600円を支払い、これに相当する大豆粕の引渡しを請求したが、売主がこれに応じないので契約を解除したという事例で、売主に残代金と大豆粕全部との同時履行の抗弁権を認め、買主の解除の主張を退けている。支払った代金が僅少であったのが原因であるが、支払代金額に相当する部分については同時履行の抗弁権を否定しながら、不履行の部分が僅少であることから契約解除は否定するという処理も可能であったと思われる。

3-28　**(b) Aの同時履行の抗弁権**　これに対して、Aの同時履行の抗弁権はどう考えるべきであろうか。2つの考えが可能である。

❶ **5万円の代金部分との同時履行の抗弁権のみを認める**　5kg分の引渡しにより、Aは5kg分については同時履行の抗弁権を放棄しており（10kg全て引き渡していれば全く同時履行の抗弁権が認められないこととのバランス）、5kgのセメントの引渡しと5万円の代金部分の支払とが引換給付の関係に立つにすぎず、B同様にAも5kg分についてのみ同時履行の抗弁権を主張でき、残り5kg分については同時履行の抗弁権を有しないという考えも可能である。

3-29　❷ **10万円全額の代金につき同時履行の抗弁権を認める**　これに対して、Aは残り5kgのセメントの引渡しに対して、10万円の代金の支払との引換給付の主張ができるという考えも可能である（石田穣47頁）。これによると、セメント5kgの引渡しと、10万円の代金の引渡しとが引換え給付の関係に立つことになる。確かに、セメント5kgの引渡しと、10万円の代金の引渡しとは対価関係にはないが、同時履行の抗弁権には、**3-15**に述べたように、相手の履行を確保するといった担保にも似た機能を有しており、その点を強調すれば、担保の場合と同様に不可分の原則が適用できることになる。また、成立時には対価関係になければいけないが、それは同時履行の抗弁権の成立要件としてであって、その後に債務の一部履行があっても上のような処理は許されるのではないかと思われる。従って、この説を支持したい。

3-30　**(3) 給付が不可分な場合**　Aが壺をBに10万円で売却した場合、Bが5万円提供してきても、壺の引渡しを拒め、また、5万円の支払があった場合も同様である。

ここでは、オール・オア・ナッシング的処理しかできず、Aは原則として代金の一部の支払または提供では同時履行の抗弁権を失わないが、しかし、Bが代金の大部分を既に支払っている場合にまで、未だ代金が残っているとしてAに同時履行の抗弁権を認めるのは公平ではなく、その場合にはAの同時履行の抗弁権を認めるべきではない（末川・上69頁、我妻・上93頁）。

3-31 【一方当事者に複数の債務がある場合（不動産売買）】　契約上複数の債務を一方当事者が負う場合、同時履行の抗弁権の対象となるのはその中心的義務といってよいが[9]、では、主要な債務が複数ある場合はどうであろうか。問題となるのは、不動産の売買において、売主の引渡義務と移転登記義務である。ここでは、それぞれ1つなされるだけでも意味があるが、しかし、量的な一部不履行のように代金債務を部分的に対応させるに適しないものであるために、同時履行の抗弁権をめぐって問題が生じる。

3-32 　(1)　**判例の状況**　当初、土地の売買において、登記の移転によって買主は第三者に対抗しうるようになり、また、引渡しを受ける以前でも処分できることから、特別の事情がない限り、買主は目的物の引渡しがないことを理由に代金の支払を拒みえないものとされた（大判大7・8・14民録24輯1650頁。但し、事案は代金の残額を約定の日に登記所で支払うことを約し、その日に支払がないと売買契約は解除されるという特約があり、この特約により解除の主張に対して、買主がいわば言い掛かり的に引渡しがないことを主張したものである）。これに対して、その後、建物の売買の事例において、移転登記と引渡しの両者と代金支払とが同時履行の関係にあることが肯定されている（最判昭34・6・25判時192号16頁）。

3-33 　(2)　**学説の状況**
　❶　**第1説**　変更後の判例を支持し、代金支払義務とは、移転登記と引渡しの両者が同時履行の関係に立つと考える学説がある（石田穣47頁）。仮登記担保法は、清算金の支払と、移転登記及び引渡しとを同時履行の関係に立たせている（3条2項）。

3-34 　❷　**第2説**　原則として移転登記と代金支払との間にのみ同時履行の関係を認め、ただ買主が使用を目的としている場合には、引渡しも重要な意味を持つものとして、引渡しと移転登記の両者につき同時履行の関係を認める考えもあり、これが現在の通説である（我妻・上92頁、柚木68頁、半田85頁）。

---

[9] 例えば、自動車の売買で車を引き渡したがオプションの部品の引渡しがないとして代金の支払を拒絶できないが、工場用機械の本体を渡したがその動力機を渡していないというように、履行された部分だけでは意味がない場合には全部履行拒絶を認めてよい。なお、瑕疵ある物の引渡しの場合、別の瑕疵なき物の引渡しと代金支払との同時履行の抗弁権を主張できてよい。修補請求との関係は、請負契約同様に修補が先履行義務になり修補した上での引渡しが代金と同時履行の関係に立つが、瑕疵が軽微な場合には、代金の支払を拒絶できないと考えるべき場合もあろう。

3-35　❸ **第3説**　以上の1つか2つともかという選択的な思考とは別に、いわゆる選択的抗弁権というものを主張する学説がある（沢井・注民(13)263〜4頁）。登記だけか登記と引渡しの両者かという思考では、登記だけでよいとすると、引渡しも受けていないのに買主は同時履行の抗弁権を主張できない、逆に、両者だとすると売主は登記はしているのに同時履行の抗弁権により一切の代金を受けられないことになり、いずれにしても不公平なことから、登記と引渡しにそれぞれ同時履行の抗弁権の関係に立つ代金債務を割りつけようというのである。その割合はその重要度によるが、代金の3分の1から3分の2を登記に残りを引渡しに対応させようとする（不明なときは平等と推定をすべきであろう）。

❸説も魅力的であるが、それが実際的かはやはり疑問が残り、また、買主を保護するために登記と引渡しの両者につき代金支払と同時履行の関係を認めてよいのではなかろうか。その上で、例外的に引渡しがないことを理由に買主が代金支払を拒むのが不当な場合については、一般条項により同時履行の抗弁権を制限すればよいと思われる。

3-36　【**継続的契約関係と同時履行の抗弁権**】　単純な一時的売買のように一時的給付義務が対立している場合とは異なり、いわゆる継続的契約関係については同時履行の抗弁権をめぐって特殊な問題がある。

　(1) **賃貸借契約**　賃貸人の賃借物引渡義務や賃料債務の不履行の場合の賃料債務についての同時履行の抗弁権の問題である。賃貸人の債務は、継続的に使用収益を可能とするという継続的・状態的債務であるため問題となる。即ち、一時に引換的に実現するという性質のものではないのである（⇒**10-133**以下）。

　なお、不動産の賃貸借において、賃借人が2か月以上賃料の支払を怠ると即時に解除できるという特約に基づいて賃貸人が解除をしたのに対して、賃借人が賃貸人は賃借権設定登記義務を履行していないので賃料の支払を拒絶することができると争った事例で、同時履行の抗弁権が否定されている（最判昭43・11・28民集22巻12号2833頁）。

3-37　(2) **逓次的供給契約**　逓次的供給契約では、一時的に引換給付が可能な給付を分割給付するものである。例えば、AがBに対して、1年間にわたり毎月10kgのセメントを供給しBがこれに対して10万円を支払う契約をしたとする（基本契約だけ締結し、Bの注文に応じてAがどんどん供給する場合も考えられるが、これについては、基本契約に基づいた個々の契約が次々と締結されるものであり、逓次的給付とは異なる）。この場合には、セメント120kgを120万円で売買する契約をなし、これを分割して給付する逓次的給付と同様に考えてよい。

3-38　(a) **1か月目の給付をしない場合**　先ず、1か月目の給付をAがなさない場合、それに対応する代金の支払をBは拒絶できることは疑いないであろう。

3-39　(b) **2か月目の給付をしない場合**　次に、1か月目につき、Aはセメントを供

給したが、Bが代金を支払わない場合、Aは2か月目のセメント10kgの引渡しに付き、Bの2か月目の10万円の代金の支払との引換え給付を主張できるのみならず、1か月目の10万円も合わせて計20万円につき引換え給付の主張ができるであろうか。2つの考えが可能である。

3-40　❶ **否定説**　先ず、1か月目の給付については、Aは同時履行の抗弁権を主張できたのに引渡しをすることによりこれを放棄しているのだから、Aには1か月目の同時履行の抗弁権は消滅しており、2か月目の代金10万円についてしか同時履行の抗弁権を主張しえないという考えも可能である。

3-41　❷ **肯定説**　これに対して、1か月目、2か月目と別々の契約があるのならばそれでよいが、ここでは契約は1つであり、現在あるAの10kgセメントを引き渡す義務も、Bの20万円支払う義務もいずれも同一の契約上の債務である。そうすると、*3-27*の一部不履行と同様の問題となり、そこで *3-28*❶説をとれば上記❶説と同じことになるが、*3-29*❷説をとればAはBの10kgの引渡請求に対して10万円の支払との同時履行の抗弁権を主張できることになる（大判昭12・2・9民集16巻33頁）。しかし、一部履行の場合はAは10kg分の引渡しにより、10万円分の同時履行の抗弁権を放棄したとは見られず、20万円の支払は最初から確保する必要があるためであり、本件のような分割給付の場合とは事情が異なる。本件では否定説でもよいと思うが、決定は留保しておく。

　なお、以上に対して、基本契約に基づいて個々の契約が締結されるような場合には、例えば4月の売買と5月の売買とがあって、両売買は別個の契約であるから、4月分の代金の未払を理由に5月分の商品の供給を拒絶することはできないはずであるが（同一の双務契約上の債務でない）、次のような判例がある。

3-42　●**東京高判昭50・12・18判時806号35頁**　AがBに月刊誌の印刷製本を注文する継続的取引契約がされており、Aが5・6月号、7・8月号分の代金を支払わないため、9・10月号の納入期限をBが徒過したため、AがBに損害賠償を請求した事例で、次のように述べて履行遅滞が否定されている。

　「9・10月号については、当初の納入予定が昭和47年11月29日のところ、実際には同年12月7日に納入された……が」、「9・10月号の納入が当初の予定よりも遅れたのは、本件取引に際しては納入後すみやかに代金を支払うとの約定がなされていたにもかかわらず、Aが納入ずみの5・6月号および7・8月号分の代金を支払おうとしないため、印刷製本は予定日までに完了していたが、Bにおいてその納入を一時的にストップして代金を支払うよう折衝していたことによるものであることが認められるから、Bが9・10月号について当初の納入期限を徒過したことはなんら違法ではないというべきである。けだし、納入ずみの5・6月号および7・8月号分の代金債務と9・10月号の納入義務とは、それ自体は別個の法律行為によって生じたものであるが、同一雑誌の印刷製本という継続的取引から生じた相互に密接な関連を有する債務であるから、その履行についても一定の牽連関係があるのは当然であって、Aがすでに期限の到来した代金債務の履行をしない以上、Bは、

> 右代金債務の履行があるまで、のちに期限が到来した納入義務の履行を拒みうると解することが、継続的取引契約の趣旨に合致し、かつ、当事者間の衡平に適するからである。」

3-43 **【損害賠償義務について】**　この例で、Aが特定物をBに売却したという例を基本にして考えていこう。

　(1) 履行不能による填補賠償　この例で、Aの引渡義務が履行不能により填補賠償義務になった場合、Bの代金債務との同時履行の抗弁権が認められるであろうか（相殺されれば問題はない）。これは、填補賠償債務と引渡債務との同一性を認め、填補賠償債務を契約上の債務と肯定すれば認められるが、同一性を否定したとしても関連性がある債務同士であり、公平の観点から同時履行の抗弁権を認めることは不可能ではない。ここでは、相殺ができるのに敢えて同時履行の抗弁権を認めることの意義は、<u>相殺がされるまで相殺後の残債務につき履行遅滞に陥らない</u>という点にある。

3-44 　**(2) 拡大損害の賠償**　例えば、Aが引き渡した目的物の瑕疵により、Bが負傷したとしてAへのこの治療費の損害賠償については、本来の債務との同一性は認められず、代金との牽連関係が認められないので、損害額が容易に知りえなくても同時履行の抗弁権を認めるのは原則的には難しいであろう。

3-45 　**(3) 瑕疵自体の損害賠償**　Aの引き渡した目的物に瑕疵があり、その減価分を損害として賠償請求した場合、これと代金債務とは同時履行の関係に立ち、Bは期日に代金を支払わなくても履行遅滞に陥ることはないということになるであろうか。請負については、634条2項でこれが肯定されており、売買についても、明確ではないが571条が肯定しているものと解釈することが可能である[10]。

　もし、代金減額請求権に止めれば、契約時に遡って代金が減額されるだけであり、残額について履行遅滞の責を免れないことになる。買主と注文者とで区別する必要がないとすれば、571条は解除があった場合の原状回復のみならず、634条2項と同様の趣旨も含むことになる。肯定してよいであろうか。

3-46 　**(4) 履行遅滞による遅延賠償**　遅延賠償については、本来の債務と同一性があり契約上の債務であるということで、同時履行の抗弁権が認められている（柚木66頁は、違約金の支払との同時履行の抗弁権は否定するが、新注民(13)473頁〔沢井・清水〕は

---

[10] 571条の趣旨は明確ではない（瑕疵担保以外も規律する）。損害賠償については、「第533条は双務契約の履行に関する規定なるが故に、損害賠償の如き契約より生ぜざる義務に付ては当然同条の規定を適用することを能はず」、それゆえ明文規定が必要であると説明されている（梅527頁）。代金減額については、理論上契約の一部解除であり、解除については546条の規定があるが、明文がないと適用に疑問が生じるので明文を設けたと説明されている（梅528頁）。しかし、代金減額では、代金減額請求権と代金債権とについて同時履行の抗弁権を認めるのであろうか。代金減額の点については、533条を準用する趣旨が理解し難いところである。

第3章　契約の効力　101

違約金についても肯定する）。同一性を否定しても、同時履行の抗弁権の担保としての側面を強調すれば、利息や遅延利息その他の遅延賠償へ同時履行の抗弁権を拡大してもよいと思われる（少なくとも留置権とのバランスは考える必要がある）。以上は、金銭債務の遅延損害金が念頭に置かれているといえるが、引渡義務の履行遅滞による遅延賠償と代金支払との同時履行の抗弁権については微妙である。

(2) 相手方の債務が履行期にあること

3-47　同時履行の抗弁権は「相手方の債務が弁済期にないときは」認められない（533条ただし書）。例えば、ＡＢ間の売買で、売主Ａは１週間後に絵画を引き渡し、買主Ｂは１か月後に代金を支払うことが約束されたとしよう。Ｂが売買から１週間後に絵画の引渡しをＡに求めてきた場合、Ａは代金の支払と引換えにでないと引き渡さないと同時履行の抗弁権を主張することはできない。まず、Ａは同時履行の抗弁権が認められるべきところを、Ｂに期限の利益を与え先履行義務を負うことによりこれを放棄したものであり、また、もしＡに同時履行の抗弁権を認めてしまうと、折角Ｂに与えられた期限の利益が無意味になってしまうからである（Ｂは絵画の引渡しを受けたければ期限の利益を放棄して代金を支払わねばならなくなる）。

3-48　**【不安の抗弁権（履行停止権）】**

(1) 問題の確認　3-47の例で、Ａが代金の支払を１か月後に猶予し先に目的物を引き渡すと約束したのは、Ｂの支払を信用したからである。もし信用不安がはじめから分かっていれば、先履行を約束する際に、相手方から担保の提供の合意を得ておけばよく、その場合には先履行と担保の提供との同時履行の抗弁権を認めることができる。では、Ｂが契約後、その資力が悪化して１か月後の代金支払が危ぶまれる状態になった場合でも、Ａは代金の支払が期待できないのが分かっていながら、約束通り先履行義務を履行しなければならないのであろうか[11]（実際に判例上問題となっているのは殆ど継続的供給契約の事例である）。

このように、先履行義務を負う当事者の相手方に契約後に信用不安が生じた場合（事情変更の原則の適用であるが、契約後に信用不安が判明したというように契約時の状態についての判断の誤り、即ち錯誤に対応する事例も同様に扱ってよいであろう）に、先履行義務にどのような保護を認めるかが議論されており、その１つとしてＡに履行拒絶権を認める場合、この拒絶権を**不安の抗弁権**という[12]。

---

[11]　なお、Ａが遅滞中にＢに信用不安が生じた場合には、Ａが誠実に履行していた場合とのバランスからいって、Ａを保護しなくてもよいといえようか。

[12]　しかし、最近では、このような金銭債務の信用不安の場合のみならず、引渡義務などを含めて履行拒絶などの契約危殆事由がある場合の、広い履行停止権というものが議論されるようになっている。金銭債務の信用不安のみならず目的物の引渡しの危殆化も含めた最

債務者について破産手続きが開始すれば期限の利益を失い（137条1号）、従って、Aは同時履行の抗弁権を主張できる（一定の信用不安の状態に陥った場合には期限の利益を失うという特約を付けている場合も同じ）。ところが、未だAが破産手続き開始の宣告を受けておらず、従って期限の利益を失っていない場合（従って、AはBへの支払請求は飽くまでも1か月後でないとできない）、即ち代金の引換えとの同時履行の抗弁権は主張できない場合には、民法上Aを保護する制度はない。しかし、①Aに無条件の履行を義務づけるのは酷であり、他方、②期限の利益は失われていないので、同時履行の抗弁権を認めてBの期限の利益を失わせるわけにはいかない。そこで、<u>Aの1か月後の履行についての「不安が解消されない限り」、自己の債務の履行を拒絶</u>する不安の抗弁権が問題になるわけである。これが認められれば、Aは不安が解消されない限り履行を拒絶でき、Bは履行を受けたければ、確実な担保を設定するなどAの不安を解消させる行為をしなければならないことになる。このような抗弁権を認めるか，また、抗弁権以外にもどのような権利をAに認めるかをめぐって学説は分かれる[13]。

近の文献として、松井和彦「『契約危殆』状態における履行確保(1)(2)完」修道法学20巻1号37頁以下、2号193頁以下がある。フランス民法1613条、ドイツ新債務法321条、スイス債務法83条、UCC 2-609条、2-701条などで不安の抗弁権が認められている。例えば、フランス民法1613条は、「売主は、代金支払いに期限を与えたとしても、売買契約後に、買主が破産しまたは支払い不能となり、その結果売主が代金を取得できない重大な危険に晒される場合には、買主が期日に代金支払いをするための保証を提供しない限り、引渡しを義務付けられることはない」と規定する。この規定は、旧民法においては財産取得編第47条4項「売主は代金弁済の為め期間を許与したるときと雖も買主か売買後に破産し若くは無資力と為り又は売買前に係る無資力を隠蔽したるときは尚ほ引渡を遅延するを得」という規定に引き継がれている。しかし、この規定は現行民法には承継されていない。

[13] ドイツ新債務法321条は、改正前とは異なり、①契約「後」の債務者の資力悪化のみならず、契約時に既に資力が悪化していた場合も、それが契約時には認識できずその後に認識しうるようになった場合も含め（わが民法の解釈としても、これを認めるものに、須永知彦「履行期前における反対給付請求権の危殆化(2・完)」民商111巻4・5号725頁）、②金銭債務における資力悪化に限らず、輸出入の禁止、戦争事変の勃発等のため履行が危ぶまれる場合も含み、更に、③反対給付または担保供与のための相当の期間を設定したのに、相手方（後履行義務者）が反対給付または担保供与をしない場合には、先履行義務者は契約を解除しうるものとした。わが民法の解釈としてもこれらは導入できるであろう。③について付言すると、不安が解消されない以上は期日になっても不履行が確実に予見できるのであれば、期日まで拘束させるのは無駄だからである。

PECLも、原因を問わずに、他方当事者が「期日に不履行となることが明らかである」場合に、履行停止権を認め（4・201条2項）、かつ、それが「本質的な不履行」の場合には契約を期日到来前に解除することを認める（4・304条）。中国契約法も、拒絶権のみならず（68条）、解除権まで認めている（69条）。なお、ドイツ新債務法も、323条4項で「債

3-49　(2) 学説・判例の状況

(a) 否定説　ここで問題となる権利の内容は多様であり、明文もなしにこのような権利を認めることはできないという考えもある（柚木75頁）。これによれば、Aは一度期限の利益をBに与えた以上、その後のBの信用状態の悪化の危険を甘受しなければならないことになるが、ただ、137条1号を破産手続き開始の審判以外の信用不安に拡大すれば、Aをある程度救済する可能性がある。

3-50　(b) 肯定説　これに対し、不安の抗弁権を認める説が通説であり（根拠は事情変更の原則であり、条文上は信義則ぐらいしかない）、これも抗弁権以外にいかなる権利までAに認めるかで更に次のように分けることができる。

3-51　❶ 第1説　単に消極的に履行の不安が除かれるまでの抗弁権のみを認め、それ以上について言及しない考えもある（神崎克郎「信用売買における不安の抗弁権」神戸16巻1・2号460頁以下、田中実「同時履行の抗弁・危険負担」演習Ｖ22～3頁、来栖159頁、清水元「不安の抗弁権」『現代契約法大系2』97頁）。不安の抗弁権についての最高裁判決はないが、判例として例えば、東京地判平2・12・20判時1389号79頁[14]などがある[15]。民法の中の条文で近い思想のものを探せば、576条あたりを挙げることが許さ

権者は、解除の要件が発生するであろうことが明らかな場合には、給付の弁済期前に解除をすることができる」と規定している。中国契約法68条も不安の抗弁権を明記し、69条では解除も認められている。また、94条2号は、履行期前の明確な履行拒絶によっても契約ができる。PECL 9-304条も、履行期前でも、本質的な不履行が生じることが明らかならば、履行期前に解除ができるものと規定している。

[14] 次のように判示している。

「原告が被告に対して本件ベビー用品を約定どおりの期日に出荷、納入せず、また、被告との以後の新たな取引も停止することとしたのは、……<u>被告との継続的な商品供給取引の過程において、取引高が急激に拡大し、累積債務額が与信限度を著しく超過するに至るなど取引事情に著しい変化があって、原告がこれに応じた物的担保の供与又は個人保証を</u>求めたにもかかわらず、被告は、これに応じなかったばかりか、かえって、約定どおりの期日に既往の取引の代金決済ができなくなって、支払いの延期を申し入れるなどし、原告において、<u>既に成約した本件個別契約の約旨に従って更に商品を供給したのではその代金の回収を実現できないことを懸念するに足りる合理的な理由</u>があり、かつ、後履行の被告の代金支払いを確保するために担保の供与を求めるなど信用の不安を払拭するための措置をとるべきことを求めたにもかかわらず、被告においてこれに応じなかったことによるものであることが明らかであって、このような場合においては、<u>取引上の信義則と公平の原則に照らして、原告は、その代金の回収の不安が解消すべき事由のない限り、先履行すべき商品の供給を拒絶することができるものと解するのが相当である</u>」

[15] 相手方は破産手続き開始の決定を受けるまでは期限の利益を有するので、同時履行の抗弁権は認められず、本文に述べた不安の抗弁権しか認められないというのが通説であるが、学説には、不安の抗弁権に止めるのではなく、先履行の拘束を失効させ、先履行義務者に同時履行の抗弁権を認めようという主張もされている（三宅・上68頁～69頁）。売主の先履

104　第1編　契約総論

れようか。

3-52　❷ **第2説（危殆責任説1）**　更には、より積極的に担保供与請求権まで認めることも可能である（潮見佳男『債権総論Ⅰ（第2版）』195頁は、不安の抗弁権の内容とはしないが、契約内容改訂の一種として肯定）。ただ、この説によると、Bがこれに応じない場合には、Bは期限の利益を失うことになるので（137条3号）、Bにとって酷であるという批判は可能である（この権利を認めることに批判的な学説として、清水・**3-51**文献97頁、石川明「信義則、事情変更の原則と不安の抗弁権」判タ565号7頁）。

3-53　❸ **第3説（危殆責任説2）**　より進めて、Bの信用悪化を理由に、Bが1か月後の履行を確実ならしめる担保を供与しない限り、Aに契約解除権まで認める考えも可能である（注13に述べたように、比較法的にはこれが普通）。いまから信用不安の状態にある以上、1か月後に当然履行できず解除となることが予想できるのに、それまで契約にAを拘束させておくのは酷であるという考慮によるものといえる。Aとしては、当然解除になることが予想できる以上、適切な措置を取る必要があり、解除を認める利益はあるが、これは期限前の解除の一般理論の問題である。但し、解除まで認める説の根拠は、買主にディフェンスのみならずオフェンシブな救済が必要であり、売主側の契約保全責任を理由として主張している（北川Ⅰ243頁以下、川井37頁）。契約当事者は履行に向かって協力し合う関係に立ち、不安解消のための担保請求権を認める余地があり、また、その不履行による解除とは別に、不履行が確実な場合の解除権を541条の類推適用により認めたい。

3-54　【先履行義務者が履行を遅滞しているうちに後履行義務者の履行期が到来した場合】

　例えば**3-47**の例で、Aが絵画を引き渡さない履行遅滞を続けているうちに、1か月が過ぎBの代金支払期日が到来した場合、Aは代金支払との同時履行の抗弁権を主張できるであろうか。

3-55　**(1) 否定説**　1か月後に、Bから同時履行の抗弁権を認めるのはよいとしても、Aからの同時履行の抗弁権を認めるべきではないという考えがある（柚木73頁）。これによると、<u>片面的に同時履行の抗弁権が成立することになり、Aは履行遅滞のままとなる</u>。同時履行の抗弁権の趣旨は、自己が先ず給付をすることを強制されることが公平に反するという点にあり、先履行義務を負ったのであるから同時履行の抗弁権を認めなくても不公平ではない、というのがその理由である。しかし、現在はこの考えを支持する学説は見られなくなっている。

3-56　**(2) 肯定説**　Aにも同時履行の抗弁権を認めるのが通説（末川・上68頁等）である。その理由は、①533条は、両債務が弁済期にあることだけを要求しているにすぎ

行の約束は、一種の信用供与の約束であり、消費貸借の予約の失効（589条）に準じ、売主は信用供与即ち先履行の拘束から解放されて双務契約の原則に戻り、同時履行の抗弁権を主張できるという。従って、代金の支払を訴えることもできるし、541条の要件を満たせば契約を解除することもできる。

ないこと、②AはBに信用不安が生じても無条件で履行しなければならないというのは公平ではないこと（但し、この論理ならば不安の抗弁権が認められる場合に限り、弁済期到来後は同時履行の抗弁権を認めればよいという処理も考えられる）である。但し、肯定説でも一切の場合に同時履行の抗弁権が認められるわけではなく、一方の給付が他方の給付の前提となっていたり、先ず一方の給付がなされたことを確認してから（引き渡された物を検査してから）、その後に反対給付がなされるべき場合については、同時履行の抗弁権を認める余地はないものとされている（我妻・上91～2頁、川井29頁）[16]。

3-57　**(3) 折衷説**　なお、先履行義務者が債務不履行について背信的事由がなければ同時履行の抗弁権を認め、背信的事由があれば同時履行の抗弁権を否定するという考えもある（石田穣51頁）。しかし、どういう場合が、Aに背信的事由のない場合になるのか、基準が明らかでない。肯定説が妥当であろう。

(3) 相手方が自己の債務の履行を提供しないで履行を請求してきたこと

3-58　同時履行の抗弁権は、「相手方がその債務の履行を提供するまで」認められるものであり、従って、この反対解釈として、相手方が履行をした場合はもちろん、履行の提供をしたならば（相手方にも同時履行の抗弁権があるので、提供だけして履行を拒絶できる）、同時履行の抗弁権を認める必要はないからである。

3-59　【一度提供したら同時履行の抗弁権は消滅するのか】　例えば、1週間後に代金と引き替えに目的物である壺を引き渡すことになっており、当日、Aが壺をBに提供して代金の請求をしたとする。Bが同時履行の抗弁権を主張できないのは当然であるが、それはBの同時履行の抗弁権の消滅を意味するのであろうか。即ち、Bの同時履行の抗弁権は以後消滅してしまい、その後にAが提供もせずに代金の支払を求めてきた場合にも、Bは無条件に支払を命じられてしまうのであろうか。なお、留

---

[16] しかし、同時履行の抗弁権を認めると、履行遅滞にあったAが、Bの代金支払期日到来の時点から同時履行の抗弁権のおかげで履行遅滞の責任を負わなくて済むことになってしまう、という不合理感は拭えない。同時履行の抗弁権を認める以上、これを肯定して不都合でないと論理で突っぱねるのも1つであるが、次のように修正してこの説を採用したい。ⓐまず、無条件に履行を強制されないという意味においては、同時履行の抗弁権を認めてよい（533条の適用の問題）。ⓑしかし、履行遅滞につき責任を阻却する事由としての同時履行の抗弁権の効果は認めるべきではなく（これはむしろ415条の問題であり、533条で同時履行の抗弁権を認めることと統一的に処理する必要はない）、Aは自分の方から積極的に提供をしない限り（同時履行の抗弁権があるので提供だけでよい）、遅滞の責任を免れないというべきである（Bからの解除については微妙であるが、肯定してよいか）。同時履行の抗弁権の債務不履行の阻却という効果は認められないが、「引換給付の抗弁権」としては存在するとでもいうことができよう（新注民(13)473頁［沢井・清水］も遅滞の効果を免れないという）。

置権については、「債権者が適法な弁済の提供をうけながらその受領を拒絶して留置権を行使することは、留置権制度の目的を逸脱し、公平の原則に反するものとして、許されないと解するのが相当である」とされている（最判昭49・9・20金法734号27頁）。

3-60 　**(1) 消滅説**　　古くは「相手方がその債務の履行を提供するまで」という文言に素直に、提供があったら同時履行の抗弁権は消滅してしまうと考え、また、認めないのが公平に適すると考えられていた（鳩山・上119頁、柚木80頁）。その後に提供者に信用不安が生じた場合には、不安の抗弁権で不都合を回避するか（沢井・注民(13)261頁——折衷説ともいわれる）、受領をしなかったためであり、自業自得としてその不利益は自ら甘受すべきであるということになる。

3-61 　**(2) 非消滅説**　　しかし、現在の通説は、一度Aが提供しさえすれば、Bはその後Aが履行するかどうか疑わしい状況にあっても同時履行の抗弁権が認められないというのは公平ではないとして、その後Aが提供せずして請求してきた場合には、Bは同時履行の抗弁権を対抗できると考えている（判例も同様）[17]。では、提供してきたときには同時履行の抗弁権が認められず、その後に提供しないで請求してきたときには同時履行の抗弁権が認められるというのをどう説明すればよいのか、また、同時履行の抗弁権をBが失わないというのであれば、Bは遅滞に陥らないのであろうか。これについては、次のように考えた上で、本書も非消滅説に賛成したい。

　3-72に述べるように、ⓐ履行を無条件に強制されないという意味での同時履行の抗弁権は消滅せず、これはAが履行を提供して請求してきた場合には行使が制限されるだけである。従って、Aが履行の提供をして請求しない以上、Bは履行を強制されることはない。ⓑこれに対して、415条の履行遅滞責任の阻却事由としての同時履行の抗弁権は、一度Aが提供して請求した以上もはや認められず、BはAの提供により履行遅滞に陥り、自己の債務の履行の提供をしない限り責任を免れない（大判

---

[17] 判例も、「双務契約に於て当事者の一方は相手方が其債務の履行を提供するまで自己の債務の履行を拒むことを得るは、民法第533条の規定する所にして此同時履行の抗弁は当事者の一方か曾て一たひ履行の提供を為したることあるも其提供にして継続せざる以上は相手方に於て主張することを得るものとす。蓋し民法第413条及ひ第492条に依れば双務契約に於て当事者の一方か履行の提供を為し相手方之を受領せざるときは相手方は之に因り遅滞の責に任し提供者は不履行の責を免かるるものなりと雖も、是れ皆提供者の債務に関し生ずる効果にして相手方の債務は之れが為め何等の影響を受くるものに非ず、相手方が有する同時履行の抗弁は其債務の履行に付き与へられたる一の担保にして其履行を求めらるるに当り常に提供することを得るものなるか故に、他の一方の履行の提供が継続する場合は格別、然らざるときは之に依り其履行を拒むことを得るものと為さざるべからず。然らざれは他の一方が一たび履行の提供を為したる後無資力の状態に陥ることあるも相手方は必らず其債務の履行を為さざるべからずして甚しき不公平の結果を観るに至るべし」としている（大判明44・12・11民録19輯772頁。大判大6・11・10民録23輯1960頁、最判昭34・5・14民集13巻5〜6号9頁も同様）。

3-62　**(3) 折衷説**　また、Bが提供された給付を受領しないことにつき背信的事由がなければ（Bが契約の効力を争い、争うことがやむをえないと思われるような事例か）、Bは同時履行の抗弁権を失わず、背信的事由があれば同時履行の抗弁権を失うという少数説もある（石田穣53～4頁）。

3-63　**【一度履行をしたがその後に給付を取り戻した場合】**　AがBに壺を販売し、Aが履行まで終了してしまえば、単に提供のみに止まる場合と異なり、Bの同時履行の抗弁権が消滅してしまうことは疑いない。もはやAの債務はないので、BはAの債務との引換え給付の主張をなす余地はなくなるからである。では、その後、Bが代金を支払わないのでAが引き渡した壺を勝手に取り返してしまったらどうなるであろうか。

3-64　**(1) Bの同時履行の抗弁権**　これについては、次の2つの考えが可能である。

(a) 否定説　Aの債務は履行により消滅し、同一の契約から生じた対価関係に立つ債権関係は存在しなくなる。引渡後にはBの物となっており、Aがこれを持ち去ったのは他人の物を持ち去ったのと同じであり、Bには所有権に基づく返還請求権が発生する。しかし、Bの契約に基づく引渡請求権は既に消滅しており、これを認める余地はない。そうすると、Aには契約上の代金債権、Bには単なる所有権に基づく引渡請求権があるのみで、両者は同一の契約上の債権という要件を充たしていない。このような形式論理でいけば、AB間に同時履行の抗弁権を認める余地はなくなることになる[19]。判例も **3-65** の判決で否定説を採用している（半田86頁は、買主は、自己の債務を履行または提供しなければ、売主に取り戻された物の返還を請求しえないという）。

---

[18] 「双務契約の当事者の一方たる債務者が其の債務を履行せざる場合に於て、相手方たる債権者が相当の期間を定めて履行を催告し債務者を遅滞に付したるときは、其の債権者は契約の解除を為すことを得べきものとす。而して解除権が未だ行使せられざる間に於ては、契約は依然として存続するを以て、債権者は右の債務者に対し其の債務の履行を請求し得べく債務者は其の履行を為し得べしと雖、債務者が債権者をして其の解除権を消滅せしむるには債務の本旨に適したる履行の提供を為すと共に遅延に因る賠償をも併せて提供することを要するものとす。……債務者が此の両者を提供したるときは遅滞の効力消滅するの結果として債権者の解除権消滅すべきも、斯る提供ある迄は債権者に於て解除権を失ふべき理由なく、従て債権者は曩に履行の催告を為したる際自己の債務の履行を提供し債務者を遅滞に付したる以上、解除権を行使するに当りては其の提供を継続することを要せざるものと謂はざるを得ず」と判示している。

[19] なお、一度提供があれば同時履行の抗弁権を消滅させる説（⇒**3-60**）では、履行まであったのだから、債務者は保護に値しないこと同様となる（柚木馨「判批」民商41巻4号143頁）

3-65　● **最判昭34・5・14民集13巻5号609頁**　パチンコ店を経営するYに、パチンコ機械製造業者Xが、パチンコ機械を販売し引き渡したが、Yが代金の大部分を支払わないので、Xがパチンコの「あひる」と称する部品を取り外して持ちかえり、Yがパチンコを使用できないようにしてしまった。YはXの代金支払請求に対して、①使用不能になり引渡しがなかったことになった、②提供が継続されていない、といったことを理由に同時履行の抗弁権を主張した。最高裁は次のように判示して、Yの主張を退ける。

「双務契約の当事者の一方は相手方の履行の提供があっても、その提供が継続されない限り同時履行の抗弁権を失うものでないことは所論のとおりである。しかし、原判決によれば売主たるXは本件機械全部を買主たるYに昭和29年6月28日までに約束通り引き渡したというのであるから、Yは右引渡しを受けたことによって所論同時履行の抗弁権を失ったものというべきであり、従ってその後において、Xの代理人Bが右機械の『あひる』を取り外して持ち帰ったからといって、同人に別個の責任の生ずる可能性のあることは別論として既になされたXの債務の履行に消長を来し、一旦消滅した同時履行の抗弁権が復活する謂れはない。」

3-66　**(b) 肯定説**　これに対して、Bに同時履行の抗弁権を認める考えもある（石田穣54頁）。問題はその根拠づけである。①先ず、売主は引渡後も買主の使用を妨げないという契約に基づく拘束を受けるとすれば、目的物を取り戻したのはこの契約上の義務違反であり、契約上の義務として返還義務が出てくる余地がある[20]。②次に、飽くまでも両義務は同一契約上の義務でないとしても、未だ売買関係は存続しており、引換え給付の関係に立たせるのが公平であるとして、533条を類推適用するということも考えられる。①説だとAからの同時履行の抗弁権の主張も可能となってしまうので、②説を採用しておく。判例には、その後、特殊な事例であるが、次のように同時履行の抗弁権を認める判決が出されている。

3-67　● **最判昭50・7・17判時792号31頁**　自動車2台が所有権留保されて販売されたが、1台が修理のために引き渡され、修理終了したが修理代金の支払義務がないにもかかわらずその支払がないとして返還をせず、更に残りの1台の自動車も買主から回収してしまったため、買主が第1回の割賦代金を支払わず、売主が契約解除を主張して損害賠償請求権に基づく強制執行がされた。それに対して、買主が異議を申し立てた。

原審は、売主が本件自動車を留置し、もしくは、引揚げたことが買主主張のように違法であるとしても、そのことを理由に買主から売主に対し本件自動車2台の返還もしくはこれに代わる損害賠償を求めうるは格別、本件自動車2台は一旦売買契約に基づき買主に引き渡されたものである以上、売主の自動車返還義務と買主の代金支払義務とは同時履行の

---

[20]　また、買主が債務を履行しない場合には、売主は解除しないで目的物を取り戻すという履行の撤回ができると考えれば、元の債権債務の対立関係が復活するので、両者に同時履行の抗弁権が認められる。しかし、履行の撤回については規定がなく、買主の承諾を必要とすると考えるべきであろう。

関係にあるわけではないから、買主は第1回の割賦代金の支払を拒みうるものではないとして履行遅滞を認め、売主側の主張を認めた。最高裁はこれを次のように破棄差し戻している。

「自動車の割賦売買契約において、売主が、一旦売買の目的たる自動車を買主に引き渡したが、その第1回割賦代金支払期日前に右自動車が故障したため買主より修理を依頼され、その引渡を受けて修理を完了しながら、<u>何ら正当な事由もないのに留置権を主張してその自動車を買主に引き渡さない場合、あるいは、何ら正当な事由もないのに第1回割賦代金支払期日前に買主の手許からその意に反して売買の目的たる自動車を引き揚げてしまったような場合</u>には、売主において再度当該自動車を買主に引き渡す義務があるものというべく、<u>売主がこの義務を履行するまでは、公平の理念に照らし、買主は自己の債務たる割賦代金の支払を拒むことができ、その不払につき履行遅滞の責を負わないものと解するのが相当である。</u>」（下線部分の事実が、買主主張のように存在するのか審理を命じて、破棄差し戻す）。

3-68　**(2) Aの同時履行の抗弁権**　では、逆にBがAに対して所有権に基づいて機械の返還を求めてきた場合に、<u>Aの方からも代金を支払わないと返還しないと同時履行の抗弁権を主張できるであろうか。</u>

　(a) 肯定説　(1)で(b)の肯定説①説をとれば、Aからの同時履行の抗弁権も否定する理由はなくなってしまう。但し、履行を強制されないということと、責任を負うかということは別だとすれば、前者の意味での同時履行の抗弁権のみを認め、Aは飽くまでも、Bが機械を持ち去られ工場の操業ができないことにより生じる損害の賠償については、責任を免れないということもできる。また、原則通りAが初めから同時履行の抗弁権を行使していれば、代金を払わない以上、機械の引渡しを受けず機械を使えない損害をBは負担すべきであったのだから、Aの損害賠償責任も否定してよいということも考えられないわけではない。

3-69　**(b) 否定説**　(1)で否定説をとれば当然ここでも否定説となるが、(1)(b)の肯定説でも②説であれば、特にBの保護のため認めたものと解すれば、すでに先に履行することにより同時履行の抗弁権を放棄（なお、留置権も消滅する）したAとしては、民法の用意した保護によるべきであり、目的物を回収して同時履行の抗弁権を復活させることはできないということが可能となる。また、もし同時履行の抗弁権を認めて、Aは返還しなくても責任は生じないというのはやはりいき過ぎであろう（要するに、Aが同時履行の抗弁権を行使できたのに、引き渡してしまったということをどう評価するかの立場の差である）。私見はこの考えである。

3-70　**【相手方が履行を拒絶している場合】**　例えば、Aが絵画をBに売却し、1週間後に代金と引換えに絵画を引き渡す約束をしたとする。ところがその後Bが契約の効力を争い、代金の支払も絵画の引渡しを受けることも拒絶する通知をしてきたとする。この場合、Aが遅滞の責めを免れるための提供は口頭の提供でよく、また、受領拒絶の意思が確定的であれば口頭の提供さえも不要である（⇒債権総論**2-239**）。で

は、Bの同時履行の抗弁権についてはどうであろうか。同時履行の抗弁権は履行の提供があるまでは認められるのであり、Aは債務不履行の責任を免れるのではなく、攻撃的に相手方Bの同時履行の抗弁権を消滅させ、Bを履行遅滞に陥るための533条の「提供」についてはどう考えるべきであろうか。

やはり法は無駄を強いないということはここでも当てはまるべきであり、Aとしては口頭の提供でよく、また、Bの履行拒絶が確定的であれば口頭の提供も不要かもしれない。そうすると、Aは絵画を用意したことを通知してまたは通知しないで、Bに対してその履行を請求することができることになる。このことは、1週間後の履行期の到来により、Aは同時履行の抗弁権を有し遅滞に陥らないが、Bは直ちに遅滞に陥るということを意味する。Bにとって酷なようにも思えるが、Aに提供させても無意味であるので提供があったと同様に扱ってもよい場合であり、やむをえないか。判例も次のように同旨である。

3-71
> ● **大判大3・12・1民録20輯999頁**　事案は不明であるが、違約金の支払請求に対して、提供がされておらず同時履行の抗弁権があるので違約金の支払義務がないと主張して上告がされている。大審院は、次のように述べてこの上告を退けている（ABを**3-70**にあわせて補充した）。
> 　「相手方〔A〕が債務の履行を提供するも他の一方〔B〕は債務を履行せざるの意思明確なる場合に於ては、相手方〔A〕が債務の履行を提供せざるも、他の一方〔B〕は自己の債務の不履行に付き違約の責を辞することを得ず。何となれば、相手方〔A〕が債務の履行を提供するは他の一方〔B〕の債務履行を期して之を為すものなれば、他の一方〔B〕が履行を為さざるの意思明確なるに拘らず履行の提供を強いるは没条理にして、此場合に於て相手方が履行の提供を為さざるは其責他の一方〔B〕に在れば、他の一方〔B〕は自己の債務の不履行を以て履行の提供を為さざりし相手方〔A〕の責に帰するを得ざればなり」（大判大6・11・8民録23輯1753頁、大判大9・11・11民録26輯1819頁、大判大10・11・9民録27輯1907頁、最判昭41・3・22民集20巻3号468頁も同旨）。

3　同時履行の抗弁権の効果

3-72　同時履行の抗弁権の効果として次のような効果が考えられている。

> ① **同時履行の抗弁権行使の効果**　同時履行の抗弁権のおかげで無条件の給付判決を命じられることはない（相手方の債務の履行との引換給付の判決が下されることになる）。なお、引換給付またはその提供をしたことの証明は、執行文要件の要件ではなく、執行開始の要件にすぎない（民執31条1項）。
> ② **同時履行の抗弁権が存在することの各制度における法的評価**
> 　ⓐ　同時履行の抗弁権があることにより、相手方は相殺の受働債権にし

ⓑ　同時履行の抗弁権を有する限り履行遅滞とならず、従って、損害賠償責任を負わず、また解除を受けることはない。

　これらの効果の位置づけについては、②の効果を抗弁権行使の効果とするか否かで次のように学説が分かれる。

3-73　**(a) 存在効果説**　同時履行の抗弁権も抗弁権であるから、相手の請求権の行使を退けるというものにすぎず、また、これを行使するか否かは自由であり、行使しなければ無条件の給付判決を命じられることになる。この無条件の債務の強制を退けるというのが、同時履行の抗弁権の抗弁権としての本来の効力である。これに対して、②の効果は、同時履行の抗弁権の行使の効果ではなく、同時履行の抗弁権があるということから当然導かれる効果であると考えるものである。確かに、同時履行の抗弁権が存在することを裁判上主張・立証しないと、②の効果は導かれないが、それは弁論主義の帰結であり、また、そこで必要なのは裁判所に対する援用にすぎず、抗弁権の行使とは異なるものとされる（鳩山・上124頁、我妻・上98〜9頁、近江49頁、川井36頁）。

3-74　**(b) 行使効果説**　②の効果も①の効果同様に、当事者が主張して認められるものにすぎず、①②すべて行使の効果と考えればよいという説もある（末川・上76頁、星野43頁、半田93頁）。

　しかし、私見としては、(a)説に賛成であり、①は抗弁権としての本来の効果というべきであるが、②については、同時履行の抗弁権があるがため、それぞれ415条、505条の解釈として導かれる効果であると考えている。換言すれば、533条の効果は①だけであり、②はそれぞれ415条、505条から導かれる効果というべきである。このように、①と②の効果、特に②ⓑの効果を分けることができるならば、533条が適用され同時履行の抗弁権が認められ、ⓐの効果が認められながら、415条の解釈としては責任を免れないということも可能となるのである（実際に各所でそのような解釈は有益である）。

Ⅲ　危険負担

1　危険負担の意義（総論）

3-75 **(a) 所有者危険にかかわらない場面──単純な双務契約の牽連関係**　例えば、旅行会社が海外へのパック旅行ツアーを契約したが、ツアー予定地の内乱勃発による内政不安によりツアーが実施できなくなったり、国内旅行のツアーでも大地震があり目的地が打撃を受け履行できなくなった場合、旅行会社はパック旅行を履行していない以上、代金の支払を顧客に請求できるはずはない。この場合に、大陸法では双務契約における一方の債務が履行不能により債務を解放された場合に、対価を受けられるか否かという危険負担の問題と結びつけるが、英米法ではフラストレーションといった履行不能に匹敵する法理により、解決されるようである。危険負担の問題としては、双務契約の両当事者の債務の対価的結びつき（対価的牽連関係という）からして、履行ができない以上は対価を得られないことになる[21]。わが民法も、536条1項で、534条及び535条の例外を除いて、このような原則（債務者主義）を宣言している（536条2項も例外）。

3-76 **(b) 所有者危険にかかわる場面**　例えば、骨董品商が顧客より注文を受けて、商品（特定物）を宅急便で配達を依頼したところ、運送中に不可抗力で商品が滅失してしまった場合に、売主は代金の支払を求めることができるかは、微妙な問題である。ここでは、所有者が自分の所有物の不可抗力による滅失のリスクを負担するのであり、その所有者危険がいつ売主から買主に移転するのかという、<u>所有者危険の移転時期</u>という問題（(a)にはありえない問題）が登場するからである。即ち、履行不能の場合の対価危険の問題ではなく、いつ所有者としての危険が移転するかということが議論されるのである（引渡後は買主が危険を負担するとかいわれるが、その段階では履行不能は問題にならないのであり、(a)とレベルの微妙に異なる危険負担が考えられていることが分かる）。

3-77 **❶ ローマ法の買主負担主義**　特定物については、ローマ法の買主負担主義を採用するのがフランス民法であり、スイス債務法もこれを売買契約における原

---

[21] ドイツ民法326条1項、スイス債務法119条2項は、双務契約における対価を取得できないという債務者主義の原則を宣言する。

則とする（スイス債務法185条）。英米法でも、所有権とともに危険が買主に移転するという立場がとられてきたが（イギリス動産売買法）、戦後のアメリカでは、UCC 2-509条1項aは次の引渡主義を採用している。日本民法は、フランス民法に従った旧民法を承継し[22]、176条で所有権が売買契約と同時に移転し危険も同時に移転するものとした（534条1項。同2項で種類物の場合には特定により危険が移転する）[23]。

3-78　❷ **引渡主義による立法**　ドイツ民法では、売買契約については、プロイセン一般ラント法などで採用されていた引渡主義を採用したが（446条）、不動産については移転登記か引渡しかいずれかが先にされたときに危険が移転すると特例を定めていたが、2001年の改正に際してこの例外は削除され、引渡主義が不動産にも適用されることになった[24]。

3-79　【**代金支払によっても危険負担の問題は終了するのか？**】　危険負担は、双務契約において対立して両債務が存在する場合に、その一方が消滅してしまった場合の他方の債務の運命を決める問題であり、上に述べたように、Ａが履行して債権の対立がなくなればもはや問題とならないのと同様に、Ｂが代金を支払った後も危険負担は問題とならないのであろうか。

3-80　　（1）**買主に負担させる構成の可能性**　①先ず、対価危険の観点からは、Ｂの代金債務は履行により消滅し、Ａの債務の消滅により消滅させるということが問題とならないことになるため、上の疑問通り危険負担の問題は終了し、Ｂの代金支払後のＡの下での不可抗力による滅失があっても、Ｂの代金は履行により消滅したままであるという考えもある（水本57頁）。②また、所有者危険の観点からも、代金支払により所有権が買主に移転することから、債権者主義による処理を肯定することも

---

[22]　旧民法財産編335条は、「合意の効力」についての規定であるが、「授与する合意が特定物を目的とするときは、意外の事又は不可抗力に出でたる其物の滅失又は、毀損は諾約者が危険を負担したる場合及び停止条件に関する規定を除く外要約者の損に帰し、其物の増加は要約者の益に帰す」（1項）、「然れども諾約者か物の引渡の遅滞に付せられたるときは、其滅失又は毀損は諾約者の負担に帰す。但縦令引渡を為したるも滅失又は毀損を免る可からざりし場合は此限に在らず」（2項）と規定していた。債務者主義による旧商法320条と衝突していたのであり、現行法では両法の調整がされ、現行商法では危険負担規定はなくなり、民法によって全面的に規律されることになっている。

[23]　危険負担を果実収取権、所有権とを相互に関連した制度として捉えて、534条1項の妥当性ないし限界を再検討しようとする論稿として、最終的な結論は示されていないが、前田敦「特定物売買における果実収と危険負担の関係(1)(2・完)」法学研究76巻4号23頁、76巻5号63頁がある。

[24]　危険負担についての、法史学的・比較法的研究として、小野秀誠『危険負担の研究』、多治川卓朗「買主危険負担主義（民法534条1項）の制限解釈」関法46巻1号39頁以下。

114　第1編　契約総論

考えられる。

3-81　**(2) 売主に負担させる構成の可能性**　これに対し、危険の移転を支配の移転にあわせ、代金支払では危険は移転しないと説く学説もある（加藤雅信「『不能論』の体系」法政論集158号78頁）。(1)①説に対しては、履行不能が問題となった債務ではなく、一方の債務が履行で消滅したとしても、他方の債務が存続しその不能が問題として残っている限り、履行不能の不利益をいずれに負担させるかという問題は残るはずであり、ここにも危険負担を適用してよいので、これには賛成しえない（履行の拒絶を認めるかではなく、支払った代金の返還を認めるかという形になる。ドイツ民法323条3項は、このような返還を明文で認めている）。また、(1)②説であるが、所有権の移転と危険負担の問題を必ずしも一致させる必要もない。そうすると、Bの債務を危険負担により消滅させ、Bによる代金の返還請求を可能とすることもできるというべきである。

2　債権者主義と債務者主義

(1) 債権者主義と債務者主義

3-82　*3-75* の危険負担については、債権者の帰責事由による場合に債権者主義が認められているだけであるが、*3-76* の危険負担については、次の2つの解決が可能である。なお、以下の「債権者」主義、「債務者」主義にいう「債権者」、「債務者」とは、履行不能により消滅した債権についての「債権者」「債務者」である（Aが壺をBに売ったが、引渡前に壺が不可抗力により滅失した事例で考えると、Aが債務者、Bが債権者）。

3-83　❶ **債権者主義**　まず、消滅したA←B債権の債権者Bが、債権消滅の危険を負担するという解決が債権者主義である（売買契約を中心に危険負担は発展しており、買主危険負担主義ともいわれる）。即ち、Bは自分に何も責められるべきものがないにも拘らず、Aから購入した絵画が手に入らず、それなのに代金は払わなければならないという、踏んだり蹴ったりの形となる。これは、双務契約の牽連関係という債権レベルの観点からみると不合理なものであり、何か別の根拠で説明する必要がある。

3-84　❷ **債務者主義**　次に、逆に双務契約の牽連関係を尊重して、Bは目的物を手に入れられないのだから、代金を払う必要はない即ちBの代金債務は消滅するという解決も可能である。これは、消滅したA←B債権の債務者Aに危険を負担させるものであるため、債務者主義といわれる（**売主負担主義**ともいわれる）。Aは自分に何も責めがないにも拘らず、折角取引が成立し取得した代金債権を失うこ

とになる[25]。

(2) 民法は債務者主義を原則とし物権の設定・移転の場合を特例とした

民法は、*3-75*の危険負担について、次のような立法を採用した[26]。

3-85 **(a) 原則は反対給付は認められない**　民法は、*3-75*の危険負担について、原則規定として、「<u>前二条に規定する場合を除き、当事者双方の責めに帰することができない事由によって債務を履行することができなくなったときは、債務者は、反対給付を受ける権利を有しない</u>」と規定した (536条1項)。即ち、形の上では債務者主義が原則で、前2条が例外のようになっているが、しかし、実際上履行不能という危険負担の問題が生じるのは、特定物の売買が中心であり（不特定物を履行のために用意しておいてこれが滅失しても、特定がない以上履行不能の問題は生ぜず、売主の危険負担）、危険負担の問題となる事例は殆どが*3-76*の事例であることを注意すべきである。

3-86 **(b) 例外的に反対給付を受けられる場合**

❶ **例外1**　*3-76*の危険負担について、民法は次のような規定を設けた。「<u>特定物に関する物権の設定又は移転を双務契約の目的とした場合において、その物が債務者の責めに帰することができない事由によって滅失し、又は損傷したときは、その滅失又は損傷は債権者の負担に帰する</u>」(534条1項)。「<u>不特定物に関する契約については、第401条第2項の規定によりその物が確定した時から、前項の規定を適用する</u>」(534条2項)。この結果、特定物売買及び不特定物売買でも特定後の滅失・毀損については、債権者主義が採用され、買主は目的物を受けられなくても代金を支払わねばならないことになる。

3-87 ❷ **例外2**　*3-75*の原則としての債務者主義の適用になる危険負担の場合であっても（解釈により534条の適用を制限すれば、*3-76*の危険負担も同じ）、「<u>債権者の責めに帰すべき事由によって債務を履行することができなくなったときは、債務者は、反対給付を受ける権利を失わない</u>」(536条2項本文) ものとされる。

---

[25] なお、ドイツ新債務法では、危険負担の制度を廃止している。債務者の責めに帰すべからざる履行不能でも、債務を消滅せず単に履行不能の抗弁権を債務者に与えるだけであり（原始的不能さえも有効に契約の成立を認める）、また債権者はこの場合でも解除ができる。このように、危険負担を廃止しても、債権者は債務者に帰責事由がなくても解除ができるのであるから、利害調整としては債務者主義と同じことになる。

[26] なお、立法論としては、債権者と債務者とで折半ないし事情に応じて分担の割合を決めるべきであるという主張もあった（近藤英吉「所謂『危険負担』に関する疑問」法学論叢17巻5号806〜7頁）。

3-88　❸ **例外3**　更に、*3-76*の契約類型であっても、停止条件付きでなされる場合については特例を設けた（535条）。

3　債権者主義による危険負担

3-89　債権者主義により危険負担が処理されるのは、①特定物の物権の移転・設定を目的とした契約の場合（534条1項）、②不特定物の物権の移転を目的とした契約において目的物の特定があった場合（534条2項）、及び、③債権者の責めに帰すべき事由により履行不能となった場合（536条2項）、の3つである。

債権者主義が適用になる場合には、履行不能により債権を失った債権者は、代金債務を免れない。「その滅失又は損傷は、債権者の負担に帰する」（534条1項）、「債務者は、反対給付を受ける権利を失わない」（536条2項本文）と、記述の形式は異なるがその意味するところは同じである。

以下には、債権者主義により危険負担が処理される①～③につきそれぞれ説明していくことにする。

3-90　【**代償請求権**】　なお、*3-89*③のケースについてのみ、「この場合において、自己の債務を免れたことによって利益を得たときは、これを債権者に償還しなければならない」（536条2項後段）と規定されており[27]、**代償請求権**といわれている[28]。債権者の責めに帰すべき履行不能でこのような保護を債権者に与えるのであれば、債権者の責めに帰すべからざる場合にもましていわんや同様の保護が与えられるべきであり、①②の場合についても類推適用されてよい。

3-91　**(1)　債権者の責めに帰すべき履行不能**

債権者の責めに帰すべき事由により履行が不能となった場合、例えば、Aに対しBが1週間後に壺と引換えに代金を支払う約束をしたが、契約後Bがその壺を触っていて不注意で落とし壊してしまった場合、Bが代金債務を免れるとすると、

---

[27]　売主が受け取った保険金の「償還」を請求できるのみならず、代償請求権を認めた規定と考えられるため、受け取る前の保険金債権の移転を求めることもできる。受領物の「償還」だけの規定だとすれば、代償請求権を認めること自体が、536条2項後段の類推適用となる。

[28]　この規定は代償請求権の根拠とされるが、田中宏治「民法536条2項但書類推適用論の批判的検討」阪大法学48巻1号169頁以下は、本規定の立法過程にまで遡って研究し、代償請求権の根拠を536条2項但書に求め危険負担に根拠づけることを批判し、不当利得返還請求権や債務不履行や不法行為に基づく損害賠償請求権以外に何か「代償請求権」と独自の根拠を持つものがあるのか疑問を提起する。判例は、公平の観念から代償請求権を認め、536条2項後段はこの法理の表れであるとする（最判昭41・12・23民集20巻10号2211頁）。

Bの過失の結果Aは代金債権を失うことになる。この場合、代金を失ったことにつきAがBに損害賠償を請求するという処理もできようが、それと同様の結果は代金債権を存続させれば実現できるため、債権者主義がとられている（536条2項）[29]。

ところで、危険負担が問題となるためには、債務者に帰責事由がないことが必要であり、債権者に帰責事由があるがしかし債務者にも帰責事由がある場合、やはり危険負担は問題にならず、先の例でいうと、Aは履行不能による損害賠償（填補賠償）を免れないが過失相殺がなされ、他方で、AのBに対する代金債権は影響を受けないことになる。

(2) 特定物取引及び不特定物取引で特定があった場合

3-92　**(a) 債権者主義の根拠**　3-89①②のケースには、債権者に履行不能につき何らの過失もない場合であっても、債権者主義がとられ、債権者（売買でいうと買主）は代金を支払わねばならないことになる。双務契約の牽連関係からいえば、対価関係にある目的物も受けられないのに代金を支払うというのは不合理なようにみえるが、どのような根拠で債権者主義がとられたのであろうか。なお、判例は**3-95**のように、債権者主義を制限せずに適用している。

3-93　**(ア) 利益の帰するところ損失も帰すべきあるという原則**　先ず、債権者である買主は、契約後目的物の価格の騰貴があっても、最初の代金額を支払うだけでものを受けられる（逆にいうと、価格が騰貴しても売主は約束した代金で渡さねばならない）、また、引渡しまでに目的物が増加したらそれを受けられるといった利益を有しており、そうである以上、利益の帰するところ損失（また危険も）も帰すべきであり、目的物についての利益を把握しているのだから、その滅失・毀損の危険も負担しなければならないということが挙げられる（起草者の見解。梅417頁）。

3-94　**(イ) 所有者が危険を負担するという原則**　次に、所有者が自己の物の滅失の危険を負担するのは当然であり、売主から買主への所有者としての危険の移転の問題として危険負担の問題（双務契約の危険負担ということを離れて）を捉えて、契約により所有権が買主に移転するのであり、所有者になればその物を処分なりで

---

[29] 歌手などが劇場と出演契約をしたが、劇場側の過失により劇場が使用できないことになった場合（火災など）、その歌手などは出演料債権を失わないが、本来出演すべき時間帯に他に出演をして利益を上げたならば、その利益を536条2項ただし書により返還しなければならないかが問題とされている。疑問は残るが、債務を免れたことによって受けた利益とはいえないとして否定する学説（近江63頁）に賛成しておこう。

きるようになるのだから、未だ履行を受けていなくても自己の所有物の滅失の危険を負担するのは当然である、といった考慮が考えられる（*3-76*の危険負担を区別する。岡村玄治『債権法要論各論』78〜9頁はこのような見地から正当視する）。また、これも起草者の考えであるが、所有者になるから先の利益が帰属するというわけである（このように、534条1項は、176条の意思主義と結びついたものである）。

3-95
● 最判昭24・5・31民集3巻6号226頁　　Y会社がAに融資を依頼したがAは現金の融資ができなかったため、Aが手元に有している蚊取り線香40梱をYに2万4000円で売却し、Yがこれを転売してその代金により融資の実を挙げることにし、YはAへの代金の支払のために（実質的には融資金の返済のため）手形を振りだした。ところが、Yが転売する前にこの蚊取り線香が空襲により焼失してしまった。本件手形を裏書き譲渡により取得したXがYに対して手形の支払を請求した。これに対して、Yは、YA間の契約は実際には消費貸借契約であり、Yが本件蚊取り線香の売却により融資の経済的利益を挙げていない以上は、消費貸借契約は成立していないのであり、Xはこの事情を知っているとして支払を拒絶した。しかし、最高裁は次のように簡単にYの主張を退けた。
「右蚊取線香の売買は特定物の売買であること判文上明らかであるから、空襲によって右線香が滅失したとしても、売主の代金債権が消滅する理由はない。従って右線香の滅失により、本件手形の振出が原因を欠くに至ったものとはいい得ない。」

3-96　【旧民法の規定——所有者負担主義】　　旧民法はフランス民法に倣って所有権の移転と危険の移転をセットに考える所有者危険主義によって立法をしている。
　財産取得編の売買契約の第2節「売買契約の効力」第1款「所有権の移転及び危険」と所で、財産取得編44条は、「売買契約は売渡物の所有権の移転及び其物の危険に付ては財産編第331条、第332条、第335条及び第419条に定めたる如き普通法の規則に従ふ」と規定し、所有権の移転＝危険の移転とした上で、所有権の移転につき次のように規定している。
　即ち財産編331条で「特定物を授与する合意は、引渡しを要せずして直ちに其所有権を移転す。但合意に附帯すること有る可き停止条件に関し、下に規定するものを妨げす」、同332条では、「代替物を授与する合意は諾約者をして其物の所有権を約束したる性質、品格及び分量を以て要約者に移転する義務を負はしむ。此場合に於て所有権は物の引渡しに因り又は当事者立会にて為したる其指定に因りて移転す」と規定している。

3-97　（ウ）　2つの根拠の検討　　しかし、いずれの説明も説得的なものとは考えられていない。
　先ず、*3-93*の根拠については、目的物の値上がりに対応するのは値下がりであり、そのような危険は当然買主が引き受けるのであり、値上がりという危険負担とは結びつかない問題を持ち出してきて、滅失・毀損についての問題の根拠に

第3章　契約の効力　119

するのは議論がかみ合っていない（増加については、増加と滅失・毀損とを比較するのが公平かは疑問である）。また、**3-94**の根拠についても、所有権の移転時期を契約時とみることについて異論があることは措くとしても（所有権の移転時期を実質的な行為がされた時とみて、②その時に所有者としての危険が移転するという学説もある）、観念的な所有権の移転だけで実質的な物についての利益を支配していないのに、滅失・毀損の危険を負担させられることは合理的ではないといわれている（**3-94**の根拠からアプローチをする者は、契約以後に所有権の移転時期をずらして、危険の移転時期と合致させようとする）。

　結局、通説的理解は、<u>債権者主義は適切ではない</u>と立法論的な批判をなした上で、解釈論としても、なるべく534条の適用を制限しようとしている（ドイツ民法は、特定物売買につき、普通法時代のロマニステンの債権者主義の主張を否定して引渡主義を採用した）。

3-98　【**債権者主義によっても債権者が損失をうけない場合**】　債権者主義が適用されても次のような場合には、債権者の利益は別に保護されることになる。
　　(1) **第三者の行為による滅失・毀損の場合**
　　❶ **債権侵害による不法行為**　買主Ｂは、第三者による債権侵害の要件が充たされていれば、第三者Ｃに対して不法行為に基づいて損害賠償を請求することができる。
　　❷ **代償請求権**　Ａに未だ目的物の所有権が残っているとするならば、Ｃに対してＡが所有権侵害による損害賠償権を取得し、これにつきＢが代償請求権を認めることができる。
　　❸ **所有権の移転を認めると**　不法行為者は178条の第三者として保護されないので、Ｃに対して直截に所有権侵害による不法行為を理由とした損害賠償請求をすることができる（⇒債権総論**3-65**以下参照）。

3-99　　(2) **目的物に保険がつけられている場合**　第三者への損害賠償請求では確実ではないが、保険金請求権をＢが取得するのならば、Ｂに不利益はないといえる。実際に、約款により保険に付された目的物が売却された場合、新所有者Ｂが保険金を取得するものとされているようであり、これは債権者主義を前提とした処理とみられる。この場合に、債権者主義を制限して、Ｂは代金を支払わなくてよいが、保険金を受け取れるというのでは、逆にＢに不当利得が問題となってしまうので、この場合には債権者主義を制限する必要はないように思われる。不法行為に限らず、保険との関係を考慮して民法理論を考えなければならない問題は少なくない。

3-100　(b) **解釈による債権者主義の制限**　以上のように債権者主義には立法論的に問題があるため、学説は解釈上なるべく債権者主義の適用を制限しようとして

いる。かつては、債権者主義は適切でないとしても、規定がある以上やむをえないというのが一般的態度であったが、結果の妥当性を第一義とする戦後の自由な解釈の風潮にも乗り、解釈により制限が可能と考えるようになってきている。この立場も、以下のように分類が可能である。

3-101　**（ア）534条の制限解釈による説**　534条を合理性の認められる範囲に限定しようとする考えであり、文言に対して合理的な範囲に制限解釈をするという形をとる。どのような制限をなすかで、更に分かれる。

❶ **第1説（商事売買限定説）**　債権者主義が妥当するのは、商人による投機的売買の場合であり、商事売買に534条の適用を限定しようとするか（平野義太郎『民法におけるローマ思想とゲルマン思想』463頁以下）、または、投機性のある取引についてのみ限定するものである（山中215〜7頁。投機性の少ない取引では、534条によらないという暗黙の合意があるとみてよいというのであり、後述（イ）説に位置づけるべきかもしれない）。

3-102　❷ **第2説（支配移転必要説）**　債権者が危険を負担する根拠としては、目的物が債権者の現実の「支配」に属することになったことぐらいしか考えられず、この根拠の妥当する領域にのみ債権者主義の適用を制限しようとするものである。債権者に支配が移る場合として、①目的物の引渡し、②移転登記、③所有権移転を認め、いずれかがあった場合にのみ、534条を適用しようとする（我妻・上102頁）。しかし、支配と所有権移転との関係が不明であり、支配とは何か明確になっていない、また、所有権移転による危険の移転を認めると、もし判例のように契約と同時に所有権の移転を認めてしまうと、契約と同時に債権者主義が適用になり債権者主義の制限として意味をなさない、といった問題がある。

3-103　❸ **第3説（引渡［登記］主義）**　そこで、「支配」といった観念を持ち出さずに、動産・不動産を問わず、「引渡し」を基準にして危険の移転を考える学説もある[30]。不動産についても、移転登記では危険は移転しないと考えることになる。但し、学説には、不動産については、引渡しではなく登記を基準とする主張（辰巳直彦「契約解除と帰責事由」『谷口知平先生追悼論文集2　契約法』344頁）、不動産については引渡しまたは登記を基準とする主張もある（近江56頁）。

3-104　❹ **第4説（所有者主義）**　危険負担の問題を所有者としての危険の移転の問

---

[30] 沢井裕「危険負担」『契約法大系Ⅱ』100頁以下、半田吉信「売買契約における危険負担」『林良平先生還暦記念 現代私法の課題と展望 下』137頁以下、石崎泰雄「受領義務の不履行（協力義務違反）への統合理論」都立法学46巻2号123頁。

第3章　契約の効力　121

題と捉えて、その上で契約により当然所有権が移転するのではなく、引渡し、登記、代金支払のいずれかにより所有権が移転し、買主が所有者として危険を負担することになると考えるものもある（広中338〜9頁、星野56頁、鈴木199頁、田山44頁）。

3-105　**（イ）黙示の意思表示による説**　（ア）❸説及び❹説はよさそうに見えるが、先ず❸説は引渡しがあれば履行が終わり、後は対抗要件を備えさせるだけであり、危険負担との関係については履行済とみてよく、そもそも危険負担の問題が終了するのであり、ここに534条が適用にならないのは当然である。534条は引渡前の問題を扱うものであり、これについて債権者主義を排除するというのは、もはや制限解釈ではなく534条を死文化するに等しく、解釈の名の下にできるかは疑問が残される。また、❹説は最も説得的なように思えるが、買主は代金を支払ったから自分の物となったと思うのはよいとしても、代金を支払った誠実な買主が危険を負担するというのは何か疑問を拭えない。

　結論としては、債権者主義を否定する（引渡しがあって危険負担の問題が終了し、買主が所有者としての危険を負担する）のが正しいと思われるが、これを解釈の名でどこまでできるかはやはり問題である。そこで、危険負担の規定が強行規定ではないことから、当事者は黙示的に債権者主義を排除する合意をしているものとして処理する主張がされるようになっている（水本58頁、山中217頁、加藤雅信「危険負担、原始的不能、契約締結上の過失」法教164号24頁、川井41頁）。実際上、契約書には殆ど例外なく引渡前の滅失については代金の支払を求められないと規定されているといわれており、それが取引の一般観念といってよく、更には慣習とさえいってもよい状況にある。そこで、特に明示がなくても、債権者主義によることを明記しない限り債権者主義にはよらない趣旨と契約を解釈してよいというわけである。（ア）説も（イ）説もいずれも無理があるが、改正がされるまでは姑息な方法であり擬制的であることを承知の上で、この黙示の意思表示ぐらいで処理しておくべきであろう。

3-106　**（ウ）「534条はもはや存在しない」という説**　534条は任意規定であり、任意規定は当事者の意思の補充ないし一般的に推測する規定であるのに、そのはずの534条が取引の実情＝当事者の意思に反するというのは奇妙であり、「534条はもはや存在しない」という大胆な主張もされている（石田・**1-106**文献75頁）。そして、後は所有権の移転によって所有者としての危険が移転するのであり、534条によらずとも問題を解決することができるという。

　ここまで言い切れればそれ以上のことはなく、諸説はいずれも結局は対価危険

については534条を全く無視して、実質的には規定がなくても当然のことである所有者としての危険により問題を解決しているものであり、率直にはこれが究極の到達点であろう。しかし、やはりあからさまに条文を無視するのには抵抗感があり、今のところは（イ）説によっておく。

3-107 【不特定物売買と危険負担——受領遅滞との関係の問題をかねて】　例えば、売主Aが種類物である壺を期日に提供して代金の支払を求めたが（事前に拒絶していれば、口頭の提供でもよく、更には提供が不要とされることもある）、買主Bが代金の支払も受領も拒絶した場合、上記の考えによれば未だ「引渡し」がないのであるから、その後Aの下で不可抗力により壺が滅失しても、Aは代金を請求できなくなってしまう。しかし、それは妥当ではなく、債権者主義により処理することが必要であろう。問題はその説明をどうするかである[31]。色々な説明が考えられる。この提供後の危険負担は、特定物にもあてはまる議論である。

3-108 　　(1) 536条2項による説明　　先ず、534条は上のように制限したままで、536条2項により債権者の責めに帰すべき履行不能として処理することが考えられる。しかし、そのためには、履行不能自体につき債権者に過失があることが必要というべきであり、債権者の拒絶と因果関係はあるが、債権者の責めに帰すべき事由による履行不能とまでいうことができるかはやはり疑問である。従って、536条2項を適用するにせよ、類推適用とでもいうべきであろう。

3-109 　　(2) 534条を適用する説明　　これに対して、534条を直截に適用する説明（というよりは、この場合には534条を制限しない）も可能である。これも何の効果として危険が移転するとみるかで、次の2つに分けることが可能となる[32]。

3-110 　　❶ 提供効果説　　先ず、提供の効果として危険が移転するという考えが可能である。これによると、Bが契約を争い拒絶をするのもやむをえないといった場合でも、Bに危険が移転することになる。Aとしてはすべきことを尽くしており、Bの事情如何にかかわらずAに危険を負担させるべきではないと、Aの側から問題をみるものといえる（債権者の過失を不要とするものに、広中338頁がある）。なお、所有者危険負担主義的に理解する考えでは、提供により（種類債務の場合には同時に特定し）所有権が移転することにより説明もできる。

---

[31] 不特定物売買における危険負担については、小野秀誠『反対給付論の展開』17頁以下参照。

[32] なお、制限種類債権のすべてが履行不能になった場合については、534条2項の「特定」の要件が充たされていないので債権者主義が適用されないという説明もされるが（我妻・上101頁）、制限種類債権ですべてが履行不能の場合には534条1項を問題にすべきであり、その上で、提供ないし引渡しがない場合にその適用を否定すべきであろう。従って、取立債務で口頭の提供をしたが目的物を分離していなかった場合にも、その後に全部履行不能になれば、534条1項を適用して買主は代金の支払義務を免れないというべきである。

3-111　❷ 受領遅滞効果説　　次に、受領遅滞の効果として危険が移転するという説明も可能である[33]。これによれば、債権者Bに受領遅滞につき過失が必要になる。これは、債権者に過失もないのに危険の移転という不利益を負わすのは酷であるという、債権者の側から問題をみるものである。しかし、これだと、売主が提供したが買主が代金を支払わないために引渡しをせずに、同時履行の抗弁権を理由に持ち直した（受領拒絶ではない）場合、受領遅滞を語りえなくなる。

3-112　【二重譲渡の場合】　AがB及びCに土地建物を二重に譲渡した場合をめぐる危険負担の問題を考えてみよう（問題となるのは建物分の代金である）。

　　(1) いずれも引渡しを受けていない場合
　　(a) 534条1項の適用を制限しない説　　本文に述べたように534条1項の適用を制限する解釈がでてくる前には、534条1項が無制限に適用になるのでどう処理したらよいのか疑問が生じたわけである。

3-113　❶ 第1説　　先ず、534条1項を形式的に適用し、AはBCから代金を取得できるという考えもあった（乾政孝・志林16巻10号8頁）。しかし、Aの二重の利得を認める点で問題がある（不可抗力による滅失さえなければ、いずれかの買主には賠償義務を負わなければならなかった）。

3-114　❷ 第2説　　次に、①説を修正しAがBCの両者から代金をとれるのは不当であり、AはBCのいずれかを選択して代金の請求ができる（不真正連帯債務のような関係か）というものがある（横田秀雄「危険の負担に就いて」国家及び国家学10巻2号11頁［新説］）。

3-115　❸ 第3説　　Aによる二重の利得を避けるため、先に売買契約を締結したBが所有権を取得しているのであり、Cは単に先に登記をすれば所有権を取得する余地があるというだけであり、534条1項を「所有者が危険を負担する」という趣旨の規定と考え、Bだけが危険を負担し、AはBにのみ代金の支払を請求できるというものもあった（梅・志林10巻3号44頁、横田125～6頁［旧説］）。

3-116　❹ 第4説　　更には、両買主共に危険を負担することを認めながら、両者に他方に対する代金債権につき求償請求権を行使することを認めることにより、不合理を回避しようとする学説もあった。即ち、Bは代金を支払わなければならないが、AのCに対する代金を取得でき、また、CはAのBに対する代金を取得できるというわけである（平野義太郎『民法に於けるローマ思想とゲルマン思想』471頁）。但し、代金に差額がある場合、代償請求権は自己の債権額についてのみしか認められないとすると、その差額分は結局はAの手元に残されることになる。

3-117　❺ 第5説　　以上に対して、二重譲渡のような場合には、534条は適用にならないという考えもあった（鳩山・上6～7頁）。

33　石崎・注30論文123頁以下は、534条1項、2項共に引渡時に危険が移転すると考えつつ、受領遅滞により危険が移転し、ただ債権者の帰責事由は不要とする。

3-118　**(b) 534条の適用を制限する説**　本文に述べたように、534条の適用を制限（制限解釈によりなすものと、黙示の意思表示によりなすものとがある）する限り、例えばBへの登記があれば、引渡しがなくてもその時点でCの債権は損害賠償債権（私見では価格による代替的履行義務）になっているため、Cについては危険負担の問題は生じない（Bにつき登記だけで危険の移転を認めるかは学説上対立がある）。登記も引渡しもない以上、BCいずれにも危険は移転せず、Aはいずれからも代金を取得しえない。なお、代金の支払により所有権の移転を認め、危険もそれに伴って移転するという考えでは、Bが代金を支払っていたらどうなるのであろうか（二重譲渡では、特別扱いして危険は移転しないとするのか、では、Bが代金を支払って危険がBに移転した後に、Cに二重譲渡がされたのであればどうなるのであろうか）。

3-119　**(2) 一方が登記を受けていた場合**　例えばCが先に登記を受けたが、引渡前にAの下で建物が不可抗力で滅失した場合、危険負担はどう処理されるであろうか。534条の適用を解釈上制限する現在の学説でも、答えは分かれる可能性がある。

3-120　**❶ 第1説**　先ず、登記を受けたことにより二重譲渡という問題は解決し、また、登記を受ければ危険が移転するという説（所有権主義）をこれに結び付ければ、登記を受けたCが危険を負担しCは代金支払を免れず、他方、Bは代金支払を免れるという処理も可能である（我妻・上103頁。但し、田山48頁は、Cが移転登記を受けていても、Bが引渡しを受けていたら、未だ危険の移転は認められないという）。

3-121　**❷ 第2説**　次に、たとえ二重譲渡の問題が物権法上解決したとしても、二重譲渡でなくても登記だけでは危険は移転せず引渡しが必要だとすれば（引渡主義）、引渡しを受けるまで、Cも危険を負担せず、結局BCいずれも危険を負担せず、両者共代金債務を免れることになる（私見はこちらになる）。

3-122　**(3) 一方が引渡しだけを受けた場合**　移転登記はいずれも受けていないが、引渡しをCが受けていて、Cの下で不可抗力で建物が滅失した場合はどう考えるべきであろうか（なお、動産については、登録制度がある場合は別として、引渡しだけを基準にすることになる）。

3-123　**❶ 第1説**　1つには、引渡しがあるので、所有者主義、引渡主義のいずれにおいても、危険が引渡しを受けたCに移転すると単純に考えることもできないではあるまい（我妻・上103頁）。

3-124　**❷ 第2説**　しかし、引渡主義、所有者主義いずれにおいても、未だBがもし先に移転登記を受けてしまえば引渡しは無意味になってしまう状態なので、原則を二重譲渡の場合には制限して、この場合には引渡しだけでは危険が移転しないというべきである。

3-125　**【他人物売買の場合】**　534条についての原則が制限されるのは、二重譲渡の場合のみではなく、他人物売買の場合も考えられる（古くは、石坂2100頁のように、534条を適用する学説もあった）。

3-126　**(1) 不動産の場合**　例えば、BがAの建物を勝手に自己名義に移転登記をして、Cに売却して移転登記をし、また引渡しをした場合、先ず、所有権主義では所有権移転がないため、移転登記・引渡しがあっても危険はCに移転することはなく、引渡主義でも未だ履行が終わったとはいえないので同様である。

3-127　**(2) 動産の場合**　例えば、AがCから預かっている骨董品の壺をBに売却してしまった場合、引渡前には当然滅失してもBは代金を支払う必要はないが、Bに引渡しがあった場合はどうであろうか。Bが善意無過失である限り、Bは引渡しにより即時取得の要件を充たすことになるので、Cは返還を求めえなくなる（盗品の場合はできるが、代金は保障されるので同様に考えるべきか）ため、通常の売買と同様に考えてよいであろうか（盗品の場合、所有者主義では微妙であろう）。

3-128　**【引き渡された物に瑕疵があった場合】**　引渡しがあれば、所有権主義、引渡主義のいずれも危険の移転を認めるわけであるが、もし引き渡されたがその物に瑕疵があり、引渡後にその物が不可抗力で滅失したらどうなるであろうか。

3-129　**(1) 特定物の場合**
❶ **瑕疵が滅失の原因である場合**　この場合には、これは売主の責任のカバーすべき領域の問題となり、買主は548条1項による解除権の消滅を受けず、瑕疵担保責任により契約を解除して代金の返還（支払っていなければ代金債務の消滅）を求めることができる。これは危険負担の問題ではなく、解除の問題であり、瑕疵担保責任が1年の除斥期間を経過してしまっていれば、解除はできず解除による代金債務の消滅は主張できなくなる。では、その場合に、危険負担により代金債務を消滅させることができるのであろうか。危険負担の問題としては所有権主義、引渡主義いずれにせよ、引渡しを受けている以上、代金の支払を免れることは難しいのではないかと思われる。

3-130　❷ **滅失が買主（債権者）の責めに帰すべき事由による場合**　この場合には、548条1項により買主は解除ができず、1年の除斥期間内である限り、代金減額（ないし差額分の損害賠償請求）ができるのみであり、危険負担としても引渡しを別にしても536条2項の適用が考えられる。

3-131　❸ **滅失が不可抗力による場合**　問題は瑕疵ある物の引渡後、瑕疵によるのではなく不可抗力によりその物が滅失した場合である。この場合もやはり548条2項は適用にならないため、買主は解除ができるので、代金支払義務は消滅することになる。従って、瑕疵担保責任が1年の除斥期間を経過して追及できない場合にのみ、危険負担を問題にする実益があることになる。しかし、❶で危険負担がもはや引渡後は問題とならないと考えた以上、この場合も危険負担を問題にすることはできない（もし危険負担を適用して代金債務が消滅するのならば、瑕疵担保責任による解除は不要）というべきである。

3-132　**(2) 不特定物の場合**　不特定物の場合には、瑕疵ある物を引き渡したことの履

行としての評価にかかることになる。全く別の物を引き渡したのでは、所有権主義では所有権の移転がなく、引渡主義でも履行とはいえないため、その受け取った物が不可抗力で滅失しようと関係なく、買主は改めて瑕疵のない物の引渡しを請求できる（従って、危険負担という問題がそもそも生じない）。これに対して、単なる瑕疵の場合には、微妙である。①瑕疵が重大で履行としての価値を認められないような場合には、異種物の場合と同様に扱ってもよいであろう。②これに対して、瑕疵が軽微で簡単な修補ですむような場合には、履行としての価値を認め後は修補義務の問題で解決することになろうから、引渡しにより危険が買主に移転するといってよいであろうか。

　恐らく、判例の法理によれば、①買主が瑕疵を知らない場合には、履行としての価値は認められず、買主は瑕疵なき物の引渡しを請求でき、異種物と同様の処理になり、②買主が瑕疵を認容して受領した場合には、その物が履行としての価値を認められることになり、引渡しありということで買主の危険ということになるのであろう。

3-133　**【物の毀損で修補が可能な場合】**　例えば、Aが中古の機械をBに売却したが、Aが引き渡す前に不可抗力でこの機械を一部毀損してしまったが、その修補が可能な場合、AB間の法律関係はどうなるであろうか。この不可抗力による損失をABのいずれに負担させるかという問題であるが、危険負担以外によっても問題が解決可能であり、以下のような考えが可能である。

3-134　**(1) 買主に負担させる解決**　不可抗力による毀損の危険をB負担とし、Bは代金全額を支払い、毀損した物しか受けられないとするのが、483条及び534条の帰結である。即ち、①Aは毀損したその物を引き渡す義務しか負わず（483条）、そして、②534条1項により代金は全額取得しうることになる。滅失の場合の543条と同様に、483条は毀損の場合についての危険負担の債権者主義を貫徹するためのものである。

3-135　**(2) 売主に負担させる解決**　不可抗力による毀損の危険を売主A負担とする場合にも、次の2つの構成が可能となる。

　❶ **534条1項を制限する方法**　本文で述べたように、534条1項を制限し債務者主義により処理をして、Bの代金債務を毀損に応じて減額するということが先ず考えられる。いずれにせよ、483条の特定物のドグマを承認し、それゆえに危険負担の問題となることを認めることになる。

3-136　　❷ **483条を修正する方法**　次に、売主に損失を負担させてよいのであれば、修理代金分を代金から減額するのではなく、483条を修正して、不可抗力による毀損であっても売主には完全な物を引き渡す義務はなくならないとして、Aに修補を義務づけることも可能である（前田達明『口述債権総論（第三版）』38頁）。これによれば、そもそも（部分的）履行不能がないので、危険負担自体が問題とならない（私見もこれによる⇒債権総論 **1-15**）。

例えば、機械を1000万円で売った後、不可抗力で毀損し毀損の修補に100万円が必要だとしよう。❶説だとこの100万円を差し引いて代金を900万円にしてBが自分で100万円かけて修補することになるが、❷説では、Bは1000万円の代金はそのままで、Aは修補をして完全な状態でBに引き渡さねばならなくなる。修理がされない場合には、Bが自ら（業者に依頼して）修理をし、それにかかった費用を損害賠償として請求することができよう。

4 債務者主義による危険負担

3-137　以上の534条及び536条2項の債権者主義が適用にならない限り、危険負担については債務者主義により処理され、双務契約の牽連関係が維持され他方の代金債務も消滅する（536条1項）。例えば、Aが自分の車の塗装をBに頼んだが、Bのところに車を持っていく途中に事故に巻き込まれ、その車が焼失してしまった場合、Aは契約をした以上契約に拘束されるわけであるが、反対給付が得られない以上、自分も代金を支払う必要はない[34]。

5 停止条件付契約

3-138　534条の債権者主義が適用される契約であっても、民法はこの契約に停止条件が付いている場合について、特別規定を置いた。例えば、Aが自分の所有する自動車をBに対して、もし1年以内にAが海外に転勤になったら200万円で売る契約をしたとする。①Aの海外転勤が決まり条件が成就した後の滅失・毀損については、原則通りに処理される（但し、原則自体が今や解釈で制限されている）。②これに対し、ここで問題とするのは、条件成就前に車が不可抗力で滅失・毀損し、その後に条件が成就した場合である。民法はこの場合につき、滅失と毀損に分けて規定をした。

3-139　**(a) 滅失の場合**　条件成就前に車が滅失し、その後に条件が成就した場合については、「前条の規定は、停止条件付双務契約の目的物が条件の成否が未定である間に滅失した場合には、適用しない」（535条1項）。その理由は、条件付法律行為ではその効力は条件成就の時に生ずるので、その「行為の要素」は条件成就の時に存在することが必要であり、条件成就前に目的物が滅失した場合には、「捨てに目的物なきが故に法律行為の要素を欠くものと謂うべく、従て其行為

---

[34] 但し、塗装終了後、引渡前に、塗装した目的物が滅失した場合には、微妙である。少なくとも、持参債務の場合には、報酬代金を請求できないというべきか。

は無効に帰せざることを得ず」ということにある (梅420頁)。目的物が滅失後に条件が成就しても売買契約は「無効」となり、但し、売主の帰責事由による滅失では、128条による損害賠償の余地が残されるだけである (買主の帰責事由による場合には、売主は所有権侵害による損害賠償が認められる)。

3-140　**(b) 毀損の場合**　これに対して、毀損の場合については、「<u>停止条件付双務契約の目的物が債務者の責めに帰することができない事由によって損傷したときは、その損傷は、債権者の負担に帰する</u>」ものとした (535条2項)。即ち、Aは毀損した車を引き渡して (修理して引き渡す義務はなく [483条]、要するに修理費用はAではなくB負担ということになる) 代金全額を受けることができる。

　しかし、滅失と毀損を分ける合理的な理由に乏しいし (但し、停止条件成就前の不能を原始的不能とするならば [石坂2117頁]、契約が一応成立する毀損の場合と差を設けることは説明がつく)、また、条件成就後の場合には、534条を解釈により制限していることとのバランスからいって、この場合も制限することが必要である。ところが、534条の制限による説 (⇒ 3-101～4) では、534条のように引渡しや登記といったことがここでは制限として機能しないため、行き詰まることになる。これに対し、私見のように黙示の意思表示を活用する説では、この場合も同様に黙示の意思表示により債権者主義が排除されていることにより理由づけることができる。その結果、Bは毀損による価値の減少分に応じて代金の減額を求めることができる。

3-141　【解除条件付契約の場合】　解除条件付契約 (解除条件が売主のため買主のためいずれのためについているかは問わない) について民法は何も規定していないが、どう考えたらよいであろうか。例えば、Aがその作成の壺をBに10万円で売るが、もし契約から1年以内にAが○○賞を受賞したときには、契約はなかったことにする合意をしていたとする。

3-142　　**(1) 引渡前の滅失・毀損**　Aが壺を引き渡す前に滅失・毀損してしまった場合、解除条件成就までは普通の契約と異ならず、従って、この段階では534条が適用されるが、既述のように引き渡しまで危険が移転しないと考えられているので、Bは代金債務を免れる。その後解除条件が成就しても何も変わりはない。但し、建物で、引渡前に代金支払または移転登記により危険が買主に移転するという考えによると、買主は代金を支払わねばならなくなる。この説の場合、その後に解除条件が成就すると、契約は消滅しBの代金債務もなかったことになるため、Bは支払った代金の返還を求めることができることになる。他方、Aは物が戻ってこないが、契約がなかった白紙の状態に戻すものでありAの物であったことにするものである以上、Aが危険を負担することになってもやむをえないことになる。

3-143　　**(2) 引渡後の滅失・毀損**　これに対し、AがBに壺を引き渡した後に、Bの下

で不可抗力により壺が滅失し、その後に解除条件が成就した場合はどう考えるべきであろうか。ここでは(1)と異なり、Bが壺を受け取っているため返還義務という問題が出てくるため、その履行がB（債務者）の責に帰すべからざる事情によりできないという、危険負担に類似した状況になる。

3-144　❶ **535条類推適用説**　解除条件つき売買で、引渡しがなされたが解除条件の成就未定の状態は、買主Bとしては条件が成就したらその壺をAに引き渡さねばならない（返還しなければならない）という状態であり、これは、停止条件付き売買で停止条件成就未定の場合の売主の引渡義務に類似していることになる。そこで、535条を類推適用すべきであるという考えもある（三宅・総論104頁）。これによれば、滅失では、買主Bは代金の返還を請求できないが、毀損の場合には毀損した物を引き渡して代金全額の返還を求めることができることになる。

3-145　❷ **契約解消効果否定説**　これに対して、通説は、ここでは双務契約の履行のために債権が対立するという状況はなく、危険負担の問題の妥当範囲ではなく、単に解除条件付き行為の一般原則に関する原則により解決すればよいと考えている（末川・上95〜6頁、我妻・上108〜9頁）。即ち、①滅失の場合には、目的物が返還できない以上条件成就の効果即ち契約解消の効果は発生せず、Aは代金をそのまま保持できることになる（結局は危険負担的考慮をしているものであり、ただそれを条件成就の効力が生じないときに条件付き取引固有の問題かのように説明しているだけである）。②毀損の場合には、契約解消の効果は生じるが、完全な契約解消の効果は生ぜず、毀損の程度に応じてAは返還すべき代金は減じられることになる。

　この説も結局は、原状回復関係における対価的な返還義務における危険負担類似の問題の考慮をしているものであり、条件成就の効力は発生するが危険負担の趣旨を持ってきて、目的物の返還が不能ならば代金債務の返還義務も生じないというほうが直截である。そうすると、双務契約の履行の問題ではないので、534条の適用はなく、536条1項の原則通り（その類推適用により）債務者主義によって処理されると考えるべきである。

3-146　**(3) 解除条件成就後の滅失・毀損**　Aが壺をBに引き渡した後、解除条件が成就しBが壺の返還義務を負った後、返還までに壺が不可抗力で滅失した場合、Bは代金の返還を求めることができるであろうか（また、代金を支払っていなかったらどうなるであろうか）。ここでは、対価関係にあった給付の回復関係が成立した後の返還不能であるため、一方の履行不能という問題であり、危険負担の問題に近似する関係になる。

3-147　**(a) 第1説**　先ず、双務契約の履行の場合と同様に考え、ここでは534条を類推適用せず、牽連関係を維持し（535条1項の類推適用か）、Bは代金の返還を請求できない（毀損の場合には価値の減少分減額請求ができる）ことになる。しかし、この両債務の牽連関係の処理の問題だとすると、もし解除条件成就時に未だ買主が代金を支

払っていなかった場合、返還義務の対立はないので同様の処理はできないことになる[35]。

3-148　**(b) 第2説**　次に、ここでは契約の履行という契約の効力が問題となる場面ではなく、原状回復という場面であることから別の処理も可能である。

❶ **不当利得を否定する説**　Aは壺の返還をうけることができながら、代金を保持しているのは、Bに対して不当利得であり、従って代金を返還しなければならないが、Bが壺を返還できずまたその賠償も義務づけられないとすると、Aの代金の取得は不当利得とはならないとして、Bの代金返還請求を退けることもできる。契約の効力が否定される場合、相互に相手から返還を受けるのに自分は給付を保持するのは不当利得となるという説明をするものである。これによっても、Bが代金を支払っていない場合には、Aは壺は戻ってこないが、何も手元に残らないという不合理は回避できない（それとも物を返さないで済み、かつ、代金を支払わないで済んだことをもって、不当利得とでもすれば別であるが）。

3-149　❷ **原状回復義務を存続させる説**　BはAを契約前の状態に回復する義務を負うのであり、もし現実にそれが実現できない限り、金銭で実現する義務を負い、これは債務不履行責任ではなく原状回復義務ということから導かれるという考えも可能である。これによると、Aは代金を返還する義務を負い、他方、Bも返還不能の原因が不可抗力であっても、物の価値を金銭で返還する義務を負うことになる。Bが代金未払いの場合も、Bは価値による原状回復義務を負うことになり、不合理を回避できる。

3-150　**(c) 第3説**　契約解消の効果を否定するという方法も考えられる。即ち、原状を回復できなくなった以上、遡及的に契約解消の効果はなかったことになり、Aは代金の返還義務を負うことはなく、また、契約は有効なままであるので、Bが代金未払いであればその支払を求めることができることになる（また、既に代金を返還していれば返還を求めることができる）。

3-151　**(4) 分析及び本書の立場**　以上のいずれの説によっても、Bが代金を支払っていれば、Aは損失（危険）を負担しないという結論は共通している。問題は、Bが代金未払いであった場合である。この場合も、Aの損失（危険）の負担を避けることができるのは、(2)❷説と(3)説であるが、(2)❷説は売主のその物を引き渡す義務のように買主の義務はその物を引き渡す義務ではなく原状回復義務であるというのであるが、何ら過失もないのに自分の財産から金を支払えというのには疑問が残される。❸説も、既に契約解消の効果が生じているので、どう遡及的解消の否定を根拠づけるのかという問題が残される。やはり、危険負担的処理をして、534条ではなく536

---

[35] 従って、Aは代金を受けていれば返還しなくてよいのに、代金の支払を受けていないと、契約は解消しBに代金の請求はできないが目的物も戻ってこないという、代金の支払の有無により売主の保護が変わってくるという不合理がある。

条１項を類推適用し、Ａの代金返還義務を消滅させるのがよい（この点では(1)説）。Ｂが代金を未払の場合には、これとのバランスから、即ち対価的給付の原状回復についても牽連関係を確保する要請に基づき、(2)❷説のようにＢが代金を支払い、自己の財産を弁償させていない以上、価値による返還義務を認めて自己の財産から金を支払うことを義務づけることができると考えたい（従って、原状関係における損失負担の公平に基づいた折衷説とでもいうべきか）。

Ⅳ 第三者のためにする契約——契約の効力の人的拡大

1 契約の第三者に対する効力

3-152　契約はその契約をした者、即ち履行を約束した者のみを拘束するものであり、第三者が自分の関与していない契約に拘束されるといったことはありえない。但し、①これは契約の本体的な効力たる契約関係という意味においてであり、②契約による物権変動があったこと（ＡがＢの土地を買ったこと）は、第三者にも効力を主張することができ（但し、対抗要件を必要として制限は可能→177条、178条）、また、③契約により生じた債権を第三者が侵害してはならないという拘束を受けることは、契約により作られた権利関係が第三者にも効力を生じることを意味するが、①の次元の問題とは異なることに注意すべきである。

3-153　【契約の効力の相対効と第三者による援用及び対抗】　契約の効力の相対効ということをめぐっては、もっぱら免責条項を中心に、第三者との関係で２つの問題が提起されている。但し、これは法規定も問題になり（責任を制限するなどの規定）、契約規範一般の人的妥当範囲の問題である。

3-154　　(1) **第三者による援用**　例えば、ＡがＢに運送を依頼した物を、Ｂが運送中にＣの倉庫に寄託したが、Ｃの下でその物が滅失、毀損したり盗難にあった場合、ＡＢ間の契約で賠償限度額が定まっているとして、Ａがそれを避けてＣに損害賠償を請求していった場合、ＣはＡＢ間の賠償限度額の約定を「援用」できるであろうか。法規定でいえば、高価品の明告がない場合に、運送人の免責はあるが（商法578条）、寄託についてはそのような特則はないので、ＣがＡＢ間のＢの免責を援用できるかという問題になる。

3-155　　(2) **第三者への対抗**　ＢがＣに寄託した物が、Ｂの物ではなくＡの物であった場合には、ＣはＢではなくＡから所有権侵害による賠償請求を受けることになるが、この場合に、ＢＣ間の責任を免責したり制限する合意（また法規定）を、ＣがＡによるこの損害賠償請求に「対抗」できるか、という問題がある。これらの問題につい

2 第三者のためにする契約の意義

3-156 「契約により当事者の一方が第三者に対してある給付をすることを約したときは、その第三者は、債務者に対して直接にその給付を請求する権利を有する」(537条1項)。このような契約を、契約を、第三者のためにする契約という（第三者のためにする契約について詳しくは、春田一夫『第三者のためにする契約の法理』参照）。

このような契約をするのはそれなりの原因があるはずである。**図3-156**でいうと、CのAに対する債権の決済のためであり、このAとCとの間の関係を原因関係ないし対価関係という（但し、CがBに対する商品の引渡請求権を取得するというように、BのCへの贈与が原因であってもよい）。そして、契約当事者のうちこのような形の契約を必要とするAを要約者、その相手方としてこれに応じたBを諾約者という。なお、BがCに給付するのは、Aから代金を受けるからであり、BのCへの給付に対してAB間を補償関係という。また、利益を享受する第三者Cを受益者という。

第三者のためにする契約は、売買等の契約の付款（特約）にすぎず、それ自体が売買などとならぶ契約の1つの類型ではない。

第三者のためにする契約と同じ経済的目的は別の方法で達成することができ（例えば、Bに債権を譲渡したり取立の権限を与えたり）、第三者のためにする契約か否かは判断が微妙な場合が少なくない。第三者のためにする契約の最も典型的なものは、生命保険契約で受取人を第三者に指定する場合や、第三者Cを受益者とする信託である。

第三者のためにする契約の経済的意義は、①先ず、要約者Aが諾約者Bから給付を受けて、これを第三者Cに給付する手数を省略することにある。②それ以外にも、そもそもAからCへの給付が考えられない場合（生命保険で権利発生時は要約者Aは死亡している）や、AからCへの給付が困難な場合（Aが自分でCへの運送が困難な場合、Bに運送を依頼する）にも、このような契約の意味があることになる。

補償関係（AB間の契約）の瑕疵は契約の内容をなし、契約に影響を及ぼすこと当然であるが、対価関係の瑕疵は契約の内容を構成せず（要約者の動機の錯誤の問題になる）AB間の契約の効力に影響を及ぼさないのを原則とする。

3-157 **【未成年者の在学契約】** 未成年者の幼稚園、私立小学校、塾、予備校などの在学

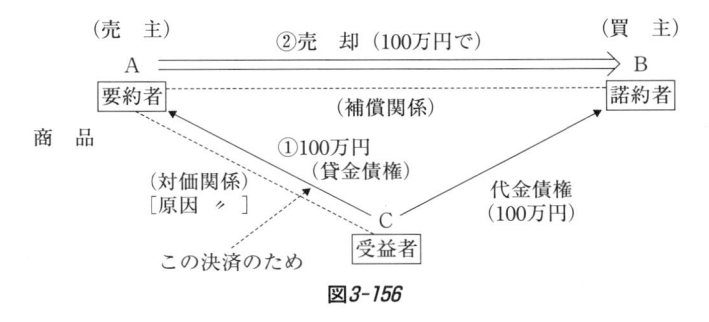

```
                                              第3章 契約の効力  133

       （売 主）       ②売 却（100万円で）      （買 主）
          A ──────────────────────────→ B
        ┌─────┐      （補償関係）           ┌─────┐
        │要約者│╶╶╶╶╶╶╶╶╶╶╶╶╶╶╶╶╶╶╶╶╶╶╶╶╶│諾約者│
        └─────┘                           └─────┘
    商 品  ↖       ①100万円                ╱
           ╲      （貸金債権）           ╱ 代金債権
   （対価関係）╲                       ╱ （100万円）
   ［原因  〃］  ╲                   ╱
                  C ┌─────┐
                    │受益者│
           この決済のため└─────┘
                    図3-156
```

契約については、親が金を出すとしても、契約当事者は誰とされるのであろうか。

（1）幼稚園の入園契約　幼稚園の入園契約では、保護者が契約当事者であり、幼児は赤ん坊の保育契約や、ペットの寄託のように、保育の対象であり、第三者のためにする契約として契約上の権利を取得するものではない。浦和地判平7・12・12判時1575号101頁、判タ914号185頁は、幼稚園の債務不履行による契約解除を親がした事例で、親に授業料などの返還を認めるとともに、親に慰謝料10万円を認めている。幼児は原告になっていない。

3-158　**（2）中学生の塾**　中学生の塾になると微妙であり、契約当事者として親が契約をしている事例も考えられる。静岡地判平8・6・11判時1597号108頁、判タ929号221頁は、親を契約当事者として、債務不履行を理由に支払った金銭の損害賠償を認め（まったく利益を受けていないとして、損益相殺──解除の場合には原状回復される利益に匹敵する利益──はされていない）、中学生の子については、不法行為を理由とする慰謝料請求（20万円）が認められている。第三者のためにする契約という構成によるならば、子への教育を求める契約上の債権が認められるのみならず、子にも同様の債権が認められるので、子にも債務不履行による慰謝料請求が認められるはずである（債務不履行でも特別事情があれば慰謝料請求が認められる）。弁護士費用については、1割が子への不法行為と相当因果関係にある損害として認容されている。

3-159　**（3）大学受験予備校**　高校卒業後の大学受験予備校となると、さすがに子自身が契約当事者であり、親は金を出すだけの存在になる。福井地判平3・3・27判時1397号107頁は、不法行為を問題として、親にも子にも不法行為による損害賠償請求を予備校に対して認めた。大阪地判平5・2・4判時1481号149頁は、債務不履行・詐欺を理由に親にも子にも損害賠償請求を認める（慰謝料は子だけ）。しかし、親は契約当事者ではないので、授業料分については、詐欺取消しや契約解除により、親が第三者弁済をしたので原状回復請求権を持つとするか、または、取消しや解除をしない場合には、親がその金額を子に贈与しており、子が損害を受けたとして子に損害賠償請求権を認めるしかないであろう。いずれにせよ、18歳を過ぎた受験生について、別個に親に慰謝料請求を認めるのは適切ではない。

3　第三者のためにする契約の要件

3-160　第三者のためにする契約といえるためには、「契約により当事者の一方が第三者に対してある給付をすることを約した」ことが必要である。図3-156でいうと、BがAから購入する物をCに贈与するつもりで、Aに対してCへの配達を依頼した場合、①第三者のためにする契約とも、また、②BがAから買ってこれをCへ贈与しただけであり、A→B→Cという引渡しを省略したにすぎないともいえる（いずれかにより、Aへの責任追及の主体が変わってくる）。

　第三者のためにする契約であるためには、第三者に契約上の権利[36]を直接に付与することが、契約により約束されていなければならない[37]。上の例でいえば、CにAに対する直接の権利を与えることが約されていることが必要である。即ち、引渡前ならば、CがAに対して引渡しを請求する権利を与え、履行遅滞によるAの責任をCが追及できること、瑕疵がある物が引き渡されたならば、瑕疵なき者の引渡しや修補をCが請求できること、このような効果を契約当事者が欲しておりそれを表示していることが必要になる（②の場合だと、AはBCの契約については履行補助者となるにすぎない）。

3-160-1　【第三者のためにする債務免除】　第三者のためにする契約は「ある給付をすることを約」するものであり、債権者と債務者以外の者との契約により債務者の債務を免除してもらう契約は、第三者のためにする契約ではない。しかし、「民法第537条は其明文上当事者の一方に於て第三者に給付を約したる場合のみに付き規定せるか如しと雖、法律が第三者の利益の為めにする契約の第三者に対する効力を特に此場合にのみ限定したるものと解すべき理由なきが故に、当事者間の契約に於て其一方が第三者に対して有する債権を免除することを約したる場合と雖、亦其契約は有効にして、此場合に於ては第三者の受益の意思表示ありたるときより免除の効力を生ずるものと解すべきものとす。蓋し法律が第三者の利益の為めにする契約に効力を認

---

[36] 事実上第三者に利益を与えるというだけでは足りない。例えば、その地域を開発した売主と買主との間で、高層建築をしないという協定を締結しても、それは他の住民のための第三者のためにする契約とはならないと解されている（基コメ I 50頁[小川]）。

[37] なお、第三者は存在しなければならないが（例えば、犬のためにする契約ではだめ）、現在第三者が存在していなくても将来存在しうるのならば、また、現在第三者が確定していなくても将来確定しうるのなら、そのような者を第三者とする第三者のためにする契約も有効である（大判大 7・11・5 民録24輯2131頁[将来のその土地の再興者に給付するという場合]、最判昭37・6・26民集16巻 7 号1397頁[将来宗教法人Aが再興したらこれに献納するという場合]）。

めたる所以のものは、社会各般の取引上之を必要とするに出でたるものと為すべきが故に、第三者の利益の為めにする契約の内容が其給付たると免除たるとに於て毫も解釈を異にすべき理由なければなり」と、判例は第三者のためにする免除の合意の効力を認めている（大判大5・6・26民録22輯1268頁）。最判平10・9・10民集52巻6号1494頁の絶対的免除とは、このような第三者のためにする免除を含むものと理解すべきである。

学説も有効説以外に異論を聞かないが、問題は第三者である債務者の受益の意思表示が必要かという点にある。第三者のためにする契約の規定を類推適用すればこれが必要になり、上記判決も受益の意思表示を必要としている。しかし、そもそも利益といえども強制できないという原則に対して、例外として債務免除は一方的意思表示でできるので、受益の意思表示は不要というべきである（反対説として、春田・**3-156**文献354頁）。こう考えれば、連帯ないし不真正連帯債務における絶対的免除を、第三者のために（も）する債務免除として構成できることになる。

3-161 【**電信送金契約（振込取引）**】　第三者のためにする契約か否かが争われている事例として、電信送金契約がある。**図3-161**のように、甲地のAが乙地のBに送金をしたいが、Aが乙地で送金しようとしているC銀行には支店がないとする（支店があれば、その支店への電信送金をなしABCの三者だけとなる）。CがAの依頼により、乙地のD銀行に支払を委託するが、このAC間の契約がBを受益者とする第三者のためにする契約といえるかが争われている（DはCの電信送金の履行補助者となる）。もし第三者のためにする契約だとすると、BのDに対する債権が成立し、①BのD銀行に対する（またはその逆）相殺が有効となり、また、②BがD銀行に受益の意思表示をした後は、もはやAは撤回してCの権利を失わせることはできないことになる（実際には、送金支払前ならば、送金人からの送金の撤回に応じることになっている）。

C銀行が乙支店でBに支払うことを約するのではなく、AD間には契約がないために問題になる。判例は次のように、D銀行が登場しない事例でさえ第三者のためにする契約であることを否定している[38]。

---

[38] その後、第三者のためにする契約を肯定する下級審判例も出されたが（東京地判昭28・9・7下民集4巻9号1253頁［「専ら送金受取人に対して迅速確定的に送金を受領させること」が依頼者の目的だから］、東京高判昭29・9・17高民集7巻9号678頁［「より取引の実情に適し、且つ、送金制度の目的にも合致する」］）、再び最判昭43・12・5民集22巻13号2876頁で第三者のためにする契約性が否定された。上記判例後、銀行実務が第三者のためにする契約ではないことを前提に処理をしていることが、その大きな根拠とされている（島谷六郎・判批・金法556・37が賛成）。これに対し、民法学者としては判例に反対するものが多い（石田67頁、星野65頁、注民(13)335頁［中馬］、椿寿夫『財産法判例研究』270頁以下、石田・**1-106**文献86頁以下、川井62頁）。AはCに対して支払請求権を譲渡しているという学説もある（近江69頁）。この問題について詳しくは、春田・**3-156**文献379頁以下参照。

振込取引についての現在の学説また実務は委任契約説になっており、①振込依頼人Aと

136　第1編　契約総論

```
                 A                              B
    第三者のため → Bを受取人とする        貸金債権    2,000万円
    にする契約？    電信送金を依頼          3,000万円   債権あり？
                  （200万円）
                 ↓                              ↑
                 C銀行 ──────────────── D銀行
                              支払委託    ［またはC銀行乙支店］
                 （甲　地）                    （乙　地）
```

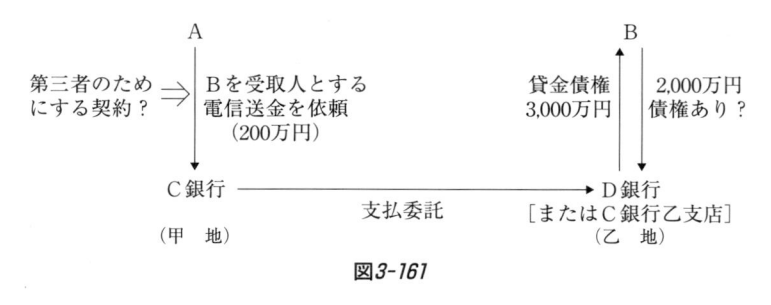

図3-161

3-162　　● **大判大11・9・29民集1巻11号557頁**　　AによりY銀行にその支店にBへの送金を依頼した場合につき、Y（Cの乙支店であるが）からBへの相殺がなされた後、Aの支払委託が取り消された事例で、Yに対する返還請求権がAからXに譲渡され、XがYに対して返還を求めた事例で、大審院は、第三者のためにする契約であることを否定し、Xの請求を次のように認めている。

「凡そ銀行業者が電報送金の委託を受け、其の金員を受取り自己の本店又は支店の手を経て第三者なる受取人に金員交付の手続を為すは、<u>委託者に代り委託者の金員を第三者に送付するものにして、委託者の為に委任事務を処理するものに外ならざれば</u>[39]、民法に所謂委任契約に胚胎するものと謂はざるを得ず。<u>故に其の契約の効力は銀行と委託者との間に止まり</u>、固より其の契約に於て銀行業者が第三者なる受取人に対し自己の出捐に係る金員の給付を為すことを約した場合に非ざるを以て、第三者なる受取人に於て利益享受の意

仕向銀行Bとの間の振込依頼契約（準委任契約）、②仕向銀行Bと被仕向銀行Cとの間の為替取引契約（準委任契約）は、<u>それぞれ独立した委任契約または準委任契約であり、受取人Dが振込金を預金債権として取得するのは</u>、③受取人Dと被仕向銀行Cとの間の預金契約（消費寄託契約と準委任契約の複合的契約）に基づいてであると考えている。最高裁判例はないが、判例もこの立場である（名古屋高判昭51・1・28金判503号32頁、鹿児島地判平1・11・27金法1255号32頁）。第三者のためにする契約説が放棄されたのは、①他行間振込において、受取人Dが仕向銀行Bではなく<u>被仕向銀行Cに対して預金債権を取得することの説明が難しい</u>、②受取人Dの受益の意思表示ではなく、<u>被仕向銀行Cが入金記帳をすることによって預金債権が発生する</u>ことを説明できない、などの理由による。

　現在の学説では、AB、BC、CDのそれぞれの契約関係に分解するために、CD間の預金の成立のためには、AD間に原因関係の存在は必要ではないとされる（最判平8・4・26民集50巻5号1267頁）。また、依頼者による取戻しも、①入金処理の前までの組戻しは、AB間の委任契約の解除であり、651条1項によりいつでも解除できる。ただし将来に向かって終了させるものである以上、<u>委任事務処理が終了してしまう以前になされなければならない</u>ことになる。②これに対して、入金処理後の組戻しは<u>合意解除</u>であり、受取人の預金契約がすでに成立してしまっているので、依頼者だけで解除ができず、また、仕向銀行、被仕向銀行との合意解除だけでできるものではなく、すでに取得した預金を失うことになる受取人の承諾が必要となる（最判平12・3・9金判1091号12頁）。

思を表示したるや否の問題を生ぜざるは論なく、従て其の銀行は第三者なる受取人に対し何等の義務を負ふことなく、又第三者なる受取人も亦銀行に対し何等の権利を取得すべきものに非ず。故に之を第三者の為にする契約と謂ふことを得ざるや明なり。……本件に於てYが訴外Aより……電報送金の委託を受けたる後未だ其の金円を受取人Bに交付せざるに先ち委託者Aより其の委任を解除したること明なるを以て、原判決が前陳と同一趣旨に基きYに対して委託金返還の義務あることを認めXの請求を認容したるは相当」である

3-162-1
● 最判昭43・12・5民集22巻13号2876頁　本文の例で言うと、BからD銀行に電信送金の払渡請求がされた事例で、最高裁は次のようにこれを否定するが、その理由を次のように説明している。

「けだし、特定の契約における第三者のためにする約旨の存在は第三者がその契約に基づき直接契約当事者に対して特定の権利を取得するための要件であるから、第三者が特定の契約に基づき直接その契約当事者に対して特定の権利を取得したことを主張する場合には、第三者においてその契約に第三者のためにする約旨の存在したことを立証する責任があると解すべきところ、本件電信送金契約につき原審の確定したところによれば、その契約条項中には、少なくとも明示的には、第三者たる送金受取人のためにする約旨の存在したことは認められないのみならず、却って、電信送金業務の担当者たる銀行業者の間においては、少なくとも大正11年9月29日に大審院〔判決〕……以来、一般に、その判旨に従い、仕向銀行と被仕向銀行との間の電信為替取引契約およびこれに基づく個々の電信送金支払委託契約についても、第三者たる送金受取人のためにする約旨は存在しないものとして電信送金業務を運営し、処理してきたことが認められるというのであるから、銀行業者間の右取引慣行に照らして考察すれば、とくに反対の事情の存在したことの立証がないかぎり……、本件電信送金契約においても、黙示的にせよ、第三者たる送金受取人Bのためにする約旨は存在しなかったものと解するのが相当だからである。」

3-162-2
【医療契約における遺族への説明義務】　医療契約において、医療機関が患者に対して、医療契約上（不法行為法上）説明義務を負うことになるが、患者が死亡した場合に、医療機関が遺族に対して死因説明義務を負うことをどう根拠づけるかは問題である。

不法行為上の義務として認めれば違反による不法行為は認められるが、債務不履行責任は認められないことになる。債務不履行責任を認めるために、種々の構成が提案されている。①3-162-3のように第三者のためにする契約という構成を採用した判決があるが、学説には、②信義則上の義務と構成する学説（宇津木伸「判批」年報医事法学14号149頁）、③患者の死亡により契約は終了せず、遺族に顛末報告を求める権利が相続されるという学説（伊澤純「医療過誤訴訟における医師の説明義務違反(3)」成城法学65号184頁）、④委任者の死亡により契約は終了するが、委任者の死亡により

39　物品運送と同様に考えるかのようである。売主が目的物の運送を運送業者に依頼した場合、買主は売主に対して目的物引渡請求権はあるが、第三者のためにする契約がない限り、運送業者に対して引渡請求権はないというのと同じであるが、この場合でさえ第三者のためにする契約を考えられないわけではない。

委任契約が死亡をした場合には、顛末報告義務（645条）は相続人に対してなされるべきことにより説明をする学説がある（松井和彦「判批」判評559号12頁）。本書としては、死亡以外の事例もあわせて説明できる、第三者のためにする契約説を採用しておこう（本人も説明を求めることができるので、第三者のためにする契約の要素も含まれているというのが正しい）。

3-162-3

> ● 東京高判平16・9・30判時1880号72頁　本判決は、上記の問題について、次のように第三者のためにする契約という構成を採用した。
> 「病院側が説明をすべき相手方は、通常は診療契約の一方当事者である患者本人であるが、患者が意識不明の状態にあったり死亡するなどして患者本人に説明をすることができないか、又は本人に説明するのが相当でない事情がある場合には、家族（患者本人が死亡した場合には遺族）になることを診療契約は予定していると解すべきであるので、その限りでは診療契約は家族等第三者のためにする契約も包含していると認めるべきである。患者と病院開設者との間の診療契約は、当該患者の死亡により終了するが、診療契約に付随する病院開設者及びその代行者である医療機関の遺族に対する説明義務は、これにより消滅するものではない。」

4　第三者のためにする契約の効果

3-163　売買なら売買契約の効力が生じるだけであり、特殊な効力が生じるのではなく、ただ契約から生じる権利が第三者に帰属するというだけである（諾約者はその反面として第三者に対して義務を負う）。

(1)　第三者の地位

3-164　**(a)　受益の意思表示前**　利益といえども強制できないという思想から、第三者のためにする契約により当然に第三者に権利が帰属するという構成はとっておらず、「第三者の権利は、その第三者が債務者に対して同項の契約の利益を享受する意思を表示した時に発生する」と、第三者の意思表示（これを受益の意思表示という）を必要とした（537条2項）。受益の意思表示は、成立した契約の効果を自己に帰属させるという意思表示である[40]。

第三者が受益の意思表示をする前には、第三者の権利は確定していないため、契約当事者は第三者が受益の意思表示をするまでは、第三者が取得すべき権利を消滅させたり変更することができる（538条の反対解釈）。要するに、第三者のためにする契約の第1段階の効果は、第三者に受益の意思表示をする権利（一種の形

---

[40] 古くは、受益の意思表示を、三者間契約の承諾、即ち要約者と諾約者が契約を申し込んでこれに承諾するものと考えるものもあった。

第3章　契約の効力　139

成権）が成立するということになる。

3-165 【受益の意思表示を不要とする特約は有効か】　これは要するに537条2項は強行規定かという問題に帰着する。
　❶ 否定説　利益といえども強制されるべきではないこと、権利の放棄に遡及効は認められないことから、特約を無効とする考えがある（我妻・上122頁、末川・上121～2頁、鈴木239頁、田山61～2頁。判例も大判大8・7・5民録22輯1336頁）。従って、特に法が例外を認めている場合（保険につき商648条、675条1項本文、信託につき信託法7条）を除き、このような特約は無効である。

3-166 　❷ 肯定説　これに対し、この特約を有効とし、第三者はいやならば権利を放棄できる（ドイツ民法328、333条は、当然に第三者に効力を生じ、第三者が拒絶すれば遡及的に消滅すると規定する）ことを根拠としてこのような特約も有効とする考えもある（鳩山180頁、末川・上122頁、石田穰69頁、注民（13）342頁［中馬］）。

3-167 【第三者が取得すべき契約上の権利はいつ発生するか】　双務契約においては対価関係にある両債権が契約と同時に発生するはずであるが、第三者のためにする契約では第三者の受益の意思表示がなければ第三者は権利を取得しないものとされている。では、第三者が取得すべき権利の発生についてはどう説明すべきであろうか。

3-168 　(1) 直接取得説
　(a) 受益の意思表示により取得するという説（成立要件説）　通常は、537条2項の条文通りに、受益の意思表示により第三者に権利が生じるものと考えられているといってよい（受益の意思表示は権利発生要件となる）。

3-169 　(b) 受益の意思表示により確定するという説　これに対して、契約自体により既に有効に第三者に潜在的に権利が生じており、受益の意思表示により現実かつ具体的な権利になるという説もある（船越隆司「第三者のためにする契約」『民法学5』47頁）。

3-170 　(c) 条件付債権説　更に、第三者に形成権があるのではなくて、受益の意思表示前に既に条件付債権として債権が第三者に帰属しているという学説もある（木村常信『民法異説の研究』234頁。それ故に、受益の意思表示には事実上の意思能力さえあればよいという）。

3-171 　(2) 効果帰属要件説　代理と第三者のためにする契約を実質的に同様のものとみて、受益の意思表示を、不完全ながら既に発生している権利の、第三者への効果帰属要件とみるものもある（於保不二雄『財産管理権序説』261頁）。無権代理の追認のように（116条）、権利取得の効果が契約時に遡及するということになろう。

3-172 　(3) 権利取得授権説　本来要約者が取得すべき権利を第三者に帰属させるという形で第三者の権利領域に干渉するのは、第三者の名で権利を取得する権利取得授権と構成でき、第三者の受益の意思表示はこれを追認する意思表示と構成するものもある（春田・*3-156*文献307頁以下）。

3-173 **【受益の意思表示をなしうる権利は一身専属権か】** 利益といえども強制されることなく、本人の意思を尊重すべきだということからは、利益を受けるか否かは本人の自由意思に委ねられるべきであり、一身専属権ということにもなりそうである。

3-174 ❶ **肯定説** 上の疑問通り、受益の意思表示をなす権利は、相続や債権者代位権の対象にならないということも考えられる（末川・上123頁）。

3-175 ❷ **否定説** これに対して、一身専属性を否定し、相続を認めても相続人が利益享受を受けるか否かの自由を有しその意思が尊重されること、また、資力が十分でない者に債権者を害してまで個人的意思を尊重する必要はないことから[41]、代位行使を認めるものがある（我妻・上122頁、柚木217頁、三宅・総論126頁。判例も大判昭16・9・30民集20巻1233頁は代位権につき肯定）。

3-176 **【受益の意思表示と消滅時効】** 受益の意思表示はいつまでになすべきであろうか。民法には、受益の意思表示はいつまでにすることを要するとも、当事者が催告して相当期間内に意思表示をしないと消滅するとかいったことを、全く規定していない。従って、形成権の時効という一般論が適用になり、詳しくは民法総則に譲る。

3-177 ❶ **第1説（二段構成説）** ①受益の意思表示をなす権利は形成権であり、債権ではなく、167条2項により20年の時効にかかるというのが、民法の規定だけを単純に眺めた場合の素朴な結論となる。しかし、そうすると、1年目に受益の意思表示をすると、それから10年間、従って契約から（受益の意思表示ができる時から）は11年債権を行使できることになるが、受益の意思表示をしないでいると、20年間は受益の意思表示ができることになり、バランスを失することになる。②そこで、このバランスをとるためには、形成権の行使もその行使により生じる債権と同じ時効期間に服するべきだということになる。従って、10年間のみ受益の意思表示ができるにすぎないという考えがでてくることになる。

3-178 ❷ **第2説（一段構成説）** しかし、これでバランスを失するという状態が解消されたわけではない。何故かというと、例えば9年後に受益の意思表示がされその時から第三者が債権を取得して、その債権につき別個に10年（従って最大限20年）の行使ができるというのは（二段構成説）、やはりバランスを失することに変わりがないからである。そこで、飽くまでも受益の意思表示は債権行使の前提にすぎず、その後の債権行使を含めて10年の時効に服せしめるべきであるという考えがでてくることになる（石田穣69頁、川井57頁）。

3-179 ❸ **第3説（債権消滅時効説）** 更に前説を進めて、形成権を行使して債権を行使しうるということは、結局は債権を行使しうるに等しいため、率直に債権に消滅時効を問題にすればよく、これを受益の意思表示をなしうる時から10年と構成するこ

---

[41] 受益の意思表示をする権利を放棄した場合に、これが詐害行為取消しの対象になるかは、相続放棄についての詐害行為となるかという議論と同様の問題を生ずる。責任財産を減少させるわけではないからである。

ともできる（三宅・上127〜8頁）。形成権の行使といっても、未だ債権自体が発生していない取消や解除の場合と異なって、債権自体は契約と同時に発生しているため、一般論はどうあれ、ここでは❸説でよいように思われる（受益者に帰属していないのにどうして時効を問題にしうるのかという問題はやはり残り、一般原則として形成権とそれにより生じる債権については、合わせて一本で時効を考え、これを債権に準じて167条1項の10年の時効に服させることもできるが、留保しておく）。なお、10年の時効まで不安定な立場におかされるのは不都合なので、556条2項の類推適用により、諾約者に受益者に対する催告権を認めてはどうであろうか。

3-180　**(b) 受益の意思表示後**

(ア) 権利の確定　受益の意思表示がなされた後は、契約当事者も第三者の取得した権利を消滅させたり変更することはできなくなる（538条）。それは当然のことであり、本条はそれまでなら、可能だという反対解釈の点に意義がある。

3-181　**(イ) 権利の行使――債務者（諾約者）の抗弁権**　第三者の取得する権利は、飽くまでも他人間の契約から生じた権利であり、第三者の権利行使に対して、債務者たる諾約者は、本来要約者が債権者となった場合よりも不利益を負わされるべきではなく（後述の点は別として）、諾約者は要約者に主張しえた事由（契約の取消、同時履行の抗弁権など）は全て受益者たる第三者に対して主張することができる（539条）。第三者からいうと、契約の運命に服している権利を取得するにすぎないということになる。

3-182　【**受益者は第三者保護規定にいう「第三者」に該当するか**】　例えば、先の図**3-156**でAがBを欺罔して契約を締結し、Cが受益の意思表示をなしたとする。その後にBが契約を取り消した場合、または、AB間の契約が虚偽表示で、Cがこれを知らずに受益の意思表示をした場合、Cはそれぞれ96条3項、94条2項の「第三者」として保護されるのであろうか（契約を信じてCがAに新たな融資でもしていたらどうなるであろうか）。

　　両条の「第三者」となるためには、契約から生じた権利につき新たな利害関係を取得することが必要であり、Cは契約から生じた権利を取得しただけであり、CはAB間の契約から生じた権利につきAB間の契約とは別個の新たな原因により利害関係を取得したものではない（CがBから債権のための担保を取得していたとしても、債権自体が認められないのだから変わりない）。結局、Cは契約の無効という運命に服する権利それ自体（即ち契約の履行請求権たる債権）を取得したにすぎず、「第三者」に該当せず無効の対抗を受けCに対する債権を取得しえないことになる。Cに何らかの損害がある場合には、欺罔者、虚偽表示者に対して損害賠償を請求するしかないことになる。

　　なお、Cが契約の当事者の一方（例えばA）を欺罔した場合には、飽くまで第三者

の詐欺ということになり、その相手方当事者がその事実を知っていた場合でないと、取消すことができない（96条2項）。

(2) 要約者の地位

3-183　**(a) 諾約者との関係**　要約者Ａは諾約者Ｂに対して自己への履行を請求することはできず、本来Ａができたこの請求はＣができることになる。しかし、ＡもＢのＣへの履行に利害関係を有するため、要約者も自己への履行は求められないが、Ｃへの履行を求める権利は認められるものと考えられている。受益の意思表示がなされる前にも、Ａがこの権利を有することは変わりなく、①受益の意思表示がないことをＢは抗弁しうるのではなく、②ＢはＣに提供をしなければＡに対する責任を免れないといわれている（大判大3・4・22民録20輯14号313頁）。

3-184　【要約者の権利が消滅時効にかかった後の受益の意思表示】　上のように要約者ＡもＢに対してＣへの履行請求権を有するが、もしこの権利が時効にかかってしまった場合、その後に第三者Ｃは受益の意思表示をすることができるであろうか。

3-185　❶ **否定説**　大判大6・2・14民録23輯152頁は、次のように判示し、もはや第三者は受益の意思表示をなしえなくなるものとした。

「按ずるに契約に依り当事者の一方が第三者に或給付を為すべきことを約したるときは、要約者は諾約者に対し第三者に給付を為すべきことを要求するの権利を有し、其権利は契約に始期を附せざる限り契約成立の時より之を行使し得べきを以て、<u>其権利の消滅時効は契約成立の時より進行すべく、第三者が契約の利益を享受する意思を表示せざるが為めに其進行を防げらるべきものに非ず</u>。而して第三者が要約者の権利の時効に因り消滅する迄に利益享受の意思を表示したるときは、第三者の諾約者に対する給付請求の権利は発生し、且独立して時効の進行を始むべきは勿論なるも、<u>要約者の権利が時効に因り消滅したる以後に於て為したる利益享受の意思表示は、第三者の権利を発生せしむるの効なきものとす</u>。何となれば要約者の権利にして消滅する以上は、諾約者は第三者に給付を為すの義務を免がるるが故に、第三者は其利益を享受するに由なく、此意味に於て要約者の権利の存在は第三者の権利発生の前提たればなり。」

3-186　❷ **肯定説**　これに対して、要約者の権利は飽くまでも第三者の権利を実現するための従たる存在にすぎず、前提条件ではないとして（逆に、第三者の権利が消滅すればＡの権利も消滅すべきものである）、判例に反対して、第三者は受益の意思表示を有効になしうるという学説がある（柚木220頁）。

3-187　【第三者が受益の意思表示を拒絶した場合】　ＡはＢに対して第三者Ｃに履行するよう求める権利があるとしても、もし第三者が受益の意思表示を拒絶したらどうなるであろうか。この場合、第三者が拒絶の意思表示をしただけでは直ちに履行不能とはならず、事実上も受領しないことが確定して初めて履行不能となる。この履行

不能により直ちに契約の効力が失われるとは即断できず、契約の趣旨によっては、要約者が別に指定する第三者への変更権が認められたり、または、第三者が拒絶した場合には自分に履行するよう求めることができる権利が要約者にはあるなど、契約の解釈によりなるべく契約を維持するようにすべきであるといわれている。

3-188 【要約者は自己固有の損害賠償を請求しうるか】　要約者AにもBに対して第三者Cへの履行請求権を認めるとして、もしBがCへの履行を遅滞した場合、Cが損害の賠償を請求しうるのは当然として、更にA自身にも固有の損害がある場合、AもBの債務不履行を理由にその固有の損害賠償を請求できるであろうか。

3-189 　❶ 否定説　古くは、AはCの損害を賠償するよう請求しうるだけであると考えられていた（鳩山・上190頁、末川・上128頁）。

3-190 　❷ 肯定説　現在の通説は、Aに履行請求権が認められるのは、Aにも履行につき利害関係があるからであり、履行請求権を認める以上、損害賠償についても、債権を認めることにより当然保障されていると考えられるべきであり、また、Bはそのようなリスクのある契約を了承したのだからやむをえないと考えている（我妻・上126頁、田山68頁、星野63頁、三宅・総論132頁、水本80頁。但し、損害内容を定型化している金銭債務については、受益者にのみ遅延利息を支払うことになろうか）。

　なお、親が子の手術を医者に頼んだ事例において、これを第三者のためにする契約と評価し、医療過程により子が死亡したことにつき、親に債務不履行責任に基づき固有の慰謝料請求を認めたものがある（旭川地判昭45・12・25判時623号52頁）。同様のことは、幼児の保育契約における事故などでもいえるであろう。

3-191 【要約者は契約を解除しうるか】　要約者Aは自己固有の損害賠償を請求しうるのみならず、更に契約の解除までなしうるであろうか。第三者は契約が解除されると権利を失うため（但し、545条1項ただし書の「第三者」に該当しない）、第三者の同意が必要なのではないかという疑問がある。

3-192 　❶ 同意必要説　538条を根拠に、第三者の同意がない限り、Aは契約を解除できないということも可能である（鳩山・上190頁、末川・上128頁以下。これに反して、要約者Aが債務不履行にある場合に、諾約者Bが解除することは当然可能である）。

3-193 　❷ 同意不要説　これに対して、538条は契約当事者の合意で任意に権利を消滅させられないというだけであり、それ以外については、第三者の権利は契約の運命に従うものであり、取消しのみならず解除についても第三者の同意なくしてなしうるというのが近時の通説である（我妻・上127頁、柚木222頁、星野63頁、田山68〜9頁、注民(13)348頁［中馬］）。その理由は、ⓐ要約者には自己の債務を免れるといった解除の必要性があること、ⓑ第三者の権利は契約から生じたものであり契約と共に消滅すべき運命にあること、ⓒ当事者としても解除して消滅させることのできないような強力な権利を第三者に与えるつもりはないことなどである。私見もこれに従う[42]。

3-194 （b）第三者（受益者）との関係　AとCとの対価関係は契約内容とはならな

いため、Aがそのために第三者のためにする契約をした対価関係が無効であっても、第三者のためにする契約の効力には影響はない。従って、第三者Cは有効にBに対して権利を取得し、Bが給付を受けると、Bとの関係では債権（法律上の原因）があるため不当利得とはならないが、Aとの関係においてはそれは不当利得となり、AはCに返還請求しうることになる。これは迂遠であり、①BにCに対する抗弁権を認めること、更には、②538条の例外として、ABの合意でAまたはAの定める別の者に給付するよう変更する（更には契約の合意解除も）よう認めることが望ましいが、解釈論としては難しいであろう。

(3) 諾約者の地位

3-195　これは、第三者及び要約者について述べたところの裏返しであり、以上の説明によって説明しつくされていると思われる。給付は第三者に対してなす義務を負い（しかもこれが要約者への義務にもなる）、第三者へは同時履行の抗弁権など契約についての抗弁を対抗しうることになる。

3-196　【諾約者による契約解除】　要約者が契約上の義務を履行しない場合、諾約者は第三者に履行の提供をなした後、催告の上Aに対して契約を解除することができるが（*3-193* に述べたことは、ここにも当てはまり、538条は適用にならない）、第三者が代位弁済をして自己の権利を守れるように、諾約者は第三者にも催告する必要があり、それをしなければ解除ができないのであろうか。

3-197　❶ **必要説**　これを肯定し、受益者へも催告しなければ諾約者は契約を解除することができないというものがある（石田穣70頁）。第三者は代位弁済してでもその物を欲しい場合もあろうし、諾約者に第三者への催告を求めても別に酷なことを強いるものではないことが、その理由である。

3-198　❷ **不要説**　これを特に問題とせず、第三者への催告を要求しないのが、通説といってよい。第三者への催告というが、義務を負わない者へ「催告」というのはおかしいし（それは第三者に対し要約者が遅滞にあることの通知を要求する趣旨と善意解釈ができるが）、一般論としてはやはり否定するしかなく、例外的にそれが適切でない場合に、一般条項により妥当な結論を導くということでよいのではなかろうか。

42　なお、解除の効果であるが、Cに填補賠償請求権が生じるが、Cは自己の債務を免れたわけではないので損益相殺はされず、全額請求できる。すると、Bは代金債権を失いながら、Cには全額賠償すべきことになり不合理である。そこで、解除の場合も第三者の権利については取消と同様に考えて、損害賠償請求権を含めて第三者の権利は消滅してしまい、解除にも拘らず損害賠償請求できるのは要約者たるAだけという処理も考えられる（結論は留保しておく）。

第4章　契約の解除

第1節　契約解除の意義及び機能

Ⅰ　契約解除の意義及び類似の制度

1　契約解除の意義と発生原因

4-1　**契約解除**とは、一方的意思表示により契約をなかったことにする効果をもたらす単独行為である。そして、解除ができるためには、契約を解除をする者に解除権がなければならないため、解除とは解除権を行使する意思表示ということになる。では、どのような場合に当事者に解除権が認められるのか、解除権の発生原因という観点から次のように分けることができる。

> ❶ **法定解除権**　541条以下の解除の一般規定に基づき、相手方の債務不履行を理由になすことが許される解除権であり、これに基づく解除を法定解除という（狭義で解除というと、法定解除を意味する）。
> ❷ **約定解除権**　契約当事者の合意により、当事者の一方または双方に留保された解除権であり、これに基づく解除を約定解除という[1]。通信販売で、1週間は返品自由などという特約が、この約定解除権の留保にあたる。
> ❸ **契約各論上の特別規定に基づく解除権**　雇用契約についての628条、請負契約についての641条、委任契約についての651条1項のように、契約各論で解除について特別規定が置かれている[2]。

---

[1]　540条1項は法定解除、約定解除に共通の規定であることは明らかであるが、544〜548条については、約定解除にどこまで適用があるかは検討を要する。なお、ドイツ民法は、双務契約の規定の中で債務不履行による解除の要件を規定し、他方で約定解除について解除の効果を詳しく規定し、それを法定解除に準用するという特異な形を採っていた（改正規定はこれを修正）。

[2]　解除という言葉が使われていないが、返還請求ないし返還ができるという前提として契約解除が規定されているものとして、使用貸借についての597条、寄託についての662条、

4-2 【641条の一般原則化は可能か】　③にあげた規定、特に641条から、ⓐ相手のそれによる損害を賠償すれば一方的に契約を解消することができるという一般原則を導くことができるのか、ⓑそれとも641条は請負契約に特殊なものなのであろうか。もし、前者だとすれば、例えば、売買契約で買主がある商品を購入したが、その後その物が必要なくなった場合、買主は売主の損害を賠償して契約の解除をすることができることになる（買主としては、損害賠償をしても、不要な物を代金を払って引き取るより得策であることがある）。しかし、このような一般原理化は、いわば「契約を破る自由」を認めることを意味し、このような考えを主張する者はない。

　このように、一般原則化はできないとなると、ある契約が請負とされれば、注文者はいつでも損害を賠償して解除できるが、売買と分析されれば買主にはそのような解除は認められないことになる。安易な一般原則化はできないとしても、買主側にそれを正当とするだけの事情変更がある場合には、641条の類推適用により買主に解除を認める余地はあるのではなかろうか。これにより、錯誤では救済されない一定の場合が救済できることになる。

2　解除に類似する制度

4-3　**(a) 告知（継続的契約関係の解除）**　解除により契約は初めに遡りなかったことになり、契約がなかったならば現にあったであろう状態を実現しなければならなくなる（原状回復義務→545条1項本文）。このように、解除の効力は遡及的であるが、継続的契約関係では、すでになされた給付を含めて契約を一切なかったことにする必要はなく、既になされた給付は有効として将来に向かってのみ契約を解消する効果さえ認められればよい。このように債務不履行による解除であっても、継続的契約関係においては契約解消の効果が将来に向かってのみ生じるために解除と区別して**告知**という[3]。解除同様、告知権にも種々の発生原因が考えられる[4]。

4-4　**(b) 解除契約（合意解除）**　当事者の合意で契約を解除する契約である。約

　663条2項を挙げることができる。日本民法には期間の定めのない継続的契約関係についての一般規定が置かれていないが、PICC 5-8条は、「機関の定めのない契約は、各当事者が、あらかじめ合理的な機関において通知をすることにより、終了させることができる」と規定をしている。

[3]　立法段階では、継続的契約関係という法理が認められておらず、条文でも（例えば620条。この規定は630条、652条、684条で他の契約に準用されている）告知などという解除とは別の用語を採用しておらず、学理上告知とされる場合も全て解除としている。そのため、本書でも特に区別して説明するとき以外は、告知についても解除の言葉を用いておく。

[4]　①債務不履行に基づくもの（法定告知）は、特に賃貸借において問題となるが、告知の根拠条文をどこに求めるかは議論がある。②当事者が合意をもって告知権を留保すること

定解除が、契約の効果としては約定解除権を発生させるだけで、解除があるかは未定であるのに対し、契約の効果として契約解消自体を生じさせるものである(別にいえば、約定解除はあくまでも単独行為であり、解除といえるが、これは契約で契約を解消するというものである)。

4-5 **(c) 取消し** 契約を単独行為により遡及的になかったことにする意思表示として、解除以外に取消しがある。解除は契約成立後に債務不履行があるという、契約後の問題を原因とするものであるのに対して、取消しは契約成立時に存した事情を原因とするものであり、制度の趣旨が異なっている。契約締結段階に取消原因がなければならないので、合意によって契約を解消するのは、「解除」契約や合意「解除」とはいうが、「取消し」契約や合意「取消し」とはいわない。

4-6 **(d) 撤回、クーリングオフ** 民法には、贈与契約の「撤回」(2004年改正前は「取消」となっていた) という言葉がある。継続的契約関係以外についての理由のいらない「解除」との区別は難しい。また、割賦販売法などでは、消費者保護のために、イギリスに発したクーリングオフという制度が導入されている。消費者が事業者の言葉巧みな勧誘に乗り契約をしてしまった後に、消費者保護のために8日間だけ契約を白紙に戻す権限を認めた特殊なものであり、契約締結段階の事情を理由とするものであり、取消しに近い制度といえる。クーリングオフの意思表示は、到達主義 (97条) の例外として、8日間以内に発信さえすればよいことになっている。

4-7 **(e) 解除条件、失効** 例えば、土地建物の売買に際して、買主が金融機関からの融資を得られない場合には契約はなかったことにするという特約 (付款) をつけることが多いが、これは、融資を得られないことを解除条件とするものである。解除条件の場合、その効力は遡及せず (127条2項)、この点が解除と大きな差であるが、特約により遡及させることもできる (127条3項)。解除のように意思表示ではなく、条件成就により当然生じるもので法的性質は「事件」である(なお、フランス民法は解除につき解除条件という構成をとっているが、実質的には解除権の行

もできる (約定告知)。③617条、627条など債務不履行がなくても、特別規定により告知権が与えられている場合があり、期間が定められていない場合に、履行により契約が終了するということがないため、永遠に続くことを防ぐための当然のものである。事前に予告期間を設定することが要求されているが、いきなり契約がなくなっては相手方が当惑する恐れがあるためである。④事情変更の原則のいわばホームグラウンドは、契約が長く継続する継続的契約関係であり、事情変更の原則による告知も考えられる。610条はその1つの発現である。

148　第1編　契約総論

使である)⁵。

　なお、いついつまでに履行しなかったならば、または、信用不安が生じたならば契約は当然解消されるという条項を、失権条項という。形の上では解除条件であるが、その機能の上では、法定解除における催告・解除という手間を省略するものといえる。また、期限の到来により契約が失効する存続期間の経過などもあるが、解除条件ではなく期限である。

4-8　**【解除についての近時立法など】**　契約解除という制度は、契約上の債務をばらばらに考察していたローマ法には存在せず、双務契約における牽連関係が認識されるようになって認められるようになった制度であるが、一方で、債権者には契約の拘束力から解放を受ける利益があり、他方で、債務者にも契約を維持する利益があり、特に債務者が不完全な履行を追完することにより契約を維持できる場合、両当事者の利害が対立することになる。また、これは契約の不履行があった場合に、あくまでも契約の履行をさせるか、損害賠償に解消するかという制度観にもかかわる問題である。その意味で、債務者の帰責事由は、両者の利益を調整するための1つの資料にすぎず、両当事者の諸事情を考慮して解除の可否が判断されるべきである。最

5　フランスでは歴史的沿革から双務契約には債務不履行の場合には解除条件が付されていると1184条で規定され、しかも裁判によって解除を求めなければならないとされているが（但し、瑕疵担保は沿革が異なり、裁判外でもよく、また規定の仕方も「物を返還して代金の償還させる」という形になっている）、形成権という概念が比較的新しい概念であり、解除権の付与という規定の仕方を知らなかったため、そのような規定が置かれたもので（従って、取消しも単に無効とのみ規定され、無効を主張できるというだけの規定となっている）、実際には債務不履行の相手方が主張しなければならない（しかも訴訟によりなさればならない）ことになっており、解除権を実質的には認めているのと同じである。ドイツでも後期普通法においては、履行と遅延損害の賠償は認められたが、双務契約における債権の牽連性が十分に意識されず解除という制度は認められていなかったといわれる。それが、①本来の給付の受領を拒絶し、本来の給付請求権から損害賠償請求権に代わる権利が与えられるとされたり、②損害賠償の特別な形として契約の解消を認めるといった考えが現われ、次第に解除制度が形成されていったということである（鶴藤倫道「契約の解除と損害賠償(1)」民商110巻3号437頁以下）。旧民法財産編421条は、「凡そ双務契約には義務を履行し又は履行の言込を為せる当事者の一方の利益の為め、他の一方の義務不履行の場合に於て常に解除条件を包含す」（1項）、「此場合に於て解除は当然行はれず、損害を受けたる一方より之を請求することを要す。然れども裁判所は第406条に従ひ他の一方に恩恵上の期限を許与することを得」（2項）と規定した。これはフランス民法を承継したものであるが、このような解除条件という処理、そして、裁判所上行使しなければならないということは、害が多く利益が少ないということで、現行民法はドイツ民法草案に倣い解除権の裁判外の行使という形を採った。フランス民法は上のたった1条のみの規定しか解除については設けておらず、現行民法の規定はドイツ民法草案に倣ったものといえよう。

近の解除をめぐる解除についての動向を示すと次のようである。

4-9　**(1) ウィーン国連動産売買条約（CISG）**　売主側からの解除（64条）、及び、買主側からの解除（49条）とに分けて規定がされているが、基本的には同じ構造である。売主の債務不履行による買主からの解除についていうと、次の2つに分けている。

①基本的契約違反[6]の場合には、当然に買主は解除ができる（49条1項1号）。②目的物を引き渡さない場合には、47条1項の付加期間内に目的物を引き渡さないか、その期間内に売主が引渡しをしないことを宣言した場合にも解除ができるにすぎない（49条1項2号）。

このように、債権者の債務不履行による影響の重大性、債務者がそれを予見できたこと（債務不履行の帰責性ではない）を要件として即時解除を認め、目的物の引渡しをしない場合には、付加期間を定めてそれを経過した場合に解除ができることになっている。そのため、瑕疵ある物を引き渡した場合には、付加期間による解除はできず、基本的契約違反となる場合にのみ解除ができることになる。売主の追完権の保護も必要であるので、基本的契約違反になるかは、買主が修補について誠実な態度をとっているかなども考慮して決定されることになる。

4-10　**(2) ヨーロッパ契約法原理（PECL）**　CISG と基本構造は同じであるが、売買契約に限定されず、また、より簡単な規定になっている。

①債務不履行が重大なものである場合には、即時に解除ができる（4・301条1項）。②履行が遅滞する場合には、3・106条1項の付加期間内に履行がされなかった場合も解除ができる（4・301条2項）。

4-11　**(3) ユニドロア国際商事契約原則（PICC）**　やはり、基本構造は CISG と同様であるが、重大な契約違反か否かについて具体的な基準をある程度示している点は注目される。

①「契約上の債務の不履行が、重大な不履行にあたるときは」、契約の解除ができるという原則を設定する（7-3-1条）。そして、いかなる場合が重大かの判断につき、考慮されるべき事由が列挙されている[7]。また、②7-1-5条による付加期間内に、債務者が履行しない場合も、債権者は契約を解除することができる。

---

[6]　25条によると、他の当事者が当然に期待できるものを重大に奪うような損害をもたらす場合をいい、但し違反をした当事者がそのような結果を予見せず、かつ、同じ状況の下でその者と同種の判断能力を持つ者がかかる結果を予見しなかったであろう場合は別であるものと規定されている。

[7]　①その不履行が、当該契約のもとで、債権者が当然に期待することができたものを実質的に奪うことになるか否か（但し、債務者がそのような結果を予見せず、また、そのような結果を合理的に予見できなかった場合にはこの限りではない）、②履行されなかった債務に従うことが、当該契約の下で、不可欠な要求とされていたか否か、③その不履行が故意的なものか否か、④債務者の将来の履行があてにできないと、債権者が信じできるような状況にあるか否か、及び、⑤債務者が契約を解除された場合に、準備や履行のために費

150　第1編　契約総論

4-12　**(4) ヨーロッパ契約法典草案**　114条では、「107条の意味で重大な不履行があった場合には[8]、債権者は、15日を下回らない相当期間内に履行をするよう債務者に催告し、かつ、その期間内に履行がされなければ、契約は当然に解除されたものと扱われることを告げて、契約の解除を行う権利を有する」と規定している（1項）。重大な不履行＋催告が解除の要件である。なお、「債権者が、債務者により債務の全部が履行されていないが、第92条及び第93条の規定に従い、それ〔＝不履行〕に応じてより低い代金を支払う権利〔＝代金減額請求権〕を行使して、受領したところを〔履行として〕認容するのであれば、契約解除を部分的に行うことができる」という規定もある（4項）。「不履行が全面的に債権者の責に帰すべき作為または不作為による場合には、債権者は契約解除を行う権利を有しない。〔但し、〕第103条及び第104条の適用可能性は排除されない。さらに、重要な不履行であったとしても、債権者が他方当事者に対して契約解除をしないと信頼をさせた場合にも、債権者は契約解除を行う権利を認められない」（6項）。

3　事情変更の原則

4-13　**(1) 事情変更の原則の意義**
(a) clausula rebus sic stantibus 理論
(ア) 契約拘束力が原則　契約当時の将来の事情についての判断の誤りは、契約をする者の各自の危険であり、それを覚悟の上で決断して契約をしなければならない。契約当事者は、契約当時の状況の認識を誤った場合のみならず、将来の状況の変化についての評価を誤ったとしても、契約をする者のリスクとして、甘受すべきなのが原則であり、民法上、詐欺またはハードルの高い例外的保護制度である錯誤によって救済を受けるだけである。契約後の事情の変更は日常茶飯事のことであり、契約後の状況が自分の予想していたところと異なったとしても、一度した契約に拘束されるのである。

やした不釣り合いな損失を被ることになるか否か。

[8] 107条で、重大な不履行の意義について規定がされている。「不履行が契約の主たる債務のいずれか（そして従たる債務ではない）に関するものである場合、更には、人的な資格及び給付の性質を考慮して、債権者が契約により期待できるところを重大に奪うような損失をもたらすならば、以下の事例において、不履行は重大なものとされる。」（1項）「特に、以下の場合には不履行は重大なものと扱われる。a) 全部〔の不履行〕の場合、b) 一部〔の不履行〕であるが、債権者の残部を受ける利益が客観的に失われている場合。」（2項）「従たる債務（obligation secondaire）とは、その履行が契約関係の本質ないし債権者の利益を考慮して、重要性の大きくない債務である。」（3項）

4-14　**(イ) clausula rebus sic stantibus 理論の再発見**　しかし、いかなる事情の変更があっても契約に拘束されるというのは、場合によっては当事者にあまりにも酷となることが考えられる。中世には、中世カノン法に端を発し、註釈学派によって発展させられた **clausula rebus sic stantibus 理論**があり、「すべての契約には、その基礎となる事情が変わらないかぎり効力を存続する」という条項が含まれており、従って、事情が変更すれば契約に対する拘束力は失われる、と解された。この法理は、19世紀に入ると、資本主義の発達にともなって確立された pact sunt servanda（契約は守られるべき）という原則に圧倒され、やがて忘れられていったが、第一次世界大戦及び戦後の社会経済的動乱は、この忘れ去られていた法理の復活をもたらしたといわれている（新注民(13)63頁［五十嵐］）。

4-15　**(b) clausula rebus sic stantibus 理論の修正**　clausula rebus sic stantibus 理論は、ドイツでは行為基礎理論、フランスでは不予見理論として復活し、わが国では**事情変更の原則**と名づけられ定着していく[9]。イギリス法のフラストレーション[10]、フランス法の不予見理論は、いずれも履行不能を拡大するような法理によっているが、ドイツでは行為基礎理論という、契約改訂も含めた広い法理が認められており、わが国の事情変更の原則もこれに匹敵する包括的な法理とされている（勝本博士の提案した理論は、比較法的にみて異常に広すぎると評されている。五十嵐・注9文献149頁）。

　事情変更の原則は、当事者は契約危険を引き受けるべきであったとしても、予見もしえない著しい事情の変更が生じた場合にまで契約の拘束力を認めることは

---

[9]　わが国の事情変更の原則という名称は、勝本正晃『民法における事情変更の原則』（大正15年）の論文の影響による。正確には事情不変更の原則だといわれている。この原則については、五十嵐清『契約と事情変更』、久保宏之『経済変動と民法理論』参照。

[10]　PICC でも、ハードシップの法理が採用されている。契約当事者は、履行がより費用のかかるものになったからといって、義務の履行を拒むことはできない、但し、以下のハードシップについての規定の適用がある場合は別であるとする（6-2-1条）。そして、ハードシップの定義としては、義務の履行費用が高騰したのであれ、反対給付の価値が減少したのであれ、給付の均衡を重大に失わしめる事件が発生した場合にハードシップが認められるとし、更に要件として次のようなことを挙げている（6-2-2条）。①害された契約当事者が、契約締結後に知ったまたは契約締結後に発生した事件であること、②害された契約当事者が、そのような事件を契約締結当時に合理的に考慮しえなかったものであること、③その事件が害された契約当事者のコントロールできないものであったこと、及び、④その資源のリスクが害された契約当事者によって保険に付されていなかったこと、である。

できないとして、不利益を受ける者を契約の拘束力から解放して保護するものである[11]。なお、国際取引ではハードシップ条項を入れて事情変更に対応しており、国内においても、継続的契約関係では、賃貸借契約で賃料のスライド条項が置かれる。

4-16 **【イタリア新民法など】（1）イタリア新民法**　第二次世界大戦後のイタリア新民法では、契約解除の原則として、事情変更の原則が規定されるに至っている。次のような規定である（新注民(13)66頁〔五十嵐〕の訳による）。

147条〔双務契約〕「継続的もしくは定期的履行を目的とする契約、または、履行が延ばされている契約において、当事者の一方の給付が異常な予見しえない事件の発生によって過度に負担になった場合には、かかる給付の義務ある当事者は……契約の解除を要求できる」（1項）。「到来せる負担が契約の通常の危険に属する場合には、解除を要求することはできない」（2項）。「解除を要求された当事者は、契約条件を適度に変更することを申し出ることによって、それを避けることができる」（3項）[12]

4-17 **（2）ユニドロア国際商事契約原則（PICC）**　以下のような規定が置かれている[13]。

「債務の履行期前に、その債務者による重大な不履行がおきるであろうことが明瞭であるときは、債権者は契約を解除することができる」（7-3-3条）。「債務者による重大な不履行が起きるであろうことを信ずるにつき合理的な理由を有する債権者は、適切な履行に対する相当な担保を要求することができ、かつ、その間自己の履行を留保することができる。合理的な期間内にこの担保が提供されないときは、これを要求した債権者は契約を解除することができる」（7-3-4条）。

4-18 **【債務者の責めに帰すべからざる履行不能も事情変更の一種】**　債務者の責めに帰し得ない履行不能も、事情変更の一種であるが、この場合には履行不能についての損害賠償義務の免責、危険負担という形で処理される。但し、イギリス法では、絶対的責任が認められた時代があり、これを修正して履行不能による免責を認めたのがフラストレーションの法理である。わが国では、履行不能を社会通念で判断をする

---

[11] 契約が長期にわたる契約類型で問題が生じ、立法としても、民法、借地借家法の賃料増減請求権（要件が緩和されているが）、身元保証人の解約権など特別立法が規定されている。従って、継続的契約関係以外においてはその適用は慎重であるべきである。

[12] そのほかに次のような規定もある。148条〔片務契約〕「当事者の一方のみが債務を負う場合には、前条に規定する要件の下で、その当事者は、公平を取り戻すのに十分な給付の減縮または履行の態様の変更を要求することができる。」149条〔射倖契約〕「前2条の規定は、その性質上または当事者の意思により射倖敵なけに適用されない。」

[13] そのほか、PECLも、①事情の変更が当事者に契約締結時に知られておらず、合理的に考慮もしえないこと、また、②不利益を受ける当事者の責に帰すものではないこと、③事情変更のために履行が過度に費用のかかるものとなることといった要件をあげる（2-117条2項）。

ため、経済的に不能な事例もこれに含めることが可能となる。契約上の債務ではないが、いわゆる発電用トンネル事件で、その撤去の請求が、これを撤去し新たな水路を設けることは、巨大な物資と労力の空費を来たし社会経済上の損失は少なからざることを考慮して、妨害排除は不能に帰し損害賠償の請求しかなしえないとされている（大判昭11・7・17民集15巻1481頁）。

　アメリカのUCC 2-615条(a)項においては、「合意された履行が、予期しない出来事によって実行不可能になった場合であって、そのようなことが起こらないことが契約締結の基本的前提条件となっていた場合、あるいは外国政府もしくは本国政府の適用のある規制ないし命令に誠実に従ったことによって実行不可能になった場合」に、売主の義務違反が認められないことが規定されている（田島裕訳『UCC2001』70頁による。久保・注9文献45頁参照）。

4-19　**(2) 事情変更の原則が問題となる事例類型**

　五十嵐教授は、事情変更の原則が適用になる事例を次の3つに分類をしている。いずれの事例も、契約後の状況の変更も錯誤法理のカバーする領域に含めていくならば、錯誤（95条）による救済も考えられないわけではない。微妙な事例もないわけではないので、錯誤と事情変更法理の選択を認めてもよいと思われるが、錯誤では無効＝履行拒絶ないし不当利得返還請求という救済しか考えられないのに対して、事情変更の原則では、契約内容の改訂ということが可能な点にこれによる利点がある[14]。

4-20　**(a) 経済的不能**　　先ず、履行は可能であるが、契約後の著しい事情の変更により、一方当事者に契約どおりの履行をさせるのが過酷と思われるようになった場合に、その当事者を免責させる事例類型が考えられる。イギリス法では、履行不能法理が認められていなかったが、履行不能による債務者の免責を認めるフラストレーションの法理が認められるようになり、これが経済的不能へと拡大されている。わが民法では、履行不能を社会通念上の不能と拡大して理解しているため、本来の履行不能の事例と、この事情変更の原則の適用される事例との線引きが必ずしも明確ではないと評されている（新注民(13)71頁[五十嵐]）。

4-21　**(b) 等価関係の破壊**　　双務契約において、給付と反対給付の関係が事情変更により著しく破壊されて、例えば、土地の売買契約において、代金支払・引渡期日までに土地の値段が著しく高騰し、当初の代金では売主にとって酷となるよ

---

[14] なお、オーストリア民法936条では、事情変更の原則は予約についてのみ適用される（新注民(13)75頁[五十嵐]による）。

154　第1編　契約総論

うな場合である。わが国では、判例上事情変更の原則が問題とされている事例は、専らこの事例であるといわれている。

4-22　**(c) 契約目的の到達不能**　契約締結後、事情変更により、当事者が契約で達成しようとした目的を達成できなくなった場合も、比較法的には事情変更の原則の1類型とされている。わが国において、事情変更の原則が認められたリーディングケースはこのような事例である。

4-23　● **大判昭19・12・6民集23巻613頁**　土地の売買契約が締結されたが、履行期前に価格統制令が施行され、価格の認可を受けなくならなくなり、しかも相当期間認可を受けられず、かつ認可価格によっては契約が失効する恐れが出てきたため、買主が事情変更により解除を主張した事例である。

「斯くの如く契約締結後其の履行期迄の間に於て統制法令の施行等に因り契約所定の代金額を以てしては、所定の履行期に契約の履行を為すこと能はず。其の後相当長期に亘り之が履行を延期せざるを得ざるに至りたるのみならず、契約は結局失効するに至るやも知れざるか如き事態を生じたる場合に於て、当事者尚此の長期に亘る不安定なる契約の拘束より免るることを得ずと解するが如きは信義の原則に反するものと謂ふべく、従て斯かる場合に於ては当事者は其の一方的意思表示に依り契約を解除し得るものと解するを相当とす。」

4-24　● **最判昭56・6・16判時1010号43頁**　《**事案**》　昭和38年11月11日に、XとY（北九州市）人との間で本件土地につき賃貸借契約のほかに売買予約が締結され、その後、昭和44年12月4日に本件土地が国鉄山陽新幹線の用地となることが決定された。Xが売買予約完結の意思表示をしてYに移転登記を求めたのに対して、Yにより事情変更の原則による解除が主張された事例。

4-25　**(1) 原判決**　「(1) 本件売買予約は、本件土地に隣接する原判示の代替地上にXがほぼ2年内に……新ビル……を建築し、本件土地を新ビルと一体のものとして利用することが前提となつていた……が、Xは、……昭和39年7月20日には業者との間で工事請負契約を締結したにもかかわらず、代替地の売買契約と本件土地の賃貸借契約とが成立したのちも数年間右建築に着工しないままで推移したこと、(2) その間、本件土地が新幹線の用地として国鉄に買収されるという、当事者双方の全く予想せず、しかも、いずれの責にも帰することのできない事情が生じ、そのために本件土地を新ビルの裏地として一体的に利用するという目的が実現不能となつたこと、(3) 本件土地の取引価額は、本件売買予約が成立した当時からみると大幅に高騰しており、……売買予約における約定代金額（坪当り8万円）と比較すると6倍弱になるため、Xによる予約完結権の行使の効果を是認するときは、Xは、当初の目的のとおりに本件土地を現実に利用することもないまま1億2,246万3,200円の損失補償金を取得することとなり、地方公共団体である被上告人の所有する土地によつて前記約定代金額との差額である約1億100万円を利得する結果となるのであるが、このような事態と本件売買予約が締結された原判示の覚書作成当時にその基礎として認識された事情との間には大きなへだたりがあること、の諸点を挙げて、本件売買の完結時点においてなお当初の合意の効力を認め、ひいて予約の完結により成立する売買契約の

拘束力を認めることは信義衡平の原則に照らして相当でなく、予約完結権を行使することは許されない」とした（最高裁判決の説明による）。

4-26　**(2) 最高裁判示（原判決破棄差戻）**　「原審は、(1) Xが代替地上に建築する新ビルの完成後、本件土地はその裏地としてこれと一体的に利用され、ビルの経営に必要な駐車場等の用地として使用することが本件土地買受けの一種の条件となっていたとして、そのような目的に供することが不可能になったことを重視するのであるが、……Yが本件土地につきXとの間で売買予約を締結するに至った動機が、本件土地の所在位置からして本件土地をYにおいて所有した場合の利用価値が将来低下することが予想されたため、これを回避するにあたり、むしろYからの要望によりXが買受けることを承諾したものであるとの事情を考慮するならば、新ビルのための用地として利用することができなくなった点を過大視するのは相当でない」。「(2) また、原審は、Xが本件土地につき賃貸借契約と売買予約とを締結してのちも数年間新ビルの建築に着手しなかったことを予約完結権の行使が信義則違背となるべき事情の一つに挙げている。しかしながら、……Yは、本件土地につき右の賃貸借契約を締結した昭和44年11月ころも、特段の事情のない限り、上告人の新ビルの建築着手の遅延を承諾しており、また、本件売買予約の効力を制限する意図はなかったものといわざるをえない。(3) 次に、原審は、本件土地の価額が売買予約の成立の時点と比較して高騰したことを予約完結権の行使が信義則違背となるべき事情の一つに挙げている。しかしながら、本件売買予約の完結時における時価……が右予約締結時に定められた代金額の6倍弱の程度になり、それが当事者双方の責に帰することができず、しかもその予想を越えた事情に起因するものであったとしても、原審の確定した事実関係のもとにおいては、右の程度の金額の差異をもってしてはいまだ予約自体の効力に影響を及ぼすものと解することはでき……ない。」

4-27　**(3) 事情変更の原則の要件**

以下のような要件が考えられる。なお、最判平9・7・1民集51巻6号2452頁は、「事情変更の原則を適用するためには、契約締結後の事情の変更が、当事者にとって予見することができず、かつ、当事者の責めに帰することのできない事由によって生じたものであることが必要であ」るという一般論を確認する。

4-28　**(a) 当事者の予見せずまた予見しえない事情の変更があること**　当事者が予見していたまたは予見しえた事情の変更は各自の契約危険として、それによる不利益を甘受すべきだからである。例えば、生モズクの売買契約で、契約後に産地での生産規制等により、価格が従来の2～3倍に高騰した事例で、売主からされた契約改訂または解除の主張が、「それは通常の予想を絶した事情の変更」とまで認められないとして、退けられている（東京地判昭55・9・17判タ431号111頁）。また、建物の屋上に広告設置場所を3年契約で賃貸した事例で、高速道路の前に高い建物が建設されてしまったので高速道路から看板が見える部分が大幅に減少してしまったため、賃借人が事情変更の原則に基づき解除を主張した事例で、「誰もが

全く考えもしなかったことが起こったというような性質のものではな」く、「3年間の契約を、信義則や事情変更の原則により、中途で解約できるものではない」とされている（大阪高判平12・9・12判タ1074号214頁。履行不能による契約の終了という主張も退けられている）。

4-29　**(b) 事情の変更が不利益を受ける当事者の責めに帰すべからざる事由によること**　自らの責任で事情の変更を生じさせておいて、契約解除をして相手に損害を与えてよいはずはないからである。

4-30　**(c) 事情の変更が著しく契約通りの拘束力を認めては信義則に反する結果となること**　救済を与える必要があるだけの酷な場合でなければならない。信義則上酷といえるためには、事情変更の程度のほか、(b)以外にその不利益を受ける当事者側の事情も考慮されるべきである。その意味で参考になる判決として、売主の履行遅滞中に価格の高騰があっても、売主は事情変更を理由として契約を解除することは許されないとした判決がある（最判昭26・2・6民集5巻3号36頁）。その理由は、売主が遅滞なく履行していれば事情変更の原則の利益を受けなかったのに（なお、履行した後の事情の変更は解除の原因とはならない）、売主が遅滞を続けたために事情変更の原則の利益を受けることになるというのは、信義則の要請に反するということにある。

4-31　**(4) 事情変更の原則の効果**

　(a) 解除権の発生

　(ア) 売買契約

　❶ **地価の高騰（下落）**　地価の高騰の事例としては、次のような判決がある。
　逆に地価の下落のケースとしては、バブル期（平成2年）に不動産業者が購入した土地がバブルの崩壊により3分の1の価格になってしまった事例で（自ら居住用に購入したのならよいが転売用に購入したため大変な損失となる）、買主が事情変更の原則による解除を主張した事例で、この主張を否定した判例が出されている（大阪地判平7・4・12判タ887号221頁）。

4-32　　● **大阪高判昭44・9・12判時582号76頁**　《事案》　Xがその所有の土地をYに2万円で売却し（昭和18年6月）、契約時に代金の内1万円が支払われ、残代金はXが地上建物を撤去し更地として引渡しまた併せて移転登記をするのと同時に支払うことにした。ところが、引渡が延引しているうちに、地上建物が空襲によって焼失し（昭和19年）、その焼跡にYが工場を建てて占有している。しかし、移転登記も残代金の支払もされないままでいたところ、戦後のインフレと地価の高騰により、この土地の価格が716万円に高騰した。そのため、XがYに売買契約の解除を通告して、土地の明渡しを求めた。

4-33 《判旨》「これは正しく売買契約成立当時におけるその環境であった事情の変更に該当するものというべく、この事情の変更は当事者の予見せず、かつ、予見できない性質のものであることが推認され、また、この事情の変更は当事者の責に帰すべからざる事由によって生じたものであることは明かである。」しかし、「この場合、Xに事情変更による契約解除を認めるとすると、契約に従った履行を遅延した者にかえってその遅延によって生じた事情変更の利益をうけさせるという結果になり、かかる結果は明かに信義則の要請に反するものといわねばならない。従って上記認定の如き事情のもとにおいては、Xのなした事情変更を理由とする契約解除の意思表示はその効力を生じないというべきである」（XはYにより再三移転登記を催促されていたのに、これをずるずる引き延ばしていたという事情がある）。

4-34 ❷ **地価の高騰以外**　次のような判例がある。

> ● **最判昭29・1・28民集8巻1号234頁**　事案を簡略化して述べると、Yが家屋をAに売却したが、その後Yが居住家屋を戦災により焼失し、売却した家屋に居住せざるをえなくなったため、事情変更による解除を主張したという事例である（なお、Aは自己居住の目的で購入したのであったが、間もなく不要となり、買主たる権利をXに譲渡し、Xの明渡請求に対してYがYA間の解除を主張したものである）。原判決は、Yの解除を認めたが、最高裁はXの上告を受入れ、これを次のように述べて破棄している。
> 　「単に戦災によって居住家屋を焼失したというだけでは、事情変更による解除権の発生を認めるには足りない」。しかも、売買当時の状況からして、空襲による自分の家屋の焼失を予見することができた。

4-35
> ● **最判昭29・2・12民集8巻2号448頁**　なお、賃貸借契約であるが、同時期に類似した判決があるので合わせて紹介しておこう。XがYから賃借中の家屋から立ち退く裁判上の和解が成立したが、Xが戦後の住宅事情の激変悪化を理由にこの和解契約の解除を主張した事例で（明渡しの強制執行に対する請求異議訴訟である）、最高裁は、「いわゆる事情の変更により契約当事者に契約解除権を認めるがためには、事情の変更が信義衡平上当事者を該契約によって拘束することが著しく不当と認められる場合であることを要するものと解すべきであって、……本件において契約締結の当時と原審口頭弁論終結の時との間に戦災等のため、原審認定のような、住宅事情の相違があるからといって、本件和解につき直ちに上告人の解除権を容認しなければならない信義衡平上の必要があるものとはみとめられない。従って右事情変更によるXの契約解除権を否定した原判決は正当」とした。

4-36 **（イ）売買契約の予約**　解除が否定された(ア)の事例は、一時的契約関係でしかも契約時には対価的関係があったのに対し、売買契約の予約では、後日予約完結により売買契約が成立する時点では、目的物の価格が著しく高騰しており（または下落しており）、約束通りの代金での売買契約に拘束させるのが当事者に酷な場合が生じる。

　これにつき、判例は、「いわゆる事情の変更により、契約当事者に契約解除権

を認めるがためには、事情の変更が信義衡平上当事者を該契約によって拘束することが著しく不当と認められる場合であることを要し、右の事情の変更は客観的に観察されなければならない」（最判昭29・2・12民集8巻2号448頁）と一般論として事情変更の原則による解除の可能性を認めたが、事情変更の原則による解除は実際には容易に認められていない[15]。また、近時の地価高騰の事例についても、新宿の建物の店舗部分の区分所有権と敷地の共有持分についての売買予約が成立し、買主が2年以内に予約完結の意思表示をすれば代金1億500万円で売買契約が成立するという内容であったが、売主による事情変更の原則による解除がここでも、次のように否定されている。「本件売買予約の完結時における時価が、右予約締結時に定められた約定代金額の4倍弱の程度になり、それが当事者双方の責に帰することができず、しかもその予想を超えた事情に起因するものであったとしても、右予約代金額自体、前記認定のとおり、被告側で予約完結権行使期間内の地価上昇をも見越して原告側に提示したというのであり、以上の事情を彼此考較するときは、原告が思わざる利益を得ることになるとしても、他に特段の事情のない限り、本件売買予約の完結権の行使が信義則に反して許されないと解することはできない」とされた（東京地判平元・12・12金判853号36頁）。

4-37　**（ウ）その他の契約**　　次のように、不動産の賃貸借契約において、事情変更の原則による解除が認められた事例がある（**4-35**も賃貸借契約）。

> ● **大阪高判昭53・11・29下民集29巻9～12号335頁**　　Xがガソリンスタンドの建設・経営のために、Yその所有の土地についてYと賃貸借契約を締結したが、第三者が既に先願したため、スタンドの設置が法律上不可能になった場合に、賃借人Xが事情変更を理由に解除を主張し権利金の返還を請求した事例である。
> （1）**一般論**　「事情変更を理由とする解除権は明文上の根拠はないが、客観的にみて事情の変更が信義衡平上当事者を該契約によって拘束することが著しく不当である場合には認められるべきであり（最高裁判所第二小法廷昭和29年2月12日判決参照）、契約成立後、契約締結の基礎となった事情がもし当時それが予見されておれば該当事者がとうてい契約を締結しなかったであろうと思われる程度の著しい変更を来たし、右変更を右当事者が予見していなかったことは勿論通常の注意をもってしては予見することが不可能であり、右変更は右当事者の責に帰すべき事由によったものではなく、右変更の結果給付と反対給

---

[15]　例えば、最判昭31・5・25民集10巻5号566頁は、約8年間で10倍に高騰した事件で否定。これに対して、認められたものは、戦時中に調停または和解により建物につき予約が成立し、10年以上経過した戦後に予約完結権が行使されたが、建物の価格が100倍以上に（物価の高騰により）高騰してしまったというような非常に異例な事例である（東京高判昭30・8・26下民集6巻8号1698頁、熊本地八代支判昭30・10・15下民集6巻10号2145頁）。

付との間に甚だしい不均衡が生ずるなど契約をそのまま存続させておくことが信義衡平に反することとなる場合においては、右当事者は契約を解約することが許されるものと解するのが相当である。」

4-38　**(2) 事例へのあてはめ**　「Xは自動車の給油所（ガソリンスタンド）建設を目的としてYから本件土地を賃借し、給油所経営を前提として期間20年、賃料年額金24万円（但し前年の消費者物価指数に基き毎年加減）前払、権利金400万円等と約し、賃料を支払い権利金を差入れたところ、契約成立後他の者が給油所設置を先願して行政庁より建設を可とする確認を受けたため、自己の給油所設置届は石油商業組合より却下され、給油所設置は事実上不可能となり、右土地は国道には面するが市街地からは離れており、Xとして適当な利用方法がないので、何の用途に供することもなく放置するに至ったものである。そして、Xとして、本件土地を給油所として使用することができないことを予見しておれば本件賃貸借契約を締結していなかったであろうことは右認定事実に照らし明白であり、Xは、右のことを現に予見していなかったことは勿論予見することも不可能であつたものと認められる。」「また、A商店が右のようにXに先んじて給油所開設の届出をしてしまったことがXの責に帰すべき事由によるのではないことは明らかである。」また、「Xは契約をしてから遅滞なく農地転用許可申請手続をなし且つ契約後11日目に給油所建設の届出をしているのであって、A商店がXの右契約後6日という短期間内に届出をしたことがXの責に帰すべき事由によるということはできない。」「更に、給油所建設が不可能となった結果、Xが本件土地をほとんど何の用途に供することもなく放置せざるを得なくなったのに毎年24万円程度の賃料を支払い且つ金400万円の敷金を預けておかねばならぬことは双方の給付、反対給付の間に甚だしい不均衡が生じたと称するに妨げなく、かかる状態を向後20年間も存続させることは信義衡平に反する」。以上の検討によれば、Xは、事情変更を理由として本件賃貸借契約を解約しえる。

4-39　**(b) 契約の改訂権の発生**　解除をして全く契約を消してしまうのではなく、契約を維持しながら、その内容を変更した事情に応じて適切な内容に改訂する権限を、事情変更により不利益をうける当事者に認めることもできる（我妻・上27頁）。借地借家法11条、32条の借賃増減請求権は、この原則を要件を緩和しながら明文で認めたものである（⇒10-107）。学説には、契約解除権のみを認めそれ以外の権利を認めない主張もされている（加藤雅信『民法大系Ⅰ』275頁）。

4-40　**(ア) 目的物の価格の高騰**　例えば、ある絵画を1,000万円で売買する予約をしたが、予約を完結する前に価格が暴騰し、20倍程度になった後に買主が予約完結をして売買契約が成立した場合、売主としては2億円の絵画を1,000万円で引き渡さねばならなくなる。この場合に、売主に代金の変更権を与えれば2億円に代金を変更することができることになる。しかし、他方の買主もその変更された代金に拘束されては逆に酷になるので、もし契約の改訂権を認めるのであれば、買主にはこれを拒否し契約を解除する防御的権利が与えられるべきである。次の

160　第1編　契約総論

ような判決がある。

4-41
> ● **神戸地伊丹支判昭63・12・26判時1319号139頁**　地主Yと借地人Xとの間の売買予約の事例において、契約から20年後に借地人Xが予約完結をした事例では、契約後「いわゆる列島改造ブームや石油ショック及びこれに引き続く狂乱物価などの経済変動を経るうちに著しく高騰し」、「本件土地の時価が約20年間で20数倍に高騰することまでは、X及びYを含めて当時の一般人が予測しえなかった」として、次のように判示する。
> 　事情変更の原則は、「元来正当に発生した法律関係につき後発的事情のために生じた不衡平な結果を排除することを目的とする規範であるから、第一次的にはなるべく当初の法律関係を存続させ、ただその効果につき内容の変更を主張する権利を認める程度にとどめ、これに対して相手方が拒絶する等この方法ではなお不衡平な結果を除却することができない場合に初めて第二次的に当初の法律関係全体を解除する権利等を認めてこれを解消させうるものと解すべきである」。「本件においては、本件売買予約自体はこれを存続させ、ただその内容となっている売買代金額を適正な額にまで変更する権利をYに認めれば足りると解されるので」、地主の全面的失効の主張は理由がない。「そこで更に右適正代金額について検討すると、当初の売買予約上の代金額175万円は、本件覚書締結当時の本件土地の更地時価相当額であったのであるから、変更後の売買予約上の代金額も、予約完結権が行使された時点における本件土地の更地時価相当額である金4,000万円とするのが一応適切である」。

4-42　**（イ）貨幣価値の著しい変動**　例えば、ある商品の1万円での売買契約が成立した後、貨幣価値が著しく下落し（逆にいえば物価の上昇）、貨幣価値が100分の1になったとする。当時1万円の物は現在では100万円を出さなければ買えないことになっているのに、1万円で売ったのだからとして1万円を支払って買主は目的物の引渡しを受けうるであろうか（たとえ買主が遅滞にあり年5または6分の利息がついてもバランスはとれない）。最判昭31・4・6民集10巻4号342頁（鉱業権の売買）は、物価の100～160倍の上昇を理由に、売主が代金の修正を主張した事例であるが、「本件売買契約が成立した昭和11年5月当時と原審の最終口頭弁論期日たる同27年10月15日当時との間に貨幣価値に著しい差異の存したことは顕著であるけれども、それだけ契約上の債権額が当然修正せられるものと解すべき現行法上の根拠はないから、所論は採用することはできない」、とされた。貨幣価値の変動については、救済は認められないというべきか。

4-43　**（ウ）その他**　アメリカの事例に次のようなものがある。原料のアルミナをアルミニュウムの鋳造してもらう請負契約において、OPECの原油値上げ（日本では石油ショックといわれている）により電力費が著しく上昇した（アルミ製造には電力が非常にかかる）。その結果、アルミの市場価格が著しく上昇しており、契約通

りの報酬で鋳造を行うと原告（請負業者）は著しい損失を受け、被告（依頼会社）はその損失に基づき利益を受けることになる。そのため、原告が被告に対して、現実にかかった費用を請求し、これがフラストレーションを理由に認められている（久保・注9文献66頁参照）。同様の処理は、わが国でも可能であろう。なお、錯誤による救済も考えられないではないが、錯誤では契約が無効とされるだけであり不当利得による清算になってしまうが、事情変更の原則によれば契約内容の改訂が可能であるという利点がある。

4-44　**(c) 再交渉義務の発生**　以上の効果を認めるのが伝統的な見解であるが、近時はそこに行く前の第一次的効果として、事情変更の原則の合理的で柔軟な適用を図るために、協議（再交渉）義務を認める考えが提唱されている[16]。そして、第二次的効果として契約改訂、第三次的効果として解除を位置づけることになる。PECL 2－117条も、契約改訂または解消のための交渉義務を両当事者に認め（2項）、相当期間内に合意が成立しない場合に、裁判所が契約を解消・改訂する権限を認めると共に、いずれの場合にも、交渉に協力しないまたは交渉を破棄した当事者に損害賠償を命じることができるものとしている（3項）。PICCも再交渉を第一次的に義務義務づけている（6-2-3条1項）。しかし、契約当事者間に力関係の差がある場合には、交渉により公正な解決が期待できないこともあり、ドイツ新債務法は再交渉義務を導入しなかった。

4-45　**【行為基礎の喪失法理について】**　事情変更の原則に匹敵する原理は、ドイツにおいては行為基礎の喪失法理によって実現されている。わが国においては、事情変更の原則という判例・学説が定着しているため、この議論の成果を事情変更の原則の中で活かしていくことが可能であろう。そのため、参考までに紹介しておく。

4-46　**(1) ウィントシャイトの前提理論──行為基礎理論前史**
　(a) ウィントシャイトの提案　ドイツ普通法時代に、ウィントシャイトは、不当利得の要件、特に原因の統一的理解のために「前提」という理論を提唱した（1850年）。前提とは、動機と条件の中間に位置するものであり、その喪失は不当利得を生ぜしめるものとされる（五十嵐・注9文献75頁以下による）。

4-47　**❶ 条件との差異**　条件は問題となる事態の発生が不確かである場合に付されるのに対して、前提は、まさにその自体が確実であると思われるために、条件とはさ

16　久保・注9文献244頁以下。内田貴『契約の時代』115頁は、「契約の解消は、柔軟性・継続性の原理よる調整が失敗した後に来る効果にほかならない」という。日本法でも、信義則上の義務が多用されているので、再交渉義務を信義則上の義務として認めることは不可能ではない。

れないものとされる。条件では制限されるのは現実の意思であるのに対し、前提の場合には、現実の意思は制限されずに、本来の意思が制限されることになる。

4-48　❷ **動機との差異**　前提は意思表示の内容になるのに対して（現実には多くは黙示的に）、動機はそうではない（娘の嫁入り道具のためと表示して物を買ったが、婚約が解消されても返還請求権は認められない）ところに差異があるといわれる。前提となる意思の自己制限は、意思表示の中に取り入れられ、相手方にとって認識可能となるが、しかし相手方に受領され、それによって契約内容となることは必要とはされていない。

4-49　❸ **立法提案**　ウィントシャイトは、立法論として、「意思表示において、一定の仮定（または、仮定または期待）から出発しないならば、それをなさなかったであろうことを明示するものは、その仮定（期待）が確証されないときは、その意思表示に拘束されない」という規定を提案する。

4-50　**(b) 前提理論への批判及びウィントシャイトの反論**　前提理論に対しては、動機の錯誤を認めることに等しく、取引の安全を害すると批判がされた。また、社会経済変動が意思表示の内容となることはまれであり、黙示的意思表示を推定することも困難であるといわれる。さらには、洞察力のない裁判官に濫用される恐れがあるという批判もされる。これに対して、ウィントシャイトは、裁判官に正義感を満足させる法的手段を残しておく方が望ましく、法的安定性をいたずらに強調することは形式主義的であると反論する。そして、この前提理論は、「ドアから投げ出されても、窓から再び入ってくる」と予言した。

　ドイツ民法第一草案では、総則に前提理論は規定されなかったが、不当利得のところで、草案742条で「将来の事件もしくは法律効果の発生または不発生について、明示もしくは黙示に表示された前提の下で給付をなしたものは、前提が実現されないときは、受領者より給付したものの返還を請求できる」という規定が提案された。しかし、反前提論者レーネルの激しい攻撃にあい、第二草案ではこの規定は削除され、1900年施行のドイツ民法には規定は実現されなかった。

4-51　**(2) 行為基礎理論の成立**
　(a) 行為基礎理論の提唱・発展　ウィントシャイトの予言通り、捨てられたはずの前提理論は、姿を変えて「行為基礎理論」として、ドイツ民法の解釈論上現れてくる。行為基礎理論を提唱したエルトマンは、前提理論との差異につき、次のように述べる。

　前提は意思表示のみに関し、その内容となるものであるが、行為基礎は法律行為の要件として、行為全体に関係をもつが、法律行為の構成部分となることはない。また、前提は一面的であり、相手方の認識可能性をもって足りるが、行為基礎は両当事者に共通の表象であるか、または少なくとも相手方にとってその重要性が認識され、かつ異議を述べられない一方当事者の表象でなければならない。また、行為基

礎の効果も、前提が不当利得返還請求権を発生させるだけのものであったのに対して、解除権、告知権の付与、無効、取消し、行為基礎の喪失ではなく変更の場合には、解除権は制限され、給付の延期、給付の減額などが認められることになる。

その後、第一次世界大戦後のインフレーションの際に、242条（信義則規定）に基づく増額請求権が認められ、その基礎として行為基礎論が採用され、他方で、第二次世界大戦後、ラーレンツによる新しい行為基礎論が提唱され、判例・学説に定着していく。但し、学説において、その適用範囲など争いがなくなったわけではない（判例については、五十嵐・注9文献の他、小山昇「西ドイツ最高裁判所の判例における行為基礎の喪失の理論の応用」北法20巻2号239頁以下）。

4-52　**(b) 行為基礎理論の立法化**　行為基礎理論の判例の積み重ねを承認して、明文化をしたのが2002年施行の新債務法である。「契約の改訂及び終了」という款の中で、「行為基礎の障害」と題して次のような規定が置かれている（313条。半田吉信『ドイツ債務法現代化法概説』212頁以下参照）。

「契約の基礎となっていた事情が契約締結後に著しく変更し、かつ、当事者双方が当該変更を予見することができた場合において、契約を締結せず、又は内容の異なる契約を締結したであろうときは、個々の場合における諸般の事情、特に契約上又は法律上のリスク分配を考慮して、契約を改訂しないで当事者の一方を拘束することが期待できない限り、契約の改訂を請求することができる」（1項）。「契約の基礎となっていた本質的な観念が誤りであると判明したときも、事情変更と同様とする」（2項）。「契約の改訂が可能でなく、又はそれを当事者の一方に期待できないときは、不利益を被る当事者は、契約を解除することができる。継続的債務関係については、解除権に代わり、解約告知権が発生する」（3項。以上につき、岡孝編『契約法における現代化の課題』の訳による）。

Ⅱ　解除（法定解除）の機能

4-53　**1　遅滞解除の場合**

(1) 債務不履行を受けた当事者の保護

相手方が契約を履行しない場合、不履行を受けた当事者には契約に見切りをつける必要性があり（原則は契約をした以上拘束されるのだが）、解除により契約を解消することが実現できる。このように、契約の拘束力からの解放、相手方に対する自分の義務からの解放に解除制度の機能があるものといってよい（なお、委任ではいつでも当事者が自由に拘束力を免れるので、541条は適用にならないといわれている［山

中・注189頁])。売買を例に考えてみよう。

4-54　**(a) 売主の保護**
　❶ **履行前**　売主が未だ目的物を買主に引き渡していない場合、売主としては、買主に見切りをつけて、他に売却し早く代金を取得したい（売却とは代金獲得が目的である）と考えるのが普通である。ここで障害となるのが、契約の拘束力ということであるが、解除はこれに対して例外を認め、契約の拘束力からの解放を実現するという機能を有することになる。解除により、自分は履行したが反対給付を受けられないという損失を、未然に防ぐことができる（同時履行の抗弁権とセットになっての機能である）。

4-55　❷ **履行後**　売主が目的物を引き渡したが、買主が代金を支払わない場合、代金回収の可能性がない場合（代金回収の面倒を省くのでもよい）、目的物を引き上げて他に販売することの方が得策と考えられることもあろう（先取特権では、競売が必要）。しかし、そのためには引き渡した目的物が買主の下に残っている必要があり、そうでないと、解除したところで物が戻って来ず、損害賠償するしかないが、それならば解除しないで代金の支払を素直に求めた方がよいであろう。このように、契約の解消は、売主にとり❶では自己の債務からの解放、❷では目的物の回収という意味を有することになる[17]。

4-56　**(b) 買主の保護**　買主としても、その目的物が特定物で是非とも欲しい場合には、履行の強制をするしかないが、そうでなく、他の物でもよい場合や種類物の場合には、契約を解消して、他から購入した方がよいと考えるのが普通であろう。①代金支払前はやはり代金支払義務の免除の意味を持ち、②代金支払後は代金を取り戻すという意味もあるが、損害賠償義務が加わるだけで、むしろ強制履行の方が得策の場合が多いであろう。

17　買主からみると買った物は特定物である限り直ちに自分の物となるにしても、代金を支払わない限り解除され取り戻される危険がある。それが代金を支払うまでは自分の物になった気がしない原因であり、解除は所有権を留保していなくても取り戻しを求める根拠として、担保に近い作用を持つことになる。しかし、第三者との関係では買主に所有権を認めてよく、所有権を相対的にみるのも１つではあるが、やはり意思主義により所有権は買い主に移転しているとみてよいのではなかろうか（完全に所有者になった実感がまだない＝所有権の移転がないとする必要はない）。なお、青野博之「解除の法的構成として直接効果説を排除すべき必然性はあるか『現代契約と現代債権の展望　講座５』127頁以下参照。

第4章　契約の解除　165

4-57　**(2) 債務不履行をした当事者へのサンクション**
　　AがBに絵画を販売したという事例を例にして考えると、①Aが解除をすると、Bは折角100万円で買った絵画を取得できなくなり、また、②Bが解除をすると、Aは折角100万円で絵画が売れたのにその苦労が無駄になる、といった不利益を受ける。契約拘束力という原則の下ではありえない不利益である。このように、解除は折角獲得した契約を失うという不利益を相手方当事者に与えることになり、サンクション（責任追及）という意味合いをも持つことになる。しかし、常にサンクションとして機能しなければならない必然性はなく、**4-98**に述べるように、債務者の帰責事由を必須の要件とすべきではない。

4-58　【解除制度の本質】　上の(1)の債務不履行を受けた当事者を契約の拘束力から解放させて保護するということと、(2)の債務不履行をした者へのサンクションということとが考えられるわけであるが、前者を重視するか、それとも後者も重視して解除制度を考えるかで、次の2つ見解が考えられる。

4-59　❶ **債務不履行責任とは区別して考える説**　先ず、確かに債務不履行が要件とはなっているが、解除の趣旨は、(1)の履行を受けないで契約にいつまでも拘束される不利益からの解放という、債務不履行責任とは別個の制度と考えることも可能である。これによれば、①自分が契約の拘束力から解放される利益があることが必要になり、解除は双務契約についてだけ認めればよいということになり、また、②債務不履行をしている相手方に過失がある必要はないことになる（なお、履行不能については、債権者主義を採用している限り、過失なくして解除を認めたら、債権者主義が無視されるので認めることはできないことになる）。

4-60　❷ **債務不履行責任とパラレルの制度と考える説**　債務不履行責任の効果の1つとして解除を考え、債務不履行責任の要件を充たすことを当然の前提とみることもできる。これによれば、①別に双務契約に限る必要はないが、他方、②解除を受ける債務不履行をした当事者には過失がなければならないことになる。
　　帰責事由の要否については、**4-97**以下に詳しく述べることにする。

4-61　【拒絶権の付与によっても同じ目的は達成される】　大陸法では債務不履行に対する救済制度として解除という制度が確立しているが（但し、フランスでは解除条件という未熟なものであるが）、英米法では解除ということを独自の項目を立てて説明することはない。建前としての差であるが、大陸法が「契約は守られるべき」という原則により契約上の債務の履行の強制が当然許されるが、英米法では代替取引が容易であれば、履行の強制ができず損害賠償しか認められないので、必然的に解除と同じことになる。
　　例えば、アメリカの統一商事法典（UCC）を見ると、買主が代金を支払わないと、売主が解除をできることとが明記されているが（2-703f条）、売主が目的物を引き

渡さない場合には、買主には解除を持ち出すまでもなく、次のようなシステムで解決が図られている。

　買主が目的物を受領するまでは代金を支払う必要はないが、わが国の同時履行の抗弁権と異なる点は、提供が買主に代金支払義務が生じるための条件（停止条件）とされているところである（2-507条1項）。従って、買主としては、売主が目的物の提供をしない以上、代金支払義務を負わないことになり、解除をして債務を免れるといったことは必要ではないことになる。また、瑕疵ある物を売主が引き渡した場合、買主は受領を撤回することができる（但し、売主側にはこれに対して追完権が認められている）。

4-62　**(3) 履行への心理的強制**

　(1)及び(2)は債務不履行が生じてしまった場合における解除の事後的機能であるが、これに対して、解除という制度があるために、当事者は履行をしないと契約を解除されてしまうという心理的威圧を受けることになる。このように、履行を心理的に強制するというのが、解除の事前的ないし予防的機能である。

2　不能解除の場合

4-63　不能解除では、解除の実益はさほど大きくない。Aが絵画をBに売却後、Cに更に売却しCに引き渡してしまった場合、①履行前であれば、解除して代金債務（例えば100万円）を免れるのと同じ効果は、Bの損害賠償債務（例えば、絵画の価値が120万円と評価されれば、120万円）と相殺することによって実現できる。②代金支払後の場合には、解除しても代金の返還を求めなければならず、解除しないで損害賠償請求するのと変わりないことになる（交換契約ならば、不能解除の意義はあろう）。但し、市民の意識としては、①②のいずれの場合も、同じ結果となるとしても、契約を解除してスッキリしたほうがよいと思うであろうから、不能解除を認めるのが市民感覚に沿うのかもしれない。

第2節　解除の要件——解除権の成立要件

I　履行遅滞による解除

4-64　民法541条によると、「当事者の一方がその債務を履行しない場合において、相手方が相当の期間を定めてその履行の催告をし、その期間内に履行がないときは、相手方は、契約の解除をすることができる」と規定されており、遅滞解除の要件は次の3つである。

① 債務者が「その債務を履行しない」こと
② 債権者が「相当の期間を定めてその履行を催告し」たこと
③ 債務者が「その期間内に履行がない」こと

4-65　【片務契約（無償契約）にも解除が認められるか】　フランス民法は双務契約についてのみ解除を認め、旧民法もこれを承継したが（ドイツ民法もそうであり、双務契約にのみ解除を認めるのが普通である。但し、解除なしに填補賠償を請求しうるという制度がある点に注意）、現行民法では、単に「契約の解除」というだけで、「契約」の種類を選んでいない。そうすると、片務契約でも解除が認められるのか、例えば、Aがその所有の土地をBに贈与する約束をしたが、惜しくなって履行しない場合、Bは催告をした上で贈与契約を解除してAに填補賠償を請求できるであろうか。

4-66　**(1) 肯定説**

❶ **肯定説1**　旧民法では双務契約に限定していた解除を、現行民法で双務契約に限定しなかったのは、起草者が片務契約も含めるつもりであったのであり、委任で受任者が任務を履行しない場合が例として説明されていた（しかし、これは651条による解除があるので不要な議論であった。但し、損害賠償の点で問題は残される）。その後の学説も、双務契約に限定されていないことから、片務契約にも解除を認めていた（鳩山・上208頁、高島62頁、石田穣77頁。我妻・上148頁も甚だ疑問といいながら肯定）。判例も片務契約への適用を明言する[18]。しかし、何ら義務を免れる必要もないのに解除を認める必要があるのは疑問である。受領義務を認めれば、受贈者にそれを免れる

---

[18] 大判昭8・4・8民集12巻561頁。事案は預金契約の事例であり、預金債権には譲渡禁止特約がついていたので預金者が解除して解除後の返還請求権を譲渡したというものである。この判決はいろいろな点で問題点が指摘されている（山中康雄「履行遅滞による解除」『総合判例研究叢書10』10〜11頁）。

ために解除が必要かのようであるが、免除は債権者が一方的にできるのであり、片務契約では債務免除だけで十分対応できる。

4-67 　**❷ 肯定説2**　　次に、無償契約においても解除は認めた上で、解除をすると信頼利益の賠償しか得られないという考えもある（広中349頁、川井67頁）。贈与の目的物を受けるのにいろいろ費用なりがかかる場合（別に負担付贈与ではない）、履行がいつされるか分からない状態を解消する利益があるが、解除して目的物を要らないという以上、信頼利益の賠償に限定するわけである。だから、特別な場合ではない限り解除をしないだろうし、利益がある場合に解除を拒絶する必要はないというわけである[19]。

4-68 　**(2) 否定説**　　これらに対して、解除して契約の拘束力を免れるという点に解除の存在意義があるとして、片務契約では解除の必要性がなく解除を認めなくてよいという学説もある（星野70頁、三宅・総論136〜7、注民(13)367頁［山下］、大学双書66頁［中井］）。これによれば、受贈者は履行の強制さえできればよく、いつ履行してくるか分からない不安定な立場から免れるというのは、解除を認めるほどの切実なものではないことになる。

4-69 　**【継続的契約関係と解除】**　　賃貸借を代表とする継続的契約関係では（継続的供給契約では、個々の契約の基本をなす基本契約の解除が問題となる）、遡及効のある解除ではなく告知であるが、そのような遡及効のない告知についての一般規定は民法には置かれていない（ドイツ新債務法314条では、継続的契約関係についての告知の一般規定が新設されている）。継続的契約関係では、効果の点だけでなく、要件の点でも信頼関係の破棄の有無を決め手にすべきであるという特殊性がある。そのため、告知についての特別規定が置かれることが本来は望ましいわけであるが、これがない現在どう処理したらよいのであろうか。541条は告知の基本条文とされるべきであろうか（541条の判例として実際には、解除が問題とされている判例の多くは、契約を白紙に戻す解除ではなく、賃貸借契約の告知の事例が殆どである）。

4-70 　**❶ 適用否定説**　　継続的契約関係では、ⓐ債務不履行があっても当然解除が認められるのではなく、債務不履行により信頼関係が破棄される場合でなければならない、ⓑ債務不履行により信頼関係が破棄される場合には、催告して相当期間が経過することを要せずに直ちに解除ができてしかるべきである、という541条とは異なる特殊性がある。かくして、541条は告知権の発生原因を規律するものとしては適切で

---

[19] 受贈者としても、いつ履行してくるか分からないと困ることもあり（例えば、新居用に親戚がタンスをくれるといったが、いつになってもくれない場合、受贈者としては贈与を解除して自分でタンスを買うという必要性がある）、別に❷説のように信頼利益の賠償に限定すれば不合理も解消できるのであり、肯定説の❷説でよいのではないかと思われる（但し、特に実益はない。なぜなら、贈与者は債務のみを負うので債務免除により受領義務を一方的に免れることができ、また、負担つき贈与ならば双務契約の規定に従うからである）。

第4章　契約の解除　169

はなく、541条とは別に個々の契約類型に応じて構成されるべきであるというわけである（川島・判民昭和7年度11事件、戒能33頁、末弘厳太郎『民法雑記帳下』46頁以下、広中346～7頁、水本118頁）。すると継続的契約関係の中から一般化できそうな規定を探してみると、あまり適切な規定はないが、雇用についての628条を信頼関係の破壊の法理の発現とみて、これを他の継続的契約関係に類推適用するということになる。

4-71　❷ **適用肯定説**　❶説のⓐⓑのような特殊性があることは否定できず、これを実現する法がない、即ち法の欠缺の場合の処理をどうするかという法解釈方法論の立場にかかってくることになる。628条を類推適用することも1つの方法であるが、541条によった上で、同条は本来継続的契約関係を予定していないとして解釈により継続的契約関係については要件・効果を修正することができ、結局は541条を根拠にしながらも独立した判例法を創造するという方法も考えられる（山中6頁）。実質的に狙っている所は同じであり、裁判所による採用の可能性からいうと後者のほうが高いし、実際にも541条を賃貸借に適用することを判例は当然視しているといってよい。従って、本書もこの立場から説明していくことにする。

4-72　【**遺産分割と解除**】　遺産の分割協議も一種の契約であり、そうすると、その際に負うことになった債務を当事者が履行しない場合、催告の上遺産分割を解除できるであろうか。

　例えば、Aが死亡し、妻Bと子CDが相続し、Cが遺産分割によりAが居住していた土地家屋を取得し、その際に取決めとして、CはDと兄弟として仲良く交際すること、長男として実母Bと同居し、Bを扶養し同女にふさわしい老後が遅れるよう最善の努力を尽くすこと、といったことがCに義務づけられたとする。ところが、Cがこの義務に背き、Bを扶養せず、Dとも交際を絶ったとする。この場合に、BDは催告の上で遺産分割を解除できるであろうか。

　学説は一般に否定説に立つが（山中・注18文献20頁、星野英一「遺産分割の協議と調停」『家族法大系Ⅵ』375頁など）、解除の可能性の余地を認める考えもある（佐藤義彦「遺産分割協議の解除の可否」判タ688号260頁、伊藤昌司・新版注釈民法（27）361頁）。この問題は、遺産分割のみならず、共有物の分割協議全般に当てはまる議論である。解除を、契約をした目的が達成できないような重大な場合に限定する立場からいえば、少なくとも二当事者間の分割では解除を認めてもよいであろう。判例は次のように否定説である。

4-73　●**最判平元・2・9民集43巻2号1頁**　函館地判昭27・10・15下民集3巻10号1467頁は、遺産分割は処分契約であることからこれを否定し、東京高判昭52・8・17家裁月報30巻4号101頁も次の最判と同じ理由で否定した、遺産分割と解除の問題についての初めての最判である最判平元・2・9民集43巻2号1頁は次のように述べて否定する。

　「共同相続人間において遺産分割協議が成立した場合に、相続人の一人が他の相続人に対して右協議において負担した債務を履行しないときであっても、<u>他の相続人は民法541</u>

条によって右遺産分割協議を解除することができないと解するのが相当である。けだし、遺産分割はその性質上協議の成立とともに終了し、その後は右協議において右債務を負担した相続人とその債権を取得した相続人間の債権債務関係が残るだけと解すべきであり、しかも、このように解さなければ民法909条本文により遡及効を有する遺産の再分割を余儀なくされ、法的安定性が著しく害されることになるからである。」

1　債務者がその債務を履行しないこと

4-74　条文には明記されていないが、ⓐ履行期を徒過していることまたはⓑ履行期の定めがないにも拘らず（要するに期限の利益が与えられていないこと）、履行をしていないことが必要である[20]。従って、履行期前に履行しなくても、解除されることのないのは当然である。

　ところで、①上のような状態にあることと、②履行遅滞にあることとは別である。①の状態にあっても、同時履行の抗弁権があったり、留置権があったりすれば履行遅滞にはないことになるからである。解除するには②の履行遅滞の状態になければならないが、催告時にも履行遅滞の状態になければならないのか、それとも催告時には①の状態にさえあればよいのであろうか。先のⓐでは同時履行の抗弁権がある場合に、一旦提供して遅滞に陥れてからでないと催告ができないのか、ⓑでは一旦412条3項の催告をして（同時履行の抗弁権があれば自己の債務を同時に提供して）相手を遅滞に陥れてから、もう1度催告をしなければならないのか、という問題である。

　判例・学説とも、そのような2度手間を不要としており、相手方に同時履行の抗弁権がある場合には、自己の債務の提供と同時に催告ができ（大判大6・6・27民録23輯1153頁）、履行期の定めのない場合には、412条3項の催告と541条の催告を同時になすことができると考えている。条文上も、債務者がその「債務を履行せざる」というだけで、特に履行遅滞までは要求していない。要するに、債務者が相当期間履行遅滞にあればよいのであり、相当期間、債務者が履行遅滞にあったということは、①解除権の成立のためには必要であるが、②催告のためには、その時点で既に履行遅滞にあることを要件する理由はない。従って、催告前に履行

---

[20]　特殊な事例としては、預託金ゴルフ会員権契約で、ゴルフコースの一部を全面改良することになっていたのに、改良工事の着手が予定から約4年も遅れ未だ完成していないとして、履行遅滞を認め会員からの解除を肯定した判決がある（東京地判平6・9・8判時1542号80頁）。

遅滞にあることは必要ではないということになる。なお、提供が1度なされても、無条件に履行を強制されないという同時履行の抗弁権は失わないが、解除を退けるという同時履行の抗弁権の存在の効果はもはや認められなくなることは、既に **3-74** に述べた。

4-75 【**当事者双方が提供せず期限を徒過した場合**】　確定期限が定まっていたが、両当事者が同時履行の抗弁権を有したままその確定期限を徒過した場合、期限「経過後本件契約は期限の定なきものとなり」といわれる（大判大13・5・27民集3巻240頁）。そのため、一方が自己の給付を提供をして他方に履行の催告をすれば、再度催告をする必要はないと、期限の定めのない場合と同じことを述べている。その趣旨は、いつ履行するという期限が将来なく、履行しなくても遅滞に陥らず、同時履行の抗弁権のついた期限の定めなき債務（412条3項）になるというのであろう。期限の定めはあったが、それを徒過し、将来に向かっては期限の定めがないというだけであり。しかし、期限は徒過しているが、同時履行の抗弁権があるために履行遅滞にならないというだけであり、完全な期限の定めのない債務とは異なるというべきである。従って、もし相手方が履行すれば、催告をしなくても、他方当事者は同時履行の抗弁権を失い履行遅滞となるというべきである（期限の定めのない債務になってしまうのならば、それにプラスして催告がなければ遅滞に陥らないことになる）。

4-76 【**受領遅滞にある者からの解除**】　例えば、AがBに絵画を売却し、Aは期日に絵画を提供したが、Bが契約の効力を争い受領を拒んだ場合（同時に自己の債務の履行も拒絶しているから履行遅滞でもある）、後日Bから契約を解除するにはどのようなことが必要であろうか。次のような判例がある（それ以前に、大判大9・4・12民録26輯487頁が同旨を説いていた）[21]。

4-77
> ● 最判昭35・10・27民集14巻12号2733頁　買戻契約で、財産税額をXの負担とし一応3万円と見積もり、3万円支払えば畑3筆をX（被上告人）に返還することにされ、後日財産税額が判明次第清算する旨の約束がなされた。Xは3万円を調達してY（上告人）方に持参し提供したところ、Yは税額は3万5,000円といいだし、1、2日後Xが3万5,000円を持参し提供すると、今度は4万円といいだし、そこで4万円を提供したがYが税額につき納得のいく説明をしないのでXが持ち帰った。Xの所有権移転登記請求に対して、Yはその後3万円の支払請求をしたがXが支払わないので契約を解除したとして争う。

21　この判決の結果、受領拒絶を覆して履行を請求するだけでは足りず、「受領遅滞を解消せしめるに足る意思表示をした上」で、請求するのでなければならないことになる。本事例でいうと、単に3万円の請求をしただけでは足りないというわけだが、それ以上に何をすればよいのかは具体的に明らかではない。3万円を請求した以上、3万円でよいと認める趣旨ととれるのであり、債務者が疑問を持つようであれば、債務者に信義則上債権者の意思を確認する義務を負わせても不当とは言えず、漫然と債務者が何もしないのも問題であると思われ、疑問は残る。

172　第1編　契約総論

4-78　**(1) 原審判決**　原判決は、受領遅滞にあるYとしては、「先ず、YはXが約旨の3万円及び被控訴人要求による3万5,000円、4万円を持参して提供をなしたときこれを拒みその都度受領遅滞の状態にありながら既にYの受領拒否によりその真意を測りかね弁護士に訴提起を依頼した後になって前示の履行催告をなしたのであるが、右の様な場合Yは先ず右増額要求部分を撤回して当初の3万円を確かに受領する旨の意思を表示する等受領遅滞を解消させるに足る措置を講じた上右3万円の請求をしなければならないのに漫然これが支払のみを請求したのであるから斯様な請求は契約解除の催告としては信義則に反し無効のものと謂わねばならない」と判示して、Xの請求を容認する。Yはこれに対して、Xに3万円を支払うよう催告したのであるから、「当該3万円を確かに受領する意思を表示」したことになると争う。最高裁は次のように判示してYの上告を棄却する。

4-79　**(2) 最高裁判決**　「かかる受領遅滞にあるYとしては、契約解除の前提としての催告をするがためには、Xに対し<u>右受領遅滞を解消せしめるに足る意思表示をした上、右3万円の請求をすべきであって、これなしに漫然その支払のみを請求しても契約解除の前提としての適法な催告をしたものとは認められない</u>。されば、本件催告は以上いずれの点よりするも契約解除の前提としての催告としては無効のものであり、この点に関する原判示は結局正当である。」

2　債権者が相当の期間を定めて催告をなしたこと

4-80　**(1) 相当期間を示した催告を要求した趣旨**

債権者は対象となる債権を明示して、相当の期間を定めてその期間内に履行するよう催告をしなければならない（これは履行期の猶予ではないので、この期間中も遅滞にある）。催告をすればよいのであり、催告期間内に履行しないと解除されることの注意を促す必要はない[22]（大判昭15・9・3評論30巻民52頁）。このような催告期間を解除の前に要求したのは、①最後の考慮の余地を与える、②直ちに解除を認めず、相手方の契約維持の利益に配慮したことにある（大判大13・7・15民集3巻362頁）[23]。

---

[22]　ドイツ民法では、2001年の改正前は解除がされることを催告に示唆しなければいけないことになっていたが、その不都合が指摘され、新債務法323条1項ではこの要件を廃止した。ところが、ヨーロッパ契約法典草案114条1項はこの要件を設定している。

[23]　ドイツ新債務法323条、ヨーロッパ契約法典草案114条、PECL 9-301条2項など、原則として相当期間を定めた催告を必要とし（中国契約法94条3号も、催告後の相当期間の経過を原則として必要としているといってよい）、CISGも、解除については付加期間の経過を必要としている（49条1項b号、64条1項b号。ただし、いずれもa項では重大な契約違反であれば付加期間は要件とされない）。ただし、いずれにおいても、重大ないし本質的な不履行の場合には、付加期間ないし催告後の相当期間の経過は必要とはされていないことに注意すべきである。ヨーロッパ契約法典草案114条1項は、「107条の意味で重大な不履

売主が目的物の引渡場所を指定すべきなのに指定せず期日を経過した場合に、買主の催告はどうされるべきであろうか。場所をしてその場所で引き渡す催告することができるが、買主が売主の店舗において目的物を引き渡すよう催告をした事例で、催告は適法であるとして解除が効力を認められている（大判昭9・2・19民集13巻150頁）。

(2)「相当の期間」について

4-81　「相当の期間」は、①これから準備をして履行する（例えば、これから外国から輸入する、他から仕入れる、生産する、採掘する等）ために必要な期間ではない、②既に準備は完了していることを前提として、履行を準備し給付を完了するのに必要な猶予期間である（大判大13・7・15民集3巻362頁。それ以前の大判大6・6・27民録23輯1153頁は準備も含めていた）。なお、債務者の主観的な事情（病気、旅行中等）は考慮する必要はないと考えられている（前掲大判大6・6・27［外国に旅行していた事例］。これに対して、石田穣82頁は相当期間判断の要素とする）。不誠実な債務者をそれほどまで保護する必要はなく、また、①のような期間では、契約を早期に見切りをつけるという解除の趣旨にそぐわないからである。なお、催告に必要な期間が法定されている場合もある[24]。

4-82　【催告を必要としない立法もある】　わが国では解除のためには催告が必要であるが、これは絶対的なものでいずれの国にも共通するというものではない。

❶ 催告＋相当期間の経過を必要とする立法　ドイツ民法などでは、原則として催告を必要し相当期間を経過することが解除の要件となっている（⇒**4-8**以下）。ここには、解除前に相当期間を設定しその経過が必要とするのは、→債務者の利益を考慮して、なるべく契約を維持し、契約が履行という正常な運命を辿ることを理想とする価値判断が見て取れる。

4-83　**❷ 催告＋相当期間の経過を不要とする立法**　これに対して、債務者が履行をし

行がある場合には、債権者は、15日を下回らない相当期間内に履行をするよう債務者に催告し、かつ、その期間内に履行がされなければ、契約は当然に解除されたものと扱われることを告げて、契約の解除を行う権利を有する」と規定し、15日以上を下限を設定している。日本民法においても、債務者が不誠実な態度をとっており、信頼関係が破壊されている場合など（事前の履行拒絶も含めて）においては、催告を不要として即時解除を認めてよいであろう。

[24]　割賦販売法5条は、割賦販売業者について、賦払金の支払の義務が履行されない場合には、「20日以上の相当な期間を定めてその支払を書面で催告し、その期間内にその義務が履行されないときでなければ、賦払金の支払の遅滞を理由として、契約を解除し、又は支払時期の到来していない賦払金の支払を請求することができない」と規定し（1項）、「前項の規定に反する特約は、無効とする」とも規定している（2項）。

ない以上、解除されてもやむをえず、また、債務不履行にある場合には契約の解消がむしろ理想であるという価値判断も可能である（これによれば、履行の強制は認めず、原則的に契約の解消へと進むことになる）。英米法では、催告を要件としておらず、直ちに解除できることになっており、このような考えに依って立っている（PICC ア 7 - 3 - 1 条、PECL 4 -301条も、不履行が重大であれば直ちに解除を認める）。

4-84　❸ **折衷的解決**　①のドイツ法と②の英米法との妥協の産物であるウイーン売買条約（CISG）は、両法体系の妥協により、ⓐ重大な契約違反については催告なしに直ちに解除ができるが、ⓑそれ以外の契約違反については、催告し相当期間の経過を必要とするという解決をしている（山田到史子「契約解除における『重大な契約違反』と帰責事由」民商100巻2号77頁以下参照。ドイツ民法改正の際のフーバーの意見書も同様）。なお、軽微な契約違反は催告しても解除はできないであろう。

4-85　【**期間の定めが適切ではない場合または期間の定めがない場合**】　債権者による催告の期間の定めが適切ではない場合または催告に期間の定めがない場合には、その催告は無効であろうか。

❶ **無効説**　541条は単に催告すればよいというのではなくて、「相当の期間」を定めて催告することが催告の要件となっている。従って、期間を定めないまたは不相当な期間を定めてなした催告は、412条3項の催告にはなるが、解除権発生の要件である541条の催告にはならないという考えも可能である（鳩山・上124頁〔期間が相当かどうかの判断の危険を債務者が負担することになり不公平というのが理由〕、横田171頁など旧学説。旧判例も大判大6・7・10民録23輯1128頁など同旨であった）。これによると、期間を定めないで何度も催告して、かなりの期間がすぎても、債務者は解除を免れるという不合理な結果となる。

4-86　❷ **有効説**　そのため、判例は、特約で定められた期間よりも短い期間を定めてした催告の場合につき、「債務不履行を理由とする契約解除の前提としての催告に定められた期間が相当でない場合であっても、債務者が催告の時から相当の期間を経過してなお債務を履行しないときには、債権者は契約を解除することができるものと解すべきである。そして、この理は、催告期間を定める特約の付された契約にあっても異ならないものというべきであって、債権者が特約に定められた期間より短い期間を指定した催告をした場合でも、催告の時から特約所定の期間を経過しかつその期間が相当と認められるときには、信義則上、催告に応じた債務の履行をしない債務者を保護する必要はなく、債権者は、契約を解除することができることとなるものと解するのが相当である[25]」とした（最判昭44・4・15判時560号49頁）。また、

---

[25]　「本件土地の賃貸人が賃借人らに対して5日以内の債務の履行を求めた本件催告は、3週間の催告期間を定めた特約に違反してはいるが、右催告と同時にされた条件付契約解除の意思表示により、催告後3週間を経過したときに賃貸借契約解除の効果が生じたものとした原審の判断は是認することができる」という。

第4章　契約の解除　175

期間を定めずに催告を繰り返した事例で、客観的に相当な期間を経過すれば解除権が発生するとした（大判昭2・2・2民集6巻133頁など）。学説もこれを支持している（通説）。❶説の批判に対しては、相当かどうかの判断を債権者に負担させることは、履行をしない不誠実な債務者に負担させるよりも不公平であると反論している（遠藤浩「解除と催告」『契約法大系Ⅰ』326頁）。

この結果、とにかく、催告があり、客観的に相当期間と思われる期間が経過しさえすれば解除権が成立する、ないし停止条件つき解除が有効になることになる。

4-87 【過大催告・過少催告】　催告は催告されている債権の同一性が債務者にわかればよく、金額が実際より大きくてもまたは小さくても、催告されている債権がわかれば有効である（最判昭34・9・22民集13巻11号1451頁など）。判例では、例外的事例として、賃料月3,980円に対して、月5,000円の賃料を主張しこの額でなければ受領しないことが明確な場合につき、催告の効力を否定した判決がある（最判昭39・6・26民集18巻5号968頁）。金額に争いがあるだけで、何時の賃料を請求しているのかは明らかであり、解除を否定するのは別の論理によるべきである（受領拒絶が明らかな場合には、提供しなくとも遅滞にならないし、また、債務者［賃借人］の行為は信頼関係を破壊する行為とはいえない）。

4-88 【催告なしに解除ができる場合】
　（1）**定期行為**　541条に対する特則として、542条は「契約の性質又は当事者の意思表示により、特定の日時又は一定の期間内に履行をしなければ契約をした目的を達することができない場合において、当事者の一方が履行をしないでその時期を経過したときは、相手方は、前条の催告をすることなく、直ちにその契約の解除をすることができる」、と[26]規定している。このように履行を一定の期日または期間内になさなければ、債権者が契約をした意味を失う契約を**定期行為**という。これにも、①行為の性質上当然のもの（**絶対的定期行為**）[27]と、②債務者の主観的な目的によるもの（**相対的定期行為**。祝賀会用にビールを注文するなど）とに分かれる。②の場合には、その旨を債務者に知らせる（契約後でもよい）ことが必要である[28]。

---

[26]　定期行為の場合に、一定の時期を過ぎれば直ちに解除ができるというのは、更に債務者に帰責事由もなくてよいのかは争いがある。①必要説が通説であるが（我妻・上171頁など）、②不要説もある（三宅・総論200頁）。私見では一般的に帰責事由を不要とする以上、この場合もより強い理由で否定すべきである。

[27]　例えば、クリスマスツリーや門松の注文、年賀葉書の印刷の注文。判例としては、次年度のカレンダーの売買（大阪区判大7・5・15新聞1426号18頁）、中元の進物用としてのうちわの売買（東京控判大15・11・15民録26輯1779頁）、凍氷の売買（東京控判大15・5・27新聞2605号14頁）がある。これに対して、肥料の売買では否定されている（東京控判大10・10・11評論11巻民911頁）。

[28]　なお、単に期日を厳守すべきことを約束しただけでは足りないが、杉苗の売買で、転売用の購入であり転買人に急遽発送すべき事情にあることを売主に示し、売主もこれを承知

定期行為では催告なしに解除ができるが、催告なしに解除できるのは、「特定の日時又は一定の期間」を経過したときである。①「特定の日時」は例えば、5時から祝賀会をするからビールを持ってきてくれと頼んだ場合、5時を過ぎた時である（間に合わないことが確定すればその前でもよいか）。②「一定の期間」とは、例えばクリスマスツリーを頼んで20日が引渡日であった場合、24日を過ぎた時であり（それまでは、催告しなければ解除できない）、中元の贈答用にうちわを注文した場合、中元の季節が過ぎた時である（いずれも、それまでは催告しなければ解除できない）。なお、商法では、即時解除権が発生するのではなく、何らの意思表示を要することなく当然に契約が解除されるものと扱っている（商525条）。

4-89　**(2) 催告を不要とする特約がある場合**　541条は強行規定ではないので、催告・相当期間の経過という要件を排除して、債務不履行があれば直ちに解除できるという特約も有効と考えられている（従って、定期行為か否か微妙なケースならば、この特約を結んでおくという手がある）[29]。

4-90　**(3) 履行拒絶の場合**　問題となるのは、債務者が予め履行を拒絶している場合である。債務者が確定的に拒絶している場合（契約の効力を争ったり、金額を争い債権者の主張する金額は催告しても払わないことがあきらかな場合）、催告したところで無駄になることが分かっているのに、敢えて催告をしなければならないのか、という問題である。債権者の受領拒絶については、提供をめぐって、提供をしなくても債務不履行にならないとされているが（⇒債権総論**2-237**以下参照）、ここでも同様に、無駄なことを法は要求しないということになるのであろうか[30]。

4-91　❶ **催告必要説**　判例は、催告により債務者が意思を翻す可能性があるため、催

の上で引渡期日を定めた場合には、定期行為と認定されている（盛岡地判昭30・3・8下民集6巻3号432頁）。

[29] ドイツ新債務法323条2項は、催告期間の指定が不要な場合として、①債務者が真摯かつ最終的に履行を拒絶していると思われる場合、②定期行為の場合、及び、③両当事者の利益を考慮して即時の解除を正当化する特別の事情がある場合を規定している。改正前の326条2項の利益欠落（履行が遅れたため契約をした利益が失われること）も3号に吸収されている。）このため、定期行為に限定されておらず、経済的不能といわれるような事例（債権者が、履行が遅れたため、輸出または輸入ができなくなった等）や、わが国では定期行為とは認められなかった耕作用の肥料の売買の事例なども、無催告解除を根拠づけることが可能になる。わが国ではこのような包括的な概念がないでで、定期行為以外には無催告解除は認められないことになる。

[30] 判例の殆どが賃貸借事例であり、これは戦後、信頼関係破壊の法理により処理されている事例であるため、本来ならば一時的契約か継続的契約関係かを分けるべきであろう（そのようなものとして、島田禮介「履行遅滞と無催告解除」『展望判例法Ⅰ』134頁以下）。従って、判例は一般論として述べている古いものはここで引用するが、賃貸借については**10-59**以下に譲り、専ら一時的契約を念頭に置いて考える。

告をして最後通牒をつきつける必要があるという[31]。提供とは異なり、契約を解消されてしまうという重大な効果を導くことも考慮されているともいえる。これに賛成する学説も多いが（鳩山・上212頁、我妻・上161頁、末川・上150頁、高島67頁）、実際上は何らかの催告がされているだろうから、*4-85*の議論を考慮すれば不都合はないと評価されている。

4-92　❷ **催告不要説**　これに対して、債務者が予め履行を拒絶しているにも拘らず、解除されるや、催告してくれれば気が変わったのにと主張するのは信義則に反するとして、催告を不要とする学説もある（山中・注**18**文献56頁、遠藤・大系Ⅰ330頁、石田穣83～4頁、田山78頁、半田139頁。なお、三宅・総論195頁は債務者が解除の無効を主張するのは信義則に反するという）。判例も、商人間の売買のケースでは、取引の敏活を理由に不要説を採る（大判昭3・12・12民集7巻1085頁。但し、その表現は殊に商人間の売買ではと付言するだけで、一般論として判例を変更するものともとれる）。

拒絶が確定的であり、催告も相当期間の猶予も全く無意味であれば、解除を早期に契約に見切りをつける制度と解するならば、この債権者の利益を重視すべきであり、無駄な契約を解消して適切な処置をとりうるまで時間を延ばさせる必要はないと思われる（CISG、ドイツ新債務法も催告不要である）。

4-93　**(4) 履行期前の履行拒絶**　更には、(3)で❷説をとるならば、履行期前から既に債務者が履行を拒絶している場合に、債権者は履行期前でも解除できるであろうか[32]。これを肯定するには(3)と異なり一つ大きな障害がある。未だ履行期が到来していないため、履行期になれば履行遅滞になることは明らかであるとしても、履行期前では未だ履行遅滞を論じえないために、解除権発生の要件である履行遅滞の催告という要件を充足していないのである。そこで、解除を肯定するには一工夫が必要になる。

4-94　❶ **第1説**　先ず、541条を履行遅滞に限定せずに、履行不能以外の債務本旨不履行の一般規定と考えた上で、履行期前の履行拒絶を債務不履行の1類型とみて、ⓐ一定の猶予期間を与えても翻意しなければ履行期前でも解除ができ、また、ⓑ履行拒絶の意思が明確であるならば、猶予期間を与えずに直ちに解除を認めるというも

---

[31] 大判明31・3・14民録4・3・26、大判大11・4・17新聞1988号17頁、大判大11・11・25民集1巻684頁（いずれも催告が実際にはある事例であり、相当な期間の定めがないだけで、*4-85*の議論を考えれば今では結論としては疑問）。

[32] CISG72条も、重大な契約違反が履行期前から明らかであれば、履行期前の解除を認めており（但し、合理的な期間の通知をなすことが必要）、ドイツ新債務法323条4項も、解除の要件が満たされることが明らかな場合には、履行期前に解除ができるものと規定をし、履行拒絶について催告を必要とすることは特に明記していない。PICC 7・3・3条も履行拒絶に限定せず、重大な不履行が生じることが明確であれば履行期前の解除を認めており、PECL 4・304条も同様である（石崎泰雄「履行期前の不履行と解除」早稲田法学74巻4号189頁以下参照）。

のがある（北川善太郎『債権総論（第3版）』184頁。潮見佳男『債権総論Ⅰ（第2版）』154頁も解除を認める）。

4-95　❷ **第2説**　次に、履行期に履行遅滞となることが履行期前から確実である以上、不安の抗弁権の所で述べたように、資力が悪化している以上履行が期待できず今から既に履行遅滞が予想されるのだから、不安が解消されない限り解除が許されて然るべきである。将来解除が確定的に予想できる以上、期限前ということに拘泥する必要はない（履行不能では債務不履行が既にあるのだが、履行期前でも解除ができるというのはこの思想の表れともいってよい）。そこで、541条を拡大（類推適用）して不履行が確実に予見できる場合には、いわば債務不履行の前倒しのような形で、解除が許されてよい。但し、原則的には、541条の猶予期間の趣旨から、翻意を促すべきであり（履行期前であるから催告はできようはずはない）、それでも翻意しない場合に初めて解除ができるものというべきである。

3　債務者が相当期間内に履行をしなかったこと

4-96　催告期間内に履行しないことが条文では要求されているが、**4-86**に述べたように結局催告があり相当期間を経過すればよい（客観的な相当期間より長い期間を定めたら、債務者に期待を与えているのでその期間の経過でなければならないが）ことになる。なお、期間経過前であっても、債務者が履行しない意思を表明した場合には、その時から直ちに解除できるようになるものとされている（大判昭7・7・7民集11巻1510頁〔但し、事案は賃借人による無断増改築という信頼関係を破壊する事例であった〕。我妻・上167頁など学説も賛成）。

　なお、条文では要求されていないが、債務者が履行遅滞にあることが必要であり、従って同時履行の抗弁権や留置権の行使により履行遅滞にない場合には、解除権は発生しない[33]。繰り返しになるが、履行遅滞は、催告の要件ではないが、解除権発生の要件だからである。

4-97　**(1) 債務者の帰責事由の要否**

　では、履行遅滞の状態にはあるが、相当期間ないし催告期間内に履行をしなかったのが、債務者の責めに帰すべからざる事由による場合（例えば、外国から目的物を輸入して引き渡す売買契約で、輸入先の外国で内乱が起き、それが収まらないと輸入の見込みが立たない場合）においても、解除権は発生するであろうか。換言すれば、

---

[33]　なお、会社更生法39条による旧債務弁済禁止の保全処分が命じられた場合、その後に債務の弁済期が到来しても、「債権者は、会社の履行遅滞を理由として契約を解除することはできない」とされている（最判昭57・3・30民集36巻3号484頁）。

第4章 契約の解除　179

債務不履行ということの他に債務不履行「責任」があることが、解除権発生の要件とされるのであろうか。

4-98　❶ **必要説**　解除により債務者も契約を失うという不利益をうけるため（⇒ *4-57*）、債務者に不利益を負わされてもやむを得ない事情がなければならず、「法定解除権は、要するに、債務者の履行遅滞〔責任〕の効果の1つである」と位置づけられ、債務者の帰責事由が要件とされると考えるのが、これまでのわが国の判例（大判大10・5・27民録27輯865頁など）[34]、通説であった（鳩山・上215頁、磯谷・上255頁以下、我妻・上153頁、山中・注*18*文献49頁、鈴木154頁、高島64頁など）。534条1項で履行不能については過失が要件になっていることとのバランス論もある。しかし、これは、危険負担の債権者主義が解除により無視されないようにするためであり、債権者主義が解釈により死文化されつつある現在としては、そう神経質になる必要はない。

4-99　❷ **不要説**　これに対し、債権者を契約の拘束力から解放するという点に解除制度の存在意義を認めようとすると（⇒*4-53*以下参照）、債権者の利益保護が優先せられ、債務者の帰責事由の存在は要件とはされないということになる[35]。このような観点から、必要説を疑問視したり（星野77頁）、明確に不要説を採用する説が増えてきている[36]。

4-100　❸ **折衷説**　原則として帰責事由がなければ解除はできないが、例外的に、債務不履行が長期にわたり（先の内戦の例でいつ内戦が収まるか予想がたたない）債権者に不当な不利益が生じる場合に（他から仕入れて早く処理したい）、解除できずにいつまでも契約に拘束されるというのは不当なので、そのような場合に限り帰責

---

[34] 判例には債務者の帰責事由を不要とするものと、必要とするものとがあるが、必要とした事例は同時履行の抗弁権が問題となっている事例であり、適切ではない。これは、古くは違法性が独立していなかったためであり、これにつき、渡辺達徳「民法541条による契約解除と『帰責事由』」商学討究44巻3号102頁参照。

[35] 2001年改正のドイツ新債務法も241条2項、280条1項、282条、324条で帰責事由不要を前提としている。CISG、PICC、PECL またヨーロッパ契約法典草案も帰責事由を不要とし、但し重大な契約不履行に解除を限定している。ユニドロアでは、解除のための重大性の判断基準を細かく規定している。比較法的にみると、解除制度を債権者の解放のための制度と捉えて、債務不履行責任とは一線を画し別個の制度として、債務者の帰責事由を不要とするのが一般であるといってよい。フランスでも条文上不要であり、判例も同旨である。

[36] 末弘244頁、戒能100頁、好美清光「契約の解除」『現代契約法大系2』180頁、辰巳直彦「契約解除と帰責事由」『谷口知平先生追悼論文集2　契約法』339頁、潮見264頁、山田・*4-84*論文92頁、後藤巻則「契約解除の存在意義に関する覚書」比較法学28巻1号23～4頁、

事由なしに解除が許されるというものもある（石田穣79頁）[37]。この説のいう541条の解除ではなく、事情変更の原則に基づく解除（またはそれを緩和したもの）と説明もできなくはないであろうが、結論としてはこの説でよいと思われる。一時的に不可抗力で履行できない場合にも解除を認めるのは、確かに早く契約に見切りをつけて別のところと取引したい（例えば、生産用の原料ならば、それがこなければ操業ができない）ということも分かるが、債権者側の解除の利益とのバランスで、どの程度の長期にわたるならば解除ができるかは柔軟に判断すればよいのではなかろうか。但し、それを催告における相当期間で考慮するというのであれば、❷説でも同じ結果は実現できよう。

4-101 【金銭債務の履行遅滞の場合】　債務不履行責任については、金銭債務では帰責事由は必要ではないが（419条2項）、解除についても同様に解してよいであろうか（例えば、AがBから1,000万円で絵画を買ったが、期日に現金を支払いに行く途中強盗に金を奪われてしまい、その後金策に奔走したが未だ催告された期間を過ぎても現金がそろわない場合）。そもそも、541条で債務者の帰責事由を不要とするならば、当然不要であり、従って、541条で過失必要説に立った場合にのみ問題となる。

　①判例は、金銭債務については解除についても債務者の帰責事由は不要としている（最判昭32・9・3民集11巻9号1467頁　事案は借地人の賃料不払の事例。山中・注18文献26頁）。②しかし、これに対して、損害賠償と解除とは別に考えるべきであり、また、解除については419条2項のような特別規定がないため（解除を債務不履行責任の効果とすれば別に問題ないが）、原則通り、解除のためには債務者の帰責事由を必要とする考えもある（石田穣79頁）。

4-102 **(2) 付随的義務の不履行**

　債務不履行があっても、それが軽微な場合には（例えば100万円の代金で1万円の支払遅滞しているなど）解除は許されない（大判昭14・12・13判決全集7巻109頁）[38]。では、履行遅滞または違反されている義務が付随的義務の場合はどうであろうか。541条は単に「債務を履行せざる」というだけである。解除は遅滞により契約をした目的を達しえない場合に、契約の拘束力という原則に対して例外を認めて、給付

内田89頁、近江81頁。

[37] また、小野秀誠『危険負担の研究』113頁は、当事者の責に許すべからざる遅滞が長期にわたる場合には、542条の趣旨を類推適用して解除権を認めようとしている。

[38] 事例は農地賃貸借（小作）の事例であり、賃料の増額請求があり額に争いがあった事例でもあり、「賃料の支払に付誠意ありたることを認むるに十分なりと謂ふべし。……本件契約を解除し得さるものと解するは信義誠実の原則に適合する」と述べており、現在でいえば、賃貸借契約における信頼関係破壊の法理によって解決ができる。

を受けていない契約当事者を契約から解放する制度である。例外的制度である以上、解除ができるのは、その不履行または違反のために契約をした目的を達しえないような重大な場合でなければならない[39]。近時の立法などで重大な債務不履行を解除の要件とするのはそのような趣旨であり、日本の民法でも、担保では解除の要件として契約の目的達成ができないことが明示されている。付随義務違反についても、このような観点から解除の可否が検討されるべきであり、実際に判例はそのような運用をしているといえる。

4-103　❶ 解除を否定した判例　大判昭13・9・30民集17巻1775頁[40]は、「然れども右公租公課及利息支払の義務は附随のものにして、上告人の遅滞したりと認定せられたる分は而も其の一部に過ぎず、<u>法律が債務の不履行に因る契約の解除を認むるは契約の要素を為す債務の履行なく契約を為したる目的を達すること能はざる場合を救済せんが為めにして</u>、本件に付て云へば上告人が売買代金の支払に付き遅滞に在る場合に於ては被上告会社（Y）は之を理由として契約を解除し得べきも、以上の如き附随的の義務を怠りたる場合の如きは特別の約定なき限り之を解除し得ざるもの謂はざるべからず」と解除を否定した。その他、10万円の土地の売買で特約された5,800円の税金を負担する義務は、付随的義務であるとしてその不履行による解除を理由に解除が否定され（東京地判昭27・2・27下民集3巻2号230頁）、また、次のような事例もある。

4-104　　● 最判昭36・11・21民集15巻10号2507頁　XがYから土地を購入したが、そこには公租公課はXの負担とするという旨の合意がなされていた。Yは租税金を支払ったのでXにその償還を求めたが、Xが応じなかったため、YがXに解除の意思表示をしたが、Xがこれを争う。Xの土地所有権確認、所有権移転登記を求めて訴えを提起したが、一審、二審ともX勝訴。Yの上告を最高裁は次のように述べて棄却する。
　　解除制度が認められるのは、「契約の要素をなす債務の履行がないために、<u>該契約をなした目的を達することができない場合を救済するためであり、当事者が契約をなした主たる目的の達成に必須的でない附随的義務の履行を怠ったに過ぎないような場合には</u>」解除

---

[39]　水本100頁は、「当該契約の目的達成のために必要不可欠（ないし重要）な意義を有する」付随義務についてのみ解除を認める。判例もこのような基準で判断しており、詳しくは、小野剛「付随的債務の不履行と契約の解除」『民事判例実務研究　4』171頁以下参照。なお、解除ができる場合を「重大な契約違反」という概念で整理しようという学説は（本書もこれに賛成である）、既述のCISGなどの採用する概念をわが国に導入しようとするものであり、日本の民法とも整合的な考え方と評価されている（民事法Ⅲ81頁［曽野裕夫］）。
[40]　農地の売買で代金完済まで土地所有権を売主が留保し、その間買主は小作料取立の代理権を取得し、他方で、土地の公租公課と残代金について年9分の利息を支払う約束の事例。

は認められない[41]。

4-105 　❷ **解除を肯定した判例**　枕木の売買において、買主が納入に先立って納期ならびに検査期日を指定し、かつ検査員を派遣して検査を実施すべき義務を負担している場合に、買主がこの検査を実施しないために、売主から解除が主張された事例において、その義務が、「本来の売買の要素たる義務と謂ふを得ざるものとするも、之を売買当事者の目的達成に付前提要件と為すべきものと解すべき」場合には、その不履行があれば541条解除が可能であると述べたものがあり（東京控判昭14・6・24評論29巻民57頁）、更に、次のような判例がある。

4-106 　●**最判昭43・2・23民集22巻2号281頁**　Xがその所有の土地をYに売却し、代金の一部を契約時に支払、残額は毎月割賦で支払うことが約束され、特約として移転登記は代金完済と同時になし、それまでは、Yは土地上に建物その他の工作物を築造しないことという条項が含まれていた。しかし、Yは移転登記をしてしまい、また、ブロック基礎工事を開始したため、XがYに解除の意思表示をなし、移転登記の抹消、及び、工作物を撤去して土地を明け渡すことを求めた。一審は解除を無効としたが、二審はYの行為を「著しい背信行為」として解除を認めた。Yの上告に対し、最高裁は次のように述べてこれを棄却する。

　「右特別の約款が外見上は売買契約の付随的な約款とされていることは右確定事実から明らかであり、したがって、売買契約締結の目的には必要不可欠なものではないが、売主（被上告人＝X）にとっては代金の完全な支払の確保のために重要な意義をもつものであり、買主（上告人＝Y）もこの趣旨のもとにこの点につき合意したものであることは原判決（その引用する第一審判決を含む。）の判文からうかがわれる。そうとすれば、右特別の約款の不履行は契約締結の目的の達成に重大な影響を与えるものであるから、このような約款の債務は売買契約の要素たる債務にはいり、これが不履行を理由として売主は売買契約を解除することができると解するのが相当である。」

4-107 　●**最判昭42・4・6民集21巻3号533頁**　AからBが農地を宅地に転用する目的で購入したが、Bは代金の一部を支払っただけで、Aが知事への許可申請（農地法5条）に必要な書類をBに交付したのに、Bは右申請をしない。そこで、AがBに対してこれを理由に解除した（Bは代金も支払っていないが、農地では知事の許可があって初めて移転登記が可能となり、Bは登記との代金支払の同時履行の抗弁権を有している。そして、許可がな

---

[41] なお、その後、宅地に転用するための農地の売買契約につき、買主が代金の支払を完了しているが、農地法5条の許可申請手続に協力しない場合、売主はこれを理由に解除することは出来ないとした判決が出されている（最判昭51・12・20民集30巻11号1064頁）。同じ付随的義務の不履行であるが、昭和42年判決は代金も未払であり、許可申請が済まないと本体たる代金の支払という次のステージに進めず、申請の不協力は、売主にとり代金を獲得するという契約目的を達しえないのに対し（先の先ず買主が目的物の検査等をするという事例も同じ）、ここでは代金は受領済であったという差がある。

い限り、Aは登記につき提供がなしえない)。最高裁は次のように述べてAによる解除を肯定した。

「民法533条の規定の趣旨に照らして、契約に定められた売買代金の支払期限が到来しても、特別の事情のない限り、一般に県知事の許可がない間は、買主の代金債務と履行上けん連関係に立つ所有権移転登記義務が発生しないため、買主においては所有権移転登記手続のできるまで代金債務の履行を拒絶することができる……県知事あるいは登記所に対する転用のための許可申請、所有権移転登記の申請については、法律上双方申請主義がとられている（農地法5条、農地法施行規則6条、2条2項、不動産登記法26条）ので、当事者双方は売買契約に基づきその手続の完成に協力すべき義務があり、売主がこの義務を履行するため債務の本旨に従った弁済の準備行為をしたにも拘わらず、買主がその義務を履行しないときには、売主は、買主の県知事に対する許可申請手続の懈怠により、契約をした目的を達し得ないから、これを理由として、民法541条により契約を解除することができると解すべきである。」

4-108　● 最判平11・11・30判時1701号69頁　建設中のゴルフクラブの入会契約において、ゴルフコースは完成したが、パンフレットに記載されていたホテルなどの付属施設が完成していない事例で、契約解除を否定した原判決に対して、パンフレットには、本件ゴルフ場に高級ホテルが建設されることが強調されていたので、Xが入会契約を締結するに当たり、「パンフレットの記載を重視した可能性は十分ある」、「パンフレットに記載されたホテル等の施設を設置して会員の利用に供することが本件入会契約上の債務の重要な部分を構成するか否かを判断するに当たって考慮される必要のある事実である。」このように判示して、パンフレットに記載されたホテル等の施設を設置して利用に供することが本件入会契約上の債務の重要な部分を構成するか否かなどについて更に審理を尽くさせるため、原審に差し戻している。

4-109　**(3) 一部遅滞**

複数の給付が契約上予定されている場合、その給付の一部に履行遅滞があるとき、解除についてはどう考えるべきであろうか（契約をした目的を達しえなくすることが解除を正当化するものであれば、軽微な一部遅滞では解除は認められるべきではないことになる）。なお、複数の契約が密接に結びついている場合に、その一つの契約の不履行を理由にして、全部の契約を解除しうるかについては、*41*を参照頂きたい。

4-110　**(a) 一時に給付をなすべき場合**

(ア) 双方の給付が可分な場合

❶ **量的な一部遅滞**　例えば、セメント10kgを10万円で売買した場合に、売主が5kg分しかもってこないときは、一部の履行でも意味があるならば、買主は残りの5kg分だけにつき契約を一部解除することができるだけである（なお、残りの5kgにつき損害賠償の問題が残る点で、5kgの契約への変更とは異なる）。従って、買主は5万円だけ支払えばよく、残りの5kgは他から調達すればよい。逆にいえば、

その一部だけでは契約をした意味がない場合（例えば、建物建築のために土地を買ったのに、売主が土地の一部しか引き渡さない）には、一部は履行されていても、契約を全部解除できることになる。

4-111　❷ **質的一部遅滞（不完全履行）**　例えば、パソコンの本体とオプションの機械例えばプリンターを購入したが、売主がパソコンの本体しか持ってこない場合、買主としては、別々に履行して意味がある限り、その不履行の部分だけを解除することができてよい（逆にいえば、履行された部分だけでは意味のない場合、例えば、車を買ってタイヤだけ持ってきてもらっても仕方がない場合には全部解除ができる）。買主は、本体分の代金だけ支払えばよく、プリンターを他の業者から購入すればよい。また、引き渡された目的物に瑕疵があった場合については、不完全履行となり、その重大性により解除ができるか否かが判断される。

4-112　**（イ）解除権者の給付が不可分の場合**　例えば絵画の売買で、買主が代金の1部しか支払わない場合、売主は残代金の請求をして支払がないと契約を解除できるだろうか（ここでは一部解除は不可能である）。ここではオール・オア・ナッシング的処理しか考えられず、全部の解除ができるかは信義則により判断するしかない。1,000万円の代金で500万円しか払っていないのなら解除を認めてもよいが、990万円支払って10万の支払を遅滞している場合には、解除を認めるのは買主に酷であろう（軽微な不履行には解除が認められない）。

4-113　**（b）遂次給付の場合**　例えば、AがBにその所有の山林の立木100本を売却し、毎月20本を伐採して引き渡すことにした場合を考えてみよう。

❶ **初めから給付をしない場合**　初めから一切給付をしない場合には、契約を全部解除できるというのが判例である。大判明39・11・17民録12輯1479頁は（玄米を3、4、5月に分けて給付するという事例）、「契約は唯一にして三箇に非ざる」「<u>契約の解除は特別の規定若しくは特別の意思表示あらざる限は当然全部に及ぶべき</u>ことは民法第543条及び第544条の規定に徴して自ら推断するを得べし。然れば即ち契約に因りて生じたる<u>債務を一時に弁済することを要する場合と、2回若しくは数回に分ちて之を弁済すべき場合とを分たず一部の不履行に因りて全部の解除するを得べきこと多言を待たず</u>」という（大判大8・7・8民録25輯1270頁も同旨）。学説も同様である（山中・注18文献46頁）。

不履行にあるのは一部であり、残部は未だ不履行にはないにも拘らず、どうして全部解除できるのか、先の部分的不履行では部分的解除という **4-110** の理論と整合するのか、といった疑問は残る（契約は1つだという論理でいけば、**4-110** でも全

部解除ができなければならない)。しかし、最初から履行しない場合、残部の不履行も当然予見されるとして、将来の不履行が当然予見される場合に履行期前に契約解除ができるという法理の適用により (⇒**4-95**)、全部解除を説明すべきであろう。

4-114 　❷ **途中から給付をしなくなった場合**　ここでは、❶の論理から不履行にある給付部分のみならず、その後の給付部分についても解除ができることになる。問題は既履行の給付部分であるが、その部分の債務は既に履行により消滅していること、また、**4-110**の論理からいって、この部分は履行としての価値が認められる限り解除は許されないというしかない。逆にいえば、その一部では履行としての意味がない場合には、既履行分を含めて契約全部を解除できることになる。判例も同様であり、「其契約上定まりたる時期に於て一定数量の給付行はれたるときは、其部分に付ては契約の本旨に従ひたる履行ありしものと為さるべからず。従て其後に於て為すべき履行を遅滞したるとき、債権者は其遅滞に係る部分は勿論未た履行期の到来せざる部分に付ても契約を解除し得べしと雖、其の既に履行を終りたる部分に付ては、此一部のみにては契約を為したる目的を達することを得ざる等の特別なる事情の存せざる限り之を解除すること能はざるものと解するを妥当とす」と述べ (大判大14・2・19民録4輯64頁 [原審は全部解除を認めた])、学説も異論はない (山中・注18文献47～8)。

4-115 　(c)　**請負契約の場合**　特に建物その他の土地の工作物の工事請負契約において、請負人が工事を途中までおこなったが、それを完了しない場合、注文者は工事の続行を催告し、請負人がこれに応じなければ契約を解除しうるが、その解除しうる範囲については**4-116**のように制限されている。

4-116 　● **最判昭56・2・17判時996号61頁**　「建物その他土地の工作物の工事請負契約につき、工事全体が未完成の間に注文者が請負人の債務不履行を理由に右契約を解除する場合において、工事内容が可分であり、しかも当事者が既施工部分の給付に関し利益を有するときは、特段の事情のない限り、既施工部分については契約を解除することができず、ただ未施工部分について契約の一部解除をすることができるにすぎないものと解するのが相当である。……被上告人は、本件建築請負契約の解除時である昭和46年9月10日現在の中谷工務店による工事出来高が工事全体の49.4パーセント、金額にして691万590円と主張しているばかりでなく、右既施工部分を引取って工事を続行し、これを完成させたとの事情も窺えるのであるから、かりにそのとおりであるとすれば、本件建築工事は、その内容において可分であり、被上告人は既施工部分の給付について利益を有していたというべきである。」

II 履行不能による解除

4-117 543条は「履行の全部又は一部が不能となったときは、債権者は、契約の解除をすることができる。ただし、その債務の不履行が債務者の責めに帰することができない事由によるものであるときは、この限りでない」と規定する。履行不能による解除の要件について、以下に検討していこう。

1 履行が全部または一部不能なこと

4-118 不能の意味については債権総論 *3-326* に述べた。一部不能な場合、給付が残部だけでも意味がある場合には不能の部分しか解除ができないが、残部だけでは履行の意味がない場合には（既履行か未履行か問わない）、契約を全部解除して全額代金の支払を拒絶することができる。

2 債務者に帰責事由があること

4-119 履行遅滞の場合と異なり条文上明確にこの要件は要求されている。債務者に帰責事由がない履行不能は危険負担の問題となり、民法は債権者主義を採り、買主は代金債務を免れないことになっているのに、解除を買主に認めたら債権者主義が有名無実に帰するからである（但し、辰巳・前掲注**36** 344頁以下は、重大な契約違反には債務者に帰責事由がなくても解除しうるとして、履行不能の場合も同様に帰責事由を不要とする）。

但し、債権者主義を解釈上排除するならば、債権者主義が排除され、解除を認めても債権者主義が有名無実になるのを防ぐという帰責事由を要求した趣旨と抵触しないことになり、帰責事由不要という解釈（同条をその趣旨の妥当する範囲に制限する）も可能であろう。従って、債権者に帰責事由がある場合のみ、536条2項が没却されることになるので、債権者による解除を否定すれば足りるであろう。

以上だけが履行不能による解除の要件であり、履行遅滞と異なって催告は不要であり、また、履行期の到来を待つのは無意味であり、履行期前でも解除ができる。

4-120 【不完全履行による解除】　以上の他に、債務不履行責任の類型としては不完全履行というものを認めるのが通説である。不完全履行の場合には、解除はどう処理されるべきであろうか（なお、541条は履行遅滞というよりも、履行不能以外の債務の本旨不履

行による解除権を規定したものという考えもある〔北川善太郎『債権総論（第3版）』179頁〕）。しかし、不完全履行は不履行の形態の1つにすぎず、責任類型として特に意味のあるものではなく、次のように考えられる。

4-121　❶ **不完全履行の追完が可能な場合**　追完義務（これは履行義務である）の履行遅滞を問題とし、541条により相当期間を定めて催告して、その期間内に追完がされなければ、①不完全な部分では履行として意味がなければ、全部解除、②不完全な部分でも意味があれば一部解除（実質は代金減額である）が認められる。なお、オープン前のゴルフクラブ入会契約につき、オープンが遅滞したり不能になった場合に解除ができるのは当然として、特殊な例として、遅滞してオープンはしたが、募集要項ではフラットなコースにするとしてあるのに、かなりアップダウンのあるコースに設計変更されてしまった事例で、入会者は催告なしに解除ができるとして預託金の返還請求を認めた判決がある（東京地判平5・8・10判タ865号236頁）。また、同じくゴルフ会員（平日会員）契約で、ゴルフ場の休日が金曜日であったのが、ゴルフ場側が一方的に火曜日に変更してしまったため、火曜定休の飲食店の経営者が、会員契約の目的を達成しえなくなったとして、会員契約を解除した事例で、ゴルフ場側の債務不履行を認め解除を肯定したものがある（東京地判平6・10・24判時1543号142頁）。

4-122　❷ **不完全履行の追完が不能な場合**　この場合には、契約の履行ができないのであり、履行不能となり、不完全な履行では意味がなければ、全部解除、不完全な履行でも意味があれば、一部解除という上と同じ処理になる。

4-123　【**債務不履行体系の再構成と解除法**】　ドイツ民法では、履行不能と履行遅滞という債務不履行の二分体系をとり、これに損害賠償請求と解除とを結び付けたため、この隙間だらけの条文を埋め合わせるために積極的債権侵害という類型が解釈上判例・学説により確立されていった。その後、債務不履行の体系が再構成されていくが、この債務不履行法の再構成は当然のことながら解除法にも影響を及ぼしてくる。

4-124　❶ **ウィーン国連動産売買条約（CISG）**　売買契約（しかも国際売買）のみを扱うものであるが、①「重大な契約違反」（25条）となる場合、及び、②催告に際して定められた期間内に引渡しないし代金の支払がなされなかった場合の（その期間経過前でも引渡または代金支払をしないことを債務者が宣言したらその時から）いずれかの場合に、当事者は解除ができることになっている（49条1項、64条1項）。ここでは、不能、遅滞、不完全履行といった体系は完全に放棄されている。PECLもこれと同じ方式を採用している（3-116条3項、4-301条）。

4-125　❷ **フーバーのドイツ債務法改正鑑定意見書**　ドイツ債務法改正にあたって出されたフーバーの鑑定意見書は条文の形で立法提案をしており、次のようである。
　ⓐ原則的な基本規定として、債務者が「給付」をせず（＝不履行）に催告された期間の徒過による解除権の発生を規定し（326条）、これに以下の修正を加える。ⓑ重大な契約違反の場合には、期日に履行がなければ直ちに解除ができる（326a条）。ⓒ不

能、履行拒絶及びその他の事由により債務者が履行しないことが明らかな場合には、履行危険負担前でも解除ができる（326 b 条）。ⓓ一部不履行の場合には、一部解除を原則とし、付随義務違反の場合には重大な義務違反となる場合にのみ解除を認める（326 c 条）。ⓔ継続的契約関係については別に告知の規定が独立して規定される（326 d 条）。

4-126　❸　**ドイツ債務法改正草案**　ⓐ先ず、「契約に基づく義務に違反」し、催告された期間を経過したことを、解除権発生の基本的要件とする（323条1項）。ⓑ不能、定期行為などにつき例外として催告と相当期間の設定を不要とし（同2項）、ⓒⓐのような基準ではあまりにも包括的すぎるため、これを制限し①違反が重大でない場合、②保護義務違反の場合に契約の維持が期待できる場合、③債権者にまたは専ら債権者に責任がある場合、④債務者に抗弁権がある場合には解除ができないものとした（同3項）。ⓓ更に、履行危険負担前でも、解除権の要件が充足されることが明らかな場合には、履行期前でも解除ができる（同4項）。ⓔなお、継続的契約関係については、行為基礎の規定と並べて別に規定を置く（307条）。

4-127　❹　**ドイツ新債務法**　最終的に成立した改正内容は以下のようである。
　弁済期に達した給付がされない、または、債務の本旨に従った履行がされない場合に、債権者は相当期間を定めて催告し、それにもかかわらず履行がされない場合に解除ができる（323条1項）。債務者が履行を拒絶している場合などにおいて、催告期間の指定が不要とされ（323条2項）、義務違反の種類によって期間の指定が問題にならない場合には、催告だけでよく（3項）、解除の要件が充たされることが明らかならば、履行期前でも解除できるものとされている（4項）。一部不履行の場合には、その一部では債権者にとって給付として全く意味がない場合には、債権者は全部解除ができること、また、義務違反が重要ではない場合には、損害賠償は請求できるが、解除ができないこと（5項）、などが規定されている。

第3節　解除権の行使

4-128　以上の要件を充たして生じる効果は解除権の発生である。解除権が成立しても解除するか否かは自由であり、以上の要件を充たしたからといって、当然に契約が解除されるわけではない。取消権の要件を充たせば取消権が成立し、その行使の意思表示（＝取消し）によって契約が遡及的に消滅するのと同様に、解除権の行使（＝解除）の意思表示があって、初めて契約が解消されることになる。民法は、解除権の行使につき、法定解除に限定せずに、解除についての一般規定を設けている。以下これについて見ていく。

Ⅰ　解除権の行使方法

4-129　「契約又は法律の規定により当事者の一方が解除権を有するときは、その解除は、相手方に対する意思表示によってする」（540条1項）。解除権の行使は、相手方のある単独行為である。そして、一度した解除の意思表示は、「撤回することができない」（540条2項）。民法総則の取消しは排除されておらず、詐欺、強迫、制限行為能力による取消しは可能である。

　また、単独行為であるので、相手方を不当に不利にする条件や期限を付けることはできない。但し、催告と同時に催告期間内に履行がなければ当然解除されるという意思表示は有効と解されている。なお、以上の理論は継続的契約関係の告知についても当てはまる。

4-130　**【解除権が認められる者】**　解除制度の機能は契約を早期に見切って、契約の拘束力から解放をうけるというものであり、そのような利益を持つのは契約当事者だけであり、解除権は契約当事者たる地位と結びついているものである。

　その結果、相続、合併により包括的承継があり契約当事者たる地位が移転すれば、契約当事者たる地位も移転するのであり、解除権も承継されることになる。これに対して、債権譲渡、弁済者代位による契約上の債権の取得のように、債権のみの特定承継の場合には（債務引受でも受領遅滞による解除が問題になる）、債権を取得した者は、債務者が債務を履行しなくても、解除はできないことになる。債権譲渡でいえば、譲渡人は契約当事者であるが、もはや債権がないので催告ができず、他方、譲受人は契約当事者ではないので契約を解除する利益を有しない。解除ができる要素が2人に分裂してしまっているのであるが、もし譲受人・譲渡人の関係から両者が

解除を得策と判断したならば、両者が共同して解除することは認められる余地はないわけではない。

II 解除権不可分の原則

4-131　**(1) 解除権の不可分1――解除の意思表示について**
　(a) 解除権不可分の原則とは　契約の当事者の一方または双方が複数いる場合には、例えば、①ＡからＢＣが共同して絵画を購入したり、②ＡＢ共有の絵画をＣが購入したりする場合には、契約の解除はどうなるのであろうか。問題となる事例としては、①複数の者と契約をした場合のみならず、②当事者が一人であったが、死亡により複数の者が契約当事者としての地位を相続した場合も考えられる。また、複数の当事者からの解除と、複数の当事者への解除とが問題になる。

　これにつき、民法は「当事者の一方が数人ある場合には、契約の解除は、その全員から又はその全員に対してのみ、することができる」と規定した（544条1項）。これを**解除権不可分の原則**という[42]。1つの契約を解除したり、取消ししたり、予約完結をしたりする権利は、可分な債権のように分割されることはなく（427条）、不可分的に1個の解除権などとして全員に帰属し、準共有関係になり（264条）、解除権などの行使は権利の処分なので全員が解除などをする必要がある。規定はないが、取消権なども不可分の原則が適用されるであろう。

4-131-1　**(b) 解除権不可分の原則の根拠**　当事者が複数いても契約は1つであり、債権債務は可分ならば分割債権債務になるが（427条）、契約関係は可分でもバラバラの契約関係になることはない[43]。契約は解除により1つの契約が消滅するか否

---

[42]　同様の問題は、解除権以外の形成権についても生じるが、任意解約権、取消権、撤回権、予約完結権などについても類推適用すべきであろうか。判例上、544条が問題とされた事例は殆どが不動産賃貸借の事例であり、それ以外には、被相続人の告知義務違反により、保険会社が保険契約を解除する事例がある程度である（大阪地判昭63・1・29判タ687号230頁）。なお、「賃貸借契約において、賃借人が死亡し、数人の相続人が賃借権を相続したものの、そのうち特定の相続人のみが賃借物を使用し、かつ賃料を支払っているような場合は、他の相続人は賃貸借に係る一切の代理権を当該相続人に授与したと見て差し支えないこともあり、そのような特段の事情がある場合は、賃貸人は、当該相続人に対してのみ賃料支払いの催告や契約解除の意思表示をなせば足りるものというべきである」とされている（大阪地判平4・4・22判タ809号175頁）。

[43]　このように、根本原則として「契約当事者が複数いても契約は1つである」という原則

かだけが問題になり、契約が当事者の１人との間で消滅し、他の者との間では存続するといった相対的な関係は認められない[44]。

　複数当事者の１部に債務不履行がある場合に、債務不履行のない当事者に対して契約解除権が成立せず、この者に対して契約解除ができないので、全員に対して解除ができなければならないので１つの契約を解除することができないことになる。また、解除をしようとする側に複数の当事者がいる場合には、契約上の地位また解除権が全員に準共有することになり、解除はその処分であるため、全員の同意が必要になるからである（251条の趣旨）。そのため、例えば、Ａが不履行にある場合、Ｂが解除しようとしてもＣが一緒にしないと解除はできないことになり、また、ＢＣが代金を支払わない場合にＡはＢＣ両者に解除をしなければならないことになる[45]。

4-132 **（２）解除権の不可分２──解除権の成立・存続**
　また、解除権不可分の原則の趣旨から、544条２項は「前項の場合において、解除権が当事者のうちの一人について消滅したときは、他の者についても消滅する」と規定した。例えば、②の事例で、Ｃが代金を支払わないためＡＢが催告し解除権が発生したが、ＡがＣに解除をしないと約束し１か月期限を与えた場合、

があり、契約解除について不可分の原則はそこから導かれる派生的な原則の１つにすぎないというべきである。したがって、規定がなくても、既に述べたように取消しや撤回などに類推適用が可能である。
　　また、この根本原則が修正可能であれば、解除不可分の原則も修正可能になる．例えば、共有物の贈与では、それぞれ共有者が持分を贈与しているものと可分に考えることができ、共有者の１人だけの撤回（550条）を認めてもよいであろう。また、種類物を共同購入したような場合に、特約がなければ、債権も債務も分割になるのに、契約は１つであるとして全体的な拘束力を認めるのが妥当かは疑問が残されることもないではない。例えば、２人の買主の１人は代金を支払ったが、残りの１人は代金を支払わない場合に、売主は契約を解除できないが、代金を支払わない買主の部分だけ解除をするということが認められてよいであろう。なるべくは、契約は複数ありそれが同時に行われていると認定をして解決がされるべきであろうが、契約は１つだとしても、両給付が可分な場合には、544条に例外的を認めてもよいであろう。

44　更に、解除権者側についていえば、相続される解除権は１つ、また、成立する解除権も１つであり、それが準共有されているのであり、その行使は解除権の処分に当たるともいえる。但し、共有関係を問題とできる場合には、過半数で１つの解除権の行使を決定し、全員の名で解除権を行使できるというべきことは後述する（⇒**4-133**以下）。

45　なお、ＢＣが分割債務ならば、一方が履行をした以上、他の一方が履行しなくてもＡは解除ができないことになり、分割主義の原則による不都合は、ここにも現れてくる。

解除権を放棄していないBの解除権も消滅することになる（債務者が連帯債務者の場合、催告も全員にしなければならないかについては、債権総論**5-104**以下）。

　「解除権が当事者のうちの一人について消滅」と規定されているので、解除権が複数成立するかのようであるが、やはり解除権は１つであり、１人についてその要件が欠けることになれば、不可分的に１つの解除権が消滅することを規定したものと考えるべきである。これは、規定はないが、解除権の成立についても同様であり、複数の当事者の１人について債務不履行があっても、全員について債務不履行がなければ、その契約についての１つの不可分的な解除権は成立しないというべきである[46]。

4-133　【共有物の管理と解除権不可分の原則】　以上の説明は賃貸借契約の告知にも妥当するが、例えば、ＡＢが相続によりＣに賃貸されている建物を取得し（持分はＡ３分の２、Ｂ３分の１であるとする）、Ｃが賃料の支払を遅滞する場合、解除についてはどう解するべきであろうか。ここでは、解除権不可分の原則だけが問題になるのではない特殊性がある。即ち、①解除権不可分の原則を規定する544条１項の他に、②共有物の管理に関する252条の適用も問題になるのである。前者によればＡＢが共にしなければ解除できないが、後者によれば持分の過半数を有するＡが解除できることになるように読め、そうすると両条は矛盾しいずれを優先適用するかということになるかのようである。

4-134　**(1) 両条を抵触するものと見る説**（選択的適用説）
　(a) 544条１項の優先適用？　先ず、物権法に対して、契約法が特別法であると考えれば、544条１項が優先的に適用され、契約の解除という次元では252条は排除され、ＡＢが共同しないと解除ができないということも考えられる。共有物の管理について、解除（合意解除、取消しなども）は全員でしなければならないという例外が認められることになる。しかし、このような学説の主張はない。

4-135　**(b) 252条優先適用説**　逆に、共有物の管理という特殊な場面での解除は、一般的な解除に適用される544条は排除され、252条が優先的に適用されるということも考えられる。判例も、抽象論として[47]、「共有者が共有物を目的とする貸借契約を解

---

[46] なお、契約関係が両給付共に可分な場合には、１つの契約だからということを貫く必要はなく、また、法律関係の複雑さを生じさせないので（例えば、ＡからＢＣが米10kgを共同購入したが、Ｂは代金を支払ったもののＣが支払わない場合、ＡはＢとの関係でのみ５kg分の解除を認めてもよい）、一部解除を肯定してよい（山中・注**18**文献101頁。⇒債権総論**5-35**以下参照）。この場合には、債権・債務ともに分割債務になり、契約の解除権も当事者ごとに成立することを認めてもよいであろう。

[47] 事案は持分２分の１の事例であり、252条が優先的に適用されるとしても単独では解除できない事例であり、単独では解除できないという結論に変わりがないとして、結局は上告

除することは民法252条にいう『共有物ノ管理ニ関スル事項』に該当し、右貸借契約の解除については民法544条１項の規定の適用が排除されると解すべきことは所論のとおりであるから、原審が、上告人および訴外Ａの共有物である本件土地を目的とする貸借契約の解除についても同項の規定が適用されることを前提として、上告人だけで右契約を解除することはできないとしたのは、法律の解釈を誤ったものというべきである。」と述べたことがある（最判昭39・2・25民集18巻2号329頁）[48]。

4-136　**(2) 両条は両立するものと見る説（併存的適用説）**　解除権不可分の原則は、別にＡＢが共同で解除の意思表示をしなければならないというものではなく、ＡＢの名で解除がなされればよいのである。そこで、次のように両条を内部関係、対外関係という別の次元をそれぞれ別々に規定するものと考えることができる（注民(7)326項［川井］、中井編118項［松本］）。

①252条本文は、「共有物の管理に関する事項は……決する」とあるように、単に内部的決定についての規定であり、従って、これにより、Ａは単独で、解除をすべきことそしてＡがその意思表示をＡＢの名で表示することを決定できる。②しかし、Ａだけの解除の意思表示が、Ｂに帰属することを説明する必要があり、やはり全員の名で契約を解除しなければならない。こう考えれば、252条と544条１項とを両立させることができる。本書もこの立場に従いたい。

棄却をしている。
[48]　1人が行った解除が他の契約当事者に帰属する点については、解除権は１つであり、その行使は全員に効果が帰属するので、単独の行使で全員に効果が帰属する説明することが考えられる。しかし、物権とは異なり、契約当事者全員を表示して解除をする必要がないのか、疑問が残る。

第4節　解除権の消滅

I　相手方の催告による消滅

4-137　解除権が発生しても、これを行使するか否かは解除権者の自由であり、解除をしないで履行を求めてもよい。その結果、相手方は、履行をしなければならないのか解除されるのか不安定な立場に立たされ（折角履行の準備をしたのに解除されたら困る）、これから解放される手段として、相手方は相当期間を定めて解除権者に解除するか否かを催告することができるものとした（547条）[49]。催告された期間内に解除がされないと、解除は消滅し、債務者は安心して履行の準備また履行をなすことができるようになる（この規定はもっぱら約定解除権で問題となるであろう）。

II　解除権の放棄による消滅

4-138　解除権者が解除権を放棄することができるのは当然である。解除権者が解除できるのに履行を請求した場合には、債務者も解除をしないものと信頼し履行の準備に取り掛かると思われるので、その後に直ちに解除がされたのでは不都合であり、原則として解除権の放棄と見てよいであろう。

III　履行または履行の提供による消滅

4-139　催告された債務者が履行をすれば、契約の目的を達成して債務は消滅し、もはや解除は問題とならない。これは解除権が発生した後でも同じである。また、債務者が解除権発生後履行の提供をする場合、債権者が受領していれば履行により解除権が消滅していたはずであるから、債権者がたとえ受領しなくても（また、債務者が供託しなくても）、解除権の消滅を認めてよい（大判大6・7・10民録23輯1128頁、大判大8・11・27民録25輯2133頁）[50]。

---

[49] 立法によっては、債務者の催告は要件とされていない。PECL 9-303条2項、3項は、債務不履行を知りまたは知りうるようになってから、合理的な期間内に解除の意思表示をしないと、契約解除権は失われるものと規定している。

Ⅳ　目的物の滅失・毀損による消滅

4-140　「解除権を有する者が自己の行為若しくは過失によって契約の目的物を著しく損傷し、若しくは返還することができなくなったとき、又は加工若しくは改造によってこれを他の種類の物に変えたときは、解除権は、消滅する」(548条1項)。これに対し、「契約の目的物が解除権を有する者の行為又は過失によらないで滅失し、又は損傷したときは、解除権は、消滅しない」(548条2項)。

　専ら本規定が適用になるのは、約定解除であり、例えば買主が1週間は解除ができるものとされていたが、その期間経過前に目的物を滅失させてしまえば、約定解除権はその時点で消滅する。しかし、法定解除でも、売買の目的物に瑕疵がある事例で、解除する前に買主の従業員の過失でこれが滅失してしまった場合には、やはり解除ができなくなる[51]。

4-141　【「行為又は過失」の意味】　解除権が消滅するのは、解除権者(その従業員等の行為も含めて考えてよい)の「行為又は過失」による滅失・毀損でなければならないが(なお、加工・改造については「行為又は過失」は要求されていない)、その意味については学説により理解が分かれている。

　①先ず、「行為」を故意と同じ趣旨と解して、要するに「故意又は過失」と解するのが通説である。②これに対して、解除まで買主の物であり、自己の物について注意義務といったものは考えられず、その者の責任を問うための帰責事由を問題にすることはできず(例えば、買った食品を食べるのは当然のことである)、条文通り「行為又は過失」と考える学説もある（好美・注36論文178〜9）。通説のように故意と限定して読み、解除の可能性を拡大する必要性も妥当性もないという。

　自己の物であり「過失」も問題とできないはずであり、そのことを注意すれば、責任を追及する要件たる帰責事由ではなく、解除を認めるのが公平とは思われない場合を表現したものにすぎず、自己またはその従業員、家族等の行為により目的物を滅失等すればよいことになる（要するに、目的物の瑕疵による滅失、相手方の行為によ

50　但し、提供は本旨に従ったものでなければならず、大判大8・11・27民録25輯2133頁は、債務者は代金にあわせて遅延利息も提供しなければならず、債権者は代金だけ提供されても受領を拒絶でき、解除権も消滅することはないものとする。

51　解除はできなくなっても、買主は瑕疵担保または不完全履行を理由に損害賠償を請求できる。不特定物の場合に、買主は改めて代替物の引渡しを請求することはできないというべきか。なお、しかし、目的物が代替物である場合には、同種の物を返還できるのだから、解除権は消滅しないとした判決がある（大判明37・2・17民録10輯153頁）。

る滅失、及び、不可抗力による滅失を除けばよい）。

V 解除権の消滅時効

4-142　解除権の消滅時効については、その結果として生じる原状回復請求権との関係をめぐって議論がある。受益の意思表示のところで述べたのと同様であり、詳しくは民法総則で論じられるべきであり、要点だけを確認しておく[52]。

　(a) 二段構成説　形成権の時効とその結果生じる原状回復請求権の時効とを別に考えるものである。従って、解除から10年原状回復請求権（損害賠償請求権も）が存続することになる。この中にも、さらに２つの考えが可能である。①まず、債権ではないので、その他の財産権に準じて20年の時効によることが考えられる（解除権20年時効説）。②しかし、①説によると契約上の債務自体が消滅時効にかかってしまったのに、解除権が存続するということになり妥当ではない。そこで、解除権も債権と同じ時効（原則として10年）にかかるという考えも可能である（解除権10年時効説。判例である）。しかし、二段階構成をとる以上、解除10年、原状回復10年で合計、最長20年も行使可能となり不当である。

4-143　**(b) 一段構成説**　そこで、二段構成を避け、10年の経過により原状回復請求権を含めてもはや行使ができなくなると解すべきである（起算点は、解除権の発生時かそれとも催告して解除できるようになったときか）。

　この中にも、さらに２つの考えが可能である。①まず、形成権には時効は考えられず、また、債権を発生させる手段にすぎず、それ自体を問題にせず、その行使により生じる原状回復請求権について債権の10年の時効を考えればよいという学説がある（債権時効説）。②これに対して、①説だと解除して原状回復請求権が発生していないのに、それが時効にかかることになるため、これを修正し、解除せずに10年が過ぎれば、解除権の除斥期間、解除後10年過ぎれば債権の時効を問題にするという考えも可能である（両権利制限説）。この立場が妥当である。

---

[52] なお、傍論としてだが、時効完成前でも「権利の行使は信義誠実にこれをなすことを要し、その濫用の許されないことはいうまでもないので、解除権を有する者が、久しきに亘りこれを行使せず相手方においてその権利はもはや行使せられないものと信頼すべき正当の事由を有するに至ったため、その後にこれを行使することが信義誠実に反すると認められるような特段の事由がある場合には、もはや右解除は許されないものと解するのを相当とする」と、解除権について失効の原則を認めた判決がある（最判昭30・11・22民集9巻12号1781頁。事案での適用は否定）。

第4章　契約の解除　197

第5節　契約解除の効果

Ⅰ　契約解除の効果の法的構成

4-144　契約の解除によりどのような効力が生じるのか、その説明については諸説があり、どの説をとるかにより個々の問題の説明、更には結論が変わってくる可能性がある。本書では大雑把に以下の学説を説明するに止める（**表4-144**参照。詳しくは、北村実「解除」『講座5』113頁以下参照）。かつては直接効果説が通説であったが、近時は直接効果説に反対する学説が強くなってきている（新注民(13)713頁［山下］参照）。

4-145　**(1) 直接効果説**

先ず、解除の効果を取消しの効果(121条)と同様に考え、契約が遡及的に効力を失うと考える学説がある（鳩山・上198〜9頁、横田190頁、我妻・上191頁、末川・上136頁、川井91頁）。最も簡単であり、民法の趣旨に適するというのがその理由である。これによると、契約は遡及的に消滅し、債権・債務が初めからなかったことになり、すでになされた給付は不当利得となるはずであるが、債権契約（債権・債務の発生という効果を生じさせる契約）が遡及的に消滅するだけでなく、物権行為も遡及的に効力を失うのかについては、次のように争いがある（なお、役務給付は不当利得となること、金銭の給付も金銭所有権は占有と共に移転してしまい、解除の影響を受けないことは、いずれの説でも同じ）。

4-146　**(a) 有因説（物権的遡及効説）**　例えば、AがBに土地を売却し、移転登記を

	契約	未履行債務	既履行債務	物権変動	給付の返還
直接効果説ⓐ	はじめから無効	はじめから不発生	はじめから不発生	はじめからなかったことに	不当利得
直接効果説ⓑ	はじめから無効	はじめから不発生	はじめから不発生	有効なまま	不当利得
間接効果説	有効のまま（内容変更）	存続（抗弁権発生）	履行により有効に消滅したまま	有効なまま（直ちに復帰？）	原状回復
折衷説原契約変容説	有効のまま（内容変更）	解除の時より消滅	行により有効に消滅したまま	有効なまま（直ちに復帰？）	原状回復

表4-144

したが、Ｂが代金を支払わないのでＡが契約を解除した場合、ＡからＢへの物権変動の効果はどうなるであろうか。先ず、有因説では、物権変動の原因たる債権・債務がなくなれば、物権変動の効果も当然に遡及的になかったことになる（鳩山・上232頁、我妻・上192頁）。即ち、ＡからＢへの物権変動がなかった（Ａから一度も所有権が誰にも移転しなかったことになる。ＡからＢにいって、ＢからＡに戻るのではない）ことになる。その結果、Ｂは所有権なしに、他人の土地を占有しまた登記を有しているのであるから、所有権にもとづいてＡはＢに明渡しと登記抹消を請求できることになる。

4-147　●**大判大6・12・27民録23輯2262頁**　次のように判例もこの立場に立つことを明らかにしている。
「然れども特定物を目的とする売買に於ても即時に其所有権を移転する場合に於ては、其売買契約即ち所有権を移転することを約する意思表示に因り其目的たる所有権は契約と同時に買主に移転するものなるを以て、其特定物を目的とする売買契約を解除したる場合に於ては、契約の解除は当事者間に契約なかりしと同一の効果を生ぜしめ、換言すれば当事者間に成立したる権利関係を消滅せしむるものなるが故に、売買契約解除当然の効果として買主は所有権を取得したることなきものと看做さるべく、所有権は当然売主に帰属するに至るものと解すべきものとす。而して契約解除後に於て当事者が各自相手方をして原状に回復せしむるの義務は解除の効果を全ふせしむる為めに負担する債務なるを以て、此義務あるが為めに売買契約解除後特別なる所有権移転の意思表示なくんば売主に於て其所有権を取得することなしと解すべきものにあらず。」

4-148　**(b) 無因説（債権的遡及効説ないし債権的効果説）**　物権行為に無因性を認めれば、原因関係が消滅しても所有権移転の効果は消滅せず、解除後も土地の所有権はＢに残ったままということになる。そうすると、原因がないのに所有権を取得しており、Ｂは所有権を不当利得しており、これを返還しなければならないことになる。言い換えれば、ＡはＢに対して所有権を移転させる物権行為をなすことを、不当利得返還請求権として請求できることになる（末川・上164〜5頁）。

4-149　**(c) 相対的遡及効説**　(a)説の一種として、遡及的に契約そして物権変動もなかったことになるが、①物権変動がなかったことになることに関し、第三者への対抗、②契約がなかったことになることについては、損害賠償請求権については、遡及的消滅ということに制限が付されていると構成する学説もある（高森八四郎「契約の解除と第三者（二）」関法26巻2号71頁以下）。

4-150　**(2) 間接効果説**
物権行為の独自性、無因性を認めるドイツで主張された学説であり、わが国で

はこれを直截に主張するものはないといわれる（半田正夫「解除の効果」『不動産大系Ⅰ売買』563頁以下は間接効果説を採用）。この考えは、解除により契約は消滅するのではなく、効力を失わないで、原状回復へと向かう債権関係へと（それまでの履行へ向かう債権関係から）変更されるにすぎないと考えるものである。①未履行債務については、契約は有効なままであるから債務は消滅せず、ただ債務者に履行拒絶権が発生するにすぎず、②既履行債務については、履行は有効なままであり不当利得にはならないが、債権関係の目的が変更すると原状回復関係へと契約内容が変更される（原状回復義務も契約上の義務ということになる）。要するに、契約は解除後も存続し、ただ債権関係の目的が変更され、履行という原状の変更へ向かう関係から、原状の回復へと向かう後戻りの清算関係になるというわけである。

直接効果説の遡及的消滅という取消しと同様の処理は、取消しは成立段階に問題があったため白紙に戻すのはよいとして、完全に有効に成立した契約につき、その後の債務不履行という事情により契約を解消するのを、それと同様に構成してよいのかは疑問である、一旦実際に効力が生じたのであり、それを初めからなかったことにするのは擬制であり、法の明文規定なしにそのような異例な措置は認められない、と批判することになる。

4-151　**(3) 折衷説**

(2)説をベースにしながら、①の点については、債務が存続するというのは、履行に向かう関係から原状回復の関係への転換ということと矛盾することから、これを修正し、未履行債務も将来に向かって消滅すると考える折衷説もある（田山92頁、水本110頁、辰巳・注36論文352頁以下、近江96頁。広中352頁、好美・注36論文181頁も同旨か）。本書もこれに従う。

4-152　**(4) 原契約変容説**

現在のドイツの通説的立場といわれるが、従来の契約関係は同一性を保ちながら原状回復関係へと変容すると考えるところまでは、(2)(3)説と異ならないが、①既履行給付は原状回復義務となり、②未履行給付は解除により原状回復義務が発生すると同時に履行済ということになり消滅すると考えるものである（山中・注18文献152頁以下、四宮和夫『請求権競合論』209頁。三宅・総論226頁は、原状回復と損害賠償は結合して双務契約上の義務の変形と解すべきであるという）。

4-153　**【間接効果説などによる場合の所有権復帰時期】**　　間接効果説などのように、解除により新たに所有権を復帰させる債権関係を発生させる学説では、売買契約が解除された場合、いつ所有権が買主から売主に復帰するのであろうか。

4-154　❶ **独自性肯定説**　物権行為の独自性を認める限り、解除により当然に所有権が復帰するものではなく、解除は物権を復帰する義務を生じさせるだけで、所有権を復帰させる物権行為（不動産では登記、動産では引渡し）がなされたときに所有権が復帰することになる。

4-155　❷ **独自性否定説**　独自性を否定する説（及び物権行為の概念を認めるが、債権行為と同時にされているとみる説）も、履行の場面では、所有権の移転時期について、ⓐ契約と同時に所有権の移転を認めるものと、ⓑ物権行為自体は売買契約と同時になされるが、その効力が生じるのは、代金支払、引渡し、移転登記のいずれかがなされた時に生じるという考えもある。これを、裏返して、解除について考えると、ⓐ説では解除と同時に所有権の復帰（直接効果説と異なり、移転がなかったことにするのではない）が生じるが、ⓑ説ではどうなるのであろうか。ⓑ説もそれが契約をした当事者の意思に合致するというのが根拠であったが、ここでは当事者の意思表示を持ち出すことはできないため、ⓑ説もここでは直ちに所有権復帰の効果を認めている（田山85頁）。

Ⅱ　契約関係の解消

1　契約の遡及的消滅

4-156　①直接効果説では、契約が遡及的に消滅することになるが、②間接効果説、折衷説、原契約変容説では、契約は解除により直ちに消滅することはなく、原状回復関係に内容が変更され、その完了により終了することになる。

　直接効果説は契約を取消しのように初めからなかったことにするのが簡単でよいというわけであるが、これに対しては、ⓐ遡及的消滅というのは法による擬制であり（事実それまでは有効に存在していたのである）、特に法がそのような擬制を認める規定を用意している場合にしか認められない、ⓑ取消しは入口に問題があったからそのような擬制が許されるのに対し、問題なく成立した契約を解除する場合は事情が異なっていて、解除とは契約を清算関係に変更する行為とみるべきである、といった批判があることは既述の通りである。

　確かに、合意解除であれば、その時点から契約を清算関係に変える合意ということができるであろう。しかし、解除は単独行為であるところがやはり引っ掛かる（取消しの合意というものはない）。契約の消滅ということに関連する問題は、①既存債務、②既履行債務→原状回復義務、③物権の変動（物権行為の無因性をとれ

ば別だが）の３つにかかわる。既存債務は消滅させるのが適切であるから、これとの関係では契約の消滅を認めるのが妥当である。既履行債務については、契約を無効としてしまっては、後は不当利得の関係しか残らなくなってしまう。しかし、それは、取消しの場合も同様であり、取消しでも不当利得ではなく原状回復関係を認めることができ、契約の消滅を認めることは直ちに原状回復義務を否定することにはならない。物権の変動についても、やはり取消しのように契約を白紙に戻すのが解除の趣旨であると思われ、この点でも、契約を消滅させるのが妥当なように思われる[53]。結局、既に契約が有効の間になされた行為は、契約当事者間でもその行為は影響を受けず、ただ単に将来に向かって契約を消滅させ、原状回復関係を生み出せばよいと思われる。原状回復関係は契約関係とは異なることを認めるが、直接効果説のように事実として解除まで契約が有効に存在したことを否定し、その間の行為を契約が有効なもとでの行為として認める点が異なるものといってよい（結論としては折衷説が妥当）。

2　物権の復帰

4-157　①直接効果説の中の有因説では、初めから物権変動がなかったことになる。②間接効果説、折衷説及び契約変容説の中の、物権行為の独自性を否定する考えでは解除の時から物権が復帰することになる。③直接効果説の中の無因説（当然物権行為の独自性を認める）及び間接効果説、折衷説及び原契約変容説の中の、物権行為の独自性を肯定する考えでは、解除の後に引渡し、登記といった物権を復帰させる行為がなされた時に物権が復帰することになる。

　私見では、解除以後の関係では物権変動はなかったことになるが、解除までの関係では契約の効力があったことを否定できず、従って、その間になされた物権行為は有効のままである。問題の行為が解除の前か後かで相対的に法律関係を考えればよいことになる（例えば、解除前の目的物の取得が所有者からの取得であったことは覆えされないが、解除後は、無権利者との取引ということになる）。

---

[53] 但し、取消しとは異なり、すべての条項が効力を失うと考える必要はない。例えば、PICC 7-3-5条3項は、「解除は、契約中の紛争解決のための規定、その他解除後にも適用されるべき契約の条項には影響を及ぼさない」と規定する（CISG81条1項、PECL 9-305条2項も同様の規定を置く）。中国契約法98条は、清算条項は解除により影響されないと規定するのみである。

III 原状回復義務

1 原状回復義務の意義と解除の効果論との関係

4-158 **(1) 原状回復義務の内容**

　解除の効果について、民法は、解除により「各当事者は、その相手方を原状に服させる義務を負う」と規定している（545条1項本文）。解除をした者も、例えば手付金などの給付を受けていければ、原状回復義務を負うのは当然である。両当事者が対価的給付の原状回復義務を負う場合については（合意解除の場合には考えられる）、同時履行の抗弁権が認められる（546条）[54]。

　この原状回復義務は、侵害型を念頭に置いた不当利得の返還と本質的に異なるものである。①不当利得は703条に規定するように、原因なくして得た利得を在るべき所に戻させるものであり、原因のない現存の利得を吐き出させるだけのものである（利得者から問題をみる）。即ち、問題を利得者側から見るのであり、悪意の場合を別として、現存利益を返還するだけでよい（703条）。従って、損害賠償のように、自分の財産から弁償させて他者に給付するものと異なり、吐き出させるべき不当な利得がそのものまたは形を変えて残っていなければならない。②これに対し、原状回復義務とは、相手方を契約がなければあったであろう状態に回復するものであり[55]、利得を吐き出すものではなく、利得が残っているか否かを問わず自分の財産から給付させるものである。従って、問題を相手方から見て、

---

[54] 最判昭63・12・22金法1217号34頁は、「民法546条は、双務契約が解除された場合に契約当事者の有する原状回復義務及び損害賠償義務相互間には、その全部につき牽連関係があることから、同法533条の規定を準用したものであるから、双務契約当事者の一方が契約の解除に伴い負担する当該義務の内容たる給付が可分である場合において、その給付の価額又は価値に比して相手方のなすべき給付の価額又は価値が著しく少ない等、相手方が債務の履行を提供するまで自己の債務の全部の履行を拒むことが信義誠実の原則に反するといえるような特段の事情が認められない限り、同時履行の抗弁をもって履行を拒絶することができる債務の範囲が一部に限定されるものではない」として、全体について牽連性（＝牽連性の不可分性）を肯定している。

[55] なお、契約がなかった時点の状態に戻すのではなく、その後の時の経過を加えて今あるであろう仮定的状態を実現するものである。従って、金銭の受領では受領時から利息をつけなければならない（545条2項は同条1項の確認規定であるが、利息に定型化する点で特別）。

受領した物が返還できず利益が残っていなくても、相手方を金銭で代替して現状回復する必要があり、価格返還義務が認められることになる。

4-159　**(2) 解除の効果論との関係**

　原状回復義務の位置づけについては、先の解除の効果論の理解により異なってくる。①直接効果説では、契約が初めに遡りなかったことになるため、既になされた給付は原因がなくしてなされたものとなり、不当利得となる。従って、給付の返還を求めるのは不当利得の返還請求ということになる（鳩山・上230頁）。②これに対して、間接効果説、折衷説及び原契約変容説では、契約は有効なままであり、なされた給付も依然として契約が存在するため有効なままであり、その結果、原状回復義務は不当利得の返還ではなく、解除の効果により生じた契約上の義務ということになる。

　先のような原状回復義務は、間接効果説等ではうまく説明することが可能である。しかし、直接効果説では、不当利得返還義務と性質づけるわけであるから、原状回復義務を導くことはできないはずである。これは、545条1項本文と明らかに反する。そこで、直接効果説の論者は、性質は飽くまでも不当利得の返還義務であるが、545条1項により契約を白紙に戻す場合については特則が設けられていると考えることになる（我妻・上194頁。大判大8・9・15民録25輯1633頁も不当利得の特則説をとる）[56]。

---

[56]　合意による解除の場合に545条1項を適用できないという結論を述べる際に、545条1項の原状回復義務について言及した判決であり、次のようにいう。
　「契約の一部履行ありたる後当事者双方の合意により契約を解除したる場合に於ける各当事者の返還義務の範囲に付ては、<u>当事者が特に別段の定を為すを以て通例と為すと雖も、若し何等の定を為さざるときは不当利得の法理に従ひ民法第703条以下の規定により之を定るの外なく、同法第545条以下の規定を準用すべきものにあらず</u>。蓋し契約の解除は当事者双方の合意によると将又当事者の一方か契約又は法律により与へられたる解除権の行使によるとを問はず契約をして初より存在せざりしと同一の効果を生せしむるものに係り、即<u>ち債権債務は初より存在せざりしこととなり従て其債務を履行するか為めに為したる給付は法律上の原因なくして為したる給付となるが故に、茲に不当利得返還の義務を生ずる</u>ものとす。而して此不当利得返還義務の範囲に付ては別段の定なき以上は不当利得に関する一般の原則たる民法第703条以下の規定により決すべきものなりと雖も、同法は当事者の一方が契約又は法律により与へられたる解除権の行使により契約を解除したる場合に於ける効果に付ては特に第545条以下に於て其特例を設け之に依らしむることとなしたるを以て、右第545条以下の規定は<u>之を当事者双方が合意により契約を解除したる場合に之を準用することを得ざれはなり</u>」

4-160 【物権変動について】
　(1) **直接効果説**　解除により契約が遡及的に消滅するため、既履行債務も遡及的に存在しなかったことになり、債務なしに給付がなされたことになる。役務給付では、不当利得しか問題にできないが、物権変動については次のように問題が残されている。

4-161　(a) **物権行為独自性肯定説＋無因説**　ドイツ民法のように、物権行為の独自性を肯定し、かつ、原因行為からの無因性を肯定すると、契約が解除され遡及的に債務がなかったことになっても、売買でいえば所有権の移転という物権行為の効力は影響を受けない。従って、**表4-144**でいうと、所有権はBの所に解除後も止まり、その結果、Bは原因関係なしに所有権を得ていることになり、所有権自体を不当利得していることになる。従って、AはBに対して、不当利得返還請求としてAに物権を戻す物権行為（返還、抹消登記）を行うことを請求しうることになる。現在ではこのような学説を支持する者は皆無であり、過去の学説である。

4-162　(b) **物権行為独自性肯定説＋有因説ないし物権行為独自性否定説**　これに対して、物権行為の独自性を肯定しても、有因性を認めれば原因である契約関係の消滅により、物権行為の効力も消滅し、従って、物権変動自体がなかったことになる（物権が復帰するというよりは、物権変動自体がなかったことになり、ずっとAの所有であったことに擬制する）。物権行為の独自性を肯定しなければ、契約と物権行為は不可分ないし独自の存在として認められないので、契約と共に物権変動の効力が失われるのは同様である。いずれにしても、(a)説のように解除とは別に所有権を戻す行為を要しない。そうすると、Aは所有権に基づいて[57]Bに対して返還を求めればよいということになる（これが簡単でよい）。

4-163　(2) **間接効果説等**　間接効果説、折衷説及び原契約変容説では、契約は解除後も有効なままであり、既履行債務も履行により消滅したままである。解除はこれを前提としながら、それを元に戻し新たに原状回復義務を生じさせるだけである。そして、物権行為の独自性を肯定しない限り、解除により直ちに所有権が復帰することは変わりなく、結論としては(1)(b)説と変わることはない。したがって、解除後の第三者に関する限りでは、物権行為の独自性かつ無因性を認めない現在の理解では、結論的に変わりなく、実益のある議論ではない。問題は、解除前の第三者の保護を

---

[57] ところが、直接効果説の論者は、ここでの給付物の返還も不当利得により根拠づけようとしている。確かに(a)説の無因説であれば、所有権を原因なくして取得するので、所有権を戻す物権行為をすることを、不当利得の返還請求として請求可能である。しかし、有因説でも、占有の不当利得という主張がされているが（我妻栄「法律行為の無効取消の効果に関する一考察」同『民法研究Ⅱ』）、占有の不当利得ということは無意味であり、所有権の復帰を認めれば、所有権に基づく返還請求を認めれば十分である（賃貸物の返還請求であれば、所有権に基づく返還請求とは別に、契約上の返還請求を認めてもよい）。

第4章　契約の解除　205

4-164 【原状回復関係と契約上の債務との同一性をめぐる問題点】
　　　(1) 消滅時効
　　　(a) 時効期間　①直接効果説では、原状回復義務は解除により契約とは別個に新たに生じた債務であり、契約が商行為であっても、10年の債務の一般的時効期間によることになりそうである。②間接効果説等では、原状回復義務も契約上の債務であり、契約が商行為により生じたものといえるのであれば、原状回復義務も5年の時効に服することになりそうである。しかし、判例は直接効果説によっていると見られているが、契約との因果関係を認め、原状回復義務についても「商行為によって生じた債務」（商522条）と構成し、遅延損害金に商法514条の商事利息を適用している（大判大5・7・18民録22輯1553頁）。この問題は、解除に限らず取消しや無効にも通じる問題であり、商法522条の解釈によって統一的に解決されるべきである（判例を支持すべきか）。

4-165 　　　(b) 時効の起算点　契約との同一性如何に拘らず、原状回復義務は契約により発生したものでなく、解除時に発生したものであるため、解除の時から時効が起算されるようにみえる（大判大7・4・13民集24巻669頁はこの立場）。しかし、契約時から直ちに起算することはできないまでも、解除しうるようになった時から解除権と二段の時効を考えるべきかは、*4-142*に述べた。

4-166 　　　(2) 保証債務　BのAに対するセメント100キロを引き渡す義務を、例えば同業者Cが引き受けたとする。ところが、Bが引渡しをなさないので、Aが契約を解除し、支払った代金の返還を求めた場合、CはBの代金の返還債務についても責任を負わなければならないであろうか。
　　　CはBの契約上の債務を保証しているのであり、①直接効果説では、原状回復義務は契約上の債務ではないので、保証債務の対象とならず、②間接効果説などでは、原状回復義務も契約上の債務であり保証債務の対象となる、といったように、解除の効果の法的構成は決定的なように思われる。しかし、直接効果説でも、CはAが契約に関連してAに対して負うことあるべき一切の債務を保証する趣旨とすれば、契約とは別個の債務であっても、保証契約の対象とすることができ（契約自由の原則から有効）、結局保証契約の解釈に帰着することになる（⇒債権総論*5-229*以下）。

2　受領物の返還義務

4-167 **(1) 目的物の返還（現物返還）が可能な場合**
　　　先ず、目的物の返還が可能な場合は、その目的物を返還する義務を負う。しかし、目的物が戻っても契約がなければあったであろう状態を実現することができるとは限らない。というのは、使用などのために価値が下がっている可能性があ

るからである。その場合には、目的物の現物返還にプラスして、差額分が部分的に次に述べる価格返還義務によって補充されねばならない。但し、その差額分を買主の債務不履行による損害として、545条3項により損害賠償請求することも認めてよいであろう（選択可）。

4-168 **(2) 目的物の現物返還が不能な場合**
(a) 契約解除前の原因による返還不能　解除前は、買主は自分の所有物の処分ということになり（転売したり、材料を製品製造に使用するなど）、過失を問題にすることはできず、買主の帰責事由により履行不能（債務不履行）を問題にして損害賠償を問題にすることはできない。そして、原状回復義務は不当利得の返還義務とは異なり（直接効果では不当利得の特則）、利益が残っている必要はなく、利益がなくても現物返還があったと同じ財産状態を金銭で実現することを義務づけられる（これを**価格返還**もしくは**価格賠償**という）。このことは、滅失が不可抗力による場合でも同じである。というのは、一旦所有者としてリスクを引き受け、代金の支払を免れなくなったはずなのに、解除されたらそのリスクから解放されるという必要はなく、飽くまでも解除は解除をする者を保護するだけでよいからである。また、売主が解除をしないで代金及び損害賠償の請求をする場合とのバランスも指摘されている（川井95頁）。

4-169 **【目的物の価額の算定時期】**　4-168の場合に、目的物の価格を金銭に評価して返還（価格返還ないし価格賠償）[58]することになるが、その価格算定はいつの時点を基準とすべきであろうか。この点についての判例はない。

①給付当時の価格という学説（末川・上168頁）もあるが、②契約がなければ、解除をした債権者はその物を口頭弁論終結時に有していたはずであり、口頭弁論終結時の価格による価格返還を肯定し、損害賠償ではないので、予見可能性を問題にしないということも考えられる。③また、売買契約により、その後の値上がりの利益を失ったのであるから、解除時の価格を問題とし、値上がり分については原状回復ではなく損害賠償によることも考えられる（我妻・上195頁、近江99頁）。

本書としては、契約をなかった時点に戻すのが原状回復ではなく、損害賠償同様に、契約がされなければ「今あったであろう財産状態を実現する」のが原状回復であると考えているので、他に売却されていないと思われる場合には、現在あったであろう価格を問題にすべきである。これを価格返還として原状回復によって請求で

---

[58] PICC 7-3-6条第2文は、「現物による返還が不可能または不適切な場合において、それが合理的であるときには、価額による返還がなされなければならない」と規定する（PECL 9-309条も同様）。

きてよい。他に売却していたと思われる場合には、その価格として合理的な価格を価格返還義務として認め、代金の運用利益（法定利率による利息相当額）を損害賠償によって請求することを認めるべきである。

4-170 **(b) 契約解除後の原因による返還不能**　売主が、買主の債務不履行を理由として契約を解除して、買主がその占有する目的物の現実の返還義務を負った後に、滅失・売却・盗難などにより返還が不能になった場合の原状回復義務については、どう考えるべきであろうか。

4-171 **❶ 故意・過失による場合**　先ず、返還義務を負う買主（またはその履行補助者）の故意または過失による返還不能の場合には、①原状回復義務の履行不能による債務不履行責任を問題にすることができる。また、物権行為の独自説・無因性を肯定する学説以外では、②解除により復帰した所有権の侵害による不法行為責任も問題にすることができる。なお、次の❷でも価格返還を認める学説では、これらと選択的に、③価格返還による原状回復を請求することもでき、滅失が解除の前か後かを問わず、原状回復として滅失時の価格を償還すべきであるという学説がある（三宅・総論242頁）。

4-172 **❷ 不可抗力による場合**　次に、解除後の返還不能が不可抗力による場合には、どう考えるべきであろうか。原状回復義務の履行不能による損害賠償請求も、不法行為による損害賠償も、過失がないので認められず（但し、履行遅滞後は不可抗力免責は認められないので、たいていはここに引っ掛かろう）、問題とできるのは価格返還である。

　直接効果説ではこのように免責せざるをえないかのようである。これに対して、間接効果説では契約の巻き戻しという契約関係の問題であり、危険負担的な考慮が可能になる。売主に受領遅滞がない限り、買主の占有下で不可抗力により滅失しても、買主がそのリスクを負担すべきであり、この場合には反対給付義務を免れないという処理ができないので、価格返還義務として原状回復義務が存続するという処理がされるべきことになる。単純に、価格返還義務として原状回復義務が存続するということも考えられないではないが、そのように単純に考えると、買主が解除をして一部受領している目的物を返還する場合でも、同様に価格返還義務が認められてしまうことになる。これに対して、上記のように危険負担的な観点をいれれば、この場合には免責を肯定してよいことになる。

4-173 **【瑕疵担保解除の場合──解除権者が返還義務を負う場合】**　売買の目的物の瑕疵を理由として買主により契約解除がされた場合については（特定物か不特定物かは問わな

い)、本文と同様に考えてよいのか疑問があるので、ここで別個に考察していこう。なお、物を受け取った者からの解除としては、その他に、商品受領から1週間は解除できるなど約定解除権が留保されている場合が考えられる。なお、瑕疵が滅失・毀損の原因である場合には、買主は価格返還ないし部分的価格返還による原状回復義務を免れると解すべきである（同旨、新注民(13)731頁［山下］）。ドイツ民法では、2001年の改正により、自己の事務に用いる注意を用いたにもかかわらず、滅失・毀損が生じた場合には、受領者は価格返還義務を負わないとされており（346条3項）、物に瑕疵があって解除する場合も、買主不可抗力による滅失・毀損の危険を負担しないことになる。

4-174 **(1) 解除前に返還不能となった場合**

　　(a) 解除権者＝買主の過失による場合　物を受領した買主（解除権者）の過失で瑕疵ある目的物が滅失した場合、買主はそもそも解除をすることができない（548条1項）。従って、買主は瑕疵担保責任に基づいて、解除はできず、実質代金減額である損害賠償しか請求しえないことになる（毀損の場合は、価値減額分について価格返還義務を負う）。

4-175 　　**(b) 解除権者＝買主に過失がない場合**　この場合には、解除権者は解除をすることはできる（548条2項）。問題は、解除後の原状回復義務である。買主が代金を支払済の場合と、未払の場合とが考えられ、次のような諸説が考えられる（とりあえず、買主が代金支払済のケースを考える。小野秀誠「清算関係における危険負担」一橋法学研究22号、23号参照）。

4-176 　　**（ア）買主に損失を負担させる説（買主負担説）**　先ず、返還不能が不可抗力による場合であっても、その損失は買主に負担させようという考えも可能である。その価値判断の根拠には、買主はともかく目的物の支配を取得してその偶然の滅失の危険を所有者として負担したのだから、その後に解除することにより、一旦自分が所有者として負担した危険を売主に転嫁できるというのは不合理であるという意識があろう（鈴木117頁は、解除自体が買主の責に帰すべきものであるから、衡平に基づき滅失の危険も買主が負うべきであるという）。但し、買主に損失を負担させる方法としては、次の3つが考えられる。

4-177 　　❶ **価格返還義務**　受領物の滅失が不可抗力による場合であっても、Bに価格による返還を義務づけることが考えられる（鳩山・上236頁、末川・上167頁、戒能106頁、三宅・総論243頁、鈴木117頁、山本豊・法教184号111頁、内田98頁、但し、債務者の過失の場合には191条を類推適用する）。その根拠は、①Bの返還義務は、売主の引渡義務のようにその物を引き渡すという義務とは異なり、原状回復義務であり、物があればその物の返還という形をとるだけであり、物で返還できなければ価格で返還すべきことになるのは当然ということ、②解除前の滅失については、過失責任ということが考えられないこと（解除まではBは自己の物であり、自己の物をどう処理しても責任問題

がでてくることはない)、である。但し、滅失の原因がAにあるときは、Bに価格返還義務を負わさず、代金返還請求を認めることができるであろう。代金50万円で買った物が、瑕疵により10万円の価値しかなかった場合、50万円の代金の返還を請求できるが、自分も10万円の返還は義務づけられることになる。

4-178　❷ 545条3項適用説　後述 4-209 の学説ように、545条3項を根拠に、過失の有無を問わず原状回復に代わる損害賠償を義務づけられるという学説もある。

4-179　❸ 縮減返還説　給付の巻き戻しのレベルにおいても、履行段階と同様に両原状回復義務に牽連関係を認めて、買主が返還不能であればそれが不可抗力による場合でも、それと牽連関係のある範囲で売主の代金返還義務も発生しないという解決も考えられる（四宮・4-152 文献204頁、本田純一「民法548条の系譜的考察（上）」判タ556号20頁［新説］、民コメ(17)55頁［本田]）。即ち、買主が10万円の価値のある物の返還をできないことになる限度で、売主も代金の返還義務をその範囲で免れ、40万円のみ返還すればよいことになる（❶説でも相殺すれば同じだが)。

4-180　❹ 548条2項制限説　以上両説とも、滅失の損失をBが負担することを認め、解除を認めた上で買主の過失による滅失の場合と同様の結果を実現するわけであるが、買主の解除をそもそも制限することにより対処しようとすることも可能である。これによれば、548条の「行為又は過失」とは、自己の支配領域に置いたということと同じ程度のものでよく、同2項が適用されるのは瑕疵による滅失や売主の責めに帰すべき事由による滅失の場合に限られることになる（本田純一「解除に基づく損害賠償義務Ⅱ」LS45号17頁［旧説]）。従って、不可抗力による滅失の場合には、買主は解除ができず、結局代金減額により代金を10万に減額してもらうことができるだけである（40万円払い過ぎということになり返還請求でき、❶説と同じことになる。なお、差額を損害として損害賠償として構成することも考えられ、これによると40万円を損害賠償として請求することになる)[59]。

4-181　**(イ) 売主に損失を負担させる説（売主負担説)**　これに対し、(ア)説の価値判断と真っ向から対立する別の価値判断を正当とし、売主は瑕疵ある物を引き渡したのであり、買主はそもそも受領しなくてよかったのであり、買主が一旦所有者としての危険を負担した、だから損失を負担するという結論に異論を唱える。逆に、結局解除されるような瑕疵のある物を引き渡したのであるから、売主が損失を全部負担すべきと考えることになる。これによれば、買主は解除でき、また、代金全額50万円の返還を求めることができることになる（我妻・上195頁)。難問だが、現在のところこれを支持したい。

なお、買主が未だ代金を支払っていない場合はどうなるであろうか。(ア)❹説で

---

[59] 以上は原則であり、目的物の瑕疵が原因で滅失した場合には（毀損も同じ)、その危険は売主に負担させ、買主は代金全額の返還を請求できるものと考えられている（例えば、新注民(13)731頁［山下］は、536条2項を援用する)。

は、Bは解除できず代金支払義務を免れない（但し減額請求ないし実質減額請求たる損害賠償の請求ができる）。(ア)❶説では、解除ができるが、買主は売主に価格10万円を返還しなければならない。この場合、売主の代金債務は解除により消滅するのでBは代金を支払わなくてよい。(ア)❷説では、買主に解除により代金返還義務が生じないので、対価的調整をして40万円のみ返還すればよいといった処理はできない。この場合に限り、売主に10万円の請求を認めるのであろうか。(イ)説では、買主は契約を解除してそれでおしまいである。

4-182　**(2) 解除後に返還不能となった場合**
　(a) 解除権者＝買主の過失による場合　瑕疵ある目的物の滅失が買主の過失による場合には、損失を買主に負担させるのが適切である。その構成であるが、①買主に価格（瑕疵ある物としての価格）返還による原状回復義務を認めることも考えられる。②次に、解除により売主の所有物となり、買主は売主の物を滅失させたのであり（なお、これを原状回復義務の債務不履行責任と構成することも考えられるが、私見は当然反対である）、その物の価値の損害賠償義務を認めればよいということも考えられ、私見はこれに賛成したい。

4-183　**(b) 解除権者＝買主に過失がない場合**　瑕疵ある目的物の滅失が買主の過失によらない場合には、損害賠償義務を問題にはできない。これは、買主が目的物の引渡しを受けたが、代金を支払わないので売主により契約が解除され、買主が目的物を返送する前に目的物が不可抗力で滅失、毀損した場合にも問題となる。両者を同じに扱ってよいかは一つの問題であろう。

4-184　**❶ 価格返還義務説**　(1)そして(2)(a)を全て価格による原状回復義務により構成する者は、ここでも同様の処理をすることも考えられる。但し、解除前は過失といったことを問題にしえないのに、ここでは他人物についての保管義務が問題となっているという事情の差は見落とせない。

4-185　**❷ 免責説**　また、買主に過失もないのに価格返還義務を認めるのは酷であるとし、買主を免責する考えも可能である（我妻・上195頁の趣旨が解除後についても該当しよう）。代金未払であれば買主は解除して代金債務を免れ、代金既払ならば解除して代金の全額の返還を求めることができる。

4-186　**❸ 危険負担を適用する説**　更に、両原状回復義務に牽連関係を認め(1)の場合と違って、一旦両債務が発生した後に一方が消滅したという危険負担に近い状態にある）、債務者主義（536条2項）によって処理することが考えられる。しかし、①両者履行済の場合には、売主は10万円の価格分返還を免れ、40万円のみを返還すればよいが、②代金未払ならば、買主の代金債務は解除により消滅しており、危険負担的処理ではうまく片づかない（売主は10万円が手元に残らない。かといって、解除後に10万円請求する根拠がない）。[60]

4-187　**【返還不能となった受領物が種類物の場合】**　もし受領した物が種類物であり、その

物が滅失等により返還不能の場合（過失による場合も含めて）、どのような扱いにすべきかということをここでは見てみよう。

❶ **種類債務説**　例えば、大豆10kgを注文して引渡を受けた買主が代金を支払えず、契約を解除された場合、買主が既にその大豆を加工してしまっているとする。ここでの買主の義務は、特定物（その受領した10kgの大豆）の引渡義務ではなく、10kgの大豆を引き渡して原状を回復するという義務であり、抽象的な種類としての10kgの大豆を引き渡す抽象的な義務であり、受領した物に特定されない（末川・上167頁、高島84頁）。従って、買主は受領した種類物を返還しえなくても、大豆10kgを返還する義務を免れない。次のような判決があるが（大判明37・2・17民録10輯153頁）、548条を論じた判決であり先例価値は疑問である。

4-188

● **大判明37・2・17民録10輯153頁**　「民法第545条に当事者の一方が其解除権を行使したるときは各当事者は其相手方を原状に復せしむる義務を負ふ云々とあるは、其文字の示す如く双方の当事者互に其相手方をして契約締結以前の状態に復せしむるを以て足るものとす。然れば売買に付特定物の買主は其原物を返還し不特定即ち代替物の買主は其原物若くは現物と同種類同品位の物を返還するを以て足るべく、代替物を売買したる場合に於て必ずしも原物の返還を要するの法意にあらざるなり。何となれば代替物に在ては法律上同種類同品位の物を総て同一物と看做すが故に、其売主は原物の返還を受けざるも同種類の代物を得れば原物の返還を受けたると同じく其間に毫も得失の差異あることなく、情態を変ぜざるを以て代物の交付を受くれば即原状に復するものと謂はざるべからざればなり。然れば本件係争の自転車が代替物の売買なりとせば上告人が其車輛の幾分を他へ転売して原品を所持せざるも之に代るべき同種類の物品を返還する能はざる事実の存せざる限り、此転売して原品を所持せざる事実あるのみを以て直ちに上告人の売買契約解除権の消滅したるものと為すべからず」[61]

4-189　❷ **価格返還説**　買主に種類債務を負わせるのは現実的ではないので（引渡しできたらわざわざ買わないし、解除後であるので、引き渡さなければ解除するといったことが考えられない）、過失による場合には価格返還によるしかないという処理も考えられ

---

[60]　問題は、解除後の不可抗力による滅失の危険を売主買主のいずれに負担させるかという価値判断になる。(1)で解除後は損害賠償の問題とした以上は、ここでも過失がない以上は免責する他ないと思われる。その場合に、危険負担的処理を適用して処理すべきかであるが、これを否定し❷説を貫徹したい。その理由は、❸説は代金未払の場合に困ること、また、解除されるような瑕疵のある物を引き渡した以上、売主に危険を負担させるのが公平ではないかと考えられることである。

[61]　事案は、買主が引渡しを受けた物を転売し、残りの給付がされないので解除を主張したという事例であり、原審は転売により解除権が消滅したとしたが（548条1項）、大審院は上記のように判示して破棄差戻しをした判決である。返還が実際に命じられたわけではない。そのため、上記の判示は傍論であるといえ、残部のみの解除を認めれば足りたものである（給付が不可分な場合には例外的に全部解除ができる）。

る。なお、価格返還だと、大豆の相場が下がり10kg10万円で売ったのに、5万円に値下がりしていたら、5万円だけ返還するしかないが、残りは損害賠償により請求することになる。

なお、**4-181**の私見によれば、解除前の滅失等については価格による原状回復義務を問題にするしかないが、解除後の滅失については、損害賠償義務を問題にすることになり、いずれにしても、金銭による処理になる。

3 金銭の返還義務

4-190　解除により原状回復として返還すべき給付が金銭である場合、「その受領の時から利息を付さなければならない」（545条2項）ものとされている[62]。金銭については、その金銭を支払っていなかったら、現在どのような財産状態になっていた原状回復として実現されるべき財産状態は解除権者により千差万別であろう。そこで、金銭債務については、遅延損害を遅延利息に画一化したのと同様に、少なくとも利殖の可能性はあったため、これをやはり画一化して法定利息の支払という形にしたわけである（但し、利殖の前提である利率は時により異なり、画一的に法定利率で処理するのがよいのかは疑問）。従って、この利息は遅延損害金ないし遅延賠償とは異なるので、546条・533条により同時履行の抗弁権が成立する場合でも支払を免れない。なお、売買契約において、売主が代金、買主が目的物の返還義務を相互に負う場合に、575条を類推適用すれば、同時履行の関係が認められるだけでなく、545条2項の適用もまた次の果実返還義務も排除されると考える余地がある。

4 果実・使用利益の返還義務

4-191　例えば、AがBにトラックを売却し、Bが引渡しを受けてトラックを使用していたが、結局Bが代金を支払えずAにより契約を解除されたとする。Bはそのトラックを返還しなければならないが、返還までに（厳密には、①解除までは自己の物、②解除後は他人の物なので、解除前後で分けて考える必要がある）Bがこのトラックを使用したり、他に賃貸して賃料を受けていたりした場合、この使用利益や果実はどうなるのであろうか（天然果実でいえば、乳牛の買主が解除までに搾乳して牛乳を売って代金を得るなど）。

---

[62] 判例は、直接効果説により、遡及的に契約が消滅するから、受領の時から利息をつけるのだという説明をする（大判明44・10・10民録17輯563頁）。

4-192 　(1)　解除前の果実・使用利益

　果実については、189条に善意占有者の果実収受権が規定されている。不当利得の法理を用いるならば、解除までは善意悪意を問題にするまでもなく自己の物であったのだから（即ち解除までは適法な占有であった）、189条を適用するのもおかしくないのではないかという疑問が生じる（189条を適用するものとして、渡辺・注63論文38頁以下）。そうすると、Bは使用利益（果実についての189条の類推適用を受ける）そして果実の返還を免れてしまう。

　①しかし、545条1項の原状回復義務ということからみると、Aは契約がなかったならば、使用利益や果実を得ていたはずであるから、これを得ていたならば現在ある状態を実現しなければならない。②また、受領したのが金銭である場合には、受領時から利息を付けなければならない（545条2項）こととのバランスからいっても、こう解するのが妥当である[63]。

4-193 　【売主が所有者でなかった場合】
例えば、買主Bが売主Aに所有権が留保されている自動車をCに販売した後、BがAに代金を支払わずAが所有権留保に基づきCから自動車を回収し、そのためCがBに対して契約を解除したとする（561条）。CがBに支払った代金の返還を求めたが、これに対して、BがCに対して使用利益の返還を求めこれを自働債権とする相殺を主張したら、これは認められるであろうか（なお、AはBとの契約を解除しても545条1項ただし書によりCから自動車の返還は求められないのであり、そのため所有権留保という手を使うことになる）。

4-194 　(1)　判例の状況
この問題につき、最判昭51・2・13民集30巻1号1頁は、サブ

---

[63] この問題については、渡辺忠嗣「解除と収益（果実）返還義務」『民事法の諸問題Ⅲ』31頁以下参照。また、金銭の場合には実際に利益を運用により得たことを必要としないこと、また、ここでは得た利益を吐き出させるのではなく、原状回復義務であることから、Bが実際に使用したり果実を得たことは必要ではない（好美・注36論文184頁）。

　最判昭34・9・22民集13巻11号1451頁は、「特定物の売買により買主に移転した所有権は、解除によって当然遡及的に売主に復帰すると解すべきであるから、その間買主が所有者としてその物を使用収益した利益は、これを売主に償還すべきものであること疑いない（大審院昭11・5・11言渡判決、民集15巻10号808頁参照）。そして、右償還の義務の法律的性質は、いわゆる原状回復義務に基く一種の不当利得返還義務にほかならないのであつて、不法占有に基く損害賠償義務と解すべきではない」、という。使用利益の具体例としては、船舶の売買契約の解除の事例で、「買主が返還義務を負う目的物の使用利益の具体的算定方法については、売買契約の解除に基づき売主が原状回復義務として負担する売買代金と支払時以降の利息との均衡から決せられるべきであり、その観点からすると、売買目的物の利用により上げることのできた総利益の中から人件費、維持費等の必要経費を控除した純利益をもって右使用利益として算定するのが相当である」とされている（広島高判平7・2・22判タ903号150頁）。

214　第1編　契約総論

ディーラーがディーラーから代金完済まで所有権留保特約つきで購入し、代金を完済前にユーザーに販売し、売主買主両者が履行済みの事例において、サブディーラーが代金を支払わなかったためディーラーがユーザーから自動車を引き上げ、そのためユーザーがサブディーラーとの売買契約を解除した事例で、次のように判示している。

4-195　●最判昭51・2・13民集30巻1号1頁　「売買契約が解除された場合に、目的物の引渡を受けていた買主は、<u>原状回復義務の内容として、解除までの間目的物を使用したことによる利益を売主に返還すべき義務を負う</u>ものであり、この理は、他人の権利の売買契約において、売主が目的物の所有権を取得して買主に移転することができず、<u>民法561条の規定により該契約が解除された場合についても同様であると解すべきである</u>。けだし、解除によって売買契約が遡及的に効力を失う結果として、契約当事者に該契約に基づく給付がなかったと同一の財産状態を回復させるためには、買主が引渡を受けた目的物を解除するまでの間に使用したことによる利益をも返還させる必要があるのであり、売主が、目的物につき使用権限を取得しえず、したがって、買主から返還された使用利益を究極的には正当な権利者からの請求により保有しえないこととなる立場にあったとしても、このことは右の結論を左右するものではないと解するのが、相当だからである。」[64]

4-196　**(2) 学説について**

❶ 肯定説　ここでは、所有者等への財貨の帰属秩序を保護すべき「他人の財貨からの利得」ないし「侵害利得」ではなく、給付を巻き戻して清算するという「給付利得」の問題であり、前者と異なって侵害された財貨秩序の回復ということを含ませる必要はないとして、判例に賛成する学説がある（好美・注36論文185、同「判批」『基本判例双書民法［債権］』163頁、本田・**4-180**論文22頁、民コメ(11)1638頁［本田］）。なお、AのCに対する使用利益の返還請求は、Cが善意ならば189条により認められないが、Cが悪意ならば190条により認められる余地がある（民コメ(11)1638頁［本田］はこれに問題を提起する）。この立場であれば、本判決のように両者が代金・使用利益を返還すべき場合に、575条を類推適用することができることになる。

4-197　**❷ 否定説（本書の立場）**　しかし、原状回復義務は、契約がなければどのような利益を得ていたかその状態を実現するものだとすれば、所有権もない者には使用利益や果実を得ていたということは保証されないはずである[65]。従って、不当利得とし

---

[64]　この論旨の抽象論からいってしまえば、所有権留保ではなく、BがAの自動車を盗んでCに売却したとしても（登録済であり即時取得はない）、同様になってしまう。しかし、所有権留保の事例であり、それを超えてこの判決が先例価値をどこまで認められるのかは疑問である。なお、AがCに使用利益の返還を求めることは、189条の適用を受けるためにできない。

[65]　なお、上記判例の事案は所有権留保の事例であり、他人物売買ではなく、担保権のついた物の売買として処理すべきであったと思われる。即ち、Bの所有物であり、BがCに対

第4章　契約の解除　215

てはＢに損失がないのでＢに不当利得返還請求権はないのは当然であり、また、原状回復義務としても、Ｂに使用利益の回復を求めることは認められないと思われる（否定説として、瀬川「判批」法協94・11・102頁、谷口知平「判批」民商75巻4号168頁）。従って、盗品であった場合は、ＣはＢから代金を全額返還受けることができ（545条2項で利息もとれる）、使用利益をＢには返還する必要はない。使用利益の返還義務がないので、575条の類推適用もできないことになる。

　ただ使用利益と代金の返還の両者を受けるのはＡとの関係で不当利得となるので、ＣはＢから代金の返還を受けた場合にはＡに対して使用利益を返還しなければならないと考えられる（その限りで189条は排除される。もし否定説で189条を適用してしまったら、使用利益の返還をしなくてよいことになってしまう）。その結果、代金と使用利益との清算を575条の類推適用により行うことはできなくなるが、清算の当事者がＢＣ、ＡＣ間とばらばらになるのでやむをえない。

4-198　【返還請求権者の費用償還義務】　原状回復として使用利益の返還が認められる場合、売主が使用利益の返還だけ受けて清算はそれでお終いというわけにはいかない。買主が返還をする物につき必要費や有益費を費やしている場合、返還を受ける者がその利益まで受けるのは逆に不当利得となってしまう。そこで、返還を受ける者は、196条に従って費用を償還しなければならないことになる。有益費については、返還を受ける当事者に利益となる限度で、費用の償還請求ができるにすぎない（我妻・上195頁、近江100頁など）。**4-195**の他人物売買については575条の類推適用を認めない本書の立場では、Ｃから所有者であるＡに対して費用の償還請求ができることになる。

4-199　【575条の類推適用】　双務契約において、両者が契約解除により原状回復義務を負う場合に。巻き戻しの関係についても対価的牽連関係が考慮され、同時履行の抗弁権が認められ（546条）、危険負担についてもその類推適用が問題とされている。それと同様に、575条についても準用されるのではないかが問題とされ、575条の類推適用を肯定する学説が主張されている（加藤74頁、加藤雅信『事務管理・不当利得』150頁、内田566頁）。他人物売買の場合については、使用利益の返還が義務づけられるのかが問題となり、これを肯定すれば575条の類推適用がやはりできるようになる（加藤雅信「判批」重判昭51年度67頁、山中康雄「判批」『民法判例百選Ⅱ（第2版）』109頁も、利息と代金とが清算され、解除後の利息しか請求できないという）。これに対して、使用利益の返還が認められないのであれば、575条は適用にならず、買主は代金の返還を請求できることになる。

　本書では、単純な他人物売買の事例については、**4-197**に述べたように575条の類推適用は否定するが、最判昭51・2・13（⇒**4-195**）のように所有権留保売買の場合には、他人物売買という必要はなく（たとえ所有権的構成でも567条によるべきである）、575条を類推適用すべきであり、売主が代金の返還に利息をつける必要も、買主が使

して当然使用利益の返還を請求でき、結論としては反対ではない。

用利益の返還もする必要はないと考えることができる（これが妥当である）。その後の事後処理であるが、ＡＣ間では所有権留保の実行であり、解除が必要ないとすれば清算関係は生じないため、ＡＣ間では残代金と引き上げた自動車の売却代金との差額が清算されるだけである（売却代金が十分でなければ、残代金債権が残る）。

4-200　**(2) 解除後の果実・使用利益**

解除後は他人の物の占有となり、この時点からは不当利得法により律せられ、契約を解除されたのに使用をし続けるとその利得は不当利得として返還しなければならない。この場合は、解除されたのであるから、当然に悪意の占有者として190条により処理されることになる（本田・**4-180**論文19頁）。

4-201　**【使用による減価分について】　(1) 原状回復義務による処理**　解除をされた買主Ｂが、使用の後トラックを売主Ａに返還しても、そのトラックは中古車として中古価格でしか売れないことになる。従って、Ａはトラックの返還を受けてもトラックの価値は回復できないことになる。

先ず、Ａの原状回復を考える場合、使用利益の返還との関連で２つの構成が可能である。

4-202　**（a）使用利益の返還請求**　Ａが自己のためにそのトラックを使用した場合には、ＡはＢに対してトラックの返還と共に使用利益の返還を請求することができることになる。この場合には、賃貸借のように、賃料の中に使用による減価は評価されているので減価について原状回復義務が問題にできないのと同様に、使用利益の返還を受けながら、減価分について金銭による差額分の原状回復または損害賠償を請求できるというのは、二重取りになってしまう。しかし、**4-203**のように述べた判例がある。

4-203　●東京地判昭33・8・14下民集９巻８号94頁　「被告が原告に対し右契約解除の結果として原状回復の義務を負うほか、その債務不履行により原告に蒙らせた損害があるとすれば、これが賠償の責に任ずべきであることは当然である。」

「本件物件は右仮処分の執行当時相当に毀損し、新品のものに比べてその価額の４割を減損していたことが認められる」。「当事者間に争のない原告と被告との間の売買契約における本件物件の約定代金145万円は、反証のない限り、当時における本件物件の相当価額に当るものとみるべきであるから、前述の減損価額は計算上金58万円となる」

「売買契約の解除による原状回復のためにする目的物の返還は、そもそも原状回復が始めから当該売買契約のなかったと同一の状態に復帰せしめることを目的とするものであることに鑑みれば、売買契約の目的物が毀損されてその価額を減少している場合においては、<u>それが原状回復義務者の責に帰すべき事由によるものであるかどうかにかかわりなく、売買契約に基く引渡当時の価額のものとして、すなわち現物にその減損価額に相当する金額を加えてなされなければならないものと解すべきであるから、原告は本件物件の減損価額に相当する金58万円の支払を、被告に対して損害賠償として請求するという法律上の見解</u>にとらわれることなく、被告に対する右金額の請求は契約解除に基く原状回復義務の履行

を求めるものとして認容すべきである。」また、「売買契約の解除によりその目的物を返還すべき原状回復義務を負う者は、その物の使用による利益をも返還しなければならないものと解すべきであり、本件の場合においては、被告が右のごとく215日間本件物件を使用したことによる利益は本件物件の相当賃料額を基準として算定されるべきである。」

4-204　**(b) 減価分の金銭による原状回復請求**　Aが新車のトラックの販売業者である場合、原状回復ということを考えると、Bに売らなければ他に売って代金を取得していたであろうということになる。Aは自己使用を予定しておらず、使用利益の返還を請求しないで、代金を取得していたはずなのに使用により価格が低下したトラックしか戻ってこないということで、その差額（減価分）を価格による原状回復義務として請求することも許されよう。先に述べたように、更に使用利益の返還請求をするのは、二重取りになるので許されないというべきである。

4-205　**(2) 損害賠償による処理**　Aが取り戻したトラックを、Bに売らなければ担保に売って取得していたであろう代金より安くしか売れなくなったこと（差額分）を、Bの債務不履行と因果関係ある損害とみて、545条3項により損害賠償の対象とするということも考えられる。その内容は、減価分の原状回復請求と同じであり、結局、以上の2つと選択関係になり二重には請求できないことになる。

IV　損害賠償義務

4-206　**(1) 解除における損害賠償の問題**

545条3項は、「解除権の行使は、損害賠償の請求を妨げない」と規定している[66]。しかし、その肝心の「損害賠償」の内容については何も規定しておらず、解釈にまかされている[67]。何故、この「損害賠償」の内容が問題になるかという

---

[66] 2001年改正前のドイツ民法では、解除と損害賠償とは選択関係であった。日本でも、旧商法には解除の規定があり、債権者は「契約を解除し又は価額賠償若しくは損害賠償を求むることを得」と規定していた（旧商法323条）。旧商法のこの規定については、鶴藤倫道「旧商法典における解除と損害賠償との関係について」『民法学の課題と展望』571頁以下参照。

[67] ヨーロッパ契約法典草案115条、116条、ドイツ新債務法324条、CISG81条1項は、契約解除にかかわらず損害賠償を請求できるということを規定するが、損害賠償の内容については何も規定していない。PICC 7-3-5条2項、7-4-1条も、解除にかかわらず損害賠償を請求できることを規定しているが、4-7-2条以下で損害賠償の内容について次のように詳しく規定をしている。

　7-4-2条（全部賠償）「(1)　債権者は、不履行の結果受けた損害につき全部賠償を請

求する権利を有する。この損害には、債権者のこうむった損失および奪われた利益の双方が含まれる。ただし、債権者が出費や損失を免れた結果得た利益は控除される。

(2) 前項の損害は、身体的または精神的苦痛、その他の非金銭的損害を含む。」

7−4−3条（損害の確実性）「(1) 損害賠償は、将来発生する損害を含め、合理的な程度の確実性をもって証明された損害に対してのみ認められる。

(2) 機会の喪失についても、その機会の生ずる蓋然性に応じた賠償を認めることができる。

(3) 損害の額を十分な程度の確実性をもって証明することができないときは、その算定は裁判所の最良に委ねられる。」

7−4−4条（損害の予見可能性）「債務者は、契約締結時に、不履行の結果として生ずるであろうことを予見しまたは合理的に予見することができた損害についてのみ賠償の責任を負う。」

7−4−5条（代替取引がされたときの損害の証明）「債権者が契約を解除し、かつ、合理的期間内に合理的な方法で代替の取引を行ったときは、債権者は、契約価格と代替取引の価格との差額を請求することができるほか、その他の損害があればその賠償を請求することができる。」

7−4−6条（時価による損害の証明）「(1) 債権者が契約を解除し、かつ、代替取引を行わなかった場合において、契約の目的とされた給付につき時価が存在するときは、債権者は契約価格と解除の時の時価の差額を請求することができるほか、その他の損害があればその賠償を請求することができる。

(2) 時価とは、契約が履行されるべきであった場所において、類似の状況のもとで引き渡される物品または提供される役務に対して一般的に課される価格をいい、その場所に時価が存在しないときは、基準とすることが合理的とみられる他の場所における時価をいう。」

7−4−7条（債権者に部分的に帰せられる損害）「損害が、債権者の作為もしくは不作為、または債権者がそのリスクを負担する他のできごとに部分的に起因するときには、損害賠償の額は、各当事者の行為を考慮し、それらの要素が当該損害に寄与した限りで減額される。」

7−4−8条（損害の軽減）「(1) 債務者は、債権者のこうむった損害につき、その債権者が合理的な措置を講ずることにより当該損害を軽減しえた限度において、賠償の責任を負わない。

(2) 債権者は、損害を軽減すべく合理的に費やした費用の返還を請求する権利を有する。」

7−4−9条（金銭の不払に対する利息）「(1) 債務者が弁済期に金銭の支払をしなかったときは、その不払が免責されるか否かを問わず、債権者は、弁済期から支払済みまでの、その額に対する利息を請求する権利を有する。

(2) 利率は、支払地において支払通貨に対して広く適用される、銀行による最優遇短期貸出の平均的利率とし、そのような利率がその他に存在しないときは、支払通貨の発行国における同様の利率とする。いずれの地にもそのような利率が存在しないときは、利率は支払通貨の発行国の法により定められた適切な利率によるものとする。

と、債権（契約）の効果として、債務（契約）不履行責任を位置づけるならば（412条の前の表題は「債権の効力」となっている）、解除により契約が消滅し債権もなかったことになると考える限り、債権の効果である損害賠償請求権も消滅してしまうのではないかという疑問が生じるからである（解除を取消しと同じと考える直接効果説において）。学説は以下のように分かれている。

4-207　**(2) 学説・判例の状況**

　(a) 直接効果説を貫く学説　　直接効果説の論理を貫徹すれば、上の疑問通りに債務不履行責任を追及することはできないことになる（履行不能では敢えて損をしてまで解除する者はいなくなるであろう）。契約があり債権があるから、契約なしには正当化されない履行利益の保障が正当化されるのであり、解除により契約が消滅する以上、もはや履行利益の賠償は求めえなくなる[68]。では、ここでの「損害賠償」は何か、次のように更に理解が分かれる。最後の❹説を除いて、現在ではこのような学説を支持する見解は見られなくなっている。

4-208　**❶ 信頼利益説**　　先ず、履行利益の賠償ではなく、信頼利益の賠償であり、結局解除することになり無駄な契約をしたことになったことにより、被った損害の賠償請求しかできないという考えもある（石田〔文〕52頁、柚木314頁以下、谷口知平『民法論集第2巻』50〜51頁）。

4-209　**❷ 契約期待説**　　また、契約が解除されたのだから契約は効力を失い債権の効力としての債務不履行責任は問題にしえなくなるが、契約は有効に成立したのであるから、信頼利益の賠償に限定する必要はなく、545条3項で特に契約が有効と期待したことによる損害の賠償を認めたものと考える学説もある（石坂2330頁以下）。結局は、履行利益の賠償を認めることになるが、これを債務不履行責任といわないというだけである。

4-210　**❸ 原状回復説**　　545条3項は同条1項を受けて、1項の原状回復ができない場合に原状回復に代わる損害賠償ができることを規定したものと見る他ないという考えもある（勝本正晃『債権法概論（総論）』84頁）。過失を問題にしないが、解除

---

　　(3)　不払により、それ以上の損害が生じたときは、債権者は追加的な損害賠償を請求する権利を有する。」
[68]　旧民法も財産編424条で解除しても損害賠償を請求しうることを認めていたが、ボアソナードは解除により合意より生じる利得は放棄したことになり、例えば500円で買って600円で転売する契約をしていても、この差額100円の賠償は認められないと、履行利益の賠償を否定する趣旨であった。

4-211　❹ 差額賠償説　　三宅教授は、545条3項の損害賠償を、双務契約義務違反による交換の挫折に対する差額賠償という考えを主張している（三宅・総論226頁、251頁以下）。

4-212　(b) 履行利益の賠償を認める学説

❶ 間接効果説など　　間接効果説など解除により契約は消滅しないと考える説では、一旦契約ないし債権の効力として生じた損害賠償請求権が、解除により契約と共に消滅するという疑問は当てはまらないことになる。確かに、履行を諦め清算関係に入りながら、損害賠償だけは履行に向けられたままということには疑問が残るかもしれない。しかし、履行利益の損害賠償は保持しながら、自分の履行義務を免れることを認めるのが債務不履行解除制度であると考えるべきであり、不都合はない。いずれにしても、間接効果説などでは、解除後も415条の債務不履行に基づく損害賠償請求権がそのまま存続することになり、545条3項はそのことを確認しただけの規定ということになる（近江106頁。本書もこの立場）。

4-213　❷ 直接効果説　　ところが、直接効果説においても、一旦生じた債務不履行による損害賠償請求権は消滅しないという考えが通説そして判例となっている[69]。その説明としては、①損害が発生したという事実は、契約と共に消滅するものではない、②損害賠償に関する限りでは相対的に契約の効力は存続する、③この損害賠償請求権は、415条の債権の効力による損害賠償ではなく、545条3項による法定の損害賠償請求権であり、ただその内容が債務不履行責任のそれと同じ内容とされているなどの説明がされている。

4-214　【解除と損害賠償についての若干の分析】　　解除しない場合と異なり、契約を解消しながら損害賠償を請求するのは、やはり単なる415条の損害賠償とは異なる特別の考慮が必要である。売買契約を例にとって見てみよう。

4-215　(1) 買主が解除をする場合　　売主Ａが目的物を引き渡さないので買主Ｂが契約を解除した場合、Ｂは履行不能の場合同様に填補賠償を請求できると考えられてい

---

[69] 末川・上174頁、我妻・上200頁。最判昭28・12・18民集7巻12号1446頁など。また、賠償（遅延賠償）額の予定がされているときには、解除してもその予定額を賠償請求しうる（大判昭8・2・24民集12巻25頁）。取消しとは異なって、債務不履行があるから契約を解除するのであり、債務不履行のない無効や取消しとは異なって、債務不履行によって損害を受けた事実は法的効果を失わせることによって消滅させるべきではないためである。梅454頁も、415条により損害賠償請求ができるということが、「解除に因りて変更を受くべき所に非ざるなり」と説明する。

る。解除により買主は履行請求権を失い、その代わりに填補賠償請求権を取得するが、自らも解除により代金債務を免れるので、それを損益相殺しなければならず、結局填補賠償と代金との差額の賠償が請求できることになる。このように、解除の場合にも填補賠償を問題とするがために、目的物の価額の算定時期が問題とされているのである。しかし、解除後他から目的物を取得するまで商品生産ができなかったなどの逸失利益と、解除後他から目的物を購入した差額（解除後の値上がりは損害軽減義務により考慮されない）を、損害として直截に問題にすれば足りると思われる。

4-216　**(2) 売主が解除をする場合**　Ｂが代金を支払わないので、Ａが契約を解除したとする。そもそもＡの損害をどのように考えるかということが問題である。

❶ **解除までの損害**　買主Ｂの債務は金銭債務であり、金銭債務の損害賠償は419条により遅延利息に限定されている。この場合には、解除までの遅延利息の請求と、次に述べるように価格返還（とその遅延利息）ないし目的物を解除後他に売却したが安くしか売れなかった差額の損害賠償請求が認められればよいであろう。あえて、売主についても解除により填補賠償を問題にする必要はない（我妻・上201頁はこの場合も填補賠償と構成する）。遅滞して履行がされるのではなく、解除がされる事例であるので、419条による制限は解除の時点までの遅延利息について認めるだけに止めるべきである。

4-217　❷ **解除による損害**　解除しなければ、ＡはＢの債務が金銭債務であるため遅延利息しか請求できないが、解除後については419条が適用にならず、545条3項に基づき解除による損害の賠償請求ができるものと考えるべきである。①なお、Ｂが受領した目的物の返還ができない場合、ⓐこの損害は債務不履行による損害ではなく、解除前の滅失の場合は価格による原状回復、ⓑ解除後の滅失の場合には他人の物の侵害による損害賠償責任の問題で処理すればよい。②返還されたないし解除まで契約があるため他に売却ができなかった目的物を、解除後に他に売ったが安くしか売れなかった場合については、ⓐそれがＢの使用による減価であれば使用利益の返還請求、使用によらずに毀損などした場合には、価額による原状回復請求ができる。これに対して、ⓑ目的物の市場の変動により価格が下がったのであれば、解除による545条3項の特別の損害賠償請求を認めることができる（判例としては、大判大50・10・27民録22輯1991頁。価格が上がったらどうなるのであろうか）[70]。

---

[70]　売主は損害賠償を請求するためには下落額を証明しなければならないが、これを予め避けるためには、損害賠償額の予定をするほかに、所有権留保や譲渡担保という方法が考えられる。所有権留保の場合には、解除をすることなく売却物を取り戻し、これを処分することができ、既に受領している代金部分と売却代金が代金債務及び利息を超える場合に、その超過額を清算（返還）するだけでよい。実際には所有権留保があっても解除がされるようであり、解除後の精算についての特約となっているようである。譲渡担保は、不動産を売却しながら、下落が予見できる場合に、下落額の算定を回避するために、売却物を代金債権の担保のために譲渡担保を受けるというものであり、この場合にも契約解除がされ

V　解除と第三者

1　解除前の第三者

4-218　**(1) 民法の規定——「第三者」は解除により害されない**

　　ＡがＢに不動産を売却し、Ｂが更にこれをＣに転売したが、その後にＡによりＡＢ間の売買契約が解除がされた場合、545条1項ただし書は、原状回復義務に続けて「ただし、第三者の権利を害することはできない」と規定している[71]。この規定をどのような趣旨の規定と解するか解除の効果論との関係で問題になり、また、それと関連して、545条1項ただし書により保護される「第三者」に対抗要件を必要とするかが議論されている。

　　なお、解除された契約から生じた債権の譲受人は、545条1項ただし書の「第三者」に該当しないことについては債権総論**6-137**以下で説明した[72]。545条1項ただし書は、原状回復に対する特例であるから、原状回復の対象となる権利についての利害関係人でなければ「第三者」にならないとも説明することができる[73]。

　　　ないので、目的不動産の価格が下がっても代金債権はそのまま存続することになる。先取特権では競売手続きが必要なため、私的実行ができるようにしたものといえる。

[71]　ヨーロッパ契約法典草案117条（善意の第三者の権利）は、「前条までに規定されている権利の債権者による行使は、書面による通知を受ける前に、または、不動産または登録動産に関しては、その不動産などが存在する国に有効な規定に従い管轄の公的登記所に登記をする前に、債権者の所有であることまた債権者に引き渡されるべき物であることについて善意で取得した第三者の権利を害することはない。〔但し、〕第161条の規定の適用は妨げられない」と規定している。物権行為の無因性を認めるドイツ民法では、当然であるが解除の場合の第三者保護のための規定は置かれていない（動産なら返還、不動産なら抹消登記がされるまで買主は所有者のまま）。旧民法には第三者保護規定がなかったが、第三者の取引安全保護のために、現行民法では545条1項ただし書を設けたものと説明されている（梅455頁）。

[72]　債権の差押債権者も同様に「第三者」ではない（大判明34・12・7民録7輯11号16頁）。フランス民法では、解除条件として構成され遡及効があるが、これは買主の債権者を排除するためのものであり、物権取得者には解除を対抗できない。

[73]　そうすれば、賃借権について権利を取得するのではなく、「賃借人の利用」という領域内で保護されているにすぎない転借人も、賃貸借の解除につき「第三者」に該当しないことも理解はできる。なお、賃借人を177条の「第三者」に含め、解除後に177条を適用する学説では、解除を賃借人に対抗するには登記がなければならなくなってしまう。

4-219　**(2) 学説・判例の状況**

(a) 間接効果説等　　まず、解除により契約の効力が消滅するものではないとする間接効果説、折衷説などの考えでは、AからBに一旦生じた物権変動の効力は影響を受けず、原状回復関係に入ることにより改めてBからAに所有権が戻されることになる。即ち、AからBへの売買による物権変動は有効なままで、解除によりBからAに所有権が復帰することになる。また、直接効果説でも物権行為の独自説を認めかつ無因説を採用すれば、契約は無効になっても物権変動は有効なままで、改めて解除後に所有権を戻す物権行為がされることが必要になり、A→B、B→Aという物権変動が認められる点は同様である。

このようにB→Cという解除による物権変動を認める考えでは、Bを起点として、C次いでAへと所有権の移転が問題となり、ACは二重譲渡類似の対抗関係に立つことになる（広中352頁、田山92頁、近江103頁、加賀山茂「対抗不能の一般理論について」判タ618号197頁）。従って、177条さえあれば十分であり、545条1項ただし書は確認規定にすぎず特別の意味のある規定ではなくなる（本書は折衷説の立場から本説に従う）。

4-220　**(b) 直接効果説（有因説）**　　直接効果説では、物権行為の独自性を否定すれば当然、これを肯定しても有因説に立てば、遡及的に契約そして物権変動は無効となり、Bは所有者でないのにAの不動産をCに売却したことになる。しかし、それはCに酷であるため[74]、民法は545条1項ただし書を設けてCを救済したのだということになる。545条1項ただし書は96条3項と同様の規定ということになり、この考えでのみ、545条1項ただし書の存在意義が認められることになる（直接効果説の民法上の条文根拠になる）。

96条3項のように「対抗不能」とは明示されていないが、545条1項ただし書によりAはCに契約また物権変動の消滅を対抗しえないことになり、Cとの相対的関係においてはAB間の契約また物権変動は有効なままであり、A→B→Cと有効に物権変動があることになる。そして、AC間は対抗関係ではなくCは登記なくして所有権の取得をAに対抗できることになるはずであるが、この立場でも、いわゆる権利保護要件として第三者に対抗要件を要求することも考えられる。

4-221　**【直接効果説における対抗要件の要否】**　　①直接効果説の論理をそのまま肯定し、

---

[74] 取消原因ならCは調査しえないではないが、買った後のBの不履行という事情はどうしようもない。ただこの論理でいくと、既に不履行にあること、更には解除権がAに生じていることまで知っているCは保護されないということになる。

ＣはＡとの関係では登記不要と考える対抗要件不要説もある（高森八四郎「契約の解除と第三者」関大法学26巻１・２号）。②これに対して、直接効果説によりＡＣ間は対抗関係でないことを認めながら、第三者ＣはＡに対抗するには対抗要件を必要とする対抗要件必要説もある（我妻・上198頁、柚木298頁、川井93頁［権利保護機能としての登記として要求する］）。判例も、立木の事案であるが*4-222*のように対抗要件を必要とする。

4-222　● 大判大10・5・17民録27輯928頁　　事案は、Ａからその所有の山林の立木をＢが買い取り、これをＣに売却したが、ＡＢ間の売買契約がＡにより解除された事例である。ＡからＣへの立木の所有権確認訴訟であり、原審判決はＣ所有としたが、Ａが上告しＣが未だ立木の引渡しを受けていないので、178条により所有権取得を対抗できないと主張した。大審院は次のように原審判決を破棄している。

「特定物を目的とする売買契約の場合に於て当事者の意思が即時に其所有権を移転せしむるに在るときは、其売買契約の効力として売主より買主に所有権を移転するものなるを以て、其売買契約を解除したるときは、<u>該解除の効力として買主は初めより所有権を取得したることなきものと看做され、所有権は当然売主に帰属するに至る</u>」。Ｂは仮に売買契約と同時に立木の所有権を取得したりとするも、Ｃは即日右立木を伐採し本件木材を製材したるものに非ざる以上は、売買契約と同時に其所有権を取得し得べき謂われなし。

「尚お……ＡとＢとの間の本件売買契約は……解除せられたるものなるを以て其解除当時までにＣの所有に帰せざる立木は勿論、木材の所有権と雖も解除の効力として当然Ａに復帰するものと謂わざるを得ず。加之ならず、右解除前既にＣの所有に帰したる木材と雖も未だ引渡を了せざる間は其所有権移転を以て第三者たるＡに対抗し得ざるものなるを以て、<u>Ａより之を観れば該木材の所有権は依然としてＢに属するものと看做すことを得べき</u>を以て、解除の効力として其所有権も亦当然Ａに復帰するものと解すべく、而して<u>ＡがＣに先ち木材の占有を有するに至りたるときは完全に其所有権を回復したる</u>ものと謂うことを得べし。故に原裁判所に於て本件木材の所有権がＣに移転したる為め、解除当然の効力としてＡに復帰するものにあらざる旨の判断を為すには必ず先す本件木材は契約解除前に伐採の上製材せられＣの所有に帰し且つ其引渡を了したる事実を確定せざるべからず。」

4-223　【近時の新しい学説——対抗不能説】　　以上に対して、フランス法の考察を参考として、近時新たな主張がされるようになっている。

（１）武川説　　96条３項の取消しについて、対抗不能の法理により構成し、取消しの前後を問わずに第三者を保護しようとする武川教授の考えであり、概ね次のようである（武川幸嗣「解除の第三者効力に関する一試論」みんけん564号３頁。10頁以下）。

545条１項ただし書の「害することを得ず」とは、「対抗することを得ず」という意味に理解すべきである。解除の効果の対抗不能であり、解除前後を問わず第三者には解除の効果を対抗しえない。他方、買主の一般債権者は、先取特権との均衡上、第三者には含まれず、売主は解除の効果である物権回復をもって対抗しうる。そして、解除の対抗不能についても、悪意の第三者を排除すべきである。解除前の第三

者については「治癒しがたい不履行の存在ないしは、契約の円満な実現を合理的に期待できない状況の存在を知り、自己の権利取得が解除権者の利益を害しうる旨を認識しつつ、これをいとわずに取引関係に入ること」を問題にすべきである。

4-224 **(2) 松尾説** また、解除の効果を「人権」（＝債権）上の効果として、解除者の相手方に対する「人権上の」原状回復請求権に限定することを通して、第三所得者の安全を守ろうとするのが起草者の意図であり、詐欺取消しの効果が当事者間の「人的」ないし「債権」的な請求権の発生にとどまるのと異ならず、96条3項は遡及効を制限した規定ではなく、取消しの効果をこのように人的に制限したものであるから取消後の第三者にも適用されることになり、解除後の第三者についても96条3項を類推適用し、解除の事実について善意の第三者を保護しようとする学説も提案されている（松尾弘「権利移転原因の失効と第三者の対抗要件」一橋論叢102巻1号95頁以下）[75]。解除前の第三者については、545条1項のただし書により第三者を保護するのであれば、あえて96条3項の類推適用をせずに、武川説のように545条1項を解除後の第三者にも適用するほうがよいように思われる。

4-225 **【第三者の善意の要否】** ところでＣがＢの債務不履行を知り、Ａから解除される可能性があるＢと通謀してＢから不動産を取得した場合、即ち「解除権成立」について悪意の場合には問題となる。②説では悪意を要件にして対処できようが（学説はない）、*4-223* 武川説では177条によるので「物権変動」についての悪意でなければならないので、177条で悪意者排除説でも対応できない。悪意の第三者排除を、424条の転用、公序良俗違反で図ろうとする学説では対応可能であろうが、本件の場合だけこれらの法理を使うということは無理であろうか。

2　解除後の第三者

4-226 *4-218* の例を変更して、解除後にＢが不動産をＣに売却した場合は、ＡＣ間の関係はどうなるであろうか。

(a) 間接効果説等　*4-219* (a)説では、ＡとＣが対抗関係に立つのは、解除後の第三者の場合も同じであり、Ｃは対抗要件がなければＡに所有権の取得を対抗できないことになる。根拠条文は、177条ないし177条を確認した545条1項ただし書ということになる。私見は解除の効果論において折衷説に立つので177条によってＡＣ間を規律することになるが、悪意の第三者を排除するので、結論的

---

[75] 177条のように「物権変動があったという効果の対抗」ではなく、「物権変動がなくなる効果の対抗」であり、177条とはレベルが違うということは可能であろう。ただし、間接効果説を採用すれば、復帰的物権変動を認められるので、取消しと同様に考える必要はない。本書では、解除については間接効果説により解除の前後を問わず177条（解除前については、545条ただし書は確認規定）によることにしたい。

には94条2項類推適用説に等しくなる[76]。

4-227　**(b) 直接効果説（有因説）**　*4-220* (b)説では、解除前の買主Bによる譲渡は、当時のBは所有者であり物権的に有効な譲渡であったが、解除後に買主が行った譲渡では、無権利者の譲渡になる。そうすると、BはAの所有物を権限なくして売却したことになり、動産の192条のように第三者保護規定がない限り、登記に公信力がないので第三者は保護されないと考えることも可能である。しかし、判例・学説は第三者を保護しようとしており、種々の解釈が提案されている。

4-228　❶ **177条適用説**　解除によりBからAへの復帰的物権変動があるとみて、ACは対抗関係になるという考えがある（我妻上199頁、柚木301～2頁）。しかし、論理的にいえば、Aから一度も所有権の移転がなかったとするのが直接効果説における物権変動の遡及的消滅のはずであり、「実質的に」といおうと、論理が貫徹されていないきらいがある。

4-229　❷ **94条2項類推適用説**　解除によりAの所有物でずっとあったことになったのに、Aが登記を回復せずそれを放置したことを帰責事由として、善意（ここでは無過失まで要求してよいであろう）の第三者Cに94条2項を適用する処理も考えられる。94条2項の類推適用の適用時期は、①解除しうる時から、②解除の時から、③解除後放置したと思える相当期間経過してから、などいろいろ考えられる。

76　ヨーロッパ契約法典草案は117条は、解除前か後を問うことなく善意の第三者を保護する規定を有しているが、本文に述べたように、177条で悪意者排除説によれば、177条を適用しても同様の結論を導くことができる。

第6節　法定解除以外の解除

I　約定解除

4-230　合意により当事者の一方または双方に留保された解除権により契約を解除する場合が（手付を交付する場合は解除権の留保と推定される⇒第2編**6-41**）、約定解除であることは既に述べた。解除権の行使であることに変わりはなく、その発生原因が法定の解除の場合と異なるだけであるので、法定解除権の発生原因に関する規定を除いて、解除に関する規定は法定解除約定解除に共通に適用されると考えてよい。従って、発生原因の部分を除いて、以上に述べたことがあてはまることになる。債務不履行がない場合には、約定解除の場合に損害賠償についての545条3項の適用がないのは当然であるが、債務不履行がある事例において法定解除に代えて約定解除がされた場合には、損害賠償については法定解除について述べたところがあてはまると考えるべきであろう。

II　合意解除（解除契約）

4-231　**(a) 合意解除の意義**　既に**4-4**に述べたように、契約当事者による契約を解消しようという新たな契約である。従って、単独行為である解除権の行使ではないので、解除権の行使を規定する民法の解除の規定は適用されない。契約自由の原則からいって、このような契約をすることは可能であり、この契約の際に、解除された後の法律関係についても合意されることが多く、特に一方に債務不履行がある場合には、和解的な性格を有することになる。

4-232　**(b) 合意解除の効果**　合意解除の効果は、その契約により内容が定められる。では、原状回復について特に約定がない場合、民法の解除の規定によるべきであろうか。

❶ **適用否定説**　通説は、合意解除の場合は、返還義務の範囲は不当利得の規定によるべきであり、解除の545条の原状回復義務についての規定の適用はないと考えている（大判大8・9・15民録25輯1633頁［受領した金銭に受領時からの利息をつける必要はないとする］）。また、判例（最判昭32・12・24民集11巻14号2322頁）も「合意解除

がなされた場合には、民法703条以下による不当利得返還義務の発生するのは格別、当然には民法545条所定の原状回復義務が発生するものではない」と判示している。

4-233　❷ **適用肯定説**　これに対して、同じく契約の清算手段なのだから、反対の特約がない限り545条の原状回復義務の規定の適用（類推適用になるであろう）を認めてよいという学説もある（石田穣105頁）。

4-234　**(c) 合意解除と第三者**　合意解除は契約により契約解消という効力を生じさせるものであり、契約は第三者を害しえないという原則からいうと、これにより第三者が影響を受ける場合には、その第三者を害することはできない。このように、そもそも契約の効力が第三者に及ばないとすれば、契約の終了自体を対抗しえないということになるが、この場合には法定解除とは異なり、合意により復帰的物権変動が生じることが明らかなことを注目すれば、177条を適用することも可能になる（本書はこちらを支持する）。判例は合意解除の場合にも545条1項ただし書と同じ扱いをし（しかし、債務不履行後には177条を問題にするようであり、545条ただし書と177条の関係については判例の立場は明確とは言い難い）、かつ登記を第三者に要求している。

4-235
> ● 最判昭33・6・14民集12巻9号1449頁　「思うに、いわゆる遡及効を有する契約の解除が第三者の権利を害することを得ないものであることは民法545条1項但書の明定するところである。合意解除は右にいう契約の解除ではないが、それが契約の時に遡って効力を有する趣旨であるときは右契約解除の場合と別異に考うべき何らの理由もないから、右合意解除についても第三者の権利を害することを得ないものと解するを相当とする。<u>しかしながら、右いずれの場合においてもその第三者が本件のように不動産の所有権を取得した場合はその所有権について不動産登記の経由されていることを必要とするものであって、もし右登記を経由していないときは第三者として保護するを得ないものと解すべきである。</u>けだし右第三者を民法177条にいわゆる第三者の範囲から除外しこれを特に別異に遇すべき何らの理由もないからである。」

第2編　契約各論1　財産の取得を目的とした契約

第1章　贈　　与

Ⅰ　贈与の意義

5-1　「贈与は、当事者の一方〔＝贈与者〕が自己の財産を無償で相手方に与える意思を表示し、相手方〔＝受贈者〕が受諾をすることによって、その効力を生ずる」(549条)。この規定から、贈与契約の要素として、次の3つが必要であることが分かる。

> ①「自己の財産」
> ②「財産を……与える」
> ③「無償で」

5-2　❶「**自己の財産**」　先ず、これは通常の場合を考えたものであり、他人の財産については贈与が無効というわけではない。他人から財産を取得してこれを贈与するという約束も有効とされている（大判明38・12・14民録11輯1742頁、大判昭11・12・15法学6巻382頁）。他人の財産を自己の財産として贈与した場合も有効であり、担保責任が問題となるだけである。

5-3　❷「**財産を……与える**」　次に、「財産」（売買では「財産権」とされている）を贈与の対象とする場合でなければならず、従って、無償で他人のために役務を提供することは、無償の委任や無償の請負（民法の請負は有償契約であり、無名契約となる）であり、物を無償で使用させることは使用貸借である。

5-4　❸「**無償で**」　最後に、贈与契約の中核的要素として、財産を与えることに対して、対価＝代金が支払われないこと、即ち無償であることが必要である[1]。

1　無償ということと、「好意」に基づく行為ということは一致しない。被災した友人を哀れんで本当に好意で贈与をすることもあるが、実際に行われる多くの贈与は、親族間で、将来の扶養を期待して行ったり、相続財産の相続前の分与であったり、さらには親族間以外

無償＝対価を受けなければよいのであり、ただであることは必要なく、対価関係に立たなければ受贈者が何らかの給付を義務づけられても贈与であることは否定されない（**負担付贈与**という）[2]。負担付贈与は、負担の限度で双務契約に関する規定が適用される（553条⇒*5-91*）。

5-5 【利他的な「好意の施し」と利己的な贈与ないし合意を区別しなかった】　ヨーロッパ法では、①贈与を「好意の施し」という利他的なものに限定し、それゆえに要式契約とされ、また、忘恩行為を理由とした撤回が認められている。このような限定をするために、②命の恩人へのお礼のように、道徳上の義務のため、または、儀礼を斟酌して行われた贈与については、忘恩行為を理由とした撤回はできないことが明記されている（534条。贈与ではないという判例も出されたが、その後、贈与契約と認める変更がされている）。③更には、反対給付を期待して行う利己的な合意の場合には、814条によりやはり返還請求ができないことが規定され、これは贈与ではなく、要式契約でもないと考えられている（小島奈津子『贈与契約の類型化』参照）。ところが、日本では、これらの区別を敢えて否定し、これらをすべて一律に贈与と規定することにした。これが、日本では、忘恩行為による撤回規定が導入されなかったことに影響し（②の類型）、また、書面性を緩和や負担の不履行による解除を認める判例へと影響を及ぼしているように思われる（③の類型）。

5-5-1 【寄付の法的性質】

(1) **募金ないし寄付一般論**　公共の目的のために広く募金を募る場合[3]、これを**寄付**といい、寄付を発起する発起人・世話人などが集めた金銭を基金として、公共の目的のために管理し処分することになる。そのため、発起人に財産を与えるものではなく、発起人との関係は贈与ではないといわれている。この場合には、寄付を受けた財物などは発起人に信託的に帰属し、贈与ではなく信託的譲渡と考えられ、場合によっては、贈与目的物の寄託（最終的な贈与の相手方がいる場合——難病の子供が手術を受けるための募金など）、あるいは第三者のためにする契約と考えられている[4]。

でも、将来何らかのお世話になることを期待して行ったりと、合理的な計算に基づいて行われることが少なくない。

2　負担付贈与は、対価的な関係にないので、依然として無償契約であり片務契約であると考えられている（我妻・中一224頁）。しかし、起草者は、負担付贈与を、義務を負担する以上は「固より報酬あるものにして」、その性質、即ち、双務契約また有償契約であることは明らかであると説明をしている（梅468頁、470頁）。

3　災害義捐金、交通遺児義捐金などのほかに、町内のお祭りの寄付などもこれに準ずるものといえようか。

4　中島玉吉「公募義捐金」同『続民法論文集』249頁、石坂音四郎「寄付の性質」同『改纂民法研究上』191頁、加藤永一「寄付」『契約法大系Ⅱ贈与・売買』8頁、我妻・中一238頁、三宅・上4頁。

但し、不用品など現物を出捐した場合に、550条、551条の類推適用は認められる（内田162頁）。

5-6 **(2) 宗教・教育・慈善団体への寄付——どういう契約か**　これに対して、宗教団体・学校・慈善団体等への直接の寄付は、普通の贈与と考えられている[5]（内田162頁など）。

この場合に、使途目的を定めないで寄付をする場合もあれば、一定の使途を大学などが提示して寄付を募ることもある。後者の受贈者が寄付の対象物を一定の目的に使用するという制約を伴う場合[6]、負担つき贈与になり、受贈者は寄付をその目的に使用する義務を負うと考えられる（我妻・中一238頁、星野109頁、石田穣29頁、内田162頁）[7]。そうすると、寄付を受けた金銭を他の目的に使用したりすれば、負担の債務不履行となり、寄付者は寄付（負担付贈与契約）を解除できることになる。

II　贈与の成立及び拘束力

1　諾成契約性

5-7 比較法的に見ると、贈与は要式契約とされるのが通常であるが（但し履行があれば返還は請求できない）、わが民法は当事者の意思表示だけで贈与契約が成立するものとした（549条）。

このように贈与契約も売買契約と同様に、諾成契約とされており、また、忘恩行為による取消しを認めず、贈与者にかなり厳しいところに日本の贈与法の特異性がある。しかし、諾成契約という点については、次にみる書面によらない贈与

---

[5] 従って、出捐するのが金銭ではなく、着物のお古や中古の家財道具などであった場合に、目的物に瑕疵があっても551条により贈与者は責任を負うことはない。

[6] 預金として金銭が組み込まれると、寄付された金銭が別目的に使われたか不明になってしまうので、このような場合には、寄付を受けた側は、別の口座で寄付を受けた金銭を管理することが義務づけられるというべきである。

[7] 加藤・注4論文7頁は、「寄付においては、一般に、寄付者の意思をとくに尊重すべきである。一般に寄付は寄付者の好意にもとづくものであり、寄付者がこのような寄付をするに至ったのは、受寄者がその目的ないし条件を実行することを信頼した結果である。受寄者がこの好意を無視し、信頼に応えないばあいには、全然保護に値しない。受寄者がその義務を履行しないときは、寄付者は、義務の履行を請求し、それでも履行しないときは、寄付者は原則としてこの契約を解除し、寄付財産の取戻しを請求できるのである。ただ、寄付者の課した負担ないし条件がきわめて軽い意味しかないとみとめられるばあいには、例外的に契約の一部解除というような構成によって、寄付財産が受寄者＝受益者の手に残されるよう配慮すべきである」と述べる。

の撤回権を認めることにより、実質的に書面によらない贈与の拘束力はなきに等しい状態になっている。ヨーロッパの民法や旧民法（財産取得編358条⇒**5-95**）のように公正証書による要式契約にしなかったことについて、起草者は、贈与者保護という目的の点では、要式主義と同じであり、その実現方法が異なるだけであると説明をしている（梅463頁。中国契約法186条も諾成契約とし、公正証書がなければ履行前に撤回が可能としている）。その理由は、諾成契約としたほうが、私的自治の建前に合致するという形式的な理由にすぎない。但し、書面を公正証書でなくてもよいとした点は大きな修正であり、そのために、後述するように、「書面」をめぐる議論が生じることになる。

2　書面によらない贈与の撤回権

5-8　（1）書面によらない贈与の拘束力の緩和

　民法は、上記のように贈与を諾成契約としながら、他方で、「書面によらない贈与は、各当事者が撤回をすることができる。ただし、履行の終わった部分については、この限りではない」（550条）と規定している（現代語化法の前は「取消」になっていたのが、「撤回」に改められた）[8]。従って、書面によらない限りは、贈与者はいつでも言ったことを覆すことができ[9]、結果としては書面の作成を成立要件とするのと変わらないことになっている。なお、注18の小島説のように、見返りを期待した利己的な事例を、贈与契約ではないとして550条の適用を否定する解釈も可能であり、日本において書面という要件が緩和されている背景には、利己的な合意も贈与契約として整理されているということが背景にあり影響をしている可能性がある。

5-9　【離婚に際しての財産分与にも適用があるか】
例えば、夫が妻に対して、離婚届

---

[8] 意思表示の到達前の撤回や、遺言の撤回のように、その意思表示の効力が発生する前にその効力発生を阻止するという撤回ではない。既に有効に贈与契約が成立後に、その効力を消滅させるものであり、総則の取消とは異なる「特殊な取消し」である。忘恩行為の事例で、履行後の場合も含めて、「特殊な取消し」というのが適切である。現代語化により導入された「撤回」には二種類があることになる。

[9] 契約の拘束力からの解放が問題になるのはもっぱら贈与者であるが、受贈者もただだからと必要もないのに軽率にもらう約束をしてしまい、後で要らないと後悔することもあるので、条文どおり「各当事者」に認めてよいであろう。要らなくなったベッドをもらってもらう約束をしたり、生まれた子猫を引き取ってもらう約束をする場合には、むしろ贈与者が契約をすることにより利益を受けるが、書面によらない限りは、受贈者は一旦受け取るまでは撤回ができることになる。

けに署名すれば不動産を与えると約束した場合、この約束も贈与の一種であり口約束であり書面によらないものとして、離婚後、夫は550条に基づきこれを撤回することができるであろうか。

これにつき、最判昭27・5・6民集6巻5号506頁は、この合意を離婚に際しての財産分与の約束とみた上で、離婚に際しての財産分与は、「当事者の一方が他の一方に単に恩恵を与えることを目的とする<u>単純なる贈与と同日に論ずべきではない</u>」と判示し、<u>550条の適用を否定</u>した。財産分与は、婚姻中の財産の清算、慰謝料、離婚後の生活のための費用の支払であり、妥当な判決であろう。

5-10　**(2) 550条の立法趣旨**

起草者は、贈与者の意思は確定的ではなく、後に後悔して争いになる可能性があり、そのような争いを避けるために、書面の有無で形式的・画一的に解決することにより、紛争を未然に回避したと説明をしている（梅465頁）。判例・学説上、書面によらない贈与の撤回権が認められた理由としては、次の2つが考えられている（例えば、*5-17*、*5-27*、*5-29* の判決など参照）。

5-11　❶ **意思の明確化**　心裡留保は専ら贈与で問題になるものといえるが、贈与者が真に贈与するつもりであったのか心裡留保を争わせるとその証明をめぐって問題が生じるので、そもそも心裡留保を問題とすることなく、撤回を認めれば争いを避けることができることになる。しかし、これは贈与の意思があっても拘束力を免れることへの根拠づけにはならない。

5-12　❷ **軽率な贈与の予防**　次に、心理留保ではなく、真実贈与の意思があったとしても、後で頭を冷やしてよく考えてみると、うかつであったと後悔することがある。そこで、書面を作成して慎重になされたのではない限り、後戻りのチャンスを与えようとする趣旨もあるといわれる。しかし、うかつに契約をして後悔するのは別に贈与に限らないのであり（例えば、衝動買い）、やはり根本的な根拠は確固たる意思によらない<u>無償契約の拘束力の軽減</u>に求められるべきである（戒能117頁）。では、個別的に熟慮に基づく贈与であることを証明することを認めるべきかというと、ケッツが「<u>方式は熟慮の上の真意を確証する方法</u>であり、方式によらないで自由かつ真意に基づく意図かどうかの吟味を個別事例ごとに行えば、法的な不安定がもたらされよう」（松岡久和「ハイン・ケッツ『ヨーロッパ契約法Ⅰ』について」川角由和ほか『ヨーロッパ私法の動向と課題』22頁）と評しているように、妥当ではない。それ故に、書面が要求されたのである。この観点から言えば、後述のように曖昧に書面を拡大していく判例の態度は疑問である。

5-17　● **大判大 7・11・18民録24輯3316頁**　なお、550条の趣旨につき次のように述べる。「贈与は無償にて相手方に財産を寄贈する契約にして贈与者の為め不利なる法律行為なるを以て贈与者に其覚悟なかるべからず。然るに口頭又は暗黙の如き極めて簡易なる方法に依り意思表示を為すときは、或は<u>軽卒に之を為して後日悔ゆる</u>ことなきを保す可からざるのみならず。<u>贈与者の真意明確ならさる為め後日の紛争を惹起することある</u>を免れず。是れ民法が書面に依らさる贈与を有効とすると同時に之を不確実なるものとし其第550条に於て取消すことを得る旨規定せる所以な」り。

5-18　【**いずれの立法趣旨を重視するか**】　**5-11**と**5-12**のいずれの立法趣旨を重視するか、学説の理解が必ずしも一致しておらず、いずれの立法趣旨を重視するかで、どのような場合にまで撤回を認めるかの指針が変わってくる可能性がある。

5-19　❶ **両者の趣旨を認めるもの**　一般には**5-11**と**5-12**の２つの趣旨のいずれも認めている（**5-17**、**5-27**、**5-29**の判決も同要件）。そうすると、慎重に（即ちそれなりの覚悟で）作成され、贈与の意思の真摯性がわかるような書面であればよいということになる。

5-20　❷ **意思の明確性の確保のみを認めるもの**　これに対して、少数説として、**5-11**の意思の明確性の確保という趣旨のみを立法趣旨として認める学説もある。もし**5-12**の趣旨も認めるならば、贈与の約束と共に軽率にも直ちに物を渡してしまった場合も撤回が認められなければならないが、550条ただし書によりこの場合には撤回が認められないことになっている。このただし書は、履行までしたのだから冗談でしたのではないということが分かるという**5-11**の趣旨でしか説明がつかないというわけである。これによれば、贈与者の贈与意思を明らかにできるような書面であればよいことになる。

5-21　❸ **本書の立場**　書面を要求する（しかも公正証書まで要求すればなおさらである）立法では、明らかに軽率な贈与を排除するという予防的趣旨があることは否定できないと思われる。わが国においては積極的に書面を要求していないので、この趣旨が前面にはでてきていないかもしれないが、同様の趣旨が含まれているといってよいであろう。ただし書は贈与者の立場ではなく、受贈者の立場から説明すべきであり（もらって消費してしまった後に返せといわれても困る）、**5-12**の趣旨は受贈者保護のために宣言されているだけといえばよいと思われる[10]。

10　更にいえば、①贈与でも拘束力が認められるのが当然→書面によらない贈与は例外として民法の構造を重視するか、それとも、②無償契約では拘束力はなく本人の自発に任せるべき→書面による贈与の拘束力こそ例外とみるか、出発点の立場の差が大きいものといえる。換言すれば、書面がないとどうして拘束力が弱められるのかと問いかけるか（①の立場）、逆に、書面があるとどうして無償契約でも拘束力が生じるのかと問いかけるか（②の立場）、の差である。私見としては、民法の構造を正しい選択とはみないので後者の立場に立つ。そうすると、書面まで作った以上、受贈者の期待はそれなりに保護されるべきもの

(3) 撤回の要件

5-22　**(a)「書面によらない贈与」であること**　受贈者が履行請求のために「書面」の存在について証明責任を負うのではなく、贈与者が書面によらない贈与であることを証明して、その債務を免れることができるという構造になっているため、贈与者が「撤回」が有効な要件として「書面によらない贈与」であることを証明しなければならないことになる。

5-23　**(ア) 当初は書面により贈与意思が表示されることを要求**　先ず、贈与契約書自体が作成されれば、書面による贈与となることは疑いない（わが国では公証人制度が普及していないことから、旧民法のように公正証書によることは要求しなかった）。問題はその贈与契約書の内容に不備がある場合である。受贈者の氏名が記載されていない場合（大判大3・12・25民録20輯1178頁）、書面が受贈者に交付されていない場合（大判昭16・9・20判決全集8巻1040頁）でもよいとされ、撤回権が否定されている。なお、贈与契約の際に作成されたことは必要ではなく、後日作成されてもよい（大判大5・9・22民録22輯1732頁）。

このように、贈与契約書について緩和はされているが、大判大7・11・18民録24輯3316頁は、**5-24**のように飽くまでもその書面によって贈与の意思表示が示されていることを要求している[11]。

5-24　● **大判大7・11・18民録24輯3316頁**　「民法第550条の書面に依らざる贈与とは書面に依りて意思表示を為さざる贈与の謂ひなること勿論なり然るに原院の確定せる所に依ればX〔贈与者〕が大正2年8月中其三男Aに本訴地所を贈与するに際し訴外Bに作成せしめてAに交付したる文書には、単に受贈者の氏名と目的地所の地番地目及反別の記載あるに止

となり、また、そこまでした以上贈与者も受贈者のほうが保護されてもやむを得ず、また、このような好意的行為が争いになるのは望ましくないが、書面を要求すれば、書面の有無だけで画一的に問題を解決できることになる、といったところを根拠にすべきであろうか。

なお、この根本的立場の差は、個々の解釈の指針として個々の解釈に大きく影響を及ぼしうるものである。①のいわば拘束力原則説では、拘束力の排除が例外であり、例外はなるべく制限的に運用されるべきことになる。これに対し、②のいわば非拘束力原則説は、逆に拘束力こそが例外であり、例外である拘束力はなるべく制限するよう厳格に解釈すべきことになる（私見は②）。

11　また、大判昭13・12・8民集17巻2299頁は、村議会が村の功労者に慰労金を与える旨を議決した議事録について──これは贈与の申込みを示すものではなく、これに基づいて村の代表者たる村長により後日贈与の申込みが別になされるので、贈与契約自体とは別の事実──、「書面に依る贈与と言い得る為には、贈与を欲する意思表示が書面に記載せられ之に依りて受贈者に対し表示せられたることを必要と」するとして、書面による贈与とはいえないと判示している。

236　第2編　契約各論1　財産の取得を目的とした契約

まり他に何等の記載なくして贈与の意思なりしことを知るに由なきものなれば、仮令斯かる文書を作成交付したる事実あればとて書面に依て贈与の意思を表示したるものと謂ひ得べきに非ず」。

5-25　**（イ）拡大を容認する判決1**　「書面による贈与」ということを常識的に判断すれば、贈与契約書を作成する必要があり、また、それが起草者の考えであったといってよい。ところが、贈与契約書の代わりに売買を仮装して売買契約書を作成した場合にも（贈与が隠匿行為になっている場合）、書面による贈与と認めて撤回を否定する判決が出されている（大判大3・12・25民録20輯1178頁[12]、大判大15・4・7民集5巻251頁）。

5-26　**（ウ）拡大を容認する判決2**　戦後になると、農地の贈与で、農地所有権移転の許可申請書に移転原因として贈与と記載した場合にも、「譲渡人から譲受人に対し本件土地を無償贈与する意思が十分に表示されているから、右は坊間贈与者と受贈者との間に作成或は交換される形式の書面とは異なるけれども、その内容は民法550条にいわゆる書面による贈与と認めて妨げない」とされる（最判昭37・4・26民集16巻4号1002頁）。これをさらに掘り下げて議論したのが、**5-27**の判決である。

5-27　●**最判昭53・11・30民集32巻8号1601頁**　財産処分禁止請求調停事件において、──調停調書には、「上告人は、前記8番2の宅地のうち約45坪……を除いた部分及びその他の土地建物を処分しようとするときには、ミドリと約10日前に相談のうえでする」旨の調停条項が記載されているところ、「このように前記8番2の宅地のうち約45坪の土地部分（本件土地がこれにあたる。）を……除外する旨の記載がされたのは、右調停に際して、上告人と被上告人との間で右土地部分を贈与する旨の合意が成立したためである、というのであるから、同調停調書は、贈与の当事者である上告人及び被上告人の関与のもとに作成された書面において、本件土地の所有権が贈与により被上告人に移転し同人に帰属したことを端的に表示したものとして、民法550条にいう書面にあたるものと解するのが相当である。けだし、同条が書面によらない贈与を取り消しうるものとした趣旨は、贈与者が軽率に贈与を行うことを予防するとともに贈与の意思を明確にし後日紛争が生じることを避けるためであるから、贈与が書面によってされたものといえるためには、贈与の意思表示自体が書面によってされたこと、又は、書面が贈与の直接当事者間において作成され、こ

---

[12]「縦令売買に仮託して書面を作成したるものとするも、贈与の意思が其書面に依り明確なるに於ては之を書面に依る贈与と認むることを妨げざるものとす。又法律に於て書面に依らさる贈与は之を取消すことを得るものと為したる所以は、斯る贈与を以て不法なりとし之を禁遏するの旨趣に出てたるに非ずして、贈与者の権利移転の意思の明確を欲したるに外ならざれば、本件に付き原審の確定したるか如く贈与者の権利移転の意思明確なるに於ては売買に仮託して贈与の証書を作成したりとするも之を以て脱法行為と謂ふを得ず」。

れに贈与その他の類似の文言が記載されていることは、必ずしも必要でなく、当事者の関与又は了解のもとに作成された書面において贈与のあったことを確実に看取しうる程度の記載がされていれば足りるものと解すべきだからである。」

5-28　**（エ）拡大を容認する判決 3**　更に、最判昭60・11・29民集39巻7号719頁は、550条の趣旨を「贈与者が軽率に贈与することを予防し、かつ、贈与の意思を明確にすることを帰するためである」と理解した上で、拡大を認め、「書面に贈与がされたことを確実に看取しうる程度の記載があれば足りる」として、書面ということを肯定している。学説は一般的に書面の拡大には賛成しているが、この事例はかなり限界事例であると考えられている。詳しくは次のようである。

5-29　● **最判昭60・11・29民集39巻7号1719頁**　「民法550条が書面によらない贈与を取り消しうるものとした趣旨は、贈与者が軽率に贈与することを予防し、かつ、贈与の意思を明確にすることを期するためであるから、贈与が書面によってされたといえるためには、贈与の意思表示自体が書面によっていることを必要としないことはもちろん、書面が贈与の当事者間で作成されたこと、又は書面に無償の趣旨の文言が記載されていることも必要とせず、書面に贈与がされたことを確実に看取しうる程度の記載があれば足りるものと解すべきである。」「Ｘらの被相続人である亡Ａは、……Ｙに……宅地……を贈与したが、前主であるＢからまだ所有権移転登記を経由していなかったことから、Ｙに対し贈与に基づく所有権移転登記をすることができなかったため、同日のうちに、司法書士Ｃに依頼して、右土地をＹに譲渡したからＢからＹに対し直接所有権移転登記をするよう求めたＢ宛ての内容証明郵便による書面を作成し、これを差し出した」。「右の書面は、……その作成の動機・経緯、方式及び記載文言に照らして考えるならば、贈与者である亡Ａの慎重な意思決定に基づいて作成され、かつ、贈与の意思を確実に看取しうる書面というのに欠けるところはなく、民法550条にいう書面に当たるものと解するのが相当である。」（贈与者Ａの相続人Ｘらによる取消しの事例）

5-30　**【受贈者に対して表示されている必要があるか】**　その書面が受贈者に対して表示されているものである必要があるであろうか（換言すれば贈与の意思表示がその書面で表示されている必要があるか）。
　①学説の中には、株主総会の決議録では不十分であり（注11の否定例の村議会も）、受贈者に表示されるものでなければならないという考えもある（必要説。末川・下11～2頁）。②これに対して、判例は上の肯定例のように、知事への許可申請書、譲渡人への中間省略登記の請求でもよいものとしていることからすると、これを不要とするものといってよい（肯定説）。しかし、書面の解釈を事前に阻止する趣旨を貫けば、書面で贈与の意思表示（当事者、目的、贈与の意思表示の明示が必要）がされていることを必要とするという解釈も考えられてよいであろう。

5-31　**【「書面」の拡大についての評価】**　上の先例のように書面を拡大することについては、

これをどう評価すべきであろうか。

5-32　❶ **容認説**　先の**5-11**、**5-12**の立法趣旨からして、冗談ではないこと即ち贈与の意思が明確となっており、また、それがそれなりの軽率な行為ではないものである限り、贈与契約書以外に拡大することに賛成するのが学説の一般的傾向といってよい。しかし、判例のように書面を拡大していくと、どこまで認めるべきかに絞りをかける必要があるが（例えば、贈与者が贈与を日記に書いた、他人に贈与の事実を手紙で告げたとかいう場合はどうなるか）、明確な基準は設定されているとは言いがたい。

5-33　❷ **反対説**　これに対しては、書面を要求して、贈与意思を明確にして後日の紛争を避けるという本条の本来の趣旨が、判例のように書面を拡大したのでは没却されてしまうと評して（書面の限界が不明であり、それが却って紛争の原因となる）、判例に反対しこれに絞りをかけようとする考えもある（新注民(14)43頁以下［松川］）。即ち、①内在的要因として、贈与者名、受贈者名、目的物、無償性の表示がされていること、②外在的要因として、当事者間での作成そして交付が必要であるという（岡本詔治「無償契約という観念を今日論ずることには、どういう意義があるか」『現代契約と現代債権の展望5』51頁も、立法論として厳格な形式に服せしめるべきであるという）。

5-34　❸ **本書の立場**　旧民法のように公証人の下で両者立会いの下に作成されることを要求していれば、何も問題は生じなかったものであり、単に私人間の書面でよいとしたことが混乱の始まりである。上の反対説のいう限界が明確ではなくかえってそれが争いの原因となっているというのもそれなりの説得力を持つ。これは、既述のように贈与の拘束力を出発点としてどう考えるかにかかるものと思われる。①無償契約は口約束だけでは拘束力がないのが原則である（贈与は例外で、他の無償契約は口約束だけでは契約の成立さえも認められない⇒**17**②）とすれば、書面を作成すれば拘束されること自体が例外であり、例外は厳格に運用されるべきでそう簡単にこれを拡大するなどというのはもってのほかということになる。②これに対して、贈与であろうと、約束は約束として拘束される（東洋的儒教思想か）べきであるというのを原則とすれば、書面によらない場合に撤回できるのが例外となり、例外である撤回ができるというのを制限しても別に問題はないことになる。わが民法は、西洋民法と異なり②の立場に立っているかのようである（549条）が、それが本当に合理的かは疑問は残る。やはり拘束されないのを原則とすべきであり（民法の構造とは異なってしまうが）、反対説のいうように贈与契約書（しかもその内容がちゃんと表示されている）の場合にのみ撤回を否定すればよいのではないか（民法が「書面」を「贈与契約書」と明示していたならば、問題は生じなかった）。いずれにせよ、これまでの贈与者に厳しい贈与法からもう少し贈与者を保護する方向に修正する必要があるように思われる。

5-35　**(b) 履行が終わっていないこと**　書面によらない贈与は撤回することができるが、「ただし、履行の終わった部分については、この限りでない」（550条ただ

し書)とされている。従って、履行をした部分はもはや撤回ができなくなる（未履行の部分は当然撤回可能)。では、いかなる場合が、「履行」に該当し撤回ができなくなるのであろうか。

　この点については、履行により贈与意思が明確になり、また、軽率ではないことが分かるようになればよいのであり[13]、必要な行為を全て尽くす必要はなく、債務の主要な部分を履行すればよいと考えられている（我妻・中一229頁。不法原因給付とは趣旨が異なるので、708条にいう「給付した」とパラレルに考える必要はない。また、手付とも趣旨が異なるので、準備では足りない)。判例の状況は以下のようである。

5-36　**（ア）動産・金銭**　動産では「履行」があったといえるためには、引渡しが必要であるが、占有改定でもよいと解されている（本書は反対。鈴木331頁も反対説)。なお、特殊な事例として、贈与を約束して受贈者の名義で定期預金をすれば、預金証書を交付しなくても、預金契約の成立と共に履行を終わったものとされている（大判昭12・11・30法学7巻384頁)。

5-37　**（イ）不動産**[14]

　❶**引渡し**　不動産では、引渡しがなされれば、移転登記がされていなくても、「履行」と認められている（大判大9・6・17民録26輯911頁)。引渡しは占有改定でもよく（最判昭31・1・27⇒**5-38**)、また、簡易の引渡しでもよいとされている（最判昭39・5・26民集18巻4号667頁。同棲中の内縁の妻に居住中の建物を贈与し、権利証と実印を預けた事例)。なお、権利証の交付があれば引渡しがあったものと推定されるとした判決がある（大判昭6・5・7新聞3272号13頁)。

5-38
> ●**最判昭31・1・27民集10巻1号1頁**　X（浅草寺）からYが賃借中の土地上に、Yが建物を建ててXに贈与するが、<u>1年間はYが建物を無償で使用し、1年使用後にXに明渡す約束がされた事例〔書面なし〕</u>。Yが建物を使用から1年過ぎても明渡さず、更には建物につき自分名義で保存登記をしたため、受贈者Xが所有権保存登記の抹消と建物の明渡しを求めた事例。

---

[13]　私見は、軽率に履行まで即時にしてしまった場合もあり、履行をすれば軽率ではないといえるものではなく、むしろ受贈者の迷惑を考えて、履行までしてしまったならば贈与者は返還を請求できないものとしたと考える（潮見・各論Ⅰも同様)。従って、受贈者に返還請求をしなければならず、受贈者に迷惑になるような段階までは、原則どおり贈与者の撤回を認めるべきであろう。

[14]　なお、書面によらない贈与でかつ履行が終わっていなくても、「<u>贈与による権利の移転を認める判決があり同判決が確定したときは、訴訟上既判力の効果として最早取消権を行使して贈与による権利の存否を争うことは許されなくなるものと解するを相当とする</u>」、とした判例がある（最判昭36・12・12民集15巻11号2778頁)。

240　第2編　契約各論1　財産の取得を目的とした契約

> 「不動産の贈与は、その所有権を移転したのみをもって、民法550条にいわゆる「履行ノ終ハリタル」ものとすることはできないのであって、右「履行ノ終ハリタル」ものとするには、これが占有の移転を要する」。「しかし、原判決は右贈与契約についてはYは出来上りと同時にこれをXに贈与すると共に『その後1年間は、Yにおいて右建物を無償で使用し、ビンゴゲーム場を経営して利益をあげ、その1年の期間満了とともに右建物をXに明渡すことと定めた』こと、並びにYが右契約の趣旨に従って右建物建築後これを占有使用していることを認定しているのであって、この事実関係の下においては、右建物は、出来上りと共にその所有権がXに移転すると同時に、爾後YはXの為めに右建物を占有する旨の意思を暗黙に表示したものと解すべきであるから、これによって、右建物の占有もまた、Xに移転したものというべく、従って、本件贈与は、既にその履行を終ったものと解するを相当とする。」

5-39　❷ **移転登記**　不動産については、引渡しがなくても所有権の移転登記がなされれば、「履行」を認めてよい（最判昭40・3・26民集19巻2号526頁）[15]。例えば、未登記建物につき、受贈者名義で所有権保存登記がされた場合にも履行が認められている（最判昭54・9・27判時952号53頁）。これに対して、農地の贈与につき、知事の許可を停止条件とするものと見て、引渡しがあっても知事に対する許可申請手続が未だとられていないならば撤回ができるとされている（最判昭41・10・7民集20巻8号1597頁[16]。水本・126頁は反対)。

　学説は、①一般には同様に登記か引渡しのいずれかでよいと考えているが（我妻・中一230頁）、②登記と引渡しの両者が必要という学説（末弘314頁）もある。また、③立法論としてだが、不動産のような重要な財産については、厳格な形式に服せしめるべきであるという学説もある（岡本・**5-33**論文551頁）。私見としては、贈与は本来拘束力がないことを原則とし、また、ただし書の趣旨を履行後に返還を求められる受贈者の立場を考えたものと評して、判例のように緩やかに解することには反対である。動産では現実の引渡し、簡易の引渡し及び指図による引渡に限り「履行」と認めてよいが、不動産ではこれらの他に移転登記を取得も「履行」と認めてよい。

---

[15]　しかも、この事例は登記の移転原因として売買とされた事例であり、登記は有効であり履行が終わったと考えて妨げないとしている。

[16]　判例の理由はこうである。「民法550条但書の趣旨とするところは、書面によらない贈与契約であっても、すでにその効力が生じ、かつ、その履行が終った場合にあっては、その履行の終わった部分については、右贈与契約の取消を許さないとする趣旨である。したがって、贈与契約が停止条件附のものであって、まだ右停止条件が成就していない場合にあっては、たとえ、事前にその引渡があっても、なお、右贈与契約は、取り消すことができるものと解すべきである」と。そして、都道府県知事の許可を停止条件とした。

第 1 章 贈　　与　241

5-40　【引渡しも移転登記もないが履行を認めた特殊事例】　その所有の帰属が係争中の土地が母親Ａより長男Ｙに贈与がなされ、贈与の９年後にＹにより係争中の相手方に対して訴訟が提起され、Ａがこの訴訟において、「訴訟遂行を助けるため、同人に本件土地の権利関係に関する証拠書類を交付したうえ、一審係属中に証人として出廷しＹのために証言したが、その証言の中には同人に本件土地を贈与した旨の陳述が含まれていた」事例で、その後、Ｙが勝訴判決を受けたが、Ａが書面によらない贈与を理由に贈与契約を取り消したという事例がある。Ａの承継人Ｘが、Ｙに対して本件土地について土地所有権移転登記手続請求をしたが、最高裁は、「右事実関係のもとにおいては、Ａは贈与の取消の意思表示をするまでに、すでにＹに対する贈与の履行を終っていたものと解するのが相当であって、右取消の意思表示は無効である」として、Ｘの上告を退けている（最判昭56・10・8判時1029号72頁）。特殊な事例であり、賛成してよい。

5-41　**(4) 撤回の内容**

　条文上「撤回」と規定されており、取消しが取消原因を必要とするのとは異なり、撤回権は書面がないということだけが要件とされている。意思表示が到達前に「撤回」するように、意思表示の効力発生を阻止するのとも違い、既に有効に成立した贈与契約の効力を失わせることになる。贈与者は、何ら理由を述べることなく[17]、契約をなかったことにできるのである。

　また、この撤回は、550条ただし書により履行後は認められないので、履行の請求に対して防御的にのみ機能するものである。従って、抗弁権の永久性の理論が適用され、贈与者の550条の撤回権は消滅時効にかかることはない（我妻・中一230頁）。なお、この撤回権は一身専属権ではなく、代位行使が可能であり、また相続の対象ともなる。

5-42　【負担付贈与で受贈者が負担を履行している場合】　書面によらない負担付贈与で、贈与者は履行をしていないが、受贈者は既に負担を履行している場合であっても、贈与者には550条の撤回権が認められるであろうか。負担付贈与では双務契約の規定が適用になるが、そうすると双務契約は諾成契約であり、撤回ができなくなるのであろうか。しかし、贈与であることに変わりがないため、中間的解決として、受贈者が負担を履行している場合には撤回ができないという解決も考えられる。解釈論として可能かどうかは疑問が残るが、このように考えたい。

---

[17] 贈与者は、書面がないことを主張・立証しなければならない。書面の存在は贈与契約の成立要件ではないので、受贈者の履行請求においては、贈与者は書面の存在を主張・立証する必要はない。請求を争い、撤回という抗弁を提出する贈与者が、書面の不存在を証明する必要がある。従って、起草者は要式主義にしようと差はないと説明するが、証明責任レベルでは大きな差があることになる。

3　忘恩行為及び贈与者の困窮化の場合の贈与者の保護

5-43　無償契約がなされるには、①贈与者・受贈者間にそれなりの特別の関係があり、また、②贈与者に贈与をするだけの余裕があるのが普通であり、過去の行為への感謝、将来の恩義への期待などといった事情が基礎となっている。ところが、贈与の基礎となった特別の関係が、受贈者の責めに帰すべき事由により破綻させられたり（忘恩行為）、贈与者に贈与をするだけの余裕がなくなった場合（行為基礎の喪失）、書面によらない場合は550条の撤回ができるからよいとして、書面による贈与がなされた場合、契約に拘束され贈与を約束通り履行しなければならないことになるのであろうか。また、忘恩行為の場合には、履行後に忘恩行為があった場合に贈与者の救済も問題になる。

　双務契約ならば、①俗にいえば金の問題であり、対価が来ることだけを期待しうるだけであり、対価を受けることさえ確保されればよく、また、②対価が入ってくるのであるから、困窮化は別に問題とならない。ところが、贈与契約は、そのようにドライには割り切れないものがあり、いわば片足を道徳に突っ込んでいるような制度である。そこで、上の①②のような場合に、贈与者を保護する必要があるのではないかということになる（ヨーロッパ諸国の立法例では、忘恩行為や贈与者の著しい困窮化による撤回が認められている。ドイツ民法530条、519条、528条、529条、フランス民法955条、960条）[18]。

【贈与における「目的」による解決】　森山浩江「恵与における『目的』概念」九大法学64号１項以下では、フランス法を参考として、恵与（贈与の他に遺贈を含めている）における「コーズ」を分析し、その「目的」的贈与（恵与）という概念を考え、忘恩行為などの議論よりも広く贈与者の保護を考えようとしている。

---

[18]　忘恩行為論に関連する近時の文献として、小島奈津子『贈与契約の類型化』（2004年）がある。同書では、これまで贈与として議論されてきた事案を３つに類型化し、①真正の贈与では、忘恩行為論の適用を認め、②道義的義務の履行としての贈与では、忘恩行為論の適用を認めず、また、③双務契約に整理され、従って、書面がないことによる撤回を否定すべき、また、忘恩行為論ではなく債務不履行により解除がされるべき事例の３つに分けようとしている。③の類型については、反対給付が合意されていれば、確かに双務契約でよいのであるが、通常はそのような合意はなく単に出捐者の動機ないし期待にすぎないのであり、契約解釈として双務契約として構成することが可能かは疑問が残される。そのため、本書としては、わが国では、③のような合意が合意の解釈認められる場合は別として、贈与契約とした上で、期待した反対給付とされるべき行為が行われない場合に、事情変更の原則による解除によるのもやむをえないのではないかと考えている。

5-44　(1) 恵与における「目的」　①恵与者が債務を負うことによって得る何らかのプラスであること、②相手方の何らかの行為を媒介として始めて達成しうる目的であること。③現在あるいは将来達成されると考えられている目的であること。④恵与の具体的な状況から、恵与者がそのような目的のために債務を追ったことが客観的に明白であること。⑤共同体の多数の恒常的関係の諸項の1ではなく、それだけを独立に取り出して眺めることのできる給付であること、つまりその目的が恵与と1対1的に対応していることを要件とする。

そして、このような条件を備える「目的」の存在が認められ、しかもそれが達成されなかった場合には、負担付と認められない限りは債務の履行を強制できなくても、恵与の撤回を認めなければ衡平を損なうという。

5-45　(2) 恵与の撤回の構成
(a) 負担つき贈与との関係　負担＝債務とはいえない場合でも、その期待が「目的」達成への期待であったときには、法的に考慮に入れなければ衡平を欠くという。そのような場合を「目的的恵与」とみて、判例が結納の返還請求の事例に与えた構成による解決は望めないであろうかと提案する。

5-46　(b) その他の構成　その他の構成についても言及しており、①動機の錯誤については、恵与の「目的」は動機とは質を異にし、錯誤における議論は、広義の動機から「目的」を除いた部分においてなされるべきであろうという。②忘恩行為による撤回については、著しい忘恩行為が存在し、一種の私的罰であり、最終的に衡平の観念に帰されるところの目的的恵与の概念とはその対象領域を異にするという。③黙示の解除条件については、黙示の解除条件を広く認めたところで具体的な基準が見出せるわけではなく、恣意的な解除条件の存在を認めることになりかねないという。④受遺欠格規定の類推適用も一種の私的刑罰的性格を持つものであり、目的的恵与の考えとは範疇を異にするという。⑤事情変更の原則については、目的の不到達の場合は、そもそも到達するかどうか不確定であり、たとえ到達すると信じていて不到達になった場合も、予測不可能な事情の変更とはいいがたく、事情変更の原則の適用対象も、目的的恵与とは一線が画されるべきであるという。

5-47　(1) 保護否定説
先ず、書面があれば549条の原則通り履行義務を免れず、書面の有無にかかわらず履行がされてしまえば返還を請求できないと、学説も最初は、起草者の意見どおりに、民法で認めていない以上当然否定されるものと考えていた（末弘322頁、鳩山・上269頁）。欧米諸国の立法と異なり、忘恩行為による撤回を特に規定しなかったのは、贈与の拘束力を特に厳しく認めることを容認したのであるが、それが正当であるかは疑わしい。少なくとも現在では、否定説を支持する見解はない。但し、忘恩行為論が適用される贈与類型を限定するということは、ありうべき解

釈であろう（注18の小島説は貴重な提案である）。

(2) 保護肯定説1——契約解釈以外による学説

5-48　**(a) 信義則説**　忘恩行為をした者が贈与の履行を求めるのは、信義則に反して許されないという構成も考えられ、更には、履行後についても信義則により贈与の撤回を認める学説がある（加藤永一「履行済みの贈与が撤回される場合があるか」『民法の争点II』107頁）。事前の拒絶権だと、贈与者の困窮化には対処できず、また、信義則により履行を求められないというだけで、契約は有効なままになってしまうので、信義則に基づき解除を認める必要がある。しかし、信義則に基づいて解除権を認めるのが構成として妥当なのか、疑問は残される（加藤一郎「忘恩行為と贈与の効力」法教16号71頁）。信義則によった判決として、以下のような判決がある。

5-49　● **大阪地判昭45・5・9判時620号70頁（履行前の拒絶）**　「ところで、贈与は贈与者が受贈者に対して無償で財産権を移転することを約するものであり、その動機には利他的な場合ばかりでなく、利己的な場合も多いのであるが、その基礎にはいずれの場合にも贈与者が贈与意思を形成するに当っては、贈与者と受贈者との間に存する特別の人間関係が影響を与えている場合が多いであろう。そして、特別の人間関係が影響して贈与意思が形成され、その実行として贈与がなされたような場合には、贈与者の意思としてはその人間関係を維持、発展させる一環として贈与意思を形成したのであるから、その人間関係がその履行前に受贈者の責に帰すべき背徳的事由によって解消された際には、いったん形成された贈与意思もそれに伴い解消され、贈与者において受贈者の履行請求に応じる気持になれないのも無理のないところである。」「そこで、そのような贈与者の意思を考慮し、贈与者が贈与意思を形成するに至った動機とその後に受贈者がなした行為の動機、態様、結果などを総合的に判断し、贈与意思を形成する基礎となった人間関係が受贈者の責に帰すべき背徳的事由によって解消されたと認められる場合には、そのような受贈者において贈与の履行を求めることが信義則に反するものとして、贈与者ないしその相続人において履行の請求を拒否しえると解するのが相当である」

5-50　● **新潟地判昭46・11・12下民集22巻11-12号1121頁（履行後）**　「然し原告が本件において主張する事実関係よりすれば、原告は本件土地の贈与が原・被告の養子縁組を契機とし原・被告が養親子としての共同生活を行なうことを前提としてなされたにも拘らず、原・被告は嘗て一度も同居したことがなく養親子としての実質が全く形成されぬまま縁組が破綻するに至つたので右の贈与を解除するというのである。」「思うに贈与が親族間の情誼関係に基き全く無償の恩愛行為としてなされたにも拘らず、右情誼関係が贈与者の責に帰すべき事由によらずして破綻消滅し、右贈与の効果をそのまま維持存続させることが諸般の事情からみて信義衡平の原則上不当と解されるときは、諸外国の立法例における如く、贈与者の贈与物返還請求を認めるのが相当である。」

5-51　● **大阪地判平元・4・20判タ705号177頁（履行後）**　「贈与が親族間の情誼関係に基づきなされたにもかかわらず、右情誼関係が贈与者の責に帰すべき事由によらずして破綻消滅し、右贈与の効果をそのまま維持存続させることが諸般の事情からみて信義則上不当と認

められる場合には、贈与の撤回ができると解するのが相当である。これを本件についてみるに、前記贈与の基礎となっていた情誼関係が、次郎の一方的な背信行為によって完全に破綻消滅し、しかも、大学在学中の6年間にわたり贈与を受けていた次郎は、歯科医師試験に合格し、原告の経済的援助が不要になるや否や、不貞の事実を明らかにし花子に対し離婚を申し出て娘の幸福のため次郎の合格を待ち望んでいた原告との間の右情誼関係を破壊したものであることなど諸般の事情を考慮すれば、本件贈与の効力をそのまま存続せしめることは信義則上認めることができず、原告に贈与の撤回権を与えるべきである[19]。」

5-52　**(b) 受遺欠格規定類推適用説**　受遺欠格についての891条を類推適用して、贈与者による撤回を認める学説がある（広中俊雄『民法論集』70頁、鈴木232頁、内田161頁）。この考えによると、受遺欠格に該当するような場合にしか認められないので、かなり撤回が制限される（札幌地判昭34・8・24下民集10巻8号1768号はこのような立場から返還を否定）。

5-53　**(c) 条理根拠説**　贈与の効力を維持することが諸般の事情から不当と認められるようになった場合には、法の欠缺があるとして、条理を基礎に撤回を肯定する学説がある（加藤・5-48論文74〜5頁。なお、先ずは、黙示の意思表示により、負担付贈与、解除条件付贈与を認めるべきであるという）。

5-54　● **東京地判昭50・12・25判時819号54頁、判タ335号288頁（履行後）**　「贈与が、親族関係ないしそれに類する継続的な特別の情宜関係に基づいてなされたに拘らず、右情宜関係が、受遺者の背徳的な忘恩行為によって破綻消滅し、ために贈与者が、右贈与なかりせば遭遇しなかったであろう生活困窮等の窮状に陥いり、右贈与の効果を維持することが諸般の事情に照らし条理上不当と解されるような場合には、贈与の撤回ができる」。「贈与の基礎となっていた情宜関係が、被告の非情極まりなき忘恩行為によって完全に破綻消滅し、ために老後を被告に託しその全財産を贈与して生活基盤を失っていた松子は、たちまちのうちに生活危難に陥り、嘗つては村一番の資産家の未亡人の身から転じて生活保護を受けざるを得ない立場に陥ったものであって、かかる場合には、松子に、前記贈与の撤回権が発生し、贈与の目的物の取戻ないし撤回権行使の時点における価格の返還請求ができるものと言うべきである。」（控訴審及び上告審判決につき⇒5-61）

5-55　**(d) 別個の法理論を転用する学説**
❶ **行為基礎の消滅による学説**　契約成立の重要な動機ないし基礎的事情が消滅した場合には、前提（行為基礎）の消滅の理論により、贈与の効力が当然に

---

[19] 「本件で贈与された全員はいずれも生活費ないし学費に費消されたものであるから、その全額が現存利益であると考えられる」として、贈与を受けた758万1,000円並びに撤回権行使の日の翌日から支払が済むまで民法所定の年5分の割合による遅延損害金を支払う義務を負うものとしている。

失効することを認めるものがある（石田穣110頁、三宅・上36頁。但し、過去の労務、功績に対する贈与、徳義上社交上の贈与は別に基礎事情があるとして失効を否定する）。以下2説を含めて、①〜③説では、受贈者に忘恩行為がある場合に限定されず、贈与者の帰責事由によらずに、贈与の前提である関係が消滅したり、実現されなければよいことになる。

5-56 **❷ 事情変更の原則による学説**　私見としては、贈与には事情変更の原則を双務契約よりも柔軟に適用してよいと思われ、事情変更の原則による解除を認める考えを採用したい。基本的には、行為基礎理論の主張を採用するが、わが国では事情変更の原則によって行為基礎理論の問題は担われているので、事情変更の原則によるというだけであり、行為基礎理論が直截に認められるようになればそれによるべきである。

5-57 **❸ 目的不到達の法理による学説**　婚姻予約の場合に婚姻が成立しなかった場合、目的不到達の法理により婚姻の成立を前提としてなされた給付の返還を請求できるが、これを応用するものもある（平井一雄「判批」同『民法拾遺第2巻』358頁）。老後の扶養をしてもらうことを期待して贈与をしたような場合にも、老後の扶養ということは強制されるべきものではないため、目的の不到達による法的処理が妥当であるとされている（平井・前掲判批371頁以下）。

5-58 **(3) 保護肯定説2——契約解釈による学説**[20]
(a) 黙示の解除条件による学説　贈与契約の際に、当事者の意思として忘恩行為があったり、贈与者の困窮が生じた場合には贈与の効力は消滅するという解除条件が黙示的に約束されているとみる学説もある（中川淳「判批」判評165号22頁）。

5-59 **(b) 負担付贈与による処理**　負担付贈与の負担の不履行による解除ということによる学説もある（新注民(14)36頁［松川］、松川正毅『遺言意思の研究』153頁以下）。しかし、やはり法的に義務といえるか、また、すべての忘恩行為の事例に使えるかは疑問が残り、受贈者が死亡した場合に贈与の効力がどうなるのかも不明な点

20　このほかにも、公益を追求する公益追求型や特別の行為を要求する特別配慮型について、単なる債権的拘束に止めず物権的拘束に高め、受託者（贈与者）に対して一定の物権的義務を認める信託的譲渡構成を提唱し、所有権をその目的以外には行使しない義務を負うが、処分された場合には第三者は有効に所有権を取得するとされ、信託法の趣旨を参考にし、あるいは、信託法の規定を類推適用すべきであるという学説もある（小賀野晶一「贈与の信託的構成」『トラスト60研究叢書　信託法と民法の交錯』66頁以下）。

がある。判例にこのような構成で贈与者を保護するものが多い（次の判決の他、東京高判昭52・7・13下民集28巻5～8号826頁、判時869号53頁、東京高判昭61・1・28判時1185号109頁、東京高判平6・7・19判タ870号189頁）。ここで問題になっているのは、注18の小島説では贈与契約ではなく、双務契約として整理される契約類型であり、小島説では債務不履行解除により解決がされることになる。

5-60　● 東京地判昭51・6・29判時853号74頁　「贈与は無償で財産権を移転することを約するものではあるがその動機は利他的に出るものばかりとは限らないのであって、贈与意思を形成するにあたってはその背景にある人間関係が重要な影響を与える場合が多く、その人間関係を形成・維持していくことを目的として贈与意思の形成が行なわれうるのである。そうして贈与をする際の贈与意思形成にあたって重要な要素となった関係が存し、それについて合意がなされた場合にあっては特段の事情がない限りこの合意について法律的効果を認むべきものと考えられる」。「原告が本件建物を被告に贈与するに至ったのは右松子が血縁関係にある次郎及び花子に生活の面倒をみてもらい、死後は墓守等をしてもらうことを強く望み、そのため原告に対し本件建物を次郎及び花子の長女である被告に無償で譲渡することを強く説得したため」である。「松子の生活の世話及び死後の墓守については本件贈与の負担として当然法律的効力を認めるのが相当であり、又原告の生活の世話及び死後の墓守については通常の養親子間にあっては当然のことであって右の約定をもって直ちに贈与の負担と解することはできないが、養親子関係にあるとはいえ、前記認定のような本件における原告と次郎及び花子の関係のもとにおいては、贈与の負担として前記約定に法律的効力を認めるのが相当である。」

5-61　● 最判昭53・2・17判タ360号143頁　Xは夫の弟Yを母親代わりに養育し医師にさせ、Yが医院開業まで仕送りを続け、夫の遺産の相続分を全て贈与したが、Yがその後様々な嫌がらせや仕送りを断つなど著しい忘恩行為に出た。そのため、老後をYに託して全財産をYに贈与してしまい生活難に陥ったXが、Yに対して贈与財産の返還等を請求した。第1審は条理による撤回を肯定し（⇒5-54）、また、Yの忘恩行為を不法行為としてXの慰謝料請求も認容する。Yが控訴をするが、東京高判昭52・7・13判タ360号144頁判示と同じく、最高裁は、次のようにこの判決を正当として支持する。

「Xからの贈与分は、Xの財産のほとんど全部を占めるもので、Xの生活の場所及び経済的基礎を成すものであったから、その贈与は、XとYとの特別の情誼関係及び養親子の身分関係に基づき、Xの爾後の生活に困難を生ぜしめないことを条件とするものであって、Yも右の趣旨は十分承知していたところであり、Yにおいて老齢に達したXを扶養し、円満な養親子関係を維持し、同人から受けた恩愛に背かないことを右贈与に伴うYの義務とする、いわゆる負担付贈与契約であると認めるのが、相当である」。「負担付贈与において、受贈者が、その負担である義務の履行を怠るときは、民法541条542条の規定を準用し、贈与者は贈与契約の解除をなしうるものと解すべきである。そして贈与者が受贈者に対し負担の履行を催告したとしても、受贈者がこれに応じないことが明らかな事情がある場合には、贈与者は、事前の催告をなすことなく、直ちに贈与契約を解除することができる」。

4　目的不到達の法理による贈与の返還請求——結納を中心に

5-62　**(1) 目的不到達法理の淵源**
(a) ローマ法に遡る法理　目的不到達の法理は、ローマ法にその淵源を遡る法理である[21]。ローマ法において、目的不到達の法理により返還請求が認められたのは、3つの場合である[22]。

ローマ法では、法的強制力のない契約について、契約の一方が給付されたが、反対の給付がされない場合にその履行を求める訴権がないために、先になした給付の取り戻しのための法理として、目的不到達の法理は機能していた。従って、中世ヨーロッパ以降では、すべての双務契約に法的拘束力が認められ、また、贈与などの片務契約においても、負担付贈与や解除条件といった法的解決ができるため、このような法理の有用性は限られたものとなっていく。

5-63　**(b) ドイツ民法における目的不到達の法理**
(ア) 制限的に導入　ドイツ民法起草に際して、目的不到達の法理を存置すべきかどうかが議論されたが、嫁資またはそのための金銭を交付したが、婚姻が不成立に終わった場合などのために、現在でも依然として有用な法理であるとして、ドイツ民法に規定が置かれた。即ち、不当利得についての冒頭の規定812条1項後段において、「法律上の根拠なしに、他人の給付により、または、他人の費用により何らかの利益を得た者は、それを返還しなければならないという1文の規定に続けて、812条1項2文で「このような〔不当利得返還〕義務は、法律上の原因が後日失われた場合、または、<u>法律行為の内容よりして、給付がなされた目的たる結果が発生しなかった場合にも、同様に認められる</u>」と、目的不到達の法理を不当利得法で規定した。また、給付者が特別の給付目的が客観的に到達

---

[21]　吉野悟「Datio ob rem における目的——ローマ法の目的不到達における不当利得返還請求権の位置について」『不当利得・事務管理の研究（1）』48頁、森光「古典期ローマ法における目的不到達の返還請求訴訟（condictio obrem）と前書訴訟（actio praescriptisverbis）の交錯」中央大学大学院研究年報〔法学研究科篇〕31号43頁。
[22]　①奴隷を解放してもらうために金銭を支払った場合、②婚約女の父親から婚約男に対して、嫁資を目的として給付がなされたが、婚姻が成立しなかった場合、及び、③無名契約の反対給付の不履行に対して既になした給付の返還を請求する場合である。③の場合は、①の事例と同様に、反対給付の履行を強制しえないためであるが、後に至って無名契約も訴求可能になったため、相手方に履行を訴求することも、自分のなした給付の返還を請求することも自由に選択できることになった。

しえないことを知っていたり、信義則に反して目的の到達を妨げた場合には、返還請求をしえないものとされている (815条)。

　ローマ法の沿革また制定の経緯からして、この法理の「機能は、給付がなされたが、期待された反対給付がなされず、しかもそれを強制する法的手段がない場合に、先給付者に給付物の返還請求を認めることにあった」と評価されている（土田哲也「給付不当利得返還請求権——目的不到達の場合について」『不当利得・事務管理の研究（2）』321頁）。

5-64　**（イ）目的不到達の法理が適用される事例類型**　この法理は、現在、次の3つの事例類型に適用されるものといわれている[23]。

　❶ **将来の債権関係の発生を目的として給付がされたが、債権関係が発生しなかった場合**　賃借人が賃貸借契約を締結されることを期待して、先に保証金を支払ったが賃貸借契約が結ばれなかった場合が、この例とされる。

5-65　❷ **相手方の反対給付を誘引するために給付をしたが、反対給付がされなかった場合**　妻が戻ってくると期待して不動産を贈与したが、妻は戻らなかった場合、相続人に期待されることを期待して家政婦として無償で長年にわたり働いたが、相続人に指定されなかった場合がその例とされる。改宗など個人の人格的自由を拘束する義務を内容とする場合につき、内容が法的に許されず矯正ができない場合については、むしろ❸の例といえようか。

5-66　❸ **交換契約や贈与契約の当事者間で、その契約にとどまらない目的を義務づける合意がされた場合**　婚姻の成立を期待して給付された結納金や、一定の研究目的のために研究補助金を給付した助成金などがこの例であり、合意された目的でそれを利用するために出捐がされたのに、その目的どおりには利用されなかった事例である（婚姻が成立しなかった、目的とされた研究に使われなかった）。

23　（イ）❸ケースについては、むしろ「行為基礎の喪失」（わが国では、事情変更の原則の法理に匹敵する法理⇒**4-45**）により問題を解決するほうが適切であるといわれている。行為基礎の喪失の法理であれば、契約改定・解除という方法も考えられ、不当利得返還によるしかない目的不到達の法理よりも柔軟であることが理由である。行為基礎の喪失の法理が適用される場合には、目的不到達の法理は適用されないと考えられているが、行為基礎喪失の法理の適用範囲について定説がないため、❸ケースを行為基礎の喪失法理の適用事例と考えるかは、学説により異なるものと考えられている（土田・**5-63**論文322頁）。また、（イ）❷ケースについても、黙示の意思表示により雇用契約の成立を認めたり、解除条件を認めたり、さらには行為基礎の法理によったりすることが提案されている。

250　第2編　契約各論1　財産の取得を目的とした契約

5-67　**(2) わが国における目的不到達の法理**
(a) 判例の状況
(ア) 結納の事例　次のような戦前の判決がある。戦後において最高裁判例はないが、「結納は将来成立すべき婚姻生活を目的とする一種の贈与であるから、その婚姻が不成立に終った場合は<u>目的不到達</u>による<u>不当利得</u>として、<u>その不成立について当事者のいずれの側にその責任があるかに関係なく、贈与者から受贈者に対してその返還を求めることができるものである</u>」（大阪地判昭42・7・31判時510号57頁、判タ216号229頁）といった判決がいくつか出されている。

5-68

> ● 大判大6・2・28民録23輯292頁　「男女の婚姻成立に際し、嫁聟の両家より相互に又は其一方より他の一方に対し結納と称して金銭布帛の類を贈るは我国に於て古来行わるる顕著なる式礼にして、目的とする所は其主として<u>婚姻予約の成立を確証するに在る</u>も両者の希望せる婚姻が将来に於て成立して親族関係の生じたる上は相互間に於ける親愛なる情誼を厚うせんが為めに之を授受するものなることも、亦我国一般の風習として毫も疑を容れざる所なり。故に結納なるものは<u>他日婚姻の成立すべきことを予想し授受する一種の贈与</u>にして、婚約が後に至り当事者双方の合意上解除せらるる場合に於ては当然其効力を失い、給付を受けたる者は昔目的物を相手方に返還すべき義務を帯有するものとす。蓋し結納を授受する当事者の意思表示の内容は単に無償にて財産権の移転を目的とするものにあらずして、如上婚姻予約の成立を証すると共に併せて将来成立すべき婚姻を前提とし其親族関係より生する相互の情誼を厚うすることを目的とするものなれば、婚姻の予約解除せられ婚姻の成立すること能わざるに至りたるときは、之に依りて証すべき予約は消滅し、又温情を致すべき親族関係は発生するに至らずして止み、究局結納を給付したる目的を達すること能わざるが故に、斯の如き目的の下に其給付を受けたる者は之を自己に保留すべき何等法律上の原因を欠くものにし不当利得として給付者に返還すべきを当然とすればなり。」（返還を命じた原院判決を正当とする）。

5-69　**(イ) 結納以外の事例**　結納の事例以外としては、就職斡旋の謝礼として消費貸借契約を締結したが、就職の斡旋はされなかったという事例で、「<u>或結果の発生を目的として義務を負担したる場合に、其結果が発生せざるに至りたるときは、権利者は法律上の原因なくして利得したるものなる</u>」（大判大7・7・16民録24輯1488頁）と述べた判決、お互いに金融を得さ占める目的で、相互に手形を振り出したが、一方は目的を達しなかった事例で、「乙の振出したるそれ等に依りては甲は遂に金融を得る能はざりしが如き場合に於ては、甲の損失に於て乙の利得したるものは乙に於て之を甲に償還すべしと云ふ明示又は黙示の合意も有り得べく、<u>若し又斯る合意なしとせば其は不当利得の場合に該当す</u>」とした判決（東京控判大9・7・1評論94巻民法843頁）がある。さらには、次のような判決も出されてい

第1章 贈　与　251

る。

5-70　● 東京高判平11・9・22判時1698号77頁　　宅地開発事業を行おうとする者が、市や水利権者に協力金等の名目で金員を支払った事例で、これを贈与とした上で、錯誤無効と解除条件の主張を退け、さらに目的不到達の法理について次のようにいう。

「Xが本件協力金を支払ったのは、最終的に本件開発事業を行うためであったことは明らかであり、Yらも、このようなXの意図を当然に知り得たものである。そうすると、当事者双方が本件開発事業の実行という目的の存在を認識した上で、本件協力金の支払に係る贈与契約が締結され、本件協力金が支払われたと見ることができるから、本件開発事業が行われなかった場合には、YらがXに対し、本件協力金を返還すべきであると解する余地がある。」しかし、「以上のように、本件土地につき本件開発事業が行われなかったのは、Xが銀行から融資を受けられず、新たな買主（宗教法人）に本件土地を売却し本件土地を墓地として開発することとしたためであり、本件協力金の支払に係る贈与契約の目的（本件開発事業の実行）が達成されなかったのは、専らX側の事情によるものであり、Y側に何の責任もないことは明らかであること……等の諸事情に照らすと、Xが、現段階において本件開発事業を行うという贈与契約の目的の不到達を理由にYらに対し本件協力金の返還を求めるのは、信義則に反し許されないというべきである。」

5-71　【行為基礎の喪失──「出捐」の失効】　　ドイツにおける行為基礎の喪失の法理（4-15参照）に類似する判決が、わが国においても出されている（使用貸借については9-38参照）。解除条件つき贈与ということによらずに、判例は、ヤマギシズムに共鳴した人々が集まって結成された社会活動体であるY（ヤマギシ会）に入会したXが、全財産を出捐したが[24]、その後退会し財産の返還を求めた事件において、次のように判示されている（最判平16・11・5民集58巻8号1997頁）。「上記出えんに係る約定は、上記脱退の時点において、その基礎を失い、将来に向かってその効力を失ったものというべきである。したがって、上記Xの出えん行為は、Xの脱退により、その法律上の原因を欠くに至ったものであり、Xは、Yに対し、出えんした財産につき、不当利得返還請求権を有する」と[25]。なお、返還の範囲については、Xは「脱退するまで

---

[24] ここでの出捐は、贈与ではないので参考までの紹介である。ヤマギシズム社会実験地には、養鶏場、養豚場、牧場、畑などがあって、構成員によって農産物やその加工品等が生産され、構成員は、原則として実顕地で働き、生活をするものとされ、その生活に要するものは、すべてYから支給される仕組みとなっている。Yの一員として「参画」することを認められた者は、「ヤマギシズム社会」という「無所有共用一体社会」の実現を活動の目的としているため、「無所有」の実践として、その全財産をYに出捐するものとされており、Xはこのために総額2億8,845万4,052円を出捐したものである。

[25] なお、「XとYとの間の参画に係る契約には、Xが出えんした財産の返還請求等を一切しない旨の約定があるが、このような約定は、その全財産をYに対して出えんし、Yの下を離れて生活をするための資力を全く失っている上告人に対し、事実上、Yからの脱退を断念させ、Yの下での生活を強制するものであり、XのYからの脱退の自由を著しく制約す

の相当期間、長男及び次女と共に、Yの下でヤマギシズムに基づく生活を営んでいたのであり、その間の生活費等は、すべてYが負担していたこと、また、Xは、自己の提供する財産がYや他の構成員のためにも使用されることを承知の上で、その全財産を出えんしたものであること等の諸点に照らすと、XがYに対して出えんした全財産の返還を請求し得ると解するのは相当ではない。Xの不当利得返還請求権は、Xが出えんした財産の価額の総額、XがYの下で生活をしていた期間、その間にXがYから受け取った生活費等の利得の総額、Xの年齢、稼働能力等の諸般の事情及び条理に照らし、Xの脱退の時点で、Xへの返還を肯認するのが合理的、かつ、相当と認められる範囲に限られる」とされている。

5-72 **(b) 学説の状況**

❶ 否定説 法理論の未発達なローマ法に由来する目的不到達の法理に対しては、これを独自の法制度として認める必要はないという否定的見解がある。基本的には、法律上の原因の点についての疑問にあるといえる。確かに、一見すると債務なしに給付がされているかのようであるが、贈与契約を認める以上は贈与契約という法律上の原因があるため、この贈与契約の効力を排除しなければ不当利得とは構成できないからである[26]。そのため、このような事例の解決としては、「『目的不到達』を解除条件的な『前提的黙示条件』と考え、法律行為の効力の問題としてこの種の事案を処理すべきである」といわれる（加藤・注26文献690頁）。

5-73 **❷ 制限的肯定説** なお、学説には、ドイツ法の**5-64**の事例のみを目的不到達の法理で解決すればよく、**5-65**、**5-66**の事例については、その実質は行為基礎の脱落であり、それが法律行為のないように取り入れられているならば、契約法の一般原則で処理ができ、そうでなければ、行為基礎脱落の法理によって処理すべきであるといった、適用範囲を制限する学説もある（四宮和夫『事務管理・不当利得』114頁）。

5-74 **❸ 肯定説** 我妻博士は、結納を例にして、出捐行為を解除条件とするときはその条件の効力として契約が失効し、不当利得が成立するが、「しかし、解除条件というほど明確な合意内容はなく、客観的にみて一定の目的が達成されることを前提としてなされるものである場合には、目的不到達による不当利得が成立する」という（我妻・下一993頁）。藤原教授も、「法律関係が未純化であるがゆえ

るものであるから、上記の範囲の不当利得返還請求権を制限する約定部分は、公序良俗に反し、無効というべきである」とされている。

26 加藤雅信『財産法の体系と不当利得法の構造』679頁以下、同『事務管理・不当利得』176頁以下、同『新民法大系Ⅴ』89頁以下、内田534頁。

の目的不到達の不当利得だとしても、それを代替する法律構成が判然としない以上は、一概に目的不到達の不当利得を不要だと言い切ってしまうわけにはいかないであろう。例えば行為基礎の喪失の理論は、少なくともわが国ではドイツのように一般的な承認を受けているとはいいがたい」と評している（藤原正則『不当利得法』84頁）[27]。

5-75　**(c) 目的不到達の法理の要件**　目的不到達の法理の要件としては、①債務の履行のためではない出捐、②出捐の目的は出捐の相手方にある行為を行わせることにあること、③出捐の目的に関する出捐者・出捐受領者の間で共通の合意の存在、④出捐の目的となった相手方の行為が行われないこと、及び、⑤出捐の受領者に対して反対給付の履行を強制できないこと、とされている（藤原・前掲**5-74**・85頁）。返還請求を妨げる事由としては、出捐者が目的の実現を妨げたことなど信義則に反する事情がある場合が考えられるが（松坂佐一『事務管理・不当利得（新版）』137頁は、705条の類推適用による）、これらの事由は返還を拒絶する給付受領者が証明責任を負うと考えられている（藤原・**5-74**文献85頁）。

III　贈与の効力

1　贈与者の履行義務

5-76　贈与者は、約束した給付をなす義務を負う。自然債務ではないので、履行しなければ、受贈者は履行の強制ができる。また、贈与者が履行しなければ、債務不履行責任を負うことになる（賠償の範囲については、**5-82**の議論が当てはまる）。

5-77　**【贈与者の注意義務】**　例えば、贈与者が贈与の目的物を引渡前に毀損したり滅失させてしまった場合、415条によれば過失さえあれば債務不履行責任を免れず、400条により贈与者は引渡まで善管注意をもって保管する義務があることになる。これを、

---

[27] 本書としては、次のように考えたい。この法理の否定説は、不当利得返還請求のためには贈与契約等の消滅原因がなければならないが、それを法律行為論として何らかの根拠を求めて、解除条件などに根拠づけようとし、かつ、それで十分であり目的不到達の法理を不要とするものである。これに対して、肯定説は、いわば目的不到達の法理そのものを、不当利得返還請求を認める前提として契約の失効原因と認めるものと考えることができる。したがって、条文にない契約の失効原因を認めるか、これを否定して、黙示の意思表示という擬制によるか、という争いであるといえる。事情変更の原則のように条文にない法理が認められているので、肯定説も不可能ではないと思われる。

254　第2編　契約各論1　財産の取得を目的とした契約

贈与者について特に注意義務を軽減する規定はないため、贈与者は売主と同様の注意義務を負うことになるのであろうか（ドイツ民法521条は、故意または重過失についてだけ責任を負うものと規定する）。

5-78　❶ **第1説**　特に贈与者につき責任を軽減する規定がない以上、上の原則通り、贈与者は売主と同じ善管注意義務を負い、保管につき特別の注意をしなければならないものと考えることもできる。

5-79　❷ **第2説**　これに対して、ⓐ無償受寄者の注意義務を軽減する659条の趣旨、ⓑ贈与者の担保責任を軽減する551条の趣旨からして、無償で、また通常は好意でなす贈与者に対し対価を得てなす売主と同じ注意義務を負わす合理的理由はなく、贈与者には自己の財産におけると同一の注意義務が負わされるにすぎないと考えるものもある（石田穣109～110頁）。私見も **26** で述べたようにこれに賛成する。

2　贈与者の担保責任

5-80　民法は贈与者の担保責任につき、「<u>贈与者は、贈与の目的である物又は権利の瑕疵又は不存在について、その責任を負わない。ただし、贈与者がその瑕疵又は不存在を知りながら受贈者に告げなかったときは、この限りでない</u>」と規定している（551条1項。この規定につき、鈴木恵「贈与契約における物の瑕疵をめぐる責任」『好美清光先生古稀記念・現代契約法の展開』245頁以下参照）。

5-81　【**過失があるときはどうか**】　悪意の場合しか贈与者は責任を負わないとされているが、過失があった場合はどうなるであろうか。重過失は故意と同視されるのでよいとして、問題は重過失以外である。①一般には551条1項の文言通り、贈与者は悪意でない限り責任を負うことはないと考えられている。②これに対して、後発的瑕疵については贈与目的物の保管について過失があれば（但し注意義務が **5-79** のように軽減はされるが）責任を負うこととのバランスから、551条1項を制限解釈して、注意義務を軽減した上でだが、過失ある場合には物の瑕疵等についても贈与者は責任を負うべきであると考える学説もある（石田穣113頁）。しかし、悪意または重過失の場合にのみ、贈与者の責任を限定してよいであろう。

5-82　【**損害賠償の内容**】　(1) 損害賠償の内容　551条1項で贈与者が責任を負う場合、その責任の内容はどうなるのであろうか。

①売買のように対価的保証のために担保責任を認める必要はなく、単に信頼利益のみの賠償を認めればよいというのが通説といえる（我妻・中一232頁。551条2項が1つの根拠となる）。②これに対して、416条により決定すべきであり、同じ物または権利を与える債務であるのにこの場合だけ特別扱いする必要はないという考えもある（石田穣114頁）。やはり、対価保証はないので、信頼利益の損害賠償に限定する前者を支持しておこう。

5-83 　**(2) 拡大損害について**　　また、いわゆる拡大損害についても（例えば、旅行のお土産として同僚からもらった饅頭が腐っていて、もらった者がそれを食べて腹を下して入院した）、本条の適用があるかは争いがある。

　①先ず、拡大損害についても551条が適用され、贈与者は悪意でない限り過失があっても（重過失でない限り）責任を負うことはないという学説がある（適用肯定説。来栖240頁）。②しかし、拡大損害は一般的法益侵害であり、不法行為が問題になるのに、不法行為責任まで免責するのは適切ではない（大判明45・3・23民録18輯284頁は、傍論として不法行為責任のみが成立するという）。拡大損害は担保責任の範囲外であり、551条1項で免責しているのは担保責任だけと考えるべきである（適用否定説）[28]。そこで、やはり、無償契約ということは確かに不法行為上考慮する必要があるにしても、それは単に注意義務の軽減ということで十分であり（⇒**5-77**）、551条を敢えて適用する必要はない（適用否定説として、鈴木・**5-80**論文257頁）。

5-84 　**【不特定物にも適用があるか──瑕疵担保責任】**
　❶ **否定説**　　担保責任についての規定の適用を特定物に限定する説では、ここでも551条1項の適用を特定物に制限することになり、不特定物については415条により通常の過失があれば責任を負うことになる。

5-85 　❷ **肯定説**　　これに対して、特定物か不特定物かで大きな差が生じるのは疑問であるとして、551条1項を不特定物にも適用する考えもある（石田穣114頁、来栖240頁、川井117頁）。瑕疵担保責任の適用を不特定物にも肯定すれば、551条1項も不特定物に適用されることになる。

5-86 　**【負担付贈与の場合】**　　負担付贈与については、551条2項で「負担付贈与については、贈与者は、その負担の限度において、売主と同じく担保の責任を負う」と規定する。

　その意味は必ずしも明確とは言いがたいが、例えば、ある骨董品の50万円相当の壺を贈与するが5万だけは支払ってもらう合意がされたが、その壺が贋作で1万円位の価値しかないことが分かったとしよう。受贈者は負担が実際の価格の10分の1なので、1万円ならば負担を1,000円に下げるよう請求できるのかというと、そう考えられていない。実際の価格まで負担を減額すること、先の例では1万円に負担を減額することを求めることができるにすぎない（我妻・中一234頁）。その結果は、1万円の商品の売買と等しくなり、受贈者はそれが嫌なら解除をするしかない。したがって、負担が5,000円である場合には、1万円の実際の価格に対して100分の1＝100円に負担を減らすよう請求できないのみならず、一切の請求ができない（梅469頁）。但し、解除は可能であろう。

---

[28] 請求権の競合を認めれば、担保責任が免責されても、結局不法行為責任を追及されたらおしまいである。適用肯定説では、この不都合を避けるには不法行為責任にも551条を類推適用しなければならないことになる。

Ⅳ　特殊な贈与

1　定期贈与

5-87　「定期の給付を目的とする贈与」（例えば、ある芸術家に企業が毎月10万円を贈与する）を**定期贈与**という（552条）。その定まった期間が過ぎれば当然効力を失うが、その期間満了前でも、「定期の給付を目的とする贈与は、贈与者又は受贈者の死亡によって、その効力を失う」ものとされる（552条）。それが、当事者の通常の意思に合致するからである。通常の贈与は当事者の死亡により効力に影響を受けないことを裏から確認する規定である。

2　負担付贈与

5-88　**(1)　負担付贈与の意義**

受贈者が対価関係に立たない一定の債務を負担する場合の贈与を、「負担付贈与」（552条の用語）という。負担ということはかなり曖昧に用いられており、「負担」とは債務でなくてもよく社会生活上の義務でもよいかのように誤解されやすいが、対価関係にないというだけで「債務」といえるものでなければならない。忘恩行為が問題とされている事例のように、扶養をしてもらえるないし円満に暮らしてもらえるということが「動機」「期待」を超えて、法的な債務である「負担」といえるかは微妙であり、条件との区別も不明確である（松川・前掲**5-59**・143頁以下参照）。しかし、負担概念をあまり拡大すべきではなく、忘恩行為については**5-56**に述べたように行為基礎の喪失を直截に問題にすべきである。

負担付贈与の場合には、受贈者は確かに対価関係に立つ給付を義務づけられるわけではないが、何らかの義務を負わされるため、有償契約に準じた特別の扱いが必要になる。単純贈与に対して、(2)のような特殊性が認められている。

5-89　**【負担付贈与か否かが問題とされる事例――目的の特定された寄付】**　忘恩行為のところで、負担付贈与という解決がされていることは紹介したが、特定の使途を示してそのための寄付を学校、宗教団体、慈善団体が寄付を募って、これに卒業生、信徒らが応じて寄付をした場合に、その約束された使途への使用が債務即ち負担といえるのかは問題となる。宗教団体が大寺院の建設のために寄付を募っておいて、その寺院が建設されなかった場合に、寄付者が返還請求できるかが問題にされた事例

がある。長野地裁松本支判平10・3・10判タ995号175頁は、今回の寄付は、「本件寄附は、普段日常的になされる供養とは異なり、寺院新築の財源とするため、被告の呼びかけに応じる形で行われた特別の供養であって、本件寄附の申込書の記載内容等に照らしても、本件寄附が寺院新築資金という使途を定められたものであることは明らかであり、したがって、本件寄附金を右以外の使途に充てることは許されない」とし、「本件寄附は、被告において、（一）特段の事情の変更のない限り、本件完成予想図のような寺院を新築するが、（二）寄附当時予想できなかったやむを得ない事情により右寺院の建築が困難となり、建築する寺院の規模、時期等が変更になった場合にも、右変更後の寺院の建築資金に充てるとの負担ないし条件のもとになされたと認めるのが相当である」とされている（但し、まだ建設計画が廃止されたのではないので、未だ不履行も解除条件の成就もないとして、返還請求は棄却されている）[29]。

5-90　**(2) 負担付贈与の特別の扱い**

(a) 担保責任の免責制限　贈与者は、贈与の目的物に瑕疵があったり、それが他人の物であったとしても、売主とは異なり担保責任を負わされないのが原則であるが（551条1項）、「負担付贈与については、贈与者は、その負担の限度において、売主と同じく担保の責任を負う」ものとされている（551条2項）。この内容については、**5-86**に述べたのでそこに譲る。

5-91　**(b) 双務契約の規定の適用**　「負担付贈与については、この節に定めるもののほか、その性質に反しない限り、双務契約に関する規定を準用する」と規定されている（553条）。同時履行の抗弁権は、対価的給付の間に認められるものであるが、ここではその例外が認められたことになる（贈与者からも、受贈者からも同時履行の抗弁権が主張できる）。但し、負担がその性質上同時履行の関係に適さない場合（先の円満な親族関係を維持するなど）は、同時履行の抗弁権を認めることはできない。また、贈与者の給付が不可抗力により履行不能になった場合には、危険負担の規定が適用になる。危険負担については、特定物の贈与に、債権者主義を適用すると、受贈者に負担だけが残るという奇妙な関係になるので、債務者主義によるべきである（但し、受贈者側の負担の履行不能については、債権者主義の適用の余地

---

[29] 負担とすると、その内容が、①大寺院を建立すること自体を負担とする、いわば結果債務か、②寄付を受けた金銭を大寺院建立に使う債務か、または、③大寺院を建立するために努力をするという、手段債務か、債務内容の理解が問題となってくる。これに対して、解除条件であれば、建築されないことが確定すればよいので、判断は簡単である。また、負担とすると、履行の請求や強制が問題になるが、それがなじむかには疑問がある。但し、負担としたほうが、債務不履行による損害賠償が請求できるという利点はあるが、損害賠償請求を認める必要性があるかも疑問であり、当然に失効することを認める解除条件によることが適切であろう。

あろう)。また、負担が履行されなければ541条以下の規定により契約解除が可能である。負担の不履行につき、415条により損害賠償を義務づけられることは当然である。

5-92 **(c) 贈与者の撤回権の制限** また、負担付贈与においては、受贈者が先に負担を履行している場合には、書面によらない贈与であっても贈与者に550条の撤回権を認めるべきではないと考えられている。そうすると、550条については、負担付贈与に関する限り、負担が履行されていないことが更に要件として加重されることになる。

5-93 **(d) 死因贈与の撤回権の制限** *5-104*に見るように、死因贈与では書面があっても贈与者に撤回権が認められているのであるが、「負担の履行期が贈与者の生前と定められた負担付死因贈与契約に基づいて受贈者が約旨に従い負担の全部又はそれに類する程度の履行をした場合においては、贈与者の最終意思を尊重するの余り受贈者の利益を犠牲にすることは相当でないから、右贈与契約締結の動機、負担の価値と贈与財産の価値との相関関係、右契約上の利害関係者間の身分関係その他の生活関係等に照らし右負担の履行状況にもかかわらず負担付死因贈与契約の全部又は一部の取消をすることがやむをえないと認められる特段の事情がない限り、遺言の取消に関する民法1022条、1023条の各規定を準用するのは相当でない」と考えられている（最判昭57・4・30民集36巻4号763頁）[30]。自分の面倒を見てくれたら死亡後にその所有の不動産をあげると約束し、面倒を見てもらいながら撤回をした場合には、不当利得として清算するのではなく、撤回をそもそも制限するのが妥当であり、賛成したい。

3 死因贈与

5-94 **(1) 死因贈与の意義**

贈与契約は直ちに効力が生じ、受贈者は直ちに履行を求めることができるはずであるが、それとは異なり、「贈与者の死亡によって効力を生ずる贈与」を**死因贈与**という（554条）。例えば、Aが孫Bに自分が死んだら甲地をやると約束する

---

[30] 事案は、受贈者が、贈与者がその勤務先を退職するまでの間、年2回の定期賞与金の半額と毎月25日限り1か月金3,000円の金員を送金する旨の負担を負い、実際に定年退職するまで、この負担となる給付を全て履行してきたというものである。死因贈与以前に死因贈与と抵触する遺言があり、前の遺言が死因贈与により覆されたものかが問題となり、原判決は死因贈与の撤回を有効とし遺言を有効としたが、最高裁はこれを破棄したものである。

ものである。飽くまでもＡＢ間の契約である。

　ところで、死因贈与に類似する行為として、遺贈というものがある（985条以下）。遺贈は、Ａが遺言を作成して、甲地をＢに与えるという意思を表示する一方的な行為である。死因贈与と遺贈との間には、次のような相違点・共通点がある。

> ① **相違点**　死因贈与は飽くまでも贈与「契約」であるが、遺贈は被相続人が遺言を作成する「単独行為」である。そのため、死因贈与では、<u>受贈者は贈与契約上の贈与者たる地位（権利）を被相続人死亡前に既に取得</u>し、財産の取得を期待している。他方で、遺贈では、受遺者には被相続人死亡までなんら権利は認められない。
> ② **共通点**　しかし、相手方の承諾を受けているか否かという点が異なるだけで、被相続人としては、<u>自分が死亡した後の財産をどうするかという「終意処分」</u>であるという点で共通する。そのため、なるべく、被相続人の意思が尊重されるべきである。

　ところが、遺贈は相手になんら権利を発生させないために、被相続人が自由に撤回したり変更したりすることを認めてよいが、死因贈与では相手方に契約により期待権を与えてしまっているので、この期待権と被相続人の意思の尊重ということが衝突することになる。このように、死因贈与は他の贈与と被相続人の終意処分である点で異なり、遺贈と共通するが、しかし、飽くまでも贈与「契約」ということで、完全には遺言による一方的行為である遺贈とも異なる点があることは否定できない。では、死因贈与の規律はどうあるべきであろうか。

5-95　**【旧民法の規定】**　旧民法はフランス民法に倣い、財産取得編第14章に「贈与及び遺贈」として、相続に続けてこの２つをまとめて規定している。現行法に関係する主要な規定を掲げておこう。554条との関係では、389条が効力のみについて死因贈与に遺贈の規定を準用しているが、これは、贈与契約自体が公正証書によることを要求しているという事情がある。現行民法は「遺贈に関する規定を準用する」と、旧民法を修正して効力規定に限定しない形にしており、これは贈与は形式を不要としたが、死因贈与についてはやはり遺贈同様の厳格な形式によらしめる趣旨であるとも評価することができる。

> 第349条　贈与とは当事者の一方か無償にて他の一方に自己の財産を移転する要式の合意を謂ふ

260　第2編　契約各論1　財産の取得を目的とした契約

> 第358条　贈与は分家の為めにするものと其他の原因の為めにするものとを問はず普通の合意の成立に必要なる条件を具備する外尚ほ<u>公正証書を以てするに非ざれば成立せず</u>
> 然れども慣習の贈物及ひ単一の手渡に成る贈与に付ては此方式を要せず
> 第363条　贈与は合意を無効と為す。普通の原因の外尚ほ贈与者の要約したる条件の不履行の為め之を廃罷することを得
> 第389条　総て贈与にして贈与者の死亡の後執行す可きものは<u>遺贈と其効力を同ふす</u>

5-96　**(2) 死因贈与についての規律**
　　民法は死因贈与につき、贈与「契約」の規定ではなく、「<u>その性質に反しない限り、遺贈に関する規定を準用する</u>」と、遺贈の規定（要するに遺言についての規定）によって規律されるべきものとした（554条。フランス民法また旧民法は、死因贈与と遺贈をまとめて規定している）。問題は、遺贈の規定の中どこまでが死因贈与に準用されるかであり、原則は遺贈の規定によるが、あくまでも贈与「契約」という「性質に反」する場合には遺贈の規定によらず贈与契約の規定によることになっているため問題になる（撤回について詳しくは、小川栄治「死因贈与の撤回について」金沢28巻2号95頁以下参照）。

5-97　**(a) 遺贈の効力に関する規定**　　遺贈では単独行為ということから遺贈の承認・放棄が規定されているが、これは死因贈与には適用されないが（死因贈与では受贈者の承諾は更に必要ではない）、遺贈の効力発生時期に関する規定（985条）は死因贈与に準用されるものと解されている（最判昭43・6・6判時524号50頁）。議論があるのは、<u>994条1項についてであり</u>、次のような見解が対立している。

5-98　❶ **準用否定説**　　準用を否定した古い判例（大判昭8・2・25新聞3531号7頁）があり、贈与契約であり、受贈者死亡前にすでに合意に基づいて期待権が成立していることから、<u>受贈者が先に死亡してもその相続が問題になるだけであるとして</u>、994条1項の準用を否定する少数説がある（新注民(14)72頁〔柚木・高木〕）。

5-99　❷ **準用肯定説**　　しかし、通説は994条の死因贈与への準用を肯定しており（我妻・中一237頁、広中42頁等）、判例としても、東京高判平15・5・28判時1830号62頁は、「死因贈与が無償の財産供与行為であり、かつ、供与者の死亡によって本来は相続人に帰属すべき財産を相続人に帰属しないで相手方に供与するという点で遺贈と共通性を有する」こと、「死因贈与も、その無償性に照らして何らかの個別的な人間関係に基づいてされるものであることも、遺贈と共通する」ため、

「贈与者の意思は、遺贈と同様に、<u>そのような特別の人間関係のある特定の受贈者に向けられている</u>と解される」として、994条1項の準用を肯定している。肯定説を支持すべきであろう。

5-100　**(b) 遺贈の形式に関する規定**　遺贈は遺言という形でなされるため厳格な形式が要求される（967条以下）。この規定は死因贈与にも準用されるものであろうか。なお、遺言によるところの遺贈は、15歳になれば単独で有効にできるが、あくまでも契約である死因贈与については、未成年者は法定代理人の同意がなければ完全に有効な死因贈与をすることはできない。

5-101　**❶ 否定説**　遺贈は単独行為であり、しかも本人が死亡してから問題となるため、本人の意思を確認しようがないため、意思の明確化また偽造等の回避が要求されるために厳格な方式が要求されるのである。これに対して、死因贈与は、飽くまでも契約であり、諸般の事情からどのような契約がなされたかを認定することができるため、形式についての規定は準用されず、たとえ口頭の合意であってもよいとも考えられる。判例も、「民法554条の規定は、贈与者の死亡によって効力を生ずべき贈与契約（いわゆる死因贈与契約）の効力については遺贈（単独行為）に関する規定に従うべきことを規定しただけで、<u>その契約の方式についても遺言の方式に関する規定に従うべきことを定めたものではない</u>」と判示している（最判昭32・5・21民集11巻5号731頁。理由は述べられていない）。

5-102　**❷ 肯定説**　しかし、本人が死亡後に問題となる場合には（生前中に問題となる場合は確かに否定説のいう通りだが）、本人の意思を確認しようがないのは遺贈と同様であり、死因贈与の偽造・変造を防止するためにも、遺贈と同様の厳格な形式を要求したほうがよいということも考えられる（来栖228頁は明言を避けるがこのような立場に好意的である）。

　確かに、同じ贈与契約でありながら、厳格な形式を満たさないと無効となるのは引っ掛かるが（旧民法では贈与自体が公正証書による必要があったため、このようなジレンマはなかった）、死因贈与と遺贈が普通の者には厳密に区別されていないとすれば、厳格な要式を充たしていない場合、たまたま死因贈与なら有効、遺贈なら無効というのは合理的かは分からず、また、肯定説のような被相続人の意思の確認の必要はあり、肯定説でもよいのではないかと思う。

5-103　**(c) 遺贈の撤回に関する規定**　遺贈は単独行為であり、しかも遺言者の死亡までは効力を生じないため、自由に撤回（狭義の撤回）することができる（1022条）。但し、遺贈の撤回も遺言の形式によらねばならない。1022条についても、

死因贈与に準用されるべきであろうか。

5-104　❶ **肯定説**　判例は、❷に述べたように遺言の形式は準用されないとしながら、即ちその形式を問わず（従って口頭でも可能）自由に死因贈与を撤回することができるとしている。即ち、「死因贈与については、<u>遺言の取消に関する民法1022条がその方式に関する部分を除いて準用される</u>と解すべきである。けだし、死因贈与は贈与者の死亡によって贈与の効力が生ずるものであるが、かかる贈与者の死後の財産に関する処分については、遺贈と同様、贈与者の最終意思を尊重し、これによって決するのを相当とするからである」と判示する（最判昭47・5・25民集26巻4号805頁、これ以前にも大判大16・11・15法学11巻6号616頁）。学説も、贈与者の最終意思の尊重という観点から、これに賛成する少数説がある（三宅・上56頁、潮見・各論Ⅰ60頁）。なお、また、XがYの耕作している土地の所有権を主張し、第1審で敗訴し、その後和解でXの所有権をYは認めるが、XはYに無償で耕作する権利を与えそれを失わせる処分は一切せず、Xが死亡した時には土地をYまたはその相続人に贈与することが約束されたという特殊な事例で、死因贈与の経緯、裁判上の和解ということ等から、自由に撤回することはできないとされている（最判昭58・1・24民集37巻1号21頁）。

5-105　【**負担付死因贈与の場合**】　但し、負担付死因贈与で、受贈者が負担を既に履行している場合には、撤回がやむをえないと認められるだけの特段の事情がなければ、1022条、1023条は準用すべきではないとされた（最判昭57・4・30民集36巻4号763頁）。より詳細に論じた判決もあり（東京地判平7・10・25判時1576号58頁）、「負担の履行期が贈与者の生前と定められた負担付死因贈与契約に基づいて受贈者が約旨に従い負担の全部又はこれに類する程度の履行をした場合には、贈与者の最終意思を尊重するあまり、受贈者の利益を犠牲にすることは相当でない。そのような場合には、死因贈与契約締結の動機、負担の価値と贈与財産の価値との相関関係、死因贈与契約上の利害関係者間の身分関係その他の生活関係等に照らして負担の履行状況にもかかわらず、負担付死因贈与契約の全部又は一部の取消をすることがやむをえないと認められる特段の事情がない限り、<u>民法1022条の取消についての規定は準用すべきでないといえる</u>」とする。結局、負担の内容が介護であったが、5年間介護し別居しており、「<u>負担の全部又はそれに類する程度の履行をしたとまではいうことはできない</u>」として、1022条による撤回が認められている。

5-106　【**1023条1項の準用も肯定される**】　死因贈与は1022条に基づき自由に撤回でき、これは死因贈与と矛盾する遺言がされた場合にも当てはまる（1023条1項）。判例としては、次のような判決がある（宇都宮地判昭55・7・30判時991号102頁。広島地判昭49・2・20判時752号70頁も同旨）。

554条は「死因贈与が贈与者の死亡を法定条件として贈与の効力を生ずる契約であり、単独行為たる遺言による財産の無償譲与である遺贈とは法的性質を異にするものではあるが、両者とも等しく贈与者若しくは遺贈者の死亡によってその効力を生ずる死後の財産に関する処分を目的とした行為であり、さらに相続財産から受贈者若しくは受遺者が利益を得るなどの点で両者がともに贈与者若しくは遺贈者の意思、経済上の目的を共通にしているところから、死因贈与という贈与者の死後の財産に関する処分については、遺贈と同様に、贈与者の最終意思を尊重し、これによって決するのを相当とするからにほかならず（最判昭和47年5月25日民集26巻4号805頁参照）、従って、死因贈与には、遺贈の効力に関する規定が準用されるものと解するのが相当であ……り、本件死因贈与がなされたのは、昭和46年2月2日であり、本件遺贈がなされたのは、昭和48年2月26日であって、しかも、右両者はその内容においてすべて抵触するものであるから、訴外人の最終意思を尊重し、前の遺言と後の遺言とが抵触する場合と同じく、民法1023条1項を準用して、本件死因贈与はその後になされた本件遺贈により取消されその効力を失ったものといわねばならない。」

5-107　❷ **否定説**　これに対し、通説は、撤回が自由にできるのは、遺言の単独行為性から来るものであり、死因贈与は契約であり、合意により完全に成立し贈与者は拘束され（550条の撤回はできるが）、ただ効力の発生が死亡まで延期されているだけであることから、撤回を自由に認めることには反対である（我妻・中一237頁、石田穣118頁[31]）。また、書面による場合にも撤回ができてしまい、生前贈与よりも同じ贈与契約でありながら受贈者の立場が弱いものとなってしまう。

5-108　❸ **折衷説**　更には、折衷的な見解として、ⓐ原則として撤回は可能だが、特別な事情がある場合には許さない、または、ⓑ原則として撤回できないが、特別な事情があれば撤回できるといってもよいという考えもある（ⓑ説として小川・**5-96**論文113頁。川井121頁も特別の事情がある場合にのみ撤回の制限を認める）。

5-109　【**遺留分減殺請求権との関係**】　近時この点について興味深い判決が出されている（東京高判平12・3・8判時1753号57頁）。

「死因贈与も、生前贈与と同じく契約締結によって成立するものであるという点では、贈与としての性質を有していることは否定すべくもないのであるから、死因贈

31　辻朗「死因贈与の取消・撤回について」『日本法政学会50周年記念　現代法律学の課題』285頁以下は、否定説を支持し、いつでも撤回したいのであれば遺贈を選択すべきであるが、当事者間の情誼関係が破綻しておりかつその原因が受贈者側にあれば撤回を認める。そして、最判昭47・5・25（⇒**5-104**）の事例は、そのような撤回が可能な事例であり、いまだこのような場合の撤回を認める法理が確立されていなかったので、1022条の準用という解釈技術を用いて、同じ結論に達したものであり、否定説が必ずしもはの立場と抵触するものではないという。本書も旧版の見解を改説して否定説を支持したい。

与は、遺贈と同様に取り扱うよりはむしろ贈与として取り扱うのが相当であり、ただ民法1033条及び1035条の趣旨にかんがみ、通常の生前贈与よりも遺贈に近い贈与として、遺贈に次いで、生前贈与より先に減殺の対象とすべきものと解するのが相当である。そして、特定の遺産を特定の相続人に相続させる旨の遺言（以下「相続させる遺言」という。）による相続は、右の関係では遺贈と同様に解するのが相当であるから、本件においては、まず、原審相被告Xに対する相続させる遺言による相続が減殺の対象となるべきものであり、それによって被控訴人らの遺留分が回復されない場合に初めて、控訴人に対する死因贈与が減殺の対象になるというべきである。」

5-110 【書面によらない死因贈与の贈与者死亡後の相続人による撤回】　東京高判平3・6・27判タ773号241頁は、書面によらない死因贈与を、贈与者の死後、相続人が撤回することができるか否かについて次のように判示している[32]。

「民法550条が書面によらない贈与は取り消すことができると定めたのは、遺贈と異なり厳格な方式の定めがない贈与においては、口頭のような簡単な方法で意思表示ができることから、軽率にこれをして後日後悔する事態も考えられるので、それを防止し、また、書面が残されていないため贈与者の真意が不明確になって後日紛争が起きることが考えられることから、それを防ぐことを目的としたものである。一方、一般に、贈与者が死亡したときは、その取消権は当然その相続人に承継され、相続人において取り消すことができると解されている。むしろ、この贈与者死亡のときこそ、贈与に書面を必要としたことの趣旨がはっきり表れるといえる。すなわち、贈与者死亡後に口約束で贈与があったと主張され、紛争が生じた場合は、死人に口なしで贈与意思の有無を決し難いことが多いのであって、その場合にこそ、相続人は書面によらないことを理由に取消権を行使して、紛争を防止することができるのである。そして、なるほど、死因贈与は、贈与者の死後の財産処分という意味で、遺贈とその果たす役割が共通していることは確かであるが、死因贈与も贈与の一種であって、その方式については遺贈のような厳格な要件が必要とされていないのであるから、前記のような550条の立法趣旨はそのまま妥当するのであって、<u>同条の適用を排斥して死因贈与についてだけ贈与者の死後は相続人が取り消すことができないとする理由はない。</u>」

5-111 【994条1項の準用の可否】
❶ 準用否定説　994条1項の死因贈与への準用を否定した古い判例（大判昭8・2・25新聞3531号7頁）がある。学説としても、贈与契約では受贈者の死亡前にすでに合意に基づいて受贈者という契約当事者たる地位が成立しており、なんらの権利も成立していない遺贈とは異なることから、受贈者が贈与者よりも先に死亡した場合

---

[32] なお、口頭で死因贈与契約をし、それを確認するために遺言書を作成しそれが要式要件を充たさず遺贈として無効であっても、550条の書面と認めることができると判示されている（東京高判昭60・6・26判時1162号64頁）。

には受贈者たる地位の相続を認める少数説がある。この立場でも、判例は死因贈与の撤回を認めるため、受贈者の死亡を知った贈与者は撤回ができるので不都合は緩和される（撤回の意思表示が必要となる点は問題が残る）。

5-112 　❷ **準用肯定説**　　しかし、通説は994条の死因贈与への準用を肯定しており、判例としても、東京高判平15・5・28判時1830号62頁は、「死因贈与が無償の財産供与行為であり、かつ、供与者の死亡によって本来は相続人に帰属すべき財産を相続人に帰属しないで相手方に供与するという点で遺贈と共通性を有する」こと、「死因贈与も、その無償性に照らして何らかの個別的な人間関係に基づいてされるものであることも、遺贈と共通する」ため、「贈与者の意思は、遺贈と同様に、そのような特別の人間関係のある特定の受贈者に向けられていると解される」として、994条1項の準用を肯定している（肯定説を支持しておく）。

第2章 売　買

第1節　売買契約の意義

6-1　「売買は、当事者の一方〔売主〕がある財産権を相手方に移転することを約し、相手方〔買主〕がこれに対してその代金を支払うことを約することによって、その効力を生ずる」(555条)。

　売買の対象は「財産権」であるから、物の売買のみならず、物以外の権利（債権、無体財産権、営業権等）の売買であってもよい。物の売買では、物は物権の客体であって、法の世界では物の上の権利である観念的な所有権（物理的に存在するものでなく、観念的な人知の産物）が中心となるため、555条の「財産権を……移転」するということに当てはめると、売買とは目的物の上の所有権を移転することを約する契約ということになる[1]。

　ところが、観念的な所有権が移転しても、現実的には引渡しを受けて初めて所有権の使用収益という内容を実現できるようになる。しかし、555条の売買の定義規定には、引渡義務は規定がされていない。これは、物の売買だけを扱うものではないためであろうが、他方で、物権法で習ったようにいわゆる意思主義が採用されており（176条）、物の場合には、所有権移転義務と引渡しとの関係が問題になる。売買が、「財産権を相手方に移転することを約」するというのが、移転そのものを約束するということなのか、それとも、所有権を移転するためには176条の意思表示が別に必要であり、そのような意思表示をする債務を負担することを約束するものなのか（そうだとすると、別の意思表示として独自の意義を認めるためには形式が必要）、周知のように議論がある。この問題は、物権で論じられるところなので物権法の講義に譲ることにする（⇒物権法37以下）。

　いずれにせよ、観念的に売買の意思表示だけで所有権が移転するとしても、買

---

[1]　なお、目的物と代金とを即座に交換するいわゆる現実ないし現物売買については、直ちに給付がなされてしまい債務が成立する余地がないとして、債権関係を生ぜしめる債権契約と解するのは妥当でないという考えがある（末川・下18頁）。しかし、この学説も、担保責任の規定など売買契約の規定を適用（但しすべてではない）することを認めており、あまり実益のある議論ではない。少なくとも、物権行為の独自性を認めない本書の立場では、区別する意義は認められない。

主をして所有者たる利益を現実に享受できるようにすること、即ち引渡しも売買における本質的義務として認める必要がある（なお、売主の財産権移転義務と引渡義務との関係については、民コメ(12)632頁以下［高森］参照）。また、対抗要件の具備も、単に第三者への対抗要件を備えるというだけであり、付随的な義務といえないではないが、現在では（これに所有権の移転をかからしめる説でなくても）本質的な要素として認めてよいものと思われる。

　なお、売買は双務契約の最も典型的な契約であり、その規定は有償契約総論的意味合いも持たされており、他の有償契約に準用されている（559条）。

第2節　売買契約の成立

6-2　売買は555条に規定するように、諾成・不要式の契約であるから、当事者の合意のみによって成立し、特に書面の作成は必要ではない[2]。なお、近時は契約の成立をめぐっては、その前段階の交渉レベルに光が当てられるようになっている[3]。

　教科書的には、売買の成立のところで、①予約、②手付、③契約費用の3つの売買総論の規定を説明するのが慣例であるので、本書もこれに倣ってここでこれらを説明しておく。

Ⅰ　売買契約の予約

1　予約の意義

6-3　**(1) 本契約に対する予約**

　予約も契約の一種であるが、それ自体が売買等のように独立した意味をもつ契約ではなく、「売買の」予約というようにどの契約でも考えられる（但し無償契約については問題はある）契約の特殊な態様にすぎない。即ち、後日締結する最終的契約の内容を定めておいて、それを直ちには締結せず、一方ないし双方に後日の最終的契約（本契約という）を締結する拘束（義務）、即ち、相手方が予約を本契約にしたいといった場合にこれに応じて本契約を締結する義務を負わせる契約である[4]。

---

[2]　但し、不動産のように重大な取引では、一応の合意ができても、日を選んで契約をいつにするか定めることがあり、口頭の合意だけでは未だ確定的に契約は成立したという意識がない場合も少なくない（高山正彦「契約は成立したか」NBL412号40頁参照）。フランスでは、仮契約を結んでから、後日公証人の面前で正式な契約書を作成し不動産売買契約が成立する。

[3]　なお、椿寿夫「予約研究序説」同編『予約法の総合的研究』3頁、山口志保「契約の種類にみる成立の時期」東京都立大学法学会雑誌36巻1号231頁参照。

[4]　実際には、単に「予め契約をしておく」ことくらいの意味で予約という言葉が使われることがあるが（例えば、ホテルやレストランの予約、予約出版）、法的には予約ではなく、ホテル宿泊契約でいえば、実際に宿泊するときに契約するのではなく、「予め契約をしてお

予約の当事者の一方のみがこのような本契約締結義務を負う場合を一方の予約（片務予約）、双方が負うものを双方の予約（双務予約）という。要物契約では、物の引渡がないと契約が成立せず、口約束では拘束力がないので、予約をして要物契約を締結させる義務を認める意義がある[5]。

予約により本契約締結義務を負う者は、相手方が本契約の申込みを後日してきた場合に、承諾を拒絶できないが、飽くまでも契約は申込みと承諾との合致であるとすると、本契約を成立させるためには、414条2項ただし書により履行を強制する他はないことになる。しかし、それは迂遠であり、民法は「売買一方の予約は、相手方が売買を完結する意思を表示した時から、売買の効力を生ず」と規定した（556条1項）。即ち、予約とは結局相手方に本契約を一方的意思表示（予約完結の意思表示という）により成立させる権利（予約完結権という）を与える契約と、民法は構成したのである（契約の内容自体というよりも、そのような権利が法により付与されているというべきか）。

6-4 **(2) 本契約の成立**

なお、売買一方の予約は、かつては担保目的で用いられたところ（以下に引用する判決も殆どはその目的）であるが、このような担保目的のものは現在では、不動産に関する限り仮登記担保法により担保契約として規制されている。担保目的ではない、本来の売買一方の予約が行われるのは非常に少ないといわれている[6]（予約自体に対価を支払わない予約は、売主に一方的に不利である）。

6-5 **【最終的拘束をペンディングにする方法】** このように契約締結の最終的決定をペンディングにしておきながら、相手を拘束させて俗に言う「唾をつけておく」ことは、予約以外にも手段が考えられる。

6-6 **❶ 条件付売買** 例えば、AがBから土地建物を購入したいと思い、他に先を越されないように直ちに契約をしたいが、しかし、購入代金の融資を金融機関から得

く」といったものにすぎない（ただし、法的にも予約とみる考えとして、加賀山茂「手付の法的性質」『民法学の課題と展望』551頁以下）。

[5] しかし、要物契約を無償契約についてのみの規定とすれば、例えば、有償の消費貸借〔利息つき〕では諾成契約そのものずばりが認められるので、予約の必要性はなく、他方で、無償の消費貸借〔利息なし〕で口約束に予約であれ拘束力を与えてよいかは疑問が生じることになる。

[6] 代物弁済の予約としないで、融資に際して売買の予約をしておいて、融資金の回収ができなくなると、予約を完結し売買契約を成立させ、貸金債権と代金債務を相殺することにより担保の実を挙げる行為も、実質的には担保であり、仮登記担保法に服する仮登記担保契約というべきである。

270　第2編　契約各論1　財産の取得を目的とした契約

られるか未定な場合、確定的に拘束されては困る。このような場合、金融機関から融資を得られないことを解除条件とすることができる（いわゆるローン特約条項。これについては、高山正彦「住宅ローンが受けられない!?」NBL429号43頁参照）。なお、売主のためのものとして、仲介業者に販売の仲介を依頼するに際して、もし買い手が3か月以内に見つからなかった場合には、仲介業者が買い取ることを約束するといった場合がある。売主が売るかどうか自由であれば、予約であるが、当然に売買契約が成立するのであれば停止条件である。

6-7　**❷ 解約手付**　また、売買と同時に手付を払って、解約権を留保して後戻りの可能性を確保することもできる（手付については⇒**6-35**以下）。但し、❶と異なって、買主は手付放棄という損失を甘受しなければならず、逆にいえば、売主が一方的に不利益を受けるのではなく、資本を固定することによる不利益が填補されるのであり、合理性が認められる。

6-8　**❸ 予約に止めておく**　更には、ここで扱う予約に止めておくという方法もある。この利点としては、❶と異なり特に条件とすべき事情がなくてもよいこと、また、❷と異なり手付のように手付放棄という損失を負担しなくてもよいため、買主Aに有利である。このことは、逆に、Bには一方的に不利であり、売主としては手付によるほうが有利である。予約は民法上無償となっているが、財産（資本）を固定してしまうため、それについての補償が予約（契約）の際に支払われることが合理的である。

6-9　**❹ オプション条項**　予約に似たものとして英米法にはオプション条項というものがある。これは、英米法では申込みには約因がないため拘束力がないので、申込みに約因（対価）を付与することにより申込みの撤回権を制限するものである。申込者が一定期間申込みを撤回しないことを約し、相手方がその対価として一定の金額を支払い、相手方は契約を成立させるか否かの選択権を留保することができることになる。英米法では、申込みは契約を成立させる権能を相手方に与えるものと考えられているようであるが、このオプション条項はわが国の予約に匹敵するようなものであり、一定の対価を支払って承諾期間を設定して申込みの拘束力を認めてもらうものといえようか（予約義務者に対して対価が支払われ、それ自体が双務契約性を持つことになる）。

6-10　**【何の対価か明確ではない支払金──入学金】**　売買契約をする際に手付が支払われる場合以外にも、契約締結時に一時金（場合によっては、賃貸借の更新料のように更新時、退職金のように契約終了時）が支払われるが、その位置づけが明確でない場合がある[7]。それが本体たる給付の前払・後払であれば支払時期についての特約であるが、

---

[7] 大阪高判平16・9・10未公刊は、入会金、入学金などについての一般論として、「これらの初期費用の性格には、参加の真摯性の担保（解約手付的機能）、新たな参加者のための事務費用（名簿の追加・更新、連絡費用等の実費部分）、参加を取り止める場合の制裁金（解約

第2章 売　　買　271

敷金のように別個の契約であり、また対価的給付ではないものもある。それぞれの事例に応じてその内容を明らかにすべきであるが、近時、大学等への入学時に支払う「入学金」の位置づけが判例により問題にされている[8]。次のように、学生たりうる地位の取得の対価としての権利金＋準備費用ということを認める判決が出されている。

6-11
●**京都地判平15・7・16判時1825号46頁**　「入学金」を<u>学生たる地位を取得するについての対価</u>とし、4月1日になり学生としての地位を取得した後に、学生が入学辞退しても返還する必要はないが、3月中に入学辞退をした場合には、学生たる地位を取得していないので返還しなければならないとする。しかし、この判決以外の全ての判決は、「入学金は、その他の学納金とは異なり、大学から教育役務等の提供を受けること自体の対価ではなく、<u>当該大学に入学しうる地位ないし資格の対価（一種の権利金）</u>としての性質を有する」としている（大阪地判平15・9・19判タ1143号276頁などそのほか多数）。従って、一度入学金を納入して、辞退をしなければ4月1日に学生たりうる地位を取得した以上、3月中に入学辞退をしても大学は返還する必要はないとされている[9]。なお、このような権利金としての性格の他、4月1日から入学する者として諸種の事務処理手続を行う必要が生じるから、入学金は、<u>そのための準備行為を行うための手続費用</u>としての性格をも有していることも、すべての判決で肯定されている。

6-11-1
●**最判平18・11・27最高裁HP**　「入学試験業苦者においては、……当該大学に入学し得る地位を確保した上で、併願受験した他大学、他学部の入学試験の合否の結果を待って最終的に入学する大学、学部を選択する……こととし、また、他大学、他学部の入学試験が不合格となった場合でも、先に入学し得る地位を確保しておいた大学、学部に入学して、いわゆる浪人生活を回避するということが広く行われている。一方、大学としては、入学金の納付を含む入学手続の全部又は一部を行って在学契約等を締結した学生については、当該学生が現実に当該大学に入学するかどうかにかかわらず、入学予定者として扱い、当該大学の学生として受け入れるための事務手続等を行うことになる。」「以上の諸事情及び入学金という名称に照らすと、<u>入学金は、その額が不相当に高額であるなど**他の性質を有する**</u>ものと認められる特段の事情のない限り、学生が当該大学に入学し得る地位を取得するための対価としての性質を有するものであり、当該大学が合格した者を<u>学生として受け</u>

手付的機能）、参加しなかった場合の当該団体の被る損害に対する賠償金（賠償額の予定としての機能）、当該団体に参加することを許諾すること自体の対価（権利金的性格）等種々の要素が含まれている」と述べる。

[8]　入学金という制度は、戦前にはなく、戦後の受験競争が激化し始めた頃に、大学側が入学者の確保また人数確定（クラス編成をいくつにするか、また、それに応じて非常勤を探すなどの手間がかかる）の必要性から、生まれてきた慣行のようである。

[9]　学納金返還請求訴訟では、授業料については消費者契約法9条1号により返還しない特約は無効とされており、授業料は返還し入学金は返還しなくてよいという結論ではほぼ確立されつつある。そのため、入学金を不当に吊り上げるという姑息な方法をとることも考えられるが、入学金もその目的からして合理的な額でなければ無効と考えられる（判例も常に傍論として述べている）。

> 入れるための事務手続等に要する費用にも充てられることが予定されているものというべきである。そして、在学契約等を締結するに当たってそのような入学金の納付を義務付けていることが公序良俗に反するということはできない。」

6-12 【売買一方の予約は予約か】　売買契約の内容を決定して予約をして、後日の予約完結の意思表示で売買の成立を可能とする場合（即ち、担保目的ではない本当の売買一方の予約）、それは本当に予約なのかそれとも売買契約そのものであるのかが争われている[10]。

(1) 学説の状況

6-13　❶ 否定説（停止条件付売買契約説）　民法上予約とはいうが、そこで締結されているのは売買契約それ自体であり、それが「予約完結の意思表示」（予約とは見ないので売買完結の意思表示という）がなされることを停止条件としているにすぎないという考えが主張されている（柚木30頁、我妻・中257頁。但し、利益を受ける者の任意的な意思表示を条件というのは多少無理があるといわれている［倉田㐂士「予約」『現代契約法大系Ⅰ』255頁］)。

6-14　❷ 肯定説（債務予約説）　これに対して、556条1項の文言通り、予約は飽くまで本契約たる売買とは別の契約であり、売買自体は予約完結の意思表示により成立するというものが多い（末川・下21～2頁、石田穣123頁。来栖24頁も同旨か）。判例もこの立場である（大判大8・6・10民録25輯1007頁）。本来は、予約権利者が売買の申込みをして、予約義務者の承諾があって売買が成立するが、予約義務者が承諾をしようとしない場合のためにそのプロセスが省略されたにすぎないものと考えるものである。

6-15　(2) 両説の差　あまり実益のある議論ではないが、両説で次のような差異が生じる。ⓐ予約完結までの仮登記は、❶説であれば停止条件付権利の仮登記になるが、実務では❷説に従い所有権移転請求権保全の仮登記によっているようである。ⓑ予約完結の意思表示前に目的物が滅失した場合、❷説によれば、「売買予約の相手方が売買完結の意思表示を表示せざる間に其の目的物の滅失其の他の事由に因り目的物の引渡不能となりたるときは、<u>予約完結権者の売買完結権は之に因りて消滅に帰し、予約義務者は引渡不能が其の責に帰すべき事由に因る場合には予約権利者に対し権利の喪失に因る損害賠償の責に任ずべきのみ。故に、其の後に於て予約権利者の為したる売買完結の意思表示は売買を成立せしめるの効なし</u>」（大判大14・7・4民集4巻403頁）ということになるのに対し、❶説では、既に売買契約は成立しており、予約完結前の目的物の滅失は後発的不能であり債務不履行責任、危険負担により処理され、売買完結権の消滅は生じないことになる（柚木29頁）。

---

[10] なお、556条の沿革については、横山美夏「不動産売買契約の『成立』と所有権の移転（2・完）」早法65巻3号268頁以下参照。

2　予約完結権

6-16　556条1項に規定するように、売買一方の予約により一方に予約完結権が与えられることになる。買主に予約完結権が与えられる場合（これが普通であろう）には、予約完結権は一方的に代金を支払って財産を取得する権利という意味（買取権、先買権）をもつことになる。

　予約完結権の行使期間については、当事者で定めておくことが望ましいが、当事者が定めていない場合はどうなるであろうか。目的物の価格は予約後変動するのが通常であり（上がるのが普通だが）、いつまでも予約で定めた代金額で売買が成立させられるというと不都合なことがある（予約完結時に価格の変動があったら代金を協議しなおすという特約をつけることも考えられるが）。予約完結権の消滅時効ということも考えられるが（⇒**6-30**以下）、予約義務者の不安定な地位を考えて、民法は予約義務者に催告権を認め、相当の期間を定めて予約を完結するか否か催告し、予約権利者がその期間内に返答をしないときは予約は効力を失うものとした（556条2項。19条や114条などと同様に不安定な地位にある者を救済するための制度である）。

6-17　【予約完結権の譲渡】　ＡＢ間で土地について売買予約がなされＢに予約完結権が与えられたが、この土地をＢがＣに転売しようとする場合、Ｂは予約完結の意思表示をした上でＣに転売し、ＡからＣへの中間省略登記をするという方法が考えられる。しかし、Ｂが予約完結権をＣに譲渡し、Ｃが予約完結権を行使してＡからＣへの売買の成立をさせたほうが有利なことが考えられる（税金の問題が大きいと思われるが）。そのような場合、予約完結権の譲渡はどのようになされるべきであろうか（なお、担保目的の場合には、現在では、仮登記担保権という担保物権を持つだけであり、債権とこの担保を譲渡することはできようが、ここでするような議論は問題にならない）。

6-18　　(1) 予約義務者の承諾の要否　　予約完結権の譲渡は結局は買主になる者がＢからＣに変更されることを意味する。そうすると、一見すると予約完結権という財産権の譲渡であり自由にできるように思えるが、実質的には契約当事者の変更、契約上の地位の譲渡に等しいことになる（売買契約そのものとみれば、買主たる地位の譲渡そのものである）。予約完結により契約が成立した後ならば、取得した財産権だけ譲渡することができるが、予約完結権の譲渡である以上、物権取得という点だけ譲渡して、代金債務という点はそのままにするということは困難である。そうすると、予約義務者の承諾が必要になるのかという問題を生じる。いくつかの解答が考えられる。

6-19　　(a) 必要説　　上の疑問通りＢは予約完結権を譲渡するにはＡの承諾が必要であると考えることも可能である。

6-20　　**(b) 不要説**　これに対して、単なる契約上の地位の譲渡と異なって、一種の財産権の譲渡という側面が強く、財産権である以上譲渡が自由にできるのは当然であるということも考えられる（大判大13・2・29民集3巻80頁は、予約では未だ契約が成立していないため、契約上の地位の移転ではないという形式論による）。しかし、売主たる地位の譲渡と実質的に変わらないのであり、無条件に認めるのはやはり問題が残る。

6-21　　**(2) 予約義務者の承諾がない場合の不要説による処理**　ⓐ先ず、完全に買主たる地位はＣになり、Ｃのみが代金の支払義務を負うという処理も可能であるが、Ａの債務者が変わることへの利害関係が無視される（但し、解除ができる）。ⓑ次に、買主はＣになるが、しかし、代金債務を負うのはＢであるという処理もできる（石田穣123～4頁）。しかし、予約完結権の譲渡ということと適合するかは問題がある。ⓒ更に、買主はＣであり代金債務をＣが負うが、賃借権の無断譲渡で信頼関係を破壊しない場合と同様に、譲渡人Ｂに補充的な責任を認めるという処理も考えられる。譲渡の自由を認め、Ａの利害も尊重しており、また、Ｃが払わなかった場合そのようなＣに売ったＢの危険であるということもでき、これが一番妥当な解決ではないかと思われる。

6-22　　**(3) 予約完結権譲渡の対抗問題**

　　(a) 予約義務者への対抗　予約完結権の譲渡は契約上の地位の移転に類似するものだとすれば、債権譲渡の規定（467条）を類推適用して、予約義務者への通知またはその承諾を予約義務者への対抗要件と考えることができる（(1)で(a)説をとれば問題はないが）。但し、別により確実な登記という公示方法があるため（仮登記への付記登記）、登記をすれば、予約完結権の譲受人が自ら予約義務者に譲渡を通知することを認めてよい。

6-23　　**(b) 第三者への対抗**

　❶ **予約完結権の仮登記がない場合**　予約完結権は特定人に対する権利であり、物に対する権利ではないので、対抗要件としては債権譲渡についての467条2項を類推して、確定日付ある証書により予約権利者が通知をするかまたは予約義務者が承諾することが必要になる（大判大13・2・29民集3巻80頁）。

6-24　❷ **予約完結権の仮登記がある場合**　目的物が不動産の場合、その目的物につき売買予約があることは、仮登記という形で公示することができる（予約完結権を行使すれば財産権を取得しうるという意味において、条件付き権利に類似するため）。その結果、登記という客観的に動かしがたい公示方法がある以上、いわば次善の策ともいうべき予約義務者を公示機関とする方法は不要ということになる。そのため、仮登記さえあれば、別に通知・承諾といったことは不要になる（最判昭35・11・24民集14巻13号2853頁）。予約完結権が二重に譲渡され、一方につき通知、他方につき仮登記がある場合、いずれの対抗力も同価値とみて、先にされたほうを優先させることも考えられるが、通知・承諾は補充的なものと考え、通知より後にされたとしても仮登記を

6-25 【目的物が第三者に譲渡された場合】　6-17の例でBが予約完結権をCに譲渡した場合、更にBが予約完結権をEに譲渡すれば、CE間は予約完結権取得の対抗関係になるが、Aが目的物である土地をDに譲渡した場合は、BとDの関係はどうなるであろうか。

6-26　(1) 予約完結をすると　Bが予約完結権を行使すると、AからD、そして、AからBへと二重譲渡の関係に立ち、登記の先後で決せられ (177条)、先にDが移転登記を受ければDが所有者となるが、そうでなくても、Bが仮登記をしていれば順位を保全でき、後日の登記を抹消し、本登記をしてBが所有者となることになる。

6-27　(2) 予約完結の意思表示は誰に対してすべきか　Bが予約完結権につき仮登記をしている場合には、Bは予約完結の意思表示をした後に仮登記を本登記にして、先になされたDの登記を覆せることは、上に述べた通りであるが、Bが予約完結の意思表示をする時に既にDが登記を得ているときは誰に対して予約完結の意思表示をすべきであろうか。

6-28　❶ Dに対してすべきと考える説　先ず、BはDに対して予約完結の意思表示をすべきであるという考えがある (我妻・中一259頁、田山111頁)。Bは予約完結権について仮登記をして第三者への対抗力を得ている以上、第三者Dに予約完結権を対抗でき、DはBの予約完結権の負担のついた不動産を取得するというのが、その根拠であろう (予約義務者たる地位を承継する)。しかし、Dが予約義務者たる拘束を受け、Dは強制的にBとの間に売買契約を成立させられてしまうというのは、適切だとは思われない。

6-29　❷ Aに対してすべきと考える説　しかし、飽くまでも予約完結の意思表示は予約も契約である以上予約をしたAに対してだけ効力を有し、BはAとの間で売買契約を成立させることができるだけと考えるべきである (従って、Aに代金を支払う)。BとDが予約完結権の二重譲受人であれば、予約完結権についての仮登記でBが勝つという関係に立つが、Dが一旦所有権を取得したのを、Bが仮登記を本登記にすることにより覆すことができるだけというものである以上、仮登記のままではDには未だ対抗力は生じていないはずである。Aに対して予約完結の意思表示をすべきであるというのが、判例である (大判昭13・4・22民集17巻770頁。石田穣124頁、倉田・前掲258頁も同旨)。BはAに予約完結の意思表示をして、AB間に売買契約を成立させ、BとDを二重譲渡の関係に立たせた上で、仮登記により順位が保全されていることからDに対して本登記にすることへの承認を求める (不登109条1項) ことになる。

6-30　【予約完結権の消滅時効】　予約完結権は、その存続期間につき特約で定まっていない場合、いつまで存続するのであろうか (催告については既に述べた)。これは形成権の時効の問題であり、解除について*4-142*に述べたのとパラレルな問題である。結論だけをここではまとめておこう。

6-31　**(1) 二段構成説**　予約完結権についての時効と、その行使による履行請求権についての時効とを二段階に分けて考察する考えがある。予約完結権の時効期間については、167条2項でその他の財産権として20年の消滅時効期間によることも考えられるが、実際に学説が主張されているのは、債権にあわせて167条1項により10年の時効期間によるというものである（我妻・中一259頁は、債権に準じて10年の時効を原則としながら、不動産については、仮登記をすれば物権に準ずる権利となるとして20年の時効による）。

6-32　**(2) 一段構成説**
❶ 債権時効説　形成権の手段的性格から、飽くまでも形成権を行使して生じる債権の時効を考えて、予約完結権を行使しうる時から、予約完結により生じる債権についても時効を起算する考えが可能である。

6-33　**❷ 両権利の除斥期間・時効を考える説**　ⓐ予約完結権の行使までは、消滅すべき債権がやはり存在しないため、予約完結権の除斥期間を問題として10年、ⓑ予約完結権を行使された場合にも、売買契約上の債権の消滅時効を問題とし、いつでも予約完結権を行使して履行請求が可能であったため、予約完結権を行使しうる時期より10年で時効が完成するという考えも可能である（予約完結権と売買上の債権につき共通の期間制限が10年あり、債権発生からは時効の中断があるという二重の期間制限である）[11]。

Ⅱ　手　付——解約手付契約

1　手付の意義——手付自体と手付契約の区別の必要性

6-34　**(1) 手付（手付金）の意義——内金以外の交付**
　民法は、「買主が売主に手付を交付したときは、当事者の一方が契約の履行に着手するまでは、買主はその手付を放棄し、売主はその倍額を償還して、契約の解除をすることができる」（557条1項）と規定する。その肝心の「手付」とは何かについては明らかにしていないが[12]、「手付」とは、契約の締結に付随して当

---

[11] 予約義務者の法的不安定を考えれば❷説が妥当であるが、折角予約完結をするか否かの裁量期間が与えられているのに（取消しや解除も同じ）、予約完結からではなく予約完結権を行使しうる時から売買契約上の債権の時効を考えるのは、裁量期間の趣旨を没却することになる危険がある。時効につき抑制的な立場に立てばこれでも不当ではないであろうし、また、履行したことの証明が困難というのであれば、予約完結をして支払うべき時期になった時から始めて時効の趣旨があてはまることになり、予約完結の時から起算するのが筋であろう。断定は避けておく。

事者の一方から他方に交付される金銭その他の有価物[13]で、代金の一部支払としての内金とは異なる意味を持たされたもの（実際に当事者がどう称しているかは問わない）、と考えられている[14]。

したがって、次の証約手付のように、契約の際に成立の証に金銭の支払が求められる場合、それが単に証拠という目的で交付された場合も、内金ではないことになる（後日の履行に際して代金に組み入れられるだけ）。更に、売買契約に際して、解除権の留保や違約金（損害賠償額の予定）の合意がされ、手付が解除による損失填補や違約金額といった基準になっている場合もある[15]。この点につき、557条1項は、手付が交付された場合に、反対の表示がされていない限り、解除権を留保する合意がされている、即ちその手付はいわゆる解約手付の性質を有するものと推定したことになる。

6-35　**(2) 手付交付に際する合意**

手付を交付する趣旨には次のようなものがあると考えられている[16]。

① 契約成立の証として（証約手付）
② 解約権の留保のため（解約手付）
③ 違約金の約束として（違約手付）

(a) 契約成立の証として（証約手付）　合意と同時に直ちに履行する現実売買と異なり、口約束だけの場合には未だ契約が成立して確定的に拘束されたとい

12　手付についての判例の総合的研究として、吉田豊『手付の研究』(2005)があり、手付についての学理的研究も所収されている。
13　金銭であるのが普通であるが、立木取引で立木の引渡しも手付となることが肯定されている（大判明34・5・8民録7輯52頁）。また、通常は、買主から売主に支払われるが、売主から買主に支払われてもよい。
14　正式の契約が成立する前に「申込み証拠金」といったものが交付されることがある。本来、手付は予約に際しても解約権留保でありこれが本来の手付であろうが、マンションなどの分譲に際して交付される場合には、契約が成立しない場合には返還される性質のものと考えられている（内田117頁、近江125頁）。
15　従って、代金の一部を契約の債務不履行に支払うのも手付であるが（手付金＝代金の一部）、その場合にはなんら売買契約とは別個の契約はないことになる。解約手付けや違約手付の場合には、手付金＝代金の一部ではなく預託金にすぎないが、契約が解除されずに履行される場合には代金の一部に組み込まれることになる。
16　3つの手付の関係については、(a)の趣旨は、(b)(c)の手付に当然備わっているものとみられるが、ある手付が(b)と(c)の趣旨を同時に兼ねることが可能かは議論がある（⇒**6-44**以下）。

う意識が薄いこともあるので、一定の金額を支払っておいて契約成立の意識を高めることを期待することがある。これは、手付にもあるが、これだけを期待するのは手付ではなく内金＝代金の一部支払にすぎない（このような趣旨の手付を証約手付という）。手付は契約の拘束力を高めるというが、このような事実的効果としてのことであり、現在では法的には契約した以上手付があろうとなかろうと拘束されることに変わりなく、拘束力が高まるということはない（②は拘束力を逆に弱めるものである）。

6-36　**(b) 解約権の留保のため**　両当事者に契約を任意に解除する権利を与えるが、無条件に解除されたのでは相手方に損失が生じるため、その損失を填補するために一定額を補償することを条件とし、その額を手付として約束しかつ買主から売主に契約の際に交付することが考えられる（この場合その手付を**解約手付**という）。民法は、手付はこの趣旨で交付されているものとして扱っている（557条1項）。

　手付が解約手付とされる場合には、解除権が両当事者に留保されるが、それが解約手付契約＝解除権（約定解除権）を留保する契約の効果である。但し、ここでの解除は、無条件の解除ではなく、相手の損失を手付金額によりカバーすることが意図されており、いわば手付金額は契約の拘束から免れるための対価ないし補償金と比喩的にはいうべきものである。①買主は交付した手付を放棄し、②売主は受領した手付を倍にして買主に返還することにより、いずれにせよ手付の金額分相手の損失を填補することが要求されている（相手に実際に損失がなくてもよい）。なお、解約手付の場合にも、当事者に債務不履行があれば法定解除ができ、その場合には手付は返還されるが、債務不履行による現実の損害を賠償請求できる。

6-37　**(c) 違約金の約束として（違約手付）**　その額を違約金として、交付者が不履行をした場合には没収するという趣旨の場合もありうる。この場合には、違約金の約束をより確実にするとともに、履行の心理的圧迫をより強大ならしめるために、先に契約と同時に違約金額が交付されていることになる（違約金であるから別に損害があれば、その賠償を請求しうることになる）。なお、罰金としての違約金ではなく、その金額を損害賠償の予約として定めることもでき、この場合も含めて違約手付とも呼ばれている。

6-38　**【旧民法の手付制度と手付制度の評価】**
　　(1) 旧民法の規定　旧民法財産編では売買契約について、手付について次のように規定をしていた。
　　財産編29条「前4条に従ひ当事者の双方又は一方が日後売渡及び買受の<u>契約を取</u>

結ぶ義務又は単に証書を作る義務を負担したる場合に於て、予約の担保として手附を授受したるときは、契約を取結ぶこと又は証書を作ることを拒む一方は、其与へたる手附を失ひ又は其受けたる手附を二倍にして還償す」

財産編30条 「即時の売買に於ては手附は之を与へたる者の利益の為めにのみ解約の方法と為る。但買主の与へたる手附か金銭なるときは、其地の慣習にて之に解約の性質を付する場合の外、合意にて此性質を明示することを要す。

契約の全部又は一分の履行ありたるときは、如何なる場合に於ても解約を為すことを得ず」

6-39　**(2) 日本の手付法の特殊性**

(a) 比較法的特殊性　英米法では売買の手付は契約締結の印しにすぎず、ドイツにおいても、手付は契約締結の印しにすぎず、明示的な意思表示がない限り解約手付は認められない。ただ、例外的に、契約の予約的段階においての手付だけが、一種の解約手付に似た取扱いをされているにすぎない。また、フランスにおいても、解約手付と推定しているのも、それもやはり売買の予約の手付についてだけであり、**6-38**に見た旧民法も同様であり（財産編29条）、売買の手付についてそれが金銭であるときには、明示がされない限り解約手付とはされないものとなっている（財産編30条）。

ところが、現行民法の起草者は、売買双方の予約の規定を削除すると同時に、売買予約の手付の規定も削除してしまっている。そして、売買の手付については、旧民法を変更し、比較法的に特異なわが国独自の解約手付を原則とする規定を置いた。起草者によれば、それがわが国の古来の慣習に合致することが理由とされている[17]（以上は、来栖三郎「日本の手付法」同『来栖三郎著作集Ⅱ』による）。

6-40　**(b) 来栖三郎博士による日本の手付法の評価**　しかし、来栖博士は、起草者の評価に対しては、わが国の慣習というが、それは契約方式自由の原則の下において諾成契約と認められた売買の手付に関するものではなく、一種の要物契約にとどまり、「目的物の引渡代金の支払が売買の本体で、それに先立つ売ろう買おうという当

---

[17] 梅481頁は、手付の性質は各国の慣習の一致しないものであることを認め、日本においては、「余が調査したる所に拠れば、古来手附は当事者双方の為めに解約の方法たるものとする慣習最も多きが如し。即ち手附損倍戻しの諺ある所以なり。故に本状に於ては原則として此主義を採用し、他は当事者の特別意思に拠るべきものとしたるなり」と説明をしている。要するにわが国の慣習に従ったということである。

しかし、加賀山教授は、旧民法の手付を「オプション取引におけるオプション料（権利売買の対価）と同じように考えられていた」と評し、わが国の「手付損倍戻し」の慣習も、（予約の段階では『予約完結権の売買とその買戻し』、さらに進んで契約が成立する段階まで来ている場合には契約『解除権の売買とその買戻し』と構成される、旧民法の考え方も組み合わさった、『権利の売買』であった」という仮説を提示している（加賀山茂「手付の法的性質」『民法学の課題と展望』544頁以下）。

事者の合意はその予約とみられ、手付はその予約についての手付だったのではないだろうか」と評している（来栖・*6-39*論文250頁）。

そして、例外的な予約ではなく、一般的な売買について、手付を解約手付としたことは、「諾成契約としての売買の拘束力をよわめ、本来諾成契約としての売買の本体たるべき売ろう買おうという当事者の約諾をいわば予約の段階にひき下げ、……売買を諾成契約より要物契約へとおしもどすことなのである」と批判している（来栖・前掲*6-39*論文・251頁）。しかし、日本民法は、近代的契約法の形態をなしていながら、一方で無償の贈与の約束を厚く保護し、他方で、有償契約である売買では手付を解約手付として契約の拘束力を弱めるという一見矛盾する特色を示しているが、それを協同体関係と協同体思想の現れであり、日本人の権利意識ないし規範意識にまでさかのぼっていくことができると、最終的にはわが国独自の制度を評価している（来栖・*6-39*論文270頁）。

2 解約手付と民法は扱っている──推定規定か否か

6-41 手付が交付された場合、民法はそれを解約手付と扱うことを規定した（557条1項）。より正確には、手付の交付に際して解除権の留保の合意がされていると推定したことになる。しかし、これは任意規定であり、反対の合意は可能であり、また、解約手付を手付損倍戻しによる解除権の留保と扱う推定規定といってもよい[18]。しかし、これには異論もあるので敷衍しよう。

6-42 ❶ **推定規定説**　557条1項を解約手付との推定規定と理解するのが通常である。これによれば、契約に際して、買主が売主に金銭を支払った場合、その付された名称の如何を問わず解約手付と推定され、これを争い、解約手付ではないと主張する者が反証を挙げる責任を負うことになる（これはそれまでの慣習を尊重したものといわれている）。判例は、反証を容易に認めず、手付額が代金額に比して少ない場合でも、例えば、900円の代金に対して6円が交付された事例でも、これを解約手付としたものがある（大判大10・6・21民録27輯1173頁）。しかし、僅少手付については原則として証約手付にすぎないとみるべきであるというのが学説である（我妻・中一262頁）。

6-43 ❷ **推定規定とはみない説**　これに対して、557条を解約手付との推定規定とはみずに、単に解約手付が約束されたものと認定される場合に、解除の要件ないし手付契約の内容を推定しただけにすぎないと解する学説もある。これによれば、

---

[18] なお、宅地建物取引業法39条2項では、宅地建物取引業者が売主となる場合には解約手付とみなし、同1項には代金の10分の2を超える手付を禁止している。

契約締結に際して、買主が売主に金銭を交付しても、解約手付とは推定されずに、解約手付であることを主張する者が、積極的にそれが解約手付であることを証明しなければならないことになる（その内容は推定されるので、証明を要しない）。

立法としては、手付を違約手付と扱う立法もあり、解約手付と扱う合理性については疑問がないわけではない。私見としても、557条を敢えて❷説のように解する必要はないと思うが、*6-40*に見たように制度として合理性に疑問がある以上は、取引慣習などを考慮して相当額ではない場合には、推定を覆すことを認めるべきであろう。

6-44 【違約手付が同時に解約手付たりうるか】

(1) **判例の状況**　例えば、買主が不履行の場合に売主が手付金を没収し、売主が不履行の場合には手付と同額の金額の違約金を支払うという約束がされている場合にも、557条1項の解約手付の推定が働くのであろうか。ここでは、違約手付の趣旨は明らかであるが、更に解約手付としても扱われるのかという問題である。判例としては次のように肯定したものがある。

6-45
> ● 最判昭24・10・4民集3巻10号437頁　《事案》　YはAに賃貸中の建物をXに売却し（代金1万5,000円）、3～4か月以内にAを立ち退かせた上で移転登記手続きをする約束をし、XはYに1,050円を手付として支払った。Aが立ち退かずYが移転登記をしないので、XはYに移転登記を求める訴訟を提起した。これに対して、Yは手付金の倍額を提供して解除したと争う。そのため、Yのなした解除が有効かが争われ、売買契約書の「買主本契約を不履行の時は手付金は売主に於て没収し返還の義務なきものとす、売主不履行の時は買主へ既収手付金を返還すると同時に手付金と同額を違約金として別に賠償し以て各損害賠償を供するものとす」という条項第9条の解釈が問題となった。原判決は、この条項から本件手付は違約手付であり解約手付ではないとして、Yの解除の主張を排斥しXの請求を認容した。Yが上告し違約手付であるとしても同時に解約手付と解することができると争い、破棄・差戻し。

6-46
> 《判旨》　「売買において買主が売主に手付を交付したときは売主は手付の倍額を償還して契約の解除を為し得ること民法第557条の明定する処である、固より此規定は任意規定であるから、当事者が反対の合意をした時は其適用のないこというを待たない。しかし、其適用が排除される為めには反対の意思表示が無ければならない。……固より意思表示は必しも明示たるを要しない、黙示的のものでも差支えないから右9条が前記民法の規定と相容れないものであるならばこれを以て右規定の適用を排除する意思表示と見ることが出来るであろう、しかし右第9条の趣旨と民法の規定とは相容れないものではなく十分両立し得るものだから同条はたとえ其文字通りの合意が真実あったものとしてもこれを以て民法の規定に対する反対の意思表示と見ることは出来ない、違約の場合手付の没収又は倍返しをするという約束は民法の規定による解除の留保を少しも妨げるものではない。解除権留保と併せて違約の場合の損害賠償の予定を為し其額を手付の額によるものと定めることは少しも差支えなく、十分考へ得べき処である。其故右9条の様な契約条項がある丈け

> では（特に手付は右約旨の為めのみに授受されたるものであることが表われない限り）民法の規定に対する反対の意思表示とはならない。されば原審が前記第9条によって直ちに民法557条の適用が排除されたものとしたことは首肯出来ない」

6-47　**(2) 学説の状況**

　❶ 肯定説　557条1項を解約手付との推定規定だとすれば、特に反証がなされない以上解約手付と扱われることになり、単に違約手付の約定があり、積極的に解約手付の約定はないことが、直ちにその反証とはならないという処理も考えられる（同一の手付に違約手付の性質と解約手付の性質が併存することを、特別に背理とはいえないとするものに、水本136〜7頁）。

6-48　**❷ 否定説**　しかし、違約手付はそれにより契約不履行をすることへの心理的圧迫を与え、履行を確保するためのものであり、契約の拘束力を弱める解約手付ということとは矛盾するとか、矛盾し論理的に両立不能とまではいわないが、拘束力を強めようとしているのだから、解約手付とすることは当事者の意思に反するというものがある（広中51〜2、品川・上45頁）。**6-40** に見たように、解約手付制度が立法として疑問である以上、慎重な運用に賛成すべきである。

6-49　**【解約手付制度の評価】**　一旦契約をすれば契約に拘束されるはずであり、解約手付ということは、この契約拘束力の原則に対する例外となる。このような契約の拘束力を弱める解約手付制度の評価は分かれる。

6-50　**❶ 消極的評価**　一方で、解約手付というものは、成立した契約の効力を弱めるものであり、不合理であるとか、契約拘束力の近代法の原理に反するなどという批判がなされている（来栖三郎・太田知行『総合判例叢書民法27手付』101頁、吉田豊「近代民事責任の原理と解約手付制度との矛盾をめぐって」法学新報72巻1〜3号102頁［吉田・前掲注12所収］）。これによれば、解約手付との推定規定ということを否定するか、当事者は単に漠然と手付の交付により契約の拘束が強まるくらいの漠然とした意識しかないのであり、解約手付の認定は慎重になすべきであるということになる（広中51頁。因みに、ドイツ民法やスイス債務法では証約手付と推定している）。

6-51　**❷ 積極的評価**　これに対し、手付をうって解除権を留保するのは非近代的な制度ではなく合理的な制度として評価するのが一般的理解と思われる（水本139頁）。但し、この考えでも、当事者の意思に反するような場合にまで解約手付の推定を押しつけることは慎むべきであり、判例のように容易に解約手付と認めることには批判的な立場である。しかし、繰り返しになるが、**6-40** に述べたように、立法論的に解約手付制度は再考を要するように思われる。

6-52　**【手付交付前の合意（または分割交付の合意）の効力】**　例えば、AがBに土地を5,000万円で売却する際に、BがAに対して手付として500万円を支払う合意をしたとする。ところが、契約時に500万円の用意ができなかったので、Aの承諾を得て全く手付額を支払わない、または一部例えば200万円を支払い、後日いついつまでに手

付額または手付の残額を支払うことを約束、契約はしてもらったとする。この段階での解約手付契約の効力をどう考えたらよいであろうか。

6-53　(1) 要物契約説
❶ 第1説　先ず、要物性を充たす限度で解約手付契約が成立するということが考えられる。しかし、そうすると、全く手付の交付がない場合は全く効力が生じていないからよいとして、200万円を交付した場合には、200万円の解約手付契約が成立してしまい、Bは200万円を放棄して、Aは200万円の返還に200万円をプラスし400万円を支払うことにより解除ができてしまい不当なことは明らかである。500万円という解約手付を合意したのは、500万円損失をカバーしてくれれば相手による自由な解除を認めようという趣旨であり、解除を認める対価が500万円だからである。

6-54　❷ 第2説　従って、合意された500万円についての解約手付契約を問題にするしかなく、解約手付契約は要物契約であり金銭の交付が必要であるから（557条1項に「手付を交付したときは」とあるように解除の前提に手付の交付があることが当然視されている）、500万円全額交付されて初めて解約手付契約が成立すると考えざるをえないことになる（半田正夫『不動産取引法の研究』110頁は手付契約は未だ予約とみて、金額交付があるまでは売主からの解除を認めないのは、売買契約の拘束力を強めるものとして妥当であるという）。要物契約性からの必然的帰結であるが、実際の結果としては次のような不都合を残す。Bが解除しようと思えば、手付金額ないし残額を支払って解約手付契約を成立させ解除権を取得した上で直ちに解除すればよいが、Aは解除したくてもBが手付を交付してくれない以上手の打ち用がないことになる。即ち、Bは自己のイニシアチブで解除ということを獲得できるのに、AはB任せになり不公平になるのである。

6-55　(2) 諾成契約説　そこで、出発点に立ち返り、要物契約ということを再検討する必要がある。解約手付契約の趣旨は、互いに手付額の損失を相手にカバーすることにより解除を認めるという内容である[19]。だとすれば、合意だけで解除権を成立さ

---

[19] 要するに解約料の約定にすぎないと考えるわけである。請負契約では、641条で、民法により実損害を賠償して解除ができることが法定されているが、そのような規定がない売買契約について、同様の解除権を約定し、かつ損害額を予め予定して損害についての争いを避けたのが解約料の約定であるといえる。手付は、契約当事者の両者にこのような解約料が与えられ、また、実際に約束金額が買主から売主に金額が交付されその額が共通の損害賠償額の予定となっていることが特殊なだけであり、解約料の約束の一種にすぎないといえる。

このような解約料の約束については、消費者契約法9条1号の適用があるかは問題がある。641条や651条2項の損害賠償について予め約束をしておけば、その適用があるであろう。解約料は損害賠償額の予定という表現が使われていないので問題であるが、641条の損害賠償についての予定と同様のものであり、実質的には損害賠償（債務不履行による420条とは違うが）の予定であり、消費者契約法9条1号の適用を認めてもよい。そうすると、

せ、その行使の要件として相手に実際に手付金額の損失をカバーすることを要求するだけでよいはずである（買主が支払って売主は確実なのに、売主からは損失填補は確実ではないのは不公平とさえいえる）。実際の交付を必要とされるのは、証約手付としての機能であり、手付は証約手付としての機能を少なくとも有するため、解約手付契約も損失填補を条件とする解除権の留保契約にすぎないのに、解約手付契約を要物契約として手付ということに振り回されてしまったものだといえる。

また、557条1項も通常の事案を考えて規定したものであり、上の解除権の留保ということから合理的に考えれば、常に手付の交付を必要とする趣旨とまでいう必要はない[20]。要物契約には、無償契約や質権設定契約のように留置的担保という側面を貫くためであったり合理的な根拠があったが、手付金額を補償し合う形での解除権の留保の合意を要物契約とする合理的な根拠はない。

この考えによれば、手付が全く支払われていない場合でも、Bは500万円を支払って解除できるだけでなく、AもBに500万円を支払って解除することができ、200万円が支払われている場合には、Bは300万円を支払って、Aは200万円を返還しこれに500万円を追加して解除ができることになる。要するに、500万円を対価として支払うことにより解除を得られ、逆にいうと、500万円を受けるならば相手の解除を認めようという解除権留保契約であり、要物契約である必然性はない。手付の証約性に引きずられる必要はないということである（諾成契約説として、加賀山・注17論文559頁）。

3 解約手付（契約）による解除の要件

6-56 **(1)「契約の履行に着手する」前でなければならない**

ここで注意すべきは、「履行に着手するまで」であって、「履行するまで」ではないことである。即ち、履行ないし履行の提供よりも広く規定されているが、「履行の着手」という概念は明確ではなく、判例は次のように履行の「前提行為」に拡大している[21]。しかし、外部からは容易に知り得ない内部的な「履行の準備」を全く含めてしまうと広がりすぎるため、判例は絞りをかけて、「債務の内容たる給付の実行に着手すること、すなわち、客観的に外部から認識し得るよう

　　手付も解約料の相互的な約束にすぎないとすれば、手付も消費者契約法9条1号による規律を考える余地がある。
20　Aから受領額プラス手付金額の返還による解除を認めるものに、午山積「手付を交付している場合の解除」『不動産法大系』Ⅰ95頁、名古屋地判昭35・7・29判時249号28頁。
21　旧民法財産編30条2項では「契約の全部又は一分の履行ありたるときは」と履行まで要求していたのを（⇒*6-38*）、それでは折角履行の準備をした者が不利益を受けるというので履行の着手に拡大したという立法経緯がある。

な形で履行行為の一部をなし又は履行の提供をするために欠くことのできない前提行為をした場合」と定義している（最判昭40・11・24民集19巻8号2019頁）[22]。古い判例は履行の準備では足りないとしていたが、一定の絞りをかけた上で履行の準備も含むことを明らかにしたと理解すべきであろう。相手方の手附による解除を封じるためには、自分の方で履行の着手をすればよいわけである（これを悪用した例につき、寺村温雄「手附流しとクーリング・オフ」NBL414号50頁参照）。土地の買主が、土地を整備し転売契約の着手をしたことを、公平の観点から買主の履行の着手と認めた判決があるが（東京地判平元・9・29判タ726号190頁）、代金支払の履行の着手とするのはこじつけ的であり、売主の解除を一般条項で制限するしかないのではないかと思われる（東京高判平3・7・15判時1402号49頁は否定）。

　いずれにせよ、解除権を制限した趣旨は、契約が白紙に戻され一からやり直さなければならないことを主とした損失のみが手付金額による補償で念頭に置かれており（不動産でいったら、売主はまた買主を一から探すための費用がかかる）、そのような損失を越えた損害を受ける段階になることが、手付による解除の制限の根拠である。従って、このような趣旨から合理的に運用していくしかない[23]。

6-57 【買主による代金の提供】　買主が代金の準備をし、そのことを売主に通知した場合に、それを履行の着手ありと評価できるのかについては、履行期前か否かで判例の結論は分かれている。

　　（1）履行期後の代金の準備＋催告　判例は「土地の買主が約定の履行期後売主に対してしばしば履行を求め、かつ、売主が履行すればいつでも支払えるよう約定残代金の準備をしていたときは、現実に残代金を提供しなくても、民法557条1項にいわゆる『契約の履行の著手』したものと認め」られるとした（最判昭33・6・5民集12巻9号1359頁）。借家人を追い出した上で引き渡す約束で、土地建物の売買がされたが、売主が借家人を立ち退かせないので、建物の引渡および所有権移転登記手続を求める訴訟を提起すると共に、残代金を現実に売主に提供した事例で、買主によ

---

[22] 他にも、大阪府から不動産の払下げを受けてこれを売却する契約で、大阪府から払下げを受けたのは履行の着手にあたるとした。なお、土地の売買契約において、転売代金をもって代金支払にあてる予定でいた買主が転売契約を締結したというだけでは、着手ありということはできないとした判決がある（福岡高判昭50・7・9判時807号41頁）。なお、近時では不動産取引につき、手付による解除の行使期間を短期間に設定するようになっており、手付による解除が問題になる事例がなくなっている。

[23] なお、農地では売買契約のためには都道府県知事の許可が必要であるが、許可前でも履行の着手は認められる。売主・買主両者が許可申請書を知事宛に提出した場合（最判昭43・6・21民集2巻6号1311頁）、知事の許可がされる前に、買主が残代金を売主に提供した場合（最判昭52・4・4判時535号44頁）に、履行の着手が肯定されている。

る履行の着手が認められている（最判昭51・12・20判時843号46頁）。

6-58　**(2) 履行期前の代金の準備 ＋ その旨の通知**　ところが、履行期前については、山林の立木を伐採して搬出し買主の貨車に積み込む毎に代金を支払うという売買で、期日の前日に買主が代金の支払を準備し受渡準備が整ったことを通知しても、履行の「準備」であって「着手」ではないとされ（大判昭8・7・5裁判例7巻民177頁）、また、「約定の期日前において、他に特段の事情がないにもかかわらず、単に支払の用意ありとして口頭の提供をし相手方の反対債務の履行を催告するのみで、金銭支払債務の『履行の著手』ありとするのは、履行行為としての客観性に欠けるものというほかなく、その効果を肯認し難い場合のあることは勿論である」とされている（後掲最判平5・3・16。履行の着手を否定）。なお、土地の買主が履行期の10日前に、残代金支払の用意をした上でこれを売主に告げ、期日における受領を催告したことを着手と認めた高裁レベルの判決がある（東京高判昭49・12・18判時771号43頁）。

6-59　**【履行に着手した者からの解除】**　557条1項は「当事者の一方が契約の履行に着手するまで」となっていて、「相手方が」履行に着手するまでとはなっていない。そうすると、相手方が履行の着手をしていない場合でも、自分の方で履行の着手をしてしまえばもはや解除をなしえなくなるのであろうか。

6-60　**❶ 解除肯定説**　履行の着手があれば解除ができないとされた趣旨を、"履行に着手した後に解除されたのでは、手付額の填補だけでは償われない損失を被る可能性があるので、履行に着手した者を相手の解除から保護する"ということにあるとすれば、履行に着手した者の側から解除することは、自ら法による保護を放棄するだけのことであり、これを禁じる必要もないので可能ということになる（三宅・上181頁、内田119頁、近江126頁、後藤勇「契約の履行の着手」『展望判例法2』68〜9頁。557条1項の文言としては、「当事者の一方」というのを「相手方」と読み替える制限解釈をすることになる）。判例もこの立場であり、理由を次のように述べる（最判昭40・11・24民集19巻8号2019頁）。但し、「相手方が履行の着手を期待して何らかの行為をしたという特段の事情がある場合には」解除否定説があてはまることは留保している（川井136頁）。

6-61　● **最判昭40・11・24民集19巻8号2019頁**　「未だ履行に着手していない当事者は、契約を解除されても、自らは何ら履行に着手していないのであるから、これがため不測の損害を蒙るということはなく、仮に何らかの損害を蒙るとしても、損害賠償の予定を兼ねている解約手附を取得し又はその倍額の償還を受けることにより、その損害は填補されるのであり、解約手附契約に基づく解除権の行使を甘受すべき立場にあるものである。」

6-62　**❷ 解除否定説**　これに対して、履行に着手した者からも解除ができなくなるという考えもある（仙台高判昭37・6・11下民集13巻6号1179頁）[24]。その理由は、ⓐ条文の

---

[24] 土地建物の売買で、売主側に履行着手が認められ、売主から手付倍戻しによる解除が主

文言上相手方からの解除に限定していないこと、ⓑ当事者の一方が履行に着手して相手方に履行の期待を持たせたこと（しかし、期待を持っても自分が履行に着手していないのだから解除されても不都合はなく、また、相手の解除を封じたければ自ら履行に着手すればよい）、ⓒ手付契約に基づく解除は「契約は守られるべき」という原則に対する例外である以上、例外の運用は厳格であるべきことなどである（末川・下25頁、石田譲128頁、新注民(14)180頁〔柚木・高木〕。水本143頁は不動産取引では解約は売主に厳しく、買主に緩やかに認めるべきであり、売主が履行に着手した場合は売主は解除ができないという）。また、売主でいえば、代金の返還をしなければならず、その資金集めが必要で、受領者側でいえば、手付では償われない損失を受ける可能性がないわけではないということもある。

6-63　❸ **本書の立場**　確かに自ら着手した者からの解除を認めるのが一般の常識に合致するように思われるが、他方で、❷説のいう信頼も無視しえない。そこで、履行に着手しても履行以前であれば解除を認めてよいが、履行を終了してしまっている場合には、相手の信頼そして受けた給付を返還することの迷惑（代金を受け取って使ってしまった後に解除して支払った代金の返還を求められても困る）を考えて、原則的には解除ができないと考えるべきである。買主が例えば、代金は支払っていないが、土地の引渡を受けこれを造成した後に、売主から手付による解除が許されるのはやはりおかしい。❶説でも解除権を認めた上で権利の濫用としたり、解除権の行使を認めて後は不当利得により造成による価値上昇分の清算を認めることも可能だが、直截に解除を否定すべきであろう。

6-64　【履行期前の着手】

　（1）これまでの判例・学説　557条1項は履行の着手というだけであるが、履行期前でも履行の着手による解除権の消滅ということが認められるのであろうか。この問題を考察するためには、次の2つの点を考慮する必要がある。

> ①　例えば、代金の支払と目的物の引渡が1か月後とされた場合、その1か月間は解除するか否か検討する機会が与えられたことになる。それなのに、<u>一方的に期限の利益を放棄して1か月の解除の可能性を奪われては困る</u>ということ。
> ②　他方で、その1か月後が履行期日であっても、557条1項では履行ではなく履行の着手といっている以上、履行前に履行に着手する必要があることもあり、

張された事例において、「解除権の行使者の売主自身が履行に著手したときは売主においてもはや解除しないという意思を表明したものと見られ、相手方の買主においても売主に解除の意思がないものとして買受物件を他に転売するなどの爾後の取引行為に出るか、少くとも売主の履行に期待してみずからの履行著手をさしひかえるのが通例であるから、結局売主自身が履行に著手したときも、相手方の買主においてしたときと同様解除権の行使を制約しなければ不測の損害を相手方に被らせることになる虞れがあるからである」と判示されている。

そうすると履行の着手というのは必然的に履行期前になされるものであること。

　先ず、①から、債務者は自己の債務について期限の利益を放棄するのは自由であるが、相手に不利益を与えることはできず（1か月というのは、履行期の定めと1か月という約定解除権の存続期間の定めの2つの意味があるとも考える可能性がある）、履行しても相手の解除権は消滅すると考えるべきではないということになる（田山113～4頁は相手方の合理的期待を害しえないとして136条2項の類推適用を主張する）。しかし、②から、履行期前であっても、履行のために合理的に必要な期間内においては、履行期前に履行に着手することが許され、この場合には相手方は履行期前だといって解除を主張することは許されないと解すべきことになる（学説も肯定説である。三宅・上183頁、来栖41頁、後藤・*6-60*論文64頁）。

6-65　● 最判昭41・1・21民集20巻1号65頁及び最判平5・3・16民集47巻4号3005頁　　判例は、「債務に履行期の約定がある場合であっても、当事者が、債務の履行期日前には履行に着手しない旨合意している場合等格別の事情のない限り、ただちに、右履行期前には、民法557条1項にいう履行の着手は生じ得ないと解すべきものではない」とし（最判昭41・1・21民集20巻1号65頁）、履行期前でも履行の着手がありうることを認め、但し、「債務者が履行期前に債務の履行のためにした行為が、民法557条1項にいう『履行ノ著手』に当たるか否かについては、当該行為の態様、債務の内容、履行期が定められた趣旨・目的等諸般の事情を総合勘案して決すべきである」、また、「履行期が定められた趣旨・目的及びこれとの関連で債務者が履行期前に行った行為時期等もまた、右事情の重要な要素として考慮されるべきである」（最判平5・3・16民集47巻4号3005頁）、とされた（特殊な事案であるが、履行期前の土地の測量及び履行の催告を履行の着手に当たらないとした）。

6-66　**(2) 新しい提案**

　❶ **履行着手二分説**　　近時、新田教授により「履行の着手」を2つの類型に分けて考えるべきことが提案されている（新田孝二「解約手付における履行着手の二類型」関東学園大学法学紀要21号3頁以下）。それによると、本来型の履行着手とは別に、サンクションのための履行着手という2つの類型が認められ、判例が矛盾したものに見えるのは、このような類型の差に由来するものと考えている。

　即ち、最判昭40・11・24（⇒*6-61*）は本来型の基準を示す判例であり、最判昭41・1・21（⇒*6-65*）は、サンクションのための履行着手の基準を示すものであり、それぞれ事案が違うものとして説明をする。後者のような類型を認めるのは、一方当事者が履行準備を整えて相手方に履行を促すが、一向にこれに応じない場合に、相手方が手付損倍戻しによる解約をされては、相手方が大きな不利益を受ける可能性がある。「そこで履行に立ち至らないのは相手方に責められるべき事情があるからで、このことを要件に、一方当事者の行為が準備段階にあるときでも（履行期にあるならば弁済提供段階に至れば）履行着手を認めて、相手方の契約解除を封ずるのである」とされる（6頁）。

6-67 **❷ 評価及び本書の立場**　最判昭40・11・24（⇒**6-61**）と最判昭41・1・21（⇒**6-65**）は結論としていずれも妥当であるが、それを統一的な基準で括ることが難しいのを、２つの類型を設定することにより解決しようとした新しい提案は注目に値する。請負における「履行」があるまでは損害を賠償して契約解除ができ、これを一般化していわば契約を破る自由を認めるならば、手付額が実損害の賠償かという差が生じるだけである。その意味で、もし契約を破る自由を認めれば、手付契約は解約権の留保に意味があるのではなく、契約を破る自由を行使した場合の損害賠償額の予定としての意味を持つにすぎないことになる。その意味で、もし後者のような類型を認めるとしても、契約の履行強制が可能でありかつ債権者側がこれを欲している場合に、履行着手で予定した損害が発生しない場合であっても、不履行をしている者が解約権を行使することは信義則に反するので、手付契約の契約の拘束力を弱める効力を制限し、履行の強制へと向かわせるのは妥当であろう。こうして、本来予想していなかった、新たな履行着手類型を作り出すことを明確にした点は大いに評価され、このような異種の機能を拡大的に果たさせることは認めてよいであろう。

6-68 **(2) 手付の放棄・手付の倍返しをなすこと**
　①買主は交付した手付を放棄して、②売主は手付を倍額にして「償還」することにより——解除をするので受け取った手付を返還し、約束の損害補償金を支払う（諾成契約では、手付額の損害補償金を支払えばよい）——解除をなすことができる（手付損倍返しという）。買主からは既に交付している手付を放棄するのであるから、解除の意思表示だけでよいが、売主からの解除はどう考えるべきであろうか。
　買主が受領までしなければいけないとすると、買主が受領しない場合に困るので、必ずしも受領（また供託）がなければならないという必要はない。しかし、単に解除の意思表示だけでよいというのも、買主からの解除では既に売主は手付を受領しているのに対し、売主からの解除では意思表示だけで解除された後、確実に手付額の補償がされるかは分からず、不公平である。そこで、「手附倍額の償還の提供を為して契約解除の意思を表示すれは契約を解除するに十分なりと雖、単純に契約解除の意思を表示したるのみにては契約解除の効力なきものとす」とされている（大判大３・12・８民録10輯1058頁。解除の意思表示だけで有効とした原審判決を破棄した）。このような要件の緩和は妥当であり、条文では倍額の「償還」となっているが、「償還の提供」に拡大してよいと思われる。なお、「償還の提供」は、弁済提供同様に、買主が予め受領拒絶の意思表示をしている場合には、口頭の提供で足りるのかは問題がある（⇒**6-69**）。

6-69 **【現実の提供が必要か】**　買主からの履行の着手ありとするための提供と混乱して

はならないが、売主から手付倍返しで契約を解除する場合に、提供としてどの程度のことが必要であろうか。原則として現実の提供までなすべきことは当然として、債権者が受領を拒絶している場合には、口頭の提供でもよいことになるのであろうか（**6-55**の諾成契約説では、手付未交付の場合の買主からの解除にもこの議論が当てはまる）[25]。なお、買主の代金債務の支払について第三者が代位弁済することにより着手が認められるが、現実の提供を第三者がしただけで着手を認めてもよいかは、「当事者」と規定がされていること、当事者が自ら履行に着手するため手付では填補されない損害を被ることからの救済するものだとすると、当事者自身が着手しなければならないのではないか、といった疑問がある。

6-70　❶ **口頭の提供肯定説**　この点、「償還の提供をもってたるのであるから……相手方が予め受領を拒むことが明らかである場合には高騰の提供にてたるのではなかろうか」といった提案がされている（田中整爾「判批」『不動産取引判例百選（増補版）』33頁）。また、東京高判平3・7・15判時1402号49頁は、「X（＝売主）手付金倍額を現実に提供してもYに受領の意思がなかったことは明らかであり、また、<u>XはYの銀行口座を問い合わせるなどしていた</u>ことからしてもYがXに対して手付金倍額の支払を求めればXもこれに応じたであろうことは推測に難くないのであって、Yが不動産業者でありXはその顧客であるという立場上の均衡をも考慮」して、売主Xの現実の提供はないがその解除は有効であるとする（これを支持する学説として、吉田貴「判批」民商111巻6号958頁、池田清治「判批」北法46巻2号379頁以下参照。債務があるわけではないので、493条の類推適用とでもいうべきか）。

6-71　❷ **口頭の提供否定説**　これに対して、履行の提供とは異なり、解約手付契約に基づく解除の要件としては常現実の提供が必要であるという考えもあり、最判平6・3・22民集48巻3号859頁は、「民法557条1項により売主が手付けの倍額を償還して契約の解除をするためには、手付けの『倍額ヲ償還シテ』とする同条項の文言からしても、また、買主が同条項によって手付を放棄して契約の解除をする場合との均衡からしても、<u>単に口頭により手付の倍額を償還する旨を告げその受領を催告するのみでは足りず、買主に現実の提供をすることを要するものというべきである。</u>」と判示する（現実提供必要説として、加賀山・前掲注**17**論文559頁）。

提供は債務者が債務不履行の不利益から免れるための制度であるのに対し、手付による解除は契約の拘束力からの解放を求める行為であり、同列には論じることはできないと考える立場といえる（但し、一切口頭の提供を否定するのも柔軟性を欠くので、493条を離れて特別の事情があれば口頭の提供も許される余地はある［本田純一「判批」リ

---

[25] なお、買主の代金債務の支払について第三者が代位弁済することにより着手が認められるが、現実の提供を第三者がしただけで着手を認めてもよいかは、「当事者」と規定がされていること、また、当事者が自ら履行に着手するため、手付では填補されない損害からの救済だとすると、当事者自身が着手しなければならないのではないか、といった疑問がある。

マークス11号71頁］)。また、上記最判平6・3・22の千種補足意見にあるように、銀行保証小切手など現金の授受と同視し得る経済上の利益を与えるものを提供すればよいのであり、常に現金を用意しなければならないわけでもなく、売主にあまりにも酷であるともいえないのである。

6-72 **【類似の制度との対比】** 「手付の倍額を償還して」と同様の問題が生じる条文として、①善意の他人物売主による解除についての「損害を賠償して」契約の解除ができると規定する562条1項、②買戻しについて「買主が支払った代金及び契約の費用を返還して」と規定する579条、および、③請負契約についての、仕事が完成するまで注文者は請負人に「損害を賠償して」契約を解除することができると規定する641条がある。

①は解除の要件ではなく、解除をして買主に損害があればその賠償を義務づけられるというだけの規定と考えられている（新注民(14)209頁［高橋］）。②については、583条1項で提供することが買戻し自体の要件であることが規定されており、但し、提供は口頭の提供で足りると考えられている（大判大7・11・11民録24輯2164頁、大判大10・4・30民録27輯832頁、我妻・中一333頁）。また、③については、注文者は解除の意思表示をすればよく、請負人に損害があったらこれを賠償しなければならないだけである（大判明37・10・1民録10輯1201頁、我妻・中二650頁）。①③は②のような特別規定がないのみならず、損害額が分からないのに提供しなければ解除の効力が生じないということを不可能を強いることになるので、妥当であろう。したがって、問題は、②と同じように額が確定していながら特別規定がない場合である。②と法的扱いに差を設けるべき根拠がないと考えれば、手付損倍戻しも同様ということになり、手付でも口頭の提供でよいことになろうが、やはり売主・買主のいずれからの解除かによる公平という点は、手付に特有であり全く同様に考えるわけにはいかないであろう。

6-73 **【手付放棄の意思表示も必要か】** 例えば、BがAから土地を購入し手付を支払ったが、BがAの詐欺を理由に契約の取消しを通知したとする（債務不履行による解除でもよい）。その後、手付による解約期間が経過し、Aの土地代金の支払請求に対して、Bが主位的に契約の取消し（反訴として手付の返還請求）、予備的に解約手付による解除を主張したが、詐欺取消しが認められなかったとして、先の意思表示を手付による解除の意思表示として有効にできるであろうか。これは手付による解除には、手付放棄の意思表示がなされねばならないか、という問題と絡んでくる。

6-74 **❶ 必要説** 先ず、手付による解除には手付放棄の意思表示が必要であるという考えもある（倉田監修『要件事実の証明責任・契約法上巻』296頁）。これによれば、先の取消しの意思表示を手付により解除の意思表示に転用することは許されないことになる。

6-75 **❷ 不要説** これに対して、契約解除の旨の主張だけでよく、必ずしも手付放棄まで主張する必要はないという考えもある（我妻・中一164頁、三宅・上183頁、新注民

(14)179頁［柚木・高木］)。これによれば、詐欺取消しの意思表示には黙示的に契約解除の趣旨が含まれていると考えるならば、手付による解除に転用することが可能となる（詐欺取消しの通知の事例として、東京地判平5・3・29判タ873号189頁）。

4 解約手付（契約）による解除の効果

6-76　ここでの解除は約定解除であり、540条以下の解除の規定は適用されるが、債務不履行による解除ではないので、545条3項は適用がなく損害賠償は問題とはならない（557条2項）。また、547条もその性質上適用にならない（催告しないで、自分のほうでも履行の着手をすればよい）。

なお、解除がされず売買契約が履行される場合には、解約手付契約は効力を失い、交付した手付は返還されるべきであるが、相殺するまでもなく当然代金に組み入れられる（大判大10・2・19民集27巻340頁。そのような特約が解約手付契約には含まれているといってもよい）。

Ⅲ　売買契約に関する費用

6-77　「売買契約に関する費用は、当事者双方が等しい割合で負担する」(558条)。

売買契約をめぐっては、①契約の準備のための費用（例えば、広告を出す、宣伝をする）、②契約締結のための費用（契約書を作成する）、③契約の履行のための費用（引渡まで目的物を管理する）が考えられるが、「売買契約に関する費用」とは、②のみをさす。①③はこれを考慮した上で代金が計算されており（また計算されるべき）、更にその半分の負担を求めるのは実質的に二重の負担をさせるに等しいことになる。また、③は債務の履行費用であり、（最終的に代金のなかに計算されているとはいえ）債務者の負担とされている（485条）。なお、取立債務や送付債務の場合には、運送に関する費用は買主の負担になる。

契約費用か否かが問題とされるものに、ⓐ目的たる土地の測量費用、ⓑ契約書に関する費用（印紙代、公正証書の作成手数料など）、ⓒ登記に関する費用（登記料、司法書士への報酬など）がある。ⓑが契約に関する費用であることは明らかであるが、ⓐとⓒについては争いがある。

ⓐは本来①の契約の前段階の費用であり、売主が負担すべきものであり契約費用とすべきではないが（但し、結局は代金にその費用を含めることにより買主に転嫁される）、特に当事者が契約の交渉中に測量をすることを合意しその費用を折半する

ことにした場合には、その合意を優先させてよいであろう（通説は測量費用を契約費用に含めるが、三宅・総論177頁は反対）。

　ⓒについては、①売主の移転登記義務の履行のために必要な費用であるとして、契約費用ではなく売主負担とすべきというもの、②登記は売買契約の公示であるとして、契約費用として折半するもの（三宅・総論186〜7頁。大判大7・11・1民録24輯2103頁は傍論としてだが契約費用とする）とがある。理論的には前説が正しいが、いずれにせよ現在の不動産取引慣行によれば（特約で明記するのが普通）、登記をめぐる費用は買主負担とされており（売主は自分が買うときに全部負担して、売るときには折半では立つ瀬がないので、この慣行は定着したら変わることは先ずない）、485条は排除されこの慣行が優先することになる（ドイツ民法448条2項では土地の買主が、売買契約の証書作成、物権的合意、登記に必要な費用を負担するものと明記されている）。

第3節　売買の効力1——売主の義務

6-78　売主が売買の効力として負担するものとして民法上規定されているもの義務に、①売買の一般規定において財産権移転義務 (555条)、及び、②担保責任 (560条以下) がある。①の違反については、債権総論の債務不履行責任及び契約総論の解除により規律される。売買の中には規定がされていないが、売主は①の義務以外にも、付随的に種々の義務を負い、この違反の効果についても、債権総論の債務不履行責任及び契約総論の解除により規律される。

I　財産権移転義務

1　財産権移転義務とは

6-79　物について述べるが、物の上の人の思考の想像物である所有権というものが、いつ売主から買主に移転するのであろうか。不特定物売買では、物を引き渡すことが所有権の移転を兼ね、引渡義務は所有権移転義務と併存することになる。これに対して、特定物ではどうであろうか。物権法で詳しく述べられるところなので要点だけ指摘しておくに止める。176条は、所有権は意思表示だけで移転し、所有権を移転するための物権行為というものを想定していないが、555条では代金支払義務と所有権移転義務というものが規定されており、売買契約の履行として所有権移転行為があるかのようである。

6-80　**(a) 売買契約当事者は別に物権行為という概念を認める説**　売買契約は債権行為＝債務を負担する（債権を発生させる）行為であり、所有権の移転はこれとは別の行為の効力と構成せざるをえず、その行為を物権行為とする説である。

❶ **売買契約とは別に形式を伴う物権行為を要求する説（独自性肯定説）**　売買契約とは別に物権行為がなされることを要求し、引渡し、移転登記または代金支払といった行為がなされた時に物権行為を認め、その時に所有権が移転するという考えである（別個独立性を要求。現在は支持なし）。

6-81　❷ **売買契約と同時に物権行為がされているという説（独自性否定説1）**　確かに債権行為と物権行為とを理念的に区別しえるとしても、債権行為たる売買契約と物権行為が別個にされる必然性はなく、売買契約と同時に物権行為がされて

いると考えることもできる。この考えも、①直ちに物権行為の効力＝所有権移転の効力が生じるという考えと（三宅・上192～3頁）、②物権行為の効力は引渡、移転登記、代金支払といった事実が生じた時に生じるという考えが可能である（田山116頁）。

6-82　**(b) 物権行為を売買とは別に認めない説（独自性否定説2）**　売買契約といった究極的に所有権移転を目的とした行為がなされれば、その行為の効力として所有権が移転するという考えがある。売買契約の中に、債権行為だけでなく、所有権移転という物権的効果を目的とする内容が含まれていることを認めざるをえないが、売買契約の中に一体化し2つの行為に分けない考えである（その点で、(a)❷説と異なるだけ）。

　❶ **売買契約と同時に所有権移転という効力が生じるという説**　先ず、特別の意思表示がない限り、所有権移転も売買契約の効力の一つとして売買契約と同時に生じるということが考えられる（判例）。

6-83　❷ **売買契約後に引渡等の事実のあった時に所有権移転という効力が生じるという説**　しかし、独自性否定説も、当事者の通常の意識からして引渡、移転登記、代金支払といった事実があった時に所有権が移転すると考えられており、売買契約の効力の一つ所有権移転については、これらの事実があった時に生じるという説がある。(a)❶説はそこで物権行為がされていると構成するわけだが、(a)❷説と(b)❷説は効力発生をずらすだけある。

6-84　**(c) 検討及び本書の立場**　(a)❶説では、売買契約上所有権を移転するという物権行為をなす義務が認められるが、(a)❷説及び(b)説では、売買契約後には所有権を移転する義務は考えられないことになる（三宅・上192頁以下は、従って、権利移転義務という概念を否定する）。売買契約後は売主には引渡し、移転登記義務が残されるが、それは555条の所有権移転義務の履行ではないことになる。他人物売買では、例外的に所有権を移転する行為が別に必要なようにみえるが、物権行為はやはり売買契約自体に含まれており、売主が所有者から所有権を取得した時に、特に物権行為を改めてする必要なしに当然に所有権は買主に移転することになる。私見としては(a)❷説でよいと思うが、物権行為と同時に物権変動の効力が生じるとすべきか否かは難問である。原則的には、売買契約と同時に所有権が移転するが、取引通念などから引渡しや移転登記の時に所有権の移転が黙示的に合意されていると認定できる場合を広く認めるべきである。

296　第2編　契約各論1　財産の取得を目的とした契約

6-85 **【売主の付随義務及び余後義務】**

(1) **拡大損害——保護義務**　本文で述べる給付義務の他に、売主には、売買契約に付随して、指示・警告義務（物の使用に必要な指示をしたり、危険を警告したりする義務）が負わされ、更には、危険な物を引き渡して買主またその家族らに損害を加えない保護義務といったものが問題とされている（瑕疵担保責任との関係も問題となる）。判例としては、Aが経営するX会社がYから購入した子犬1匹がパルボウィルスに感染しており、同犬がパルボを発症して死亡し、一緒に購入した子犬更にXの販売している他の子犬もパルボに感染し死亡した事例で、不法行為及び債務不履行を理由に損害賠償が請求された事例がある。しかし、パルボウィルスに感染していた1匹について売買契約の解除は認めたが、Yの過失は認められないとして拡大損害の賠償請求は否定されている[26]（横浜地川崎支判平13・10・15判時1784号15頁）。なお、メーカー及び輸入業者については、製造物責任法が適用になるので、無過失責任が認められる。

6-86 (2) **指示・警告義務**　大阪地裁堺支判平14・7・10未公刊は、XがYの店舗おいて新しいコンタクトレンズを購入するに際して、1週間に1回の割合による蛋白質除去が必要なことを告知せず、これを不要と誤認させるような説明をしたため、Xが蛋白質除去に必要な処理をせず、そのために眼に障害を生じた事例で、先ず一般論として、Yは販売に際して蛋白質除去の必要性につき確実に認識させることができる方法で、告知、説明すべき義務があり、眼に異常が生じた場合には、本件コンタクトレンズを新しい本件コンタクトレンズに交換することなく、使用を中止し、眼科医の診察を受けるべきことを告知、説明すべき義務があったことを認めている。そして、具体的に、Yの従業員は、蛋白質除去の必要性はない旨誤った告知をしており、告知・説明義務違反があり、また確かに取扱説明書を交付しているが、使用者がこれを読んでも、蛋白質除去の必要性を正しく判断できないものというべきであり、また、1か月程度で交換する使い捨てコンタクトレンズであるかのように理解させていたのであり、取扱説明書を交付しても、告知・説明義務を尽くしたものとはいえないとする[27]。

---

[26] 415条の債務不履行では、売主の義務は結果債務であり不可抗力を証明しないと免責されないが、拡大損害については、709条の不法行為が問題になるので、709条の「過失」が必要になり、債務不履行を認め解除を肯定しつつ、拡大損害の賠償は否定するということもありうるのである。

[27] マンションの防火戸のスイッチが分かりにくいところにあり、オフになったままであったため、火災に際して作動せず買主が火災により死亡した事例において、防火戸が作動していたら死亡することはなかったとして、遺族がした損害賠償の請求につき、「本件売買契約上の付随義務として、上記電源スイッチの位置、操作方法等について説明すべき義務があった」と認められている（最判平17・9・16判タ1192号256頁）。

6-87　　**(3) 余後義務——値下げ販売**　　また、バブル経済崩壊後に、建売住宅やマンションをバブル期に高額で買った買主が、バブル崩壊後に売主が売れ残った物件を安く販売することが、売主には売買契約後も信義則上このような販売をしない義務があるとして、値下げ販売を理由に損害賠償を請求する事例がみられる[28]。値下げ販売しない合意があった、または、値下げ販売により、高額で買った買主の住宅の価値も下がるとして、値下販売にクレームをつけるのであるが、そこまでの義務を認めるのは困難であろう（判例として、東京地判平 8・2・5 判タ907号188頁、東京地判平 13・3・22判時1773号82頁など。値引き販売はしないと売主側の社員が述べていたが、これは義務を負担する意思表示とは認められないとされている）。自分の住宅の価格が下がったのはバブルが崩壊したからであり、そのために不動産業者も安く売っているだけである。問題は、不動産業者が適正価格以下で売るような場合であるが、基本的には所有者はいくらで自分の物を処分しようと自由であり、いくら事業者対消費者とはいえ法的な責任問題とまでは認められないであろう。但し、余後義務一般を否定するものではない。

2　引渡義務、移転登記義務

6-88　　民法の売買契約の定義規定では、売主側については「財産権の移転」しか規定されていないが、これは、物の売買に限らず一切の権利の売買契約に共通する義務のみが規定されているにすぎない。物権行為との関係はおくとして、売主の義務としては、特定物では、引渡し、移転登記、農地であれば都道府県知事への売買の許可申請への協力など、種々の義務が売主には問題になる[29]。そして、特定物であるから、400条により、特定物売買では引渡しまで売主は目的物を保管する義務を負うことになる（前田達「特定物引渡債務における保存義務の意義と危険負担」法学政治学論究33号207頁以下参照）[30]。また、種類物の場合には、期日の引渡義務が

---

[28] 久保宏之「不動産売買契約終了後の不動産業者による値引き販売」京産大論集25巻4号1頁以下、本田純一「不動産取引終了後における信義則上の義務とその違反（上）」『セミナー生活者と民法』109頁以下参照。
[29] 権利移転義務と引渡義務との関係については、①権利移転義務に一元化する学説、②目的物引渡義務に一元化する学説、③権利移転義務と引渡義務とを二元的に理解する学説とに分けられている（北居功「他人物売主の担保責任」タートンヌマン 8 号12頁以下参照）。
[30] この保管義務を売買契約上の義務と考えることもできるが、直ちに所有者として買主は目的物を引き取るべきであるのに、例えば一週間保管を売主に頼むというのは、売買契約に付随して保管を依頼しているものともいえ、売買契約と寄託（配達まで頼めば運送）契約との混同契約といえないこともない。「保管中」ないし「運送中」の滅失・毀損には、売買契約上の義務の不履行か否かで、売買契約上の同時履行の抗弁権、危険負担などの問題

ちゃんと履行できるように、生産や買付けをして調達をすべき義務（調達義務）、それを適切に保管すべき義務が考えられるが、いずれにせよ、引渡義務の履行遅滞が債務不履行としては問題となり、これらの義務はその過失判断で問題になる義務（注意義務）にすぎない。

6-89 **【果実(及び使用利益)についての法律関係】**　特定物の売買で、売買契約後目的物につき果実を生じた場合その果実は誰に帰属するのであろうか。例えば、AがBに子牛を出産したばかりの雌牛を売ったが、引渡しは1週間後とされその間にBが牛乳を絞って販売して代金を獲得したとする。

「天然果実は、その元物から分離する時に、これを収取する権利を有する者に帰属する」ものとされており（89条1項）、「法定果実は、これを収取する権利の存続期間に応じて、日割計算によりこれを取得する」ものとなっている（89条2項）。所有者が収取権を有するので、原則として所有者に帰属するはずである。そうすると、意思主義（176条）により契約と同時に買主が所有者となる限り、買主に果実は帰属することになり、売主Aが買主Bの果実を販売して代金を所得したのは不当利得であり、その代金を引き渡さなければならないことになるはずである（190条の悪意の占有者になる）。

ところが、他方で、売主が目的物に費した費用は買主の物、即ち他人の物についての費用であり、買主に償還請求できることになる。しかし、民法は「まだ引き渡されていない売買の目的物が果実を生じたときは、その果実は、売主に帰属する」ものと規定した（575条1項）。その趣旨については次の2つの理解が可能となる[31]。

(1) 575条1項の趣旨

6-90 **❶ 第1説**　①売主は果実を引き渡さねばならないが、他方で、②売主は引渡しまで他人の物を保管していたことになりその保管費用を買主に償還請求できることになる。これを互いに清算させ合わないで、差引ゼロとして当然に清算させたのが上の規定と考えるものである（大判大13・9・24民集3巻440頁はこのような趣旨ととれる。石田穣131頁など）。この考えであれば、売主が代金を支払っていても、引渡義務の債務不履行による損害賠償のみが問題になり、575条1項は依然として適用になることになる。

6-91 **❷ 第2説**　これに対して、①売主は果実から保管費用を差し引いた額が物による収益となり、他方、②買主は代金額を契約後支払期日まで運用できる運用利益が

が生じてくるため、（しかし、受寄者や運送人としての引渡義務と売主としての引渡義務が併存していると考えればクリアは可能）敢えてこのように区別をしないのが一般的理解といえよう。

31　判例では、天然果実が問題となったものはなく、法定果実が問題になったものが若干見られる程度で、もっぱら問題になっているのは売主による使用利益の取得である。

買主の利益であり、買主が②の運用利益を得ながら、①の収益分の引渡しを求めることができるのは不公平であり、①と②を清算させたものが上の規定と考えることもできる。この考えによれば、売主が代金を支払えば、もはや575条1項の適用はなくなり[32]、売主は果実（使用利益）を返還し、他方で、費用償還請求権を持つことになる。私見もこれに従う（但し、引渡しまでの保管費用が代金に組み込んで計算されているときは売主に有利になってしまう）。

(2) 引渡しと代金支払が同時履行の関係に立つ場合

6-92　ⓐ引渡しと代金支払とが同時履行の関係に立つ限り、買主は遅延利息を支払う必要も代金の運用利益を不当利得として引き渡す必要もなく、売主も果実を引き渡す必要がない（保管費用も請求できない）。ⓑでは、買主が代金を支払った（ないし代金の提供をした）場合はどうなるであろうか。575条1項を形式的に適用すれば、遅滞にある売主は引き渡していない限り依然として果実を取得できることになる。上の❶説ならば、遅滞にあっても（それは損害賠償の請求を可能とするが）引渡しをしていない以上、保管費用がかかることは変わりないのでそれでよいことになる。しかし、❷説によれば、買主が代金を支払っている以上、❷説のいう清算は最早妥当しなくなり、原則に戻ることになる。即ち、果実は買主に引き渡し、他方で、保管費用を買主は償還しなければならなくなる（それとは別に損害があれば、賠償義務も負う）。

(3) 引渡しと代金支払が異時履行の場合

6-93　**(a) 買主が先履行義務を負う場合**　❶説では、売主は引き渡さない限り果実を取得できることになるが、❷説では、買主が代金を支払うまでは（代金支払期日後でも）売主は果実を取得できるが、代金が支払われた後は、575条1項は適用はなくなり、果実と保管費用の清算がおこなわれることになる。

6-94　**(b) 売主が先履行義務を負う場合**　売主が引渡期日まで果実を取得できることはよいが、引渡期日を過ぎ遅滞にある場合でも同様になるのであろうか。❶説ではそうなろうし、❷説でも買主が代金を支払っていない以上そうなり、履行遅滞による損害賠償という制裁だけを考えればよいというのも1つの考えである。しかし、引渡期日に引き渡していたら、引渡時以降の果実と保管費用との差額は取得できなかった利益であり、これを取得するのはやはり❷説では不当利得となることは免れない。従って、引渡期日を過ぎ、履行遅滞に陥った後は、575条1項の適用はなく原則通り果実と保管費用の清算をすべきである（(1)❶説の石田穣131頁も適用を否定）。

---

[32] 所有者が果実収取権を有するものであり、575条を売買契約における所有権移転時期をめぐる規定として考える立場では、売買契約と同時に所有権が移転するのではなく引渡しにより所有権が移転することについての規定ということになる。そして、この立場でも、引渡しの他に代金支払により所有権が移転すると考えれば、引渡しがなくても、代金支払があれば575条1項は適用にならなくなる。

Ⅱ　担保責任1——特定物についての担保責任

6-95　民法は、売買の第2款「売買の効力」の中において、講学上「担保責任」と呼ばれる売主の責任についての規定を置いており、これは以下の5つに分けられる。これらにつき総論として統一的な法的性質などを議論するのが昔の教科書では見られたが、統一的に論じる必要はないと思われるので、本書では担保責任総論は特に設けていない。なお、瑕疵担保責任以外については特定物売買についてのみ問題となること疑いなく、不特定物売買への適用が問題とされているのは瑕疵担保責任においてだけである。

---

① 目的たる権利が他人に属する場合（追奪担保責任）
　ⓐ 全部が他人に属する場合
　ⓑ 一部だけ他人に属する場合
② 数量が不足する場合
③ 目的たる権利に法的な制限がある場合
　ⓐ 使用収益権がある場合
　ⓑ 担保権がある場合
④ 目的たる債権の債務者に弁済資力がない場合
⑤ 目的物に瑕疵がある場合（瑕疵担保責任）

6-96　**【不特定物売買と担保責任】**　瑕疵担保責任については不特定物売買への適用の可否が議論されているが、それ以外の担保責任については特定物売買であることが当然視されているといってよい。他人の物を引き渡した場合に、特定物では担保責任が問題になるが、不特定物では475条、477条が問題になるだけであり、所有権移転義務を履行していないので、別の物を調達して引渡しをして所有権を取得させる必要がある。また、不特定物売買における数量不足の場合に、単なる一部履行、逆にいえば一部債務不履行であり、415条以下、541条以下が適用されるだけである。なお、この場合に、瑕疵担保責任におけると同様に、買主がその数量でよいと履行として認容して担保責任の規定によらしめることができるのかは問題になる[33]。売主に

---

[33] 法定責任説でも種類物の瑕疵について566条3項を類推適用するように、種類物の数量付則の引渡しについても1年の期間制限だけ類推適用することは考えられる。なお、商法526条の検査通知義務については、瑕疵・数量不足のいずれについても、不特定物にも適用されると考えられている。

1 他人の権利の売主の担保責任（追奪担保責任）

6-97　他人の権利を売却した場合、①売主はいかなる義務を負うのか、また、②権利を売主が取得できなかった場合、買主にはどのような保護が与えられるのかという問題をここでは扱う。民法は、この場合につき、権利が全部他人に属する場合（⇒**6-98**）と一部が他人に属する場合（⇒**6-125**）とに分けて規定している。なお、この規定は、特定物についてのみ適用があることは、**6-96**に述べた[34]。

(1) 権利が全部他人に属する場合

6-98　**(a) 売主の履行義務**　他人の財産（以下では物の場合を考える）を売却した場合、①物権的効力については、処分権のない者のなした行為は無効であるが（94条2項、192条等の適用がある場合は別として）、②債権契約としては必ずしも無効とする必要はない[35]。確かに、権利者が全く売る意思がない場合、原始的不能であり無効となるはずであるが、民法はそのような場合を含めて、契約を有効とし「他人の権利を売買の目的としたときは、売主は、その権利を取得して買主に移転する義務を負う」と規定した（560条）[36]。その上で、売主が権利を取得して買主に移転できなかった場合の責任につき規定をしている[37]。無権代理人の責任（117条）とは異なり、買主が善意無過失であることは必要とはされていない。

---

[34]　占有を信頼してなした特定物の取引についてのみ192条は適用になるので、他人の物を引き渡しても、引渡しだけについては192条は適用にならないと考えられる。192条は2004年改正により、「取引行為によって」という文言が追加されたが、この点については明確ではない。

[35]　フランス民法では他人物売買は「無効」とされているが、いわゆる相対的無効、日本民法でいう取消しであり、買主からのみ無効を主張しうるにすぎない。旧民法財産取得編56条も、買主は無効の判決を求めうるものと規定する。従って、原始的不能への例外（三宅・上221頁は反対）となる。判例も、「原始的不能の場合も包含する特別規定」であるという（最判昭25・10・26民集4巻10号497頁）。

[36]　共有者の一人が目的物を単独所有と称して売却した場合、次の563条ではなく他人の持分権部分も売買の目的としたことになり、560条が適用されることになる（最判昭43・4・4判時521号47頁参照）。

[37]　560条については、売主の権利移転義務と権利取得義務とを切り離して考えるべきであり、売買契約には権利移転義務が含まれるとしても、他人物であったからといって権利取得義務は売買契約からは当然には導かれず、560条は、特別に権利取得義務を定める規定であることに意義が認められるとする学説が近時主張されている（北居・注29論文15頁以下）。

302　第2編　契約各論1　財産の取得を目的とした契約

　　売主が所有者から目的物の所有権を取得した場合、特別の約定がない限り、何らの意思表示がなくても、売主の所有権取得と同時に目的物の所有権は買主に移転する（最判昭40・11・19民集19巻8号2003頁）。また、他人の債権を譲渡し債務者に確定日付ある証書で通知をした場合につき、譲渡人（売主）が後日その債権を取得した場合、同債権は何らの意思表示なしに当然に譲受人に移転すると同時に、先の通知により（債権の移転時からであろうが）467条2項の対抗要件を具備したことになり、第三者に対抗しうるようになるものとされている（最判昭43・8・2民集22巻8号1558頁）。

6-99 　**【買主が直接権利を取得してしまった場合】**　売主が自分で所有者と交渉して所有権を取得した場合も、「売主が其売却したる権利を取得して之を買主に移転すること能わざるとき」に該当することは間違いないが、その原因を買主が自ら作り出している点で、条件の成就を故意で妨げた者や、自己の過失で履行不能を生じさせた者に類似しており、それらの場合と同様に、相手方たる売主を保護する必要があり、判例には561条の売主の責任を否定したものがある（大判昭17・10・2民集21巻939頁。内金の返還請求も解除と共に否定）。但し、売主が権利移転の努力をしないためやむをえず買主が自ら所有者と交渉して購入した場合には、売主の責任を免除する必要はないといわれており（品川・上72頁）、同感である。従って、買主は、権利を取得後、他人物売買との売買契約を解除し損害賠償を請求することができる。

6-100 　**【他人の権利の売主の担保責任の法的性質】**　売主の担保責任の法的性質には後述の瑕疵担保責任などを含めて、一般論として議論がされることが多いが（瑕疵担保以外は特定物売買についてのみ問題となり、担保責任一般について議論されたため、瑕疵担保が特定物についてのみ適用になるということの一つの根拠になっていた）、瑕疵担保責任と他の担保責任（これは疑いなく特定物にのみ適用になる）とを同列に論じるのは適切ではない。先ず、ここでの担保責任に限定して考察してみよう。

6-101 　　❶　**法定責任説**　売主の物として売却したのだから、他人から権利を取得するということは契約の内容になっておらず、所有者から権利を取得して移転する義務は、法により担保責任の内容として特に認められたものと考えるものがある（三宅・上220〜1頁）。本来原始的不能で契約が無効で債務が認められないところを、所有権取得義務を法定したこと自体を担保責任の内容と考えるものといってよい（但し、法定の債務の債務不履行ではあるだろう）。いずれにせよ、瑕疵担保における特定物のドグマに基づく法定責任とは随分レベルが異なっている。

6-102 　　❷　**債務不履行責任説**　555条の財産権移転義務から、当然に他人から権利を取得する義務が導かれるものであり、560条の義務は特に法が認めたものではなく、従ってその不履行は債務不履行それ自体であるが、その特殊性からみて、415条の債務不履行責任及び契約総論の解除の規定に対して特則を設けたにすぎないと

考える学説もある。私見もこれに賛成する。

6-103 **【債務不履行についての一般規定の選択の可否】** 法定責任説では債務不履行との競合が問題にならないかのようであるが、法の規定によるとはいえ成立した債務（所有権取得義務）の不履行は、債務不履行といわざるをえない。この債務不履行については、担保責任の規定によらずに415条以下の債務不履行の一般規定により損害賠償を請求することができるのであろうか（**6-107**の問題との関係は微妙）。

　この点について、担保責任と415条以下の一般の債務不履行責任との競合を認めて、買主はいずれの要件を証明して主張することができるという学説もある。担保責任は売主に過失が不要であるが、その代わりに信頼利益の賠償に制限されているため、買主は、売主の過失を証明して415条の責任を追及するにしても、売主の過失を証明しないで担保責任（信頼利益の賠償のみ）を追及しても、いずれを選択することもできるというわけである（松坂94頁、水本150頁）。債務不履行責任説では、415条の債務不履行責任に対して担保責任は特別規定となるが、後者が前者を排除する（排除しなければ後者の意味が没却される）という特別規定の関係ではないと考えるわけである（いわば、717条の要件を充たす場合に別に709条でいってもよいというのと同じことになる）。但し、他人の物を売ったという過失ではなく、他人から権利を取得しえなかったということについての過失であり、他人たる所有者は売るか否か自由であるので、いかなる場合が過失といえるのかは明らかではない（加藤一郎「判批」『新判例演習4』37頁以下参照）[38]。次のように、契約後に履行不能になったことについて売主に帰責事由があれば、債務不履行の一般規定が適用されるとした判決がある。

6-104 ● **最判昭41・9・8民集20巻7号1325頁** 上告人Xと被上告人Yとの本件売買契約は、第三者たる訴外A会社の所有に属する土地を目的とするものであり、売主Yが所有権を取得してこれを買主Xに移転することができなくなったため履行不能に終った。XからYに対する損害賠償請求について、売買契約の当時すでに買主Xが所有権の売主に属しないことを知っていたから、Xが561条に基づいて売買契約を解除しても、同条ただし書の適用上、売主の担保責任としての損害賠償請求をYにすることはできないとした原審の判断は正当としながら、最高裁は次のように判示する。

　「しかし、他人の権利を売買の目的とした場合において、売主がその権利を取得してこれを買主に移転する義務の履行不能を生じたときにあって、その履行不能が売主の責に帰すべき事由によるものであれば、買主は、売主の担保責任に関する民法561条の規定にか

---

[38] なお、この競合説では、561条後段で救済を拒まれる悪意の買主も損害賠償を請求できてしまうが（但し過失相殺がある）、この点はどう考えるべきか。561条後段は、悪意の買主の保護を否定するというのは絶対的なものではなく、単に無過失責任だからそれなりの保護に値する者にのみ限定しただけということになり（売主の過失を証明しなくても、買主に与えられる最低限の特別の救済を認めないだけ）、過失を証明して415条の債務不履行責任を追及する限り、悪意であってもよいのは当然になる。なお、担保責任で、過失を要求し、かつ、416条による損害賠償を肯定すれば、別であろうが。

かわらず、なお債務不履行一般の規定（民法543条、415条）に従って、契約を解除し損害賠償の請求をすることができるものと解するのを相当とするところ、Xの本訴請求は、前示履行不能が売主たるYの責に帰すべき事由によるものであるとして、同人に対し債務不履行による損害賠償の請求をもしていることがその主張上明らかである。」「しかして、原審認定判示の事実関係によれば、前示履行不能はYの故意または過失によって生じたものと認める余地が十分にあっても、未だもって取引の通念上不可抗力によるものとは解し難いから、右履行不能がYの責に帰すべき事由によるものとはみられないとした原判決には、審理不尽、理由不備の違法があるといわねばならない。」

6-105 【二重譲渡の場合にも適用があるか】　例えば、Aがその所有地を先ずBに売却し、これを更にCにも売却したとする。
　（1）Cが先に移転登記を備えた場合　この場合、AがBに売却した時点では、Aの物であったのであり、他人物売買ではなく、単にその後に履行不能になっただけである。従って、415条の債務不履行責任だけが問題となる（来栖60頁、石田穣132頁、民コメ(12)638頁〔高森〕）。但し、A→B→Cと売却されたが登記はAのところに残っていたところ、Aがその不動産をEに売却してしまいEに移転登記をしてしまった事例で、BC間の売買に561条を準用（今風にいえば類推適用）した判例がある（大判昭12・9・17民集16巻1423頁）。しかし、理屈は同じであり、問題はAがBCに二重譲渡した場合と異なって類推適用をする必要があるかである（Bに過失がなくても信頼利益の賠償を認めるか。CはAに損害賠償を請求できると思われ、たとえBに過失がなくてもその救済は図られるのであるから、敢えて類推適用は不要というべきか）。なお、学説には、Bの善意・悪意が問題にならないとしながら、561条の類推適用をする考えがある（三宅・上94頁）。

6-106 　（2）Bが先に移転登記を備えた場合　AがBに移転登記をした後にCに売却した場合は、177条の適用外であり560条以下の担保責任の適用を肯定してよいが、未登記の間にCに売却し先にBに登記がされてしまった場合は、どうなるであろうか。公信力説では他人物売買とする余地はあろう。しかし、他人から権利を取得して移転するという次元の問題ではなく、やはりここでも415条の債務不履行責任だけを認めれば十分である。

6-107 【他人の物を他人の物として売却した場合にも適用があるか】　他人の物の売買といっても（無権代理は除く）、①占有しか所有者公示の方法のない動産について、他人の物を自己の物と偽って売却する場合、②不動産及び登録のある動産について、所有者の名義を自己名義に変更し所有者として売却する場合、③不動産及び登録のある動産について（さらには指名債権）、その所有者である名義人を装って他人の物を売却する場合（①②は権利の帰属を偽り、③は権利者の同一性を偽る）、及び、④他人の物であることを当事者が了承した上で売却する場合とが考えられる。
　④は更に、ⓐ将来取得したら売るという条件付き売買（例えば、中古車販売業者が顧

客の依頼に応じてオークションで競り落して販売する）ということも可能であり、この場合には担保責任はでてこない。ⓑまた、他人の物（たとえば盗品）であることを知って取引する場合も考えられ、公序良俗に反し売買が無効となる可能性が高い。ⓒ更に、所有者に交渉して買い取ることを請け負う場合も考えられよう（間接代理［問屋］のような場合）。ここでは、単なる売買ではなく請負との混合契約となる。

　これらのいずれの事例に、560条以下の担保責任の規定が適用になるのであろうか。

6-108　❶ **他人の物としての売買に限定する説**　　自己の物として売却するのは原始的不能であり、他人の物を他人の物として売却する場合にだけ適用があるという考えもあったようである。しかし、これでは、悪意の買主の規定が説明できないため、現在では支持する者は皆無である。

　①は192条の適用、②は94条2項の類推適用が認められ、③については代理規定の類推適用の余地はあるものの、560条以下の適用を肯定してよいであろうが、問題は④についてである。

6-109　❷ **自己の物としての売買に限定する説**　　他人の物を他人の物としての売買で問題となるのは、上のⓒだけであり、その場合は寧ろ請負の規定により律せられるべきであること、また、買主が取得できないリスクを承知の上で取引をしている場合なので、特別の保護を与える必要はなく一般の415条の債務不履行責任で十分という考えもある（来栖59頁、三宅・上118頁以下、民コメ(12)693頁［高森］）。所有者からの買取りを請け負った場合には、他人からの取得が中心的義務となり（不特定物で他から仕入れて引き渡すように、引渡しについての債務不履行における帰責事由判断だけの問題ではない）、請負と売買の混合契約といえ、私見もこれに賛成したい。

6-110　❸ **両事例を含む説**　　これに対し、判例は次のように両場合を規律するものと考えており、学説の多くもこれに賛成する（品川・上75頁、新注民(14)201頁［高橋］）。「この場合、売主が契約に際し他人の権利を取得することを停止条件として売買をしたものでないかぎり、売買の目的たる権利が他人に属することについての買主の知・不知を問題とする余地はなく、したがってまた、<u>契約に際し、売主が売買の目的たる権利を自己の物であると主張するか他人の物であることを明示するかにかかわらず、他人の権利を目的とする売買として契約は有効に成立し、民法560条の適用があることは、同条と同法561条、562条を対比することにより明らかであるといわなければならない</u>。」（最判昭50・12・25金法784号34頁。②の事例類型であり、「他人の物であることを明示するかにかかわらずというのは傍論）。

6-111　**(b) 担保責任の効果──買主に認められる権利**

　(ア) 買主の契約解除権　　「<u>売主がその売却した権利を取得して買主に移転することができないときは、買主は、契約の解除をすることができる</u>」（561条前段）。履行遅滞に基づく解除（541条）とは異なり、履行不能解除同様に催告を要することなく即時に解除ができる（梅491頁）。契約は有効とされるが、履行もできない

のにいつまでも拘束させるわけにもいかないので、催告を要することなく解除ができることにした。契約解除は買主が、悪意であろうと制限されない[39]。

6-112 **（イ）売主の損害賠償義務**　561条後段は「契約の時においてその権利が売主に属しないことを知っていたときは、損害賠償の請求をすることができない」、と規定している[40]。即ち、悪意の買主には、解除はできるが損害賠償の請求はできず、損害賠償を請求できるのは善意の買主だけということになる（**6-107**の④の事例には、561条の適用はなく損害賠償の請求可能）。買主に過失があっても、過失相殺されるだけである。

6-113 　ⅰ）**売主の過失の要否**　561条後段の反対解釈として、善意の買主は売主に損害賠償を請求できることになるが、その内容そして要件については何も明らかにしていない。先ず、過失の要否について考えてみよう。

6-114 　❶ **無過失責任説**　過失がなくても売買契約における買主の保護のために、法が特に認めたのが担保責任であり[41]、従って、無過失責任と考えるのが通説である（我妻・上270頁、川井144頁など）。561条にも売主の帰責事由は要件として明示されていない。やはり売主の過失を証明しなくても、信頼利益の賠償は認めようとする制度と考えるべきであり、そうでなければ415条の他に担保責任をわざわざ規定した意味がなくなってしまう。過失を証明すれば、履行利益の賠償も請求できると考えてよい。

6-115 　❷ **過失責任説**　他方で、他人物売買も債務不履行責任であり、この場合だけ特別扱いする必要はないとして、過失責任と考える学説もある（石田穣134頁）。但し、通常の債務不履行責任と異なって、所有者から所有権を取得出来なかったこと（即ち債務不履行について）の過失ではなく、他人の物を売ったという契約時

---

[39] なお、現行民法は解除としているが、フランス民法1599条は他人物売買を「無効」とした上で、善意の買主による損害賠償を請求しうるものとしている。この「無効」は買主からのみ主張できる「相対的無効」であり、売主が権利を取得したり権利者が売主を相続することにより「無効」は追完される。旧民法財産取得編56条も買主は売買無効の判決を求めることができるものとしていた。

[40] なお、解除と損害賠償の両者にかかわるが、買主が192条や94条2項の類推適用によって保護される場合について、買主が他人物売買を主張しているにもかかわらず、売主が192条や94条2項の類推適用を主張してその責任を免れることはできないというべきである（表見代理と無権代理人の責任の議論が参考になる）。

[41] 但し、その代わり信頼利益の賠償に限定され、履行利益の賠償まで得たいのなら、415条により過失（但し、次に述べるように専ら他人の権利を売ったことの過失であり、債務不履行についての過失ではない点は異質であるが）を証明しなければならない。

の過失（契約締結上の過失の過失と同じ）の有無を問題にすることになるので、債務不履行の過失責任とは異なる。

6-116 　ⅱ）**損害賠償の範囲**　担保責任により売主に負わされる損害賠償責任は、いかなる損害に及ぶものであろうか。

　❶ **信頼利益説**　*6-114*の無過失責任説を採る限り、売主に過失がなくても過失なしに特に法が負わせる責任であるから、それなりに責任内容を絞る必要があり、単に信頼利益の賠償しか求められないと考えられている（なお、解除しなくても、危険負担の債務者主義により買主の代金債務は消滅すべきである）。そして、売主の過失を証明できれば、415条により履行利益の賠償を請求することは妨げられないと考えている（我妻・中一270〜1頁）。結論は賛成であるが、敢えて415条によらずに、売主に契約締結ないし権利取得のいずれかに過失があれば、561条により履行利益の損害賠償を認めてよいであろう。担保責任としては信頼利益に限定し、売主に過失があれば債務不履行により履行利益の損害賠償を請求できるのは当然であるという学説もある（川井145頁）。

6-117 　❷ **履行利益説**　これに対し、*6-115*の過失責任説を採るならば、別に履行利益の賠償請求を否定する理由はないことになる（石田穣135頁。鳩山・上310頁のように法定責任説によりながら履行利益の賠償まで認める学説もある）。また、かつては担保責任を統一的に論じていたため、瑕疵担保との関係を考えなければならなかったが、やはり特定物のドグマを瑕疵担保で認めるとしても、他人物売買では560条で約束通りの履行義務を免れないという差は無視しえない。117条で履行義務まで認めるのだから、それに代わる損害賠償は履行利益に及ぶと考えてよいのと同様の議論が、560条で契約を無効とせず履行義務を認めるのならば、たとえ無過失責任だとしても妥当しそうである[42]。

6-118 　**【権利行使期間】**　権利の一部が他人に属する場合には1年という権利行使期間が規定されているが（564条）、権利が全部他人に属する場合については何も権利行使期間について規定がされていない。では、どう考えたらよいであろうか。

6-119 　❶ **一般規定による説（通説）**　起草者は、権利の一部が他人に属する場合は、買

42　信頼利益説では、117条では無過失責任なのに履行利益の賠償まで認めることとの差をどう説明するのかという問題が残される。自分を契約当事者とするか、他人を当事者とするかという点にしか差は求められずそれが合理的かは疑問が残る。少なくとも、*6-107*の③の事例は、所有者を契約当事者とするので、所有者名義で売却した者が無過失の場合には、561条では信頼利益の賠償しか認められないが、117条の類推適用により履行利益の損害賠償も認めてよい。

308　第2編　契約各論1　財産の取得を目的とした契約

主が残存部分だけでは買わなかったか（解除の可否）、幾らならば買ったか（代金減額）困難な立証問題を生じるために、短期に争いを止めさせる必要があるが、全部権利が他人に属する場合にはそのような考慮は不要であるため、何ら特別規定を置かなかったようである。そうすると、全部他人物の売買の担保責任は、時効の一般規定に従い、10年の時効（167条1項）にかかり、解除についても一段構成をとる限り解除自体そしてその後の代金の返還請求を合わせて10年の時効（解除しないで解除権の消滅のときは除斥期間）にかかることになる。

6-120　❷ **564条類推適用説（少数説）**　これに対して、権利が全部他人に属する場合であっても、買主が契約当時善意であったか悪意であったか、買主がいくら代金を支払っていたかなどにつき、立証困難な問題が残されるとして、564条を類推適用してよいという少数説もある（石田穣135～6）。

担保責任では、1年の期間制限がされているものが多いが、その根拠を、①無過失責任を売主に負わせるものであるので、特に1年に制限したと考えるか、②瑕疵の証明等時の経過により立証が困難になりこれを争わせるのを未然に回避する趣旨で1年に制限したのか、恐らく両方とも考えられるが、やはり中心は②と考えるべきである（①ならばここで1年の期間制限を設定しないのはおかしい）。そうすると、立証をめぐる困難な争いを1年以上過ぎたらできなくして紛争を未然に回避するのだとすれば、確かに②説のいうような立証問題はあるが、全部他人物の担保責任については1年という制限を課すまでもないと思われる。従って、①説に従い、一般の時効規定に従うものと考えたい。

6-121　**（ウ）善意の売主の解除権**

ⅰ）**買主が善意の場合**　売主が自己の物と信じて売却したが、それは他人の物であった場合（例えば、被相続人名義の土地があるので、相続により自己の土地となったと思って売却したが、実は他人の土地であった場合）につき、民法は売主からの解除権も認めた。即ち、「<u>売主が契約の時においてその売却した権利が自己に属しないことを知らなかった場合において、その権利を取得して買主に移転することができないときは、売主は、損害を賠償して、契約の解除をすることができる</u>」（562条1項）ものとした[43]。ここでの、損害賠償であるが、売主に過失がなければ信頼利益、過失があれば履行利益ということになろうか。なお、「損害を賠償して」

---

[43]　ただし、192条や94条2項の類推適用により、買主が権利の取得を主張している場合には、この規定の適用はないというべきである（主張しないで、解除・損害賠償請求ができることにつき⇒注*39*）。解除というのは、契約上の義務から解放を受けるためのものであり、売主が所有者から権利を取得して移転することを問題にしなくてよいこと、また、買主が権利を取得しえないので不都合がないことが、売主に解除を認める根拠なので、この場合には売主に解除を認める必要性はないしまた認めると不都合である。

となっているが、損害は解除後に買主によって明らかにされ請求されるものなので、売主による損害賠償の提供は解除の要件ではない。

6-122　ⅱ）買主が悪意の場合　561条後段で悪意の買主は損害賠償を請求できないため、善意の売主の解除についても、売主が悪意の場合には損害賠償という要件がはずされている。即ち、「前項の場合において、買主が契約の時においてその買い受けた権利が売主に属しないことを知っていたときは、売主は、買主に対し、単にその売却した権利を移転することができない旨を通知して、契約の解除をすることができる」とされている（562条2項）。

6-123　【他人物売買と相続】
　（1）所有者が死亡し売主が相続した場合　AがC所有の土地をBに売却後、所有者Cが死亡し売主Aが単独相続である限り、売主が所有者から権利を取得したことになるので、買主はその引渡しと移転登記を求めることができてよい。所有者Cが死亡前に追認を拒絶して一度履行不能に確定しても、相続により売主Aの561条の履行義務の復活を肯定して、買主Bが履行を求めた場合にはAはこれを拒絶できないと考えるべきである。これに対して、ＡＤの共同相続の場合には、相続分割によりその土地を取得したのでなければ履行ができないのであり、相続分だけ履行されてもしかたないので、買主は担保責任により損害賠償を請求できまた解除もできる。

6-124　（2）売主が死亡し所有者が相続した場合　AがC所有の土地をBに売却後、（1）とは逆にAが死亡し所有者CがAを単独相続した場合、どうなるであろうか。当初の判例は、売主の560条の履行義務を承継し、所有者CはBに履行する義務を負うことになるのであるから、買主はその履行を求めることができるとした（最判昭38・12・27民集17巻1854頁）。しかし、所有者Cはたまたま売主を相続したがために土地を奪われてしまうのは酷であり、その後、所有者は履行を拒絶できるものと判例が変更されている（最判昭49・9・4民集28巻1169頁）[44]。その根拠を、①所有者としての選択の自由と、②自らそのような行為をしたものではないことに求めるとすると、例えば

---

[44]　しかし、売主の履行義務を相続しているのは否定できず、ただ信義則上履行を拒絶できる（当然履行してもよい）というだけであり、Cは履行しないことによる損害賠償義務は免れまい（Aが過失あれば415条の債務不履行責任も相続し履行利益の賠償も義務付けられる）。そうしないと（即ち、Cが履行しなくても違法ではないのだから、損害賠償義務もないとすると）、今度は逆に相続という偶然の事由により買主が不当に不利益を受けるはめになるからである。
　なお、Cが他の相続人と共に共同相続した場合には、Cは相続分に応じた履行義務であり、買主が単独相続では履行を強制できるという考えによったとしても、Cが単独で自己の土地の履行義務を負うことはなく、Cは履行して他の相続人に求償することも（代金未払なら代金を全額取得）、拒絶して自己の相続分に応じて損害賠償義務を負うこともいずれも選ぶことができる。

AがBにCの不動産を売却し、Aが死亡しCが相続後にCが目的不動産の所有権を取得した場合には微妙になる。ここでは②はあてはまるが、①はあてはまらないので、Cは履行義務を免れないとすると（大阪高判昭50・6・17判時792号45頁）、揚げ足取りにはなるが、Cが不動産を取得してからAを相続するか、Aを相続してから不動産を取得するかで結論が異なることになるが、それは合理的かという疑問が残される（第三者が無権代理人を相続してから本人を相続するか、本人を相続してから無権代理人を相続するかというのに似ている）。

(2) 権利が一部他人に属する場合

6-125　「売買の目的である権利の一部が他人に属することにより、売主がこれを買主に移転することができないときは」、例えば土地100坪を売却したが、その一部たる20坪が他人の土地であった場合、民法は以下の３つの権利を買主に認めている（563条）。なお、560条は一部他人物売買にも適用されるので、売主は他人所有の部分を取得して買主に所有権を移転する義務を負う。

6-126　**(a) 代金減額請求権**　先ず、「買主は、その不足する部分の割合に応じて代金の減額を請求することができる」（563条1項）。但し、土地は場所により価値が異なるので、100坪の中の20坪だから５分の１の代金減額と単純にいえるのかは微妙である。買主の善意・悪意は区別されていない。561条でも、解除は悪意の買主にも認められており、ここでの減額請求は他人の部分についての一部解除に等しいからである[45]。

6-127　**(b) 契約解除権**　「前項の場合において、残存する部分のみであれば買主がこれを買い受けなかったときは、善意の買主は、契約の解除をすることができる」（563条2項）。契約をした以上拘束されるのが原則であり、ほんの一部他人の土地が含まれていた（境界線が誤っていたとか）ということを口実に契約を破棄することは許されないからである。これは、解除の一般規定でも、債務不履行が重大で契約をした目的を達成できない場合に限り、解除が認められるという原則の適用にすぎない。全部他人物の事例と異となって、買主が悪意の場合には、契約をした目的が達成できなくても契約解除はできない（他人物を取得して売却することを請け負った場合には、543条により解除の余地あり）。

6-128　**(c) 損害賠償請求権**　「代金減額の請求又は契約の解除は、善意の買主が損

---

[45] 売買の一部解除については、解除権の不可分を理由に往々にして認められていないが、売買の目的である権利が可分であれば、売買は一部について成立することが可能であり、一部を解除しても他の部分について売買は残存しうるであり、代金の減額とはしているが、「代金の減額は正に契約の一部解除と云はざることを得ず」と説明されている（梅497頁）。

害賠償の請求をすることを妨げない」(563条3項)。これも、私見では信頼利益の賠償であるが、売主に過失があれば415条により履行利益の賠償を請求できる。

　以上の3つの権利は「前条の規定による権利は、買主が善意であったときは事実を知った時から、悪意であったときは契約の時から、それぞれ1年以内に行使しなければならない」(564条)[46]。

6-129 　【1年の除斥期間の起算点について——他人の物である事実を知るとは】　564条の期間の起算点については、条文通りに解するか合理的に修正するか、2つの考えが可能である。

6-130 　❶ 第1説　善意の買主は一部が他人の物であることを知った時、悪意の買主は契約時から1年を起算するという、条文に忠実な解釈も可能であろう。しかし、現在では、このような考えを主張する者はみられない。

6-131 　❷ 第2説　しかし、実際に権利行使が必要になるのは、売主が権利を買主に移転できなくなった時であり、この事実を知った時から起算すべきで、善意の買主も一部他人の権利ということを知っただけでは、また、悪意の買主も一部他人の権利を知って契約した時から起算すべきではないという考えもある（我妻・中一280頁、品川・上85頁、田山122頁）。①では、売主が権利移転の可能性があるので、その交渉に期待していたところ、1年が過ぎてしまうということも生じてくるので、この説でよいであろう（条文解釈の域を越えているが）。最判平13・2・22判時1745号85頁も「買主が、単に売買の目的である権利の一部が他人に属し、又は数量を指示して売買した物が不足していたことを知っただけでなく、売主においてこれを買主に移転することができないことをも知った時」としている。判例も、他人の物であるか否か争われている事例について、次のようにこの立場を採用している。

6-132 　● 最判平13・2・22判時1745号85頁、判タ1058号103頁　「売買の目的である権利の一部が他人に属し、又は数量を指示して売買した物が不足していたことを知ったというためには、買主が売主に対し担保責任を追及し得る程度に確実な事実関係を認識したことを要すると解するのが相当である。本件のように、土地の売買契約が締結された後、土地の一部につき、買主と同土地の隣接地の所有者との間で所有権の帰属に関する紛争が生起し、両者が裁判手続において争うに至った場合において、隣接地の所有者がその手続中で係争地が同人の所有に属することを明確に主張したとしても、買主としては、その主張の当否について公権的判断を待って対処しようとするのが通常であって、そのような主張があったことから直ちに買主が係争地は売主に属していなかったとして売主に対し担保責任を追及し得る程度に確実な事実関係を認識したということはできない。」（そのため、仮処分申立

---

[46] 全部他人物売買では特別の期間制限がないのに、一部他人物の場合に1年の除斥期間を設けたのは、減額や残りだけでは買主が買わなかったかなど「調査に困難なる事実多し。故に長日時月の前条の権利を行うことを得るものとせば、事実の証拠を得ること難くして、為めに困難なる争を生じ易き虞あり」という理由からである（梅501頁）。

て事件において所有者と主張する者から答弁書が提出された時点をもって、民法564条所定の除斥期間の起算点と解するのが相当であるとした原審の判断は、同条の解釈を誤ったと判断している）

6-133 **【564条の期間の法的性質】**　564条の期間の性質については争いがある。

❶ **除斥期間説**　この期間は除斥期間であり、この期間内に裁判外ででも権利行使があれば、それにより生じる権利（損害賠償はただ請求の意思を表示すればよい）はこの期間経過後も存続し、それについては普通の消滅時効（167条1項により10年）が適用になるという考えである[47]。

6-134　❷ **出訴期間説**　除斥期間としながらも、権利保全のためには裁判外の行使では足りず、期間内に訴訟の提起が必要であるというものもある（我妻・中一279頁）。しかし、訴訟を起こせというのは、わが国の常識にはそぐわない。

6-135　❸ **時効期間説（時効ないし除斥期間説）**　損害賠償請求権は当然、解除、代金減額請求権の行使の結果としての代金返還請求権についての、1年の消滅時効と考えるものがある（鈴木、広中61頁）。なお、解除、代金減額請求がされなかった場合には、これらの権利が除斥期間で消滅するという説明によるものもある（石田穣136〜7頁）。この説に賛成したい。

2　数量不足または物の一部滅失の担保責任

6-136　「前二条の規定は、数量を指示して売買をした物に不足がある場合又は物の一部が契約の時に既に滅失していた場合において、買主がその不足又は滅失を知らなかったときについて準用する」（565条）。いずれも特定物売買にのみ適用になる[48]。種類物売買で引き渡された物が約束より少ない場合は、単純な一部遅滞にすぎない[49]。

この責任についても、債務不履行責任説（潮見・各論Ⅰ135頁）、及び、法定責任説（末弘385頁、鳩山・上310頁、我妻・中一270頁、石田文24頁、柚木188頁など古い学説）が

---

[47] 末川・下502頁。梅502頁も「予定期間」と考え、時効の中断・停止の規定は適用されないと明言している。大判昭10・11・9民集14巻1899頁は、代金減額請求を1年内にしておけば、差額分の代金返還請求は同期間内に訴えを提起しなくても消滅しないという。なお、買主が事実を知った時には、10年の時効期間を超えていることがありえ、その場合に、買主の権利は既に時効によって消滅しているので、たとえ本条の1年の期間内であってももはや権利を行使できないと説明されている（梅502頁）。

[48] なお、借地権付建物の売買で、借地権の対象である敷地の面積が足りなかった場合に本条が適用されている（東京地判平5・8・30判時1505号84頁）。

[49] ただし、種類物についても、商法526条の検査通知義務の規定は適用されるし、また、1年の除斥期間を定める564条を類推適用することも考えられる（肯定してよい）。

あり、この立場の差により、損害賠償の内容が、履行利益に及ぶか、信頼利益に止まるか分かれることになる。

(1) 責任の要件（物の一部滅失または数量指示売買における数量不足）
　以下のいずれかの要件を充たすことが必要である。なお、買主は善意が準用自体の要件であり、代金減額にも買主の善意が必要である[50]。

6-137　**(a) 物の原始的一部滅失**　「物の一部が契約の時に既に滅失していた場合」とは、例えばある山林の特定の立木50本を500万円で売却したが、契約当時その一部の10本が既に伐採されて存在しなかった場合がこれに該当する[51]。全部滅失していれば契約は無効であるが、一部滅失については例外を認め、滅失した10本分を含めて50本の売買契約を有効として、売主の責任を規定したことになる。なお、契約後に一部が滅失すれば、一部履行不能になるにすぎない。

6-138　**(b) 数量指示売買における目的物の不足**　565条が適用されるもう1つの事例が、「数量を指示して売買をした」場合である。このような売買を数量指示売買という。ある売買が数量指示売買になるためには、「①当事者において目的物の実際に有する数量を確保するため、その一定の面積、容積、重量、員数または尺度あることを売主が契約において表示し、かつ、②この数量を基礎として代金が定められた売買」であることが必要である（最判昭43・8・20民集22巻8号1692頁。①②は追加）。例えば、ある金塊を60kgの重さがあるとして、1kgいくらと単位を設定し、60kgだから60を掛けて代金を算出している場合、ある山の立木は全部で50本あり、1本いくらで50本だから50を掛けて代金を算出しているような場合がこれにあたる。土地の取引においては数量指示売買か否か微妙な場合が多い。

6-139　**【土地の売買で登記簿上の地番・坪数を表示した場合】**
　　(1) 問題の整理　①土地の売買でも、売主が測量によりその土地をどの程度の大きさがあるか保証し（例えば50坪あると）、それを前提として坪単価が決定され代金が決定された場合（但し、種類物が複数ある場合とことなり、土地は場所により価値が異なり、こう単純には本来はいえないのだが）、これが数量指示売買であることは疑いない。

---

[50] 悪意の場合に責任が認められない理由として、債務不履行責任説では、悪意の場合には、現にあるがままの数量で当該目的物を引き渡すことについての合意が成立したと考えられることを説明する。

[51] 次の数量指示売買もそうであるが、瑕疵担保責任とは異なって、不足が「隠れた」ものである必要はない。これは、**6-138**に述べるように、売主によるその数量の確実な保証があるからであり、買主が悪意でも、売主の担保責任は免責されないが、悪意の買主には損害賠償請求を認める必要はない。

314 第2編 契約各論1 財産の取得を目的とした契約

これに対し、②売主がどの程度の広さか測量していないので特に確約できず、当事者が現地を検分して自分の目でみてこの土地ならばいくらと定めた場合、この場合は買主・売主は自分の判断によりリスクを引き受けたことになり、予想したよりも狭かったりまたは広かったりしても、当事者は文句がいえたものではない（すなわち数量指示売買ではない）。③これとの関係で、契約書に登記簿記載の土地の坪数を記載した場合は、その坪数を売主が保証したことになるのであろうか。土地の登記簿が実際の面積と一致しないこと（いわゆる縄延び、縄縮み）は往々にしてあることであり（小川勝久『不動産登記法の道しるべ』22頁参照）、不動産取引をする者の常識といってよい。従って、不動産取引では、登記簿の坪数は正確ではなく、これを表示するのは目的物を特定するための登記簿上の表示にすぎず、売主が特にその面積を保証でもしない限りは（即ち、後日実測の結果過不足が生じても、代金の精算をしないと明示的に約束している場合は当然、そうでなくても）、数量指示売買とはならず、当事者は自己の判断によるリスクの下で契約をするしかない。

6-140 **(2) 判例の状況** 次のような判例がある。

(a) 数量指示売買であることを否定する判例 ①田地の売買で、「土地の売買契約に於て其の坪数を表示したる事実に因り直ちに売主が其坪数存することを確約し其の坪数を基礎として代金を定めたるものと認定すべき経験則ありと為す能わず」（大判昭5・7・30新聞3167号9頁）とされた。更にこれは、競売事件にも承継され、「民法第565条に所謂数量を指示して為したる売買たるには、買主に於て目的物の実際に有する数量を確保する為に之を表示したることを要するものとす。而して取引上土地を特定表示するには登記簿其の他公簿に記載せる字地番地目及び反別又は坪数を以てするを通例とするも、此の公簿記載の反別坪数は必ずしも実測の反別坪数と一致するものに非ざるが故に、売買契約に於て目的たる土地を公簿記載の地番地目坪数を以て表示したりとするも、之に因りて直に売主か其の坪数存することを確保したるものと認むるを得ず。競売法に依る土地の競売に付ても又同様」と判示される（大判昭14・8・12民集18巻817頁）。その後、③立木売買（最判昭25・2・14民集4巻2号60頁）、④更に建物と共に宅地が売却された場合にも（最判昭43・8・20民集22巻8号1692頁。この事例は買主は事業者ではなく、いわゆるマイホームを購入した事例）承継されている（後者は「土地の売買において目的物を特定表示するのに、登記簿に記載してある字地番地目および坪数をもってすることが通例であるが、登記簿記載の坪数は必ずしも実測の坪数と一致するものではないから、売買契約において目的たる土地を登記簿記載の坪数をもって表示したとしても、これでもって直ちに売主がその坪数のあることを表示したものというべきではない。」という）。

6-141 **(b) 数量指示売買であることを肯定する判例** 最判平13・11・22判時1772号49頁、判タ1083号117頁は、次のように判示する。

● 最判平13・11・22判時1772号49頁、判タ1083号117頁　「いわゆる数量指示売買とは、当事者において目的物の実際に有する数量を確保するため、その一定の面積、容積、重量、員数又は尺度があることを売主が契約において表示し、かつ、この数量を基礎として代金額が定められた売買をいう（最判昭43年6月20日参照とする）。」「前記事実関係によれば、上告人と被上告人らは、本件売買契約の代金額を坪単価に面積を乗じる方法により算定することを前提にして、その坪単価について折衝し、代金額の合意に至ったというのである。そして、本件土地は、市街化区域内にあり、小規模住宅用の敷地として売買されたものであって、面積は50坪余りにすぎないというのであるから、山林や原野など広大な土地の売買の場合とは異なり、このような零細宅地における前記のような開差5％を超える実測面積と公簿面積との食違いは、売買契約の当事者にとって通常無視し得ないものというべきである上、Xらは、A住宅〔注：仲介業者〕に対して本件土地の実測図面を要求するなどしたというのであるから、本件土地の実測面積に関心を持っていたものというべきであり、記録によれば、本件売買契約当時、当事者双方とも、本件土地の実測面積が公簿面積に等しいとの認識を有していたことがうかがわれるところである。」「もとより、土地の売買契約において、実測面積を基礎とせずに代金額が決定される場合でも、代金額算定の便宜上、坪単価に面積（公簿面積）を乗じる方法が採られることもあり得るが、本件売買契約においては、YとXらが、本件土地の実測面積を離れ、それ以外の要素に着目して本件土地を評価し、代金額の決定に至ったと認めるべき事情はうかがわれない」。「そうすると、本件売買契約においては、本件土地が公簿面積どおりの実測面積を有することが表示され、実測面積を基礎として代金額が定められたものであるから、本件売買契約は、数量指示売買に当たり、Xらは、Yに対し、民法565条、563条1項に基づいて、代金減額請求をすることができるものというべきである。」

6-142　**(3) 学説の状況**　学説も判例に基本的に賛成するといってよいが、宅地については、相手がそのような不動産取引の常識を知らない素人であり、買主が事業者でない場合には、逆に特に「後日実測の結果過不足が生じても、代金の精算をしない」と明示的に取り決めておかない限り、数量指示売買として扱うべきであるという反対説がある（玉田弘毅「不動産の売買」『契約法大系2』208頁）。買主が登記は正確なものと誤信し、その坪数が必ずあると信じている場合、専門事業者としては坪数が正確ではないことを買主に注意すべきであり、登記簿は正確でないのは常識であるということを素人に有無をいわさず押しつけることはできない。たとえ数量指示売買とはいえないとしても、売主の何らかの責任を認めてもよいと思われ、そうであるならば、反対説のように数量指示売買と扱うことも考えてよいであろう。

6-143　**(2) 責任の内容**

563条と564条（要するに一部他人の権利の場合）の準用の結果、買主には次のような権利が認められる[52]。

---

[52] なお、特定物のドグマを肯定すれば、特約がない限り不足分の追加給付を請求できない

316　第2編　契約各論1　財産の取得を目的とした契約

> ① 代金減額請求（563条1項の準用）
> ② 契約解除（563条2項の準用）
> ③ 損害賠償請求（564条の準用）

6-144　**(a) 代金減額請求**　不足分に応じて代金の減額を請求できる（563条1項の準用）。これは双務契約における対価的調整のための効果であり、売主の帰責事由は必要ではない。買主の善意が準用それ自体の要件であり、悪意の買主には代金減額請求権は認められない。

6-145　**(b) 契約解除**　残存する部分だけでは購入しなかったと思われる場合には、買主は契約を解除することができる（563条2項の準用）。債務不履行責任説であろうと、追完が不能であるため、買主は即時解除ができる（松岡久和「数量不足の担保責任」龍谷法学24巻3・4号52頁）。

6-146　**(c) 損害賠償請求**　善意の買主は損害賠償を請求できる。担保責任の内容である損害賠償請求は、特定物のドグマを認めれば信頼利益の賠償であり（法定責任説）、他人物売買と同様にここでの責任は無過失責任になる。学説には、債務不履行責任説によりながら、有償契約の対価的相互性自体の貫徹として、危険負担と同様に代金減額には売主の帰責事由は必要ではないが、この保障を超える損害の賠償には売主の帰責事由が必要であるという主張もある（松岡・**6-145**論文22頁以下）[53]。また、数量不足の事実の不告知、数量不足給付についての帰責事由または「損害担保の特約」がある場合にのみ416条によって認める学説もある（半田吉信『担保責任の再構成』64頁）。横浜地判昭50・7・30判タ332号296頁は、「特定物売買における売主の瑕疵担保責任は、売主の善意、悪意、あるいは有責か無責かに関係のない買主側の信頼を保護する制度であって、売主の債務不履行に対する責

が、特定物のドグマを否定すれば、追加給付が可能であれば買主に追加給付請求権を認める余地がある。しかし、通常は、社会通念からして、代金減額のみに止められるべきであり追加給付請求は認められないというべきである。例えば、ある金塊を10kgあるものとして、1kg100万円と計算して1,000万円で売却したが、9.5kgしかなかった場合、種類物売買ではないので、10kgの別の金塊の給付を請求できないのみならず、その金塊を10kgに変更して引き渡すよう請求することもできないと考えるべきである。

[53]　原始的全部不能も無効とはせずに、履行不能にかわる填補賠償義務が認められるべきであるのと同様に、後発的か原始的かを問わず、一部不足ないし一部滅失についても、原始的な場合にもその部分の填補賠償義務の成立を認めるべきである。但し、そのためには帰責事由が必要であり、帰責事由がない場合には信頼利益の賠償に限定されるべきである。

第2章 売　買　317

任」であり、履行利益の損害賠償は認められないとして、不足分の填補賠償の請求を否定している。また、最判昭57・1・21民集36巻1号71頁は、「土地の売買契約において、売買の対象である土地の面積が表示された場合でも、その表示が代金額の決定の基礎としてされたにとどまり売買契約の目的を達成するうえで特段の意味を有するものでないときは、売主は、当該土地が表示どおりの面積を有したとすれば買主が得たであろう利益について、その損害を賠償すべき責めを負わない」といい、反対解釈をすれば、特段の意思表示（保証契約）があったと認められれば履行利益まで賠償請求できることになる。

6-147　**【権利行使期間及び商法の特則】**　以上の権利は、買主が不足または滅失の事実を知った時から1年内に行使しなければならない（564条の準用）。また、商事売買については、「商人間の売買」においては、買主は「その目的物」の受領後遅滞ない検査をし、瑕疵や数量不足を発見したら直ちに売主に通知する義務が負わされており、これを怠ると売主に対する権利を失うことになっている（商526条）。瑕疵担保についてもそうであるが、商法526条では特定物売買に限定していないので、不特定物売買にも適用され、不特定物売買において数量が足りない一部不履行にも適用されることに注意すべきである。

6-148　**【数量超過の場合はどうなるか】**　逆に約束の数量よりも現実の数量が超過する場合はどう処理すべきであろうか。例えば、AがBにある土地が1,000坪あるものとして1坪50万円で5億円で売却したところ、実際には1,005坪あったとする。Aには数量不足の代金減額請求の裏返しとして、超過分の代金増額（5坪分250万円）請求権を認め、または、契約解除権を認めるべきであろうか。

　旧民法では（財産取得編49条2項）、フランス民法1618条に倣って一定の場合に代金増額請求を認めていたが、現行民法はこれを承継しなかった。起草者（梅）は、数量は売主が調べて売るべきであり、不注意な売主の代金の増額請求権を認め買主に迷惑をかけるべきではないと考えて、積極的にこれを否定する趣旨で何も規定をおかなかったようである（買主が代金増額に応じない場合には、超過部分を取り戻すことができるという修正案も出されたが、どの部分を取り戻したらよいのか実際上困るとして、採用されなかった）。学説は分かれる。

6-149　**(1) 否定説**　我妻博士は、ⓐ登記簿の記載と実際の面積とが一致せず実際の面積のほうが大きいことが多く（税金を少なくするため小さめに面積を申請するのは理解できよう）、登記簿上の面積との差があっても問題にしないのが普通であり、ⓑ山林などでは図面で面積を指示したとしても、それは一応の参考にすぎない趣旨と解すべき場合もまれではないことを、否定説の理由として説明する。そして、ⓒ「当事者とくに売主が、指示された数量をもって売買の要素としたという特別の事情があるときに」は錯誤の問題が生じるとしており、その保護で十分であるというのであろ

う（我妻・上巻一282～3頁。注民法(14)154～5頁［柚木］もほぼ同旨。川井150頁も否定説）。

なお、当然には代金増額請求権は認められず、当事者の意思を解釈して決すべきであるという説明をする学説もあり（末川・下46頁、石田穣141頁）、後述の判例も合意の可能性は認めている。

6-150
● 最判平13・11・27民集55巻6号1404頁
(1) **原審判決**　「民法565条、563条1項は……、有償契約である売買における取引の安全のための法定の担保責任を定めたものと解される上、数量不足の場合の代金の減額と異なり、数量過多の場合に代金の増額を認めることは、一般的には買主に対応困難な不測の不利益を及ぼすおそれがあるというべきであるから、数量過多の場合に、数量不足の場合と同様の要件のもとに（すなわち、数量指示売買に該当するという理由だけで）代金増額請求権を認めることはできない」が、「当事者の売買をするに至った経緯や代金額決定の経緯等の個別の事情から、代金の増額を認めないことが公平の理念に反し、かつ、その増額を認めることが買主にとっても対応困難な不測の不利益を及ぼすおそれがないものと認めるべき特段の事情を肯認することができる場合においては、右の規定を類推適用することにより、代金増額請求権を認めるのが相当というべきであ」るとした。

6-151
(2) **最高裁判決**　「民法565条にいういわゆる数量指示売買において数量が超過する場合、買主において超過部分の代金を追加して支払うとの趣旨の合意を認め得るときに売主が追加代金を請求し得ることはいうまでもない。しかしながら、同条は数量指示売買において数量が不足する場合又は物の一部が滅失していた場合における売主の担保責任を定めた規定にすぎないから、数量指示売買において数量が超過する場合に、同条の類推適用を根拠として売主が代金の増額を請求することはできない」。「当事者間の合意の存否を問うことなく、同条の規定から直ちに売主の代金増額請求権を肯定する」原審判決は破棄を免れない（差戻し）。

6-152
(2) 肯定説
(a) 肯定説の内容

❶ **返還請求権または代金増額請求権を認める学説**　この問題は担保責任の問題ではないが、「売買の代金が数量を基準として定められている以上」、売主の代金増額請求権または超過部分の返還請求権を認めるのが相当であるという学説がある（石田文78頁）。代金増額と超過部分の返還との関係については、買主に選択権を与えるということが提案されている（新注民(14)240頁［松岡久和］）。

6-153
❷ **返還請求権のみを認める学説**　これに対し、学説には売主に代金増額請求権は認めず、増加分の返還請求権のみを認める学説もある（勝本正晃『契約各論第一巻』83頁、宗宮信次『債権各論（新版）』149頁）。しかし、❶説もそうであるが、一部の返還といっても、どこを返還するよう請求できるのか問題が残る。

6-154
❸ **代金増額請求権のみを認める学説**　不動産を念頭において議論をしているものと思われるが、売主が超過を当然に知りうべかりし場合を除いて代金増額請求権

第2章 売　買　319

を認めるべきであるという学説も主張されている（半田吉信『担保責任の再構成』70頁）。超過分の返還請求権については何も言及されていない。

6-155　**(b) 肯定説の根拠づけ**
❶ 行為基礎の喪失による学説　潮見教授は、買主に契約違反があるわけでもないので売主の契約解除権は理由がなく、契約の行為基礎の脱落を理由とした契約内容の改訂を認める方向での解決を考え、数量超過の提供を売主の債務不履行であることから、選択権を第一次的に買主に認める。すなわち、買主は、数量超過分の返還またはこれに代わる価額返還（実質的には代金増額への同意）をするか、もしくは経済的負担の増加の回避を理由として契約を解除することができ、売主には催告権を認め、買主が催告に応じない場合に売主の代金増額を認めるという準則を提案する（潮見・各論Ⅰ142〜143頁）。

6-156　**❷ 不当利得により根拠づける学説**　笠井教授は、「指示数量を備えた目的物の給付義務」を肯定するならば（債務不履行責任説）、「数量超過部分はそもそも給付義務の対象ではないから買主によるその取得は一種の不当利得としての性格をもつ」という（笠井修「判批」NBL738号66頁）。不当利得であるため、売主に買主に対する「超過分についての原物返還または価格償還」を求める可能性があり、現物返還が適切でない場合には、買主に価格償還と契約解除との選択を認める。

6-157　**(3) 本書の立場**　①売主はそのような数量があるのだったら売却しなかった場合には、錯誤無効（95条）の主張ができる（買主が割増代金を提示して契約を維持することは認められない）。②そこまでではない場合には、売主から売買契約の効力を否定することは認められず、売主には保証した数量の引渡義務しかないので、ⓐ超過部分の不当利得を理由とした償金請求権（ないし価格ないし価額返還請求権）が認められるべきであり（代金増額ではなく価額返還とした潮見説や笠井説は正しい）、但し、ⓑ買主がこれに対して超過分の返還という形で不当利得の返還方法を提案した場合には、それが適切なものである限り、売主は金銭による償還に拘泥することは許されまい（その意味で買主に選択権あり）。また、超過分の返還という解決が、性質上適切ではなくまた償金の支払が買主にとって酷である可能性もあるので、買主に錯誤無効の主張を認める余地がある。買主は錯誤無効を主張するか、追認して価格返還をするか選択ができることになる。

6-158　**【種類物売買における数量超過の場合はどうなるか】**　国連動産売買条約52条2項では、売主が契約で定めるよりも多量の物品の引渡しをした場合について規定しており、買主は超過分の受領を拒絶するか否かの選択権があり、買主が超過分を受領してしまった場合には、契約価格の割合に応じてその対価を支払わなければならないものとされている（中国統一契約法162条にも、同様の規定がある）。実際には数量超過の問題は種類物売買の事例が問題とされ、わが国でも、商法526条は種類物売買にも適用されるため、そこで議論が注目される。商法526条を類推適用して、買主が検

査通知義務を怠ると超過部分の買取りを承認したものと取り扱う学説（小町谷操三『商行為法論』137頁、新田孝二「商事売買における数量超過・不足の交付の法的効果」東洋法学9巻4号66頁）と、これに反対する学説（神崎克郎『商行為法Ⅰ』293頁、内田149頁）とがある。否定説が妥当というべきか。なお、商法526条を離れて、民法学者の中には、買主に超過分の受領を拒絶するかまたは受領して超過分の割増代金を支払うかの選択を認めようとする提案もされている（新注民(14)240頁［松岡］）。

3　占有を妨げる権利がある場合の担保責任

(1) 売主の責任の要件——用益権の存在ないしあるべき地役権の不存在

6-159　目的物を購入したが、占有を妨げる権利がついていて、所有権を取得したのに目的物を使用収益できない場合について、民法は、「売買の目的物が地上権、永小作権、地役権、留置権又は質権の目的である場合において、買主がこれを知らず、かつ、そのために契約をした目的を達することができないときは、買主は、契約の解除をすることができる。この場合において、契約の解除をすることができないときは、損害賠償の請求のみをすることができる」と規定している（566条1項）。また、「前項の規定は、売買の目的である不動産のために存すると称した地役権が存しなかった場合及びその不動産について登記をした賃貸借があった場合について準用する」ものとされている（566条2項）。

6-160　**(a) 占有を妨げる権利がある場合**　売買の目的物に、地上権、永小作権、地役権、留置権、質権、更には対抗力ある賃借権があり、かつ、買主がこれを知らなかったことが必要である。なお、566条2項には、「登記をした賃貸借」と規定されているが、現在では、買主に対抗できる賃借権の意味に解すべきである。買主が悪意の場合に責任が排斥されることから分かるように、契約当時にこれらの権利がありかつ対抗力を備えていることが必要であり、契約当時にこれらの権利が設定されていても対抗要件が満たされていなかったり、契約後にこれらの権利が設定された場合には、本条の適用はなく、566条3項の1年という権利行使制限に服さないことになる。

6-161　**(b) 約束された地役権がない場合**　566条1項は、売買の目的である不動産のために存在するものとされていた地役権（借地権であってもよいであろう）が、実は存在しない場合に準用されている（566条2項）。例えば、病院を建設するために山林を買い取り、その際売主より公道に出るために周辺の土地について通行する地役権ないし借地権が設定されていると説明されたが実はなかった場合、買主

が山林を開発できない、ないし新たに道路を開設する費用がないなどの損害を受ける場合が、このような事例に該当する。この場合も、買主が地役権の不存在につき善意であることが必要である。民法が規定するのは、この場合だけであるが、建物の売買において、建物のための借地権がなかったような場合にも類推適用することが許されるであろう[54]。

(2) 責任の内容

6-162 **(a) 善意の買主の契約解除権** 善意の買主が、目的物の所有者とはなれたとしても、上記のように、他人が占有しているため (不法占有者は除く) 使用できない、または地役権がないため使用ができない (例えば田地を買ったが、用水地役権がなく、水を引けず耕作ができない) 場合、契約をした目的を達しえないならば、契約を解除することができる (566条1項)。悪意の買主はそれを承知で買ったのであるから、特別の保護は与えられず、債務不履行責任の一般規定及び解除の規定により救済されるのみである。

6-163 **(b) 損害賠償請求権** 買主は契約を解除すると共に損害賠償を請求でき、また、解除をしないで損害賠償を請求することを選択することもできる。そして、解除ができない場合には、損害賠償によるしかない (566条1項後段)。損害としては、①買主が立退料を支払って賃借人を立ち退かせた場合、その支払った立退料 (積極的損害)、②予定した使用ができないことによる損失 (得べかりし利益)、③用益権の負担がついた土地ならば3,000万円程の価値がないのに7,000万円で購入してしまったその差額などが考えられる (③は実質的には代金減額請求であり、直截に代金減額請求権を肯定する学説もある)。

6-164 **(c) 責任の存続期間** 以上に述べた「契約の解除又は損害賠償の請求は、買主が事実を知った時から1年以内にしなければならない」(566条3項)。しかし、瑕疵のように、原始的か後発的かが、時の経過と共に認定が困難になるわけでは

---

[54] 建物の売買で約束された借地権がなかった場合については、大判昭12・3・18民集16巻5号281頁は570条を適用し競売では解除を認めなかったが、近時、「建物に対する強制競売の手続において、建物のために借地権が存在することを前提として建物の評価及び最低売却価額の決定がされ、売却が実施されたことが明らかであるにもかかわらず、実際には建物の買受人が代金を納付した時点において借地権が存在しなかった場合、買受人は、そのために建物買受けの目的を達することができず、かつ、債務者が無資力であるときは、民法568条1項、2項及び566条1項、2項の類推適用により、強制競売による建物の売買契約を解除した上、売却代金の配当を受けた債権者に対し、その代金の返還を請求することができる」とされるようになっている (最判平8・1・26民集50巻1号155頁)。

なく、売主保護のためにこのような制限を設けることが妥当なのか、疑問である。少なくとも、売主が悪意の場合には、この規定の適用を否定すべきであろう。

4 目的物に担保権がついている場合の担保責任

(1) 売主の責任の要件

6-165　売買の目的物（「不動産」とされているが、動産抵当や従物もあるので、拡大適用されてよい）に抵当権または先取特権がついているに過ぎない場合には、買主は所有者となり、また、目的物の使用収益をなすことができ、もし抵当権などが消滅すれば何らの問題を生じない。従って、売主の責任が生じるのは、①「<u>売買の目的である不動産について存した先取特権又は抵当権の行使により買主がその所有権を失った</u>」ことが必要である（567条1項）。また、②担保権の実行を受けて所有権を失うことを避けるために（なお、買主には577条の代金支払拒絶権が認められる）、「<u>買主は、費用を支出してその所有権を保存したときは、売主に対し、その費用の償還を請求することができる</u>」（567条2項）。その性質上、買主が善意である必要性はない。

なお、通常は買主が被担保債務を代金から支払い、担保権を消滅させ、残額のみを売主に支払うことになるが、代金から被担保債権額を差し引いた額のみを売主に支払う約束は、この売主の担保責任を免除する特約と考えられる。

(2) 責任の内容

6-166　①担保権の実行により所有権を失った場合には、買主は売買契約を解除できる（567条1項）[55]。②買主が自己の出捐により所有権を保全した場合には、その出捐の償還を請求できる（567条2項）。いずれの場合についても、損害賠償を請求できる（567条3項）。

567条には行使期間が定められていないが、担保権の存在を知ってから、悪意なら契約時から1年といったような規定はできないからである。従って、解除、出捐の償還請求、損害賠償請求いずれも、10年の一般の時効を認めればよいということになる。但し、担保責任の1年の期間を単なる時効期間とする説では、こ

---

[55] 目的物の使用ができ、また、抵当権が実行されない限り目的物を失うことがないため、解除が本文のように制限されているが、従物を売却した場合のように、目的物の使用ができない場合も考えられる（抵当権者は、売主である設定者の下への返還請求をすることができる）。その場合には、566条の使用収益を妨げる場合に準じて、買主に契約解除を認めてよいであろう。

こだけ特別扱いする必要はないとして、ここにも1年の時効という制限を加えようとする（石田穣143～4頁）。

5 債権の売主の担保責任

6-167　債権の売買において、買主が例えば1,000万円の債権を900万円で買い取ったが、債務者が十分な資力を有せず、結局40万円しか回収できなかった場合、買主は売主の責任を追及できるであろうか。債権の売買の際の事情により以下のように分かれる。なお、債権が全部または一部他人に帰属していた場合には560条以下、債権の一部が既に消滅していた場合には565条、債権に担保権がついていた場合には567条が準用される。

6-168　**(a) 債務者の資力を売主が担保しない場合**　額面1,000万円の債権の売買で1,000万円の債権を取得しており、なにも権利の移転としては問題がない。債権が額面通りの価値を持つか否かは債務者の資力状態に依存しており、それは債権者たるべき者が把握しておくべき事情であり、幾らに代金を定めるか当事者がそれぞれ引き受けるべきリスクである[56]。従って、特に債務者の資力を売主が保証して代金が定められたのではない限り、買主が債務者から回収できなくてもそれは買主の危険であり、売主に何も責任追及できない。

6-169　**(b) 債務者の資力を担保した場合**　例外的に債権の売主が債務者の資力を担保する場合にも、いつの資力を担保したのかが問題になるので、民法は次のような規定を設けた。

　❶ **契約時の資力を担保した場合**　「債権の売主が債務者の資力を担保したときは、契約の時における資力を担保したものと推定する」（569条1項）。従って、債権の売買後の債務者の資力状態の悪化は、買主が引き受けるべきリスクであり、売主に対して責任追及できない。

6-170　❷ **将来の弁済期の資力の担保をした場合**　「弁済期に至らない債権の売主が債務者の将来の資力を担保したときは、弁済期に於ける資力を担保したものと推定する」（569条2項）。債権がいくらで取引されるかは、債務者の信用状態にかかっており、現在債務者の信用状態がしっかりしていても将来もそのままという保証はない。そのため、将来の債権をなるべく高い値段で売却しようとすると、

---

[56] 不良債権の取引はギャンブル的な要素があり、安く購入して額面額を債務者に請求し、場合によっては大きな利益を上げることができる。

将来の支払期日における債務者の信用状態を保証して売却することになる。その場合にも、弁済期における資力を担保しただけであって、それ以後の資力悪化は買主の引き受けるリスクであり、売主は責任を負わないものと推定したのがこの規定である。

6-171 **【債権の売買にも570条は適用されるか】**　債権の売買については、569条があるだけであるが、同条は債務者の資力の担保に関する規定にすぎない。では、債権に担保権や保証が伴うとされていたのに、それが実際には存在しない場合はどうなるであろうか。債権の価値に拘わる点では債務者の資力の有無と関係するが、物でいうならばあるべき保証された性質が存在しないのに等しいことになる。そこで、570条は「目的物」として物のみを対象としているが、物以外の財産権更に債権にも類推適用して、債権にも瑕疵担保責任の規定を類推適用して解決することが可能となる（新注民(14)256頁［柚木・髙木］）。

III　担保責任2——瑕疵担保責任

1　瑕疵担保責任の意義

6-172 民法は「売買の目的物に隠れた瑕疵があったときは、第566条の規定を準用する。ただし、強制競売の場合は、この限りでない」（570条）と規定している。この「売買の目的物」に瑕疵がある場合の売主の買主に対する責任を、**瑕疵担保責任**といい、その要件及び効果は次のようである。

　先ず、瑕疵担保責任の要件は、①「売買の目的物」に、②「隠れた」③「瑕疵」があり、④買主が善意であること（566条1項の準用）、そして、⑤強制競売ではないことである。

　次に、瑕疵担保責任の効果としては、①瑕疵が重大で契約をした目的を達しえない場合には、ⓐ解除とⓑ損害賠償、②そうでない場合には、損害賠償のみができるだけである（566条1項の準用）。請負契約とは異なり、代金減額請求権は規定されておらず、差額分についての損害賠償によるしかない。

　また、瑕疵担保責任に基づく権利の行使については、瑕疵を知りたる時から1年内という制限がある（566条3項の準用）。また、商人間の売買については、買主は速やかに検査をして直ちに瑕疵を売主に通知しなければ、瑕疵担保責任を追及する権利を失うことになっている（商法526条）。

第2章 売　買

6-173 【旧民法の規定】　　旧民法は、瑕疵担保責任について、「第3款　隠れたる瑕疵に因る売買廃却訴権」と題して次のような詳細な規定を置いていた（100条以下省略）。

「動産と不動産とを問はず、売渡物に売買の当時に於て<u>不表見の瑕疵</u>ありて買主之を知らず又<u>修補することを得ず</u>且其瑕疵が物をして其性質上若くは合意上の用方に不適当ならしめ又は買主其瑕疵を知れは初より買受けざる可き程に物の使用を減せしむるときは、買主は其売買の廃却を請求することを得」（94条1項）。「此場合に於ては買主は、弁済代金と契約費用とを取戻し其代金の利息は請求の日に至るまての物の収益又は使用と之を相殺す」（94条2項）。「買主が<u>隠れたる瑕疵</u>の売買廃却訴権を行ふ可き程に重大なるを証すること能はず又は物を保有することを欲するときは、買主は便益を失ふ割合に応して代価の減少を請求することを得」（95条）。「買主が売主に対し売買の廃却又は代価の減少を得たるに拘はらず、売主か初より其瑕疵を知りたるときは買主は尚ほ其受けたる損害又は失ひたる利益に付ての賠償を要求することを得」（96条）。「隠れたる瑕疵を担保せずとの要約は、売主をして初より自ら了知し且詐欺を以て隠祕したる瑕疵に付ての責任を免かれしめず」（97条）。「売買廃却、代価減少及ひ損害賠償の訴は左の期間に於て之を起すことを要す　第一　<u>不動産に付ては六个月　第二　動産に付ては三个月　　第三　動物に付ては一个月</u>」（99条1項）。「右期間は引渡の時より之を起算す」（99条2項）、「然れども此期間は買主が瑕疵を知れる証拠ありたる日より其半に短縮す但其残期か此半を超ゆるときに限る」（99条3項）。「買主が意外の事又は不可抗力に因りて右期間に隠れたる瑕疵を覚知する能はざりしことを証するときは、其期間の満了後に於ても訴を為すことを得。此場合に於ては意外の事又は不可抗力の止みたる時より通常期間の三分一を以て新期間と為す」（99条4項）。

2　瑕疵担保責任の法的性質

6-174　瑕疵担保責任の法的性質については、特定物についてのみ瑕疵担保責任の規定が適用されるのか、不特定物にも適用されるのかという問題に関連して古くから議論されている。他の担保責任は特定物売買にしか適用にならず、瑕疵担保責任も特定物売買について発展してきたものであり、民法も「<u>売買の目的物</u>」と規定し、引き渡された物ではなく契約において特定の目的物があることを前提とする規定をしている。

しかし、次第に種類物売買が盛んになり、現在の売買契約を見れば分かるように種類物売買が売買の中心になってきており、フランス法では、瑕疵担保規定が種類物売買にも適用されていき、後述**6-175**の法定責任か否かといった議論もされていない[57]。①しかし一方で、特定物と種類物とでは、やはり前者は契約時の

瑕疵についての悪意が問題になり、また、代替物の給付は考えられず、修補さえ不能な場合もあるなどの差があることは確かである。②ところが他方で、そのような本質的な差を除き、可能な限り特定物と種類物とで規律に不合理な差を設けるべきではないのもまた確かである[58]。

そうすると解決の方法は2つである。①先ずは、瑕疵担保規定を修補不能（原始的不能）な特定物売買にのみ限定する（修補可能な場合には適用されず、修補請求可能）ないしすべての特定物売買に適用しつつ特約などにより修補請求を認め、かつ、1年の期間制限をすべての売買契約に類推適用して不合理な差をなくすか、または、②瑕疵担保責任規定をすべての売買に適用し、修補不可能な場合には、不能を理由に修補請求を否定するか、である。理論からいけば、本来、他の担保責任同様に特定物を対象としていた制度であるので①が論理的にはきれいな解決である。しかし、このような区別をしないワランティによる制度とのバランス、また、CISGなどとのバランスを考えると、一人日本法だけが理論を貫くのも「理論倒れ」の民法学になりかねない。修補請求を履行不能で否定するなど、理論的な修正を認めつつ、基本的には後述の債務不履行責任説（⇒**6-186**）により瑕疵担保責任規定を種類物売買にも適用するのが妥当な解決であろう。いずれにせよ、現在は両説は結論的に歩み寄っており、議論の実益はなくなっている。

学説の流れとしては、起草者は債務不履行責任説に依拠していたが、その後、法定責任説が通説また判例となるが、戦後は、いわゆるウィーン国連動産売買条約など特定物売買・不特定物売買を区別せず瑕疵担保責任を適用する立法などの影響から[59]、債務不履行責任説が再び有力になってきている（但し、依然として、

---

[57] イギリス法も、特定物売買を前提とするものであろうが、「買主注意せよ」の原則が適用され、買主は自分の目で確かめて買うべきであり、売主が特に保証をしたのではない限り、売主に売買契約を理由に当然には責任追及はできなかった。売買契約とは別に保証の合意が必要なわけであるが、次第に黙示の保証（ワランティ）を認めることにより買主の保護が拡大されてきたのであり、売買契約から当然に瑕疵担保責任を導く大陸法とは異なっている（イギリス法のワランティにつき、来栖三郎「小売商人の瑕疵担保責任」『来栖三郎著作集Ⅱ』273頁以下参照）。ただし、現在では、大陸法も英米法も、買主保護の結論において大きく異なることはない。いずれにせよ、法定責任・債務不履行（ないし契約）責任といった議論はない。

[58] これは、後述の特定物のドグマを認めるか、特定物についても債務不履行として構成するかにかかわらず、認められる点であり、法定責任説と必ずしも結びつかなければならないものではないことは注意すべきである。

[59] CISG、UCCや消費財についてのEC指令、ドイツ新債務法、フランス民法など全て、特

判例は法定責任説また**6-185**のように制限的法定責任説も提唱されている）。次に、学説・判例を詳しく説明していこう。

(1) 法定責任説

6-175　特定物売買と不特定物売買とを分け、瑕疵担保責任の適用のある「売買の目的物」を特定物に限定する学説があり、いわゆる**特定物のドグマ**[60]を認め、債務不履行がないのに認められる法定の責任として瑕疵担保責任を位置づける考えである（**法定責任説**という）[61]。比較法的には瑕疵担保責任を不特定物売買にも適用するのが現在では一般的であるが、それは、ワランティという英米法の影響、また、特定物売買についての瑕疵担保責任が不特定物売買の不完全履行に転用され拡大していたものにすぎず、歴史的には特定物売買についての法理であった。なお、法定責任説では、修補義務は当然には認められないが、売買契約と同時に、特に品質保証をしていれば、品質保証契約の不履行を問題にし、合意に基づく義務として修補義務を認めることは可能である。

6-176　【法定責任説の内容】

　　(1) **法定責任説の基本的立場**　不特定物売買と特定物売買とで次のように法的扱いを分けることになる。

6-177　❶ **不特定物に瑕疵があった場合**　例えば、八百屋に梅酒を作るので、梅5kgを注文したところ、配達された梅の袋を開けて調べてみたら、傷んで使えないものがかなりあったとする（店で買って持って帰る現実売買でも同じ）。買主は種類物債権

定物に限定しない。韓国民法改正試案は、瑕疵担保責任の規定（580条）を特定物の規定であることを前提として、581条で種類物についても580条を準用するという規定を設けている。

60　特定物ではその特定物を引き渡すことしか考えられず、瑕疵があっても代替物を渡す義務があるわけでもなく、その特定物をあるがままの姿で渡せば引渡義務としては履行をしたことになり債務不履行は認められない、といった法理である。483条がその根拠として指摘されることもあるが、そのような趣旨で作られた規定ではない。近時の法定責任説としては、高森八四郎「売主の瑕疵担保責任の本質」甲南法務研究2号8頁以下の主張があり、特定物売買においては、本質的性質を具有しているものを給付すれば、債務の本旨に従った給付義務の履行は行われたことになり、「現状有姿のまま」引き渡すことが合意内容である、合意された性質が当該目的物にかけていれば、保証違反たる債務不履行責任が成立するのであり、特定物のドグマを否定する必要はいささかもないという。

61　柚木馨『売主瑕疵担保責任の研究』、我妻・中一272頁、広中72頁、下森定「不完全履行と瑕疵担保責任」『現代社会と民法学の動向』下344頁、同「瑕疵担保責任の新たな展開とその検討」『民法学と比較法学の諸相Ⅲ』187頁以下、鈴木171〜2頁、水本164頁以下（債務不履行と別個の契約責任と考えている）、近江141頁。

を取得し、合意された量のその種類に属する物を引き渡す義務を売主は負うのであり、引き渡された具体的な物が、要件を充たす物ではなかった場合、売主は債務を履行していないことになる（但し、引渡後に傷んだのかもしれず、証明は時間が経つと困難になるので、買主は直ちに文句をいう必要がある）。従って、415条、541条、543条の債務不履行についての規定だけで解決すればよく、瑕疵担保責任を敢えて援用する必要はないことになる。

　なお、判例は、傍論として後述のように、買主が瑕疵を知りながら履行として認容し、瑕疵担保責任規定によらしめることを認めているが（⇒**6-179**）、売主に追完のチャンスを541条のように与えることなく、一方的に買主が売主による追完の機会を失わせることができるというのは問題があるといわざるを得ない。売主の追完権を保証すべきであり、また、買主にも追履行の受領義務を認めるべきであり、541条により残部解除ができるだけと考えるべきである。

6-178　❷ **特定物に瑕疵があった場合**　　法定責任説は、特定物売買では、「その特定物」の引渡義務しか考えられず、「その特定物」を引き渡しさえすればよいのであり、それが約束した量より少なくても（数量指示売買）、一部滅失していても、瑕疵があっても、用益権などがついていても、その物を引き渡せば債務不履行はないという、いわゆる特定物のドグマを認めている[62]。例えば、競走馬を1頭1億円で購入したが、この馬は先天的な病気を脚に持っているという場合、この馬を引き渡せば引渡義務は尽くしたことになる（これに対して、売買後に怪我した場合には、483条でその怪我した馬を引き渡せば引渡義務の不履行はないが、400条による引渡しまでの保管義務の違反が問題となり、415条の債務不履行責任が生じる）。修補義務は瑕疵のない物の引渡義務を認めることを前提とするので、これは否定されるが、特約や慣習により修補義務を認めることは可能と考えられている（これを広く認めると、債務不履行責任説と大差がなくなる）。このように瑕疵担保責任は、特定物売買において、債務不履行がないために法が特に認めた責任であり、債務不履行責任とは異なるということになる[63]。判

---

[62]　法定責任説でも、制限種類債権については瑕疵担保責任の成立が肯定される（例えば、大阪地判昭43・9・17判タ228号190頁は、「本件売買は所謂限定種類物売買であるから、その種類物は限定された本件商品の範囲において特定され、民法第570条の適用がある」と明言する）。

[63]　例えば、民コメ（12）1205頁以下［高森］は、特定物にあっては、通常は「現状有姿のまま」引き渡すことが合意内容になっており、買主がそれ以上の形質・機能を期待しても売主の債務内容にはなりえない、物の本質的性質・属性は「保証」という形をとらざるを得ず、引渡義務を問題にすることはできず、「保証」義務違反という形での債務不履行責任を問うしかないという。但し、特定物でも、売主が特に一定の性能・品質を保証した場合には、引渡義務違反はなくても、一種の保証違反による債務不履行責任を認めることが可能とされており、黙示的保証の認定が活用されれば、特定物にも不履行責任が進出すると評されている（広中73頁、好美清光「判批」金判650号45頁も瑕疵担保責任とは別の保証責任

例に**6-179**のようなものがある。

6-179
> ● **最判昭37・9・25判時320号14頁（贋作「朝顔」事件）** 購入した絵画「朝顔」が贋作であったため、買主が売主に対して債務不履行を理由に損害賠償を請求した事例である。原判決は、特定物売買では特定物の給付により「ＸがＹと立会の上、本件画幅を真筆と信じ、特定物として買受けたことが明らかであるが、このような特定物の売買にあっては、債務者たるＹとしては、既にその特定された物たる本件画幅を給付して、債務の履行を完了したのであるから、仮に目的物が偽筆であるとの瑕疵があったとしても、債務不履行即ち履行不能、不完全履行等の生ずる余地はない」と判示した。最高裁も、次のように述べ、買主による上告を棄却した。
> 「原判決の確定した事実によれば、本件売買は特定物の現実売買と認められるから、売主に債務不履行の生ずる余地のないこと、原判決のとおりである。」

6-180　**(2) 適用の対象**　以上から、瑕疵担保責任が認められるのは、即ち570条が適用されるのは、特定物売買の場合だけということになる（引き渡された目的物ではなく、「売買の目的物」と規定していることから、売買の当時に「目的物」が定まっていることが前提とされているように見え、この表現は特定物売買に限定するのに有利なものである）。なお、神戸地判昭61・9・3判時1238号118頁は、建売住宅の売買につき、「確かに、不代替物である以上代替物の給付ということは考える余地がないが、しかし、『その個性に着目した』からといって、その特定物における瑕疵を修補すべき債務をもたらす瑕疵なき物を給付すべき債務が当然に否定し去られるものではない」、中古住宅と異なって建売の場合には、「瑕疵なき建物を給付すべき債務ありと解するのが、当事者の合理的意思に合致し、信義則にかなう」という。特定物売買についても、例外的に債務不履行的責任による構成を認める折衷的解決ともいえようか。

6-181　**(3) 売主の過失の要否**

❶ 無過失責任説　瑕疵担保責任が問題となる特定物売買で、目的物に瑕疵があったとしても、それを引き渡した限り債務不履行はなく、従って、債務不履行がないのであるから債務不履行について過失の有無を論じるということはありえないことになる。従って、法が特に買主保護のために認めた責任であり、売主の過失は不要とされる[64]（売主に何か過失を問題にするとすれば、瑕疵ある物を気がつかずに売ったという、契約締結行為の過失と同じレベルの過失だけである）。

を重要視する）。

[64]　解除は責任制度でなく、代金減額も双務契約における対価的調整にすぎないとすると、責任の名の下に法定責任説で残されるのは、信頼利益の賠償だけになる。では、何故信頼利益の賠償とはいえ無過失責任なのであろうか。より程度の高い滅失であったならば、契約締結上の過失の問題になり、売主に過失がなければ信頼利益の賠償責任は生じないのに、毀損＝瑕疵であれば売主の無過失責任とされるのは何故であろうか（例えば、目的物が前日に滅失していたら過失責任、毀損しただけならば無過失責任となってしまう）。

❷ **無過失責任原則説**　原則としては無過失責任として、信頼利益の賠償しか認めないが、売主に過失があれば履行利益の賠償まで認める学説もある（我妻・中一271～2頁）。しかし、それが衡平上妥当だというのは分かるが、履行義務なしに履行利益の賠償がなされることをどう論理的に説明するのであろうか（我妻説は解除でも直接効果説によりながらも履行利益の賠償を認めている）。

(4) 瑕疵担保責任の内容

❶ **契約解除**　ささいな瑕疵を除き、瑕疵のない物を引き渡すことは考えられないので、催告なしに直ちに解除ができる。しかし、売主に修補の機会を与えずに、即時解除を認めるのが適切かは、疑問が残される。但し、特約や慣習により売主の修補義務を認めれば、債務不履行責任説同様に、義務履行のチャンスを与えるべきであるという解釈も可能であろう。

❷ **損害賠償**　瑕疵のない物を引き渡す義務はない結果、瑕疵のない物の引渡しにより得られる利益は保障されていない（給付義務があるから給付利益［履行利益］が保障される）ことになり、ⓐ実質的な代金減額（瑕疵ある物としての価値と代金との差額を損害とする。民法には規定はないが、直截に代金減額請求権を肯定するものもある）、ⓑ信頼利益の賠償（履行されれば得られた利益の不獲得ではなく、無駄になった費用の損失）のみが認められ、履行利益の賠償は請求できないことになる。但し、売主に過失があれば、履行利益の賠償まで認める学説（我妻説）があることは、既に述べたとおりである。

【**制限的法定責任説**】　瑕疵担保責任の規定が民法に規定されているのでこれを無視しえず、瑕疵担保責任を法定責任と構成せざるをえないが、しかし、不完全履行のほうが今日の契約法の要請に沿ったものであるとして、なるべく瑕疵担保責任規定の適用を制限しようとする新しい法定責任説（代金減額説）が主張されている（円谷峻『新・契約の成立と責任』229頁以下、同「瑕疵担保責任」『民法講座5契約』185頁以下）。

この立場では、上記のような基本視点から、瑕疵担保責任規定の適用領域をなるべく限定することが望ましいとされ、不動産に代表される不代替的な特定物だけに適用し、主観的瑕疵概念を瑕疵担保責任の瑕疵から除外することを提案する。そして、瑕疵担保責任の適用領域を限定し、現代契約法のあるべき姿としては、保証責任というものを認めていこうとしている[65]。修補不能（原始的一部不能）の場合だけ

---

[65] 他に近時の法定責任説として、法定信頼責任説と自ら命名する学説が主張されている。戸田教授は、起草者の価値判断を基に、「担保責任の権利移転義務違反構成をやめ、担保責任を、法が瑕疵のない目的物を取得できることへの買主の信頼を評価して、保護に値するとした場合に売主に課した責任と構成すべきだと考える。この意味で担保責任は法定責任となる。」「当事者の目的物の性状を定めた『合意』は、担保責任の要件である瑕疵を判断する基準として用いられる。……この意味で瑕疵のない目的物は契約内容に入っていると言える」、という（戸田知行『信頼責任の原理』154頁）。そして、「売主の義務としては占

(2) 債務不履行責任説（契約責任説）

6-186　瑕疵担保責任も債務不履行責任であり、単に415条に対し特則が設けられているにすぎないと考える学説があり、これを**債務不履行責任説**という。起草者が、フランスの民法学説に従いこのような立場で立法し[66]、民法施行直後もそのような理解が一般的であったが、その後法定責任説が支配的になった後、戦後かなり有力になっている（星野134頁、田山128頁、潮見・各論Ⅰ190頁以下。来栖92頁も一種の債務不履行責任と呼んでもよいが、普通の債務不履行責任と全く同一視してよいかは疑問であるという）。特定物ではその「その特定物」を引き渡すことしか考えられず、品質について特に保証した場合には、別個に保証契約の不履行を問題にするのではなく、特定物一般について品質保証の特約がなくても、通常要求される品質・性能を備えた物を引き渡す義務を認めるべきであると考えるのである（但し、確かに修補が不能の場合には、その物を引き渡す義務しか考えられない）。比較法としては、瑕疵担保責任を特定物にのみ適用するという立法ないし解釈は、いまや皆無といえようか[67]。

6-187　**【債務不履行責任説の内容】**

　（1）　**基本的立場**　　債務不履行責任説では、不特定物売買では債務不履行であることは疑いないが、特定物売買でも、不特定物売買と区別することなく、特に契約で保証された性能・品質、特約がなければその種類の物が通常有すべき性能・品質を有する物を引き渡す義務を売主は負い、瑕疵ある物の引渡しは債務不履行となる。特定物、不特定物を区別せずに瑕疵担保責任を適用し、415条や541条の債務不履行の原則規定に対する特則として570条を考えることになる。

　　有移転行為に限定し、修補義務は、修補特約として売買契約の外に位置付けるべきだと考えている。売主が専門家の場合は、黙示に合意があったと解釈されることもあろう。また、売主に修補能力がある場合には、信義則により、損害賠償の変形として修補義務が認められることもあろう」といい、「担保責任を瑕疵のない目的物を取得できることへの買主の信頼を保護する制度だと解すると、損害賠償の範囲は、瑕疵のために被った損害であり、信頼利益に限定されることはない」という（戸田・前掲書156頁）。

[66]　梅謙次郎は、「売主には無事な物を与えると云う義務がある」、「売主は契約通りの物を与えたのではない、即ち初に申上げた契約通りの権利を譲渡したるとは云えない」という（梅謙次郎　講述『民法（明治29年）債権第2章契約（第1節～第3節）』［信山社・日本立法資料全集別巻21］186頁）。

[67]　CISG35条1項、ドイツ新債務法434条は、特定物・不特定物を問わず瑕疵のない物の引渡義務を肯定している。ヨーロッパ契約法典草案92条1項は、特定物の引渡義務につき引き渡された物に欠陥があった場合を不履行と位置づける）。

6-188 **(2) 何が債務不履行規定に対して特則なのか**　先ず、債務不履行責任ならば415条や541条だけで十分ではないかという疑問が提起されている。確かに、例えばⓐ解除であれば、別の物の引渡しや修補の請求ができる場合に即時解除ができるのは不合理であり、ⓑ損害賠償についても、無過失責任とする必然性があるのかといった疑問はその通りである。従って、これらの点については特則ではないと考えるべきであり、特則を規定する必要性があるのは、買主の善意及び隠れた瑕疵という要件と期間制限の2点である。即ち、特定物売買に限定されるが、瑕疵を知りながら買ったり不注意で気がつかずに買った場合、過失相殺で損害賠償請求が減額されるのではなく、一切責任追及が否定されている。また、引渡時に瑕疵があったのか、その後の使用により瑕疵が生じたのか、時の経過と共に不明になりその証明をめぐる争いが紛糾するが、そのような争いを早期に確定させるべきこと、また、履行済と信頼している売主の期待も保護し、瑕疵があった場合には買主に早期に権利行使をさせて、売主に対処の機会を与えるべきことが要請される。従って、特別の期間制限やまた商法526条のような検査・通知義務を認める必要性がある。

なお、瑕疵担保責任の特別規定があるところ以外は、債務不履行の一般規定及び解除の一般規定が適用になることになる（星野134頁、石田穰150頁、田山126頁）。

6-189 **(3) 過失の要否**　この点につき債務不履行責任説の中でも理解は微妙である。

❶ **無過失責任説**　570条が売主の過失を要件とはしていないため、これを形式的に適用して、415条に対して特則となっているとして、無過失責任と解することも可能である。なお、帰責事由は不可抗力がないことといった程度に考えて、特に過失という積極的な帰責事由を要求しない学説もある（森田・注69論文、内田135頁）。

6-190 ❷ **過失責任説**　しかし、何故瑕疵については無過失責任なのか（特に不特定物売買の場合）、他の債務不履行責任に対して積極的な根拠がない。そこで、損害賠償のうち、①代金減額に該当する部分については、双務契約性からでてくる効果で責任問題ではないので、過失なくして請求できるが（直截に代金減額を認めれば問題ないが）、②それ以外の実際の損害賠償については過失はやはり必要であると解することも可能である（次に述べる二分説）。私見もこれに従う。先の帰責事由を再構成して不可抗力がないことと理解すると、不売商人のように検査義務違反（過失）がないのに、不可抗力ではないので免責されないということになってしまい、妥当かは問題が残される。但し、解除については過失不要と考えてよいであろう。

6-191 **(4) 責任の内容**

❶ **契約解除**　瑕疵により目的が達しえないという要件は、解除一般の本質的義務違反でなければならないという要件に対応するものにすぎない。修補や代替物の引渡が可能な場合、やはり買主に履行の機会を与えるべきで、541条により催告をすべきであり（特定物で修補不能ならば、543条により即時解除が可能）、この点でもやはり何も特則というべきものはないことになる。

6-192　❷ **損害賠償**　ⓐ代金減額については過失なしに認められるべきであり、これを損害賠償というか代金減額請求権というかは別としても、この部分は特則といってよい。ⓑそれ以外の損害賠償については、やはり過失を要件とすべきであり、また、415条で損害賠償の範囲が決定され、これについては特則性は否定される。

　結局、570条は1年の期間制限および代金減額の点についてのみ、債務不履行責任に対して特則たるにすぎないことになる（後者については、後発的毀損につき、危険負担の債務者主義、減価分を価格によるいわば補充的履行義務により対価関係を維持する場合とパラレルだといえば、これも特別の規定とまではいうまでもないことになる）。

(3) 最近の注目される学説

6-193　**(a) 二分説**　また、①対価的調整と②それを超えた（狭義の）損害賠償とを分け、後者についてのみ過失を要求するいわゆる二分説が最近では強く主張されている[68]。二分説にも種々の考えがあるので、以下では、加藤説（危険負担的代金減額請求権説）を説明するに止めたい。

　特定物において、目的物に瑕疵がないこと（目的物の性状・機能）に関する合意も契約債務の内容をなす（特定物のドグマの否定）。従って、売主の修補義務を考えることができるが、しかし、修補不能であったり契約が当初予定されていた性状を確保することが不可能な場合がある。このとき売主に帰責事由があれば債務不履行責任が生じるが、帰責事由がない場合には、目的物の性状に関する債務は不能によって消滅する（原始的不能とはみない）。後者では、売主の債務は不能によって消滅し、両当事者間の利害の調整は、反対債権である代金債権が消滅するか否か、といった危険負担の問題として処理される。危険負担の基礎にある対価的牽連性の考え方をこの場合にも貫くとすれば、反対債権である代金債権を、不能となった契約内容の一部（瑕疵による価値の低落）に対応して減額することを認めることが必要となる。

　瑕疵担保責任が債務不履行責任であるとしても、そのことから直ちに瑕疵担保責任を415条の債務不履行責任に対する特則として無過失責任と構成する根拠はない。瑕疵担保責任が無過失責任というのは、この代金減額請求権としての損害賠償についてのみ当てはまるにすぎない。この瑕疵担保責任が法定責任か契約責

---

[68] 来栖92頁、加藤雅信「売主の瑕疵担保責任」『現代民法学の展開』390頁以下、397頁以下、半田吉信『担保責任の再構成』107頁以下、166頁以下、また、石崎泰雄「瑕疵担保責任と債務不履行責任の統合理論」早法70巻3号339頁も、瑕疵ある物の給付を「義務違反」としてそれだけで解除と減額請求を認めるが、損害賠償を請求するためには「義務違反」につき「帰責事由」が必要であるとする。

任かは用語法の問題にすぎない。重要なことは、瑕疵担保責任が有償契約における対価的牽連性の確保という意味で危険負担制度と思想的基礎を同じくしていることであり、特定物のドグマを前提とする意味での法定責任でも、債務不履行としての契約責任でもない。なお、種類物売買についても、買主が目的物を受領した上で、代金減額請求権等瑕疵担保責任の規定に依存して問題を処理しようとする場合、それを認めて差し支えない。

6-194 **(b) 時代区分説** なお、目的物の受領の前後で区別をし、①受領前は一般の債務不履行責任で規律され、②受領後にのみ特則としての瑕疵担保責任が適用されるという学説もある[69]。瑕疵担保責任の特則としての意味が期間制限くらいしかないとすれば、それが専ら妥当するのは受領後であるので、妥当なように見える。しかし、受領前には570条を適用しないとすれば、契約後受領前ならば隠れた瑕疵でなくても、更には買主が悪意であっても買主が債務不履行を主張できることになってしまい、妥当かどうか疑問が残る（期間制限の適用を受領時に制限するだけで、特定物で契約時に瑕疵が隠れていなかったり、買主が瑕疵について悪意の場合には、瑕疵担保責任を否定するつもりであろう）。

6-195 **(c) 特定合意説** 近時の注目される見解として、特定物売買では契約と同時に570条が適用になるが、売主と買主とにより売買契約とは別個にその目的物に特定する合意がされ、この特定の合意によってはじめて不特定物でも目的物の給付義務がその物の引渡しに集中し、570条が適用されるという考えが出されている（北居功「売主瑕疵担保責任と危険負担の関係01～04」法学研究69巻5・6・8・9号）。当然に特定物のドグマを認めるのではなく、この合意によりその目的物に給付義務が限定され、それ故にその時から債務不履行とは異なる瑕疵担保制度が適用になるものと考えるものである。種類物については、(b)の時代区分説と結論的には同じであるが、特定物については契約時から570条を適用する点が異なっている。後述の放送機械事件判決でも、その物を履行として認容すれば瑕疵担保責任が適用されるというが（履行として認めてしまうので債務不履行はなくなる？）、この説では瑕疵があってもその物でよいと買主が認容するのとは異なり、買主が瑕疵知らなくても特定の合意を認め、瑕疵担保責任を肯定する点で異なる。

---

[69] 森田宏樹「瑕疵担保責任に関する基礎的考察」私法51号134～5頁は、「瑕疵担保責任は売買契約において代金支払義務と双務有償の関係にある売主の財産権移転義務の質的側面に関する債務不履行責任」であり、1年という期間制限だけが債務不履行責任に対する特則にすぎないと考えている（森田・注116論文も参照。内田130頁）。

(4) 本書の立場

6-196 **(a) 特定物売買の場合——瑕疵担保責任**
❶ **修補可能な場合**　中古自動車や機械などの場合には、特定物売買であろうと、契約で特に合意されたないし契約の客観的解釈として導かれる性能・品質を有する物を引き渡す義務が認められるべきである。引き渡された物[70]が契約に適合しない場合には、債務不履行となる。なす債務の不履行を含めて一切の債務の不履行に適用される債務不履行の一般規定に対して、特則規定としての瑕疵担保責任規定が適用される。瑕疵担保責任規定の適用は、受領後である必要はなく、契約と同時に570条の適用があり、買主が悪意の場合には566条1項により売主の責任は否定される。但し、買主が悪意の場合には、後述のようにそもそも債務不履行がないので、敢えて瑕疵担保責任によらなくても責任がないという結論は同じである（「隠れた」瑕疵を買主の善意無過失とすれば、特則になる）。

6-197 ❷ **修補不能な場合**　狂牛病の牛など、特定物売買で瑕疵が修補不能の場合には、その物を引き渡すことしか考えられず（不能による瑕疵のない履行義務の履行免責効）、その物を提供すれば有効な提供となり、引渡義務については一部履行不能となる。これも、瑕疵が原始的か後発的かを区別する必要はなく、履行不能が重大＝瑕疵が重大であれば、543条で解除が可能である。ただ、後発的な場合には保管義務違反が考えられるという差はあるだけである。なお、この場合にも、契約と同時に570条が適用され、また、引渡後は商法526条が適用される点では❶❷のいずれの事例とも共通している。

特定物の場合には、いずれの場合も、契約時における隠れた瑕疵また買主の善意という要件が適用され、引渡時にはこの要件は適用されず、商法526条が適用されるだけである。

6-198 **(b) 不特定物（種類物）の場合——債務不履行責任**　不特定物の場合には、買主の悪意（知りながら契約をした）ということがそもそも問題にならない。従って、種類物売買には、契約時における買主の善意（「隠れた」瑕疵）を問題にすることはできない。そのため、「売買の目的物」が特定していないので、瑕疵担保

---

[70] 瑕疵ある物を売るという売買契約の締結だけでは債務不履行にならず（修補して期日までに引き渡すこともできる）、瑕疵ある物の引渡しが債務不履行である。従って、契約締結時には瑕疵がなくても、その後に瑕疵が生じてそのまま引き渡せば債務不履行である。この場合には、契約締結時の買主の悪意（隠れた瑕疵）といったことを問題にすることはできない。

責任が適用されるのは、引渡後にすぎない[71]。そして、引渡後は、商人間の売買には商法526条が適用され（商法526条は瑕疵担保責任だけの規定ではない⇒*6-335*）、また、商人間売買以外には1年の除斥期間のみが適用される[72]。しかし、結論に差はないので実益のある議論ではない。というのは、原始的瑕疵の場合のみに瑕疵担保責任を限定しつつ、後発的瑕疵ある特定物を引き渡した場合には瑕疵担保責任ではないが、566条3項を類推適用する余地があるからである（法定責任説ではないが、原始的瑕疵に限定することも可能だと思っている）[73]。

6-199　**(c) 責任の内容について**　不特定物の場合は当然、特定物でも修補可能な限り完全履行請求ができる（不特定物の場合には、代物給付も請求可能）。瑕疵担保責任は「隠れた」瑕疵・買主の善意という要件論、そして、1年の除斥期間という特別規定があるだけで、それと矛盾しない限り債務不履行の一般原則により認められる権利は否定されるべきではない。修補不能の場合、または、修補可能だが買主が損害賠償（他の業者に修補させてその修理代を損害賠償請求する）を選択した場合、修理代または瑕疵による価値低下との差額については売主の過失はいらないが（危険負担のように代金減額という対価的処理も可能であり、買主はいずれかを選択できるものと考えてよい）、それ以外の損害の賠償については、売主に不可抗力などの免責事由があれば損害賠償責任は生じないというべきであり、物の瑕疵の場合だけ特別扱いする必然性はないというべきである[74]。

売主に過失がある場合には、履行利益の損害賠償が認められ、損害賠償の犯意

---

[71] 特定物でも後発的瑕疵について瑕疵担保責任を肯定する以上、不特定物売買において引渡段階で瑕疵が問題になるにすぎないとしても、瑕疵担保責任の1年の特別規定を適用してよいであろう。

[72] 瑕疵担保責任だが、契約時の隠れた瑕疵と買主の善意という要件は、不特定物売買では問題にはならないといってもよい。説明の仕方だけの差であり要件・効果に何も差はないが、比較法的に瑕疵担保責任を適用するのが趨勢なので、このような説明でもよいと思っている。

[73] 債務不履行責任説では、債務不履行についての特則がどういう場合にどの限度で当てはまるかを考えればよいのであり、特則がすべて当てはまるもののみを瑕疵担保責任というか、一部でも当てはまれば瑕疵担保責任というか、とりたてて重要な問題とは思われない。不特定物売買にも瑕疵担保責任の規定を適用するのが世界的に一般的な状況であり、不特定物についても、（引渡後については）瑕疵担保責任の規定が適用されるので、瑕疵担保責任がそのときに成立すると説明してもよいであろう。

[74] 但し、契約費用の償還程度は認めてよいか〔信頼利益というと曖昧で広がりすぎる〕。買主が物を売買に自ら返還した場合、それにかかった費用は売主がすべきことを代わりに行ったのであり、求償という形で請求を認めてよい。

については416条により規律され、但し売主に過失がなくても、信頼利益については賠償が認められていもよい。解除については、修補不能ならば契約目的を達しえなければ直ちに解除できるが、修補可能ならば修補の機会を売主に与えるべきである（修補権⇒**6-304**）。

　結局、債務不履行説の立場では、検査通知義務と権利行使期間の制限が、一般の債務不履行に対する特則ということになるが、その適用という観点からみると、引渡時に瑕疵があった場合の一切の事例（種類物売買、特定物売買で後発的瑕疵も含め）に適用すべきであり、瑕疵担保責任とは何かという理念の問題としておくとして、特定物の原始的瑕疵と後発的瑕疵のいずれにも、また、不特定物についても566条3項及び商法526条の適用が肯定されるべきである。

6-200 【不特定物売買で引き渡された物に瑕疵があった場合の処理】
　　(1) **債務不履行責任説**　　債務不履行責任説では、不特定物売買において引き渡された物に瑕疵があった場合、瑕疵担保責任の特別規定（期間制限くらいしかないが）による他は債務不履行及び解除の一般規定により規律されることになる。その結果、次のようになる（なお、時代区分説では、引渡後は570条の適用があり、1年の期間制限という特則がかかってくる）。
　　ⓐ先ず、履行がなされていないため、債務が消滅しておらず、買主は債務の履行を求めることができる（完全履行請求権。但し、これは契約の履行請求そのものであり、瑕疵担保責任の効果でもなんでもない）。具体的には、①瑕疵のない別の物を引き渡すよう請求でき（代物の給付）、②瑕疵の修補を請求することもできる（瑕疵修補請求権といわれるが履行請求権そのもの）。買主は両者を選択でき（売主は修補請求に対して代物を給付することは許されるであろう）、ただ瑕疵が軽微な場合には修補請求のみをなしうると解すべきである。ⓑ売主がこれに応じないときは、買主は570条により（引渡前は541条）催告の上解除をなすことができる。ⓒ買主は、完全な履行が遅れたことにより生じた損害を、416条の範囲で賠償請求できる（売主が修補しないので、自ら修補をした場合〔売主に修補の機会をあたえる必要があるので、催告すべきである〕にその費用の賠償も認められる）。このためには、415条により過失が売主には必要である。ⓓ以上は、415条以下及び541条の適用の結果にすぎず、瑕疵担保責任という特殊な点はない。瑕疵担保責任の特殊な点は、解除と損害賠償が1年という期間制限に服する点くらいしか認められない。570条によれば、解除と損害賠償のみが期間制限に服するのみであるが、瑕疵をめぐる争いを早期に収めようとする趣旨からいえば、この2つに限らず、不特定物の完全履行請求権についても類推適用すべきである（田山128〜9頁）。以上私見でもあり、法定責任説のように種類物につき、いつから瑕疵担保責任の規定が適用になるかといった議論は不要であり、単に566条3項の1年の起算点だけを考えればよいことになる。

また、瑕疵のある物を履行として容認し、その保護を他の業者にさせ（売買の修補権があるので、相当期間を経過しても修補をしないことが必要）、その費用を売主に損害賠償として請求するということも許される。請負の場合同様に選択関係になる。

6-201　**(2) 法定責任説**　法定責任説では、不特定物売買には瑕疵担保責任の規定は適用にならないと考えるため、不特定物売買で引き渡された物に瑕疵があった場合、債務不履行責任及び解除の一般規定により処理されることになる（⇒**6-177**）。そうすると、(1)説の@〜©は要するに瑕疵担保責任の内容ではなく、債務不履行責任及び解除の一般規定の適用にすぎなかったため、それをここに持ってくることができる。従って、唯一(1)説と残される差異は（不特定物売買に関する限り）、1年という瑕疵担保責任の期間制限がないことくらいしか残らないことになる。そうすると、完全履行請求は契約上の履行請求権それ自体であるから10年（商事5年）の時効になり、解除および損害賠償も特に制限する規定がない以上10年（商事5年）の一般規定によることになる。しかし、570条の期間制限の趣旨（引渡時に瑕疵があったのか、その後に瑕疵が生じたのか不明であり、その証明をめぐる紛争の回避、履行済と信頼している売主の保護）は、不特定物にも同様にあてはまるわけであり、このような処理は法定責任説でも疑問が出され、次のような種々の処理が提案されている。

6-202　**(a) 信義則説**　先ず、代物給付請求権に信義則上一定の期間制限を設けたり（長年経ってから、瑕疵ある物を返して瑕疵のない物を引き渡せといわれても、売主は困る）、ある程度使用した場合にも修補請求しか認めないという処理も考えられる。これによれば、代物請求だけが、制限されるだけで、修補請求、解除（これは引き渡された物を返還するので、同じ趣旨はあてはまるはずだが）及び損害賠償については原則通り10年の時効を認めることになる。

6-203　**(b) 548条1項類推適用説**　548条1項は解除権の消滅に関する規定であるが、その趣旨を瑕疵修補請求権にも類推適用し、毀損したり返還不能とした場合には、買主はもはや瑕疵修補請求はなしえなくなり、後は損害賠償請求のみが残されるだけということになる。

6-204　**(c) 566条3項類推適用説**　より直截に、期間制限については不特定物売買にも類推適用してよい（既述のように同じ趣旨があてはまるから）という考えがある。瑕疵修補請求権を含めて類推適用することになる（広中72〜73頁）。債務不履行責任説と法定責任説の差は、期間制限くらいしかなかったわけであるが、これによれば（不特定物売買に関する限り）、全く差はなくなってしまう。

6-205　**(d) 一定の要件の下に570条を不特定物売買にも適用する説**　更には、一定の要件が充足された場合に限り、不特定物売買についても570条の規律に服せしめようとする考えがある。その要件をどう考えるかで次のように分けることができる。

6-206　❶ **提供または買主の受領を要件とする説**　不特定物に瑕疵がある場合は、債務の本旨にあった履行ではないので買主は受領する義務はないが（特定物では、対価給

付義務は履行されないが、物理的にはそれを引き渡すしかないので、買主は解除をしない限り受領しなければならない)、①401条2項を単純に適用し、特定により瑕疵担保責任の適用を認める考え（横田344頁など)、②受領後にはその物に目的物が特定するので、570条を適用してよいという考え（末川・下51頁。債務不履行責任も併存させるため併存説と呼ばれる）などがある。しかし、瑕疵があり債務の本旨に従わない物について特定が生じるか疑問があり、また、瑕疵を知らないで受領した買主が、瑕疵担保責任の規定に従いその後は解除と損害賠償しか請求しえなくなる（法定責任説では完全履行義務を認めないから、特定物同様に代物の給付といったことはありえなくなる）といった不都合がある。

6-207　● 大判大14・3・13民集4巻217頁（タービンポンプ事件）　《事案》　メーカーよりタービンポンプ1台（不特定物）を購入し代金を支払った買主が、機械の不良のため売主に修補をさせたが功を奏しなかったため、結局、契約を解除して代金の返還を求めた事例である。これに対して、売主が、瑕疵担保責任の適用を主張して、1年の除斥期間の経過を理由に争い、他方で、買主がこれに対して不特定物には瑕疵担保責任の規定は適用にならないと主張し、瑕疵担保責任の規定（問題になったのは1年の除斥期間）の適用の可否が問題になった。大審院は、次のように述べて、特定後に瑕疵担保責任の規定の適用を認め、売主の主張を認めた。

6-208　《判旨》　(1) 特定により特定物売買と類似　「不特定物の売買契約に於ける売主が瑕疵ある物を買主に給付するも未だ完全に其の義務を履行したるものと謂ふを得ざるが故に、縦令売主に於て斯る物を提供するも買主に於て其の受領を拒絶し得るは洵に所論の如し。然れども之を契約の目的物と全然種類を異にせる物の給付と同一視し全く契約の履行と偽り得ざるものと速断するは失当にして、寧ろ買主に於て之を受領したる場合に於ては不完全ながらも契約の履行ありたるものと解するを正当とす。而して買主が売主の提供したる物に瑕疵の存することを知りつつ之を受領したるときは、特別の事情なき限り買主は其の給付にて満足し、瑕疵を原因とする権利を主張せざる意思にて之を受領せしものと解し得るが故に、其の後に至り瑕疵担保に因る権利を行ふことを得ざるも、若し買主にして其の当時善意なりしとせば、物に関する危険の移転する時期を標準として斯る権利を行ひ得るものと謂はざるべからず。蓋民法第570条には其の適用を特定物の売買契約にのみ制限せるものと解すべき文字なきのみならず、不特定物の売買契約締結後売主及買主が契約に因り給付すべき物を定むるは有効なるのみならず、此の契約は其の物に瑕疵の存するの所以を以て当然無効に帰すべきものに非ざれば、此の時より以後は特定物の売買契約ありたる場合と類似し買主に瑕疵担保に因る権利を与ふべきや否やの問題に関し彼と是とを区別すべき理由なく、又給付すべき物の選定に関し斯る契約なかりし場合と雖も、苟も買主が売主の提供せし物を受領せる限り、契約は不完全ながらも履行せられたるものと謂ふべく、従て此の場合に於ては、給付すべき物は売主が買主の同意を得て之を指定し、又は其の給付を為すに必要なる行為を完了したるとき特定したるものと謂ひ得べきが故に、此の時期を標準として考ふるときは、瑕疵担保の問題に関し特定物の売買契約と其の取扱を異にすべき理由なければなり。」

6-209　(2) 瑕疵担保規定を適用しないと結論も不都合　「若し夫れ不特定物の売買契約に於

340　第2編　契約各論1　財産の取得を目的とした契約

> て売主が買主に対し瑕疵ある物を給付するも、全然契約の履行なく、従て瑕疵担保の問題を生ずることなしとせば、買主は更に瑕疵なき物の給付を請求し得べく売主も亦既に給付せし物の返還を請求し得ることとなるべし。而も此の権利に付ては民法第566条第3項に規定せる如き除斥期間の定なきが故に、当事者は債権に関する消滅時効若は所有権の取得に関する時効の完成に至る迄不安の状態に在る場合も生じ得べし。如斯は民法が瑕疵担保に因る権利に関し同条を準用し、極めて短き除斥期間を定めたる精神に反するものにして、到底是認することを得ず。」

6-210　❷ **買主の履行認容を要件とする説**　*6-207*の判例によると、買主が瑕疵について悪意だと一切の権利は認められず、善意であれば、瑕疵担保責任の規定が適用され、1年の除斥期間に服することはよいとしても、法定責任説では受領後に買主は修補請求ができないことになってしまう。法定責任説に立つ判例ではこのような不都合があるため、その後、次のように判例が変更される。買主が瑕疵ある物を履行として認める（履行認容）ことを瑕疵担保責任の規定を適用するための要件としたのである[75]。

6-211　●**最判昭36・12・15民集15巻11号2852頁**（塩釜声の新聞社放送機械事件）　買主が放送機械を購入し街頭宣伝用に使用したが、雑音が生じたり音質不良を起こすことが多かったため、売主に修理させたが結局完全にはならなかった。その為、買主は解除の意思表示をしたが、売主が代金の支払のために買主が振り出していた手形の支払を求めてきた。これに対して、買主が解除を主張して争った。

「不特定物を給付の目的物とする債権において給付せられたものに隠れた瑕疵があった場合には、債権者が一旦これを受領したからといって、それ以後債権者が右の瑕疵を発見し、既になされた給付が債務の本旨に従わぬ不完全なものであると主張して改めて債務の本旨に従う完全な給付を請求することができなくなるわけのものではない。債権者が瑕疵の存在を認識した上でこれを履行として認容し債務者に対しいわゆる瑕疵担保責任を問うなどの事情が存すれば格別、然らざる限り、債権者は受領後もなお、取替ないし追完の方法による完全な給付の請求をなす権利を有し、従ってまた、その不完全な給付が債務者の責に帰すべき事由に基づくときは、債務不履行の一場合として、損害賠償請求権および契約解除権をも有するものと解すべきである。」「X会社は、一旦本件放送機械を受領はしたが、隠れた瑕疵あることが判明して後は給付を完全ならしめるようY会社に請求し続けて

---

[75] 結論としては、履行認容なしとして、買主による債務不履行（不完全履行）を理由とする解除を認めたことになる。ところで、法定責任説で履行認容があれば不特定物売買でも瑕疵担保責任の規定が適用になり、後は解除と損害賠償しか問題にならないということの理論的説明であるが、要するにこうである。買主が本来履行価値のない物（その給付では債務は消滅しない物）を履行として認容することは、要するに履行があること＝債務消滅を認めることである（瑕疵のある物では債務の本旨に合致しないので種類債務の特定は生ぜず、完全履行請求権の放棄による別の意味の「特定」がここで認められることになる）。そうすると、売主は、瑕疵ある物を引き渡したが、もはや債務不履行はないことになり、特定物売買における（特定物のドグマ）のと同じ状況になるのである。

いたものであって瑕疵の存在を知りつつ本件機械の引渡を履行として認容したことはなかったものであるから、<u>不完全履行による契約の解除権を取得したもの</u>ということができる。」[76]

(5) 瑕疵担保と他の規定ないし法理との関係

6-212　錯誤や詐欺取消しの関係については、期間制限との関係で後述することにするが、債務不履行責任説では瑕疵担保と債務不履行との関係が問題になり、また、法定責任説も含めて、原始的不能である契約締結上の過失と原始的一部不能である瑕疵担保責任との関係が問題となる。

6-213　**【瑕疵担保責任と契約締結上の過失】**　特定物売買で目的物が契約時に滅失していれば、原始的不能、数量指示売買で目的物が一部滅失していれば565条の担保責任、毀損していれば瑕疵担保責任というそれぞれ別の問題となる。

6-214　**(1) 原始的全部不能**　通説によれば原始的に不能な売買契約は無効である。買主は代金を免れるために解除をするといった必要はない反面、契約は無効で履行義務がないため履行利益の賠償は請求できず、信頼利益の賠償しか請求できない。そして、損害賠償の原則通り、この賠償責任のためには売主に過失が必要である。これと原始的毀損（＝瑕疵）とを次に比較してみよう。

6-215　**(2) 原始的瑕疵がある場合**　売買契約は有効であり、買主には約束した額の代金債務が生じる。まず、法定責任説では、売主に完全な物を引き渡す義務は成立しない（これが一旦成立する後発的瑕疵の場合との差）。従って、義務がない以上瑕疵のない物の履行利益は保障されないことになる。したがって、原始的全部不能も一部不能も、いずれも履行請求権はなく、信頼利益の賠償しか認められないということでバランスを失することはないことになる[77]。

これに対して、債務不履行責任説では、修補が可能な以上、売主には修補して引き渡す義務が認められ、従って、修補不能の場合のみが原始的一部不能となる。し

---

[76] X（売主）は、①本件放送機械には瑕疵はない、②仮に本件放送機械に瑕疵があつたとしても、極めて軽微なものであり解除はできない、③仮に解除できるような瑕疵であったとしても、商法526条によって目的物である右機械の検査及び通知の義務を尽していないし、6か月内に解除の意思表示をしていないから、本件売買契約を解除し得ないと主張したが、原審判決は、①②否定し、③についても瑕疵の通知期間であり解除の行使期間ではないとこれも退けた。Xの上告理由の1つに（最後のおまけ）、債務不履行の一般規定による解除を原審判決は認めているが、受領後は瑕疵担保の規定が適用になるという、法的根拠づけについての批判があり、本文に掲げた判旨はこれに答えたものである。瑕疵担保責任によっても解除が認められていた事例であり、結論が変わった事例とは思われない。

[77] なお、法定責任説に立つ下森教授は、瑕疵担保は等価的不均衡に対する救済であり代金減額的損害賠償に止まるが、売主に過失があれば、付随義務・保護義務違反として債務不履行の一般原則によりその他の損害も賠償されると考えている（下森・ノート55頁）。

かし、その場合にも契約を有効に成立させるので、履行利益の賠償を認めることができる。そうすると、原始的全部不能では信頼利益の賠償に限定するとバランスを失するが、本書は、*1-135*に述べたように原始的全部不能でも有効として履行利益の賠償を認めるので、バランスを失することはない。

6-216 **【債務不履行責任と瑕疵担保責任との競合】** 法定責任説では問題が生じないが、債務不履行責任説では、瑕疵担保責任規定と債務不履行の一般規定との関係が問題にならざるをえない。そして、瑕疵担保責任の特例が、566条3項の期間制限や商法526条程度しかないとすると、問題としては、415条の債務不履行責任を追及してこれらの適用を排斥しうるのかを考察すべきことになる。

フランスでは短期の権利行使期間（1648条）の制限を回避するために、この期間が既に経過してしまった買主により、瑕疵担保責任によらずに債務不履行責任で責任追及することが議論されている。最初は、問題となっているのが拡大損害であったためか、判例は債務不履行責任による責任追及（適合物給付義務、保護義務、安全義務等の違反と構成する）を認め、売主による1648条の瑕疵担保責任の期間制限の主張を退けたが、1993年10月27日の破毀院判決により、それまでの判例を覆し、瑕疵担保責任による責任追及しか認めないことにした（但し、適合物給付義務違反は制限されたが、安全義務違反の追及は依然として認められている）。

わが国でも、瑕疵担保責任についての566条3項や商法526条の特別規定を、415条により損害賠償を請求することにより排除することはできないというべきである[78]。但し、売主が詐欺により瑕疵ある物を販売した場合の不法行為に基づく損害賠償請求および詐欺による取消しについては、瑕疵担保責任により排斥されないと考えるべきである。

---

[78] 判例としては、傍論であるが（瑕疵が否定された）、東京高判平11・8・9判時1692号136頁は、「本件自動車の売買のような商人間の不特定物売買においては、買主が瑕疵の存在を認識した上でその給付を履行として認識したものと認められる事情が存しない限り、買主は、売主に対し、債務不履行を理由として売買契約を解除することができると解されるが、その場合でも瑕疵担保責任の規定（民法570条、566条3項）の適用が妨げられることはないから、隠れた瑕疵を原因として売買契約を解除するには、買主がその瑕疵を知った時から1年以内にその旨の意思表示をする必要がある」。「買主である控訴人が、本件自動車に瑕疵があることを発見し、商法526条に基づき被控訴人にその旨を通知したとしても、その後1年の除斥期間内に本件売買契約を解除しなければ、債務不履行を理由とするものであっても、もはや右の瑕疵を理由に本件売買契約を解除することはできない」としている。

そうすると、不特定物についてはいつから一般債務不履行法から瑕疵担保法の適用領域に入るのかという疑問が生じる。これについては、買主の履行認容を基準とし、また、受領後も履行認容の撤回が可能であるというものがある（藤田寿夫『表示責任と契約法理』125頁以下）。私見では、結局1年という特殊な期間制限があることしか瑕疵担保責任の存在意義を認めないため、これを中心にして考えると、特定物・不特定物を問わず、単に買主が瑕疵という事実を知ったのはいつかを問題にすればよいものと思われる。

3 瑕疵担保責任の要件

6-217　570条及びその準用する566条1項の規定から、瑕疵担保責任の要件として設定されている要件は次のようである。

> ① 「売買の目的物に」
> ② 「隠れた」
> ③ 「瑕疵」があり（以上は、570条の要件）
> ④ 買主が善意であること（566条1項の準用による要件）
> ⑤ 競売によるものではないこと
> ＊解除のためには、566条1項の準用により、更に、契約をした目的を達成できないことが必要

(1)「目的物」に「瑕疵」があること――「瑕疵」の意義

6-218　瑕疵担保責任が認められるためには、引き渡された「目的物」[79]に「瑕疵」があることが必要である。日本の民法はフランス民法と同様に「瑕疵」の定義規定を置いていないが、「瑕疵」も次の2つに分けて考えることができる（なお、特定物の瑕疵であることを要するかについては既述）[80]。瑕疵については、危険ないわゆる欠

79　「目的物」とあるが、試掘権、特許権、著作権のような所有権以外の財産権を対象とする売買にも類推適用される（末川・下50頁）。債権でも、債務者の資力の保証以外については、瑕疵担保責任が認められる。

80　瑕疵の定義規定を置く立法としては、次のような立法がある。

1　ドイツ民法　434条（半田訳による）(1)物は、それが危険移転に再して、合意された性質を有するときに、物の瑕疵がない。性質が合意されていない限りにおいて、
　1　それが契約にしたがって前提とされた使用に適切であり、その他
　2　それが通常の使用に適しており、かつ性質が、同種の物において通常であり、かつ買主が物の種類に従って期待しうる性質を呈示する場合には、物には物的瑕疵がない。
　2文2号に従った性質には、買主が、売主、製造者……またはその補助者の公の表示に従って、なかんずく、広告または物の特定の性質についての表示において期待しうる性質もまた、属する。但し、売主が、その表示を知らず、かつ当然に知るべきでもなかった場合、それが契約締結時に同様な方法で訂正された場合、またはそれが売買の決定に影響を及ぼしえなかった場合を除く。

　442条1項　瑕疵による買主の権利は、彼が契約締結に際して瑕疵を知っていた場合は、排除される。買主が重過失によって瑕疵を知らなかったときは、売主が瑕疵を悪意で黙秘し、または物の性質の保証を引き受けた場合においてのみ、この瑕疵による権利を主張しうる。

2 アメリカ統一商事法典　アメリカ統一商事法典（UCC）では、瑕疵担保に匹敵する保証について、次のように詳細な規定が置かれている（田島訳による）。

2-313条（明示的な保証）(1)　以下の場合には明示的保証が生じうる。

(a)　売主が買主に対してなした事実の確認または約束であって、物品に関係があり、その交渉の基礎の一部となるものは、当該の物品がその確認または約束に適合するものであることの明示的保証を生む。

(b)　交渉の基礎の一部とされた物品の説明は、当該の物品がその説明に適合するものであることの明示的保証を生む。

(c)　交渉の基礎の一部とされた見本またはモデルは、当該の物品の全体がその見本またはモデルに適合するものであることの明示的保証を生む。

(2)　明示的保証を生むためには、……当該の物品の価値の単なる確認または当該の物品についての売主の単なる意見もしくは推奨であるにすぎないと意図された言動は保証を生まない。

2-314条（黙示的保証　商品性、取引慣習）(1)　排除または修正されない限り（2-316条）、物品が商品性を有することの保証は、もし売主が当該の種類の物品に関する商人である場合、その売買契約の中に黙示的に含められる。……

(2)　商品性を有する物品は、少なくとも以下のようなものでなければならない。

(a)　契約の種類による取引において異議なく合格するもの、そして、

(b)　代替可能物品の場合、その種類の範囲内の公正な平均的質のもの、そして、

(c)　当該物品が使用される通常の目的に適合するもの、そして、

(d)　当該合意によって許容される偏差値内で、各単位ごとに、かつ全体の関連単位の中で安定した種類、品質、容量を維持しているもの、そして、

(e)　合意で要求されるように、適切に入れられ、包装され、かつ、ラベル表示されているもの、そして、

(f)　もし容器またはラベルが使われている場合には、その上になされた事実の約束または確約に適合するもの。

(2)　排除または修正されない限り（2-316条）、その他の黙示的保証が、交渉の過程または取引の慣習から生じる。

2-315条（黙示的保証、特定目的のための適合性）　売主が、契約締結時に、物品が必要とされる特定目的および買主が適切な物品を選択ないし備え付ける売主の技術または判断に頼っていることを知っているはずである場合には、次条により排除または修正されない限り、物品が当該の目的に適合することの黙示的保証が存在する。

3 国連統一動産売買条約　国連統一動産売買条約では、「物品の契約適合性」として瑕疵担保責任の問題が規定されており（種類物に適用されるのは当然）、35条で次のように規定されている（曽野・山手訳）。

(1)　売主は、契約で定められた数量、品質及び記述に適合し、かつ、契約で定める方法に従って容器に収められ又は包装された物品を引き渡さなければならない。

(2)　当事者が別段の合意をしている場合を除き、物品は、次の要件を充たさない限り、契約に適合しないものとする。

(a)　記述されたのと同じ種類の物品が通常使用される目的に適していること。

第2章 売　買　345

陥である必要はなく、また、買主の使用収益を妨げる必要はなく、契約の内容に引き渡された物が適合していなければよい[81]。

6-219　**(a) 特に明示的に保証された品質・性能を有しない場合**　通常その種類の商品として要求される品質・性能は備えているが、特に契約であると約束された品質・性能が存在しない場合[82]も、瑕疵に入ると考えられている（これも主観的瑕

　　(b)　契約締結時において売主に対し明示又は黙示のうちに知らされていた特定の目的に適していること、ただし、状況からみて、買主が売主の技量及び判断に依存しなかった場合又は依存することが不合理であった場合を除く。
　　(c)　売主が買主に見本又はひな型として示した物品の品質を有すること。
　　(d)　その種類の物品にとって通常の方法により、またはかような方法がないときは、その物品を保存し保護するのに適切な方法により、容器に収められた又は包装されていること。
　　(2)　契約締結時において、買主が物品のある不適合を知り又は知らないはずはあり得なかった場合には、売主は、その不適合について前項(a)から(d)号の下での責任を負わない。

81　なお、いわゆる**異種物**も瑕疵担保責任の問題になるのか、といった議論がある。「瑕疵」を問題にすると、①Ｔ社製自動車Ａ1,200cc甲型を注文してその車が引き渡されたがエンジンの調子が悪ければ瑕疵であるが、②Ｔ社製自動車Ａ1,200cc乙型ないしＴ社製自動車Ａ1,000cc甲型が引き渡され、Ｔ社製自動車Ａ1,200cc乙型ないしＴ社製自動車Ａ1,000cc甲型としては瑕疵がないとしても、Ｔ社製自動車Ａ1,200cc甲型を基準としてみると「瑕疵」といえるのか、といったような問題である。「瑕疵」という概念に代えて「不適合」という概念を採用する立法では、いずれも「不適合」に含めることができる。例えば、消費財についてのＥＣ指令のようにこの２つを区別しない例もあり（英米法は黙示の保証によって瑕疵担保責任に匹敵する制度が担われている）、これを区別するフランス民法は、指令を民法に導入することはこれまでの法体系を破壊することになるので、消費法典にのみ「不適合」概念を導入して、民法では「瑕疵」概念を堅持した。これに対して、ドイツ民法は、指令を民法に導入して、瑕疵担保責任を契約への不適合という広い概念としこの２つとも瑕疵担保責任の対象とした。
　　わが国もフランス民法同様異種物の給付は「瑕疵」担保責任ではないが、場合によっては、566条３項や商法526条の類推適用ができ、それによりなんらの請求ができなくなった反射として、本来履行価値の認められない異種物給付が履行価値を認められ保持できるとでもいうべきか。

82　例えば、自動車の売買で、防弾ガラスだといっていたのに普通の車と同じガラスにすぎなかったり、国産リンゴ100％ジュースといっておきながら外国産を使用していたといったような場合。柚木・注61文献313頁以下、我妻・中一288頁、星野132頁など、品質保証契約といった別個の契約に根拠づけずに、瑕疵を肯定する。判例も、樅板の見本売買で見本と異なっていた場合（大判大15・5・24民集５巻433頁）、広告で保証した機能がない場合（大判昭8・1・14民集12巻71頁）に瑕疵担保責任を認めている。

疵といわれることがある)[83]。単に買主が主観的に特別の性能・品質を有するものと誤解していたとしても、契約内容にならなければ、瑕疵を問題にすることはできない。

6-220 **(b) 買主の考えている特別の使途に合致しない場合（主観的瑕疵）** なお、売主によって特別の性能・品質が保証されたのではないが、買主が通常とは異なる使途を考えており、それに購入しようとする物が適切だと誤解している場合、(a)の特別の保証と(c)の通常の用途への適正しか問題にしなければ、ここでは瑕疵は認められないことになってしまう。しかし、売主がそのような買主の使途を考えていることを売主に知らせていたり、知らせていないが状況から売主が知っている場合には、売主が何も注意せずに売ることが許されるとはいえまい。その場合には、黙示に買主の使途への適合性を保証しているものとさえ考えられ、この場合にも瑕疵を認めるべきである。このように、買主の使途を売主が知り、買主が売主の技術などに信頼してその使途への適正ありと正当に信頼することができる場合には（いわば**主観的瑕疵**）、瑕疵を問題にすることができると思われる[84]。

6-221 **(c) 通常有すべき品質または性能を有しない場合（客観的瑕疵）** ある商品の売買において、特に品質・性能の内容を契約で詳しく定めなくても（なお、401条1項で中等の品質を合意したものと推定される）、当然常識的なレベルがあるはずである。その種類の商品に通常要求される品質、性能に達しない場合は、積極的に不具合がある場合（例えば、車のブレーキが効かないなど。このような危険な瑕疵を欠陥と

---

[83] 主観的瑕疵にまで瑕疵担保責任を拡大すると、品質保証責任との関係が問題となる。ⓐ法定責任説では、瑕疵を客観的に捉えて、特に品質が保証された場合には、瑕疵担保責任ではなく債務不履行責任たる保証責任と構成することに馴染むことになるが、ⓑ債務不履行責任説では、品質についての保証は瑕疵担保責任についての特約に過ぎないということも可能である（法定責任説で種類物売買では債務不履行責任だけに統一するか。そうすると、品質保証責任は法定責任説でのみ意味のある概念で、債務不履行責任説では瑕疵担保責任に解消してもかまわないということにもなりそうである）。

[84] 例えば、「通常は、買主は自己の希望する性質・用途……を告げ、売主がそれに適する旨を答えるのをまって、その特定の品……を選ぶものであって、かような場合にその物……がその性質・用途に適しないと、それは売買の合意の基礎となった性質と相反するのであり、かつそれによってその適正または価値が予定された性質の物に対して著しく減少するという理由で、その物に瑕疵があるということになるのである。……この場合注意すべきは、買主のみが希望した使用期間は問題とならないのであって、常に両者の合意あることを必要とすること……、特定の目的『のみ』のために売買された場合には、この目的に対する使用適正のみが問題となること、……等である」といった説明がされている（新注民(14)355頁［柚木・高木］）。

いう）に限らず瑕疵あることになる。例えば、船舶の外装用のペンキで海水下において直ぐに剥がれてしまう（ペンキは錆止めの意味もある）のは、陸上で使うのには問題がないとしても、船舶用としては瑕疵といってよい。フランス民法ではこのような瑕疵概念が採用されている（**客観的瑕疵**）[85]。

判例としては、ビル建築用の土地の売買で、レンガやコンクリート等の埋設物があり、ビル建築のためにはこれらを撤去しなければならない事例（東京地判平7・12・8判時1578号83頁。但し、免責条項を有効として責任を否定）、土地建物の売買で土地が軟弱地盤であるために地盤沈下が生じた事例（東京地判平13・6・27判時1779号44頁）、中古住宅の売買で屋根裏にコウモリが住み着いていた事例（神戸地判平11・7・30判時1715号64頁）、新築マンションにおいてホルムアルデヒトが行政基準値をはるかに超える濃度であった、いわゆるシックハウスの事例（東京地判平17・12・5判時1914号107頁。秋野卓生「最近のシックハウス訴訟判決」NBL831号46Ⅱ参照））などで、隠れた瑕疵が肯定されている。なお、競走馬で○○号の子といったが違っていたり、絵画で直筆という話で売買がされたが贋作であった場合、これを「瑕疵」といってよいかは微妙である（判例は贋作を瑕疵とする）[86]。

なお、瑕疵が引渡時に存在したことは、買主が証明しなければならない。この点について、引渡しをうけてから間もない期間に瑕疵が発見された場合には、引渡時に瑕疵があったものと推定すべきであり、買主が乱暴に使用したなどの原因により引渡後に瑕疵が発生したことを売主が証明しない限り、引渡時の瑕疵を推

---

[85] 三宅・上323頁はこのような瑕疵概念による。また、民コメ(12)1313～4頁［高森］も、570条の「瑕疵」は客観的瑕疵と捉え、特に前提された性質・品質については瑕疵担保責任とは別個の法理［保証］により、瑕疵が隠れている必要はないという。

[86] 美術品の贋作であることは瑕疵とされているが（⇒**6-179**の最判昭37・9・25、贋作「朝顔」事件）、「凡そ書画骨董の売買、特に多少その経験ある者等の売買にあっては、売主において真筆であることを保証する等して、これを売買の要素とする旨の特約がない限り、真贋の判定は買主の鑑識に委されていて目的物の真贋は買主自身が責任を負うものである」として「控訴人は予て書画骨董を売買して、これにつき相当の鑑識力をもつものであり、目的物を仔細に点検して真筆と確信した結果、これを10万円で買受け、約2年の経過後に、買受価格の3倍に達する30万円で他に転売して利を図ったのであるから、その後、偽筆であることが発見されたとしても、これをもって法上にいう「隠レタル瑕疵」とは未だ解し難い」とした判決があるが（福岡高判昭36・9・9判時320号16頁）、錯誤を問題として、売主も買主も真作と信じていた共通錯誤であり、契約を有効にして保護すべき利益が売主はあるとはいえないとして、買主に重過失があったとしても95条ただし書は適用されず、買主は無効の主張ができるとした判決もある（東京地判平14・3・8判時1800号64頁）。

定してよいであろう[87]。

6-222 【「目的物」の瑕疵か──借地権付建物の売買における土地の瑕疵】　借地権付建物の売買で建物に瑕疵があれば瑕疵担保責任が問題となるが、では土地の側に問題があった場合はどうなるであろうか。建物を支える土地の擁壁に水抜き穴が設けられていないという構造的欠陥があり、大雨により擁壁に傾斜・亀裂が生じ、敷地の一部に沈下及び傾斜が生じ、建物倒壊の危険が生じ、やむなく買主が建物を取り壊したという事例で、最判平3・4・2民集45巻4号349頁は、*6-223*のように述べる。学説には反対がある（賛成するものに、半田吉信「判批」判評395号35頁、近江143頁）[88]。判例の否定のための論理は、①目的物ではない土地の瑕疵にすぎない（権利が目的物であり、権利に瑕疵がある必要あり）、②売買契約で約束された内容の債権でなければ権利の瑕疵になるが、そうではない、③契約通りの債権が移転されれば、その履行を受けられるかは売主の責任ではない、という3つである。肯定説はこれらを論破する必要があるが、①②に対しては、注88のように建物と借地権を一体とした財産とする構成（潮見）、目的物の状態も借地権の価値に影響があり、契約で前提した価値がないとして価値に着目する説明がされている（高木）。本書もこれらの説明に賛成するが、若干補強をすると、③の点について、569条は金銭債権についての規定であり、消滅（＝満足）を目的とする債権ではなく、借地権は存続を目的とする債権であり、不履行の状態にある借地権をそのような状態にないものとして売却した場合には瑕疵と認めてよいのではないかと考える。

---

[87] 東京地判平15・1・28判時1829号90頁は、中古オートバイが、引き渡された翌日に運転中にオートバイから炎が生じ全焼した事例で、「火災原因として確定できるのは、四番プラグキャップの亀裂又は緩みという点までであるが、事実認定として他の全ての可能性を否定でき、そのいずれかが本件火災の原因となったことを認めることができる以上、これをもって瑕疵があったものと判断することには、何ら問題はないというべきである」と、選択的認定を肯定している。

[88] 潮見・各論Ⅰ226頁は、敷地「賃借権」は債権ではあるが、その客体である敷地の使用価値・使用利益を財貨として内包する権利であることを理由として、敷地賃借権の瑕疵にもなるという（借地権だけの売買では判例に従う）。また、「賃借権の経済的価値は目的物の利用によって生じ、目的物の性状と無関係に、経済的価値を有するものでない。賃借権売買の対価は、目的物の性状によって、左右される」ともいわれる（高木多喜男「判批」重判平3年度（ジュリスト1002号）73頁。宮川博史「判批」ジュリスト993号196頁も、瑕疵のない土地の賃借権と瑕疵のある土地の賃借権とは価値に差があり、社会経済的には釈然としないと評する）。なお、この論理は借地権つき建物の売買で、借地が売買において示されたよりも少なかった場合にも妥当するはずであるが、東京地判平5・8・30判時1505号84頁は、565条の適用を肯定している。売主が誤った表示をした事例であり、賃貸人には責任追及できない点が、本件とは異なっている。本件については、債務不履行の状態にある借地権を売却しており、このことを継続的な契約関係に基づく権利については権利の瑕疵ということも考えられる。

6-223
> ● 最判平3・4・2民集45巻4号349頁
> **(1) 賃借権に瑕疵があるといえる場合**　「敷地の面積の不足、敷地に関する法的規制又は賃貸借契約における使用方法の制限等の客観的事由によって賃借権が制約を受けて売買の目的を達することができないときは、建物と共に売買の目的とされた賃借権に瑕疵があると解する余地がある」。しかし、借地権付建物の売買の場合、「建物と共に売買の目的とされたものは、建物の敷地そのものではなく、その貸借権である」。

6-224
> **(2) 土地の物理的瑕疵の場合**　「賃貸人の修繕義務の履行により補完されるべき敷地の欠陥については、賃貸人に対してその修繕を請求すべきものであって、右敷地の欠陥をもって賃貸人に対する債権としての賃借権の欠陥ということはできないから、買主が、売買によって取得した賃借人たる地位に基づいて、賃貸人に対して、右修繕義務の履行を請求し、あるいは賃貸借の目的物に瑕疵があるとして［賃貸人に］瑕疵担保責任を追及することは格別、売買の目的物の瑕疵があるということはできないのである。」

6-225 **【瑕疵の有無の判断の基準時】**　不特定物売買では引渡時ないし危険移転時しか瑕疵を問題にできず、他方で、瑕疵を知りながら敢えて取引（売買契約）をしたというサンクションを考える必要はない。従って、特定物売買でのみ問題となるが、瑕疵は契約時に存在している必要があるのか（原始的瑕疵）、それとも引渡しないし危険移転時に存在してさえすればよいのであろうか（これだと、原始的瑕疵のみならず、後発的瑕疵も含まれる）[89]。

6-226 **❶ 契約時基準説**　法定責任説では、瑕疵担保責任は債務不履行が認められない場合の法定責任であり、原始的一部不能とパラレルに論じられることになり、瑕疵が契約時に存在することが当然の前提となる（契約時基準説として川井161頁）。契約後引渡前に生じた後発的瑕疵は、債務者の保管義務の違反即ち債務不履行責任を問題にできるので、瑕疵担保責任の問題ではないことになる[90]。

6-227 **❷ 危険移転時基準説**　これに対して、債務不履行責任説の中には、契約時に瑕疵が存在している必要はなく、危険移転時に瑕疵が存在していればよいという主張がある（星野133頁）。債務不履行責任では、契約時の瑕疵もその後の瑕疵も、いずれ

---

[89] いずれにせよ、引渡後に買主の元で生じた瑕疵（後発的瑕疵）については、それが不可抗力であろうとも、売主に責任を転嫁できるものではない。それ故、買主は引渡時点に瑕疵があったことを証明しなければならないが、消費財の担保責任についてのEC指令2条5項は、「財産の引渡しから6ヶ月以内に現れた欠陥は、引渡しの時に存在していたものと推定される」ものと規定し、買主の救済を図っている。日本法には同様の規定はなく、画一的な推定は認められないが、状況により事実上の推定を活用して買主を保護することは可能であろう。

[90] 判例も危険移転時というが（大判昭8・1・14民集12巻71頁）、判例は534条1項に制限を加えないので、特定物については契約時となり❶説と同様となる（不特定物では引渡時であり履行認容時ではあるまい）。

も債務不履行となるので、区別する必要がないというのであろう。

6-228 　❸ **本書の立場**　①まず、不特定物売買では、当然引渡時が基準時となる。商法526条が適用され、また、566条3項の類推適用により、瑕疵を知った時を問題にすればよく、隠れた瑕疵であることは必要ではないが、引渡時に瑕疵が存在していなければならない。②特定物については、買主の悪意という要件については、契約時のみを基準時とすべきであり、受領時に悪意でも商法526条の制限がかかるだけである。そして、隠れた瑕疵という要件も同様であり、後発的瑕疵については「隠れた」瑕疵である必要はない。但し、1年という566条3項の制限の趣旨が後発的瑕疵にも当てはまり、その類推適用を肯定してよいであろう（商法526条の適用の前提として瑕疵担保責任でなければならないものではないのと同じである）。1年の期間制限を適用するために、不特定物売買と特定物売買の後発的瑕疵も瑕疵担保責任というか、それとも瑕疵担保責任ではないが566条3項を類推適用するというかは、結論に差がないので実益のある議論ではない。

6-229 　【**契約後の目的物の不可抗力による毀損——危険負担との関係**】　6-225 の瑕疵の基準時の議論に関連した問題として、特定物売買における契約後の目的物の不可抗力による毀損について、瑕疵担保責任と危険負担との狭間で、どのように解決すべきかが問題となる。

6-230 　(1) **契約時基準説では**　6-226 の契約時基準説によると、契約後の毀損は瑕疵担保責任の問題ではなく、その上で修補可能なケースについていうと、次のような種々の解決が可能である（❶❷は危険負担の議論の応用である）。

6-231 　❶ **特定物のドグマ＋債権者主義によると（買主負担説）**　買主Bは毀損した物のみしか受けられず（483条）、代金が全額支払わねばならなくなる（534条1項）。従って、毀損をめぐる損失は買主Bの負担ということになる。

6-232 　❷ **債権者主義の修正（売主負担説1）**　これに対して、危険負担の債権者主義を修正して、買主の代金債務の毀損に応じての減額を認めるならば、損失は売主の負担ということになる。

6-233 　❸ **修補請求権を認める（売主負担説2）**　次に、483条を修正して、修補が可能な限り売主に修補を認めれば（前田達明『債権総論（第3版）』38頁）、売主は自己の費用で修補しなければならず、損失はやはり売主の負担となる（売主に修補義務は認めるが、買主に求償できるという構成もありうるが、それを売主の債務といってよいかは問題である）。修補義務を不完全履行の追完義務といったように債務不履行責任の効果の1つを位置づければ別だが、契約上の義務それ自体とすれば可能な構成であり、本書もこれに従う。

6-234 　(2) **危険移転時基準説**　瑕疵担保責任の適用を引渡時までの瑕疵に拡大すれば、契約後の瑕疵にも瑕疵担保責任が適用になることになる。この場合も、瑕疵担保責任の法的構成により次のように分けられる。

第2章 売　買　351

6-235　❶ **法定責任説**　売主には修補義務はなく、買主は代金減額（またはその分を損害賠償として請求）を主張でき（(1)❷説と等しくなるが、危険負担の債務者主義と異なって、1年の期間制限がかかってくる）、やはり損失は売主Aの負担である。

6-236　❷ **債務不履行責任説**　特定物のドグマを否定するのが債務不履行責任説であるから、後発的瑕疵でも483条を援用してその物の引渡義務だけということにはならない。やはり、後発的瑕疵でも売主に修補義務を認めるため、売主Aは自己の費用で修補しなければならず、(1)❸説と等しく損失は売主負担となる（やはり、1年の除斥期間がかかってくる点の差はある）。

6-237　【**法律的瑕疵**】　例えば工場用地として購入した土地が、河川法上の制限に服し、工場が建てられない場合や、伐採のために山林を購入したが、保安林に指定されており伐採ができない場合、目的物に物理的な瑕疵はない（物理的には工場建築、伐採は可能）。ただ法律的に目的たる行為ができないことになっているだけである。このような場合、売主の責任をどのように処理したらよいのであろうか。566条を適用すると、隠れた瑕疵という要件は不要であり、買主の善意だけが要件になること、及び、強制競売にも適用されることが、570条によるよる処理とは異なってくる[91]。

6-238　❶ **566条類推適用説**　先ず、物理的に物自体に瑕疵があるわけではないので、物の瑕疵とはいえず、単なる法律的制限であり、そうすると、所有権は取得したが用益権があり法律的に使用できない場合に類似することになるとして、566条を類推適用しようとする説がある（我妻・中一284～5、石田穣153頁、広中68頁、田山127頁、松坂100頁、内田133頁、近江143頁、川井161頁）。使用できないのが、法律的な制限の存在によるか、用益権の存在によるかで差を設けるのはバランスを失することを理由とする（❷説と異なり、競売にも適用される）。566条1項によれば、買主の善意は要求されるが、「隠れた」という要件は不要なので、買主に過失があっても、過失相殺されるだけで担保責任の追及は可能になる[92]。なお、建物にあると考えられていた借地権がなかった場合に、570条ではなく568条により処理されている（最判平8・1・26民集50巻1号155頁）。

---

[91]　なお、売主が規制を知りながら買主に告げない場合には、不作為による詐欺となり買主は96条1項により売買契約を取り消すことができる（判例としては、別荘地として土地が売却されたが、自然公園法及び文化財保護法により建築について制限があった事例につき、東京地判昭53・10・16判時937号51頁）。

[92]　東京高判平15・1・29判時1825号71頁は、「土地に対する競売手続において、実際には当該土地について都市計画法等の公法上の規制が存するにもかかわらず、これが存しないものとして最低売却価額の決定がされて売却が実施された場合に、公法上の規制が存するものとして売却が実施されればより低額で買い受けることができ、かつ、債務者が無資力のときには、買受人は、民法568条及び566条を類推適用して、売却代金の配当を受けた債権者に対して、代金の減額を請求することができるものと解するのが相当である。」と判示している。

6-239　❷ 570条適用説　これに対して、570条の「瑕疵」は、物理的瑕疵のみならず法律的な瑕疵も含むと考えて、570条を適用するのが判例[93]そしてかつての多数説である（新注民(14)356頁［柚木・高木］、三宅・上321頁）。ところで、570条を適用すると競売事例では買主が保護されないという不都合があるが、570条ただし書について制限解釈をして、その適用領域を限定することで妥当な結論を図ろうとする提案がされている（七戸克彦「判批」判評542号18頁）。570条によると、「隠れた」瑕疵であることが必要になり、通説・判例によれば、買主の善意無過失が必要になる。

　競売の確実性を尊重する趣旨からいうと、なるべく競売では担保責任を問題にしないことが望ましく、用益物権についての566条は例外となっており、例外は無闇に拡大すべきでないであろう（570条適用説に賛成しておく）。

6-240　【心理的瑕疵】　物に物理的瑕疵があるのではないが、心理的に嫌悪すべき因縁が目的物にはあり、そのために普通の者が心理的に使用をためらうような場合も、570条の瑕疵を物理的瑕疵に限定しない限り「瑕疵」と認めることができる[94]。物の使用収益を妨げる状況にある点で、物理的瑕疵と区別する必要はない。心理的瑕疵と認められるかは、物理的な状態の有無ではないため、一般人が使用を躊躇する程の心理的嫌悪を持つか否か（買主個人ではなく）を基準に判断されており、数年前の自殺では肯定、随分昔で自殺があった離れもなくなっている場合は否定という差はここから生じている。なお、このような事例は、契約締結に際しての情報提供義務（相手の意思決定に影響を及ぼす情報をお互いに提供し合う義務である）の違反による責任を追及することもできるであろう。

6-241　(1) 瑕疵肯定判例　判例としては、新車の販売で、車両検査に行く途中に人をひき殺したという経緯のある車の場合に（これは新車であり不特定物売買であるが）、瑕疵ありと認められ「客観的取引価格との差額に相当する財産出捐の損害を蒙った」とされ（松山地判昭35・8・5下民集11巻8号1641頁）[95]、中古マンションの売買で、6年前

---

[93] 土地が河川法準用区域内であるため土地使用に種種の制限を受ける場合（大判大4・12・21民録21輯2144頁）、山林の売買で保安林であり伐採ができない場合（大判昭5・4・16民集9巻376頁）、土地の約8割が東京都市計画街路補助第五四号の境域内に存し、土地が東京都市計画事業として施行される道路敷地に該当し、同地上に建物を建築しても、早晩その実施により建物の全部または一部を撤去しなければならない事情がある場合（最判昭41・4・14民集20巻4号649頁）について、瑕疵担保責任が認められている。

[94] この心理的瑕疵についての研究として、栗田哲男「判批」判タ743号26頁、後藤泰一「不動産の売買と心理的瑕疵について」信州法学3号25頁以下がある。

[95] 「民法第570条にいわゆる売買目的物の隠れたる瑕疵とはその物が取引の観念又は当事者の意思により通有すべき性質上の欠点があるため価値を害するものをいうものであるところ、右性質には単なる物理的法律的性質のみならずひろく思想的感情的性質をも包含するものと解するのが相当である。けだし一般の取引においては右の各性質が物の価値とりわけ交換価値を形成するものだからである」、「いわゆる新品の自動車を指すことは論をまた

にその部屋で首吊り自殺があり、その後空き家になっていた事例でも瑕疵ありと認められ、損害賠償だけではすまず解除が認められている（横浜地判平元・9・7判タ729号174頁。小学生の子供2名との4人家族で、永続的な居住の用に供するために本件建物を購入した事例）。山間農村地の一戸建の土地建物の売買で、6年11か月前に付属建物で自殺があった場合にも、自殺の事実を知らされた客のすべてが購入を辞退したこともあり、「自殺という重大な歴史的背景、本件土地、建物の所在場所が山間農村地であることに照らすと、問題とすべきほど長期ではない」として解除が認められている（東京地判平7・5・31判時1556号107頁）。土地建物の売買契約で、契約の5か月前に建物内で首吊り自殺があった事例で、夫婦で老後をおくる閑静な住居を求めていた買主が購入したが、「右出来事の存在が明らかとなれば、後記のようにさらに価格の低下が予想されたのであり、本件建物が居住用で、しかも右出来事が比較的最近のことであったことを考慮すると、このような心理的要素に基づく欠陥も民法570条にいう隠れた瑕疵に該当する」として、買主は解除ではなく損害賠償を選択したため、瑕疵の存在を前提とした場合に想定される本件不動産の適正価格との差額を損害として賠償を認めている（浦和地川越支判平9・8・19判タ960号189頁。買主が既に他に安く転売している事例なので、解除は主張されていない）。

6-242　　**(2) 瑕疵否定判例**　　これに対して、「本件建物内で縊死のあったのは、本件売買当時から7年前の出来ごとで、既に旧聞に属するばかりでなく、右縊死のあった座敷蔵は売買当時取り除かれて存在せず、右事実を意に介しない買受希望者が従前から多数あったことが窺われるので、右事情から推すと、本件建物内で過去に縊死があつた事実は、本件売買当時においては、もはや一般人が「住み心地のよさ」を欠く事由として感ずることに合理性をみとめうる程度のものではなかったとみるのが相当である」として、瑕疵が否定された事例もある（大阪高判昭37・6・21判時309号15頁）。

6-243　【**環境瑕疵**】　　例えば、マンションの売買で、建物に物理的瑕疵があるわけではないが、その周辺の環境が売主の説明とは異なっていた場合（例えば、日当たり・眺望を売り物にして売り出されたマンションが、契約後、南側にもマンションが建ち眺望が悪くなってしまった場合）、これも「瑕疵」として売主の瑕疵担保責任を追及できるであろうか（判例・学説につき詳しくは、熊田裕之「環境瑕疵ある不動産の売主の瑕疵担保責任と契約責任」宮崎産業経営大学法学論集3巻2・3号57頁以下、宮本建藏「環境瑕疵と売主の責任」明学法学研究57号101頁以下、本田純一『契約規範の成立と範囲』268頁以下参照）。判例の状況は *1-29* 以下に述べたので、ここでは、法的構成のみを概説しておこう。次のような種々の構成が考えられる。

　　ないところ右自動車に前認定のような他人の嫌悪すべき歴史又は由来の附着したときはその思想的感情的の性質に著しい欠点があり交換価値の減少を招くものであるから新品と称し難い瑕疵あるものと認めるのが相当である」と説明する。

(1) 周辺のマンション建設

6-244 **❶ 付随義務違反** 環境は買主の購入意思決定に重大な事項であり、これにつき売主が虚偽の事実を述べたり（南側にマンションが立つ予定はないとか）、調査を怠ったり（どこまで調査義務を認めるかという問題はあるが）して、相手に説明義務ないし情報提供義務違反を認めることも考えられる（販売業者自身が、眺望・日照を害するマンションを建築しようとした事例で、信義則上の義務違反を認め、未完成部分の工事の差止請求が認められた判決として、仙台地判平7・8・24判時1564号105頁がある）。

6-245 **❷ 瑕疵担保責任** 瑕疵担保責任では、契約時に瑕疵がなければならないが、その基礎が契約時に存在すればよいのであり、すでに潜在的な瑕疵が契約時に存したとして、瑕疵担保責任を認めた判決がある（大阪地判昭61・12・12判タ668号178頁）。

6-246 **❸ 保証責任** 売主が特に良好な環境を保証した場合には、保証違反の責任を認めてよいというものがある（円谷峻『契約の成立と責任（第2版）』236頁）。但し、自分の支配の及ばない周囲の環境（土地の所有者がどう使用するかは所有者の自由）について、保証ということが馴染むのかは疑問が出されている。

6-247 **❹ 不法行為責任** 眺望を売り物としてマンションを分譲しておきながら、隣接地を他のマンション業者にこの者が眺望を害するマンションの建築をすることを容認しながら売却したことをもって、マンション購入者に対する不法行為となるとして賠償責任を認めた判例がある（大阪地判平5・12・9判タ888号212頁）。❶～❹のいずれも選択的なものではなく、場合に応じて使い分けるべきである考えられている（宮本・前掲*6-243*論文136頁）。

6-248 **(2) 周辺に暴力団事務所があるなど** 特殊な事例として、マンション建設用地として購入した土地の交差点を隔てた対角線に暴力団の事務所があった事例で、暴力団事務所があるため土地の評価額が20～25％低下するとして、隠れた瑕疵と認めた東京地判平7・8・29判時1560号107頁、マンションの一室の売買で、同じマンション内に暴力団幹部が一室を所有し、他の区分所有者に迷惑をかけている事例で、そのマンションの隠れた瑕疵と認めた東京地判平9・7・7判時1605号71頁がある[96]。

なお、否定例であるが、マンションの角から20メートルの地点に公衆浴場の煙突があることは、マンション売買契約の締結時において説明義務の対象となる事実に当たらないとされた事例もある（大阪地判平11・2・9判タ1002号198頁）。

---

[96] 中古住宅の売買で、大声でどなったり、ステレオの音量を大きくしたり、ホースで放水する等の暴言、迷惑行為をする隣人がいるため、買主が引越しを断念した事例で、錯誤無効の主張は否定したが、売主及び仲介業者の説明義務違反を認めて、このような住民がいることを適切に説明した場合に適切なものと想定される不動産の交換価値との差額（代金の20％を認定）を損害として、売主及び仲介業者の損害賠償義務が肯定されている（大阪高判平16・12・2判時1898号64頁）。そのために不動産の交換価値が下がれば瑕疵だという理屈をもってくれば、ここでも瑕疵担保責任が認められてしまいそうである。

(2)「隠れた」瑕疵であること——特定物売買に特有の要件

6-249 **(a) 特定物売買についての要件**　目的物の瑕疵は「隠れた」ものであることが必要とされており、その基準時は売買契約の時であり、この要件は特定物売買でしか問題にならない。不特定物売買では、商品全体の設計に問題がある場合のような例外を別として、この要件は、引渡時にしか問題にすることができない。しかし、引渡時に表見の瑕疵があったとしても、商法526条の制限があるだけで、買主の保護が否定されるべきではなく、この要件は特定物売買についてのみ適用になるにすぎないと考えるべきである（このことからも、瑕疵担保責任が特定物売買についての規定であったことが分かる）[97]。

6-250 **(b) 買主の善意という要件との関係**　ところで、566条1項の準用により買主の善意という要件が別にあるが、これと「隠れた」瑕疵という要件の関係はどう考えるべきであろうか。

(ア) 隠れた瑕疵＝買主の善意無過失と理解する学説　更に瑕疵が「隠れたる」ものであることが必要であるが[98]、「隠れた瑕疵」であるためには、その瑕疵が容易に発見しえない状況にあり、容易に発見しうる瑕疵であれば、買主が実際には知らなくてもよいといわれている（売主が悪意の場合は錯誤無効、詐欺取消しの余地がある）。要するに、瑕疵を知っていたり（悪意の場合）、容易に発見できるのにこれを怠った場合（過失ある場合）[99]には、瑕疵担保責任は認められないという

---

[97] 商人間売買以外にも類推適用できるかは問題であるが、配達された商品の中身を開けたところ表見の瑕疵があったとしても、570条は適用され1年以内ならば権利行使ができると考えるべきである。いずれにせよ、商人間でも、商法526条2項も「直ちに発見することのできない瑕疵」でない場合、すなわち表見の瑕疵でも、受領後直ちに通知をすれば瑕疵担保責任が認められるのであり、隠れた瑕疵でなければならないということは前提にはなっていない。

[98] 瑕疵について「隠れた」という要件を設定するのはフランス民法の立法方式である。ドイツ民法には、434条の瑕疵について「隠れた」という要件はなく、442条で買主が悪意の場合に責任が排除されることを規定している。国連統一動産売買条約も同様であり、契約不適合が隠れているという要件にはなっておらず（35条2項）、買主が悪意の場合に責任を否定するという形になっている（同条3項）。立法としては、後者のほうが適切であり、「隠れた」という要件については、実質的には後者の立法と同じ運用を心がけるべきである（潮見・各論Ⅰ228頁以下も立法論として批判的）。

なお、商法学者には、商法526条の解釈として、商事売買では隠れた瑕疵でなくてもよいという主張もされていた（水口吉蔵『商行為法論』263頁、柳川勝二・昌勝『改訂商行為法』86頁）。

[99] 過失がある場合に、買主に瑕疵担保責任の権利を否定するのが妥当かは問題である。フ

のが、通説・判例である。隠れた瑕疵をこのように理解する実益としては、以下のように考えられている。なお、買主に悪意または過失があることについては、売主に主張・立証責任があるものとされている（大判昭5・4・16民集9巻376頁）。

6-251 ❶ **表見の瑕疵でも買主に過失がなければ保護される**　まず、瑕疵の客観的性質は表見の瑕疵でも、買主に過失がない場合には瑕疵担保責任による保護が認められることになる。判例もこれに従い、瑕疵自体は表見のものであるが、遠く離れた税関で収容処分に付されていて検査できなかったり（大判大13・6・23民集3巻339頁⇒**6-252**）、大量の商品のうちの一部に表見の瑕疵がある場合に、全体として隠れた瑕疵としている（大判昭3・12・12民集7巻12号1071頁）[100]。

6-252　● **大判大13・6・23民集3巻339頁**　「所謂隠れたる瑕疵とは契約締結の当時買主か過失なくして其の存在を知らさりし瑕疵を謂ふものと解すべきが故に、買主か契約締結の際其の目的物を点検したらんには容易に瑕疵の存することを知り得たるに拘らず、其の点検を

ランス民法では買主の善意が条文上要求されているだけであり、また、ドイツ民法442条1項は「瑕疵による買主の権利は、買主が契約締結に際して瑕疵を知っていた場合は、排除される。買主が重過失によって瑕疵を知らなかったときは、買主は、売主が瑕疵を悪意で黙秘し、または物の性質の保証を引き受けた場合においてのみ、瑕疵による権利を主張しうる」と規定している。すなわち、過失は問わないのであり、重過失の場合でさえ、売主が悪意であったり品質保証をした場合には、買主の権利は妨げられないのである。また、CISG35条3項も、契約締結の時において、「買主が物品の不適合を知っていたかまたは知らないことがありえない場合には」、売主は不適合についての責任を負わないとされており、やはり重過失が排除されるだけである。

判例の過失があってもよいというのは改められるべきであり、重過失でなければならず、また、重過失でも売主が悪意であったり、買主が売主の専門的技術・能力から瑕疵のないことに特別の信頼が成立しうる場合には、買主は瑕疵担保責任の救済を受けられるというべきである。

学説によっても、不法行為におけるような厳しい過失をここでは考えておらず、「一般的に慣行されている程度の検査をしなかったために瑕疵を発見しないことに買主の過失となることが多いであろうが、それ以上の注意を買主に要求すべきではなく、したがって、特別な努力と方法とを必要とする検査をしなかったからといって、買主の過失を軽々に是認すべきではない」といわれている（新注民(14)368頁［柚木・高木］）。

100　「売買の目的物に隠れたる瑕疵ある場合に限るものにして本件の如く板に節穴又は裂目等一見明瞭なる瑕疵ある場合は適用なきものなりと信ず。商人間に於ける所謂見本売買に於て見本品と相違する瑕疵ある目的物の引渡を為したる本事案に於ては、被上告人は悪意の売主として商法第280条の適用を受け、上告人の損害賠償請求権行使に付一ケ年の除斥期間の制限あるものに非ず」と判示している。なお、インターネットによる現物を見ないでなされた中古車の売買契約について、隠れた瑕疵が認められた判決として、東京地判平4・16・4・15判時1909号55頁。

為さざりしか為に之を知らざりし場合と雖、若其の点検を為さざりしに付過失ありと謂ふを得ざるときは右瑕疵は尚隠れたる瑕疵なりと謂ふを妨げず」、とされている。事例は、<u>丸鉄３本の内２本は契約締結の日から捻れがあり、かつその内一本は約定の長に不足していたというものであり、表見の瑕疵であるが、契約締結の当時には、「三百哩内外を距つる横浜税関内に於て収容処分に付せられ」ていたため、買主が点検することができなかったものであり、点検せず瑕疵の存することを知らなかったとしても、過失に因るものではない</u>、とした。

6-253　❷ **性質上隠れた瑕疵でも悪意があれば瑕疵担保責任は認められない**　次に、隠れた瑕疵＝買主の善意無過失とすると、客観的な性質からいって隠れた瑕疵であるが、たまたま買主が瑕疵を知っていた場合には（売主から告げられるなど）、瑕疵担保責任が認められないことになる。**6-252**の判例の定義によれば、この場合は隠れた瑕疵ではないことになるが、学説には、飽くまでも隠れた瑕疵か否かは客観的に判断をして、買主が悪意の場合には、悪意を理由に解釈上責任追及を否定するという構成をする説明もされている（我妻・中一289頁。本書もこの立場⇒**6-256**以下）。

6-254　【**ここでの買主の過失──売主と同じ注意義務はない**】　買主の善意無過失にいう過失については、「注意義務の違反という意味における固有の『過失』をいうのではなくして、買主が自己を損害から守るために用いるのを当然とするような注意を、取引上の一般的標準から見て守っていなかったと見られる容態をいうにすぎない」。「一般的に慣行されている程度の検査をしないことは買主の過失となることが多いであろうが、それ以上の注意を買主に要求すべきではなく、したがって特別な努力と方法とを必要とする検査をしなかったからといって、買主の過失を軽々に是認すべきではない」といわれている（柚木・注61文献335頁〜336頁。同旨、来栖83頁、北川善太郎『債権総論（第３版）』135頁）。また、判例の運用もそうであり、「判例も、買主の無過失を要求しつつもその実際の運用をかなり緩やかに行っている、と思われる。……いずれも買主の過失を肯定して不当ではない事例のように思われる」と評されている（石田穣145頁）。

6-255　**（イ）隠れた瑕疵と買主の善意を区別する学説**　少数説には、隠れた瑕疵か否かは客観的に判断して、そして、たとえ隠れた瑕疵でも、買主が悪意であれば瑕疵担保責任が成立しないと考える学説がある。この立場では、隠れた瑕疵と買主の善意という２つの要件が必要になる。

　①まず、客観的に「隠れた」瑕疵であることが判断され、通常の注意をすれば知り得た瑕疵が排除され、要するに客観的過失ある買主の保護が否定されることになる。②ついでこの要件がクリアされても、たまたま買主が隠れた瑕疵を知っ

ていた場合には、その保護が否定される（重過失は悪意と同視される）。

立法には、①「隠れた」瑕疵を問題にせず、買主の悪意だけを問題にする立法もあるが、②「隠れた」瑕疵を要件とする立法は、過失ある買主の保護が全面的に否定されてしまうので、買主の保護が①の立法よりも薄いことになる。買主に過失があるとなぜ過失相殺ではなく全面的に救済が否定されるのか、立法論としては疑問が残るであろう。立法論としては、買主の善意だけを要件とし、買主の検査通知義務と短期の権利行使期間を設けておけば十分であると思われる。実際に、判例は、「隠れた」瑕疵の認定については厳格に運用しておらず、実際には重過失の場合に等しい場合にしか隠れた瑕疵を否定しておらず、悪意のみを要件とする立法と運用の実際は異ならないことは、既に述べたとおりである[101]。

6-256　**（ウ）本書の立場**　①客観的に「瑕疵」を考えるのであれば、「隠れた」瑕疵で絞りをかける必要があろうが、②「瑕疵」を契約不適合と解する限り、容認されている瑕疵は契約不適合ではなくそもそも「瑕疵」がないことになる。そのため、契約で明示・黙示に約束された性能・品質を欠く「契約不適合」という「瑕疵」の判断に、「隠れた」瑕疵か否かの判断は解消されることになる。このように、「瑕疵」を不適合と理解して、隠れた瑕疵ということを不適合の判断に吸収すべきである。具体的には次のように考えられよう。

6-257　**❶ 瑕疵の存在が開示された場合**　瑕疵のある物として、売主が説明をして、買主が納得して代金について交渉がされ売却された場合には、瑕疵担保責任が問えるはずはない。その場合には、瑕疵のある物としての売買がされたのであり、その開示された瑕疵については、瑕疵のない物を引き渡す義務を売主は負うことはないからである。そして、隠れた瑕疵の場合には売主により瑕疵の存在が開示されなければ、瑕疵のない物の引渡義務を免れないが、表見の瑕疵の場合には、敢えて売主が開示するまでもないのであり、その瑕疵が前提とされて契約がされ

---

[101] 例えば、「買主に単に過失しかない場合、売主の瑕疵担保責任を否定するのはいきすぎである、と思われる。むしろ、この場合、売主の瑕疵担保責任を肯定しつつ買主の過失を過失相殺（418条）で考慮するのが妥当であろう。このように解すれば、他の種類の担保責任（買主の善意無過失は要求されていない）ともバランスがとれるし、また、事案に応じた弾力的な処理が可能になるであろう」、と主張されている（石田穣144頁以下。水本156頁、半田215頁も同旨。半田215頁は、買主が「単に不注意によりこれを知らなかったにすぎないときは、過失相殺によって賠償額が減額されることがあるにすぎないと解すべきである。また過失相殺の趣旨から、買主側のかかる不注意は、その解除権、代金減額請求権に影響を及ぼすものではない」という）。

るというべきである。要するに、隠れた瑕疵が否定される表見の瑕疵とは、売主の瑕疵開示義務を免れる場合とでもいうべきである。

6-258 **❷ 瑕疵の存否に保証ができないことが合意されている場合**　例えば、絵画売買で、売主が必ずしも真作か保証しえず、買主もそのリスクを引き受けてそのことを代金に反映させて売買契約がされた場合、射倖契約的な要素が含まれてくる。真作であることが後日判明すれば買主が得するし、贋作であることが判明すれば買主が損をするが、そのようなリスクを引き受けてばくち的な取引として行われているのである。このような場合には、特に免責特約をおくまでもなく、瑕疵のないことの保証がされていないので、まさに特定物のドグマのいうようにその物を引き渡すことしか売主には義務づけられない。

6-259 **❸ 売主が瑕疵のないことを明示的に保証した場合 1（隠れた瑕疵の場合）**
瑕疵の可能性については、売主・買主のいずれに負担させるのが妥当なのか、というのが瑕疵担保責任をめぐる利益衡量の本質である。瑕疵の存否が不明でも、不明であることを説明された場合には、買主がそれを自分の検査能力で買うかそれともそれを避けて買わないか自由に決定できる。ところが、瑕疵がないことを売主が保証した場合には、瑕疵のない物の引渡義務を売主は引き受けたことになり、瑕疵が明らかであるのに買主が検査をせず瑕疵を知らなかったとしても、売主の瑕疵担保責任を免責する必要はない。

6-260 **❹ 売主が瑕疵のないことを明示的に保証した場合 2（表見の瑕疵の場合）**
表見の瑕疵があった場合には、それなのに売主が瑕疵のない保証をしたというのは、詐欺にさえ該当する事例である可能性がある。売主も悪意、買主も悪意の場合に、いずれの保護を優先すべきかというと、売主に義務違反（債務不履行）があるので、買主が悪意でも、損害賠償は請求できないとしても解除は認めてもよいであろう（561条後段参照）[102]。いずれにせよ、瑕疵のないことを保証した場合でも、瑕疵がないと思っている売主の保護は必要であり、566条3項の準用による1年の除斥期間の利益を受けるが、悪意の場合にはそのような保護を与える必要はないであろう。

6-261 **❺ 売主が瑕疵のないことを明示的に保証までしていない場合**　一番の問題は、売主が瑕疵について保証できないことを開示したわけでもないが、特に瑕疵

---

[102] 数量指示売買や目的物の一部滅失の担保責任について、それが隠れていることが要求されていないのは（565条）、このような保証があるからというべきである。その場合にも、買主が悪意ならば、損害賠償は請求できないというべきである。

がないことを保証もしていない場合である。やはり原則としては、販売する以上は、売主が瑕疵について保証できないことを開示しない限り、通常有すべき性能・品質を有する物を引き渡す義務を負うというべきであり、「瑕疵」を認めてもよい。

6-262 　【錯誤と瑕疵担保責任】
　　（1）いかなる場合に競合するか　　まず、瑕疵担保責任で買主が保護されるためには、買主が瑕疵を知らないことが必要である。そうすると、特定物の場合（錯誤は契約時の問題であるから、特定物についてのみの問題となり、不特定物で瑕疵がないと思って受領しても錯誤という問題は生じない）、例えば競走馬を脚に病気があるのを知らないで購入した場合、売主は瑕疵担保責任を追及できるが、それは、同時に錯誤の要件も充たすのではないかという問題が生じる。
　　この問題は、動機の錯誤についての扱いにかかってくる。後述の**6-273**（判例①）のように、動機の表示を要求すれば競合する場合は少なくなる。しかし、黙示の表示を緩やかに認定すれば、競合領域がより広がり、また、動機の表示を不要とし、相手方の認識可能性があるか、共通錯誤であればよいとすれば、瑕疵担保で解除が問題となるような「要素」にかかわる場合には、常に競合することになる。この立場では、解除ができないような軽微な瑕疵の場合だけが、瑕疵担保により錯誤が適用されないことになる（なお、買主に重過失があれば、錯誤無効も瑕疵担保責任も認められないが、いずれも、売主が悪意の場合は別である）。なお、この問題は、他人物売買などにも妥当するが、瑕疵担保責任を代表させて問題を扱い、他の箇所では省略した。

6-263 　　（2）競合した場合の解決　　では、両規定の要件を充たす場合には、どう解決されるのであろうか。この問題の実益は、瑕疵担保責任が1年を過ぎて消滅した後に、錯誤による救済を買主は受けられるかという点にある。1年の期間制限の趣旨が、瑕疵の証明をめぐる争いを早期に解決する趣旨だとすれば、その期間経過後に、錯誤の主張を許すのは、錯誤の主張の前提として瑕疵があったということを証明するわけであるから、瑕疵担保責任で早期に解決しようとした問題が姿を変えて登場してきてしまう（同様のことは、瑕疵を告げなかったとして、情報提供義務違反で売主の責任を追及する場合にも生じる）。錯誤と瑕疵担保責任は別の制度だと突っぱねるか、期間制限の趣旨を貫徹するかの価値判断にかかってくることになる（詐欺については大目にみてよいが、換地予定地を含んだ売買について、566条3項により担保責任の追及を否定しつつ、説明義務違反による不法行為に基づく損害賠償請求を認めた判決がある［東京地判昭35・9・7下民集11巻9号1848頁］）。

6-264 　　（a）競合説（選択肯定説）　　錯誤と瑕疵担保責任の両者の要件を充たす以上、両者の効果を買主に認めてよいという考えがある。

6-265 　　❶ **自由競合説**　　いずれの主張も自由に選択でき、錯誤の主張を選択したら、瑕疵担保の1年の期間制限には引っ掛からないという考えが先ず可能である。そこに、

敢えて錯誤の要件を充たし、これを証明する実益を認めることになる。
　近時この説を支持する近江151頁は、錯誤にも126条を類推適用するので5年間に制限され著しい不均衡はなく、また、買主が瑕疵担保責任を選択することは、125条の類推適用により法定追認と扱われ、錯誤の主張は排除されるという。

6-266 　❷ **制限的競合説**　これに対して、両要件を充たす以上両制度を選択することは妨げられないが、1年という趣旨は物の瑕疵についてのものである場合には錯誤にもあてはまり、1年という制限を錯誤の主張にも類推適用する学説がある（野村豊弘「錯誤と瑕疵担保責任について」学習院大学法学部研究年報1151頁、石田穣151頁）。この趣旨からいえば、隠れた瑕疵ではないが、買主に重過失がなく錯誤の主張ができる場合も、1年の期間制限を類推適用する余地が残される。いずれにせよ、錯誤を別に認める意味は大きくない（過失があっても重過失がなければよいという点くらいか）。

6-267 　(b) **570条優先適用説（通説）**　通説は、瑕疵担保責任が適用される限り、そこには錯誤があることは当然の前提となっており、錯誤に対する保護という意味合いも含まれており、錯誤に対して瑕疵担保が特別規定に立つと考えている（広中80頁、田山129頁）。一般規定と特別規定といっても、例えば709と717条のように、追加的に特別の保護を与えただけで一般規定を排除する趣旨ではないもの（追加的関係）と、一般規定を適用されては特別規定の意味がなくなってしまうもの（優先的関係）とがあるが、後者の関係に立ち、錯誤規定は瑕疵担保規定により排除されるわけである。
　私見もこれを採用するが、これは瑕疵担保と錯誤が競合する場合に、錯誤が排除されるというだけであり、瑕疵が隠れざるもので、瑕疵担保責任は成立せず、錯誤しか問題とならない場合（両者が競合しない場合。錯誤では重大な過失がなければよい）には、錯誤だけが適用されるものと考える（1年の期間制限の類推適用の余地はあるが）。

6-268 　(c) **適用領域区分説**　両者の適用領域を区分けして、そもそも競合が生じないように整理しようとするものもある（瑕疵担保による場合には、錯誤の主張を認めないので、(b)説の変種といってもよい）。

6-269 　❶ **勝本説**　①瑕疵が要素に関するような重大な場合は錯誤の規定（瑕疵担保責任の規定排除）、②そうでない場合は、そもそも錯誤の要件を充たさず競合が生じないので、瑕疵担保責任の規定を適用する（勝本93頁）。確かに競合するのはどのような場合かということは問題になるが、ここで問題にしているのは、競合する場合についてであるから、①だけを問題にすればよく、錯誤規定優先説といえよう。しかし、これでは、要素に関しない付随的な瑕疵のみが瑕疵担保責任の対象になるにすぎず、解除まで用意している瑕疵担保責任と矛盾し、その適用範囲を不当に狭めることになる。動機の錯誤についてかなり狭く理解していた時代の考えである。

6-270 　❷ **水本説**　①目的物の性状が全体的・質的に異なる場合（腹の出た駄馬を子を孕んだ良馬と勘違いしたり、贋作を本物と勘違いした場合）、錯誤のみが問題となり、②目的物の性状が部分的・量的に異なる場合には（30〜70馬力を130馬力と、アンズ約9

割の粗悪なイチゴジャムをイチゴ100％と勘違いした場合)、錯誤と瑕疵担保責任の両者が問題となるが、ここでは瑕疵担保責任のみが成立するという（水本182～3頁）。

6-271　**❸ 来栖説**　①瑕疵といえる場合には瑕疵担保責任のみが成立し、②保証もされていないのに特別の性質を有するものと買主が勝手に誤信した場合には（駄馬事件を念頭に置いているのか）、瑕疵担保責任は問題とならず錯誤しか主張しえないという（来栖99頁以下）。

来栖説の②事例は水本説の①事例に対応するものといえ、両説は説明の差こそあれほぼ同一であるとも評価できる。そして、瑕疵の定義でのべたように（⇒**6-219**）、通常存在すると期待しえない品質・能力については、特に保証していなければそれを欠くことを瑕疵とはいえないのであり、要するに(c)❷❸説は(b)説と同じということになる。

6-272　**(d) 判例の状況**

(ア) 2つの判決　判例については理解が容易ではない。次の相矛盾するような2つの判決がある。

6-273　● 大判大10・12・15民録27・2160（判例①——中古アルゲマイネ社製電動機事件）　買主が中古アルゲマイネ社製電動機を130馬力はあるといわれて購入したが、検査の結果実際には30～70馬力しかないことを発見したという事例である。

「因て按ずるに、売買の目的物に品質上の瑕疵ありて為めに意思表示の錯誤を生じたる場合と雖も、<u>当事者が特に一定の品質を具有するを以て重要なるものとし、意思を表示したるに、其品質に瑕疵あり若くは之れを欠缺するが為め契約を為したる目的を達すること能はざるときは法律行為の要素に錯誤あるものにして民法第95条に依り無効なりとする。之に反して当事者が一定の品質を具有することを重要なるものとして意見を表示せず、而も売買の目的物に品質上の瑕疵あるが為め契約を為したる目的を達すること能はざるときは同法第570条第566条に依り買主は解除権を有するに過ぎずして</u>、同条は売買の目的物の品質に関する錯誤に付き前示第95条と相容れざるものに非ず。本件に於てXは売買契約の目的物たる電動機が中古「アルゲマイネ」会社製三相交流130馬力のものなるに拘はらず、Yの引渡したる電動機は検査の結果僅に30乃至70馬力のものに過ぎずして右契約に係る電動機として用を為さざることを発見したるを以て、法律行為の要素に錯誤あるものとし、其無効なることを主張するに在れば、原院は須らく本件当事者が如上の品質を具有する原動機を以て其目的を達するに重要なるものと為し、売買契約を為したるや否を審究せざる可からざる筋合なるに、<u>原院が売買の目的物に隠れたる瑕疵あるときは法律行為の要素に錯誤ありて民法第95条に依り無効と為るべき場合と雖も、買主は同第570条第566条に依り解除権を有するに過ざるものの如く解し</u>、本件の電動機にX主張の如き隠れたる瑕疵ありて売買契約の要素に錯誤を来したりとするも、<u>解除権を行使するは格別、該契約を以て当然無効なりと断ずることを得ざるもの</u>と判示し、如上の点を審究せずしてXの請求を棄却したるは法則を不当に適用したるか又は理由不備の不法ある判決にして破毀を免れず。」

6-274　● 最判昭33・6・14民集12・9・1492（判例②——特選金菊印苺ジャム事件）　債権者が差し押さえたジャムを、特選金菊印苺ジャムとして、債務者が債権者に代物弁済として引き渡

第 2 章 売　　買

す旨の和解が成立したが（559条による570条の準用）、実際には9割近くがアンズの粗悪品であった事例である。

> 「本件和解は、本件請求金額62万8,777円50銭の支払義務あるか否かが争の目的であって、当事者であるＸＹが原判示のごとく互に譲歩をして右争を止めるために仮差押にかかる本件ジャムを市場で一般に通用している特選金菊印苺ジャムであることを前提とし、これを<u>一箱当り3,000円（一缶平均62円50銭相当）と見込んでＹからＸに代物弁済として引渡すことを約した</u>ものであるところ、本件ジャムは、原判示のごとき粗悪品であったから、本件和解に関与したＸの訴訟代理人の意思表示にはその重要な部分に錯誤があったというのであるから、原判決には所論のごとき法令の解釈に誤りがあるとは認められない。」「原判決は、本件代物弁済の目的である金菊印苺ジャムに所論のごとき瑕疵があったが故に契約の要素に錯誤を来しているとの趣旨を判示しているのであり、このような場合には、<u>民法瑕疵担保の規定は排除される</u>のであるから（大正10年12月15日大審院判決参照）、所論は採るを得ない。」

6-275　**（イ）この２つの判決の評価**　　この２つの判例の評価については、次の３つの評価が可能である。

> ①　判例②の形式論に従い、錯誤が優先すると扱っているという評価、
> ②　判例②の判決を優先し、錯誤を選択している以上、瑕疵担保のを適用することはできないという趣旨とする評価、
> ③　判例②を無視し、判例①を原則視して、瑕疵の重要度により振り分けているものとする評価。

本書としては、①はあまりにも形式論すぎるので、判例②の評価として、錯誤と瑕疵担保とが競合する要件は判例①に従い、その場合に、判例①が自由な選択を認めたものと理解して、買主が錯誤を選択している以上、売主が瑕疵担保責任を持ち出すことはできないという選択肯定説を再確認した判決と理解すべきだと思われる。

（3）買主の善意

6-276　旧民法では明示されていたが、現行民法でも買主の善意という要件が、566条1項の準用により要求されることになる。したがって、(2)の「隠れた瑕疵」という要件を満たしていても、たまたま買主が瑕疵を知っていた場合には（たまたま自分が一度売却した中古品を買い取り、隠れた瑕疵を知っているなど）、瑕疵担保責任の保護を受けられないことになる。無過失までは要求されないので、たまたまその買主は知りえたとしても、瑕疵担保責任の救済を得られることになる[103]。但し、

103　韓国民法改正試案では、隠れた瑕疵という要件は設定しないものの、買主の善意無過失

重大な過失は悪意と同視されるので、売主は保護されないことになる（自分の売却した中古品であるのに重大な不注意で気がつかなかった）。

6-277 【善意・悪意の判断基準時】　隠れた瑕疵の判断基準時についても同様に問題となるが、善意・悪意はどの時点を基準に判断されるべきであろうか。
❶ 法定責任説　特定物のみを対象とする法定責任説では、契約時が買主の善意・悪意の基準時になり、後発的な瑕疵については商法526条の検査通知義務が問題となるだけである（悪意で受け取っても、通知をすれば権利は否定されない）。瑕疵を知りながら買ったか否かが重要であり、このような区別は適切である。

6-278 ❷ 債務不履行責任説　これに対して、債務不履行責任説では、不特定物ではそもそも契約時点での善意・悪意を問題にできず、引渡時を問題にするしかない。しかし、特定物で瑕疵があるのに敢えて買うのとは異なって、瑕疵を知りながら受領したからといってその保護が否定されるというのは不合理である。やはり、不特定物では、買主の瑕疵についての善意・悪意は問題にならず[104]、商法526条により対処すべきである。表見の瑕疵については検査通知義務が認められ、隠れた瑕疵については半年に制限がされるが（結局これは期間制限と同じ）、商人間以外については隠れた瑕疵は566条3項の瑕疵を知ったときから1年の期間制限のみにすべきである。

(4) 強制競売によるものではないこと

6-279 　民法は、他の担保責任は強制競売にも適用されるのに対して、瑕疵担保責任については強制競売の場合には認められないものとした[105]（570条ただし書）。他の担保責任は競売でも認められるのに、瑕疵担保責任だけどうして特別扱いしたのであろうか。この点について、①競売後に担保責任の追及を認めるのは「極めて煩雑なる結果を惹起」すること、及び、②競売で物を買う者は「其物に多少の瑕疵あることを予期して幾分か廉価に之を買取るを常とする」ため、担保責任をみとめなくても「不公平なる結果」が生じないと説明されている（梅526頁）。競売の安定性が必要なのは他の担保責任についても同じであり、売主が関与していない

　を要求しており（580条1項）、悪意のみを排除するのではなく、隠れた瑕疵という要件を置くのと実質的には変わらない形になっている。

[104] 不特定物売買にも瑕疵担保責任を適用するフランス法ではこの点が疑問になるであろう。買主が注文に際して知っていたか否かを問題にできるのは特定物売買だけであり、買主が引き渡された物に瑕疵があるのにもかかわらず、留保なしに受け入れてしまったならば、その後に買主が表見的瑕疵について主張をすることが禁止されると、解釈により制限がされている。表見的瑕疵については受け取ったことによって権利が否定され、隠れた瑕疵については瑕疵担保責任が否定されないということになる。

[105] 条文には「強制競売」となっているが、担保権に基づく任意競売についても適用されると考えられている（近江136頁など）。

ので、瑕疵について説明を受けられないといった事情を根拠にするしかないであろう。なお、債務者（売主）または債権者が瑕疵を知っていた場合にまで、買主に何らの救済も認めないのは不合理であるとして、568条3項を類推適用する考えがあり（新注民(14)372頁［柚木・高木］）、これに賛成したい。

4　瑕疵担保責任の効果

瑕疵担保責任の効果については、570条は566条を準用するのみである。

(1)　契約解除権

6-280 　瑕疵のために「契約をした目的を達することができないときは」[106]、買主は売買契約を解除することができる（570条による566条1項前段の準用）[107]。解除のためには、売主の過失は不要である（来栖91頁など）。契約の目的が達しえないというためには、瑕疵が重大でありかつ修補ができないことが必要なのが原則である[108]。従って、不治の病気の競走馬ならば解除できるが、中古自動車でエンジンに問題があるが修理すれば直る場合には、解除ができない。但し、例外として、修補が可能であったとしても、修補に過分の費用がかかる場合には、直ちに解除ができるものとされており（大判昭3・3・30民集8巻226頁）、学説も「修補が容易かつ低廉にできない場合でなければならない」と説明している（我妻・中巻一290頁）。しかし、費用がかかってもそれは売主に対して損害賠償の請求ができるのであり、むしろ541条ないし543条の解除に対して、特例を設けたものではないというべきである。建物の「瑕疵を除去し、安全性を有する建物にするための補修方法としては、本件建物を全て解体し、新たな建物を再築するより他に方法がない」場合について、土地建物の売買契約（1つの契約）をした目的が達成しえないとして解除が肯定されている（大阪地判平12・9・27判タ1053号137頁）。

6-281 　**【解除のためには催告が必要か】**　566条1項は541条と異なって即時解除を認めてお

---

[106] 「契約をした目的を達することができない」という場合の「目的」は、契約の内容とされている必要はなく、また、売主が知っている必要もないといわれている。但し、買主が主観的に意図していたというのでは足りず、契約当時の事情から客観的に理解しうるものであることを必要とするといわれている（我妻・中一290頁）。

[107] 商事売買の場合には、商法527条により、買主には瑕疵を理由として契約を解除した場合には、目的物を売主の費用で保管または供託する義務が負わされている。

[108] 旧民法は修補不能を解除の要件としていた。現行法は同様の規定を置かなかったが、修補可能なら契約の目的達成不能ではないと考えただけである。

り、催告が要件となっていないので特則のようにもみえるが、よく考えるとそう言い切ってよいかは疑問となる。

6-282　❶ **法定責任説**　不特定物に瑕疵があった場合は、541条の解除になり、特定物の場合にのみ問題となるが、修補請求権は特約でもない限り認められないことになる。従って、修補請求してその不履行による解除ということがありえないことになり、修補が可能でも即時解除ができてしまうかのようである。しかし、それでは売主に酷であり、修補をなすチャンスを売主に与えるべきであるから（売主に修補権を認めるかも1つの問題）、買主が修補を求めても売主がそれに応じなかった場合でないと、買主は目的を達しえないという解除の要件を充たさないとしている（柚木・注61文献259頁）。ところが、法定責任説では、修補可能なら修補をして契約をした目的を達しうるのであり、そもそも解除が全くできないことになるのではなかろうか（自分で修補して、その費用を損害として賠償請求する）。

6-283　❷ **債務不履行責任説**　これに対し、債務不履行責任説では、不特定物も対象とし、修補が可能な限り（修補不能なら、543条で直ちに解除できるのは当然）修補を売主に求めることができる。では修補可能な場合、どのような場合に解除ができることになるのであろうか。

　ⓐ瑕疵の追完ないし修補が事実上不能な場合（これは修補不能に準じてよいのでは）、ⓑ売主が追完・修補をする意思がない場合、ⓒ修補させることが無意味な場合（時間がかかり買主が買った意味がなくなるような場合）には、直ちに解除ができるという考えがある（星野131頁）。

　これは解除の要件一般論にかかわる問題である。売買契約（但し国際的）に関するCISGでは、①重大な契約義務違反は直ちに解除を認め、②それ以外の契約義務違反については催告した上でのみ解除ができるとしており、すべての解除に一般化ができるかは別としても、売買に関する限りは参考にされてよいものである（山田・***4-84***論文参照）。わが国では、催告を原則とするので、原則としてはやはり追完または修補を催告してではないと解除できず（これは、売主にも追完または修補をして契約を維持する権限を認めることになる）、売主がこれを拒絶している場合は直ちに解除できるものと考えられ、定期売買は当然、定期売買とまでいえないとしても、修補を待っていては契約をした意味がなくなるような場合には催告なしに解除を認めるべきである。

(2) 損害賠償請求権

6-284　買主は解除をするときも解除をしないときも損害賠償を請求できるが、その内容については、債務不履行か否かという瑕疵担保責任の法的性質論と関連して議論されており、以下のように争いがある。

　(a) 問題となる損害　拡大損害については、***6-293***以下に述べる。

6-285　❶ **瑕疵ある物としての価値と代金との差額**（修補費用も含む）[109]　例えば、

500馬力の発動機として500万円で売買したが、実際には200馬力程しかなく、200馬力程の発動機であれば、200万円程の価値しかないという場合、売買契約は500万円の支払を内容とするので買主は500万円の支払を義務づけられ、売主も500万円の債権を有するためそれを受領しても不当利得とはならない。しかし、買主は500馬力だから500万円の支払を約束したのであり、200馬力の発動機しか受けられないとなると、300万円分損をしていることになる。従って、これを先ず損害賠償請求することが考えられ、この救済を否定するものはないといってよい。

　しかし、これは損害賠償という賠償責任の問題というよりは、双務契約の対価的牽連関係から当然生じる（損害賠償責任のように売主の過失を問題にすることなく）効果たるべきものであり、その観点からいうと、買主に代金減額請求を認めるのがすっきりしている（フランス民法では、買主に解除か代金減額かの選択を認めている）。しかし、民法の起草者は、代金の算定が困難なので（フランス民法1644条では、鑑定人の定める所により代金減額を請求しうる、という形になっており、職業的鑑定人団体の伝統があり、鑑定制度が機能しているフランスならではの規定である）、この差額は損害賠償の中に含めて請求させればよいと考えて、代金減額請求権を規定しなかった（損害賠償にしても差額を算定する必要があり、上の説明は説得的ではない）。このような次第で、わが国では、代金減額請求を実質的に損害賠償請求という形で実現するしかないことになる。但し、それにも拘らず、直截に代金減額請求権を認めてよいという考えもあり（星野132頁、来栖84頁）、代金減額請求が一部解除の実質を有することを考えれば、解除に準じてこれを認めてもよいであろう。

6-286　❷ **履行利益の損害**　　例えば、上の同じ例で、買主がその発動機を使って工事をする予定であったが、約束された馬力がなかったため工事に使えず工事ができず、工事の遅滞により注文者に契約を解除されたり、違約金をとられたり、他

109　種類物売買において債務不履行が主張された事例であるが、自然食品を購入したのに、食品への添加が食品衛生法により禁止されているエトキシキンが混入していた事例で（売主には過失がないとして、不法行為に基づく損害賠償は否定されているが、債務不履行については不可抗力等ではないとして責任が肯定される）、売買契約を解除しなくても債務不履行による損害賠償を請求できると認め、損害として、商品が自然食品として全く無価値になるとして支払った代金全額を損害と認められている（大阪地判平17・1・12判時1913号97頁）。これを瑕疵担保ついて置き換えると、解除せずに代金の返還を損害賠償名目で請求できるのと同じことになる。なお、慰謝料については、自然食品だと思って摂取したのにエトキシキンを摂取したことによる嫌悪感は、代金相当額の損害賠償を受けることにより相当に慰謝されるものとして、慰謝料請求は認めなかった。

に転売したが転売先から解除され折角転売したのに転売差益を得られなかったとする。これらの損失（得べかりし利益〔逸失利益〕と積極的損害の両者を含む）は、瑕疵のない履行があれば被ることのなかった損害である。

6-287 　❸ **信頼利益の損害**　物に瑕疵があったために、いわゆる信頼利益の損害を買主が受ける可能性もある。例えば、やはり上の例でいくと、その発動機を使うため、工場に設置して、その費用が無駄になった場合、費用を無益に費やした損害を受ける（なお、瑕疵の修補費用については、❶の様に損害を独立させなければ、信頼利益の問題に含まれることになる［修補費用を信頼利益として賠償を認めたものに、千葉地松戸支判平6・8・25判時1543号149頁がある］）。

6-288 　**(b) 損害賠償の範囲**　上の❶は問題がなく、どこまで賠償範囲になるかは、❷❸について争われることになる（なお、拡大損害については、で述べる）。

　❶ **債務不履行責任説**　先ず、債務不履行責任説では、損害賠償の範囲は416条の原則によることになり、*6-285* 以下の❶〜❸の全てが賠償されることになる（星野135頁、田山131頁）。なお、過失を要件とするかという問題との関係をいえば、ⓐ❶〜❸すべてにつき過失を不要とする学説、ⓑ❷❸については過失が必要だが、契約費用の償還については過失がなくても認める学説（来栖91頁）などがある。私見としては最後のⓑ説に従い、修補できないまたは修補をしない場合には、差額分の価格の損害賠償（実質代金減額）、修補を他の業者にさせた場合には、本来売主が行うべき義務の履行を代わりに行ったも同然であり（実質費用償還請求）、いずれも売主の過失は不要である（ただし、売主の修補権を保証しなかった場合には、売主が行えば済んだ費用の範囲での損害賠償しか認めるべきではない）。それ以外の損害賠償については、売主に免責事由を主張して免責することを認めるべきであるが、契約費用（信頼利益）については免責を認めなくてもよいであろう[110]。

6-289 　❷ **法定責任説**　法定責任説では、特定物売買に適用を限定し、特定物のドグマを認め瑕疵なき物の引渡義務を認めないため、給付義務の存在により保障される履行利益（上の❷の損害）の賠償は原則として認められないことになる。

6-290 　ⓐ **信頼利益説**　先ず、売主が瑕疵なき物を引き渡すことができないのは、原始的一部不能であり、契約締結上の過失と同様に、信頼利益の賠償しか認められないという考えがある（末弘393頁、民コメ(12)1480〜1頁［高森］も信頼利益とは、売

---

[110] 但し、ⓒ説のように、過失がなくても契約費用の償還（❸もある程度含むかも知れない）は認めてもよい（フランス民法では、善意の売主は契約費用の償還のみ、悪意の売主は一切の損害の賠償を義務づけられ、事業者たる売主は悪意の売主と同じ扱いを受ける）。

主が無過失でも負わなければならない契約費用の賠償としてこの説による)[111]。しかし、信頼利益の内容は必ずしも明らかではなく、拡大損害を含めたり、他の有利な取引の機会を逸したことによる不利益などまで、学者によっては信頼利益に含めている。

6-291　ⓑ **信頼利益原則説**　ⓐ説を原則としながら、信頼利益の賠償は売主に過失がなくても認める特別の保護であり（他人物売買の債務不履行責任説のようなパターンである）、それは過失なくしても認められるものであり、もし売主に過失があるならば、信義則上履行利益の賠償まで認めることができると考えるものもある（我妻・中一271〜2頁）。しかし、どう理論的にそれを根拠づけるか説明は明らかでない。また、履行利益まで例外的に賠償を認めることを、売主の保障違反があると認定できる場合に、それを根拠に認める学説もある（広中76頁）。

6-292　ⓒ **対価的制限説**　売主に過失がないのに有償性から特に法が認めた責任であることから、差額をもって損害賠償の上限を画そうとするものがあり（実質代金減額だけということになる）、ただ、売主に過失があれば例外的にこれを超えて信頼利益の賠償を認めるものである（勝本71頁）。対価的制限説を採用した判例と

---

[111] 大阪高判昭35・8・9高民集13巻5号513頁は、「売主の瑕疵担保責任は特定物の売買にのみ限られるものと解すべきであるが、この責任の本質は、売買の目的物の原始的な一部不能に因る契約の一部無効という事態の生じた場合、売主に対して課せられる無過失責任であって」、「債務不履行に因る損害賠償責任はもとより契約の有効であることを前提とするものであるから、履行利益の賠償を内容とするものであるに反し、売主の瑕疵担保責任は契約の一部無効若しくは失効を前提とするものであるから、信頼利益の賠償を内容とするとの結論に到達するのが順当であって、後者に関し、契約の有効なことを前提とする履行利益の賠償をも含めて考えることは矛盾と謂わなければならない」と述べ、これを採用する。

[112] この判決は、「売買の目的物に隠れた瑕疵があり、売主になんら過失その他有責原因がない場合に、売主が民法第570条及び同第566条の規定によって買主に対して負担する損害賠償義務の範囲は、買主が負担した代金額から売買契約締結当時における……瑕疵ある目的物の客観的取引価格を控除した残額に制限せられるのが相当である。蓋しこの場合の売主の担保責任は、売主の債務不履行その他の義務違反又は特別の担保契約によるものではなく、売買は元来目的物に関する原始的一部不能によって全部若しくは少くとも一部の無効を来たし、売主にはなんら責任がない筈であるが、買主が目的物について瑕疵がないものとしての対価的出捐をしている関係上、衡平の観念に基いて買主を保護するために、法律が特に認めた無過失責任であるから、その損害賠償義務の範囲についても、一般債務不履行による損害賠償義務の範囲を定めている民法第416条の規定に従わなければならないものではなく、右売主の担保責任が認められる趣旨に従って合理的に判断して、かような制限を設けるのが相当だからである。」と判示している。

して、東京高判昭23・7・19高民集1巻2号106頁がある[112]。

6-293 【瑕疵から拡大した損害（瑕疵惹起損害）】　例えば、買った車のブレーキに瑕疵があり、買主が走行中にブレーキが効かず事故を起こし負傷した場合、買主は売主に対してどのような根拠で賠償請求できるであろうか（このような危険な欠陥による拡大損害は製造物責任の対象とする損害である）[113]。

6-294 　❶ 570条の適用を肯定する説　これも確かに瑕疵がなければ生じなかった損害であり、瑕疵により被った損害として416条の賠償範囲に含まれることは明らかであろうが（債務不履行責任説でのみ問題になるようだが、法定責任説でもこれを信頼利益の賠償の中に含める学説がある［柚木］）、そのことから瑕疵担保責任の賠償範囲と考えるものもある（浜上則雄「製造物責任における証明問題（7）」判タ320号10～11頁、三宅・上31頁、前橋地判昭47・5・2判時687号88頁。フランスではこのような解決をする）。

6-295 　❷ 570条の適用を否定する説　拡大損害では取引と関係のない一般的損害（上の例では身体への利益）の侵害が問題となっていることから、瑕疵担保責任は拡大損害には適用にならないと考えることも可能である。但し、保護義務等付随義務により債務不履行責任を認めるのが一般である（例えば、高松地判昭55・11・28判時1015号109頁）。

6-296 【特定物売買と修補請求権】　不特定物については、法定責任説・債務不履行責任説を問わず、完全履行請求権（代物の交付、修補の請求）が認められるが、特定物についてはどうなるか、簡単には既に述べたがここに詳論することにする。修補請求権を瑕疵担保責任の内容と位置づけるか否かの問題とも絡み、瑕疵担保責任の内容の一つとすれば、悪意の買主には修補請求権が否定されることになる[114]。

6-297 　❶ 債務不履行責任説　債務不履行責任説では、買主に瑕疵のない物を引き渡す義務を認めるため、瑕疵ある物の引渡では義務を履行したことにはならず、修補が可能な限り（修補ができなければ、修補義務の履行不能である）買主は修補請求ができることになる。修補請求は、瑕疵担保責任の内容ないし効果ではなく、履行が完全にされていないので債務が完全に消滅せず残っているだけであり、契約の履行請求それ自体であり、売主の過失は不要である[115]。修補請求権の根拠づけまた要件につ

113　この問題は、現在では製造物責任法により解決されており、被害者は買主に限らず、製造者に対して無過失責任を追及できることになった。しかし、直接の売主たる流通業者の責任は、従来通り民法の規定によることになるので、上の問題は流通業者については未だに残っている。570条による利点として、かつては無過失責任である点が注目されたところであるが、これを過失責任にすぎないとする現在の一般的な債務不履行責任説による限り、いずれの説によっても売主の過失が必要であり、結果は変わらないことになる。

114　なお、売主にも、契約を維持する利益があるので、売主にも代物給付権（不特定物売買の場合）、修補権（特定物、不特定物のいずれについても）を認めるということも考えられる（CISG、ドイツ新債務法、フランスの瑕疵担保法）。

115　なお、買主が修理した場合には、損害賠償請求という形でその費用を売主に請求するこ

第2章 売　　買　371

いては、異説も少なくない[116]。

6-298　**❷ 法定責任説**　法定責任説では特定物のドグマにより、その物を引き渡す義務しか売主に考えられないことになる。従って、たとえ修補が可能であっても、買主は売主に修補を請求できず、代金の減額分の差額を使って自ら修補をすることになる（なお、債務不履行責任説でも、修補させたら、差額がないので減額請求はできない）。しかし、法定責任説でも、黙示の特約、商慣習、更には合理的意思解釈まで持ち出してきて、瑕疵修補義務を売主に認める主張がされている（下森・前掲347頁。これは瑕疵担保責任とは別個の、特約上の債務の不完全履行に基づく追完義務であるという）。この黙示の特約を活用すれば、両説の差は殆ど無くなることになる（戸田・注[65]文献も同様）。

6-299　【第三者が損害を受けた場合】
　　　(1) 経済的損害の場合　例えば、AがBの注文により建物を建築したが、これが手抜き工事であり地下部分に防水のための完全な対策が講じられていないものであり、Bが完成したこの瑕疵ある建物とその敷地とをCに売却し、Cは不動産業者であり転売目的で購入したが瑕疵のために転売できず、Bとの売買契約を解除したとする。この場合に、Cが本件土地建物の購入のために借入をしてその利息として支払った金額は損害として売主Bに対して、瑕疵担保責任を根拠に賠償請求ができる。では、CはAに対して損害賠償を請求することができるであろうか。

6-300　　**(a) 不法行為責任**　AC間には契約関係がないので、不法行為を理由にすることになるが、神戸地判平9・9・8判時1652号114頁は、次のように原則としてこれを否定する。
　　「請負人が瑕疵ある建物を建築した場合、それが請負人の責めに帰すべき事由による場合であっても、請負人は民法634条以下に規定された瑕疵担保責任を負うにすぎず一般の債務不履行責任を負わないと解するのが相当であることからすれば、請負人が注文者や第三者に対し不法行為責任を負うのは、注文者やその後の建物取得者の権利や利益を積極的に侵害する意思で瑕疵ある建物を建築した等の特段の事情が

とになるが、損害賠償には売主の過失が必要であると考えるので、それでは過失がなくても修補請求できることとバランスを失する。そこで、第三者の弁済、代替執行に準じて当然その費用を求償できるものと考えるか、または、実質代金減額の損害賠償と同様に売主の過失を不要と考えるべきである。

116　瑕疵修補請求権については、契約の履行としてではなく、瑕疵なき物を給付する義務の不履行に基づく損害賠償の方法として、金銭賠償に代えて一定の行為を売主に課すという「現実賠償」と位置づける考えがある（森田宏樹「売買契約における瑕疵修補請求権に関する一考察（3・完）」法学55巻2号96頁以下）。また、瑕疵修補請求権を「瑕疵なき物の給付義務」の完全履行請求権としてではなく、当事者の明示・黙示の特約によって生ずる付随的義務として位置づけ、常に帰責事由を不要とすることに反対する考えがある（辻伸行「特定物買主の修補請求権について」上智法学41巻1号1頁以下）。

ある場合に限られると解すべきである」。

6-301　**(b) 直接訴権による救済**　この場合に、CはBに対して瑕疵担保責任を追及できるが、他方で、Bは更に請負人Aに対して請負人の瑕疵担保責任を追及することができる。フランスではこの関係から、Cに対して直接にAに対して、請負人の瑕疵担保責任を追及できる直接訴権というものが認められる。わが国では、直接訴権は債権者代位権の転用で認めるしかないと考えているので、私見では、BはCに対する瑕疵担保責任に基づく債権に基づいて、CのAに対する瑕疵担保責任上の債権を優先的に代位行使ができると考えている（債権者代位権の転用の一種）。別個に直接の不法行為責任を認める必要はなく、また、不法行為責任を認めることにより瑕疵担保の規律が無にされることを回避することができる。

6-302　**(2) 拡大損害——第三者への行為義務の基準**　ABそしてBCと目的物が転々売却され、買主Cのところで身体・財産などの法益が目的物瑕疵を原因として侵害された場合（拡大損害）には売買契約の当事者間でも瑕疵担保責任の範囲内かは議論のあるところであり、Cに対するAの不法行為責任を認めるとしても、第三者との関係では一般的な注意義務違反の限度に留めるべきである。その結果、特別の強度や性能の建物を特に高額な代金で建築を依頼したが、その内容を十分充たしていないという程度の場合には（例えば、普通の建物ならば火災が隣家まで広がって当然であるが、契約通りの建材をちゃんとつかっていれば延焼は避けられたはずという場合）、Aは契約当事者Bには責任を負うが、Cに対してはAもBも責任を負うことはないというべきである。

(3) 修補請求権・代替品引渡請求権

6-303　債権総論で述べたように、不完全な履行があった場合の追完義務（修補または代替品の引渡し。後者は不特定物についてのみ）は、弁済＝履行が完全にされていないので債務が完全に消えていないため、消滅せずに残った債務にすぎず、債務不履行の効果として新たに発生した債務ではない。瑕疵担保責任においても同様であり、債務不履行責任説では、修補が可能な以上、当然に認められる義務である[117]。法定責任説では、その物の引渡義務しか成立しないはずであるが、明示の特約がある場合だけでなく、売主が修補可能であり、かつ取引慣習からして売主による修補を合理的に期待できる場合には、明示の特約がなくても、慣習または黙示の特約により修補義務が認められている（下森・ノート45頁、近江146頁）。その結果、

---

[117] フランス民法は日本民法同様に修補請求権について何も規定していないが、消費財の担保責任についてのEC指令は代替品の引渡しや修補請求が可能なことを規定しており、これを導入したドイツ新債務法も同様である。韓国民法改正草案も580条1項で特定物について修補請求が可能なことを規定し、種類物についても580条を準用すると共に（581条1項）、代替品の引渡しが請求できることを規定している（581条2項）。

第2章 売　買　373

実際に問題になる事例においては、いずれの学説によっても修補請求権が認められるという結論には変わりがないことになる。

しかし、瑕疵担保責任の効果ではないにしろ、瑕疵をめぐる争いであり1年の除斥期間の趣旨があてはまること、買主が自ら修理して損害賠償請求すると1年の除斥期間が適用になることとのバランスからして、566条3項を類推適用して、瑕疵修補請求権についても1年の除斥期間を認める必要があろう。

なお、いわゆる**住宅品質確保促進法**（略して品確法）は、新築住宅の売買で、「耐久構造力上主要な部分」または「雨水の浸入を防止する部分」として政令で定めるものについての隠れた瑕疵については、買主が修補請求できることを明記している（95条1項）。また、責任の存続期間を20年としたり（97条）、免責条項を無効としたり（95条2項）、民法の規定を修正している。

6-304 【**売主の修補権（追完権）**】　売主にも、修補のチャンスが保障されるべきであると考えられるようになっている。**修補権**といわれるが、買主の受領義務の一種として受領に関係する協力義務に対応する売主の権利といってよい。問題は、買主が売主に修補の機会を与えずに勝手に業者に修理をさせてしまった場合の効果である。買主が業者に支払った修理代金全額を損害賠償請求できるとするのは適切ではない。かといって、売主の修補義務が存続するとする必要もない。そのため、学説には、536条2項を類推適用して、売主は瑕疵修補義務を免れたことによって利益を得た部分について、買主は売主に対してその償還をできるにすぎないという主張がある（青野博之「売買目的物に瑕疵がある場合における買主による追完請求権」駒澤法曹1号43頁）。本書でも、**6-285**に述べたように、売主ならば、かかったであろう費用（当然、他の業者の収益分は差し引かれ、また、他の業者が行ったので特に費用がかかった分も少なくなる）に限定して損害賠償を認めるべきである。訴訟上は、売主側が、それを証明して減額を争えるということになる。

5　権利行使期間

(1) 権利行使期間の法的性質

6-305　570条で瑕疵担保責任に準用される566条3項は、「契約の解除又は損害賠償の請求は、買主が事実を知った時から1年以内にしなければならない」と規定している[118]。この期間の性質については、「時効により消滅」とは明記されていない

---

[118] フランス民法は、速やかに権利行使をすべきものと規定するだけであったが（1648条1項。但し、後述のように改正されている）、旧民法財産取得編99条では、**6-173**に述べたような詳しい規定を置いていた。

　1999年の消費者との売買契約における売主の担保責任についてのEU指令では、引渡し

から2年という期間制限を設け（5条1項）、更にオプション条項として、瑕疵発見から2ヶ月以内に売主に通知をすることを義務づける立法をすることが可能とされている（5条2項）。フランス民法では、速やかな権利行使というので、この2年の権利行使期間よりも消費者に酷かのようであるが、フランス民法では買主が知ってから速やかに権利行使をすればよいのに対して、この指令では瑕疵を知り得なくても引渡しから2年で権利を失うので、この点はフランス民法のほうが買主に有利であるといわれている。そのため、フランスでは、指令を直に導入せずに、消費法典に導入し、消費者が民法による責任追及を選択できるようにしている（但し、この機会に1648条1項を改正し、「瑕疵を知った時から2年以内に」権利行使をすべきものとした。起算点を明記し、また、期間を2年と定めたのである）。これに対して、ドイツ民法438条は、この指令を民法に導入しつつ、次のような細かな規定を設けている。

「(1) 437条に述べられた請求は、
  1 瑕疵が、(a)それに基づいて売買目的物が請求されうる第三者の物権、または(b)土地登記簿に登記されたその他の権利にあるときは、30年、
  2 (a)土地工作物、(b)その通常の使用方法に従って土地工作物のために用いられ、その瑕疵を惹起した物に関する場合は、5年、
  3 それ以外の場合は2年で時効にかかる。
(2) 時効は、不動産の場合は引渡し、その他の場合には物の引取とともに開始する。
(3) 第1項2及び3号及び第3項とは異なり、売主が瑕疵を悪意で黙秘したときは、請求権は通常の消滅時効に服する。しかし、第1項2号の場合は、時効は、そこに定められた期間の徒過の前は効力を生じない。
(4) 437条に述べられた解除権については、218条が適用される。買主は、218条1項による解除の無効にもかかわらず、彼が解除についてその権利を有するであろう限り、売買代価の支払を拒絶しうる。彼がこの権利を行使したときは、売主は、契約を解除しうる。
(5) 437条に述べられた減額請求権には、218条及び4項2文が準用される。

CISGは、商人間の取引であるためまず通知義務を規定し、瑕疵が発見できず通知義務が負わされないとしても、2年で権利を失うものとしている。次のような規定である（曽野・山手訳）。この2年という制限は、先のEU指令に影響を及ぼしている。

　35条 (1) 売主は、契約で定められた数量、品質及び記述に適合し、かつ、契約で定める方法に従って容器に収められ又は包装された物品を引き渡さなければならない。
(2) 当事者が別段の合意をしている場合を除き、物品は、次の要件を充たさない限り、契約に適合しないものとする。
  (a) 記述されたのと同じ種類の物品が通常使用される目的に適していること。
  (b) 契約締結時において売主に対し明示又は黙示のうちに知らされていた特定の目的に適していること、ただし、状況からみて、買主が売主の技量及び判断に依存しなかった場合又は依存することが不合理であった場合を除く。
  (c) 売主が買主に見本又はひな型として示した物品の品質を有すること。
  (d) その種類の物品にとって通常の方法により、またはかような方法がないときは、

ため、消滅時効期間なのか除斥期間なのか争われている（図1参照）。なお、不特定物売買では、判例の法定責任説の立場では、買主が履行として認容すれば瑕疵担保責任の適用があるが（最判昭36・12・15民集15巻11号2852頁）、この場合には瑕疵発見時に遡って瑕疵担保責任の規定が適用されるのではないので、1年の起算点は履行として認容する意思表示をした時点ということになろうか。

6-306　**(a) 除斥期間説**　先ず、この期間内に権利を行使して権利を保全しなければ、その権利（解除権及び損害賠償請求権）が消滅してしまう除斥期間と考える学説がある（724条などと異なって「時効によって消滅する」という形の規定になっていないことが条文上の根拠である）。逆にいえば、1年以内に権利を行使して保全すれば、損害賠償請求権や解除の結果の代金返還請求権は一般の時効（10年。損害賠償債権の起算点は566条3項と異なり契約時［不特定物では引渡時］となろうか。但し代金返還請求権については、二段構成説では解除時、一段構成説をとれば解除時からではなく契約時から起算することになる）にかかることになる。正確にいえば、2つの権利消滅原因があることになり、除斥期間、消滅時効のいずれかに掛かれば権利が消滅するのである（⇒**6-309**以下）。従って、瑕疵を知らずに10年が過ぎれば、570条・566条3項の除斥期間は完成していなくても、10年の消滅時効にかかることになる。この説も、権利保全のために必要な「解除又は損害賠償の請求」というのは、どのような行為が要求されているのかをめぐって、更に次のように分かれる。

6-307　**❶ 裁判外の権利行使でよいとする説**　起草者はこの期間を時効期間ではなく「予定期間」と考え、裁判外の権利行使で足りるものと考えていた。その後の

　　　その物品を保存し保護するのに適切な方法により、容器に収められた又は包装されていること。
　　(3)　契約締結時において、買主が物品のある不適合を知り又は知らないはずはあり得なかった場合には、売主は、その不適合について前項(a)から(d)号の下での責任を負わない。
　　39条　(1)　買主が、物品の不適合を発見し又は発見すべであった時から合理的期間ないに、売主に対し不適合の性質を明確にした通知を与えない場合には、買主は物品の不適合に基づいて援用し得る権利を失う。
　　(2)　いかなる場合においても物品が買主に現実に交付された日から2年以内に、買主が売主に前項の通知を与えないときは、買主は物品の不適合に基づいて援用し得る権利を失う。ただし、この期間制限が約定の保証期間と両立しない場合はこの限りではない。
　　アメリカの統一商事法典では、4年の時効期間とし、原則として引渡しの提供がされた時から起算されるものとしている（2-725条1項、2項）。

学説もこれに従うものが多い（鳩山・上326頁・末川・上74頁、三宅・上338頁、潮見・各論Ⅰ234頁）。判例も **6-308** のようにこの立場によっている。但し、❷説のいうように、権利行使を容易に認めることには問題があるため、かなりの絞りをかける必要があり、次のような判例がある（なお、商526条の通知をしても、1年内に権利行使をしなければならないことには変わりない〔大判大3・3・5民録20輯140頁〕。通知と権利行使の二重の権利保全行為が要求されることになる。通知をしても、1年内なら一切の救済が得られるのではなく、通知後相当期間内に解除をしなければ、解除は認められず、代金減額と損害賠償請求しか認められないという考えもある〔来栖86頁〕）。私見もこれによるが、商人間について商法526条により6か月の除斥期間と解することは後述する（⇒ **6-340**）。

6-308　● 最判平4・10・20民集46巻7号1129頁　　566条3項「の1年の期間制限は、除斥期間を規定したものと解すべきであり、また、右各法条の文言に照らすと、この損害賠償請求権を保存するには、後記のように、売主の担保責任を問う意思を裁判外で明確に告げることをもって足り、裁判上の権利行使をするまでの必要はないとするのが相当である。」「1年の期間経過をもって、直ちに損害賠償請求権が消滅したものということはできないが、右損害賠償請求権を保存するには、少なくとも、売主に対し、具体的に瑕疵の内容とそれに基づく損害賠償請求をする旨を表明し、請求する損害額の算定の根拠を示すなどして、売主の担保責任を問う意思を明確に告げる必要がある。」[119]

6-309　【消滅時効との二重の期間制限】　　566条3項の準用による除斥期間は、瑕疵を知った時から起算するため、瑕疵を知るまではいつまでも権利行使が可能なのかという問題がある。この点について、判例は167条1項の10年の消滅時効期間との二重の期間制限を肯定している[120]。なお、住宅品質確保法は、買主が隠れた瑕疵を知ってから20年に責任期間を延ばしているが、引渡しの時からの10年の消滅時効を認めたら不都合なので、10年の消滅時効の起算点を修正し、

---

[119] 但し、「損害額算定の根拠」を示すことを要求した点については、瑕疵の発見に比して損害額の算定は困難であり買主に酷なこと、また、除斥期間であり債務者（売主）が瑕疵を認めても（損害が不明ならば承諾することは難しい）中断は認められず、売主が買主による単なる瑕疵の通知に対してこれに対処する姿勢を見せてずるずると引き延ばしておいて1年が過ぎてしまうことがありえることも問題視されている（鎌田薫「判批」NBL516号54頁）。また、この場合時効と異なって時効の援用が権利濫用という構成もとりえない。除斥期間であるとしても、除斥期間にも多様なものがあってよく、交渉が継続している限りは除斥期間は完成せず、交渉が決裂してから速やかに権利行使の意思を明確にすればよいと考えるべきである。

[120] 商人間の売買でも、商法526条の制限があるだけで、それをクリアーすれば民法167条1項の時効期間のみがあるのではなく、更に570条の準用する566条3項の1年の除斥期間に服することになる。その結果、商事売買では、3段階の規律があることになる。

第2章 売　　買　377

１年の除斥期間を排除したものと考えるべきであろう。

6-310　**(1) 瑕疵発見後権利行使があった場合と167条１項**　先ず、瑕疵を知ってから１年以内に買主が権利行使をした場合、瑕疵担保責任をめぐる権利につきもはやなんらの期間制限がなくなるわけではない。その権利行使が時効中断事由に該当しない限り、物の引渡しから10年を過ぎれば消滅時効が完成することになる。

6-311　**(2) 瑕疵が発見されない場合と167条１項**　買主が瑕疵を発見せず570条の準用する566条３項の１年の除斥期間が進行する前でも、物の引渡後10年をすぎてしまえば、消滅時効が完成する。そのため、買主がその後に瑕疵を発見した場合、発見から１年を経過していなくても売主は、消滅時効を援用して権利行使を拒絶することができる。判例も次のようにこれを肯定している。特定物については瑕疵担保責任は売買契約と同時に発生するが、166条の起算点を権利行使期待可能時である引渡時にした点も注目される（この問題については、三林宏「瑕疵担保責任の期間制限に関する一考察」立正法学37巻１号125頁以下参照）。**6-312** の判例は損害賠償の事例であり、契約解除についてはどうなるのか問題は残されている（二段階に構成するか否かで異なってこよう）。

6-312　●最判平13・11・27民集55巻６号1311頁
　　(1) **原審判決**（東京高判平９・12・11前記民集に掲載）　次のように述べて167条１項の適用を否定する。「民法570条、566条３項に基づく売主の瑕疵担保責任は、法律が、買主の信頼保護の見地から特に売主に課した法定責任であって、右責任は売買契約上の債務とは異なるものであるから、これにつき、民法167条１項の適用はないと解される。なるほど、右規定が、買主が瑕疵を知った時から１年内に損害賠償の請求をする旨を定めているのは、右責任の追求を早期にさせ、権利関係を早期に安定させる趣旨を含むものであることは被控訴人主張のとおりであるものの、他方で、右規定が、その起算点を「買主が瑕疵の存在を知った時」とのみ定めていることは、その趣旨が権利関係の早期安定のみにあるものではないことを示すものといえるから、<u>民法570条に基づく損害賠償請求権につき民法167条１項を準用することも相当であるとはいえない</u>（そうでないと、買主が瑕疵の存在を知っているか否かを問わずに、瑕疵に基づく損害賠償請求権の時効又は除斥期間満了による消滅を認めることとなり、買主に対し売買の目的物を自ら検査して瑕疵を発見すべき義務を与えるに等しく、必ずしも公平とはいえないと解される。）。」

6-313　　(2) **最高裁判決**　次のように判示して、167条１項の適用を認め、原判決を破棄する。「買主の売主に対する瑕疵担保による損害賠償請求権は、売買契約に基づき法律上生ずる金銭支払請求権であって、これが民法167条１項にいう「債権」に当たることは明らかである。この損害賠償請求権については、買主が事実を知った日から１年という除斥期間の定めがあるが（同法570条、566条３項）、これは法律関係の早期安定のために買主が権利を行使すべき期間を特に限定したものであるから、<u>この除斥期間の定めがあることをもって、瑕疵担保による損害賠償請求権につき同法167条１項の適用が排除されると解することはできない</u>。さらに、買主が売買の目的物の引渡しを受けた後であれば、遅くとも通常の消滅時効期間の満了までの間に瑕疵を発見して損害賠償請求権を行使することを買主に

期待しても不合理でないと解されるのに対し、瑕疵担保による損害賠償請求権に消滅時効の規定の適用がないとすると、買主が瑕疵に気付かない限り、買主の権利が永久に存続することになるが、これは売主に過大な負担を課するものであって、適当といえない。」「したがって、瑕疵担保による損害賠償請求権には消滅時効の規定の適用があり、この消滅時効は、買主が売買の目的物の引渡しを受けた時から進行すると解するのが相当である。」[121]

6-314　❷ **出訴期間説**　単なる裁判外の権利行使でよいとすると、早期に法律関係を確定しようとした立法趣旨が没却されるとして、期間内に訴えを提起しなければならないという考えがある（我妻・中一291、279頁、柚木・注61文献255～6頁［更に、民事売買にも権利保全のための短期間の検査、通知義務を認める］）。確かに裁判所を瑕疵が引渡時に存在したか否かを認定するという面倒な審理から解放するという公益的な趣旨を強調すれば、1年以内に訴訟に付される必要があろう。しかし、履行済みと信じている売主の保護という私益的側面もあり、売主に買主の権利行使に対する対応をなす機会を与えれば十分であり、また、訴訟提起を要求するのはわが国の市民感情そして訴訟制度の実情にあわない。

6-315　**(b) 消滅時効期間説**　単に、損害賠償請求権、解除後の代金返還請求権についての1年の消滅時効期間を定めたにすぎないという考えもある[122]（川島武宜「判批」判民昭和10年123事件、戒能141頁以下、広中61頁、鈴木227頁、三林・**6-311**論文163頁）。この説によれば、1年内の権利行使は時効中断事由に該当するものでなければならなくなり、中断後の時効再進行も、権利が確定されていない限り依然と

---

[121] このように判示し、宅地の売買で土地の一部には、道路位置指定がされ、宅地上の建物の改築に当たり床面積を大幅に縮小しなければならないなどの支障が生じるため、道路位置指定がされていることを570条にいう「隠レタル瑕疵」になるとした上で、瑕疵担保による損害賠償を請求したのが本件宅地の引渡しを受けた日から21年余りを経過した後であったため、買主の損害賠償請求権については消滅時効期間が経過しているとして、消滅時効の主張を排斥した原判決を破棄する。消滅時効の起算点を、瑕疵担保責任による損害賠償請求権が成立した契約時ではなく、瑕疵を発見し得べき引渡時としたことは評価できるが、ただ、本件のような法律上の瑕疵については、「買主が物を占有するだけでは、法律上の制限についての買主の認識を経験則上推認しえない」、引渡時から起算してよいのか疑問が提起されている（田中宏治「瑕疵担保による損害賠償請求権の消滅時効」阪大法学55巻2号491頁）。
[122] 消費財についてのEC指令5条1項、これを導入したフランス消費法典211-12条、ドイツ民法438条は、消滅時効と明記している。旧民法財産取得編99条は訴訟提起期間であった。UCC 2-725条1項は「訴追時効」とされている。CISG39条2項は、2年以内に権利行使をしないと権利を失うと規定するだけで、消滅時効とは規定されていい。

して１年のままである（なお、石田穰147頁は、解除権および代金減額請求権といった形成権が問題となる場合は、除斥期間と解する）。しかし、１年の期間制限の趣旨からいえば、１年内に売主に瑕疵をめぐる争いへの対処の機会を与えればよいのであり、時効自体を１年に制限する必要はなく *6-307*(a)❶説でよいと思われる（三宅・上338頁も、瑕疵担保だからといって特別に早期解決を促す理由はなく、善意の売主に早期に通知されるべきことが要求されているにすぎないという）。

6-316 **(c) 新消滅時効期間説**　　私的自治をより実効あるものにし、そして、交渉が適切になされることが私的自治の充実にとって重要であるという観点から、交渉ということを重視した次のような新しい時効期間説が提唱されている[123]。

まず、566条３項は564条と共に消滅時効の規定と捉える。但し、買主が事実を知った時から１年以内に交渉を開始すれば、交渉中は催告が継続し、１年以内に時効中断のための権利行使をする必要はない。そして、交渉が終了してから（交渉中は時効が中断しているので）６か月の裁判準備期間を与える。しかし、167条１項の二重の適用を認め（724条と同様か）、一般の消滅時効の完成後に買主が事実を知っても、167条１項の消滅時効の対抗を受ける（566条３項の時効ではない）。

6-317　**【１年という短期の期間制限を設けた理由】**　　各所で言及したがここでまとめておこう。瑕疵担保責任における１年という制限は、566条３項の本来の場合や564条と同様に、代金減額はいくらか、事実を知っていたら買わなかったか、といった契約時の事情をいつまでも争わせず早期に法律関係を確定しようとする趣旨もあろうが、それには尽きない次のような事情がある。

契約時（更には引渡時）に瑕疵があったのか、それとも引渡後に買主の下で瑕疵が生じたのか、時の経過と共に不明となりまた後者の可能性が高まっていく。このような厄介な証明をめぐって紛争が生じたら訴訟遅延をもたらすのみであり（製造物責任問題の核心は欠陥の証明問題であることと同様である）、１年という短期に紛争のチャンスを制限するのが適切であること、また、買主としても信義則上早期に権利行使をして売主に防御のチャンスを与える（不意打ち訴訟の防止）といったことが要請される。

このような買主側の間接義務（違反しても自己の権利保護が否定されるだけの義務）は、迅速性を重んじる商事売買では更に強化され、買主は引き渡された商品を直ちに検査して、瑕疵を発見したらこれを売主に通知しなければならないことになっており、これを怠ると買主の権利（解除権、損害賠償請求権の他、代金減額請求権も規定されている）を失う（商526条１項）。但し、これは善意の売主を救済するためであり、悪意の

---

[123]　曽野裕夫「売主担保責任の裁判外追及と期間制限——紛争交渉過程の視点から」『民法学と比較法学の諸相〔２〕』31頁以下。

売主には通知しなくても権利の制限はない（商526条3項）。この善意の売主のみの保護ということは、民法の1年の期間制限についての上記の売主保護ということと共通するものであり、民法解釈としても、悪意の売主に対しては1年という期間制限の恩恵が与えられないと考えるべきである。

なお、1年の期間制限の趣旨からいうと、566条3項の規定する解除と損害賠償に限らず、代物請求、修補請求についても類推適用する余地がある。

6-318 【拡大損害との関係】　瑕疵担保責任によりカバーされる損害はどこまで含まれるかは、どこまで1年の除斥期間の制限を受けるのかという問題となり、買主の利害に大きく係わる。①瑕疵自体の損害（差額分）、②瑕疵により受けた（狭義の）損害、③瑕疵により買主の他の法益が侵害されそれにより損害を受けた場合（拡大損害⇒**6-293**以下）、①②が瑕疵担保に服することは認められてよい（②については、過失を要件としたり、570条を類推適用したりするのは別として）。従って、問題は③の損害である。瑕疵をめぐる争いを早期に打ち切るという趣旨からは、③でも瑕疵があったことを証明しけければならないため、ここにもあてはまることになる。しかし、1年に責任を制限するのは買主を犠牲にして売主を保護しているものであり、③のような拡大損害という重大な損害にまで拡大してよいかは問題である。

③の損害は、売主がメーカーならばPL法が適用になり、そこでは1年という瑕疵担保のような取引レベルでの損害についての制限は設けられていない。メーカー以外にはPL法が原則的に適用にならず、③の損害にまで瑕疵担保責任を拡大するのは勿論のこと、566条3項を類推適用するのも否定されて然るべきであろう（724条の時効期間によることになる）。

(2) 起算点及び期間

6-319 **(a) 民法の規定**　570条で瑕疵担保責任に準用される566条3項では、「買主が事実を知った時から1年以内」と規定されており、①起算点は買主が瑕疵を知ったとき、そして、②期間は1年ということになる。

フランス民法では起算点は規定されていないが、買主が瑕疵を知った時または知り得べかりし時と考えられており、期間は速やかに行使すべきというだけで、事案により柔軟に運用されていた[124]。わが民法はこれを基本的に承継しつつも、法的安定性を確保するために期間を法定したが、旧民法のように類型化はせず一律に1年としたのである。なお、条文では「買主が事実を知った時」とされ、知り得べかりし時は含まれていないが、重過失は悪意と同視されるので、きわめて容易に瑕疵を知りうる場合には、買主が重大な過失がありその時から起算をして

---

[124] 2005年の改正により、1648条1項は、「解除可能な瑕疵より生じる訴権は、買主により、瑕疵の発見から2年以内に行使されなければならない」と期間も起算点も明記された。

よいであろう[125]。本書の立場では、不特定物についても566条3項が類推適用されることは既に述べた。

6-320　**(b) 比較法的にみた評価**　どのような立法が妥当なのかは一概に決することはできない。特に後に述べる瑕疵検査通知義務も含めて総合的に考えるべき問題である。立法としては次のように分かれる。

6-321　**(ア) 比較法的一瞥**
❶ 引渡時を起算点とする立法　引渡時を権利行使期間の起算点とする立法は多く、消費財についてのEC指令は2年、ドイツ民法もこれに従いつつも、指令の対象外である土地工作物は5年と類型化している（更に商法に瑕疵通知義務の規定あり）。CISG39条2項は引渡しから2年であるが、更に瑕疵通知義務による制限がある。旧民法財産取得編99条は不動産6か月、動産3か月、動物1か月とされており、起算点また権利行使期間共に最も厳格である（更に旧商法の瑕疵通知義務さえあった）。なお、UCC 2-725条1項は、「訴訟原因が生じたとき」から4年とされていて（保証だけに関する規定ではない）、これが最も長いが、更に別個に瑕疵通知義務が規定されている。

6-322　**❷ 瑕疵を知った時を起算点とする立法**　瑕疵を知った時を起算点とする立法として日本民法があり、期間は1年である（商法に瑕疵通知義務の規定あり）。ただ起算点は瑕疵を知り得べかりし時に解釈によって拡大されている。2005年の改正フランス民法は、速やかな権利行使という規定を改正し、買主が瑕疵を知ってから2年の権利行使期間を規定した。フランス商法に瑕疵通知義務の規定はないが、解釈により、表見の瑕疵については留保ないし目的物を受領をした場合には、買主は権利を失うものと考えられている。

6-323　**❸ 瑕疵を知りまたは知りうべかりし時を起算点とする立法**　韓国民法の改正試案582条は、瑕疵を知った時から6か月という現行規定を瑕疵を知りまたは知りうべかりし時を起算点とし、期間も1年に延ばしている。

6-324　**(イ) 日本民法の評価**　起算点、期間、瑕疵通知義務を総合して評価しなければならないが、どのような立法が適切なのかは一概にはいえないところである。

---

[125] 潮見・各論Ⅰ234頁は、瑕疵を知った時というのを厳格に解すべきことを主張する。韓国民法の改正試案では、現行法が瑕疵を知った時から6か月となっているのを、瑕疵を知りまたは知りうべき日から1年以内に権利行使をしなければならないものと修正をしている（582条）。重大な過失は不要であり、取引上必要な注意を尽くすことが義務づけられているも同然になる。

日本法は、引渡しを基準としない点で買主保護に厚いが、期間をその代わり1年と短めにし、商事売買については瑕疵通知義務を認められ（商法526条）、瑕疵が知りえなくても受領後6か月以内にしないといけないので、知りえない瑕疵については事実上権利行使の期間制限があるに等しい、かなり買主に酷なものになっている（この点は後述する）。ただ、1年以内に権利行使さえあればよく、時効中断措置をとる必要はないので（⇒*6-307*）、そう買主に酷とはいえないであろう。そういえるためにも、566条3項については、1年以内に瑕疵を通知し交渉が開始されればよいと考えるべきである。

Ⅳ　担保責任3──担保責任をめぐる補論

1　強制競売と担保責任

6-325　「強制競売」（担保権の実行や滞納処分など原因は問わない）でも、飽くまでも競落人は所有者から目的物を購入したことになるので、所有者の売主としての担保責任が問題となる。この点につき、民法は、瑕疵担保責任を除いて（また、債権の転付命令も569条が含まれていないので、除外される）、「<u>強制競売における買受人は、第561条から前条までの規定により、債務者に対し、契約の解除をし、又は代金の減額を請求することができる</u>」と規定した（568条1項）。従って、競落人は売主たる債務者に対してのみしか損害賠償及び代金返還を求めえないが、強制執行をされる程の状況にあるのだから、それは実効性がないため、民法は以下のように一定の場合に補充的に債権者の責任を認めた。

6-326　**(a) 債務者が無資力の場合**　「<u>債務者が無資力であるときは、買受人は、代金の配当を受けた債権者に対し、その代金の全部又は一部の返還を請求することができる</u>」ものとした（568条2項）。例えば、競売に付された土地の一部が他人の土地であった場合、その部分は債務者の責任財産を構成せず、債権者がそれも含めて競落代金を取得するのは実質的に不当利得となるため、返還を認めても不合理ではないためである。なお、物上保証人や第三取得者所有の不動産の競売の場合には、「債務者」が責任者になると考えられている。

6-327　**(b) 悪意の債務者・債権者の損害賠償義務**　「<u>前二項の場合において、債務者が物若しくは権利の不存在を知りながら申し出なかったとき、又は債権者がこれを知りながら競売を請求したときは、買受人は、これらの者に対し、損害賠償</u>

の請求をすることができる」(568条3項)。

2 担保責任についての免責特約

6-328　契約自由の原則からいって、公序良俗に反しない限り、売主の担保責任を排除する特約は有効である（例えば、本物かどうか確証がない絵画を、担保責任を負わない特約の下に格安で売るなど。本物であれば売主が損、偽物であれば買主の損といった、射倖契約的要素を持つ）。しかし、例外的に担保責任の免責特約が無効とされる2つの場合を民法は規定した（572条）。

6-329　**(a) 売主が「知りながら告げなかった事実」**　例えば、中古車の売買において、カーステレオが故障しているのに売主がこれを買主に告げずに、エンジンと足まわり以外は責任を負わないと約束した場合、知らなかった排気管の傷みについては免責されるが、カーステレオの故障については免責されることはない（売主の悪意は買主が証明すべきであり、また、重過失は悪意と同視される）。免責条項は、瑕疵の有無不明の危険を両者が引き受ける（売主もその分安く売る）ものであり、瑕疵を売主が知っていてその危険を買主に負担させるのは、不公平であるからである。なお、買主も瑕疵を知っていれば、そもそも570条が適用にならない。

6-330　**(b) 売主が「自ら第三者のために設定し又は第三者に譲渡した権利」**　例えば、目的物に用益権が設定されていて、または、第三者に自ら譲渡してしまっておいて、その後に目的物を売却しその際に担保責任についての免責を約束するのは、信義則に反し許される行為ではない（なお、これらの行為が売却後ならば、債務不履行となり、故意の場合には免責条項は解釈上無効である）。

6-331　**【消費者保護の必要性】**
　　(1) 事業者間契約は民法の原則通りでよい　上の例に挙げたように、瑕疵等の可能性があるがしかしあるかどうかは不明な場合に、両当事者がリスクを負担する射倖契約的要素を持つものとして、免責特約は合理的なものであり（この趣旨は不特定物売買には当てはまらない）、また必要性のあるものといってよい（例えば、東京都が埋立地を事業者に売却した事例で、東京地判平7・12・8判時1578号83頁は、免責条項を有効としている）。しかし、売主が専門事業者で、買主が消費者である場合には、一方で、①売主は専門事業者としての消費者に対する重い責任があるといえるし、他方で、②通常は、売主が一方的に作成した契約書に免責条項があり、それを消費者は押しつけられるに等しいため、民法の規定する例外以外は免責特約を有効と手放しで考えるわけにはいかない。

6-332　　**(2) 消費者保護のための特別法**　特別法では、宅建業法は、宅建業者が売主と

なって不動産を販売する場合、566条よりも買主に不利な特約をすることを禁じている（宅建業法40条）。また、住宅品質確保法88条1項は、同法の内容よりも買主に不利に修正する合意を無効としている。

　消費者を買主とする消費者売買契約においては、2000年に制定された消費者契約法の8条1項5号により、瑕疵担保責任を全部免責する条項は、代物の給付または修補を引き受けている場合または他の事業者がそのような責任を引き受けている場合を除き（同法8条2項）、無効とされた。フランスでは、事業者である売主が消費者たる買主に対して、瑕疵担保責任を含めて契約上の責任を免責または軽減する条項を不当条項として禁止し、無効（記載がないものと看做す）と扱われている。更に、事業者である売主は、契約書に瑕疵担保責任についての民法の規定を全文記載しなければならないことになり（また、瑕疵担保責任が民法上当然あるのに、このような責任を特別の利益として宣伝することも禁止される）、これに違反すると刑事罰まで用意されているという徹底のしようである（実効性は乏しいのだが）。日本の消費者契約法では、全部免責ではなく、賠償限度額を定める場合には、8条2項を適用したとしても故意または重過失がない限りは有効ということになる。

3　買主の検査通知義務

(1)　商法526条の趣旨と適用範囲

6-333　**(a)　商法526条の趣旨**　商法526条は、「商人間の売買において、買主は、その売買の目的物を受領したときは、遅滞なく、その物を検査しなければならない」（1項）、「前項に規定する場合において、買主は、同項の規定による検査により売買の目的物に瑕疵があること又はその数量に不足があることを発見したときは、直ちに売主に対してその旨の通知を発しなければ、その瑕疵又は数量の不足を理由として契約の解除又は代金減額若しくは損害賠償の請求をすることができない。売買の目的物に直ちに発見できない瑕疵がある場合において、買主が6ヶ月以内に瑕疵を発見したときも、同様とする」（2項）、「前項の規定は、売主がその瑕疵または数量の不足につき悪意であった場合には適用しない」（3項）と規定

126　商取引については、UCC 2-607条3項、CISG39条1項で、合理的期間内の買主の売主への通知義務を規定し（売主が悪意の場合に排除するという規定はない）ているが、フランス民法には同様の規定はない。しかし、フランスにおいても、解釈により、表見的瑕疵については（受け取り段階で問題になるのは、不特定物売買）、留保なしに受け取ることにより買主は権利を失うものと考えられている。ドイツ民法でも同様であるが、商法に検査・通知義務が規定されている（フランスでは商法にもそのような規定なし）。消費者への売買については、1999年のEC指令5条2項が、瑕疵を知った時から2か月の通知期間を規定する立法ができるというオプションを加盟国に認めている。

している[126]。このような規定が置かれた趣旨については、次のように説明されている[127]。

6-334
● 大判大11・4・1民集1巻155頁　本判決は、商法526条（旧288条）の趣旨について詳しく説明をしており、次のようにいう[128]。
商法526条の趣旨としては、「商人間の売買に在ては<u>其の効力を永く不確定ならしむるは敏活を尊ふ商取引の必要に背馳する</u>ものにして、売主の蒙るべき不利益勘からざるを以て、売主をして早く瑕疵の存在に関する買主の意見を徴し之を瑕疵なき物と引換ふべきか或は契約を解除すべきか或は引換へたる物を処分すべきか或は瑕疵なきことを主張して、場合によりては現状の証拠保全を申請すべきか或は其の他の臨機の処置を取るべきかを考慮することを得せしめ、以て売買の効力を速に確定せしめんと為したるか為なりとす。蓋民法に定めたる瑕疵担保に関する規定は未た商人間の売買に於ける売主を保護するに十分ならざればなり」といわれている。

6-335
(b) 商法526条の適用範囲
(ア) 不特定物売買に適用されるか　商法526条の「売買の目的物に瑕疵」、（数量に不足）というのは、不特定物売買を含むものであるのかについては議論がある。商法526条の先の趣旨は、不特定物での一部給付不履行や不特定物の瑕疵の場合にもあてはまるものであり、不特定物売買にも同条は適用されると考えられて、学説にはほぼ異論はない[129]。判例も明確ではないが、適用肯定説を宣言した判決があるが、その評価は微妙である[130]。商法526条の趣旨は、受領時の瑕

127　商法526条はドイツ商法に由来するものである。その沿革を含めて詳しくは、北居功「『受領』概念の機能的考察」法学研究69巻1号239頁以下参照。
128　また、商法学者によって、**6-334**の判決の理由の他に、買主が民法の1年の除斥期間中の有利な時期を選んで都合のよい権利を行使し、売主の危険で投機を試みるという濫用の危険性もないといわれている。
129　なお、異種物や数量超過については、商法526条の適用の是非については理解が分かれている（否定するのが一般であるが、異種物について肯定説として、神埼・**6-336**文献269頁）。
130　最判昭35・12・2民集14巻13号2893頁は、「商法526条の規定は、不特定物の売買の場合にも、適用があると解するのを相当とする」としているが、受領により特定し瑕疵担保規定が適用あるという判例が前提になっている。その後、受領だけでは足りず買主が履行として認容することが必要と、放送機械事件判決で変更されるのである。放送機械事件判決の控訴審判決である仙台高判昭32・8・28民集15巻11号2864頁は、「右解除の意思表示は同条に定める6ヶ月の期間経過後のものであるから、右解除の効力は発生しない旨争うけれども、右規定は解除権行使の期間を定めたものではなく、また右解除の意思表示は商法第526条、民法第570条、第566条によるものではなく、被控訴会社の債務不履行を原因とするものであるから、右主張は採用の限りではない」として、<u>債務不履行による場合には商法526条の</u>

疵、数量不足が問題になる事例にすべてあてはまるものであり、不特定物でもまた特定物売買での後発的瑕疵についても適用されると考えてよい。

6-336　**(イ) 商人以外にも適用されるか**　商法526条は「商人間の売買」と明文で限定されているため、商人間の売買のみに適用されると考えるのが一般的な理解であるが、買主が商人ではない場合、また、売主が商人ではない場合にもその類推適用を肯定する学説もあり、ただ直ちに発見できる瑕疵か否かなどについて買主が商人でないことは考慮されると主張されている（神崎克郎『商行為法Ⅰ』270頁、柚木、注61文献256頁）。しかし、消費者取引については、1年の期間制限だけで十分であると思われ、文字通り商人間売買に適用を限定すべきである。

(2) 商法526条をめぐる問題点

6-337　**(a) 義務違反により制限される権利**　商法526条では、「契約の解除又は代金減額若しくは損害賠償の請求」のみが制限されるかのようであるが、既に見たように不特定物売買にも適用を肯定する限り、問題となる権利はそれに尽きない。すなわち、瑕疵の修補請求権、代物請求権、不足した数量の追履行請求権なども制限しなければ、その主張が一貫されないことになり、学説もこのような制限を肯定する立場が確立している。判例も、最判昭47・1・25判時662号85頁によって、「そして、この規定〔商法526条〕の趣旨に照らせば、右により契約を解除しえず、また、損害の賠償をも請求しえなくなった後においては、仮になお完全な給付が可能であるとしても、買主は、売主に対して、<u>もはや完全な給付を請求しえない</u>ものと解するのが相当である」と、完全履行請求権についても商法526条が適用されることが肯定されている。

6-338　**(b) 6か月以内に発見しえない瑕疵**　直ちに発見しえない瑕疵であって、商法526条2項後段によれば、6か月以内に発見し、直ちに通知を発する（その時点で6か月すぎていてもよい）ことが必要であり、6か月以上すぎた後に発見された瑕疵の場合には、買主はもはや一切の救済が否定されるかのようである。

6-339-1　**❶ 制限肯定説**　原則は、①直ちに瑕疵を発見し、②発見次第直ちに通知をすべきなのを、容易に発見しえない瑕疵については、①の点を6か月に特別に延ばしたものと考えるのが、6か月以内に発見しえなかった瑕疵は、商事売買では

適用がないことを認めた。この上告審判決は、履行として認容がない限り瑕疵担保規定の適用はないとして、売主の上告を退けている（最判昭36・12・15民集15巻11号2852頁）。そのため、判例の立場は、商法526条は債務不履行には適用がないと評されている（神崎克郎「商事売買における買主の責問義務」民商51巻2号191頁）。

保護されないという理解が通説である。判例も、最判昭47・1・25判時622号85頁、判タ276号146頁も、「その瑕疵が直ちに発見しえないものであるときでも、受領後6か月内にその瑕疵を発見して直ちにその旨の通知を発しなければ、右と同様な結果を招くのである（商法526条2項）」、と制限肯定説を採用している。

6-339-2　❷ **制限否定説**　しかし、瑕疵が発見しえなかったのに、6か月の経過で権利が消滅するのは適切ではないとして、買主の救済を否定することに反対する少数説もある。商法526条2項後段が、瑕疵発見からの権利行使期間ではなく、瑕疵発見期間に制限を加えているのであれば、比較法的に珍しい立法例であるといわれており、「6か月の期間経過とともになんらの通知義務を負わなくなるものではなく、同条項前段の類推適用により、瑕疵を発見してから合理的期間内に通知をすることを要し、それを怠った場合には懈怠によって生じた損害の範囲内で権利を失うことになると解するべきである。受取時に検査しても発見できない数量不足については、後段の適用はなく、前段の類推適用のみが問題となる」と主張されている（中東正文「商人間の売買における買主の検査通知義務」『現代企業取引法』78頁）[131]。本書も基本的にこの立場を支持する[132]。

6-340　【**民商法の不協和音？**】　ドイツ民法では、「隠れた」瑕疵ということが要求されず、瑕疵（契約への不適合）と買主の善意のみが要件とされているが、他方で、ドイツ商法において、買主の検査通知義務が規定され、これにより善意の売主の保護が図られている。他方で、フランスには、ドイツ商法典に対応する買主の検査通知義務はなく、その代わりに、単なる瑕疵ではなく「隠れた」瑕疵ということが要求され、ドイツとは異なり過失ある買主の保護が否定され、また、瑕疵を知ってから2年と

---

[131] 東京地判昭30・11・15下民集6巻11号2386頁は、「商法第526条第2項後段の6か月とあるのは右期間内に買主が隠れた瑕疵のあった事を知った時は遅滞なく之を売主に通知しなければ買主は右瑕疵に基く権利を行使し得ない趣旨を定めたものであり、反対に右期間後に発見した場合は一切の権利を失う趣旨を規定したものと解すべきではない。蓋し買主が瑕疵の存在を知らないのに拘らず一定の期間の経過によって之に基く権利を失うが如きは甚しい背理であるのみならず数次転売の場合に於て著しい不公平を招来するからである。」と判示し、制限否定説を採用している。これに続く判例は出ていない。

[132] なぜ旧商法にもなかった6か月という制限が入ったのか理由は不明である。合理的にこの6か月という期間制限を位置づけようとすれば、民事時効期間10年に対して商事時効期間が5年にされているのにあわせて、民事売買1年の権利行使期間に対して、商人間売買6か月と半分にするつもりでなかったと推察される。規定の出来が悪いが、このように合理的に解釈をするならば、商法526条の瑕疵通知義務をクリアしたら民法566条3項の1年の権利行使期間ではなく、商法526条2項後段の6か月の権利行使期間に服すると考えるべきである。

いった期間制限によっている（2005年の1648条の改正。なお、表見の瑕疵については、留保をしないで受領をしてしまうと権利行使ができないと考えられている）。売主の利益保護との関係については、「隠れた」瑕疵及び「速やかな」権利行使という要件が、ドイツにおける検査通知義務を補っている。また、アメリカの統一商事法典（UCC）では、契約への不適合（瑕疵に匹敵する概念）と買主の善意が要件であり、ドイツ商法の影響を受けて検査通知義務の規定があるが、義務違反の場合に当初は一切の救済が否定されていたが、その後の改正により売主の損害の範囲で救済が否定されるだけになっている。

いずれの立法が妥当かは安易には判断できないが、フランス法は洗練された要件ではなく、ドイツ型が適切であろう。ところが、日本法を見ると、一方で、「隠れた」瑕疵を要求する点はフランス法を導入し、他方で、「速やかな」権利行使は要求せず1年という期間制限にし、そのため、商法にドイツ法の買主の検査通知義務が導入されている。つぎはぎだらけの立法である。先に述べたように、「隠れた」瑕疵ということを買主の無過失として買主保護を制約することは適切ではない。善意の売主の保護については、商法526条と民法566条3項の準用だけで十分というべきであり、結局、「隠れた」瑕疵とは買主の善意無重過失が要求されることを確認した規定と考えることが正当性を持つことになろう。

4　担保責任と同時履行の抗弁権

6-341　571条は、「第533条の規定は、第563条から第566条まで及び前条の場合について準用する」と規定している。解除の場合の原状回復義務については、546条が533条を準用しているので、この規定の意義は、代金の支払と損害賠償とについて金銭債権でありながら同時履行の抗弁権を認めたという点である（請負についての534条2項と同じ）。

法定責任説では、契約上の債権ではないので特別規定としての意義は大きいが、債務不履行責任説では、本来の給付に代わる損害賠償債権であるため当然のことであり、金銭債権同士でも同時履行の抗弁権が認められることを注意的に規定したものにすぎないことになる。

第4節　売買の効力2——買主の義務

I　代金支払義務

6-342　売主の本質的な債務は、代金の支払義務である。その支払方法は、金銭債務の履行と見られる方法であれば問わない。自動車をディーラーで買い替える場合には、買い換える自動車を「下取り」することがされるが、日本自動車販売協会作成のモデル書面売買契約条項3条では、「下取自動車を自動車代金等の債務の一部の支払のため、代物弁済として、自動車の引渡しと同時に下取書類と共に甲〔ディーラー〕に引き渡します」と規定がされていて、契約上は、下取りは売買契約ではなく、代金の一部の代物弁済契約となっている（実質は、新車代金と中古車買取代金の相殺）。

1　代金額

6-343　代金は売買契約の本質的な内容であるから、売る・買うという合意はできても、いくらで売るか・買うか代金が決められていなければ、未だ売買は成立していない。但し、具体的な額が定まっていなくても、当事者が特定の第三者の決定する価格によるとか、代金支払時の市場価格によるとか約束することは可能であり、代金の確定方法にについて合意がされていればよいことになる（野澤正充「有償契約における代金額の決定（1）」立教法学50号185頁以下参照）。

6-344　【代金が決定されなければ売買契約は成立しえないのか】　目的物を売る、買うということが約束されたが、代金が決定されておらず、しかも、上のような代金決定の方法も約束されていない場合には、その売る・買うという合意はどう考えたらよいのであろうか。2つの処理が考えられる（請負や委任では代金を定めなくても契約は成立し、また、商法512条もあるが、売買は状況が異なる）。

6-345　❶ **売買契約は不成立とする解決**　売買は代金という要素を欠くため不成立であり、更に当事者が協議して代金を決定して売買を成立させるべきであるという解決も可能である（最判昭32・2・28判タ70号582頁）。合意は誠実に交渉をして、代金を決定する拘束を負わせるものと考える可能性があるだけである（但し、どのように強制するかは疑問で、交渉破棄による責任を問題にするしかない）。

6-346　❷ **売買契約が成立しているとする解決**　売る、買うという売買の要素は充たし

ているのであり、ただその額が未定であるだけであるから、裁判所が時価により代金額を決定することができるという判例もある（大判大8・1・29民録25輯235頁）。売る、買うという合意ができた以上、なるべく契約を認めるべきであるという契約をなるべく広く認めようという価値判断に基づいているものといえる。しかし、黙示的に、時価による売買という合意がされていることが認定できる場合である必要があろう。

2　代金の支払時期

6-347　①代金の支払時期につき、当事者で約束すればそれに従うことはいうまでもない。②代金の支払時期につき約定がなければ、積極的に期限の利益を与えていないので、売主は何時でも支払を請求できるはずである。しかし、代金の支払時期につき定められていなくても、目的物の引渡時期については約定があるならば、売買では物の引渡と代金の支払とが同時履行の関係にあるのが原則であるから、代金についても同一の期限を定めたものと推定される（573条。なお、不動産については、引渡しと登記とが別の期日が定まっている場合には、登記の方を基準とすべきか）。なお、逆の場合、即ち代金の支払時期については約束があるが、引渡時期については定めがない場合にも、同じことがいえるかという問題がある（石田穣158頁は肯定）。

3　代金の支払場所（支払方法）

6-348　代金の支払場所については、物のような引渡しを問題にする必要はなく、振込先を指定しそこに送金、振込みをしてもらえばよいのであるが、民法は物と同様に金銭の引渡し＝支払を問題として、次のような補充規定を置いた。なお、支払方法については、現金、銀行振込などのほか、電子マネーといったものも考えられるようになっている。

6-349　❶ **目的物の引渡しと同時に代金を支払うべき場合**　代金を目的物と同時に支払うことが約束されている場合には、同一の場所で引換給付をするのが通常であるため、引渡場所で支払うべきものとされる（574条）。しかし、不動産ではこれはしっくりこない。そこで、不動産の場合には、「引渡場所」とは登記所と考えられているが、いずれも現金の支払が念頭に置かれている。金融機関に司法書士を呼んでその場で登記を依頼し他方で金融機関に代金の支払を依頼する場合には、その金融機関ということになろう。

6-350　❷ **それ以外の場合**　それ以外の場合、即ち目的物の引渡しと異時履行の場合には、484条の原則通り債権者（売主）の住所で支払われるべきである。❶の

ケースでも、引渡しを受けたが代金は払われなかったときも同様である。

4 代金支払拒絶権

6-351　買主は代金の支払について、同時履行の抗弁権や留置権といった一般的な拒絶権が認められる他、担保責任との関係で次のような2つの拒絶権が特に規定されている。但し、いずれの場合も、買主は依然として代金債務を負担しているため、「前二条の場合においては、売主は、買主に対して代金の供託を請求することができる」ものとされる（578条）。これに買主が応じなかった場合の効果については規定がないが、買主は代金支払拒絶権を失うと解されている（大判昭14・4・15民集18巻429頁）。

6-352　❶ **目的につき他人が権利を主張する場合**　「売買の目的について権利を主張する者があるために買主がその買い受けた権利の全部又は一部を失うおそれがあるときは、買主は、その危険の限度に応じて、代金の全部又は一部の支払を拒むことができる」(576条前段)[133]。解除せざるをえなくなる危険があるので、代金を支払っても無駄になる可能性があり、また、代金が取り戻せない危険性もあるからである。そのため、不安の抗弁権に匹敵する拒絶権を買主に認めたのである。損失を未然に防止することが目的であり、従って、「ただし、売主が相当の担保を供したときは、この限りでない」（576条ただし書）、とされる。

6-353　❷ **目的物に担保物権がある場合**　「買い受けた不動産について抵当権の登記があるときは、買主は、抵当権消滅請求の手続が終わるまで、その代金の支払を拒むことができる。この場合において、売主は、買主に対し、遅滞なく抵当権消滅請求をすべき旨を請求することができる」（577条1項）。「前項の規定は、買い受けた不動産について先取特権又は質権の登記がある場合について準用する」（577条2項）。買主が、抵当権消滅請求権を行使すると、売主に対して償還請求権を取得するが、これと代金債務との相殺を可能とするためである。

---

[133]　576条1項については、売買契約が売主の詐害行為として売主の債権者によりその取消しが求められている場合にも、東京地判平8・10・25判時1584号116頁は類推適用を肯定している。「買主がその買い受けた権利の全部又は一部を失うおそれのあることに変わりはない」というのがその理由である。妥当な解決であろう。

Ⅱ　利息支払義務

6-354　民法は、「買主は、引渡しの日から、代金の利息を支払う義務を負う。ただし、代金の支払について期限があるときは、その期限が到来するまでは、利息を支払うことを要しない」と規定している (575条2項)。この「利息」とは何を意味するのであろうか。

　代金の支払期日が定められている場合には、期限の利益が認められ、それまで代金分の運用利益を買主が取得することは容認され、他方で、期日がすぎれば遅延利息「遅延損害金」の支払を義務づけられる。これに対して、代金支払期日が定められていない場合には、確かに催告があるまでは履行遅滞にならず遅延利息の支払は義務づけられないが (412条3項)、期限の利益まで積極的に認められてはいないのである。575条2項が規定しているのは、まさにこの場合である。代金の支払時期を過ぎても同時履行の抗弁権がある限り遅滞に陥らず、期限の定めなき場合と同じことになるので、この場合にも適用を肯定してよいであろう。

　この場合に、売主が目的物を引き渡しても、売主が代金の支払を請求しない限り、買主は遅滞に陥らないことになる。その結果、買主は目的物の使用利益を享受しつつ、依然として代金分の金銭の運用利益まで享受できることになる。575条2項の「利息」とは遅延利息と異なり、買主に代金相当額の運用利益の支払を義務づけるものということができる。「利息」として定型化されているため、法定利率で計算され買主の実際の運用利益を返還するのではない (結局、引渡しがあれば催告なしに、遅延利息の支払を義務づけられるというのと同じ)。

　要するに、575条2項の「利息」は、その規定の位置から見て、575条1項で引渡しまでは目的物の果実や使用利益は売主に帰属し返還しなくてよく、買主の未払代金の運用利益と清算されるが (従って、代金未払いが前提)、引渡しがされ買主にこの利益が移った以上は、公平上、買主は代金の運用利益を支払わせるという規定である。

第5節　特殊の売買[133]

Ⅰ　見本売買

6-355　見本売買とは、民法上の概念ではないが、見本によって目的物の品質・属性を定めた売買をいうものとされる（ドイツ民法494条は見本売買につき特に規定している）。見本売買においては、見本と同じ性質が保証されたものと解されており、見本に適合することを停止条件または見本に適合しないことを解除条件とするものではないといわれている。見本売買は不特定物売買を通常とするが、特定物売買でも可能であると言われる（新注民(14)85頁［柚木・高木］）。

Ⅱ　試味売買

6-356　試味売買（または試験売買）は、買主たるべき者が、目的物を使用してみないと直ちに買うか否かを決定できないので、試しに使用して気に入ったら購入するという場合の売買契約である。この場合の気に入ったら買うということを法的にどう分析するかは議論がある。

6-357　❶ **停止条件つき売買契約説**　先ず、買主の是認を停止条件とする売買契約が既に成立していると考える学説がある（鳩山・上285頁、末弘365頁、我妻・中一323頁、石田譲165頁。外国の立法例にこのような構成をするものが多い）。買主の是認が必要であるとすると、試験結果がよかったのに、買主が気に入らないと是認せず購入を拒否した場合に、条件の成就が認められないことになる。売主側に、そのような場合には条件成就とみなす権限を肯定するのであろうか。

6-358　❷ **売買一方の予約説**　これに対して、売買一方の予約と構成して、556条による学説もある（末川・下59頁、新注民(14)88頁［柚木・高木］）。なお、試験売買を❶説、試味売買を❷説により説明する学説もある。いずれにせよ、売主が説明した通りの性能が実演で得られても、予約であれば買主が予約完結をするかどうかは

---

[133] 本書の旧版では、訪問販売や割賦販売についてもここで説明をしていたが、本書のボリュームが増え過ぎるのを抑えるため、また、消費者法で詳しいことが説明されるため、本書ではこの部分は削除して、消費者法の講義に全面的に委ねることにした。

394　第2編　契約各論1　財産の取得を目的とした契約

全く自由になってしまう。念のために実演をしてもらって確認してから買うという事例のためには、適切な構成ではない。

6-359　❸ **申込みの段階とみる説（私見）**　売主たるべき者が提示した契約条件に拘束され撤回できないことは、別に何か契約の成立を認めなくても説明は可能である。買主たるべき者が、試用をしてみてその結果がでるまでは申込みを撤回せず、結果が良好でなければ申込みを撤回することを約束しているものと考えるべきである。申込みの拘束力により申込みが撤回できないだけと考えればよく、また、このような構成であれば、結果が良好であった以上、買主側は申込みを撤回することはできず、売主は承諾をして契約を成立させることができることになる。そして、この合意をした当事者は試用に協力すべき義務、また、買主たるべき者は、速やかに試用をして判断を出すべき義務が認められるが、これもいわば「前契約」の効力ないし信義則から導くことのできる義務である（**6-359-1**の損害を与えない義務も同様）。

3-359-1　【試味売買の実演中に損害を受けた場合】　養鰻業者が、うなぎを池から移し替えるためのポンプを販売業者と試味売買をしたが、その実演中に大量のうなぎが死亡した事例で、販売業者の損害賠償責任が問題とされた事例で、次のように判示されている（高知地判昭59・5・15判時1140号129頁がある）。「試味売買」は成立しているので、債務不履行責任ということを肯定した点も含めて妥当な判決である。
　　「本件契約の法律上の性質は、ベンドポンプの、いわゆる試験売買であって、Yらは、ベンドポンプを使用して第四号池内の養鰻を(A)、(B)池まで搬送することを実演し、右実演の結果が良好であればXは右ポンプ一台を買受けるという契約であり、右搬送方はYらが無償で行い、右実演の結果が良好でなくXが右ポンプを購入しないことにした場合にも、Yらは右搬送の対価を原告に請求できないというものである。」「一般にいわゆる試験売買において、当該商品の実演の結果損害が発生した場合において、売主側がどのような責任を負うかは、もとより一概にはいえず、当該契約において売主側がどこまでの義務を負担したといえるかという契約の解釈にかかる問題である。即ち、ある場合には、売買の対象たるべき当該商品についてある程度の危険発生の確率が内在し、買主側もこれを承知し、損害発生の場合にはこれを甘受する覚悟であえて実演に踏み切ってもらうという場合もあろうし、またある場合には、売主側の方で当該商品から買主側に損害を与えるようなことは絶対にない旨を確約し、買主側もこれを一応自分の眼で確認するためだけの意味で実演してもらうこともあろう。」（結論としては、養鰻を「無傷」で搬送することを、黙示に約諾したとして、業者の債務不履行による損害賠償責任を肯定）。

Ⅲ　継続的供給契約

6-360　継続的供給契約（継続的商品売買契約ともいわれる）とは、単に同一当事者間に反復して商品売買が行われているという状態を指すものではなく、当事者間に基本契約がありそれに基づいて（そのワクに従って）多数の売買契約が反復して締結される場合に、その基本契約を意味するものである（一手販売契約など）。実際に売買契約は、この基本契約に基づいて個々の契約で成立するものであり、基本契約自体は売買契約ではない。

　個々の売買契約とは異なり、この基本契約は一種の継続的契約関係である。しかし、賃貸借契約のように履行状態が継続しているといったものとは異なっている。この契約の特殊性から、①いかなる場合に、売主側は出荷停止更には契約解除ができるのか、また、②違法に出荷停止を行った場合の売主側の責任、③契約更新の問題などが議論されることになる（これらについては、中田裕康『継続的契約の解消』参照）。

396　第2編　契約各論1　財産の取得を目的とした契約

第6節　買戻し及び再売買の予約

I　買戻し

1　買戻しの意義

(1) 民法の規定──解除権の留保

6-361　民法は「**不動産の売主は、売買契約と同時にした買戻しの特約により、買主が支払った代金及び契約の費用を返還して、売買の解除をすることができる。この場合において、当事者が別段の意思を表示しなかったときは、不動産の果実と代金の利息とは相殺したものとみなす**」(579条)、と規定した。このように、売主が解除を留保して(約定解除権)、一旦売却するが将来解除して代金を返還して売却した目的物を取り戻すことができる特約を**買戻しの特約**という。

6-362　#### (2) 譲渡担保との関係

(a) 担保目的ではない場合　例えば、山林を売却する際に、10年間は開発はしないという特約をつけ、もし買主がこれに違反して開発しようとした場合には、買主は売買契約を解除して山林を取り戻すことができると約束した場合、これが純粋に解除権を留保する買戻しであることは疑いない。解除により単に売買契約が清算されるだけである。代金を取得し消費するが、将来、代金を返還して目的物を取り戻すことが真に目的とされている場合であり、担保取引ではない。

6-363　**(b) 担保目的の場合**　ところが、担保取引を意図しながら、①売主に解除を留保しておく買戻の方法がとられたり、または、②他にも、再び売主から買主への売買の予約をしておく方法 (再売買の予約⇒**6-384**) がとられることがある。これらの取引と、譲渡担保との関係については、学説の理解は分かれる。それにより、譲渡担保の法理により規律されるか、それとも、買戻しないし再売買の予約といった契約法理で規律されるのかで、結論が異なってくることになる (買戻しだと買戻期間を過ぎたら取り戻せないし、清算義務も認められない)。

6-364　❶ **担保目的の買戻しを認める学説**　買戻しの場合には、目的物を売却してしまい自分の手を離れ、買主は目的物の完全な所有者になり使用収益処分ができることになる。仮登記をしておけば第三者にも買戻しを対抗できるというだけで

ある。担保目的で、所有権の形式だけを移転する譲渡担保とは異なっている。これに対して、買戻しとは称していても、売主がそのまま使用収益を続けるものは、売買がされたとはいえず譲渡担保にすぎないことになる。前者は買戻し、後者は譲渡担保の法理によって規律されることになる（来栖221頁以下、近江幸治『担保制度の研究』24頁以下）。判例も、占有を移転しない場合、これを譲渡担保と扱っている。

6-365
> ● **最判平18・2・7最高裁HPより**　買戻し特約つき売買がされたが、売主から目的不動産が買主に引渡されていない事例で、買主が売買契約を理由に売主に明渡しを請求し、原審判決はこれを認容したが、最高裁は次のように判示し、原判決を破棄し、買主と称する債権者の（原告）の請求を認容した第1審判決を取り消した上、請求を棄却している。
> 　「真正な買戻特約付売買契約においては、売主は、買戻しの期間内に買主が支払った代金及び契約の費用を返還することができなければ、目的不動産を取り戻すことができなくなり、目的不動産の価額（目的不動産を適正に評価した金額）が買主が支払った代金及び契約の費用を上回る場合も、買主は、譲渡担保契約であれば認められる清算金の支払義務……を負わない（民法579条前段、580条、583条1項）。このような効果は、当該契約が債権担保の目的を有する場合には認めることができず、買戻特約付売買契約の形式が採られていても、目的不動産を何らかの債権の担保とする目的で締結された契約は、譲渡担保契約と解するのが相当である。」「真正な買戻特約付売買契約であれば、売主から買主への目的不動産の占有の移転を伴うのが通常であり、民法も、これを前提に、売主が売買契約を解除した場合、当事者が別段の意思を表示しなかったときは、不動産の果実と代金の利息とは相殺したものとみなしている（579条後段）。そうすると、買戻特約付売買契約の形式が採られていても、目的不動産の占有の移転を伴わない契約は、特段の事情のない限り、債権担保の目的で締結されたものと推認され、その性質は譲渡担保契約と解するのが相当である。」

6-366
❷ すべて譲渡担保に統一する学説　これに対して、売主がそのまま利用を続けるか、それとも、買主が利用をしうるのかは、目的物の利用についての約定の違いに過ぎないとして、いずれも譲渡担保と扱うべきであるという考えもある（道垣内弘人『担保物権法（第2版）』295頁）。譲渡担保でも、債権者である譲受人が利用可能な質権的な場合も考えられ、譲受人が利用をしても譲渡担保であることに代わりがないからである。この考えによれば、利用がいずれかにかかわらず、買戻しの形式をとっていようと、担保目的の場合には全て譲渡担保とされ、譲渡担保の法理によって規律されることになる。

　判例は厳密に区別をしておらず、買戻しにおいて問題になっている判例には、少なからず担保目的のものが含まれている。後者の考えでは、それらの判例はここで扱うのは適切ではないということになろう。

2　買戻特約の要件

6-367　民法上、買戻特約の要件は、①目的物が不動産であり、かつ、②売買契約と「同時に」特約をすることである（579条本文）。

　（a）不動産売買であること　動産についてはこれを認めなかったのは、公示がないことが理由であるが、動産についても類推適用を肯定する考えもある（石田穣167頁）。契約自由の原則から、買い戻すといった特約を動産で否定する必要はなく、解除前の第三者には545条1項ただし書により対抗できないのであるから、公示を云々する必要はなく、類推適用を肯定してもよいのではないだろうか。

6-368　**（b）売買契約と同時になすこと**　買戻特約は、売買契約と「同時に」されなければならないとされているが（579条）、もし買戻特約が事後になされた場合の効力はどうなるであろうか。なお、同時に買戻特約をしたが、登記は同時にしなかった場合については、**6-375**以下に述べる。

6-369　❶ **無効説**　買戻の要件を充たさず無効とするのが判例である（大判大15・10・19民集5巻738頁）。しかし、同時に特約をしなければならないということが、なぜ強行規定なのか説明がされていない。

6-370　❷ **有効説**　これに対して、当事者が合意している以上、契約自由の原則から買戻契約を無効にする必要はなく、ただ買戻特約を登記する前の第三者については対抗しえないと解すれば十分であるという考えもある（石田穣167頁）。これに従っておく。

3　買戻権の行使と効果

（1）買戻権行使の要件

6-371　以上の要件を充たして、売主に買い戻す権利が認められる場合、その行使のためには、支払った代金及び契約費用を返還することが要件とされている（579条本文。この「契約費用」には登記に関する費用も含むものと解される）。代金の一部しか受領していない場合には、その受領した額だけ返還すればよいことは勿論である（大判大10・9・27民録27輯1590頁）。

　解除をする以上、代金の返還を要するのは当然であり、返還を要するという趣旨は、その提供をして買戻しの意思表示をしなければ、その効力は生じないということを意味するものである[134]（583条1項）。なお、予告なしに買戻権を行使され

る買主の立場を考慮して、売主は相当期間を定めて予告してからではないと、買戻権を行使しえないという考えもある。売主による代金・契約費用の返還と、買主による目的物の引渡し・登記とは同時履行の関係にあるものとされる（大判明35・4・23民録8輯4号84頁。売主は提供をしなければ、買戻権を行使できないが、同時履行の抗弁権があるので無条件に支払う必要は無くなるわけである）。

(2) 買戻しの効果

6-372　解除の場合には、売主は受領時からの利息をつけて代金を返還することを要するが（545条2項）、買戻しでは、売主は代金と契約費用を返還すればよいものとした。但し、買主または転得者が不動産につき支出した費用については、196条に従い償還しなければならない（この提供は買戻後の精算の問題であり、買戻の際に提供する必要はない［583条2項本文］。なお、有益費については、裁判所は売主の請求により相当の期限を許与することができ［583条2項ただし書］、留置権の成立を阻止することができる）。なお、買戻しがなされると、買主のなした処分・制限物権の設定は覆滅されてしまうが、登記ある（対抗力があればよい）賃借権については、395条（短期賃貸借）と同じ保護が与えられている（581条2項）。

4　買戻しの期間

(1) 買戻期間を定める場合

6-373　10年以上の買戻期間を定めることはできず、10年以上の買戻期間を定めた場合には、10年に短縮される（580条1項）。買主の地位があまりにも長期にわたって不安定となることを防ぐためである。

6-374　### (2) 買戻期間の定めがない場合

当事者が買戻期間を定めなかった場合は、売主は5年以内に買戻しの意思表示をしなければならない。

134　提供の点については、「売主が買戻を為すには、買戻期間内に売買代金及契約の費用を提供することを要するは、民法第583条の規定する所なれども、同法文は弁済の提供に関する民法第493条の適用を除外するものに非ざるは言を俟たざる所なるを以て、若し買主に於て予め買戻代金及契約の費用の受領を拒絶の意思を表示したるときは、売主は買戻権を実行するに付き、現実に右代金並に契約の費用を提供することを要せず、其弁済の準備として認むるに足るべき行為を為したることを買主に通知して其受領を催告するを以て足る」（大判大7・11・11民録24輯2164頁）、また、「売主が右金額を供託所に供託して其旨を買主に通知し之が受領を催告するに於ては、其弁済準備として認むるに足るべき行為を為したるものなること論を俟たず」とされている（大判大10・4・30民録27輯832頁）。

なお、当事者が買戻しにつき始期や停止条件を付した場合、①その期限到来または条件成就からこの５年の期間は計算されることになるが、②更にこれに10年というワクをかぶせて、契約から10年以内に行使しなければならないとされる (大判大12・8・2民集2巻582頁)。従って、売買から３年間は行使しえないという特約があれば、契約からは８年目までは行使ができ、売買から８年間は行使できないとしたら、結局２年しか行使ができないことになる。

5　買戻しの対抗要件

6-375　例えば、A→B、B→Cと売買がなされた場合、AがAB間の売買契約を解除しても、Cには対抗できないが (545条1項ただし書)、買戻しについては、AがCの出現前に買戻の登記 (仮登記による) をすればCに対抗できるはずである。しかし、民法はAの登記時期については、売買契約と同時に買戻特約の登記をしなければならないものとした (581条1項)。では、売買の登記後に買戻しの特約の登記をすることは (買戻特約は売買契約と同時の場合と、契約後の場合とがある) 可能であろうか。

6-376　❶ **無効説**　売買の登記後に買戻の登記をなすことは許されないというのが判例である (大判大7・4・30民録24輯570頁)。「買戻権は売買と同時に買戻の特約を登記するに非ざれば、之を以て第三者に対抗するを得ざるが故に、其後に登記することは第三者に対抗するの効を生ぜしめんとする登記の目的に副はず、随て売買と同時に登記せざりし買戻契約に基く買戻権の登記は不動産登記法第49条第2号に所謂事件が登記すべきものに非ざる場合に該当する」、という理由で、移転登記後になされた買戻しを理由とする仮登記申請を却下した原審理判決を正当としている。

6-377　❷ **有効説**　これに対して、結局はCへの公示としての意味しかないのであるから、別の売買契約と同時に買戻しの登記をする必要はなく、Cの出現までに登記をしていればよい (ACを対抗関係として、より正確にいうとCより先に付記登記をすればよいということになる) と考える学説もある (石田穣169頁)。起草者によれば、本来177条の対抗関係によらしめればよいのであるが、579条で買戻特約が売買契約当事者「同時に」されなければらないのに、登記が売買契約と同時でなくてよいとすると、後日も、売主と買主が通謀し売買契約時には買戻特約がされていなかったのにこれを偽って後日登記ができてしまうので不都合なのでこのような制限をしたということである (梅558頁)。しかし、**6-370** に述べたように売買契約後

の買戻特約を有効と考える本書の立場では、後日の登記を無効にする理由はないので、有効説に賛成しておこう。

6-378 **【転得者と買戻しの意思表示】**　買戻しの登記があり、転得者に買戻しを対抗できる場合、買戻しの意思表示は誰に対してなすべきであろうか。予約完結権が仮登記された後に、目的不動産が第三者に譲渡された事例に類似し、そこでの処理とのバランスも考える必要がある。

6-379 **❶ 第1説**　買戻特約をCに対抗できるのであるから、Cに対して買戻の意思表示をすべきであるというのが判例である（大判明39・7・4民録12輯1066頁、最判昭36・5・30民集15巻5号1459頁。田山143頁）。これによれば、CからAは移転登記を受けることになるのであろうか。

6-380 **❷ 第2説**　しかし、理念的にいえば、買戻しとはAB間の売買契約を解除するものであるから、AはBに対して解除の意思表示をすべきであり、Cに登記抹消につき承諾を求めるというのが筋の通ったものになる。しかし、これでは、Aの物権取得権という実質、Bを引きずり込む点で、行き過ぎのような印象もないではない。

6-381 **❸ 第3説**　そこで、AはBCいずれを選択してもよいというものもある。
いずれについても、Cに対して不動産を買い戻すことができるのだとすると、代金がAからCに返還されることになる。この場合、登記された代金額が実際の代金額よりも大きくても、登記に公信力がないため転得者は保護されないことになるが（大判昭10・4・5民集14巻499頁）、94条2項の類推適用により転得者の保護が可能と解するものがある（石田譲179頁）。

6　買戻権の譲渡

6-382 　売主は買戻権を第三者に譲渡することができる。この場合、買主としては、代金を返還する債権者が変更するわけであるから、買主には利害関係があり、買主の承諾が必要になるようにもみえるが、買戻権者たる譲受人は第三者のためにする契約金と契約費用を提供しなければ買戻権を行使しえないため、買主を特に害することはなく買主の承諾は特に必要ではないと考えられている。
　なお、買戻特約を買主・売主間で合意解除しても、その登記（抹消登記）をしない限り、その後の買戻権の譲受人には対抗できない（大判大13・4・21民集3巻191頁）。

7　共有持分の買戻し

6-383 　「不動産の共有者の一人が買戻しの特約を付してその持分を売却した後に、その不動産の分割又は競売があったときは、売主は、買主が受け、若しくは受ける

べき部分又は代金について、買戻しをすることができる」（584条本文）。これに対して、「ただし、売主に通知をしないでした分割及び競売は、売主に対抗することができない」（584条ただし書）。また、「前条の場合において、買主が不動産の競売における買受人となったときは、売主は、競売の代金及び第583条に規定する費用を支払って買戻しをすることができる。この場合において、売主は、その不動産の全部の所有権を取得する」（585条1項）。ただし、「他の共有者が分割を請求したことにより買主が競売における買受人となったときは、売主は、その持分のみについて買戻しをすることはできない」（585条2項）。

Ⅱ　再売買の予約

(1) 再売買の予約の意義

6-384　再売買の予約とは、目的物の売主が買主から、売却した目的物を将来買い取る売買の予約をなすことである。特別の規定はないが、売買一方の予約を売買契約と同時に行うことを否定する理由はない。その目的は、買戻しによって達成することが可能であるが、買戻しには民法上かなり厳しい要件があるため、実際上は民法が正規に用意した買戻しより、再売買の予約のほうがよく利用されているようである。

(2) 再売買の要件および行使の要件

6-385　**(a) 再売買の要件**　買戻特約と異なって、再売買の予約は、売買契約と同時にする必要はない。

6-386　**(b) 行使の要件**　代金と契約費用の返還の提供は、再売買予約完結権の行使の要件ではない。また、解除をして代金の返還を受けるものではないため、元の代金と再売買の代金は異なってよいが、利息制限法の潜脱を防ぐために、最初の代金に利息制限法上の制限利率により計算された額をプラスした額を超えることは出来ないと解されている（星野150頁、石田穣174頁）。

6-387　**(c) 行使期間**　買戻しのように行使期間は規定されていない。そのため、次のように考えが分かれる。

❶ **制限をしない説**　判例は30年間予約完結権を行使しうるという特約（大判昭13・4・22民集17巻770頁）や、35年後に予約完結権を行使しうる旨の特約（大判大9・9・24民録26輯1343頁）も有効としている。

6-388　❷ **580条類推適用説**　これに対して、学説は、買戻しとの類似性を考慮して、

再売買予約に580条の類推適用を肯定するものが多い（我妻・中一339頁、石田穣174頁）。

6-389　**(d) 対抗要件**　再売買予約についても、予約完結権と同じ規律に服する（⇒ **6-19**以下参照）。

6-390　**(e) 再売買予約完結権の譲渡**　これについても、予約完結権についての**6-17**以下と同じである。

第3章 交　　換

7-1　「交換は、当事者が互いに金銭の所有権以外の財産権を移転することを約することによって、その効力を生ずる」（586条1項）。このように、交換契約は、有償・双務契約であり、諾成・不要式契約である。交換は有償・双務契約であるため、双務契約についての規定（533条以下）が適用され、また、売買契約の規定も性質上可能な限り準用される（559条）。担保責任についての代金減額などは性質に反する規定といえよう。

　交換される両不動産の価格が同一ではない場合、補足金の支払が約束されることがある。この場合には、売買と交換の混合した契約となり、「当事者の一方が他の権利とともに金銭の所有権を移転することを約した場合におけるその金銭については、売買の代金に関する規定を準用する」と規定されている（586条2項）。補足金が支払われる場合に、交換の目的物が他人物であった場合に、全部他人物売買の規定と一部他人物の規定のいずれによるかは問題になる。この点については、1年の除斥期間の適用の有無だけがその差であり、一部他人物の場合の代金減額などについての過去の資料の収集困難が1年の除斥期間の趣旨であると考えれば、全部他人物の規定により1年の除斥期間の適用を否定すべきである。

第3編　契約各論2　財産の利用を目的とした契約

第1章　消費貸借

第1節　消費貸借の意義及び法的性質

Ⅰ　消費貸借の意義

8-1　「消費貸借は、当事者の一方が種類、品質及び数量の同じ物をもって返還をすることを約して相手方から金銭その他の物を受け取ることによって、その効力を生ずる」(587条)。

　目的物は消費物であれば何でもよいが、実際に行われるのは金銭の消費貸借である[1]。事業生活また消費生活のためには必然的に資金を調達しなければならず、この意味で、金銭消費貸借は、資本主義社会の発展にかかわる重要な位置を占めるものである（但し、本書では、消費貸借の基本構造を示すに止め、金融法の体系については金融法の講義に譲る）。

8-2　【消費信用と生産信用】　金銭消費貸借も、庶民（消費者）が借主になる場合と、企業＝事業者が借主になる場合とを分けることができる。いずれにしても、一国の国民生活、経済活動に直結する重要な問題であり、金利の規制、また、国家による金融政策が必要になるところである。

8-3　❶ 消費信用（消費者信用）　庶民が日常生活の窮乏のため借金をするような場合につき、古くから利息を禁止したり、徳政令のように借金を切り捨てたりして、借主側の保護が考慮されてきた。基本的には現在でも、借主保護という方向は変わっておらず、利息制限法、貸金業法などが整備されている（条文上、借主は消費者＝個人に限定されてはいない）。クレジットの支払やマルチ商法の被害者が、サラ金から高利

---

[1] 消費貸借を、種々の理由から、売買など別の形式で行うことがあるが、その場合には外観上の契約は虚偽表示として無効であり、隠匿行為とされた消費貸借契約の効力を認めるべきである（⇒**8-10**参照）。

で借金し、システム金融や闇金などから、紹介屋、買取屋、飛ばし屋等の違法な業者に引っ掛かり、最後には自殺に追い込まれたり、犯罪に走ったりする社会問題となっている（青木雄一［監修］『ナニワ金融道カネと非情の法律講座』参照）。そのため自己破産の申請件数が急増しており、出資法の刑罰になる利率と利息制限法の規制利率との差を無くし、いわゆるグレーゾーンを撤廃することが検討されている。

8-4　**❷ 生産信用（事業者信用）**　これに対して、資本主義経済の発生と共に姿を現したものが生産信用である。事業の運営のためには、先立つものとして資金が必要であり、受け取った貸金を運営して収益を挙げるわけであるから、事業を行うためには必然的に他人の資金に頼らざるをえなくなる（そのため、社債の発行など間接金融のニーズが高い）。他人の資金の獲得方法として種々のものがあるが、その1つとしての消費貸借については、消費者信用と異なって、元本を返還させることは当然であり、利息の支払も資金運用の対価として当然のものになる。この分野においては、国家や地方自治体による、農林業や中小企業への特例融資制度、信用保証制度などの補助がとりわけ要請されることになる。

Ⅱ　消費貸借の法的性質

8-5　消費貸借は、「返還することを約」する合意であり、「相手方から金銭その他の物を受け取ることによって、その効力を生ずる」（587条）ので、いわゆる要物契約と解され、しかも、契約成立後には借主の義務しか残らないので片務契約であるというのが一般的理解である。更に、利息を支払うか否かで、有償契約か無償契約かに分けられる（有償契約でありながら、片務契約であるという変則的な形となる）。但し、本書では、利息つきの有償である場合には、587条の適用はなく、諾成的消費貸借契約と考え（⇒*8-21*）、また、貸金交付後も賃貸借契約同様の双務契約関係を肯定する（⇒*8-54*）。

8-6　**【消費貸借は継続的契約関係である】**　本文に述べたように、消費貸借契約は、貸主は金銭を交付して契約が成立した後には何も義務が残らず、後は借主が返還するだけであり、契約成立後は借主が貸金を支払う義務を負うというだけの片務契約であると考えられている。しかし、消費貸借も、目的物が消費物という差が賃貸借との間にあるだけであり、賃貸借と同様に継続的契約関係の一種であると考えるべきではないだろうか。即ち、貸主もある期間に渡り借主による使用を認容し、返還を求めないという形で借主に利益を享受させる義務を負っているともいえるのであり（但し、賃貸借のような双務契約とまでいい切れるか問題は残るが）、1つの継続的契約関係が存在し（我妻・中一353頁はこれを単なる法的拘束として片務契約とするが、継続的契約関係と考えることは許されるという。これに対し、三宅・下531頁は、貸主は期限付き返

還債権を有するだけと反対)、従って、単に返還期日の到来ではなく、その契約関係の「終了」というものを賃貸借同様に考えることができるというべきである（来栖249頁、広中103頁）。

第2節　消費貸借の成立

Ⅰ　消費貸借の目的物

8-7　消費貸借の目的物となるのは、金銭に限らず消費物であれば何でもよい（米とか醤油とか）。有価証券については、消費貸借の目的物とすることができると解されているが、賃貸借とするか消費貸借とするかで、目的物の所有権の移転の有無に差が生じてくる（大判明33・3・15民録6輯3号69頁は消費貸借、大判明34・3・13民録7輯3号33頁は賃貸借とする）。

Ⅱ　消費貸借の要物性

8-8　民法上消費貸借は、無利息とされ要物契約[2]とされている（587条）。ただし、金銭の交付という点については、貸主が現実に金銭を借主に交付することは必要ではなく緩和されている。なお、本書では諾成的消費貸借を認めるので、融資が実行されたといえるか否かは、要物性の緩和の問題ではなく、貸主の借主への金銭の交付以外の方法による貸主の融資義務の履行が認められ貸金債権を成立させるという、貸主の債務の履行性ないし貸金債権の成立の問題となる。

8-9　**【消費貸借の隠匿】**　AがBCと通謀して、A所有の物件をAがB、BがCに売却し、更にこれをCがAに販売し割賦で代金を支払う約束をし、AがB経由でCから代金名目で実質的に融資を受け、他方で、最終的にAがCから目的物を買い取ったことにして代金名目で利息をつけてAからCへの支払がされる場合（目的物はAが使用したまま）、法形式としてはAからB、BからC、CからAへの売買であるが、全体としてみると実はBをダミーに使ったAC間の金銭消費貸借ということが行われた事例がある。このようなケースで、BがCから受け取った金銭をAに渡さない場合に、CからAへの請求について問題になる。AがBから代金を受領していないとしても、A→B、B→C、C→Aという売買を肯定してしまえば、CはAに代金の

---

[2] 要物契約における物の交付を成立要件、有効要件のいずれと考えるかは理解が必ずしも一致していない。起草者は成立要件と有効要件とを厳格に区別していなかったため、条文上は単に有効要件とされているが、一般的に要物契約では物の交付は成立要件と構成され、ここでも成立要件と読み変えられている。

支払を妨げられないことになるが、ＣＡ間の消費貸借であるとするならば、Ａが金銭を受領していない以上（要物性を充たしていない以上）、Ａの貸金返還義務は発生していないことになる。このようなケースについては次のような興味深い判決がある。

8-10　●**最判平5・7・20判時1519巻69頁**　上の例に合わせてＡＢＣとしてあるが、Ｃが原告、Ａが被告であり、ＡからＣへの代金支払請求がされた事例である。
　　(1) 控訴審判決　「前記売買契約は、実質上ＣからＡに金融を得させることを目的とするファイナンス・リースの一種であって、いわゆるリース・バックないし割賦バックと称されているものである。一般に、この種の契約は、融資を受けるという経済的な目的のもとに行われたものではあっても、形式的、法律的には、借主（ユーザー）と中間者（ディラー）、中間者とリース業者、リース業者と借主との各売買契約がそれぞれ別個に成立したことになり、借主が金融を受ける代金相当額は中間者から直接借主に支払われ、リース業者は借主と中間者との売買に関与せず、その代金授受にも立ち会うものでもないから、中間者がリース業者の代理人であるとか、リース業者に悪意ないし過失が肯定されるなど特段の事情のない限り借主は中間者からの代金支払が得られないことを理由にリース業者に対する売買代金（融資金）の弁済を拒否することは許されない」として、Ｃの請求を認容する。

8-11　**(2) 最高裁判決**　次のように述べてＡの上告を受け入れ原審判決を破棄する。
　　「Ａ、Ｃ及びＢの三者間では、本件冷凍冷蔵庫につき売買契約締結の形式があるとしても、各当事者間では真にその目的物の所有権を移転する意思があったとはみられないばかりでなく……、ＢはＣから売買代金名下に受領した1744万円と同額の金員をＡに交付することを同意したにすぎないのであって、Ｂが転売利益を取得する余地はない。そして、右三者間の各契約の内容をみるのに、これをいわゆるリース契約と評価しなければならないものではない。むしろ、右三者間の各契約の中で実質的意味があるのは本件契約だけであって、……本件契約の実質は、元本を1744万円としこれをＡがＣに対して……の各約定に従って返済する趣旨の金銭消費貸借契約又は諾成的金銭消費貸借契約であるというべきであるのに、前記のようなＣの営業目的に合致させるため本件冷凍冷蔵庫の割賦販売契約を仮装したものと考えるほかはない」。してみると、「Ａは1744万円の融資金の交付を受けていないのであるから、本件契約に基づく右融資金を返還すべき義務がないものといわなければならない。」

1　金銭以外の物の交付でもよい

8-12　金銭消費貸借において契約の成立のためには（貸金債権の成立のためには）、金銭の交付をする必要はなく、金銭の交付があったと同様の経済的利益を貸主が借主に与えればよい。判例上、国庫債券の交付（大判明44・11・9民録4輯470頁）、預金通帳と印章の交付（大判大11・10・25民集41巻621頁）、約束手形の交付（大判大14・9・24民集4巻470頁）、小切手の交付（大判昭16・11・29法学11巻7号470頁）は、金銭の交付と同視されている[3]

8-13 **【約束手形の交付と消費貸借の成立の時期及び額】**　上の場合に、現金自体を受け取っていないことに変わりはなく、いつ、いかなる金額の消費貸借が成立するのかという問題が残される。貸主が約束手形を振り出した事例を考えると、借主としては、①満期日まで待って額面通りの金額を受けるか、それとも、②直ちに割引をしてもらって、額面よりも低い金額を受けるかの2つの方法をとれることになる。例えば、額面100万円の約束手形を満期日前に割引してもらい94万円を受領したとする。

8-14 　**(1) 割引金額説（割引時割引金額説）**　先ず、割引時に割り引いてもらった金額（94万円）について消費貸借が成立するということも考えられる。しかし、①借主が満期まで待って額面通りの金額を受けるか、それとも、満期前に割り引いた金額を受けるかは、貸主の預かり知らぬところであり、貸主に関係のない事情によって金額が異なってしまうのは適切ではないこと（高部眞規子「手形・小切手の交付による金銭消費貸借の成立」『裁判実務体系13』124～5頁）、また、②割引額は、借主側からみたものであり、貸主としては満期日に額面通りの金額の支払をしなければならない点は変わりがないことから、不都合なものと考えられている。

8-15 　**(2) 額面金額説**
　❶ **割引時額面金額説**　次に、割引時に額面学（100万円）について消費貸借が成立するという考えがある。大判大14・9・24民集4巻470頁は、「手形の割引により銀行より金銭の交付を受けたるときは之と同時に手形面の金額と同一なる額を目的として両者間に消費貸借を成立せしむる意思表示ありしもの」と判示している（最判昭39・7・7民集18巻6号1049頁も額面金額説であるが、成立時期については争点とならなかったため判断されていない）。

8-16 　❷ **満期日額面金額説**　これに対して、成立時を満期日とする考えもある。貸主が手形所持人に満期時に額面金額を支払った時に、消費貸借が額面金額につき（それ以前に借主が割引を受けていても同じ）成立することになる（東京高判昭43・7・31判時536号56頁）。しかし、借主が満期前に決済し返済することはままあるということであり、そうすると弁済後に契約が成立するという奇妙なことになってしまう。

8-17 　❸ **支払時額面金額説**　東京高判昭43・7・31判時536号56頁は、「金銭の消費貸借にあたり、貸主が借主に対し金銭貸与の方法として手形を振り出し、その手形が後日全額支払われた場合には、借主は目的たる金銭の交付を受けたのと同一の経済的利益を得たこととなるので、右手形支払いのときに、手形金額に相当する額につき

3　金銭の交付の代わりに、物を交付してそれを借主に売却させてその代金を貸すことを約束したが、形の上では売買契約の形式をとった場合、売買契約は94条1項により無効であり、隠匿行為として消費貸借契約が問題となり、借主が販売できず代金を取得できなければ要物性は充さされないことになる。50万円以上で売るという制約をつけたのに、40万円で売った場合には、あくまでも40万円で消費貸借は成立し、10万円は販売の委任契約の債務不履行による損害賠償義務として成立することになろう。

消費貸借が成立するものと解するのが相当であり、この理は、借主が手形の所持人として直接手形の支払を受けたると、あるいはこれを第三者に譲渡し、当該第三者においてその支払いを受けたるとによって異なるところはない」、と判示している。

8-18 **❹ 交付時額面金額説** 学説には、貸主が約束手形を借主に交付した時に、額面金額で消費貸借が成立するという考えがある（我妻・中一358頁、高部・**8-14**論文128頁、山本剛史「手形・小切手の交付と金銭貸借の成否」『金銭貸借の基礎知識上巻』34頁）。この説には、次の２つの批判がある。ⓐ満期日が遠いときには借主に酷であるということ、及び、ⓑ交付時の手形は額面と同価値ではないということである。ⓐについては、利息を制限する等の対処が可能とされ、また、ⓑについても、確かに手形の価値は満期までの期間を公示割引率で引いたものがその価値であるが、額面との差額は、利息として上乗せする合意がなされているものと理解すればよいといわれている（山本・前掲）。

8-19 **(3) 本書の立場** 当事者の意思からいけば額面で消費貸借の成立を認めるということになろうし、また、それが簡単でよい。従って、額面金額説をベースにすべきだが、いつ返還義務（諾成的消費貸借なので。要物性を認めれば、契約の成立時の問題になる）が成立すると考えるべきであろうか。

先ず、①満期日に支払われた額面金額につき返還義務が成立すると考えてよい。②しかし、借主に自分の負担でそれ以前に割引により現金を獲得する自由が与えられていると考えられ、借主にはいずれをとるかの選択権がある。そして、後者を選択した場合には、借主の都合によるもので貸主の関しない事情であるため、割引による差額は借主の負担とする黙示の約束があるものとみてよい。こうして、例外的に割引時に額面金額で返還義務が成立する。

2 貸主から借主への交付でなくてもよい

8-20 **8-12**に述べた、金銭の交付があったのと経済的に同じ利益を与えればよいということは、誰に金銭を交付するかといった問題にもあてはまる。①貸主が第三者（例えば貸主の債務者）に指示して金銭を借主に交付させてもよく（大判昭8・9・15民集12巻2347頁）、②借主が第三者への弁済に使うために借りる場合に、貸主が借主の指示で借主の債権者に支払ってもよい（大判昭11・6・16民集15巻1125頁。そのため立替払も消費貸借と考える余地があることになる）。いずれも金銭の流れを簡略化しただけであり、貸主から借主に交付されたと同じ経済的価値があるため、これを禁止してわざわざ面倒な金の移転をさせる必要性はない。

3　諾成的消費貸借

(1) 諾成的消費貸借契約の可能性

8-21　消費貸借が要物契約とされたのは、587条に無利息として規定されていることから分かるように、無利息＝無償契約ということと結びついているものと思われる。ここで要物契約ということの本来の意味は、目的物の授受に先立つ単なる合意に何らの法的拘束力をも認めないということにあるが、民法自体が消費貸借の予約を認めており[4]、また、民法上の消費貸借は要物契約であるとしても、<u>587条は強行規定でもないので、契約自由の原則から民法の消費貸借とは別に、非典型契約として諾成的消費貸借を認めることが可能である</u>。

判例も、最判昭48・3・16金法683号25頁は、借主が担保供与の提供をして貸主に貸金の交付請求をした事例で、「<u>貸付をなすべき債務の履行としての所論の金員給付義務は、本件担保供与義務の履行の提供の有無にかかわらず発生している</u>ものというべく、また本件担保供与義務の履行の提供と共に被上告人の請求があったときは、上告人は右金員給付義務につき履行遅滞の責に任ずべきものである」と、諾成的消費貸借の成立を認めている。しかし、*8-25*以下に述べるように、諾成的消費貸借を認めることによって*8-21*の問題が解決されるわけではなく、貸主の貸金交付義務を認めることしか意義はない（加藤一郎「諾成的消費貸借」『民法ノート(上)』120頁以下参照）。この点に注意しながら、諾成的消費貸借の内容についてみていきたい。

8-22　【要物性の緩和の必要性】
　(1) 問題点　　金融機関が融資をする場合、金銭の交付に先立って、①消費貸借契約書（契約書にせず借用証書を作成することもある）を公正証書で作成し、②貸金債務を担保するために抵当権を設定しその旨の登記することがされることが多い。しかし、消費貸借契約は要物契約だとすると、貸金交付前には未だ貸金返還義務は発生しておらず、これがあるものとして返還を約する公正証書は虚偽の内容で無効ではないか、また、抵当権の登記も、被担保債権がないのにこれをあるものとして登記することになり、実体がないとしてやはり無効になり、後日融資が行われた時点から実体が備わり有効になるのではないかという疑問がある。

---

[4] これはローマ法以来の要物契約性を肯定しながら、人の意思が契約の拘束力の根拠として合意だけで契約の成立が認められる時代になって、目的物の授受に先立つ合意にも法的拘束力を認めざるをえなくなり考え出された概念である。要物契約という伝統を捨て去り諾成的消費貸借契約を認めればそれで済んだ問題である。

諾成的消費貸借を認めることによって、この問題が解決できるものと当初は考えられていたようである。即ち、合意だけで契約が消費貸借契約が成立することにより、借主の返還義務が契約により既に有効に発生しているものとして（ただし、金銭の交付までは抗弁権あり）、公正証書も登記も実体に適合しており有効としようとしたわけである。しかし、契約の成立＝返還義務の成立と考えることには疑問があり、やはり、<u>諾成的消費貸借契約を認めても、返還義務は金銭の受領によって初めて成立</u>すると考えるべきである。その上で、この２つの問題は次のように別の観点から解決されるべきである。

8-23　**（２）公正証書の有効性──交付時から有効**　当初は、契約が成立しておらず借入金返還義務が生じていないのに作成されたものとして無効とされたが、その後、数日の差であっても効力は妨げられないと変更された（大判昭8・3・6民集12巻325頁）。更には、２か月後に金銭の交付があった事例で、<u>交付の時から公正証書も有効になる</u>とされるに至った（大判昭11・6・16民集15巻1125頁）。公正証書の効力を遡及させる必要性はないので、これで十分であろう。

8-24　**（３）抵当権設定登記の有効性──付従性の緩和**　抵当権設定契約そしてその登記については、返還義務は未成立であり登記に実体が対応していないが、後日返還義務が成立し実体が備わればその時から有効になるという一般論でも対応できるはずであるが（これが公正証書についての立場）、判例は抵当権の付従性を緩和することで対処した[5]。即ち、抵当権が有効になるためには、現実に債務が発生している必要はなく、発生の確実な将来の債務であれば直ちに抵当権は有効に成立するとした（大判明38・12・6民録11輯1653頁）。従って、借入金返還義務は成立していなくても、付従性の緩和により抵当権の成立を認められるので、それで十分である。

（２）融資の実行前における借主の借入金返還義務

8-25　借主が貸金の交付を受ける前に既に消費貸借が成立しているというのなら、消費貸借契約は「返還を約」する契約なので、貸金の交付がなくても合意と同時に借主の借入金の返還義務が生じていると考えるべきであろうか。

8-26　**❶ 肯定説**　もしこれを肯定すれば、*8-21*のような問題が解決できる。しかし、債務があるなら、①交付も受けていないのに返還を請求されたらどうなるのか、また、②借入金の交付も受けていないのに、契約の時から利息を計算する合意は有効にならないかという疑問が生じる。これに対しては、肯定説の論者は、借主に未受領の抗弁で対応しようとする（我妻・中一355頁、田山150頁）。しかし、借入金の交付を受けていないのに、借入金の返還義務を認めるのは、市民の常識

---

[5] それ以前に登記上利害関係がある第三者が出てきた場合に、当初の抵当権設定登記の時点で抵当権の有効な成立また対抗力を認める必要性がある。実体が備わった時から将来に向かって登記を有効とするだけでは足りないのである。

とかけ離れている。また、利息は元本使用の対価であり、元本を受領していない以上利息が生じないと考えなければならないはずであるが、利息が受領しなければ計算できないことを、不受領の抗弁で本当に説明できるのか疑問は残る。

8-27　❷ 否定説　　最近では、8-21の問題は別に解決されているのであり、常識的にみて受領もしていないのに返還義務が生じるのは不合理であり、借入金の受領まで返還義務の成立を否定する学説が有力である（星野174頁〔更には弁済期に返還義務が生じるという〕、加藤・8-21論文124～5頁、広中・注民(15)150頁）。諾成的消費貸借を認めるとしても、諾成契約である賃貸借と全く同じように考えるべきであり、賃貸借では受け取る前に返還義務を考えることはできないのと同様に、諾成的消費貸借でも借入金を受領して始めて返還義務が成立すると考えるべきである。

(3) 貸主の貸金交付義務（借主の貸金交付請求権）

8-28　**(a) 貸主の貸金交付義務が成立する**　　要物契約である消費貸借契約では、融資の約束がなされても実際に貸金の交付がされるまで契約は成立せず、特に予約がなされない限り、拘束力は生ぜず、貸主は貸すか否か自由なままということになってしまう（借主に損害が生じても、契約締結上の過失になるだけ）。これに対して、諾成的消費貸借では、合意だけで拘束力が生じ、貸主は約束通り貸金を交付する義務を負い、借主は貸金の交付を請求できることになる[6]。

8-29　**(b) 貸金交付義務の不履行**　　貸主が、合意に反して貸金を交付しない場合、借主は541条で契約を解除できるが、損害賠償はどう考えるべきであろうか。

借主は融資を予定して、事業の計画を立てたのに実行できなくなり、種々の損害が生じる。ところが、融資義務も要は金銭債務であり、そうすると<u>419条により法定の遅延利息しか請求できない</u>ことになる。しかし、融資義務であり、単なる金銭債務と異なり借主による使用を許容してその資金の運用をさせる義務である以上、通常の金銭債務とは異なり419条の適用はなく実損害の賠償を請求できると考えられている（加藤・8-21論文）。8-6に述べたように、消費貸借契約は継続的契約関係であり、貸主の義務はただ金銭を交付するというものとは異なり、賃貸人と同様の義務であることから、このような結論は正当化できよう。即ち、

---

[6]　なお、533条を類推適用して、借主の約束した担保の提供と同時履行の関係を認めるか、または、担保の提供を先履行と考えるべきである。借主は約束した担保を提供しないと期限の利益を失うが、それは返還義務が成立した後にのみ問題にされることになり、融資の実行前には、541条により貸主は諾成的消費貸借を解除できるというべきである（付随義務の不履行による契約解除）。

賃貸人が賃貸物を交付して借主が使用・収益をできるようにする義務を負うのと同様に、貸主の義務も金銭という資本を交付しそれを運用して収益を図ることを借主に可能とすることを義務づけられているといえるのであり、そうすると借主による資本の運用までが契約による利益保障の範囲に含まれることになり、単なる一時的な金銭債務と同一の扱いをするのは適切ではないことになる。従って、本書は419条の適用を排除する説に賛成である（但し、416条の運用につき、余りにも貸主の責任が過大にならないように心掛けるべきであろう）。

8-30　【消費貸借の予約と諾成的消費貸借】　ところで、民法は要物契約である消費貸借にも予約が認められることを前提としている（589条）。諾成的消費貸借と消費貸借の予約とはどう異なり、また、どういう関係に立つのであろうか（なお、消費貸借の成立をめぐる諸問題については、河上正二「銀行取引における契約の成立段階の諸問題」金融法研究11号1頁以下参照）。

　　　(1) 消費貸借の予約と諾成的消費貸借の差異

8-31　先ず、両制度にはどのような差異があるのであろうか。なお、これは**8-44**の❷説をとらなければそもそも問題にならない議論であることに注意すべきである。

8-32　(a) 借主の貸金交付請求権　両制度においても、借主の貸金交付請求権が認められるが、その構成は異なることになる。ⓐ諾成的消費貸借では、単なる履行請求権というだけのことになるが、ⓑ消費貸借の予約では、履行請求権ではあるが、貸金を交付して消費貸借を成立させる予約上の義務ということになる[7]。判例は、消費貸借の予約について、貸主からの相殺を否定している（大判明45・3・16民録18輯258頁、大判大2・6・19民録19輯458頁）。貸主の義務は契約を成立させる債務であり金銭債務ではないというのが、その理由である。

8-33　❶ 履行の強制　履行の強制については、自然債務でもない限り、可能なはずであり、いずれにおいても履行の強制ができるはずである。しかし、消費貸借の予約については、やはり要物性に鑑み強制まではできず、損害賠償で満足するしかないという考えもある（加藤・**8-21**論文130頁）。

8-34　❷ 損害賠償　消費貸借の予約では、契約を成立させる義務で単なる金銭債務ではないとして、419条の適用を排除できるが、諾成的消費貸借では金銭債務でしかないことになる。しかし、金銭債務ではあるが、**8-29**に述べたように419条の適用を排除することは可能であるということになる。

8-35　(b) 借主の借入金返還義務　消費貸借の予約では、飽くまで消費貸借自体は貸金の交付時に成立するため、その時に借入金返還義務が生じることになる。これに

---

[7]　なお、借主の予約完結の意思表示だけで諾成的消費貸借が成立するという考えもあるが（星野168頁）、それは要するに諾成的消費貸借の予約を認めることになり、消費貸借を要物契約とする立場では認めることは無理である。

対して、諾成的消費貸借では、直ちに借主の返還義務が生じるという考えがあり、これによれば両者の大きな差異がここにあることになる。しかし、諾成的消費貸借でも貸金返還義務は交付時に発生すると考えれば、ここでも両者に全く差異はないことになる。

8-36　**(c) 借入交付請求権の譲渡**　①諾成的消費貸借では、借入交付請求権も単純な金銭債権として譲渡が可能となる（債権はその性質が許さない場合を除き譲渡ができる）。AがBに融資の約束をし、Bが貸金交付請求権をCに譲渡したという例でいうと、貸金交付請求権がBからCに移転し（Cについては借主たる地位の移転はAの承諾なしにはできず、419条の適用のある単純な金銭債権になると考えるべきか）、AがCに貸金を交付するとBの借入金の返還義務が発生することになる。②これに対して、消費貸借の予約では、単なる金銭債権ではなく、自己との間に消費貸借を成立させる権利であるから、金銭の交付の部分だけを分離して譲渡することはできないのではないかという疑問がある。

8-37　**❶ 分離譲渡否定説**　先ず、上の疑問の通り貸金の交付請求権だけ分離して譲渡することはできないと考える学説があった（鳩山・下413頁、磯谷・下480〜1頁）。なお、この考えでも、借主の予約完結の意思表示により諾成的消費貸借が成立するという説では、予約完結の意思表示をした上で譲渡可能ということになる（民コメ(13)205頁［平田］）。

8-38　**❷ 分離譲渡肯定説**　これに対し、消費貸借を自己との間に成立させる予約完結権そのものではなく、それとは切り離して貸金交付請求権の部分だけ譲渡することは可能という考えがある（我妻・中一364頁、広中111頁、田山151頁）。諾成的消費貸借と異なって、要物性を貫くならば、借主に交付しなければ消費貸借を成立させることはできないのだから、分離譲渡不可能ということになるが、要物性の点を緩和して、譲受人への貸金の交付により要物性が充たされ借主Bに借入金返還請求権が生じるとすれば、このような構成も可能となる[8]。

8-39　**(d) 貸金交付請求権と相殺**

❶ 貸主からの相殺　例えば、貸主AがBに貸金を交付しないでいるうちに、既融資の貸金の返済期が到来した場合、AはBの貸金交付請求権を受働債権として相殺ができるであろうか。

①消費貸借の予約では、Aの債務は単なる金銭債務ではなく、要物契約たる消費貸借を成立させる義務であり、単なる金銭債務同士ではないことから、両債務の目的が異なるとして相殺ができないものと説明される（大判大2・6・19民録19・458は相殺を否定し、通説［我妻364頁など］も否定する。これに対し石田穣190頁のように肯定説も

---

[8] また、このように予約でも貸金交付請求権を独立させるなら、相殺の点でも相殺適状自体を否定する必要はなくなるはずである。いずれにせよ、私見は後述のように諾成的消費貸借またその予約だけ認めればよいという考えなので、議論の余地はない。

ある)。②これに対して、諾成的消費貸借では、貸主の貸金交付義務は金銭債務ではないか、従って相殺ができるのではないかという疑問が残る。いずれの場合についても、金銭債務であり、債務の目的は異ならないと考えるべきであり（そうでないと①では借主からの相殺もできなくなる）、ただその債務の性質上受働債権とはなしえないものにすぎないと考えるべきである[9]。

8-40　❷ **借主からの相殺**　上の❶の論理でいけば、消費貸借の予約では借主からも相殺ができなくなるはずである。事実、借主からの相殺も否定する見解がある（我妻・中一364頁［諾成的消費貸借では肯定する。但し、借主は予約完結と同時に相殺することができると考えるようである］、星野174頁）。また、判例も、相殺では貸金交付の要物性を充たさないとして、やはり相殺を否定している（大判大明45・3・16民録18輯258頁）。しかし、相殺が金銭の相互の交付を省略しただけのものと考えれば、要物性につき厳格に考える必要はないと思われる。従って、消費貸借の予約、諾成的消費貸借のいずれについても、借主からの相殺を認めるべきである（民コメ(13)206～7頁［平田］。相殺により、貸主が金銭を交付したと同様になり、借主の借入金返還債務が生じ、また、予約では消費貸借が成立する）。

8-41　**(e) 消費貸借の予約の失効**　民法は消費貸借の予約につき、「消費貸借の予約は、その後に当事者の一方が破産手続開始の決定を受けたときは、その効力を失う」と規定した（589条）。借主、貸主のいずれが破産宣告を受けたかを問わない。①借主の破産は、全額の回収ができないのにこれから融資をするのは貸主に酷であり、また、借主が事業を清算するのに貸付を受けても無意味であるからであり、②貸主の破産は、清算に入るのに融資を実行しなければならないとすると、破産手続の進行の支障となるからである。事情変更の原則に基づくものである（田山151頁は、狭義の破産に限らず、それに相当する程度の事情変更があった場合にも拡大する。589条を類推適用しなくても、事情変更の原則の一般論で処理できるならば［我妻・中一365頁］、説明の差にすぎない）。諾成的消費貸借については民法は何も規定していないが、同条を類推適用することが許されよう（不安の抗弁権が認められている［注民(15)17頁〔広中〕]）。

(2) 消費貸借の予約と諾成的消費貸借の関係

8-42　民法上消費貸借の予約が肯定され、他方で、解釈上諾成的消費貸借が肯定されている。そして、両者の内容はその法的構成の差異にも拘らず殆ど変わりないものとなっている。とすると、わざわざ2つの制度を認める必要があるのか、両者の関係はどう理解したらよいのか、といった疑問が生じてくる。

8-43　❶ **第1説（諾成的消費貸借否定説）**　諾成的消費貸借を認めず、消費貸借は要物契約だとすれば、貸金交付前に何か法的拘束力を生じさせるような合意がなされた

---

[9] なお、貸主からの相殺を禁止する黙示の特約があるとみる考えもある（我妻・中一335頁、注民(15)17頁［広中］）。特約と構成する以上は、特約があったことを、相殺の効力を否定する借主側が証明する責任を負わされることになろう。

場合、それは要物契約たる消費貸借の予約でしかないことになる。

8-44　❷ **第2説（両制度肯定説）**　これに対し、通説は諾成的消費貸借を肯定しており、その上で、民法上の消費貸借の予約を否定する必要もないので、両者を肯定し（更には諾成的消費貸借の予約も）、貸金交付前の合意には2つの種類のものがあるということになる。その結果、貸金交付前の合意をいずれと認定するのかという事実認定の問題が生じてくる[10]。

8-45　❸ **第3説（消費貸借の予約否定説）**　ところが、要物契約たる消費貸借に予約を認めて拘束力を認めるのは、実質的に消費貸借に成立前に拘束力を認めて貸金交付義務を成立させるのに等しく（既述のように消費貸借の予約といいながら、実質は諾成的消費貸借と異ならない）、従って、民法で消費貸借の予約というものは実は諾成的消費貸借そのものであると考えることも可能である（来栖257頁）。

8-46　❹ **第4説（消費貸借＝諾成的消費貸借説）**　更には、この❸説をより進めて、次のように考える学説もある。融資の交渉をして、融資金額、利息、返済期、方法などを決めて消費貸借の契約をした場合（当然、合意をしてから貸金の交付をするのであるから、必ず貸金交付の前に合意があるはずである）、民法によると予約にすぎないということになってしまうが、当事者としては完全に契約が成立したと思っているのであり（これが予約で、貸金交付の時に別に本契約を締結するなどという意識はない）、これを予約というのはおかしい（三宅・上533頁）。民法で予約といっているものは、❸説のいうように諾成的消費貸借そのものであり、目的物の交付は消費貸借の成立要件ではなく、単に借主の貸金返還義務の発生要件にすぎないと考えるべきである（三宅・上530頁）。民法は、1つの契約をその段階により、即ち貸金の交付の前後により、前を予約、後を消費貸借といっているにすぎない（三宅・上543頁以下）。

8-47　【**無利息消費貸借の予約の効力**】　民法では、特に消費貸借の予約について、利息付の場合に限定していないが、無利息の消費貸借の予約にも、予約として貸主に拘束力を認めてよいのかは議論がある（これは諾成的消費貸借にもあてはまる問題である）。

8-48　❶ **否定説**　消費貸借では無利息が原則であり（587条は利息を要件としていない）、無利息消費貸借にまで貸金交付前に貸主に拘束力を認めるのは妥当ではないとして、無利息消費貸借の予約の効力を否定するのが通説である（星野168頁、来栖257頁、鈴木218頁）。そもそも要物契約というものは、単なる合意だけでは拘束力を認めないとい

---

[10] 通常は、合意だけで確定的・最終的な契約が成立していると意識しているから、諾成的消費貸借と推定することになろうか（我妻・中一354頁）。本書としても、利息つきの場合には諾成的消費貸借を認めるので、要物性を緩和するために要物契約である消費貸借契約の予約を認める必要はないと考える。しかし、借主が借りるか否かの選択を認める諾成的消費貸借の一方の予約（借主に予約完結権あり）を否定する必要はないと思うので、要物契約である消費貸借の予約と諾成的消費貸借の2つを認める必要はなく、利息つきの諾成的消費貸借についてだけ、諾成的消費貸借の予約も認めてもよい。

うものであり、これは無償契約の思想と馴染むものである。事実、民法上要物契約とされているのは無償契約ないし無償が原則とされている契約だけである。従って、要物契約というのは、無償契約については合理的な制度であるともいえ、また、要物契約と矛盾する予約というものは売買に規定され、それが有償契約に準用されるだけである。

8-49　❷ **肯定説**　しかし、消費貸借の要物性を合理的なものではないと批判しておきながら、他方で、無利息の場合には予約を認めないというのは論理が一貫しておらず（使用貸借でも要物性は絶対視されていない）、無利息消費貸借の予約の効力を認める障害は何もなく、ただ550条を類推適用し、書面によらない場合にはいつでも撤回ができると考えればよいというものもある（広中110頁以下、石田穣189頁）。

後者の方が論理が一貫しているが、私見では、諾成的消費貸借だけを認めるので、無利息の諾成的消費貸借の有効性という問題となるが、❷説をここに持ってきて、550条の類推をすればよいと考える（贈与の規定は、無償契約に性質が許す限り類推できるとみてよい）。

8-50　**【融資予約の不当破棄】**　例えば、ある企業Aが日頃取引のあるB銀行に、新たな事業のための資金の融資を申込み、交渉を重ねた結果融資をすることをBから約束されたが、結局Bが融資の実行を拒絶した場合（バブル崩壊後の銀行の貸渋りとして社会問題になった）、BのAに対する責任はどう考えるべきであろうか。

①先ず、本部の承認が必要であるとして、暫定的に融資の可能性があると述べた程度では、原則として銀行の責任は問題にならない。②問題は、本部の承認も得られ、正式に消費貸借契約がされたないしは、借主側の融資の申込みに対して本部の承認がとれたことを口頭で伝えたが、その後融資が実行されない場合である。ⓐ諾成的消費貸借契約が成立していると考えれば、約束した融資をしないのは債務不履行となる（本書はこの立場⇒**8-29**）。ⓑしかし、銀行実務では金銭の交付があるまでは消費貸借は成立しないと要物性を貫いているため、この銀行実務によれば未だ契約は成立しておらず、債務不履行は語れないことになる。契約成立段階の行為に基づく責任しか問題にならないことになる（但し、ⓐで419条の適用を肯定すれば、実損害の賠償を請求できるので寧ろ利益になる）。この問題については、東京地判平4・1・27判時1437号113頁及びその控訴審である東京高判平6・2・1判時1490号87頁があり、次のように不法行為により処理している（河上・**8-30**論文も参照）。

8-51　● **東京地判平4・1・27判時1437号113頁**　「企業とそのいわゆるメインバンクとして取引を継続してきた銀行が、右企業から新規に計画した事業について必要資金の融資の申込を受け、当該計画の具体的内容を了知したうえ、右企業と消費貸借契約の締結に向けて交渉を重ねている途中であり、金銭の授受がなく、消費貸借契約が成立したとはいえない段階においてであっても、融資金額、弁済期、借入期間、利率、担保の目的物及び担保権の種類並びに保証人等の貸出条件について具体的な合意に達し、銀行が右貸出条件に基づく融資をする旨を記載した融資証明書を発行して融資する旨の明確な約束（以下「融資約

束」という。）をした場合において、右融資約束が破棄されるときには、右企業の新規事業計画の実現が不可能となるか若しくは著しく困難となり、右企業が融資約束を信じて当該計画を実現するためにとった第三者との契約若しくはこれと実質的に同視することができる法律関係等の措置を解消することを余儀なくされる等し、このため右企業が損害を被ることになる等の事情があり、しかも当該銀行が、このような事情を知り又は知りうべきであるにもかかわらず、一方的に融資約束を破棄する行為に出たときには、かかる行為に出るにつき取引上是認するに足る正当な事由があれば格別そうでない限り、当該銀行は、右企業が前示のような損害を被ったときには、民法709条、715条に基づき、これを賠償する責任を負うものと解すべきである。」（控訴審判決もこれをそのまま引用）

第3節　消費貸借の効力

Ⅰ　貸主の義務

1　貸金交付後の貸主の義務[11]

8-52　受領したその物の返還を義務づけられる賃貸借契約では、賃貸人には、目的物の交付義務に尽きず、即ち目的物の交付後も、目的物を使用収益させる義務を負い、不可抗力により瑕疵が生じようとも修繕義務を負うことになる。これに対して、消費物を目的とし、交付を受けた金銭その他の消費物自体の返還を問題にするのではない消費貸借においては、金銭など消費貸借物の所有権が引渡しにより貸主から借主に移転し、貸主は、金銭などの交付後は義務が残らず、要物契約であるとすれば契約成立後、借主の債務しか存在しない片務有償契約ということになる。貸主が、返還期日まで返還を請求できないのは、売買契約の代金の支払について期限の利益を与えたのと同じであるということになり、消費物か否により、賃貸借と消費貸借とは全く異なる法律関係になるのであろうか。

8-53　❶ **第1説（貸主の義務を否定）**　民法上、消費貸借は要物契約とされ、賃貸借の賃貸人の賃貸義務のような義務は貸主には規定されておらず、貸主には貸金交付後は何も債務の残らない片務契約と考えるのが一般的理解である。従って、貸主は、一定期間、同額ないし同量の返還を請求しえないという拘束を受けるのは、金銭の支払について期限の利益を与えただけと同じであり、賃貸人の特定の物について使用収益をさせる義務のような義務を、そこには想定することはできないことになる。

8-54　❷ **第2説（貸主の義務を肯定）**　これに対して、消費貸借も継続的契約関係であり、また、貸主の義務は単純な金銭債務ではなく419条の制限に服さないと考えるならば（⇒*8-29*）、貸主に賃貸人同様の、借主に融資をした資本の利益を継続的に享受させるべき義務を想定することが可能になる。もしそれを肯定でき

---

[11] 諾成的消費貸借契約を認めれば、金銭の交付前にも、貸主には融資を実行する義務（金銭の交付に限らないので、貸金交付に限らない）が認められる。

るならば、特定物とは異なり、目的物を使用収益に適した状態に置く義務ではないが、消費物の使用利益享受をさせる義務（継続的債務）が認められることになる。本書ではこの立場で説明をしていく。

2　貸主の担保責任

8-55　**(a) 利息付消費貸借の場合**　「利息付きの消費貸借において、物に隠れた瑕疵があったときは、貸主は、瑕疵がない物をもってこれに代えなければならない。この場合においては、損害賠償の請求を妨げない」(590条1項)。

　消費貸借契約は要物契約であるから合意だけでは契約は成立せず、貸主に貸金交付義務はないはずであるが、一度瑕疵があっても目的物を交付すれば要物性を充たし契約が成立し、瑕疵のない物を交付する義務が認められることになる。しかし、利息つき消費貸借に諾成的消費貸借を認めれば、瑕疵ある消費物の交付は債務不履行であり、当然の規定ということになる（本書の立場）。損害賠償義務については、担保責任＝無過失責任と位置づけるべきかがここでも問題となり、①無過失責任・信頼利益説と、②過失責任・履行利益説（石田穣183〜4頁）とが考えられるが、後者を支持すべきか。また、ここでの損害賠償は、金銭消費貸借であっても419条の制限を受けないと解すべきである。

8-56　**(b) 無利息消費貸借の場合**　無利息の場合には、贈与の551条1項同様に、貸主が瑕疵を知りながら物を引き渡した場合にのみ、590条1項と同じ瑕疵のないものを交付する義務を負い、また、損害賠償義務を負うものとされている（590条2項後段）。しかし、貸主に具体的過失があれば、贈与についてと同様に貸主の損害賠償義務を認めてよいという考えもある（石田穣184頁）。

II　借主の義務

1　元本返還義務

8-57　借主は、貸主から交付を受けた物と同種、同等、同量の物を返還する義務を負う。但し、同種、同等の物を返還しえない場合には、その不能となった時の物の価格を償還しなければならない（592条）。

　なお、交付された物に瑕疵があった場合、①それを消費しておらず、かつ、利息付消費貸借または無利息だが貸主が瑕疵を知っていた場合には、それを返還し

て改めて瑕疵のない物の交付を請求すればよい（⇒*6-254*、*6-255*参照）。②これに対して、瑕疵ある物を消費してしまった場合には、ⓐ民法は貸主の担保責任が生じない場合については、瑕疵ある物の価格を返還すればよいものと規定した（590条2項前段）。ⓑ貸主の担保責任が生じる場合については、規定がないが、ⓐと同様に解してよいであろう（損害賠償義務は負わないので、差は残される）。

2　利息支払義務

8-58　民法上、利息の支払は消費貸借の要素とはされておらず（587条）、特約で利息の支払が約束された場合にのみ、借主は利息支払義務を負うにすぎない（但し、商人間では、特約がなくても当然に利息支払義務が負わされる［商513条1項］）。

　利息を特約または法律規定により支払う義務を負う場合、利率について特に約定がなければ法定利率による。民事法定利率は年5分であるが（404条）、商事法定利率は年6分と定められている（商514条）。なお、利率の規制については、債権総論*1-48*以下に述べた[12]。

12　遅延利息についてだけ述べておくと、利息制限法4条の制限があり、同法1条1項の利息の1.46％（元本100万円以上で利率15％ならば、21.9％）を超える部分だけ無効となる。消費者契約法9条2号により消費者取引では、14.9％以上の部分が無効となるが、利息制限法が特別法として優先適用され、消費者契約法の適用は排除される。

第4節　消費貸借の終了

1　返還時期の定めのある場合

8-59　借主はその定められた期日に返還しなければならないが、逆にいうとそれまでは返還しなくてよいという期限の利益を有することになる。期限の利益は借主に帰属し、借主は期日前に期限の利益を放棄して返済をなすことができるが、相手方にも期限の利益がある場合、即ちそれまで貸していて利息を取れるという利益を有している場合には、借主は期限の利益を放棄できるが、期限までの利息を支払わなければならない（136条2項ただし書）。また、借主が破産手続き開始の決定を受けたり、担保の毀滅等信用を危うくする行為をした場合には、期限の利益を借主は失うものとされている（137条）。

2　返還時期の定めのない場合

8-60　借主からは、元本をいつでも返還しうる（591条2項）。問題は貸主からの返還請求である。これにつき、民法は、「<u>当事者が返還の時期を定めなかったときは、貸主は、相当の期間を定めて返還の催告をすることができる</u>」（591条1項）と規定した[13]。その趣旨は、期限の定めなき債務としていつでも債権者が返還請求できるとすると、借主は借りると同時にいつ貸主から返還請求されてもよいように返還の準備をしておかなければならないことになり、それでは契約をした目的を達しえないため、一定の期間借主に猶予を与えようというものである。但し、この規定の法的構成については、判例と学説が対立している。Aが知り合いのBに100万円を無利子で返還時期を定めずに貸した場合、ⓐAからの返還請求にBが返還を約束したが、資金の都合がつかなかった場合、ⓑその後、BがAに対する債権を取得した場合を例にすると、次の2点で差が生じてくる。

> ⓐ　貸主Aの請求に対して借主Bが抗弁を主張しなかった（相当期間待ってくれといわなった）場合には、請求時から直ちに遅滞に陥るか。
> ⓑ　AのBに対する貸金債権と、BのAに対する債権とは、いつから相殺

---

[13] ここで定められている相当の期間も、法定の一種の期限の利益であるから、137条を適用してよい。

適状にあるか（ⓐからⓑの時点の間のBの債権の遅延利息に注意）。

8-61　**(a) 契約の終了を問題にしない学説**
　❶ **抗弁権説**　借主の貸金返還義務は、412条3項の原則通り期限の定めのない債務として、直ちに貸主は履行を請求できかつ借主も支払わなければならず（履行すべき時という意味では履行期にあるといってよい。但し遅滞は請求時から）、ただ、消費貸借については特則として、591条1項の抗弁権が与えられているだけ——催告そして相当期間の経過を貸金債権行使の積極的要件とするのではなく——と考える学説がある（横田459頁、磯谷・下494頁、末川・下143頁）。
　これによると、ⓐについては、借主が抗弁権を主張しない限り、591条1項の特則が適用にならず、原則通り412条3項により直ちに借主は遅滞に陥ることになる（大判大3・3・18民録20輯191頁、大判大5・6・4民集9巻595頁）。また、ⓑについても、相当期間を定めずに直ちに相殺ができることになる（大判昭17・11・19民集21巻1075頁）。

8-62　❷ **履行期未到来説**　これに対し、催告そして相当期間の経過をもって、借主の返還義務の履行期を到来させるための積極的要件と規定したものと考える学説がある（鳩山・下424頁）。ⓐについては、期限が到来していないので遅滞に陥らず、貸主が相当期間経過を証明しなければならないことになる。ⓑについても、期限が到来していないので相殺ができず、相殺を主張する貸主が相当期間の経過を証明しなければならない。

8-63　**(b) 解約告知説（通説）**　消費貸借を継続的契約関係であるとすれば、期間の定めのない賃貸借と全くパラレルに契約の終了ということが考えられる。期間の定めなき賃貸借につき617条が解約告知につき一定の期間（解約告知期間）を定めているのと同様の規定として591条1項を捉え、そこの催告とは解約告知の意味であり、相当期間経過して消費貸借が終了し、①借主の返還義務の履行期が到来する（いわば法定の不確定期限）または、②返還義務が発生するとみる考えもある[14]。

14　我妻・中一372頁、石田穣186頁、星野171頁（返還義務の発生と明言）、田山153頁、注民(15)46頁［浜田］など。②だとすれば、期限の定めのない債務が、解約告知の効力が生じて契約が終了した時点で発生することになろうが、催告が既にあるので発生と同時に遅滞に陥ることを認めてよいであろう。同様の問題は賃貸借でも考えられ、賃借人の返還義務が目的物の交付と同時に発生し期限の利益が与えられているだけとみるか、賃貸借の終了により返還義務が発生するとみるかという同じ問題が生じるが、①説でよいのではないかと思われる。

この学説によれば、**8-60**ⓐについては、借主が抗弁権を行使しなくても相当期間経過しなければ遅滞に陥らないことになる。ところが、**8-60**ⓑについては、履行期未到来という論理を貫けば、催告（解約）して相当の期間を経過しなければ履行期が到来しないのだから、貸主は相当期間経過後ではないと相殺ができないことになってしまう（なお、借主からは、一種の期限の利益だと解すれば、ⓐの時点から期限の利益を放棄して相殺することはできよう）。

8-64　**(c) 本書の立場**　賃貸借と同じ継続的契約関係だという論理を貫けば、(b)説が適切であると思われるが、問題は**8-60**ⓑの点である。即ち、相当期間というのは、借主が返還のために資金を集める時間を猶予したものであり、資金を集めるという問題の生じない相殺にまで、591条1項を貫徹する必要はないはずである。従って、591条は返還請求をする場合にのみ適用になり、請求の余地のない場合には直ちに解約（契約終了）の効果を生じさせて相殺をなしうるものと考えてよい。

8-65　【返還のための相当の期間を設定しないで返還を催告した場合】　591条では貸主は相当の期間を設定して貸主に催告しなければならないことになっているが、貸主が相当の期間を設定しないで催告したり、または、設定された期間が相当ではない場合、その催告の効力はどうなるのであろうか（解除の催告の問題に類似する）。

　8-63(b)説を前提にして考えると、この場合には催告は無効であり、返還義務が発生しないまたは履行期が到来しないことになりそうであるが、解除における催告のように相当期間の経過により解約告知の効力が生じると考える余地はあろう（本書はこう考える）。判例は、次のように(a)❶説に立ち相当期間が経過すれば、更に催告なしに履行遅滞になることを認めている（大判昭5・1・29⇒**8-66**）。

8-66　● 大判昭5・1・29民集9巻97頁　「按ずるに民法第591条第1項に於て、消費貸借の当事者が返還の時期を定めざりしときは、貸主は相当の期間を定めて返還の催告を為すことを得る旨を定めたるは、借主をして返還の準備を為さしむる為相当に猶予期間を許与する趣旨に外ならざるが故に、<u>貸主が為す返還の催告に於て一定の日時若は時期を明示せざりしとするも其の催告の時より借主が返還の準備を為すに相当なる期間を経過したる後に於ては借主は最早之が返還を拒否し得べき理由なく、従て履行を為すべき時期は到来し爾後借主は履行遅滞の責に任ずる</u>ものと解するを相当とす。」

第5節　準消費貸借

Ⅰ　準消費貸借の意義

(1) 既存債務についての2つの合意の可能性

8-67　例えば、AがBに商品を売却したが、その後、代金支払期日までに買主Bが代金の都合がつかなかったため、Aと相談して支払を先に延ばしてもらい、その代わりにその期間につき延期された支払期日までの利息の支払を約束し、保証などの担保をとったりすることがある。このような目的を実現する方法としては、次の2つが考えられる。

8-68　**(a) 典型契約としての準消費貸借（旧債務が消滅し、新たな債務成立）**　民法の規定した方法である。即ち、588条は「<u>消費貸借によらないで金銭その他の物を給付する義務を負う者がある場合において、当事者がその物を消費貸借の目的とすることを約したときは、消費貸借は、これによって成立したものとみなす</u>」と規定している。

　先に**8-67**の例で、Bは代金を支払うためには、他から借金をしてAに支払うという方法をとるが、A自身がその代金分の金銭をBに融資することも当然可能である。その場合に、AがBに貸金をBに交付し、Bがその受け取った金を今度は代金としてAに支払うことになるが、この金銭のやりとりの過程を省略するものである（実際には、当事者間の複数の債務を1本にして整理するために結ばれることが多い）[15]。準消費貸借の結果、Bの代金債務は弁済により消滅し、他方で、消費貸借契約によりBの借入金返還義務が成立する。2つの債務は異なる契約上の債務であり、入れ替わりに消滅・発生するものである[16]。

---

[15] 要物性を緩和したと考えれば、特別規定を設ける意義はあるが（消費貸借とは別に準消費貸借を認める意義あり）、現在では解釈上要物性がかなり緩和されているので（⇒**8-21**以下）、わざわざ特別規定を置かなくとも消費貸借の成立を認めることができる。そのため、(a)の意味では準消費貸借は消費貸借そのものであり、規定を置くまでもない。(b)については、「準」をつけるとはいえ消費貸借という言葉を使うところに違和感が残る。

[16] 返済される債務は**8-69**に述べるように消費貸借上の債務でもよく、複数の借入れを一本の債務にまとめたり、住宅ローンの借替えにより、新たな借入金により旧債務を弁済し、抵当権を抹消したり保証会社との保証契約を清算して、新たな債務のために改めて抵当権

428　第3編　契約各論2　財産の利用を目的とした契約

8-69　**(b) 非典型契約としての既存債務についての特約（元の債務のまま）**　しかし、消費貸借によらずにも、先の例でＡＢが達しようという目的が達しえないものではない。それは、既存のＢの債務をそのままにして、ただそれに利息の約束をしたり、返済期を新たに定めたりして消費貸借と同じ規律に服せしめようとするものである（例えば、返済期の定めがなければ、412条3項ではなく591条1項による）。このような契約が契約自由の原則からいって可能なことは疑いない。ここでは、代金債務は消滅しておらず、それにつき貸金債権と同じ規律に服せしめようという特約がなされただけということになる（契約と同時に約束することも可能）[17]。いずれの契約をするかで、後述のように種々の法的差異が生じてくる（なお、理論的にはこの他に更改をすることも考えられるが、実際的ではないので省略する）。

II　準消費貸借の成立

1　「消費貸借によらないで金銭その他の物を給付する義務」を負っていること

8-70　民法は「消費貸借によらないで金銭その他の物を給付する義務」（588条）と規定しているが、消費貸借上の債務を準消費貸借の目的とすることもできると解されている（大判大2・1・24民録19輯11頁）[18]。実際に、従前の複数の債務をまとめて1つの債務とし、新たにそれにつき借用証書を作成した上で担保を取り、支払方法を定める（分割払い等）など、債権者の訴求の便宜のために締結されることが多いといわれる。また、サラ金業者の行う書換えというものもある[19]。

　　を設定し、また保証会社と保証契約を締結することが行われる。
17　大島俊之「準消費貸借と同時履行の抗弁権」大阪府立大学経済研究33巻1号49頁以下は、この類型は準消費貸借ではない「準々消費貸借」と呼び、これを原則とする。本書もこの類型を原則とすることには賛成である。複数の債務を一本化する場合にも、このような合意は可能である。
18　既存債務がなければ、準消費貸借も当然無効であるが、利息制限法違反の超過利息については問題がある。貸金業法43条は支払があった場合についての規定であり、超過利息部分については無効であり、支払があって初めて貸金業法43条の適用があるというべきである。なお、最判昭和55・1・24判時956号53頁は、利息制限法に違反する利息「60万円については利息制限法1条に違反する約定によるものとして利息債権は存在しないといわなければならず、したがって、準消費貸借上の債権も右の限度で存在しないこととなる」として、この債務を前提としてなした相殺は、その債務が無効な限度で効力が生じないものとされている。

2 「当事者がその物を消費貸借の目的とすることを約した」こと

8-71　「その物」、先の例でいえば100万円を貸したことにする合意が必要である。このような合意をすると、全く別個の債務が成立し債務の同一性が失われてしまうので、このような合意をする意思が当事者にあるか否かは、慎重に認定しなければならない。特に、債務が１つの場合には、準消費貸借ではなく **8-69** の特約がなされたにすぎないと認定すべきであろう。

8-72　【準消費貸借と消費貸借の関係——要物性】　要物契約である消費貸借との関係では、準消費貸借をどう理解するかは、古くから議論がある。消費貸借の要物性を緩和した特則なのか否かということが、議論の中心である。

8-73　**(1) 消費貸借の要物性を厳格に解する説**　消費貸借の要物性を厳格に解していた時代には、準消費貸借について、何が消費貸借に対して特則になっているのかをめぐって学説の議論があった。

①法が目的物の授受があったと擬制し、この擬制の助けを借りて成立の認められる特殊な消費貸借と理解する擬制説（横田433頁）、②占有改定によって目的物の授受が省略された消費貸借と理解する占有改定説（清瀬一郎『債権各論』139頁）、③準消費貸借においては貸主が既存債務を免除し、この免除も１つの給付として目的物の交付に匹敵するものとみる債務免除説（石坂音四郎『民法研究第２巻』422〜3頁）、④敢えて消費貸借とこじつけなくとも、民法は消費貸借の成立を「みなす」というわけであるから、消費貸借ではなく単に消費貸借と同じ効果を生じるにすぎない消費貸借とは異なった契約と考えればよいという非消費貸借説（鳩山・下405頁、末弘498頁、磯谷・下475頁）などである。最後の、消費貸借でないと考える立場は、次の要物性の緩和を認める立場と組み合わせて、**8-68** は消費貸借そのもの、**8-69** のみを準消費貸借と呼ぶことが適切となるかもしれず、準消費貸借という用語を **8-69** の特約に用いるということを可能とすることになり、再注目されてよい考えである。

8-74　**(2) 消費貸借の要物性を緩和する説**　既述のように消費貸借の要物性は現在では緩和されており、貸主から借主に目的物が現実に交付されなくても、それに匹敵する経済的利益を与えればよいということになっている。そうすると、588条がそこに規定されている事例を消費貸借そのものとして認めることができ、588条は確認規定にすぎないことになる（現在の通説といってよい）。判例も、かつては、借主が「弁済すべき金銭其他の物及び消費貸借の目的として受くべき金銭物件の授受を省略す

19　例えば、120万円の返済を迫られている借主が、サラ金業者からの取立に対して返済を待って欲しいと泣きつくと、120万円に30万円を上乗せした150万円を新たに貸付し（新たに150万円の消費貸借契約書を作成する）、それで120万円を返済させ、残りの30万円を交付するというものである（青木・**8-3** 文献24頁）。

る」ものとしていたが（大判大6・2・13新聞1253号25頁）、その後、そのように「解したるは已に過去の事に属す。契約自由而も無方式を原則とする現在に於て準消費貸借は一片の合意に依りて成立す」というに至っている（大判大8・6・13民集12巻1484頁）。

　こう考えると、準消費貸借は消費貸借に対して何も特殊なものではなく、消費貸借そのものといってよく、現在では準消費貸借という概念は不要である。確かに**8-68**の合意を消費貸借から区別するための独立した用語は必要であるが、これを準消費貸借というのは疑問である。結局、区別の意味はないが、588条の消費貸借を準消費貸借といっているだけと理解すべきである（**8-69**の特約を除くべき）。

Ⅲ　準消費貸借の効力

1　消費貸借としての効力

8-75　準消費貸借も要物性が緩和されているというだけで、消費貸借としての効力そのものには何も特殊なものはない。従って、消費貸借の効果について述べたところがそのままあてはまる。

2　旧債務の消滅・消費貸借上の債務の発生

8-76　準消費貸借により、旧債務は弁済されたことになり消滅し、他方、その弁済資金分は貸金の交付がされたことになり、借主には消費貸借上の借入金返還義務が生じることになる。従って、旧債務が存在しなかったり、無効であったり更には遡及的に消滅した場合には、債務があることが当然の前提である。準消費貸借は効力を生じえない（大判大15・4・21民集5巻271頁）。旧債務の一部のみが無効等であれば、その一部についてのみ要物性が充たされず、要物性の緩和が妥当する現に存在する債務の限度で準消費貸借が成立することになる（従って、利息制限法違反の超過利息分については無効となる［最判昭55・1・24判時956号53頁］）。

3　新旧債務の同一性をめぐる諸問題

(1) 同一性についての総論

8-77　**(a) 判例の状況**　準消費貸借であれば旧債務は消滅し、全く別の新たな債務が生じることになるが、ところが既存債務についての単なる特約とすれば、既存債務がそのまま存続し、代金債務など元の債務がそのまま存続しながら、即ち

同一性を保ちながら、消費貸借の規律を受ける債務に変更されることになる。契約自由の原則からしていずれの合意も可能であり、いずれの合意をしたものと認定するかという事実認定の問題になる。判例は、*8-68*と*8-69*のいずれの合意も準消費貸借とし、準消費貸借に二種類があるものと考えた上で、いずれと認定するかについて次のように変遷をしている。

8-78　❶ 第1期（準消費貸借のみを肯定）　先ず、古い判例は、準消費貸借は旧「債務を完済し新に……金圓を借り受けたることと為るの筋合」なりとしていた（大判大5・5・30民録22輯1074頁）。即ち、準消費貸借として当初は1つのみを認め、同一性を喪失する本来の消費貸借としていたのである。

8-79　❷ 第2期（準消費貸借以外の可能性も肯定）　その後、判例は「準消費貸借の場合には、常に必ず旧債務を消滅せしめ新債務を発生せしむるものと云うを得ず、或は債務の同一は之を維持しつつ唯其内容のみを変更するに止まることあり、畢竟其孰なりやは当事者の意思如何に繋るものとす」と、2種類の準消費貸借――本書で準消費貸借に準ずる別の合意の準消費貸借と称していることに注意――を認めるようになる（大判大7・2・25民録24輯531頁）。この判決によると、先の*8-69*(b)の既存債務についての単なる特約まで準消費貸借と呼び、準消費貸借には2つあると考えた上で、いずれとなるか当事者の意思次第であるとされたが、原則的にいずれと推定すべきかは明言していない。

8-80　❸ 第3期（準消費貸借を原則的に否定）　更に、その後、判例のいう2つの準消費貸借のうち次のように*8-69*(b)の既存債務についての特約と推定すべきであると明言されるようになる（但し、時効については、同一性からはなれて考える⇒*8-88*）。

8-81　● 第3期の判例　大判昭4・5・4新聞3004号12頁は、「反対の事情の認む可きもの無き限り」「債権債務の同一性は之を維持しつつ唯爾後は消費貸借の規定に従いて之を律せむとする」「内容なりと解すること却て当事者の意思に中れるものと云はざる可からず。何者旧債務の消滅と新債務の発生と云うが如き所謂平地に波瀾を起すに似たるは現行取引法の下に於て寧ろ一片好事の挙たるに過ぎざるのみならず従来存せし担保権の如き特に之を移すの手段を講ぜざる限り総て一掃せらるるに至るべければなり」と判示した。また、当事者が、「旧債権債務に付き存在したる従たる債務、担保物権、詐害行為取消権及抗弁権等は全て消滅す」るといった「重大なる効果の発生を欲したるものと推定すること」は、「一般の取引観念上当事者の意思に適合せざるものと謂うべく、寧ろ当事者は斯る結果を欲せず単に便宜上消費貸借の規定に準拠せんと欲すること多かるべ」しともされている（大判昭8・2・24民集12巻265頁）。

8-82　**(b) 学説の状況**　判例は先の*8-68*(a)と*8-69*(b)のいずれも準消費貸借と

いっているが、**8-69**(b)のような異質なものを、「準」をつけるとはいえ消費貸借に含めるのは用語としても妥当ではないが、判例のみならず、学説もいずれも準消費貸借と称している。

　学説には、①古くは、既存債務は消滅し、新たな債務が別個に発生するという考えが多かったが（梅590頁）、第3段階の判例の後は、②判例に賛成し、同一性を失わない準消費貸借（本書のいう**8-69**(b)の合意）と推定すべきとする考え（末川・下85〜6頁。従って、(2)は準消費貸借ではないということになる）、③問題となる事項毎に検討しようとする考えとが対立することになる（時効を同一性により解決しない判例の立場に近い）。③の考えによれば、旧債務の抗弁権は消滅、旧債務の担保・保証は存続、旧債務についての詐害行為の取消権は認める、時効については新たな債務として考えるといったようになる（我妻・中一367〜8頁）。

(2) 同一性が問題となる事項（同一性についての各論）

8-83　準消費貸借とみるか、既存債務についての単なる特約とみるかで、契約の前後で債務が異なるか同一かという差が生じるが、その差が問題となる事項についてみていこう（詐害行為取消権については⇒債権総論**4-257**）。

8-84　**(a) 旧債務についての抗弁権——同一性の問題**　　例えば、売買契約の代金について準消費貸借がされた後には、売主Aが約束した物の引渡しをせず、そのままの状態でBの準消費貸借上の債務についての約束した返済期が到来したとして、BはAに対して同時履行の抗弁権を主張できるであろうか。既存債務についての単なる特約ならば、両債務は双務契約上の債務であり、同時履行の抗弁権が認められることは問題ない。これに対して、準消費貸借だとすると、代金債務は消滅し双務契約上の債権債務の対立がなくなり、現在のBの債務は売買契約とは別個の契約上の債務であり、ABの債権債務の間には牽連関係がなく、同時履行の抗弁権は認められないということになる（先の大判大5・5・30は否定したが、大判昭8・2・24民集12巻265頁では肯定し、最判昭62・2・13判時1228号84頁も同様）。但し、たとえ同一性を否定したとしても、533条の類推適用の余地は残されるであろう。

8-85　**(b) 旧債務についての担保——同一性の問題**　　旧債務についての単なる特約にすぎない場合には、その担保は存続し、ただその内容を重くする合意は保証人や物上保証の承諾を必要とするということになる。これに対し、準消費貸借では、旧債務が消滅する以上その担保も当然消滅する。但し、契約自由の原則からして、旧債務の担保を準消費貸借上の債務に移し変えることは可能であろう（準消費貸借の効果ではなく、準消費貸借とは別の特約の効果である）。この場合、第三者が担

保を負担している場合には、その第三者（保証人、物上保証人）も含めて合意する必要があるのは当然である。

8-86 **(c) 時効期間──同一性ではなく債務の性質の問題**　旧債務が例えば不法行為による損害賠償義務で 3 年の時効にかかるものであった場合、単なる既存債務についての特約であれば、損害賠償債務についての 3 年の時効のままであるが、準消費貸借であれば、消費貸借上の債務となり 10 年（商人間ならば 5 年）の時効に変わってしまうことになる。判例は、10 年（5 年）の時効になるというものが多いが（大判大10・9・29民録27輯1707頁、大判昭 8・6・13民集12巻1484頁）、当事者の意思によるとしたものもある（大判判決年月日不明、新聞2560号11頁）。学説には、次の 2 説を分けることができる。

8-87 **【第 3 期の判例】**　第 1 期の判例では、準消費貸借の対象とした債権が売掛代金債権であり 2 年の時効にかかるものであっても、それが消滅し消費貸借上の債権が別個に発生し、準消費貸借が商行為であれば 5 年（そうでなければ10年）の時効にかかるものとされ（大判大 7・8・6 民録24輯1570頁）、第 2 期の判例では、不法行為上の損害賠償義務についての準消費貸借につき、当事者がいずれの合意をしたかにより 5 年または 3 年の時効期間によるものとした（⇒**8-79**）。ところが、第 3 期の判例は第 2 期の判例とは異なり、時効については次のように別個の扱いをする。

8-88　●**大判昭 8・6・13民集12巻1484頁**　当事者の意思が債務の同一性を維持することにある場合であっても、「当事者の意思は此の債務をして爾今以後民法にもあれ商法にもあれ広く消費貸借に関する規定の支配を受けしむとするに在りて、則ち<u>適用せらるる法条と云う立場より之を観るときは宛を準消費貸借の際新に消費貸借が成立したると択ぶところ無きの地位に既存債務を置かんとするものに外なら</u>」ない、従って、準消費貸借が商行為である以上 5 年の時効にかかることになる（事例は代金債権の保証人への、主たる債務の準消費貸借後の請求）。

8-89　❶ **第 1 説**　先ず、当事者が 2 つの準消費貸借のいずれの合意をしたかで、当然時効も異なり、同一性を失わない場合（本書でいう既存債務についての合意）には既存債務の時効期間により、同一性を失う場合（本書ではこれのみを準消費貸借と呼ぶ）には消費貸借上の債務についての10年（または 5 年）の時効によるという考えがある（星野173頁）。同一性の問題の一環として、消滅時効も考えるわけである。

8-90　❷ **第 2 説**　これに対して、時効については、当事者の意思により異なるべきではなく、準消費貸借の客観的性質に従って独自に決定すべきであり、旧債務が短期消滅時効にかかるものでも通常の時効によるべきであり、旧債務が商行為

によって生じたものでなくても準消費貸借が商行為ならば商事時効によるべきであるという学説も主張されている（広中119頁、注民(15)33頁［平田］)。この立場では、同一性の問題は、時効の問題を解決する基準にはならないことになる。

8-91 **(d) 検討（本書の立場）**　抗弁権と担保については、債務の同一性が問題を解決する決め手というべきであり、原則として、準消費貸借ではなく、債務について消費貸借の規律に服せしめるだけの合意にすぎないと推定すべきである（準消費貸借を主張する者がその証明責任あり)。判例・学説のいう、同一性を維持する準消費貸借を原則とするのであり、判例・通説と結論的に同じである。問題は時効である。この問題は、同一性の問題に解消されると単純には考えられず、判例の結論を支持してよい。

　というのは、判例・学説のいう同一性を維持する準消費貸借では、債務の同一性は維持されながらも、債務の性質は変更されるのであり、代金債務なら代金債務のままで消費貸借の規律を受ける債務になるからである。時効も含めて、消費貸借の規範に服する債務に性質を変更する合意がされていると考えるべきである。こう考えれば、同一性を維持しながら、時効については既存債務の時効によらない判例を支持できよう。

第 2 章　使用貸借

第 1 節　使用貸借の意義

I　使用貸借の意義

(1) 使用貸借の意義

9-1　「使用貸借は、当事者の一方が無償で使用及び収益をした後に返還をすることを約して相手方からある物を受け取ることによって、その効力を生ずる」(593条)。このように、使用貸借 (契約) とは、賃貸借とは異なり、「無償で」物を貸し借りする契約である。

「使用及び収益」と規定されているが、収益は特に伴わなくてもよい。消費貸借とは異なり、受け取ったその物自体を返還しなければならないため、借主は受け取った物を善管注意をもって保管する義務を負う。目的物は動産でも不動産でもよい。

(2) 使用貸借が認められる場合

9-2　何の関係もない赤の他人に物をただで貸すということは普通では考えられず、使用貸借が行われるのは、無償契約の共通の行為基礎として、当事者間に何らかの特別の関係 (親族関係等) があるのが通常である[1]。そのため、無償契約の共通の問題として、無償で他人になにか給付をする者に対する拘束力、更に責任を緩和しなければならないといった特別の考慮が必要になり、賃貸借契約とは異なって無償で利用させてもらっている使用借人の保護について、社会的考慮を差し挟む必要はない。

また、親族間では、*9-3* 以下のように黙示の使用貸借が認められることがある。

9-3　● 最判平 8・12・17民集50巻10号2778頁　**《事案》** 事案を簡略化して説明すると以下のようである。AとY₁、Y₂はA所有の不動産に同居し店舗を営業していた。Aが死亡し、

---

[1] なお、自己の所有物を債権者に譲渡担保に供した債務者がその目的物をそのまま使用し続ける場合、この使用関係は使用貸借ではなく物権法のレベルで正当化されるべきものである (譲渡担保権設定者はどうそれを構成するかは別として、使用収益する物権を保持しており、これに基づいて使用しているものと考えるべきである)。

436　第3編　契約各論2　財産の利用を目的とした契約

Y₁、Y₂の他Xら多数の相続人がいるが、Y₁、Y₂はそのまま本件不動産に居住し営業を続けている。そのため、XらがYらに対し、①本件不動産の共有物分割を求めると共に、②賃料相当額の損害賠償を求めた。

　相続により相続人全員が共有している不動産を、一部の相続人だけが使用することは認められないことになり、形式的にはXらの請求を認めざるを得なくなるが、しかし、それは本件では適切ではない。そのため、判例が採用したのが黙示の使用貸借という説明である。次のように述べられている。

9-4 《判旨》「共同相続人の一人が相続開始前から被相続人の許諾を得て遺産である建物において被相続人と同居してきたときは、特段の事情のない限り、被相続人と右同居の相続人との間において、被相続人が死亡した後も、遺産分割により右建物の所有関係が最終的に確定するまでの間は、引き続き右同居の相続人にこれを無償で使用させる旨の合意があったものと推認されるのであって、被相続人が死亡し相続が開始した場合は、この時から少なくとも遺産分割終了までの間は、被相続人の地位を承継した他の相続人等が貸主となり、右同居の相続人を借主とする右建物の使用貸借関係が存続することになる。」

9-5 ●最判平10・2・26民集52巻1号255頁　　内縁の夫婦が共有の不動産で居住そして共同事業をしている事例で、夫死亡後単独で内縁の妻が使用を継続したため、相続人が不当利得の返還を求めた事例で、次のように判示されている。

　「共有者は、共有物につき持分に応じた使用をすることができるにとどまり、他の共有者との協議を経ずに当然に共有物を単独で使用する権原を有するものではない。しかし、共有者間の合意により共有者の一人が共有物を単独で使用する旨を定めた場合には、右合意により単独使用を認められた共有者は、右合意が変更され、又は共有関係が解消されるまでの間は、共有物を単独で使用することができ、右使用による利益について他の共有者に対して不当利得返還義務を負わないものと解される。そして、内縁の夫婦がその共有する不動産を居住又は共同事業のために共同で使用してきたときは、特段の事情のない限り、両者の間において、その一方が死亡した後は他方が右不動産を単独で使用する旨の合意が成立していたものと推認するのが相当である。けだし、右のような両者の関係及び共有不動産の使用状況からすると、一方が死亡した場合に残された内縁の配偶者に共有不動産の全面的な使用権を与えて従前と同一の目的、態様の不動産の無償使用を継続させることが両者の通常の意思に合致するといえるからである。」[2]

Ⅱ　使用貸借の法的性質

1　無償契約である

9-6　他人の物の使用（消費を目的とするのは消費貸借）を目的とする契約も、対価を伴

---

[2] 占有者が共同相続人である平成8年判決の事例とは異なって、相続分割までという限定がないのでいつまでも続いてしまいそうであるが（生前に示された故人の遺志の尊重という点で、死後の委任事務の委任と共通点がある）、597条の適用は可能なので、相続人による597条2項ただし書による解除は認められてよい。

うか否かで、使用貸借か賃貸借かに分けられる。使用貸借となるためには、対価が約束されていなければよく、借主が何等かの金銭を貸主に支払っても、それが対価としての意味を持っていなければ使用貸借ということになる（支払われる金銭は、対価ではなく単なる負担にすぎない）。不動産では、対価とされれば賃貸借となり借地借家法の適用を受けることになるので、対価と評価されるか負担と評価されるかは重大な問題となる。なお、不動産の使用貸借の場合に固定資産税については、合意を待つまでもなく当然に使用借主の負担とされることは、**9-16**に述べる。

9-7 【**使用貸借か否か争われた事例**】　貸主が自己所有家屋の2階7畳と6畳の2室を自己の妻の伯父に貸し、通常であれば1畳につき月千円を賃料として受け取るところを、全部で月千円しか受け取っていない場合、対価というよりは特殊な人間関係に基づく謝礼であり、使用貸借とされた（最判昭35・4・12民集14巻5号817頁）。貸主が再従兄に家屋を貸与し、借主たる再従兄が貸主の固定資産税などを支払う場合、これが家屋使用の対価的意義を有すると認められる特段の事情がない限り、使用貸借とされた（最判昭41・10・27民集20巻8号1649頁）。なお、それぞれの土地を交換してしまわず、単に返還時期を定めずに交換的に無償で貸与するのは、無償ではなく使用貸借とはいえないとした判例がある（大判昭10・3・28裁判例9巻9民84。使用貸借ではないが、交換類似の特殊な契約であるとして、借地借家法の適用は否定されるであろう）。

　大学が大学教職員組合に対して、労働協約で無償で組合事務所を貸与した場合、その法的性質は使用貸借とされている（東京地判平16・1・21判タ1155号226頁）。

9-8 【**社宅の使用関係**】　使用貸借か否か争われるものとして、社宅の使用関係がある。社宅では、およそ市場原理からは賃料とはいいえない低額の支払で借主は居住することができる（反対に、世間並の家賃相当額を使用料として支払っていれば賃貸借となる［最判昭31・11・16民集10巻11号1453頁］。但し借地借家法を直ちに適用してよいかは問題として残される）。しかし、貸主・借主間には雇用者・被用者という関係があり、その適正賃料との差額は、一種の現物給付といってもよく（従って課税しようと思えばできる）、単なる使用貸借とは割り切れないものがある。従って、無理に使用貸借、賃貸借という図式の中にあてはめず、1つの無名契約として適切に対処すべきである（星野178頁など。社宅については、月岡利男「社宅・公務員宿舎」『現代借地借家法講座2』313頁以下参照）。借地借家法は適用にならず、借主たる地位と被用者たる地位は不可分であり、被用者たる地位がなくなれば使用関係も終了すると考えられる。善管注意義務を借主が負うことには変わりがないので、その違反を理由とする解除を考えることができ、転貸・賃借権の譲渡はその性質上当然に禁止されているものと考えられる。

2　要物契約である

9-9　使用貸借は、「返還をすることを約して相手方からある物を受け取ることによって、その効力を生ずる」契約であり（593条）、要物契約とされている。従って、契約成立後は借主の義務が残るだけであり、片務契約と解されている。同じく物を使用の目的とする契約でありながら、賃貸借は諾成契約とされており（601条）、使用貸借の要物契約性は契約の性質からというよりは、契約の無償性から導かれると考えられる。

9-10　【要物性を緩和できるか】　消費貸借同様に（といっても使用貸借に対応するのは、無利息消費貸借であるが）、要物性を緩和することができるかについては、見解が分かれている。契約自由の原則により、諾成的消費貸借を非典型契約として認めても550条を類推適用すれば、結局は書面が作成された場合にその拘束力を認めるかの差になる。

9-11　❶ 要物性貫徹説　使用貸借については、要物性を厳格に貫く考えがある（来栖393頁、星野176頁）。この説を貫けば予約という形でも物の交付前の合意には拘束力を与えることはできないはずである（しかし、予約の効力を肯定するものが多い）。贈与が要物契約とされていないのは無償契約の中でも例外であり（書面があれば完全に拘束されるということも含めて）、これを原則とすることはできず、契約した以上守らなければならないということに対し、無償契約では例外を認めるという趣旨で要物契約とされていることを重視するものである。

9-12　❷ 要物性緩和説　しかし、契約をした以上は守らなければならないということを重視し、単に無償契約の場合には、550条を類推適用すればよく（売買の規定が有償契約の基本とするように、贈与の規定を無償契約の基本とする）、書面によらない使用貸借については貸主から自由に撤回を認めてよいという考えもある（広中122頁、石田196頁、基コメ132頁［吉岡］。我妻・中一377頁、末川・下94頁なども諾成的使用貸借を認めていた）。結局は、書面まで作って合意をしたのに、拘束力を認めないか否かの差に尽きることになるが、無償契約には書面の作成を要求するという発展と、要物契約という発展の２つの流れがあるといってよく、その意味では要物契約というのは歴史的産物であり、現在では書面の作成を要求するほうが合理的処理だと思われるので、本書も❷説に賛成したい（但し、無償なので597条により解約を認められることになる）。

第2節　使用貸借の効力

I　使用貸主の義務

9-13　使用貸主は、使用借主の使用を妨害してはならないという消極的義務を負うのみであり、賃貸人のように、賃借人が使用・収益をなすに必要な修繕をなすといった積極的義務（606条）は負うことはない。逆に、通常の必要費は借主負担とされており（595条1項）、借主が通常必要な修繕については自ら行う義務を負うと考えてよい。

　目的物の権利の瑕疵や物的瑕疵については、貸主は贈与者と同じ担保責任しか負担しない（596条）。

II　使用借主の義務

1　善管注意義務

(1) 使用借主の注意義務の程度

9-14　「借主は、契約又はその目的物の性質によって定まった用法に従い、その物の使用及び収益をしなければならない」（594条1項）。この義務に違反した場合には、貸主は直ちに、即ち催告をして猶予期間を与えることなく契約の解除をすることができる（594条3項）。

　この規定には保管に際しての注意義務は規定されていないが、無償給付の提供者の義務とは異なり、無償給付を受ける側については、賃貸借の場合よりもその注意義務の程度を低くする必要はない。従って、自己の物と同じ注意では足りず、他人の物に対する善管注意義務が成立するというべきである[3]。

---

[3]　自動車のチューンアップ作業を依頼した者が、代車として無償で借りた修理会社所有の自動車を盗まれた事例で、その責任が肯定されている。借主が、自宅前の駐車場（東側が公道に面しており、その公道から出入りするにあたって障害となる塀、柵、扉等のものはなく、容易に公道から出入りすることができる構造であり、公道を南に50m弱進むと主要地方道に達する）に駐車するにあたり、屋根が設置されている部分に駐車し、サイドブ

(2) 損害賠償請求の期間制限

9-15 貸主がこの義務違反により損害を被った場合には、貸主は損害賠償を請求できるのは当然であるが、目的物の返還から1年以内に請求しなければならない (600条)。この期間の性質については、①除斥期間と解するのが一般であるが、②消滅時効と考える学説もある (川島武宜「判批」判民昭8年度18頁以下、石田穣199～200頁)。弁済の有無をめぐる証明の問題ではなく、義務違反があったかという証明問題を考えた規定であり、瑕疵の有無をめぐる争いを1年に制限した趣旨と共通しているが、時効期間として中断を認めてよいものと思われる。

2 通常の必要費負担義務

9-16 「借主は、借用物の通常の必要費を負担する」ことになっている (595条1項)。そのため、不動産の使用貸借の場合、その公租公課は、特段の事情のない限り「通常の必要費」に属するものと解されている (最判昭36・1・27裁判集民48号179頁・東京地判平9・1・30判時1612号92頁)。しかし、これは任意規定であり、反対の合意も可能であり、反対の合意がされていることは使用借主が証明責任を負う。

以上の適用の対象は通常の必要費だけであり、特別の必要費 (例えば、修繕費用は必要費だが、使用していて老朽化したというのではなく、台風がきて損傷したという原因による場合) については583条2項が準用される (595条2項)。従って、借主は196条に従い貸主に対して償還請求ができる。

3 第三者への転貸の禁止

9-17 「借主は、貸主の承諾を得なければ、第三者に借用物の使用又は収益をさせることができない」(594条2項)。これに違反した場合、貸主は直ちに契約を解除することができる (594条3項)。特別の人間関係が契約の行為基礎となっているので、賃貸借のように信頼関係の破壊があるか更に絞りをかける必要はない (594条3項と同じ)。

レーキを掛け、キーシリンダーからキーを抜き、窓を閉め、ドアをロックしていたが、自動車にシートをかけることはせず、また、上記公道からの出入口部分に人や車の出入りを妨げる移動柵、チェーン等の障害物を置くこともなかったため、何者かによって盗まれた事例である。一見して相当の価値のある自動車と認識できたのであり、シートをかけることなく丸4日以上もここに駐車していたことから、注意義務違反、また窃盗との相当因果関係があるとされた (東京高判平16・3・25判時1862号158頁)。

Ⅲ　借主の第三者との関係

1　使用借権の対抗力

9-18　賃貸借と異なり、使用貸借では債権（＝対人権）の原則通り当事者間でしか効力を有しない。従って、包括承継は別として、貸主が目的物を譲渡して所有者が変われば、借主は譲受人には対抗できない。使用貸借は当事者間の特殊な人間関係を基礎とするものであり、やむをえない（借用貸主は債務不履行による損害賠償義務を負う可能性があるが、信頼利益というかは別として賠償の範囲を制限すべきであろう）。

2　使用借権に基づく妨害排除請求権

9-19　賃借権については、判例は対抗力をそなえた場合には、物権に準じて妨害排除請求権を認めている（⇒債権総論**3-89**以下）。この論理による限り、対抗力を取得する余地のない使用貸借では、妨害排除請求権ということを認める余地はなく、占有訴権または債権者代位権によるしかないことになる（但し、石田穣201頁は、使用借権に基づく妨害排除請求権を認める）。そこでの使用・収益が法的に正当化・保護されているため、損害賠償の請求は認められるが（信頼利益の賠償に限定されない）、特殊な人間関係に基づく弱い権利である以上やむをえないところであろう。

第3節　使用貸借の終了

Ⅰ　期間の定めがある場合

9-20　その合意された期間の経過により当然契約は終了する（597条1項）。賃借権のように、正当事由は不要であり、また、使用の継続による黙示の更新規定もない。但し、明示の合意がなければ更新は認められないというわけではない。なお、一時的に使用させるが、その具体的な期間が定まっていない場合に、不確定な期間が合意されていると考える可能性があることについては、**9-27**に述べる。

　なお、契約終了に際して、「<u>借主は、借用物を原状に復して、これに附属させた物を収去することができる</u>」と規定されているが（598条）、原状回復は権利であるのみならず義務でもある。賃料は支払われてはいないが、使用を容認しているので、通常の使用による老朽化は、賃貸借同様に原状回復の対象にはならないというべきであろう。

Ⅱ　期間の定めがない場合

1　使用目的が定められている場合

9-21　例えば、コピーをするという目的（一回的ないし一時的目的）のためにノートを借りた場合で説明してみると、使用貸借の終了につき次のように二段階に分けて規定がなされている。なお、597条1項とは異なり、2項及び3項は、解約権（告知権）についての規定と考えるべきである。

9-22　**(a) 使用・収益を終了した場合**　　先ず、「<u>当事者が返還の時期を定めなかったときは、借主は、契約に定めた目的に従い使用及び収益を終わった時に、返還をしなければならない</u>」（597条2項本文）。次のただし書と異なって、「返還をしなければならない」という規定の仕方となっており、貸主に解約権が認められるというのではなく、その時点で契約が当然に終了し不法占有になるかのようである。しかし、解約権の規定と考えて、貸主が解約＝返還請求ができるようになるだけというべきである。

9-23　**(b) 使用・収益を終了していない場合**　597条2項本文だけであれば、借主はコピーが終わるまで延々と使用し続けられることになってしまうが、それでは不合理である。そのため、ただし書が設けられており、「ただし、その使用及び収益を終わる前であっても、使用及び収益をするのに足りる期間を経過したときは、貸主は、直ちに返還を請求することができる」（597条2項ただし書）ものとされている。従って、コピーするのに必要な相当の期間が過ぎれば、借主が未だコピーが終わっていなくても、貸主は解約して返還を請求できることになる。

2　使用目的の定めもない場合

9-24　使用期間のみならず、使用目的も当事者で決めていない場合（借主の動機としては何か目的があろうが）には、「貸主は、いつでも返還を請求することができる」（597条3項）。貸主は告知期間を与える必要はなく、直ちに契約を解約して返還を求めることができることになる。

9-25　【期間の定めのない不動産の使用貸借】　返還につき問題が生じるのは、期間の定めをしないで不動産を使用貸借した場合である。ノートのコピーというように一回的行為を目的としていれば、その終了または終了のために必要な期間の経過というのを考えることは困難ではない。しかし、不動産の居住というような継続的行為が目的の場合には、どの時点で使用が終了した、または使用に必要な期間が経過したといえるのか、という困難な問題が生じてくる[4]。

9-26　**(1) 一時的使用目的の場合**　先ず、居住という継続的行為を目的としていても、その居住という目的に一時的使用という合理的な制限をかけることができる場合がある。例えば、借主が適当な家屋に移るまで一時的居住のために家屋を使用貸借した場合につき、適当な家屋を見つけるために必要と思われる期間が経過すれば、貸主による返還請求が認められてよい。その法的説明をどうするかが問題である。

9-27　❶ **黙示の使用貸借期間の約束の認定**　新たな建物が完成するまでの間、仮の住居として使用するためになされた建物の使用貸借契約において、「本件使用貸借契約においては、控訴人が本件売買契約により取得する新たな建物が通常予想される建築工事期間を相当程度超えてもなお完成しない場合には、その時点で本件建物を返還する旨の合意が黙示的にされていたものと認めるのが相当である」とされているのも同様の判決である（東京高判平10・11・30判タ1020号191頁）。

9-28　❷ **597条2項ただし書による**　また、居住という目的であっても、新しい住ま

---

[4] この問題については、笹村將文「不動産使用貸借の終了事由について〈民事実務研究〉」判タ906号4頁、田中嗣久「宅地建物の使用貸借における合理的な存続期間──判例研究を通じて〈研究ノート〉」大阪経済法科大学法学論集51号197頁参照。

444　第3編　契約各論2　財産の利用を目的とした契約

いが見つかるまで、建替えが終わるまでといった制限をつけることができれば、そのための相当期間というものが考えられ、597条2項ただし書による解約ということが考えられる。次のような判例がある。

9-29　●**最判昭34・8・18裁判集民37巻643頁**　「原判決の引用する第一審判決理由によると、上告人は所有家屋の焼失により住宅に窮し、被上告人から本件建物を「他に適当な家屋に移るまで暫くの間」住居として使用するため無償で借受けたと認定した趣旨なることが明らかである。従って、本件使用貸借については、返還の時期（民法597条1項）の定めはないけれども、使用、収益の目的（同条第2項）が定められているものと解すべきである。そして、その「使用、収益の目的」は、当事者の意思解釈上、適当な家屋を見付けるまでの一時的住居として使用収益するということであると認められるから、適当な家屋を見付けるに必要と思われる期間を経過した場合には、たとえ現実に見付かる以前でも民法597条2項但書により貸主において告知し得べきものと解すべきである。」「ところで、原判決の確定するところによると、本件使用貸借成立は、昭和20年10月頃であり、告知は昭和27年3月頃なされたというのであって、その間前示適当な家屋を見つけるに必要な期間は十分経過したものと認められるから、右告知は有効である。」

(2) 一時的な使用という制限がつけられない場合

9-30　**(a) 目的の定めがないとしたもの**　❶のような制限が付せられない場合、借主が居住を続けている限り目的を達していないことになり、貸主は借主が任意に出ていってくれるまでは永遠に貸し続けなければならなくなるのであろうか。貸主がA一家の窮乏を憐れみ無償で建物を貸し、Aが死亡後のAの妻と貸主との関係は、返還時期も使用目的も定まっていない使用貸借であるとしたものがある（最判昭32・8・30⇒**9-31**）。しかし、目的の定めもないといってしまうと、貸した後直ちに返還の請求が出来てしまい、借主の使用は貸主の好意如何に全面的にかかることになる。それでもよいという価値判断も成り立とうが、親が子に土地を貸して、借主たる子が建物を建てて住んでいる場合は不都合であろう。

9-31　●**最判昭32・8・30裁判集民27巻651頁**　「原判決は挙示の証拠によりXの先代は、Yの亡夫Aが戦争当時住居に困っていたので、その窮状をあわれみ本件建物を無償で使用させることとし、爾来Y一家が本件建物に居住するようになったが、昭和28年8月26日に至りXはYに対し本件建物の明渡を求めたものであり、Yの本件建物占有の根拠は使用貸借であって、右使用貸借はXの右明渡の申入によって終了したと認定したのである。右判示はYの亡夫死亡後における本件使用貸借は返還の時期又は使用及び収益の目的を定めざりしものであって、貸主は何時にても返還を請求することができるものと解したのであることは判文上推認するに難くないから原判決には、所論の如き使用貸借に関する民法597条の解釈を誤った違法も、理由齟齬の違法もない。」

9-32　**(b) 特別の事情がある場合**　597条3項が使えないということになると、元の問題に戻ってくることになる。借主が住んでいる限り延々に使用貸借が継続するとい

うのも（大判昭13・3・10法学7巻949頁はそのようにとれる)、不都合なものである。賃貸借でさえ、617条1項の告知期間を置く必要はあるものの、いつでも解約の申入れができる。継続的契約関係において期間が定まっていなくても、相当期間をすぎれば告知期間をおいて解約をしたり、特別の事情がある場合に即時解約ができることは、包括根保証人に任意解約権及び特別解約権が認められていることから知れるであろう。ところが、このような解約権については597条には適切な規定がなく、いわば法の欠缺があるものといえる（保証人の解約権と同じ)。ここでは、同じ無償契約である贈与についての議論をかなり転用でき、いくつかの考えが可能であろう。

9-33　❶ **597条2項ただし書の類推適用**　597条2項ただし書により、貸主による解約を認めようとする判決がある（次に述べる最判昭42・11・24民集21巻2460頁。近時のものとして、東京高判平3・1・22判タ776号196頁、東京地判平7・10・27判時1570号70頁、大阪高判平9・5・29判時1618号77頁など)。その後の判決には、597条2項「但書の趣旨は、契約締結後の事情の変更により、契約で定められた使用収益の目的の達成が不能となった場合や、契約の基礎又は前提となった当事者間の信頼関係が破壊されるなどして<u>貸主が借主に対して目的物を無償で使用させるべき実質的な理由が欠けるに至ったような場合にも</u>、類推適用すべきものと解するのが相当である」として、一般定式化する判決もある（東京地判平3・5・9判タ771号189頁)。

9-34　● **最判昭42・11・24民集21巻9号2460頁**　「原判決の適法に確定した事実関係、ことに、本件土地の使用貸借は昭和26年頃Y₁の父A及び母X₁の間に黙示的に成立したもので返還時期の定めがないこと、<u>本件使用貸借の目的の一部はY₁が本件土地上に建物を所有して居住し</u>、かつ、Y₁を代表取締役とするY₂会社の経営をなすことにあり、Y₁は右目的に従い、爾来本件土地を使用中であること、しかし、本件土地の使用貸借の目的は、Y₁に本件土地使用による利益を与えることに尽きるものではなく、一方において、<u>Y₁が他の兄弟と協力してY₂会社を主宰して父業を継承し、その経営によって生じた収益から老年に達した父A、母X₁を扶養し、なお余力があれば経済的自活能力なき兄弟をもその恩恵に浴せしめることを眼目としていたものであること</u>、ところが昭和31、2年頃Aが退隠し、Y₁が名実共に父業を継承し采配を振ることとなった頃から兄弟間にあつれきが生じ、Y₁は、原判決判示のいきさつで、さしたる理由もなく老父母に対する扶養を廃し、X₂ら兄弟（妹）とも往来を断ち、34年に亘りしかるべき第三者も介入してなされた和解の努力もすべて徒労に終って、相互に仇敵のごとく対立する状態となり、<u>使用貸借契約当事者間における信頼関係は地を払うにいたり、本件使用貸借の貸主は借主たるY₁並びにY₂会社に本件土地を無償使用させておく理由がなくなってしまったこと等の事実関係のもとにおいては、民法第597条第2項但書の規定を類推し、使用貸主は使用借主に対し、使用貸借を解約することができるとする原判決の判断を、正当として是認することができる</u>。」

9-35　❷ **負担の不履行という構成**　*9-34*の事例では負担の不履行ということで説明ができたのではないか、ともいわれている（石田穣202頁、川井207頁。平井一雄「判批」同『民法拾遺第2巻』386頁は、目的不到達による契約の失効としての性質を持つので、返

還範囲は現存利益でよいとされる）。贈与契約においては負担つき贈与という構成をしたが、使用貸借では、597条2項が類推適用により解決のために使えるために❶に依ったものといえようか。しかし、どこがどう類推適用なのかは明確ではない。

9-36　❸ **事情変更による説明**　本書としては、事情変更の原則で処理するのが最も無難ではないかと考える。無償契約をするのは、それなりの特殊な基礎があるはずであり、それが崩れた場合には貸主に解約を認めてよいと思われる（無償契約であり、貸主の拘束力は有償契約より緩く運用してよい）。そうすれば、上の事例だけでなく、貸主が余裕があったため使用貸借したのに、そこでの居住が必要になったり、賃貸して収入を得なければ生活ができなくなったりした場合（逆に借主の窮乏をみかねて貸した場合に、借主に余裕ができた場合も）の解約も可能となる。

9-37　❹ **已むことを得ざる事由による解除**　より広く「やむを得ない事由」（628条参照）による解約による学説がある（来栖403頁以下）。条文上の説明をどうするかは別として、貸主側の必要性、借主の忘恩行為などの事情がある場合に、貸主による解約を肯定してよいであろう。問題は法的根拠づけであり、判例は597条2項ただし書の類推適用に依拠したのである。

9-38　❺ **基礎的人間関係の消滅による当然の失効**　更には、内縁の妻の土地の上に内縁の夫が建物を建てている場合に、内縁関係の終了により夫は占有権限を失うとされている（最判昭35・11・10⇒**9-39**）。夫の実母から妻及び長女らに対する、夫家族の共同生活を営むための場所として無償で貸し渡していた建物について、信仰をめぐる対立などのため「婚姻関係はもはや破綻し、A（＝夫）は本件建物から出てしまい、他で居住するようになったものであるから、本件建物を、Aとその家族が共同生活を営むための住居として使用するという本件使用貸借契約上の目的に従った使用収益は、本件口頭弁論終結時……には既に終了した」とした判決も同様である（東京地判平9・10・23判タ995号238頁）。

9-39　● **最判昭35・11・10民集14巻13号2813頁**　原判示によれば、昭和14年以来内縁関係にあつた上告人被上告人両名は、同26年12月被上告人が家出するまで同棲を続け、その同棲継続中に判示第二目録記載の建物三棟が上告人によって建築され、被上告人はその所有にかかるその敷地（いわゆる本件土地）の使用を認めていたというのであるから、このような土地の使用関係が民法上の使用貸借に該当するや否やの法律論は別論として、上告人の本件土地の占有権原は特段の事情のない限り<u>右内縁関係の存続する間だけに限られ、これが解消とともに消滅に帰するものと解するを相当とする</u>。然らば右内縁関係が判示のような事情で昭和28年2月24日を以て解消したとの判示の下では上告人の本件土地に対する占有権原はもはや消滅に帰し、爾来存在していないものと解すべきである。」

9-40　**(c) 特別の事情がない場合**　一時的使用という制限もできず、(b)のような特別の事情がない場合には、どのような場合に使用貸主は解約ができるのであろうか。

建物の場合には、個々の事情を考慮して社会通念上相当の期間が経過したならば、

使用貸主による解除そして返還請求を認めてもよいと思われるが、建物所有目的の土地の使用貸借では問題になる。基本的には、建物を建築することを容認するのであるから、建築が許容された建物の合理的な耐久期間期間は土地の使用を認めるものと考えてよい。したがって、契約締結時の事情に何らかの変更がない限りは、建物が朽廃していないのに解除・建物収去・土地明渡しを請求することはできないというべきである。

いずれにせよ、597条2項では一時的ないし一回的な使用が念頭に置かれており、その意味で、法の欠缺があり、事情変更の原則が適用できない場合であっても、597条2項ただし書を転用して解除を認めてよいであろう。597条2項ただし書の相当期間の経過を認めた判決として、**9-41** に述べる最判平11・2・25のような判決がある（その他、建物の使用貸借につき25年を経過している事例につき、東京高判昭61・7・31判時1202号47頁、兄弟間での土地の使用貸借で40年を経過している事例として神戸地判昭62・3・27判タ646号146頁などで、相当期間の経過が認められている）。

9-41　● **最判平11・2・25判タ998号113頁**——**597条2項ただし書による判例の具体例**　判例は期間の定めのない不動産の使用貸借の終了について597条2項ただし書の適用により解決をしており、次のような判決がある。

（1）**事案および原審判決**　X会社はその所有の土地を取締役Yに使用貸借をして、Yはこの土地の上に木造瓦葺二階建建物を建てて居住をしている。その後、YはX会社の取締役を退いており、土地の使用を開始してから38年8か月を経過している事例で、XからYに対する建物収去土地明渡請求につき、原判決はこれを否定した。

原判決は、①未だ建物が朽廃の状態になっていないこと、②Yには本件建物以外に居住すべきところがないこと、及び③Xには本件土地を特に必要とする特別の事情が生じていないこと、を理由として、597条2項ただし書の所定の使用収益をするに足りる期間の経過がないとして、Xの請求を退けた。Xの上告をうけて、最高裁は次のように原判決の破棄差戻を命じている。

9-42　（2）**最高裁判決**　Yは土地の使用収益を開始してから、口頭弁論の終結の日まで役38年8か月の長年月が経過している。その間、Xの代表取締役Aの長男Bと次男Yが取締役であり、Aは本件建物を建築しYに取得させるとともに、土地を無償で使用させ（昭和33年12月頃）、A夫婦とYとは同居していたが、その後Aは死亡し（昭和47年7月）、それ以後はBとYはX会社の経営をめぐって意見が対立し、BがX会社の営業実務を担当してきた。Yは平成4年1月に取締役の地位を喪失しているが、「本件使用貸借成立時に比べて貸し主であるXと借り主であるYの間の人的つながりの状況は著しく変化しており、これらは、使用収益をするのに足りるべき期間の経過を肯定するのに役立つ事情というべきである。他方、原判決が挙げる事情のうち、本件建物がいまだ朽廃していないことは考慮すべき事情であるとはいえない。そして、前記長年月の経過等の事情が認められる本件においては、Yには本件建物以外に居住するところがなく、また、Xには本件土地を使用する必要等特別の事情が生じていないというだけでは使用収益をするのに足りるべき期間の経過を否定する事情としては不十分であるといわざるを得ない」。

「そうすると、その他の事情を認定することなく、本件使用貸借において使用収益をす

るに足りるべき期間の経過を否定した原審の判断は、民法597条2項ただし書の解釈適用を誤ったものというべきであり、その違法は原判決の結論に影響を及ぼすことが明らかである」。

3 借主の死亡

9-43　使用借権は、当事者間の特別の個人的関係を基礎としており、一身専属的性質の権利といってもよく、期間の定めの有無を問わず相続の対象にならないものと考えられる。民法も、「使用貸借は、借主の死亡によって、その効力を失う」と規定した（599条）。貸主の死亡については、この規定の反対解釈としては、使用貸借は当然には終了しないということになる。但し、借主のみならずその家族のために貸していた場合には、**9-44**の判例のように、契約当事者たる使用借主が死亡しても使用貸借契約は終了しないと考えられる。

9-44　●東京地判平元・6・26判時1340号106頁　本判決は、一方で、「本件建物の使用貸借は、……XにおいてAの妻Bが自己の妹であることからその住居を確保する必要があるとの配慮から認めたものであるから、このような配慮が必要と認められる事情の存する限り、民法599条の規定にかかわらず、右使用貸借契約はAの死亡によって直ちに終了するものではないというべきである。そして、……A死亡の当時、B及びYらにおいて居住のためになお本件建物の使用を継続すべき必要があり、Xによる前記のような配慮を肯認すべき事情がいまだ存していたとみるのが相当である。そうすると、本件建物の使用貸借契約はAの死亡によっても終了しなかったものというべきである」とする。しかし、「Xは既に70歳を越しており、体力的にも『乙山』の営業を続けて行くことが困難になっていることが認められる。」「使用貸借が無償の利用関係であることを考えると、このように使用期間が40年になろうとして、しかも当初予定していたBを含めAの家族の住居を確保するためにXの方で配慮しなければならないとの事情も変化を来している現状の下では、遅くとも本件口頭弁論終結時には、本件建物の使用貸借契約はその目的に照らし使用収益をなすに足るべき期間を経過して終了した」ものとする（東京地判平7・10・27判時1570号70頁も同様）。

4 借主の義務違反による終了

9-45　借主は契約または目的物の性質により定まる用法に従って使用・収益しなければならず、また、第三者に使用させることはできず、これに違反すると、貸主は直ちに解除することができる（594条3項）。なお、借主が負担の履行を怠っている場合には、541条により、貸主は契約を解除することができよう。

第3章　賃貸借

第1節　賃貸借の意義及び特別立法

Ⅰ　賃貸借の意義

10-1　「賃貸借は、当事者の一方がある物の使用及び収益を相手方にさせることを約し、相手方がこれに対してその賃料を支払うことを約することによって、その効力を生ずる」（601条）。従って、使用貸借と異なり、賃貸借は諾成契約である。「使用及び収益」というが、使用だけ（例えば、居住）を目的としてもかまわない（ドイツ民法は、使用だけの場合を使用賃貸借、収益も目的とする場合を用益賃貸借として分ける）。

賃貸借の目的物は、動産・不動産のいずれかを問わないが[1]、実際上重要なのは不動産の賃貸借であり、10-12以下に述べるような重要な特別法が制定されている。

10-2　【ファイナンス・リース（賃貸借の衣をまとった信用取引）】
　　（1）リースという三面（ないし三者間）取引の意義　　リース（lease）とは賃貸借の意味であるが、英語で賃貸借（リース）といいながら、いわゆるファイナンス・リース（以下、単にリースという）は賃貸借とは程遠い契約類型である（図10-2）[2]。

ある事業者U（ユーザー）が事業用に機械を購入したいと考えている。そこで、メーカーないし販売業者S（サプライヤー）と交渉して、購入する機械の機種、数、代金、引渡期日等を決定し、最後に代金の支払方法の点で、クレジット払いにするのと同じように、第三者の与信を利用したリースという形で代金（及び分割払の金利）を支払うことが約束される。しかし、形式としてはリース（賃貸借）という形をとるため、このようなクレジットに匹敵する第三者による与信という実体と、用いられる形式とに食い違いが生じることになる。では、なぜクレジットではなく、リース（賃貸借）という形式が使われるのかというと、それは次のような理由による。

---

[1] 「物」が対象になっているので、権利の賃貸借には適用されないが、性質上可能な限り類推適用してよい。
[2] 実際には、リースといっていても、本当の賃貸借であるリースにすぎない場合もあり、新しい機種に次々に借り替えることができる場合もある。

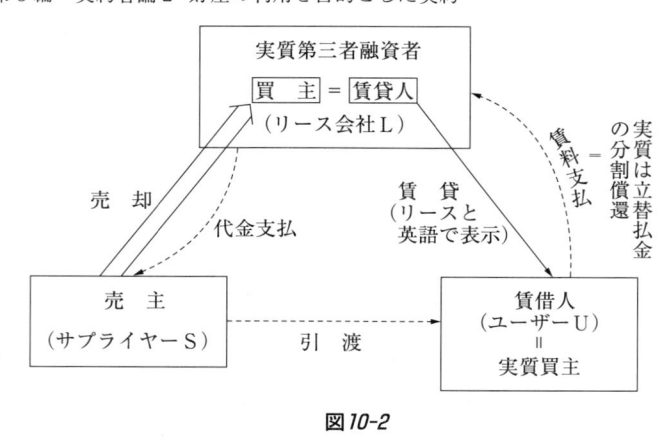

450　第3編　契約各論2　財産の利用を目的とした契約

```
        ┌─────────────────────┐
        │  実質第三者融資者     │
        │ ┌買　主┐=┌賃貸人┐ │ ←┐ 実
        │ │     │ │     │ │   │ 質
        │ └(リース会社L)┘   │   │ は
        └─────────────────────┘   │ 立
         ↗↑     ↑    │  ↖賃    │ 替
       売  │    │    │賃  料    │ 払
       却  │代金 │    │貸  支    │ 金
           │支払 │    │(リ 払    │ の
           │    │    │ー        │ 分
           │    │    │スと      │ 割
           │    │    │英語      │ 償
           │    │    │で表      │ 還
           │    │    │示)       │
           ↓    │    ↓          │
        ┌──────┐      ┌──────┐ │
        │ 売　主│ 引渡 │賃借人 │←┘
        │(サプライヤーS)│→│(ユーザーU)│
        │      │      │  =   │
        └──────┘      │実質買主│
                       └──────┘
```

図10-2

　実体は与信、即ち立替払金の分割払による回収なのに、もしこの第三者L（リース会社）が、Uの希望する目的物をUに賃貸する約束をして、Sからこれを購入してUに貸して、代金の実質立替払金を賃料（リース料）という名目で回収を図るということにすると、次のような利点が生まれてくるのである。

> ① **節税効果**　Uは賃料を直ちに損金処理でき、購入した場合に比べて税金の面で得になる（この節税という動機がリースを生み出した主たる原因である）。
> ② **事務省力化**　Uは自分が購入した場合には、購入をめぐる税務・会計上の事務処理をしなければならないが、Lが購入してUに賃貸していることにすれば、Lがこの事務処理をしてくれることになり、このような事務処理の専門機関に委託したほうが、省力化そして経費節減になる（従って、リース料には単なる融資金の回収以上の内容が含まれるため、リース契約に直ちには利息制限法を適用しえないことになる）。

10-3　**(2) リース契約のジレンマ**　①②が、立替払という形式を取らず、賃貸借（英語を使用してリースといっている）という形式が採用された原因であり、また、理由もこれに尽きるといっても過言ではない。その結果、リース会社Lは単なる与信機関なのに、賃貸人となり、また、Uは自ら購入したと異ならない使用状態を獲得しているのに、リース会社からの賃借人にすぎないことになり、売主に対してなんらの権利も有しないことになってしまうというジレンマが生じてくる。
　そのために、リースという三者間取引のリース会社LとユーザーUとのリース契約において、実質はSからUへの売買契約であり、Lは第三者与信機関にすぎないという実体に併せた修正が施されている。即ち、賃貸借であるにもかかわらず、賃貸人であるLは修繕義務を負わず（賃貸借の本質部分であり、契約どおりの使用収益をさせる義務がないことになる）、その代わりに、Lは自分のSに対する売買契約上の権

利をUに譲渡している。具体的な損害賠償請求権ではなく、買主の権利面についての地位を包括的に譲渡するようなものである。形式だけから見ると荒唐無稽で賃貸借という本質を失わせるものである。

10-4 【リース契約の法的構成】　では、このようなジレンマを持つリース契約というものをどう法的に分析すべきであろうか[3]。LU間だけのリース契約を問題にするか、Sも含めて三者によるリース取引全体を問題にするかで、学説を大きく分けることができる。

(1) LU間の契約だけを問題にする説

10-5　❶ 特殊な賃貸借契約説　リース契約では賃貸借とは異なる種々の特約が付けられているが、この点に着目して賃貸借だが特約で修正された特殊なものと考えることができる。しかし、そもそも賃貸借という本質と両立しない内容（瑕疵があって使用できなくてもリース料を支払うというのは、使用の対価という賃借権の否定以外の何ものでもない）を、単なる特約で済ますことはできないと思われる。

10-6　❷ 無名契約説　契約は当事者が付した名称にとらわれず、その内容から合理的に判断されるべきものであり、賃貸借ではないが（リース業界にとっては、賃料と扱われるからこそ税法上の利益を享受できるのであり、賃貸借というのは生命線のようなものであるのだが）、賃貸借類似の特殊な無名契約という構成も可能である。物融等その内容が語られるが、法的な分析としては問いに対して問いをもって答えた域を超えていない。

10-7　❸ 利用権売買契約説　また、LがSから売買により取得した所有権の内容の中から、利用権の部分だけを分離してUに売却し、リース料により代金を分割払する契約であるという考えもある。消耗品がリースの対象であり、使用し消耗することにより価値がどんどん下がってくるのであり、土地や美術品などの所有権とは異なり、使用収益が所有権の内容に尽きるといえ、結局Lに残るのは担保権で、Uが所有権を取得しているのに等しくなる。

10-8　❹ 請負契約説　融資、節税及び事務省力化の実現を目的として、UはLにLの名でSから目的物を購入して所有者となり、所有者としての税務・会計上の事務処理を行うことを依頼し、代わりに購入してもらった代金に利息をつけ、また、事務処理代行の報酬も含めてリース料名目で支払う契約という分析もある。なお、リースする物件を問屋のように代わりに購入してもらうだけであれば請負であるが、その後の会計・税務の処理も含まれるので委任的要素も含まれることになろう。

10-9　(2) SLUの全体を問題とする説

❶ 三当事者契約説　SLUの三者で1つの契約を締結するものと考え、SからLに所有名義、SからUに使用収益権が移転し、SからUへの使用収益権購入の代金

---

[3] 私見については、詳しくは、平野裕之「ファイナンス・リースと瑕疵担保責任」法論62巻1号20頁参照。学説の詳細もそこに譲る。

452　第3編　契約各論2　財産の利用を目的とした契約

をLが立替払し、UがこれをLにリース料という形で分割払いをするという構成も考えられている。

10-10　❷ **所有権担保付消費貸借契約説**　SからUに売買があり、LがUに代金を消費貸借し、その担保としてLがUから目的物の所有権を譲渡担保にとり、これを担保にして貸金債権を分割払によりリース料名目で支払うものと分析するものもある。

10-11　❸ **信託的契約説（本書の立場）**　これは私見であるが、法形式と経済的実態とが異なりながら、法がそのような制度として認知しているものとして信託という制度があるが、リースもそのような実態と形式が異なりながら認められた特殊な制度と考え、信託類似の契約関係を想定するものである。簡単にいえば、UはLに対して目的物の所有者となることを依頼し、Lには信託的に所有権が帰属し、所有者としての事務処理を担当し、また、Uの代わりに目的物を購入して代金を支払うことも依頼されており、立替払と同じ融資の方法であり、従って、事務処理の委任と融資ということが結合し、これを信託的な形式に則って行う契約と考えている（平野・注3論文参照）。

II　不動産賃貸借をめぐる特別立法

10-12　民法の規定によれば、賃貸期間の満了により当然賃借権は終了し、また、賃貸期間が定められていない場合には、一定の予告期間を置けばいつでも賃貸人は契約を解約できることになっている（617条）。動産については、これで特に不都合はないであろうが、不動産については、人の居住という生活の本拠地であり、また、事業者にとっても事業活動の本拠地であり、賃貸人主導で締結される契約内容では（専ら居住用の話だが）、民法の原則のままでは不都合が生じることが考えられる。そのため、不動産の賃貸借では、賃借人を保護するための種々の特別立法がされている[4]。

1　建物保護法

10-13　民法上、不動産賃借権には土地登記簿に賃借権の設定登記をすれば、第三者に対する対抗力が認められている（605条⇒**10-22**）。しかし、実際にはこの登記がされることは殆どなく、そのため、借地の場合に日露戦争後の地価の高騰期に、こ

---

[4]　なお、公営住宅については、公営住宅法及びこれに基づく条例により規律されているが、それらの特別法規に定めがない部分については、民法及び借地借家法が原則法として適用になる（最判昭59・12・13民集38巻12号1411頁）。

のことにつけこんで賃貸人が土地を第三者に売却してしまうことが横行した。これは、当時、地震のように建物を危うくするものであるため、地震売買と呼ばれた。このように地震売買が社会問題となったため、この地震売買から借地人を保護するため、明治42年に「**建物保護に関する法律**」いわゆる**建物保護法**が制定され、借地に借地権の登記がなくても、借地上に借地人が登記した建物を有していれば、借地権の対抗力を認めるという特例が定められた。

2　借地法及び借家法

10-14　大正10年には、借地人及び借家人の保護を目的として**借地法**及び**借家法**が制定され（当時は、借地法と借家法は別の法律）、賃借権の存続期間の強化などをはかると共に、借家について、借地同様に対抗力についての特例を規定し、建物登記簿に賃借権の設定登記をしなくても、引渡しにより対抗力を認める規定が置かれた。当初は都市部にのみ借家法の適用地域を限定していたが、昭和16年の改正により全国的に適用するよう改正がなされ、更に、借地人及び借家人を保護するため、解約申込み及び更新拒絶のためには正当事由がなければならないとした[5]。

3　農地法

10-15　農地の賃貸借については、農地に関する特別の立法がある。昭和13年に農地調整法が制定され、借地に登記がなくても農地の引渡しを受ければ対抗力が認められるという民法への特例が認められ（借地法では、建物の登記で借地人が分かるが、ここでは全く何の表示も必要とされない）、これは昭和27年の農地法に承継されると共に、賃貸借の終了についての制限をなし、農地賃借人（かつては小作人と呼ばれその保護が要請された）の保護が図られている。

4　借地借家法

10-16　戦時中の昭和16年に借地法の改正により設けられた正当事由制度は、戦後も廃止されずに存続したため、一旦土地を貸してしまえば事実上返還を受けることは不可能に近くなってしまった。そのため、新規の借地の供給がなくなり、このよ

5　これは、戦時中の極度の住宅難のため、追い出されたら他に行くところのない者を救済する非常時立法であり、現在のようにいくらでも他に引越し先を認めることができる時代には通用するものではない。しかし、戦後もこの正当事由制度は緩和はされつつも、廃止にはなっていない。

うな状況を由々しきものと考え、これを打開するために平成4年に建物保護法、借地法及び借家法の内容を改正しつつこれらを1つの法律にまとめあげる借地借家法が制定された。その制定の動機から知れるように、立法の目玉は、定期借地権という更新のない借地権を創設し、正当事由制度を廃除することにあった（22条）。それ以外は概ね従来の借地法及び借家法を若干の修正の上承継した内容となっている。また、その後の改正により、借家についても、定期借家制度も導入されている（38条）。

なお、不動産の賃貸借といっても、居住用と事業用とでは保護の要請も異なるため、両者を一律に規制するのは問題が残されるが（欧米では別々に立法がなされている）、わが国では、以前から両者を区別することはなく、借地借家法も両者を区別しない伝統があり、この立法も定期借地権の一部を除いて両者を区別していない。

10-17 【借地について——建物所有が目的の土地の賃貸借に限る】　借地法（旧法）、また、借地借家法（現行法）が適用になるのは、一切の借地契約ではなく、建物所有（居住用の建物に限らない）が目的とされていなければならない（借地借家法1条は「建物の所有を目的とする地上権および土地の賃借権」と規定している）。

10-18 　(1) 「建物」所有が目的であること　建物であれば、居住用か事業用かは問わない[6]。建物ではない、単なる土地の工作物の所有目的の場合には適用はない。例えば、テレビ塔、広告塔がその例であり、民法の原則通りの規律を受ける。但し、建物に匹敵する価値を有する場合には、類推適用を肯定してよいという考えもある（石田穣25頁）。しかし、更地にすることによる損失というよりも、その土地上での生活（事業生活を含めて）の保護が主眼であることを考えると、にわかには賛成はできない。

10-19 　(2) 建物所有が主たる目的であること　借地上に建物を所有することも目的とはしているが、主たる目的は他にあり、建物所有は従たるものにすぎない場合にも、借地借家法は適用にならない。例えば、露天造船の目的で土地を賃借し、土地上に事務所等の付属建物がある場合（大判昭15・11・27民集19巻2110頁）、ゴルフ練習場のために土地を借り、土地上に事務所を建てる場合（最判昭42・12・5民集21巻10号2545頁）、バッティング・センターのために土地を借り、管理人事務所を建てている場合（最判50・10・2判時797号103頁）、園舎と隣接する幼稚園運動場（最判平7・6・29判時1541号92頁）などにつき、借地法（当時）の適用が否定されている。

10-20 【借家について——「建物」の賃貸借を目的とすること】　借家法（旧法）、そしてこれに代わる借地借家法は、「借家」とはいうがその適用の対象としては単に「建物の

---

[6] 特殊な事例として、鉄道の高架を屋根とした高架下施設物に借地法（旧法）の適用を認めた判決がある（最判平4・2・6判時1443号56頁）。

賃貸借」とのみ規定しており、居住用のみならず事業用の建物にも適用になることになる。

　また建物の一部であってもよいが、デパートなどでみられる、商品什器を置き商品販売等の目的で建物の一定場所を占有使用するいわゆる**ケース貸し**が、「建物の賃貸借」といえるかは問題である[7]。しかし、このようなケース貸しは建物の内部である必要はなく駅のホームでもよく、また、極論すれば自動販売機を置くのを拡大して店員を付けているようなものともいえなくはない（自動販売機の設置のために建物の空間を賃料を支払って使用するのは、借地借家法にいう「建物」の賃貸借とはいえない）。更に、デパート内であればデパートの規律に服するなど特殊な点が多い。従って、原則的にはケース貸しは「建物の賃貸借」とはならないというべきである[8]。

---

[7]　なお、浴場用建物の賃貸借と浴場経営による営業利益の分配契約との混合契約についても、借家法（旧法）の適用が肯定されている（最判昭31・5・15民集10巻5号496頁）。

第2節　賃借権の対抗力――不動産賃借権の物権化

Ⅰ　「売買は賃貸借を破る」という原則

10-21　賃貸借に基づく賃借権は、飽くまでも債権関係としての賃借人という契約当事者たる地位にすぎず、権利としては特定人（賃借人）の特定人（賃貸人）に対する債権にすぎない。例えば、土地所有者ＡからＢが土地を賃借して建物を建てて使用しているが、土地がＡからＣに売却されたという事例を考えてみよう。

賃借人Ｂは賃貸借契約をして賃貸を約束した"賃貸人Ａに対してのみ"使用・収益を認めるよう求める権利があり、それがためにＢの土地の占有が正当化されるにすぎない。そのため、もし土地をＡがＣに譲渡してしまえば、①Ａの債務は履行不能になりＡＢ間の賃貸借契約は履行不能により終了し、他方で、②ＢはＣとは契約関係になく自己の占有を正当化できず（従って不法占有になる）、Ｃの明渡請求に応じなければならないことになる。これを**"売買は賃貸借を破る"**という。このように、賃借権と構成されれば、第三者には対抗しえない非常に不安定な権利ということになり、このような不安定な権利に土地上の生活が依存するというのは非常に危険である。

他方で、同様に他人の土地を使用・収益する権利である地上権では、権利の性質は物権とされ、土地の譲受人に対抗しうる。即ち、土地の所有権は地上権という拘束を受け、これが登記されている限り第三者にも対抗でき、譲受人は地上権の拘束を受けた所有権を取得するにすぎないことになる。これではたまたま土地利用契約（建物の利用は賃貸借しかありえない）が賃貸借契約とされたか用益物権の設定契約とされたかで、第三者との関係での効力が全く異なってきてしまう不都合がある。

8　判例も、店舗の一部を支配的に使用するのでなければ、借家法（当時）の適用のある賃貸借とはいえないとしている（最判昭30・2・18民集9巻2号179頁）。この問題については、中野哲弘「ケース貸、ボックス貸、売店契約、マーケット式建物の利潤関係」『現代民事裁判の課題6』96頁以下参照。

Ⅱ 不動産賃借権の物権化

1 民法自体による修正

10-22　民法605条は、「<u>不動産の賃貸借は、これを登記したときは、その後その不動産について物権を取得した者に対しても、その効力を生ずる</u>」と規定した[9]。この規定のおかげで、不動産賃借権は、物権と同様に譲受人にも対抗しうることになった。例えば、ＡがＢにその所有の土地を譲渡したが、その登記をしない間にＡがＣにその土地を賃貸してしまい、Ｃの借地権の登記が先にされた場合には、Ｂは借地権の対抗を受けることになる。なお、物権と異なり債権関係の対抗であるので、ＡＢ間の賃貸借契約がＢＣ間に承継され、Ｃは所有者Ｂを賃貸人として扱うことができる（修補請求などできる）ということになる。ＡＢ間で賃貸人としての地位の譲渡が合意されていることは必要ではなく、Ｂが賃貸人の地位につくのは、先の例ではＡＢ間の譲渡の効果ではなく、605条の法定の効果ということになる[9-1]。もちろん、目的不動産と共に賃貸人である地位を譲渡することを合意も可能であり、これは605条の法定効果によるまでもなく、譲渡の効力により認められ、また、賃借人の同意は原則として不要である（最判昭46・4・23民集25巻3号388頁）。

　ところが、登記を不動産賃借権の対抗要件とするのでは、不動産賃借人保護として十分ではないことは、民法施行後気がつかれることになる。というのは、建

---

[9]　ボアソナードは、旧民法で不動産賃借権を物権と構成して賃借人を保護しようとしたが、現行法はこれを採用しなかった。なお、ドイツ民法は引渡しを受けた土地賃貸借に対抗力を認めている。この経緯につき、小柳春一郎『近代不動産賃貸借法の研究』参照。

[9-1]　この点については、野澤正充『契約譲渡と研究』参照。第三者に対抗できる不動産賃借権の性質について、ドイツでは、物権説と債権説の対立があり、債権説から、引渡しによって単純な債務関係から状態関係となり、不動産の所有権と結合した双務的な債務関係になるといった状態債務説が生じてきたが（19世紀末のショルマイヤーの提案）、このような考えは、我妻博士によってわが国にも導入されている（我妻栄「敷金の付従性」同『民法研究Ⅵ』143頁以下）。ドイツにおける状態債務説については大久保眞「ドイツにおける状態債務説の登場」東北学院法学65号1頁以下参照。その後、ドイツでは、法定債務引受説が通説となり、わが国でも、状態債務説に対して、賃借権の物権化による学説、契約引受ないし契約譲渡による学説が主張されている（七戸克彦「賃貸人たる地位の移転の法律構成」『都市と土地利用』177頁以下参照）。

物の賃貸借は勿論、土地の賃貸借においても、登記がされることは殆どなく、また、判例は賃借人に登記請求権を認めなかったのである。その結果、**10-13**のように地震売買をなすことが横行したわけである。

2　特別法による修正

(1) 建物所有目的の借地権——建物保護法（旧法：現借地借家法）

10-23　地震売買に対処するために明治42年に制定された建物保護法は、その1条で、「建物の所有を目的とする地上権又は土地の賃借権に因り、地上権者又は土地の賃借人が其の土地の上に登記したる建物を有するときは、地上権又は土地の賃借権は其の登記なきも、之を以て第三者に対抗することを得」るという、画期的な規定を置いた（地上権も含む）。**10-21**の場合には、Bは建物がB名義で保存登記されていれば、借地権につき対抗力が認められることになる。この規定は、表現の修正を受けながらも借地借家法10条1項に承継されている。この特例は、不動産取引については登記を確認して行われるという理念からは、矛盾ともいいうるほどの例外を認めたことになる。即ち、次の2つの理念からは後者によって辛うじて説明ができる程度のものである。

10-24　❶ **不動産取引では登記を調べるという理念**　不動産取引では対抗要件主義が導入されており（177条）、登記の先後により問題が決定されるため、不動産につき取引関係に入ろうとする者は、登記だけを基準に調査すればよいということになる。逆にいえば、不動産の権利関係は登記をみれば分かるようになっていなければならない、ということを意味する。しかし、建物保護法1条によると、例えば土地を購入しようとする者は、土地の登記簿を調べても借地権のことは何も記載されていないのに、借地権の対抗を受けることになってしまい（更には、建物の登記簿をみても、借地権のことは全く記載されておらず、借地権については如何なる登記簿にも公示されていないのに対抗力が認められることになる）、上記の登記の理想と真っ向から抵触することになる。

10-25　❷ **現地検分主義**　不動産取引ほどの重要な取引を、登記だけで行うのは非常識であり、先ず現地を確かめその上で登記により権利関係を確認するのが常識に適った行為である。そうすると、土地を購入しようとする者が現地にいけば、土地の上に建物が建っており、そこで建物登記簿を調べてみると、土地所有者とは別の者が建物の所有者であることが分かる。そうすれば、借地権の存在が推認できるので、購入しようとした者は購入を断念するなりの適切な対処ができるこ

とになる。しかし、そうすると、借地人が建物を建てて土地を占有しているという事実状態さえあればよいのであり、何故登記を要件とするのかは疑問とならざるをえない。立法としては中途半端であり、なるべく解釈としてもこの要件は緩和すべきである。

10-26 **【建物保護法1条＝借地借家法10条の運用の基本姿勢】**　本条の解釈に対する基本的態度としては、正反対の2つの立場を想定することができる。

10-27 　❶ **厳格説**　先ず、公示制度の趣旨からいえば受け入れがたい例外であり（それ自体例外である605条のそれまた例外であるため、その位しておかないと保護に値しない）、例外である以上厳格な解釈に服し（例外則は最も厳格な解釈に属する）、安易な拡大や類推を控えなければならないということになりそうである。**10-29**以下の判例の個々の解釈をみると、このような基本姿勢が見て取れるように思われる。

10-28 　❷ **緩和説**　これに対し、建物の登記で借地権の対抗力を認めるのは、要するに登記による公示なしに借地権に対抗力を認めたに等しく（既述のようにどこにも借地権の記載は出てこない）、建物保護法1条の建物の登記は、公示としての意味をそれほど重視する必要はないと考えることもでき、これによれば、建物の登記ということを判例のように厳格に運用する必要はない。即ち、①建物と土地とが別所有者の者であることが公示され借地権を推知する手掛かりが与えられていればよく、建物の登記を要求する理由はその他に、②公示というよりもむしろその程度の必要な措置は施しておけという借地人が保護されるための資格という点にも求められることになる。いわば、建物の登記は、公示のための要件という意味は大きくなく、むしろ借地人の権利保護要件とでもいうべきものによって支えられていることになる。筆者はこの立場に立って以下の個々の問題を検討していく。

10-29 **【建物保護法1条（当時）の適用が問題となった事例】**
　（1）　**地番に誤りがあった場合**
　（a）**対抗力が肯定された事例**　79番地にある借地人所有の建物が80番地上にあるものとして登記されていた事例で、判例は次のように述べて借地権の対抗力を肯定している（最判昭40・3・17民集19巻2号453頁〔対抗力を否定した原判決を破棄差戻し〕）。要するに、①建物の同一性を認識しうる程の軽微な過誤であり、②これに現地検分ということをプラスすれば、第三者としても借地権を推認でき酷ではないというのが理由である。その後も、<u>2713番上の建物なのに隣接地の2710番と表示されていた場合</u>にも、対抗力が肯定されている（最判昭45・3・26判時591号64頁）。

10-30 　●**最判昭40・3・17民集19巻2号453頁**　「借地権者を保護しようとする……立法趣旨に照らせば、借地権のある土地の上の建物についてなされた登記が、錯誤または遺漏により、建物所在の地番の表示において実際と多少相違していても、建物の種類、構造、床面積等の記載と相まち、その登記の表示全体において、<u>当該建物の同一性を認識し得る程度の軽微な誤りであり、殊にたやすく更正登記ができるような場合には、同法1条1項にいう</u>

460　第3編　契約各論2　財産の利用を目的とした契約

『登記シタル建物ヲ有スル』場合にあたるものというべく、当該借置権は対抗力を有するものと解するのが相当である。もともと土地を買い受けようとする第三者は現地を検分して建物の所在を知り、ひいて賃借権等の土地使用権原の存在を推知することができるのが通例であるから、右のように解しても、借地権者と敷地の第三取得者との利益の調整において、必ずしも後者の利益を不当に害するものとはいえず、また、取引の安全を不当にそこなうものとも認められないからである。」[10]

10-31　**(b) 対抗力が否定された事例**　これに対し、借地が554番1、553番68、553番2にまたがっているのに、建物の登記上の敷地は道路を隔ててかなり離れた所の552番と表示され、しかも、登記簿上は平屋建てなのに、実際には増築により2階建てとなっている場合につき、「その相違が建物の同一性を認識し得る程度に軽微なものとはいえない」として、対抗力を否定した判決がある（東京高判昭61・4・28判時1191号82頁）。ここまでくると、借地権の推知可能性、借地人の権利保護資格（更生登記をしないで放置した非難可能性）の点からみて、対抗力が否定されてもやむをえないであろう。

　先の私見によれば、借地人としては自分のなすべきことはしたのであり、権利保護の要件を充たしているといってよい。登記簿では建物の所有者が不明となるが、公示としては、先に述べたように現地検分主義により、現地を見れば所有者以外の者が建物に居住をしていることが分かるのであり、建物登記でよいとしたことから公示の点は重視する必要はないと思われる。

10-32　**(2) 他人名義で登記した場合**
　(a) 判例は厳格な解釈を採用　リーディングケースとして、借地人が将来の相続のことを考えて、長男名義で建物の保存登記をした事例で、判例は次のように述べ借地権の対抗力を否定した（最判昭41・4・27民集20巻4号870頁）。**10-30**で対抗力を認めた判決が出されたすぐ翌年の判決でありながら、結論に差異が生じた理由は、①登記の更生の余地はなくそもそも登記は無効なこと、②借地権の推知可能性がないことといった差異があることが考えられる。その後も、最判昭47・6・22民集26巻5号1051頁（妻名義）、最判昭50・11・28判時803号63頁（子名義）と、建物が他人名義で保存登記された場合に、借地権の対抗力を否定する判決が続いている。

10　その後、登記官の過誤で地盤の表示が誤って記載された事例において、次のように判示して、対抗力が肯定されている（最判平18・1・19最高裁HP）。「当初は所在地番が正しく登記されていたにもかかわらず、登記官が職権で表示の変更の登記をするに際し地番の表示を誤った結果、所在地番の表示が実際の地番と相違することとなった場合には、そのことゆえに借地人を不利益に取り扱うことは相当ではない」、「また、当初から誤った所在地番で登記がされた場合とは異なり、登記官が職権で所在地番を変更するに際し誤った表示をしたにすぎない場合には、上記変更の前後における建物の同一性は登記簿上明らかであって、上記の誤りは更正登記によって容易に是正し得るものと考えられる」、と。

10-33　●**最判昭41・4・27民集20巻4号870頁**　「このように、賃借人が地上に登記した建物を所有することを以って土地賃借権の登記に代わる対抗事由としている所以のものは、<u>当該土地の取引をなす者は、地上建物の登記名義により、その名義者が地上に建物を所有し得る土地賃借権を有することを推知し得るが故である。</u>」「従って、地上建物を所有する賃借権者は、自己の名義で登記した建物を有することにより、始めて右賃借権を第三者に対抗し得るものと解すべく、<u>地上建物を所有する賃借権者が、自らの意思に基づき、他人名義で建物の保存登記をしたような場合には、当該賃借権者はその賃借権を第三者に対抗することはできないものといわなければならない。</u>けだし、他人名義の建物の登記によっては、<u>自己の建物の所有権さえ第三者に対抗できないものであり、自己の建物の所有権を対抗し得る登記あることを前提として、これを以って賃借権の登記に代えんとする建物保護法1条の法意に照し、かかる場合は、同法の保護を受けるに値しないからである。</u>」「元来登記制度は、物権変動の公示方法であり、またこれにより取引上の第三者の利益を保護せんとするものである。すなわち、<u>取引上の第三者は登記簿の記載によりその権利者を推知するのが原則であるから、本件の如く甲名義の登記簿の記載によっては、到底被上告人が建物所有者であることを推知するに由ないのであって、かかる場合まで、被上告人名義の登記と同視して建物保護法による土地賃借権の対抗力を認めることは、取引上の第三者の利益を害するものとして、是認することはできない。</u>また、登記が対抗力をもつためには、その登記が少くとも現在の実質上の権利状態と符合するものでなければならないのであり、実質上の権利者でない他人名義の登記は、実質上の権利と符合しないものであるから、無効の登記であって対抗力を生じない。そして本件事実関係においては、<u>甲を名義人とする登記と真実の権利者である被上告人の登記とは、同一性を認められないのであるから、更正登記によりその瑕疵を治癒せしめることも許されないのである。</u>叙上の理由によれば、本件において、被上告人は、甲名義の建物の保存登記を以って、建物保護法により自己の賃借権を上告人に対抗することはできないものといわねばならない。」

10-34　**(b) 学説は緩和しようとする傾向にある**　これに対し、学説の多くは判例に反対し、借地権の対抗力を家族名義で登記した場合にも認めるべきことを主張している（水本249～250頁）。その理由は、①わが国では、家族間において妻や子の名義で登記することはまま見られる現象であること（譲受人に予見可能性あり）、②不動産取引における現地検分は常識であり、現地を訪れれば土地所有者とは異なる名義の建物登記があり、このことから借地権が推認でき、これを知りながら土地を取得した者は借地権の対抗を受けてもやむをえないことなどである。私見としても、建物登記は土地所有者以外の者が建物を有していることを公示しているので、建物保護法の要求する公示としては十分であり、また、家族名義の登記をしたことが権利保護を否定するだけの非難に値する事情とはいえないと思い、対抗力を肯定したい。いずれにしても、私見では177条の第三者に善意無過失を要求するため、現地検分主義の理念からすれば現地に建物があれば、特別の事情がない限り少なくとも過失が認められる場合が多いので、177条のレベルでも殆ど解決は可能である。但し、177条と同じレベルで考えてよいかは問題が残るところである（準物権化のための要件という意

味を持つため)。

10-35　**(3) 譲渡担保のため建物につき移転登記がされた場合**　Aから土地を借りて建物を所有ししかも自己名義で保存登記をしていたYが、Bから借金をしてその担保として、建物を譲渡担保に供しB名義に移転登記をした後、土地がAからXに売られた場合（その後Yは借金を返済し建物の登記名義を回復している）、YはX借地権をXに対抗できるかが問題とされた事例がある（Xよりの明渡訴訟である）。最判平元・2・7判時1319号102頁は、借地権の対抗力を否定した（但し、Xが背信的悪意者か、明渡請求が権利濫用でないか審理させるため差戻し）。

　しかし、所有者とは別人が建物登記を有することを公示しており、また、一度自己名義で保存登記後譲渡担保に供した行為が、権利保護資格を失わせる程の責められるべき行為とまでは思わない。また、譲渡をしたはずの賃借人が現地にいけば依然として占有をしているので、賃借人に聞けば譲渡担保の事実が容易に分かるはずである。従って、判例に反対し借地権の対抗力を肯定したい（なお、権利濫用では、明渡請求権の権利濫用だけであり、賃貸借の関係は当事者には移転しないことになり、法律関係が複雑となる）。

10-36　**(4) 表示の登記だけがなされている場合**　表示の登記は権利関係を公示するものではないが、所有者が表示され、土地所有者と建物所有者が別人であることは明らかとされる。判例も、借地上の建物について表示の登記がされたが、権利の登記がされていない場合について、借地権の対抗力を肯定している（最判昭50・2・1民集29巻5号639頁）。

10-37　**(5) 全くの未登記の場合**　建物もなく更地の場合は別として、建物がある以上その登記がなくても、現地検分ということからは、借地権の存在を推知する可能性はないとはいえまい（現地にいる居住者に聞くことができる）。しかし、大審院の判例は、譲受人の善意・悪意を問わずに借地権の対抗力を否定した。ところが、戦後の最高裁の判例には、譲受人からの建物収去・土地明渡請求を権利濫用により退ける判例が現れている（最判昭38・5・24民集17巻5号639頁など）。そのため、未登記の場合についても、判例の状況は借地人の保護のほうにかなり傾斜してきていると評されている（新注民(16)365頁〔幾代〕、水本254頁）。但し、明渡請求が権利濫用というだけでは、賃貸借関係が承継されないので、むしろ背信的悪意者論で処理をし、借地権の対抗力を認めるべきであろう（広中205頁など）。

10-38　**【建物滅失の場合の特則】**　登記された建物があっても、それがその後に滅失してしまえば、登記した「建物を有する」という要件を充たさないことになり、一旦生じた対抗力は消滅することになる。しかし、建物を再築するまでに土地が売却されてしまうと、借地人は譲受人に対抗できなくなって、不都合である。そのため、関東大震災、第二次世界大戦の事例についての例外、また、借地借家法により導入された例外とが認められている。

10-39　(1)　臨時特別法
　(a)　借地借家臨時処理法　　本法は、関東大震災に罹災した借地人、借家人を保護するために大正13年に制定された法律である。土地上になんらの表示も必要ではない。

10-40　(b)　罹災都市借地借家臨時処理法　　第2次大戦による戦災により建物を焼失したまたは建物疎開により建物の取り壊しを受けた借地人、借家人を保護するために昭和21年に制定されたものであり、昭和21年7月1日から5年間につき対抗力の存続を認めた。その後の改正で、「政令で定める火災、震災、風水害その他の災害のため滅失した建物がある場合に」準用されるようになる（阪神大震災で注目されたところである）。

10-41　(2)　借地借家法10条2項　　この残された事例についても、借地借家法は、「借地権者が、その建物を特定するために必要な事項、その滅失があった日及び建物を新たに築造する旨を土地の上の見やすい場所に掲示するときは、借地権は、なお」対抗力を有するものとしている（10条2項）。但し、その暫定的対抗力は2年間のみである[11]。

10-42　(2)　占有のみで対抗力を認める特別法
　(a)　借家──借家法（旧法：現借地借家法）　　旧借家法1条1項は、「建物の賃貸借は、其の登記なきも建物の引渡ありたるときは、爾後其の建物に付き物権を取得したる者に対し其の効力を生ず」と規定され、登記さえ全く問題にならず、建物の引渡しを受けてさえいればよいことになっている。その後、この規定は、借地借家法31条1項に表現を若干修正の上そのまま承継されている。現地検分主義の実情からして、占有している者に聞けば分かるということしか、正当化できないものである。

10-43　(b)　農地法　　農地の賃借権についても、土地の賃貸借ではあるが、建物所有のための借地権と異なり建物の登記といったことを問題にしえないため、農地の占有だけで対抗力が認められている（農地法18条1項）。建物のようにそこで居住しているわけではないが、農業は1年中休みがなく農地に農地借地人が作業に

---

[11] なお、この規定から、建物保護法から借地借家法へと、次のような基本姿勢についての大きな転換があったと評価されている（広中202頁）。①先ず、「建物保護」から「借地権保護」への転換である。建物がなくなれば、建物保護ということは考えられなくなり、上のような規定は借地人保護ということでしか説明ができなくなる。②次に、「建物登記一辺倒」から「現地検分主義の加味」の姿勢への変更がある。現地での掲示で公示としての意義を認めるという前提には、当然現地を検分するという評価があるといってよい。建物の登記で公示としての意義を認めるということの背景には、現地検分ということを補充的に考えなければならないことは既に述べたが、これを徹底したものといえる。

従事しているであろうから、現地に行けばその作業している者に聞くことにより分かる、ということであろう。

第3節　賃貸借の存続期間及び終了原因

I　民法の原則

1　期間の定めのある場合

(1) 契約期間

10-44　契約自由の原則に任され、賃貸借の期間をどのように定めるかは原則として自由である。但し、永久の賃貸借は所有権の絶対性と抵触し、また、余りにも長期の賃貸借も同様であるため、民法は「賃貸借の存続期間は、20年を超えることができない。契約でこれより長い期間を定めたときであっても、その期間は、20年とする」と規定した（604条1項）。更新も20年を超えることはできない（604条2項）。

10-45　**【短期賃貸借】**　「処分につき行為能力の制限を受けた者又は処分の権限を有しない者」は、①樹木の栽植又は伐採目的の土地は10年、②その他の土地は5年、③建物は3年、④動産は6か月を超えて賃貸借契約をすることができない（602条）。この期間を超えない賃借権を短期賃貸借という。この期間を超える賃貸行為は、賃貸借を名乗っていてももはや管理行為を超え処分行為に準ずるという考えが根底にある（なお、これを超えても、契約が全部無効ではなく、超える部分のみの一部無効である）。

　　　処分能力のない者としては、被保佐人につき、602条の期間を超える賃貸借が保佐人の同意を要する行為として規定されている（13条1項9号）。

　　　処分の権限のない者としては、①不在者管財人（28条）、②権限の定めなき代理人（103条）、③相続財産の分割があるまでの相続財産の管理人（918条3項）、④財産分離後の管財人（943条2項）、⑤相続人不在の場合の管理人（953条）がある。

(2) 契約終了後の使用継続による黙示の契約更新

10-46　契約期間が過ぎれば、賃貸借契約は更新がされない限り期間の満了により当然に終了する。但し、賃借人が終了後も使用を継続し、それを知りながら賃貸人が異議を述べなければ、契約の更新があったものと推定される。この場合期間の定めのない賃貸借となり、617条の解約の申込みができることになる（619条1項）。この黙示の更新の場合には、敷金を除いて担保（保証債務など）は契約終了により消滅したままとなる（619条2項）。

契約期間を定めながら、解約権を留保することもでき、その場合には617条に従い解約の申し入れをなすことができる。また、賃借人が破産した場合には、賃料支払いに不安があるのに、そのまま賃貸を継続しなければならないのは賃貸人に酷であり、賃貸人または賃借人の破産管財人は617条に従い解約を申し入れることができ、この場合損害賠償責任は生じない（621条）。事情変更の原則の適用である。

10-47　【更新料について】　更新料とは、例えばAがBから店舗を3年の期間で借りて、更新の場合には賃料3か月分を支払う旨約束した場合、AとBの契約が更新された場合に、支払われる金銭である（事前の特約によらないで、更新に際して更新料の特約をすることも可能である。更新料をめぐる判例の研究として、石外克喜『権利金・更新料の判例総合解説』がある）。

10-48　**(1) 法的性質**　更新料は最初の契約における権利金の支払に等しいものであり、権利金の場合と同様に、賃料の一部先取り（賃借人からみれば一部先払）の性質を持つものといってよい。従って、更新料が特に約束されなかった場合においても、権利金が支払われている場合には、これを基準として更新料を認める余地はある。

10-49　**(2) 法定更新の場合にも適用されるか**　冒頭の例のように更新の特約がある場合に、①当事者の合意により契約が更新されたならば更新料の支払いを請求しうるのは当然として、②賃貸人に正当事由がなくそのため賃貸借が更新された場合にも、約束された更新料を賃貸人は請求できるであろうか。また、更には、更新料につき何ら約束されていない場合でも、賃貸人は更新料を請求できるであろうか。

　①これについては、当事者に約束がなくても慣習を根拠に更新料の請求ができるという判例もある（肯定説。東京地判平5・8・25判タ865号213頁）。②これに対して、最判昭51・10・1判時835号63頁は、更新料を支払うという事実たる慣習は存在しないとして、更新料の支払につき約束がない限り支払を求めえないとした。合意がないのに更新料の支払を認めるのは契約自由の原則からいうと問題があり、また、先に述べたように、更新料は賃料の前払だとすればその分従来の賃料が低く抑えられているのであるから、更新後の賃貸人の賃料増額請求において考慮することが可能であり、それでも不都合はないものと思われる。

10-50　**(3) 更新料の不払を理由に賃貸人は契約を解除できるか**　約定の更新料を賃借人が支払わない場合、賃貸人が契約を解除できるかについては、①解除を肯定したもの（最判昭59・4・20判時1116号41頁、東京地判平5・8・25判タ865号213頁）と、②これを否定したもの（東京地判昭50・9・27判時810号48頁）とがある。肯定判例の理由は、更新料が将来の賃料の一部であり、また、法定更新に対する異議権の放棄の対価ということから、賃貸借契約の重要な要素であり、その不払は賃貸借契約の基盤を失わせる著しい背信行為であるということである。微妙ではあるが、権利金の支払をしない場合同様に原則として解除を認めてよいであろう。

2　期間の定めのない賃貸借の場合──任意解約権

10-51　賃貸借の期間が定まっていない場合、各当事者はいつでも解約の申し入れができる。但し、急にいわれても、賃借人であれば転居先を探したり、賃貸人であれば新しい賃借人を探したりする必要性があるので、その便宜を考えて、解約申し入れにより直ちに解約の効果が発生するのではなく、目的物の種類により以下の期間が経過した時に契約が終了する（617条1項）。要するに、民法の要求する猶予期間を置けばいつでも解約ができるということである。

> ①　土地は1年（但し、農地については2項の制限あり）
> ②　建物は3か月
> ③　貸席及び動産については1日

10-52　【用益物権との相違点】　土地の使用を目的とする場合に、民法上は、用益物権の設定による方法も用意されている。しかし、実際上、区分地上権を別として、契約で土地の利用が約束される場合は、殆どが、賃貸借契約であるといってよい。以下には、土地についての賃貸借契約と、用益物権との相違点をまとめておこう。なお、使用は排他的な使用である必要はないので、地役権の代わりに土地の賃貸借契約をすることも可能である。

10-53　(1) **法的性質**　先ず、賃貸借契約は、債権契約であり、土地所有者による使用収益させる義務の履行により賃借人はしようができるにすぎない。これに対して、地上権や永小作権といった用益物権では、用益物権を設定する合意（物権契約）により、用益物権が利用者に設定され、用益物権に基づいて使用収益ができるにすぎない。賃貸借では、土地所有者は自ら使用収益をして賃借人の使用収益を害しないという義務を負うだけであるが、用益物権では、所有者は使用収益権を失い、その所有権は虚有権となる。

10-54　(2) **賃料・地代をめぐる法律関係**　賃貸借契約では、双務契約であり、使用収益をさせる債務の対価として賃料が支払われることになる。これに対して、地上権では、例えば20年の期間の地上権を設定すると、いわばその期間の間の所有権を買い取ったような関係になり、その代金を契約時に一時金として支払うことになる。しかし、契約時に一時金を支払う必要はなく（無償でもよい）、永小作権のように、定期金の支払を約することが可能である。この場合には、その期間ごとの所有権の実質的取得の対価を支払っているようなものである。所有者には使用させる債務はないので、所有者がしようを妨害しても債務不履行とならず履行がないので賃料を支払わないということはできず、ただ損害賠償義務（しかも不法行為）が問題になるだけである。また、不可抗力で土地を用益権者が使用できなくても、賃貸借とは異なり

(609条)、地代や永小作料の支払を免れることはない (274条、266条 1 項)。借地借家法では、借地権は賃貸借でも地上権でもよく (1条)、地代の増減請求権はいずれについても認められている (11条)。

10-55　**(3) 権利の設定できる期間**　永小作権については、20年以上50年以下の存続期間を約束でき (278条 1 項)、それ以上の期間を定めた場合には50年とされ (278条 2 項)、それより短い場合には、規定がないが期間の定めは無効とされ、期間の定めのない場合となる。期間の定めのない場合は、30年とされる (278条 3 項)。これに対して、地上権では、このような制限はなく、期間の定めのない地上権も可能である (268条)。判例は永代地上権さえ可能という (大判明36・11・16民録 9 輯1244頁)。他方で、賃貸借では、不動産に限らず20年以上の約束はできない (604条)。借地については共通の規律を受けるが、後述する。

10-56　**(4) 譲渡、賃貸など**　永小作権では、設定契約で禁止されていない限り、永小作人は、その権利を自由に譲渡でき、したがって、抵当権の対象とすることもでき、また、その権利の存続期間内において耕作もしくは牧畜のため (永小作権の範囲内ということ) 土地を賃貸することができる (272条)。地上権については何も規定がないが、同様に解してよい。用益物権の譲渡の場合、定期金を支払うとしてもそのような所有者に対する負担が承継されるだけである。これに対して、不動産賃貸借では、賃貸人の承諾を得なければ、賃借権の譲渡や転貸をすることはできない (612条)。賃借権の譲渡は、賃貸借という債権関係が承継されることになる。

10-57　**(5) 賃貸借か地上権かの判定**　土地を「工作物又は竹木を所有するため」、他人の土地を使用する目的で契約をし、定期金を支払う合意がされた場合に、地上権か賃貸借か明確ではない場合、どのように認定されるべきであろうか。「地上権なるや将た賃貸借なるやは当事者の合意に因り定まる可きもの」とされているが (大判明33・11・12民録 6 輯10号50頁)。現在では、経験則上、区分地上権が問題になるような事例は別として、圧倒的に賃貸借契約が締結されており、たとえ明確ではない場合があったとしても、賃貸借契約と事実上推定すべきであろう。

3　目的物の滅失による契約の終了

10-58　特定物を目的とする賃貸借契約では、その目的物が滅失してしまえば、不可抗力であろうと、賃借人の過失によろうと、その原因を問わず、履行不能により賃貸借契約は終了する (売買のような一時的関係と異なり、他方の債務は存続し、従って解除の余地があるというのと異なって、解除するまでもなく将来に向かって当然に契約の効力は消滅する)。建物では、滅失か否かが争われることが多いが、物理的に建物が残っているかではなく、根本的に建替えに等しい修繕をしなければ目的とされた使用に耐えない状態になれば (例えば、大地震により建物のライフラインが崩壊して建て替え

るしかない場合)、履行不能となると考えてよい。要は滅失か否かというよりも履行不能か否かの判断であるから、建物が残っていてもよいのである。この終了原因については、借地借家法による修正はない。

4 債務不履行による解除

(1) 継続的契約関係の解除

10-59　賃貸人または賃借人が債務不履行の状態にある場合、相手方は履行を催告した上で契約の解除ができるが（賃貸借の解除には遡及効はない〔620条〕）、問題はその要件とよるべき条文である。これにつき、賃貸借の規定の中に何も特別規定が置かれておらず、540条以下の解除についての原則規定が適用されることになる。そうすると、ここに適用になる規定は541条の履行遅滞による解除の規定ということになるが、この解除の一般理論をストレートに適用してしまうと、次のような結論が導かれる。

> ① 債務不履行があれば、催告の上解除ができる。
> ② 解除をするためには、必ず催告をして猶予期間を経過してからでないといけない。

しかし、解除の規定は、専ら売買といった一時的契約関係を念頭において作られているものといって過言ではなく、そのまま継続的契約関係に適用するには適しない点が多い。その根本的な差異は、継続的契約関係では、長期に渡って履行しあう関係であるため、信頼関係が重要な要素になるということにある。その要請によれば、上の結論には次のような修正が加えられる必要がある[12]。

> ①について　債務不履行があっても、それが当時者間の信頼関係を破壊しない限り解除は許されるべきではない。
> ②について　信頼関係の破壊が認められる限り、催告を要さず直ちに解除が許されるべきである（但し、原則的には相当の期間を定めて催告をすべき）。

要するに、単に債務不履行があるか否かではなく、それが当事者の信頼関係を

---

[12] その背後には賃借人保護という要請もあり、この要請を実現するために過渡的には、①問題となった賃借人の行為を義務違反でないとしたり、②権利濫用や信義則といった一般条項を持ち出したりする解釈もされたが、最終的には信頼関係破壊の法理に落ちつくことになる。

破壊するか否かにより解除が決定されるべきであるということになる。これを信頼関係破壊の法理という。問題は、①いかなる場合に信頼関係の破壊が認められるべきか、また、②信頼関係の破壊に基づいた解除を認める根拠条文をどこに求めるか、といった点である。

(2) 信頼関係の破壊に基づく解除

10-60　**(a) 信頼関係の破壊の意義**　信頼関係といっても漠然としているが、その破壊により解除が認められる信頼関係、いわば法的に意味のある信頼関係でなければならず、これをどう理解すべきかについては次の2つの理解が可能である。

❶ **即物的信頼関係説**　賃料遅滞、用法違反、保管義務違反等により、そのままでは賃貸借の継続を当事者に期待しえないような場合、いわば即物的な信頼関係の破壊の場合に限定し、個人的・感情的な信頼といった意味での信頼関係は、解除原因としては排除する考えである（広中193〜4頁）。

❷ **総合的判断説**　これに対して、ある程度そのような即物的信頼関係以外も含めるべきであるという考えもある（星野195頁など）。この考えによれば、信頼関係の破壊があれば、債務不履行がなくても解除が認められる可能性がある。判例としても、賃借人が、建物の賃借していない部分まで賃貸人の承諾なしに勝手に使用している事例で、「本件建物の賃貸借契約の基礎にある当事者相互の信頼関係を裏切って、賃貸借関係の継続を著しく困難ならしめる不信行為である」として、賃貸人による解除が肯定されている（最判昭40・8・2民集19巻6号1368頁）。

10-61　**(b) 信頼関係破壊に基づく解除の根拠条文**　信頼関係破壊による解除をいかなる根拠条文により認めるべきであろうか。541条をそのまま適用することはできず、かといって、賃貸借の規定の中には適当な規定がない。いわば法の欠缺があるものといえる。

❶ **628条類推適用説**　541条の規定は、継続的契約関係という概念が知られていなかった時代に専ら売買を念頭において作られた規定であり、賃貸借といった継続的契約関係には適用にならず、賃貸借には特別規定がないので、同じ継続的契約関係の他の類型についての規定から適切なものを探し出してくるしかない。そうすると、雇用についての628条が目にとまり、これを類推適用しようというのがこの説である。同条は、やむをえない事由がなければ解除できず、逆にやむを得ない事由があれば直ちに解除ができることを規定しているが、これを信頼関係の破壊の法理を実現する規定として一般化し、賃貸借に類推適用しようとするものといってよい。

結局、次の❷説と実現しようとするところは同じであり、法解釈上の説明技術の争いに尽きることになる。継続的契約関係の特殊性ということを強調すれば、特別の規定を発見そして判例により拡大的に運用するというのは筋が通っているが、628条の類推適用というのはやはりかなり突飛な印象を受ける。裁判所が受け入れる可能性ということからは、次の❷説のほうが無難ということはできる。

10-62　❷ **541条修正適用説**　541条を解除の根拠としながらも、同条は専ら売買を念頭においていることから、そのままでは賃貸借には適用できず、即ち、類型に応じてその特殊性にあわせた修正が可能と考えるのが通説・判例である（山中・*4-66*注18論文6頁以下）。飽くまで解除の根拠を541条に求めながら、信頼関係破壊の法理により適切な修正を施すわけである。修正された判例法は、541条の本来の姿からは離れており、理想は独自の規定を創設することであるが（実際には独自の判例法が形成されている）、法の欠缺の補充の方法としてはどちらかといえばこちらの説を採用したい。次のような判例がある。なお、この点に関しては特別法による修正はない。

　なお、証明責任については、①612条違反の無断譲渡・転貸では、賃借人が自分の行為が信頼関係を破壊するのではないことを主張・立証しなければならないが、②612条違反以外の場合では、賃貸人の側で賃借人に信頼関係を破壊する義務違反があったことを主張・立証しなければならない。

10-63　● **最判昭27・4・25民集6巻4号451頁**　判例は賃貸借契約の解除については541条を適用した上で、信頼関係の破壊がなければ解除はできないとする反面、次のように催告なくして解除を認めている。X（賃貸人）からY（賃借人）への明渡請求がされた事案である。
　「<u>およそ、賃貸借は、当事者相互の信頼関係を基礎とする継続的契約であるから、賃貸借の継続中に、当事者の一方に、相手方の信頼関係を裏切って、賃貸借関係の継続を著しく困難ならしめるような不信行為のあった場合には、相手方は、賃貸借を将来に向って、解除することができるものと解しなければならない。</u>そうして、この場合には民法541条所定の催告は、これを必要としないものと解すべきである。」「XはYに対し昭和10年9月25日本件家屋を畳建具等造作一式附属のまま期間の定めなく賃貸したのであるが、Yは昭和13年頃出征し、一時帰還したこともあるが終戦後まで不在勝ちでその間本件家屋にはYの妻及び男子3人が居住していたが、妻は職業を得て他に勤務し昼間は殆ど在宅せず、留守中を男子3人が室内で野球をする等放縦な行動を為すがままに放置し、その結果建具類を破壊したり、又これ等妻子は燃料に窮すれば何時しか建具類さえも燃料代りに焼却して顧みず、便所が使用不能となればそのまま放置して、裏口マンホールで用便し、近所から非難の声を浴びたり、室内も碌々掃除せず塵芥の堆積するにまかせて不潔極りなく、昭和16年秋たまたまYが帰還した時なども、Y宅が不潔の故を以て隣家に一泊を乞うたこともあり、現にXの原審で主張したごとき格子戸、障子、硝子戸、襖等の建具類……は、全部

なくなっており、外壁数ケ所は破損し、水洗便所は使用不能の状態にある。そして、これ等はすべて、Yの家族等が多年に亘って、本件家屋を乱暴に使用した結果によるものであるというのである。かつ、XはYに対し、昭和22年6月20日、14日の期間を定めて、右破損箇所の修覆を請求したけれども、Yがこれに応じなかった」。「とすれば、如上Yの所為は、家屋の賃借人としての義務に違反すること甚しく（賃借人は善良な管理者の注意を以て賃借物を保管する義務あること、賃借人は契約の本旨又は目的物の性質に因って定まった用方に従って目的物の使用をしなければならないことは民法の規定するところである）その契約関係の継続を著しく困難ならしめる不信行為であるといわなければならない。従って、Xは、民法541条の催告を須いず直ちに賃貸借を解除する権利を有する。」[13]

II 特別法による修正

1 賃貸借の存続期間

(1) 借地関係

10-64　**(a) 借地法（旧法）**

(ア) 当事者の合意による存続期間　借地法は建物の堅固さを基準として、①堅固な建物については30年以上、②堅固でない建物については20年以上であれば、当事者が自由にその期間を定めることができる（旧借地法2条2項）。しかし、この堅固か否かの判断は必ずしも容易ではない難点があった。

10-65　**(イ) 借地法2条1項による存続期間**　①当事者が存続期間を定めなかった場合、または、②合意で(ア)の制限よりも短い期間を定めた場合、①は当然②も期間の定めは無効で期間の定めなき賃貸借になるはずであるが、借地法はその場合についての存続期間を法定しており、堅固建物は60年、非堅固建物は30年とされる（2条1項）。法を知らない賃貸人には酷かも知れないが、これの規定を知らず②のような賃貸をしたとしても、錯誤無効を主張できない。なお、この結果、借地については民法の20年という最長期の制限（604条）は排除されたと解してよいが、全くの無制限でよいかは疑問は残る。

10-66　**(b) 借地借家法（現行法）**

(ア) 一般借地権　次の定期借地権以外の借地権を、一般借地権という。借

---

[13] なお、「Xのした本件解除は、民法541条の要件に適ったものとしても有効と解してよい」という藤田裁判官の補足意見がある。但し、賃貸人は賃借人に修補請求権はないので、修補請求ではなく不信行為をやめるよう請求した点を問題にすべきである。

地借家法では、借地法の堅固・非堅固という曖昧な区別を廃止し、すべて30年に一本化した。①合意で30年以上の期間を定めた場合は、その合意に従い、②合意で30年未満の期間を定めたり、期間の定めをしなかった場合には、30年の期間の賃貸借と扱われる（3条）。

10-67 　　**（イ）定期借地権**　　（ア）の一般借地権は、借地法を承継し正当事由がなければ賃貸人は更新を拒めないが、借地借家法制定の際の目玉として、期間満了により当然に契約が終了する借地権、いわゆる定期借地権が認められることになった（定期所有権という者もある）。これは、正当事由制度の例外ではあるが、原則の契約自由からいえば、単に例外の適用を排除しただけのものである。定期借地権には3つの類型が認められている。

10-68 　　**❶ 一般定期借地権**　　契約の更新拒絶が自由であり、また、建物の再建による存続期間の延長のない、最初の期間が経過したら当然に契約が終了する借地権である（22条）。その要件としては、50年以上の期間を定めること、及び、後日の紛争を避けるため、公正証書など書面で契約をしなければならないことだけである。不動産賃貸業者（デベロッパー）が地主から定期借地権の設定を受け、建物を建築（一戸建てとマンションの両場合が考えられる）し、これを定期借地権付きで販売することにより、安価な住宅の供給が期待されている（建物の値段だけだから安くて当然だが、土地の賃料を払わなければならない）。

10-69 　　**❷ 建物譲渡条件付借地権**　　これは、30年以上の期間を定めること、契約終了時に建物を土地所有者（賃貸人）が買い取ることを約した借地権である（23条）。建物を取り壊すという社会的に不経済な現象が生じないので、期間が短縮されている。これは、公正証書で契約をすることは要件とはされていない。

10-70 　　**❸ 事業用借地権**　　もっぱら事業用の建物の所有を目的としている場合（専らというだけで、二階に居住してもよい）で、かつ、10年から20年の期間を定めた借地権である（24条1項）。この契約は公正証書で締結されねばならない。

10-71 　　**（ウ）一時使用目的の借地権**　　「臨時設備の設置その他一時使用のための借地権を設定したことが明らかな場合には」（例えば、工事作業員の臨時宿舎として仮設の宿泊施設を建設するために土地を賃借した場合）3〜8条、13、17、18条、22〜24条の規定の適用は排除される（25条）。従って、民法の原則通りに短期の期間の合意も有効であり、また、期間を特に定めなければ617条により解約申込みができる。

10-72 　　**（c）農地法**　　農地法では、契約期間について最低限を保証する規定はなく、当事者間で賃貸期間を自由に合意できることになっている。

(2) 借家関係

10-73 （a）**借家法（旧法）**　次にまとめて述べるように、1年未満の期間設定を禁止した他は、期間の定めは自由である。1年未満でも、一時使用のための借家契約の場合は有効であり、その場合には、更新拒絶や解約申込みについての、正当事由を要求されるといった制限はない。

10-74 （b）**借地借家法**

（ア）**普通借家権**　借地借家法は、旧借家法3条の2を承継して、「期間を1年未満とする建物の賃貸借は、期間の定めがない建物の賃貸借とみなす」と規定している（29条）。

10-75 （イ）**取壊予定の建物の賃貸借**　「法令又は契約により一定の期間を経過した後に建物を取り壊すべきことが明らかな場合において、建物の賃貸借をするときは、第30条の規定にかかわらず、建物を取り壊すこととなる時に賃貸借が終了する旨を定めることができる」（39条1項）。この特約は、建物を取り壊すべき事情を記載した書面によってなされねばならない（39条2頁）。

10-76 （ウ）**一時使用目的の建物賃貸借**　旧借家法同様、一時使用目的のための建物賃貸借を認め、借家の章の規定が適用されず、1年未満の期間の設定もでき、期間の更新もなく、また、期間を定めなくても何時でも解約申込みができるものとした（40条）。

10-77 （エ）**平成11年の改正による定期借家権の導入**　平成11年に、議員立法により「良質な賃貸住宅等の供給の促進に関する特別措置法」が議員立法により制定された。これにより、改正前の38条の規定は発展的に解消された。なお、❸の点を除いて、この規定は事業用の建物にも適用される。

10-78 ❶ **無制限の許容**　38条1項によれば、30条にもかかわらず更新がされない特約を結んだ場合には、正当事由規定の適用が排除されることを認めているが、特に旧規定のように要件を制限しているわけでもまた定期借地権のように契約期間を制限しているわけでもない。そして、29条1項の適用が排除され、1年未満の期間の約定も可能になる。この結果、実際には全てこのような契約となる可能性があり、正当事由規定は死文化される可能性がある（民法が単純保証を原則としながら実際には連帯保証だけのように）。

但し、公正証書など書面により契約をすることが必要であり、かつ、契約前に期間満了により契約が終了して更新がないことを、賃貸人は賃借人にその旨を記載した書面により説明をしなければならない（38条2項）。この説明をしないと、

更新がないとする旨の定めが無効になる (38条3項)。

10-79 ❷ **契約の終了の対抗** このように定期借家契約がされた場合に、その期間が経過すると当然に契約が終了するのではない。

先ず、契約期間が1年未満の場合には、期間の経過により契約が当然に終了する。ところが、契約期間が1年以上の場合には、期間の満了の1年前から6か月までの間に、賃貸人は契約が終了することを通知しなければならず、それをしないと賃貸人は契約の終了を賃借人に対抗できない (38条4項本文)。これは、賃貸人から対抗できないというだけであるから、賃借人の側はその期間が経過した後は、事前の通知を必要とすることなくいつでも契約の終了を認めることができることになる。では、賃借人が契約の終了を認めない限り、永久に契約の終了を対抗できなくなるのかというと、期間満了前6か月が過ぎても終了の通知をすることはでき、その時から6か月後に契約の終了を対抗することができることになる (38条4項但書)。

10-80 ❸ **期間前の解約** 賃貸人は契約に完全に拘束され、期間前に解約をすることはできないが、賃借人については、定期借家契約ではかなり長期にわたる契約期間が規定されることも想定されるため、事情の変更による解約権が認められている (38条5項)。但し、要件としては、居住用の建物であること、かつ、200㎡未満の建物であることが要件とされ、そして、「<u>転勤、療養、親族の介護その他やむを得ない事情により、建物の賃借人が建物を自己の生活の本拠として使用することが困難となった</u>」ことが必要とされている。

10-81 ❹ **強行規定** 38条4項と5項の規定に反する特約で、賃借人に不利に変更するものは無効とされている (38条6項)。

2 更新及び解約申入

(1) 借地関係

10-82 **(a) 借地人の請求または使用継続による更新** 借地では期間の定めのない借地権は存在せず、期間満了後の更新のみが問題となる。

民法の原則でいけば、期間が満了すれば当然契約も終了するはずであるが、借地法は、一定の長期間の借地権の保証をするのみならず、更に、その存続期間が満了しても、借地人は更新を求めることができ、これに対して賃貸人は正当事由がなければ拒絶できないものとした。期間が満了しても、次の2つの場合には更新される。

> ①「借地権の存続期間が満了する場合において、借地権者が契約の更新を請求したときは、建物がある場合に限り、前条の規定によるもののほか、従前の契約と同一の条件で契約を更新したものとみなす。ただし、借地権設定者が遅滞無く異議を述べたときは、この限りでない」（借地借家法5条1項。旧借地法4条1項）。
> ②「借地権の存続期間が満了した後、借地権者が土地の使用を継続するときも、建物がある場合に限り、前項と同様とする」（5条2項。旧借地法6条1項）。

これだけみると、土地所有者が遅滞無く異議を述べれば更新が阻止できるようにみえるが、異議が認められるためには「正当事由」がなければならない（6条。旧借地法4条1項）。正当事由の判断の要素として、土地所有者が土地を使用する必要性、借地に関する従前の経過及び利用状況、立退料の提供を衡量すべきことが例示されている（他の事由の有無により立退料の額も変わってくる。これを立退料の補完的機能という）[14]。

10-83 【立退料について】　ここでは、次の借家の場合の正当事由も含めて説明する。「正当事由」が認められれば、借地人が自ら立ち退きの費用を負担し、また、立ち退きによる損失（店舗であれば得意客の喪失など）も引き受けなければならないはずである。ところが、賃貸人の必要性を比較しただけでは「正当事由」ありとは認められない場合に、これらの費用や損失を賃貸人の側でいくらかカバーするのならば、立ち退きを認めてもよいということが考えられ、この場合に支払われる金銭を立退料という。あくまでも立ち退きの正当事由の補完事由にすぎず、立退料を支払うことだけで正当事由とすることはできない（立退料は、小川克介「立退料と正当事由」『現代借地借家法講座2』35頁以下）。しかし、戦時非常立法として実質的に時限法として導入された正当事由制度が、住宅事情の改善された現在まで存続していることには疑問があり、立退料の支払だけで解約申入れや更新拒絶ができると考える余地もあろう[15]。

---

[14] 借地法の時代の運用はかなり土地所有者に厳しいものであったが、元来これは戦時立法、非常時立法であったことを考えれば、時代と共に運用も当然変化すべきである。更新拒絶を容易に認めず、更には、高額の立退料を支払わせるという運用の実態は異常であり、解釈により今後は緩和される必要がある。

[15] なお、賃貸人が提示した立退料が適切ではないと裁判所が判断した場合、①賃貸人の明渡請求を棄却すべきか、それとも、②裁判所は賃貸人が主張している以上の立退料の支払いを条件として正当事由を認定して明渡しを認めることができるのであろうか。②は当事者の主張していない内容を認める調停的な権限を裁判所に認めることになり訴訟法的には

10-84　**(b) 更新後の契約期間**　上記の規定により更新される場合、借地借家法は、最初の更新については20年、その後も即ち二回目以降の更新については10年の期間になるものとしている（4条。旧借地法が更新期間を堅固30年、非堅固20年としていたのを短縮し、土地所有者の正当事由に基づく解約の機会を増やした）。

10-85　**【建物買取請求権】**　借地契約が終了すると、借地人は建物を所有している権限を失い、建物を除去して土地を更地にして返さねばならないはずである。しかし、「借地権の存続期間が満了した場合において、契約の更新がないときは、借地権者は、借地権設定者に対し、建物その他借地権者が権原により土地に附属させた物を時価で買い取るべきことを請求することができる」（借地借家法13条1項）ものとされた。第三者たる建物買主（借地権の譲受人）にも、建物買取請求権が認められる（⇒**10-222**）。

　条文上は期間満了の場合に限定されているため、合意解除の場合には建物買取請求権は認められず（最判昭29・6・11判タ41号31頁。但し、石田穣257頁、宇都宮地判昭26・4・26下民集2巻4号549頁は肯定）、債務不履行の場合も判例は否定する（最判昭35・2・9民集14巻1号108頁）。学説は分かれる。

10-86　**❶ 適用肯定説**　先ず、債務不履行による解除の場合にも、借地人に建物買取請求権を認めてよい（類推適用してよい）という考えがある（我妻・中一490頁、新注民(15)423頁［鈴木・生熊］）。

10-87　**❷ 適用否定説**　これに対して、債務不履行により解除されるのは信頼関係を破壊するような場合であるから、借地人保護という考慮は不要であるとして期間満了に限定している条文通りに、借地人に建物買取請求権を否定するものもある（石田穣257頁）。

10-88　**【借家人による建物買取請求権の代位行使】**　建物買取請求権が帰属するのは借地人であるが、もし借地人が借地上の建物を賃貸している場合、この借家人はどうなるであろうか。借地人が建物買取請求権を行使してくれれば、土地所有者が建物所有者となり、それに伴い建物の賃貸人たる地位を承継する。これに対して、借地人が建物買取請求権を行使してくれなければ、建物は撤去され借家人は立ち退かなければならないことになる。この場合、借地人の建物買取請求権を借家人は代位行使できるであろうか。

10-89　**❶ 否定説**　判例（最判昭38・4・23民集17巻3号536頁、最判昭55・10・28判時986号316頁）は、一貫して代位行使を否定している。借家人は借地権に依存していること、また、建物買取請求権は土地所有者の犠牲の下に借地人を特別に保護する例外立法であることから、借地人がこれを行使しないのに、借家人が代位行使して土地所有者が不利益を受ける場面を徒に増加させるべきではないことが、根拠として考えられ、

問題があろうが、請求棄却よりも賃貸人には有利なので判例もこれを肯定している（最判昭46・11・25民集25巻8号1343頁）。

私見もこれに賛成しておきたい。

10-90　❷ **肯定説**　これに対して、代位行使すれば借家人は自己の借家権が保全されるという関係にあることから、債権者代位権を転用してよいと考えるものもある（石田穣259〜260頁）。代位権の転用には慎重でなければならないことからは、❶の否定説のように考えるのが適切ではないか。

(2) 借家関係

10-91　借家については、①期間の定めのある場合と、②期間の定めのない場合の両者が考えられる。

(a) 更新拒絶
民法の原則だと、期間の満了により、当然に賃貸借が終了するはずであるが、借地借家法はこれに2つの修正を施している。

(ア) 事前の更新拒絶をしなければならない
賃貸人は期間満了の1年前から6か月前までの間に、更新拒絶の通知を賃借人になさなければならず（なお、借家人からも同じ）、これを怠ると「従前の契約と同一の条件で契約を更新したものとみな」される（26条1項本文）。この拒絶の通知がなされたとしても、期間満了後も借家人が使用を継続し、賃貸人が遅滞無く異議を述べない場合も同様とされる（26条2項）。

10-92　**(イ) 原則として正当事由がなければならない**　上の更新拒絶は無条件にできるものではなく、賃貸人が建物を必要とする事情等一切の事情を考慮して正当事由があると認められる場合でなければならない（28条）。しかし、この点に関しては、借地借家法制定後の改正により、正当事由を要しないで更新拒絶ができる定期借家権が導入されている（38条）。賃貸マンションや賃貸オフィスの場合には、賃借していてもらいたいはずであり、このような条項を万が一のために入れたとしても実際には更新拒絶がされることはないので実際上は不都合はない。また、正当事由制度が排除される建物賃貸借としては他にも、取り壊しを予定している建物の取り壊しまでの賃貸借（39条）と一時使用目的の賃貸借（40条）がある。

10-93　**【建物賃貸保証の賃貸借更新後の効力】**　建物賃貸借の賃借人の債務のために連帯保証人がいる場合に、その賃貸借契約が期間の定めがあるが、保証期間について定めがない場合、賃貸期間が満了したが法定更新ないし明示または黙示に更新された場合に、保証人は更新後の賃借人の債務についても責任を負うのであろうか。
　大判大5・7・15民録22輯1549頁は、619条の黙示の更新の事例であるが、「賃貸借に期間の定ある場合に於て賃借人の保証人と為りたる者は、期間満了し賃貸借終了すると同時に其保証債務も亦当然消滅すべきは、民法第619条第2項の規定に依り明白なれば、仮令該賃貸借に黙示の更新ありたるとするも、之れが為め一旦消滅した

る保証債務を復活せしむる効力あるものに非ず。同条第1項に同一の条件を以て云云とあるは、更新せられたる賃貸借契約が内容に於て前賃貸借と同一なることを意味するに過ぎずして、契約の内容を成すものに非ざる保証を追随せしむるの趣旨に非ず」と判示して、保証人の責任を否定した。賃貸借契約と保証契約とは別の契約であるということが、大きな理由であり、明示の更新の場合にもその理屈はあてはまることになる。

　ところが、その後、正当事由制度が導入され、実質的に期間の定めのない賃貸借契約に等しい状況になり、状況が変わっていった。結局は、この問題は、保証契約について期間の定めがない場合について、更新後も保証する趣旨なのかどうかという意思表示解釈の問題になる。別個の契約でも更新後の債務も保証する合意は有効であり、そのような合意が推定できるのかが問題である。この点について、最判平9・11・13判タ969号126頁が出されており **10-94** のようである[16]。

10-94
> ● **最判平9・11・13判タ969号126頁** 「建物の賃貸借は、一時使用のための賃貸借等の場合を除き、期間の定めの有無にかかわらず、本来相当の長期間にわたる存続が予定された継続的な契約関係であり、期間の定めのある建物の賃貸借においても、賃貸人は、自ら建物を使用する必要があるなどの正当事由を具備しなければ、更新を拒絶することができず、賃借人が望む限り、更新により賃貸借関係を継続するのが通常であって、賃借人のために保証人となろうとする者にとっても、右のような賃貸借関係の継続は当然予測できるところであり、また、保証における主たる債務が定期的かつ金額の確定した賃料債務を中心とするものであって、保証人の予期しないような保証責任が一挙に発生することはないのが一般であることなどからすれば、賃貸借の期間が満了した後における保証責任について格別の定めがされていない場合であっても、反対の趣旨をうかがわせるような特段の事情のない限り、更新後の賃貸借から生ずる債務についても保証の責めを負う趣旨で保証契約をしたものと解するのが、当事者の通常の合理的意思に合致するというべきである。もとより、賃借人が継続的に賃料の支払を怠っているにもかかわらず、賃貸人が、保証人にその旨を連絡するようなこともなく、いたずらに契約を更新させているなどの場合に保証債務の履行を請求することが信義則に反するとして否定されることがあり得ることはいうまでもない。
> 　以上によれば、期間の定めのある建物の賃貸借において、賃借人のために保証人が賃貸

---

[16] 基本的には妥当であるが、賃料が滞納されているのに更新して、集積していく賃料全額について保証人の責任を認めるのは妥当ではなく、最高裁判決もこの点には「もとより」以下で傍論的に配慮している。実際に、その傍論部分の問題が生じた事例で、東京地判平10・12・28判時1627号84頁は、賃借人の賃料延滞が200万円にも及んだのに解除がされず、そのまま法定更新されたものであり、最終的には延滞賃料が400万円になり保証人に対して訴訟が提起されたという事例で、「右のような事情が、本件連帯保証契約が締結された当時、契約当事者間において予想されていたものであったとはいい難い」、Yが更新後の賃料については保証責任を負わないと信じたのも無理からぬことであったということができるとして特段の事情を認め、保証人の責任を否定しており妥当であろう。

人との間で保証契約を締結した場合には、反対の趣旨をうかがわせるような特段の事情のない限り、保証人が更新後の賃貸借から生ずる賃借人の債務についても保証の責めを負う趣旨で合意がされたものと解するのが相当であり、保証人は、賃貸人において保証債務の履行を請求することが信義則に反すると認められる場合を除き、更新後の賃貸借から生ずる賃借人の債務についても保証の責めを免れないものというべきである。」

10-95　**(b) 更新後の契約期間**　借家では期間の定めのない賃貸借が認められているため、借地とは異なり、更新後の借家権は期間の定めのないものとなる (26条1項但書)。その後は、(c)の規律に従うことになり、従って更新から最低6か月 (解約申入期間) は保障されることになる。

10-96　**(c) 期間の定めなき借家権の場合の解約申入**　期間の定めのない建物の賃貸借は、民法の原則によればいつでも解約の申し入れができ、それから3か月経過することにより賃貸借が終了することになる。これに対して、借地借家法は次のような修正を加えた。

> ① **解約申入期間**　賃貸人からする解約については、3か月ではなく6か月の期間の経過を必要としている (27条1項)。借家人からの解約申入れは民法の原則通り3か月である。
> ② **正当事由の存在**　民法では、解約申入れは賃貸人からも自由にできるが、更新拒絶同様に、正当事由がなければならないものとされている (28条)。

10-97　**【造作買取請求権】**　借地借家法33条1項は、「建物の賃貸人の同意を得て建物に付加した畳、建具その他の造作がある場合には、建物の賃借人は、建物の賃貸借が期間の満了又は解約の申入れによって終了するときに、建物の賃貸人に対し、その造作を時価で買い取るべきことを請求することができる。建物の賃貸人から買い受けた造作についても、同様とする」と規定している。また、同法33条2項は、転借人の賃貸人に対する直接の造作買取請求権を認めた。この規定は、旧借家法では強行規定であったが (旧借家法6条)、借地借家法では任意規定に変更された (37条)。

10-98　**(1) 債務不履行解除と造作買取請求権**　造作買取請求権は、賃借人が債務不履行により解除された場合にも認められるであろうか。上記の規定では、「賃貸借の終了」というだけであり、終了の原因は限定されていない。

10-99　❶ **肯定説**　終了原因を限定していないこと、また、客観的に建物の価値に役立つ以上賃借人を保護すべきことから (なお、実質的に不当利得ということもいわれるが、買取請求ができるかどうかがそもそも問題となっているのであるから、適当ではない)、これを肯定するのが通説である (水本239頁)。

10-100　❷ **否定説**　強制的に売買契約を成立させるという契約自由の原則に対する例外であるため、賃貸借が円満に終了した場合に賃借人に特別の保護を与えたものであると考えれば、これを否定することも考えられる（判例は大判昭13・3・1民集17巻318頁、最判昭31・4・6民集10巻4号356頁と否定している）。

10-101　**(2) 造作代金債権と建物の留置権及び同時履行の抗弁権**　造作買取請求権を行使した賃借人は、造作代金債権により建物に留置権を行使できるか、また、代金の支払いと建物の明渡しの同時履行を主張できるであろうか。

10-102　❶ **否定説**　判例は、造作代金は造作の代金であり、533条の同時履行の抗弁権は造作自体にしか行使ができず、また、造作代金は造作に関して生じた債権であり建物に関して生じた債権ではないため、留置権も造作自体にしか認められないものとしている（大判昭6・1・17民集10集6頁、大判昭7・9・30民集11巻1859頁）。なお、同時履行の抗弁権については、敷金のケースにおける対価関係の欠如ということがここでも当てはまる。

10-103　❷ **肯定説**　しかし、学説の多くは反対にこれを肯定し、賃借人は建物に同時履行の抗弁権及び留置権を認めようとしている（新注民(15)778頁以下［渡辺・原田］）。その理由は、造作により建物全体の価値が高まり、建物全体との関連性が認められること、有益費とのバランス、また、もしこれを認めないと造作代金債権の実効性ひいては造作買取請求権の実効性が危ぶまれることである（賃借人は建物を明渡して、造作の引渡しだけを拒むことになるが、建物さえ返還してもらえば賃貸人としてもこっちのものであり、取り外された造作など無視してしまうことになる）。なお、賃借人は留置しうるだけであり利用権限は無いが、居住を続けてよく、但しその分は不当利得となるといわれる（担保物権の講義に譲る）。

　結局、ここでも本来の同時履行の抗弁権または留置権を肯定するのは困難であり、契約当事者間における債権の実効性確保のために政策的に認められる特殊な抗弁権が必要とされている場面であり、無理に同時履行の抗弁権または留置権とせずに、そのような特殊な抗弁権として肯定してもよいと思われる。

第4節　賃貸借契約の効力

10-104　賃貸借は諾成・不要式の契約であり、合意により効力を生じ、予約も可能である。但し、将来の賃貸借の約束が予約と考えられる場合は少ないといわれている。例えば、来年の4月1日から貸すという約束は、直ちに賃貸借契約は成立したがその効力発生が期限付きであるにすぎないものである。また、建築中の建物を完成前に賃貸したり、居住している者を立ち退かせて賃貸するという場合も、賃貸借は成立しており、賃貸人はその義務の履行として、建物を完成させ、また、居住している者を立ち退かせる必要があるといわれる（我妻・中一427頁）。

Ⅰ　賃貸人の権利義務[11]

1　賃貸人の権利（賃借人の義務）

(1)　賃料債権など

10-105　**(a)　賃料債権及び損害賠償請求権**　賃貸人は契約に定まった賃料を賃借人に請求しうる。また、賃借人の帰責事由により賃借物が滅失ないし損傷された場合には、それによる損害の賠償を請求することができる。

10-106　**(b)　賃料増減請求権**　売買のような一時的契約関係ならば、一旦定まった代金をその後の事情の変動で変更するということは（予約のような場合を除いて）、認められない。しかし、賃貸借のように長期にわたる契約では、一旦最初に契約したからといって永遠に拘束されてしまうのは適当ではない。事情の変更に対応するため、毎年一定率賃料を上昇させるスライド条項や、一定期間毎に賃料を協議して改訂するという条項や、更には、借家であれば1年、2年といった短期を設定して改訂の際に賃料を協議するということが行われている。

---

[11]　消費者契約法の適用をめぐって、個人賃貸人についても事業者とし、消費者契約法の規制をかけてよいのかが問題になる。個人が有償取引をしても、当然には事業者とは扱われることはなく（中古車を中古車業者に売却しても事業者間の売買にはならない）、アパートを個人で経営している場合には微妙である。難問ではあるが、賃貸人が仲介業者を利用し、事業者としての専門的能力を利用しアパート経営の利益を享受している場合には、事業者に準ずる者として扱い、消費者契約法の適用を肯定してよいように思われる。

このような条項がない限り（古くからの借家、借地の場合はそうであろう）、賃貸人は一方的に賃料を増額することはできなくなるというのでは不都合である。事情変更の原則という不文の原則では不安定であるため、借地借家法は当事者に、賃貸人には賃料増額、賃借人には賃料減額の請求権を認めた（借地につき、11条、借家につき32条）。

10-107 **【賃料増減請求権は事情変更の原則の適用か】**　事情変更の原則は、**4-27**以下に述べたように、信義則に反するような相当程度の事情の変更がありそのまま拘束させたのでは酷な場合に適用される原則である。10年の期間を定めたのに、物価が上がったとしても、円は円に等しいという原則通り賃貸人は保護されないのが原則である。不安ならば、1年や2年の短期の賃貸期間を定めて更新ごとに賃料を改定すればよい。また、期間が定まっていない場合に、賃料が相当でなくなった場合に、賃料の改定交渉をしたのに賃借人が承諾しない場合には、賃貸人は契約を解約すればよい。従って、契約自由にまかされる賃貸借契約であれば、特に事情変更の原則による極めて例外的な保護のみを認めればよいはずである。

　ところが、借地契約では期間の定めのない契約は許されず、また、期間を定める場合にも30年以上は許されないのである。そして、借家の場合には、期間の定めのない契約が可能であるが賃貸人による解約申込みには正当事由が必要であり、また、期間が定まっている場合に更新拒絶も正当事由が必要である。このように、賃貸人が予期しない長期にわたって賃貸借契約に拘束されることになったのである。この場合に、本来の事情変更の原則の要件が充たされないと賃貸人が保護されないというのは酷であるため、賃借人保護の見返りとして賃貸人保護のために賃料増額請求権を認めたものである（賃借人にもバランス上認めている）。そのため、定期借家契約を認めて、必ずその期間で契約が終了する場合については、借地借家法38条7項を設けて賃料改定特約を設けて32条1項の適用を排除できることにしたのである。定期借家以外は特約で32条1項を排除できず、賃料減額も同様であるが、サブリースにも適用されるのかは議論がある（判例は適用肯定し減額請求を認める⇒**10-115**）。

10-108 **【賃料増減請求権の要件など】**
　　(1) 賃料増減請求権の要件
　　(a) 事情の変更　租税公課の増減、土地、建物の価値の上昇または低下、近隣の賃料との比較で不適当となったこと等の事情の変更がなければならない（この変更さえあればよく、賃料が定められてから相当の期間が経過したことは要件とはされない〔最判平3・11・29金判913号3頁〕）。

10-109 　　(b) 反対の特約がないこと　一定期間賃料の増減をしない特約は有効であり、その期間は賃料の増減請求権は認められない（11条1項但書、32条1項但書）。

10-110 　　(2) 当事者の協議が整わない場合　①増額請求を受けた賃借人は、裁判確定までは相当と思われる額（賃借人が相当と思っていない場合には、従来の賃借額を支払って

も、次の保護は認められない［最判平8・7・12判時1579号77頁］）を支払えばよく（結果的に不足しており債務不履行となったとしても、解除の効果を排除するという趣旨である。債権総論**2-296・297**参照）、裁判が確定し「既に支払った額に不足額があるときは、その不足額に年1割による支払期後の利息を付してこれを支払わなければならない」（11条2項。32条2項も同様）。②他方、賃貸人が減額請求を受けた場合、賃貸人は裁判が確定するまでは相当と思われる額を請求できるが、減額を認める裁判が確定した場合には、超過額に受領の時から年1割の利息を付して返還しなければならない（11条3項。32条3項も同様）。

10-111 【スライド条項】　賃貸借契約において、自動的に毎年ないし一定期間毎に賃料が自動的に増加するいわゆるスライド条項が入れられている場合がある。契約自由の原則からいって、公序良俗に違反しない限りこのような条項も有効である。但し、無制限に有効というわけにはいかず、判例も以下の2つの結論を認めている（最判平15・6・12判時1826号47頁）。

10-112 　(1) 事情が変更されれば効力を有しない　最高裁は、「当初は効力が認められるべきであった地代等自動改定特約であっても、その地代等改訂基準を定めるに当たって基礎となっていた事情が失われることにより、同特約によって地代等の額を定めることが借地借家法11条1項の規定の趣旨に照らして不相当なものとなった場合には、同特約の適用を争う当事者はもはや同特約に拘束されず、これを適用して地代等改定の効果が生ずるとすることはできない」と判示している。これによれば、基礎が失われればその間失効することになるが、完全に失効するのではなく基礎が戻れば効力が戻ることになろう。

10-113 　(2) 増減額請求権の行使を妨げない　さらに、最高裁は、スライド条項の効力を否定するのみならず、「このような事情の下においては、当事者は、同項に基づく地代等増減請求権の行使を同特約によって妨げるものではない」とされている。しかし、すでに述べたように、一定期間賃料の増減をしない特約は有効であり、その期間は賃料の増減請求権は認められない（11条1項但書、32条1項但書）のであるから、スライド条項には増減額請求を認めないという特約の趣旨は含まれていないと考えることになろう。

10-114 【サブリース契約と賃料減額請求権】　バブルの時期に、不動産賃貸事業者（デベロッパー）が土地所有者に持ちかけて、その土地上にデベロッパーが建物を建設しこれを賃借した形とし、賃貸（形式的には転貸）をして建物の管理をすることを約束し、所有者との賃貸借契約では賃料の毎年の増額を約束する事例があった。ところが、バブル崩壊があり、事業者が予期に反し賃料が入ってこないことになったことから、形の上では賃貸借契約としているため賃料の賃料減額請求がされることになった。ここでは、借地借家法32条の適用をめぐって、このような企業間の取引に適用してよいのか、また、そもそもデベロッパーとの契約は賃貸借契約という形式をとって

はいるが本当に賃貸借契約なのか、といった疑問がある。判例は、借地借家法32条の適用を否定したり、適用を肯定するものの減額請求を否定したり、または、減額請求に特別事情を加味して減額の認められる範囲を制限したりするものがあったが、最高裁は*10-115*のようにこの問題を適用肯定、しかし厳格な運用をするということで解決をした。本書では、実質的に間接代理の受託契約に損失保証特約がついていると考えるため、借地借家法32条の適用を考える余地はない。

10-115
> ● **最判平15・10・21判時1844号50頁**　「本件契約は、建物の賃貸借契約であることが明らかであるから、本件契約には、借地借家法が適用され、同法32条の規定も適用される」。「本件契約には本件賃料自動増額特約が存するが、借地借家法32条1項の規定は、強行法規であって、本件賃料自動増額特約によってもその適用を排除することができない」。「本件契約は、……いわゆるサブリース契約と称されるものの一つであると認められる。そして、本件契約は、被上告人の転貸事業の一部を構成するものであり、本件契約における賃料額及び本件賃料自動増額特約等に係る約定は、上告人が被上告人の転貸事業のために多額の資本を投下する前提となったものであって、本件契約における重要な要素であったということができる。これらの事情は、本件契約の当事者が、前記の当初賃料額を決定する際の重要な要素となった事情であるから、衡平の見地に照らし、借地借家法32条1項の規定に基づく賃料減額請求の当否（同項所定の賃料増減額請求権行使の要件充足の有無）及び相当賃料額を判断する場合に、重要な事情として十分に考慮されるべきである。」

2　賃貸人の義務（賃借人の権利）

10-116　民法は、賃貸人の義務につき、①601条の定義規定において、「ある物の使用及び収益を相手方にさせる」義務という抽象的義務を規定し、②他方で、その具体化として修繕義務を規定する（606条）。さらに、③売買の規定が準用される結果（559条）、担保責任も問題となる。なお、不動産賃貸人には賃借権の設定登記に協力する登記義務は当然には認められないが、特約によって賃借権設定登記義務が合意された場合にも、設定登記と賃料支払義務とは同時履行の関係に立つことはないとされている（最判昭43・11・28民集22巻12号2833頁[12]）。

(1) 担保責任に基づく義務

10-117　**(a) 他人物の賃貸借**　他人の物を賃貸することも債権契約としては有効であ

---

[12] 「本件不動産の賃貸借契約に賃借権の設定登記をする旨の特約が存したことは所論のとおりであるが、原審の確定したところによれば、X（＝賃貸人）の右登記義務とY（＝賃借人）の賃料支払義務とを同時履行の関係に立たしめる旨の特約の存在は認められないのみならず、賃借人たるYはすでに賃借物の引渡を受けて現にこれを使用収益しており、賃借権の登記がないためにYが契約の目的を達しえないという特段の事情も認められない」、というのが理由である。

り（従って、支払われた賃料は賃貸人との間では不当利得とならない）、賃貸人が所有権を取得したり土地所有者から貸借したりできず履行不能が確定して責任が問題となる。責任の内容については、560条から564条が準用される。ただし、他人物売買とは異なり、①賃借人に所有者に対する賃借権を取得させること（契約引受）、②賃貸人が目的物を取得すること、または、③他人物賃貸借が債権契約として有効なのを所有者の追認を得て所有者に対抗できるようにすること、いずれによっても561条の準用による履行責任を果たすことができよう。なお、賃貸借契約は継続的契約であり、履行不能により契約が終了するということが観念でき、所有者が①〜③のいずれも拒否した時点で契約は履行不能に確定し終了すると考えてよい。その後に、所有者が死亡し他人物賃貸人が相続した場合に、賃借人が未だ明渡しをしておらず契約は終了していても使用関係が継続していれば、契約が復活するという処理をする余地があろう。

　また、賃借人は、賃借物につき権利を主張する者が現れ、使用収益しえなくなるおそれが生じた場合には、576条の準用により賃貸人に対して賃料の支払を拒絶することができる（最判昭50・4・25民集29巻4号556頁）。

10-118 【不当利得との関係】　賃貸人は他人の物を無権限で賃貸し、賃借人は他人の物を権限なく使用収益したことになるが、不当利得との関係をめぐってはどう考えるべきであろうか。
　　(1) 賃貸人の賃料収受
　　(a) 賃借人との関係での不当利得　　他人物の賃貸借も債権契約としては有効であり（559条による560条の準用）、賃貸人は賃借人との間においては、賃料を受領しても不当利得とはならず（債権があるので有効な弁済となる）、賃借人に賃料を返還する義務はない[13]（大判昭9・6・27民集13巻1745頁。但し、使用収益ができなかったら減額請求ができる）。問題は、賃借人が使用収益したにも拘らず賃料の支払を遅滞している場合である。契約は有効である以上、賃借人は賃料債務を負うことになることは疑いないが、賃料未払の場合には所有者に不当利得返還義務を負うことになる（悪意の賃借人に限る）。なお、賃借人が賃貸人に賃料を支払ってしまえば、所有者は賃貸人か

---

[13] 他人物賃貸借の場合に、賃借人が錯誤無効（95条）を主張することができるかについては、大判昭3・7・11民集7巻559頁が、「目的物が賃貸人の所有に属することを特に契約の―前提―内容と定めあらざる以上、此の点に関する誤信は直に以て其の締結せられたる契約の効力を左右するほど爾く当然に重大なるものに非ず。唯或は賃借人をして目的物の使用収益を為さしむ可き賃貸人の債務の履行不能に帰する結果之に対し相当の責を惹くことあるに過ぎずと解するを相当とせさるや否や」は、「各場合に於ける当事者の意思を推究して始めて決定せらる可き事実問題」であり、錯誤無効の主張を否定した原審判決は正当であるとしている。

ら不当利得返還請求をするしかないことになり迂遠であるので、賃借人は真の所有者から請求を受けたならば賃貸人への支払を拒めることになるといってよい（高島162頁は559条により576条を準用して処理する）。

10-119　**（b）所有者との関係での不当利得**　しかし、所有者との関係では、物を賃貸することも利用の一内容として所有者に帰属すべき利益であり、賃貸人は受領した賃料を所有者に返還しなければならない[14]。但し、賃貸人が善意であれば、189条1項により、受け取った賃料を返還する必要はないことになる。ところが、189条1項の適用を消費して利益が残っていない場合についての返還義務を認めないという、703条を確認しただけの規定と考えれば、利益が残っている限り返還を免れないことになる（私見はこちらを支持する）。

10-120　**（2）賃借人の使用収益**
　（a）賃料支払済の場合　賃借人は所有者に対して使用権限がないのであるが、賃貸人に賃料を支払っているため利得がないといってよい。では、その場合どこに利得があるかというと、賃料を受領した賃貸人に対してであり、所有者は賃貸人から賃料を不当利得として返還請求することになる。

　なお、使用貸借した場合や、相当額よりも低廉な賃料で賃貸した場合、所有者は使用貸主または賃貸人に賃料相当額または相当賃料との差額を不当利得返還請求できず（但し、別に不法行為の損害賠償は考えられる）、利得は使用借主または賃借人に返還を求めるしかない。しかし、使用借主、賃借人が善意であれば、189条1項が適用されるので（広中14頁）、結局、所有者は使用借主ないし賃借人に対して不当利得返還請求はできないことになる。

10-121　**（b）賃料未払の場合**　では、賃借人が賃料を支払っていない場合にはどう考えるべきであろうか。

　❶ **肯定説**　賃借人は所有者との関係では不法占有であり、単に賃料を支払っていれば利得がないため不当利得の返還義務がないというだけであり、未だ賃料を支払っていなければ不当利得返還義務の成立を妨げる必要はないということができる（大判昭13・8・17民集17巻1627頁）。なお、善意占有である場合には（善意占有は自分の所有と信じる場合に限られない）、利用利益についても189条1項が類推適用されるので、所有者の返還請求権は認められない。

10-122　❷ **否定説**　しかし、賃借人は契約が有効である以上有効に賃料債務を負い、寧ろ賃貸人が賃料債権を有効に取得することにより不当利得をしているということもでき、所有者は賃貸人に不当利得の返還請求の内容として賃料債権の移転を求める

14　返還すべき賃料であるが、大判昭9・10・30裁判例8巻253頁は、収受した賃料であり、相当な賃料額ではないというが、利得の返還であるので当然である。なお、賃貸人の能力により通常より高い賃料で賃貸した場合も、全額の賃料の返還請求ができるかという問題がある。

488　第3編　契約各論2　財産の利用を目的とした契約

ことができるという考えも可能である。

10-123　❸ 折衷説　②を原則としながら、賃貸人に賃貸権限がないことが明らかとなった場合には、それ以前の用益も含めて賃借人に所有者に対する不当利得返還義務を認めるのが、公平に適し不当利得の制度の趣旨に合致するというものもある（川島武宜「判批」判民昭13年103事件、我妻・中一431頁）。189条1項との関係上どう説明するのかは疑問が残る。

10-124　**(b)　その他の担保責任**
(ア)　瑕疵担保以外　①数量不足・一部滅失の場合には、565条の準用により（559条）、善意の賃借人は賃料減額または契約解除ができる。また、②占有を内容とする権利がある場合にも、566条が準用される（559条）。数量指示売買において、数量超過の場合には、本書では超過部分に相当する不当利得返還請求権が問題になるが、数量指示賃貸借における数量超過については、むしろ継続的契約関係であるので、事情変更の場合に準じて直截に賃貸人の賃料増額請求権を認める処理も考えられよう。

10-125　**(イ)　瑕疵担保責任**　売買や請負とは異なって、賃貸借では、賃貸人は契約で定められた目的物を使用収益に適した状態に置く義務を負うので、原始的瑕疵のみならず、後発的瑕疵についても責任を負うことになる。後発的瑕疵の場合には、修補義務（賃貸借では「修繕」の語が使われるが、担保責任では「修補」の語が用いられる）が問題になり、目的を達成できない状態であれば解除ができ、いずれの場合にも賃貸人に帰責事由があれば損害賠償義務も負うことになる。時効は原則の167条1項の10年ということになる。では、原始的瑕疵についてはどう考えるべきであろうか。引き渡せば債務不履行がなくなるという法定責任説では、契約で約束した合意に適した状況に目的物を置く義務が賃貸人には認められるので、特定物のドグマがあてはまらないので瑕疵担保責任ではなく、一般の債務不履行責任によることになり、後発的瑕疵と同じ扱いになろう。債務不履行説では、原始的瑕疵については瑕疵担保責任の特則を認める余地がある[15]。一方で、無過失責任であり信頼利益の賠償（マンションの耐震性が欠けていたための引越し費用など）が認

---

[15]　賃貸借において瑕疵担保責任を認めた判決としては、飲食店用の店舗の賃貸借において、「悪臭と小蝿の発生とは本件浄化槽、とくに第一腐敗槽の防臭ならびに防虫構造が不完全であることに起因するものであ」り、「これは食品衛生上のみならず営業政策上も清潔と衛生のイメージを特に要求される飲食店々舗にとっては致命的な欠陥といわなければならない」として、これを隠れた瑕疵と認めて、賃借人による賃貸借契約の解除を認めた判決がある（東京地判昭47・11・30判タ286号267頁）。

められてしかるべきことになるが、他方で、1年という除斥期間に服することになる（賃貸借と瑕疵担保責任規定との関係については、笠井修「不動産賃貸人の瑕疵担保」『民法学の新たな展開』489頁以下参照）。「隠れた瑕疵」という要件が必要になるので、原始的瑕疵について敢えて瑕疵担保責任の準用を否定する必要はないであろう。

(2) 使用・収益させる義務

10-126　賃貸人は、目的物を賃借人が契約に定まった使用・収益を可能とする状態に置く義務を負う。この賃借人による使用収益を可能とさせる義務は、物的な施設にかかわるものが中心であるが、それに尽きず、賃借人の安全・快適な生活を保証するために努力をすることも要求される。この抽象的義務から、以下のような種々の具体的な義務が導かれる[16]。

10-127　**(a) 引渡義務**　賃貸人は、賃貸借の目的物（これは特定物の場合と不特定物の場合とがあるが、不特定物の場合にも引渡しにより特定し、返還の目的物はその物となる）を、賃借人に引き渡し、賃借人が使用収益できる状況にする必要がある。建物の場合には、結局は建物の鍵の引渡しということになり、鍵の引渡し場所がどこされたかで、鍵の提供のために賃貸人がすべき行為が異なってくる。

10-128　**(b) 妨害排除義務**　人の占有ないし占有妨害行為によって目的物の使用を妨げられる場合には、賃貸人はこれを排除しなければならない。即ち、賃貸人は消極的に妨害してはならないのみならず、「使用収益を為さしむることに努むべき積極的義務を負担」し、第三者の占有を黙認していた場合には、第三者と共に損害賠償義務を免れない（大判昭5・7・26民集9巻9号704頁）。賃貸人は必要な努力をすれば責任を免れ（履行補助者でもないので、第三者の行為につき責任を当然負ういわれはない）、その場合は、使用できない損害は第三者が賃借権侵害による損害賠償義務を負う。

10-129　**(c) 修繕義務——賃借人の修繕受忍義務**　賃貸目的物に使用収益を妨げる瑕疵がある場合には、「賃貸人は、賃貸物の使用及び収益に必要な修繕をする義務を負う」（606条1項）。修繕は賃貸人の自己の物についての権利でもあり、「賃貸人が賃貸物の保存に必要な行為をしようとするときは、賃借人は、これを拒むことができない」（606条2項。受領義務の一種である）。但し、そのため、賃借人が賃借

---

[16] 賃借人の賃料支払義務はこの義務と対価関係に立つため、この義務の履行がなければ、賃料支払義務は認められないし、不完全に履行されればそれに応じて賃料支払義務も縮減される。特殊な例として工事に伴う騒音、カビの発生を理由として賃料の減額が認められている（東京地判平6・8・22判時1521号86頁）。

した目的を達しえない場合には、賃借人は契約の解除をすることができる（607条）。

なお、606条1項は任意規定であり、特約により賃貸人の修繕義務を軽減ないし免除すること、更には賃借人に逆に修繕義務を負わせることも可能である[17]。但し、その特約は慎重に解すべきであり、大修繕についてまで賃貸人の義務を免れしめたり、賃借人に義務づけるといったことは極力認定すべきではない（不動産賃借人の修繕義務については、新田孝二『危険負担と危険配分』269頁以下参照）。

10-130 **【不可抗力ないし賃借人の過失による場合と修繕義務】**
　(1) 不可抗力の場合　不可抗力により賃貸物が毀損し使用に支障が生じても、賃貸人に帰責事由がないので、これにより賃貸人の損害賠償責任が生じることはない（但し、使用しえなかった程度に応じて、危険負担の債務者主義（536条1項）により、賃貸人は賃料債権を取得できないことになる）。

　しかし、不可抗力による毀損についても、賃貸人は修繕義務を免れず、賃借人から善処方を求められたのに、相当期間に修繕をしなければ、その時点からは修繕義務の不履行となり損害賠償義務を免れない。賃料を取得できないのみならず、賃借人に生じた損害についての賠償義務を免れないことになるのである。

10-131 　**(2) 賃借人の過失による場合**　では、目的物の毀損が賃借人の帰責事由による場合にも、賃貸人は修繕義務を免れないのであろうか（危険負担については、536条2項により賃借人は賃料支払義務を免れない）。

　❶ **否定説**　まず、賃借人の帰責事由による毀損の場合には、賃貸人は修補義務を負わないという考えがある（末川・下108頁、来栖311頁以下、石田穣218頁、松坂150頁、川井216頁）。この考えでは、賃借人は自ら修補しなければならず（賃貸人に義務がないので、その費用を賃貸人に求償しえない）、使用できない期間も債権者主義（536条2項）により賃料支払義務を免れないことになる。一見すると適切なようであるが、損害賠償についての民法の立場と適合せず、次のように考えるべきである。

10-132 　❷ **肯定説**　賃借人が毀損につき賠償義務を負うことと、修補義務は別の問題であり、賃借人の帰責事由による場合にも賃貸人は修繕義務を免れないという考えもある（鳩山・下456頁、我妻・中一444頁）。この立場では、賃借人は債権者主義により賃料の支払い義務を免れず、かつ、賃貸人に修繕費用を賠償しなければならないことになる。賃貸人の修繕義務を認めるので、賃借人の帰責事由による場合でも、賃借人から修繕を求められたのに賃貸人が修繕をしなければ、債務不履行となり賃貸人のそれ以降の賠償義務が生じ、また、その時からは賃借人の賃料支払義務は使

---

[17] 消費者契約法の適用がある事例では、賃借人に賃借人の帰責事由によらない瑕疵についても修繕を負担させておきながら、賃料が相当額減額されていない場合には、消費者契約10条により、賃借人に修繕費用を負担させる条項は無効と考えるべきであろう。

用できない範囲に応じて軽減されることになろう（この点が❶説との大きな差異である）[18]。民法が現実賠償ではなく、金銭賠償主義(417条)を採用しているのに対して、特約もなしに賃貸借の場合にだけ例外を認める理由はなく、本書もこの立場に賛成する。

10-133 【修繕義務の不履行と賃料支払義務の拒絶】　例えば、4月の中旬に不可抗力により賃借物が毀損し、使用・収益ができないかまたは十分にはできなくなったとする。この場合に、このことが賃借人の賃料支払義務にどう影響を及ぼすであろうか。賃料は前払、即ち月の初めに支払う約束がされているものとする。

　　(1) 既払の4月分の賃料について　　先ず、既払分の賃料債務についてはどうなるであろうか。支払時には前払債務であり債務があり、有効な弁済であったはずである。

　❶ 当然減額説　　賃料は使用・収益の対価であるので、使用・収益ができなければ対価も生じないはずである。そのため、使用・収益ができなかった分に応じて減額されるという考えがある（三宅・各論下679頁、川井217頁）。判例には当然減額を認めるものが多い（大判大4・12・11民録21輯2058頁）。ただし、先払で賃料債権を成立させてしまうので、611条の類推適用による賃料減額請求権を認める構成も主張されている（我妻・中一444頁・新注民(15)221頁以下［渡辺・原田］）。

　売買では特定物に瑕疵があって契約通りに使用できなくても、瑕疵のために当然減額されるのではなく減額請求権が発生するのみである（これを認めない説は損害賠償による）。しかし、賃貸人の債務は使用収益させるという継続的・状態的債務であり、本来は一時的に対価を支払うものではないが、便宜上一時に賃料を支払う約束をしておりその効力が認められているにすぎないものである。その意味では、本来使用収益が可能であった分に応じて順次賃料債権が生じるべきものであり、便宜上一時に先払する債務が有効に成立するとしても、使用収益ができないことがいわば解除条件になっているということができる。従って、使用収益できなかった割合に応じて債務がなかったことになり、既払分は不当利得となり返還請求をなしうるということになる（なお、修繕義務以外の義務違反と賃料支払義務につき、吉田克己「判批」判タ885号63頁以下参照）。

10-134 　❷ 減額否定説　　これに対し、契約で約束した以上賃料債務は発生し弁済により消滅したままであると考え、ただ、賃借人が実際に使用できなかったならば、その

---

[18] マンションの賃貸借で、賃借人が台所流し口から食用油を流し排水管内に付着したため排水管の閉塞が生じた事例で、「賃借人の責任で修繕を必要とする状態に至った場合においても、合理的な期間内に修繕を行うべきであり、したがって、右期間内に修繕が行われなかったときは、賃借人は信義則上、以後の賃料の支払を建物の使用収益に支障が生じている限度において拒絶し、あるいは減額の請求をすることができる」とされている（東京地判平7・3・16判タ885号203頁。3割相当の支払拒絶を認めた）。

ことを損害として賠償請求を認めればよく、損害賠償債権と賃料債権とを賃借人は相殺すればよいという考えもある（鳩山・上456頁、末弘586頁など古い学説）。しかし、損害賠償を問題にするのでは、賃貸人の帰責事由がある場合にしか適用できず、不可抗力の場合には適用できず、適切ではない。

10-135　**(2) 未払の５月分の賃料について**　では、未払の５月分の賃料についてはどう考えたらよいであろうか。

　(a) 支払拒絶権否定説　５月分については、賃料は先払であり、修繕により使用・収益しうるようになる可能性もあるので、賃借人は原則として支払義務を免れず、ただ、結果的に使用・収益できなかった場合には、それに応じて(1)同様に減額分の返還請求ができるという考えも可能である（三宅・下684頁）。この立場でも、飽くまでも原則としてであり、はじめから１か月使用ができないことが明らかないし不安がある場合には、賃借人は賃料の支払を拒絶ないし使用できない分に応じて差し引かれた賃料のみの支払を主張できる余地はある（不安の場合には不安の抗弁権）。

10-136　**(b) 支払拒絶権肯定説**　これに対し、賃借人は修繕がなされるまで、賃料の支払を拒絶しうる（全部使えないのではない場合にも、全額拒絶を認める考えと、使えない程度に応じた金額部分の支払拒絶のみを認める考え〔我妻・中一444頁、高島163頁、末川・下109頁、石田穣48頁とが可能〕という考えも可能である（大判大５・５・22民録22輯1011頁は、賃料の減額請求をなしうる限度で賃料の支払を拒める、逆にいうと全額の支払は拒めないことを認めた。これに対して次の判例は全く使用できなかった事例）。賃貸人に修繕義務の履行を強制するという政策的な観点から、このような形で履行を心理的に促す必要は否定できず、私見もこれに賛成である。判例は使用収益が妨げられている状態により、次のように異なる判断を示している。

10-137　**❶ 全面的に利用ができない場合**　大判大10・9・26民録27・1627は（水害による建物［旅館］の破損につき修繕がなされないため、賃借人が次期分の賃料を支払わないため、賃貸人が解除をしたという事案である）、「賃貸人の有する修繕義務が賃借人の賃料支払の時期以前に発生し既に之を履行すべきものなる場合に於いては、縦令其支払時期は賃料を前払すべき時期なるとき雖も、賃貸人に於て修繕義務を履行せざれば賃借人は完全に賃借物の使用収益を為すことを能はざるを以て、<u>賃借人は賃貸人が其有する修繕義務を履行する迄は賃料の支払を拒絶し得べきは、賃貸借の双務契約たる性質上当然にして、民法533条に依る同時履行の抗弁権と謂うを妨げず</u>」として、従って、賃借人は遅滞の責めなしとして解除の主張を退けた（それ以前に、賃料請求を同様に退けたものとして、大判大４・12・13民録21輯2058頁がある）。

10-138　**❷ 使用収益を著しく困難にする程度の支障はない場合**　これに対し、建物の賃貸借で一回でも賃料の支払を遅滞すると解除ができるという特約があるケースであるが、「居住にある程度の支障ないし妨害があったことは否定できないが、右使用収益を不能もしくは著しく困難にする程の支障はなかった、というのであるから、こ

のような場合、賃借人……において賃料の全額について支払を拒むことは許されないとする原審の判断は、正当である」として、特約による解除を認めたものがある（最判昭43・11・21民集22巻12号2741頁。なお、解除が有効である以上、賃貸人の修繕義務及び使用収益させる義務は消滅するので、その不履行を理由に未払賃料の支払を拒みえないともいう。最判昭38・11・28民集17巻11号1477頁も同様）。

10-139　**(3) 賃料支払拒絶権の法的根拠**　確かに、両者の義務が引換給付に適したものであれば、同時履行の抗弁権を認めることは可能である。しかし、ここでは、賃料は一度に支払う一時的義務であるのに対して、他方の賃貸人の義務は継続的義務であり、両者の間に同時履行はそもそも考えられない。また、修補義務も、請負人の仕事完成義務に等しく、引換給付に適さず先履行義務とされるべきものである。従って、いずれにせよ、同時履行の抗弁権というのはしっくりこないので、修繕義務の履行を促すことを賃借人に可能とするために、政策上認められた（条文としては信義則ぐらいしか持ち出せないが）修繕を先履行とする履行拒絶権というべきものである（広中142頁も同時履行の抗弁権とは異なるという）。

(3) 費用償還義務

10-140　**(a) 必要費償還義務**　賃借物の修補は賃貸人の義務であり、その費用は当然賃貸人の負担である。そのため、「賃借人は、賃借物について賃貸人の負担に属する必要費を支出したときは、賃貸人に対し、直ちにその償還を請求することができる」（608条1項）[19]。必要費とは、賃借物を通常の用法に適する状態に保存するために必要な費用である[20]。

10-141　**【賃借人が第三者に依頼して修理をさせ、その修理代金が未払の場合】**　例えば、AからBが借りているブルドーザーが故障したので、BがAの承諾を得てCに修理に出したとする。この場合に、BがCに修理代金を既に支払っていれば、BがAに

---

[19] 賃借人が修繕をするためには、賃貸人の修繕義務不履行は要件とはされていないが（大判昭2・4・7新聞2694号11頁）、修繕を要する状態が生じた場合には、賃借人はそのことを賃貸人に通知する義務を負うので（615条）、緊急の場合でない限り、賃貸人に知らせることなく修繕を勝手に行うことはできないというべきである。しかし、賃借人が催告をしても賃貸人が修繕をしない場合には、賃借人は修繕を行うことができ（実際には業者に行わせる）、その場合には自力救済にもならないというべきである。608条はこのことを前提としていると考えてよい。しかし、知らせずに勝手に修繕をしても、事務管理に類する状態になり、費用償還請求ができることは変わらないが、但し賃貸人はもっと安くできた場合にはその金額に請求できる金額が制限されるというべきである（⇒債権総論**3-131**）。

[20] 借家人による土台入換えの費用（大判大14・10・5新聞2521号9頁）、畳替えの費用（大判昭18・7・6新聞4862号8頁）、更には、道路の改修及びこれに伴う隣地の盛土のため借地が凹地となり雨水が停滞するようになったので地盛をした費用も必要費とされている（大判昭12・11・16民集16巻1619頁）。

対して必要費償還請求権を持つことは疑いない。では、BがCに修理代金を未だ支払っていない場合はどうであろうか。問題は、Bが無資力状態になった場合であり、不当利得制度を転用してCのAに対する不当利得返還請求権を認めることができないかが議論されている（転用物訴権。特約により賃借人が費用負担する事例はここではおく）。

10-142　**(1) 否定説は存在しない**　先ず、「必要費を支出したときは」となっているので、BがCに修理代金を支払っていないうちはこの要件を充していないとして、BのAに対する必要費償還請求権を否定するということも考えられる。しかし、BがCと契約をして修理代金を払う義務を負うことは決っているのに、実際に支払うまで何らの権利もBは取得しないというのが適切なのかは疑問となる。

10-143　**(2) 肯定説**　そこで、「必要費を支出したときは」となっているのは、賃借人自らが自分の労力と材料をもって必要費を投じるケースを念頭に置いたためであり（自分でペンキを買ってきて塗るなど）、第三者に修理を依頼した場合はそもそも念頭に置かれておらず、そのような場合には第三者に対し修理代金債務を負担しただけでよいということも考えられる。これによれば、C→BそしてB→Aと債権が認められることになる。この場合に、C→Aの不当利得返還請求権（転用物訴権）という直接の債権を認めることが妥当かについては、議論がある。

10-144　❶ **転用物訴権否定説1（債権者平等貫徹説）**　まず、転用物訴権をも認めると、B→A債権もBの債権者の責任財産のはずであり、Cも債権者として給付の一部を受けられるにすぎないはずなのに、直接の債権を認めて全額の給付を受けられるというのは、破産法秩序ないし債権者平等の原則を崩すことになるので認められないという評価も可能である。判例は建物の事例で、「法律上の原因なくして右修繕工事に要した財産及び労務の提供に相当する利益を受けたということができるのは、<u>AとBとの間の賃貸借契約を全体としてみて、Aが対価関係なしに右利益を受けたときに限られる</u>」とし、「<u>AがBとの間の賃貸借契約において何らかの形で右利益に相応する出捐ないし負担をしたときは、Aの受けた右利益は法律上の原因に基づく</u>」としている（最判平7・9・19民集49巻8号2805頁［主体をABCに変更］）。Aが費用償還義務を「負担」していても適用排除されそうである。

10-145　❷ **転用物訴権肯定説（修理代金債権優先説1）**　しかし、Cを優先させるべきであるという価値判断も可能であり[21]、そのため、CのAに対する直接の債権（転用物

---

[21] 目的物がB所有の物の場合には、Cは修理による価値増加についてBの債権者について目的物に対して先取特権により優先権が認められるが（修理前の500万円の物が責任財産にすぎなかったのであり、修理費用100万円をかけて600万円の価値にした場合に、100万円について修理代金を優先させても、Bの債権者に不利益はなく、むしろ増加分についてまで修理代金と平等というのは、Bの他の債権者に棚ぼた的な利益を与えることになる）、他人物の修理の場合には先取特権は認められないという、法の欠缺とでもいうべき状況がある。しかし、BのAに対する費用償還請求権はBの債権者が平等を主張できない価値増加分に

訴権）を認めることにより、Ｃの優先的債権回収を確保することも考えられる。そして、Ａに対してＢＣは連帯債権者になり、Ａはいずれに支払っても債務を免れるが（従って、判例の二重の負担の危惧はなく、先の判例の射程は本事例には及ばないと考えるのが素直）、ＢＣの債権には競合した場合の優劣があり、競合する場合にはＣを優先させるべきことになろう。しかし、不当利得という制度を用いることが適切かは疑問である。

10-146　❸ **転用物訴権否定説 2**（修理代金債権優先説 2）　目的物がＢ所有ならばＣには先取特権が認められ、Ｂの他の債権者に優先するのに、先取特権が認められるべき価値増加分のいわば代位物が費用償還請求権であり、これにはＣとＢとが平等というのは適切ではない。しかし、本書は、不当利得制度を転用することには反対であり、Ｃ→ＢそしてＢ→Ａが関連し給付がすべてＡからＣにいくべき関係にある場合には、ＣにＢのＡに対する費用償還請求権についての排他的な行使を可能とする代位権（直接訴権）を認めるべきであると考えている。

10-147　**(3) 中間的な学説**（修理代金債権優先説 3）――**代弁済請求権のみを認める説**　ＢはＣに現実に修理代金を支払うまではＡに対して必要費償還請求権は取得せず、それまではＢにＡに対し自分の代りにＣに修理代金を支払うよう求める代位弁済請求権のみを認めれば足りるという考えがある（鈴木530～1頁）。条文としては650条2項の類推適用という説明をする。これによっても、ＣのＢの債権者への優先的地位という結論が実現されることになる。Ｂの債権は代位弁済しか、即ちＣへの弁済しか求めることが許されない権利だからである。

10-148　**(b) 有益費償還義務**　「賃借人が賃借物について有益費を支出したときは、賃貸人は、賃貸借の終了の時に、第196条第2項の規定に従い、その償還をしなければならない。ただし、裁判所は、賃貸人の請求により、その償還について相当の期限を許与することができる」（608条2項）。有益費は賃貸人が直ちに償還義務を負うのではなく、目的物の返還を受ける時に改良された価値が残っていればまた残っている限りで[22]、その利益を不当利得するにすぎないのである[23]。また、有益費償還義務が高額になる場合には、賃借人は留置権の行使ができるので、直

　　匹敵するものであり、Ｂの他の債権者に債権者平等をいわせる必要はなく、Ｃが優先されるべきである。
[22]　残っていることが必要なので、返還前に増築部分が、賃貸人・賃借人のいずれの責に帰すべからざる事由により滅失した場合には、返還請求権は発生しない（最判昭48・7・17民集27巻7号798頁）。
[23]　従って、有益費支出後に賃貸人が交替しても、返還を受ける新賃貸人＝所有者が返還義務を負うことになる（最判昭46・2・19民集25巻1＝2号135頁）。賃借権の譲渡による賃借人の交替の場合も、明渡時の賃借人たる新賃借人が返還請求権を取得すると言われる（北川57頁）。

ちに費用を返還できない賃貸人は目的物の返還を受けられず酷なので、ただし書が設けられたものである。

10-149 **【費用償還請求権の行使期間の期間の性質】**　600条の準用により(621条)、必要費の償還義務も含めて、賃貸人に対する賃借人の費用償還請求権は、賃貸人が返還を受けてから1年以内に行使しなければならない[24]。この期間の性質については、次の2つが考えられる。

10-150 　❶ **除斥期間説**　費用の支出があったか否かという争いを早期に押さえようとする趣旨であり、弁済があったか否かといった消滅時効の趣旨とは異なることから、除斥期間と考える学説がある（我妻・中一446頁［1年以内の訴えの提起まで要求する］、末川・下111頁）。

10-151 　❷ **時効期間説**　これに対して、10年を1年にした点が評価されればよく、中断を認めない必要はなく、時効期間と考えてよいという考えもある（川島武宜「判批」判民昭8年18頁以下、戒能200頁、石田穣220頁）。しかし、時効によって消滅するというのではなく、「一年以内に請求しなければならない」という表現がされており、また、起草者も時効か除斥期間か表現で使い分けたと説明しており、また、弁済の証明ではなく時間の経過により必要費が費やされたか、有益費が費され返還時に利益が残っていたかが不明になるのであり、除斥期間説でよいのではないかと思う。

(4) 付随義務特に保護義務

10-152 　賃貸人の付随的な義務として、賃借人の安全に対する保護義務が認められ（山形地米沢支判昭54・2・28判時937号93頁）、また、賃借人が賃貸家屋に持ち込んだ家財についての保護義務が、次のように認められている[25]。このような注意義務を認めることに異論はないと思われるが、この義務違反を債務不履行と構成すること

---

[24] なお、必要費については、この1年の期間制限の他に167条1項の10年の消滅時効の適用も考えられ、賃借人は支出から直ちに償還請求ができるため、返還前でもその時から10年の時効が進行し完成する可能性があり、また、支出から10年経過前でも、目的物を返還したらその時から1年の制限に服することになる。要するに二重に期間制限があり、いずれかの完成でよいことになる。

[25] なお、賃貸ビル（デパート）における工事作業員のタバコの不始末による火災の延焼を阻止できなかった賃貸人の保安管理義務違反を認めたものとして大阪地判昭56・1・26判時996号89頁がある。他方、このような義務を認めず、不法行為責任によるものとして、福岡地判昭42・12・22判タ216号232頁がある。更に、貸しビル業者からビルの1室を賃借し婦人服販売店を経営している原告が、同じビルの地下1階を賃借し飲食店を経営している賃借人が悪臭を発生させたため、客が敬遠し営業上の損害を受けた事例で、社会通念上受忍限度を超える悪臭が発生しているのに「これを放置し若しくは防止対策を怠る場合に」、賃貸人に債務不履行責任があるとして、その責任が肯定された事例もある（東京地判平15・1・27判タ1129号153頁）。

には理論的には疑問が残される[26]。

10-153　●最判平3・10・17判時1404号74頁　《事案と上告理由》　XはY所有の建物の一階の一部を賃借し、店舗として使用していたが、残余部分はYが家族と共に居住していた。ところが、Yの居住部分からの出火による火災のため、Xの商品及び備品が全て焼失してしまった。そのため、XがYに対して損害賠償を請求したが、その責任の性質が問題とされた。もし不法行為責任だとすると、Yに重過失がなければ失火責任法により損害賠償義務を免責されてしまうからである。原判決はXの請求を認めたため、Yが、「賃貸借契約においては、賃貸人の義務とされるのは使用収益させる義務であって、……使用収益させる義務を中心として、修繕義務・費用償還義務・担保責任が生じるわけであって、それ以上に賃借人の所有動産類に対する安全管理義務というものがあるわけではない」、と上告した。最高裁は次のように述べ上告を棄却する。

10-154　《判旨》「右事実関係によれば、Yは、その所有に係る木造二階建の本件建物の一階の一部を総合衣料品類販売店舗としてXに賃貸し、その余の一階部分及び二階全部を自ら住居として使用し、本件建物の火気は、主としてYの使用部分にあり、Yの火気の取扱いの不注意によって失火するときは、Xの賃借部分に蔵置保管されている衣料品類にも被害が及ぶことが当然に予測されていたところ、Yの使用部分である一階の風呂場の火気の取扱いの不注意に起因する本件失火によってXの賃借部分に蔵置保管されていた衣料品類が焼失し、Xはその価額に相当する損害を被ったものというべきであるから、Yは右被害について賃貸人として信義則上債務不履行による損害賠償義務を負うと解するのが相当である。」[27]

II　賃借人の権利義務[28]

1　賃借人の権利──使用収益権

10-155　賃借人の使用収益権は、賃貸人の義務として述べたところの裏返しである。債

26　使用収益させる義務の違反により拡大損害が生じた場合には、その侵害された賃借人ないしその家族の財産・身体などの法益が使用収益させる義務の保護範囲の利益と認められれば、債務不履行責任を認めてもよいが、密接な関係があればよいというだけでは、共同住宅の賃借人相互間にさえ信義則上の保護義務が認められかねない。失火責任法を排除した結論は妥当であるが、はたしてその手段のために債務不履行を拡大するのが妥当なのかは疑問が残る。

27　奥田昌道「判批」リマークス6号22頁は、本判決を信義則上の義務を認めたものと解し、狭義の給付義務ではないが、契約の本旨履行のための不可欠の行為義務を契約法上の義務として認め、これに賛成する。

28　賃借人の権利義務は、賃貸人の権利義務の裏返しであり、いずれの側から説明するかと

権だけとってみれば使用収益権であるが、これを基礎づける賃借人たる契約上の地位自体は、賃借権といわれる。使用収益の範囲を定めなかった場合には、「借主は、契約又はその目的物の性質によって定まった用法に従い、その物の使用及び収益をしなければならない」(616条による594条1項の準用)。

2　賃借人の義務

(1) 賃料支払義務

10-156　**(a) 賃料支払時期**　使用収益させるという継続的・状態的義務については、対価である賃料の支払との同時履行ないし引換給付に適さず、前払か後払かになる。民法はこの点につき、「賃料は、動産、建物及び宅地については毎月末に、その他の土地については毎年末に、支払わなければならない。ただし、収穫の季節があるものについては、その季節の後に遅滞なく支払わなければならない」と、後払とした (614条)。しかし、当然それと異なる合意が可能であり、通常は、賃料は各月の初めにその月の賃料を前払するものと約定されている。時間決めの駐車場のように期間が定まっていない場合には、契約終了時に清算金のような形で賃料総額 (駐車料金) を支払うことになっている。

10-157　**(b) 賃料額**　公序良俗に反しない限り、賃料額は当事者が自由に決定できる。ただし、借家については生活の基盤でもあるので国家が介入し、地代家賃統制令というものがあった (現在は廃止。また、農地法による規制は残っている)。なお、借地借家法上賃料の増減請求が可能なことについては既に述べたが (⇒ **10-106**)、民法自体にも賃借人に減額請求権を認める規定があるので、それをここで説明しておこう。

10-158　**(ア) 減収の場合**　「収益を目的とする土地の賃借人は、不可抗力によって賃料より少ない収益を得たときは、その収益の額に至るまで、賃料の減額を請求することができる。ただし、宅地の賃貸借については、この限りでない」(609条)。小作人保護の社会的立法である。ただし書には「宅地」とあるが、農地以外の事業用の借地にも適用してよく、例えば土地を借りて飲食店を経営していたが、地震で建物が壊れ補修のため使用できなかったとしても (賃借物自体の滅失には611条がある)、賃料の減額を認める必要はない。なお、2年以上も上のような状態が続

　　　いう問題にすぎないので、賃貸人の権利義務のところで既に説明している点については省略する。

29　これらの問題については、小野秀誠『反対給付論の展開』232頁以下参照。

く場合には、賃貸人は契約の解除をすることができる（610条）[29]。

10-159 **（イ）賃借物の滅失の場合** 「賃借物の一部が賃借人の過失によらないで滅失したときは、賃借人は、その滅失した部分の割合に応じて、賃料の減額を請求することができる」（611条1項）。危険負担の債務者主義（536条1項）の確認規定であり、反対解釈として、賃借人の過失による場合には減額されないことになる。なお、一部滅失により契約をした目的を達しえなくなれば（全部滅失ならば履行不能で契約終了）、賃借人は契約を解除できる（611条2項）。

（2）善管注意義務

10-160 賃借人は他人の物を占有し、使用するのであるため、「契約又はその目的物の性質によって定まった用法に従い」目的物を使用収益しなければならない（616条による594条1項の準用）。しかし、寄託のように保管そのものが目的ではなく、使用が許容され使用に際しての善管注意義務であるため、使用に伴う減価償却は、賃借人の責任を生じさせない（原状回復義務も生じない⇒**10-164**）。賃借人は第三者に使用収益させてはならないが、契約の当然の解釈として家族を居住させることは許されており、また、公序良俗に違反しない限りで同居させることのできる者を限定することも可能であり[30]、その他方で、賃借人は同居の家族などの過失についても当然責任を負わねばならない（⇒債権総論**3-377**以下）[31]。また、善管注意義務の従たる義務として、賃借人に賃貸人への一定の場合の通知義務を認めている（615条）。

　この義務に賃借人が違反する場合には、賃貸人は解除の一般原則により相当の期間を定めて違反行為の中止を求め、しかる後に解除ができるが、違反行為が著しく信頼関係を破壊するものである場合には、直ちに解除ができる[32]。また、賃貸人は損害賠償も請求でき、その性質は債務不履行なので、火災の場合にも、失

---

[30] 単身者専用の賃貸の場合には、客を入れることは認められるが（それも賃借人の使用の範囲）、他人を居住させることを禁止することも可能であり、夫婦向けでも、子供は駄目とか、子供1人まではよいとか表示されることもある。

[31] 従って、家族の行為による損傷について、賃借人は原状回復義務を負う。問題は転借人の行為であるが、土地の賃貸借で無断転貸がなされ、転借人が土地上に産業廃棄物を不法に投棄した場合に、賃借人の原状回復義務として、その産業廃棄物の撤去義務が認められ、賃借人の連帯保証人の責任が肯定されている（最判平17・3・17裁判所時報1383号5頁）。適法な転貸借であっても結論は同様であろう。

[32] 用方違反の具体例そして用方違反による解除をめぐっては、藤井俊二「用方違反」『現代借地借家法講座2』227頁以下参照。共同住宅における動物飼育禁止特約の違反を理由として解除が認められたものとして、東京地判平7・7・12判時1577号97頁がある。

火責任法は債務不履行責任には適用がないので[33]、賃借人が善管注意義務に違反して失火した場合には、重過失でなくても失火免責を受けられないことになる。

10-161　**【集合住宅による延焼と失火責任法】**　借家が一軒家ならば失火について債務不履行が成立し、失火責任法が適用にならないという処理は簡単である。ところが、集合住宅の一戸を借りている者が失火をして、建物がその者の賃借部分を超えて火災の被害を受けたとなると、問題が生じる。他の賃借人が受けた損害については不法行為責任しか成立の余地はなく、従って、失火免責が受けられることは疑いなく、問題は賃貸人に対しての責任である。

10-162　❶　**不法行為責任・失火免責肯定説**　先ず、賃借人が返還義務そして使用に伴う善管注意義務を負うのは、自分の賃借している部分についてのみであり、建物全体については類焼を受ける近隣の家屋に対すると同様、不法行為法上の注意義務を負うしかないという処理も可能である。そうすると、延焼部分については不法行為責任しか成立せず、失火責任法が適用となる（横浜地判昭56・3・26判タ448号123頁など）。

10-163　❷　**債務不履行責任・失火免責否定説**　これに対して、隣接の家屋とは状況が異なり、集合住宅の一室から火がでれば必然的に建物の他の部分に損害が生じるのであるから、賃借人は自分の賃借部分についての返還義務・善管注意義務とは別に、建物全体に対し信義則上保護義務を負うということも考えられる。これによれば、構成は異なるが、賃借人は自分の賃借部分のみならず延焼部分についても債務不履行責任を負い、従って、失火責任法の適用はないということになる（東京高判昭40・12・18判タ142号59頁などが不可分性を理由に全体につき債務不履行責任を肯定。沢井裕『失火責任の法理と判例』283～4頁も原則としてこの説による）。賃借人の善管注意義務の保護範囲として建物全体を認めてよいので、本書もこの立場によっておこう。

(3) 目的物返還義務（原状回復義務）

10-164　賃借人は契約が終了すれば、占有権限を失うので目的物を賃貸人に返還しなければならない（616条、597条1項）。これが、①返還義務の発生を意味するのか、それとも、②返還義務は受領時に発生し、ただその履行時期について規定したものか、考えが分かれる。①だとすれば保管義務はそれ自体賃貸借ということから導かれるものとなるが（期間満了後引渡までについては次の400条を使える）、②だと400条の特定債務の規定からも導くことができる。実益のある議論ではないが、②で別によいのではないかと思われる。なお、土地の賃借人が土地を無断転貸し、転借人が土地上に産業廃棄物を不法に投棄した事例で、賃借人は原状回復義務として、産業廃棄物を撤去すべき義務を免れないものとされている（最判平17・3・10判時1895号30頁。事案は賃借人の保証人への原状回復義務の不履行を理由とした損害賠償請求であり、請求が認容される）。

原状回復は賃借人の権利でもあり（616条、598条）、賃借人には収去権が認められる。これは付合がない場合には当然のことであるが、収去権の意味は付合が生じても認められる点にある。但し、付合した物を取り外すと賃借物の価値が著しく減少するような場合には、収去権は認められず有益費償還請求をするしかないといわれている（石田穣226頁）。従って、付合しているが収去が可能な場合は、賃借人は収去権の行使と有益費償還請求権の行使とが選択できることになる。

10-165 【通常使用による劣化と原状回復義務】　賃借人は返還に際して、賃借物を原状に復せしめなければならないが、適正な使用による減価分はこの限りでない。問題は、特約により通常使用による劣化などについての原状回復をも賃借人に義務づける特約の効力である。消費者契約法施行後のその適用のある事例では、消費者契約法10条により無効とした判決が出されている（京都地判平16・3・16は、自然損耗等による原状回復費用を賃借人に負担させる条項を、消費者契約法10条により無効とした）。消費者契約法施行前の事例についても、次のように明示の合意を要件とし、その明示の合意を厳格に認定することをもって、賃借人の保護を図る判決が出されている。

10-166 　●最判平17・12・16判時1921号61頁、判タ1200号127頁　原状回復のための費用として敷金を充当し、敷金を返還しない賃貸人に対して、賃借人が敷金の返還を求めた訴訟において、最高裁は次のような注目される判断を示している。
　「賃借人は、賃貸借契約が終了した場合には、賃借物件を原状に回復して賃貸人に返還する義務があるところ、賃貸借契約は、賃借人による賃借物件の使用とその対価としての賃料の支払を内容とするものであり、賃借物件の損耗の発生は、賃貸借という契約の本質上当然に予定されているものである。それゆえ、建物の賃貸借においては、賃借人が社会通念上通常の使用をした場合に生ずる賃借物件の劣化又は価値の減少を意味する通常損耗に係る投下資本の減価の回収は、通常、減価償却費や修繕費等の必要経費分を賃料の中に含ませてその支払を受けることにより行われている。そうすると、建物の賃借人にその賃貸借において生ずる通常損耗についての原状回復義務を負わせるのは、賃借人に予期しない特別の負担を課すことになるから、賃借人に同義務が認められるためには、少なくとも、賃借人が補修費用を負担することになる通常損耗の範囲が賃貸借契約書の条項自体に具体的に明記されているか、仮に賃貸借契約書では明らかでない場合には、賃貸人が口頭により説明し、賃借人がその旨を明確に認識し、それを合意の内容としたものと認められるなど、その旨の特約（以下「通常損耗補修特約」という。）が明確に合意されていることが必要であると解するのが相当である[34]。」

33　大判明45・2・17民録18輯315頁。それ以前は、大判明38・2・17民録11輯182頁など適用を肯定していた。
34　当該事例については、「同項自体において通常損耗補修特約の内容が具体的に明記されているということはできない。また、同項において引用されている本件負担区分表についても、……通常損耗を含む趣旨であることが一義的に明白であるとはいえない。したがって、

第5節　敷金及び権利金

I　敷金

1　敷金の意義

10-167　敷金契約は、賃貸借契約の内容そのものではなく、賃料その他賃借人が負担することあるべき債務の担保のために締結される、賃貸借契約の従たる契約（抵当権の設定契約のように担保契約）である。この契約に基づいて交付される金銭を敷金という[35]。敷金契約は担保契約であり、第三者（物上保証人）が敷金を提供し、第三者が敷金返還請求権を取得するということも可能である。受け取った金銭は、寄託を受けたり質にとったものではなく、金銭は占有あるところに所有ありと考えられているため、賃貸人は特約がない限りその金銭を自己の財産と分離して管理する必要はないことになる。

10-168　【敷金契約の法的性質】
　　（1）**敷金契約は要物契約か**　敷金契約は、賃貸借とは別の賃貸借に従たる契約である。そして、金銭の交付により成立する要物契約ともいわれる（但し、消費貸借同様に要物性は緩和される）が、消費貸借契約同様に諾成契約と認めてもよいであろう。学説も、敷金を交付するという合意も有効であり、賃借人が合意をしたにも拘らず敷金を交付しない場合には、賃貸人に解除権を認めるべきであるといわれており（我妻・中一473頁など通説・判例）[36]、正当である。

10-169　　（2）**敷金契約の法的性質**　ところで、敷金設定契約の法的性質については議論がある。

　本件契約書には、通常損耗補修特約の成立が認められるために必要なその内容を具体的に明記した条項はないといわざるを得ない」として、「本件契約において通常損耗補修特約の合意が成立しているということはできない」とした。

[35]　民法にも316条及び619条2項に出てくる言葉であるが、敷金自体についての規定は置かれていない。保証金等と呼ばれることもある。

[36]　敷金契約と賃貸借契約とは別の契約なので、複合契約の理論によって、敷金契約の敷金交付義務の不履行による賃貸借契約の解除を正当化するしかない。敷金については、荒木新五「賃貸借契約における敷金」『21世紀判例契約法の最前線』151頁以下参照（担保目的でする消費寄託契約という提案をする［164頁］）。

(a) 交付と同時に返還請求権の成立は認めない学説——停止条件付返還債務を伴う金銭所有権移転説（通説・判例）　先ず、ＢがＡに敷金を交付すると敷金設定契約の効力としてその金銭はＡのものとなり、返還請求権は生ぜず、賃貸借契約終了後担保される債務を清算して敷金に残りがあったならば（あるかどうか将来の不確定の事実なので条件というわけであるが）その額につき返還義務がＡにつき生じるという考えがあり、これが通説・判例であるといえる[36-1]。物の譲渡担保における清算金の返還請求権と同じように考えるわけであり、金銭の譲渡担保とでも考えれば分かりやすく、要するに、金銭の譲渡担保の法的分析の問題である。

10-170　**(b) 交付と同時に返還請求権の成立を認める学説**
　❶ **債権質説**　ＢがＡに敷金を交付すると、別に贈与したわけではないので敷金の返還請求権が直ちに生じるが、これにＢのＡの賃貸借関係上の債務を担保するため債権質を設定して優先弁済を確保したものが敷金設定契約と解するものである。

10-171　❷ **相殺予約説**　これに対して、弁済ではなく担保のために金銭を支払った以上、直ちに返還債権を生じると考えるべきであり、ただ担保目的のために賃貸借の終了までは返還を請求できず（期限未到来）、また、返還を請求できるのは、賃貸人の債権額を相殺した残額に限定されるという相殺予約の合意があるものと考える学説もある（三宅・下836〜7頁）。譲渡担保について担保権的構成を採用すれば、金銭の譲渡担保でも直ちに返還義務の成立を認めるのが整合的であり、この説に従いたい（なお、金銭所有権は交付により賃貸人に移転する）。但し、三宅説は、賃貸借終了後には一般の相殺しか認められないというが（三宅・下839頁）、やはり明渡しまでの賃貸人の債権についても相殺予約の効力を認めるべきであろう。

[36-1]　このことを賃料債権の側からアプローチをすると、賃料債権が差し押さえられた場合に、その後の明渡し（停止条件の成就）によって当然に賃料が差し引かれ賃料債権は差押えにもかかわらず消滅してしまうのか、511条の適用は問題にならないのかということが疑問となるが、この点につき、最判平14・3・28民集56巻3号689頁は次のように判示した。「<u>賃料債権等の面からみれば、目的物の返還時に残存する賃料債権等は敷金が存在する限度において敷金の充当により当然に消滅することになる。このような敷金の充当による未払賃料等の消滅は、敷金契約から発生する効果であって、相殺のように当事者の意思表示を必要とするものではないから、民法511条によって上記当然消滅の効果が妨げられないことは明らかである。</u>」「また、<u>抵当権者は、物上代位権を行使して賃料債権を差し押さえる前は、原則として抵当不動産の用益関係に介入できないのであるから、抵当不動産の所有者等は、賃貸借契約に付随する契約として敷金契約を締結するか否かを自由に決定することができる。</u>したがって、<u>敷金契約が締結された場合は、賃料債権は敷金の充当を予定した債権になり、このことを抵当権者に主張することができる</u>」、と。本書のような相殺予約説でも、賃借人の側から債権回収をしようとするものではなく、賃貸人から担保権の実行をするものであるため、差押えがあっても相殺予約の効力発生は妨げられないというべきであろう。

2 敷金の効力

(1) 敷金により担保される債務の種類

10-172　敷金により担保される債務は、主として賃料債務であるが、賃料債務に限定されず、賃貸借契約をめぐって賃借人の負うことあるべき一切の債務を担保する。用法違反による損害賠償義務、原状回復のための費用が賃料以外の債務の代表例である。総債務の額が敷金の額よりも大きい場合には、法定充当の規定（489条）により充当される（大判昭7・11・15民集11巻2105頁）。

(2) 賃貸中の敷金の充当

10-173　敷金は契約終了時に債務に充当される（＝担保権の実行）ことになるが、それ以前であっても賃借人に金銭債務の支払不履行があればそれに充当されることになるであろうか。それとも、根担保として確定が生じて初めて実行ができるのであろうか。

　賃貸人からは、存続中であっても敷金を延滞賃料等に充当できると考えられている（大判昭5・3・10民集9巻253頁）。但し、その減った分については、補充を求めることは出来ないと解されている（催告しても支払わなかったのであれば、肯定してもよいように思えるが）。②賃借人からは、敷金に充当することはできない。敷金への充当は一種の担保権の実行であり、また、賃借人が一方的に充当できてしまったら、賃料を支払わず充当すればよくなり、敷金を取った意味がなくなるからである（賃借人の保証人が充当を主張した事例であるが、大判昭5・3・10民集9巻253頁）。従って、賃貸人は充当せずに賃料不払を理由に解除ができるわけであるが、多額の敷金が残っている場合には解除は権利濫用になることを示唆する学説もある（我妻・中一473頁）。

　しかし、敷金契約は金銭の根譲渡担保であり、原則として確定があるまで実行はできないと考えるべきであり、賃借人からの充当（本書では相殺）が許されないのみならず、賃貸中の賃貸人による充当（本書では相殺）も、特約がない限りは許されないと考えるべきである。

(3) 敷金の有効期間——敷金返還請求権の発生時期

10-174　敷金は賃貸借とは別個の敷金契約により設定されるものであり、賃貸借の終了が当然に敷金契約の終了をもたらすものではない。敷金は賃貸借契約上の義務のみを担保するものではなく、賃貸借契約終了後の返還までの使用利益の不当利得返還請求権や返還までの間に賃借物を毀損した損害賠償請求権も担保するもので

あるからである。ところが、こう考えることには次のようなジレンマがある。

> ① 敷金契約の有効期間内の債務だけが担保されるのであり、賃貸借の終了により敷金契約も終了してしまっては、その後の債務が担保されなくなってしまう。
> ② しかし、賃借人が返還をせず担保される債務の発生の余地がある限り敷金契約は存続するならば、賃借人が目的物を返還して初めてその効力を失い、敷金返還請求権が発生するということになり、賃借人は敷金の返還との同時履行の抗弁権を主張して、敷金の返還を促す手段がなくなってしまう。

そこで、いずれの視点を重視するかで、次のように学説が分かれることになる。

10-175　**(a) 明渡時説**　先ず、*10-174*①を重視して、賃貸借が終了しても目的物の返還（明渡し）までは敷金契約は効力を失わず、賃貸借終了後も明渡しまでの債務を敷金は担保するという考えがあり（我妻・中一473、476頁、荒木・注36論文176頁は、消費寄託と解した上で、目的物返還時を弁済期とする）、判例でもある（⇒*10-176*）。これによれば、賃借人による明渡しが先履行の関係になるため、賃借人は明渡請求に対して、敷金の返還との同時履行を主張することはできない（川井251頁）。

10-176　　●**最判昭49・9・2民集28巻6号1152頁**　判例は次のように判示して、賃借人の賃借家屋の明渡しと敷金の返還との同時履行との関係を否定した。
「賃貸借における敷金は、<u>賃貸借の終了後家屋明渡義務の履行までに生ずる賃料相当額の損害金債権その他賃貸借契約により賃貸人が賃借人に対して取得することのある一切の債権を担保するものであり、賃貸人は、賃貸借の終了後家屋の明渡がされた時においてそれまでに生じた右被担保債権を控除してなお残額がある場合に、その残額につき返還義務を負担するものと解すべきものである</u>（最高裁昭和46年オ第357号同48年2月2日第2小法廷判決・民集27巻1号80頁参照）。そして①敷金契約は、このようにして賃貸人が賃借人に対して取得することのある債権を担保するために締結されるものであって、賃貸借契約に附随するものではあるが、賃貸借契約そのものではないから、賃貸借の終了に伴う賃借人の家屋明渡債務と賃貸人の敷金返還債務とは、<u>一個の双務契約によって生じた対価的債務の関係にあるものとすることはできず</u>、また、②<u>両債務の間には著しい価値の差が存しうることからしても、両債務を相対立させてその間に同時履行の関係を認めることは、必ずしも公平の原則に合致するものとはいいがたいのである。③一般に家屋の賃貸借関係において、賃借人の保護が要請されるのは本来その利用関係についてであるが、当面の問題は賃貸借終了後の敷金関係に関することであるから、賃借人保護の要請を強調することは相当でなく</u>、また、④<u>両債務間に同時履行の関係を肯定することは、右のように家屋の明渡までに賃貸人が取得することのある一切の債権を担保することを目的とする敷金の性質にも適合するとはいえないのである。</u>このような観点からすると、賃貸人は、特別の約

定のないかぎり、賃借人から家屋明渡を受けた後に前記の敷金残額を返還すれば足りるものと解すべく、したがって、家屋明渡債務と敷金返還債務とは同時履行の関係にたつものではないと解するのが相当であり、このことは、賃貸借の終了原因が解除（解約）による場合であっても異なるところはないと解すべきである[37]」(①②③④は著者)

10-177 **(b) 賃貸借終了時説**　これに対し、敷金契約も賃貸借契約と同時に終了し、従ってその時点で敷金返還請求権が発生するという考えもある（末川・下142頁、石田穣227頁）。この説の利点として、賃借人が賃借家屋の明渡しと敷金の返還との同時履行の抗弁権を主張することができるということがある。

　しかし、賃貸借の終了時に敷金の返還請求権が生じることが、直ちに同時履行の抗弁権を生じさせるわけではない。即ち判例の①の説明通り、両債務は同一の双務契約から生じた対価関係にある債務ではないのである。それでは、533条の類推適用はどうかというと、判例の②の問題が引っ掛かってくる。従って、仮に賃借人に同時履行の抗弁権を認めるといっても、本来の同時履行の抗弁権を認めるのではなく（三宅・下843頁）、賃借の敷金返還請求権の実効性を確保するための特殊な抗弁権にすぎないというしかない（逆に敷金の返還請求に対して賃貸人にも認めるべきかは疑問）。

　また、この説の大きな難点として、賃貸借終了後の債務については敷金では担保されないということがある。但し、通常は賃貸人は不当利得返還請求権等を自働債権として敷金返還請求権と相殺ができるので、不都合はないであろう。ところが、もし賃借人の債権者が敷金返還請求権を差し押さえた場合には（賃料が支払えずに解除された賃借人ならばありうるであろう）、その後も賃借人が占有を続けて賃貸人が取得した債権は差押後の債権ということになり、差押債権者には相殺をもって対抗できないことになる（511条）[38]。

10-178 **(c) 折衷説（契約終了後は相殺予約）**　以上の中間的な考えとして、敷金返還

---

[37] 本判決は、続けて留置権についても、「そして、このように賃借人の家屋明渡債務が賃貸人の敷金返還債務に対し先履行の関係に立つと解すべき場合にあっては、賃借人は賃貸人に対し敷金返還請求権をもって家屋につき留置権を取得する余地はないというべきである」と判示している。

[38] これに対して、判例の明渡時説だと、明渡しまでは敷金返還請求権は発生しておらず、差押えができないので問題は生じない。最判昭48・2・2民集27巻1号80頁は、明渡時説をとった上で、「賃貸借終了後であっても明渡前においては、敷金返還請求権は、その発生および金額の不確定な権利であって、券面額のある債権にあたらず」、転付命令の対象とはならないとした。

請求権は賃貸借終了時に発生するが、敷金の担保的効力は明渡しまで継続するという考えも可能である（相殺の特約ないし相殺予約類似の方法で控除されるという〔星野英一『借地借家法』265頁、水本227頁〕）。また、敷金についての転付命令または譲渡は無効ではなく、敷金によって担保される債権には対抗しえないことになる。**10-179**のような判例がある。

10-179　● **東京地判昭36・3・31下民集12巻3号703頁**　「敷金が授受された場合には、その敷金は、当事者間の特約その他特別の事情のない限り（本件においてはこの点につき何らの主張も立証もない）、賃貸借終了の際における延滞賃料は勿論のこと、賃貸借終了後の損害金その他当該賃貸借に関し明渡までに生じた一切の金銭債務の支払を担保するものであ……ところで、「賃貸借終了後の損害金もその実質においては延滞賃料と何ら択ぶところがないものであるし、賃借人が敷金返還請求権について同時履行の抗弁権を行使した場合には爾後家屋の占有は適法のものとなり、損害金の発生は止み、賃料相当の不当利得返還請求権が生ずるが、この請求権も亦その実質において延滞賃料請求権と同視して差支えないものであるから<u>敷金の担保的効力は当然これらの債務にも及び</u>、これらの債務についても延滞賃料と同様に相殺の意思表示を要せず当然に敷金から控除されるものと解するのが相当である。そして、<u>控除後になお残余があるときは、賃借人保護の見地からしても、公平の原則からみても、当該残金は家屋の明渡と同時履行の関係に立ち、明渡と引換に賃借人に支払われるべきものと解するのが相当であると考える。</u>」

10-180　**(d) 本書の立場**　敷金契約は金銭の譲渡担保であり、残余額の変換は清算金の支払に匹敵するものと考えれば、担保という観点から、明渡しまでの債務が担保されるべきであり、契約終了時説は当事者の意思に適合しない。そして、清算金の支払との同時履行の抗弁権については、譲渡担保において目的物の引渡しと清算金の同時履行の抗弁権は否定されており、明渡しについても同時履行の抗弁権が否定されてもやむをえないであろう。また、やはり明渡しを受けて、賃貸人がチェックをして修繕をしてから返還すべき金額が明らかになるという実務上の要請もあり、明渡しが先履行というのが慣習といえるのである[39]。このような意味で、判例が正当であり、敷金の返還問題については、別個に解決が立法論そして解釈論として図られるべき問題というべきである。

---

[39] この点がなければ、賃貸人側にも同時履行の抗弁権を認めることができ、また、賃借人は占有を続けていれば、敷金分程度は直ぐに債務が生じるので、同時履行の抗弁権を認めることは不合理ではないといえるであろう。

3 敷金と当事者の変更

(1) 賃貸人の変更

10-181 **(a) 賃貸中の変更**　ＡがＢに賃貸中の不動産がＣに譲渡された場合、Ｃは賃貸人たる地位を承継するが、敷金契約はどうなるであろうか。

　①敷金契約と賃貸借契約とは別の契約ではあるが、②特定の賃貸借関係の債権についての担保契約であり、③また、一身専属的な権利関係ではない。そして、担保は債権に随伴して移転するものであり、債権を取得する賃貸人がＡからＣに移転したならば担保も随伴して移転すべきである。そのため、債権者側である賃貸人の地位の譲渡については、賃貸借関係と共に敷金契約も承継されると判例・学説とも考えている（我妻・中一475頁）。

　なお、留置権では、留置物が新債権者に引き渡される必要があるが、敷金契約では、契約は要物契約であるとしても、賃貸人側の敷金契約の承継には、旧賃貸人から新賃貸人に実際に敷金が交付されることは必要ではない。なお、移転時にＢの債務が遅滞にあるときには、Ａは担保がなくなってしまうので、その額を差し引いた額の敷金がＡからＣに承継される[40]（しかし、確定まで実行できないと考えると疑問）。確かにこう解すると、ＡからＣに実際に敷金の交付がない場合には、Ｃに酷なようにもみえるが、ＣＡ間の売買は賃借人Ｂの関知しない事実であり、賃貸人側の事情でなすものであるから、賃貸借が承継される以上ＡＣ間で敷金の交付があったか否かで敷金の承継が決定されるのはＢに酷である。また、Ｃとしては敷金分については代金額から差し引くなり、相殺するなどの手段があったのだから、特に酷というものではない[41]。

10-182 **【賃貸人としての地位が留保された場合】**

　(1) 譲渡担保の場合　賃貸中の不動産を譲渡担保に供した場合に、担保権的構成では実行により債権者に帰属させるまで、賃貸人たる地位は移転せず、実行後は確定的に移転するので問題はない。問題は所有権的構成であるが、債務者が自ら使

---

[40] Ａは移転前にＢに対して有していた債権につき敷金の充当ができることになる（最判昭44・7・17民集23巻8号1610頁）。

[41] なお、譲渡人Ａも自分の都合で譲渡をしたのだから、1年間はＢの敷金返還につき保証債務を負うという考えがある（石田穣286頁）。また、賃借人の承諾がない限り、旧賃貸人と新賃貸人とは重畳的に敷金返還債務を負うとも主張されている（荒木・注36論文187頁）。しかし、賃貸借の対抗を認めながら、敷金関係だけ承諾がなければ移転を対抗できないとするのには抵抗感があり、解釈論としては難しいであろう。

用するのを容認するために使用貸借契約をするのと同様に、債務者に賃貸人たる地位を留保することは可能であると思われる（次の判決の射程外）。実行までは所有権の移転は形式だけのものであり、留保特約を認めることができ、実行により初めて実質的に移転し賃貸人たる地位も特約の効力がなくなり移転することになる。

10-183　**(2) 不動産投資の事例**　自己使用目的ではなく、節税などの対策として他人に賃貸してその賃料から収入を得るために不動産（マンション）を購入する場合、賃貸中であればすぐに賃料が入るので都合がよい。同様の方法として、サブリースという方法もあるが、これは原始的に購入者に帰属させ、これから運用会社が賃借している形とし、ユーザーへの賃貸は転貸という形式をとることになる。この場合には賃貸人たる地位の移転は起きてこない。ところが、AがBに賃貸中の不動産をCが購入する場合には、Cが賃貸人になって管理をAに任せればよいのであるが、Aに賃貸人たる地位を留保させることが考えられる。このような場合に賃貸人たる地位の留保を賃借人Bに対抗できるのであろうか。**10-184**のように、信託的譲渡の事例で、判例は否定する。

10-184　● **最判平11・3・25判時1674号61頁**　A所有のビルの6から8階をAはXに賃貸した後、Bら38名に小口商品化して販売し、賃貸人たる地位はAに留保する特約をし、同時に、BらはYにそれぞれ信託的譲渡をし、YからCに賃貸、更にCからAへの賃貸がされた。これにより、ぐるっとまわって賃料がAからBに入ることが取り繕われたのである。その後、XからYに対して賃貸人たる地位がYに移転したことを主張し、Yはこれを認めないので、Xは契約を解除し建物から退却し、Yに対して敷金の返還を求めた（Aは倒産している）。一審、二審ともXの請求を認容し、最高裁も次のように判示してYの上告を退けている。

10-185　**(1) 法廷意見**　「自己の所有建物を他に賃貸して引き渡した者が右建物を第三者に譲渡して所有権を移転した場合には、<u>特段の事情のない限り</u>、賃貸人の地位もこれに伴って当然に右第三者に移転し、賃借人から交付されていた敷金に関する権利義務関係も右第三者に承継されると解すべきであり（最判昭39・8・28民集18巻7号1354頁、最判昭44・7・17民集23巻8号1610頁を参照とする）、右の場合に、<u>新旧所有者間において、従前からの賃貸借契約における賃貸人の地位を旧所有者に留保する旨を合意したとしても、これをもって直ちに前記特段の事情があるものということはできない</u>。けだし、右の新旧所有者間の合意に従った法律関係が生ずることを認めると、賃借人は、建物所有者との間で賃貸借契約を締結したにもかかわらず、新旧所有者間の合意のみによって、建物所有権を有しない転貸人との間の転貸借契約における転借人と同様の地位に立たされることとなり、<u>旧所有者がその責めに帰すべき事由によって右建物を使用管理する等の権原を失い、右建物を賃借人に賃貸することができなくなった場合には、その地位を失うに至ることもあり得る</u>など、不測の損害を被るおそれがあるからである。もっとも、新所有者のみが敷金返還債務を履行すべきものとすると、新所有者が無資力となった場合などには、賃借人が不利益を被ることになりかねないが、右のような場合に旧所有者に対して敷金返還債務の履行を請求することができるかどうかは、右の賃貸人の地位の移転とは別に検討されるべき問題で

10-186　**(2) 藤井裁判官の反対意見**　（原則として法廷意見に賛成）「しかし、甲が、丙に建物を譲渡すると同時に、丙からこれを賃借し、引き続き乙に使用させることの承諾を得て、賃貸（転貸）権能を保持しているという場合には、甲は、乙に対する賃貸借契約上の義務を履行するにつき何の支障もなく、乙は、建物賃貸借の対抗力を主張する必要がないのであり、甲乙間の賃貸借は、建物の新所有者となった丙との関係では適法な転貸借となるだけで、もとのまま存続するものと解すべきである。賃貸人の地位の丙への移転を観念することは無用である。賃貸人の地位が移転するか否かが乙の選択によって決まるというものでもない。もしそうではなくて、この場合にも新旧所有者間に賃貸借関係の承継が起こるとすると、甲の意思にも丙の意思にも反するばかりでなく、丙は甲と乙に対して二重の賃貸借関係に立つという不自然なことになる[42]。」

10-187　**(b) 賃貸借終了後明渡前の所有権者の変更**　敷金返還請求権の発生時期について、①賃貸借終了時説をとれば、賃貸借の終了により敷金契約も終了することになり、その後にAが建物をCに譲渡してもBはAから敷金の返還を受けるだけということになる[43]。②他方、明渡時説によれば、賃貸借終了後も敷金契約の効力は存続し、その担保する債権の発生は所有者（新賃貸人）と賃借人との間に依然として存続するのだから、敷金契約がAからCに承継されてもよいようにもみえる。しかし、賃貸借契約が承継されないので、あくまでも不法行為の損害賠償ないし不当利得の返還であり、賃貸人のままであれば明渡義務の履行遅滞という債務不履行になるのとは異なっている。

　明渡時説を採用する判例も、賃貸借終了後の目的物の譲渡の場合には、敷金関係は承継されないと考えている（⇒**10-188**）。その結果、①敷金返還義務を負うのはAだけであり、他方で、②賃借人が賃貸借終了後に不当利得返還義務を負う相手はCということになり、終了時説でも相殺ができず、明渡時説でも敷金により

42　括弧書きで次のようにも付け加えている。「もっとも、乙の立場から見ると、当初は所有者との間の直接の賃貸借であったものが、自己の関与しない甲丙間の取引行為により転貸借に転化する結果となり、乙は民法613条の適用を受け、丙に対して直接に義務を負うなど、その法律上の地位に影響を受けることは避けられない。特に問題となるのは、丙甲間の賃貸借が甲の債務不履行により契約解除されたときの乙の地位であり、乙は丙に対して原則として占有権限を失うと解されているが、乙の賃貸借が本来対抗力を備えていたような場合にはそれが顕在化し、丙は少なくとも乙に対しても履行の催告をした上でなければ、甲との契約を解除することができないと解さなければならないであろう」。

43　同時履行の抗弁権ではだめだが、留置権を認めればBは敷金の返還まで留置することをCにも対抗できる。そして、占有による不当利得はAC間に生じ、AB間の敷金関係とは別になり相殺ができない（但し、代位弁済的相殺は可能⇒債権総論**2-340**以下）。

担保することができなくなる。②については、ACが自分の都合で譲渡したわけであり、このような不都合はやむをえないといってよいが、問題は①の点についてである。BはAを探し出して敷金の返還を受けるしかないが、それを回避するために敷金の承継を認めるというのはどうであろうか。やはり、敷金契約は賃貸人が賃貸借終了後に譲渡したことによりその時点で終了（確定）し、Bについては留置権の行使を認めればよいのではないか。判例も **10-188** のように承継を否定している。

10-188　● **最判昭48・2・2民集27巻1号80頁**　「敷金は、右のような賃貸人にとっての担保としての権利と条件付返還債務とを含むそれ自体1個の契約関係であって、敷金の譲渡ないし承継とは、このような契約上の地位の移転にほかならないとともに、このような敷金に関する法律関係は、賃貸借契約に附随従属するのであって、これを離れて独立の意義を有するものではなく、賃貸借の当事者として、賃貸借契約に関係のない第三者が取得することがあるかも知れない債権までも敷金によって担保することを予定していると解する余地はないのである。したがって、賃貸借継続中に賃貸家屋の所有権が譲渡され、新所有者が賃貸人の地位を承継する場合には、賃貸借の従たる法律関係である敷金に関する権利義務も、これに伴い当然に新賃貸人に承継されるが、賃貸借終了後に家屋所有権が移転し、したがって、賃貸借契約自体が新所有者に承継されたものでない場合には、敷金に関する権利義務の関係のみが新所有者に当然に承継されるものではなく、また、旧所有者と新所有者との間の特別の合意によっても、これのみを譲渡することはできないものと解するのが相当である。このような場合に、家屋の所有権を取得し、賃貸借契約を承継しない第三者が、とくに敷金に関する契約上の地位の譲渡を受け、自己の取得すべき賃借人に対する不法占有に基づく損害賠償などの債権に敷金を充当することを主張しうるためには、賃貸人であった前所有者との間にその旨の合意をし、かつ、賃借人に譲渡の事実を通知するだけでは足りず、賃借人の承諾を得ることを必要とするものといわなければならない。」

(2) 賃借人の変更

10-189　**(a) 賃貸人の同意のある場合**　賃借人Bが、賃貸人Aの同意を得てないし譲渡を認める特約に基づいて賃借権をCに譲渡した場合を考えてみよう。AB間の賃貸借がAC間に承継されることは疑いないが、敷金契約についてはどう解するべきであろうか。債務引受については、債務者自身が供した担保についても、新債務者に承継されると他人の債務のために、旧債務者が物上保証人同様の状況に置かれることになるので議論があったが、それと同様に物上保証人と同じ法的地位に譲渡人（旧賃借人）を置くことになると考えなければならないのかが、前提問題となる。

10-190　**❶ 承継否定説**　債権者の変更の場合には担保の随伴性により敷金契約の承継を肯定するが、債務者側の変更については、通説そして判例（最判昭53・12・22⇒

10-191）は、その敷金をもって新賃借人の担保とし、新賃借人に敷金返還請求権を譲渡するといった特別の事情がない限り、敷金の承継を否定している。その根拠として考えられるのは、賃貸人の変更では、債権者側であり担保の随伴性という事情があったがここではそのような事情はないこと、また、Bが賃借権をCに譲渡した後もBの差し入れた敷金がCの賃料を担保するというのは、Bを物上保証人と同様の地位につけることになりBに酷であることが考えられる[44]。

10-191 ● 最判昭53・12・22民集32巻9号1768頁　　A会社は、Yから本件土地を賃借し、敷金として3,000万円をYに交付していた。X（国）は、A会社の滞納国税を徴収するため、国税徴収法に基づいてA会社がYに対して有する将来生ずべき敷金返還請求権全額を差し押えた。A会社が本件土地上に所有していた建物について競売が実施され、B会社がこれを競落し、右建物の所有権とともに本件土地の賃借権を取得した。YはB会社に対し右賃借権の取得を承諾した。承諾前において、A会社に賃料債務その他賃貸借契約上の債務の不履行はなかつた。Xは賃借権の譲渡により敷金契約は終了したとして、Yに対して敷金の返還を求めた。原審は請求を認容し、Yが上告するが、最高裁は以下のように判示して上告を棄却する。

「土地賃貸借における敷金契約は、貸借人又は第三者が賃貸人に交付した敷金をもって、賃料債務、賃貸借終了後土地明渡義務履行までに生ずる賃料額相当の損害金債務、その他賃貸借契約により賃借人が賃貸人に対して負担することとなる一切の債務を担保することを目的とするものであって、賃貸借に従たる契約ではあるが、賃貸借とは別個の契約である。そして、賃借権が旧賃借人から新賃借人に移転され賃貸人がこれを承諾したことにより旧賃借人が賃貸借関係から離脱した場合においては、敷金交付者が、賃貸人との間で敷金をもって新賃借人の債務不履行の担保とすることを約し、又は新賃借人に対して敷金返還請求権を譲渡するなど特段の事情のない限り、右敷金をもって将来新賃借人が新たに負担することとなる債務についてまでこれを担保しなければならないものと解することは、敷金交付者にその予期に反して不利益を被らせる結果となって相当でなく、敷金に関する敷金交付者の権利義務関係は新賃借人に承継されるものではないと解すべきである。なお、右のように敷金交付者が敷金をもって新賃借人の債務不履行の担保とすることを約し、又は敷金返還請求権を譲渡したときであっても、それより以前に敷金返還請求権が国税の徴収のため国税徴収法に基づいてすでに差し押えられている場合には、右合意又は譲渡の効力をもって右差押をした国に対抗することはできない。」

10-192 ❷ **承継肯定説（本書の立場）**　　しかし、従たる契約ないし担保の随伴性という論理を、賃借人の変更の場合にも貫いて別に問題はないと思われる。物を担保に供しているのであれば、旧賃借人は物上保証人と同じ地位に立たされるが、こ

---

[44] 荒木・注36論文188頁は、旧賃借人に敷金が返還されず、新賃借人から新たに敷金の交付がない場合には、旧賃借人が敷金を持って賃貸人の新賃借人に対する賃料債権当を担保しているものとみるべきであるという。

こでは金銭の譲渡担保であり、その所有権を問題にする必要はない。むしろ、主たる契約の従たる契約として87条2項の類推適用により、特別の意思表示なしに承継されるべきである。したがって、譲受人は譲渡契約の効果として敷金相当額を譲渡人に補償する義務を負い、譲渡人は直ちに敷金を譲受人から取り戻すことができるというべきである。

確かに、敷金契約は承継されずしかも存続するというのであれば、譲渡人が敷金返還請求権を取得し、明渡時の譲受人の債務を担保しなければならないことになり、不都合である（それが不都合だから、敷金契約は効力を失うものとするのである）。しかし、承継するとそうなるのかというと、承継すると、敷金返還請求権を取得するのは承継されるが故に、譲渡人ではなく譲受人であり、譲渡人がいつまでも拘束されるということはない。*10-191* の判例の事案では、X(国)は、賃貸人Yに対してではなく新賃借人Bに対する敷金相当額の支払請求権を差し押さえればよいことになる。

10-193 **(b) 賃貸人の承諾のない場合**　賃借権の譲渡には賃貸人の承諾が必要であるが、信頼関係を破壊しない場合には賃借権が有効に移転することになるため（信頼関係を破壊すれば、賃借権が移転しないため問題が生じない）、敷金の承継という問題がここでも生じる。

(a)と同様に敷金関係の移転を認めないということも考えられるが（通説といえようか）、(a)では否定説をとりながらも、賃貸人の同意を得ずに自己の危険で譲渡した以上不利益を甘受すべきであるという学説もある（石田譲236頁[45]）。本書の立場では、上記のように考えるため敷金契約の承継を認めても賃貸人に別に酷ではないので、賃貸借の承継があれば賃貸人の同意の有無を問わず、敷金契約の承継を認めてよいと考える。

II　権利金

10-194　賃貸借契約の際に、敷金とは別に金銭が賃借人から賃貸人に交付されることがあり、これは、礼金や権利金などと実務上呼ばれている。住宅についての礼金は *10-198* に述べることにして、ここでは権利金について説明をしていく。権利金

---

[45]　ただし、同意を求めなかった賃借人には解除権を通説より広く認めるが、それと同様に事前の同意を求めなかった場合のことであり、同意を求めたが、賃貸人が承諾をしなかった場合については(a)と同じに扱う。

は、民法に規定された概念ではなく、慣習上定着したもので、名称も統一されていないだけでなくその内容も種々のものがあるといわれている[46]。したがって、ここでいう権利金とは、種々の内容を持つ金銭交付の総称であり、その内容には、次のような種々のものがあるといわれている。

10-195　❶ **営業上の利益の対価として交付されるもの**　営業用の建物の賃貸借に際して、従来の賃貸人のなしていた営業を承継する場合に、建物の賃貸借の利益に尽きないため、のれん、得意先といった無形の財産の対価として金銭が交付される場合である。この場合には、そのような無形の利益の取得の対価といった意味を持つことになる。賃貸借契約終了に際して、営業権が賃貸人に戻される場合には、営業権の対価である権利金は当然返還されるべきであると言われている（内田183頁）[47]。

10-196　❷ **賃料の一部前払としてのもの**　例えば、賃貸借期間を10年としておきながら、先払による運用利益を賃貸人が獲得するために、賃料の一部を10年分一括して前払し、その分賃料を減額するものである。このような場合には、賃貸借が途中で終了する場合には、前払分（例えば10年分300万円を支払、5年後に終了した場合には、5年分の150万円ということになろうか）を返還しなければならない[48]。

---

[46] 権利金につき詳しくは、稲本洋之助「権利金」『現代借地借家講座1』125頁以下参照、判例につき、石外克喜『権利金・更新料の判例総合解説』参照。

[47] そのため、ここでは賃貸借契約の内容というよりも、その建物に一体化した「営業権の売買」が賃貸借契約と同時になされ、その代金が権利金であり、建物の賃貸借とは区別すべきであるといわれている（内田182頁）。

[48] これとは別に、「場所的利益の対価」としての権利金というものもあるといわれている。最判昭43・6・27民集22巻6号1427頁は、「本件の権利金名義の金員は、上告人Xが賃借した建物部分の公衆市場内における店舗として有する特殊の場所的利益の対価として支払われたものであるが、賃料の一時払としての性質を包含するものでなく、かつ、本件賃貸借契約には期間の定めがなかったというのであり、賃貸借契約の締結またはその終了にさいし右金員の返還について特段の合意がされた事実は原審で主張も認定もされていないところであるから、このような場合には、上告人X主張のように賃貸借契約がその成立後約2年9ヶ月で合意解除され、賃借建物部分が被上告人に返還されたとしても、上告人Xは、それだけの理由で、被上告人Yに対し右金員の全部または一部の返還を請求することができるものではない」とされている。しかし、「場所的利用の対価」とは必ずしも内容として明確ではない。この判決の事案は、Y市場の開店当時は、朝鮮動乱の後で佐世保市内は活況を呈しており、Y市場の店舗賃借には70数名の申込希望者中42名しか賃借を認められなかったほど競争が激しく、申込者らは賃料以外の金員を支出してでも店舗を得たいと希望する情勢にあったという、当時の特殊事情がある。

10-197　❸ **賃借権譲渡承諾の対価**　本来譲渡性のない賃借権に譲渡を自由に認めることの謝礼として、支払われた金銭が権利金である場合もある。この場合には、賃貸借契約が中途で合意解除されても、権利金の返還をする必要はない。賃借人は賃貸借契約から離脱したいが、権利金を回収したい場合には、賃借権を譲渡し譲受人＝新賃借人から権利金相当額の支払を受けるという途があるので、不都合はない。

10-198　【礼金】　権利金とは異なるものとして、礼金なるものの支払がなされることが多いが、その内容は明らかではない。住宅が不足していた時代に、賃貸してもらったお礼として支払う慣行が定着したもののようだが、貸していただいたお礼という位に意識されているようである。しかし、賃貸借契約のお礼というのは、法的には意味のないものであり、贈与とみるわけにはいかず、もし礼金を取らなければその分必然的に賃料に上乗せされるであろうから、**10-196**と同様に賃料の一部前払の性質を持つものといってよい。かつてのような住宅難は解消し、逆に借り手市場といわれる現在では、貸主主導で定着した礼金という慣行を見直す動きがみられるようになっている。

10-199　【保証金】　建物賃借契約においては保証金が交付されることもある（奈良次郎「敷金・権利金・保証金・建設協力金」『現代借地借家法講座2』104頁以下参照）。これも法律上の概念ではなく慣習として行われているものであるが、その性質は明らかとはいい難い。敷金とは異なり、解約時に一定額を当然に控除して返還されるものであるが、その性質としては、①建設協力金としての性質、②貸金としての性質、③敷金としての性質などを有し、一概には決しえないものである。判例としては、160万円の保証金につき解除時には100万円を控除して返還するという特約がされていた事例で、「通常の使用によって生ずる損耗、汚損の原状回復費用は右保証金から控除される額によって補償されることを予定しているものというべきである」として、故意または過失によって損傷を加えたのでない限り、別個に損料を支払う必要はないものとされている（大阪高判平6・12・13判時1540号52頁）。

516　第3編　契約各論2　財産の利用を目的とした契約

第6節　賃借権の譲渡・転貸

Ⅰ　賃借権の譲渡

1　612条の規定する内容

(1) 賃借権の譲渡の要件

10-200　賃借権とは、要するに賃貸借権契約上の賃借人たる地位のことであるが、妨害排除請求権の根拠、相続や譲渡の対象として考察するときに、1つの権利ないし財産権としてみて賃借権と呼ばれる（613条2項の「賃借人」の「権利」とはこの意味のものである）。単なる債権ではなく、地上権等の物権にも近い特殊な権利として、取得時効の対象ともなる（最判昭43・10・8民集22巻10号2145頁など）。この賃借権を意思表示により移転させることを**賃借権の譲渡**といい[49]、これにより、賃借権が譲渡人から譲受人に移転する（敷金関係がどうなるかについては⇒**10-189**以下）。

　民法は、「賃借人は、賃貸人の承諾を得なければ、その賃借権を譲り渡し、又は賃借物を転貸することができない」と規定した（612条1項）。債権の譲渡は自由であるが（466条1項）、ここでは、賃借権とはいうが、賃料の支払義務も伴う賃借人たる契約上の地位の譲渡であるから、賃貸人の承諾[50]を必要としたものである。従って、債権行為として賃借権の譲渡契約は有効であるが、準物権行為（処分行為）としては、賃貸人の承諾が有効要件であり、賃貸人の承諾がない限り賃借権の移転という効力が生ぜず、譲渡契約上、譲渡人に賃貸人の承諾を得るべき義務が認められるだけである。

10-201　**【賃貸人の承諾の賃借権の譲渡における位置づけ】**　賃貸人の承諾を賃借権の譲渡の効力との関係における位置づけについては次のような2つの考えが可能である。

　❶ **対抗要件説**　先ず、賃貸人の承諾なくしてなされた賃借権の譲渡も当事者間では有効であり、ただ賃貸人の承諾がないと、賃借権の移転を賃貸人には対抗しえないだけであり、賃貸人は賃貸借契約を解除しうるようになるだけであるという考

---

[49]　賃借権の譲渡及び転貸については、原田純孝「賃借権の譲渡・転貸」『民法講座5』295頁以下に詳しい。

[50]　これは黙示でもよく、また、譲渡人、譲受人のいずれに対してなしてもよい（最判昭31・10・5民集10巻10号1239頁）。

えがある（大判明43・12・9民録16輯918頁、我妻・中一455頁、星野211頁、松坂165頁）。

10-202　❷ **有効要件説**　これに対して、債権契約としての賃借権の譲渡が有効であることと、その履行としての賃借権の移転の効力が生じるかということは別の問題であり、賃貸人の承諾は本来賃借権に欠けている譲渡性を付与する意思表示とみて、これを賃借権の移転の効力が生じるための要件と位置づける考えもある（鳩山・下477頁、末川・下123頁、石田(文)141頁）。債権譲渡とは異なって、双務契約の契約当事者が変更する場合には、原則として相手方の承諾が必要であり、賃借人による賃借権の譲渡についてはその原則通りでよいからである。

10-203　【賃貸借契約と共同相続】　(1) **問題点**　賃借人について共同相続があると、賃借人の地位が共同相続人の「共有」(898条)となり、共同賃借人になる。債権債務については、賃料債務は判例によれば不可分債務、債権については不可分債権とされていることは債権総論に述べた。ここで問題にするのは契約上の賃借人の地位自体であり、これは遺産分割で分割することはできない。では、反対に賃貸人が死亡して賃貸不動産と共に賃貸人の地位について共同相続があった場合には、どうなるであろうか。例えばAがBに土地を賃貸していて、Aが死亡しCDが共同相続したとする（相続分平等とする）。この場合、賃貸不動産は分割可能であり、CDで土地が分割された（甲乙2つの土地がBに賃貸されていたのを甲をC、乙をDに分割した場合でもよい）、賃貸借契約はどうなるのであろうか。Cは自分の取得した土地についてのみ解除や賃料増額などの請求ができるのであろうか。①土地は分割できても、賃貸人たる地位を分割することはできず、依然としてその土地全体の共同賃貸人となるのか、それとも、②分割された土地ごとに、賃貸借契約も分割され、土地に応じた賃料債権に割り振られるのであろうか[51]。

10-204　(2) **解決の可能性**

❶ **1つの契約のままという構成**　まず、契約は1つでありこれが分割されることはなく、複数の土地の所有者が共同で賃貸したのと同様の1つの契約のままであり、内部関係で賃料などが清算されるにすぎないという構成も考えられる。この構成だと、BCDでBC間及びBD間の賃貸借契約に変更しない限り契約は1つであり、544条の解除権不可分の原則が適用されて、全員でしなければ解除はできないことになる[52]。同様の問題は、賃貸不動産の一部が第三者に譲渡された場合にも生じ、③の判決の事例のように複数の不動産が1つの賃貸借の対象にされたような特別の場合

---

[51] これは賃貸借に限った問題ではなく、管理を依頼している不動産が、共同相続の結果分割された場合に管理委託契約はどうなるかなど同様の問題は生じよう。

[52] これが正当というべきか。契約関係について共同相続があった場合に、共同相続人だけで契約を事由に分割できるとはいえないからである。但し、物権は共有者で自由に分割ができ、賃貸借契約は従たる法律関係であるから、賃貸借契約も所有関係の運命に服するということもいえなくはない。

518　第3編　契約各論2　財産の利用を目的とした契約

を除いて、原則として不可分とせざるを得ないであろう。

10-205　❷　**1つの契約のまましかし単独の解除は可能という構成**　10-205-1のように、契約を1つとして存続させながら、共同相続人の1人が自分の取得した土地についてのいわば一部解除をすることを認める判決がある。

10-205-1
> ● 仙台高判昭43・8・12下民集19巻7・8号472頁　「共有であった賃借地がその後共有物の分割の結果分割され、その一部づつが単独所有になったとしても、他に特段の事情のない限り、<u>従前一個の契約であった賃貸借契約が当然に単独所有となった土地毎の数個の賃貸借契約に変更されるものと解することはできないから、共有物の分割後も従前の賃貸借契約がそのまま存続するものと解するのが相当である</u>が、共有物の分割によりその単独所有となった土地については、互いに他の者の管理処分の権限はなくなり、該土地に関する管理処分の権限は、その単独所有となった者においてのみこれを有することとなるのであるから、<u>従前から存続している賃貸借契約全部を解除する場合は格別、その全部ではなく各単独所有となった土地に関する部分のみの賃貸借契約を解除する場合には、その所有者である賃貸人において単独でこれを解除することができる</u>」。

10-206　❸　**複数の契約に分割されるという構成**　埼玉地越谷支判平14・1・17未公刊は、ゴルフ場用地として複数の土地を被相続人が賃貸していた事例で、「<u>本件各土地は必ずしも隣接しているものではないなど、性質上一体をなす賃貸対象地であるとは言えない</u>のであり、被相続人以外の土地も周囲に散在している。過去これら他の所有者の権利義務が被相続人の権利義務と不可分として扱われていたような事実はないことからすれば、土地ごとに別個の権利義務が生ずるものとして格別に取り扱うことも可能であるから、遺産分割後は、本件各土地に関する権利義務が不可分になるものではないものというべきである」とする（下線部のような特殊事情あり）。

（2）無断譲渡の効果——使用収益をされると解除権が成立

10-207　「<u>賃借人が前項の規定に違反して第三者に賃借物の使用又は収益をさせたときは、賃貸人は、契約の解除をすることができる</u>」(612条2項)[52-1]。

[52-1] 最判平8・10・14民集50巻9号2431頁は、「賃借人が法人である場合において、右法人の構成員や機関に変動が生じても、法人格の同一性が失われるものではないから、賃借権の譲渡には当たらないと解すべきである。そして、右の理は、特定の個人が経営の実権を握り、社員や役員が右個人及びその家族、知人等によって占められているような小規模で閉鎖的な有限会社が賃借人である場合についても基本的に変わるところはないのであり、右のような小規模で閉鎖的な有限会社において、持分の譲渡及び役員の交代により実質的な経営者が交代しても、同条にいう賃借権の譲渡には当たらないと解するのが相当である。<u>賃借人に有限会社としての活動の実体がなく、その法人格が全く形骸化しているような場合はともかくとして</u>、そのような事情が認められないのに右のような経営者の交代の事実をとらえて賃借権の譲渡に当たるとすることは、賃借人の法人格を無視するものであり、正当ではない」と判示している。結論としては当然であるが、法人格が形骸化している場

この賃貸人の解除権は、「第三者に賃借物の使用又は収益をさせた」ことが要件となっているため、単に譲渡契約がなされただけでは足りず、実際に引渡しがされ譲受人が使用を開始したことが必要となる。この場合には、解除の一般原則とは異なり賃借人（譲渡人）に催告する必要はなく、賃貸人は直ちに解除ができる[53]。

2　612条の解釈による制限（信頼関係破壊の法理）

(1) 解除権の制限（612条2項の制限）

10-208　612条2項で即時解除が認められたのは、賃貸借の典型として古来からの長屋の家主・たなこ関係を念頭に置き、賃貸借は人格的信頼関係を基礎とする特殊な法律関係であり、無断で賃借権を譲渡するような行為は、この信頼関係を破壊する由々しき行為であると考えられたからである。しかし、このような前近代的な人格的信頼関係を基本とすることは実情にそぐわなくなっている。

即ち、今や賃貸人・賃借人の関係の多くは、人格的信頼関係とは異なり、賃料をちゃんと支払ってくれるか、賃貸物を傷めたりしないという経済的信頼関係が中心となっている（他の賃借人に迷惑をかけたりして、賃貸経営に悪影響を与えないという点では、人格的な要素も含まれる）。他方で、借家権では譲渡の必要性は大きくないが（期間が短いので、更新の際に賃借人を変えればよい）、借地権では、今やその存在が法により保護され1つの財産権としての価値を得るに至っており、この譲渡の必要性は高くなっている。そのため、なるべく612条2項の解除を解釈により制限し、賃借権の譲渡が信頼関係を破壊する場合にのみに解除を認めようと努力がされている。いわゆる**信頼関係破壊の法理**である。

　合には、例外を認める可能性があることが承認されている点は注意すべきである。また、例えば、AがBに賃借権の譲渡をすると無断譲渡になるので、Aが甲会社を成立し甲会社に賃借権を譲渡した上で、甲会社の持分を全部Bに譲渡し実際にBが甲会社を運営する場合のように、甲会社がダミーに使われている場合には、Aが甲会社に法人成りしただけで信頼関係破壊がないと考えるべきではないであろう。

[53]　なお、賃貸人の承諾がない限り賃借権の移転は生ぜず、解除するまでもなく譲受人の占有は不法なものなので、「解除をしなくても賃貸人は譲受人に対し賃貸借の目的物の明渡を求めうる」、また、「賃貸人たる地主が借地人に対し賃料請求権を有するとしても、それだけではその間賃貸人たる地主に賃料相当の損害を生じないとはいい難く、借地人から右賃料の支払を受けた場合は格別、そうでない限り賃貸人たる地主は賃借権の無断譲受人たる土地占有者に対し賃料相当の損害金を請求できる」ものとされている（最判昭41・10・21民集20巻8号1640頁）。

520　第3編　契約各論2　財産の利用を目的とした契約

10-209　【解除を制限する法的構成】
　　(1) **権利濫用による説明**　本文に述べた612条2項の解除を制限する説明としては、先ず、賃貸借の基礎たる信頼関係を破壊しない限り、賃貸人が612条2項の解除権を行使するのは権利濫用であるという説明が考えられる（例えば、東京高判昭31・8・4高民集9巻470頁）。しかし、解除権自体はともかく成立し、例外的に権利濫用となるという構成であり、権利濫用の図式の元で適切な位置づけができるのか疑問であろう。

10-210　　(2) **612条2項の制限解釈（信頼関係破壊の法理）**　そのため、612条2項は信頼関係が破壊されるから解除を認めたのであり、その趣旨からすれば信頼関係が破壊される場合にのみ適用されるとして、612条2項をそもそも制限適用する方法がとられ、これが定着している（転貸借につき最判昭28・9・25民集7巻9号979頁（⇒ **10-211-1**）が嚆矢。最判昭38・11・28民集17巻11号1446頁、最判昭39・6・30民集18巻5号991頁など多数）。この立場も、いかなる場合に612条2項の解除を認めるのかで次のように理解が分かれている。

10-211　　　(a) **信頼関係破壊の法理による説**　譲渡が信頼関係の破壊をもたらすものか否かで解除権の有無を決定しようとしている。612条に対して信頼関係を破壊するとはみられない特段の事情があれば解除ができないというものであるため、特段の事情の存在は賃借人の側で主張立証する必要がある（最判昭41・1・27民集20巻1号136頁）。

10-211-1　　●最判昭28・9・25民集7巻9号979頁　「元来民法612条は、賃貸借が当事者の個人的信頼を基礎とする継続的法律関係であることにかんがみ、賃借人は賃貸人の承諾がなければ第三者に賃借権を譲渡し又は転貸することを得ないものとすると同時に、賃借人がもし賃貸人の承諾なくして第三者をして賃借物の使用収益を為さしめたときは、<u>賃貸借関係を継続するに堪えない背信的所為があったものとして、賃貸人において一方的に賃貸借関係を終止せしめ得ることを規定した</u>ものと解すべきである。したがって、賃借人が賃貸人の承諾なく第三者をして賃借物の使用収益を為さしめた場合においても、<u>賃借人の当該行為が賃貸人に対する背信的行為と認めるに足らない**特段の事情**がある場合においては、同条の解除権は発生しないものと解するを相当とする。</u>」

10-212　　　(b) **賃貸人の承諾を求めることを要求する説**
　　❶ **来栖説**　賃貸人は賃借人が承諾を求めた場合には、正当事由がない限りこれを拒否できず、従って、賃借人は先ず賃貸人に承諾を求めるべきであり、それなのに無断で賃借権を譲渡した場合には、承諾を求めなかったことにやむをえない事情がない限り、解除されても仕方がないというもの（来栖357頁）。本書もこの考えに基本的に賛成したい。

10-213　　❷ **石田穣説**　❶説を基本にしながら、賃借人が承諾を求めなかった場合、それにつきやむをえない事情まで要求してそれがないと当然解除できるというのは行き

過ぎであり、承諾を求めなかったという点も1つの要素として他の諸要素と共に総合的に判断すべきであるとする（石田穣235頁）。

10-214 【信頼の内容】　信頼関係破壊の法理にいう信頼とはどのようなものを考えるべきであろうか（もっぱら借家の転貸の事例で争われている）。
　❶ 即物的信頼関係説　信頼関係を即物的なものと人的なものに分け、前者を近代的な信頼関係、後者を非近代的信頼関係として、原則として前者を基準とすべきものとする考えである（広中171頁）。後者の信頼関係は、義理・人情・親分子分的な関係におけるがごとき信頼関係であり、事物に則した状態での信頼関係に限定する即物的信頼関係とは異なるものをいう。

10-215 　❷ 総合事情判断説　これに対して、当該違反行為を中心に諸般の事情を考慮して、賃貸借を存続させるべきか否かを決める考えもある（星野213頁、水本257頁、石田喜久夫『不動産賃貸借の研究』18頁以下）。
　例えば、Aが敷地内の一隅に貸家を建ててBに賃貸したが、Bはこれを売春婦Cに転貸し、Cは客を引き入れて売春行為をそこで行っている場合、Aが子の教育上も悪いのでCに転貸したBとの賃貸借契約を612条により解除をしたという事例では、❶説では賃料をBが支払っている以上、何も問題はなく、Cの売春行為は公法上規制されるべきものにすぎないことになりそうである。これに対して、❷説では、経済的利益だけが考慮されるべき事情ではなく、このような場合も信頼関係の破壊を肯定することができる。

10-216 【信頼関係の破壊がない場合】　賃借権の譲渡の場合に信頼関係の破壊がないとして解除が否定される事例は、転貸借とは異なりかなり限定されていると評されているが、次の2つの類型がその代表例である。

10-217 　❶ 主体が実質的に変更ない場合　共同組合が2つの有限会社になりそれに伴い賃借権が譲渡された事例（最判昭30・9・22民集9巻10号1294頁[54]）、僧侶が宗教法人を設立しこれに賃借権を譲渡した事例（最判昭38・10・15民集17巻9号1202頁）、個人企業を株式会社にしこれに賃借権を譲渡した事例（最判昭39・11・19民集18巻9号1900頁）、借地人の内縁の妻が相続人から借地上の家屋を取得して寿司屋を承継した事例（最判昭

---

[54] 次のように判示する。「民法612条2項が、賃借人が賃貸人の承諾を得ないで賃借権の譲渡又は賃貸物の転貸をした場合、賃貸人に解除権を認めたのは、そもそも賃貸借は信頼関係を基礎とするものであるところ、賃借人にその信頼を裏切るような行為があったということを理由とするものである。それ故、たとえ賃借人において賃貸人の承諾を得ないで上記の行為をした場合であっても、賃借人の右行為を賃貸人に対する背信行為と認めるに足りない特段の事情のあるときは、賃貸人は同条同項による解除権を行使し得ないものと解するを相当とする。しかるに本件においては、原審の認定した事実関係の下においては、賃借権の譲渡に関する諸般の事情は、まさに上記賃貸人に対する背信行為と認めるに足りない特段の事情と認めうるのであって、従って本件の場合に、原審が民法612条2項による解除権の行使を認めなかったことは正当である。」

39・6・30民集18巻5号991頁）などがある。また、共同事業者に建物の一部を使用させている場合もこの一種といえようか（最判昭36・4・28民集15巻4号1211頁）。

10-218　❷ **近親者間の移転の場合**　敷地上の建物を子2人と共有することにして、その持分を譲渡した事例（最判昭39・1・16民集18巻1号11頁）、借地人である妻が罹災後に借地上に夫と子に建物を建てさせ借地権を譲渡した事例（最判昭40・6・18民集19巻4号976頁）、将来面倒をみてもらうことになると思い、借地上の建物を孫に贈与し借地権も譲渡した事例（最判昭40・9・21民集19巻6号1550頁）、夫が借地権を有し妻が建物を所有していたが、離婚後、借地権を妻に譲渡したという事例（最判昭44・4・24民集23巻4号855頁[55]）などがある。

(2) 612条2項の解除の制限と賃借権の譲渡の有効性

10-219　賃借権の譲渡が信頼関係を破壊しない以上、譲受人が賃貸不動産を使用収益しても賃貸人は契約の解除ができないが（即ち612条2項の適用はない）、あくまでも612条1項は適用され、賃貸人の承諾がない限り賃借権の移転の効力は生じないのであろうか。

10-219-1　**(a) 解除権の制限のみに止める学説**　これを肯定し、信頼関係破壊の法理は<u>612条2項の解除権を制限するのみ</u>であり、賃借権の譲渡という処分行為については飽くまでも賃貸人の承諾が必要であるという点については変わらないという考えも可能である（林良平「判批」民商34巻1号87頁）。信頼関係は破壊しないが、賃貸人の承諾がないのだから承諾がある場合と全く同じに扱うことはできないと考えるのである。この考えでは、AはBとの賃貸借を解除はできないが、Cへの賃借権の移転の効果を否定でき、Cの占有は飽くまでも不法占有であり、AはCに対して明渡しを請求できることになってしまい、結論として妥当なのか疑問である。

10-220　**(b) 賃借権が有効に移転することを認める学説（通説・判例）**　やはり、信頼関係破壊の法理は、解除を制限するのみならず他面において賃借権の譲渡の自由を保障するための法理であり、譲渡の効力まで認める必要がある。そのため、信頼関係を破壊しない以上、解除が許されない、即ち612条2項を制限するのみならず、612条1項も制限して賃借権の譲渡も有効になしうると考えるべきであ

---

[55] 離婚した夫Y₁が出て行った他は、「本件<u>土地の使用状況の外形には何ら変るところがない</u>というのであるし、その他原判決確定の諸事情を考えれば、右賃借権の譲渡は、<u>賃貸人に対する背信行為と認めるに足りない特段の事情がある場合にあたり</u>、Xは、Y₁に対し民法612条2項によつて本件賃貸借契約を解除することはできず、Y₂は、賃貸人たるXの承諾がなくても賃借権の譲受けをもってXに対抗できる」と判示している。

る。結局、BC間の移転は信頼関係を破壊しない限り、Aの承諾があった場合と異ならないことになり、判例・通説はこの立場である（前掲最判昭39・11・19。転貸借については、最判昭36・4・28民集15巻4号1211頁）。

10-221　**(c) 賃借権の移転を認めるが承諾があった場合とは一定の差を設けるもの**
信頼関係を破壊しない限り賃借権の有効な移転を認める点は前説と同じであるが、しかし、賃貸人の承諾があった場合と全く同様に扱うことには疑問を呈する学説もある。

即ち、①賃借人の交替の場合には、敷金関係の承継がないと考えられているが（⇒ **10-190**）、賃貸人の承諾を得ていない場合には例外的に敷金関係の承継を肯定してよいと考えられており（石田穣237頁）、また、②賃貸人の意思に反して賃借人（債務者）の変更を生じさせる点を無視することはできず、賃借人は譲渡により直ちに賃貸関係から離脱できるのではなく、1年間は譲受人の賃貸借上の債務につき保証債務を負うと考えている（石田穣236頁）[56]。しかし、明文規定なしに、解釈論としてこのような効果を導くことができるかは疑問がある。

(3) 特別法による修正

10-222　**(a) 借地について**　借地については、借地上の建物を借地権つきで売却するという切実な必要性があるため、借地借家法により次のような手当がなされている。

❶ **第三者の建物買取請求権**　建物と借地権との関係でいうと、建物が主であり借地権は従たる権利ということになる。そして、建物所有権の移転については賃貸人の承諾は必要ではないので、譲受人は建物の所有権を取得するが、賃貸人の承諾がなく信頼関係破壊の法理の適用もないので賃借権を取得しえないということが起こりうる。この場合、譲受人は売買契約を解除することもできるが、借地借家法14条（旧借地法10条）は、譲受人に賃貸人に対して建物の買取請求をできるものとした。

---

[56] ①については、私見ではそもそも承諾あっても承継を認めるので問題はない。②については、信頼関係破壊の法理で新賃借人の事情は評価されているということで否定するのが通常であろうが、債務者の変更に承諾がないということをやはり無視することはできない。そこで、確かに賃借権という権利の側面については新賃借人への有効な移転を認めてよいが、債務の点では賃借人に免責を認める（債務に関しては免責的債務引受のようなもの）のはどうかと思われ、賃借人は債務を免れず保証人のように併存的に責任を負う（債務については併存的債務引受のようになる）と考えるべきである。こうすると、継続的契約関係の保証人に近くなり、相当期間経過後は責任を免れると考えるべきである。

10-223　❷ **賃貸人の承諾に代わる裁判所の許可**　買取請求権を認めるだけでは十分な保護ではなく、借地借家法19条1項（旧借地法9条の2～4）は、「借地権者が賃借権の目的である土地の上の建物を第三者に譲渡しようとする場合において、その第三者が賃借権を取得し、又は転借をしても借地権設定者に不利となるおそれがないにもかかわらず、借地権設定者がその賃借権の譲渡又は転貸を承諾しないときは、裁判所は、借地権者の申立てにより、借地権設定者の承諾に代わる許可を与えることができる。この場合において、当事者間の利益の衡平を図るため必要があるときは、賃借権の譲渡若しくは転貸を条件とする借地条件の変更を命じ、又はその許可を財産上の給付に係らしめることができる」と規定した。信頼関係の破壊がない以上譲渡を有効にできるわけであるが、裁判所の許可を得ておけば争いを避けられることになる。

10-224　**(b) 借家について**　借家については、借家権を譲渡する切実な必要性もないので（借家で問題となっているのは転貸である）、借地借家法にも何も特別の規定をおいていない。従って、賃貸人に特に不利がなくても、裁判所に賃借権の譲渡ないし転貸について、賃貸人の承諾に代わる判決を求めることはできない。

II　転貸借

1　612条の規定

(1) 転貸借の要件

10-225　**(a) 転貸借は原則禁止**　転貸借（簡単には転貸という）は、賃借人が賃借物を更に第三者（転借人）に全部または一部賃貸するものである（転貸借とはいうが賃貸借契約であり、しかも他人物の賃貸借である）[57]。転貸借においては、賃借権の譲渡と異なって、①賃借人がそのまま残るので、賃借人が交替し賃料の債務者が代わるといった事情はなく、この点では賃貸人になにも不利益をもたらさない。②しかし、目的物の使用に際しての善管注意義務を負う者が、賃借人から転借人に代わることになるため、この点について賃貸人は利害関係を有する。そのため、612条1項は転貸にも賃貸人の承諾が必要であると規定した。

---

[57]　なお、最近では、都心のビルを不動産会社が不動産を目的として一括して賃借し、これを個別に賃貸（転貸）するという事業形態が現われており、新たな問題を提起している（道垣内弘人「不動産の一括賃貸と借料の減額請求」NBL580号27頁）。

10-226　**(b) 承諾のない転貸借の効力**　賃貸人の承諾のない転貸も、債権行為としては有効であるが、賃貸人に対しては転借人の占有は権限なき占有即ち不法占有であり、賃貸人は転借人に対して明渡しを求めることができる。

　なお、処分行為である賃借権の譲渡は物権的に無効と考えられるが、転貸についてはやはり債権契約として承諾なしでも当事者間では有効である。転借人の占有が、賃貸人との関係で適法な占有になるのかが問題となるだけであり、いわば、賃貸人の承諾は、転借人の占有を自分との関係において適法なものとするための要件といえる。

10-227　**【借地人が借地上の建物を賃貸することは借地の転貸になるか】**　借地人Bが借地上にアパートを建てて各戸を各別の賃借人に賃貸する場合、借地の転貸にならないのは明らかである。では、借地人Bが借地上に一戸建ての建物を建て、これを全部Cに賃貸する場合には借地の転貸になるであろうか。

　確かに、この場合、建物賃借人は「建物使用に必要な範囲で」借地を使用できる。しかし、飽くまでも土地の使用権限を有するのは、BでありCではなく、建物を借地上に有して賃貸するという形で借地を使用しているのは飽くまでもBである。Cは土地の使用権はなく建物を建て替えたりする権限はない。従って、Cが土地も使用できるのは建物使用の反射的効果であり、Cへの建物の賃貸は借地の転貸とはならない（大判昭8・12・11裁判例7民277頁）。但し、転貸ではないとしても、借地人が借金に追われ、建物を債権者に賃貸し（この者が地代を支払っている）逃亡し8年間行方不明になっているケースで、信頼関係を破壊する行為であるとして、賃貸人による解除が認められた事例があり（最判平3・9・17判時1402号47頁）、土地の使用も借家人に認められるので特別事情があれば転貸に準じて解除が認められることも考えられる。

10-228　**【賃貸人の解除をしない場合の明渡請求の可否・内容】**　転貸が賃貸人に対抗できず不法占有となり（賃借権の譲渡が賃貸人に対抗しえない場合も同様）、もし賃貸人が賃借人との契約を解除しない場合、賃貸人が不法占有者である転借人に対する明渡し請求の内容は、自分への返還かそれとも契約解除していないので賃借人への返還を求めることができるだけであろうか。

10-229　❶ **賃貸人説（判例）**　明渡しは所有権に基づいてなすものであり、従って、所有者である賃貸人が自己に対して明渡しを請求することはできると考えることも可能であり、判例も賃貸人への明渡請求を認めている（大判大15・2・23民集19巻433頁、最判昭26・4・27民集5巻5号325頁など。理由は述べられていない）。解除はしていないので、自分が引き渡しを受けても賃借人に引き渡さなければならないので、中間省略的に賃借人への明渡しを請求することもできる（新注民(15)283頁[広中]）。

10-230　❷ **賃借人説**　賃貸人は、賃貸借を解除しない限り賃借人に使用収益させる義務

を負うのであり、自己への引渡しを請求することはできず、賃借人に対して明け渡すよう請求するしかないという考えもある（四宮和夫「判批」判民昭和15年度22事件）。しかし、賃借人に引き渡すのは賃貸借契約の履行の問題であり、不法占有者との関係においては、飽くまでも所有権に基づいて明渡請求が認められる以上、名宛人を自分にすることは許されてよいのではないか。したがって、本書はむしろ❶説を支持したい。

10-231 　❸ **明渡請求権否定説**　なお、賃貸人は解除をしない限り、そもそも転借人（譲受人）に対して所有権に基づく明渡しを請求しえないという考えもある（鈴木禄弥「借地権の無断譲渡と転貸」『総合判例研究叢書11』37頁）。ここまでの保護を、解除がなくても不法占有者と扱われる転借人に認める必要があるかは疑問である。

(2) 無断転貸借の効果

10-232 　賃借権の無断譲渡と同様に、次に述べる信頼関係破壊の法理による制限が適用にならない限り、612条2項により賃貸人は即時解除ができる。解除ができるためには、転貸借契約の締結だけでは足りず、転借人に引渡しがされ、転借人が使用することが必要なこと、賃借権の譲渡におけると同様である。

2　解釈による612条2項の制限

10-233 　賃借権の譲渡について述べたのと同様に、信頼関係の破壊がない以上612条2項の解除は認められない。また、信頼関係の破壊がない場合に、解除ができないだけでなく、①転貸が賃貸人に対抗でき不法占有ではなくなると考えるか、②飽くまでも承諾がない以上は、転借人の占有は解除ができないというだけで不法占有であり、賃貸人は転借人に明渡しを請求しうると考えるか、という問題がある。判例・通説は賃貸人の承諾があった場合と同様に、転借人の占有が適法になると考えているが、信頼関係の破壊の程度によっては、解除も転借人への明渡請求もできる場合や、解除はできないが転借人への明渡請求はできる場合など、場合により柔軟な解決の余地を残しておいてもよいかもしれない。

3　転貸借が賃貸人に対抗できる場合の効果

(1) 占有の適法化

10-234 　転貸借が、①賃貸人の承諾を得てなされた場合、または、②信頼関係を破壊しない場合には、転貸借は本来他人物の賃貸借であり、転借人の占有は賃貸人との関係においては不法占有となるはずであるのに、賃貸人との関係においても適法な占有となる（賃貸借＋転貸借＋賃貸人の承諾または信頼関係を破壊しないことが違法性の

第3章　賃　貸　借　527

阻却事由であり、別に転借人が賃貸人に対して使用権限を取得するわけではなく、転借人が使用収益を請求できるのは飽くまでも転貸人＝賃借人である）。

(2) 転借人と賃貸人の法律関係

10-235　上記のように転借人の占有は賃貸人に対して適法となるが、賃貸人と転借人との間に契約関係がないことには変わりがない（従って、転借人は賃貸人に対して修繕の請求や費用償還請求をなしえず［但し、196条の一般原則に基づく償還請求は可能］、賃借人＝転貸人に差し入れた敷金の返還を賃貸人に求めることもできない）。従って、賃貸人は賃借人に対して賃料の請求をなしうるのみであり、また、転借人は賃貸人に対して賃料支払義務を負うのみということになるはずである。

10-236　**(a) 賃料支払義務**　ところが、民法は「<u>賃借人が適法に賃借物を転貸したときは、転借人は、賃貸人に対して直接に義務を負う。この場合においては、賃料の前払をもって賃貸人に対抗することができない</u>」と規定した（613条1項）。従って、賃貸人は転借人に賃料の支払を請求できることになる。但し、賃借人が賃料支払義務を免れるいわれはないので、賃貸人は賃借人に賃料を請求してもよいことを注意的に規定した（613条2項）。この規定の理解としては、次の2つの理解ができるであろう。

10-237　❶ **直接の賃料債権を認める考え**　先ず、賃貸人Aと転借人Cに対して直接の賃料債権を認めたものと理解するのが、一般的理解といえようか。「<u>直接に義務を負う</u>」という文言にもっとも適する理解である。この結果、転借人は、賃借人（転貸人）と賃貸人に対して債務を負担することになり、連帯債権と同じ関係になり、いずれかに支払えば足りることになる。

10-238　❷ **直接訴権を認めたにすぎないという考え**　これに対し、直接訴権をどう構成するかにもかかるが、AのBに対する賃料債権につき、BのCに対する賃料債権に対して、Bの他の債権者に対して優先権を与えるというのが、この規定の趣旨だと考えることもできる。いわば、一種の法定の担保権を認めるのに等しいこと、直接訴権に共通するものである。直接訴権についての本書の立場では、賃借人の賃料債権について、賃貸人に優先的代位行使をする権利を認めることになり、結局は314条の転貸料債権への先取特権と等しい権利ということになる。

10-239　**【サブリースは転貸借か】**　サブリース契約では、これを賃貸借契約と見るのかそれとも異なる契約と見るのか問題となっている。サブリースは、最判平14・3・28民集56巻3号662頁のいうように、「Xによる転貸の承諾は、賃借人においてすることを予定された賃貸物件の使用を転借人が賃借人に代わってすることを容認するとい

うものではなく、自らは使用することを予定していないA会社にその知識、経験等を活用して本件ビルを第三者に転貸し収益を上げさせるとともに、Xも、各室を個別に賃貸することに伴う煩わしさを免れ、かつ、A会社から安定的に賃料収入を得るためにされた」という特殊性がある。

　判例は当事者の契約書で用いた賃貸借契約という文言に拘泥し、賃貸借契約と構成している（特殊な賃貸借契約説）。そのために、借地借家法32条の適用を肯定しているが、賃貸借契約が終了しても転借人に対抗できないなどの特殊な扱いは容認している。これに対して、賃貸借契約とも異なる無名契約と理解する学説もある（無名契約説）。本書は後者の考えに基本的に賛成し、次のように考えたい。

　賃貸借・転貸借という法形式はとっているものの、その実態は賃貸不動産の管理を代理人（仲介人）としてではなく自己の名で行い、また、賃借人が入らないリスクを保証することが合意されているものということができる。即ち、実質的には賃貸不動産の自己の名での賃貸管理委託契約に収益保証の特約がついているものといえよう。形式と実質のいずれを重視して法的解決を為すべきかが問題となる。例えば、賃料減額でいえば、形式からは借地借家法の適用が肯定されるかのようであるが、実質からは、一度ないし損害担保契約の事情変更による改訂が問題になることになる。また、管理委託契約が終了した場合には、実質的な賃貸借関係が表に登場することになる。

10-240　**(b) 善管注意義務**　賃借人は他に転貸しても、賃借人としての善管注意義務を免れるものではない。以後賃借物の管理は転借人が行うことになるが、転借人が目的物を滅失・毀損させた場合に、その責任をめぐる法律関係はどうなるであろうか。

10-241　**(ア) 賃借人の賃貸人に対する責任**　債権総論**3-377**以下に述べたように、賃借人は転貸する以上は転借人の行為について責任を負うべきであると考えるのが一般的である。従って、賃貸人は賃借人に対して債務不履行責任を追及できることになる。

10-242　**(イ) 転借人の賃貸人に対する責任**　賃貸人Aと転借人Cとの間には契約関係はなく、不法行為責任しか問題とならないとすると、失火の場合には失火責任法により重過失以外は免責されてしまう。そうすると賃借人Bのみが責任を負い、Bから、今度はCが債務不履行責任を追及されるが、これには失火責任法は適用されず結局Cが責任を負うことに変わりはない。この場合についても、2つの処理が可能である。

10-243　**❶ 直接訴権による考え**　先ず、613条1項を直接訴権という優先担保権を認めた規定であると考え、これをここに類推適用することも考えられる。(ア)に述

べたように、賃貸人は賃借人に対視して415条による損害賠償請求権、また、賃借人（転貸人）も転借人に対して415条による損害賠償請求権を取得し、613条1項により、賃貸人AはBのCに対する債務不履行責任を追及する権利を排他的ないし優先的に代位行使することを認めることができる（本書の立場）。

10-244　❷ **直接の保護義務を認める**　613条1項をAC間に直接の権利関係を認める規定だとすれば、AC間に613条1項により直接の善管注意義務を認めることも不可能ではなくなり、Aが直接Cの債務不履行責任を追及することもできることになる。また、賃料支払義務だけでなく、<u>善管注意義務も613条1項により転借人が直接に賃貸人に対して負担する</u>とすれば、その不履行により直接賃貸人・転借人間で債務不履行を考えることができるのである。

10-245　**(c) 賃貸借が終了した場合**

(ア) 債務不履行解除の場合　Cの占有がAに対して適法になるのは、①BC間の賃貸借（転貸借）は他人物の賃貸借でありこれだけでは足りず、②AB間の賃貸借があり、ともかくAが他人に賃貸している状況があり、他人の使用を容認しなければならないこと、更に、③賃貸人の承諾または転貸が信頼関係を破壊しないことといった事情がそろわなければならない。

　ところで、もしBが賃料の支払を怠り、AがBとの賃貸借を解除した場合（期間が満了し更新のない場合も同様と考えてよい）、Cの立場はどうなるであろうか。②の要件が欠けることになり、転借人の占有の違法性を阻却する事情がなくなり、Cの占有はAに対して不法占有となるはずである。ただ、545条1項ただし書は解除をもって第三者に対抗しえないとしており、この規定によりAはBの賃借権の消滅をCに対抗しえないのではないかという疑問が生じる。

　しかし、①545条1項ただし書の第三者とは、契約の目的物につき新たに利害関係を取得した者でなければならず、これに対して、賃貸借の存在は事実上転借人の占有の違法性を阻却する機能を有しているにすぎないといえる。いわば、原則は他人物の賃貸借で不法占有のはずであるのが、それまで違法性が例外的に阻却されていて、それが原則に戻っただけである。また、②賃貸人としても、転貸借に承諾したという一事をもって賃貸借を解除しても転借人がいる限り賃借物を取り戻せないというのは酷である。

10-246　● **最判昭36・12・21民集15巻12号3243頁**　次のように判示し、転貸借は履行不能により終了するという（最判平9・2・25判時1599号69頁が再確認）。

「原判決が『およそ<u>賃借人がその債務の不履行により賃貸人から賃貸借契約を解除され</u>

たときは、賃貸借契約の終了と同時に転貸借契約も、その履行不能により当然終了するものと解するを相当する』と判示して所論昭和10年11月18日言渡の大審院判決を引用したことは正当である。そして、所論は、原判決が右判決を引用したのは同判決を誤解したものであるというが、同判決は、転貸借の終了するに先だち賃貸借が終了したときは爾後転貸借は当然にその効力を失うことはないが、これをもって賃貸人に対抗し得ないこととなるものであって、賃貸人より転借人に対し返還請求があれば転借人はこれを拒否すべき理由なく、これに応じなければならないのであるから、その結果転借人は、転貸人としての義務を履行することが不能となり、その結果として転貸借は終了に帰するものである旨を判示していることは、同判例の判文上明らかである。しからば、右判例は、本件につき原審の確定した事実関係には適切なものであって、原審がこれを引用判示したことには、何ら所論の違法はない。」

10-247 【賃貸人は転借人に代位弁済の機会を与える必要があるか】　転借人Cは賃貸人＝転貸人Bの賃料債務について代位弁済の利益があるが（⇒債権総論2-29）、しかし、そもそも賃借人の賃料の支払遅滞の事実を知らなければ代位弁済の機会が十分に与えられない。確かに解除は賃貸人AとBとの間の契約の解除であり、AはBに対して契約の解除の意思表示をすることになるが、しかし、Cがそれにより影響を受ける以上、AとしてはCにも契約の解除を妨げる機会を与える義務があると考えるべきであろうか（賃借物を取り戻す必要がなければ、転借人から取ればよいのであり、Aが賃借物を取り戻したいときにCに弁済する機会を与えず、解除をなそうとする場合に問題となるであろう。この問題につき詳しくは、松井和彦「批判」一論117巻1号198頁以下参照）。

10-248 　❶ 否定説　　一般には、AとしてはBに催告すれば十分であり、Cにまで催告をなす必要はないと考えているといってよい（最判昭37・3・29民集16巻3号662頁、最判平6・7・18判時1540号38頁）。最判平6・7・18は、「土地の賃貸借契約において、適法な転貸借関係が存在する場合に、賃貸人が賃料の不払を理由に契約を解除するには、特段の事情のない限り、転借人に通知等をして賃料の代払の機会を与えなければならないものではない」と、特段の事情がある場合を例外とするが、その例外は否定されている。

10-249 　❷ 肯定説　　しかし、信義則上AはCに催告をすべきであり（C自身の債務の613条1項による請求か、それとも代位弁済の催告かは不明だが、後者の請求はそもそもなすことはできない。それともBが支払遅滞にあり解除される恐れがあることを知らせるという意味か）、これをなさない限り、Bに解除はできるが、Cにこれをもって対抗できないという考えもある（星野215頁、鈴木415頁、石田穣241頁、松井・**10-247**判批202頁以下）。

　しかし、そもそも、転借人は親亀の上の子亀のような弱い地位であること、そして、Cにまで催告を認める法的説明が困難なことから、解釈論としてはCの側で注意をしておくべき問題というほかないように思われる（なお、Cを追い出すために、ABが通謀してBが故意に賃料を支払わず解除がなされた場合には、その解除をもってAは信義則上Cに対抗できないと解する余地はある）。また、連帯債務における請求の絶対効が

(434条)、債権者側で全員に請求する必要はなく、内部で相互に伝わることを前提にしてよいという基本姿勢によっているのと同様に、賃借人が自分の都合で転貸するのであるから、賃貸人にそこまでの手間をとらせなくてもよいと思われる。

10-250 **(イ) 合意解除の場合**

❶ **原則として転借人に対抗できない**　これに対し、ＡＢ間で賃貸借が合意解除された場合はどうなるであろうか。判例は、398条の趣旨を当然の確認規定であり、この場合に限定されないことを宣言した大判大11・11・24民集1巻738頁[58]を引用して、「甲が其の所有物を乙に賃貸し乙が甲の承諾を得て之を丙に転貸したるときは丙は其の転貸借契約の内容に従ひて右物件の使用収益を為す権利を有し其の使用収益は甲に於ても之を認容せざるべからざるものにして乃ち丙は甲に対しても右の権利を主張し得るものなること言ふを俟たざる所なるを以て其の権利は甲単独の意思を以て任意に之を消滅せしめ得べき道理なきは勿論甲乙間の合意を以てするも之を消滅せしめ得べき理由なきものと云ふべく」として、「縦令甲と乙とが右の賃貸借解除の合意を為すも其の合意は乙丙間の転貸借に影響して丙の権利を消滅せしむべき理由なき」ものと判示している（大判昭9・3・7民集13巻278頁）。その後、信頼関係を破壊しない無断転貸にも同じ法理が認められている（最判昭62・3・24判タ653号85頁）。

なお、転貸ではなくこの応用的事例として、土地賃貸借を合意解除しても、特別の事情がない限り、賃貸人は借地上の建物の賃借人（借家人）に対して明渡を求めえないものとされている（最判昭31・2・10民集10巻2号48頁、最判昭38・2・21民集17巻1号219頁など）。また、合意解除ではないが、転借人を追い出すため、賃借人会社（賃貸人はその代表者）が自己破産を申し立てて破産宣告をえて、転貸借を終了させる行為は、「転借人に対し著しく信義則に違反する行為であり、かかる場合、賃貸人が、右解除により賃貸借契約を終了させても、転借人との関係ではその効

---

[58] 大判大11・11・24民集1巻738頁は、「権利か其の性質上抛棄するを得ざるものに非ざる限り権利者に於て之を抛棄することは原則として自由なりと雖、今若し此の権利を基本として始めて存立し得られ若くは其の相当価額を保有するを得る権利を第三者か有する場合に於ても亦、抛棄は絶対に有効なりとせむが第三者の権利は其の基本を失ふ結果或は全く存立するを得ざるに至り、若くは著しく其の価額を減し為に不測の損害を第三者に蒙らしむるに至るべきを以て、斯る場合には権利者の為したる抛棄は何人も之を以て右の第三者に対抗するを得ざるものと云はざるべからず。夫の民法第398条の如きは畢竟是原則の一適用に外ならず」と述べている。398条の趣旨を根拠とすることにより、債務不履行解除との転借人保護の結論の差も説明できるので妥当であろう。

力を生ぜず、転借権は消滅しない」としたものがある（最判昭48・10・12民集27巻9号1192頁）。

10-251 【例外的に転借人に対抗できる場合】　なお、合意解除の形を取っているが、賃借人に債務不履行がありそれが原因で合意解除がされた場合には、債務不履行解除に準じて解除をもって転借人に対抗しうるものとされている（広島高判昭40・2・10高民集18巻1号70頁〔転借人に対抗しえないのは信義則の適用であり、この場合には信義則に反しないというのが理由〕、最判昭41・5・19民集20巻5号989頁）。

　また、Xは、近く予想された賃借人Aの本件家屋退去に至るまでの間を限って、その家屋の一部のYへの転借につき承諾を与えたものであり、Y側も当初より右事実関係を了承していた事例で、「Xは、本件家屋の明渡を受け、或いはこれを他に処分して多額の納税の資に充つべく、或いは自ら使用して利益を得んとする意図があったものであり、また、<u>本件転貸借は、近く予想せられるAの本件家屋退去に至るまでの間を限ってなされたものであって</u>、かかる事実関係の下においてXが本件家屋明渡請求権を行使したことは、民法1条に違反するものとは認められない。」とされている（最判昭31・4・5民集10巻4号330頁）。

10-252 ❷ **転借人に対抗できない根拠**　ところで、債務不履行解除と合意解除とで扱いを異にすることをどう説明すべきであろうか。①先ず、解除をもって第三者に対抗し得ないということはここでは通用しない。545条1項ただし書の第三者に転借人が該当しないことは既に説明した通りである。②合意解除は解除と異なり契約であり、契約は第三者を害し得ないという説明もあるが、そもそも契約がなくなることにより影響を受け保護をされる者ではないことは、解除の場合と異ならないはずであり、ここだけ第三者性を問題にするのはどうであろうか[59]。また、③合意解除は賃借人から見れば賃借権の放棄に等しいとして、398条を類推することも考えられる。しかし、①と同様に賃借権につき権利を取得しているわけではないので、類推適用がどこまでできるかは疑問がないわけではない。しかし、398条の類推適用ではなく、いわばその趣旨となる一般原則を認め、398条はその1つの発現にすぎないと考えれば、398条の趣旨からして同様の解決は可能であろう（判例もこの立場と考えられる）[60]。

---

[59] そのため、転借人への合意解除の対抗不能の理由としては、もはや信義則に頼るしかない（承諾転貸の場合には、禁反言にさえなる）という主張もされている（平井一雄「判批」同『民法拾遺 第2巻』402頁）。

[60] 但し、保護される側の保護の必要性も考慮しなければならず、借地借家法の適用により保護されているという趣旨の尊重であり、借地借家法の適用のない動産賃貸借では原則通り対抗を受けて然るべきである（石田・*10-215*文献91～2頁参照）。

なお、賃貸人の承諾は無断転貸による解除権を消滅させるだけで、転借人に転借権以上の権利を与えるものではない、また、賃貸人も賃借人を介して転借人に対して担保責任を負い、期間内の解約を理由とする明渡請求は、転貸借当時の賃貸借の効力とは無関係の別個の原因に基づくから、担保責任の効果として禁止されるというものもある（三宅・下792～3頁）。このことから、期間の定めのない場合の解約もしくは合意解約の場合に、転借人に対して明渡しを求めうることも根拠付けようとする。

10-253　【対抗しえない場合のその後の法律関係】　では、合意解除を転借人Ｃに対抗しえない場合に、その後の法律関係はどうなるであろうか。
　（1）対抗不能──相対的法律関係構成　賃貸人Ａ・賃借人Ｂ間では賃貸借は終了するが、これをＣには対抗できず（合意の相対効がその理由）、Ｃとの関係では依然として存続しそのためＣの占有はＡとの関係でも適法なままということも考えられる（我妻・中一464頁は、Ｃの賃借権の基礎を失わしめない範囲でＡＣ間の関係を存続させ、それ以外の関係ではＡＢ間を消滅させる）。しかし、これだと、ＢＣ間の転貸借契約の終了原因がないので、Ｂがいつまでも賃貸借に拘束される難点がある（Ｂは修繕義務や敷金返還義務を負い、ＣはＢに対して相殺も主張できる。ＡＢ間では賃貸借契約が終了しているので、ＢはＡに敷金の返還請求はできる）、また、ＡもＢとの賃貸借にいつまでも拘束されてしまう（ＡＢ間では契約関係はなくなっているので、Ａが賃料を上げたくても方法がない）。合意解除を転借人に対抗できない理由を契約（＝合意解除）の相対効に求めることと一環した説明ではあるが、法律関係がいたずらに複雑になるきらいがある。

10-254　（2）　賃貸借関係を承継させる構成
　❶ ＡＢ間の賃貸借を存続させる　そこで、これに代わる考えとしては、先ずＡＢ間の賃貸借のＢの地位にＣが入るという処理が考えられる。法律関係は単純になるが、しかし、Ｃが、自分がしたのでもない契約内容に拘束されるのは適切ではなく、このような主張をする者はいない。

10-255　❷ ＢＣ間の賃貸借を存続させる　次に、ＢＣ間に転貸借のＢの地位にＡが入るということが考えられる（石田穣239頁、川口冨男「合意解除と転貸借」『不動産法の課題と展望』259頁、東京高判昭38・4・19下民集14巻4号755頁）。Ｃとしては自分のした契約に拘束されるままであり何も不都合はない。敷金については、ＢからＡへの承継を認め（賃貸人の交替のように）ＣはＡから敷金の返還を受けると考えることができる。確かに、賃料などの点が①の方が通常はＣには有利であろうが、Ｃは自分がした契約以上の利益を与える必要はなく、何時までも契約に拘束される賃貸人の保護も考えて、ＡがＢの地位につき今まで以上の賃料を取得できてもよいのではないだろうか。法律関係の明確化のために、強制的に転貸人の地位をＡに引き受けさせてもよいと思われる（信義則に基づく法定の契約上の地位の引受とでもいうべきものである）。

10-256　**(ウ) 期間満了または解約申入の場合**　この場合には、転貸借も履行不能となり消滅するはずであるが、転借人を保護するために、「<u>建物の転貸借がされている場合において、建物の賃貸借が期間の満了又は解約の申入れによって終了するときは、建物の賃貸人は、建物の転借人にその旨の通知をしなければ、その終了を建物の転借人に対抗することができない</u>」と規定した（借地借家法34条1項、旧借家法4条2項）。この通知から6か月しなければ、賃貸借の終了は転借人には対抗しえないことになっている（借地借家法34条2項、旧借家法4条2項）[61]。

10-257　**【サブリースの特殊事例】**　最判平14・3・28民集56巻3号662頁では、サブリースの事例で、サブリース業者が事業撤廃し更新拒絶をして、原賃貸借が終了した場合に、サブリース業者から賃借（転貸借）していた者に対抗できるかが問題とされ、以下のように信義則上対抗できないものとされている（原審判決は対抗を認めた）。
　「Xは、建物の建築、賃貸、管理に必要な知識、経験、資力を有するA会社と共同して事業用ビルの賃貸による収益を得る目的の下に、A会社から建設協力金の拠出を得て本件ビルを建築し、その全体を一括してA会社に貸し渡したものであって、本件賃貸借は、A会社がXの承諾を得て本件ビルの各室を第三者に店舗又は事務所として転貸することを当初から予定して締結されたものであり、Xによる転貸の承諾は、賃借人においてすることを予定された賃貸物件の使用を転借人が賃貸人に代わってすることを容認するというものではなく、<u>自らは使用することを予定していないA会社にその知識、経験等を活用して本件ビルを第三者に転貸し収益を上げさせるとともに、Xも、各室を個別に賃貸することに伴う煩わしさを免れ、かつ、A会社から安定的に賃料収入を得るためにされたものというべきである</u>。他方、Yも、訴外会社の業種、本件ビルの種類や構造などから、上記のような趣旨、目的の下に本件賃貸借が締結され、Xによる転貸の承諾並びにX及びA会社による再転貸の承諾がされることを前提として本件再転貸借を締結したものと解される。」「このような事実関係の下においては、本件再転貸借は、本件賃貸借の存在を前提とするものであるが、本件賃貸借に際し予定され、前記のような趣旨、目的を達成するために行われたものであって、<u>Xは、本件再転貸借を承諾したにとどまらず、本件再転貸</u>

---

[61] 転貸ではないが、借地上の借地権者の建物の賃借人について、次のような保護がされている。「借地権の目的である土地の上の建物につき賃貸借がされている場合において、借地権の存続期間の満了によって建物の賃借人が土地を明け渡すべきときは、建物の賃借人が借地権の存続期間が満了することをその一年前までに知らなかった場合に限り、裁判所は、建物の賃借人の請求により、建物の賃借人がこれを知った日から一年を超えない範囲内において、土地の明渡しにつき相当の期限を許与することができる」（借地借家法35条1項）と。そして、裁判所が期限の許与をしたときは、建物の賃貸借は、その期限が到来することによって終了する（2項）。

借の締結に加功し、Yによる本件転貸部分二の占有の原因を作出したものというべきであるから、A会社が更新拒絶の通知をして本件賃貸借が期間満了により終了しても、Xは、信義則上、本件賃貸借の終了をもってYに対抗することはでき」ないと解すべきである。

　本書としては、**10-239**に述べたようにサブリースは、実質的にXY間の賃貸借契約であり、サブリース業者がいなくなれば、名実ともにXY間の賃貸借関係が存続するものと考えられることになる（その内容はAY間で締結された賃貸借契約により定められ、敷金がAからXに実際に交付されたかどうかは問わない）。

第4編　契約各論3　役務の取得を目的とした契約

第1章　雇用契約

第1節　雇用の意義・性質及び特別立法

Ⅰ　雇用の意義及び性質

1　雇用の意義

11-1　「雇用は、当事者の一方が相手方に対して労働に従事することを約し、相手方がこれに対してその報酬を与えることを約することによって、その効力を生ずる」(623条)。このように、雇用契約は、使用者の「報酬」(賃金)支払義務、労働者の「労働に従事する」義務からなる、双務有償契約であり、諾成契約である。

　資本主義の中核をなす企業は、資本を集中しそして労力を集中して企業活動を営むが、この労力を調達する手段が労働者を雇い入れる雇用契約である。使用者は他人を使用することにより膨大なまでに自分の活動範囲を拡大することになり、これに伴い、代理、履行補助者の行為についての責任、被用者の行為についての使用者責任といった種々の問題が生じてくる。

2　雇用の法的性質

11-2　雇用は双務・有償・諾成かつ不要式の契約であり、また、他人の労力の利用という点からは、請負、委任及び寄託と合わせて労務供給契約と一括りにされる。また、継続的契約関係の1つである。請負また委任とは、労働法の特別規定の点はさておき、雇用は次のような点で異なっている。

11-3　❶ **請負との異同**　有償契約である点は両者共通しているが、請負は一定の仕事の完成を契約の内容とし、その完成がなければ報酬を得られないのに対し、

雇用では労務を提供することが債務内容であり、結果達成まで債務内容とされていない、即ち結果債務とはされていないので、雇用者が期待した結果が達成されていなくても、対価である報酬の支払を受けられる（使用者が指示を出せばいつでも労務を提供できる態勢におけばよく、指示がなく仕事をしていなくてもよい）。また、請負では、請負人は注文者から独立して仕事の完成のための作業にあたるが、雇用では、労働者は使用者の指揮命令に服することになる。なお、請負では、請負人は法人・個人を問わないが、雇用契約は労働者は個人である自然人しか考えられない。

11-4 　❷ **委任との異同**　委任は特に仕事の完成を目的とせず、一定の事務（法律行為であることも、それ以外の事務であることもある）の処理を任せるものであるが、委任は必ずしも有償であることを要しない。有償委任では、受任者は委任者から独立してその自由裁量に従って事務を処理するのに対して、雇用では、使用者の指揮命令に従って仕事に従事する点に大きな差異がある。

11-5 　**【雇用か否かが争われる事例】**　理念的には以上のように区別がつくが、実際にはいずれか不明な場合が少なくない。雇用となるためには、フルタイムで働く必要も長期にわたる必要もない。例えば、キャバレーの専属楽団員がキャバレーの経営会社の指揮監督の下に演奏業務に従事する場合につき、請負ではなく雇用であるとされ（大阪高判昭55・8・26判時986号119頁）、芸能プロダクションと歌手志願者との芸能出演契約につき、労基法の適用のある雇用契約とした判決がある（東京地判平6・9・8判時1536号61頁）。これに対して、証券会社の外務員が有価証券の売買の勧誘を行い、会社を通じて売買を成立させ、成約数に応じて報酬を受けるのは、雇用ではなく委任または委任類似の契約とされている（最判昭36・5・25民集15巻5号1322頁）。なお、民法上の雇用か請負かが微妙な事例では、民法の規定の適用ではなく、労基法の適用がある労働契約か、また、税法上給与所得となるかといった問題が争われることが多く、この問題の解決のためには、民法上請負だからどうなるとか無理に民法上の性質決定をする必要はなく、それぞれの法の趣旨に則して、民法上の性質決定に拘泥せずに処理すべきであるといってよい。

Ⅱ　雇用をめぐる特別立法

11-6 　労働者にとり、雇用は生活を支える収入の獲得手段であるが、この使用者との関係を契約自由の原則により支配される民法（労働者保護を指導原理とする社会法に対して市民法と呼ばれる）により規律を委ねるならば、その結末は明らかである。

契約自由という看板は掲げられたまま、実際には経済力の差異により、必然的に強き企業側に有利な契約しか締結されることはなく、労働者は生活を支えるためやむなくこれに応じるしかないことになる。低賃金、重労働、長時間労働といった問題を引き起こしたことは、歴史を繙いてみれば直ぐに知れるところである。

　労働者による闘争の成果が、現在の労働者を保護する諸立法となっているのである。わが国では、本格的な労働立法が実現するのは、戦後になってからのことであり、労働基準法、労働組合法、労働関係調整法（いわゆる労働三法）を中心とした諸立法が実現されている。その結果、契約自由に基づいた時代遅れの民法の規定は、労働基準法（以下労基法と略す）によりことごとく修正されている。また、労使関係は、労基法だけでなく、労働協約また就業規則によって集団的に規律されている。

　従って、民法の雇用の規定を廃止して、労基法に一切任せてもよいのだが、民法の規定は労基法により実際には殆ど廃止されたに等しいにも拘らずそのまま残されているので（また、「同居の親族のみを利用する事業若しくは事務所又は家事使用人」については、労基法の適用外とされており、民法の規律によることになる）、本書でも民法の規定はどのようなものであるか、時代的な意味しかないが示し、それが労基法によりどう修正されているかを簡単に説明するに止める。労基法の詳しい説明は、当然労働法の講義に任せられる（三宅・各論下のような大著が雇用の説明を省略している）。

　なお、用語についても、民法と労働法とでは、一致していないものが多く、例えば民法では雇用契約というのに対して、労働法の分野では労働契約という（これは労基法の適用のある契約という意味のようだが、そうすると民法の雇用と一致せず、場合によっては、民法上は請負や委任と分類されるものも含まれることになる）。また、労働者は、民法では「労務者」という古めかしい言葉があてられていたが、現代語化で「労働者」に変更された。

第2節　雇用の締結及び成立

(1) 諾成・不要式契約

11-7　雇用は諾成・不要式の契約であり、当事者の合意だけで成立する。民法は雇用契約の締結をめぐって何も規定していないが、雇用契約締結に際する使用者の労働者に対する労働条件などの明示義務（労基15条1項）など労基法には種々の規制がある。

(2) 労働基準法上の規制

11-8　**(a) 未成年者との契約**

(ア) 児童の使用の禁止　①原則として、使用者は満15歳に達してから3月31日になるまで（要するには通常は中学の卒業）の児童を労働者として使用してはならない（労基56条1項）。②但し、例外として、軽微な労働については、ⓐ行政官庁の許可を受けて満13歳以上の児童を修学時間外に使用することができ、また、ⓑ満13歳に満たない児童でも、映画や演劇については（いわゆる子役）同様とされる（労基56条2項）。これに違反した場合、その契約の効力については問題であり、履行を使用者が求めることができないという意味では無効だが（使用者側については請求的無効）、既に履行してしまった部分については無効として不当利得で処理するのではなく、既履行分については使用者は無効を主張できないものと考えるべきである（使用者の請求に対して拒絶できればよく、労働者たる未成年者側については抗弁的無効といってよい）。

11-9　**(イ) 法定代理人の代理締結の禁止**　親権者または後見人は、未成年に代わって雇用契約を締結することはできない（労基58条1項）。未成年者を親が食い物にするのを禁止するためである。従って、未成年者は、法定代理人の同意を得て自ら契約を締結しなければならないことになる。

11-10　**(b) 労基法等に違反しないこと**　雇用契約は、労基法、就業規則、労働協約に違反してはならず、違反するとその違反部分は無効となるが（労基13条、93条、労組16条）、契約自体は有効であり、無効になった部分は労基法、就業規則、労働協約によって補充される。

11-11　**(c) 労働条件の明示**　使用者は、雇用契約の締結に際し、労働者に対して賃金、労働時間その他の労働条件を明示しなければならない（労基15条1項）。明示された労働条件が事実に反する場合、労働者は即時に労働契約を解除することが

できる（労基15条2項）。労働者が解除をする場合、就業のために住居を労働者が変更していたならば、解除の日から14日以内に労働者が帰郷するときにはその旅費を負担しなければならない（労基15条3項）。詐欺による損害の賠償の実質を持つものであり、それ以外に損害があれば709条により賠償請求できるのは当然である。

11-12 【内定と試用期間】 (1) 内定　企業は正式な雇用契約を締結する前に、就職を希望する卒業前の学生に対して就職試験を行い、合格者との間に卒業後に採用するという合意を取り交わすことはよく知られたところである。これを内定という。優秀な人材を他社よりも早く確保したいという企業の要請に基づく採用慣行である（いわゆる青田買い）。内定の法的性質については、内定決定後はもはや実質的な契約形成行為は見当たらないため、採用内定通知により、就労の時期を卒業の直後とする解約権留保つきの雇用契約が成立するものと考えられている（最判昭54・7・20民集33巻5号582頁、最判昭55・5・30民集34巻3号464頁。かつては、①契約締結過程説〔労働契約成立までの事実上の一段階にすぎないと考えるもの〕、②予約説〔労働契約の予約と考えるもの〕、③独立契約説〔本来の労働契約とは別個独立の契約とするもの〕、④解除条件つき労働契約説〔就労開始までの間における契約維持の阻害事由の発生を解除条件とする労働契約とするもの〕などの考えがあった）。単なる始期つきであれば、内定取消しとは解雇ということになってしまい、法定の解雇権制限が適用になるが、留保した解約権の行使であるため、その適用はないことになる。しかし、それも無制限ではなく、①内定当時知りえなかった事情を理由とし、かつ、②それを理由とする解約を合理的と認められ社会通念上相当と考えられる場合でなければならない（肯定例として、公安条例違反で逮捕され起訴猶予処分を受けていたことが判明した場合がある〔最判昭55・5・30民集34巻3号464頁〕）。

11-13 　(2) 試用期間　企業が労働者を採用する場合にも、直ちに確定的な契約を締結するのではなく、一定期間実際に仕事をさせてみて様子をみる、即ち職業上の適格性の有無を判断するという仮契約とでもいうべき契約をすることがある。この試用期間の契約の法的性質については、その期間中の労働者が不適格と認められたときには解約しうるという旨の特約付きで、雇用契約がされているものと解されている。試用期間中の者については、労基法20条の解雇の予告についての規定が適用にならないと規定されているが（労基21条本文）、その解約権の行使も、その契約の趣旨からして、客観的な理由が存在し、社会通念上相当として是認される場合であることが必要とされている（最判昭48・12・12民集27巻11号1536頁）。

第3節　雇用の効力

Ⅰ　労働者の義務

1　労務提供義務

11-14　**(1) 使用者の指揮命令に従う義務**
　労働者は使用者に対して、労務を提供する義務を負う。これが労働者の基本的義務であるが、この義務と使用者の賃金支払義務との同時履行の抗弁権は成立しない（また、前期の賃金が支払が未払の場合に、その支払まで就労を拒否するということも認められない）。
　労働者は使用者の指示命令に従って就労する義務を負うのであるが、使用者の指示が、①公序良俗に反したり、②労働者を保護する諸立法の規定に反する場合、更には、③労働者の生命、健康に対して配慮がされていない条件の下での就労の指示（例えば命綱なしで窓拭き作業をやらせる）に対しては、就労拒絶権を認めるべきである（この場合には、就労しなくても、536条2項により労働者は賃金債権を失わないと解される）。

(2) 自己就労義務

11-15　「労働者は、使用者の承諾を得なければ、自己に代わって第三者を労働に従事させることができない」（625条2項）。「労働者が前項の規定に違反して第三者を労働に従事させたときは、使用者は、契約の解除をすることができる」（625条3項）。使用者は労働者を選んで契約（採用）をしているのであり、誰が労務を提供するかは使用者にとり重大な利害関係を有するからである。

11-16　【使用者の権利の譲渡】　625条2項は履行の代行を勝手にさせてはいけないというだけであるが、民法は、使用者が勝手に労働者に対する権利を他に譲渡することも禁止している（625条1項）。雇用契約はそのままにしておく出向は、形式的には譲渡ではない。
　労働者の承諾のない譲渡は、処分契約としては無効であるが、企業を一括して譲渡する場合にもこの制限が適用されるのかについては議論がある。

11-17　❶ **承諾不要説**　いちいち個々の労働者全員の承諾を得るというのは実際的では

なく、他方で、自分が契約した使用者が勝手に変えられてしまう（賃金等の労働条件につきず、労働者としてはいかなる企業にいるかは社会的・感情的に重大問題である）のは労働者としても耐えがたいものである。そこで、通説は、企業の一括譲渡の場合には、労働者の承諾なしに包括的な譲渡ができるが（従って、承諾なしに契約関係が移転する）、労働者には解約権を認めるという（いつまで認めるかは問題だが）処理を採用している（我妻・中二568頁、松坂187頁）。

11-18 　❷ **承諾必要説**　これに対して、この場合だけ625条1項に対して例外とするだけの十分な理由はなく、やはりこの場合も個々的に承諾を得た労働者についてのみ、譲渡を有効とする考えもある（来栖428頁）。但し、この考えでも、労働者が何も異議を述べずに新たな使用者の下で就労していれば黙示の承諾が認められるであろう。

2 その他の義務

(1) 善管注意義務

11-19 　労働者は、労務を提供するに際して、善管注意をもって誠実に使用者の利益を図るように努めなければならない。営利会社であれば、会社に有利な取引に勤める、営利会社か否かを問わず、使用者の信用を失わせるような行為をしない、などの注意義務が負わされる。使用者は就労の妨げとなるような副業を禁止することがよく見られるが、合理的な範囲に限って効力を認めるべきである。なお、勤務時間中に政治的活動をすることを制限することは、このような労務提供の妨げとなるという観点からは是認されるが、勤務時間外での活動（職場であろうと）まで禁止することは、不必要に私的活動を制限することになるならば許されるべきではない。

(2) 保護義務等

11-20 　更には、積極的に使用者の利益を図るのではなく、消極的に使用者に損害を与えてはならない義務も、労働者につき認めることができる。

　例えば、労働者は就労中に、自分が使用等している使用者の財産を侵害しないようにしなければならず（雇用契約上の付随義務）、また、就労中に他人（第三者と同僚の両者を含む）に損害を与え、使用者に賠償責任を負わせてその財産を減少させてはならない義務を負う。

　これに違反して、労働者が使用者に対して積極的な損害を与えた場合、使用者は415条（または709条）により労働者に対して全額損害の賠償を請求できるかは問題である。詳しくは715条で述べるが、使用者が労働者を使用することにより利益だけを吸収して、リスクは引き受けないのは許されないという報償責任の思想

は、労働者との関係においても当てはまり、715条の使用者の被用者への求償を制限するのと同様に、415条（または709条）による損害賠償請求権それ自体にも同様の処理を認めるべきである（使用者から被用者への求償また損害賠償を制限した最判昭51・7・8民集30巻7号689頁、またこれを援用して、半分のみ損害賠償を認めた東京地判平6・9・7判時1541号104頁がある）。従って、原則として労働者に故意または重過失がある場合にのみ、労働者の使用者に対する責任を肯定すべきである。

(3) 守秘義務

11-21　保護義務の一類型といってもよいが、労働者の守秘義務というものがある。労働者は職務執行上知りえた使用者の秘密を外部に漏らしたり、その地位を利用して他人を信用させ、虚偽の事実を流して使用者の信用を害するような行為もしてはならない。この義務は、雇用契約が終了した後にも存続する。

11-22　【競業避止義務】　労働者は、職務上知りえた使用者の秘密を外部に漏らしてはならないだけでなく、その秘密（ノウハウ、得意先等）を利用して使用者の事業と競合する事業を行い、使用者の利益を侵害してはならない。この義務は契約終了後にも存続するが（契約上の義務とするといわゆる余後効の問題となるが、私見では事業者の一般的利益に向けられた注意義務であり、そのような問題は生じない）、どの程度の競業がどの程度の期間存続するかは一概にはいうことはできない（使用者の下で仕事をしながら経営のノウハウや技術を盗んで一人前になって独立していくのが、当然視されるような業種もあろう）。また、当事者間で退職後の競業避止特約が結ばれることがあるが、これも営業の自由（憲法22条）の制限となるので、合理的な範囲に限ってのみ効力が認められるべきである（最判昭44・10・7判時575号35頁参照）。

11-23　【労働者の身元保証、身元引受】　雇用契約を締結する際に、使用者が労働者に身元保証人又は身元引受人を求めることはよくみられる現象である。身元保証とは、労働者が使用者に雇用関係上負担することありうべき債務（損害賠償義務がもっぱら）を保証する包括保証であり、身元引受とは、労働者が使用者に責任を負うか否かに拘らず（例えば病気で働けない）労働者が原因で使用者が被ることがあるべき損害を賠償し、また、労働者の病気の場合に労働者を引き取って面倒を見るといったことを義務付けられるものである。これについては、身元保証人・引受人の責任が過大にならないように（これらの者には義理でなるのが常である）、昭和8年にいわゆる身元保証法が制定されている。

11-24　【身元保証金】　賃貸借において敷金というものが民法上でてくるが、それに似た担保責任緯度が雇用においてもある。身元保証金というもので、雇用契約の629条1項による黙示の更新の際に、「従前の雇用について当事者が担保を供していたときは、その担保は、期間の満了によって消滅する。ただし、身元保証金については、この限りでない」と規定されている（629条2項）。これは旧慣を尊重したものであり、敷

金同様に担保の一種であることはその規定から知れるであろう。

　身元保証金とは、労働者が使用者に対して負うことあるべき損害賠償義務を担保するために、労働者（または第三者）が使用者に交付する金銭その他の有価物であり、敷金と同様に停止条件付き返還債務を伴う金銭所有権の移転と考えられている。しかし、現在では上記の身元保証を求めるのが普通であり、敷金とは異なりこのような慣習は広く行われてはいないようである。

11-25 **【違約金、損害賠償額の予定についての制限】**　労働者が以上の義務に違反して使用者に損害を与えた場合、労働者は損害賠償義務を負い、これにつき、違約金の定めをすることも、損害賠償額の予定をすることも、民法上は何も制限されていない。しかし、労基法は、違約金や損害賠償額の予定の定めをすることを禁止し（労基16条）、また、就業規則で減給処分の制裁を定める場合でも、その減給は、1回の額が平均賃金の1日分の半額を超えることも、その総額が一賃金支払期における賃金の総額の10分の1を超えることも許されないものとした（労基91条）。

Ⅱ　使用者の義務

1　報酬（賃金）支払義務

(1) 民法の規定

11-26　使用者は労働者に報酬（労働法では賃金と呼ばれる）を支払わねばならない。民法は賃金について支払時期の1ヵ条を規定しただけであり、当事者の自由な決定に委ねている。民法の規定によると、①「労働者は、その約した労働を終わった後でなければ、報酬を請求することができない」（624条1項）、②「期間によって定めた報酬は、その期間を経過した後に、請求することができる」（624条2項）ことになっている。

　また、賃金債権保護のために、労働者には先取特権が認められている（306条、308条、311条、324条）。

(2) 労基法による修正

11-27　これに対して、労基法では賃金につき種々の規制をしている。詳しくは労働法の講義に譲る。

　賃金の支払の態様には、時間払の他に出来高払もあるが、出来高払の場合には労働者のリスクも大きいので、労基法は労働時間に応じて一定額の賃金を保証しなければならないものとしている（労基27条）。また、賃金は自由に定められるの

が民法の原則であるが、最低賃金法により事業の種類等に応じて最低賃金が法定されている。賃金支払時期についても、毎月１回以上、一定の期日を定め、原則として労働者に直接支払わなければならない（労基24条）。但し、現在では、労働者の同意の下に口座振込方式が一般化している。

　労働者の賃金債権は、民法上では１年の消滅時効にかかることになっているが（174条２号）、労基法により２年の消滅時効と修正されている。なお、使用者は労働者に対する賃金債権を受働債権とする相殺をなすことはできないものとされる（最判昭36・5・31民集15巻５号1482頁。なお、前借金との相殺禁止については労基17条に明記されている）。また、賃金の４分の３は差押え禁止にされている（民執152条）。

　賃金は労務供給の対価であるから、本来は、労働者が労務を供給しない限り支払う必要がないはずである。これは、労働者の責めに帰すべからざる事由により就労ができない場合のうち、①使用者にも責めに帰すべき事由がない（例えば大地震で勤めている工場が崩壊してしまった）場合にはあてはまろうが（536条１項。民法の理論としてであって、労働法の理論としては何らかの修正が必要であろう）、使用者の責めに帰すべき事由によるときは、536条２項により労働者は賃金を請求できることになる。但し、その間他で働いて収入があれば、536条２項後段が適用される。以上は民法上の議論ではそうなるというだけであり、労基法26条は、特別規定を置き、「使用者の責に帰すべき事由による休業の場合においては、使用者は、休業期間中当該労働者に、その平均賃金の百分の六十以上の手当を支払わなければならない」ものとした。

2　付随義務──安全配慮義務

11-28　使用者は、労働者が快適で精神、身体、生命に対してこれを害しないような条件の下で労働できるよう配慮する義務（安全配慮義務）を負う。この違反については、債権総論*3-283*以下で既に述べた。

　ところで、労働者には、これに対応して安全配慮義務の履行を求める請求権を雇傭契約上認めるべきであろうか。労働者が、安全配慮義務の違反を理由に就労を拒絶できることは既に述べた通りである。この問題については、安全配慮義務を、給付義務たる安全配慮義務と保護義務たる安全配慮義務とに分け、前者については、労働者に履行請求権を認めるという考えがある（宮本健蔵『安全配慮義務と契約責任の拡張』173頁以下）。しかし、消極的にそれが尽くされなければ就労ができないというだけであり、就労拒絶権だけ認めれば十分ではないかと思われる

(但し、契約上の権利としてではなく、労働法上の権利としてならば、安全配慮義務を尽すよう求める権利を認めることはできるし、また必要であるといえる)。なお、安全配慮義務の違反があり、労働者が催告しても使用者が改善しない場合には、信頼関係を破壊するものとして労働者は雇用契約を解除できるものと考えてよい。

第4節　雇用の終了

I　期間の定めのある場合

1　雇用期間についての制限

11-29　民法は雇用期間について何も規定を置いておらず、最長・最短とも自由に定めることができることになる。これに対し、労基法は、最長期間を3年とし、これ以上長い期間を定めた場合には、3年に短縮されるものと定める (労基14条)。最短期については何も労基法上も制限はない。但し、短期の期間を定めて更新を繰り返すという方式をとることにより、労基法上の解雇制限が潜脱される恐れもあるので、長期にわたり更新が繰り返されてきた場合には、期間の定めのない契約として扱い、労基法20条 (解雇予告) を適用することも考えられる (更には一般的解雇制限も)。

2　期間の満了

11-30　定められた雇用期間が満了すれば、雇用契約は終了する。但し、「雇用の期間が満了した後労働者が引き続きその労働に従事する場合において、使用者がこれを知りながら異議を述べないときは、従前の雇用と同一の条件で更に雇用をしたものと推定する。この場合において、各当事者は、第627条の規定により解約の申入れをすることができる」ものとした (629条1項)。この黙示の更新後の契約期間については、629条1項後段が627条による解約ができることを規定していることから、期間の定めのないものとなると考えられるかのようであり、そのような判例が多い (東京地判昭51・1・28判時807号96頁、東京高判昭53・2・20労判294号49頁など)。しかし、法定の更新ではなく、黙示の意思表示の推定であり、当事者の普通の意思に従うべきであり、そうすると、借地借家法26条1項但書のような規定がない限りは、同じ条件で契約をしたと推定されるはずである。東京地判平15・12・19労判873号73頁は、期間も同一条件で更新したものと「推定」し、解雇は整理解雇であり解雇権の濫用であり無効としており、妥当であろう。

3　626条による解除

11-31　「雇用の期間が5年を超え、又は雇用が当事者の一方若しくは第三者の終身の間継続すべきときは、当事者の一方は、5年を経過した後、いつでも契約の解除をすることができる。ただし、この期間は、商工業の見習を目的とする雇用については、10年とする」(626条1項)。「前項の規定により契約の解除をしようとするときは、3箇月前にその予告をしなければならない」(626条2項)。これはあまりにも長く当事者（とりわけ労働者）を拘束することを避けようとするものである。

11-32　【労基法の規定との関係】　労基法では *11-29* に述べたように3年以上の期間を定めることはできない。そうすると、5年以上の雇用期間が定められる場合についての626条の規定はどう解したらよいであろうか。

　①3年以上の雇用期間を定めても、労基法14条により3年に短縮され、3年を経過して継続する場合に、629条による黙示の更新となり期間の定めのない雇用になるという解決も可能である。②これに対して、労基法13条を片面的強行法規と解して、ⓐ労働者からは、3年の満了による終了を主張できるが、ⓑ使用者からは、5年経過してから628条の解除ができるにすぎないという考えもある（石田穣313頁）。

4　やむをえない事由による解除

11-33　「当事者が雇用の期間を定めた場合であっても、やむを得ない事由があるときは、各当事者は、直ちに契約の解除をすることができる。この場合において、その事由が当事者の一方の過失によって生じたものであるときは、相手方に対して損害賠償の責任を負う」(628条)。これは当然雇用期間の定めのない場合にも適用され、直ちに解除（告知）ができることになる。

　他方で、労基法20条では、「使用者は、労働者を解雇しようとする場合においては、少なくとも30日前にその予告をしなければならない。30日前に予告をしない使用者は、30日分以上の平均賃金を支払わなければならない。但し、天災地変その他やむを得ない事情のために事業の継続が不可能となった場合又は労働者の責に帰すべき事由に基づいて解雇する場合においては、この限りではない」(1項)、「前項の予告の日数は、1日について平均賃金を支払った場合においては、その日数を短縮することができる」(2項)、と規定している。

　労基法20条1項但書と民法628条とは、いずれも即時解除を認めているが、やむをえない事情が使用者の責めに帰すべき事由による場合についても、民法では即時解除が許され、ただ損害賠償義務が問題となるだけであるが、労基法では、

使用者に帰責事由がある場合には20条1項但書には該当せず、1項本文通り30日分の平均賃金を保証するか、30日前に予告することが必要になる。

なお、以上の解除の効果は、将来に向かってのみ生じるにすぎない（630条による620条の準用）。

11-34 【民法541条による解除】　628条による解除の他に、541条の解除の一般規定による解除が雇用契約においても認められるのであろうか。即時解除をするほどの義務違反ではない場合に催告をした上で解除を認めることができるのかという問題となる。もしこれを認めないと、期間の定めのある雇用の場合には解除の余地がなくなってしまう。

①541条を継続的契約関係に適用しない説では、628条一本でいくことになろうが、②あまり実益はないとしながら適用を肯定する考えがある（星野244頁）。即時解除ができない義務違反でも、催告された上で長期に及ぶならば628条の「已むことを得ざる事由」となる余地があり、541条を適用し、628条との選択を認めても実益はないわけである。

Ⅱ　期間の定めのない場合

1　民法の規定

11-35　①「当事者が雇用の期間を定めなかったときは、各当事者は、いつでも解約の申入れをすることができる。この場合において、雇用は、解約の申入れの日から2週間を経過することによって終了する」（627条1項）。②「期間によって報酬を定めた場合には、解約の申入れは、次期以後についてすることができる。ただし、その解約の申入れは、当期の前半にしなければならない」（627条2項）。

結局、①②の二重の制約があることになる。例えば、週払いでは週の前半ではだめで2週間前に解約の申し入れが必要であり、他方、もし2か月毎に賃金を支払うというのであれば、2週間前ではだめで前半即ち1か月前に解約の申し入れをしなければならないことになる。但し、「6箇月以上の期間によって報酬を定めた場合には、前項の解約の申入れは、3箇月前にしなければならない」（627条3項）とされ、②の要件は緩和されている（年払であれば、半年前ではなく3か月前であればよいことになる）。

なお、628条のやむをえない事由による即時解除は、雇用期間のない場合にも適用される。

2 労基法による修正

11-36　労基法では「使用者は、労働者を解雇しようとする場合においては、少なくとも30日前にその予告をしなければならない。30日前に予告をしない使用者は、30日分以上の平均賃金を支払わなければならない」(労基法20条1項本文)、と規定している。但し例外的に即時解除ができることもそこで述べた(労基法20条1項但書)。ここでは、「使用者は」とあるように、使用者からの解雇を制限しただけであり、労働者からの解除については依然として1の民法の原則が適用になる。

なお、使用者は、雇用期間の定めなき場合に、上の要件さえ充たせば当然に解除できるというのではなく、「解雇権の行使も、それが客観的に合理的な理由を欠き社会通念上相当として是認することができない場合には、権利の濫用として無効になる」とされている(最判昭50・4・25民集29巻4号457頁)。

Ⅲ　その他の終了原因

11-37　民法上は以下の場合にも、雇用契約は終了する。

① 労働者が使用者の承諾なしに第三者を代わりに労務に服せしめた場合には、使用者は雇用契約を解除できる(625条3項)。

②「使用者が破産手続開始の決定を受けた場合には、雇用に期間の定めがあるときであっても、労働者又は破産管財人は、第627条の規定により解約の申入れをすることができる。この場合において、各当事者は、相手方に対し、解約によって生じた損害の賠償を請求することができない」(631条)。

③ 労働者の死亡については民法上終了原因として規定されていないが、労働者は他人をして就労させることができず、一身専属的債務の性質を有するため、労働者の雇用契約上の地位は相続の対象とはならず、雇用契約は終了するといわねばならない(既に生じた賃金債権は相続性がある)。逆に、個人使用者で使用者が死亡した場合については、権利譲渡が禁止されているため疑問がないわけではないが、問題となっている就労すべき事業も相続されるのであり、全く別の使用者に譲渡される場合とは事情を異にするので、相続性を認めてもよい。

なお、雇用契約の解除は、620条の準用により(630条)、遡及効は認められない。

第2章　請負契約

第1節　請負の意義と性質

Ⅰ　請負の意義

12-1　「請負は、当事者の一方がある仕事を完成することを約し、相手方がその仕事の結果に対してその報酬を支払うことを約することによって、その効力を生ずる」(632条)。

　「仕事の完成」とは、労務により一定の結果を実現することであるが、①絵画や彫刻の作成、建物の建築、船舶の建造、機械の修理、塗装、改造、フィルムの現像、衣料品のクリーニング、散髪等、有形的結果の実現、②歌の作曲、脚本の作成、コンピュータのプログラムの作成のように無体的な仕事を中心とするもの、③更には、演奏や講演のように特定的結果ではなく、一定の内容の行為それ自体を中心とするもの、などが考えられる。これらはそれぞれ特殊性があるが、民法は請負という共通項で括って最低限必要な任意規定を置いているにすぎない。実際には、各種の約款により契約内容が規律されている[1]。また、商法には仲立、運送営業につき特別規定が置かれており、個別の特別立法も数多く制定されている。例えば、建築請負には注文者(消費者)保護のために建設業法、下請人保護のため下請代金支払遅延等防止法などである。

　本来ならば、建築請負などの類型毎にタテ割で説明するのがよいのかもしれないが(例えば、建築請負については、荒井・注1文献、岩崎・注1文献の他、花立文子『建築家の法的責任』参照)、そこまで詳しく論じる余裕はないので、請負の共通理論を

---

[1] 特に建築請負については、各種の約款が作成されている(荒井八四郎『建築請負契約論』、岩崎脩『建築工事請負契約の研究』参照)。また、ずさん工事を防止するため、建築請負業は建設業法3条により許可制とされるなどの規律がされている。更に平成12年4月1日施行の「住宅の品質確保の促進等に関する法律」に基づき、同年10月から「住宅性能表示制度」が導入され、第三者期間による評価が受けられ、また、建設住宅性能評価書が交付された住宅については、各地の弁護士会に紛争処理を申請することができる(紛争処理の手数料は1件あたり1万円)。紛争処理の申請は、住宅性能評価書の内容だけでなく、請負契約、売買契約に関するすべての紛争の処理について行うことができる。

第2章　請負契約　553

12-2　**【請負契約法理の研究が活発ではなかった理由】**　現代社会においては、本文の例にあげたように、各種の請負契約が満ち溢れているが、これまで請負契約が売買や賃貸借ほど判例・学説上脚光を浴びることはなかったといわれている。その理由として次のような事由が指摘されている（水本305頁）。

　①請負人は特殊な技術・技能の専門家であることが多く、注文者が法的に争ってまでクレームをつけることが少なかったこと。②請負の中心を占める建築請負において、建築業界の体質が古く、紛争を裁判で決着をつけようというところまでいかないことが多かったこと。③約款または書式により契約内容が民法とは異なって約定されることが多く、民法解釈が問題にされることが多くなかったこと。④建築請負と並ぶ請負の2大分野である運送については、商法が運送営業についての特別規定を置いた（また更に特別法がある）ため、問題の処理はもっぱらそちらに任されることになったこと。

Ⅱ　請負の法的性質・成立

12-3　請負は、一方（請負人）が仕事を完成する義務を負い[2]、相手方（注文者）がこれに対して報酬を支払うことを約する双務、有償、諾成、不要式の契約である[3]。但し、例外的には継続的契約関係を生じさせる請負契約もあり、継続的供給契約、雇傭、有償契約などに準じた扱いをしなければならない場合があると考えられている（新注民(16)115頁〔広中〕）。

　有償契約でなければならないため（有償と無償がある委任とは異なる）、無償で修理を約束するのは請負契約ではなく、もちろん契約があるので事務管理でもなく、民法上は無名契約ということになる（請負よりも贈与や無償委任の規定を類推適用すべき）。報酬については、その額が定められていなくても、報酬を支払う約束さえあれば請負の成立を認めて差し支えない（東京高判昭48・7・16判時726号63頁、高松高

---

[2]　フランス民法では、委任を、法律行為を行うものだけに限定し、日本のように準委任というものを認めていないために、日本で準委任に該当する契約類型を委任規定によることはできない。即ち、事実行為を行うことを依頼する場合には委任契約（準委任契約）ではなく、請負契約に位置づけられている。そのため、フランス民法では、請負契約は仕事の完成を内容とすることが要件とされておらず、日本の準委任契約は請負契約とされることになり、日本民法と微妙な違いがある（⇒**13-3**）。

[3]　仕事の完成という要素が含まれるが、継続的契約関係とは考えられておらず、履行行為に時間がかかるだけとみられている（我妻・中二661頁）

判昭48・8・8判時722号72頁参照)。

　民法上は書面の作成が要求されていないが、建設業法19条、下請代金支払遅延防止法3条では契約関係を明らかにするため一定の内容を記した書面による契約の締結が要求されている。但し、要式契約とまでされているわけではなく、取締規定にすぎず、要求されている内容が全て記載されていなくても、更には契約書が作成されなかったとしても、契約の効力には影響はない。

12-4　【医療契約は請負か——請負と委任の限界づけ】
　　(1) 学説の状況　　請負は仕事の実現を約束するものであり、結果債務（⇒債権総論15）の代表例であるが、医療契約は一定の結果の実現を約する請負なのか、それとも結果実現のために一定の努力を尽くすことを約する（手段債務という）契約なのであろうか。もし後者であれば準委任になってしまい、期待された結果が実現されていなくても、行為義務を尽していれば報酬を請求できることになる（河上正二「診療契約と医療事故」磯村保ほか『民法トライアル教室』358頁以下参照）。

　①盲腸の摘出など、医療行為といっても結果の実現が約束されている場合も考えられる。②これに対して、治癒するか否かは種々の要因にかかっており、治療だけで確実に治るとはいえない場合には、治すことまでは約束されておらず、治すよう出来る限りの努力を尽くすことだけが約束されているにすぎないといえる（受験のための家庭教師と同じである。なお、医療契約に医師の患者への信認義務を認める必要性については、樋口範雄「医師・患者関係の性格」法教308号110頁以下参照）。

　学説では、医療契約について、①請負と分析する可能性を認める考え（我妻・中二601～2頁、石田穣322頁［胃の摘出の請負ということを認める］）、②その本質から原則としては準委任またはこれに類似する契約という考え（田山216頁［胃の摘出の適否を含めて、最善を尽くすという内容と解する］）などがある（村山淳子「医療契約論」西南学院大学法学論集38巻2号63頁以下参照）。

12-5　　(2) 本書の立場　　医療機関との契約の中にも多様なものがあり一概にはいえないが、基本的には、その要求される程度には差はあれ、手段債務を目的とする契約であり、例外的にのみ結果の実現に対して報酬が支払われる請負契約となると考えるべきである（整形などは医療というかは別として請負といってもよい）。医療契約を請負とするか準委任とするかは、適用条文の問題のみならず、債務不履行の認定のためにも重要な問題である。

12-6　【製作物供給契約】
　　(1) 問題となる事例　　請負において物の引渡しが問題となる場合にも、①機械の修理、衣服のクリーニングのように、財産権の移転は全く問題とならず、純粋に労務だけが問題となるものとは異なり、②材料＋労務により作り出される成果の供給、即ち請負の目的物の取得こそに意味があるものもある。後者では、財産権の移転という要素が中心となるため、ⓐ売買との限界づけ、ⓑ売買法理をどこまで取り

込むかといったことが問題となる[4]。

　簡単な例でいうと、㋐魚屋の店頭に並んでいる刺し身を買うのは（刺身の値段には、魚の値段と刺身にする労力とが計上されている）売買契約であり、他方で、㋑自分で釣り上げた魚を、馴染みの魚屋に持っていって刺身にしてもらうのは、請負である（刺身にする労力に対する報酬だけしか支払わない）。㋒魚屋で魚を購入し、それを刺身にしてもらうのは、刺身にする報酬が支払われれば、売買と請負の混合契約であろう。㋓では、魚屋に1週間後にパーティーをするので、刺身10人前を作るよう依頼をするのはどのような契約というべきであろうか[5]。

　㋐と㋒は区別が難しい（代金については、いずれも魚の価格、刺身にする労力が含まれている）。㋒が売買であれば、他から刺身を仕入れて渡してもよいはずであるが、自ら刺身にするという仕事まで契約内容になっているのである。確かに、売買契約も目的物の調達義務が認められ、その調達義務の内容を限定しただけかもしれない。売買のようで、請負的な要素もあるような契約である。このような自分で調達した材料で目的物を作成して引き渡すことを約する契約を**製作物供給契約**という[6]。では、このような契約は、法的にどのように分類すべきであろうか。

12-7 　**(2) 学説の状況**　　学説は、製作物供給契約を独自の非典型契約ないし混合契約として認めない否定説（売買か請負に振り分ける）と、これを認める肯定説とに分かれ、更にその中で細かな学説の対立がある。

12-8 　**(a) 否定説——売買・請負のいずれかに振り分ける**

　❶ **第1説（㋒㋓＝売買）**　　先ず、単に種類物（㋒のケース）または将来物（㋓のケース）の売買にすぎないと分析も不可能ではないであろう。しかし、他から調達するだけの義務か、自ら生産する義務かの差は大きく、少なくとも単純な売買と言い切るのには、抵抗感が残る。

12-9 　❷ **第2説（場合により売買、請負）**　　当事者の意思を基準とし、①仕事の完成を契約の目的（＝製作義務あり）とする場合には請負、②目的物の所有権の移転を目的（＝単なる調達義務のみ）とする場合には売買とするものもある（横田572頁、末弘692頁、石田（文）133頁）。

---

[4] ドイツ民法は、2001年改正前は代替物であれば売買契約の規定、不代替物であれば請負契約の規定を適用することになっていたが（旧651条1項）、新651条では、動産については代替物・不代替物かを問わず売買契約の規定によることにされた。

[5] 本文の例は代替物のケースであるが、仕立屋でサイズを測って名前入りで背広を作成してもらったり（自分で生地を持っていって作ってもらうのは請負）するのは、どのような契約であろうか（不代替物の場合）。なお、合鍵を業者が自分のところで作成する場合やスーパーで表札の作成を頼み、実際にはそのスーパーは業者に取次ぐだけの場合など、その実態も多様である。

[6] なお、製作物供給契約を、請負人が自己の仕事場で製作することを要する場合に限定する学説もある（来栖449頁）。

556　第4編　契約各論3　役務の取得を目的とした契約

12-10　❸ **第3説（⑦=売買、⑦=請負）**　①目的物が代替物であれば売買、②目的物が不代替物であれば請負とする考えもある（我妻・中二606頁以下、田山215頁〔規格品ならば売買という〕）。❷説の基準を明確にしたものといえ、❷説と対立するものとはいえまい。この立場を採用した判例として、東京地判昭56・10・27判時1035号87頁があり、理由として「代替物であれば給付物の個別化もしくは特定が行なわれていないのであるから、かならずしも、供給者自ら製作する必要がないのに対し、不代替物においては、供給者自らが製作することが、必要で目的物の引渡しは仕事の完成の一部とみられるからである」という（事案は代替物であり641条の適用を否定した）。

12-11　❹ **第4説（⑦⑦=請負）**　更には、代替物・不代替物いずれの場合も請負契約とした上で、573条や574条の売買規定については、559条の有償契約への準用により適用をすればよいという考えもある（石田穣323～4頁）。

12-12　**(b) 肯定説（混合契約説）**　①目的物の製作という点では請負の要素、②目的物の財産権の移転という点では売買の要素を含む混合契約とする学説もある（広中263頁、末川・下176～7頁、松坂195頁〔但し、当事者が専ら製作に重きを置けば請負、物の供給に重きを置けば売買となる可能性を認める〕、三宅・下868頁以下、星野256頁も同旨か）。これによると、請負と売買の規定が、問題となる事項に従い適宜適用されることになる（あくまでも、両要素の混合した1つの混合契約であり、例えばエアコンを買ってその取り付けも依頼するというように、売買と請負の2つの契約をするのではない）。但し、(a)❸の主張も柔軟に取り入れ、代替物では、基本的に売買規定を適用し、補充的に請負についての634条、636条、641条の適用を認め、不代替物については、請負規定の適用を原則とし、性質の許す限り売買に関する規定も適用することも認めている（新注民(16)117頁〔広中〕）。570条・566条の適用ないし類推適用により瑕疵を知った時から1年の期間制限に服し、641条の類推適用も肯定する（新注民(16)119頁以下〔広中〕）。

12-13　**(3) 本書の立場**　先ず、この議論の意義を確認しておくと、次の2つである。①請負ならば641条の任意解除が可能であるが、売買にはそれに匹敵する規定はない。②目的物に瑕疵があった場合、売買と請負のいずれの規定によって処理されるのか[7]（不特定物なら売買では不完全履行も問題となる）[8]。

---

[7]　規定だけ比較すれば、請負では売買とは異なって修補請求が可能であり、また、起算点も請負では引渡時であるのに対して、売買では瑕疵発見時である。瑕疵担保が問題となった事例について、前橋地高崎支判昭47・5・2判時687号88頁は、営業ガスレンジの背後の排気口がステンレス板でふさがれたため、燻焼により納入後1年10か月後に火災を生じた事例で、引渡しを基準としたら除斥期間が過ぎているが、570条、566条を適用して、損害賠償請求が認められている。

[8]　なお、建売住宅の販売は（マンションの青田売りも）、買主の意識からは建物が完成したらそれを買うというくらいの意識しかないともいえ（将来物の譲渡）、請負といいきるのには抵抗がある（なお、淡路剛久「製作物供給契約」『現代契約法大系7』327頁以下参照）。

633条は「仕事の目的物の引渡し」といっており、これが修理等をした物の返還のみを意味するとは考えられず、更に瑕疵担保の規定も勘案して考えてみると、請負は製作物供給契約を含めることを当然予定しているということができる。確かに実際上は微妙な場合もあろうが、①㋒㋖いずれのケースも、単なる調達義務以上の製作が債務内容とされている限り、641条の適用を肯定してよく、②また、売買の瑕疵担保責任については、本書の立場ではいずれの瑕疵担保によったからといってそう大きな差は生じない。従って、請負と分析しても不都合はないと思われ、従って肯定説に従いたい（判例としては、パンフレットとカタログの製作の注文につき、641条の適用を肯定した東京地判昭45・2・2下民集21巻1‐2号226頁がある）。

12-14 **【請負耕作】**　自分の田畑を持たない者は、地主から田畑を借りて農業を営むしかないが（小作農）、民法もこれにつき永小作権を規定するのみならず、賃貸借の中にも一定の規定を置いている。ところが、戦後、農地法の制定により、農地の借地権が強化され、その結果新規に農地の賃貸借がされることは見られなくなった。

　賃貸借に代わって現れたのが、請負形式による方法であり、全作業またはその一部の仕事を請け負わせ、これに対して報酬を支払うという形がとられるようになる（収穫物は土地所有者に帰属する）。しかし、その実態は農地賃貸借にほかならないものも多いといわれる（ヤミ小作と称される）。そのため、請負の形式をとる場合であっても、その経済的実態に注意して、賃貸借か、請負か、作業委託（準委任）かを判断すべきであるといわれる（田山214頁）。

　現在では、新築住宅については住宅品質確保法により売買・請負いずれとされようと瑕疵担保責任の内容に差が生じないようになっているので議論の実益はない（修補請求可能、責任期間が20年など⇒**6-303**参照）。

第2節　請負の効力

Ⅰ　請負人の義務

1　仕事完成義務

12-15　請負人は約束をした「仕事の完成」をなす義務を負う（632条）。目的物の引渡しが必要な場合に、契約で引渡時とされたときまでに完成して引き渡せばよく、いつ着手するかは原則として問わない。従って、引渡期日までに完成され引渡しをすればよいので、着手時期が定められていなくても、期日の定めがない債務で催告から遅滞となり541条による契約解除が可能というものではない[9]。完成までに相当の期間が必要であり、かつ定期行為である場合には（定期行為。例えばバースデーケーキの作成の注文）、これから着手しても間に合わない時期になっても着手していなければ催告なしに542条により解除ができよう。但し、工事のようにいつから開始するかが約束されている場合には、契約どおりに着手をする義務を負うことになり、約束された時期に着手しなければならず、これに違反すれば債務不履行となる（解除ができるかについては⇒*12-16*）[10]。

　仕事完成義務と報酬支払義務との関係については、633条の反対解釈から、特約のない限り仕事完成義務が先履行の関係に立つ。完成されるべき仕事の内容が確定している場合とは異なり、注文者の意向を確認しながら完成させるべき仕事自体も確定させていく場合には（例えば、ヘアカット）、履行過程における協力義務（相互の説明義務など）が、仕事完成のためには必要とされる。

12-16　【仕事の着手・続行を怠れば債務不履行になり解除が当然できるか】　請負人が仕

---

[9]　但し、納期までに完成が可能ならば、請負契約の性質上解除権は発生しないといわれる（我妻・中二614頁、松坂195頁。履行期までに完成が不能になったとして543条による解除を認めたものとして、大判大15・11・25民集5巻763頁がある）。

[10]　但し、不可抗力による遅滞は免責される（地震で途中まで建築した建物が倒壊したり、悪天候のため運送契約で到着が遅れたり）。特殊な事例として、アパートの建築請負で、周辺住民の実力による工事妨害を含む強行な反対運動のため事実上不能となった事例で、請負人の責めに帰すべき事由ではないとして、注文者による契約解除及び損害賠償請求を否定した事例がある（東京地判昭55・4・14判時983号86頁）。

第 2 章　請負契約

事に着手せず、または、仕事に着手したが仕事を続行しない場合、それが直ちに債務不履行となり、注文者は541条により解除ができるようになるであろうか。

12-17　❶ **肯定説**　一般には、契約をすれば仕事を開始する義務を請負人は負い（開始時期が定まっていれば期限の定めのある債務、定まっていなければ期限の定めなき債務か）、注文者は請負人の仕事着手または続行の遅滞に対し、541条による解除を認め、ただ遅滞にも拘らず期日までの完成が可能ならば解除権は発生しないといわれている（我妻・中二614頁、松坂195頁）。この考えに賛成しておこう。

12-18　❷ **否定説**　これに対して、請負人の仕事完成義務自体を問題にすべきであり、仕事自体をなす義務を問題とするのはおかしいという考えもある（三宅・下884頁）。これによれば、遅滞のため期日に仕事が完成できなくて、即ち、約束の完成期日を経過して初めて履行遅滞となり、541条の解除が問題となることになる（約束の期日までに完成しなければ契約をした意味がない場合には［例えば、結婚式用のドレスの作成］、542条により直ちに解除ができるという）。しかし、これは工作物の建造などについては適切ではないので、そのような場合には541条の枠外で解除を認めるべきであり、注文者が催告しても請負人が仕事の開始または続行をせず、そのため期日ないしその後の短期間内に仕事を完成する見込みがない場合には、期日の到来を待たずに解除ができるともいう（三宅・下885頁）。

12-19　【**仕事途中で解除する場合の解除の範囲**】　請負人が途中まで仕事をしたが、その後仕事の完成を怠っているため、注文者が契約を解除する場合、注文者は契約を全部解除して一切の報酬支払を拒絶できるのであろうか。

12-20　**(1) 履行として意味があるか否かで分ける学説**（通説・判例）

❶ **全部解除ができる場合**　仕事はその性質上不可分であり、一部だけ履行されたが工事が続行されない場合には、全部解除が認められるのは当然であるが、判例は、次のように、性質上不可分でなくても、「既施工部分によっては契約の目的を達することはできないことが明らか」な場合には、全部解除を認めている。施工の程度が小さく、別の業者が結局ゼロから行うに等しい費用がかかる場合には、全部解除を認めてもよいであろう。次のような判例がある。

12-21　● **最判昭52・12・23判時879号73頁**　昭和37年8月中旬ころ、Yは、A会社から同年10月1日に開校予定の自動車学校の用地の整地、練習用コース周囲の明渠の設置及び排水の工事をその完成期日を同年9月中旬と定めて請け負い、Xは債務引受をすると共に支払に代えてX所有の本件土地をXに譲渡した。Yは、本件工事全工程の約10分の2程度の工事をした段階で、9月中旬ころ工事を中止してしまい、A会社による再三にわたる工事続行の催告に応じなかった。A会社は同年11月下旬ころYに対して本件工事残部の打切りを申し入れ、既施工部分の引渡しを受けるとともに、本件土地の返還を要求した。これに対し、Yは、既施工部分の出来高代として100万円を支払わなければ本件土地の返還要求には応じられないと主張した（A会社はその支払を拒絶）。XからYへの本件土地の返還請求に対して、原審判決は、A会社の本件解除は契約の一部解除であって、XからYへの譲渡

560　第 4 編　契約各論 3　役務の取得を目的とした契約

は既施工部分の工事出来高代金債務に対する前払としてなお有効であり、Yに対する本件土地所有権移転の効果が解除により消滅するいわれはないとして、Xの請求を退けた。最高裁はXの上告を受け入れ、次のように原判決を破棄差し戻している。

12-21a　［判旨］「Yは本件工事全工程の約10分の2程度の工事をしたにすぎず、また、本件工事はその性質上不可分であるとはいえないが、Yのした右既施工部分によってはA会社が契約の目的を達することはできないことが明らかであるところ、A会社代表者は、本件工事残部の打切りを申し入れるとともに本件土地全部の返還を要求しているのであるから、他に特別の事情がない以上、右本件工事残部の打切りの申入をすることにより、A会社は契約全部を解除する旨の意思表示をしたものと解するのを相当とすべく、単に、右残工事部分のみについての契約の解除の意思表示をしたものと断定することは妥当を欠くものといわなければならない。それにもかかわらず、原判決が、右特別の事情のあることを認定することなく、残工事部分のみについての契約の解除を認めたのは、経験則に照らして是認することができない。」

12-22　❷ **残部のみの解除（一部解除）しかできない場合**　これに対し、中途の工事であってもその仕事が注文者に履行としての意味があれば、注文者は全部解除はできず、残部についての解除ができるにすぎない。判例も、次のように「工事内容が可分であり、しかも、当事者が既施工分の給付に関し利益を有するときは」、「未施工部分について契約の一部解除」しかできないとしている（最判昭56・2・17⇒*12-23*）[11]。仕事完成義務が一部の履行でも履行としての意味があれば、その部分は履行済みなので、債務不履行はなく解除はできないからである。そのため、債務が履行されていない残債務の部分のみの一部解除ができるだけということになる。

12-23　● **最判昭56・2・17判時996号61頁**　（AのYに対する工事代金債権をXが仮差し押えたが、Yが解除をしたとして支払を拒絶した事例）「建物その他土地の工作物の工事請負契約につき、工事全体が未完成の間に注文者が請負人の債務不履行を理由に右契約を解除する場合において、工事内容が可分であり、しかも当事者が既施工部分の給付に関し利益を有するときは、特段の事情のない限り、既施工部分については契約を解除することができず、ただ未施工部分について契約の一部解除をすることができるにすぎないものと解するのが相当である」（641条についての大判昭7・4・30日民集11巻8号780頁を参照とする）。

11　但し、建物の建築で、残工事を他の業者に行わせると通常よりも費用がかかるが、それは損害として履行を途中でしなくなった業者に賠償請求でき、代金未払いであれば請負代金との相殺をすることができる。判例も、「注文者が残工事の施工に要した費用については、請負代金中未施工部分の報酬に相当する金額を超えるときに限り、その超過額の賠償を請求することができるにすぎない」という（最判昭60・5・17判時1168号58頁）。残工事の工事内容をグレードアップしたために工事費用が超過した場合には、その超過額を賠償請求できないのは当然である。なお、仙台高判昭55・8・18判時1001号59頁は、「工事請負契約の注文者が、工事請負人の債務不履行により契約を解除して残工事の履行に代る損害賠償を請求する場合においては、損害額は、原則として解除時における通常の工事代金を基準として算定すべきである」、として残工事部分の填補賠償を認める。

「Yは、本件建築請負契約の解除時……のA工務店による工事出来高が工事全体の49.4パーセント、金額にして691万590円と主張しているばかりでなく、右既施工部分を引取って工事を続行し、これを完成させたとの事情も窺えるのであるから、かりにそのとおりであるとすれば、本件建築工事は、その内容において可分であり、Yは既施工部分の給付について利益を有していたというべきである。原判決が、これらの点について何ら審理判断することなく、Yがした前記解除の意思表示によって本件建築請負契約の全部が解除されたとの前提のもとに、既存の……工事代金債権もこれに伴って消滅したと判示したのは、契約解除に関する法令の解釈適用を誤った」（破棄差戻し）。

12-24　**(2) 常に全部解除を認める学説**　これに対し、請負を賃貸借、雇傭のように労力等の使用それ自体を目的とする契約と混同するもので正当ではないとし、飽くまでも注文者は全部解除ができ請負人は報酬請求権を失うが、「解除による原状回復の方法として、出来高の割合に相当する約定報酬額の償還を請求できる」とする考えもある（三宅・下918頁）。

12-25　**【下請負】**　請負人が請け負った仕事の完成の全部または一部を他の者に更に請け負わせることを下請けという（全部の場合一括下請けともいう）[12]。

請負は、委任のように復委任は禁止されておらず（104条）、美術品の作成のように一身専属的給付の場合を除き、特に法または合意により禁止されていない限り（建設業法は注文者の書面による同意なしに一括下請けをすることを禁止している）他の者にやらせてもかまわない[13]。実際に不動産工事については、元請人が各専門業者にその専門部分を下請けさせるのが普通である。元請人は、自分の債務を代わりに履行させ

---

[12] 下請け、特に建築請負の下請けの場合には、建築途中で元請人が倒産し下請人が請負代金の支払を受けられないという問題がある。元請が注文者から代金の支払を受けてしまっている場合には、留置権による保護しか考えられず、立法により下請業者の保護を考えるしかない。注文者が下請人に代金を支払っていない場合には、旧民法では元請人への注文者への報酬代金債権に対して下請人の直接訴権が認められていたが、現行民法では直接訴権は導入されていない。解釈により、423条を転用して優先的な代位権を認めたい。

ところで、下請けを巨視的に見ると、わが国の経済は大企業と系列関係にある下請中小企業により担われており、下請けをめぐる法政策はわが国の経済の根幹にかかわる問題であることが分かる。立法としても、下請人の保護のために下請代金遅延等防止法が制定され、また、解釈としても、継続的契約関係論にうってつけの材料を提供し巨視的な視点からの解決が迫られている（下請取引をめぐっては、高梨圭介他『下請取引の実務』［別冊NBL14号］参照）。

[13] 下請けの場合にも、元請人と下請人との請負契約であり、注文者は第三者であり、下請人の工事により注文者は利益を受けるものの、第三者のためにする契約ではないので下請人は注文者に対して仕事完成義務を負っているわけではない。即ち、下請人の工事は、注文者に対する債務の履行ではなく、請負人に対する債務の履行である。元請の注文者に対する債務が、履行代行者を用いて元請が履行していることになり、代位弁済（第三者弁済）ではなく、従ってまた、下請けは履行の引受けでもない。

562　第4編　契約各論3　役務の取得を目的とした契約

ているため、注文者に対して下請人に原因ある債務不履行の結果について責任を免れないことになる。

12-26　**【付随義務】**　請負人は仕事完成義務の履行に際して、注文者の法益を侵害しないように積極的に配慮する義務を負う。例えば、旅客運送契約であれば、運送中事故を起こし乗客に負傷を負わせない、盲腸の摘出手術ならば、手術に際してメスを消毒する、縫合をちゃんとする等をして患者の健康を損なわないといった義務を負う[14]。

　　このような義務の位置づけであるが、運送契約を例にすると、①「安全に運送する」といったように「運送」という債務の内容に組み入れること、及び、②「運送」という債務の付随義務（ないし付随的注意義務）とすることの、いずれも可能である。安全もサービスの内容になるのは当然であり、ⓐどのような義務内容が契約により設定されたかという契約の内容決定の問題となり、債務が生命・身体・財産などの法益をどこまで保護範囲に取り入れているかという、債務不履行による損害賠償の範囲についての保護範囲の問題に解消される。ⓑそれ以外の場合（修理に際して他の場所を傷つけないとか）では、契約で付随的債務として、明示ないし黙示の合意ないしは信義則による契約の補充的解釈として認められない以上は、債務の保護範囲には含まれず、契約は加害の機会となっただけであり、不法行為しか問題にはならない。但し、不法行為とされる場合にも、全くの一般生活上の注意義務とは異なり、契約内容、取引上の信義則が注意義務の内容確定に影響を及ぼすことが認められるのは当然である[15]。

2　完成物引渡義務

(1) 仕事完成義務との関係

12-27　請負人は仕事を完成したならば、目的物の引渡しが問題となる事例では（①修理等のために預かった物の返還、②製作物供給契約で制作した物の引渡し）、目的物を注文者に引き渡さなければならない。請負の定義規定である632条では、仕事を完成する義務しか規定されていないため、引渡義務の位置づけが問題とされている。

　　この点、完成した目的物の引渡しまで632条の仕事完成義務に含める学説が多

---

[14] 判例として例えば、東京高判平15・10・30判例集未搭載は、Aが輸入し、Yが販売した輸入自動車が、買主である医療法人X_1の理事X_2が運転中に炎上した事故につき、欠陥によるものと認め、欠陥部分をリコールに基づき修理したYは「本件自動車の使用者であるX_2に対して本件自動車の不具合から生じた損害について債務不履行の責任を負う」とされている（債務不履行の拡大でもある）。

[15] なお、業法により付随的な義務が規定されている場合も少なくなく、例えば、クリーニング業法3条の2（利用者に対する説明義務等）は、「営業者は、洗濯物の受取及び引渡しをしようとするときは、あらかじめ、利用者に対し、洗濯物の処理方法等について説明するよう努めなければならない」と規定している（2006年改正で追加）。

い（鈴木438頁、広中265頁）。確かに運送（引渡し）も請負の対象となりうるが、売買でも、調達、保管、引渡しと義務が分けられるように、仕事完成義務と引渡義務（また保管義務）を異なった債務内容そして異なった債務の履行として分けるのが、われわれの常識に合致しよう（石田穣327頁）。632条は一切の請負に共通する一般規定であるため、引渡しが問題とならない請負も含めて規定したものであり、最低限の要素が仕事の完成であり、これが先履行の関係に立つことを規定したものといえる。これに対して、633条は引渡しが問題となる類型について、仕事完成は先履行の関係だが、仕事の目的物の引渡しについては報酬の支払と同時履行の関係に立つことを規定したとみるのが素直である（なお、留置権の成立も認められる）。

(2) 引渡義務と代金債務との関係

12-28　仕事完成義務は、報酬支払義務に対して先履行の関係に立つが（633条ただし書、624条1項。但し、不安の抗弁権の適用はある）、目的物の引渡しと報酬の支払とは同時履行の関係に立つ[16]（633条本文。留置権［295条］も成立する）。なお、引き渡された目的物に仕事の瑕疵がある場合には、依然として先履行義務である仕事完成義務が履行されていないので（不完全履行）、注文者は修補を請求し、受取りまた代金の支払も拒むことができ、引渡後も修補をするまで代金の支払を拒むことができるのである。

3　仕事の目的物の所有権の帰属

12-29　製作物供給契約において請負人の完成した目的物の所有権、また、他人の土地の上に建築する建物の建築請負において完成した建物は誰に帰属するのであろうか。この問題は、専ら注文者の土地上に建物を建築する場合に、完成した建物、更には建築中の建物について問題となるので、ここでも建物を念頭において考えていく[17]。

---

[16] 請負人の引渡義務と注文者の報酬支払義務とは、このように同時履行の関係に立つが、両給付が対価関係に立つわけではないので、売買の575条2項は準用されず、請負人が目的物の引渡しをしないため注文者が報酬を支払わない場合、支払時期以後実際に支払があった時までの法定利息相当額が、注文者から請負人に支払われるべきであるといわれている（鈴木442頁）。

[17] この問題については、後藤勇『請負に関する実務上の諸問題』149頁以下、山口和男・太田剛彦「建築請負契約における完成建物の所有権の帰属」『民事判例実務研究第5巻』46頁以下参照。動産については、完成した物は請負人の物であり、引渡しにより注文者に所有権が移転し、引渡しと代金支払とが対価関係に立つという学説がある（三宅・下868頁）。

12-30　**(1) 判例理論**　判例は次のように物権法理を原則として適用し、特約により例外を認めているにすぎない。

　(a) 注文者が全部または主たる材料を提供した場合　注文者の提供した魚を刺し身にする、注文者所有の立木を伐採してログハウスを作るなど、注文者の材料が合わさって1つの物ができた、または、注文者の物を主たる材料として別の物ができた場合には、出来上がった物の所有権は注文者に帰属する（大判昭7・5・9民集11巻824頁、大判昭10・11・6法学5巻4号115頁）。これは物権法理を貫徹しただけかのようであるが、物権法の論理でいけば、加工の法理が適用になり、例えば注文者の提供した石材に彫刻の依頼がされた場合、出来上がった彫刻は、加工の法理によって請負人の所有になる可能性がある（246条1項ただし書）。しかし、この点については、請負の性質上、加工の規定の適用は排除されるといわれており（我妻・中二616頁、松坂196頁）、単純に物権法理が適用されたというのではなく、むしろ契約法理が物権法理に当然優先するのであり、このことは注文者所有の材料による場合についても一環されなければならない。

12-31　**(b) 請負人が全部または主たる材料を提供した場合**

　(ア) 原則　請負人が材料の全部または主たる部分を提供している場合には、請負人の所有物が結合しているないし請負人によって加工されているのであり、出来上がった物は当然請負人所有かのようである。実際、判例はこの場合には、完成した物は請負人の所有であり、注文者に引き渡されて所有権が注文者に移転するものとしている（大判明37・6・22民録10輯861頁、大判大3・12・26民集20巻1208頁など）。契約の履行として注文者の物を作っているという契約法理が、ここでは当然には優先的に適用されていないことになり、(a)の場合とのバランスは悪い。

12-32　**(イ) 例外**　しかし、判例も次のような種々の場合には、例外的に引渡しを要することなく、当然に完成物は注文者の所有となることを認めている。

　①まず、当事者の特約により、引渡前に目的物の所有権を注文者に帰属させることは可能である（大判大5・12・13民録22輯2417頁）。②また、特約は明示である必要はなく、注文者が完成前に請負代金を全額支払った場合には、建物は完成と同時に注文者に帰属する旨の特約があるものと推認される（大判昭18・7・20民集22巻660頁）。③更には、代金未払であっても、手形の交付に際し建物についての建築確認通知書を交付するなどの事情から、建物の完成と同時に注文者に所有権を帰属させる旨の合意がされたものと認められるとした判決もある（最判昭46・3・5判時628号48頁）。④他方、全工事代金の半額以上を棟上げのときまでに支払い、ま

た、工事の進行に応じて残代金の支払をしてきた場合につき、暗黙の合意を持ち出すことなく、特段の事情がない限り、建物の完成と同時に所有権は注文者に原始的に帰属するとされている（最判昭44・9・12判時572巻25頁）。この場合には特約は必要ではなく、大半の代金が支払われることにより、材料の大半が注文者が出したことになるという論理によるのであろう。

12-32-1 **【敷地の占有】**　土地と建物を別の物とする日本の立法では、建物の所有権が注文者と請負人のいずれに帰属するのかという問題が生じるだけでなく、土地の請負人による占有についても法的には問題となる。注文者帰属説では、建物の留置権が問題になり、敷地を「反射的効果」として留置できるが（大判昭18・2・18民集22巻91頁）、留置権で土地所有者が債務者ではない場合には、土地の反射的留置は否定されており（大判昭9・6・30民集13巻1247頁）、東京地判平6・12・27金法1440号42頁は、土地の競落人に対して、建物請負人の留置権の主張を否定している。請負人帰属説ではこの点は問題が残されるが、実質的には担保のための所有権であり、敷地も反射的に留置できるということになるのであろうか。なお、「建物建築工事請負人は請負契約の趣旨に従って建築する建物の敷地である土地に立ち入り建築工事をするのが通常であり、工事の着工からその完成と注文主への引渡までの間の請負人による土地の使用は、他に別段の合意があるなどの事情がない限り、<u>使用貸借契約などの独立の契約関係に基づくものではなく、請負人が請負契約に基づき建築工事をして完成した建物を注文主に引き渡す義務の履行のために、注文主の占有補助者として土地を使用しているにすぎない</u>」とされており（東京高判平10・11・27判時1666号141頁）、請負契約に基づく使用権限は認められない。

12-33　**(c) 判例理論への疑問**　先ず、<u>契約の履行として</u>製作がされているということを無視して、物権法理だけで処理してよいのか疑問があるし、また、注文者の物を加工する場合に当然に契約法理が優先されることとの整合性がたてないことも疑問である。一歩譲って、完成した物は一旦請負人に帰属するのだとしても、意思主義を貫いて、売買では原則として契約と同時に所有権が買主に移転するという判例の立場では、請負においても完成した物を注文者に帰属させるという趣旨の契約であるのに、何故ここでは完成と同時に注文者に移転しないで引渡しが必要になるのか、論理が一貫していない。意思主義を徹底するならば、完成と同時に請負人に一旦所有権が帰属したとしても、引渡しなどの行為を要せず当然に請負人から注文者に移転するはずである。

12-34　**(2) 学説**　注文者が材料を提供する場合は、いかなる考えでも注文者の物になるため、ここでは請負人が材料を提供する通常の場合を考えていく。

　(a) 請負人帰属説　判例を支持し、物権の付合の法理で解決し、目的物は

請負人に帰属して、その引渡しにより注文者に目的物の所有権が移転するという学説があり、かつては通説といわれ依然として現在も有力に主張されている（我妻・中二616〜7頁、末川・下180〜1頁、内田262、近江233頁、米倉明『担保法の研究』229頁以下、半田417頁）。その理由としてあげられるところは、①物権法理に矛盾しないこと、②当事者の意思にも適合すること、③請負人の報酬請求権を確保し、不動産の工事及び保存の先取特権の欠陥を補う作用を有することである（我妻・中二617頁）。これは、担保目的の所有権を認めるのに等しく、所有権の名を借りた特殊な担保権を創造するものということができる。

12-35　**(b) 注文者帰属説**　これに対して、現在のむしろ多数説は、材料を請負人が出した場合であっても、完成した目的物は原始的に注文者に帰属するものと考えている（内山尚三『現代建築請負契約法〔増補〕』16頁、星野261頁、水本312頁以下、石田穣328頁、後藤・注17文献171頁以下）[18]。それが当事者の意思に合致するのが理由の1つである[19]。注文者を所有者として建築確認の申請をし、完成後注文者を所有者として保存登記をし、請負人は敷地利用権もなく建物を自己の物にするつもりは全くない[20]。

12-36　**(3) 本書の立場**　製作者が自分の材料で物を製作したならば、契約の法理が介在していなければ、物権法理によれば完成した目的物の所有権は、その製作者に帰属するのは当然である（プラモデルを買って組み立てるのと同じである）。ところが、請負では売買同様に物を取得させるという契約法理により支配されており、契約の履行として他人の物を作製しているのである。請負人は他に処分するためその物を製作するわけでなく、注文者の物として制作するはずであり、それが請負というものである。したがって、請負の合意自体に、完成した物の所有権は注文者に帰属させるという意思表示も含まれていると考えて、物権法理を修正して

18　生熊長幸「請負代金債権の確保と建物所有権の帰属」『企業紛争と民事手続法理論』841頁以下は、種々の観点からこの問題を検討し、注文者帰属説を採用している。更には、建物についてだが、完成前の段階で既に所有者に帰属しているものと考えている（堀田泰司「建築請負契約における未完成建物の所有権について」八幡大論集31巻4号67頁、石神兼文「請負契約における完成前の建物の所有権について」鹿児島大学法学論集2号75頁、来栖467〜8頁、田山218〜9頁）。

19　例えば、水本312頁以下も、完成した物の所有権は注文者に帰属し、請負人は代金請求権を取得するだけというのが、請負契約の法理であるという。

20　なお、引渡しという点を財利用の段階で問題とし、材料が建築現場に搬入された段階で注文者のものとなるとし、注文者の材料で建築しているものという考えもある（末弘695頁）。

完成前からその所有は注文者にあると考えるべきである[21]。但し、これは利用権もない者が他人の土地に定着させるという建物の特殊性故に当てはまるものであり、動産である商品については製作段階では請負人に帰属し[22]、完成と同時に意思主義を貫いて引渡しを要せずに、一旦請負人に帰属した完成物の所有権が注文者に移転するというべきであろう。

12-37 【請負人が途中まで建築したが、契約が解除され注文者が別の請負人により建物を完成させた場合はどうか】　例えば、AがBに建物の建築を注文し、Bが途中まで建築したが途中で建築を中断したため、AがBとの請負契約を解除し、Cに残工事を注文して建物を完成させた場合、この完成した建物は誰に帰属するのであろうか（Bが600万円、Cが400万円の材料をそれぞれ提供し、完成した建物の価値が1,500万円であるとする）[23]。

12-38 　(1)　判例法理を前提にして考える（注文者帰属説）
　　（a）付合の法理によるとどうなるか　　付合の法理によれば、BとCの所有を異にする動産（材料）が合体して建物になったため、いずれかが主たる材料を提供したかによって完成した建物の所有権の帰属はかかることになる。そうすると、Bが主たる材料を提供しているため、建物はBの所有ということになる。そうすると、CはBに248条により求償ができることになるが、CはAに報酬を請求できるのであり、損害はないともいえなくはない。また、Cが主たる材料を提供してCの物になった場合、BはCに求償ができるが、しかし、AはBに対して一部解除しかできず、Bは出来高分の報酬をAに請求できるはずである。

　　しかし、BとCの動産が同時に付合したのではなく、Bが600万円の材料で途中まで作った未完成建物に、Cの動産が付合したのであり、動産同士の付合とは異なっ

---

[21] 請負人の関心も報酬の支払確保であり目的物の所有権の取得ではない（実務においても、請負人帰属説をとる必要性は少ないといわれている。岩崎・注1文献97頁）。注文者が代金を支払っていなくてもよいのかという疑問が出されるが、土地利用権もない建物所有権を認めても仕方ないであろう。代金が大半支払済ならば実質的に材料を買い取って作ってもらったに等しいことになり注文者帰属説を基礎づけやすいようにもみえるが、売買でいえば代金の支払を所有権移転の要件と考えないので、それとパラレルに考えればよいからである。担保目的ならば、先取特権は実際的でないとしても、留置権を認め、土地の占有もカバーさせればよいのではないか。

[22] 完成物＝将来物が目的であるから、未完成物では未だ請負の目的物にならず、途中で気に入らなかったら壊してやり直してよい（木村常信『民法異説の研究』165頁）。

[23] なお、未完成建物の法的性質については物権法で扱う。注文者が土地所有者でないときに特に意味がある。なお、無権限で他人の土地の上に建物を建築したケースにつき、未完成建物は土地の一部として土地所有権に吸収され、完成しても権利関係には変動はなく、建物所有権は土地所有者に帰属するとした判決がある（東京高判昭61・12・24判時1224号19頁）。

ている。ところが、判例は、このような考えともまた異なる次のような解決をした。

12-39　**(b) 判例は加工の法理を持ち出した**　判例は、Bの600万円の材料の固まりだけの価値しかない物に、Cが400万円の材料を加えて建物という材料の総和以上の価値ある独立物を完成させたという考えにより、問題を解決した（いつから独立した不動産になるかは物権法に譲る）。もし建物の価格が1,500万円程であるとすると、Bの600万円の材料の固まりに400万円の材料をプラスして完成させることにより、1,500万円という材料の総和を超えた500万円の価値を作り出したことになる。そうすると、寧ろ加工の法理が適用になり、246条2項によりCに建物の所有権は帰属するということになる。そして、本事例では、AC間に完成した建物はAに帰属する旨の特約があったため、建物はAの物であると処理したのである（最判昭54・1・25民集33巻1号26頁）。

　一見してこの説明の不合理が分かると思う。材料1,000万円で500万円は労力分で建物の価値が1,500万円だとすると、この労力分をCが独り占めするのは不合理である。Bが600万円プラス300万円の労力を加えて900万円の価値のある状態の未完成建物を作り、Cが400万円プラス200万円の労力を加えたとすると、1,500万円の建物はBが900万円、Cが600万円ずつ寄与して完成していることになるはずだからである。

12-40　**(2) 注文者帰属説だとどうなるか**　上の問題は請負人帰属説を採用するが故のジレンマである。注文者帰属説をとれば、Bが途中まで建てた未完成の建物の段階で当然にAに帰属し、また、Cが残りの工事をして完成させてもAに建物が帰属することに変わりはない。Bとしても途中までの建築分に応じた報酬を得られさえすれば何も文句がないはずであり、Bの報酬債権確保の法理を考えるのが必要なだけである。

12-41　**【下請人に一括下請けさせた場合と目的物の帰属】**　例えばAがBに建物の建築を注文したが、BがCに一括下請けしてしまい、Cが材料を出して建物を完成させたとする。完成した建物の所有権はどうなるであろうか（AB間では完成した建物の所有権はAに帰属するという特約があるものとする）。

12-42　**(1) 判例法理だとどうなるか**　判例法理だと物権法理によるため、Cの所有となるはずである。従って、Cが引渡しをなさない限り、（CからB、BからAとなるのであろうが）Aへの所有権の移転はないことになる。AB間の特約は、第三者たるCには効力を及ぼさないはずである。しかし、判例は、この不合理を避けるため、次のような説明をしてAに所有権が帰属するものとした（最判平5・10・19民集47巻8号5061頁）。これ以前には、下請人からの明渡請求を権利濫用として処理する判例（東京高判昭58・7・28判時1087号67頁）や、「原則として、右建物の所有権は、下請人に帰属し、注文者は、下請人から元請人に、元請人から注文者に右建物の引渡があってはじめてその所有権を取得し、前記のような予めの三者間の合意又は合意と同視できる特段の事情があるときにのみ、注文者が原始的に右建物の所有権を取得する」という判決（東京地判昭61・5・27判時1239号71頁）があった。

12-43　●最判平5・10・19民集47巻8号5061頁　「建物建築工事請負契約において、注文者と元請負人との間に、契約が中途で解除された際の出来高部分の所有権は注文者に帰属する旨の約定がある場合に、当該契約が中途で解除されたときは、元請負人から一括して当該工事を受け負った下請負人が自ら材料を提供して出来高部分を築造したとしても、<u>注文者と下請負人との間に格別の合意があるなど特段の事情のない限り、当該出来高部分の所有権は注文者に帰属する</u>と解するのが相当である。けだし、<u>建物建築工事を元請負人から一括下請負の形で請け負う下請契約は、その性質上元請契約の存在及び内容を前提とし、元請負人の債務を履行することを目的とするものであるから、下請負人は、注文者との関係では、元請負人のいわば履行補助者的立場に立つものにすぎず、注文者のためにする建物建築工事に関して、元請負人と異なる権利関係を主張し得る立場にはない</u>からである。
　これを本件についてみるのに、前示の事実関係によれば、<u>注文者であるYと元請負人であるAとの間においては、契約が中途で解除された場合には出来高部分の所有権はYに帰属する旨の約定があるところ、A倒産後、本件元請契約はYによって解除されたものであり、他方、Xは、Aから一括下請負の形で本件建物の建築工事を請け負ったものであるが、右の一括下請負にはYの承諾がないばかりでなく、Yは、Aが倒産するまで本件下請負契約の存在さえ知らなかった</u>ものであり、しかも本件においてYは、契約解除前に本件元請代金のうち出来高部分である本件建前価格の2倍以上に相当する金員をAに支払っているというのであるから、Yへの所有権の帰属を肯定すべき事情こそあれ、これを否定する特段の事情を窺う余地のないことが明らかである。してみると、たとえXが自ら材料を提供して出来高部分である本件建前を築造したとしても、Yは、本件元請契約における出来高部分の所有権帰属に関する約定により、右契約が解除された時点で本件建前の所有権を取得したものというべきである。」

12-44　**(2) 注文者帰属説ではどうなるか**　注文者帰属説では、BC間では注文者はBになり、Bに帰属するはずだが、下請けであり、AB間のBのAの建物を作る債務を代行している（履行代行者）のである。要するにCはBに代わってAの建物を作る債務を履行し、Aの建物を作っているのである。注文者帰属説によれば、敢えてAB間の特約のCに対する効力を持ち出す必要はない。

4　目的物の滅失・毀損の損失負担（危険負担を含む）

(1) 仕事完成前の目的物の滅失・毀損

12-45　**(a) 仕事完成が不能となる場合**　例えば、Aが工場内の機械の改良工事をBに注文し、Bが途中まで作業をしたが完成前に、問題の機械が滅失してしまったとしよう。滅失の原因により、①請負人の帰責事由による場合、②不可抗力による場合、及び③注文者の帰責事由による場合とが考えられる。いずれの場合にも、請負人の仕事完成はもはや不可能になるが、既に行った作業分の報酬は受けられるのであろうか。請負人は仕事を完成しなければ報酬を請求できないために

問題となる。請負の危険負担と呼ばれる問題である[24]。

12-46　**（ア）滅失が請負人の帰責事由による場合**　ＢはＡの機械の所有権侵害による損害賠償義務及び仕事完成義務の履行不能による損害賠償義務を負い、他方で、既になした修理についても、仕事完成義務は返還不能になり、途中までの履行としての利益も注文者は受けられないので、既履行の仕事分の報酬を請求することはできない。

12-47　**（イ）滅失が不可抗力による場合**　機械の滅失が大地震などの不可抗力による場合には、Ｂは滅失について賠償責任を負わないが、536条1項の危険負担についての債務者主義の原則により報酬を請求できないことになる（松坂201頁など）。滅失が第三者の過失による場合には、Ａは機械の侵害、Ｂは出来高分の報酬債権の侵害（営業妨害と構成すれば、完成した場合の収益分も損害として問題にできようか）による損害賠償を、それぞれこの第三者に対して請求できる。

12-48　**（ウ）滅失が注文者の帰責事由による場合**　例えば、Ａの従業員の過失により工場で火災が発生し、機械が焼失した場合には、Ｂは機械の滅失につき責任を負わないが、報酬請求権についてはどう考えるべきであろうか。

　仕事完成義務が債権者である注文者の帰責事由により履行不能になり、かつそれにつき債務者である請負人に帰責事由がないのであるから、危険負担についての536条2項により、請負人は全額報酬を請求できるが、残部の仕事をしなくて済んだ利益については償還しなければならないことになる（我妻・中二623頁、鈴木440頁、田山220頁。星野262頁は536条2項の転用という）[25]。

12-49　**（b）仕事の完成が可能な場合**　例えば、Ａが建物の建築をＢに注文し、途中まで建築した建物が滅失してしまった場合が考えられる。この場合にも、滅失

24　但し、仕事完成前に報酬全額の存否が問題になるのではなく、出来高に応じた報酬請求権の有無の問題であり危険負担の問題とは異なると指摘されている（星野261頁）。

25　最高裁昭52・2・22判時845号54頁は、「請負契約において、仕事が完成しない間に、注文者の責に帰すべき事由によりその完成が不能となった場合には、請負人は、自己の残債務を免れるが、民法536条2項によって、注文者に請負代金全額を請求することができ、ただ、自己の債務を免れたことによる利益を注文者に償還すべき義務を負うにすぎないものというべきである」と述べている（大判大元・12・20民録18輯1066頁がすでに同旨を述べている）。なお、Ａの建物の改築工事をＢが請け負いその施工中、Ａの家族（Ａの79歳の母親）の重過失により火災を生じ建物が焼失してしまい、Ｂが536条2項に基づきＡに対して出来高相当分の支払を請求した事例で、Ｃの行為をＡの行為と同視して536条2項によりこれを認容した判決（東京地判昭58・1・27判時1089号68頁）がある。

の原因により先の場合と同様に3つの場合に分けられる。履行不能の事例ではないが、危険負担の問題には、所有者危険の移転の問題も含めて議論されており、その意味では、請負でも目的物の所有権の移転が問題になり、所有者危険の移転という危険負担の問題が当てはまるのだともいえよう。

12-50　**（ア）滅失が請負人の帰責事由による場合**　Bは仕事完成義務を免れず、また、未だ仕事完成義務を履行していないので請負代金の支払を求めることはできない。そして、その後建物が完成しても、余計にかかった費用を注文者に請求できるはずはない[26]。

12-51　**（イ）滅失が不可抗力による場合**　例えば、途中まで建築中の建物が地震で倒壊したり、近隣からの失火により類焼した場合、いまだ履行は可能でありBは仕事完成義務を免れない。では、余計にかかった費用は誰が負担すべきであろうか。この問題は、履行不能の問題ではないので正確には危険負担の問題ではないが（来栖479頁以下参照）、不可抗力による損失をいずれに負担させるかという点で共通しているため、俗に「**請負の危険負担**」の問題として論じられている。また、履行不能ではなくても、所有者が不可抗力のリスクを負担するという思考をここでもあてはめることができるのである。

12-52　**❶ 請負人負担とする解決**　通説は536条1項を適用して（鈴木439頁。石田穣331頁はその趣旨によりというが、危険負担の問題ではないのでこれが正しいであろう）報酬の増額請求を否定しており、判例も同様である（大判明35・12・18民録8輯100頁）[27]。

---

[26] なお、建築段階で建築途中の建物を既に注文者Aの所有と考えると、Aの所有物を請負人が侵害した不法行為が問題になるが、仕事完成義務、注文者から言うと仕事完成を求める債権が残っているので損害はないというべきであろう。但し、建物の完成が遅れたことによる損害（賃料を支払ったり、営業開始が遅れた営業損害など）については、債務者の責めに帰すべき履行遅滞として、注文者は請負人に損害賠償を請求できる。

[27] 注文者Xから請負人Yへの請負代金の返還請求がされた事例について、次のように判示されている。「Yが X の為め請負いたる建築物は<u>竣工前即ちXの所有と為らざる前に於て</u>天災に罹り破壊し……之に因り右建築物に付き生じたる損害は、<u>当時の所有者たるYの負担に帰すべきことは危険の負担に関する法則上誠に明白なり</u>と云うべし。」「特別の事情なき限りはXに対し其賠償を求むること能わさる筋合なりとす。然るに原院か契約履行の為めYの支出したる費用は天災に因り其負担となるべきものと雖も、常にXをして賠償せしむることを得るもの、如く判示したるは危険負担の法則を不当に適用したる不法ありと謂わさるを得ず」（破棄差戻し）。しかし、所有権の所在に危険負担を対応させると、完成前でも代金を大半支払っていれば注文者の所有というのが判例であり、代金を支払っている注文者が危険を負担し、支払っていない注文者は危険を負担しないという不合理を生じる。

所有者としてのリスクという観点からは、完成までは建前は請負人の所有であることから正当化できる（東京地判昭52・7・11判時879号101頁も、ゴルフ場の芝の設置について、所有権の移転を基準とする）。また、この結論は、債務の履行費用の問題であること、請負人は保険を附して事前に損失を回避することが可能なことを理由に、一応正当化はできよう。しかし、一種の事情変更の問題であり、請負人Bに全面的に損失を負担させるのも、公平の観点からは全く疑問なしとはしない。そのため、実際には建設請負工事に関しては民間連合協定工事標準請負契約約款（建築業協会等の四団体が作成した標準請負約款である［岩崎・注1文献273頁以下参照］）により注文者が損失を負担するものとされている[28]。

12-53　❷ **注文者への転嫁を認める解決**　これに対し、534条1項を所有者としてのリスクの負担の規定として、建築途中の建物でも注文者に原始的に帰属していると考えれば（注文者〔原始的〕帰属説⇒*12-35*）、ここでも注文者負担という処理も可能になる。また、当事者の社会的地位に応じて、いずれかの負担更には折半するという解決をし、それを黙示の意思表示により基礎付けるもの（水本324～5頁）、事情変更の原則により、請負人の負担が著しく重い場合には、相当の増額請求権更には解除権を認めるもの（我妻・中二622頁）などもある。更には、危険負担で支配の移転を問題にする立場では、いずれの危険領域での事故かということで判断し、これを536条2項の類推適用により解釈として実現しようということも可能になる（笠井修「請負契約と危険領域の確定」成城法学51号87頁以下、近江223頁）。この最後の説を支持したい。

12-54　**（ウ）滅失が注文者の帰責事由による場合**　途中まで建築された建物の滅失が、注文者の帰責事由による場合であっても、仕事完成が不能になったわけではないので、Bは仕事完成義務を免れない[29]。但し、それが原因で仕事の完成が遅延しても、Bは責任を負わず、他方で、既にした仕事が無駄になったこと、再度の仕事により材料が値上がりしてより費用がかかった等の損害を、Aに対して賠償請求できる（鈴木440頁、田山220頁。結局は増額請求権が認められたと同じ結果になる）。

---

[28]　なお、工事に伴う不安定要素として、滅失・毀損の他、工事費の高騰といった事情が考えられるが、これについては概算請負ということにより、報酬についての取り決めにより対応できる。

[29]　石田穣331頁は、注文者の帰責事由が重大で背信的な場合には、請負人による解除を認める。信頼関係を破壊するような事情変更があれば、解除を認めてもよいであろう。

(2) 仕事完成後の目的物の滅失・毀損

12-55　**(a) 再度の仕事完成が不能の場合**　例えば、頼まれた自動車の修理が終了したが、自動車の引渡前に車が滅失してしまったような場合である。この場合には、請負人の引渡義務が履行不能により消滅することは疑いないが、仕事完成義務については既に履行済で消滅しており請負人は報酬請求権を取得しているため（引渡しと同時履行の関係になっている）、引渡義務の不能により請負人の報酬請求権がどうなるのかがここでは問題となる。

12-56　**(ア) 滅失が請負人の帰責事由による場合**　滅失が請負人の帰責事由による場合には、請負人は滅失について責任を負い、目的物の所有権侵害及び引渡義務違反による損害賠償義務を免れない、報酬請求権はどうなるであろうか。

　やはり請負人は仕事を完成しているのであり、報酬請求権を有しており、また債務者の責めに帰すべからざる履行不能ではないので、危険負担の問題ではない。請負人は報酬請求権を取得するが、他方で、注文者は仕事により目的物は価値が上昇していたのであり、注文者の所有権侵害による損害賠償請求権には価値上昇分も加算されるので結局はプラス・マイナスゼロということになり[30]、結局は、仕事前の自動車の価格の賠償と仕事が完成した物の引渡しがないことによる損害の賠償が問題になるだけである。

12-57　**(イ) 滅失が不可抗力による場合**　滅失が不可抗力による場合、仕事完成義務の履行不能とは異なって、引渡義務の履行不能であり、534条1項の適用が問題になり注文者が危険を負担することになりそうである。また、注文者帰属説では、注文者が所有者としてのリスクを負担すべきことになりそうである（末弘703頁以下）。領域説によるならば、いずれの支配領域で仕事が行われていたかによることになり、注文者の場所に請負人が出向いていって工事をしていた場合には引渡しを問題にするまでもなく注文者の危険負担であるが、請負人が自分の工場で作業をしていた場合には、完成後も引渡しまでは請負人負担であり、代金の支払を請求できないことになる。本書は最後の立場に立つ。

12-58　**(ウ) 滅失が注文者の帰責事由による場合**　注文者の帰責事由により滅失した場合には、請負人は滅失につき責任を負わず、また、536条2項により注文者は報酬支払義務を免れないと考えられる。

---

[30] 結果としては、危険負担の債務者主義と同じことになる。なお、債権者（注文者）にも過失があった場合には、損害賠償額が過失相殺により減額され、この場合、実質的に代金負担が注文者・請負人間で分担されるのに等しいことになる。

12-59　**(b) 再度の仕事完成が可能な場合**　例えば、注文された建物は完成したが、その引渡前に建物が大地震等により倒壊してしまった場合は、どうなるであろうか。請負人は仕事を完成しており、仕事完成義務は履行により消滅し、あとは引渡義務が残されているだけの段階であった（従って、引渡しまでの保管義務の違反のみが問題となる）。従って、再度の完成が可能であっても、また、たとえ滅失が請負人の過失による場合であっても、再度の工事をなす義務は負わない（通説。引渡義務の履行不能の問題である）。

12-60　**(ア) 滅失が請負人の帰責事由による場合**　滅失が請負人の帰責事由による場合、完成した建物の所有権の移転が問題になり、この段階では売買と同じ危険負担を問題にすることができ、注文者には建物の填補賠償義務が認められ、報酬債権と相殺をすることができる。また、填補賠償以外にも損害があれば（その建物で商売をするつもりであった等）、その賠償も請求できるのは当然である。なお、注文者原始的帰属説では、注文者の建物の所有権の侵害にもなり、不法行為も問題となるが、建物価格と請負代金がイコールであり、相殺することにより、注文者は代金支払義務を免れることができる。

12-61　**(イ) 滅失が不可抗力による場合**　滅失が不可抗力による場合には、請負人は滅失については責任がなく、また、再度の仕事完成義務を負わないが、報酬請求権はどうなるであろうか。

12-62　❶ **請負人負担説**　完成後引き渡すまでの建物と、購入後引渡しまでの建物とは、状況が近似しており売買と同様の処理が妥当し（そのため、末弘706頁以下は完成後は534条を適用する）、そうすると534条1項により注文者は報酬支払義務を免れないことになるが、売買の場合と同様に534条を制限解釈して、この場合も報酬支払義務を免れるようにすることもできる（請負人負担説として田山221頁など）。また、危険負担が所有権の移転時期と結びついた問題であると考えれば、判例によれば引渡しまでは請負人所有なので、請負人が所有者として危険を負担することになってしまいそうである。

12-63　❷ **注文者負担説**　但し、注文者の土地の上に建築し、また、着工の段階から常時注文者の所有であると考える、注文者帰属説の立場では、そのように考えることに疑問がないわけではない。注文者が原始的に所有権を取得することから、危険も所有者に帰属させてよいという考えもあり（岡村玄治『債権要論各論』152頁）、信義則上相当な範囲で損失の補償等の請求を認める考えもある（我妻・中二625頁）。また、危険領域説では、危険領域という観点から、注文者の土地に建物を建築し

ているのであり、注文者が危険を負担すべき支配領域であるともいえる。この危険領域説によれば、完成前後を問わず注文者の危険となり、バランスを失することはないので、この立場を支持しておこう。

12-64 【完成後の毀損について——瑕疵担保責任との関係】　完成後の請負人の帰責事由による毀損の場合には、引渡しまでの保管義務に違反する債務不履行であるが、仕事完成義務の不完全履行はない。そうすると、瑕疵担保責任が適用にならない限り、金銭賠償の原則通りとなり、修補請求はできず、また損害賠償請求権は10年の消滅時効（167条1項）によることになってしまう。しかし、この場合には、性質上、瑕疵担保責任を適用し、修補請求権を認め、また1年の除斥期間に服せしめてもよいであろう。

　問題は、完成後の不可抗力による毀損の事例である。①引渡期日に接着した時期までにその修補が可能であれば、請負人には修補義務があるという考えや（石田穣331頁）、容易に修補しうる場合には、修補して引き渡すことも、仕事完成の内容となるという主張もある（我妻・中二625頁）。②しかし、仕事完成義務は瑕疵もなく履行済であると考えれば、請負人は毀損について保管義務違反を負うのみであり、保管義務の違反がなければ債務不履行を問題にできないと考えるべきである。やはり、いずれの危険領域に目的物があるかにより判断すべきであり、建物の建築のような場合には引渡前でも、注文者の危険負担と考えてよいであろう。そして、請負人の危険領域の場合には、請負人に瑕疵担保責任を肯定してよい。

12-65 **（ウ）滅失が注文者の帰責事由による場合**　滅失が注文者（履行不能になる引渡義務の債権者）の帰責事由による場合には、請負人は滅失につき責任を負わず、また、536条2項により注文者は報酬支払義務を免れないことになる。

5　請負人の瑕疵担保責任

(1) 総説

12-66 請負人が引き渡した「仕事の目的物」に瑕疵があった場合、注文者に対する請負人の瑕疵担保責任が成立する。売買のように瑕疵を知りながら敢えて契約したかどうかを問題にする余地はないため、隠れた瑕疵である必要はなくまた注文者の善意も必要とされていない。民法は、請負人の瑕疵担保責任が問題となり、民法はこれにつき7ヶ条の規定を設けているが[31]、請負については11ヶ条の規定し

31　「仕事の目的物」がなければならず、製作物供給契約の他、注文者の物の改造、修理・塗装等も含むが、散髪のように単なる仕事完成行為のみが問題になるにすぎない場合には、不完全履行で処理するしかない。但し、調査報告のような無形の仕事には適用してよいといわれる（我妻・中二625頁、田山221頁）。

かなく、その内の7ヶ条が瑕疵担保責任の規定で占められているわけであるから、この問題が請負の中心問題であることが分かる。

　請負の瑕疵担保責任は債務不履行に対する特則であり（⇒*12-70*以下参照）、12-81に述べるように、受領後は瑕疵担保責任によって規律され、債務不履行とは異なり短期の除斥期間に服するなどの特則によることになる。そのため、受領後は、瑕疵担保責任のみが問題とされ、原則として債務不履行や不法行為を理由とした責任追及は許されない[32]。

　「請負の目的物」に瑕疵がある場合にも、原因により次の2つの場合を考えることができる。

12-67　**（ア）材料自体に瑕疵があった場合**　例えば、冷暖房付きの建物の建築で、請負人が（恐らくは下請人が）設置したエアコンに瑕疵があった場合のように、施工のミスではなく他から取得した原材料や製品に瑕疵があり、そのため引き渡された目的物に瑕疵が認められる場合がある。ここでは、請負人の仕事完成行為に瑕疵の原因があったわけではなく、単に商品を転売した売主と状況は変わらない[33]。

12-68　**（イ）仕事自体が不完全であった場合**　以下のケースに請負人の瑕疵担保責

---

[32] 例えば、長崎地判平元・3・1消費者のための欠陥住宅判例［第1集］252頁は、欠陥住宅の事例で、注文者による請負人に対する不法行為また債務不履行による責任追及を否定する。「本件は請負契約当事者間の債権債務関係に係るものであるから<u>不法行為の規定ず適用される場合には該らず</u>、本件建物は当初の請負契約及びその後の変更契約に基づいて建築工事が完成し引渡も完了しており、また、<u>民法上請負契約における請負人の担保責任の規定は債務不履行の特則をなすものであるから債務不履行（不完全履行）の一般規定は適用がなく、専ら民法634条以下の瑕疵担保責任の規定により処理されるべき事案である</u>」、と。但し、大阪地判平12・6・30消費者のための欠陥住宅判例集［第2集］170頁は、売主の瑕疵担保責任についてであるが（やはり欠陥住宅の事例）、「Yは、本件建物に重大な瑕疵があり、買主であるXに対し不測の損害を与えることになることを<u>知っていたか、少なくとも容易に知り得たにもかかわらず</u>、本件建物を売却したものであって、<u>瑕疵担保責任のみでは律しきれない責任があるというべきであるから、Yには、不法行為責任も負う</u>」と判示している。

[33] エアコンを販売・設置した下請業者に請負人から更に責任追及がされ、実際にはこの下請業者が修補することになる。従って、連鎖的契約の問題となり、注文者に請負人の売主ないし下請業者への直接の責任追及を認めることが望ましく、債権者代位権の転用を認めるべきである。なお、説明義務や警告義務違反については（例えば、クリーニングで、洗浄用の溶液が乾くまで待ち、直ぐに着用しないなどの警告義務）、瑕疵担保責任の問題ではなく、付随義務違反による415条の債務不履行の問題となる。

第2章 請負契約 577

任が問題となることは疑いない。

　① 施工のミス　材料にも設計にもミスはないが、施工が設計どおりにおこなわれなかったために瑕疵が生じた場合が考えられる。
　② 設計のミス　設計自体やまた材料の選択のミスにより瑕疵が生じた場合も考えられる。

　なお、「瑕疵」は、売買におけると同じように、契約に仕事の内容が適合しないことであり、注文者の意図している使用に支障が生じることは必要ではない（⇒**12-68-1**参照）。いかなる品質が合意されているかは契約解釈の問題であり、例えば、音楽家Xらがその所有マンションの防音工事を業者Yに請け負わせたが、XらがYに対し要求した防音性能としては、「人に迷惑をかけない防音というあいまいなもので、Y会社が定める防音基準等級のうち、S防音に相当するような現在の技術水準における最高水準の本格的な防音工事を施すよう明確に求めたものではなかった」こと、本件防音工事契約の請負代金はS防音を前提とする算定となっていないことなどから、S防音の性能を前提とする契約が成立したと認めることはできないとされている（東京地判平11・12・10判タ1079号301頁）。

12-68-1　【約束と異なる物が使われたが客観的品質としては問題がない場合】　YはXに対し、神戸市灘区内において、学生向けのマンションを新築する工事を請け負わせ、Yは阪神・淡路大震災の直後であっただけに、本件建物の安全性の確保に神経質となっており、本件請負契約を締結するに際し、Yに対し、重量負荷を考慮して、特に南棟の主柱については、耐震性を高めるため、当初の設計内容を変更し、その断面の寸法300㎜×300㎜の、より太い鉄骨を使用することを求め、Xは、これを承諾した。ところが、Xは、Yの了解を得ないで、構造計算上安全であることを理由に、同250㎜×250㎜の鉄骨を南棟の主柱に使用し、施工をし、外構工事等を残して完成し、本件建物はYに引き渡された。この事例において、原審判決は構造計算上、居住用建物としての本件建物の安全性に問題はないから、南棟の主柱に係る本件工事に瑕疵があるということはできないとした（但し、合意に違反しているので、債務不履行の一般原則により慰謝料も含めて損害賠償を認める）。
　最高裁は、「本件請負契約においては、Y及びX間で、本件建物の耐震性を高め、耐震性の面でより安全性の高い建物にするため、南棟の主柱につき断面の寸法300㎜×300㎜の鉄骨を使用することが、特に約定され、これが契約の重要な内容になっていたものというべきである。そうすると、この約定に違反して、同250㎜×250㎜の鉄骨を使用して施工された南棟の主柱の工事には、瑕疵があるものというべきである。」とした（最判平15・10・10判時1840号18頁）。本書も、瑕疵を原審判決のように制限

する必要はないと思うので、最高裁判決に賛成しておく。この場合には、故意的な違反であり、財産的損害でありながら、原審判決が慰謝料請求を認めた点は、抑止的な観点からも評価できるところである。

12-69 【地盤の不等沈下の場合】　注文者所有の土地を造成して建物を建築することを依頼された場合において、建物の設計も施工も問題がなかったが、地盤が軟弱なのに地盤の十分な補強工事をしなかったため、建物が不等沈下を起こして建物に亀裂・ゆがみなどが生じた場合に、土地の工事の瑕疵か建物の瑕疵かいずれであろうか。

地盤の工事と建物の建築を別々の業者に行わせた場合には、土地の造成工事の瑕疵であり、建物については地盤の工事が十分でないことを知り得たのに、注文者に注意をしなかったという、付随義務の債務不履行が問題になるだけであろう。しかし、元請人に造成と建物建築を依頼した場合には（実際には下請けによっておこなわれるとしても）、ひとまとめに造成・建物建築についての瑕疵担保責任を問題にしてよいであろう。

12-70 【請負人の瑕疵担保責任の性質】　売主の瑕疵担保責任については、その性質そしてそれとの関連で売主の過失の要否が議論されているが、請負人の瑕疵担保責任についてはどうであろうか。

12-71 　　(1) 570条で法定責任説をとる学説
　　(a) 634条〜640条を570条の特則とする学説　　「請負人が仕事を完成したときには、請負人の債務は、その完成されたものを引渡すことに集中し」、「その時以後は瑕疵担保責任の規定が適用される」と説明され（我妻・中二625頁、633頁）、請負契約においても特定物のドグマを肯定する学説がある。本来ならば559条により570条が適用されるわけであるが、634条〜640条はその特則を規定していると考えることになる。なお、特定物のドグマという説明によらずに、注文者が仕事の完成を承認して目的物の引渡しを受けたときは、請負人の仕事完成義務の債務不履行責任は消滅し、その後には債務不履行責任とは別個の担保責任のみが問題となると説明する学説もある（三宅・下90頁以下）。

12-72 　　(b) 不完全履行の特則とするもの　　これに対して、売買の瑕疵担保責任では法定責任説によりながら、請負人の瑕疵担保責任については単に不完全履行の特則を考える学説もある[34]。引渡義務のみが問題となる売買契約とは異なり、仕事完成義務が請負では問題になり、仕事完成義務について不完全履行が認められるからである。

12-73 　　(2) 570条で債務不履行責任説をとる学説　　売買では引渡し・財産権の移転しか

---

[34] 下森定『建物住宅・マンションの売買における売主の瑕疵修補義務について』48頁など。そのため、法定責任説からは、請負については瑕疵担保責任と呼ぶのは適切ではないと評される（広中269頁）。また、仕事の手抜きについては、一般の債務不履行責任が適用され、用いた材料の粗悪さについて請負人に過失がない場合が、厳格な意味での瑕疵担保責任の問題というものもある（鈴木441頁）。

問題とならないのに対し、請負では自ら制作するのであるから約束どおりの物を制作するということ自体が債務の内容になっている。従って、その物を引き渡したら何も債務不履行はないという特定物のドグマはここでは妥当しない。即ち、完成した物に瑕疵があれば、約束通りの制作をしていないことになり、請負人の仕事完成義務が完全に履行されていないことになる（仕事完成義務が履行されていないという意味で、未完成である）。この考えでは、634条〜640条は570条と共に、不完全履行に対する特則であると共に、559条の特則でもあることになる[35]。

12-74 【請負人の瑕疵担保責任の性質と過失の要否】　目的物に瑕疵があった場合に考えられる注文者の保護を考えてみると、次のような権利が問題になり、それと過失の要否との関係についてみてみよう。

12-75 　（1）瑕疵修補請求権　瑕疵があれば、約束通りの物を作るという仕事完成義務が完全には履行されていないことになり（不完全履行）、仕事完成義務が履行により消滅してはおらず、修補義務という形で存続していることになる（損害の現実塡補の請求と考えるべきではない）。従って、修補請求権を認めるためには請負人に過失は必要ではない。

12-76 　（2）報酬減額請求権　請負人は約束通りの履行をしていないのであるから、約束どおりの報酬を請求できるはずはないと考えれば、瑕疵に対応して注文者は報酬の減額を請求しうることになる。しかし、いくら減額するかは、通常は④の損害額と同様になるものと思われるため、損害賠償請求のみを認めて民法は減額請求については規定しなかった。これも、責任追及ではなく、双務契約の対価的牽連関係ということから導かれる効果であり、請負人の過失は不要である。

12-77 　（3）契約解除権　解除の一般論としては、債務者の過失の要否が論じられているところであるが（⇒**4-97**）、ここでは請負人の過失は不要と考えられている。

12-78 　（4）損害賠償請求権　①瑕疵担保責任につき法定責任説をとる説は、請負契約についても無過失責任とした上で、履行利益の賠償まで認めている（我妻・中二633頁、新注民(16)136頁［広中］）。②これに対し、過失必要説では、ⓐ代金減額分（修補費用分）については過失は不要であり、ⓑそれ以外の損害についてのみ請負人の過失を必要と考えることができる（潮見・注**35**文献249頁以下）。後者を支持する。

12-79 【瑕疵と未完成】　引き渡された目的物について仕事完成義務の債務不履行が問題となる事例としては、①目的物に約束された部品が装着されているがそれに瑕疵があったり装着が不十分であったり、加工がされているが不十分であった場合（不完全

---

[35] そうすると、どの段階から特則が適用になるのかという問題が残されるが、①完成・未完成で分ける学説、②注文者が仕事の完成を承認して引渡しを受けたことを基準とする学説（潮見佳男『契約規範の構造と展開』247頁、山田・**12-115**論文。なお、東京地判平2・2・6判時1367号38頁は修補請求権の637条1項の1年の除斥期間につき、引渡日までではなく、引渡後の試運転の時から起算すべきものとした）とがある。後者を支持したい。

580　第4編　契約各論3　役務の取得を目的とした契約

履行の場合）と、②目的物に約束された部品が装着されていなかったり加工がされていなかったように、部分的に履行が全くない場合（一種の一部の履行遅滞ないし履行不能）とが考えられる。例えば、エンジンにターボを2機設置することを注文したのに、1機しか設置していない場合は、②のケースである。しかし、実際にはいずれか明確でないものが少なくない（岩崎・注1文献147頁以下参照）。しかし、これを区別する意義があるのであろうか。

12-80　**❶ 完成を瑕疵担保の基準時とする考え**　「完成」という概念を重視し、仕事の完成の前後で法的取扱いを区別する主張がある（我妻）。この考えによれば、①未完成であれば（②の一部遅滞ないし不能）、注文者は報酬の支払を義務づけられないとし（大阪高判昭59・12・14判タ549号187頁）[36]、また、完成前なので、担保責任の規定によらずに、債務不履行の一般原則により損害賠償責任や解除が認められ、更には641条の解除が認められるが、②完成済で瑕疵があるだけならば（①の不完全履行）、注文者は報酬の支払を義務づけられ、ただ請負人の瑕疵担保責任を追及しうるだけと考えることも可能である（完成を認めたものとして、東京地判昭49・2・7判時749号78頁、大阪高判昭61・12・9判タ640号176頁がある）。また、完成済ならば、注文者は目的物の受領を拒めない（但し、検査をして瑕疵修補を直ちに請求する場合には、受領を拒絶できるであろう）。

12-81　**❷ 引渡し（受領）を瑕疵担保の基準時とする考え**　しかし、瑕疵担保責任の適用の基準時を引渡（ないし受領）時と考える本書の立場からは、いずれも仕事完成義務の不完全履行ないし一部不履行であり、区別する必要はない。引渡後はいずれも瑕疵担保責任、引渡前はいずれも債務不履行の一般原則によることになる（641条については、未完成でも引渡しがあれば、瑕疵担保責任によることになり641条は適用されないと考える）。なお、引渡しを必要としない場合には完成だけで瑕疵担保責任が適用になり、引渡しを要する場合には引渡しを瑕疵担保責任適用の基準時とする学説もあるが（新注民(16)138頁［内山］）、引渡しを要しない場合でも、注文者が検査して完成として了承した時点と考えるべきであろう。

---

[36]　東京地判昭48・7・27判時731号47頁は未完成としながら完成割合に応じた代金債務を生じるものとした。また、建物が外観上完成したとしても、瑕疵が極めて重大であり、注文者が目的物を受領しても何らの利益も得ない場合は、注文者は請負代金の支払を拒みうるとした判決がある（大阪高判昭59・12・14判タ549号187頁）。最判昭38・2・12裁判集民64号425頁は、「原判決ならびにその引用する一審判決は、<u>工事に一部分でも未完成部分があるときは、工事代金の支払時期が到来しない。そして、未完成部分が未払代金に比し極めて僅少であるときは、信義則上代金支払期日の未到来を主張することが許されない</u>と解すべきではあるが、本件の場合、挙示のように他に不完全な工事部分があることをもしんしやくすれば、被控訴人（被上告人）が本件の残代金の支払を拒否することをもって信義則に反するとはいえない旨を判示したものであって、右判断は正当として当裁判所もこれを肯定する」と判示する。

12-82 【建築請負をめぐる特殊な問題点】　瑕疵担保責任との関係をめぐり、建築請負では次のような特殊な問題がある。

❶ 設計と施工の分離　建物の建築に際して設計と施工とが同一業者により行われれば問題がないが、両者が別の業者により行われる場合、問題の瑕疵が設計に由来するのか、それとも、施工に由来するのか決定する必要がある（設計に問題がある場合の建築家の責任については、日向野弘毅『建築家の責任と建築訴訟』参照）。

12-83 ❷ プレハブ建築の建材メーカーと施工業者の分離　また、現在では建物まで工場で生産され、現場における単純な組み立て工事を別の業者が請け負うというプレハブ建築が大手により普及されており、ここでも問題の瑕疵が建材に由来するのか、組み立て工事に由来するのか決定する必要がでてくる。

12-84 ❸ 建物建築保証の充実　建物といった巨額の取引であるから、瑕疵担保責任についても契約で約定され、そこに細かな保証条項が規定されていることが多く、多くはこの保証により解決されているといわれる。

12-85 【売買の瑕疵担保規定との差異】　請負の瑕疵担保規定が売買の瑕疵担保規定と異なる点は、以下の点である。

①隠れた瑕疵である必要はない。②注文者には瑕疵修補請求権が認められている。③注文者が供した材料ないし指示を原因として瑕疵が生じた場合に、免責が規定されている。④建物その他の土地の工作物については、注文者の解除権が制限されている。⑤担保責任の存続期間の起算点が引渡時とされ、また土地の工作物については期間が延長されている。なお、新築住宅については、住宅品質確保法により売買も請負もいずも瑕疵担保は同じ規律に服する[37]。

(2) 瑕疵修補請求権

12-86 　「仕事の目的物に瑕疵があるときは、注文者は、請負人に対し、相当の期限を定めて、その瑕疵の修補を請求することができる。ただし、瑕疵が重要でない場合において、その修補に過分の費用を要するときはこの限りではない」（634条1項）[38]。

---

[37] 品確法により創設された制度として、第三者機関である「指定住宅性能評価機関」による住宅性能評価書ないしその写しを、売買契約書ないし請負契約書に添付などすると、住宅性能評価書の記載内容を契約したものとみなされることになっている（6条）。また、建設住宅性能評価書が交付された住宅については、国土交通省の指定する指定住宅紛争処理機関（各地の単位の弁護士会）に紛争処理を申請することができることになっている（67条以下。手数料は1件あたり1万円）。

[38] 受領後は瑕疵担保責任の特則により規律されることは *12-81* に述べたが、では、受領後に作られた目的物が契約の目的を達成できないようなものである場合に、注文者は契約解除して他の業者と契約することができるが、瑕疵担保責任に基づいて製作のやり直しを求めることができるであろうか。この点につき、634条1項の「修補」に新規製作を解釈上含めて、①修補では請負人の債務内容が履行されえないこと、②新規作成のために不法行為相当に高い費用を要しないこと（請負人に故意または重過失がある場合にはこの要件は不

仕事完成義務を履行しない場合には、541条により契約を解除することができ、ただし既履行部分については解除の効力は及ばないが、修補義務についても541条により解除をすることができるのであろうか。解除ができるためには、瑕疵のために契約をした目的が達しえないほど重大な瑕疵に限られるのは当然であるが、541条によったとしてもこの要件を回避することはできない。結局、瑕疵担保解除と541条による解除は要件に差異はないというべきである。学説も、軽微な瑕疵については、瑕疵修補を請求されても請負人が行わなくても、注文者は解除ができないと考えている（内山・**12-35**文献45頁、我妻・中二635頁、基コメⅠ185頁［中井］）。契約をした目的を達し得ない場合であることは、債務不履行解除、担保責任に基づく解除に共通する解除の要件であるということができる。

12-87 【修補請求権と報酬支払拒絶権】　請負人が修補をするまで、注文者は報酬の支払を拒絶できるであろうか。注文者は請負人が修補をしない場合、修補費用分を損害賠償として請求でき、これについては634条2項により533条が準用されており、注文者は損害賠償と報酬の支払との同時履行の抗弁権を提出できる（後述）。

　では、注文者が飽くまで修補に拘泥する場合には、修補まで報酬全額を支払わないと主張できるであろうか（信頼が失われた場合には修補を請求しないであろうが、下請けに原因がある場合も考えられる）[39]。634条2項は損害賠償についてのみ同時履行の抗弁権を規定しているが、損害賠償請求とするか修補請求とするかは構成の仕方の差にすぎないと考えれば、修補請求にも同時履行の抗弁権が認められて然るべきである（我妻・中二626頁、松坂198頁［修補するまでは未完成であることを理由とする］、三宅・下907頁）。ところが、金銭の支払同士ならば同時履行の抗弁権が考えられるが、ここでは修補という一種の仕事の完成であり同時履行の関係に立たせるに適しないものである。そこで、政策上注文者に報酬支払拒絶権を認めるのが妥当であるとしても、それは同時履行の抗弁権ではなく（広中270頁）、先履行義務である仕事完成義務が履行されずに存続しているのが修補義務であり、仕事完成義務についてと同様の先履行の拒絶権というべきである（従って、請負人の方から報酬の支払と修補との同時履行の

要）を要件とすることを提案する学説がある（原田剛『請負における瑕疵担保責任』50頁以下）。正当な提案であり、基本的に賛成である。

[39] なお、注文者は修補の請求か損害賠償の請求かいずれを求めるかを明らかにすべきであり、単に工事に瑕疵があると主張するだけでは報酬の支払を拒絶できないというのが判例であり（大判大元・12・20民録18輯1066頁、大判大8・10・1民録25輯1726頁）、この選択をしてもらわなければ請負人は何をしてよいか決定できず不当に不利な立場に立たされるとして賛成する学説（内山・**12-35**文献46頁）と反対する古い学説（鳩山・下587頁）とがある。条文上は注文者が自由に選択できるようになっているが、売主の場合同様に請負人に先ず修補のチャンスを確保すべきであり、注文者は修補を催告して相当期間内に請負人が修補をしない場合に限って、注文者は自ら修補して請負人に損害賠償を請求しうるようになると考えたらどうであろうか。

抗弁権を主張できない)[40]。
(3) 損害賠償請求権

12-88 「注文者は、瑕疵の修補に代えて、又はその修補とともに、損害賠償の請求をすることができる。この場合においては、第533条の規定を準用する」(634条2項)。

(a) 修補費用分の損害（実質的代金減額請求権）　修補をめぐる費用については次のように幾つかの処理が可能である。

　① 先ず、請負人に修補させる場合、請負人は修補費用を負担するが、その代わり請負契約上の報酬を全額請求できる。修補のために、目的物の使用が遅れたことによる注文者の損害は、請負人に瑕疵担保責任に基づいて賠償請求できる。

　② 次に、注文者が別の業者に修補をさせて、その費用を損害賠償請求権として認め、請負人の報酬代金債権から相殺により差し引くことも考えられる。634条1項によると、注文者が修補請求をするか損害賠償請求をするか自由かのように規定がされているが、請負人が自ら修補をして請負報酬代金全額の支払を受けられるようにするために、請負人に特に信頼関係を破壊するような事情がない限り、請負人に相当期間を定めて修補を催告しその経過後でなければ、他の業者に修補させることは許されない（逆に言えば、注文者に請負人の修補の受領義務あり）と考えるべきである。

　③ 更に、代金減額請求権を認めれば（実質は一部解除であるが）、②と同じ結論を直截に認めることができる。②と同様に、請負人に修補の催告をしても修補がされないことが、代金減額の意思表示ができるための要件になる。

　④ また、注文者が修補を請求せず、瑕疵ある物を履行として認容して、瑕疵ある物との差額を損害賠償請求するかまたは代金減額請求をすることを認めることも考えられる。やはりこの場合にも、請負人の修補権を保証するために、注文者はまず修補を請求し修補がされないことが、この履行認容の意思表示をするための要件ということになる[41]。

40　注文者に報酬支払拒絶権を認める場合、その範囲については、報酬全額の支払拒絶が認められるのか、上の①に匹敵する額についてのみ支払拒絶ができるのか、更に問題が残される。損害額が客観的に明らかなものではなく、また、この拒絶権が修補の履行を心理的に圧迫して促すための手段であり、更に修補を選択すると先履行の関係が復活すると考えれば、全額の拒絶でもよいように思われるが、軽微な瑕疵については若干疑問が残る（内山・*12-35*文献45頁は、極めて軽微な瑕疵については否定しており、賛成したい）。

41　なお、修補請求できる内容以上の修補をしても、修補請求しえた額しか賠償請求はでき

12-89　**(ア) 代金減額請求権の認否**　このように、①〜④の種々の方法があるが、注文者・請負人間において経済的には相殺を介することにより等しいものとなる。②④の損害賠償が634条2項の損害賠償に含まれることは明らかだが、直截に③の代金減額請求権を認めることも許されよう（星野263頁。従って、損害賠償請求と代金減額との選択が認められることになる。三宅・下906頁は反対）。

12-90　**(イ) 請負人の修補権**　他方で、請負人にも修補をして全額報酬請求しうるようにするチャンスを与えるべきであり[42]、催告をして相当期間は請負人に修補のチャンスを与えるべきで、その期間をすぎなければ②〜④の主張はなし得ないと考えるべきである[43]。但し、請負人に催告されたが瑕疵除去をしなかったことに過失があることは必要ではないというべきであろう[44]。

12-91　**(ウ) 請負人の過失の要否**　①③では請負人の過失は不要であるのに、②④では損害賠償請求という形をとるので、請負人の過失を必要とすべきであろうか。本来請負人がするべき修補を代わりにしてそれを損害賠償という形を主張するだけであり[45]、実質的には代替執行であること（注文者による修補は自力救済というべき

　　ない。例えば、モルタル防水の約定を、2倍近く費用のかかるアスファルト防水工事により修補しても、モルタル防水の費用分しか請求できない（東京地判昭43・9・6判時557号246頁）。

[42]　修補権といわれるが、要するに注文者に受領義務を認め、更に催告義務を認めるということであり、通常の不履行では履行義務とはいっても履行権を認めるとはいわないので、権利とまでいう必要があるかは留保しておく。但し、注文者に受領義務を認めれば、その反面、債務者に履行権というものを認めることも不可能ではない。

[43]　下森定「不完全履行論の新たな展開」司法研修所論集1993－Ⅱ15頁、基コメⅠ185頁［中井］。損害賠償の基準時につき、注文者が直ちに修補に代わる損害賠償を請求したときは、その損害賠償の時を基準時とするという判例があり（最判昭54・2・2判時924号54頁）、これは修補のチャンスを与えることを不要とするのが当然の前提になっている。

[44]　ドイツ民法では、請負人に過失が必要とされていたが（旧633条3項）、2001年の債務法改正により、過失は要件からはずされている（637条1項）。また、信頼関係が破壊されている場合には相当期間の催告は不要とされる（同条2項）。注文者は、請負人に、瑕疵除去のために必要な費用の前払を請求できるものともされている（同条3項）。これは、ドイツ民法では、損害賠償ではなく費用の償還請求とされているからである。

[45]　請負人は修補義務を負っているのに、注文者がこれを排してどうして修補できるのであろうか（②は一部解除により修補義務が消滅しているので問題なし）。これについては、上記のように、催告された期間経過後に、報酬減額請求をすることにより報酬が減額されると共に、請負人の修補義務が消滅し、また、損害賠償請求についても、その請求により請負人の修補義務が消滅し、それ以後は請負人が自己の物として当然修補を別の業者に頼むことができるようになる、と考えることができる。

ではない)、また、①③と実質的に変わりがないのにここだけ過失を要求するのはバランスを失することから、実質代金減額である修補費用の賠償については請負人の過失は不要と解すべきである。

12-92 **【修補に代わる損害賠償請求権の発生時期】** 　修補に代わる損害賠償請求権の発生時期については、注文者が請負人に金銭債務を負う場合に (報酬支払義務であろうが)、相殺適状はいつ生じ相殺の効力はいつまで遡及させるのか、という問題に関わってくる。但し、634条2項により、注文者には同時履行の抗弁権があり履行遅滞にはならないので、実益のある議論ではない。

12-93 　❶ 引渡時説　　判例は、損害賠償請求権は目的物の引渡しの時に、期限の定めなき債務として発生するとしている (最判昭54・3・20判時927号186頁[46]。田山221頁も引渡によって請負人の債務が完済されるとしてこれに賛成する)。これによると、1年の除斥期間の始期と一致することになる。

12-94 　❷ 完成時説　　目的物の完成時から瑕疵が問題となるのであり、引渡しを要せず完成時に瑕疵担保責任が発生すると解するものがある (我妻・中二633頁、水本319頁)。注文者が代金を支払えず受領が遅滞している場合もあることを考慮している。要するに、請負人の瑕疵担保責任の除斥期間の開始時期ではなく、請負人の瑕疵担保責任の発生時の問題であることを考えれば (引渡後は修補請求が原則として1年の制限を受けるようになるというだけ)、完成時でよいであろう (損害賠償の請求のためには修補のための猶予期間を与えるというだけであり、その発生は別である)。

12-95 　**(b) その他の損害賠償**　　それ以外の本来の意味での損害賠償請求についても (修補の為に、居住する、また商売するのが遅れて、それにより種々の損害を受けるなど)、634条2項により損害賠償を請求できることは疑いない (損害賠償の内容については、後藤勇『請負に関する実務上の諸問題』65頁以下参照)。請負人の仕事完成義務は結果債務であり、不可抗力による免責が認められるだけであり、請負人は不可抗力を立証しなければ損害賠償責任を免れない (我妻・中二637頁のように過失不要説もある)。ここでの損害には、①修補のため目的物の使用ができず、得られなかった営業利益など、②積極的に何か支出した場合 (引越し業者へのキャンセル料の支払等)、更には、③積極的に財産につき被った損害 (屋根の設置が不十分で、そのため屋根が崩れて下の車を直撃したなど) など、416条の賠償範囲に入る一切の損害が含まれる (無過失責任説も履行利益の賠償まで認めている)[47]。弁護士費用についても、「建築工事の瑕

---

[46] 「仕事の目的物に瑕疵がある場合には、<u>注文者は、瑕疵の修補が可能なときであっても、修補を請求することなく直ちに修補に代わる損害の賠償を請求することができるものと解すべ</u>」きであると判示している。

[47] 注文者の家族が被害を受けた場合についても、注文者の家族も請負人の契約上の義務の

疵を理由とする損害賠償請求訴訟は、訴訟の中でも専門性ないし難度の高い部類に属する」ため、「特段の事情のないかぎり、右訴訟においては、弁護士費用についても賠償を請求できる」とされている（福岡高判平11・10・28判タ1079号235頁）。

12-96　【欠陥住宅の建築と損害賠償】　根本的な手抜き工事により、建替えをしなければならないような欠陥住宅が建築された場合に、損害賠償の点についてはいくつかの点が問題になっている。以下の問題は、建売住宅の買主についても生じてくるが、同様に考えてよいであろう。

12-97　（1）不法行為責任の成否　欠陥住宅の建築が、瑕疵担保責任を生じさせるだけでなく、不法行為責任をも生じさせるものであるかが、先ず問題とされている。この点について、福岡高判平16・12・16判タ1180号209頁は、次のように注目される判決を示している（結論としては、構造耐久力上の安全性を欠くほどの瑕疵ではないとして、不法行為の成立を否定）。

「本来瑕疵担保責任の範疇で律せられるべき分野において、安易に不法行為責任を認めることは、法が瑕疵担保責任制度を定めた趣旨を没却することになりかねない」。「請負の目的物に瑕疵があるからといって、当然に不法行為の成立が問題になるわけではなく、その違法性が強度である場合、例えば、請負人が注文者等の権利を積極的に侵害する意図で瑕疵ある目的物を製作した場合や、瑕疵の内容が反社会性あるいは反倫理性を帯びる場合、瑕疵の程度・内容が重大で、目的物の存在自体が社会的に危険な状態である場合等に限って、不法行為責任が成立するに余地がでてくる」にすぎない。そして、本件のような建物の建築請負においては、「請負人であるYらが本件建物の所有者の権利を積極的に侵害する意図で瑕疵を生じさせたという場合や、当該瑕疵が建物の基礎や構造躯体に関わり、それによって建物の存立自体が危ぶまれ、社会公共的にみて許容しがたいような危険な建物が建てられた場合に限って、Yらについて不法行為責任が成立する可能性があるものというべきである」。

12-98　（2）慰謝料請求の可否　先ず、注文者は、居住の住宅の建築を依頼した場合には、夢のマイホームが悪夢に変わり、また、地震によりいつ倒壊するか分からない恐怖におびえ、さらには、建てつけの不具合や建物の傾斜などによる日々のストレスにさらされながら建替えまで居住しなければならなかったのであり、請負人に慰

利益保障範囲に含まれ、請負人の瑕疵担保責任に基づく損害賠償を請求できてよい。これに対し、通行人のように全くの第三者が被害者の場合には、契約上の義務の保証範囲に含まれず、一般的義務による利益保証しか及ばないが、その責任追及については1年という期間制限はかぶさってこない（この場合、第三者は請負人に責任追及するか、所有者たる注文者にたいして717条で責任追及するかの選択をできるが、注文者を選択した場合、1年の期間制限により注文者から請負人への責任追及はできない場合でも、共同不法行為者間の求償［負担部分は請負人が100％負担するのが原則となろうか］は認められるべきである）。

謝料を請求したいところである。しかし、債務不履行また不法行為でも、直接の侵害対象が財産権である場合にはその財産的損害が賠償されれば、それとは別に慰謝料を請求できないのが原則である。これは拡大損害の一種といえるが、少なくともその悪質性からして、不法行為の成立を認めて慰謝料また弁護士費用の損害賠償も認めるべきであろう[48]。

12-99　**(3) 居住したことを損益相殺すべきか**　注文者が建替えまで実際に倒壊の恐怖におびえながらも居住した点について、損害賠償から損益相殺がされるべきかも議論がある。この点、肯定判例と否定判例に分かれているが（松本・注48論文に詳しい）、建替えをしなければならない程度の欠陥住宅であり、建替えまで居住せざるをえなかったことを利益と見るのは、泣きっ面に蜂のようなものであり、注文者に酷にすぎよう。原則として、損益相殺は否定されるべきである。

12-100　**(c) 同時履行の抗弁権**　注文者は、請負人の報酬支払請求に対して、損害賠償の支払との同時履行の抗弁権を主張することができる（634条2項による533条の準用）。なお、仕事完成義務は先履行義務であり、注文者が修補請求できる場合には、修補が先履行になり、注文者は修補がされるまで代金の支払を拒むことができる。

12-101　**【修補に代わる損害賠償との同時履行】**
　　(1) 同時履行の抗弁権を認めた趣旨　本文に見たように、634条2項により、注文者は、修補に代わる損害賠償を請求し、それと報酬とを相殺しないで同時履行の抗弁権を主張することが認められている。しかし、このような規定を置いた趣旨は明らかではない。修補請求か代金減額（＝形成権の行使）のいずれかであれば問題はないが代金減額ではなく損害賠償として金銭債権同士でありながら、敢えて同時履行の抗弁権を認めた趣旨は理解がし難い。

12-102　**❶ 全体として不可分的に牽連性がある**　まず、損害賠償請求権と代金債権はいずれも可分であるが、全体として牽連関係が認められるので（不可分性）、対等額ではなく、全額について同時履行の抗弁権が認められるという説明が考えられる。しかし、減額分は直截に代金減額を認めるのが適切であり、それ以外の損害については履行義務同士の関係ではないので、履行における牽連関係を認めるというのはしっくりいかないような懸念がある。

12-103　**❷ 修補請求権とのバランス論**　次に、修補請求では同時履行の抗弁権（むしろ先履行の抗弁）が認められるのだから、修補請求に代えて損害賠償を選んでもそれとのバランスから同時履行の抗弁権を認めるという説明が考えられよう。しかし、修

---

[48] この問題については、松本克美「欠陥住宅訴訟における損害調整論・慰謝料論」立命館法学289号64頁参照。また、判例については、欠陥住宅被害全国連絡協議会編『消費者のための欠陥住宅判例(1)』『同(2)』『同(3)』参照。

588　第4編　契約各論3　役務の取得を目的とした契約

補と違って金銭債権同士で、履行を促すための同時履行の抗弁権がどうして必要なのか、相殺だけでよくはないのか、という疑問に十分答えているかは疑問であろう。

12-104　**❸ 損害賠償の支払を促す政策的な考慮による**　また、敢えて金銭債権同士で、しかも額が違うのに同時履行の抗弁権を認めたのは、損害賠償の支払を促す政策的な考慮によるということも考えられる。しかし、注文者に相殺ではなく敢えて現実賠償を確保する必要があるかというと疑問であり、また、その趣旨であれば請負人からの相殺を禁止しないとつじつまが合わない。

12-105　**❹ 差額についての履行遅滞の解放**　こうみると、履行の確保のためには相殺以外に同時履行の抗弁権を特に認める意義はなく、次の判例が明らかにしたように、差額をいくら支払うべきか明確でないのに相殺されて残額につき履行遅滞となることから、注文者を保護したものと解すべきである（一部提供供託の例外の場合に類似した考慮である）。そうすると、額が確定するまでは、請負人からの相殺を禁止すべきであろう。

12-106　**(2) 同時履行の抗弁権が認められる場合及び残額の遅延時期**
　　(a) 同時履行の抗弁権が認められる要件　634条2項については、近時、注目される2つの判例が現れている。先ず、同時履行の抗弁権が認められる要件について判断した判決を紹介して行こう。

12-107　●**最判平9・2・14民集51巻2号337頁**　YはXに建物の建築を依頼し、Xは建物を建築したが瑕疵があった。瑕疵のために代金の減額につきXY間で協議がされたが、合意に致らず、XがYに対して残代金と建物引渡日以後の約定利率による遅延損害金の支払を求めて訴えを提起した。第1審は、損害賠償との引換給付を命じ、遅延損害金については同時履行の抗弁権を理由に認めなかった。控訴審もこれを支持したため、Xが上告するが、最高裁も次のように述べて上告を棄却する。
　「請負契約において、仕事の目的物に瑕疵があり、注文者が請負人に対して瑕疵の修補に代わる損害の賠償を求めたが、契約当事者のいずれからも右損害賠償債権と報酬債権とを相殺する旨の意思表示が行われなかった場合又はその意思表示の効果が生じないとされた場合には、民法634条2項により右両債権は同時履行の関係に立ち、契約当事者の一方は、相手方から債務の履行を受けるまでは、自己の債務の履行を拒むことができ、履行遅滞による責任も負わないものと解するのが相当である。しかしながら、瑕疵の程度や各契約当事者の交渉態度等に鑑み、右瑕疵の修補に代わる損害賠償債権をもって報酬残債権全額の支払を拒むことが信義則に反すると認められるときは、この限りではない。そして、同条1項但書は『瑕疵カ重要ナラサル場合ニ於テ其修補カ過分ノ費用ヲ要スルトキ』は、瑕疵の修補請求はできず損害賠償請求のみをなし得ると規定しているところ、右のように瑕疵の内容が契約の目的や仕事の目的物の性質等に照らして重要でなく、かつ、その修補に要する費用が修補によって生ずる利益と比較して過分であると認められる場合においても、必ずしも前記同時履行の抗弁が肯定されるとは限らず、他の事情をも併せ考慮して、瑕疵の修補に代わる損害賠償債権をもって報酬残債権全額との同時履行を主張することが<u>信義則に反するとして否定されることもあり得る</u>ものというべきである。けだし、右のよ

うに解さなければ、注文者が同条1項に基づいて瑕疵の修補の請求を行った場合と均衡を失し、瑕疵ある目的物しか得られなかった注文者の保護に欠ける一方、瑕疵が軽微な場合においても報酬残債権全額について支払が受けられないとすると請負人に不公平な結果となるからである[49]」(同時履行の主張肯定)。

12-108 **(b) 相殺後の注文者の残額債務の遅延時期**　いずれかから相殺がされた場合に[50]、相殺の法理でいけば、それぞれの債務について相殺前の金額を基準として相殺までの遅延損害金が算出され、相殺後は残額を基準とした遅延損害金になるのではなく、相殺の遡及効により残額について相殺適状まで遡って遅延損害金の算定の基準額が減額されることになる。ところが、注文者には損害賠償との同時履行の抗弁権が認められるので、請負代金について相殺まで一切の遅延損害金の支払を要しないことになる。このことを初めて宣言したのが、次の判決である。

12-109 　　●**最判平9・7・15民集51巻6号2581頁**　XはYの注文によりホテルの建築を請け負った。Xが建築したホテルには瑕疵があり、YはXの請負代金の請求に対し、訴訟上相殺の主張をした。そこで、相殺の結果、Yは残額につき支払義務を負い、相殺以後は同時履行の抗弁権はなくなり遅延利息を支払うことになるが、その遅延利息の発生時期がいつなのかが争われた事案である。原審判決は、相殺適状の時から残額について遅延損害金を起算したが(理由なし。相殺の訴求効により、相殺適状から遡って同時履行の抗弁権の要件である債権債務の対立がなかったことになるので、同時履行の抗弁権の効果も遡って失われるとでもいうのか)、次のように最高裁により破棄されている。
　　「請負人の報酬債権に対し注文者がこれと同時履行の関係にある目的物の瑕疵修補に代わる損害賠償債権を自働債権とする相殺の意思表示をした場合、注文者は、請負人に対する相殺後の報酬残債務について、<u>相殺の意思表示をした日の翌日から履行遅滞による責任を負うものと解するのが相当である</u>。」「けだし、瑕疵修補に代わる損害賠償債権と報酬債権とは、民法634条2項により同時履行の関係に立つから、注文者は、請負人から瑕疵修補に代わる損害賠償債務の履行又はその提供を受けるまで、自己の報酬債務の全額について履行遅滞による責任を負わないと解されるところ(最高裁平成9年2月14日第3小法廷判決を援用)、注文者が瑕疵修補に代わる損害賠償債権を自働債権として請負人に対する報酬債務と相殺する旨の意思表示をしたことにより、<u>注文者の損害賠償債権が相殺適状時にさかのぼって消滅したとしても、相殺の意思表示をするまで注文者がこれと同時履行の関係にある報酬債務の全額について履行遅滞による責任を負わなかったという効果に影響</u>

---

[49] 括弧書きで次のようにも付け加えている。「なお、契約が幾つかの目的の異なる仕事を含み、瑕疵がそのうちの一部の仕事の目的物についてのみ存在する場合には、信義則上、<u>同時履行関係は、瑕疵の存在する仕事部分に相当する報酬額についてのみ認められ、その瑕疵の内容の重要性等につき、当該仕事部分に関して、同様の検討が必要となる</u>」、と。

[50] 同時履行の抗弁権のついた債権は受働債権にしえないはずであるが、この点については、最判昭53・9・21判時907号54頁は、「相互に現実の履行をさせなければならない特別の利益があるものとは認められず、<u>両債権のあいだで相殺を認めても、相手方に対し抗弁権の喪失による不利益を与えることにはならない</u>」として、<u>相殺が可能なことを認めている</u>。

590　第4編　契約各論3　役務の取得を目的とした契約

> はないと解すべきだからである。もっとも、瑕疵の程度や各契約当事者の交渉態度等にかんがみ、右瑕疵の修補に代わる損害賠償債権をもって報酬債権全額との同時履行を主張することが信義則に反するとして否定されることもあり得ることは、前掲第3小法廷判決の説示するところである。」（最判平15・10・10判時1840号18頁、判夕1138号74頁も同旨）

(4) 契約解除権

12-110　「仕事の目的物に瑕疵があり、そのために契約をした目的を達することができないときは、注文者は、契約の解除をすることができる。ただし、建物その他の土地の工作物については、この限りでない」（635条）。

　　契約をした目的が達しえない場合には、①修補ができない場合、②修補ができるが約束の期日に履行がなされないと意味がない場合（見本使用の臨時の建物の建築を注文したが、瑕疵のために使用ができず修補していては間に合わない場合）がこれに該当する。③修補ができまた遅れても履行としての意味がある場合には、541条により催告の上解除できるか。また、解除しても損害が残れば損害賠償を請求できる（三宅・下909頁は反対）。

　　建物等の工作物につき解除を認めなかったのは、解除を認めると、請負人の負担が過大となり、また、折角の建物等を壊すのは国民経済的観点から好ましくないからである[51]。

12-111　【建物の瑕疵が重大であっても解除ができないか】　例えば建物の建設の請負で、完成し引き渡された建物に土台の部分に根本的な手抜き工事があり、ちょっとした地震でも倒壊の恐れがあり、これを直すのには根本的に建て直さなければならないような場合、このような場合でも注文者は解除ができないのであろうか。

12-112　(1) **第1説**　先ず、635条ただし書通り解除を認めないが、取り壊し、建替えの費用またその間の種々の損害について、損害賠償により処理すればよいという考えも可能である。しかし、これは解除を認めないことと実質的に矛盾する主張であり、解除を認めるのでなければ、建替え費用の損害賠償を認めるのは困難であろう。なお、建替え費用の損害賠償を認めた次のような判決があるが、そもそも解除は主張されておらず、この判決の論理からいえば、解除が主張されていたら認められていたであろう。

51　なお、土地工作物でも、引渡前は担保責任の規定によらずに、債務不履行の一般規定によることになり、541条により注文者は請負契約を解除できる。しかし、既に見たように、出来高部分について履行としての意味がある場合には、その部分については解除ができず、残された不履行部分の解除しかできないので、不都合はない（この理論は、土地の工作物に限定されるものではないことに注意）。

12-113
> ● 最判平14・9・24判時1801号77頁
> (1) 建物の瑕疵の程度　「本件建物は、その全体にわたって極めて多数の欠陥箇所がある上、主要な構造部分について本件建物の安全性及び耐久性に重大な影響を及ぼす欠陥が存するものであった。すなわち、基礎自体ぜい弱であり、基礎と土台等の接合の仕方も稚拙かつ粗雑極まりない上、不良な材料が多数使用されていることもあいまって、建物全体の強度や安全性に著しく欠け、地震や台風などの振動や衝撃を契機として倒壊しかねない危険性を有するものとなっている。このため、本件建物については、個々の継ぎはぎ的な補修によっては根本的な欠陥を除去することはできず、これを除去するためには、土台を取り除いて基礎を解体し、木構造についても全体をやり直す必要があるのであって、結局、技術的、経済的にみても、本件建物を建て替えるほかはない。」

12-114
> (2) 建替え費用の賠償請求について　「請負契約の目的物が建物その他土地の工作物である場合に、目的物の瑕疵により契約の目的を達成することができないからといって契約の解除を認めるときは、<u>何らかの利用価値があっても請負人は土地からその工作物を除去しなければならず</u>、請負人にとって過酷で、かつ、社会経済的な損失も大きいことから、民法635条は、そのただし書において、建物その他土地の工作物を目的とする請負契約については目的物の瑕疵によって契約を解除することができないとした。しかし、<u>請負人が建築した建物に重大な瑕疵があって建て替えるほかはない場合に、当該建物を収去することは社会経済的に大きな損失をもたらすものではなく、また、そのような建物を建て替えてこれに要する費用を請負人に負担させることは、契約の履行責任に応じた損害賠償責任を負担させるものであって、請負人にとって過酷であるともいえないのであるから、建て替えに要する費用相当額の損害賠償請求をすることを認めても、同条ただし書の規定の趣旨に反するものとはいえない</u>。したがって、建築請負の仕事の目的物である建物に重大な瑕疵があるためにこれを建て替えざるを得ない場合には、注文者は、請負人に対し、建物の建て替えに要する費用相当額を損害としてその賠償を請求することができるというべきである。」

12-115
　　(2) 第2説　このような重大な瑕疵がある場合には、そもそも建物としての使用に耐えないのだから、建物として完成しているとはいえないとして、未完成であり瑕疵担保責任の問題ではないとして、債務不履行の一般規定により（541条）解除を肯定することも考えられる。後藤・注17文献17頁は、予定された最後の工程を終えているか否かで完成か否かを区別している。なお、そうすると完成前は債務不履行による解除、完成後は瑕疵担保による解除と分かれるが、その分岐点については、物理的な「完成」の有無ではなく履行として承認した上での引渡しがあったか否かを考えるものがある（山田到史子「判批」阪大法学43巻1号315頁）。未完成であっても引渡後は瑕疵となるのであって、未完成か瑕疵かという区別をしないことは本書も賛成するが、引渡前でなければ保護されないことになり、保護として意味がない。判例としても、東京高判平3・10・21判時1412号109頁は、次のように述べる（415条後段を根拠としたのは問題が残る）。

592　第4編　契約各論3　役務の取得を目的とした契約

12-116
●東京高判平3・10・21判時1412号109頁　　635条ただし書は「仕事の目的物が建物等である場合に、目的物が完成した後に請負契約を解除することを認めると、請負人にとっても過酷な結果が生じるばかりか、社会的経済的にも損失が大きいことから、注文者なしは、修補が不能であっても損害の賠償によって満足すべきであるとの趣旨によるものであって、仕事の目的物である建物等が社会的経済的な見地から判断して契約の目的に従った建物等として未完成である場合にまで、注文者が債務不履行の一般原則によって契約を解除することを禁じたものではないと解するのが相当である。本件についてこれをみるに、本件構築物は、……建築工事そのものが未完成である上に、本件構築物を現状のまま利用して、本件建物の建築工事を続行することは不適切であって、本件建物を本件契約の目的に従って完成させるためには、上部躯体をいったん解体した上で、更に地盤を整地し、基礎を打ち直して再度建築するしかないのであるから、本件構築物の社会的経済的な価値は、再利用可能な建築資材としての価値を有するにすぎないものであって、これを越えるものではないというほかなく、しかも、基礎を打ち直して設計図どおりに本件構築物を補修するためには金845万円（平成2年4月当時）もの費用を要するだけではなく、本件建物を本件契約の目的に従って完成させるためには、その後更に多額の費用を必要とすると認められることなどを総合して考慮すると、注文者である被控訴人は、債務不履行の一般原則に従い、民法415条後段により本件契約を解除することができるものというべきである。」

12-117
　　(3) 第3説　　更には、635条ただし書はこのような重大な瑕疵までは想定しておらず（国民経済上残されるべきものがある場合を想定している）、原則に戻って解除が可能という処理も可能である[52]。635条で禁止するものとして想定しているのは全部解除であり、一部解除は損害賠償で済むという趣旨と考えられる。従って、ここで禁じられているのは、折角なされた建物等を元に戻してしまう全部解除であるが、(1)説は迂遠であり、(2)説も苦し紛れの説明のきらいがなくはなく、直截に制限解釈により解除を認めるこの説に賛成したい（山田・*12-115* 判批320～1頁も解除肯定）。判例も、*12-114* の趣旨から推論すれば、解除を肯定する可能性がある[53]。

---

[52] 635条ただし書の制限解釈である。起草過程の議論に遡って、635条ただし書のこのような制限解釈を説くものとして、花立文子「建築請負契約における瑕疵担保責任」『続現代民法学の基本問題』273頁以下、岡孝「判批」判夕689号27頁。なお、未完成の場合には出来高部分については解除ができないはずであるが、おびただしい基礎的欠陥がみられるなど重大な瑕疵があり、しかも社会通念上その修補が不可能な場合に、注文者に635条により出来高部分も含めて一切の解除（更に損害賠償請求）を認めた判例がある（名古屋地判昭60・5・23判夕562号136頁）。635条にはよっているが、未完成ということが理由にされている。

[53] なおその他に、解除ではなく、請負人からの請求に対して拒絶権を与えるという処理も考えられている。大阪高判昭59・12・14判夕549号187頁は、「目的物の瑕疵が極めて重大であって、本来の効用を有せず、注文者が目的物を受領しても何らの利益を得ない場合は、仕事が完成していない場合に準じ、注文者は請負代金の支払を拒むことができる」とした。

(5) 注文者のなした指図または提供した材料に起因する瑕疵

12-118　①「前二条の規定は、仕事の目的物の瑕疵が注文者の供した材料の性質又は注文者の与えた指図によって生じたときは、適用しない」(636条本文)。②「ただし、請負人がその材料又は指図が不適当であることを知りながら告げなかったときは、この限りでない」(636条ただし書)。

　注文者のなした指図に瑕疵の原因があるという場合には、積極的に誤った指図をした場合[54]のみならず、なすべき指図をしなかった場合も含まれるものと考えられている。指図また材料の瑕疵につき、注文者に過失がある必要はない。

　注文者の供した材料また注文者のした指図が適切なものか否かは、専門の業者として自らチェックすべきであり、注文者のいうことを鵜呑みにすることは許されない。請負人はそれが適切か否か自ら調査し、また助言をなす義務を負うというべきである。従って、636条は請負人の悪意の場合のみを規定しているが、請負人に過失がある場合にも瑕疵担保責任といえるかは別として（特に材料の提供の場合は自ら材料を提供する義務を負わないため難しいであろう）、請負人の責任を認めるべきであろう。

(6) 瑕疵担保責任の存続期間

12-119　**(a) 民法の規定**　①「前三条の規定による瑕疵の修補又は損害賠償の請求及び契約の解除は、仕事の目的物を引き渡した時から1年以内にしなければならない」(637条1項)。「仕事の目的物の引渡しを要しない場合には、前項の期間は、仕事が終了した時から起算する」(637条2項)。

　②「建物その他の土地の工作物の請負人は、その工作物又は地盤の瑕疵について、引渡しの後5年間その担保の責任を負う。ただし、この期間は、石造、土造、れんが造、コンクリート造、金属造その他これらに類する構造の工作物については、10年とする」(638条1項。住宅品質確保法も10年とする)。「工作物が前項の瑕疵によって滅失し、又は損傷したときは、注文者は、その滅失又は損傷の時から1年以内に、第634条の規定による権利を行使しなければならない」(638条2項)。

　「第637条及び前条第1項の期間は、第167条の規定による消滅時効の期間内に限り、契約で伸長することができる」(639条)。

---

[54] 注文者の指図があったといえるためには、単に注文者の希望を入れたというだけでは足りないといわれる。工場の外壁につき注文者が特定の商品を指定し、請負人がその商品を使用して工場を建築したが、その外壁に亀裂が生じた事例で、担保責任が否定されている（名古屋地判昭49・11・27判時774号80頁）。

この期間の趣旨は、売買の瑕疵担保責任の場合と同じ趣旨であるといってよい。即ち、①制作時からの瑕疵か、その後の使用に起因する瑕疵か不明になり（例えば、排水管にひびがはいっていた場合、制作時からあったか、その後に地震で生じたかそう簡単にはいえない）、また、②使用による老朽化は瑕疵ではなく、瑕疵か単なる老朽化かも不明なことが多く（例えば、排水管が漏水するようになったとしても、初めから原因があったか、使用による老朽化によるものかも容易には決定できない）、これらの紛争を1年に責任期間を切ることで防止しようとしたものである。

12-120　**(b) 期間制限の法的性質**　この期間の性質については、売買の瑕疵担保責任の場合同様に争いがあるが、要点だけを述べるに止める[55]。

①判例は、この期間を除斥期間とし、また期間内に裁判外での権利行使があれば、後は通常の消滅時効に従うものとする（**除斥期間説**。大判昭5・2・5裁判例4巻民32頁）。②この期間内に訴訟の提起がなければ、権利の保存がされないと考える学説もある（**出訴期間説**。我妻・中二642頁）。③また、1年の消滅時効が定められたものと考える学説もあり、1年内に権利行使があり中断してもそこから1年の時効が再度進行するだけになる（**消滅時効説**。広中271頁）。④さらには、場合を分けて、報酬減額請求権と契約解除権については除斥期間、修補請求権と損害賠償請求権については消滅時効と考え、更に、前者の行使の結果生じる既払報酬の返還請求権もこの期間に服し、これを消滅時効とする学説もある（石田譲336頁）。

(7) 免責特約など

12-121　「請負人は、第634条又は第635条の規定による担保の責任を負わない旨の特約をしたときであっても、知りながら告げなかった事実については、その責任を免れることができない」（640条）。なお、住宅品質確保法95条2項では、同法に反する免責特約は一切無効とされている。

売買とは異なり、自分で制作した物につき免責条項を置くことは少ないようであるが、現像、クリーニング等の仕事の請負では、責任を制限する条項が挿入されることが少なくない。現在では、消費者契約法8条により、責任を全面的に否定する条項は無効とされ、また、住宅品質確保法によりその規定に反する合意は無効とされることは既に述べた。

---

[55] 1年を経過した損害賠償請求権については、判例上自働債権として相殺に供することは肯定されている（⇒債権総論**2-370**）。また、報酬減額請求権と契約解除権については、注文者から防御的に行使される場合、1年を過ぎても行使が可能かという問題がある（抗弁権の永久性の理論）。

Ⅱ　注文者の義務

1　報酬支払義務

(1) 報酬の額

12-122　請負の報酬を決定する方法としては、次の2つがある（但し、用語はもっぱら建築請負のものである）。

(a) 定額請負　一定額が定められその額のみを支払う場合である（クリーニング、現像等、サービス内容が確定し比較的少額の場合）。なお、仕事の完成に相当の時間を要する場合には、事情変更の原則により、拘束された報酬額で仕事の完成を強いることが著しく公平に反するようになった場合には、請負人に報酬額の相当の増額を請求することを認め、また、場合によっては解除権も認めるものがある（我妻・中二644頁）。

12-123　**(b) 概算請負**　予め概算だけが算定され、その後の事情の変更に応じて報酬額を精算するものである（工期が長期にわたる場合、材料費や賃金の値上がり、工期の延長といった事情の変化が生じうる）。金額が確定していないが、契約不成立ではない。

12-124　**【公共工事の前払金の普通預金をめぐる法律関係】**　地方公共団体が公共工事を注文する際に、その工事に要する経費につき保証事業者の保証を受けて前金払をすることができるが、その前払金は請負人の独立した預金口座において管理され工事のために支出されることになる。この場合に、請負業者が破産手続き開始の審判を受け、保証事業者が代わりに前払金を返還した場合に、預金について破産管財人と保証事業者との間で帰属が争いになる。次のように判示した判決があり、注目される。

12-125　●最判平14・1・17民集56巻1号20頁　「本件前払金が本件預金口座に振り込まれた時点で、A県とB建設［＝請負人］との間で、A県を委託者、B建設を受託者、本件前払金を信託財産とし、これを当該工事の必要経費の支払に充てることを目的とした信託契約が成立したと解するのが相当であり、したがって、本件前払金が本件預金口座に振り込まれただけでは請負代金の支払があったとはいえず、本件預金口座からB建設に払い出されることによって、当該金員は請負代金の支払としてB建設の固有財産に帰属することになるというべきである。」「また、この信託内容は本件前払金を当該工事の必要経費のみに支出することであり、受託事務の履行の結果は委託者である愛知県に帰属すべき出来高に反映されるのであるから、信託の受益者は委託者であるA県であるというべきである。」「そして、本件預金は、B建設の一般財産から分別管理され、特定性をもって保管されており、これにつき登記、登録の方法がないから、委託者であるA県は、第三者に対しても、本件預金が信託財産であることを対抗することができるのであって（信託法3条1項参照）、

信託が終了して同法63条のいわゆる法定信託が成立した場合も同様であるから、信託財産である本件預金はB建設の破産財団に組み入れられることはないものということができる（同法16条参照）。」[56]

(2) 報酬支払時期

12-126　①「報酬は、仕事の目的物の引渡しと同時に、支払わなければならない」(633条本文)。②「ただし、物の引渡しを要しないときは、第624条第1項の規定を準用する」(633条ただし書)。②の仕事の完成時とは、注文者による仕事の完成の承認時（散髪であれば客がこれでよいといった時）と解されている（石田穣338頁）。

　これは任意規定であるから、当事者でこれと異なる特約をすることは可能である。着手金として契約時に報酬の一定額を支払う場合もあり、また、建築請負では、仕事の進行に応じて報酬を分割して支払う旨の特約がなされることが多く、この場合には、請負人は弁済期に達した報酬の支払と以後の仕事の遂行（前払ならば仕事の着手）との同時履行の抗弁権を主張できるものとされる（大判明44・1・25民録17輯5頁。石田穣338頁）。これは同時履行の抗弁権というよりも、特殊な抗弁権というべきである。なお、建設業法では、前払の特約がある場合には、注文者は請負人に対して保証人をたてることを請求でき、請負人がこれに応じない場合には前払をしなくてもよいと規定している（21条）。

(3) その他の問題点

12-127　**(a) 先取特権等**　請負人は報酬請求権につき、目的物を引き渡していなければ留置権が認められ（295条）、また、引渡後でも目的物についてそれぞれ仕事の内容に応じて先取特権が認められている（318条、321条、326条、327条）。

12-128　**(b) 報酬請求権の発生時期**　注文者は仕事の完成に対して報酬を支払い、仕事完成が先履行になるのであるが、報酬請求権（報酬支払義務）は契約と同時に既に発生しているのであろうか。

　❶ **契約時発生説**　判例では、売買契約と同様に、契約で一定の報酬を支払う約束をしたのだから、契約と同時に報酬請求権は発生し、請負人の債権者はこれを差し押さえることができ、転付命令を受けることができるものと考えられて

---

[56] このように判示して、代わりに前払金を返還した保証事業者に預金は帰属するものとした。破産した請負会社の破産管財人の預金先である金融機関への返還請求、および、保証事業者に対する預金が破産財団に帰属することの確認を求めた訴訟を棄却した原判決を容認している。

いる（大判昭5・10・28民集9巻12号1055頁[57]。我妻・中二647頁、田山225頁［未完成の抗弁権がついているだけ］、三宅・下917頁）。

12-129 **❷ 仕事完成（または引渡）時発生説**　これに対して、むしろ労働者の賃金債権が民法上は労務完了後に認められるように、請負においても仕事完成を条件として発生するということも可能である（来栖479頁）。これによれば、完成前は債権未発生であることになるが、将来債権の差押え、譲渡、転付命令をすることができるので、不都合はないことになる。確かに仕事を完成していなければ注文者は報酬を支払う必要はないが、それは双務契約における給付の牽連関係の効果に過ぎず、債務の発生まで否定する必要があるかは疑問である（特約で完成前に支払う場合には、その分だけ債務がそこで発生するのではなく、特約がない限りは未完成の抗弁を注文者は主張できるといえばよい）。

12-130 **(c) 報酬支払の遅滞**　報酬支払義務の遅滞に対しては、419条の原則により法定利率による遅延利息の支払義務が生じるが、これにつき特約があればそれに従う。下請代金支払遅延等防止法は、下請業者が一般的に不利な立場に置かれていることを救済するために、親事業者は支払を遅滞した場合に、60日間を過ぎると法定利率より高率の（14.6％）遅延利息を支払わねばならないことを義務づけている。これはその威嚇的効果により、下請代金の支払に心理的プレッシャーをかけようとするものである。

12-131 **(d) 支払拒絶権**　仕事完成により注文者は報酬を支払うことを義務付けられるが、注文者は633条により仕事の目的物引渡しとの同時履行の抗弁権を主張でき、また、瑕疵担保責任の場合に損害賠償請求との同時履行の抗弁権の主張もできる（634条2項）。更に、修補請求をする場合に、修補まで支払を拒絶できる（634条2項）。また、前払の場合に、契約後に請負人の信用不安が生じ仕事の完成が危ぶまれるようになれば、不安の抗弁権の主張も認められてよい。

12-132 **【575条の類推適用が認められた特殊な事例】**　賃貸用アパートの建築請負において、

---

[57] 「請負人の報酬債権は請負契約の成立と同時に発生するものにして、請負工事の完成に依りて発生するものに非ず。固より報酬の支払時期に付て当事者間に何等の特約なきときは請負人は工事完成の後に非ざれば報酬を請求することを得ずと雖、是報酬支払の時期が工事完成の時なりと謂ふに過ぎず、請負工事の完成後に非ざれば報酬債権そのものが発生せざるものに非ざるを以て、請負工事未完成の故を以て報酬債権が一定の券面額を有する債権に非ずと為すを得ず。従て請負契約か有効に成立したる後に於ては、縦令工事未完成の場合と雖、之が差押及転付を為すことを妨げざるものと解するを相当とす」と判示している。

注文者が請負代金の支払を全くしておらず、後日破産してしまった事例で、請負人がこのアパートを第三者に賃貸すると共に、その管理の必要上一室を自ら占有していたが、注文者が明渡しを請求すると共に（これに対しては同時履行の抗弁権が認められ拒絶が肯定される）、受け取った賃料と占有部分の不当利得の返還を求めたことにつき、次のように判示したものがある（東京高判平9・3・13判時1603号72頁）。

575条は559条により有償契約である請負契約にもその性質に反しない限り準用されるが、建物建築請負契約には特段の事情がない限り準用は認められないと解するのが相当である。請負人は自らの材料で建物を完成させており、注文者の登記名義になっているが金融の便のためであり、実質的には請負人の所有に属するものである。本件の場合には、「目的物の賃貸は請負契約の債務不履行には該当せず、請負契約についても売買契約についての定めである民法575条の規定を準用して、目的物の果実である賃貸料を請負人が収得することができる特段の事情があるものと解するのが相当である。そして、本件建物の一室の占有も賃貸物の管理のため必要なものであるから、その占有利益も不当利得と評価することはできない。」

このようにして、建物建築請負に575条を適用して、賃料によるいわば自力救済的な回収を認め、それを利息分の債権の回収に当てることを認めたものである。建物を引渡して利息分の債権が認められても、注文者が破産しているので、このような形での回収の方が請負人には得策になろう。なお、建物が請負人に帰属することを前提として確定しているが、売買でも所有権移転と切り離して575条の適用を認めるならば、注文者帰属説でも575条の準用ができないというものではない。

2　付随的注意義務（信義則上の注意義務）

12-133　**(a) 協力義務**　注文者は、請負人の仕事完成に協力することを義務づけられる（浅井重機「建設請負契約における注文者の協力遅滞」『民事法の諸問題Ⅳ』1頁以下参照）。例えば、注文者が材料を提供する場合ならば材料を提供し、仕立てを頼むならば寸法をとるのに協力し、また、仕事完成に必要な指示をなす等のことを義務づけられる。この義務の違反については、①協力を怠ったために仕事完成が遅れても請負の責任を問えないという意味では間接義務であるが、②請負人に何らかの損害が生じたならばその損害を賠償する義務を負うという意味では、利益保障に向けられた注意義務でもある。

12-134　**(b) 保護義務**　また、注文者は、自己の管理下での工事の場合には、信義則上仕事完成のための作業中に、請負人が積極的な法益侵害を受けないように配慮する義務を負う。また、修理の目的物についての危険性などについて、注文者は請負人に説明すべき義務を負う。例えば、建物の修理に際して、注文者は自分

の知り得た危険を請負人に警告するなどして、請負人が事故にあわないよう配慮しなければならない。また、下請けのような場合には、元請人の下請会社の労働者に対するのと同様に（⇒債権総論*3-288*）、下請人に対する直接の安全配慮義務が考えられる。

12-135 **（c）受領義務**　注文者は、完成した目的物を受領する義務を負う。受領義務については債権総論*2-257*以下に述べたところに譲る。

第3節　請負の終了

12-136　請負のノーマルな終了は、請負人が仕事を完成し、注文者が報酬を支払って終了するものである。これは、弁済による債務の消滅についての説明以上の必要はない。また、履行不能によって終了するのも当然である。

I　債務不履行による解除

1　請負人による解除

12-137　① 注文者が特約により報酬の前払または一部前払が義務づけられている場合に、注文者がその支払をなさなければ、請負人は541条により催告の上で請負契約を解除することが認められてよい。
　② 仕事途中に注文者が報酬の一部を支払う特約がある場合には、以後の仕事の遂行を拒絶できることは既述の通りであるが、更にここでも541条による解除を請負人に認めてもよいであろうか。将来の支払に不安がある以上、請負人が契約に見切りをつけたいというのは正当な期待であり、既になした分の報酬債権は保持しながら、将来に向かってのみ解除することが認められるべきである。
　③ 仕事完成後には、ⓐ仕事それ自体が目的の場合には（例えば散髪、修理）、もはやこの段階で請負人に解除を認めても意味がない。ⓑ仕事の目的物がある場合でも、建物の建築のような場合には、解除して回収するわけにはいかないので、同様である（留置権、先取特権等の債権担保を考える必要がある）。ⓒこれに対して、注文者の依頼に応じて商品を制作したというような場合には、解除して他に売却する利益もあるので、請負人に仕事完成後であっても541条による解除を認めてよい。

2　注文者による解除

12-138　① 注文者は、請負人が仕事に着手しない場合には、541条により解除ができる。
　② 途中から仕事を続行しなくなった場合にも、541条による解除が認められてよいが、この場合には既になされた仕事が意味のあるものであれば、全部解除はできず、残部解除しかできない。即ち、既になされた仕事分の報酬義務は免れな

い。
　③ 目的物の引渡しないし受領後には、瑕疵担保責任の規定のみが適用され、修補義務の不履行につき541条による解除をすることは認められない。損害賠償請求権更には解釈上報酬減額請求権を認められるだけである。

II　特別規定による解除

1　注文者の任意解除権

12-139　**(a) 民法の規定**　「請負人が仕事を完成しない間は、注文者は、いつでも損害を賠償して契約の解除をすることができる」(641条)。
　その立法趣旨は、注文者にとって仕事が不要になったのに請負に拘束され、不必要な物の製作等をしてもらっても困るし、また、無条件の解除ではなく、請負人も損害を填補してもらうならば契約に固執する必要もないので、両者の利害を調整した結果このような任意ないし無理由解除権（無条件ではない）が認められたというものである。

12-140　**(b) 解除の要件**　解除の要件は次の2つである。
　(ア)「仕事を完成せざる間」であること　例えば、クリーニングを頼んで服をクリーニング屋に渡しても、まだクリーニングが終了していなければ、損害を賠償して解除ができることになる。民法は、仕事に着手するまでではなく、仕事の完成までというので、仕事の着手後であってもよい。但し、建物や土地の工作物の請負では、635条ただし書の趣旨からして、完成前でも社会通念上建物・土地工作物といえる程度に達した場合には解除ができないという考えもあり（石田穣341頁）、賛成したい。なお、仕事が完成すれば、引渡しが未了であっても、641条による解除は認められない（水本326頁）。

12-141　**(イ) 請負人の損害を賠償すること**　この要件に関連して、注文者が解除するためには損害金[58]を提供する必要があるのか（提供しないで解除しても無効か）が

---

[58] 641条の損害については明確ではないが、すでに支出した費用及び仕事完成によりうべかりし費用の両者が含まれると考えられる。判例としては、ビルの建築を注文したが、注文者がいわゆるトルコ風呂を営業する目的を有していたが、風俗営業取締法建築許可を受ける見込みがなくなったため、請負契約を解除した事例で、東京地判昭58・3・18金判683号40頁は、641条の「趣旨は、注文者に不必要となった仕事の完成を強制することは無意味であ

問題となる。

①判例は、損害賠償の提供をして解除をすることを<u>不要</u>とし、単なる<u>解除の意思表示だけで解除の効力を生じる</u>ものとしている（大判明37・10・1民録10輯1201頁[59]。通説も同じ）。②これに対し、注文者は損害金を提供しなければ解除をなしえないと考える学説がある（石田穰341頁）。請負人に確実に損害が填補されるのを保証しようとするのが理由である。この説の問題として、損害額の算定は容易ではなく、その提供を要件とすると注文者の解除が著しく困難になることが指摘されている。これに対して、損害額は概算額で足り、実損害に結果的には不足しても、信義則により解除を有効とする余地を認めようとしてこの批判を回避している。

なお、給付が可分な場合には、完成した部分については641条による解除は否定されている。即ち、「ここに仕事の完成とは<u>必ずしも全部工事完成に限らず凡そ其の給付が可分にして当事者が其の給付に付き利益を有するときは、既に完成したる部分に付ては解除し得べからず、只未完成の部分に付き所謂契約の一部解除を為し得るに止まる</u>ものと解すべきなり」と判示されている（大判昭7・4・30民集11巻8号780頁。建物の建築請負の事例）。

12-142 【**541条の解除が無効な場合に641条の解除として有効にできるか**】　判例はこれを否定し（大判明44・1・25民録17輯5頁）、学説も、転用を肯定すると解除の無効を信じて仕事を続けた請負人に酷だという理由でこれに賛成する（我妻・中二651頁、広中275頁。石田穰342頁は損害金の提供を要件とするので、転用が問題となる余地はない）。

12-143 【**641条の立法論的評価**】　ドイツ民法にも641条と同様の規定があるが、この規定については改正の際に大いに議論され、当初の草案では削除が予定されていた。削除案の理由としては、請負人が長期間一定の仕事の政策にあわせた事業の利益を保護することにあり、売主と比べて請負人が劣悪な状況に置かれねばならない理由がはっきりしないなどということがあげられた。同様の告知権が売買契約の買主には認められていないが、それは特定物売買がモデルになっているからであり、また、イギリス法ではその可能性が認められているのは種類物売買の規律を中心にしてい

るから、請負人に損失を被らせないことを条件にいつでも自由に解約することを認めたものにほかならない。従って、注文者において賠償すべき請負人の損害の範囲は、<u>請負人がその仕事のために購入した材料や雇入れた労務者の労賃など既に支出した費用及びその仕事の完成による得べかりし利益の両者を包含する</u>ものと解される」と判示している。

[59] 「民法第641条の規定は先づ請負人に対し損害の賠償を為すに非ざれば請負契約の解除を為すこと能はずとの法意に非ざるが故に、若し本件契約の解除のため上告人に損害を生じたるときは被上告人に対し之が賠償の請求を為すは格別、上告人に損害あるに之が賠償を為さずして被上告人の為したる契約解除の意思表示は無効なりとの抗弁は毫も其理由なきものとす」と判示している。

るからであるともいわれている（フーバーは売買にも同様の告知権を認めることを提案した）。結局、ドイツ民法649条は、反対意見が採用され、存続することになった。ここでの議論は、わが国においても、641条の評価のために有益であるのみならず、次に述べる売買契約とのバランス論を考える上でも有益である。

12-144 【641条はどこまで拡大適用が可能か】　①完全な請負の場合（建物の建築）、②売買との中間的ないわゆる製作物供給契約（ケーキ屋に1週間後にケーキ100個を届けてもらうよう注文する）、③完全な売買の場合（小売業者がメーカーの量産品の注文を受けて、それを仕入れて供給する）、この3つに分けると先ず①に641条が適用あることは疑いない。問題は②、更に③にも拡大できるのかである。

　②の製作物供給契約については、材料を仕入れる前ならば（契約をした期待は裏切られるが）損失はなく、また、材料を仕入れた後でもそれを他に転用することができることも考えられ、損失を填補してくれさえすれば、注文者の都合による解除を認めてもよい（鈴木449頁）。

　問題は③の場合であり、売買にまで拡大できるのかである。売買の場合でも、不要になったのを引き取れというよりも、相手の損害を賠償して解除を認めた方が適切ともいえ、641条はそのような一般原則の発現にすぎず、請負の場合に限定されるべきではないということもできる。また、売主がメーカーに発注する前ならば何も損害はないともいえる。請負には認めて、売買では全く認めないというのもバランス的に問題が残される。しかし、請負では仕事の完成前後という基準があるのに対して、売買ではそれに匹敵するものがないのは確かである。

　641条は事情変更の原則の適用ではなく、単なる心変わりで要らなくなった場合も包含され、これを直ちに売買に類推適用するわけにはいかない。しかし、①売主が解除により受ける損失が軽微であり、②買主が解除を必要とする程度が高ければ、事情変更の原則を緩和して641条の趣旨も合わせて（その類推適用としてもよいか）、一定の場合には買主に解除を認める余地は残されるように思われる。また、損害を賠償して解除をするといういわば「契約を破る自由」を認める一般規定として641条をどこまで活用できるかは問題がある。期間の定めある賃貸借や委任など、要らなくなった契約に拘束されるのは酷な場合の救済手段として、活用の余地があるように思われる（⇒**13-97**）。いずれにせよ、あまり「契約は守られるべき」という原則を堅苦しく運用する必要はないと思われる。

12-145 【請負人からの任意解除権】　641条は注文者からの解除についてのみ規定しており、請負人については契約拘束力の原則がそのまま妥当することになる。但し、学説の中には、両当事者の高度の信頼関係を基礎とする場合には、委任の651条を類推適用してよいという考えがある（星野270頁）。

2　注文者についての破産手続き開始

12-146　「注文者が破産手続開始の決定を受けたときは、請負人又は破産管財人は、契約の解除をすることができる。この場合において、請負人は、既にした仕事の報酬及びその中に含まれていない費用について、破産財団の配当に加入することができる」(642条1項)。「前項の場合には、契約の解除によって生じた損害の賠償は、破産管財人が契約の解除をした場合における請負人に限り、請求することができる。この場合において、請負人は、その損害賠償について、破産財団の配当に加入する」(642条2項)。

　その立法趣旨は、注文者が破産して将来報酬を支払ってもらえる見込みもないのに、請負人に契約をした以上、仕事完成を要求するのは酷であるということにある。あくまでも破産手続開始の決定を受けた場合に限り、諸種の更正手続きは含まれないのは当然、私的倒産処理（私的整理、任意整理ともいわれる）の開始でも足りない。本条の解除には遡及効はない（請負人は既になした報酬債権を有するものとされていることから）。そのため、第2項で「解約」という言葉が使われたと説明されている（現代語化で「解除」にされてしまった）。

第3章　委任契約

第1節　委任の意義と法的性質

Ⅰ　委任の意義

(1) 委任の意義

13-1　「委任は、当事者の一方〔委任者〕が法律行為をすることを相手方〔受任者〕に委託し、相手方がこれを承諾することによって、その効力を生ずる」(643条)。

　この規定によれば、法律行為をなすことを委託することが必要になるが、それも、ⓐ代理権を与える形式のものと、ⓑ代理権を伴わないもの（自己の名で法律行為をなすことを委託するもの）とに分かれる。ところで、民法は、「この節〔委任の節〕の規定は、法律行為でない事務の委託について準用する」と規定しており(656条)、これを**準委任**という。委任の本質は、委託の目的が法律行為である点にあるのではなく、一定の事務を処理することにあるため、両者を特に区別する必要はなく、両者を含めて委任とは広く「事務の処理を委託する契約」ということができる（我妻・中二655頁）[1]。そこで、本書では、特に断らない限り、委任とは準委任を含めた意味で用いることにする（なお、物の保管については、寄託が別に規定されている）。

(2) 委任についての立法の仕方——代理または無償に限定するか

13-2　委任の規定については、諸立法例を見ると、わが国よりも制限的な規定の仕方をとっている立法があり、それも次の2つに分けることができる。

13-3　**(a) 代理行為を委任する場合に限定するか否か**　　フランス民法では「委任」、フランス民法を承継した旧民法は「代理」(mandat＝委任を「代理」と翻訳した)というタイトルの下に、現行民法の代理と委任にあたる規定が一括して規定されて

---

[1] これに対して、古くは委任を、法律行為を委任事務とする場合に限り、法律行為以外の事務の委託については、雇用、寄託といった規定を適用する他に委任の規定を準用するにすぎないと考える学説があり（岡松）、現在でも、準委任と無償の仕事の請負との区別は根拠がなく、準委任を否定し、準委任とされてきた契約の多くを請負契約とするのを正当とする学説がある（三宅・下945頁）。

いる。旧民法では、「代理ハ当事者ノ一方ガ其名ヲ以テ其利益ノ為メ或ル事ヲ行ウコトヲ他ノ一方ニ委任スル契約ナリ」と規定されている（財産取得編229条）。このような立法では、代理を伴わない事務処理の依頼をする契約を請負契約（仕事の完成を要素としない⇒*12-3*注2）にするか無名契約にせざるを得なくなり、かなりの契約が委任から除外されてしまうことになる。そのために、現行民法は準委任という概念を設けて委任規定を拡大し、また、ドイツ民法に倣って代理についての規定を総則に別個に規定したのである。

13-4　**(b) 無償の場合に限定するか否か**　元来、ローマ法では、委任契約は事務管理制度と同質の市民間の助け合いの精神に基づくボランティア的制度であり[2]、ドイツ民法は、このような伝統を守り、委任を無償の場合に限定し、有償の事務処理契約は委任契約とは別の契約として、委任の規定を準用するという形をとっている。これに対して、フランス民法では、有償取引として他人のために事務を処理する場合を、特約で報酬を約束することができると委任の中に組み込むことで問題を解決した[3]。

13-5　**(c) 日本民法のまとめ**　日本の民法は、委任と代理を区別しない委任＝代理といった立法によりつつも、準委任契約を取り込んで委任契約と同じ規律を認めている。他方で、好意に基づく無償契約とは異質な取引原理に支配される有償の事務処理契約については、フランス民法と同様に有償特約を認めるという形で委任契約の中に取り込んでしまっている（648条1項）[4]。

13-6　**【実際の運用はどうあるべきか】**
　　(1) 無償の場合について　無償の委任は日常生活において溢れている（タバコやジュースを買ってきてもらう、子供を預かってもらう、留守中に植木に水をやってもら

---

[2] 例えば、子供がいなくなって探してもらう場合に、頼まれて探すのは委任、頼まれないで探すのは事務管理であるが、いずれも取引とは無縁なボランティア的なものである。

[3] いわば、財産の譲渡を売買と贈与に分けず、譲渡に特約で代金を約束することができるとしたり、財産を貸すのに、賃貸借と使用貸借を分けずに、特約で賃料を約束することができると規定するようなものである。他人の事務の管理については、契約に基づかない場合についての「事務管理」、契約に基づく場合の、無償の事務管理契約（無償委任）と有償の事務管理契約（有償委任）の3つがあるが、事務管理と無償委任とは共通した制度であり、取引原理に基づく有償委任とは別の制度である。

[4] その理由として説明されているのは、有償委任を認めると雇用との限界が不明瞭になることを承知の上で有償委任を認めたのは、無償委任に限定すると雇用の適用が過大になってしまうということである。しかし、ドイツ民法のように有償の事務管理契約を雇用契約とは別個に規定すればよく、また、支配従属関係にある雇用とは別個の契約である。

等々)。無償の委任契約は、本人との合意があるか否かという差異があるだけで、事務管理制度と連続した、社会生活の潤滑油たる助け合い行為であるという本質は共通である。このように事務管理制度と同質の無償委任(準委任)を、取引原理により規律される有償委任と全く同じ規律をすることは適切ではない。それにもかかわらず、単に報酬特約が可能という規定を置くことにより、同じ原理に復せしめたのは適切ではない。無償委任ということに由来するローマ法以来の規定を、有償委任にどこまで適用が可能かは個別に考察する必要がある。

13-7　**(2) 代理を伴うか否か**　有償の委任は売買や請負ほどでもないが我々の身の回りにかなり普及している。①法律行為を委託する場合で、ⓐ代理によるものとして、不動産の処分を不動産仲介業者に頼むとか、ⓑ代理形式を採らないものとして、デパートでの商品の委託販売＝授権(実際上は返品条件付き売買との区別は難しいといわれる。大塚龍児「委託販売契約」『現代契約法大系4』25頁以下参照)などが考えられ、この委任は事業活動ではよくみられるが、日常生活ではそう馴染みはない(このように、Aの商品をBが自己の店舗で継続的に販売する場合、委託販売［問屋］、代理［締約代理商］、仲介［媒介代理商］といった種々の形式が考えられる)。②法律行為以外の事務の処理の委託については、弁護士に訴訟を頼む、不動産登記を司法書士に依頼する、医師に診察してもらう、幼児を保育所に預ける、子供を私立学校に入れる、結婚相手の紹介業等々、委任の要素を含んだ無名ないし混合契約を除外するとしてもかなり日常生活でもみられるところである。なお、委任を代表とする無形の役務提供契約をめぐっては、他の契約類型と異なる特殊性が究明されるようになっている[5]。

Ⅱ　委任の法的性質

(1) 委任契約の法的性質

13-8　643条の定義規定によれば、報酬の支払は請負とは異なって委任の要素とはされておらず、従って、委任契約は原則として片務、無償、諾成、不要式の契約である。しかし、特約により報酬を約束することはでき(648条1項)、その場合には双務、有償の契約となる(なお、委任と代理との関係については、民法総則**4-31**、**4-59**以下に譲る)。

13-9　**【無償契約を原則とする点について】**　委任が無償契約とされているのは(643条)、ローマ法にまで逆上る歴史的沿革によるものであり、事務管理制度と同列の制度として日常生活上の相互の助け合い的な制度として想定されている。しかし、民法は

---

[5] 中田裕康「現代における役務提供契約の特徴」NBL578、579、581号、松本恒雄「サービス契約の法理と課題」法教181号65頁参照。

報酬を約束しても委任契約であるとし、現代では、確かに事務管理同様相互の助け合い的な無償委任（準委任）も依然として行われているが、その主役の座は有償委任に奪われている（我々の生活における契約の殆どが事業者との契約により占められるようになったといってよいかもしれない）。その結果、無償委任を前提にして発展した規定が、事業者による有償委任に全面的に適用できるのか、検討してみる必要がある。その1つに後述の任意解除権がある（⇒**13-92**）。

委任契約が無償契約を原則としながら、諾成契約とされているのはどう考えるべきであろうか。委任の場合には物の交付というものがないので、要物契約とはできず、また、履行があって初めて契約が成立するというのも随意条件と抵触するのである。その代わりに、合意だけで契約を成立させた上で、拘束力を任意解除により否定することを認めたのだといえよう（651条1項）。

(2) 継続的契約関係である

13-10　委任は通常は継続的な事務を目的とするものであるため（商店の経営の委任、マンションの管理、幼児の保育等）、継続的契約関係と考えられており、ⓐ解除の効果は遡及せず（652条）、ⓑ受任者の責めに帰すべからざる事由により委任関係が終了した場合には、受任者は既に履行した割合による報酬を請求できるものとされている（648条3項）。しかし、一切の委任が継続的契約関係である、とまでいう必要はなく（たとえば、タバコ1箱を買ってきてと頼む場合、継続的契約関係ではないであろう）、一時的委任も認められてよい。このような一時的委任については、その解除に遡及効を認めるのが妥当であるといわれている（新注民(16)290頁［明石］）。

(3) 他の契約との関係

13-11　委任は、「労務に服する」雇用と異なって、<u>独立して</u>事務を処理し授権された範囲内であれば事務処理をどのように行うか受任者の自主的裁量に任される範囲が広い。また、「或仕事の完成」を目的とする請負と異なり、委任は特定の結果の実現まで保証するものではなく、善管注意義務をもって事務を処理することを約するにすぎないものであり、有償委任の場合に、依頼者の欲した（＝動機）結果が実現できなくても、報酬の支払義務が認められる。

しかし、実際には委任かどうか区別の微妙な場合が少なくない。例えば、私立学校の校長職を委託することは、雇用か委任かが争われ、判例は委任と評価した（大判昭14・4・12民集18巻397頁）。建築士に建物の建築を依頼するのは、設計図をつくるという請負と評価することも可能であるが、「建築設計委託契約」が締結されたが報酬額についての合意はなく、しかも、その額を定める方法についての合意もなかった事例で、準委任とした上で、設計図作成に要する日数に1日当たり

の人件費を乗じて算出された金額を相当の報酬とした判決もある（京都地判平5・9・27判時865号220頁。建築設計契約については、花立文子『建築家の法的責任』253頁以下参照）。いずれに分類するかで適用される条文がドラスティックに異なってくるが、微妙なケースについては、無理にどれかの契約類型に押し込めることなく、各ケースに応じて妥当な処理を追求すべきである（星野272頁）。その意味で、先ず契約の性質決定をしてから、適用条文を決定するのではなく、先ずいかなる解決が妥当かを考えるべきであり、契約の性質決定はその後に整理・分類の便宜のために行えば足りる。

13-12 【在学契約】　大学に入学しその教育を受ける在学契約については、多くの判決があり、いずれも準委任契約ないし準委任契約類似の無名契約ないし教育役務の提供という準委任的要素を含んだ無名契約とすることで一致している。どこが委任と異なるかについて、神戸地判平15・12・24未公刊は、次のように詳論する。「確かに、在学契約は、準委任契約に類似した側面を有するといい得るけれども、……学生の側からは、いかなる時期においても在学契約を解除することができると解されるのに対し、大学の側からは合理的な理由もないのに一方的に在学契約を解除することはできないことなど民法の委任の規定をそのまま適用することが相当でない関係にもある上、学生は、大学という一つの社会に加入することによって、「学生」という身分地位を取得し、さらには、大学の定める学則や大学の指導に服するという側面（かかる側面においては、大学は、教育基本法及び学生教育法等の公法上の様々な規制を受ける。）も有しているというべきであるから、結局、在学契約は、学校教育の特質に基づく特殊な契約関係にあり、継続的な有償双務契約としての性質を有する私法上の無名契約と解するのが相当である」、と。近時最高裁も同様の立場に立つことを明らかにした。

13-12-1 　● 最判平18・11・27最高裁HP　「在学契約は、大学が学生に対して、講義、実習及び実験等の教育活動を実施するという方法で……教育役務を提供するとともに、これに必要な教育施設等を利用させる義務を負い、他方、学生が大学に対して、これらに対する対価を支払う義務を負うことを中核的な要素とするものである。また、……在学契約は、学生が、部分社会を形成する組織体である大学の構成員としての学生の身分、地位を取得、保持し、大学の包括的な指導、規律に服するという要素も有している。このように、在学契約は、複合的な要素を有するものである上、上記大学の目的や大学の公共性（教育基本法6条1項）等から、教育法規や教育の理念によって規律されることが予定されており、取引法の原理にはなじまない側面も少なからず有している。以上の点にかんがみると、在学契約は、有償双務契約としての性質を有する私法上の無名契約と解するのが相当である。」

13-13 【委任の規定が準用ないし補充的に適用される場合】　委任については、個々の類型に応じ特別規定が多数ある。古くからある商事委任の類型については、特別規定が商事取引につき設けられていたり、また、団体的場面での委任については特殊な考

慮が必要になったりする。

13-14 **(1) 特殊な委任**
(a) 団体の管理・運営　　団体の管理・運営を任される役員は、団体から業務執行を委託されているわけであり、包括的な委任であり（一時的な委任に対して、継続的な委任）、その団体的な特殊性からして特別規定が置かれるが、その他の事項については委任の規定を補充的に適用している。①組合の業務執行組合員と組合との関係については670条以下の委任の規定を準用している。②建物の区分所有組合の管理人についても区分所有法の他、民法の委任の規定が準用されている（区分所有法28条）。

13-15 **(b) 業として特定の委任事務を行う場合**　　仲立営業（商543条以下）、問屋営業（商552条2項）、運送取扱営業（商559条2項）のように、取引の媒介や取次ぎを行うことを業とする場合につき、商法に特別規定がある他、これらにつき民法の委任規定が補充的に適用される。

　運送取扱業者や旅行業者の行う主催旅行契約については、自ら運送や旅行に連れて行くといった債務を負担するものではなく、運送人などは履行補助者ではない。また、下請けでも復委任でもない。また、代理して運送業者などと契約をするわけでもない。法的には準問屋（商法558条）であり、その債務としては、依頼者の欲する契約を自己の名で締結して、第三者に履行をさせる債務であり、その選任や監督についての注意義務が問題になる（上井長十「為させる債務」『現代私法学の課題』111頁以下参照）。

13-16 **(2) 法律の規定により他人の事務を処理する場合**　　不在者の財産管理人（27条以下）、未成年者の親権者（831条）、未成年者または禁治産者の後見人（869条、874条）などがこれに該当する。本人との委任契約はないが、他人の事務を処理するものであるため、委任の受任者同様の規律が必要となる。事務管理も本人との契約がないが、やはり他人の事務を管理することから、一定の委任の規定を準用している（701条）。

第2節　委任の効力

I　受任者の義務

1　善管注意義務

13-17　「受任者は、委任の本旨に従い、善良な管理者の注意をもって、委任事務を処理する義務を負う」(644条)。

「善良な管理者の注意義務」という言葉は、400条にも使われているが、「自己の財産に対するのと同一の注意」義務 (659条) に対する概念であり（委任ならば「自己の事務と同一の注意」であろうが）、日常生活上普通になしている注意よりも高められた注意をなす義務である。しかし、善管注意義務といっても、一概には括れないのであり、注意義務の程度は種々の段階があり、ここでも次のように分類することが可能である。

13-18　**(a) 無償委任の場合**　個人的な関係から、何か頼まれて行う場合に（例えば、古本屋に行くついでに〇〇という本を探して買ってきてもらう）、無償だからといって、注意義務を自己の事務を行うと同様まで軽減してよいというわけにはいかない。贈与であれば、それだけの財産が入ってこないというだけであるが、同じ無償契約といっても、委任では他人の財産関係を処理する場合には、その処理の誤りは委任者の財産関係の損害につながるものであるからである[6]。但し、注意が日常生活上の注意より高められているといっても、好意的行為としての無償の委任の場合には、次の(b)(c)のような高度な注意義務は要求されないというべきである (⇒**13-22**)。

13-19　**【無償委任では注意義務が軽減されるか】**　644条は無償・有償を区別していないが、贈与では担保責任が軽減され、また、解釈上注意義務も軽減されている (⇒**5-77**以下)。委任の場合も、これに応じて注意義務が軽減され、善管注意義務を負わされず、自己の事務におけるのと同一の注意でよいことになるであろうか。旧民法では、財

---

[6]　上の古本を探す例でいえば、いろいろ探して最も安く条件のよいものを購入しなければならない。よく探しもしないで、普通より不相当に高いところで買ったら、やはり善管注意義務違反となるであろう。

産取得編239条1号で、無償の場合には、代理人の過失は「寛大に査定」すべきことが明記されていた（そのほかにも「寛大に査定」すべき事由が列挙されていた）。

13-20　**❶ 第1説**　　無償委任の注意義務を寛容に扱うフランス民法を適切なものと考えて、単に好意的関係に止め法律関係とする効果意思を伴わない場合もあり、少なくとも、受任者は自己の事務の処理と同程度の注意をもってあたることを黙示的に当事者が了解していると見るべきであると解する学説がある（我妻・中二672頁。このように注意義務を軽減するのが通説〔水本331頁、鈴木454～5頁〕）。

13-21　**❷ 第2説**　　これに対して、無償というだけでは受任者は善管注意義務を免れず、ただ無償でかつ委任者の生命、身体、財産に大きな損害が生じるおそれがない場合には、自己の財産（事務）におけると同一の注意義務にまで軽減されるというものがある（石田穣347頁）。

13-22　**❸ 本書の立場**　　無償委任だからといって、直ちに善管注意義務を免れるというのは正しくない（事務管理も同じ）。しかし、無償の委任に、有償の委任（次の(b)(c)）のような高度の注意義務を負わせるのも原則的には適当ではない（委任者の生命、身体、財産に損害が生じるおそれのある場合〔例えば、地震の被災者たる負傷者に、医師がボランティアで治療を行う場合〕には、例外的に有償の場合と同様の高度の注意義務を認めてよい）。要するに、本文にのべたように、善管注意義務にも種々の基準があり、無償の場合にはその善管注意義務がそれなりに軽減されるといえばよいと思われる。644条は任意規定なので、❶説のように、無償契約の種類によっては、黙示的に注意義務が軽減されていると認定することも考えられる[7]。

13-23　**(b) 専門事業者の場合**　　代金を徴集して有償で事務処理を事業者が行う場合、いわばプロとしての注意義務が要求される。即ち、ここでは、客の側は自分にはないプロの能力を利用しようというのであり、そこで要求されるのはプロの能力を発揮すること、要するにプロとしての注意義務ということになるわけである[8]。そのため、顧客保護のために、宅建業法のように法律で受任者の義務が規定されている場合が少なくない。

13-24　**(c) 特に高度な技術・能力が要求される専門業種の場合**　　特に高度な技術・

---

[7] なお、合意があっても契約と評価することが否定されることもあろうが（隣人訴訟のような、近所の人に子供を一時預けるような事例⇒**27**）、その場合、委任の成立が認められれば債務不履行責任、認められなければ不法行為責任ということになる。不法行為においても、無償の好意的な行為の場合には、過失の前提となる注意義務を軽減してよいであろう（同旨、加藤雅信「判批」判タ507号107頁）。

[8] 専門「家」というと個人的能力が着目されているような印象をうけるが、専門「事業者」というのなら、ここでの類型に該当する。専門家責任については、『専門家の民事責任』〔別冊NBL29号〕、川井健・塩崎勤『新・裁判実務大系8 専門家責任訴訟法』参照。

能力が要求される場合には、そのような高度な事務処理をなすことが要求され、更に、その不履行が身体・生命に係わる場合（医師の場合など）には、更にその観点からも注意義務が高度化される（最判昭36・2・16民集15巻2号244頁［東大輸血梅毒事件］）。但し、同じ医師としても、最先端の機器を備えた大学病院と単なる町医者とでは、その要求される注意義務の程度は異なるというべきである（最判平7・6・9民集49巻6号1499頁が認める）。

結局、受任者にどの程度の注意義務が負わされているかという契約解釈により債務内容が決定されるべき問題であり、契約解釈としては、社会通念上合理的にどの程度の注意が期待できるかが基準とされるべきである。以下に若干の具体例を掲げるに止めておく。

13-25 **【善管注意義務違反の具体例】** 判例上善管注意義務違反が認められた具体例として、以下のようなものがある。

（1）**弁護士** 訴訟の放置による訴えの休止満了のため、債権の消滅時効が満了してしまった場合（東京地判昭52・9・28判時886号71頁）、控訴期間の徒過の場合（東京地判昭46・6・29判時886号71頁。なお、この場合、勝訴を前提として損害を算定してよいのかという問題があり、本判決は勝訴の見込みがなかったとして慰謝料のみを認めた）、依頼者に無断で著しく不利な和解をした場合（東京地判昭40・4・17判タ178号150頁）などの判例がある（弁護士の責任については、小林秀之「弁護士の専門家責任」『専門家の民事責任』76頁以下参照）。

13-26 （2）**司法書士** 登記義務者、権利者双方から登記手続きを依頼され、登記義務者から預かった登記用書類は登記権利者のためにもこれを保管すべき義務を負い、特段の事情がない限り登記義務者にその書類を返還してはならない（最判昭53・7・10民集32巻5号868頁）。根抵当権設定登記申請の委任を受けたのに、これを4か月も放置し、同一不動産につきその後に受けた根抵当権設定登記を先にしてしまった場合には、善管注意義務違反になる（仙台高判昭62・4・27判時1238号93頁）。土地の買主から停止条件付きで所有権移転登記手続きの依頼を受けた場合は、その後に同一の土地につき売主から第三者への所有権移転登記手続きの委任を受けたときは、最初の委任者に対しその旨を通知し、最初の委任者が適切な処置を講ずる機会を与えるべき注意義務がある（福岡高判昭61・5・16判時1207号93頁）。

13-27 （3）**不動産仲介業者** 閑静な場所を条件に仲介により土地建物を購入したが、既にその周辺に開発計画があった場合、調査、説明義務違反ありとされた事例（東京地判昭53・12・11判時921号94頁。慰謝料を認容）、売主の信用力を調査し、履行について安全性を確認するか、履行に不安があることを告知するかすべきであったとされた事例（東京地八王子支判昭57・4・21判時1047号119頁）、目的たる土地に第三者のために抵当権が設定されていたのに、登記簿を確かめないで仲介した事例（大阪地判昭57・

9・22判タ486号109頁)、目的たる土地の行政規制等の調査義務違反を認めた事例(東京地判昭59・12・26判時1152号148頁。但し、買主が容易に知りえたとして因果関係を否定)、ゴルフ場用の土地の売買仲介で、土地に特別高圧送電線のために鉄塔建設の予定があることを買主に告げなかった事例(名古屋地判昭59・2・10判時1135号75頁)などがある(明石三郎『判例不動産仲介契約論』85頁以下、同『不動産仲介契約論』98頁以下に詳しい)。

13-28　**(4) 医師**　医師の責任追及については、かつては不法行為責任によっていたが、現在では診療契約の債務不履行責任も主張するのが普通である。その原因は、債務不履行責任によれば過失の証明責任が転換され、被害者に有利であるという考えによる。しかし、医師の給付義務は手段債務であり、特に不法行為責任よりも過失の証明責任において有利というわけではない。具体的には不法行為責任で検討するのが妥当であり、治療ではない例として、保険会社の診察医が、保険契約者の肺結核を発見できなかった場合(大判大10・4・23民録27輯757頁)がある。なお、説明義務については **13-35** に別に説明をする。

13-29　**(5) 金融機関**　手形の支払委託を受けた銀行が手形の支払に当たり、印鑑照合に習熟した銀行員ならば相当の注意を払えば肉眼でも発見しうるような届出印鑑の印影と手形上の印影との相違を見過ごして、偽造手形に対して支払をなした場合(最判昭46・6・10民集25巻4号492頁)がある。

13-30　**(6) 介護施設**　福岡地判平15・8・27判時1843号133頁は、通所介護契約の事例であるが、通所介護契約の「利用者は、高齢等で精神的、肉体的に障害を有し、自宅で自立した生活を営むことが困難な者を予定しており、事業者は、そのような利用者の状況を把握し、自立した日常生活を営むことができるよう介護を提供するとともに、事業者が認識した利用者の障害を前提に、安全に介護を施す義務がある」とされている。ほんのわずかの間、被介護者である老人が段差を踏み外して負傷した事故につき、介護施設の責任が肯定されている[9](横浜地判平17・3・22判時1895号91頁も施設の責任肯定)。

13-31　**(7) 興信所**　夫の浮気の調査を依頼された興信所が、事前の準備不足、安易な判断ミスなどで、調査対象者(夫)の追尾に失敗し、浮気の証拠をつかむことができなかった事例で、債務不履行を認め、契約解除による支払った金額の全額の返還請求は否定したが、債務の履行として認められるのはせいぜい6割程度であるとして、

---

[9] これに対して、「自立型ケアハウスにおいては、医療スタッフが必要とされておらず、入居者の体調管理は自己管理とされ、入居者の通院は入居者本人またはその家族の対応によるとされていたのであるから、自立型ケアハウスを運営する者は、入居者の体調不良に際して、救急車を必要とする場合には救急車を要請し、そのような場合でなければ、入居者の家族に連絡して、入居者本人またはその家族による対応に委ねれば足り、自ら入居者を病院に搬送する義務までは負わないと解するのが相当である」とされている(名古屋地判平17・6・24未公刊)。

権の一内容として尊重されなければならない。そして、Aが、宗教上の信念からいかなる場合にも輸血を受けることは拒否するとの固い意思を有しており、輸血を伴わない手術を受けることができると期待してBに入院したことをC医師らが知っていたなど本件の事実関係の下では、C医師らは、手術の際に輸血以外には救命手段がない事態が生ずる可能性を否定し難いと判断した場合には、Aに対し、Bとしてはそのような事態に至ったときには輸血するとの方針を採っていることを説明して、Bへの入院を継続した上、C医師らの下で本件手術を受けるか否かをA自身の意思決定にゆだねるべきであったと解するのが相当である。」

13-37 ●最判平13・11・27民集55巻6号1154頁　乳がんについて未確立の新規療法についての説明義務があるかが問題となった事例につき、次のように判示されている。

「医師は、患者の疾患の治療のために手術を実施するに当たっては、診療契約に基づき、特別の事情のない限り、患者に対し、当該疾患の診断（病名と病状）、実施予定の手術の内容、手術に付随する危険性、他に選択可能な治療方法があれば、その内容と利害得失、予後などについて説明すべき義務があると解される。本件で問題となっている乳がん手術についてみれば、疾患が乳がんであること、その進行程度、乳がんの性質、実施予定の手術内容のほか、もし他に選択可能な治療方法があれば、その内容と利害得失、予後などが説明義務の対象となる。」「一般的にいうならば、実施予定の療法（術式）は医療水準として確立したものであるが、他の療法（術式）が医療水準として未確立のものである場合には、医師は後者について常に説明義務を負うと解することはできない。とはいえ、このような未確立の療法（術式）ではあっても、医師が説明義務を負うと解される場合があることも否定できない。少なくとも、<u>当該療法（術式）が少なからぬ医療機関において実施されており、相当数の実施例があり、これを実施した医師の間で積極的な評価もされているものについては、患者が当該療法（術式）の適応である可能性があり、かつ、患者が当該療法（術式）の自己への適応の有無、実施可能性について強い関心を有していることを医師が知った場合などにおいては、たとえ医師自身が当該療法（術式）について消極的な評価をしており、自らはそれを実施する意思を有していないときであっても、なお、患者に対して、医師の知っている範囲で、当該療法（術式）の内容、適応可能性やそれを受けた場合の利害得失、当該療法（術式）を実施している医療機関の名称や所在などを説明すべき義務があるというべきである。</u>」（結論として説明義務またその違反を認める）。

13-38 ●最判平14・9・24判タ1106号87頁　末期がんの患者についての説明義務について、次のように判示している。

「<u>医師は、診療契約上の義務として、患者に対し診断結果、治療方針等の説明義務を負担する。そして、患者が末期的疾患にり患し余命が限られている旨の診断をした医師が患者本人にはその旨を告知すべきではないと判断した場合には、患者本人やその家族にとってのその診断結果の重大性に照らすと、当該医師は、診療契約に付随する義務として、少なくとも、患者の家族等のうち連絡が容易な者に対しては接触し、同人又は同人を介して更に接触できた家族等に対する告知の適否を検討し、告知が相当であると判断できたときには、その診断結果等を説明すべき義務を負うものといわなければならない。</u>なぜならば、このようにして告知を受けた家族等の側では、医師側の治療方針を理解した上で、物心両面において患者の治療を支え、また、患者の余命がより安らかで充実したものとなるように家族等としてのできる限りの手厚い配慮をすることができることになり、適時の告知に

支払金額のうち4割の返還が命じられた事例がある（東京地判平16・2・16判時1870号67頁）。

13-32 【委任者が誤った指示をなした場合】　受任者は自主的裁量により委任事務を処理するのが委任の特徴であるが、委任者が指図をしている場合にはそれに従わなければならない。では、委任者が不適切な指示をした場合でも（例えば、ある古本を買ってくることを依頼されたが、その指示した古本屋にいってみたら、他よりも値段が高く、同じ古本が他ではもっと安く売っている場合）、受任者はこれに従わねばならない（換言すれば、従えば責任はない）のであろうか。

13-33 　❶ 従わなければならないとすると　　もし、委任者が指示したのであるから、その通りに事務処理を行わなければならないとすると、その指示に従って事務処理をして委任者に損害を加えても、受任者には善管注意義務違反はなく、損害賠償責任は生じないことになる（従わないで、他で安いものを買っても、委任者には損害はないので、賠償責任はやはり出てこないが）。

13-34 　❷ 必ずしも従う必要はないとすると　　委任は雇用のように指揮監督に服するものではなく、契約の本旨に従い委任者の最も利益になるように自分の判断で事務を処理することが必要であるとすると、委任者の指示があっても、それが委任者にとって不利なものであれば、受任者としては委任者の利益を最も図るような処理をする義務があるのであり、その指示に漫然と従うことはできない（善管注意義務違反になる）。受任者としては、そのなした指示が適切かどうかを調べることも要求され、それが不適切であると判断する場合には、委任者にその旨を伝え再指示を求めるべきである。それでも、指示を変えない場合には、その指示に従っても責任は生じないというべきである。また、委任者の再指示を求める余裕がない場合には、受任者は自分が適当と思う事務処理をなしてよいと考えられている（我妻・中二671頁、鈴木454頁、石田穣348〜9頁）。

　なお、委任者の利益になる場合には、委任の趣旨の範囲内で委任者の指図に反する処理が可能とされている（大判大4・11・8民録21輯1838頁［委任者の指値よりも高額で米の売りつけをした場合］）。

13-35 【医療機関の説明義務——インフォームド・コンセント】　患者は自己の身体に対して施される措置に対して、それを受け入れるか否かの最終的決定権がある（いわゆる自己決定権）。そのため、医師は、患者に治療を行う前に、身体への侵襲の意義、態様、範囲、危険をそのまま放置した場合の危難などについて十分な説明をした上で、患者の承諾を得て治療行為を行う義務がある（**インフォームド・コンセント**といわれる）。

13-36 　●**最判平12・2・29民集54巻2号582頁**　宗教的信条から輸血を拒絶している患者に、輸血が必要となる手術を行う場合の説明義務について、次のように判示されている。
　「患者が、輸血を受けることは自己の宗教上の信念に反するとして、輸血を伴う医療行為を拒否するとの明確な意思を有している場合、このような意思決定をする権利は、人格

> よって行われるであろうこのような家族等の協力と配慮は、患者本人にとって法的保護に値する利益であるというべきであるからである。」(この義務違反を認めて遺族の慰謝料請求を認容)。

2 自分で事務を処理する義務

13-39　委任者が委託された事務を自分で処理しないで、別の者に行わせることを**復委任**(復代理に対応する用語である)というが、民法には復委任が許されるか否かについて何も規定を設けていない。

　しかし、委任は受任者の個人的能力や誠実性に着目してなされるものであり、受任者の義務は一身専属性を有するものである。そうすると、委任者はその受任者を信頼して委任をしたのであるから、これを勝手に委任者の預かり知らない者にやられては困ったものである。従って、原則として、復委任は許されないものと言うべきである。

　これに関連して、代理の規定の中に、復代理につき「委任による代理人は、本人の許諾を得たとき、又はやむを得ない事由があるときでなければ、復代理人を選任することができない」と規定されている (104条)。旧民法では、代理＝委任とされていたわけであり、その名残りであるこの規定を委任に類推適用してよいと考えられている。従って、「やむを得ない事由」がある他は、委任者の承諾がなければ復委任 (＝履行代行者であり、履行補助者を用いることは可能) をなすことは許されないことになる。

13-40　**【復代理の規定はどこまで復委任に類推適用されるべきか】**　以上のように、復委任が許されるかについては復代理の規定を類推適用することが許されるが、その他の復代理の規定は復委任にどこまで類推適用できるであろうか。

13-41　(1) 105条について　第2項はよいとして、問題は第1項である。
　❶ 肯定説　通説は、105条1項を類推適用して、受任者は復受任者の選任・監督につき故意または過失があった場合にのみ、委任者に対して責任を負うと解している (水本333頁)。承諾転貸借は、転貸人が自己のためになすものであり、承諾があったことを重視すべきではないのとはここでは事情が異なるわけである。

13-42　❷ 否定説　これに対して、105条1項の類推適用を否定して、受任者は復受任者の過失につき全て責任を負うべきであるというものもある (星野276頁、鈴木401頁)。

13-43　(2) 107条2項　更に、107条2項も類推適用され、委任者と復受任者との間に直接の法律関係を生じるであろうか。復代理の場合には、この規定が当然適用されるからよいとして、問題は代理を伴わない準委任における復委任の場合である。

13-44　❶ 否定説　　通説は、①復代理の場合には、復代理人の行為の効果が直接本人に帰属する以上、両者の間に直接の法律関係を認めるのが適切であるという考慮に基づいているが、代理を伴わない復委任ではこの前提が欠けていること、また、②委任者と復受任者との間に直接の法律関係を認めると法律関係が煩雑になることから、107条2項の準委任への類推適用を否定している（末川・下205頁、星野276頁、松坂207頁、石田穣350頁、北川86頁）。なお、商法では問屋につき552条2項が代理規定を準用することを明記しているために、民法107条2項が問屋の再委託の事例に準用されるのか議論されているが、判例は「問屋と委託者との法律関係はその本質は委任であり商法552条2項が両者の間に委任及び代理に関する規定を準用すると定めているのは、委任の規定を適用し、代理の規定を準用する趣旨であり、そして代理に関する規定中民法107条2項は、その本質が単なる委任であって<u>代理権を伴わない問屋の性質に照らし再委託の場合にはこれを準用すべきでない</u>」とする（最判昭31・10・12民集10巻10号1260頁）。

13-45　❷ 肯定説（本書の立場）　　107条2項の問屋への適用を肯定する学説もある（我妻・中二674頁）。本書は肯定説を支持するが、その理由は、107条2項が代理特有の規定ではなく、直接訴権を認めた規定だからである。代理の場合であろうと間接代理であろうと、委任契約は依頼者Aと受任者B、Bと再受任者Cと権利義務関係が別れ、AからC、CからAへの直接の請求を認めることによりBの一般債権者を排除できるようにする必要があることには、変りがないからである（⇒総則 **4-85** 以下参照）。

3　付随的義務

(1) 報告義務

13-46　「<u>受任者は、委任者の請求があるときは、いつでも委任事務の処理の状況を報告し、委任が終了した後は、遅滞なくその経過及び結果を報告しなければならない</u>」（645条）。

委任者は委任事務処理の状況を把握しておく必要があり、また、その状況は契約を解除するかそのまま受任者に続行させるかの判断の資料ともなる（代理商について、商27条に特に規定が置かれている）。645条を根拠に、医師は患者に対して、診察契約内容の報告・説明をする義務を負い、患者が診療行為に伴い死亡した場合には、担当医師は、患者に対して行った診察の内容、死亡の原因、死亡に至る経緯について、説明を求める遺族に対して誠実に説明する義務があると考えられている（甲府地判平16・1・20判時1848号119頁。その構成につき **13-126** も参照）。

(2) 受領した物の引渡義務及び取得した権利の移転義務

13-47　**(a) 受領した物の引渡義務**　　①「<u>受任者は、委任事務を処理するに当たっ</u>

て受け取った金銭その他の物を委任者に引き渡さなければならない。その収取した果実についても、同様とする」(646条1項)。

　受任者が受け取った物というのは、第三者から受け取った物のみならず、委任者から受け取った物（例えば、商品の買付のために渡された金銭の残額）も含まれるのは当然である（大判昭11・5・27民集15巻922頁）。返還請求権の消滅時効の起算点につき、不動産の売却を依頼し、代金から債権者への支払をすることが依頼された事例で、債権者への支払が済み、委任事務が終了した時に残余金についての引渡請求権の消滅時効が起算されるものとされている（大判昭3・5・28大審院裁判例2巻民35頁）。

　復委任の場合、復受任者の委任者は元の受任者であるので、復受任者は受任者に対して引渡義務を負うが、復代理を伴う場合には107条2項により、委任者に対しても引渡義務を負う。この場合、復代理人は代理人（受任者）に引き渡せば、本人（委任者）に対する引渡義務も消滅することになる（最判昭51・4・9民集30巻3号208頁）。

13-48　**(b) 自己の名で取得した権利の移転義務**　「受任者は、委任者のために自己の名で取得した権利を委任者に移転しなければならない」(646条2項)。自己を契約当事者として契約をした場合についての規定であり、いわゆる間接代理の場合の規定である。販売委託の場合には代金債権、買付委託の場合には目的物の所有権が問題になり、また、現実に問題になるのは間接代理人（商法上の問屋）が破産した場合に、委託者の法的保護が問題である。

　なお、民法は意思主義を採用しているため、受任者（問屋）から委託者への権利移転のための意思表示は問題にならないとして、646条2項の権利移転義務を矛盾したものとして無視した解釈を提案する学説もある。この学説では、動産では引渡義務、不動産では移転登記義務、債権では対抗要件を具備させる義務にすぎず、646条2項の権利移転義務の適用の余地はなく、これらの義務は646条1項の物の引渡義務に準じる義務であると考えている[10]。この立場では、例えば販売代理の代金債権は当然に委託者に移転し、債権譲渡の合意を別個にする必要はなく、受任者（問屋）は自己の名で権利行使する権限が付与されているにすぎないとされる。動産については、当然に受任者（問屋）から委託者に移転するという

10　柳勝司「受任者の名によって為された委任事務の実行をめぐる法律関係(1)(2・完)」法政論集82号30頁、83号339頁。権利移転のための独自の行為を必要とする株式の買入委託は別で、646条2項の適用を認める。

のが一般の理解であり、占有改定により対抗要件も具備されると考えられているが、不動産や債権についても移転義務を問題にする必要がないとした点は、これまでの通説的な理解と大きく異なる理解である。

13-49 【646条2項の沿革・趣旨】　旧商法475条は、問屋の委託者を、問屋が破産した場合に販売委託の場合の代金債権に限って取戻すことができるものとしていた。現行商法に移行するに際して、起草者はこの規定そのものを承継せず、商法552条2項で委任及び代理の規定を準用するのみにし、これにより旧商法475条の委託者保護は受け継がれたと説明している。それは何故かというと、民法の中に旧商法475条の委託者保護の規定を設けたからであると思われる。

　委任を代理に限定しているフランス民法や旧民法には問屋の規定はなく（フランス商法、旧商法には問屋規定がある）、646条2項に対応する規定はなかった。その旧民法の欠缺を補充するために、646条2項が規定されたのである。委任を代理に限定せず、いわゆる完成代理（問屋）を含む規定としたために、民法の一般法に委託者保護規定を設けようとしたのだと思われる（梅と冨井は、商法の起草委員にもなっている）。旧商法475条を承継したことは、原案が「自己の名を以て取得したる債権」と限定していたことから推測される。これが法典調査会での審議に際して不動産を受任者の名で取得した場合にも委託者に同様の保護を与える必要があるということが議論され、買入委託の場合にまで委託者に特別の保護を与えるべきかは商法上議論があるところなのに、これがさしたる検討なしに拡大され「権利」と一切の場合を含む現行646条2項のように修正されたのである。また、1項に合わせて、受任者の義務という形での規定になっていることが、旧商法475条との連続性を気付きにくくしている。

　こう考えれば、問屋に限らず間接代理の委託者保護は、646条2項によって担われているというべきである。契約の効力は契約当事者である問屋と第三者たる相手方に帰属し、契約上の代金債権（販売委託）、所有権（買入委託）は問屋に帰属するが、問屋破産の場合に646条2項により取り戻し破産財団から排除し、問屋債権者が差し押さえた場合には取戻して差押えを排除できるというべきである。646条2項は上記のような沿革からして、問屋の債権者・破産管財人に対抗できるというべきである。

13-50 **（ア）所有権などの財産権の場合（買付委託）**　例えば、AからBがある骨董品を探し出して買い付けることを依頼され、BがCからAの注文に沿う骨董品を見つけ出して買い付けたとする。もしBが代理権を与えられており、Aを代理して購入したのであれば、AC間に売買契約が成立し、Bは受け取った骨董品をAに引き渡す義務を負うだけである。これに対して、Bが自己の名で購入した場合には、一旦Bが買主として骨董品の所有権を取得し、これをAに移転することが必要になる。

13-51 **❶ 財産権の移転義務を問題にすると**　特定物売買の売主のように、権利移

転義務があるといっても、受任者は委任者のために買い付けるわけであるから、最初の委任の意思表示の中には、目的物の所有権はBが買うと同時に委任者に帰属させるという趣旨が含まれており、受任者が購入をすると特別の意思表示を要せずに所有権が受任者から委任者に当然に移転すると扱うことができ、また、占有改定により対抗要件も具備することができる（大判大7・4・29民録24輯785頁は、木材の間接代理による買付につき、予め本人に効果を帰属させる意思表示ができることを認め、また、占有改定により第三者に対抗できることを認める。石田穣351頁。代金を先に支払っていることを要件とするものが多い［我妻・中二680頁］。鈴木456～7頁は、予め委任者が受任者に代金を支払っている場合には、Bが占有を取得すると共に、所有権が移転するだけでなく直ちに占有改定による引渡しがなされたものとみている）[11]。

13-52 ❷ **商法552条2項による**　商法学者は、商法上の問屋について、商法552条2項によりこの問題を解決しようとしている。即ち、商法552条1項により、第三者（問屋の取引相手方）との関係では問屋に契約の効力が帰属するが、問屋・委託者間では代理規定の準用により委託者に契約の効力が帰属するものと扱われ、買主は委託者であり買い付けた商品は委託者の所有とされると考えている（通説。本書も支持する）。そして、商法552条2項の「問屋」には問屋の債権者も含んで理解されており、委託者は問屋の債権者が差し押えても第三者異議を主張でき、また問屋が破産しても取戻権が認められることになる。但し、判例は株式取引の事例で、商法552条2項によらずまた何らの条文根拠を示すことなく「問屋の債権者は問屋が委託の実行としてした売買により取得した権利についてまでも自己の債権の一般的担保として期待すべきではないといわなければならない。されば、問屋が前記権利を取得した後これを委託者に移転しない間に破産した場合においては、委託者は右権利につき取戻権を行使しうる」ものと判示している（最判昭43・7・11民集22巻7号1462頁）。

13-53 **（イ）代金債権の場合（販売委託）**　販売委託の場合においても、商法552条2項により、委託者の代金債権であることを問屋の債権者に主張できるという考えと、販売委託で問屋の占有にある間は委託者は目的物につき取戻権が認められ

---

[11] C→B→Aという権利移転があることまで否定するものではない。そのため、BがAに引き渡す前に、Bの債権者が差し押さえてきた場合、Aは骨董品の所有権の取得を対抗できなくなるのかという問題が生じてくる。しかし、特定物については、当然に占有改定を認め、種類物の買付の場合には、分離・特定という要件を充たせばやはり占有改定を認めることができる。

るのであり、これが売却された場合に問屋の取得した代金債権について破産法64条の代償的取戻権が認められるという学説とに別れる（判例はない）。取戻権が認められるのは、委託者・問屋間の委任関係が根拠というよりも、委託者の問屋に対する権利移転請求権が根拠というべきであり、委任に基づかずに他人物を売却した場合にも、不当利得返還請求権として代金債権に移転請求権が認められるので、所有者に代金債権について取戻権を認めるべきである。

(3) 安全確保義務・説明義務

13-54　**(a) 主催旅行契約**　契約の法的性質決定には争いがあるが、主催旅行（パック旅行）契約につき、これを「準委任契約類似の無名契約」と位置づけた上で、主催旅行業者に付随義務として、旅行者に対する「安全確保義務」を認めた判例がある（東京地判昭63・12・27判時1341号20頁）。その内容は、旅行先の事前の調査・検討、サービス提供施設の選定、安全な旅程の設定等の義務になる[12]。旅行参加者の健康管理については、「旅行の主催者には、旅行中、旅行者に急な疾病や負傷が生じた場合などには、これを病院に連れていくなど適切な措置を講ずべき<u>保護義務があることは、一応、これを肯定することが出来る。しかし、自らの安全と健康を管理するのは本来的には旅行者自身なのであるから、旅行者に正常な判断能力と自己管理能力を期待し得るかぎり、旅行主催者の右保護義務は、基本的には旅行者自身の判断と自己管理を補完し援助するもので足り、特段の事情がないかぎり、原則的には、旅行者自身の申し出を待って適切な措置を講ずれば足りる</u>」、とされている[13]。

13-55　**(b) 不動産仲介業者**　高額のマンションを買主Aが購入する際、売主Y_1から委託を受けて本件売買契約の締結手続をした仲介業者Y_2は、本件防火戸の電源スイッチが、一見してそれとは分かりにくい場所に設置されていたにもかかわらず、A又はXに対して何らの説明をせず、Aは、上記電源スイッチが切られた状態で802号室の引渡しを受け、そのままの状態で居住を開始したため、本件防火戸は、本件火災時に作動しなかったため、火災に際してAが火傷を負い死亡した事例で、相続人Xに対して仲介業者Y_2の説明義務を否定した原審判決を次のように破棄差し戻した判決がある（最判平17・9・16判タ1192号256頁）。

---

[12] 高橋弘「判批」リマークス 2 号61頁以下、國井和郎「判批」判タ736号39頁参照。旅行契約について詳しくは、佐々木正人『旅行の法律学』参照。

[13] 大阪地判平 6・5・30判タ898号239頁。記念撮影台に登る時に高齢者が転落した事故につき、娘が旅行に同伴していたこともあり主催者の責任を否定している。

「Y₁には、Aに対し、少なくとも、<u>本件売買契約上の付随義務として、上記電源スイッチの位置、操作方法等について説明すべき義務があった</u>と解されるところ、」「宅地建物取引業者であるY₂は、その業務において密接な関係にある被上告人Y₁から委託を受け、被上告人Y₁と一体となって、本件売買契約の締結手続のほか、802号室の販売に関し、Aに対する引渡しを含めた一切の事務を行い、Aにおいても、Y₂を上記販売に係る事務を行う者として信頼した上で、本件売買契約を締結して802号室の引渡しを受けたこととなるのであるから、<u>このような事情の下においては、Y₂には、信義則上、Y₁の上記義務と同様の義務があったと解すべきであり</u>、その義務違反によりAが損害を被った場合には、Y₂は、Aに対し、不法行為による損害賠償義務を負うものというべきである。」

4　受任者の義務違反の効果

13-56　委任者は受任者の義務違反を理由として、541条以下の一般規定により委任契約を解除できるであろうか。

❶ 肯定説　起草者は、無償契約に541条が適用されることの例として委任契約を挙げていたことは既に述べた通りであり（⇒**4-66**）、学説としても、一時的委任契約については、541条以下による解除を認め、652条を適用せず、545条の適用を認める主張がある（水本346頁）[14]。

13-57　**❷ 否定説**　しかし、①無償委任については、541条の適用を認める必要はない（651条による解除でも、それまでの債務不履行による損害につき賠償請求できるのは当然であり、不都合はない）、②有償委任についても、ⓐ請負型では541条による解除の余地があるが、むしろ正面から請負契約とみた上で必要に応じて委任の規定を準用するのがすっきりするといい、また、ⓑ雇用型や賃貸借的要素を含むものについては、541条の適用は不当であり不要である、といった学説もある（広中292～3頁。山中・**4-66**注18も適用否定説）。

13-58　**❸ 本書の立場**　無償委任については、❷説がいうように541条を適用する必要はないが、有償委任については、651条の任意解除の適用を制限するならば、債務不履行を理由とする解除を認める必要がでてくる。これを、委任は継続的契約関係だからといって、541条を適用しないで継続的契約関係についての法理に

---

[14] なお、三宅・下1004頁は、解除の可能性は否定をしないが、費用償還義務、受領物引渡義務の不履行や、委任履行後の報酬支払義務の不履行については解除を認めず、委任実行前の解除しか認めないため、解除は実際上殆ど問題とならないとする。

よるか、それとも541条を適用した上で継続的契約関係に応じて適当に内容を修正するか、いずれかが考えられるが、❶説のいうように一時的契約関係たる委任もあるのであるから、541条によるのが適切ではないだろうか（折衷的な解決となる）。

13-59 **【債務不履行による解除が無効な場合に651条による解除として有効にできるか】**
　判例は表題の問題を肯定し（大判大3・6・4民録20輯551頁）、これを通説も支持する（鳩山・下630頁は反対）。しかし、請負についての641条による解除についての解決（⇒**12-142**）と一致しないという疑問が残る（石田穣361～2頁も有効とするが、しかし、651条の解除のためには、損害を塡補すべきときは損害額の提供を必要とするので、その場合には実際には当然無効となる）。しかし、委任では、信頼関係の存在が基礎になっており、債務不履行を争うということ自体、とりも直さず信頼を失ったということの表示であるから（新注民(16)280頁［明石］）、信頼の喪失を表示されていながら、受任者に履行を続けてよいというわけにはいかない（本書の立場としては、641条の類推適用による解除として有効としてよい）。

(2) 損害賠償責任

13-60 　受任者が受領した金銭を消費した場合については、「受任者は、委任者に引き渡すべき金額又はその利益のために用いるべき金額を自己のために消費したときは、その消費した日以後の利息を支払わなければならない。この場合において、なお損害があるときは、その賠償の責任を負う」（647条）と規定されている。金銭の交付義務も抽象的には金銭債務であり、引渡しをしない場合には履行遅滞となり419条の制限がかかってくるかのようであるが、これに対して、受任者の背任的行為に対して特に委任者を厚く保護したものである。例えば、金銭債権の取立を依頼し、取り立てた金銭で土地を購入した代金の支払にあてるつもりであったのが、受任者が取り立てた金銭を浪費したため代金を支払えず、売買契約を解除されてしまった場合、委任者は受任者に対して実損害を賠償請求できる。

　これに対し、それ以外の受任者の義務違反、特に善管注意義務違反については何も規定していない。その義務内容は既に説明したとおりであり、違反については民法の415条以下、541条以下の債務不履行についての一般原則によることになる[15]。

15　なお、債務不履行は刑法上罰せられることはないが、委任に関しては、故意的な違反に限ってであるが、背任罪（刑247条）、横領罪（刑252条）、業務上横領罪（刑253条）といった刑事罰が規定されている。

Ⅱ　委任者の義務

1　有償委任の場合の報酬支払義務

(1)　報酬支払義務と額

13-61　**(a) 無償委任の原則**　民法上、委任は無償が原則とされており、特約がなければ受任者は報酬を請求できない。すなわち、民法は、「<u>受任者は、特約がなければ、委任者に対して報酬を請求することができない</u>」(648条1項) と規定している。

この規定は、逆に言えば報酬が約束されても委任 (準委任) 契約であり、委任契約の規定が適用されることを当然の前提としている。しかし、日常生活上のお互いさま的な委任行為は別として、何らの特別の関係のない者の間で、しかも受任者が事業者であれば、当然に相当の報酬を請求できることになり (商512条)、また、特に一定額を報酬として約定しなくても、契約の成立は妨げられない[16]。

13-62　**(b) 報酬の定め方**　事務処理の内容が特定している場合、予め定められた一定額を報酬として定めることが可能である (所有権の移転登記を委託して、これに報酬を支払うなど)。これに対して、事務処理が受任者の自由裁量に委ねられ、どの程度事務処理に時間・手数がかかるか確定しえない場合には、報酬の額につき報酬算定の基準が定められるだけの場合も多い[17]。

なお、委任では事務処理行為に対して報酬が支払われ、請負のように結果実現に対して報酬が支払われるのではないため、敗訴したり治療が成功しなくても、

---

[16]　委任における報酬請求権をめぐる諸問題については、岡孝「委任——報酬請求権を中心に」『民法講座5』473頁以下参照。

[17]　例えば、不動産の売却を不動産仲介業者に依頼し、代金の何％として報酬額が定められれば、報酬は高く売れれば売れる程高くなることになる (そのため、高く売ろうという心理的刺激にもなる)。なお、建設業法34条に基づいて報酬額の最高限度が設定されている。また、弁護士報酬も、①事件依頼の時点で支払われる着手金 (これは、費用の前払と報酬の前払の意味をもつ。弁護士に帰責事由なく解任されても返還の必要はないが [東京地判昭36・12・18下民集12巻12号2984頁]、弁護士の帰責事由により解任された場合には、返還を要する [大判昭12・12・24新聞4237号7頁]) と、②事件終了時に支払われる報酬とがある。②につき成功報酬の約定があればそれによるが、依頼者の得た利益の何％という形で定められることが多いようである (日弁連また各単位弁護士会でも報酬規定を設けている)。

受任者が善管注意義務を尽くして委任事務処理をした以上は、受任者には報酬請求権が認められる。実際上、判例で受任者の報酬請求権について問題となっているものの殆どは、弁護士の報酬と宅地建物取引業者の報酬である。

(2) 報酬支払の時期・方法

13-63　**(a) 後払の原則**　「受任者は、報酬を受けるべき場合には、委任事務を履行した後でなければ、これを請求することができない。ただし、期間によって報酬を定めたときは、第624条第2項の規定を準用する」(648条2項)。

　なお、仲介業者の仲介により売買契約が成立して報酬請求権が生じた以上、売買契約が当事者間で解除されても請負契約は影響を受けず、仲介業者の報酬請求権はこれにより失われない (大阪高判昭56・10・30判タ457号99頁など)。

13-64　**(b) 中途終了の場合**　「委任が受任者の責めに帰することができない事由によって履行の中途で終了したときは、受任者は、既にした履行の割合に応じて報酬を請求することができる」(648条3項)。

　中途終了の原因を問わず、解約によろうと、委任者または受任者の死亡によろうと適用は否定されないが、ただ受任者の責めに帰すべき事由による場合だけは適用除外とされ、受任者は既になした分の報酬を請求できない。請求できる報酬額は、全額ではなく「既にした履行の割合に応じて」のみ認められるにすぎない。これは当事者の責めに帰すべからざる事由による終了については合理的であろうが、委任者による中途解約の場合は、どう考えるべきであろうか。

13-65　**❶ 第1説**　有償委任には651条の解除を認めず、他の契約の規定を類推適用する立場では、641条を類推適用していつでも解除ができるが、委任者は「損害を賠償」しなければならないことになる。648条3項により報酬請求権を失うが、損害賠償が請求できることになる (しかし、その損害賠償の内容は明確ではない)。

13-66　**❷ 第2説**　有償委任についても651条1項による解除を認めると、2項では不利な時期に解除した場合に損害賠償が問題にされているだけである。そのため、判例は648条3項の適用を排除しようとしている。弁護士を依頼者が中途解約した場合につき (明示の解約がある場合の他、依頼者が弁護士を排して、直接相手方と和解をしてしまった場合も考えられる)、全額報酬を請求しうるという慣習を認めたり (大阪地判昭25・3・25下民集1巻3号401頁)、全額請求しうるという特約を有効と認めたり (大判昭12・3・24判決全集4巻7号3頁)、130条により成功報酬の請求を認めている (大判昭12・7・6判決全集4巻13号3頁)。但し、客観的に勝訴の見込みがなかった場合にまで、勝訴により依頼者が得られた利益を基準にして全額成功報酬を認めて

よいかは問題が残され、何らかの調整が必要になる（なお、全額成功報酬請求できるということに反対するものに、来栖545頁がある）。なお、不動産仲介業者については次の*13-67*で別に述べる。

13-67 【**不動産仲介において当事者が仲介業者を排除して契約をした場合**】　例えば、Aがその所有する不動産の売却につきB（不動産仲介業者）に依頼し、BがCに対してその物件を紹介し交渉がある程度煮詰まった段階で、AとCとがBを排除して直接に売買契約を締結してしまった場合、Bは報酬を請求できるであろうか[18]。確かにBは依頼された、Aを代理して売却するという事務を行っていないが、それをできなくしたのは、依頼者AがBを拝してCと直接に契約をしてしまったためである（恐らくはBに手数料を支払うのが惜しくて）。

　不動産仲介の場合、①取引の相手方を探すこと、②契約の交渉をすること、③契約締結手続きを行うことにつき、これらの手間を省くと共に、専門業者の情報網、能力を利用することが意図されており、これら一切に対して報酬が支払われるわけである。先の例の場合、①②については仲介業者を利用しておきながら（③の手間は自ら行ったわけだが）、一切の報酬支払義務を当事者が免れてしまうのは、どうみても常識に反しよう。そこで、仲介業者に何らかの報酬請求を認めるのが妥当であるが、問題はそのための法的構成である（なお、事例としては、ⓐ委任者たるAが契約を解除してCと売買契約をした場合と、ⓑ解除しないでそのままにしてCと売買契約を締結した場合とが考えられる）。

13-68　❶ **130条適用説**　これは条件成就を故意に妨げた場合に当たるとして、仲介業者に130条により条件成就とみなす権利を認めることが考えられる（最判昭45・10・22民集24巻11号1599頁）。しかし、これでは委任者が解除した場合にはそもそも債権が存在しなくなり使えないことになる。また、仲介業者は③の手間を省いているのであり、報酬全額を与えるのは逆に過ぎたものを与えることになる。そのため、536条2項を類推して、免れた利益の返還義務を認める必要がある[19]。

13-69　● **最判昭45・10・22民集24巻11号1599頁**　次のように判示し、停止条件つき契約として

---

[18]　この問題については、明石三郎『不動産仲介契約の研究』90頁以下、同『判例不動産仲介契約論』37頁以下、大島和夫『期待権と条件理論』237頁以下参照。

[19]　但し、判例には寄与度など諸般の事情を考慮して相当の範囲に制限するものがある。例えば、大阪地判昭55・12・18判夕470号152頁は建設省公示の最高額の7割とし、東京地判昭56・6・29判時1022号74頁は同6分の1とする。大島和夫『期待権と条件理論』259頁以下は、業者の報酬請求権は、売買契約成立の対価ではなく契約成立に至るまでの業者の尽力、とりわけ委託者及び相手方に提供した情報の対価として存在するので、業者の報酬請求権は、法的保護に値する期待権であり、また、業者の尽力は現実にはほとんど終了しており、期待権は既に発生しており、報酬割合を決めるのは、労力に応じてではなく「衡平の観念」ということになろうという。

130条を適用している。

　「YとAらとの間において成立した本件……土地売買契約は、成立時期において、<u>Xの仲介斡旋活動と時期を接しているのみならず、その売買価額においても、Xの仲介活動によりあと僅かの差を残すのみで間もなく合意に達すべき状態であったところ、XがYと相談した価額を上廻る価額で成立している</u>のであるから、YおよびAら契約当事者双方は、Xの仲介によって間もなく契約の成立に至るべきことを熟知しながら、Xの仲介による契約の成立を避けるためXを排除して直接当事者間で契約を成立させたものであって、YおよびAにはXの仲介による土地売買契約の成立を妨げる故意があったものというべきであり、さらにまた、YとAとの間に成立した本件(3)の土地上の建物の明渡契約も、成立時期においてXのした仲介斡旋活動と接近しており、かつ、Xの仲介活動によってAの承諾した明渡契約の内容と全く同一の内容からなりたっているのであるから、これまたYはXの仲介による右建物明渡契約の成立を故意に妨げたものというべきである旨の原審の認定判断ならびにYはXに対し本件(1)ないし(4)の土地を更地として取得することの仲介依頼をするにあたり、その取得契約の成立を停止条件として取引価額の3パーセントにあたる報酬を支払うことを約したものであり、Yは右のとおり契約成立という停止条件の成就を妨げたものであるから、Xは停止条件が成就したものと看做して報酬を請求することができる旨の原審の認定判断は、原判決挙示の証拠関係に照らして首肯できる。」

13-70　**❷ 商512条説**　次に、商512条により商人が他人のためにその営業の範囲内で行った行為として、仲介業者に相当額の報酬請求権を認めるものもある（東京地判昭41・9・26判時462号47頁）。しかし、商512条をもってくると、仲介業者が仲介行為をすれば、契約が成立しなくても報酬請求権が成立してしまうが、それは委任の本質に反する。従って、商512条を持ち出すのは適切ではない。

13-71　**❸ 商慣習説**　仲介業者を排して直接取引をして売買契約を成立させた場合であっても、業者が最後まで関与したと同じ額の報酬を請求できるという慣習があるとしたものもある（東京高判昭34・6・23下民集10巻6号1324頁。その他、鹿児島地判昭40・1・27下民集16巻1号128頁、京都地判昭43・11・5判タ230号279頁）。

13-72　**❹ 相当因果関係説**　また、「本件のように、一般顧客が不動産仲介業者に対して一定の不動産売買の媒介を依頼し、これに応じた業者が当該媒介行為をしたけれども奏功せず、売買が成立しない間にその仲介契約が解約された場合における業者の報酬請求権の帰すうについて考えるに、このような通常一般の不動産仲介契約においては、特約のない限り、依頼者においては、業者が媒介してくれた取引を成立させなければならないものではなく、またこの成立がない限り業者に対して報酬支払義務のみならず費用償還義務も負わず、更にいつでも自由に、何らの損害賠償義務を負うことなく仲介契約を将来に向かって解約し得るものと解するのが相当であるところ、依頼者についてこのように有利に解すべきことの反面、信義公平の原則に照らして、依頼者は右自由な解約により業者に対する報酬支払義務を確定的に免れ得るものではなく、業者が媒介してくれた当該取引を後になって別途成立させた場

合には、この成立に右業者の媒介行為が寄与している限り、その割合に応じて、換言すれば、右媒介行為と当該取引の成立との間に相当因果関係の認められる範囲において、業者に対して報酬を支払うべき義務を負うものと解するのが相当である」という判決もある（東京高判昭61・12・24判時1225号63頁。福岡高判平4・1・30判時1431号131頁）。

13-73　❺ 648条3項類推適用説　648条3項の趣旨から、正当な解除がなされている場合と、正当な解除がなされていない場合（不当な解除を表示した場合も含む）とを分け（当然前者ではかなり額が低くなる）、売買契約の成立に対する仲介業者の貢献度に応じて、全額から若干額に至るまで相当の報酬を請求しうるものとする考えがある。

13-74　❻ 仲介による契約の成立を認める説　仲介により契約が成立することが報酬請求の要件であるが、しかし、仲介により契約が成立したといいうるためには、仲介業者の尽力の基礎の上に当事者の交渉が加わってはいけないということはなく、仲介によって契約が成立したとして報酬請求権を認めてよいという考えもある（来栖572～3頁）。また、仲介契約を、委任者に「代わって」法律行為をする委任とは異なって、契約の締結を媒介する契約であるから、準委任でも請負類似の契約でもなく、性質上当然の停止条件付き報酬契約であるとした上で、直接交渉により契約が成立したものとしても媒介による契約の成立を認め報酬請求権を肯定し、委託解除の有無は問わないというものもある（三宅・各論下1036頁）。

13-75　【売買契約がその後に解除された場合】　売買契約成立後に債務不履行解除があった事例では、一旦成立した仲介手数料債権が消滅ないし減額されるいわれはないとされている（東京高判平6・7・19金判964号38頁）。では、売主の委託を受けた不動産仲介業者の媒介により締結された手付による不動産売買契約が、買主による手付放棄により解除がされた場合、仲介業者は報酬全額を請求できるであろうか。福岡高裁那覇支判平15・12・25判タ1153号149頁は、次のように約定の報酬額を請求できず、商法512条により相当の報酬額を請求できるとされた。

13-76　● 福岡高裁那覇支判平15・12・25判タ1153号149頁　「特に、債務不履行による解除や合意解除の場合と異なり手付金放棄による解除の場合には、売買契約締結に際して解約手付……が授受されていること、すなわち、当該売買契約においては各当事者に手付放棄又は倍返しによる解約権が留保されていることは、仲介に当たったXも当然認識していたはずであるから、仲介業者であるXとしては、本件売買契約には手付放棄又は倍返しによる解除の可能性があることは念頭に置くべきであるし、Xにとって、そのような場合に備えて報酬の額についての特約を予め本件媒介契約に明記しておくことは容易であったと考えられる。他方、依頼者であるYとしては、本件媒介契約書に上記のような特約が明記されるか、契約締結に際して特にXからその旨の説明を受けたという事情でもない限り、履行に着手する以前に買主が手付金を放棄して売買契約を解除したような場合にも仲介報酬の額についての合意がそのまま適用されるとは考えないのが通常であると思われる。これらに加えて、本件においては、本件媒介契約に基づく報酬金の弁済期が本件売買契約に基づく

売買残代金の弁済期と同日と定められていること、一般に、不動産取引の場合、仲介業者は、契約成立後の代金の授受や目的物の引渡等に関する事務も付随的に行うのが通常と考えられるところ、手付金放棄による解除の結果、履行に着手することなく売買契約が解除されればこれらの事務を行う必要がなくなることをも併せ考慮すれば、手付金放棄によって売買契約が解除された場合には報酬額についての合意は適用されないと解するのが本件媒介契約の当事者の合理的意思に合致するというべきである。」[20]

2 委任者のその他の義務

(1) 費用前払義務

13-77　「委任事務を処理するについて費用を要するときは、委任者は、受任者の請求により、その前払をしなければならない」(649条)。たとえば、商品の買付を依頼する場合には、受託者は委託者に買付に必要な代金を前もって支払うよう求めることができる。

　前払請求できるのは、旅費、通信費のようないわゆる実費の他、例えば、商品の購入を依頼された受任者は、購入に必要な代金を委任者に前払するよう請求できる（大判大7・2・13民録24輯354頁）。手形の不渡り防止のため、銀行に異議申立手続きを委託する場合、手形債務者が銀行に預託すべき金員も同様である（最判昭45・6・18民集24巻6号527頁）。

　「前払」を求めることができるものとして、受任者が費用を一時的にも負担しなくてよいものとしている以上、その前払を受けた金銭を使って委任事務処理をするのであるから、理論的に費用の前払が先履行であり、受任者は費用の前払があるまで委任事務処理をしないと拒絶することができる。この拒絶権は、同時履行の抗弁権ではなく、費用前払が先履行の関係に立つところの履行拒絶権とでもいうものである。費用が確定していない場合には、概算で請求して後に清算することになる。

(2) 立替費用等の償還義務及び代弁済義務

13-78　**(a) 立替費用等の償還義務**　「受任者は、委任事務を処理するのに必要と認められる費用を支出したときは、委任者に対し、その費用及び支出の日以後におけるその利息の償還を請求することができる」(650条1項)。商品の買付委託の例

---

[20] 報酬額については、Yは手付金放棄による解除により、本件土地の所有権を喪失することなく2,000万円を取得する結果となったこと、その他本件に現れた一切の事情を総合考慮して、1,000万円を相当とした。

でいえば、買付のために支払った代金、また運送のための費用などの支払を請求することができる。この場合、受託者は買い付けた商品の引渡しを義務づけられるが、代金などの費用の支払との同時履行の抗弁権が認められるべきである。

　委任においては、受任者は委任者のために委任事務処理を行うのであり、本来自分でしていたら当然に委任者の負担すべき費用であるから、受任者が事務処理のために費用を費やしても弁済費用（485条）として受任者が負担するものではなく、委任者に償還請求しうるものとしたわけである。この規定は基本的には無償委任を念頭においた規定であり、有償委任では、定型的に必要な費用は予め報酬に算入して計算されている可能性がある（仲立人たる宅建業者が仲介のために費やした費用は原則として報酬に含まれており、別に費用償還請求をなしえないとしたものとして、大阪地判昭44・8・6判時591号91頁）。

　「委任事務を処理するのに必要と認められる費用」か否かは、「受任者が各場合の事情に省み相当の注意の下に必要と認めたる費用と云ふの意味にして、客観的の標準を執て以て必要の存否を律するの趣旨に非ず」とされている（大判昭2・1・26裁判例2巻民100頁）。

13-79　**(b) 代弁済義務**　「受任者は、委任事務を処理するのに必要と認められる債務を負担したときは、委任者に対し、自己に代わってその弁済をすることを請求することができる。この場合において、その債務が弁済期にないときは、委任者に対し、相当の担保を供させることができる」（650条2項）。この規定の趣旨をどう理解するかについては、必ずしも学説の理解は一致していない。そして、その理解によって、この受任者の債権に対して、委任者が受任者に対して有する金銭債権により相殺ができるか否かが異なってくることになる。

13-80　**(ア) 便宜規定説**　先ず、650条2項の代弁済請求権の性質について、「弁済自体を委任者に行わせることによって費用償還請求権を省略させることができれば便宜である。代弁済請求権はもっぱらこの便宜のために認められるもので、それ以上ではない」といわれる（民法コメ(14)4頁［稲本洋之助］、伊東秀郎「判批」民商69巻1号154頁など同旨）。即ち、受任者は委任者に対して自分に支払うよう請求する権利があるが（649条の前払請求権も存続する）、受任者が自分に支払ってもらって相手方に支払う手間を省き、いずれかの選択を受任者に認めたにすぎないと理解する。このような規定にすぎなければ、受任者の委任者に対する相殺も、委任者から受任者への相殺も、いずれも認めて差し支えないことになる（我妻・中二684頁）。しかし、判例は受任者からの相殺を否定している（川井309頁は賛成）。最判昭

47・12・22は **13-81** のように判示する（相殺を否定する判決として、それ以前に大判大14・9・8民集4巻458頁がある）。

13-81　● **最判昭47・12・22民集26巻10号1991頁**　「委任者は、受任者が同法650条2項前段の規定に基づき委任者をして受任者に代わって第三者に弁済をなさしめうる権利を受働債権とし、委任者が受任者に対して有する金銭債権を自働債権として相殺することはできないと解するのが相当であり、大審院の判例（大判大14・9・8民集4巻458頁を引用する）の結論は、今なお、これを変更する必要はない。なんとなれば、委任契約は、通常、委任者のために締結されるものであるから、委任者は受任者に対しなんらの経済的負担をかけず、また損失を被らせることのないようにはかる義務を負うものであるところ、同条項は、受任者が自己の名で委任事務を処理するため第三者に対して直接金銭債務を負担した場合には、委任者は、受任者の請求があるときは、受任者の負う債務を免れさせるため、受任者に代わって第三者に対してその債務を弁済する義務を負うことを定めているのであり、受任者の有するこの代弁済請求権は、通常の金銭債権とは異なる目的を有するものであって、委任者が受任者に対して有する金銭債権と同種の目的を有する権利ということはできない。したがって、委任者が受任者に対する既存の債権をもって受任者の代弁済請求権と相殺することは、同法505条1項の相殺の要件を欠くものとして許されないからである」。「前記相殺が許されるものとすれば、受任者は、第三者に対する債務の弁済のための資金の調達を要することとなり、かかる相殺によっては、受任者の債務免脱の目的はなんら果されないわけである。また、受任者が第三者に対し、自己の資金をもって債務を支払ったときは、それは委任者との関係では委任者のため費用を立て替えて支払ったことになり、同法650条1項による費用償還請求権を取得するわけであるが、受任者は、特約のないかぎり、委任者との関係では自己資金をもって委任事務処理に要する費用をみずから立替払をする義務を負うものではない。むしろ、同法649条が委任者に対する費用の前払を請求しうることを、また、同法650条2項前段が委任者に対し受任者に代わって第三者に弁済をなさしめうることを定めているのは、受任者に立替払の義務のないことを前提とするものであり、委任者が受任者の請求に応じないときは、受任者は、委任事務の履行を拒むこともできるものと解すべきである。しかるに、前述のような相殺を許すとすれば、受任者に自己資金をもつてする費用の立替払を強要する結果となり、右各法条を設けた趣旨が完うされないことになる。さらに、同条一項の費用償還請求権と委任者の受任者に対する金銭債権とは互いに相殺することができることは疑いを容れないが、かりに、既存債権と代弁済請求権との相殺を許すとすれば、それは、既存債権を自働債権とし、未だ発生しない将来の費用償還請求権を受働債権とする相殺を許すのと同一の結果を認めることになり、相殺が双方の債務の対立とその弁済期の到来を要件とする趣旨に反するものといわなければならない。これらのことは、要するに、同条2項前段の代弁済請求権は、通常の金銭債権とはその目的を異にしているがためにほかならないからである。」

13-82　**(イ) 第三者保護説**　三宅教授は、650条2項を免責請求権と説明するが、後述のように第三者たる受任者の債権者の委任者への直接請求を認め、受任者の破産からその債権者たる第三者を保護しようとしている。「救済手段としては、受

任者がこれを利用するだけでなく、受任者の契約の相手方、即ち代弁済を受けるべき当の債権者がこれを利用し、代弁済請求権の範囲の枠内で、委任者に対し直接に金銭の支払等を請求することを、受任者に対する本筋の請求に付加して(重畳的に)認めるならば、受任者が無資力となった場合に実益がある」。「受任者の負担した債務について、相手方が内実の債務者である委任者に直接請求するためには、受任者の代弁済請求権を介しその枠内でなければならない。そしてそのためには代弁済請求権を、受任者の債権であるかのように、譲受けまたは差押さえる必要はなく、相手方が受任者に通知した上で委任者に対し裁判上または裁判外で直接の請求をすれば、その後に受任者が代弁済請求権を放棄し、または委任者から弁済資金を受領するなどにより、代弁済請求権が消滅してもこれを相手方に対抗することができない」。なお、「受任者の債務は、相手方が委任者に直接請求をしても、委任者が相手方に弁済するまでは消滅せず、相手方は同時に受任者及び委任者に対し弁済を請求できる」(三宅・各論下巻992〜3頁)。

13-83　**(ウ) 本書の立場**　本書は基本的に第三者保護説に賛成し、次のように考えたい。

❶ **確かに前払請求権の亜種である**　先ず、650条2項は649条の費用前払請求権の一種であるという通説的理解、これは承認してよい。支払のための費用を前払させるのではなく、その手間を省略するために直接に第三者たる債権者に支払うなりして、自分の債務を消滅させるよう請求する権利であり、その意味で便宜的規定である。

13-84　❷ **選択的競合ではない**　しかし、単なる便宜規定につきるものではない。649条の前払請求権の他にこのような請求権を認め、選択できるようにしたにすぎないと考えるべきではない。起草者の意思に合致するかは別として、敢えて別個に規定を置き649条の適用は排除されると考えたい。その理由は、第三者たる債権者の保護である。受任者の費用前払請求権にすぎないのでは、受任者の他の債権者と第三者たる債権者は平等になってしまうが、650条2項の免脱請求権では、第三者たる債権者のみが委任者の給付から利益を受けうるにすぎないことになり、第三者たる債権者が排他的に債権回収できることになり、そのような利益は反射的な利益にすぎないものではなく、むしろそのような利益保護を650条2項は目的としていると考えるべきであることにある。そうすると、その意味である第三者たる債権者の保護を奪う可能性のある649条の権利は否定されるべきである。

13-85 **【代位弁済請求権が認められる場合における自分への支払請求権】**　受任者が第三者に対して債務を負担し、委任者に対して代位弁済請求権が認められる場合に、受任者は代位弁済のみを主張できるにすぎないのか、それとも自分への支払請求権も認められ、自分が支払を受けてこれを第三者に支払うことも可能なのであろうか。

学説はこれを肯定するのが一般であるが、根拠条文の点で、①未払である以上、依然として649条の前払請求権は存続し代位弁済請求権と並存するという立場（民コメ(14)1115頁（稲本））、②前払請求権は委任事務処理前の権利であり、649条、650条1項の類推適用により認められるという立場（伊東秀郎「判批」民商69巻1号153頁）、③更には、650条2項には「必要と認むべき債務」の弁済資金請求権も含まれているという立場（平井宜雄「判批」法協91巻4号154頁）、に分かれる。

そもそもこのような権利があるのであれば相殺も可能ということになる。但し、第三者保護説からは、第三者が直接委託者に権利行使をしている場合には、そちらが優先し問屋の自分への支払請求は認められないというべきである。

(3) 損害賠償義務（損害担保責任）

13-86 「受任者は、委任事務を処理するため自己に過失なく損害を受けたときは、委任者に対し、その賠償を請求することができる」(650条3項)。例えば、知り合いの子供を預かって、散歩中に、鎖が外れた犬が子供に対して襲いかかってきたり、精神異常者が包丁を持って襲いかかってきたために、預かった者が身を挺して預かった子供を守って自分が犬に噛み付かれたり、包丁で刺されたとしよう。この損害は子供を預けた委任者の債務不履行による損害ではないが、好意で依頼を受けたがために被った損害である。受任者に経済的負担をかけさせまいとする趣旨であると考えられており（我妻・中二684頁、川井310頁）[21]、受任者が費用も損失も個人的に負担すべきではなく（本来は義務の履行の費用は債務者負担）、委任の利益を受ける委任者に負担させるのが公平であるからである（勿論、受任者に過失があれば、過失相殺される)[22]。

このように、この損害賠償義務は、委任者の債務不履行また過失は必要ではな

---

[21]　古い学説には、このような損害を委任者において賠償するという「黙約」が委任契約の中に存在するという説明もされている（横田640頁）。

[22]　起草者が650条3項の損害として挙げている例は、自己の商業の資本である金銭を用いたために利益を減じた場合や、委任事務処理のために自己の仕事を休んだといったように得べかりし利益の喪失が、としてあげられているにすぎない。また、この規定の根拠については何も説明されていない。損害は必ずしも<u>委任者が予見しまたは予見しうべきものであることを要しない</u>といわれている（磯谷・下683頁、鳩山・下624頁、沼・下143頁、石田文180頁）。

く、無償委任の場合に公平の観点から認められた損害担保責任であるといってよい[23]。なお、650条3項の適用のためには、<u>受任者に過失がないことが必要</u>であり、従って、受任者に損害賠償請求を認め、過失相殺で減額をするという中間的解決は認められないことになる。また、委任者は、委任事務処理の結果が自己に有利でなかったことを理由として、損害賠償を拒みえないとも考えられている（新注民(16)277頁［明石］）。

13-87　**(a) 賠償されるべき「損害」の範囲**　この「委任事務を処理するため」に受けた損害にはいかなるものが含まれるかについては[24]、これを広く解するものと狭く解するものとがある。

❶ **第1説（広く認める学説）**　「委任事務を引き受けなかったならば生じなかったであろうと考えられる全ての損害」を含むと考える学説があり（我妻・中二685頁）、この立場によれば、委任事務処理の為に必要な旅行の際に怪我をしたり盗難にあった損害も含まれるとされている（同旨として、末川・下211頁）。

13-88　❷ **第2説（制限的な学説）**　これに対して、通説は、この委任事務処理の「ため」とは、「際し」よりも狭く、委任事務処理のために必要な旅行の際に怪我をしたり盗難にあった損害は含まれないと考えている（石田穣357頁）。また、有償委任にも適用されるので、広く解すべきではないという説明もされている（新注民(16)277頁（明石））。本書では、無償委任に限定するが、例外的制度であり、広げ過ぎるのは適切ではないので、このような制限をすることには賛成である。

13-89　**(b) 有償委任にも適用されるか**　①650条3項は規定の上では、無償委任に限定されていないため有償委任にも適用されるというのが通説である[25]。②これ

---

[23] 委任者は、<u>委任事務処理の結果が自己に有利でなかったことを理由として、損害賠償を拒み得ない</u>と考えられている（新注民(16)277頁［明石］）。従って、子どもを預かって散歩に行っている間に、野良犬に襲われ、預かった子供を守ろうとしてかみつかれたが、守り切れず、子どももかみつかれてしまったとしても、委任者は治療費の賠償義務を免れないことになる。

[24] なお、ここでの「損害」の発生が認められれば、基本的に416条の予見可能な損害が賠償されるべきであり、怪我をした治療費のみならず、休業逸失利益や後遺障害逸失利益も賠償されるべきであるが、慰謝料については、制裁的な性質を持つ制度であるため、賠償請求は650条3項ではできないというべきである。

[25] この規定の安全配慮義務で現在処理されている労災事例へ類推適用することを積極的に主張する見解もある（宮本健蔵『安全配慮義務と契約責任の拡張』350頁以下）。しかし、安全配慮義務が問題となるような事例を一切損害担保責任で処理してよいかは疑問が出されている（下森定「国の安全配慮義務」『国家補償法大系2』259〜260頁）。

に対して、このような異例な損害担保責任は、無償で他人のために事務を処理するということから認められたものであり、無償委任にのみ適用されるという考えがある（来栖527〜9頁、石田穰357頁、半田453頁）。損害担保責任は異例な制度であり、私人間の好意による契約たる無償委任に限定すべきであり、また、(a)の問題についても、②説のように限定し、安易に広げないようにすべきである。なお、契約と法的に分析のできないような好意的行為についても、本条を類推することが許されるべきであり、更には、なんらの合意のない事務管理の場合に類推適用すべきである[26]。

13-90 **【信義則上の義務】**　債権関係たる契約関係は信頼関係であるといわれるが、当事者の信頼関係が特に要求される委任契約では、特にこのことがあてはまることになる。委任者も委任をして後は報酬を支払うというだけでなく、必要な指示をしなければ受任者は事務をどう処理したらよいのか困ることもあり、「信義則上、委任事務遂行に消極的であってはならず、むしろ積極的に必要な協力行為をする義務を負う」（東京高判平3・12・4判タ786号206頁）ことになる。これに違反すれば、信頼関係が破壊されたものとして受任者からの解除の原因となり、場合によっては損害賠償責任を生じさせる。

---

[26] 事務管理には650条3項が準用されていない（701条）。しかし、準用されていない規定については、反対解釈をして類推適用ができないと考えるべきではない。フランスでも損害担保責任の規定は事務管理には準用されていないが、頼まれて助ける場合（畑に車が落ちて、近くの農民がトラクターで引き上げるのを手伝っていて、トラクターが転倒して負傷するなど）には、好意行為者と相手方との間に「補助の合意」というものを認め、その中には好意行為者が被る損害を賠償するという趣旨が含まれているという処理が判例により認められている。

第3節　委任の終了

13-91　委任契約が、弁済（履行）、履行不能、契約期間の満了（例えば、1年間の住宅の管理契約）により終了することはいうまでもない。民法は委任について以下のような特別の終了原因を規定した。

I　任意解除（告知）

1　任意解除権の立法趣旨——有償委任にも適用されるか

(1)　民法の任意解約権の規定

13-92　「委任は、各当事者がいつでもその解除をすることができる」（651条1項）。「当事者の一方が相手方に不利な時期に委任の解除をしたときは、その当事者の一方は、相手方の損害を賠償しなければならない。ただし、やむ得ない事由があったときは、この限りではない」（651条2項）。

委任契約において、契約解除が必要になる場合としては、次の3つが考えられよう。

> ①　**債務不履行解除**　債務不履行がある場合については、541条でカバーができるので（契約継続的契約関係も541条でカバーしてよい）、委任の中に特別規定がなくても不都合はない。
> 　②　**無償契約の解除**　無償の好意的行為の場合に、契約の拘束力から自由に解放できるように受任者に解除権を与える必要がある。拘束力を否定するので、委任者に解除により損害が生じても、受任者には原則として責任はない。651条2項は、原則として損害賠償義務が否定されており、このような解除に適した規定である。
> 　③　**継続的契約関係についての解除（有償委任）**　委任契約は継続的契約関係であり、途中で必要なくなったのに拘束させるべきではなく、このような観点からの解除は有償契約についても認められる[27]。この場合には、拘束

---

[27]　立法としては、特定商取引法49条1項で、特定継続的役務提供契約について、消費者が自由に解除できることが規定されている。この場合の損害賠償額の予定についても合わせ

> 力は否定されないので、相手方に解除により損害が生じたならば、常にこれを賠償しなければならない。しかし、請負についての641条のような規定はなく、有償委任に十分委任規定が対応しておらず、法の欠缺があるといわざるをえない。

　①の解除は541条により処理できるとして、②③の解除をどの条文により根拠づけるのかが問題である。②③とも651条によるのか、それとも、651条を②だけに限定するのかが問題である。③の解除を容認する結論では、どの学説も異論はないが、651条で根拠づけるか否かというだけの争いであり、651条の立法趣旨の理解にかかっている（広中俊雄『契約法の理論と解釈』198頁以下、『民法典の百年Ⅲ』439頁以下［岡孝］参照）。なお、解除ができる当事者は限定されていないので、委任者・受任者のいずれからも可能である[28]。

(2) 学説の状況

13-93　**(a) 651条有償委任適用肯定説――信頼関係説**　通説は、651条を委任が当事者の信頼関係を基礎とすることから特に認められたものであると考えている（末川・下219頁、内田276頁）。判例も、651条で任意解除権の根拠につき、「<u>委任は当事者双方の対人的信用関係を基礎とする契約なるを以て、自己の信任せざる者をして其事務を処理せしむること能はざると同時に、自己の信任せざる人の事務を処理するは受任者の人情として堪へ難き所なりとす</u>」と説明をしている（大判大9・4・24民録26輯562頁）。しかし、信頼関係を理由とすると、不信行為があった場合に解除を認めることは説明できるが、651条の何も解除原因を制限しておらず単に要らなくなった、気が変わったという無理由解除（先の **13-92** ③の解除）が認められる理由を十分説明していないと言わざるをえない。

　この適用肯定説によれば、651条は無償・有償を問わずに適用され、また、有償委任であっても651条2項が適用にならない限り、受任者は損害賠償を請求できず、逆にいえば有償委任でも委任者は全く自由に契約の拘束力から免れることができることになる。しかし、③の解除の根拠は信頼関係というよりも、継続的契約関係に求めるのが適切である。また、③の解除も含めるため、原則的損害賠償を認める規定ではないのに、651条2項を拡大して641条同様の損害賠償を常に

　　て規制されている（同法49条2項）。
28　ただし、医師のように法律上契約締結義務がある場合には、正当理由がない限り651条（本書では641条類推適用）による解約は認められないと考えるべきである。

第3章 委任契約 639

肯定しなければならないことになる（*13-106*の最判昭56・1・19は、不利な時期の解除という制限を設けることなく、受任者のための委任においては損害賠償を義務づける）。

13-94 **(b) 651条有償委任適用否定説——無償契約説**　民法は委任を無償を原則としながら諾成契約としたが、それは任意解除を認めることとセットにして理解すべきであり、651条の任意解除権は無償委任ということから、契約の拘束力を弱めたものであり（また、委任者からの解除を認めても、無償なので受任者にとり不都合はない）、無償委任にのみ適用されるという考えもある（広中284頁以下、292頁）。この説では、ⓐ請負型には641条、ⓑ雇用型のものには627条、628条が適用され、ⓒ賃貸借的要素を含むものについては賃貸借の解除に関する準則が用いられる。

13-95　**(c) 折衷説1——有償委任には報酬の損害賠償を義務づける**　*13-92*の②の解除では相手方の損害を常に賠償すべきであるが、652条2項はそうなっていないことがネックである。他方で、651条ですべての委任契約を処理する簡単明瞭性も捨て難いとすれば、651条を有償・無償を問わずに適用した上で、有償委任については、651条2項を拡大して、不利な時期か否かを問わず、常に相手方の損害についての賠償義務を負わせるということも考えられる。即ち、有償委任についても、651条を適用するが、無償委任同様の完全な拘束力の排除を認めるのは正当ではなく、得べかりし報酬額に相当する額を損害賠償請求しうる——当然免れた費用は損益相殺される——という説もある（鈴木458頁。新注民(16)279～280頁〔明石〕もほぼ同旨）[29]。

13-96　**(d) 折衷説2**　無償委任については無条件に651条の解除ができるが、有償委任については、信頼を失われたと思われる相当の事情がある場合にのみ解除ができるという提案もある（水本浩『セミナー債権各論中』128頁）。確かに、信頼関係説を貫けばこういうことになるが、*13-92*の③の解除を解釈として実現できないという不都合がある。

(3) 本書の立場

13-97　否定説のいうように、委任というだけで請負などと異なりこのような任意解除権を認める理由はなく、無償契約を要物契約としたり、取消（撤回）を認めたりしているわが民法の基本的立場からして、651条はやはり無償性と結びついた規

---

[29] 目安として解約後1年分の報酬を損害賠償として請求できるということが提案されている（半田455頁）。なお、有償委任については、原則として解除権不行使の特約がなされているものとみて、但しそれに反してなされた解除も有効であり、特約違反による損害賠償義務を負うという考え（石田穰359頁）も、結果としては同様になろう。

定といってよい。だからこそ、即ち契約の拘束力が否定されるからこそ、651条2項は原則として損害賠償の責任を否定しているのである。

他方で、常に相手の損害を賠償することを要件としつつ、*13-92*の③の解除を認める必要がある。そのため、有償委任に委任規定を拡大する債務不履行に、有償委任について641条に匹敵する規定が置かれるべきであったのに、それがないという法の欠缺があるといわざるをえない。この点の補完としては、有償委任について、651条2項を転用するか641条の類推適用によるのが妥当であろう。なお、期間の定めがあっても（例えば、1年間のマンションの管理の委託）651条の解除ができるのかという疑問があるが、解除権が放棄されている場合は別として、やはり解除を認めた上で有償委任を理由とした損害賠償を認めるしかないと思われる。

2　651条2項の損害賠償について

(1) 損害賠償の内容

13-98　相手方のために不利な時期に解除した場合には、解除した者は「其損害」を賠償しなければならないとされているが（651条2項）、この賠償されるべき「其損害」とはいかなるものが含まれるであろうか。

13-99　❶ **第1説**　通説は、ⓐ解除された事自体による損害ではなく、ⓑ解除が不利な時期になされたがために特に生じる損害のみが賠償されるにすぎないと考えている（我妻・中二690頁）。ⓐについては、当事者は特別の理由がなくても委任は解除されうることを予期すべきであるというのが、それを排除する理由である。この結果、有償の委任で、解除のため報酬が得られなくなることは含まれなくなる。

13-100　❷ **第2説**　これに対して、*13-93*に述べたように、有償委任にも解除を認めるが（有償委任に任意解除を認めない説ではそもそも問題は生じない）、無条件の解除を認めずそれなりの拘束力の強化を認め、報酬相当額を損害賠償請求しうるものと考える説がある。

13-101　❸ **本書の立場**　❷説も正確には、2項の損害賠償といっているわけではなく、651条全体の趣旨から導いているのであり、むしろ651条の解除に対する制限解釈により、有償委任については報酬相当額を賠償することを義務づけられるとして、拘束力を強化すべきであり、第2項については無償・有償の両委任に適用すべきである。このように、有償委任では、651条の解除を一応認めながら報酬相当額の賠償を義務づけるならば、541条による解除を認めることが必要になる。

解除権行使のためには、損害額の提供は不要である（石田穣358頁は必要説）。なお、委任者からの解除を認めるのは委任に本質的なものであり、受任者からの解除の事由を委任者の保護のために制限しようとし、受任者からの解除の場合にのみ損害賠償を認める立法例もあるが（ドイツ民法671条2項、フランス民法2007条2項）、わが国ではそのような制限をしていない。

(2) やむことをえない事由による場合

13-101　相手方に不利な時期の解除であっても、やむことをえない事由による場合には、解除者は損害賠償をなすことを必要としない。例えば、受任者が病気や交通事故で事務処理ができなくなったような場合である。なお、541条による解除の場合に、651条2項の賠償義務は生じないのは当然である。

3　受任者の利益ためにも委任契約が結ばれている場合
────委任者による解除の制限────

13-102　委任契約が受任者の利益のためにもなる場合、例えばAがBに対して金銭債務を負っていて、AのCに対する金銭債権につきBに取立を依頼し、その取立てた金銭をAのBに対する債務の支払に充てることができるとされる場合、形は取立の依頼ということになっているが、その実質は債権者たるBの債権回収という利益のためのものである。このような場合には、委任者が自由に解除ができるというのは不都合である（651条による説も641条の類推適用による説のいずれについても問題になる）[30]。

13-103　**【判例の状況】**

(1) 受任者の利益が中心の場合──債権回収事例　事案の差異もあるが、この問題について判例の立場は次のように変遷している。債権の取立委任、債権回収のための債務者たる会社の経営委任のほか、債権回収のために、債務者からその所有不動産の売却の依頼を受け、その売却代金を債権の支払に充てるという場合も、受任者の利益のための委任であり任意解除ができないものと考えられている（東京高判昭31・9・12東京高民時報7巻9号194頁）。

13-104　● 大判大9・4・24民録26輯562頁　先ず、債権の取立委任を自分の債権者に依頼したという事例で（債権回収という債権者＝受任者の利益のための委任である）、651条1項の解除権の根拠について、「委任は当事者双方の対人的信用関係を基礎とする契約なるを以

---

[30] なお、事務処理が受任者のためにも利益になるというためには、委任事務処理自体により受任者が利益を受けることが必要であり、単に報酬が支払われる、即ち有償委任というのでは、受任者のための委任とはいわないことに注意すべきである。

て、自己の信任せざる者をして其事務を処理せしむること能はざると同時に、自己の信任せざる人の事務を処理するは受任者の人情として堪え難き所なり」と説明する。そして、従って次のように解すべきであるという。

　<u>651条1項は「受任者が委任者の利益の為めにのみ事務を処理する場合に適用あるものにして、其事務の処理が委任者の為めにのみならず受任者の利益をも目的とするときは委任者は同条により委任を解除することを得ざる</u>ものと解するを相当とす。蓋し後の場合に於て委任者が右法条により何時にても委任を解除し得べきものとせむば、受任者の利益は著しく害せらるるに至るべけばなり」。

13-105 　● **最判昭43・9・20判時536号51頁**　　事業不振に陥ったX会社が、再建を図るために、債権者の一人であるY会社に対して経営一切を委任したところ、Y会社の不誠実な行動によりついにはX会社が不渡りを出すに至ったため、Xが委任契約を解除したという事例で、「<u>委任事務の処理が委任者のみならず受任者の利益でもある場合といえども、受任者が著しく不誠実な行動に出た等やむをえない事由があるときは、651条に則り</u>[31]<u>委任契約を解除することができる</u>ものと解するのを相当とする」と判示された。

13-106 　**(2) 委任者の利益が中心で受任者に利益もあるにすぎない場合**　　次のような判例がある。また、その後にも、解約権を放棄したと認められる特別事情の有無が問題とされた事例で、特別事情を認めた原審判決を破棄した判決が出されている[32]。

---

[31] 651条による解除では、651条2項による損害賠償義務を義務づけられてしまうので、この場合には、善管注意義務違反があるので、541条による債務不履行によるべきであろう。

[32] その後の判例としては、Xが別荘地として開発造成した広大な土地の一部の所有者Yとの管理委託契約をYが651条により解約ができるかが問題となった事例で、原審判決は、「右別荘地には公共の上下水道の設備がないため、Xが専用の水道、排水、道路防犯灯等、同別荘地の維持管理に必要な諸施設を設けて自らこれを所有するとともに、別荘地の取得者から管理料を徴収して右施設を使用させることとし、そのためにXは「……別荘苑管理要領」という文書を作成してこれに基づいて管理契約を締結していること、本件管理契約もその一であること等を認定した上、右別荘地の所有者は、Xとの間に土地管理契約を結ばなければ、上告人の所有にかかる水道等の諸施設を利用することができず、Xも管理費を徴収しなければ右別荘地の維持管理はできず、管理契約は右別荘地が別荘地として存続する限り継続するものと予定されていたものであり、従って、<u>右管理契約が管理者側である受任者の一存で何時でも解約されるというのであれば、別荘地の利用者である委任者は別荘地の利用を全うすることができない</u>ことが明らかである、という『特別の事情』のもとに締結されたものであることを説示している」。これに対して、最高裁は、「然しながらXとしては、本件管理契約を解除しても本件土地の管理を全面的に拒否するわけではなく、Xは、本件土地に関するX主張のような特別の事情を考慮した一定の条件で、本件土地の管理をする意思を有して居り、このことは原審において度々主張したところであり、またXはYに対し、第一審以来再三その申入れをしたが、Yはこれに応じなかったものである。即ちXとしては、被上告人との間の管理契約の存否にかかはらず本件土地管理をする義務を有することを前提とし、ただ管理の条件についてXの真意に合致せず、誤って締結され

●**最判昭56・1・19民集35巻1号1頁**　AはBに対して建物を一括して賃貸すると共に、Yに対してこの建物の管理委託契約を締結し、Yは賃貸に関する事務を一切引き受ける代わりに、BがAに差し入れた保証金を自由に運用できる――但し、月1分の利息を支払う――ことにされた（それ以外に報酬は支払われない）。その後、AはYに対して管理委託契約の解除を申し入れ、Yに保管させていた保証金の返還請求権をXに譲渡した。XのYに対する保証金の返還請求に対して、Yが解除の効力を争う。原判決は、当事者双方の利益のための委任として、Aの解除の効力を否定し、Xの請求を棄却。最高裁はXの上告を受入れ、次のように判示する。

「本件管理契約の如く単に委任者の利益のみならず受任者の利益のためにも委任がなされた場合であっても、委任契約が当事者間の信頼関係を基礎とする契約であることに徴すれば、<u>受任者が著しく不誠実な行動に出る等やむをえない事由があるときは、委任者において委任契約を解除することができるものと解すべきことはもちろんであるが</u>……、さらに、<u>かかるやむをえない事由がない場合であっても、委任者が委任契約の解除権自体を放棄したものとは解されない事情があるときは、該委任契約が受任者の利益のためにもなされていることを理由として、委任者の意思に反して事務処理を継続させることは、委任者の利益を阻害し委任契約の本旨に反することになるから、委任者は、民法651条に則り委任契約を解除することができ、ただ、受任者がこれによって不利益を受けるときは、委任者からの損害の賠償を受けることによって、その不利益を填補されれば足りるものと解するのが相当である。</u>」[33]

13-107　【**学説の状況**】　これに対し、学説は次のように分かれる。

たものであるが故に、本件管理契約を解除したものである。」「原判決のいう「特別の事情」は右の事情を全く無視したものであり、このような事情がある本件においては、上告人の為した解約権の行使を阻害する事由は存在しないことが明らかである。」と判示する（最判昭56・2・5判時996号63頁）。また、税理士顧問契約についても、「<u>税理士顧問契約における受任事務は、一般に、契約が長期間継続することがその的確な処理に資する性質を有し、当事者も、通常は、相当期間継続することを予定して税理士顧問契約を締結するものであり</u>、本件税理士顧問契約において、依頼者たる被上告会社から継続的、定期的に支払われていた顧問料が上告人の事務所経営の安定の資となっていた等の原判決判示の事由も、<u>これをもって受任者の利益に該当するものということはできない</u>」とされている（最判昭58・9・20判時1100号55頁）。

[33]　*13-104* の判決が原則を提示し、*13-105* の判決がそれに対する例外を提示しているが、この原則・例外が *13-106* によって変更されたのかは微妙である。一般論だけみると、肯定すべきようであるが、それ以前の判決がいずれも債権者が自己の債権回収のために取立権、経営権などを取得する事例であるのに対して、*13-106* の事例は、受任者の利益がそれに匹敵するほど重要なものではないという、事例類型的な差は否定できず、*13-106* によって債権者の利益のための場合の判決は変更されておらず、依然として解除はできないと考えるべきである（判例変更があり、*13-104～5* の事例も、解除権を放棄したと認められる特別事例として説明しなければならなくなったと考える必要はない）。

❶ **否定説**　受任者の利益のためにも委任契約がなされている場合には、解除ができずなされても無効と考えるものである（鈴木459頁。委任契約が受任者の権利の保全のための手段としてなされている場合に問題を限定した上で、来栖551頁も同旨）。但し、やむを得ない事情がある場合には解除が認められる。私見は *13-97* に述べたように、無償契約に651条の適用を限定するが、その上で否定説によりたい。但し、受任者に背信行為があれば541条を継続的契約関係に修正し直した上で、同条に基づき解除ができる。これを *13-106* の判例のように651条1項の解除というと混乱するので、651条1項の解除は一切否定する。

13-108　❷ **肯定説**　ⓐ判例を支持するもの（やむをえない事情があれば651条で解除ができる）、ⓑ受任者の利益のためにも委任が契約されている場合には、解除権不行使特約があるものとみて、解除権の行使は許されるが特約違反を理由として、受任者は損害賠償を請求できるというものもある（石田穰360頁）。そして、解除のためには損害賠償額の提供が必要であるともいう。

13-109　【**債権取立委任（代理受領）**】　委任が受益者のためにも利益がある場合といっても、自己の債権者に債権の取立を委任する場合については、例えばAがBに対して有する債権の回収にあてるため、BがCに対して有する債権につき取立委任を受け、かつ、Cの了承を得ておくという場合は特殊である。

このような場合を代理受領と称して、委任の形式を取ってはいるものの、一種の債権担保であり、債権譲渡・債権質ができない債権につき（公共団体への工事代金債権）、債権担保の代用として使われるものである。債権担保という目的を実現するためには、CのBへの弁済を禁止することが必要になり、そのためにCの了承をとるわけである。ところが、もしCが了承していたにも拘らず、CがBに弁済してしまったらどうなるであろうか[34]。

CはAに支払う義務を負うわけではなく、やはり飽くまでCのBに対してなした弁済は有効とせざるをえない（但し、債権質類似の無名契約とする判例もある［福岡地判昭51・3・30判時848号98頁など］）。しかし、それではAの債権担保という目的が害されるので、判例はCがBに弁済をした場合、AはCに損害賠償を請求できるものとしている（最判昭61・11・20判時1219号63頁）。詳しくは担保物権法の講義に譲る。

4　解除しない特約

13-110　契約自由の原則からして、651条の解除をしない特約は有効である[35]。但し、

---

[34]　なお、古くは譲渡・質入れを禁止されている恩給の代理受領が問題とされ、一応有効だが委任者（恩給受給者）の解除権放棄の特約は無効であり、委任者はいつでも解除できるとされていた（大判昭7・3・25民集11巻464頁など）。

[35]　但し、無償委任については、不解除特約の効力は認められないという主張がされており（来栖518頁）、賛成しておきたい。また、有償委任ないしこれに準ずる契約でも、消費者契

飽くまでも651条の無理由解除を排除する合意について有効と考えるだけであり、債務不履行などやむをえない事由がある場合にまで解除をしないという約束まで有効と考えるべきではない（末川・下217頁）[36]。判例としても、私立学校の校長の委託を受けた者との間の契約を委任契約と認めた上で、不解除特約にも拘らずやむことをえざる事由があるとして解除を認めた判決がある（大判昭14・4・12民集18巻6号397頁）[37]。

特約に反して当事者が解除した場合、その効力はどう解すべきであろうかは議論がある[38]。

II　当事者の死亡等の事由の発生

13-111　民法は、委任契約の終了原因について、次のような規定を置いている。
「委任は、次に掲げる事由によって終了する。
　一　委任者又は受任者の死亡
　二　委任者又は受任者が破産手続開始の決定を受けたこと。
　三　受任者が後見開始の審判を受けたこと。」（653条）。

1　委任者または受任者の死亡

（1）原則として契約終了

13-112　委任は当事者の個人的信頼関係を基礎としており、相続人との間にはこの契約の基礎である信頼関係が存在しないので、当事者の死亡により契約が終了し、相

　　　約については、消費者からの解除を否定する条項は、消費者契約法10条により無効となると考えられる（外国語会話学校の受講契約などの中途解除を否定する条項は無効）。
[36]　説明としては、債務不履行や事情変更による解除まで否定する部分を無効（一部無効）とするか、または、そもそもそのような解除権の法規までは合意に含まれていないと契約の制限解釈によるか、いずれかの処理が考えられる。
[37]　原判決は雇用契約とした上で628条による解除を認めたため、校長側が雇用ではないとして上告したのに答えたものである。なお、やむを得ない事由による解除の場合には、催告を要しない（東京高判昭30・4・22下民集6巻4号773頁）。
[38]　①解除を無効と解して、委任契約を存続させることも可能であるが、②解除は飽くまでも有効であり、ただ解除をした者は特約違反による損害賠償義務を負うという考えも主張されている（来栖551〜552頁、石田穣361頁）。結局、解除権の放棄ではなく、解除権を行使しない不作為債務の負担の合意に等しくなるが、継続的契約関係であり、契約からの離脱を認める必要性が高いので、妥協的解決としてこのような解決を是認すべきであろう。

続されることはない。給付自体は特定の法的地位に結びついたものでも、その者の給付でなければ給付としての価値がないようなものではなく、一身専属的給付ではない（受任者は履行補助者として従業員を使用できるのは当然）。しかし、契約関係は特定の個人的信頼関係を基礎にしており、その特定の者の間限りに終止し相続されないという意味で、契約関係は一身専属的なものといえる[39]。

(2) 委任者の死亡の事例につき契約が終了しない例外

13-113　**(a) 例外を認める明文規定がある場合**　しかし、例外的に相続性を認める余地がないわけではなく[40]、「商行為の委任による代理権は、本人の死亡によっては、消滅しない」（商506条）とされたり、弁護士への訴訟委任で委任者の死亡した場合にも例外が認められている（民訴58条1項1号）。また、登記申請の委任についても、委任者の死亡により終了しないと考えられ（来栖556頁、石田穣362頁、三宅・下1022頁）、不登法17条1号に明記されている。これらの明文の規定がある場合に例外は限定されるべきではなく、次のような場合にも解釈上例外が肯定される。

13-114　**(b) 例外を認める明文規定がない場合**　明文規定がなくても、次のような場合には、契約の性質からして、黙示の特約を擬制するまでもなく、委任者の死亡により委任契約は終了しないものと考えられている。

①他の契約の一部として一定の事務処理が委任される場合[41]、②委任事務処理

---

[39] 従って、この契約終了規定がなくても、896条により委任者たる契約上の地位は一身専属的なものとして相続の対象にならず、契約は終了することになろう。①受任者の死亡でいえば、委任者が信頼を与えていない相続人に事務処理されても困るし、②委任者の死亡でいえば、相続人が当該受任者を信頼するとも限らない。但し、立法論としては、相続性を認めた上で損害賠償を義務づけられることのない無条件の解除権を認めるということも考えられる（民コメ(14)1207頁〔稲本〕は解釈論として肯定するようである）。

[40] ドイツ民法では、受任者の死亡は疑わしい場合には契約の終了原因とされ（673条）、委任者の死亡は逆に契約の終了原因とはならないものとされている（672条）。現行民法は、ローマ法に由来し、フランス民法、旧民法を経て委任者の死亡を委任契約の終了原因とする伝統を維持している。委任者の死亡を委任契約の終了原因とする旧民法に対して、ドイツ民法草案がドイツ商法典に合わせて委任者の死亡を委任の終了原因としておらず、旧商法268条もドイツ商法同様に委任者の死亡を委任契約の終了原因としていないことを（「商行為による代理権は本人の死亡に因りて消滅せず」と規定）、起草者も知っておりいずれに従うべきか悩んだようである。結局、当事者の信用を基礎とする委任契約の「信用主義」を是とし旧民法に従ったようである。

[41] 判例としては、AがBに対して債権を有し、その回収のためにBが所有する貸家の家賃の取立をAにBが委託し、かつ、その貸家の所有名義をA名義に移して管理も委託した関

が受任者の利益のためでもある場合（債権者に債権の取り立てを委任し、自分の支払に当てる場合。委任というよりも取立権限の付与である）、③委任が雇傭的色彩を帯び、委任者の解除権の制限が受任者の身分保障の意義をもつ場合などである（我妻・中二695頁）。④また、税金の口座振替の委任契約も、裁量の余地のない実行行為であり、特約がない限り委任者死亡後も行えるとされている（東京地判平10・6・12金判1056号26頁）。⑤更には、有償委任一般について、委任者の死亡は原則として委任関係の終了をもたらさないという主張もされている（広中294～5頁、民コメ(14)1207頁［稲本］）。

13-115　**(c) 特約は可能**　653条は強行規定ではないと考えられており、特約で委任者の死亡により契約の効力に影響がないことを約束すれば有効である（梅757頁も任意規定であることを肯定しており、異論はない）[42]。自分の信頼していない受任者と委任契約関係に立たされることになることから相続人を保護するために、委任者の死亡が契約の終了事由になっているのであれば、相続人の承諾なしに被相続人である委任者と受任者との特約で排除できるというのは不合理なようにも思えよう。しかし、起草者は、受任者の信用を問題にしているので、受任者の承諾だけでよいことになる[43]。特約の認定は柔軟に行われるべきであるが[44]、死後の事務の委任の場合においては、当然の前提としてそのような特約が含まれていると考えることができる[45]（*13-116*のような判例がある）。その場合、委任契約は終了しなくて

係は、Aの死亡により終了しないとした判決がある（最判昭23・5・1判タ5号16頁）。

[42]　111条についてであるが、本人死亡後も代理権を消滅させない（その当然の前提として委任契約も終了しない）合意を有効とする判例がある（最判昭28・4・23民集7巻4号396頁、最判昭31・6・1民集10巻6号312頁）。

[43]　従って、委任者の地位が一身専属的なものというよりも、受任者の信頼の保護程度の理由しか、相続否定＝契約の終了については考えられない。しかし、信頼関係というのであれば、相続人の保護を無視してよいのか疑問は残るが、これは650条1項の解除権があるのでかまわないというのであろうか。でも、それでいえば、受任者死亡の場合の委任者も同様のはずである。いずれにせよ、義務者側と異なって、委任者の死亡については委任契約の終了原因とすることには疑問が多く、特約を容易に認めてよいであろう。

[44]　生後間もない婚外子の養育を父親が第三者である女性に依頼し、報酬額も取り決めた事例で、その後7か月後に父親が死亡し、委任を受けた女性が相続人に対して養育費を請求した事例で、「幼児を養育する限り委託者の死亡に因り其の委託関係を終了せしめざる特約」ありと認められている（大判昭5・5・15新聞3217号13頁）。

[45]　更にいえば、このような場合には、被相続人の最終意思の尊重が図られるべきであり、相続人の意思よりも被相続人の意思を尊重して、正当理由がない限り、委任者たる地位を相続した相続人は解除ができないというべきである。

も、651条1項による契約解除ができるので、相続人に不都合はないが、共同相続の場合には544条があるので相続人全員で解除しなければならないことになる（中田裕康「判批」金法1384号10頁）。

13-116 ● **最判平4・9・22金法1358号55頁**　《事案》　A女は異父弟妹Xらと交流はなく、自己の死期が近いことを悟り、Yに生活全般の面倒をみてもらっていた。Aは死亡する前の最後の入院中、見舞いに来たYに、預金通帳3通、印章1個を預けて現金の引き出しを頼み、Yが245万円を引き出したところ、Yに対して、入院中の諸費用の病院への支払、死後の葬式を含む法要の施行とその費用の支払、家政婦B及び友人C対する謝礼金の支払を依頼し、現金、通帳、印章を交付した。

その後、Aが死亡し、Aの相続人としては、異父妹弟が6人いるが、遺体はYが引き取り、翌日の葬儀も、弟Dが形式上喪主にはなっているが、Yの采配で処理されたものである。37日忌の際に、XはYに対して、以後法要は遺族で行うので、Aから預けられた金員を交付するよう求めたが、YはXがAの世話をしなかったこと、AがXを嫌っていることなどを指摘して、これを拒絶し、49日忌もYが執り行った。その後、Xが単独相続をする協議が相続人間で成立し、XがYに対して、通帳、印章及び金員の返還を求めて提訴した。YはAの依頼に沿って、病院関連費62万円、葬式関連費45万円、法要関連費25万円、BCへの謝礼金各20万円（合計172万円）を支払っている。

13-117　(1) **原審判決**　原審判決は、AがYに対して右金員などの交付をしたのは、各費用などの支払を委任したものであり、そうすると委任者であるAの死亡によって右委任契約は終了した（民法653条）として、Yは、①Aから受け取っていた預貯金通帳及び印章のほか、Yが支払った各費用などを控除した残金を、Aの相続財産をすべて相続したXに返還すべきであるとし、また、②各費用などのうちYのBに対する謝礼金の支出は、Xの承諾を得ることなくYが独自の判断でしたものであるから不法行為となり、YはXに対し同額の損害賠償責任を負うとした。

13-118　(2) **最高裁判旨**　原判決は653条によりAの死亡によってAY間の契約は終了するとしたが、Yの上告をうけて最高裁は次のように述べて破棄差し戻している。

「自己の死後の事務を含めた法律行為等の委任契約がAとYとの間に成立したとの原審の認定は、当然に、委任者Aの死亡によっても右契約を終了させない旨の合意を包含する趣旨のものというべく、民法653条の法意がかかる合意の効力を否定するものでないことは疑いを容れないところである。」「自己の死後の事務を含めた法律行為等の委任契約がAとYとの間に成立したとの原審の認定は、当然に、<u>委任者Aの死亡によっても右契約を終了させない旨の合意を包含する趣旨</u>のものというべく、民法653条の法意がかかる合意の効力を否定するものでないことは疑いを容れないところである。」「当事者間に成立した契約が、前記説示のような同条の法意の下において委任者の死亡によって当然には終了することのない委任契約であるか、あるいは所論の負担付贈与契約であるかなどを含め、<u>改めて、その法的性質につき更に審理を尽くさせるため、本件を原審に差し戻すこととする</u>。」

13-119　【**651条による解除との関係**】　委任者の死後に、預けられた金銭を用いて受任者により事務処理がなされ、その後に相続人により受任者に預けられた金銭の返還が請

求された場合には、651条の解除が問題にならないとしても、委任事務処理がされる前に相続人により解除の意思表示がされた場合には、それは有効と考えざるをえないのであろうか。結局、解除ができるのであれば、契約の終了を認めず相続を肯定しても不都合がないのであるが、しかし、相続人は自由に解除ができるというべきなのであろうか。

　これは、被相続人の意思をどこまで尊重すべきかという問題であるが、民法は、遺言で相続人を拘束できるような行為を限定しており、一定の事務を相続人や第三者に依頼することは認められていない。では、公益信託や公益財団法人などを作らない限り、結局は被相続人の意思は無視され相続人が自由に解除できてしまうのであろうか。相続人は第三者への委任契約を解除して、費用の前払として渡した金銭を取り戻すことが許されるのであろうか。原則はこれを肯定せざるを得ないが、場合によっては、相続人を拘束する死後の委任というものも肯定すべきであり、そのような場合には相続人の解除は認められないというべきである（未成年の子の養育を依頼した事例などはこれに該当しよう）。

2　当事者の破産または受任者の禁治産宣告

(1)　委任者または受任者が破産開始の決定を受けた場合

13-120　委任者について破産開始の審判があった場合には、その財産の管理・処分は破産管財人に専属し、従来の委任関係の存続を認めるのには支障があるため、委任契約は終了する。また、受任者については破産開始の審判があった場合には、自らの財産の管理さえできなくなるので、契約の終了原因とされている。また、委任が当事者の信頼関係に基礎を置くものであるため、このような事実が生じたならば、通常は当事者の信頼が失われると考えられるためでもある。

(2)　受任者が後見開始の審判を受けた場合

13-121　受任者が後見開始の審判を受けた場合には、財産管理についての十分な判断能力が失われているのであり、委任者の信頼が通常は失われるので、委任者の解除の意思表示を待つまでもなく委任契約は終了するものとされている。

　これに反して、委任者が後見開始の審判を受けても、破産管財人のように成年被後見人の財産関係を後見人に独占させる必要性はなく（例えば、委任者が商店の経営を委任していたが、高齢に達して成年後見開始の審判を受けた場合）、民法は委任者の意思を尊重し、委任契約の終了原因から除外している。

13-122　**【任意後見人について】**　平成11年の民法改正と同時に制定された任意後見に関する法律により導入された任意後見制度は、本人が事理弁識能力を失う前に自分の信頼する者または機関に、生活、療養看護、財産の管理についての事務の全部または一

部を委任しておくことを可能とする制度である。従って、本人の意思を尊重して、法定の後見制度ではなく、任意後見制度によって身上看護財産管理はゆだねられることが原則となる。その代わりに、必ず任意後見監督人が選任されなければならないことになっている（4条）。但し、本人の利益のために特に必要があると認められる場合には、家庭裁判所は後見開始の審判をすることができ（10条1項）、その場合には、任意後見契約は終了することになる（10条3項）。

III 委任終了の効果と終了の際の措置

1 委任終了の効果

13-123　652条は620条を準用しており、委任を「解除をした場合には、その解除は、将来に向かってのみその効力を生ずる。この場合において、当事者の一方に過失があったときは、その者に対する損害賠償の請求を妨げない」、ということになる。

　これは、委任が継続的契約関係であることから導かれるものであり、解除以外の事由による終了についても遡及効は認められず、648条3項はこれを前提とした規定である。しかし、一時的契約関係としての委任も認められることは既に述べた。更に、541条による解除を認める場合、賃貸借のようにやはり解除に遡及効はないのであろうか。判例としては、米の買付委託を受けた受任者が債務不履行により解除された場合につき、解除により将来に向かってのみ委任の効力を失われるにすぎず、受任者が受け取っていた証拠金の返還について、545条2項により受領の時から利息をつけるのではなく、解除の時から利息をつけるものとした判決がある（大判大3・5・21民録20輯398頁）。近時も一般論としてだが、特定の株式の買いつけの委託といった継続性を有しない事務の処理についても、652条により解除に遡及効はないと明言した判決がある（最判昭57・3・4判時1042号87頁）。

2 受任者の善処義務

13-124　「委任が終了した場合において、急迫の事情があるときは、受任者又はその相続人若しくは法定代理人は、委任者又はその相続人若しくは法定代理人が委任事務を処理することができるに至るまで、必要な処分をしなければならない」（654条）。

　委任契約が終了した後の行為であるが、この善処義務の履行についても、受任

者の相続人に費用償還請求権が認められ、また、有償委任であれば相当の報酬が認められる。他方、受任者の相続人はこの義務違反につき委任者に対して責任を負う。

　この善処義務は、契約終了後の義務であるため、①かつては事務管理説ないし事務管理類似の制度と考える説もあったが、現在では、②契約の効力が契約の終了後も存続する例外的事例として、委任契約延長説が通説となっている。従って、通説では、この義務違反は、委任契約上の責任を生じさせることになる。受任者の相続人は契約上の地位を相続していないので、賃貸借契約終了後に、賃貸人が死亡し、賃貸不動産が相続人所有になるのみならず、賃貸借契約上の返還請求権が相続人に承継されるのと類似している。それ故、契約関係は承継されないが、契約上の個別の請求権を承継するということは背理ではない。

　いずれにせよ、この規定は、①一方で契約終了後の行為を正当化すると共に、②その違反を問題として責任を導く根拠となるといった機能を有することになる。

3　委任終了の対抗[46]

13-125　「委任の終了事由は、これを相手方に通知したとき、又は相手方がこれを知っていたときでなければ、これをもってその相手方に対抗することができない」(655条)。

　❶ **委任者の死亡**　委任者の死亡による終了の場合、当然に契約が終了するとすれば、受任者がそれを知らずに事務処理を行っても、その委任契約上の諸効果は委任者の相続人には生じないことになる。結局は、そうすると、委任者の相続人との関係で委任者死亡後の効果は生じるため、制限的に相続性が認められているに等しいことになる。また、対抗といっても第三者への対抗ではないので(第三者への対抗は112条)、むしろ受任者が委任者の死亡を通知されるかこれを知ることにより契約が終了するというほうが正しいかもしれない。また、委任契約が終了しないのみならず、委任契約の履行のために授与された代理権も消滅するこ

---

[46]　655条は委任契約の当事者間の法律関係を規律するものであり、契約の終了を知らずに、受任者が委任事務処理を継続して行った（例えば不在建物の掃除などの管理の委託を受けた者が、依頼者の死亡を知らずに管理を継続）といった場合に、その委任事務処理を有効とする規定である。委任契約が終了し、受任者の代理権がなくなった場合、第三者、すなわち受任者（代理人）の代理取引の相手方となった者の保護は112条により、第三者については（655条は善意だけを要求しているのに対して）善意無過失が要求されている。

とはなく、例えば、土地の売却を依頼された代理人が、本人の死亡を知らずにその死亡後に本人を代理して土地を売却した場合には、代理行為は有権代理となる(相続人を本人とする売買契約の成立か)。

13-126　❷ **受任者の死亡**　逆に受任者が死亡した場合、委任者がそれを知らずに適切な措置がとれないのに、受任者の死亡により契約は終了したとして、受任者の相続人が放置できるというのも委任者の利益を害する。そこで、多くは応急処理義務に吸収されるであろうが、受任者の相続人に受任者死亡の事実を委任者に通知することを義務づけ、委任者が適切な処置をとれる機会を確保しようとしたものである（654条）。

第4章　寄　託

第1節　寄託の意義と法的性質

I　寄託の意義

(1)「保管」を依頼する契約である

14-1　「寄託は、当事者の一方〔＝受寄者〕が相手方〔＝寄託者〕のために保管をすることを約してある物を受け取ることによって、その効力を生ずる」(657条)。

　要するに、物を他人に預かってもらう契約であり、一時的か長期的かを問わず、また、有償・無償を問わない。①無償の好意的行為として、知人間で一時荷物やペットを預かってもらうといったことが考えられ、657条は寄託を無償契約と規定しており、このような好意的契約を念頭において寄託の規定は置かれているものといってよい。しかし、現在では、②営業として倉庫業者などが保管をしたり、また、③ホテル・結婚式場などの事業者がその事業に付随して顧客の物を無償で預かることもあり、これらについては商法に特別規定が置かれている (商593条以下)。また、②の倉庫業については約款により規律されており (その効力は問題があるとしても③についても宿泊約款や施設利用の約款により規律される)、商法の規定さえ出てくる幕は殆どない。こうみると、民法の寄託の規定は、もっぱら①の日常的な知人間のお互いさま的な寄託が主たる対象であり、②③については商法の規定のない問題について僅かに適用の余地があるにすぎず、あまり重要性を持つものではないことが分かる (更にいえば、商法の規定自体も古臭くなっている)。

(2) 寄託の目的物

14-2　寄託の目的物は「ある物」であり、物とは動産に限らず不動産も民法上含まれるので、不動産の寄託も一応は可能とされている。しかし、「保管」することだけが目的とされる場合は不動産では考えられず、管理行為の委託が中心とされるはずであり、むしろ委任 (準委任) というべきである。

　なお、金銭についても、これを「ある物」として、即ち特定物として寄託しその金銭を返還する必要がある場合には、寄託そのものであるが (例えば、旅館に貴重品として財布ごと預ける)、預金契約のように預けられた者にその金銭の使用利益

の享受が認められる場合には（寄託者に利益になるのみならず受寄者の利益をも目的とする）、契約により保管を求める債権が成立するのではなく単なる金銭債権が成立するものである。この場合には、寄託特有の保管という義務がないため、民法はこれを一応寄託に位置づけているが、消費寄託として消費貸借と同じ規律をしている（消費寄託については、節を別にして説明する⇒**14-39**）。

Ⅱ 寄託の法的性質

1 無償かつ要物契約として規定されている

14-3　民法上、657条の定義によれば寄託とは、片務（受寄者のみが保管という義務を負う）・無償かつ要物契約（但し不要式）であるということになる。この要物契約ということは、好意による行為は強制されるべきではなく好意行為者の任意の履行に委ねようという思想から来ているものといえ、有償の寄託についてはこの趣旨はあてはまらない。従って、有償の寄託契約については、合意だけで成立し、受寄者は保管義務（その前の受領義務）を負うものと考えてよい。つまり、有償寄託は、双務・有償・諾成・不要式の契約というべきである[1]。

14-4　【黙示の寄託契約の成立】　また、特殊な事例であるが、暴力団の組員がガソリンスタンドに駐車しそのまま立ち去り、従業員が黙認していただけの事例で（車が盗難にあったとして賠償請求がされたやらせっぽい事例）、「自己の支配域内へ他人が物を置くことを許容しただけでは寄託を受けたことにはならず、積極的に債務の負担の合意を必要とする」、「単に、被告会社が好意で、一時的に原告の自動車の駐車場所を提供していたにすぎないとみることもでき、そのことから、直ちに、原告と被告会社との間に本件自動車の保管について合意が存在したと認めることはできない」とされている（東京地判昭59・7・31判時1150号201頁）。正当な判決であろう（⇒**24**注**8**も参照）。

2 物の保管を目的とする

14-5　寄託は他人の物（寄託者の所有物でなくてもよい）を保管することを目的とする契約である。従って、保管という他人の事務を代わりに引き受けるものであり、準

---

[1]　於保不二雄「無償契約の特質」『契約法大系Ⅰ』79頁も有償寄託についてだけ諾成的寄託を認める。なお、665条による648条1項の準用により、有償寄託が可能なことは明らかである。

委任に含まれるのであるが、寄託については歴史的に別の類型として発展している。いずれにせよ、寄託についての特別規定以外については、委任の規定が多く準用されている (665条)。

ところで、「保管」とは物の現状を維持する行為であり、一般の私人が家具や絵画を、出版社が在庫の本を、食品メーカーが原材料を倉庫業者に預けたり等々の場合が、保管に当たることは疑いない。ところが、保管以外の事務を委託する場合については、寄託か委任 (準委任) かの区別が困難な場合がある。例えば、ペットの保管というだけでも、餌を与え、散歩させ、病気になったら世話をする等の事務も委託されており、これも寄託といえないではない。しかし、家畜を委託して飼育して大きくしてもらう、ペットをしつけや訓練のためにその専門の業者に預けるというのは、現状の維持ではなく改良が主たる目的であり、保管はそれに付随するもので、もはや寄託ではなく、委任、請負ないし混合契約に位置づけられるべきものである[2]。

14-6 【寄託か場所の賃貸借（使用貸借）かが争われる場合】　有価証券、宝石等の貴重品を保管するために銀行の金庫の一部を使わせてもらう貸し金庫契約、駅などのコインロッカーの利用 (無償のものとして、図書館などのロッカー、旅館等の下駄箱、傘立てなどの利用)、自動車の駐車場契約については、物を預かり保管を約束するものなのか、それとも、場所を借りて使用するものなのか、という疑問が出てくる (寄託であれば、盗難の場合の責任が出てくる)。

14-7 　　(1) 寄託か否かを分ける基準　①寄託では物を相手方に預け、相手方が占有して管理するのに対して、②賃貸借 (使用貸借) では、物の占有は借主に移転し、借主が物の置場としてその場所を利用するにすぎない。従って、いずれになるかの決め手は、<u>占有の移転の有無</u>ということになる (新注民⑯306頁 [明石])。この基準によると、貸し金庫契約は場所の賃貸借であり、駐車場契約は賃貸借 (使用貸借) ともなるし (青空の月極め契約)、寄託ともなる (守衛つきのパーキング利用契約)。駅などでのコインロッカーの利用契約も場所の賃貸借であろう (貸金庫につき、蓮井良憲「賃金庫契約」『現代契約法大系5』320頁以下参照)。これに対し、旅館、本屋等の傘立て、下駄箱に傘や靴を置くのかそれとも預けるのかというと、かなり微妙である。場屋営業

2　保管という要素は確かにあるがそれは主たるものではないということが明らかなものとしては、修理を委託して車を修理業者に預ける、運送を委託して商品を運送人に預けるといった場合が考えられ、更には、特定物売買で所有権が契約と同時に移転するならば、契約と同時に売主は他人の物を保管していることになる。これに対して、賃貸借や使用貸借も、使用の為に他人の物を占有するものであるが、保管のために預けているのではなく、利用に際する善管注意義務が問題になるだけである。

主については、寄託を受けたならばレセプツム責任が適用されるので、いずれになるかは重大である。

14-8　**(2) 判例の状況**
　(a) 寄託の成立を否定する判例　ゴルフ場クラブハウス内の貴重品ボックスにプレーヤーが物品を保管し、その鍵をプレーヤーにおいて終始保管し、ゴルフ場経営者の意思とは無関係に自由にボックス内の物品の出し入れができる場合につき、「単に保管場所の無償貸与契約が成立したというにすぎず、……寄託契約が成立したということはできない」とされている（東京高判昭62・8・31判時1253号60頁）。保養センターの駐車場に駐車については（宿泊客の乗用車内から盗難を受けた事例）、自動車を保養センターが「これを保管した状態になったこと、別言すれば、本件自動車に対する支配が原告（その社員である吉田敏雄）から被告に移ったと解することは到底困難であ」り、保養センターが、「センターの前庭の一部に同センターを利用する客のために自動車を駐車させることを認否していることを利用したにすぎない」とされている（高知地判昭51・4・12判時831号96頁、責任否定）。時間決めの駐車場についても、「保管場所の提供にとどまり、これをこえて更に自動車の滅失・毀損等を防止するための積極的保護の供与までは含まない」とされている（鳥取地判昭48・12・21判時738号98頁）。

14-9　**(b) 寄託の成立を肯定する判例**　旅館の宿泊客が旅館前に車を駐車し、その鍵を旅館に預けた場合につき、寄託と認めたものとして、東京地判平8・9・27判時1601号149頁がある。事業者の経営するモータープールに駐車・格納する契約につき、契約書に「保管の責に任ずる」旨の記載、また、不可抗力又は原告及びその関係人の故意・過失によって車輌が滅失した場合はこれについて責任を負わない旨の記載があること、本件モータープールは、周囲三方をブロック塀、一方をブロック塀の上に金網を施した塀で囲まれ、敷地全面が屋根で覆われており、出入口は一か所で鉄製の門扉があること、出入口の真正面には道路を隔てて本件モータープールの管理を委託されていた店舗（タバコ・パン等の小売販売店）兼居宅があり、同人又はその妻は、昼間右店舗の店番等をしながら本件モータープールへの車の出入を監視し、出入口の門扉を夜10時ごろ閉めて朝6時ころ開けていたことなどから、「自動車の寄託契約であり、被告は、本件モータープールに駐車・格納中の本件自動車について保管の責任を負い、これについて有償の受寄者として善良な管理者の注意義務がある」とされた（大阪地判昭53・11・17判タ378号122頁。盗難につき責任が認められた）。

3　継続的契約関係である

14-10　寄託は、売買のように目的物の引渡し、代金の支払といった一時的給付を目的とするものではなく、物を保管するという継続的給付を目的とする継続的契約関係であるといわれている。従って、消費寄託も継続的契約関係ということになり、

消費貸借とのバランスを欠くことになるので、消費貸借も貸す、返すという一時的給付だけが問題となっているようにみえるが、賃貸借のように中途解除があってもそれまでの利息は払われるべきことからいっても、消費貸借も継続的契約関係と解すべきである。

　寄託が継続的契約関係とされる結果、解除には遡及効はないことになる（665条は652条を準用せず、独自に620条の準用もしていないが、準委任の一種だとすれば委任同様に扱ってよい）。

第2節　寄託の効力

I　受寄者の義務

1　保管義務

(1) 保管についての注意義務

14-11　「保管」とは、目的物の滅失・毀損を防止して現状の維持を図ることであるが、受任者の保管についての注意義務の基準はどう考えるべきであろうか。これは保管義務の内容についての契約解釈の問題であり、次のように分けることができる。

14-12　**(a) 無償寄託──自己の財産についてと同じ注意義務**　「無報酬で寄託を受けた者は、自己の財産に対するのと同一の注意をもって、寄託物を保管する義務を負う」(659条)。その趣旨は、無償で、即ち好意で他人の物を預かる場合（隣の住人が旅行するのでその犬にその間餌を与えたり散歩に連れていったりして世話をするのは委任だが、自分の家で預かれば寄託になる）、無償行為は道徳に片足を突っ込んだような関係であり、法的に強い拘束力を与えるのに適しない特殊性があるため、好意で預かった者の責任を軽減しようというものである。別の観点からみれば、責任を容易に認めないことにより、安心して市民間で好意的な寄託という人情的お互いさまの行為を促進し、社会的連帯を高めようという思想の現れともいうことができる[3]。

　ところが、同じ無償といっても事業者がその事業に付随していわゆるサービスとして行う場合には、上の趣旨は当てはまらない。そこで、商法593条は「商人カ其営業ノ範囲内ニ於テ寄託ヲ受ケタルトキハ報酬ヲ受ケサルトキト雖モ善良ナル管理者ノ注意ヲ為スコトヲ要ス」るものとした。

---

[3]　なお、この注意義務の緩和は、契約内容たる保管についてのみ認められるにすぎないのではなく、寄託が終了し返還義務が生じた場合の返還までの注意義務についても認められるべきである。但し、受寄者が返還を遅滞している場合には、遅滞にある者としての原則的責任（⇒債権総論**3-218**）として、不可抗力についても責任を負うというべきか。ところで、不法行為を理由とする損害賠償請求との関係であるが、競合説では不法行為上の注意義務についても軽減を図る必要がある。

14-13　**(b) 善管注意義務が要求される場合**　659条の反対解釈として、有償寄託については注意義務の緩和は認められない。400条は、単に返還までの保管義務の規定に尽きず、過失の前提についての注意義務の基準を定めた規定として一般化されて理解されているので、400条の原則規定により、有償の受寄者は善管注意義務をもって保管をなさなければならないことになる。要求される善管注意義務については、事業者ならばその事業に属する者に要求される注意義務であるが、倉庫業者については約款により重過失についてのみしか責任を負わない旨定められているといわれる（江頭334頁）。なお、寄託期間がすぎ、受寄者が引取を求めても寄託者が取りに来ない場合には、受寄者の注意義務は(a)と同じものに軽減される（福岡高判昭29・8・2下民集5巻8号1226頁）。また、有償寄託でも特約により注意義務を軽減することは可能である。寄託者が建替えのために51匹の錦鯉の保管場所を探し、なるべく保管に要する費用を安く抑えようとしたこと、受寄者が予定外に錦鯉の数が多いことを理由に、搬出について難色を示された際、引越を間近に控えているなどとして頼み込み、<u>過密飼育の危険性について指摘され責任を持てないと念押しされた</u>ことから、「善良な管理者のそれまで必要とせず、せいぜい自己の物に対するのと同一の注意義務で足りるものというべきであるし、過密保管や過密搬送を原因として預けた錦鯉に異変や事故が生じても、受寄者の責任を問わないことが了解されていた」と認めて受寄者の責任を否定した判決がある（東京地判平13・1・25金判1129号55頁）。

14-14　**(c) レセプツム責任が負わされる場合**　商法には、いわゆるレセプツム責任が場屋営業者について認められており（商594条）、「旅店、飲食店、浴場其他客ノ来集ヲ目的トスル場屋ノ主人ハ客ヨリ寄託ヲ受ケタル物品ノ滅失又ハ毀損ニ付キ其不可抗力ニ因リタルコトヲ証明スルニ非サレバ損害賠償ノ責ヲ免ルルコトヲ得ス」（商594条1項）と規定されている（過失の理解によっては、別に無過失責任ではないことになる）[4]。

---

[4] ゴルフクラブハウス内で、ロッカー室とは別に貴重品ロッカーというものをフロントの目の届くところに設置した事例で、客がロッカーに預けることにより商事寄託契約が成立し、何者かがロッカー付近に盗撮用カメラを設置し、ロッカーの暗証番号をこれにより知り、開錠して中の財布からカードを盗み出し、ロッカーの番号とカードの番号が同じであったため（これが普通）、ゴルフ客が被害を受けた事例で、ゴルフ場経営会社の損害賠償責任が肯定されている（東京地判平16・5・24金判1204号56頁）。カードと同じ番号がロッカーに使われることが多いので、銀行から引き出された損害との相当因果関係が肯定されている。

これを無過失責任とみるのが一般的であるが[5]、これは415条の帰責事由の理解にかかることになる。①不可抗力に限らず過失がないことを証明して責任を免れるのが過失責任であり、不可抗力でなければ免責しないのは無過失責任だと理解するのが、これまでの理解といえようか。②しかし、結果債務・手段債務という区別を認める立場では、寄託契約の受寄者の債務は結果債務であり、不可抗力以外は免責されないことになり、415条はこのような結果債務についての規定と考えることもできる（⇒債権総論 3-195）。

(2) 保管をめぐる義務

14-15　(a) 保管方法　いかなる方法により保管するかは契約内容によるので、当事者が定めたところによるが、これを特に定めない場合には、委任同様受寄者の自由裁量によることになる。保管場所についても、契約で保管場所が定められた場合にはそこで保管しなければならないが、やむをえない事由がある場合には、寄託者の事前の承諾なしに保管場所を変えることも許される。受寄者は寄託者の承諾がなければ、寄託された物を使用することはできない（658条）。

14-16　(b) 再寄託　「<u>受寄者は、寄託者の承諾を得なければ、寄託物を使用し、又は第三者にこれを保管させることができない</u>」（658条1項）。

寄託は本来ならば準委任の一類型であり、委任同様に再寄託を原則として禁止したものである（なお、受寄者が寄託者を代理して第三者に寄託をするときは、寄託者と第三者との間に直接の契約が成立し、復寄託ではない）。658条1項では再寄託には寄託者の承諾が必要であるが、104条のようにやむをえない事由による場合には、寄託者の承諾なしに再寄託は可能と考えられる（石田穣370頁）。

適法になされた再寄託については、次のような効果が認められる。

14-17　❶ 復受寄者の専任・監督についての責任　受寄者が適法に復受寄者を選任した場合には、105条が準用され（658条2項）、受寄者は復受寄者の選任・監督についてのみ責任を負う（適法でない再寄託については、受寄者は復受寄者の行為につき全面的に責任を負う）。

14-18　❷ 寄託者と復受寄者の直接の法律関係　適法に選任された復受寄者は、107条2項の準用により寄託者と直接の法律関係に立つことになる（658条2項）。この結果、寄託者は復受寄者に対して返還を請求でき、また、復受寄者は寄託者に

---

[5] レセプツム責任については、広瀬久和「レセプトゥーム（receptum）責任の現代的展開を求めて」上智法学論集21巻1号〜26巻1号が詳しい。

対して返還義務を負うだけでなく、保管義務も負い、反面報酬請求ができることになる。

判例は、この規定につき、「代理に関する規定中民法107条2項は、その本質が単なる委任であって代理権を伴わない問屋の性質に照らし再委託の場合にはこれを準用すべきでない」としており（最判昭31・10・12民集10巻10号1260頁）[6]、この論理でいくと、107条2項を再寄託に適用できなくなってしまう。しかし、107条2項はいわゆる直接訴権を認めた規定であり（⇒総則**14-85**以下）、寄託契約にも直接訴権を認めたものと考えるべきである。

14-19　**(c) 保管に付随する義務**　受寄者は目的物の保管にあたり、以下のような義務を負う。

❶ **660条の通知義務**　「寄託物について権利を主張する第三者が受寄者に対して訴えを提起し、又は差押え、仮差押え若しくは仮処分をしたときは、受寄者は、遅滞なくその事実を寄託者に通知しなければならない」（660条）。これは、寄託者をして防御の機会を与えるためであるから、ひとたび訴提起のあったことを通知すれば、寄託者は、それに対処する措置をとることができるのであり、受寄者はその後の経過（判決言渡、上訴の提起等）まで逐一通知する義務はなく、それと同様に、受寄者はひとたび仮処分のあったことを寄託者に通知し、もしくは寄託者が仮処分のあったことを了知した後においては、その後の経過（点検、保管換え等）まで逐一報告する義務はない（最判昭40・10・19民集19巻7号1876頁）。

14-20　❷ **委任の規定の準用による義務**　665条は委任についての一定の規定を寄託に準用しており、ⓐ寄託に当たって受け取った金銭その他の物、取得した果実を寄託者に引き渡し、また、自己の名で取得した権利を寄託者に移転する義務を負う（646条の準用）。ⓑ受寄者は寄託者に引き渡すべき金銭、寄託者の利益のために用いるべき金銭を自己のために消費した場合には、消費以後の利息を支払わなければならない（647条の準用）。

---

[6]　「民法658条2項が再寄託に同法107条2項の規定を準用することとしたのは、契約関係のない寄託者と復受寄者との間にも直接の権利義務の関係を生じさせることが便利であるためであり、これらの規定のために寄託者と復受寄者がそれぞれ受寄者と締結した各寄託契約に基づいて有している権利義務に消長をきたすものではなく（最判昭51・4・9民集30巻3号208頁参照とする）、受寄者と復受寄者との間の権利義務についてはその間の寄託契約に基づいて判断すべきものと解するのが相当である」ともいう。

2　目的物返還義務

14-21　受寄者は、寄託が終了すれば、目的物を寄託者に返還することを要する。但し、この義務に対応する寄託者の返還請求権については、債権として独立して譲渡する意味はない（これは買主の引渡請求権も同じである）。寄託者は目的物自体を譲渡してその旨を受寄者に指示すればよい（ここでは継続的契約関係たる寄託契約が承継されるので、契約上の地位の移転ともなる）。

14-22　**(a) 物権的返還請求権との関係**　この義務は寄託契約上の義務であり、契約上寄託者に認められるもので、寄託者が所有者でなくても認められる。そして、寄託者が同時に所有者であれば、所有権に基づく物権的返還請求権も認められ、寄託者は２つの返還請求権を持つことになる。従って、債権たる寄託契約上の返還請求権が時効にかかっても、所有権に基づく返還請求は可能であるとされる（大判大11・8・21民集1巻493頁）。

14-23　**(b) 返還の相手方**　上の問題に関連して、寄託者以外の者に引き渡しても、寄託者に対する返還義務の履行にはならない。但し、売主の引渡義務とは異なり、他人の物を返還するという債務不履行責任はあるが、債権の準占有者への弁済についての478条の適用を認めてもよいものと思われる（例えば、親が親戚に預けた家宝の品を、息子が親に頼まれて取りに来たといっているので、それを信じて息子に渡したとか）。しかし、業として寄託を行っている場合には、それでは不安定なので、例えば靴、コート、カバン等を預かる際に番号の付いた札を渡し、それと引換えに預かった物を渡したときは責任はないと約款で定めたり、更に、倉庫業者については、倉庫証券を発行し、その所持人についてのみ返還するという制度が商法上設けられている（江頭338頁以下。これは、寄託中の物の譲渡を容易ならしめるという趣旨もある）。

14-24　**(c) 受寄者の拒絶権**　受寄者は、報酬請求権及び費用償還請求権につき、寄託された物に対して留置権を行使することができる（295条1項）。また、報酬請求権については、いずれも双務契約上の権利ということで（対価関係にはないが）同時履行の抗弁権を認めるというのが通説である（三宅・下1050頁は、留置権類似の抗弁権という）。

14-25　**(d) 返還場所**　「寄託物の返還は、その保管をすべき場所でしなければならない。ただし、受寄者が正当な事由によってその物を保管する場所を変更したときは、その現在の場所で返還をすることができる」（664条）。従って、寄託物の返還債務は取立債務ということになり、484条の例外ということになる。これは任

意規定であるので、特約で持参債務とすることは可能である。

14-26 【他人物の寄託】　(1) 契約の有効性　寄託は所有権を移転させる契約ではないので、寄託者は所有者である必要はない。寄託を受けた物でも、賃貸ないし使用貸借中の物、更には盗品であっても寄託することは可能である（但し、受寄者が盗品であることを知っている場合には、公序良俗違反となる可能性がある[6-1]）。従って、他人物であっても、有効に寄託は成立するが、返還をめぐる場面では問題を生じてくる。

14-27 　　(2) 返還請求
　　(a) 再寄託の場合　再寄託の場合には、例えばAがBに美術品を寄託し、BがAの同意を得てCに再寄託をした場合、*14-18*に述べたようにAC間に直接の法律関係が成立する。従って、Aは直接にCに対して契約上の権利として返還請求ができる（そのためにはBC間の寄託を解約する必要があるが、AがBC間の寄託を解約できるのか）。

14-28 　　(b) 再寄託以外の他人物の寄託　この場合も、①占有権限を有する者（賃借人など）が寄託する場合と、②占有権限を有しない者（盗んだ者）が寄託する場合とが考えられる。これらの場合に、真の所有者が返還請求した場合、受寄者は占有権限がないのであるからこれに応じなければならないが（留置権の行使はできる）、所有者に返還した場合、寄託者への返還義務はどうなるのか[6-2]。義務違反だとしても、寄託者は、損害がないので損害賠償請求権は生ぜず、しかも、義務違反を理由に報酬を拒むこともできないというべきであろう。

14-29 【混蔵寄託】　例えば、ジャガイモの生産者から収穫したジャガイモの寄託を受けるが、複数の生産者から集められたジャガイモを1か所の倉庫でまとめて保管し、寄託者から請求があった度に、その中から寄託された量を返還するという変則的な寄託を、**混蔵寄託**という。このような寄託が許されるためには、寄託者の承認を要する。

　　混蔵寄託の場合、目的物は混和してしまい、複数の寄託者間に寄託した量に応じた共有状態が生じる。従って、受寄者は複数の寄託者の共有物を保管していることになる。消費寄託と異なって、目的物の所有権は受寄者には移転せず、不可抗力による目的物の滅失の危険は所有者たる寄託者に属する。共有であるので、滅失の危険は総寄託者がその持分に応じて負担し、例えば倉庫のジャガイモが不可抗力で半分だめになった場合、1t寄託した者は500kgにつき危険を負担し、500kgしか返還を請求できないことになる。

[6-1] なお、フランス民法1922条は、所有者の明示または黙示の同意を得た者でないと寄託をなし得ないものと規定する。

[6-2] フランス民法1938条は、受寄者が盗品であることを知った場合、真の所有者に相当の期間を定めて引取を催告し、その期間内に取りにこない場合には、寄託者に返還してよいと規定する。

II　寄託者の義務

1　報酬支払義務

14-30　有償の寄託の場合には、寄託者は受寄者に対して約束された報酬（保管料、倉庫代）を支払わなければならない[7]。

報酬支払時期は後払であるが、期間を定めて報酬の支払を約束する場合には（賃料のように1か月いくらと決めてある場合）、その期間の経過毎に報酬の支払を請求しうる（665条による648条2項の準用）。また、寄託が受寄者の責めに帰すべからざる事由によりて中途にて終了した場合には、履行の割合に応じて報酬を請求しうる（665条による648条3項の準用）。

2　費用償還義務など

14-31　665条による委任規定の準用により、①受寄者は保管に要する費用の前払いを請求でき（649条の準用）、②受寄者は保管に要する費用を支出した場合には、支出以降の利息を付けて償還請求できる（650条1項の準用）。③受寄者が保管に必要と認むべき債務を負担した場合には、寄託者に代弁済を請求できる（650条2項の準用）。④受寄者が保管のために自己に過失なくして損害を受けた場合（預かった犬に噛みつかれたなど）、寄託者に対して損害賠償を請求しうる（650条3項の準用）。但し④については次に述べる特例が規定されている。

①と②については、無償寄託についてはそのまま妥当するが（例えば、犬を預かった場合、その餌代。犬が病気になったため、病院に連れていって支払った治療費［そこまで契約上の義務でなければ、事務管理となる］）、有償寄託の場合には、保管費用を含めて報酬が算出されているのであり（人間のホテルとは異なり、ペットのホテルの預かり料には餌代も含まれていると思われる）、この規定は、原則として適用にならないというべきであろう。費用として計算されていない特別の費用が支出された場合には、受寄者は寄託者に費用の償還請求ができるが、その証明責任は受寄者が負担するというべきである。

---

[7]　寄託についても商法512条が適用されるが、付随業務として通常サービスで無償でなされているものについては（パーティー会場のクロークなど）、特に反対の意思表示がない限り、無償とする慣習があるものと扱ってよい。

3　寄託物による損害の賠償義務

14-32　665条により650条3項が準用されているが、民法は更に寄託につき特別規定を置き、「寄託者は、寄託物の性質又は瑕疵によって生じた損害を受寄者に賠償しなければならない。ただし、寄託者が過失なくその性質若しくは瑕疵を知らなかったとき、又は受寄者がこれを知っていたときは、この限りでない」(661条)と規定されている。

661条による寄託者の損害賠償責任の要件は、①「寄託物の性質又は瑕疵によって」受寄者が損害を受けたことであり、②免責事由は、ⓐ「寄託者が過失なくその性質若しくは瑕疵を知らなかった」こと[7-1]、及び、ⓑ「受寄者がこれを知っていた」のではないことである。本条は有償寄託についても適用されると考えられている。

なお、損害の原因が瑕疵に限定されていないので、例えば預かった猫が恐ろしく狂暴であり、預かった者がひっかかれて大怪我を負ったという場合、更には猫が預かった先の金魚や鳥を殺してしまったという場合も含まれることになろう（ただし書を適用すると、狂暴な猫であること、金魚や鳥を捕まえること［これだとおよそ猫を預かるならば悪意になる］を知っていればよいことになってしまう）。知っていれば、断ればよいのであり、知って危険を引き受けた以上は661条の責任を問うことはできないというのであろうが、少なくとも無償で好意で預かる場合には、ただし書後段は問題が残る。ところで、***14-31***に述べたように650条3項が寄託に準用されているので、寄託物以外による損害については661条は適用されないが、650条3項により受寄者は救済される。

[7-1]　委任では、委任者について650条3項で無過失責任が認められているのに、寄託では受寄者が無過失免責されるということは問題視されている（三宅・下1070頁）。

第3節　寄託の終了——任意解除

14-33　寄託が期間の満了、目的物の滅失などの一般的原因により終了することは疑いないが、寄託につき民法は特に任意解除につき規定を設けた。

I　寄託者による任意解除

14-34　「当事者が寄託物の返還の時期を定めたときであっても、寄託者は、いつでもその返還を請求することができる」(662条)。

その趣旨は、寄託は寄託者の利益のためのものであるから、寄託者が寄託を必要としなくなったのに、期間を定めたからといって約束通り期間満了まで保管してもらわなければならないというのは不都合であるということにある(例えば、家の建て替えのため家具を半年倉庫に保管を頼んだが、5か月で家が完成してしまったため、家具が必要になったのに、約束通りあと1か月必要でもないのに保管してもらうというのは、明らかに不合理であろう)。時効の起算点については、返還期限があってもいつでも返還請求できるのであるから、直ちに時効が起算されるかのようであるが、それは期限の利益の放棄にすぎないこと、また、「寄託物返還の請求権行使を怠けるものと」いえないため、「権利行使に怠慢あることを前提とする其の消滅時効の期間が、寄託契約に定めある返還時期の到来前より進行すべき理由」はない(大判昭5・7・2法律学説判例評論全集19巻民法1016頁)。

なお、条文上は「返還を請求」するというものであるが、寄託契約を解除(講学上は告知)して契約を終了させ、受寄者に返還義務を生じさせなければならないのであるから、662条の前提には任意解除権がある。従って、寄託者の返還請求には、当然に告知の意思表示が含まれているものと扱ってよい(大判大13・5・20新聞4289号7頁)。

14-35　【662条は有償寄託にも適用があるか】　無償寄託では、寄託の利益を受けるのは寄託者であり、寄託者がその利益を放棄することは問題ないが、この任意解除権についても、委任同様に有償寄託にも適用があるかという問題がある。

14-36　❶ 第1説　期間の定めのある場合には、寄託者は途中でも返還請求(告知)ができるが、期間の定めはその期間につき解除をしない特約とみて、解除はその特約違反であるから、違反により受寄者が失う報酬につき損害賠償を認めるというもの

14-37 　❷ **第 2 説**　解除は有効であるが、その場合、受寄者の責めに帰すべからざる事由により中途にて終了したことになるとして、648条 3 項が665条により準用され、解除までに既になした保管につき割合に応じた報酬を請求しうるだけというものもある（新注民(16)350頁［中馬］）。但し、予め全期間を考慮して支出された費用がある場合には、665条による650条の準用によりその費用全額を請求できる。

Ⅱ　受寄者による任意解除

14-38 　①「当事者が寄託物の返還の時期を定めなかったときは、受寄者は、いつでもその返還をすることができる」(663条 1 項)。②「返還の時期の定めがあるときは、受寄者は、やむを得ない事由がなければ、その期限前に返還をすることができない」(663条 2 項)。

　委任の法理(651条)によれば、受任者（受寄者になる）からもいつでも解除ができ、ただ委任者（寄託者になる）に不利な時期に解除した場合にはその損害を賠償する必要があることになる。しかし、寄託で保管期間を定めるのはそれなりの事情がある場合であり（例えば、 1 年海外転勤なので家具を倉庫業者に預ける）、受寄者からの任意解除を許すのは寄託者に不都合である。そのため、寄託については、期間の定めのある場合には、受寄者からの任意解除は認めないことにした。これは無償の場合も同じである（但し、やむを得ない事情があれば、受寄者は解除ができる）。

668　第4編　契約各論3　役務の取得を目的とした契約

第4節　消費寄託――預貯金契約

Ⅰ　消費寄託の意義

14-39　「第5節（消費貸借）の規定は、受寄者が契約により寄託物を消費することができる場合について準用する」(666条1項)。このような「受寄者が契約により寄託物を消費することができる」特殊な寄託を講学上、消費寄託という。

　消費物であれば、米、醤油、ガソリンなどでも消費寄託は可能であるが、実際上行われているのは金銭の消費寄託（＝預貯金契約）である。消費寄託では、受寄者（＝金融機関）は預けられた金銭を消費することが許され、その点では消費貸借と異ならない。そのため、民法も返還時期の点を除いて、消費寄託については消費貸借の規定によることにした（666条）。その意味で、消費寄託の受寄者は消費貸借の借主にも匹敵するものであり、受寄者が信用のないものである場合には、これに預けるのは危険である。そのため、誰でも消費寄託を受けられるのではなく（出資法2条）、また、法による厳重な規制の下に置かれている。

14-40　【預貯金契約の法的性質】　預貯金契約については、これをいかなる性質の契約とみるかは2つの考えがある[8]。

　❶　消費寄託契約説　預貯金は、預金者が自己の金銭の保管を銀行に委託し（金銭の滅失、盗難の危険を回避するため）、ただ目的物が占有ある所に所有ありともいわれる金銭であるため、多くの預金者から集められた金銭は一旦銀行の所有に帰し、銀行がその滅失、盗難の危険を引き受ける反面、その金銭を所有者として使用でき、預金者に対しては金銭債務を負うだけであり、寄託者からみて金銭を預ける消費寄託だというのが通説である（鳩山・下659頁、我妻・中二729頁）[9]。

---

[8]　因みに、フランス民法では、消費貸借として規制し、消費寄託についての規定を置いておらず、旧民法も同様であった。現行民法も原案では消費寄託の規定はなかったが、審議中に追加されたものである。このように、消費寄託というものを認めず消費貸借により律する国もあり、また、消費寄託といっても返還時期の点以外は消費貸借の規定によるのであり、消費寄託自体が消費貸借との混合契約的なものである。また、預貯金契約については、約款により詳細に規律されていることもあり、契約の性質を議論しても実益はない。

[9]　但し、普通預金契約は、単に預金を預けるということに止まらず、振込金の受け入れ、各種料金などの自動支払などのサービスを受けられることになり、また、預金がゼロになったからといって契約は終了しないので、単純な消費寄託契約とはいえない（中田裕康

14-41　❷ **無名契約説**　これに対して、預金は銀行にとってその主たる業務である貸付をするための資金源であり、銀行の利潤獲得のために契約がなされているものであり、ただ、預金者も銀行に預けておいた方が安心だとか、利息が稼げるといったメリットがあるためこれに応じているのであり、預貯金契約は両者の利益のための契約で、消費寄託と消費貸借の両者の要素を持つ無名契約であるという考えもある（石田(文)174頁、勝本145頁、末川・下351頁）。

Ⅱ　消費寄託の成立

1　要物契約性

14-42　消費寄託は、寄託の規定によっても消費貸借の規定によっても、いずれにせよ要物契約ということになる。しかし、要物契約が、無償にて好意的行為を約束した者はその任意に委ねようという考えに基づくものだとみるならば、無償の消費寄託のみを要物契約とすべきだということになるのであろうが、消費寄託では問題はそう簡単ではない。

　預金を考えてもらえば分かるが、寄託を受ける側の銀行は預金者に保管についての報酬を求めることはない。すると、寄託という点では、無償である（むしろ逆に銀行が利息を支払うが、それは使用の対価でありこの点では消費貸借と本質的に異ならない）。諾成的消費貸借を認めて拘束を受けるというのは、消費貸借でいえば貸主に相当するのは預金者になるが、預金者を拘束して約束通り預金することを義務づけてよいのか、経済的力関係からみると疑問は残る（期間の定めがない場合はいつでも解約可能なので諾成的消費寄託を認めても不都合はない）。なお、準消費寄託も認められる（大判明36・5・5民録9輯547頁など）。

2　契約の成立時期

14-43　要物契約にせよ、諾成契約として認めるにせよ、預金者の預金返還請求権は目的物たる金銭を受領しなければ認められない（不受領の抗弁権による説もあろうが）。では、いつ金銭を受領したことになるのか、次の2つの場合をみてみたい。

14-44　**(a) 預金者が金銭を差し出したが銀行側が受領し確認する前に盗まれた場合**

「銀行による普通預金の取引停止・講座解約」金法1746号16頁以下は、普通預金契約を「枠契約」として、個別取引により成立する普通預金債権と区別している）。

預金者が預金のために金銭を銀行の窓口に差し出し預金を申し出、銀行の係員がそれを認識したが、別の事務を継続していたところ、第三者がその現金を盗んでしまった場合、法律関係はどうなるのであろうか。

14-45　❶ **第1説**　判例は、未だ消費寄託は成立していないものとした（大判大12・11・20新聞2226号4頁）。消費寄託の要物性を貫き、また、受領が未だないものと認めたものである。原院判決は「預金としての消費寄託は未だ成立」していないが、「右物件に付暗黙の意思表示に依り一種の寄託関係成立して銀行に保管義務発生し、右物件の窃取せられたるは保管義務を尽さざるものと為し」、銀行に損害賠償を命じた。大審院は「寄託関係成立したりと言はんには、消費寄託たると単純寄託たるとを問はず、当事者間に寄託物の引渡即占有の移転ありたることを要す。原院は果して如何なる見解の下に引渡ありたることを認めたるか判文上判然見るべきものなし。銀行の係員が寄託申込者に於て寄託物を銀行の受付口内に差出して預入の申出を為したることを認識して首肯したればとて、未だ占有の移転ありたりとは謂ふべからず」として、これを破棄する。

14-46　❷ **第2説**　これに対し、消費寄託の成立を認めた上で、預金者の過失を考慮して、過失相殺に準じて預金額を減額すべきだという考えもある（石田376頁）。478条において、過失相殺を類推適用して割合的解決をする提案がされているが（⇒債権総論2-69a）、同様の思考をここに持ち込むものといえよう。確かにオール・オア・ナッシングではない柔軟な解決は魅力的である。しかし、次のように、本書では直截に損害賠償を問題にして過失相殺を適用することができるので、法的構成としては損害賠償＋過失相殺によるべきであろう。

14-47　❸ **本書の立場**　これは受領があったか、提供の段階にすぎないかという事実認定の問題と、提供の段階にすぎないとした場合には、直ぐに受領をしなかったことにつき相手方に何らかの責任を認めるか、という問題であり、弁済の場面でも生じる問題である[10]。やはり、現金を係員が受け取った時点で受領があったというべきであり、それ以前は提供の時点で盗まれたものとみるのが常識にかなうであろう。但し、履行の提供がある点を考えれば、受領遅滞があるものと評価でき、提供により盗難のリスクは受領遅滞にある側に移転しよう。金銭では履行

---

[10] 例えば、商品を買って、店員が包装中に客が現金を出してレジに置いたが、店員が受け取る前に第三者が盗んだ、また、逆に、店員が包装を終わりレジに商品を差し出したが、客が財布からお金を出そうとしていて、その商品を第三者が盗んだなどの場合が考えられ、それぞれ受領により債務が消滅しているのかという問題になる。

不能＝危険負担は考えられず、また、提供者に放置した過失があるので、全額債務を免れる（預金の場合には預金債権が認められる）のは不都合であり、銀行側に速やかに応じなかった点を義務違反と見て、預金者に過失相殺をした上で銀行への損害賠償責任の追及を認めるのが適当であろう。

14-48 **(b) 小切手により預金がなされた場合** 小切手により預金がなされた場合、いつ金銭の交付があったと見られるのであろうか（諾成的消費寄託を認めれば、預金者には預金義務があり、その履行の問題であり、弁済を小切手でできるのかという問題とリンクしてくる）。①判例は、小切手の取立完了を停止条件とする消費寄託の成立を認める（最判昭46・7・1判時644号85頁。**停止条件説**）。②しかし、もし諾成的消費寄託を認めるならば、預金の合意により預金契約は成立し、ただ取立不能を解除条件とするということも考えられる（**解除条件説**）。

3 預金者の認定

14-49 預金契約の当事者のうち、預金者を誰とみるかは、預金の出捐者と預入行為者とが異なる場合に大きな問題となっている。以下では、無記名式預金か記名式預金かで分けて考察していく[11]。なお、無記名預金が現在では廃止され、また、マネーロンダリングを防止するためにいわゆる**本人確認法**により預金者の認定が厳格に行われるようになっている[12]現在、問題をとりまく周辺状況が異なってきている（但し、預金契約をする際の話であり、その後の入金には確認はない）。

---

[11] この問題については、中馬義直「預金者の認定」『現代契約法大系5──金融取引契約』84頁、安永正昭「預金者の確定と契約法理」『金融法の課題と展望』161頁参照。

[12] 現在では次に述べる無記名預金は認められていない。平成15年1月6日施行の「金融機関等による顧客等の本人確認等に関する法律」3条（本人確認義務等）により、金融機関等が、「預貯金契約の締結等の取引」を行う際しては、「運転免許証の提示を受ける方法その他の主務省令で定める方法により、当該顧客等について、次の各号に掲げる顧客等の区分に応じそれぞれ当該各号に定める事項（以下「本人特定事項」という。）の確認（以下「本人確認」という。）を行わなければならない」、とされている（1項）。「本人特定事項」は、①自然人では、「氏名、住居及び生年月日」、②法人では、「名称及び本店又は主たる事務所の所在地」である。また、「金融機関等は、顧客等の本人確認を行う場合において、会社の代表者が当該会社のために預貯金契約の締結等の取引を行うときその他の当該金融機関等との間で現に預貯金契約の締結等の取引の任に当たっている自然人が当該顧客等と異なるとき（次項に規定する場合を除く。）は、当該顧客等の本人確認に加え、当該預貯金契約の締結等の取引の任に当たっている自然人（以下「代表者等」という。）についても、本人確認を行わなければならない。」（2項）といった規定が置かれている。

(1) 無記名定期預金の場合(現在は問題にならない)

14-50 現在ではマネーロンダリング等に利用されるため禁止されているが（従って、過去の議論である）、かつては無記名の即ち預金者の記載がされない預金というものが可能であった。この場合には、預金者が表示されてないため、誰を預金者と認定すべきかが問題とされた。例えば、Aが預金をBに依頼し、Bが銀行で無記名定期預金としてその金銭を預け入れた場合、預金者の名義が表示されていないため、誰と預金契約をしたのか、即ち誰が預金者となるのかが争われた。

14-51 ❶ **出捐者説（客観説）** 判例は **14-52** のように出捐をしたAを預金者としている。客観説を支持する学説も少なくはない（石田穣377頁）。その根拠は、①預入行為者は出捐をしていないので不利益はないこと、②銀行は預入行為者が預金者と信じて支払ったり相殺予約貸付を行うと、債権者でない者への支払ないし貸付となり無効となるはずであるが、478条の適用ないし類推適用により保護されるので、銀行としても不利益はないこと、③出捐をした者に債権を認めると法律関係が複雑にならないで済むこと、などである。

14-52 ● **最判昭48・3・27民集27巻2号376頁** 無記名定期預金の預入行為が出捐者自身によったか、出捐者に依頼された者によったかに拘りなく、預金契約締結だけの段階では、銀行は預金者が誰かということには格別の利害をもたないから、<u>出捐者保護の観点から、被依頼者が託された金員を横領して自己の預金にする意図で預け入れたなど特段の事情のない限り、出捐者を預金者と認めるのが相当である</u>。銀行が無記名定期預金債権に担保の設定をうけ、または、右債権を受働債権として相殺をする予定のもとに、新たに貸出をする場合には、預金者を定め、その者に貸付をし、結局貸金と預金との相殺がされるに至ったとき等は、実質的には無記名定期預金の期限前払戻と同視できるから、銀行が預金者と定めた者（表見預金者）が真実の預金者と異なるとしても、銀行は、銀行として相当の注意を尽くした以上、民法478条の類推適用等により、表見預金者に対する貸金債権と無記名定期預金債務との相殺等をもって真実の預金者に対抗しうる（要約）。

14-53 ❷ **契約説（合意説）** 無記名定期預金が無記名債権に近似することから、特に預金証書と届け出印の確認を重視して、預入行為者が預金者が誰かにつき特段の意思表示をしていない以上、銀行と不明な者との間に預金契約が成立し、この段階では預金債権の帰属は確定せず（帰属未確定の預金債権の創造）、満期後は、証書と届け出印を提出する者に支払えばよいという考えである（新注民(16)427頁［中馬］）。但し、預入のときもしくはその後に自己を預金者と表示する者がいて、銀行側が客観的に確実とみられる方法によりその者に対して期限前払戻や相殺予約または預金担保貸付がなされたならば、それらの行為を有効としてよいという。

14-54 ❸ **折衷説** 客観説を基本としながら、特に預入行為者が自己の預金と明示して預金をした場合には、預入行為者が預金者となるという考えがある（特にBが自己の預金と表示しなければAの預金となる）。

14-55 ❹ **本書の立場（契約説）** 契約の際には指名を示す必要はないが（スーパーで買い物をするのにレジで氏名を明示することはない）、そのことと当事者の特定の問題は別である。氏名を明示しなくても、顕名がない限り契約をしているその者が契約当事者となるのである。しかし、債権関係を残し誰が権利者かという問題を残す契約で、氏名を明らかにしないのは異常である。それなのに、このような契約が可能とされた背景には、銀行としては届け出印と預金証書により払戻を行えるという安心があるのであり、特に預金者の氏名を特定する利益を有しないということがある。しかし、それは債務の弁済段階の問題であり、やはり契約の成立の問題としては、誰が契約当事者かということは問題になるはずである。そうすると、特に顕名をしていない以上、その行為者が当事者となるのであり、当事者が預金者となり預金債権を取得するはずである（その意味で、無記名定期預金は、不特定ではなく単に無記名というだけである）。出捐者Aは預金者ではないとしても、届け出印と預金証書により払戻を請求でき、銀行が支払えば約款更には478条によりその支払は有効になるので不都合はない。従って、契約ないし代理理論（顕名がない限り契約締結者が契約当事者）に忠実な契約説を支持したい。出捐者と金融機関との直接の関係は、直接訴権ないし債権者代位権の直接訴権への転用により解決すればよいと思われる。

(2) 記名式定期預金の場合

14-56 預金者について特定人を表示して定期預金がなされた場合、この場合にも出捐者と名義人が異なる場合の預金者の認定については争いがある。なお、第三者名義の預金であっても、国税局の滞納処分は行われており、また、債権者により債務者の責任財産に属するものとして債権差押命令の対象とすることは可能とされている（東京高決平14・5・10金判1159号36頁）[13]。

14-57 ❶ **出捐者説（客観説）** 判例は、先ず、銀行の担当者と通じてその担当者の

---

[13] そのほかにも、また、銀行実務の安定性維持のためには、今しばらく定期預金タイプの領域に関しては客観説を原則とし、もともと客観説が採用しにくかった普通預金タイプの領域については、取引態様等を総合的に考慮し誰が預金者かを決定すべきであるという考えもある（雨宮啓「判批」金判1168号6頁）。また、銀行が誰と契約をしたのかという契約解釈によらず、銀行の保護は478条の類推適用によるという点では判例を支持するが、出捐

名義で預金をした事例で、出捐者を預金者としている[14]（最判昭52・8・9民集31巻4号742頁）。この場合には、預金事務を担当した銀行側の職員が事情を知っていて、しかも自分の名義を使用させた事例であり、結論に異論はないであろう。その後、最判昭57・3・30金法992号38頁（受任者が架空名義で自己の預金として預け入れた事例）は、「無記名定期預金契約において、当該預金の出捐者が、他の者に金銭を交付し無記名定期預金をすることを依頼し、この者が預入行為をした場合、預入行為者が右金銭を横領し自己の預金とする意思で無記名定期預金をしたなどの特段の事情の認められない限り、出捐者をもって無記名定期預金の預金者と解すべきであることは、当裁判所の確定した判例……であるところ、この理は、記名式定期預金においても異なるものではない」（最判昭53・5・1裁判集民事124号1頁参照とする）とした。Aが自己の出捐した金銭をBにB名義で預金することを依頼して、BがB名義で預金した場合にも、Aを預金者とした判決もある（大阪高判昭56・5・29判時1015号66頁）。これに賛成する学説もある（石田穣377頁）。

　近時、道垣内教授は、信託法理との関係において、預金者認定における客観説（出捐者説）を、「預金されている金銭について、委任者の利益を保護するためには、委任者が預金債権者であると認めることと、預金債権を信託財産であると認めることとは二者択一的なものであり、預金者認定における出捐者説は、他の債権者との競合の場面における解決の合理性が積極的に評価されるべきである」と、再評価している（道垣内弘人「最新信託法判例批評（9・完）」金法1600号84頁）。

14-58　❷ **名義人説（預入行為者説・主観説）**　これに対し、無記名預金では名義人

者説によらずに、出捐関係、出捐者と預金解説者の委任関係等の諸要素を総合的に勘案して、「誰が自己の預金とする意思を有していたかという観点から、統一的に認定判断」する提案（総合考慮説と自ら名づける）もされている（福井章代「預金債権の帰属について」判タ1213号40頁）。契約解釈ではなく、預金者側のみの事情で預金者を判断する点では出演者説と同様であるが、預金者とする意思を基準にする点で説明が異なっている。

[14]　Xの被相続人であるAが、Y信用組合の管理部職員として貸付と回収の事務を担当していたBの勧めに応じて、自己の預金とするために600万円を出捐し、かねて保管中のBの名字を刻した印章を同人の持参した定期預金申込書に押捺して、B名義による記名式定期預金の預入手続を同人に一任し、Bが、Aの代理人又は使者としてY信用組合との間で元本600万円のB名義による記名式定期預金契約を締結したうえ、Y信用組合から交付を受けた預金証書をAに交付し、Aがこの預金証書を前記「石田」と刻した印章とともに所持していたという事案で、「本件記名式定期預金は、預入行為者であるB名義のものであっても、出捐者であるA、ひいてはその相続人であるXをその預金者と認めるのが相当である」とされている。

第 4 章 寄　　託　675

が示されているので、名義人を預金者とする考えもある（新注民(16)431頁［打田・中馬］）。契約の当事者は当事者として表示されたものであり、ただ自己の表示のために他人の名称を使用した場合、やはり預入行為者が当事者となる。(1)と同様に、契約の法理に忠実に考えてよく、AがBにB名義で預金することを依頼した場合には、94条2項の趣旨からいってAはBが預金者とされてもやむをえず、AがAの名義で預金をBに依頼したのに、Bが自己の名義で預金すれば、それは横領であり、そのような者に預入行為を頼んだ者として危険を負担すべきである（委任の理論からいって、AはBに預金債権の移転を求めうるものと考えてよい）。学説には、判例に反対して契約理論に委ねるべきであるという考えが有力であり（升田純「預金の帰属をめぐる裁判例の変遷」金法1555号21頁以下）[15]、本書も賛成である。

14-59　❸ **修正名義人説**　学説には、基本的には名義人説を支持しながら、例外的に、①出捐者が自らの預金とする意思で、他のものに金銭を交付しており、かつ、②金融機関が、預入行為者の背後に出捐者がいることを、知っているかまたは重大な過失により知らなかった場合には、その預入行為の名義のいかんを問わず、実質的に出捐者を預金者と認定してよいという主張もある（新田敏「預金者の認定に関する一考察」杏林社会科学研究16巻3号111頁以下）。

14-60　【**名義人説における出捐者の保護**】　客観説とは異なって、本書の支持する名義人説では、出捐者の保護を考えなければならない。特に、銀行側が事情を知っているないし悪意であっても、その名義人への支払や相殺を否定するのはいき過ぎであるからである。

14-61　❶ **信託による構成**　先ず、名義人の債権であるが信託財産であるとして、信託法理により解決することが考えられる。信託法17条により相殺は禁じられることになる。名義人の債権者の差押えに対して、出捐者は信託財産であることの異議を述べることができる。

14-62　❷ **債権者代位権の転用（直接訴権）**　また、名義人の預金債権であるとしてもそれを不当利得ないし委任に基づいて、出捐者に名義人に対する債権を認め、646条2項またはその類推適用により権利移転請求権を認めるほかに、2つの債権の牽連関係を理由に、債権者代位権を転用して、優先的代位権を認めることも考えられる。

---

[15]　なお、潮見教授は、「少なくとも、本人確認法施行後に開設された預金口座については、定期預金・普通預金のいかんを問わず、預金者確定のルールにつき、客観説でもなく、主観説でもなく、さりとて契約の一般理論に委ねるのでもなく、預金契約固有のデフォルト・ルールとして口座名義重視の考え方（名義に注目して預入行為者を預金者とする考え方——口座名義人説）へ方向転換することを指向してはどうだろうか」という（潮見佳男「損害保険代理店の保険料保管専用口座と預金債権の帰属（下）」金法1685号44頁）。

但し、物上代位同様に、第三債務者や第三者の保護を考える必要があるので（抵当権と異なり登記による公示がないので、第三者の保護も考える必要がある）、差押えを必要とするというべきか[16]。

14-63 【最近の注目される判例の動き——普通預金についての判例】　近時、預金者の認定をめぐって注目される判例がだされている。特に、これまでの定期預金の判決とは異なって、普通預金についての判断が示されていることは注目される。定期預金のように契約時の預金だけでなく、その後に振り込まれた預金も問題になるものである。

14-64 　(1)　最終的帰属者の預金とはしない判決
　(a)　損害保険代理店の保険料専用口座（代理店の預金とする）　最判平15・2・21民集57巻2号95頁は、「金融機関であるYとの間で普通預金契約を締結して本件預金口座を開設したのは、Aである。また、本件預金口座の名義である「X保険(株)代理店A」が預金者としてAではなくXを表示しているものとは認められないし、XがAにYとの間での普通預金契約締結の代理権を授与していた事情は、記録上全くうかがわれない。」また、「本件預金口座の管理者は、名実ともにAである」。「そうすると、Xの代理人であるAが保険契約者から収受した保険料の所有権はいったんAに帰属し、Aは、同額の金銭をXに送金する義務を負担することになるのであって、Xは、AがYから払戻しを受けた金銭の送金を受けることによって、初めて保険料に相当する金銭の所有権を取得するに至るというべきである。したがって、本件預金の原資は、Aが所有していた金銭にほかならない。」以上から「本件預金債権は、Xにではなく、Aに帰属するというべきである。Aが本件預金債権をAの他の財産と明確に区分して管理していたり、あるいは、本件預金の目的や使途についてAとXとの間の契約によって制限が設けられ、本件預金口座がXに交付されるべき金銭を一時入金しておくための専用口座であるという事情があるからといって、これらが金融機関であるYに対する関係で本件預金債権の帰属者の認定を左右する事情になるわけではない。」[16-1]

16　但し、原因関係必要説を採用することも考えられる。というのは、受取人に組戻し承諾義務はなく、誤振込を告知した上で堂々と預金の払戻し請求ができてしまうが、それは信義則に反するのであり、銀行が誤振込を知りながらそれに応じるのも信義則に反しよう。銀行の保護については、誤振込を無効としたうえで、善意無過失の払戻しについて478条の保護を認めるだけで十分かもしれない。少なくとも判例の預金者についての立場とむしろこのほうが整合的である。原因関係必要説を採用すれば問題はほぼ解決するが、不要説を採用したことが判例の迷走の始まりといえよう。その意味で、将来、判例の変更の可能性もある。

16-1　そのほか、弁護預り金についての東京地判平14・3・15判時1799号103頁も、最終帰属者である依頼者ではなく弁護士の預金としたが、これに対して、マンション管理業者名義の預金についての東京高判平11・8・31判時1684号39頁などは、管理会社ではなく管理組合の

第4章　寄　託　677

14-65　**(b) 建設共同体の請負代金につき代表者の個人名義に振込みがされた場合**　建設共同体の事例で、「民法上の組合において、業務執行者たる組合員が自己の名において取得した財産は、組合の計算においてなされた場合であっても、格別の合意がない限り、先ずその者に帰属し、組合への移転行為によって初めて組合財産となるものと解される（民法671条、646条）」とした原審判決が（大阪高判平9・12・3金法1554号78頁）、最高裁によって支持されている（最判平11・4・16金法1554号77頁が支持）。

14-66　**(2) 信託構成による判決——公共工事の前払金**　最判平14・1・17民集56巻1号20頁では、A県は、その発注する土木建築に関する工事について、保証事業会社により前払金の保証がされた場合には、請負者に対し、その工事に要する経費につき前金払をすることができるが、請負業者が工事をすることなく倒産した場合に、その前払金の帰属が問題とされている。

　「本件請負契約を直接規律するA県公共工事請負契約約款は、前払金を当該工事の必要経費以外に支出してはならないことを定めるのみで、前払金の保管方法、管理・監査方法等については定めていない。しかし、前払金の支払は保証事業法の規定する前払金返還債務の保証がされたことを前提としているところ、保証事業法によれば、保証契約を締結した保証事業会社は当該請負者が前払金を適正に使用しているかどうかについて厳正な監査を行うよう義務付けられており（27条）、保証事業会社は前払金返還債務の保証契約を締結しようとするときは前払金保証約款に基づかなければならないとされ（12条1項）、この前払金保証約款である本件保証約款は、建設省から各都道府県に通知されていた。そして、本件保証約款によれば、……前払金の保管、払出しの方法、被上告人保証会社による前払金の使途についての監査、使途が適正でないときの払出し中止の措置等が規定されているのである。したがって、B建設はもちろんA県も、本件保証約款の定めるところを合意内容とした上で本件前払金の授受をしたものというべきである。このような合意内容に照らせば、本件前払金が本件預金口座に振り込まれた時点で、A県とB建設との間で、A県を委託者、A建設を受託者、本件前払金を信託財産とし、これを当該工事の必要経費の支払に充てることを目的とした信託契約が成立したと解するのが相当であり、したがって、本件前払金が本件預金口座に振り込まれただけでは請負代金の支払があったとはいえず、本件預金口座からB建設に払い出されることによって、当該金員は請負代金の支払としてA建設の固有財産に帰属することになるというべきである。」

14-67　**【信託的構成及び信託的譲渡構成】**　近時 **14-66** のような判決が出されているが、出捐者説が採用される前の判例には、信託的構成による **14-68** 及び **69** のような判決がある。宮川不可止「弁護士預り金の専用預金口座の法的性格」金法1678号49頁は、この2つの信託法理による判決に注目しつつ、異なる法理によることを提案する。

預金であるとしている（振込をするのが区分所有者自身という差がある）。

即ち、宮川論文は、信託的譲渡という、「信託構成そのものではなく、譲受人に義務の存在を観念させるために『信託的』という限定が付されている譲渡構成」を認め、客観説によらなかった点を評価する。即ち、客観説では、出捐者たる債務者の預金になってしまうが、信託的譲渡であれば債権者に帰属することになり、債権者委員会に有利になるからである。

14-68　● **最判昭和29・11・16判時41号11頁**　客観説の判決が出る前に、信託法理による異例な判決である。原判決は、「本件預金は、元来Aが訴外Bから、同人の詐欺による被害者と目される者等を受益者として、同人の騙取金の疑ある11万1359銭の保管を信託され、保管の方法として自己名義を以てこれをY銀行沖縄支店に預け入れたものであり、この預金債権はA個人の財産ではないとの趣旨を認定したものであって、原審挙示の証拠によれば右認定は認められる。されば（その払戻請求権者が右Aであるとした法律上の判断の当否はともかくとして）右預金がA個人の財産ではないが故にA個人に対する債権のためになされた本件転付命令は無効であるとした原審終局の判断は結局正当であ」り、「Y銀行は右の預金を適法有効に那覇供託局に供託したものと認められるから、右の預金債権についての真実の権利者は供託物の交付を請求する権利を取得する訳であるが、右の預金債権は上述のようにいわゆる信託財産であってA個人の財産には属しないのであるから、供託所に対する供託物還付請求権もまたA個人の財産に属しないこと明らかである。従ってX主張のようなA個人に対する債権に基いて右供託物還付請求権につきなされた転付命令は債権移転の効力を生じないものと言わなければならない」[17]。

14-69　● **大阪高判昭38・7・18金法350号6頁**　「AがYに対して預金していたものを、右会社が倒産に瀕して債権者委員会が組織され、その委員株式会社吉田洋紙店の専務取締役たるXの名義の預金とするために……前記預金をX名義に預け替えたものであることは当事者間に争がなく、（証拠）を綜合すると、Aは会社の内整理のため、昭和30年12月24日頃債権者委員会に対して一部債権者が持去った会社財産の残存部分全部を、債権者において換価処分して分配弁済をなさしめるために、国税、社会保険、従業員給料の優先的弁済をすることを附帯条件として提供することを約したことが認められ、右提供の趣旨は、換価処分権の付与を主眼とするものである以上、単なる管理の委託ではなく、信託的譲渡と解すべきであって、右残存財産の一部を形成する本件預金の前身たる預金についてもこれを別異に解すべき理由はな」い。「Y銀行側よりの預金残置の要望があったため、Xは当日現金で持帰える予定を変更して、自己の預金の形式でY銀行に存置することとし、そのために改めてX個人名を以て預入手続きを為したものであること、及びかかる個人名義の預金は、通例の場合、銀行としては前預金者たる会社とは別人の預金として取扱っている事実が認められ、右に反する証拠はないから、本件預金資金が実質的にもAの支配を脱してXもしくはその背後に在る会社債権者の支配に帰したものであること（即ち、払戻現金として即時持帰り処分の可能）は、外部即ち預金債務者たる銀行からも覚知し得べき状況に在ったと見られ得ると同時に、預金形式の上からも、預金者はXであってAではないもの

17　宮川・**14-67**論文は、客観説ではB個人に預金債権が帰属することになり、被害者の救済を図ることができず、従って、信託的構成をとるべきであり、また、次に述べる信託的譲渡構成をとるべきではないという。

第4章　寄　託　679

と解釈すべきであつたということができる」。

14-70　【誤振込みと預金債権の成否】
　　　(1)　預金契約の成否　　例えば、A銀行とBとの間で預金契約が締結され（口座が作られ）ていたが、Cが誤って他の口座に入金するつもりがBの口座に入金してしまったとする。この場合、①Cの振込がBの預金への入金として有効であり、BのAに対する預金債権が成立するのか、②それとも、入金は無効であり、BのAに対する預金債権は成立せず、CのAに対する振込金の返還請求権が成立するだけなのであろうか（振込取引については、3-161注38参照）。
　　Bの債権者DがBの預金債権を差押えたケースで、Cが第三者異議の訴えを提起した場合につき、第一審、控訴審と預金の成立が否定され、振込人Cの請求が認められたが（東京地判平2・10・25金判995号13頁、東京高判平3・11・28金判995号11頁）、第一審の否定説の根拠は、「預金債権を成立させることにつき事前に合意しているものは、受取人との間で取引上の原因関係のある者の振込依頼に基づき仕向銀行から振り込まれてきた振込金等に限られると解するのが相当である」、というものであった。しかし、最高裁は預金の成立を14-71のように肯定した[18]。

14-71　●最判平8・4・26民集50巻5号1267頁　　「振込依頼人から受取人の銀行の普通預金口座に振込みがあったときは、振込依頼人と受取人との間に振込みの原因となる法律関係が存在するか否かにかかわらず、受取人と銀行との間に振込金額相当の普通預金契約が成立し、受取人が銀行に対して右金額相当の普通預金債権を取得するものと解するのが相当である。けだし、前記普通預金規定には、振込みがあった場合にはこれを預金口座に受け入れるという趣旨の定めがあるだけで、受取人と銀行との間の普通預金契約の成否を振込依頼人と受取人との間の振込みの原因となる法律関係の有無に懸からせていることをうかがわせる定めは置かれていないし、振込みは、銀行間及び銀行店舗間の送金手続を通して安全、安価、迅速に資金を移動する手段であって、多数かつ多額の資金移動を円滑に処理するため、その仲介に当たる銀行が各資金移動の原因となる法律関係の存否、内容等を関知することなくこれを遂行する仕組みが採られているからである。」

14-72　　(2)　誤振込人の保護　　なお、実務的には、誤振込みについては、受取人が行方不明などにより連絡不能な場合を除いて、ほとんど迅速に資金返戻がされており、本判決後も、受取人の承諾を得て資金返戻を行うという従来の慣行が行われているといわれている（斎藤芳雄「ATMによる誤振込」銀行法務628号83頁）[19]。預金契約当事者

---

[18]　なお、錯誤無効によって委託契約を無効として預金契約の成立を否定する主張がなされるが、最判平8・4・26を援用して、「したがって、本件振込は原告の錯誤に基づく誤振込であってAの被告に対する預金債権が成立しないとする原告の主張を採用することはできない」とした判決がある（名古屋地判平16・4・21金判1192号11頁）。

[19]　刑事事件であるが、次のように受取人に預金債権が成立することを認めた上で（これは銀行を保護するためのもの）、受取人が誤振込を知りながら払戻しを受けた行為について詐

における客観説同様、ここでも銀行側の保護が客観的な処理の根拠であり、銀行側が変換に応じるならば、不当利得になる受取人が自分の預金債権であるとして、これに異議を述べることを認める必要はない。

14-73 **(a) 他の債権者に対する保護**　受取人の他の債権者が振り込まれた預金に対して差押えをしてきた場合に、誤振込人はいかなる主張ができるであろうか。金銭所有権を問題にできない以上、受取人に対する1債権者として、他の債権者と共に、自分が誤振込した預金に対して債権者平等の権利しか認められないのであろうか。解決の方法の1つとして、金銭所有権に基づく物権的価値返還請求権を認めて、物権的な効力により他の債権者を排して優先的に預金からの回収を図ることを認めるということが考えられる。また、名義人への不当利得返還請求権と預金債権との密接な結びつきから、直接訴権（債権者代位権の排他的代位権への転用）を認めて、誤振込人の排他的な回収を認めるということも可能である（本書の立場⇒**14-62**）。上記のように、客観的扱いの根拠はあくまでも銀行側の保護にあり、受取人また受取人の債権者に棚ボタ的な利益を与える必要はないのである。

欺罪の成立が認められている。

「銀行実務では、振込先の口座を誤って振込依頼をした振込依頼人からの申出があれば、受取人の預金口座への入金処理が完了している場合であっても、受取人の承諾を得て振込依頼前の状態に戻す、組戻しという手続が執られている。また、受取人から誤った振込みがある旨の指摘があった場合にも、自行の入金処理に誤りがなかったかどうかを確認する一方、振込依頼先の銀行及び同銀行を通じて振込依頼人に対し、当該振込みの過誤の有無に関する照会を行うなどの措置が講じられている。」「これらの措置は、普通預金規定、振込規定等の趣旨に沿った取扱いであり、安全な振込送金制度を維持するために有益なものである上、銀行が振込依頼人と受取人との紛争に巻き込まれないためにも必要なものということができる。また、振込依頼人、受取人等関係者間での無用な紛争の発生を防止するという観点から、社会的にも有意義なものである。したがって、銀行にとって、払戻請求を受けた預金が誤った振込みによるものか否かは、直ちにその支払に応ずるか否かを決する上で重要な事柄であるといわなければならない。これを受取人の立場から見れば、受取人においても、銀行との間で普通預金取引契約に基づき継続的な預金取引を行っている者として、自己の口座に誤った振込みがあることを知った場合には、銀行に上記の措置を講じさせるため、誤った振込みがあった旨を銀行に告知すべき信義則上の義務があると解される。社会生活上の条理からしても、誤った振込みについては、受取人において、これを振込依頼人等に返還しなければならず、誤った振込金額相当分を最終的に自己のものとすべき実質的な権利はないのであるから、上記の告知義務があることは当然というべきである。そうすると、誤った振込みがあることを知った受取人が、その情を秘して預金の払戻しを請求することは、詐欺罪の欺罔行為に当たり、また、誤った振込みの有無に関する錯誤は同罪の錯誤に当たるというべきであるから、錯誤に陥った銀行窓口係員から受取人が預金の払戻しを受けた場合には、詐欺罪が成立する。」（最判平15・3・12刑集57巻3号322頁）

14-74　**(b) 銀行による相殺に対する保護**　では、銀行が相殺をしてしまったらどうであろうか。銀行も名義人に対する債権者という点で(a)と共通しているが、上の(a)の救済に対して相殺という抜け道がある。**14-72**に述べた銀行実務は恩恵的なものであり、銀行がそれに応じるか否かは自由であるとすると、相殺をしても問題はないかのようである。2つの判例がある。

　❶ **相殺を無効とする判例**　誤振込の場合に、受取人と銀行との間に振込金相当額の当座預金契約が成立することを認めながら、銀行が誤振込みであり受取人から振込依頼人に不当利得として返還されるべきことを認識できた場合に、誤振込みされた預金について銀行が受取人に対する貸金債権でもって相殺することは、正義・公平の観念に照らして無効とされるとした判決が出されている（名古屋地判平16・4・21金判1192号11頁。不当利得返還請求も認める[20]）。これが相殺だけか、それとも、知りながら受取人に払い戻した場合も無効となる余地があるのか、問題は残されよう。

14-75　❷ **相殺を有効とし不当利得を認める判例**　(a)で誤振込人の保護がはかれるのなら、相殺を無効としてよいが、それが無理ならば、相殺を有効とした上で、誤振込人の銀行に対する不当利得返還請求を認めるということもありうる選択肢である。東京地判平17・9・26金判1226号8頁は、誤振込がなければその金額を控除した金額の相殺しかできなかったはずであり、その意味で「Yは、本件誤振込相当額を、Xの損失のもとで、いわば『棚からぼた餅』的に利得したものといえる」、「<u>銀行が、振込依頼人から受取人の所在が不明であって組戻しの承諾を得ることができない事情について相当の説明を受けていながら、誤振込みの事実の有無を確認することのないまま、受取人に対する債権をもって当該振込みに係る預金債権を相殺して、自らの債権回収を敢行したような場合には、この債権回収は、振込依頼人に対する関係においては、法律上の原因を欠き、不当利得となる</u>ものと解するのが公平の理念に沿うものといえる」とした[21]。銀行が誤振込人に不当利得の返還に応じると、銀行

---

[20] 相殺を無効としながらも、「被告の前記相殺による本件振込金相当額の利得は法律上の原因を欠くことになる。そして、原告が本件振込金相当額の損失を生じていることは明らかであり、被告の利得と原告の損失との間の因果関係の存在も肯認することができる」として、不当利得の成立を認めたわけであるが、理由の説明がないに等しい。そのため、控訴審である**14-76**の名古屋高判平17・3・17がこの点について詳細に検討を加えたのである。なお、無資力になっている受取人に対する不当利得返還請求権に基づいて、預金債権について代位行使ができるとも述べている。

[21] 問題は法律上の原因がないといえるかであり、預金者と銀行との間では法律上の原因はあるが、誤振込人と銀行との間ではないものと扱うことになる。そのため、騙取金による弁済に類似した状況となり、判例の立場であれば、騙取金による弁済と同様に銀行が誤振込された預金に対する相殺であることを知っていることが必要になろう。私見としては、誤振込人の預金者に対する不当利得返還請求権について、預金者の預金債権に対して直接訴権（解釈としては、排他的な代位権を423条の転用による）を認めるので、銀行に誤振込

682　第4編　契約各論3　役務の取得を目的とした契約

の預金者に対する不当利得返還請求権が成立するが、実質的には当初の回収不能になっていた貸金債権と代わることはなく、特に不利益はない。

14-76　**【銀行に対する不当利得返還請求権】**　**14-71**の最判平8・4・26は、「X〔誤振込人〕は、A〔口座名義人〕に対し、右同額の不当利得返還請求権を取得し得るにとどまり、本件預金債権の譲渡を妨げる権利を有するとはいえないから、本件預金債権に対してされた強制執行の不許を求めることはできない」としたが、名古屋高判平17・3・17⇒**14-76-1**は、当座預金の事例について次のように銀行に対する不当利得返還請求権の成立を認めている（銀行への不当利得返還請求事件）。**14-75**の東京地判平17・9・26は、相殺を有効として不当利得返還請求を認めたことはそこに述べた。

14-76-1　● 名古屋高判平17・3・17金判1214号19頁　「振込依頼人が受取人との間の振込みの原因となる法律関係を欠くにもかかわらず、誤って受取人の預金口座に振込みを仕向銀行に依頼し、いわゆる誤振込みにより受取人の被仕向銀行の当座預金口座に入金記帳された場合、原則として、受取人の被仕向銀行の当座預金口座に入金記帳されることにより、振込依頼人と受取人との間の振込みの原因となる法律関係の存否とは関係なく、受取人と被仕向銀行との間に当座預金契約が成立することになり、振込依頼人の誤振込みにより、直ちに被仕向銀行に振込金額相当の利得が生じたものとはいえない。しかしながら、振込依頼人が、誤振込みを理由に、仕向銀行に組戻しを依頼し、受取人も、振込依頼人の誤振込みによる入金であることを認めて、被仕向銀行による返還を承諾している場合には、受取人において、振込依頼人の誤振込みによる入金を拒否……する意思表示をするものと解することができ、他方で、被仕向銀行においても、受取人が当該振込金額相当の預金債権を権利行使することは考えられず……、このままの状態では振込金の返還先が存在しないことになり、同銀行に利得が生じたのと同様の結果になること、さらに、被仕向銀行が、誤振込みであることを知っている場合には、銀行間及び銀行店舗間の多数かつ多額の資金移動の円滑な処理の面からの保護を考慮することは必ずしも必要でなく、かつ、振込依頼人と受取人間の原因関係をめぐる紛争に被仕向銀行を巻き込み、対応困難な立場に置くこともなく……、個別的な組戻し手続をとることを妨げるものではないことからすれば、以上のような場合にあっては、上記のとおり、受取人と被仕向銀行との間に振込金額相当の（当座）預金契約が成立したとしても、正義、公平の観念に照らし、その法的処理において、実質はこれが成立していないのと同様に構成し、振込依頼人が誤振込みを理由とする振込金相当額の返還を求める不当利得返還請求においては、振込依頼人の損失によって被仕向銀行に当該振込金相当額の利得が生じたものとして、組戻しの方法をとるまでもなく、振込依頼人への直接の返還義務を認めるのが相当である。」[22]

　　　人が通知をした後は、相殺を誤振込人に対抗できないと考えるべきである。
[22]　更に続けて理由として、「けだし、受取人が、振込金について預金債権を有しないことを認めており、被仕向銀行には組戻しを拒む正当な理由がないのに、誤振込みをした振込依頼人は、受取人に対する不当利得返還請求権（受取人に上記預金債権が成立し、他方、振込依頼人と受取人との間に振込みの原因となる法律関係を欠くことから、受取人に法律上の原因なく利得が生じることになる。）の行使しかできないとすると、受取人としては、

III 消費寄託の効力

14-77　受寄者は、目的物たる消費物の所有権を取得し、同種・同等・同量のものを返還すればよい。消費「寄託」とはいっても、寄託契約に特有の保管義務というものはなく、単に金銭債務、金銭以外では種類債務を負うだけである。

　寄託者は報酬を支払うことはなく、逆に、受寄者が使用の対価として利息を支払うのが通常である。この点で、経済的構造は、寄託ではなく消費貸借である。

IV 消費寄託の終了

14-78　消費寄託が期間の満了により終了することは疑いなく（消費貸借については継続的契約関係かという議論があったが、消費寄託では寄託の一種ということから、継続的契約関係とされる）、当事者による任意解約権が問題となる。

1　期間の定めのない場合

14-79　**(a) 寄託者による解約**　消費貸借の規定によれば、貸主は直ちに返還を求めることはできず、相当の期間を定めて返還を催促しその相当期間が経過しなければ、返還をうけられないことになるが（591条1項）、消費寄託についてはこの点につき特則を定め、「契約に返還の時期を定めなかったときは、寄託者はいつでも返還を請求することができる」ものとした（666条2項）。

　これは、消費寄託では、受寄者による利用が主ではなく、寄託者による預入れということが主であるため、寄託の場合と同じ規律に服せしめたものである。従って、寄託者はいつでも返還を請求できる（定期預金でなければ、いつでも引き出すことができる）。委任でいえば、受任者のためにも委任が利益になる場合があり、委任者にあたる寄託者は解除できないということも考えられるのであるが、この観点からも特則といえる。

14-80　**(b) 受寄者による解約**　受寄者については、消費貸借の原則通り（寄託でも

常に被仕向銀行に対する預金債権を行使せざるをえなくなり（しかも、当座預金口座の場合には当座取引の終了が必要となる。）、いたずらに紛争の解決を迂遠なものとし、実質的に保護すべき関係にないものを保護する結果となり、無用な混乱を招くものといえる」から、と説明している。

同じ［663条1項］）何時でも返還することができる（591条）。

2　期間の定めのある場合

14-81　この場合は666条ただし書の適用はなく、寄託であれば寄託者は期限前でも返還を請求できるが（662条）、消費寄託では受寄者のためにも利益になるため（保管という役務がないため、何時まで保管するのかではなく、いつまで返さなくてよいのかということになる）、消費貸借の規律に服することになり、受寄者に期限の利益が認められ、受寄者（銀行側）は何時でも期限の利益を放棄して（但し、寄託者［預金者］にも利息を得るという期限の利益があるので、期間満了までの全利息分を支払わなければならない）返還することができるが（受寄者からの期限前の返還はできないという考えもある［石田穰378頁］）、寄託者（預金者）は期限前には返還（告知をなして）を求めることはできない（但し、約款で期限前の解約請求が認められている）。

第5編　契約各論4　その他の契約

第1章　組合契約

第1節　組合の意義

15-1　民法上、「組合」とは、次の2つの意味において用いられている。

> ① **組合契約**　第11章の表題「組合」は、典型「契約」の1つという意味での列挙であり、ここでの組合とは組合「契約」の意味である（他の典型契約の表題も同様であり、全て「契約」という語は省略されている）。
> ② **設立された団体としての組合**　ところが、組合の個々の規定の中で使われている「組合」の語は、契約の意味ではなく成立した団体たる組合の意味で使われている（例えば、670条1項）。

このことから分かるように、組合についての規定は、契約関係という要素だけでは捉えられない団体的要素が含まれている。そのため、本来ならば、民法総則の講義で社団とならべて説明するのが適切であろうが（そのような教科書として、鈴木禄弥『民法総則講義（改訂版）』）、本書では便宜上民法の編別に従って契約の一種としてここで説明しておく。

15-2　【旧民法では「会社」】　旧民法には財産取得編第6章に「会社」という規定があり、これは現在の組合に対応する規定である。その定義規定として115条は、「会社は数人か各自に配当す可き利益を収むる目的にて、或る物を共通して利用する為め、又は、或る事業を成し、若くは、或る職業を営む為め各社員が定まりたる出資を為し、又は、之を諾約する契約なり」と規定する。

15-3　【有限責任事業組合契約】　平成17年（2005年）4月に、「有限責任事業組合契約に関する法律」（いわゆるLLP法）が制定されている。この法律の目的は、企業、大学、個人などが研究開発、産学連携等の共同事業に積極的に参加することを促進することを支援することにある。その内容は、①出資額までしか出資者が、事業から生じる責任を負わない（有限責任）、②利益や権限の配分が出資比率に拘束されない、③

事業体に課税されずに出社に直接課税される（構成員課税）といった特徴をもっている。

株式会社では出資者は有限責任であるが、出資の多寡に応じて議決権や利益配当が決められ、また、取締役会などの期間が義務づけられ、法人課税がされたうえに、出資者への配当にも更に課税される。民法上の組合では、取締役会の設置が必要ではなく、また、出資の多寡に利益配当が応じる必要はなく組合員の貢献に応じて柔軟に配分可能であるが、組合員は全員無限責任を負うことになる。LLPは、これまでのわが国の制度にはなかった先の①②③をすべて実現することができる制度である。諸外国（特に英米）ではこの制度が、数的には株式会社に匹敵するほど存在しており、わが国にもLLPを導入することで経済活力の向上に資することが期待されているのである。民法上の組合契約とは異なって、LLPは「共同で営利を目的とする事業を営む」ということが必要である。

Ⅰ　組合契約

15-4　組合契約とは、「各当事者が出資をして共同の事業を営むことを約するによって、その効力を生ずる」契約である (667条)。従って、

① 各当事者（2人以上いればよい）が、
② 出資をして、
③ 共同の事業を営むことを約する、

という要素が、組合契約のためには必要になる。但し、要物契約ではないので、出資が現実にされることは契約の成立のために必要ではなく、「出資」と「共同の事業」の合意により契約は成立し、出資義務を負うことになる。なお、商法上の匿名組合（商535条以下）は、組合とはいわれるが匿名組合員の出資が営業者の財産となり、共有財産となるものではないため（商536条1項）、民法の組合ではない[1]。

組合については、単なる共有関係の区別の他に社団との区別も問題になる（社団については民法総則 *2-36* 以下に譲る）。

15-5　【債権者委員会】　債権者委員会については次のような判決がある。

「和議・会社整理・会社更生もしくは清算・破産等法定の手続をとることなしに、

1　なお、「組合」とは称されていても、特別法により法人化されているものがあり（農業共同組合、消費生活共同組合等）、これらと区別する意味では、ここで述べる組合は「民法上の組合」といわれている。

第 1 章 組 合 契 約　687

債権者が一団を組成して、債務者との話合いのもとに、倒産企業をめぐる法律的諸関係の整理・決済、企業財産の管理ないし処分、残余財産の分配、債務の弁済等いわゆる私的整理を行うことによって、当該企業の再建もしくは債権・債務の清算を図ろうとする場合には、債権者中の若干名からなる債権者委員会なるものが設けられる」ことも少なくないが、このような「私的整理が、最終的には、債権者あるいは債権者団と債務者との間における一種の和解契約の成立をもって終了するものであるとしても、それまでの過程における債権者委員会ないしは債権者委員会委員長なるものの行動は、多種多様多岐にわたるものと考えられる。そして右の債権者委員会なるものの法的性質についても、必ずしもこれを一義的に論定することは困難と考えられるのであって、ときには債権者中の有志何名かが自らすすんで、あるいは債権者らに推されて民法上の組合を結成し、あるいは権利能力なき社団ないしこれに準ずる組織体と観念されるに足りる団体性を具備した集団を形成している場合ももちろんであろうが、しかし、債権者委員会の名称を有する債権者らの集りのすべてが常に右のいずれかのうちに入るというわけのものではない」とされている（東京地判昭57・4・27判時1064号79頁）。

15-6　【共有関係と組合】　　単なる共有関係について合意があるだけなのか、それを超えて組合が成立していると見てよいのか、微妙な場合が少なくない。

　（1）共有にすぎないとされた事例　　「原判決において『右大網漁業権者が右土地を網干場等に使用するために吉田藩から共同で貰い受けた』というのであるから、本件共有は大網漁業権者が共有物を網干場等として共同的に使用する目的をもって成立したものであって組合的共有であり、従って共有者はその持分を組合関係の基礎たる大網漁業権者たる地位と切り離して第三者に譲渡し得ず、又共有物の分割を請求し得ないと主張するのである。しかしながら、原判決に『右土地を網干場等に使用するために共同で貰い受けた』というのは、土地の共有権が設けられるに至る経過として述べられているに過ぎないものであり、本件共有が普通の共有であることが後に認定されている。またこれだけでは共有者が共同して共有物の全部を利用するか又は各共有者が各自共有物の一部につき限定的利用をするか等の共有物利用の方法は何れとも定まるわけはない。それ故、所論のように『共有物を網干場として共同的に使用する目的をもつて成立した』と速断することは許されない。ましてやさらに一歩を進め、「共同的に使用する目的をもって成立したもの」であるから、『共同の事業を営むこと』（民667条）に該当し組合的共有であると速断する所論主張には到底賛同することができない。共有土地を共同的に使用することは共有土地利用の方法であって、共同目的、共同事業というを得ないことは明らかである」とされている[2]（最判昭26・4・19民集5巻5号256頁）。

---

[2]　15名の大網所有者が代表的に共有者として地券の交付を受けたが、現在はX・Y2名の共有のようである。Xからの共有物分割請求に対して、第1審判決はこれを棄却したが、

15-7　**(2) 組合と認められた事例**　組合契約ないし組合契約により成立した組合が認められた事例として、株式会社設立のための発起人組合（大判大 7・7・10民録24輯1480頁）、定置網漁業及び付帯業務を営むための組合（最判昭38・5・31民集17巻 4 号600頁）、共同で営業するために土地を購入し店舗を建築した露天業者の団体（最判昭45・11・11判時525号52頁）、建築共同体いわゆるジョイントベンチャー（最判昭45・11・11民集24巻12号1854頁）などがある（以下 **15-7**、**15-8** も参照）。最判平11・2・23民集53巻 2 号193頁も、一口100万円の出資をして共同でヨットを 5 名で購入し、出資者が会員となり、ヨットを利用して航海を楽しむことなどを目的とする<u>ヨットクラブを結成する旨の組合契約を締結した</u>とした原審判決を、そのまま前提として判断している。

　最高裁判決以外では、ＡＢが共同で病院経営をする合意がされた場合につき、ＡＢは共に医療行為に従事し、乙山病院を共同で経営し、その財産は持分各 2 分の 1 の共有とするが、対外的にはＡの単独名義とし、利益の収受及び損失の負担は共に平等とするという黙約の下に開業準備行為に着手し、同病院を開業するに至ったものと認定し、「これは、出資、事業の共同、損益分配の割合についての黙約等の内容に照らし、民法上の組合契約と解するのが相当である」とされている（横浜地判昭59・6・20判時1150号210頁）。社団法人を設立するための設立発起人契約も、会社設立におけると同様に組合契約と解されている。また、航空機を 6 名で共同購入し、食事会という自由な形式ではあるが、毎月 1・2 回程度集まり、航空機全般あるいは飛行に関する情報交換を行うとともに、本件航空機の費用に関する問題などを話し合っていた事例で、「<u>単に本件航空機の共有者であるにとどまらず、本件航空機の購入・維持を目的とした範囲で共同の事業を営むために各自が出資して、COC という民法上の組合を結成していたと解するのが相当である</u>」とした判決がある[3]（東京地判昭62・6・26判時1269号98頁）。

　控訴審は組合の存在を否定し売却し代金の分割を命じた。Ｙからの上告に対して答えたのが本判決であり、本文のように述べた後、「原判決の認定では本件共有者が共有土地を出資して共同事業を営むことを約した形跡は片鱗だに存しないのであるから、所論のような組合的共有と認むべき何等の根拠はない。それ故、組合的共有を前提とする論旨は採ることを得ない」として、上告を棄却している。

[3]　このセスナ機に同乗して墜落による事故によって負傷したＸが、COC（団体の名称）の組合員である事故当時操縦していた亡ＡがCOC の運航業務の執行として本件航空機を操縦中にその過失によって発生したものであるから、COC の組合員であるＹらは、本件事故によるＸの損害につき、「共同使用者として民法715条により、連帯してその全額を賠償する責任を負う」として損害賠償が請求された事例である。本判決は本文に述べたように「組合」とは認めたが（Ｘの主張に対するリップサービス的な判断）、結局は、「COC の会員は、専ら個人として本件航空機をそれぞれの目的と計画に従って利用していたものにすぎないのであって、COC はその利用に何ら関与していない」として、<u>事業の執行性を否定して</u>、Ｙらへの715条 1 項に基づく損害賠償請求が否定されている。

15-8 【組合契約と認められた特殊な事例】　組合契約は書面による必要はなく、口約束でもよく（更には黙示の意思表示でもよい）、そのため、親の家業を子夫婦が手伝ったり、子が共同で承継したりする場合に、その法律関係を組合の法理により処理することが可能となる。例えば、次のような判例がある（東京高判昭51・6・27判時827号58頁）。

　　親の家業を子夫婦が手伝っていた事例につき、「被相続人が営んでいた商店の営業を実質上その子夫婦に承継させ、爾後営業名義は、被相続人としているが、実際にはもっぱら子夫婦の経営努力によって営業が維持され、その利益によってその建物所有権及び敷地の借地権等を取得し、建物を増築し店の商品等の在庫量が増大するなどその商店に造成された財産は、その一部の所有名義が被相続人になっていても、実質的に被相続人及び子夫婦がその商店を営むことを目的として一種の組合契約をし子夫婦が組合の事業執行として店舗の経営をした結果得られた財産とみられるから、被相続人が死亡し他に共同相続人がいる場合には、組合の解散に準じ、その出資の割合に応じて残余財産を清算し、その清算の結果子夫婦の各取得する分はその財産形成の寄与分として遺産から除外し、被相続人の取得分のみを遺産として取扱うべきものと解するのが相当である。」と判示している[4]。

15-9 【組合契約の法的性質】　社団を設立する行為は、社団という独立した団体を作りだす行為であるため、単なる契約を超えた行為として合同行為に分類されるが、組合も人の集合体という点では団体ではあるが、組合員を超えた独自の存在を有する団体を作りだすものではなく、共同の事業経営の約するものであり、団体の設立と共同事業を行うという、団体的及び契約的両要素が含まれることになり、これを法的にどう分析したらよいのか議論がある（フランス法における議論につき、納屋雅城「フランス法における団体設立行為能力法的性質」近大法学52巻1号107頁以下）。

15-10 　❶ 双務契約説　先ず、各組合員が対価的意味を有する出資をする義務を負う双務・有償の契約と考えるものがある（鳩山・下660頁・末弘817頁、末川・下238頁）。社団と組合とを分けることを、その設立行為の点でも貫いて、合同行為ではなく単なる契約と解するわけである（なお、合同行為も広い意味での契約と位置づけて、「給付交換型契約」とは異なる「団体設立契約」として理解するものもある［注民(17)27頁〔福地〕］）。但し、この説の中には、相互に交換的に給付をするものではなく、統一的目的のために集中的に給付がなされるものであるため、双務契約の規律を適用してよ

---

[4] なお、団体は社団でなければ組合と考えてよいわけではない。例えば、大学公認サークルである「お笑い研」が、部員が7名にすぎず、設立当初に学生課が学生団体結成の承認手続の際に配布している規約例をそのまま踏襲して作成された規約があるにすぎず、この規約に基づいて活動していたとは認められないとして、権利能力なき社団としての当事者適格が否定された事例があるが（大阪地判平11・1・21判タ1053号111頁）、では、これを組合というべきか、単なる人の集まりにすぎないかは微妙である。

いか疑問視する学説もある（末川・下237頁以下）。他方で、団体を「各構成員間で成立する多数の契約に基づいて発生する、さまざまな権利義務が複雑に組み合わさった法的状態」として、従来考えられてきた以上にいっそう一般の契約に近い性質を持つという主張もされている（納屋・*15-9*論文123頁）。

15-11　❷ **合同行為説**　相互に利害の対立する当事者間における相互的・交換的給付を目的とするものではなく（また、各出資が対価的である必要もない）、利害の共通する当事者の同一方向の意思表示が合致するものであり、社団の場合と同様に合同行為と捉える考えもある（我妻・中二758頁）。組合と社団のいずれに属するか微妙な場合もあり、この説でよいと思われるが、組合では共同して事業を行うという契約的要素も組合契約の中に含まれ、団体の設立というだけに尽きない点は認めざるをえない。いずれにせよ、当事者間の交換的給付を規律する契約総論の規定は、組合契約には適用にはならないと考えられている（我妻・中二758頁）。

　この議論の実益は、専ら双務契約の規定及び有償契約総論たる売買の規定が適用になるかという点にあるが（個々の点については後述する）、❶説でも双務契約とはいいながら特別の扱いをするため、とりたてて実益のある議論とは思われない。

Ⅱ　団体としての組合

15-12　**(a) 組合と社団の峻別論**　ドイツ法の圧倒的影響の下で、法人実在説に従い法人格を付与するにふさわしい実体を有する団体である社団と、そうではない単なる個人の集まりにすぎず、それを超えた存在が認められない組合とを区別する学説が通説に分類する考えが支配的となった（民法総則に譲る）。例えば、組合は一種の団体ではあるが、「その団体組織は構成員（組合員）相互の権利義務として構成されているので、<u>ある意味で契約的色彩をもち、社団と対立</u>」し、「<u>構成分子たる個人がなお独立の存在を有し</u>、ただ共同目的を達成するために必要な限度で統制され、そこに団体性を取得するに過ぎない」といわれる（我妻中二754頁）[5]。

---

[5]　社団の要件は民法総則*2-50*で述べたが、社団性が否定され組合とされた判決を1つ紹介しておく。熊本地裁八代支判昭47・2・24判タ277号338頁は、「<u>社団とは、団体に対する債権者がその排他的責任財産であると通常期待し、またその期待が社会的にももっともであるような、かつ構成員に対する債権者が、その責任財産でないと覚悟しているか、又はそう覚悟すべきであるような財産を有する団体である</u>。換言すれば、<u>団体財産の独立性こそが基準となるべき</u>ものであって、それが構成員の財産から区別されて独立に管理されているか否か、特にそれが外部から見てかなりに明らかであるか否かをもって判断されるべきものである……。そして、このように財産の独立が十分であれば、右の効果を認めるべき権利能力なき社団として一向に差し支えない」と一般論を述べた上で、14名の養鶏家が出資

15-13　**(b) 組合と社団の峻別論への疑問**　民法の起草者は社団と組合とを厳格に区別しておらず、団体としては組合だけしか認めておらず、また、比較法的にはドイツ法的理解が特異であり、このような理解がフランス法や英米法的理解であることから、現在では、組合だけでよくその中に多様な段階があるにすぎないといった理解が有力になってきている（新注民(17)5頁以下［福地］参照）。フランスでは、判例法により組合に当然法人格が認められ（技術的概念である法人となるわけではない）、また、法人格が認められることは組合員の免責に全くつながるものではない。

　実際に、形式的には法人格を認めないというだけで、組合の財産関係を、債権債務についてまで共有（合有）として、組合員個人の財産から組合財産の独立性を認める以上、総有とされる社団（権利能力なき社団）と実質的には代わることはない。このように、組合の対外関係については、総則で説明される権利能力なき社団の議論との関係に留意する必要がある。ところが、ジョイントベンチャーに代表されるように、恒常的な活動をするのではなく工事ごとに設立され、また、当事者が法人であり、数も2、3ということがあるため、ますますこのような場合には団体としての社団とは程遠く、単なる契約関係以上ではなく、構成会社の個性が重視される場合もある。これを、構成員の個性が捨象された団体とは、明らかに異なるところである。

15-14　**(c) 本書の基本的立場**　本書としては、当事者の個性が重視される小規模の、まさにジョイントベンチャーの例に見られるような契約関係を組合として考えて、契約関係を中心とした法律関係であり、団体的拘束よりも債権的拘束ないしは信託的規律（実質的に信託的に組合に帰属させるに匹敵した法律関係）によって、その法律関係を規律していきたいと思っている。そして、団体性の強い場合には、社団ないし社団の理論を中心とした団体法理により規律し（いわゆる権利能力なき社団論）、組合法理とは区別をしたいが、その限界線については柔軟に規律するといっても答えにはなっていないので、少なくとも財産関係についてはいずれか峻

し、養鶏飼料の購入、卵の販売等を協同して行ない、養鶏生産力の増進と組合員の経済的、社会的地位の向上を図ることを目的として〇〇養鶏組合を設立し、その後組合員は増加し、多いときには約80名に達していた事例で、「右組合がその構成員の財産から区別されて独立に管理されている、組合自体の相当な財産を有していたことを認めるにたりる証拠はない。かえって、……右組合はそのような財産をもたなかったことを認めることができる」、「そうだとすると、右組合は社団ではなく、組合であるといわなければならない」と、財産から考察をしようとしている。

別する必要があると思われる。したがって、組合規定については、団体性ではなく、契約関係による債権的ないし信託的規律によるによって、その特殊な法律関係を説明すれば十分であると思われる。

15-15 【講について】　わが国では、無尽講を代表として、講と称される相互的な金融等の便宜を図るための組織が古くから存在している。但し、講にも2種類があり、①講元が会員を募集して事業を執行するもの、及び、②入会者が全員で共同事業を行うものとである。①は講元と加入者との契約（無名契約）であるが、②については、組合類似の組織になるものといわれている（水本365頁など）。

第2節　組合の設立

15-16　組合契約が成立するためには、667条1項に組合契約の要件が規定されており、既に述べたように、①2人以上の者が、②出資をして、③共同の事業を営む目的の下に、④合意をすることが必要である。また、これは同時に、組合契約に基づいて「組合」という団体が成立するための要件でもある。

Ⅰ　構成員（契約当事者）

15-17　組合員の数については制限がないため、2人以上の者が存在すれば十分である[6]。組合員の資格については民法上特に制限がないので、法人でもよい[7]。また、権利能力なき社団でもよいといわれている。

Ⅱ　出　資

15-18　組合契約の要件として、各組合員が出資をすることが要求されている。出資は金銭でなすのが通常であろうが、それに限らず、財産（土地など）を提供したり、更には財産的価値のある何かを提供すればよいとさえいわれている（水本369頁以下。例えば、組合の信用力を高めるために、信用力の高い者に組合員になってもらう）。「労務」の提供でもよい点については明文がある（667条2項）。

なお、出資が金銭の場合には、出資義務の不履行は金銭債務の不履行になり、419条が適用になりそうであるが、組合に関しては特則が置かれ、実損害の賠償が請求できるものとされている（669条）。

15-19　【出資義務と契約総論の規定の適用】
(1) 同時履行の抗弁権
❶ **双務契約説**　双務契約説では、同時履行の抗弁権が適用になりそうであるが、双務契約説もこの点について修正をしている。ⓐＡＢしか組合員がいない場合、Ａ

6　構成員が多く、不特定多数の者により構成される団体に至れば、社団と理解されるが、中間的な灰色の領域もあり、柔軟な運用がされるべきことは既に述べた。

7　ジョイントベンチャーはその代表例である。ジョイントベンチャーについては、平井一雄『民法拾遺　第2巻』210頁以下の諸論稿、岩崎脩『建築工事請負契約の研究』1頁以下参照。なお、不動産共同事業法が1995年4月から施行されている。

は出資をしていないBからの請求に対しては同時履行の抗弁権を主張できる、ⓑこれに対して、ABCと組合員がいる場合には、出資をしたAからの請求に対しては、BはCが未だ出資をしていないことを理由に自己の出資を拒絶することはできないものとされている（鳩山・下660頁、我妻中二759頁。但し、Cからの請求に対しては、Bは同時履行の抗弁権を認めることになろうか）。

15-20　❷ **合同行為説**　これに対して、合同行為説では、全く533条は問題にならないかのようであるが、公平の観点から、出資をしていない組合員からの請求に対しては同時履行の抗弁権を主張しうるものとされている（我妻・中二760頁）。

しかし、出資義務の履行請求は、組合員個人が自己に対して給付することを求めるのではなく、組合の業務執行として請求するのであり、第三者たる業務執行者Dを選任していれば同時履行の抗弁権の主張を認めることはできず、組合員が請求する場合も業務執行として請求するのである限り、同様になるのではなかろうか（従って、一切同時履行の抗弁権を否定してもよいと思われる。但し、AB2人しかいない場合は微妙である）。

15-21　**(2) 危険負担**　例えば、ABCがAは現物（特定物）をBCは金銭を出資することを約したが、Aが不可抗力により出資をできなくなったとする。

❶ **双務契約説**　双務契約説では、534条が適用になり、BCは出資義務を免れないということになる余地があるが、組合契約はお互いに財貨を交換するものではなく、共同の事業を行うため出資をするものであるため、その財政的基盤の安定性の確保という必要性があり、この点から534条の適用は排除されている。

15-22　❷ **合同行為説**　合同行為説では、組合理論により専ら問題が解決され、不可抗力により出資ができなくなったAは、債務不履行につき責任を負わないが、飽くまでも出資をしていない以上組合員にはなれないものとされる（我妻・中二761頁）。この結果、Aが欠けることになるが（新たにAが別の出資を約すれば別であるが）、その為共同事業の遂行に支障がでれば解散を求める事由となりうる。

15-23　**(3) 契約の解除**　ABCで組合契約をしたが、Aが出資義務を履行しない場合、BCは組合契約を解除できるであろうか。

この問題は、双務契約説、合同行為説いずれからも否定されている（判例としては、大判昭14・6・20⇒**15-24**）。組合契約により団体が既に形成され、これ以降は団体的な特別規定（除名、脱退、解散）によって処理されればよく、BCはAの除名を求めることができ（AB2人の組合ならば、結局は解散となる）、BCは脱退を求める正当事由となる余地があり、また、Aの出資の不履行により共同事業が滞るならば解散請求の正当事由ともなると考えれば十分であるからである。

15-24　● **大判昭14・6・20民集18巻666頁**　上告理由によると、「無尽契約を組合なりと認定しながら、被上告人が昭和13年1月24日上告人に対し同月18日迄の期間を定めて右無尽の講会を開催すべき旨催告し、若し同期間内に開会せざるときは該無尽契約を解除する旨の意

思表示を有効なりと判示した」というもののようである。これに対して、上告人が解除の効力を争い、大審院は次のように判示をして、解除の効力を否定している。

「民法組合の規定中組合員の除名脱退解散請求等の規定は契約解除に関する特別規定に外ならざるを以て、組合（従て又本件講）には其の解除に関し当事者が特別なる意思表示を為したる場合の外は契約解除に関する民法第541条以下の規定を適用すべからざるものと解するを相当とす（当院明治44年12月26日言渡判決参照）。蓋し一組合員のみに付存する事由に因り前掲規定の適用あるものとせば、一組合員の債務不履行に因り組合契約全部が解除せらるるの結果を生じ、組合の団体性に反するのみならず、民法が脱退除名解散請求等を認めたる法意を没却するに至ればなり。」

Ⅲ　共同事業の目的

15-25　組合員が共同して「事業」を行うことが目的とされていなければならないが、その事業は営利的なものである必要も、また、恒常的なものである必要もない（例えば、○○の祝賀会の実行委員会）。したがって、営利的な組合、公益的な組合、中間的な組合が存在することになる。

また、「共同」の事業でなければならないため、ある者の行う事業に、別の者が出資をするだけで事業に関与しない場合（これは商法上の匿名組合）、これは組合の要件を充たさない。しかし、全組合員が共同で事業をする必要はなく、ある者が事業を行い、別の者がこれを監督するというものであってよい（水本370頁）。

なお、営利を目的とする場合には、共同事業といえるためには、全ての組合員が利益の分配を受けるのでなければならないといわれている（一部の者だけが独占的に利益を受ける場合は、獅子組合といわれ民法上の組合とは異なる）。これとは反対に、一部の組合員が損失を負担しない場合は、組合と認めてもよいものといわれている。

15-26　【いわゆる内的組合】　本文に述べたように、共同事業といえるためには、全員で事業を行う必要はなく、一部の者（例えばB）がこれを監督するだけでもよいため、いわゆる内的組合というものが認められることになる。内的組合とは、当事者の内部関係では共同の事業でありＡＢの組合という実態を備えているが、一定の組合員Ａのみが事業を執行ししかもその一部の組合員Ａの名義でのみ取引が行われ、対外的には組合関係が明らかとはならないものである（Ａの個人的取引のように相手からは見られる）。*15-27*のような判決がある。

15-27　●東京高判昭60・2・28判時1149号107頁　「控訴人と被控訴人は、双方がそれぞれ金銭を出資して本件事業を共同で営む旨の合意をし、その際、本件事業の遂行自体には控訴

人が当たるものとすることを約したというのであって、先に認定したような一連の経緯に照らすと、その趣旨とするところは、単に本件事業の遂行のために必要な労務を控訴人において提供するというにはとどまらず、本件事業の目的達成のために必要な財産は対外的にはすべて控訴人の単独所有とし、本件事業のためにする法律行為は専ら控訴人の名において行うこととし、被控訴人が表面に出ることはしないという形態において本件事業を営むとするにあったものと解するのが相当である。……そうすると、<u>本件事業は、外形的には控訴人が単独で営む事業であるかのような外観を呈することになるけれども、この場合においても、被控訴人が本件事業の遂行について控訴人と協議し又は少なくとも控訴人による業務の執行を監視するなどして内部的には本件事業の遂行に関与することを当然に予定していたことは明らかであって、現に被控訴人又はその意を受けた訴外太田は終始本件事業の遂行に関与してきたところであり、したがって、控訴人と被控訴人との間の右の法律関係は、単に控訴人が単独で営む事業に必要な資金を被控訴人が融資したにすぎないものというのではなく、ひとつの組合契約（いわゆる内的組合）にあたるものと解すべきである。</u>」

IV 意思の合致

15-28 　組合契約を契約とみるか合同行為とみるかはおくとしても、各組合員が合意をしなければならない（書面は不要）。共同事業を約するにしても、１つの団体を形成することは疑いなく、団体の規範たる組合規約という自治法規を作成するという団体法的要素を否定できない。そのため、通常の意思表示とは異なった扱いが要求される。

15-29 　**【組合員の１人の意思表示についての無効または取消し】**　　例えば、ＡＢが共同でラーメン屋を経営することを約束し（更には、それぞれ出資をし、店舗を借り施設・備品等を購入してラーメン屋の経営を開始した）が、Ａにつき錯誤、強迫または詐欺といった事由があったとする。

15-30 　　(1) **組合契約への影響**　　ＡＢ２人の契約であれば、Ａの意思表示が無効または取り消されれば、組合は存続できなくなり解散せざるをえないが、ＡＢＣ３人いた場合はどうであろうか。

15-31 　　❶ **全部無効説**　　一部の組合員の意思表示の無効・取消しにより、原則的に組合契約全体がすべて効力を失うことを原則とし、但し例外として、残部の者だけでも組合を成立させる意思が認められれば、残部の者の間で組合契約は有効に存続するというものがある（我妻・中二763頁）。

15-32 　　❷ **一部無効説**　　これに対して、組合契約は当該組合員に関する限りで無効となり、他の当事者の間では組合契約は存続するという考えもある（石田穣387頁）。但し、この説も、その組合員を欠くために組合の目的達成が不可能または著しく困難にな

第1章 組合契約 697

る場合には、組合の解散が考えられるというので、結果的には、①説とそう変わることはないものと思われる（私見もこれに従う）。

15-33 **(2) 第三者との関係**　ＡＢがＤから建物を賃借したり購入してしまった場合、Ａの意思表示の無効または取消しが、第三者Ｄとの契約にどのような影響を及ぼすかが議論されている。

学説は組合と取引をした第三者に不測の損害を与えるとして、無効・取消しの主張を排し、Ａは脱退できるだけであると考えている。従って、脱退時の債権者に対しては責任を免れえないことになる（我妻・中二765頁）。但し、第三者が無効・取消し原因について悪意である場合には、その者に対しては組合契約の無効・取消しを主張できるというものもある（石田穣387頁）。組合が債権者として登場した事例であるが、**15-34** のような事例がある。しかし、組合契約と、個々の第三者との契約は依存関係にはなく（物の転売の場合とは次元が異なる）、個々の契約に無効・取消しの原因がない限り、組合契約の無効・取消しは影響を受けないと解すべきである。社団でいえば、初めから社員とならなかったことになり、社員としての責任を初めから負っていなかったという具合に第三者に影響するが、組合では組合員自体が契約の当事者となるのであり、社団が当事者となり社員の責任を通して第三者と利害関係を持つのとは異なるはずである。従って、組合契約全体がたとえ無効となるような場合であっても（例えば、ＡＢ両者に無効原因があるような場合。ＡＢが組合契約を仮装した場合など）、そのＡＢが業務執行としてＡＢの名でなした契約の効力には影響がないことになる。

15-34　● **最判昭41・11・25民集20巻9号1946頁**　ＸらはＸらの組織した組合がＹらに対して売り渡した魚類の売買代金を請求し、これに対して、ＹらがＸらの組合契約は漁業法に違反し無効なものであり、無効な組合契約を前提にしたＸらの代金請求権は認められないと争った。

「組合は法人格を有しないから、組合員全員において物件を第三者に売り渡した場合はもちろん、<u>組合代理権を有する１名の組合員が組合の名義で右売買行為をなした場合においても、売主として右第三者に対し代金債権を取得するのは組合員全員である</u>といわなければならない。ただ、<u>当該債権は、組合債権であるから、民法668条にいう総組合員の共有に属し</u>、総組合員によらなければこれを請求しえないものにすぎない。従って、<u>もし組合契約が原判決判示の理由で無効であったとしても、組合員の全員に当るＸ両名において本件売買契約を締結したのであれば、Ｘ両名が右売買による代金債権を取得し、ただこれが民法668条にいう共有に属しないだけ</u>であるし、また、Ｘ両名のうちの誰か一人が組合名義で右契約を締結したのであれば、少なくとも当人は右売買代金債権を取得するのである。そして、右契約は同時に他の組合員の代理人名義ででも締結されたことになり、組合契約が無効であれば代理権欠缺の理由で他の組合員が右売買契約による代金債権を取得しないものにすぎない。」従って、組合契約が無効であったとしても売買契約を締結した組合員は代金債権を有することは疑いない。

第3節　組合の業務執行

I　内部的意思決定及び業務執行行為（事実行為）

15-35　組合の業務執行としては、①いかなる業務執行をするかの内部的意思決定が先ず問題になり、②意思決定がされた後の実行については、ⓐジョイントベンチャーでいえば工事の施工のような事実行為の実行と、ⓑ契約をしたり、契約の解除や取消しをしたり、債務の履行を催告したりと、第三者との法律関係（対外的法律関係）における実行とが考えられる。先ず、民法の規定を見てみると、次のようになっている。

> ① **原則**
> 　ⓐ **業務執行者を決めていない場合**　先ず、業務執行者を特に決めていない場合には、「組合の業務の執行は、組合員の過半数で決する」（670条1項）。
> 　ⓑ **業務執行者を決めている場合**　「前項の業務の執行は、組合契約でこれを委任した者（次項において「業務執行者」という。）が数人あるときは、その過半数で決する」（670条2項）。
> ② **「常務」についての例外**　「組合の常務は、前二項の規定にかかわらず、各組合員又は各業務執行者が単独で行うことができる。ただし、その完了前に他の組合員又は業務執行者が異議を述べたときは、この限りでない」（670条3項）。

但し、過半数で決定できるのは、「組合の業務執行」すなわち「組合契約に定めた事業の実行に必要なる行為のみ」であり、「組合契約を変更し或は其契約中に包含せざる事項を決せんには必ず総組合員の一致を要する」ことは、起草者自ら認めているところである（梅789頁）。

業務執行についての意思決定と、その実行である事実行為[8]による業務執行と

8　組合の業務執行に際して不法行為が行われた場合には、どう考えるべきかは問題が残る。法人であれば、44条または715条1項が適用になり、権利能力なき社団であれば、その類推適用を問題にすることができる。では、個人の集まりにすぎない組合ではどうなるのであ

対外的法律行為とを分けることができるが（民法は明確に区別していない）、対外的な法律行為（組合代理）は後述するのでこれを除いて説明をしていこう。

15-36 **【旧民法の規定】** 旧民法では財産取得編124条で「会社契約を以て社員中より一人又は数人の業務担当人を選任したるときは其各員は受任の権限を蹢ゆることを得す」（1項）、「権限の定まらさる業務担当人は共同又は各別にて通常の管理行為を為すに止まる」（2項）、「又業務担当人は会社の目的中の重要なる行為に付ては共同にてのみ之を為すことを得但異議ある場合に於ては其行為を中止し総社員の過半数を以て之を決す」（3項）と規定していた。また、同125条では、「会社契約を以て業務担当人を選任せさる場合に於て総社員の一致にて之を選任せさる間は社員の各自は前条に規定したる行為を其条件に従ひて為す権を有す」とも規定していた。

1 組合契約で業務執行組合員を決定していない場合

15-37 組合契約で業務執行組合員を決定していない場合には、①組合員全員で業務執行に当たることになり、その意思決定は組合員の過半数で行う（670条1項）。共有についての252条とは異なり、出資割合を考慮せず頭数によることになる（特約で、出資割合によることは可能）。②但し、組合の常務については（例えば、組合の債務の弁済）各組合員がこれを行うことができるが、その完了前に他の組合員が異議を述べた場合には、①に戻り組合員の過半数による。頭数により出資額によらなかったのは、普通の場合を考えたものであり、当事者が特約で、出資額を基本として過半数を決するものと特約をすることを否定する趣旨ではない。

常務については、各組合員が「行うことができる」と明記されているので問題はないが、常務以外については、組合員の多数決で意思決定がされた後の実行は、誰が行うのであろうか。670条1項は「決する」と規定されているように意思決定についての規定であり、誰が実行するかが決定されていない限り、各組合員が決定された内容を実行できることになる[9]。また、組合員が行う業務執行については、委任に関する644条ないし650条の規定が準用されている（671条）[10]。一部の組合員が組合員全員のために業務執行をするのは、組合契約に基づくものであ

　　ろうか。難問であるが、44条ないし715条1項を類推適用した上で、合有債務としながら、各組合員は674条によって分割責任を負うだけというべきか。
 [9] 既に決まった内容の実現だけだからであり、108条ただし書で双方代理や自己契約において債務の履行が禁止から除外されているのと似たような関係である。
 [10] したがって、組合員の一部が業務の執行中に損害を受けた場合には、650条3項により組合員全員が674条の割合に従い責任を負うことになる（損害を受けた組合員も自分の負担部分は負担する）。

2 組合契約で業務執行組合員を決定した場合

15-38　組合員全員で「常務」以外を過半数で常に決定なければならないとするのは、組合員の数が多い場合には煩雑であり適切ではないことになる。そのため、組合契約により業務執行を一定の組合員（第三者も可能）に委任することができる。この場合、業務執行については、その委任契約の内容によることになるが、民法は補充的に以下の3つの点について規定を設けた。

> ① 業務執行の委託を受けた者が2人以上であるときは、その<u>過半数で業務執行を決定する</u>（670条2項。当然、実行も委託を受けた者が行う）。但し、組合の常務については、どの業務執行者も単独で行うことができるが、<u>その結了以前に他の業務執行者が異議を述べたときは、原則に戻り業務執行者の過半数で決定しなければならない</u>（670条3項）。
> ② 業務執行者ではない組合員は、業務執行権を有しないが、業務と組合財産の状況を検査することは可能である（673条）。
> ③ 組合員が業務執行者である場合について、正当の事由がなければ辞任も解任もできず、また、正当な事由による解任も他の組合員の全員の一致が必要とされている（672条）。

15-39　【組合共有物の侵害について】　組合契約で業務執行組合員を定めた場合には、それ以外の組合員は業務執行については常務であれ権限を有しないが、組合共有物が侵害された場合には、**15-39-1**のように各組合員が共有者として妨害排除を請求できるものとされている。業務執行者を決めた場合には、業務執行権限はその者に帰属するわけであるが、共有物の管理については共有規定が優先適用されると考えているものといえようか。なお、組合規定によれば、組合の業務執行は組合員の過半数で決することになるが、組合財産の処分は共有財産の処分になるので全員一致が必要かのようであるが、組合規定が優先適用され、組合財産の処分も過半数で処分を決定できると考えるべきであろう。

15-39-1　● 最判昭33・7・22民集12巻12号1805頁　「組合財産が理論上合有であるとしても、民法の法条そのものはこれを共有とする建前で規定されており、組合所有の不動産の如きも共有の登記をするほかはない。従って解釈論としては、<u>民法の組合財産の合有は、共有持分について民法の定めるような制限を伴うものであり、持分についてかような制限のあることがすなわち民法の組合財産合有の内容だと見るべきである。そうだとすれば、組合財

産については、民法667条以下において特別の規定のなされていない限り、民法249条以下の共有の規定が適用されることになる。」「ところで、ある不動産の共有権者の一人が、その持分に基き、当該不動産につき登記簿上所有名義者たるものに対して、その登記の抹消を求めることは、妨害排除の請求に外ならず、いわゆる保存行為に属するものというべきであるから、民法における組合財産の性質を前記の如く解するにおいては、その持分権者の一人は単独で右不動産に対する所有権移転登記の全部の抹消を求めることができる筈である。」

15-40 **【全員で協議して議決する必要があるか】** 過半数の者（7人中4人）が共同で組合の名で売買契約を締結した事例では（組合は買主側）、「対外的には組合員の過半数において組合を代理する権限を有するものと解するのが相当である」とされた（最判昭35・12・9民集14巻13号2994頁⇒**15-45**）。この判決の反対意見として、河村判事は、次のように述べてこれに反対している。しかし、このような事態は異例であり、残りの組合員は脱退するなどの法的措置をとることを保障すればよいと思われる。

　「取引の衝に当ったのは……4名にすぎないが、その法律上の効果は上告人ら組合員全員について生じたと判断した趣旨であるならば、このように判断すべき理由の説示を欠く点において、これまた理由不備の違法があるものといわなければならない。」「元来組合の業務執行と組合代理とは区別すべきものであるが、組合契約その他により、特定の組合員に業務執行を委任した場合において、その業務が第三者と法律行為を為す必要あるものについては、別段の定めのない限り右委任に代理権授与の契約をも包含するものと解すべきである。又業務執行者の定めのない場合において組合の常務に属しない或特定の事項を特定の組合員又は第三者に委任しようとする場合は、民法670条1項により組合員の過半数を以て決することを要するものと解すべきであるが、その特定事項が対外関係に属する場合は、別段の定めのない限り右委任に代理権の授与も包含するものと解するを相当とする。しかして同条の『組合員の過半数を以て決す』とは総組合員に決議に参与する機会を与え、その過半数の同意によって業務執行の方法を決定することを要する趣旨と解すべきであって、各組合員に対し賛否の意見を表する機会を与えることなく単に組合員の過半数の者において、業務執行を為し得ることを決めたものではない。この理は代理の場合においても同様であって、多数者が少数者に意見を述べる機会を与えることなくして、総組合員を代理する権限を有するに由ないことも当然の帰結である。」

II　対外的業務執行——組合代理

1　組合代理の形式

15-41　例えばＡＢＣの組合において、①組合財産をＤに売却する、②Ｅから組合を財産を購入する、③Ｆから組合が融資を受けるとしよう。組合自体は法人格を有しないため、本来ならばあくまでもＡＢＣ全員の名でＤＥＦと契約をしなければならないことになる（社団であれば、社団が実質的に当事者であるため、社団の名で意思表示をすることができる）。例えば、ＡＢが共同で「〇〇軒」なるラーメン屋を経営しているとして、材料をＣから購入するとして、いかなる形で契約がされるべきであろうか。〇〇軒自体は法人ではないので、これが契約の主体とはなりえず、本来ならばその名で契約をすることができないはずである。しかし、組合がその組合員の名義ではなく組合の名義それ自体で契約をすることはままあることであり、これをどう評価したらよいであろうか。

　①相手方が、〇〇軒は法人ではなく、ＡＢＣの共同経営であることを知っていた場合、〇〇軒という表示は便宜的なものであり、ＡＢＣとの間に契約が成立すると見てよい。②では、相手方が〇〇軒は法人であると考えて契約をした場合はどうであろうか。〇〇軒は法人ではないため、犬や猫の名前で契約をしたのと同じことになり契約は成立しえないことになるのであろうか（但し、117条の無権代理人の責任の類推適用の余地はある）。商事代理では顕名が不要なため（商法504条）、なんとかこの規定を用いて処理ができないではない。問題はこれに該当しない場合である（例えば、〇〇先生退職祝賀会実行委員会の名でホテルの会場を予約したとする）。判例は手形の事例であるが、漁業組合の代表者が漁業組合の組合長名義で手形を振り出した事例で、全組合員が共同振出人として合同して責任を負うものとし（最判昭36・7・31民集15巻7号1982頁）、また、手形の受取人として組合の名義だけが表示されていた事例で、実質上の権利者である総組合員が表示されたものとしている（大判昭14・5・12民集4巻256頁）。いずれも意思表示理論としては、これをかなり緩和し組合の実態を優先させたものであり（賛成するものに、水本378頁など）、釈然としないものは残る。

2 670条と組合代理

15-42　民法は、組合の代理関係については特に規定をしていない。これは、民法が委任契約と代理とを区別したものの、十分徹底しきれていないことの現われであるが、業務執行についての670条が手がかりになろう。670条を組合代理にも適用するかは、学説と判例とが以下のように対立している（委任と代理を分けない旧民法にも、組合代理について特別の規定は置かれていなかった）。

(1) 学説は670条の適用を否定する（適用否定説）

15-43　組合の業務執行権は、組合契約または業務執行を委任する契約に基づいて発生し、他方で、組合代理権はその授与を目的とした法律行為によって発生するものであり、両者は発生原因を異にすると考えるのが学説である。従って、業務執行についての670条は組合代理には適用にならないことになり、以下のようになる（本書もこれに賛成）。

　①業務執行者を選任した場合には、原則としてその者に全員の名で契約をする代理権も与えたものと考えてよい。②業務執行者を特に選任していない場合には、組合の常務については、各組合員は単独で実行できるというのであるから（670条3項）、そのために必要な対外的な代理権も認められ（法定の代理権ではなく、組合契約の中に含まれている）、組合員の過半数で決定すべき事項については、その業務執行のために誰に代理権を付与するかについても決定されるべきであり、代理権が与えられた者が代理行為を実行すべきである[11]。

15-44　**【代理権者】**　①670条1項ないし2項の過半数の意思決定により代理人を定めかつ授権をした場合には、その代理権を受けた者が代理権を持つ。②業務執行組合員が選定されている場合には、この者が代理権をもち、業務執行組合員が複数いる場合にも、意思決定はその過半数で行うが、代理権は共同代理にされていない限り、各業務執行組合員が持つことになる。③業務執行組合員が定まっておらず、代理人について特に決定がされていない場合には、組合員の全員が代理権を持つと考えられている（品川・下346頁など）。業務執行組合員を定めない組合は、少数の緊密な結合

11　受働代理についても以上の説明があてはまる。支払を受けたり、意思表示を受けることは、業務執行者を決めた場合にはその者に対して行われる必要があり（意思表示については、他の組合員になされても「到達」を認めるのは可能）、業務執行者が定まっていない小規模な組合の場合には、各組合員が受働代理についてはこれを受けることができるというべきである。そうでないと、相手方は全員に対して提供、意思表示を行う必要があり不適切であるからである。

であり、全組合員が共同して法律行為をするというのでは不便であり、各自単独代理の合意があると推定するのが適当であることが理由とされている（我妻・中二788頁）。このような観点からも、670条により過半数で代理行為もしなければならないという判例には反対がされている。

(2) 判例は670条の適用を肯定する（適用肯定説）

15-45　判例は、組合代理を業務執行の1つと考えて、670条を組合代理にも適用している。たとえば、発起人組合がその本来の目的に属しない石炭売買取引を行ったが、それが組合員7人中4人により共同して行われた場合に、売主が各組合員らに対し商法511条1項に基き売買代金の連帯支払を求めた事例で、原判決は「本件石炭売買取引の実際にあったのが……の4名にすぎないことは当事者間に争いのないところであるが、右売買の法律上の効果は本件組合員たる上告人ら7名全員について生じたものと判断した趣旨と解すべきであり、判断は正当である。何故ならば、組合契約その他により業務執行組合員が定められている場合は格別、そうでないかぎりは、対外的には組合員の過半数において組合を代理する権限を有するものと解するのが相当であるからである」と判示されている（最判昭35・12・9民集14巻13号2994頁。反対意見⇒**15-40**）。顕名を欠いても商法504条があるので、問題は代理権に絞られるわけである。しかし、学説の立場でも、4人で意思決定してかつその実行をする代理権を自らその4人に付与したと理解することができるので、670条は意思「決定」の規定であり代理行為は別に考えるべきであるとしても、同じ結論は十分実現することができたところである。

なお、判例も業務執行者について、内部的な業務執行と対外的な代理とを区別しており、業務執行者が当然に対外的な代理権を持つものとは考えていない。40数名の露天業者による組合の「会長」について、「単にこの組合の内部的な業務執行権を委任されていたにとどまらず、対外的にも各組合員の代理人として総組合員を代理する権限を与えられていたものとみるのが相当である」と判示されていることから（最判昭43・6・27判時525号52頁）、判例もこのような区別をしていることが認められよう。

15-46　**【組合員の一部が他の組合員に無断でなした行為の効力】**　例えばＡＢＣによる組合で、ＡがＢＣに無断で組合名義で借金をした場合、借金について組合員の過半数で決定すべきであるためＡはＢＣとの関係においては無権代理をしたことになり、ＢＣは債務を負う（また、権利を取得する契約ならば権利を取得する）ことはない（大判明40・6・13民録13輯648頁、大判大7・7・10民録24輯1480頁）。これに対して、本文に述べたように、過半数の者（7人中4人）が共同で組合の名で石炭の売買契約を締結した

事例では「対外的には組合員の過半数において組合を代理する権限を有する」とされている（最判昭35・12・9民集14巻13号2994頁）。

15-47 **【業務執行組合員が権限を越えて代理行為をした場合】**　組合契約によって業務執行者（代表者）を決めた場合に、その権限に一定の制限をしていたが、業務執行者＝代表者がその制限されている行為、したがって無権代理行為をした場合にその効力はどうなるのであろうか。権利能力なき社団であれば旧54条の類推適用の余地がある。組合と社団とを区別する考えでは、旧54条（現在では、一般社団法人及び一般財団法人に関する法律77条5項）の類推適用は困難になりそうである。判例は **15-47-1** に述べるように第三者を保護したが、110条ないしその類推適用によるのか、旧54条の類推適用によるのかは明らかではない。後者では無過失は不要であり、包括的権限の授与であることを考えれば、旧54条の類推適用によるべきである（**15-47-1** の判例は無過失を要求しているので、旧54条の類推適用ではないといえよう）。

15-47-1　●**最判昭38・5・31民集17巻4号600頁**　Yらおよび訴外Cら合計23名が、三陸沿岸で定置漁業を経営する目的でA組合を設立した。A組合は組合規約をもって毎事業年度の事業計画の設定変更および毎事業年度における借入金の最高限度については総会の議決を経なければならない旨定めていたのに、組合長Bは、昭和30年度の事業計画の設定および同年度の借入金の最高限度について総会の議決を経ていなかったにもかかわらず、A組合の代表者として、Xとの間で、同年1月22日から同年9月24日までの間に、本件漁業用資材の取引をした（Xは売主）。Xは同組合の個々の組合員が右資材の取引について不同意を示したとか、Bが組合規約に違背して右資材について取引をしたことを知らなかったことおよびこのことについてXに過失がなかったことが認定されている。最高裁は、次のように判示をしてXのYらへの代金請求を認容している。

「組合において特に業務執行者を定め、これに業務執行の権限を授与したときは、特段の事情がないかぎり、その執行者は組合の内部において共同事業の経営に必要な事務を処理することができることはもちろんのこと、いやしくも、組合の業務に関し組合の事業の範囲を超越しないかぎり、第三者に対して組合員全員を代表する権限を有し、組合規約等で内部的にこの権限を制限しても、その制限は善意無過失の第三者に対抗できないものと解するのが相当である。」

第4節　組合の財産関係

Ⅰ　所有権などの財産権

1　668条にいう「共有」とは

(1) 組合共有の特殊性

15-48　**(a) 団体的拘束を受ける**　例えば、ＡＢが保育園を共同で経営しており、共同出資した資金からパソコンなど事務機器、おもちゃなどの遊具を購入した場合に、その所有関係はどう考えるべきであろうか。民法はこの点について、「各組合員の出資その他の組合財産は、総組合員の共有に属する」ものと規定した（668条）。しかし、組合という共同事業を行うという関係に個人主義的共有関係を認めることは、次の2つの点が認められてしまうため適切ではない（旧民法にはなかった規定である。物権[252]参照）。

> ① **共有持分譲渡の自由**　いつでも共有者は、共有持分を譲渡して、共有関係から離脱することができる。
> ② **共有物分割請求権**　いつでも共有者は、共有物を分割して共有関係を解消することを求めることができる。

　ＡＢが共同で保育園を経営しようと合意しており、その合意に拘束されているのに、その目的のために共同で取得した「目的財産」につき、以上の2つの権利を認めることは適切ではない。持分譲渡や共有物分割請求は組合契約の合意に反する行為であり、組合契約をして共同事業を行おうとした以上は、これらの権利ないし自由が制限されてしかるべきである。そのため、民法は「共有」と規定しながら、「組合員は、組合財産についてその持分を処分したときは、その処分をもって組合及び組合と取引をした第三者に対抗することができない」（676条1項）、また、「組合員は、清算前に組合財産の分割を求めることができない」（676条2項）と規定し、組合契約による共同事業を行うという拘束力が組合財産に及ぶことを肯定した（債権については、677条がある）。

15-49　**(b) 組合員の個性が重視された契約関係**　しかし、組合員の個人財産から

の財産的独立性の実現は、組合員間に組合契約により債権的な拘束力を認めて、一定の財産をその帰属者から独立した財産として認めることによっても説明可能であり、団体というよりも組合に独立した財産としていわば信託的に帰属させるのに実質的に匹敵した関係とすることによっても実現可能である（相続財産を合有と構成する考えも、団体であることを根拠にするものではない）。2人で事業を共同で行うような場合には、このような債権的な効力だけで十分であり、組合には社団と区別が困難な、構成員が多数でその個性を重視しない団体については、あえて合有といわずに、社団として（社団は組合の大規模なものくらいなものにすぎない）総有ないし社団所有として規律すればよい。この両者をいずれも同じ組合として、同一の法理によって規律しようとしたことが誤りである。

(2) 組合員に個々の財産に持分を認めるか

15-50　このように、組合財産関係は組合員の個人的財産関係から独立した財産関係といわれる。組合では、組合員相互の権利義務として構成されているので、ある意味で契約的色彩を持ち、社団とは異なり、個人がなお独立の存在を有し、ただ共同目的を達成するために必要な限度で統制され、そこに団体性を取得するにすぎないともいわれている（我妻・中二754頁）。起草者も、組合については「共有に関する一般規定を適用し難きが如し」と評している（梅786頁）。しかし、社団と組合とでそのように分けることが妥当なのかは、学説を見ると議論がある（品川孝次「組合財産『共有』の特殊性」『民法学と比較法学の諸相〔3〕』91頁以下参照）。

15-51　**(a) 個々の財産に持分を認める学説(通説)**
　❶ **共有説**　組合「共有」は、物権法の共有に対する特別規定であり、団体的結合のために特別規定が置かれたものではあるが、合有という概念は明確なものではなく、また、民法自身が共有といっていることから、共有（但し、特別規定により修正されたところの）と理解してよいという学説がある（末弘827頁以下、末川・下264頁）。特別の規制があるだけで、共有でありあえて合有といいかえる必要はないという主張（石田穣393頁）も、同様の理解といえよう。2人の単なる契約関係を超える実在がないような場合には、このような構成がしっくり行くであろう。本書もこの立場であり、合有というか否かは共有関係については重要ではない（社団ないし社団に近いものは総有ないし社団所有）。

15-52　❷ **合有説**　これに対して、組合員間には共同目的のための人的結合関係があり、更に、継続的結合関係であることから、組合財産の所有関係は合有であり、民法の規定する特則はこの合有という性質から導かれるものであり、民法に規定

のない事項についても、合有に適した処理をすべきであるという学説もある（我妻・中二800頁、北川100頁、川井328頁）。合有であり、合有財産全体につき各組合員は潜在的持分を持つが、個々の財産には持分を持たないことになり、持分の譲渡などはできないことになる。

15-53　❸ 共有とは異なる独自の関係とする説　更には、実質的には①説と異ならないのであろうが、合有として外国の合有規定をそのままわが国に持ってくることは適切ではなく、「民法上の『共有』とは異なる点が多い独自の関係と解すればよく、どの点が異なるかをはっきりさせることが重要である」という学説もある（星野304頁）。また、合有だからどうだと説明すべきではなく、個々具体的事案に応じて組合の目的や存続に適合するように処理すべきであるともいわれる（水本380頁）。

15-54　**(b)　組合に帰属し包括的持分のみを認める学説**　通説は上のように個々の組合財産に組合員の持分を認めるが、学説によっては直接に団体としての「組合に帰属する」とまで断言されている（三宅・下1141頁）。即ち、組合財産を構成する個々の物や権利につき、組合員には個別的持分はありえず、増減変動する組合財産全体の上に包括的持分（組合持分）が、一種の財産権として組合員に帰属するという少数説が主張されている（三宅・下1142頁、1147頁）。これは、社団という概念を認めず、組合という概念しか知らず、組合に法人格を当然に認めるフランス法の思考に近いものであり、この立場では、社団・組合ということを区別せず、団体を組合という概念で一元的に把握し組合への権利の帰属が認められることになる。

　なお、合有説でも、組合は個人としての対外的地位を認めながら、一定の程度において団体としての存在を示す複合体であり、組合財産も、「個々的な存在を有すると同時に統一した一体としての存在を有し、各組合員は、組合財産に属する個々の物を合有すると同時に、包括的な財産の上に持分をもつ」として、目的財産としての組合財産というものを認めている（我妻・中二814頁）。

15-55　**【判例は所有権については「合有」という】**
　(1)　所有権の帰属　判例は、組合財産の性質についても、「普通の共有と異にし其の共同の目的を達せんが為結合したる一種の団体財産たる特質を帯有」するとし（大判昭7・12・10民集11巻2313頁）、また、「所論のように組合財産が理論上合有であるとしても、民法の法条そのものはこれを共有とする建前で規定されており、組合所有の不動産の如きも共有の登記をするほかはない。従って解釈論としては、民法の

組合財産の合有は、共有持分について民法の定めるような制限を伴うものであり、持分についてかような制限のあることがすなわち民法の組合財産合有の内容だと見るべきである。そうだとすれば、組合財産については、民法667条以下において特別の規定のなされていない限り、民法249条以下の共有の規定が適用されることになる。」「ある不動産の共有権者の一人が、その持分に基き、当該不動産につき登記簿上所有名義者たるものに対して、その登記の抹消を求めることは、妨害排除の請求に外ならず、いわゆる保存行為に属するものというべきであるから、民法における組合財産の性質を前記の如く解するにおいては、その持分権者の一人は単独で右不動産に対する所有権移転登記の全部の抹消を求めることができる筈である」という（最判昭33・7・22民集12巻12号1805頁）。

40数名の露店業者が、昭和31年9月頃、各自出資して、共同で土地190坪を購入し、出資者を会員とし、その親睦、福利増進を図り、これと共に事業を行うことを目的として、朝市協和会なるものを設立した事例で、「右朝市協和会は、各組合員が出資し、共同の事業を営むことを約して成立した民法上の組合に外ならず、本件土地の使用権およびその地上の共同店舗は、組合財産として、組合員に合有的に帰属したものといわなければならない」とされている（最判昭43・6・27判時525号52頁）。

(2) 債権の帰属　債権については、427条の分割主義の原則があり、組合員に分割債権として帰属するかのようであるが、判例は、**15-56**のように、債権については「合有」という表現は用いていないものの、1つの目的財産を構成する特殊な帰属状態であることを認めている（合有説は債権についても合有とする。川井329頁など）。

15-56

●大判昭13・2・12民集17巻132頁　**(1) 組合の財産関係**　「組合若は組合財産が法人格を有せざることは固より所論の如し。然れども組合財産は特定の目的（組合の事業経営）の為めに各組合員個人の他の財産（私有財産）と離れ別に一団を為して存する特別財産（目的財産）にして、其の結果此の目的の範囲に於ては或程度の独立性を有し組合員の私有財産と混同せらるることなし（民法第676条、同第677条等皆此の趣旨に出てたるに外ならず）されば組合財産より生ずる果実若は組合の業務執行によりて取得さるる財産の如きは、総て組合財産中に帰属し直接組合員の分割所有となることなし、又之と同く組合財産による債務（例へば民法第717条同第718条等によりて組合の負担する債務）其の他組合事業の経営によりて生する債務（所謂「組合債務」にして広義の「組合財産」の消極部分）は総て組合財産によりて弁済せらるるを本筋とし、組合員の私有財産より支弁せらるるは常態に非ず。此は組合員の一人が債権者たる場合に於ても異るべき理由なきが故に、例へば組合員の一人が組合の為立替金を為し若は組合に対する第三者の債権を譲受けたる如き場合に於ても、其の弁済は組合財産より為さるるものと云ふべく、此の場合に於ては債権者は其の立替へたる金額若は譲受けたる債権の全額に付弁済を受け得ざるべからず。蓋し組合財産は各組合員の共有なるが故に組合財産より弁済を受くるは即ち自己の共有財産中より之を受くるに外ならず。従て債権全額の弁済を受くるも尚実質的利益としては受領額より自己の持分額を控除したる残額を得るに過ぎず。而して組合財産（積極部分）に対する持分と債務（消極部分）の負担部分とは相対応するものなるが故に、之を以て合理的の

結果と做すべく若反之初より負担部分を控除したる額のみの弁済を受くるものとせは実質上の利益は其の受けたる額より更に其の額に対する自己の持分を控除したるものに過きす従て其の組合員は計算上不当に不利益を受くる結果となるへきか故なり。」

15-57　**(2) 組合と組合員との債権関係**　「以上説示の如く<u>組合財産が一の特別財産</u>として存する結果組合と組合員との間には相互に債権関係成立し得るものと云ふべく（物権関係に於て各組合員は個々の組合財産に対し自己固有の他物権を有し得ると同様なり）而して此の場合債権者は当該組合員の持分（組合が債権者なる場合）又は負担部分（組合員か債権者なる場合）を控除することなく全額に付て弁済を受け得るものと為さざるべからず。従て<u>組合員が組合に対する債権を取得したる場合、其の組合員の負担部分に付債権者と債務者との混同を生じ債権消滅するものとなす所論は妥当なりと云ひ難く</u>、此の点に関する原審の見解は相当なるを以て論旨は之を採用するに由なきものとす」（債権につき⇒**15-66**）

2　組合員の持分処分の制限

15-58　個人主義的共有関係では、共有者はその持分をいつでも自由に処分することができる。しかし、組合の場合には、「<u>組合員は、組合財産についてその持分を処分したときは、その処分をもって組合及び組合と取引をした第三者に対抗することができない</u>」(676条1項)、と規定されている。

この「持分」については、①個々の財産の共有持分、②組合財産全体に対する持分などといったことが考えられるが、②については要するに債務も含めて組合員たる地位の譲渡を考えればよく、従って、①の意味で理解される（水本381頁）。

「処分」とは譲渡のみならず、担保権の設定も含まれる。いずれにせよ、「処分」は組合員に対する行為規制であるから、組合員の債権者のなす差押えは、676条1項から直ちに不可能ということにはならない。では、差押えが許されているのかというと、これもそうとは直ちには答えることはできない。この問題は、結局は組合の存続保障と債権者の利益保護との比較衡量の問題であり、組合の団体性を重視し差押えは許されないと解されている（水本387頁）。組合員の債権者は、その組合員の利益配当請求権の差押えは可能であり、その限りで債権者の利益保障が図られていることも理由の1つとなる。

「組合及び組合と取引を為したる第三者に対抗することを得ず」とは、「組合及び組合と取引を為したる第三者」は譲渡等の処分がないものと扱うことができるということである（ABCの組合で、Cが組合財産たる不動産についての持ち分をDに譲渡したとしても、AB及び組合と取引をした債権者Eは、その不動産は依然としてABCの共有であるものとして扱うことができる）。

3　分割請求の制限

15-59　物権法の規定では、各共有者には共有物の分割請求権が認められているが（256条）、これは何らの拘束の必要のない個人主義的共有関係を念頭においた規定であり、組合の場合には組合の基礎たる組合財産につき分割請求を認めることは、共同事業の遂行という組合の目的に反することになる。そのため、組合共有では、<u>「組合員は、清算前に組合財産の分割を求めることができない」</u>と規定した（676条2項）。

15-60　【組合員の個人債権者による組合財産の差押え】　組合の財産はなんらの共同目的のない共有とは異なり、組合契約に基づきその目的を実現するための「目的財産」である。そのため、判例によっても後述のように、差押えが否定されている。組合財産は、判例でも「合有」とはいわないが「分割所有となることなし」とわれる特別財産を構成し、個人財産と組合財産はこのように分離独立した存在とされている（⇒15-61）。その結果、組合員の個人債権者は、組合に対して債権を持つ者とは異なって、組合財産に組合員が有する持分につき、差押えをすることはできず、組合財産を責任財産とすることはできないと考えられている（水本382頁）。但し、組合員を脱退させて持分の払戻請求権（678条）に対し執行をすることは可能と考えられている（来栖642頁）。但し、この結論は、組合員自身が譲渡、分割請求を禁止されている帰結にすぎず、債権者も債務者以上の権利行使ができないというだけだともいえよう（石田穣395頁は、差押えを認めると持分の処分を認めるのと同じになるということを理由とする）。

15-61　● 大判昭11・2・25民集15巻281頁　<u>「組合若は組合財産が法人格を有せざることは固より所論の如し。然れども、組合財産は特定の目的（組合の事業経営）の為めに、各組合員個人の他の財産（私有財産）と離れ別に一団を為して存する特別財産（目的財産）にして、其の結果此の目的の範囲に於ては或程度の独立性を有し、組合員の私有財産と混同せらるることなし（民法第676条同第677条等皆此の趣旨に出てたるに外ならず）。されば組合財産より生ずる果実若は組合の業務執行によりて取得さるる財産の如きは総て組合財産中に帰属し、直接組合員の分割所有となることなし。」</u>

II　組合の債権

(1) 組合債権の独立財産性

15-62　**(a) 団体的規律**　例えば、組合を形成するＡＢがＣに対して商品を販売し代金債権を取得したり、ＣがＡＢの事業を妨害してＡＢがＣに対して損害賠償請

求権を取得したとする。この場合、債権がＡＢに帰属することは明らかであるが、どのように帰属するのであろうか。

　債権も「組合財産」の１つであるということからは、668条により組合員全員に「共有」(合有)することになる。しかし、共有ということは所有権などの財産権については妥当しても、債権債務についてはしっくりこないものがある。共有に対して、債権関係については「多数当事者の債権関係」の規定があり、寧ろこちらの規定により規律されるべきものである。そうすると、民法の原則である分割主義により(427条)、ＡＢの分割債権となりそうである。

15-63　**(b) 共同事業による拘束**　しかし、社団とは異なり、組合の場合には、共同の事業を行うことを約束したことによる拘束が認められれば十分であるともいえる。即ち、組合債権については、業務執行として全額について行われるべきであり、各人が自分の債権分について自由に行使するのは、業務執行の妨げとなり適切ではない。債務者が、組合員個人に対して有している債権で相殺することも、同様に認めるべきではない。そのため、民法は「組合の債務者は、その債務と組合員に対する債権とを相殺することができない」と規定している(677条)。これを(a)説はＡＢの債権を１つの団体の債権と同様に扱うことの例示として、合有説の根拠とするが、そのように考える必然性はない。なお、677条は、組合員個人に対する債権を自働債権としえないというだけであり、組合に対する債権であれば相殺は可能である。

15-64　**【代表者個人に支払がされた場合】**　建設共同体の事例で、「民法上の組合において、業務執行者たる組合員が自己の名において取得した財産は、組合の計算においてなされた場合であっても、格別の合意がない限り、先ずその者に帰属し、組合への移転行為によって初めて組合財産となるものと解される(民法671条、646条)」。「本件企業体においては、本件協定に則り、代表者を定め、請負代金は代表者が自己の名義をもって請求、受領(別口口座への振込)し、一旦、村本口座へ移し替えた後、代表者の経理機構によって精算の上、運営委員会の承認を得て分配する運用がなされてきた」。「右によると、本件代金は、別口口座へ振込まれたことにより、代表者に帰属したのであり、その半額が控訴会社に帰属したとか、その全額が代表者と控訴会社が共有する本件企業体の財産になったとはいえず、控訴会社は本件協定に基づく分配金請求権を有するに止まると認むべきである。」とされている(大阪高判平9・12・3金法1554号78頁。最判平11・4・16金法1554号77頁が支持)。

(2) 組合債権の法的構成──組合からの相殺の可否

15-65　❶ **合有債権説**　学説は、組合活動により取得した債権についても、共同目

的による拘束を受け、債権も「合有」的に帰属するものと考えている（我妻・各論中二808頁、近江251頁）。分割主義の原則（427条）が適用されず、1つの債権が組合員全員に合有的に帰属するというようである。この点について1つ民法に関連規定があり、組合の債務者は組合員に対する個人債権でもって相殺をすることができないものとされている（677条）。677条の規定は、組合の債権が分割債権ではないことを前提としたものであり（水本383頁）、676条と共に、組合の財産が団体的拘束を受ける目的財産関係であり、組合員の個人財産から分離独立するものであることを認める規定と理解している。

　起草者は、677条について、「組合の債権は1の組合財産なり。故に是に相殺を対抗するは即ち組合財産を処分するものなり」として、これを理由に相殺を否定したものと説明をしている（梅806頁）。組合からの相殺については、677条の反対解釈をすれば可能なように見えるが、合有財産でありそもそも相殺適状にないとすればできず（我妻中二809頁はこのような趣旨か）、また、組合財産の処分であるとすれば、組合の業務執行としての債権回収だけができ、個人の債務との相殺は認められずやはり否定ということになろう（676条1項を根拠にする学説として、北川101頁）。

15-66 　**【組合債権をめぐる判例の状況】**　大判昭13・2・12民集17巻132頁は、「凡そ民法上の組合財産は同法第668条に所謂総組合員の共有に属するが故に、第三者が不法に組合の所有物を侵害したときは之に因りて生ずる損害賠償の債権も亦、組合財産として同じく共有に属すべきは当然にして、其の債権は持分の割合に応じて組合員に分割せらるるものに非ず。……縦令YにX主張の如き不法行為ありしとするも、之に因る損害賠償債権は総て組合財産に属しXが単に一組合員として毫も之を請求し得べき筋合のものに非ず」とされている（大判昭13・2・15新聞4246号11頁も同様）。また、最判昭41・11・25民集20巻9号1946頁は、傍論的であるが「組合は法人格を有しないから、組合員全員において物件を第三者に売り渡した場合はもちろん、組合代理権を有する一名の組合員が組合の名義で右売買行為をなした場合においても、売主として右第三者に対し代金債権を取得するのは組合員全員であるといわなければならない。ただ、当該債権は、組合債権であるから、民法668条にいう総組合員の共有に属し、総組合員によらなければこれを請求しえないものにすぎない」と、いわれる[12]。

---

[12]　大判昭7・12・10民集11巻2313頁も、「民法が契約関係たる組合に一種の団体性を認め、組合員の共有に属する組合財産の性質に付ても、普通の共有と異にし、其の共同の目的を達せんが為、結合したる一種の団体財産たる特質を帯有せしめたるものなること、民法第676条の規定に徴するも其の法意を看取するに難からず。従て例ば組合財産たる債権に就ても、

15-67　❷ **組合に帰属し包括的持分のみを認める学説**　組合所有につき組合自身への帰属を認める先の三宅説では、債権についても、組合員間に分割されることはなく、直接に組合に帰属し、その行使は組合の業務執行に属し、組合員が有するのは組合財産全体の上の包括的持分だけであると構成する（三宅・下1155頁）。

15-68　❸ **分割主義によっても同様の結論を導くことは不可能ではない**　物について共有とし単に組合契約に基づく債権的制限があるにすぎず、それで財産の独立性の確保は十分であると考えて、債権についても分割主義の原則を貫くことも不可能ではない（社団の場合は、実質的に社団に法人格を認めるためのレトリックとして総有という概念を残しておく意義はある）。組合員に出資割合に応じた分割債権となるが、組合契約の業務執行として１つの組合債権かのようにまとめて回収・受領をする権限を執行者に認めれば、先ず全員に受領・請求などの効力が生じることを説明できる。また、相殺については、債権の行使は各人がそれぞれ自分の債権の部分について行うことはできず、業務執行として一体的に行われる必要があるので、676条１項によって否定されるということも可能である（❶❷では、そもそも相殺適状がないということになりそうである）。組合からの相殺も、組合員の個人債務を弁済すること（その省略のために相殺がされる）は業務の執行ではないので、670条１項または２項によりそれが意思決定されれば別であるが、そうでなければ当然に許されるものではない。

(3) 組合債権の行使

15-69　組合債権の行使も「業務の執行」であり、合有債権と構成しても分割債権と構成しても、その行使・処分は「業務の執行」としてでなければ行うことはできず、

民法第264条及同第427条以下の規定は、組合財産に関する民法所定の特別規定に対し優先して之が適用を見るべきものに非ずと解するを相当とす故に、組合財産たる債権にして仮に可分債権なりとするも、民法第427条の規定に従ひ当然各組合員に平等に分割せらるべきものに非ざると同時に、苟くも総組合員の合意を以てせざる限り、各組合員は清算前組合財産の分割を請求し得べきものに非ずと解せざるべからず（民法第676条第２項参照）。従て又組合員の脱退に付稽ふるに縦令組合員中脱退したる者ある場合に於ても、該組合員と他の残存組合員との間に於て持分の計算を遂げ其の財産関係の整理を為し得べきこと勿論なるも、右脱退に因り当然組合財産に属する債権の減少を来すべき理由なく、右債権は爾後残存組合員のみの共有に帰すべきこと亦洵に明白なりとす」。「然らば仮に組合員が脱退するに際し、他の組合員と協議し脱退当時組合財産たる債権を残存組合員のみの共有たらしむる合意を為したる場合に於ても、其の残存組合員に於て右脱退者より債権の譲渡若は移転を受くるの結果を招来すべき筋合のものに非ず、従て此の場合債権譲渡に関する民法第467条の適用を受くべきものに非ざること多言を要せざるべし」と述べている。

各組合員は自分の持分の限度で（合有債権説）または自分の分割債権の部分でも単独で行使をすることはできない（大判昭13・2・12民集17巻132頁）。したがって、組合の業務執行として、全員の名で請求しなければならないが（品川・下333頁）、それは組合の業務執行として行うことを示すということであり、第三者のみならず組合員の1人に代理権を与えて行使させることは可能であり、それは670条1項で組合員の多数決で決定することになる。

組合が組合員との取引で組合員に対して債権を取得したとしても、合同債権説また判例の「共有」債権でも混同で消滅することはなく（大判大5・4・1民録22輯755頁参照）、また、分割債権と構成しても混同の例外が認められるべきであろう。

Ⅲ　組合の債務

(1) 分割主義が適用になるのか

15-70　民法は分割主義を原則とし（427条）、組合債務について特別規定を置いていない。そうすると、組合員全員が契約当事者また債務者となり、連帯特約がない以上、また、商法の特則（商法511条1項）が適用にならない以上は、分割主義の原則により頭数（ないし出資割合）に応じた分割債務になりそうである。民法675条では、各組合構成員全員に請求できるのではないことを前提として、各組合構成員に請求できる金額は、内部的な損失分担の割合を知らなければ均等して請求できるものとしている（427条を確認したものにすぎない）。会社法580条1項の合名会社の規律は、これに対する特則ということになる。なお、商法511条が適用になる場合には、675条によらずに各組合員が全額の支払を義務づけられることになる（先の最判昭35・12・9民集14巻13号2994頁は連帯して支払を義務づけている）。

(2) 団体法理により修正する立場

15-71　**(a) 合有債務説**　しかし、組合財産が組合個人の財産とは区別されるのと同様に、組合員個人の債務とは区別されなければならないといわれている（来栖643頁）。組合の債務は、組合員が個々人としてはなく共同でなした行動によって発生したものであり、組合員全員の債務と見るべきであり、「合有債務」などといわれている（我妻・中二800頁、809頁。石田穣396頁は、分割されないというが合有とはいわない）。いずれにしても、分割主義の原則が適用され、組合員の分割債務となるのではない。そのため、次のような結論が導かれている（新注民(17)81頁以下［品川］参照）。債務についても、共同目的による制約を受け、債務が可分であっ

たとしても、各組合員に分割債務として帰属することはない (近江251頁など)。債務も組合財産として独立性を有するため、組合が組合員に対して債務を負担した (＝組合員が組合に対して債権を取得した) としても、その組合員の負担部分につき混同で消滅するということはない (大判昭11・2・25民集15巻281頁)。

15-72 **(b) 不可分債務説**　所有権や債権では合有と構成しながら、債務のような消極的財産については不可分債務と見ればよいという主張もされている (北川101頁)。給付の性質は可分であり、共同賃借人の債務のように、発生原因から不可分債務を導き出そうとするのであろう。しかし、連帯債務同様に、不可分債務という構成では組合員からも相手方からも相殺ができてしまうことになりそうである (組合の業務執行として、組合員の債権による相殺ができるはずはない)。組合員全員に非分割的に帰属、「一種の団体債務」と称する学説もある (品川・下334頁。335頁は総組合員に「合手的に帰属する」ともいう)。

15-73 **【構成員の責任】**
(1) 合有債務説における各組合員の責任との関係　全額債務が合有的に全組合員に帰属しながら、原則として責任は負担割合に応じてのみ負担する (675条) ということをどう法的に説明するか、合有債務説では問題が残される。この点につき、組合員の分割債務ないし責任と、組合の合有債務 (合手的債務) とは、並存し前者が補充的な関係にあるものではないが、実質的には組合債務の本体は合有債務であり、組合員の分割債務ないし責任はその「担保的責任」とも評されている (品川・下335～6頁)。

なお、建設共同体について、「共同企業体の構成員が会社である場合には、会社が共同企業体を結成してその構成員として共同企業体の事業を行う行為は、会社の営業のためにする行為 (附属的商行為) にほかならず、共同企業体がその事業のために第三者に対して負担した債務につき構成員が負う債務は、構成員である会社にとって自らの商行為により負担した債務というべきものであ」り、「共同企業体の各構成員は、共同企業体がその事業のために第三者に対して負担した債務につき、商法511条1項により連帯債務を負う」ものとされ、675条が修正されている (最判平10・4・14民集52巻3号813頁)。

15-74 **(2) 各組合員の責任は補充的か**　組合債務についての組合員の責任については、連帯主義と分担主義に立法主義は分かれるといわれている。この点につき、民法は連帯主義を採用せず分割主義を採用している (675条)。問題は、団体として独立性を認めて、組合財産と組合員の個人財産とを分離し、組合債務は組合財産を一次的に引き当てとし、補充的にのみ組合員は個人財産でもって分割責任を負うにすぎないのかということである。

15-75 **❶ 補充性肯定説**　少数説として、15-54の三宅説では、一体として組合財産が

単一の団体としての組合に帰属することを認める反面として、組合の債務も組合に帰属し、組合が債務者となりその組合財産が引き当てになるといわれる（三宅・下1157頁）。組合員の責任は、組合財産で組合債務を完済できない場合の補充的責任であるとされる（同1161頁）。合名会社と同じく無限責任構成員からなる団体であり、旧商法80条を類推適用して、組合員の個人財産をもってする補充的責任と考える学説もある（水本384頁）。

15-76　❷ **補充性否定説**　しかし、組合債務についての個人財産の責任関係については、旧商法80条1項（現会社法580条1項）のような特別規定がないので、補充責任ではなく「無限責任」であるといわれている（内田291頁）。「無限責任」とは、組合の財産のみを責任財産の限度とする責任（＝有限責任）ではないという意味にすぎず、「組合員個人の責任は、分割債務である」といわれるように（我妻・中二812頁）、責任内容は分割債務にすぎず、無限責任・分割責任にすぎない。また、補充性が認められても組合財産で足りない部分について責任を負わされるので、この意味で無限責任であり、有限責任と補充責任とも別の観点による区別である。会社法の持分会社は、無限責任・連帯責任であり全債務について責任を負うが、会社財産で足りない部分についてのみの補充責任である（会社法580条）。

(3) 共同事業による拘束にとどめる本書の立場

15-77　社団については総有または社団債務として構成してよいが、そうではない個人間の契約関係の場合には、多数当事者の債権関係の原則によって規律されてよい。連帯特約があれば組合員が連帯債務を負担し、そうでない場合には、民法427条の分割主義の原則が適用になる（675条はこれを確認した規定）、しかし、特約がなくても、商法511条が適用になれば連帯債務になり、そうでなくても、解釈により組合関係があるような場合には、法律上当然の連帯債務の成立を認めてよいと思われる（⇒債権総論**5-62**）。その結果、675条は分割債務とする特約がある例外的場合にのみ適用されるにすぎないことになる。

　そうすると、請求連帯債務であるから、全員が支払をできるかのようであるが、やはり組合債務の弁済も業務の執行であるため、業務の執行についてのルールに従うことが必要である。例外的に分割債務となる場合にも、組合業務の執行として全額の支払が可能であり、また債権者の請求は代理権ある者にされれば全員にその効力が生じることになる。組合債務と組合員の債権者への個人的債権との相殺については、債務の弁済も組合の業務の執行として行われなければならず、組合員の1人が勝手に自分の個人的債権により相殺をすることは許されないかのようである。但し、債務については組合業務の執行としてではなく第三者としての弁済が可能なのであり、第三者弁済に変わる相殺として行うことまでは否定する

必要はないと思われる。相手方、すなわち組合に対する債権者からは、その第三者に対する債権者である組合員に対して、その負担部分についても相殺をすることはできない。組合債務を履行できる必要があるからである（そのため、その組合員が業務執行組合員であれば相殺を認める余地はある）。

IV 損益分配

15-78　組合の事業遂行上生じる利益の分配及び損失の負担については、民法は以下のような規定をおいている。

❶ 内部的割合　「当事者が損益分配の割合を定めなかったときは、その割合は、各組合員の出資の価額に応じて定める」（674条1項）。「利益又は損失についてのみ分配の割合を定めたときは、その割合は、利益及び損失に共通であるものと推定する」（674条2項）。

❷ 組合債権者との関係　「組合の債権者は、その債権の発生の時に組合員の損失分担の割合を知らなかったときは、各組合員に対して等しい割合でその権利を行使することができる」（675条）。

第5節　組合員の変動

Ⅰ　組合員の脱退

1　任意的脱退

15-79　組合契約は継続的契約関係であり、組合契約の期間を定めた場合と、これを定めていない場合とで、組合員の脱退についても異なっている[13]。

❶ **組合の存続期間を定めた場合**　組合の存続期間を定めた場合は、脱退は原則として許されないが、「組合の存続期間を定めた場合であっても、各組合員は、やむを得ない事由があるときは、脱退することができる」（678条2項）。

❷ **組合の存続期間を定めていないまたは組合員の終身間組合の存続すべきことを定めた場合**　「組合契約で組合の存続期間を定めなかったとき、又はある組合員の終身の間組合が存続すべきことを定めたときは、各組合員は、いつでも脱退することができる」（678条1項本文）。「ただし、やむを得ない事由がある場合を除き、組合に不利な時期に脱退することができない」（678条1項ただし書）。逆にいえば、組合に不利な時期でも、やむをえない事由があれば損害を賠償することなく脱退できることになる。

15-79-1　**【脱退を制限する組合規約の効力】**　本文に述べたように、組合員は、存続期間を定めていなければ、原則としていつでも脱退でき、例外的に組合に不利な時期には脱退できない場合の場合でもやむをえない事由があれば脱退が許されることになる。では、絶対脱退を許さないまたは組合に不利な時期でなくても正当事由がなければ脱退できないという組合規約の効力はどう考えるべきであろうか。

この点については、脱退を禁止ないし制限する特約について、①その特約を全部無効とする考えと（末川博「判批」民商19巻4号339頁、三宅・下1174頁）、②原則として制限は有効であり、やむをえない事由がある場合にまで脱退を否定する限度

---

[13]　なお、全国のクレジット会社による「クレジット債権管理組合」の組合員である会社が組合に対して、債権回収預け金の支払を度々催告したのに、一向に支払わないため、脱退した事例で、「これは、実質的には、クレジット債権管理組合ないし被控訴人の債務不履行を理由として組合契約を解除したものと解せられ」ると認められている（東京高判平8・11・27判時1617号94頁）。

で無効とする一部無効説（矢澤惇「判批」判例民事法昭和18年度166頁、我妻・中二829頁、新注民(17)164頁〔菅原菊志〕など通説）とがある[14]。前者では、678条1項本文自体を強行規定と位置づけ、民法の認めるやむをえない事由がないのに組合に不利な時期にする脱退についてのみ脱退が制限されるにすぎないことになる。これに対して、後者では、678条1項ただし書、2項のいかなる場合でもやむをえない事由があれば脱退ができるという部分のみが強行規定であり、やむをえない事由がない場合に合理的な制限[15]をすることは可能ということになる。したがって、後者の見解では、この範囲外では特約は有効なので、やむをえない事由がない限り脱退はできないことになる。この問題について、判例は **15-79-2** のように後者の立場を採用することを明らかにした[16]。

15-79-2　● 最判平11・2・23民集53巻2号193頁　　事案は、6名によりヨットを共同で購入しヨットクラブを設立したが、2名（Xら）が脱退をして、残り4名（Yら）に対して、出資金相当の持分払戻金200万円の返還、係留権取得の立替金60万円（Xの1人は加えて桟橋工事費の立替金50万円）の支払を請求した事例であり、脱退を認めない規約があったため、Yらが脱退の無効を主張した。最高裁は次のように述べて、一部無効説の立場を宣言する。

「民法678条は、組合員は、やむを得ない事由がある場合には、組合の存続期間の定めの有無にかかわらず、常に組合から任意に脱退することができる旨を規定しているものと解されるところ、同条のうち右の旨を規定する部分は、強行法規であり、これに反する組合契約における約定は効力を有しないものと解するのが相当である。けだし、やむを得ない事由があっても任意の脱退を許さない旨の組合契約は、組合員の自由を著しく制限するも

---

[14]　一部無効説が、現行民法の起草過程からみて、起草者の考えであったと推察できることについて、矢尾渉「判例解説」『最高裁判所判例解説民事篇平成11年度（上）118頁参照。

[15]　やむをえない事由があっても脱退できないというのは当然無効であるが、やむをえない事由のない脱退は無制限に禁止できると考えるべきではない。組合員の脱退の利益（組合債務について責任を負うことから免れるなど）からして脱退の事由は最大限保障されるべきであり、脱退の制限が有効になるためには組合に脱退を制限する合理的な必要性があることを要するというべきである。一定期間脱退を制限したり、予告期間を要するものとしたり、相当な条件を付すことなどは可能と考えられているが（吉田勝栄「判批」判タ1036号95頁）、個別的に判断されるべきであろう。

[16]　それ以前には、終身存続すべきものとし脱退できず、違反があると違約金を支払うという特約があった場合に、公序良俗に違反し無効であり違約金の約束も無効とした判例（東京地判大11・12・1新聞2097号15頁）、脱退を認めない協定があった事例で、この「協定は組合員を拘束すること重きに過ぎ、民法第678条の法意に反すること明らか」として無効としたが、結局脱退の撤回があったと認めた判例（大判昭18・7・6民集22巻607頁。したがって、傍論）があった。これに対して、朝鮮高判大15・11・30評論16巻民法48頁）は、相当の条件をつけて脱退を制限することは有効であるが、それでもやむをえない事由があれば脱退はできるとしていた。

のであり、公の秩序に反するものというべきだからである」（やむをえない事由の存否につき更に審理を尽くさせる必要があるので、原審判決を破棄した上、原審に差し戻している）。

2 非任意的脱退

15-80　組合員本人の意思によらずに組合から脱退させられる場合として民法が規定したのは、①死亡[17]、②破産、③禁治産、及び、④除名である（679条）。この中では除名が最も問題となり、民法も特にこの点について別に規定を設け、「組合員の除名は、正当な事由がある場合に限り、他の組合員の一致によってすることができる。ただし、除名した組合員にその旨を通知しなければ、これをもってその組合員に対抗することができない」と規定した（680条）。

3 脱退の効果

15-81　任意・非任意を問わず、脱退により、脱退組合員と組合（より正確には残存組合員）との間で財産関係を清算することになる。民法はこれにつき、「脱退した組合員と他の組合員との間の計算は、脱退の時における組合財産の状況に従ってしなければならない」と規定した（681条1項）。但し、「脱退の時にまだ完了していない事項については、その完了後に計算をすることができる」（681条3項）。

　脱退組合員は組合財産上に持分を有しているのであるが、脱退した場合であっても分割請求を認めることは組合の共同事業の遂行の支障となるため、「脱退した組合員の持分は、その出資の種類を問わず、金銭で払い戻すことができる」ものとされる（681条2項。ＡＢＣの組合であれば、Ｃの脱退後はＡＢの共有になりＡＢの持分

---

[17]　組合員たる地位は一身専属性を有し相続人に承継されないことになるが、例外が認められないわけではない。判例には、「ＡとＸとの間の本件映画興行に関する共同事業につき、右両名の間には、同人らが死亡したときはその相続人が当然に右共同事業の営業に関する被相続人の地位を相続する旨の暗黙の合意が成立しており、そして、その合意はＡが死亡するに至るまで存続していた、とした原審の認定判断は、原判示……の事実関係、とくに、右共同事業は兄弟二人だけの事業であって、各自の出資額、営業財産の管理処分、業務執行の方法、第三者に対する関係等についての詳細な取極めがなされておらず、共同事業としての団体的性格が非常に稀薄であったこと、右共同事業の内容は映画興行であって、その事業経営者の地位が一身専属的なものと解しなければならないほど個人的性格の強いものであったとは考えられないこと等の事実関係に照らし、首肯することができないわけではない」とした判決がある（最判昭44・10・21家裁月報22巻3号59頁）。

が拡大する〔債務については⇒**15-83**〕）。結局、脱退組合員の持分の価格とその負担すべき債務とを差引計算をしてその超過額を金銭で払い戻すことになる（なお、民法は払い戻しのみを規定しているが、債務が超過する場合には、脱退に際して超過分につき組合に支払をなすことを要する）。

15-82 　**【組合財産についての権利の行方】**　　合有であれば、脱退組合員は組合に対して払戻請求権を持つだけであり、組合財産についての潜在的持分を失い、残余組合員の潜在的持分が拡大し、債権であれば、残余組合員の持分が自動的に拡張し、脱退組合員は組合に対する払戻請求権を取得するだけであるといわれている（品川333頁）。本書の立場では、組合財産の共有ないし債権者となりうるのは組合員だけであり、組合契約の効力として、脱退により単に払戻請求権を取得し、持分や分割債権を失い脱退組合員の債権は残余組合員がその持分割合に応じて取得することになる（脱退したのに、共有関係のままということはない）。債権の取立ては、組合の業務執行として全額について行われるので、そのような移動にもかかわらず債務者には不利益はないであろう。

15-83 　**【脱退者と組合債務——組合債権者との関係】**　　例えば、ＡＢＣで組合を構成し、Ｄに対してＡＢＣが金銭債務を負担しているが、Ｃが脱退した場合、債務はどうなるであろうか（因みに、合名会社では、退社登記前に生じた債務については、退社登記後も２年間は責任を負う〔会社法612条２項〕）。

15-84 　　❶ **免責肯定説**　　Ｃは清算により組合財産に対する持分を失うため、組合財産は今まで通り組合債権者の担保のままであり、また、清算で債務が超過する場合には脱退組合員は組合に対して清算金を支払う必要があるため、免責することも考えられる。

15-85 　　❷ **免責否定説**　　これに対して、組合では社団と異なり社団の債務につき社員たる地位を通じて責任を負うのではなく、組合員個人が直接債務を負担しているため、脱退は債務消滅原因とはなりえないということも可能である。社団とは異なり、構成員の個性が重視される組合において、債権とは異なり債務については、当然の免責を認めるのは困難であろう。したがって、脱退組合員も脱退までの組合債務については、連帯債務を負担したままといわざるをえない。

Ⅱ　組合員の加入

15-86 　民法には規定がないが、組合に加入を希望する者が在る場合には、この者と組合員全員との間の契約により新たにこの者を組合契約の当事者に加えることは可能である。いずれにせよ、組合契約の当事者となるのであるから、この加入者も当然出資をなす必要性があり、その反面出資に応じて組合財産に対して持分を取

得する。これは出資したためであり、加入前の債務については当然には責任は生じない。

第6節　組合の消滅

15-87　組合も法人格はないまでも、人の集合した団体であるから、人の結びつきを解く解散といったことが考えられ、民法も解散につき規定を設けている。なお、解散の効果は遡及しない（684条）。

1　解散原因

15-88　民法の規定する解散原因は2つである。①先ず、「組合は、その目的である事業の成功又はその成功の不能によって解散する」（682条。例えば、○○先生退職祝賀会実行委員会は祝賀会の終了、または、○○先生が退職前に死亡して祝賀会が開催できなくなれば解散する）。②また、「やむを得ない事由があるときは、各組合員は、組合の解散を請求することができる」（683条）。

民法が規定したのは2つであるが、その他にも、③組合契約の期間満了、④組合契約で定めた終了原因の発生、⑤全組合員の合意、⑥組合員が1人になってしまったことも、解釈上解散原因と考えられる。

2　清算手続き

15-89　「組合が解散したときは、清算は、総組合員が共同して、又はその選任した清算人がこれをする」（685条1項）。「清算人の選任は、総組合員の過半数で決する」（685条2項）。清算人については、686条が670条を、687条が672条を、688条1項が78条をそれぞれ準用している。清算事務が終了した後に残余財産がある場合には、「残余財産は、各組合員の出資の価額に応じて分割する」ことになる（688条2項）。

第2章　終身定期金

16-1　「終身定期金契約は、当事者の一方が、自己、相手方又は第三者の死亡に至るまで、定期に金銭その他の物を相手方又は第三者に給付することを約することによって、その効力を生ずる」契約を、終身定期金契約という（689条）。

わが国には馴染みの薄いこのような契約が、わざわざ典型契約として民法に規定されたのは、このような契約がヨーロッパでは長き伝統を有し、わが国でも個人主義の進行に伴い、終身定期金契約が行われるようになると起草者が予想したためである。

ところが、この予想ははずれ、依然として家族的扶養が存続し、これを埋める種々の制度も普及しているが、社会保険制度として各種の年金制度、任意的制度として郵便年金、年金保険等があるが、いずれも特別法や各種約款で詳細に規定がなされ、民法の出てくる余地は殆どない状態である。689条から694条の6か条の規定が置かれているが、本書では、終身定期金についての説明は省略し、各自で条文程度は目を通しておいて頂きたい。

第3章　和解契約

第1節　和解の意義

17-1 「和解は、当事者が互いに譲歩をしてその間に存する争いをやめることを約することによって、その効力を生ずる」(695条)。

　一見して分かるように、和解はこれまでみてきた有償の取引行為とも無償契約とも異なる特殊な合意である。「取引」といったレベルで捉えられるものではなく、私人間に生じた紛争の解決方法の1つとして、訴訟、仲裁などの延長線上に位置づけられるべきいわば紛争解決契約である。

　例えば、賃貸人と賃借人との間に敷金の返還をめぐって争いが生じ、賃貸人は敷金の返還を拒否し賃借人は敷金全額50万円の返還を求めているとする。当事者がそのまま自己の主張を堅持する限り平行線を辿り、紛争は解決は訴訟によらざるを得ないことになる。しかし、わが国では、訴訟は市民生活からは遠い存在であり、裁判所が郵便局更には区役所のような身近な存在ではなく、また、訴訟には費用と時間また手間がかかる。そのため、賃借人は判決になれば50万円全額について勝訴判決が受けられると信じていても、50万円の勝訴判決を得ても弁護士費用が例えば20万円かかるとすれば結局30万円程度しか手に入らないのならば、30万円で手を打ってもよいと思うであろう。また、賃貸人は一切返還しないという主張をひっこめて30万円の返還を約束し、訴訟による時間と費用を避けることができる。両者とも、訴訟になれば自分の主張どおりの判決が認められると思っていても、妥協的に早期に和解で争いを解決しようと考えることになる[1]。このように、和解というのは、商取引でも無償契約でもないが、独自の合理的存在理由のある契約である。

17-2 【裁判上の和解、調停及び仲裁】
　　(1) 裁判上の和解　　同じ和解といっても、裁判上の和解といわれるものは、裁判官の面前で裁判官の関与の下になされる和解である（①起訴前の和解［民訴275条］、②訴訟上の和解［民訴89条］とに分かれる）。詳しくは民事訴訟法の講義に譲るが、民法

---

[1] なお、和解が事後的な紛争解決契約であるのに対し、損害賠償額の予定は事前の紛争予防契約であり、いずれも損害の発生・額をめぐる争いを回避する特殊な契約という点で共通している。

上の和解とは以下のような差異がある。

　①民法上の和解は書面が不要であるが、裁判上の和解は調書に記載される必要がある（民訴法267条）。②民法上の和解が成立しても訴訟は終了せず、訴えの取り下げが必要であるが、裁判上の和解では当然に訴訟は終了する（起訴前は問題とならない）。③裁判上の和解は確定判決と同様の効力を有する（民訴267条。但し、既判力まで認めるかは争いがある）。④裁判上の和解については、174条の2により時効期間の延長が認められる。

17-3　　（2）**調停**　　調停は裁判ではなく、裁判所における調停委員の面前でなされる和解であるといってよく、調書に記載されると確定判決と同様の効力が認められる（民調16条など）。広い意味では第三者が介入して、当事者に和解を促すことをいうが、ここでの調停とは裁判所の関与の下で法定の調停手続きによって行われるものをいう。家事事件のように、いきなり訴訟の提起は許されず、調停をまず試みる必要がある（調停前置主義）ものとされる場合もある。

17-4　　（3）**仲裁**　　仲裁は、当事者の仲裁人の判断に委ねるという合意がなされた場合に用いられるものであり（訴訟のように一方的に提訴できない）、私人間の合意に基づく紛争解決手段の1つである。仲裁判断は当事者間においては、確定判決と同様の効力を有する（仲裁法45条1項）。そして、「仲裁判断に基づいて民事執行をしようとする当事者は、債務者を被申立人として、裁判所に対し、執行決定（仲裁判断に基づく民事執行を許す旨の決定をいう。以下同じ。）を求める申立てをすることができる」（仲裁法46条1項）。

17-5　【**いわゆる示談**】　　条文上の言葉ではないが、世上「示談」という言葉が交通事故事例を中心に慣用されている。これと民法上の「和解」との関係については、次のようにいうことができる（西村峯裕「示談の法律的質」『ハンドブック民法Ⅱ』151頁以下参照）。

　①和解では民法の規定上は両者が譲歩しなければならないが、示談では当事者の一方だけが譲歩する場合も含んでこの言葉が使われる。②示談は裁判外のケースのみを念頭に置き、私人の自治的な和解だけが考えられているが、和解は裁判外のものに限らず、裁判上のものもある。この結果、示談の法的性質は和解ではあるが、和解よりも広い意味でも使われることもあり、裁判外のものに限定されるというくらいに理解しておけばよい。いずれにせよ、法律上の概念ではないので、精緻な定義を考える必要もない。

第2節　和解の成立

17-6　和解も契約の一種であるから、その成立のためには契約一般の成立要件を充たすことが必要であるが（更に、効力発生のためには有効要件）、民法が和解の成立要件として規定したのは、①当事者間に争いが存在すること、②当事者に互譲があること、③争いを止める合意をすること、この3つである。

Ⅰ　当事者間に争いが存在すること

17-7　和解は「争いを止めることを約する」契約であるから、当事者間に争いがなければならない。①当事者間の主張に積極的な食い違いがある場合（例えば、Aが契約の有効を、他方が無効を主張したり、一方が弁済済みと他方が未払を主張したりする場合）がこれに該当することは疑いない。②当事者間で積極的に食い違う主張がなされていないが、当事者間で法律関係が不明確な場合については微妙である（**17-8**に述べる）。③これに対して、例えば、債権者の支払請求に対して、単に債務者が金がないので支払えないと主張し、そのため当事者で協議をして、1か月以内に支払うならば利息については支払わなくてよいということで、当事者が合意をした場合については、和解とはならない（大判昭8・7・11新聞3725号15頁参照。単に利息についての免除と期限の猶予の特約にすぎない。これに対して、三宅・下1225頁はこのような場合も和解とするかのようである）。

17-8　**【単に法律関係が当事者間で不明確な場合】**　特に当事者間に主張が対立し紛争が生じているわけではなく、単に法律関係が不明確であるにすぎないため、当事者間で法律関係を確定するために合意がなされた場合（例えば、ＡＢが売買契約をしたが、引渡場所につき合意がされていなかったため、後日引渡場所につき合意をしたり、家具の売買契約をしたが、家具の色について合意をしておかなかったため、後日色について協議して決めたりする場合）、これも和解というべきであろうか。

　①これを和解ではなく一種の無名契約というのが多数説といってよい[2]。②これに対して、和解は不明瞭な法律関係を確定する契約であることにその本質を見い出され、争いの存在ということはせいぜい当事者間に確定の必要性があるという意味程度に解すればよいとして、和解としてこれを肯定する学説もある[3]。

---

[2] 末弘879頁、末川・下461頁、石田穣418頁。

[3] 高梨公之「和解」『契約法大系Ⅴ』209頁以下。

少なくても、上の例のような契約内容について当事者の合意の存否が不明ないし合意がない部分についての画定する合意は、和解とまでいう必要はなく、契約内容の事後的な補充と考えればよいであろう。これに対して、契約関係がない場合については、主張の対立が存在しないという場合は通常考えられないであろう。

Ⅱ　当事者間で互譲をなすこと

17-9　695条によれば、和解が成立するためには「当事者が互に譲歩」をすることが要求されている。即ち、当事者が自己の主張を譲歩しなければならないわけである（債務者Aが支払った、債権者Bが支払ってないと主張し、AがBの主張額よりも低い額を支払うことを約束し、Bはそれ以上請求しないことを約束するような場合）。和解を双務契約と位置づけ、譲歩し合ったことを実現する債務を負担するものと考える学説もあるが[4]、疑問を提起する学説もある[5]。債権契約ではなく、処分行為の一種と考えるべきであろう。

互譲があるといえるか否か微妙な場合も少なくない。例えば、債務者は負担した債務を承認し、債権者は弁済延期を承諾した場合につき、当事者双方に互譲はないとして和解ではないとした判決がある（大判明39・6・8民録12輯937頁）。債務を負っているか否について主張の対立がある場合には争いがあることは明らかであるが、債務負担は認めた上で直ぐに払うか否か主張の対立がある場合も1つの争いといってよいであろう。そのような場合になされる、期限の猶予の合意、代物弁済の合意も和解と一律に決めつけてしまうのも何か抵抗感が残る。しかし、このような微妙な場合には、和解としても拘束力を緩やかにすることが考えられるので、和解の中心的な要素は、合意した内容が真実とは異なっていたとしても、その合意通りに妥協して争いに終止符を打つという点にあるのであるから、単に金がないから支払わないといって期限の猶予を受けたり、代物弁済で勘弁してもらう合意は和解ではないが、和解に準じて取り扱ってもよいと思われる。

17-10　**【一方のみが譲歩する場合】**　例えば、Aが支払った、Bが支払を受けていないと争い、協議の結果Aのみが譲歩し、Aが支払うことを約して以後争わない約束をしたとする。この場合、例えばBが遅延利息については免除するといったことを合意すれば互譲になるが、そうでない限りAが一方的にBの主張を認めるだけであるか

---

[4]　我妻・中二873頁等。
[5]　三宅・下1231頁以下。

17-11　**❶ 否定説**　695条が互譲を要求していることを貫くならば、このような合意は和解ではないということになる。しかし、争いを止める合意である点では和解と類似するため、和解についての696条の類推適用ということを考える余地はあるであろう。

17-12　**❷ 肯定説**　これに対して、互譲を和解の要件とすることには疑問を提起する考えがある（高梨・注**3**論文214頁以下）。これによれば、一方的に譲歩して争いを止める合意も和解ということになる（解釈としては拡大解釈か）。争いについて一方が譲るのも互譲に含まれると言い切る学説もある（川井347頁）。

　和解の中心的な点は、本文に述べたように、その合意したところがたとえ真実とはことなるものであるとしても、その合意通りの法律関係を肯定し争いを止めるという点にあるのであるから、必ずしも互譲は要件としてなくてはならないものではない（互譲がある場合が有償契約的と対応するとすれば、無償契約的な和解である）。単に説明の差に過ぎないが、一応民法の予定する和解ではないが、和解類似の契約として和解規定の類推適用を肯定すればよいと思われる。

Ⅲ　争いを止める合意をすること

17-13　695条は「争をやめることを約する」ことを和解の内容として要求している。これが和解の本質的要素であり、後日合意の内容が真実と異なることが判明したとしても、和解通りの法律関係を当事者間に通用させ、以後争わないことを合意することが必要なわけである（なお、和解に仮装した債務免除や債務負担は94条1項により無効であり、また、債権者取消権の対象となる）。

17-14　**【和解により争いを止めた範囲】**　和解とは真実とは異なっていても合意通りの法律関係を認めようとするものであるから、①事実の有無・内容、②事実の法的評価について、合意通りに法律関係を確定しそれが事実や法の適用による評価とは異なっていても、それは各自の危険として引き受けるものである。そのため、当事者が、どの範囲の事実の真偽不明、法的評価の不明について争わないことを合意したのか、意思表示解釈は重要な問題となる。これは、後述の和解の拘束力の排除の問題ではなく、拘束力の及ぶ範囲の問題である（但し、後遺症の問題のように微妙な事例が少なくない⇒**17-31**以下）。次のような判例がある。

　Y（家主）とX（借家人）の間で家屋の明渡しについての訴訟上の和解が成立し、Xは家屋を明け渡すことを約束し、YはXの明渡しまでの家賃及び損害金債権を放棄した。ところが、その後、XがYに対して敷金の返還を求めたため、Yが家屋明渡しをめぐる一切の紛争を根絶する趣旨で和解をしたのであるから、そこで敷金の

返還が合意されていない以上敷金の返還請求権は認められない（和解には敷金返還請求権の放棄も含まれている）と主張した。原判決はYの主張を認め、Xの敷金返還請求を退けたが、大審院はこれを破棄しXの上告を認めた[6]（大判大14・4・15新聞2413号18頁）。敷金については和解の対象とはされていなかったと判断したわけである。

---

[6] 原審判決は「裁判上和解の条項には、Xか敷金返還請求権を放棄したることの明示なきも暗黙に放棄の意思を表示したるものと為し、其の理由とする所は和解条項に徴すれは<u>当事者は係争権利関係に付凡ての紛争を根絶せしむる目的の下にXに於て係争家屋を明渡すの外当事者の請求権は互に之を放棄するの意思を以て和解を為したること明瞭なりと云ふ</u>に在れども、和解条項より和解か斯の如き目的及意思を以て為されたりと推断することは文理上は勿論論理上よりも許さざる所なり。賃貸家屋明渡請求の訴訟に於て為す和解に於て当該和解に於けるか如き条項を定めたる場合には、原判決の云ふか如き目的及意思を以て和解を為したるものと解すべき実験則も存せず」と判示している。

第3節　和解の効力

17-15　民法は和解の効力につき「<u>当事者の一方が和解によって争いの目的である権利を有するものと認められ、又は相手方がこれを有しないものと認められた場合において、その当事者の一方が従来その権利を有していなかった旨の確証又は相手方がこれを有していた旨の確証が得られたときは、その権利は、和解によってその当事者の一方に移転し、又は消滅したものとする</u>」(696条)と規定する。

　例えば、ＡＢ間で絵画の所有について争いがあり、Ａが10万円を支払うことでＢがＡの所有と認めた場合、たとえその後にその絵画がＢ所有という確証が出てきて、Ｂがそのことを証明したとしても、和解の効力によってＢからＡに絵画の所有権が移転したことになり、Ｂは返還を求めることはできない。帰属を争う場合には「移転」でよいが、不法行為による損害額が争われた場合に、50万円を支払う和解がされた事例でいうと、その後に、被害者が損害が100万円ということが証明できたとしても、50万円分は和解により消滅したことになり、他方で、加害者が20万円であることを証明できたとしても、30万円分和解の効力によって発生したという効果が認められる。このように、真実の権利関係を変更する効果を和解がもたらすことを確認した規定である。

　従って、和解の効力を説明しただけの規定であり、この規定が錯誤無効を排除する規定ということはできない。しかし、お互いに紛争に終止符を打つという性質上、争いをしていた者同士であるから、容易に錯誤により覆すことができるとしたら、いとも簡単に争いが再燃してしまい、和解の実効性がそがれてしまう。本書としては、錯誤無効を排除する合意は原則として有効であり、和解により、どのような争いについて錯誤無効の主張を排除して以後争いえないものと合意したかという、契約解釈の問題で解決されるべきであると考える。

17-16　【**公序良俗に違反して存在しない債務についての和解**】　和解は後述するように(⇒**17-19**以下)、合意したところが真実とは異なることが判明しても、和解の拘束力は原則的に失われないが(真偽不明の危険は当事者が引き受ける)、和解により支払を約束した債務がそれを生じさせる契約が無効であったとしても、和解の効力に影響はない。では、このことは和解された債務が後日公序良俗に違反して無効であり存在しなかったことが判明した場合にも当てはまるのであろうか。696条の和解の創設的効力が、このような場合にも認められるのかという問題である。

17-17　❶ **第1説（制限的無効説）**　ⓐ公序良俗に違反することを知りながら和解をした場合には和解は無効であるが（和解だけでは708条は適用にならないが、和解に基づいて給付がされたならば708条の適用は肯定されよう）、ⓑ公序良俗に違反するか否かが争われている事例で、当事者が妥協して和解をした場合には、たとえ後日契約が公序良俗に反して無効であったことが判明しても、和解の効力には影響はないと考える学説がある[7]。

17-18　❷ **第2説（全面的無効説）**　上のⓑの場合であっても、公序良俗に違反して無効な場合については、後日公序良俗に違反していたことが明らかになったならば、和解契約は無効であったと考える学説もある[8]（給付までされていれば、708条の適用があろうか）。当事者は確かに和解によって無から有を作ることはできるが（真実には債務がないのに和解により債務を生じさせること）、しかし、和解の前提となる法律関係の不法を適法とすることはできないというのがその理由である。この立場が妥当である。

Ⅰ　和解の効力は創設的か認定的か

17-19　696条の規定があるため、和解により認められた権利は創設的なものか認定的なものかが議論されている。①認定的だとすれば、従来から存在した法律関係を確認するだけのものであるから、和解により確定された法律関係は従来の法律関係との同一性を失わないが、②創設的であるとすれば、和解により新たな法律関係が発生したことになり、従って、従来の法律関係との同一性はないことになる。

17-20　❶ **第1説**　ⓐ和解が従来の法律関係との同一性を失わせるほど強力なものであるか、それとも、そこまでの効力はなくただ条件や内容を変更するだけのものかは、当事者の合意の内容によって定められ、原則としては後者とすべきであるというものがある（我妻・中二878頁）。判例も、和解が認定的か創設的かは和解の内容によるとし（大判昭2・10・27新聞2775号14頁）、和解が創設的効力を有することは当然視し（大判大5・5・13民録22輯948頁など）、不法行為責任の存否及び損害額

---

[7]　三宅・下1227頁以下。判例としても、和解が成立した以上、後日それが賭博によるものであったという確証がでてきたとしても、和解契約の効力を失われないとしたものがある（大判昭13・10・6民集17巻1969頁）。しかし、その後、賭博債権のために小切手を振り出す和解契約に基づく小切手の支払を求めることは、公序良俗に反し許されず、また、「和解上の金銭支払の約束も、実質上、その金額の限度で上告人をして賭博による金銭給付を得させることを目的とするものであることが明らかであるから、同じく、公序良俗違反の故をもつて、無効とされなければならない」とされており（最判昭46・4・9民集25巻3号264頁）、判例は変更されたとみることができる。

[8]　有泉亨「判批」判民昭13年度120事件。

について和解が成立した場合につき、和解が認定的効力を持つにすぎないときは、消滅時効は本来の債務の3年の期間によるとされている（大判昭7・9・30民集11巻1868頁）。

17-21 **❷ 第2説**　また、ⓐ和解の内容が真実の法律関係と異なる場合には創設的、これと一致する場合には認定的とするものもある（来栖716頁、石田穣420頁）。

17-22 **❸ 第3説**　更には、ⓐ後日真実の法律関係があきらかになった場合については、❷説の通りでよいが、ⓑ通常は真実の法律関係は不明のままであり、これについては、㋐権利の存否が争われている場合は創設的、㋑権利の範囲・額が争われている場合には認定的と分類するものがある（水本401頁）。

Ⅱ　和解と錯誤

17-23 **(a) 和解の紛争解決効と錯誤の関係**　①和解も法律行為であるため、法律行為一般についての規定の1つである錯誤の規定も当然に適用されるようにみえるが、他方で、②和解では真偽不明の法律関係につき真実はどうあれ、その通りの法律関係を認めて争いを止めようというものであるため、錯誤は和解には馴染まないのではないかという疑問が生じる。他の契約と同じようには錯誤の主張を許すわけにはいかないが、かといって常に錯誤の主張を許さないというわけにもいかない。そのため、どのように95条の適用の可否について線を引くかが大問題となる（696条を理由として全面的に95条を排除すべきではない）。

17-24 **(b) 類型に応じた分析**　先ず、大雑把に問題となる事例を分類してみよう。

❶ 第1類型（錯誤がない場合）　例えば、AがBに対してBの不法行為により損害を受けたとして賠償請求をして、これに対し、Bは不法行為をしたのを認めたが、損害額の点で対立し、Aは100万円の損害を主張し、Bはそこまで損害は大きくないと主張したが、Aは訴訟になると時間と費用がかかるので、損害は100万円であると信じているが50万円で直ちに賠償すると和解をした場合。この場合、後にAが実際の損害は100万円であったと証明して100万円の損害賠償を請求することはできない。Aは100万円だがいろいろ計算をして、50万円で手を打とうとしたわけであり、そもそも錯誤がないともいってよい（このような場合には、696条はしっくりいく）。

17-25 **❷ 第2類型（争いとなった事項についての錯誤がある場合）**　上の例で、AがBの主張などから、損害は100万円だがこの場合では法的には50万円しか請求し

えないと誤解したため50万円で和解をしたが、後日、法的に100万円全額請求できたことが判明した場合。もし法的に100万円全額請求できるか否かが争われたのであり、その和解額が真実と異なる危険を当事者は引き受けて和解をすべきであれば、容易に錯誤の主張を認めるわけにはいかない。詐欺があったような場合でなければ、原則として和解を覆せないというべきである。即ち、紛争に終止符を打つという合意の性質上、錯誤の主張は排除されるというべきである。しかし、それは「事後何があっても争わない」といった合意、即ち事後に争われている事項について自己に有利であったことが明らかになるリスクを引き受ける合意が認められる事例についてであり（95条を排除する合意を無効にする必然性はない）、必ずしもそのような合意がされているとは言い切れないので（推定はしてよい）、合意の効力として錯誤規定が排除されない場合には、相手方の認識可能性や重過失の運用の点で、錯誤無効を認めるのに慎重でなければならない。

17-26　❸ **第3類型（争いとならずの前提にされた点に錯誤がある場合）**　17-24の例で、Bの従業員が不法行為を行ったとAが主張し、この点については争いにならずに和解により100万円をBがAに支払うことになったが、後日実はBの従業員によるものではないことが判明した場合について考えてみよう。損害額のみが争われ、損害賠償請求権の成否にかかわる事項である715条1項の要件については争いにならなかったのである。争いを止めるという合意が、損害額については及ぶのはよいとしても、715条1項の要件についてまで以後一切争わない趣旨で合意がされたかという和解の解釈にかかる問題である。

　契約自由の原則からして、損害額以外も含めて一切の争いから解放されるならばと和解に応じたならば、95条の適用を排除する合意がされたものと認められ、それが公序良俗違反で無効ではない以上は、この事例でも錯誤無効の主張は排斥されることになる。問題は、そのような合意がされているか否という契約解釈の問題に解消されるべきであり、判例のように争いの目的である権利についての錯誤か、その前提の錯誤か否かという基準で錯誤の主張の可否を決めることは、このように理解がされるべきである。

17-27　【**和解と錯誤に関する判例**】　判例は、①争いの目的となった権利に錯誤がある場合（❷類型に対応しようか）については、錯誤は認められないが、②これに対して、争いの目的とならなかった事項に錯誤がある場合については（❸類型に対応しようか）、錯誤の主張は排斥されないという[9]。和解につき錯誤を認めた判例として以下のよう

9　これに対して、判例の基準は機能していないとして、和解が無効となるか否かの実質的

736　第5編　契約各論4　その他の契約

な判例がある。

17-28　● 大判大6・9・18民録23輯1342頁　　転付命令を得た債権者Aとその第三債務者Bとの間で、訴訟上の和解がなされたが、後日その債権は差押え前に譲渡されており、差押え命令及び転付命令は無効であったことが判明した。そのため、Bが和解の効力を争い、原判決は和解を有効とした。これに対して、大審院は次のように判示して破棄差し戻す。

「本件の和解が法律行為の要素の錯誤に因りて無効なるや否やは民法の規定に従ひて之を断せざるべからず。而して民法第696条の規定は当事者が和解に依りて止むることを約したる争の目的たる権利に付き錯誤ありたる場合に限り適用あるに止まり、斯る争の目的と為らざりし事項にして和解の要素を為すものに付き錯誤ありたる場合に適用なきこと明文上疑なく、従て此場合には総則たる民法第95条の規定の適用ある筋合なるを以て、若し上告人が本件の差押命令及び転付命令の無効なるを有効なりと誤信し之を争の目的と為すことなくして本件の和解を為したるものなるときは、此和解の効力の有無は民法第95条の規定に則りて之を断せざるべからず」。

17-29　● 大判昭10・9・3民集14巻1886頁　　当事者間に立替金の求償権があることを前提として裁判上の和解が締結されたが、この求償権が存在していなかった事例。

「斯くの事柄有り若くは無しとのことを前提（或は条件）と定めて一の契約を締結したる場合に、此の事柄が所定に反し無く若くは有りたるときは、其の依って立つところの基礎を失ひたる契約は当然無効に帰せざるを得ず。這ば法規の明文を俟つまでも無き一般論理上の通則に外ならず。或は之を解して以て契約の要素に錯誤ありたるが為めなりと為すは単なる用語としては兎もあれ、少くとも民法第95条の場合と混同を生じ延て此の法条の意義までも之を濛晦に付する虞あるを免れず。而して上叙の論理は独り民法所謂和解に限り其の適用を見ざるの筈無きが故に同法第696条は斯かる場合をも支配する規定に非ず。規定の趣旨は恰も互譲に依りて以て協定せられたる事項自体にのみ関するものたるは『争の目的（対象）たる権利』と云ふ同条の文字に観るも亦之を領するに余あらむなり。」

17-30　● 最判昭33・6・14民集12巻9号1492頁　　金銭支払義務の存否に関する争いを止めるため、ジャムが一定の品質を有することを前提としてこれを代物弁済として引き渡すことを約して和解契約が締結されたが、そのジャムが粗悪品であった事例。

「原判決の適法に確定したところによれば、本件和解は、本件請求金額62万9,777円50銭の支払義務あるか否かが争の目的であって、当事者であるX、Yが原判示のごとく互に譲歩をして右争を止めるために仮差押にかかる本件ジャムを市場で一般に通用している特選金菊印苺ジャムであることを前提とし、これを1箱当り3,000円（1缶平均62円50銭相当）と見込んでYからXに代物弁済として引渡すことを約したものであるところ、本件ジャムは、原判示のごとき粗悪品であったから、本件和解に関与したXの訴訟代理人の意

ファクターを分析し、和解についてのリスクを負担させるのがどのような場合に妥当なのかという視点から、よりきめの細かい分析を試みる主張もされている（神田英明「和解契約の拘束力」法論66巻1・2合併号82頁以下、同「和解無効の実質的ファクターに対する考察」法論67巻1号23頁以下）。また、近時、和解錯誤を一般錯誤と区別する必要はないという主張もされている（比嘉正「和解と錯誤について」明治学院大学法学研究65号362頁以下）。

思表示にはその重要な部分に錯誤があったというのであるから、原判決には所論のごとき法令の解釈に誤りがあるとは認められない。」

17-31 【示談と後遺症】　示談も法的には和解と分析されるが、交通事故で加害者と被害者が事故後それほど経過しないうちに示談をし、その額以上は請求しないことを被害者が約束することがある。この場合に、後日、被害者に予想もしていなかった後遺症が生じ予想以上に損害が拡大することがある。この問題はどう処理すべきであろうか。諸説がある。

17-32　❶ 錯誤説　先ず、被害者は損害は軽微だと思っていたが、実際には後遺症が生じる程重大なものであったということで、そこには争いのない前提事実についての錯誤があるとして、錯誤により処理することが考えられる（東京地判昭40・11・27下民集16巻1号111頁）。これによると、後遺症以外の損害についても、示談の効力は否定され実損害を賠償請求できることになる。

17-33　❷ 解除条件説　次に、示談の合意の中には、黙示的な合意として、示談の額を上回る著しい損害が発生したならば示談の効力は失われるという黙示的な解除条件がなされているという処理も考えられている（大阪高判昭39・12・16高民集17巻8号635頁）。この法的処理によっても、後遺症以外の損害についても、示談の効力は否定され実損害を賠償請求できることになる。

17-34　❸ 別損害説　示談の対象とされたのは、その当時予想された損害だけであり、その後に生じた予見しえなかった後遺症については示談の対象とはされていなかったという処理も可能であり、次の **17-35** のような判例がある[10]。私見もこれに賛成する。やはりここでも当事者が和解によりどこまで真偽不明の危険を引き受けたか、という契約解釈の問題として考えるべきである。①もし明示的に、将来いかなる後遺症が生じてもそれ以上の賠償は請求しないと約束して、それなりに高額の賠償を受けたのであれば、そのような合意が公序良俗に反するかは別として、被害者は後遺症が発生するか否かの危険を引き受けたのであり、和解に拘束される。②これに対して、後遺症が生じるか否かについて当事者が問題とせずに、現在予想される損害を前提として示談がなされた場合には、その予想される損害を対象とした示談がなされたにすぎないものと考え、将来後遺症が発生するか否かの危険は被害者により引き受けられていないというべきである。結局、和解契約の解釈という問題に還元されることになる。

---

[10] 後遺症の損害賠償請求についての消滅時効についての判決も参考になる。「受傷時から相当期間経過後に……後遺症が現われ、そのため受傷時においては医学的にも通常予想しえなかったような治療方法が必要とされ、右治療のため費用を支出することを余儀なくされ」た場合、「後日その治療を受けるようになるまでは、右治療に要した費用すなわち損害については」、3年の時効は進行しないとされている（最判昭42・7・18民集21巻6号1559頁）ことが、参考になるであろう。

このような解決による場合には、後遺症については示談の効力は及ばないが、それ以外の効力については示談の効力が及ぶことになり、実損害の賠償は請求できないことになり、まったく示談の効力を否定しない点でも妥当である。

17-35　● 最判昭43・3・15民集22巻3号587頁　「一般に、不法行為による損害賠償の示談において、被害者が一定額の支払をうけることで満足し、その余の賠償請求権を放棄したときは、被害者は、示談当時にそれ以上の損害が存在したとしても、あるいは、それ以上の損害が事後に生じたとしても、示談額を上廻る損害については、事後に請求しえない趣旨と解するのが相当である。」しかし、「全損害を正確に把握し難い状況のもとにおいて、早急に小額の賠償金をもって満足する旨の示談がされた場合においては、示談によって被害者が放棄した損害賠償請求権は、示談当時予想していた損害についてのもののみと解すべきであって、その当時予想できなかった不測の再手術や後遺症がその後発生した場合その損害についてまで、賠償請求権を放棄した趣旨と解するのは、当事者の合理的意思に合致するものとはいえない。」

【事項索引】

(数字は欄外番号)

あ

- 安全確保義務 …………………… 13-54
- 安全配慮義務 …………………… 11-28

い

- 遺産分割と解除 ………………… 4-72
- 医　師 …………………………… 13-28
- 意思実現 ………………………… 1-118
- 意思実現の法的性質 …………… 1-119
- 異種物 …………………………… 6-218
- 一時使用目的の借地権 ………… 10-71
- 一時使用目的の建物賃貸借 …… 10-76
- 一部履行 ………………………… 3-27
- 一部履行・提供 ………………… 3-26
- 一般定期借地権 ………………… 10-68
- 一方の予約 ……………………… 34
- 移転登記義務 …………………… 6-88
- 委　任 …………………………… 13-1
  - ――の終了 …………………… 13-91
  - ――の報酬支払義務 ………… 13-61
- 委任契約の法的性質 …………… 13-8
- 委任者の死亡 …………………… 13-113
- 委任終了の効果 ………………… 13-123
- 委任終了の対抗 ………………… 13-125
- 違約手付 ………………………… 6-37
- 医療契約 ………………………… 12-4
- インフォームド・コンセント … 13-35

う

- 請　負 …………………………… 12-1
  - ――の終了 …………………… 12-136
  - ――の法的性質 ……………… 12-3
  - ――の瑕疵修補請求権 ……… 12-86
  - ――の瑕疵担保責任の存続期間 … 12-119
  - ――の危険負担 ……………… 12-45
- 請負耕作 ………………………… 12-14
- 請負人帰属説 …………………… 12-34
- 請負人の瑕疵担保責任 ………… 12-66
- 請負人の瑕疵担保責任の性質 … 12-70
- 請負人の義務 …………………… 12-15
- 請負人の修補権 ………………… 12-90
- 売主の義務 ……………………… 6-78
- 売主の修補権 …………………… 6-304

え

- 延着した承諾 …………………… 1-111

お

- オプション条項 ………………… 6-9

か

- 介護施設 ………………………… 13-30
- 概算請負 ………………………… 12-123
- 解　除 …………………………… 4-1
  - 一部遅滞と―― ……………… 4-109
  - 付随的義務の不履行による―― … 4-102
  - 不完全履行による―― ……… 4-120
  - 履行遅滞による―― ………… 4-64
  - 履行不能による―― ………… 4-117
  - 履行に着手した者からの―― … 4-55
  - ――と第三者 ………………… 4-218
  - ――における債務者の帰責事由の要否
    ………………………………… 4-97
  - ――の機能 …………………… 4-53
  - ――の要件 …………………… 4-64
- 解除契約 ………………………… 4-4
- 解除権の行使方法 ……………… 4-129
- 解除権の消滅 …………………… 4-137
- 解除権の消滅時効 ……………… 4-142
- 解除権不可分の原則 …………… 4-131
- 解除条件 ………………………… 4-7
- 解除制度の本質 ………………… 4-58
- 解除前の第三者 ………………… 4-218
- 買主の義務 ……………………… 6-342
- 買主の検査通知義務 …………… 6-333
- 買戻し …………………………… 6-361
- 買戻権の譲渡 …………………… 6-382
- 解約手付 ………………………… 6-36
- 解約申入 ………………………… 10-82
- 隔地者間の申込み ……………… 1-62
- 瑕　疵 …………………… 6-218, 12-68
- 瑕疵惹起損害 …………………… 6-293
- 瑕疵担保責任 …………… 6-172, 10-125
  - 不特定物売買と―― ………… 6-200
  - ――における権利行使期間 … 6-305
  - ――における損害賠償の範囲 … 6-288
  - ――の存続期間 ……………… 12-119
  - ――の法的性質 ……………… 6-174

740　事項索引

瑕疵と未完成 …………………………… 12-79
貸主の貸金交付義務 …………………… 8-28
瑕疵の有無の判断の基準時 …………… 6-225
過少催告 ………………………………… 4-87
過大催告 ………………………………… 4-87
貨幣価値の著しい変動 ………………… 4-42
環境瑕疵 ………………………………… 6-243
関係的契約理論 ………………………… 3-7
完成物引渡義務 ………………………… 12-27
間接効果説 ……………………………… 4-150

き

危険負担 ………………………………… 3-75
　他人物売買と── ……………………… 3-125
　停止条件付契約と── ………………… 3-138
　二重譲渡と── ………………………… 3-112
　引き渡された物に瑕疵があった場合と
　　　　　　　　　　　　　　 ……… 3-128
　不特定物売買と── …………………… 3-107
寄　託 …………………………………… 14-1
　──の報酬支払義務 ………………… 14-30
　──の意義 …………………………… 14-1
　──の終了 …………………………… 14-33
　──の法的性質 ……………………… 14-3
　──の目的物 ………………………… 14-2
寄託者による任意解除 ………………… 14-34
寄託者の義務 …………………………… 14-30
寄　付 …………………………………… 5-5-1
客観説 …………………………………… 14-51
客観的瑕疵 ……………………………… 6-221
客観的合致 ……………………………… 1-40
給付の原始的不能 ……………………… 1-128
競業避止義務 …………………………… 11-22
強制競売と担保責任 …………………… 6-325
共同事業の目的 ………………………… 15-25
共有関係と組合 ………………………… 15-6
共有持分の買戻し ……………………… 6-383
金融機関 ………………………………… 13-29

く

クーリングオフ ………………… 1-124, 4-6
組　合 …………………………………… 15-1
　──と社団 …………………………… 15-12
　──の債権 …………………………… 15-62
　──の財産関係 ……………………… 15-48
　──の債務 …………………………… 15-70
組合員の加入 …………………………… 15-86
組合員の脱退 …………………………… 15-79
組合共有 ………………………………… 15-48

　──と債権の帰属 …………………… 15-55
組合共有物の侵害 ……………………… 15-39
組合契約 ………………………………… 15-1
　──の法的性質 ……………………… 15-9
組合債権 ………………………………… 15-62
組合代理 ………………………………… 15-41

け

ケアホテル会員契約 …………………… 47
経済的不能 ……………………………… 4-20
継続的供給契約 ………………………… 6-360
継続的契約 ……………………………… 35
継続的契約関係 ………………………… 10-59
契約解除 ………………………………… 4-1
　──と損害賠償義務 ………………… 4-206
　──の効果の法的構成 ……………… 4-144
契約期待説 ……………………………… 4-209
契約書 …………………………………… 6
契約責任説 ……………………………… 6-186
契約締結上の加害 ……………………… 1-38
契約締結の過程における合意 ………… 1-1
契約締結の際の説明義務 ……………… 1-22
契約の競争締結 ………………………… 1-112
契約の成立時期 ………………………… 1-100
契約の分類 ……………………………… 1
契約の有効要件 ………………………… 1-127
欠陥住宅 ………………………………… 12-96
原契約変容説 …………………………… 4-152
原状回復義務 …………………………… 4-158
　金銭の── …………………………… 4-190
　果実・使用利益の── ……………… 4-191
懸賞広告 ………………………………… 2-1
　──の法的性質 ……………………… 2-2
権利金 …………………………………… 10-194

こ

講 ………………………………………… 15-15
合意解除 ………………………………… 4-4
合意解除（解除契約） ………………… 4-231
行為基礎の喪失法理 …………………… 4-45
好意的合意 ……………………………… 24
交　換 …………………………………… 7-1
広告・カタログ ………………………… 1-48
交叉申込み ……………………………… 1-115
交渉による契約 ………………………… 57
交渉破棄 ………………………………… 1-18
公序良俗に違反して存在しない債務につ
　いての和解 …………………………… 17-16

事項索引 741

更　新	10-82
興信所	13-31
更新料	10-47
構成員の責任	15-73
公正証書	12
口頭による申込	1-70
口頭の合意	6
合有債務	15-71
告　知	4-3
互　譲	17-9
誤振込み	14-70
雇　用	11-1
──の終了	11-29
──の締結	11-7
──の法的性質	11-2
混合契約	2
混蔵寄託	14-29

さ

在学契約	3-157、13-12
再寄託	14-16
債権者委員会	15-5
債権者主義	3-83
──の根拠	3-92
──の制限	3-100
債権取立委任	13-109
債権の帰属	15-55
再交渉義務	4-44
財産権移転義務	6-79
再売買の予約	6-384
裁判上の和解	17-2
債務者主義	3-84
債務不履行解除と造作買取請求権	10-98
債務不履行責任説(契約責任説)	6-186
債務不履行責任と瑕疵担保責任との競合	6-216
錯誤と瑕疵担保責任	6-262
サブリース	10-239、10-257

し

死因贈与	5-94
塩釜声の新聞社放送機械事件	6-211
敷　金	10-167
──と当事者の変更	10-181
敷金契約の法的性質	10-168
敷金返還請求権の発生時期	10-174
事業者間契約	55
事業用借地権	10-70
自己就労義務	11-15

仕事完成義務	12-15
仕事の目的物の所有権の帰属	12-29
自己の財産についてと同じ注意義務	14-12
自己の名で取得した権利の移転義務	13-48
指示・警告義務	6-86
事実的契約関係	1-122
事情変更の原則	4-13
下請負	12-25
示　談	17-5
──と後遺症	17-31
失火責任法	10-161
失　効	4-7
自動販売機	1-53
司法書士	13-26
試味売買	6-356
社会生活上の合意	24
借地借家法	10-16
借地法	10-14
借家法	10-14
社　宅	9-8
終身定期金	16-1
修繕義務	10-129
賃貸借の──	10-133
受益の意思表示を不要とする特約	3-165
主観的瑕疵	6-220
主観的合致	1-43
受寄者による任意解除	14-38
受寄者の義務	14-11
主催旅行契約	13-54
出捐者説	14-51
出　資	15-17
出資義務	15-19
受任者の義務	13-17
受任者の善処義務	13-124
受任者の利益のための責任	13-102
守秘義務	1-37、11-21
受領遅滞にある者からの解除	4-76
種類物売買における数量超過	6-158
準委任	13-1
準消費貸借	8-67
──の効力	8-75
使用貸主の義務	9-13
使用借主の義務	9-14
試用期間	11-13
使用者の義務	11-26
使用者の権利の譲渡	11-16
使用収益権	10-155
使用・収益させる義務	10-126
使用貸借	9-1

742　事項索引

──の終了 9-20
期間の定めのない不動産の使用貸借 9-25
承　諾 1-45、1-94
　　　──の効力発生時期 1-100
　　　──の自由の制限 1-98
承諾期間の定めのある申込み 1-63、1-65
消費寄託 14-39
　　　──の効力 14-77
　　　──の終了 14-78
　　　──の成立 14-42
消費者契約 56
消費貸借 8-1
　　　──の隠匿 8-9
　　　──の終了 8-59
　　　──の要物性 8-8
　　　──の予約 8-30
　　　──の予約と諾成的消費貸借の関係 8-42
情報提供義務 1-22
証約手付 6-35
助言義務 1-22
書面によらない贈与 5-8
信義則上の義務 13-90
信頼関係 10-60
信頼関係破壊の法理 10-208
信頼利益説 4-209
心理的瑕疵 6-240

す

数量超過 6-148
数量不足または物の一部滅失の担保責任 6-136
スライド条項 10-111

せ

製作物供給契約 12-6
正当事由 10-92
絶対的定期行為 4-88
折衷説 4-151
説明義務 1-22、13-54
　　　医療機関の── 13-35
　　　医療契約における遺族への── 3-162-2
前提理論 4-46
専門事業者 13-23

そ

造作買取請求権 10-97
相対的定期行為 4-88
双方の予約 34
双務契約 32

──における牽連関係 3-10
双務予約 34
贈　与 5-1
贈与者の注意義務 5-77
損益分配 15-78
損害賠償義務 3-43、4-206
　　　──と同時履行の抗弁権 3-43

た

タービンポンプ事件 6-207
代金額 6-342
代金支払義務 6-342
第三者のためにする契約 3-152、3-163
　　　──の効果 3-163
代償請求権 3-90
代弁済義務 13-79
代理受領 13-109
対話者間の申込み 1-70
諾成契約 3
諾成主義 3
諾成的消費貸借 8-21
立退料 10-83
立替費用等の償還義務 13-78
建物買取請求権 10-85
建物譲渡条件付借地権 10-69
建物保護法 10-13、10-23
他人の権利の売主の担保責任 6-97
他人物の寄託 14-26
他人物の賃貸借 10-117
他人物売買 3-125
短期賃貸借 10-45
担保責任 6-95
　　　債権の売主の── 6-167
　　　消費貸主の── 8-55
　　　不特定物売買と── 6-96
　　　──と同時履行の抗弁権 6-341
　　　──についての免責特約 6-328

ち

仲介業者を排除して契約をした場合 13-67
中古アルゲマイネ社製電動機事件 6-273
仲　裁 17-4
注文者帰属説 12-35
注文者の義務 12-122
注文者の任意解除権 12-139
調　停 17-3
直接効果説 4-145
直接訴権 10-238
賃借権の譲渡 10-200

事項索引 743

賃借人の権利 …………………………… 10-155
賃借人の変更 …………………………… 10-189
賃貸借 ……………………………………… 10-1
　　——の瑕疵担保責任 …………………… 10-125
　　——の原状回復義務 …………………… 10-165
賃貸借契約と共同相続 ………………… 10-203
賃貸人の義務 …………………………… 10-116
賃貸人の変更 …………………………… 10-181
賃　料 …………………………………… 10-156
賃料債権 ………………………………… 10-105
賃料増減請求権 ………………………… 10-106

つ

追完権 …………………………………… 6-304

て

定額請負 ………………………………… 12-122
定期行為 …………………………………… 4-88
定期借地権 ……………………………… 10-67
定期贈与 …………………………………… 5-87
撤　回 ………………………………… 1-58, 4-6
手　付 ……………………………………… 6-34
　　——の倍返し …………………………… 6-68
典型契約 …………………………………………… 1
電信送金契約 ……………………………… 3-161
転貸借 …………………………………… 10-225
転用物訴権 ……………………………… 10-143

と

等価関係の破壊 …………………………… 4-21
同時履行の抗弁権 ……………… 3-14, 12-100
　　継続的契約関係と—— ………………… 3-36
　　先履行義務と—— ……………………… 3-54
　　提供があった場合と—— ……………… 3-59
　　取消しと—— …………………………… 3-19
　　——の拡大 ……………………………… 3-16
　　——と留置権 …………………………… 3-22
　　——の効果 ……………………………… 3-72
特殊な贈与 ………………………………… 5-87
特選金菊印苺ジャム事件 ……………… 6-274
特定物のドグマ ………………………… 6-175
特定物売買と修補請求権 ……………… 6-296
取壊予定の建物の賃貸借 ……………… 10-75

な

内　定 …………………………………… 11-12
内的組合 ………………………………… 15-26

に

二重譲渡 ………………………………… 3-112
入学金 ……………………………………… 6-10
入学契約 …………………………………… 1-52
入　札 …………………………………… 1-114
任意解除 ………………………………… 13-92
任意後見人 …………………………… 13-122

ね

値下げ販売 ………………………………… 6-87

の

農地法 …………………………………… 10-15

は

売　買 ……………………………………… 6-1
　　——は賃貸借を破る …………………… 10-21
売買契約に関する費用 …………………… 6-77
売買契約の予約 …………………………… 6-3
発　信 …………………………………… 1-103
発信主義 ………………………………… 1-100

ひ

引渡義務 …………………………………… 6-88
必要費償還義務 ………………………… 10-140
非典型契約 ………………………………………… 2
費用償還義務 ………………… 10-140, 14-31
費用前払義務 …………………………… 13-77

ふ

ファイナンス・リース …………………… 10-2
不安の抗弁権 ……………………………… 3-48
復委任 …………………………………… 13-39
複合契約論 ………………………………………… 41
複合的契約 ………………………………………… 36
付合契約 …………………………………………… 58
不公正な方法による契約締結 …………… 1-22
付随義務 ………………………………… 10-152
　　請負の—— …………………………… 12-26
負　担 …………………………………………… 15
負担付贈与 ………………………… 5-4, 5-88
普通懸賞広告 ……………………… 2-1, 2-7
不動産仲介業者 ……………… 13-27, 13-55
不動産賃借権の物権化 ………………… 10-22
不当条項 …………………………………………… 66
不要式契約 ………………………………… 3, 5

へ

弁護士 …………………………………… 13-25
片務契約 ……………………………………… 32
　　——と解除 ……………………………… 4-65
片務予約 ……………………………………… 34

ほ

忘恩行為 …………………………………… 5-42
報酬支払義務 ……………………… 12-122, 14-30
　　——の中途終了の場合 ……………… 13-64
報酬支払時期 ……………………………… 12-126
法的責任説 ………………………………… 6-175
法律的瑕疵 ………………………………… 6-237
保管義務 …………………………………… 14-11
保護義務 ……………………… 6-85, 10-152, 11-20
保証金 …………………………………… 10-199
本契約 ………………………………………… 34
本人確認法 ………………………………… 14-49

み

見本売買 …………………………………… 6-355
身元保証金 ………………………………… 11-24

む

無償寄託 …………………………………… 14-12
無償契約 ……………………………………… 15
無断譲渡 ………………………………… 10-207
無名契約 ……………………………………… 2

め

免責特約 ………………………………… 12-121

も

申込み ……………………………………… 1-45
　　——と承諾の合致 ……………………… 1-39
　　——の拘束力 …………………… 1-63, 1-65
　　——の誘引 …………………………… 1-46
申込者の死亡または行為能力限制 ……… 1-77
黙示的契約 ……………………………………… 13
黙示の寄託契約 …………………………… 14-4
黙示の契約更新 ………………………… 10-46
目的不到達の法理 ………………………… 5-62

や

約定解除 …………………………………… 4-230

ゆ

有益費償還義務 ………………………… 10-148
有限責任事業組合契約 …………………… 15-3
有償契約 ……………………………………… 14
融資予約の不当破棄 ……………………… 8-50
優等懸賞広告 ………………………… 2-1, 2-11
有名契約 ………………………………………… 1

よ

要式契約 ……………………………………… 5
要物契約 ……………………………………… 4
預金者の認定 ……………………………… 14-49
余後義務 …………………………………… 6-87
預貯金契約 ………………………………… 14-39
預貯金契約の法的性質 …………………… 14-40
予　約 ………………………………… 34, 6-3
予約完結権 ………………………………… 6-16
　　無利息消費貸借の—— ……………… 8-47
　　——の譲渡 …………………………… 6-17
　　——の消滅時効 ……………………… 6-30

ら

ライフケアサービス契約 …………………… 46
濫用条項 ……………………………………… 66
リース ……………………………………… 10-2
離婚に際しての財産分与 ………………… 5-9

れ

礼　金 …………………………………… 10-198
レセプツム責任 …………………………… 14-14

ろ

労働者の義務 ……………………………… 11-14
労務提供義務 ……………………………… 11-14

わ

和　解 ……………………………………… 17-1
　　——と錯誤 …………………………… 17-23
　　——の効力 …………………………… 17-15

【判例索引】

(数字は欄外番号)

〔大審院・最高裁判所〕

大判明31・3・14	4-91
大判明33・3・15	8-7
大判明33・11・12	10-57
大判明34・3・13	8-7
大判明34・5・8	6-34
大判明35・4・23	6-371
大判明35・12・18	12-52
大判明36・5・5	14-42
大判明36・11・16	10-55
大判明37・2・17	4-140, 4-188
大判明37・6・22	12-31
大判明37・10・1	6-72, 2-141
大判明38・2・17	10-160
大判明38・12・6	8-24
大判明38・12・14	5-2
大判明39・6・8	17-9
大判明39・7・4	6-379
大判明39・11・2	1-72
大判明39・11・17	4-113
大判明40・6・13	15-46
大判明41・4・27	3-19
大判明43・12・9	10-201
大判明44・1・25	12-126, 12-142
大判明44・10・10	4-190
大判明44・11・9	8-12
大判明44・12・11	3-61
大判明45・2・17	10-160
大判明45・3・16	8-32
大判明45・3・23	5-83
大判大元・12・20	12-48, 12-87
大判大2・1・24	8-70
大判大2・6・19	8-32
大判大3・3・5	6-307
大判大3・3・18	8-61
大判大3・4・11	3-19
大判大3・4・22	3-183
大判大3・6・4	13-59
大判大3・12・1	3-71
大判大3・12・8	6-68
大判大3・12・25	5-23, 5-25
大判大3・12・26	12-31
大判大4・11・8	13-34
大判大4・12・11	10-133
大判大4・12・13	10-137
大判大4・12・21	6-239
大判大5・4・1	15-69
大判大5・5・13	17-20
大判大5・5・22	10-136
大判大5・5・30	8-78
大判大5・6・4	8-61
大判大5・6・26	3-160-1
大判大5・7・15	10-93
大判大5・7・18	4-164
大判大5・9・22	5-23
大判大5・12・13	12-32
大判大6・2・14	3-185
大判大6・2・28	5-68
大判大6・6・27	4-74, 4-81
大判大6・7・10	4-85, 4-139
大判大6・9・18	17-28
大判大6・12・27	4-147
大判大7・2・13	13-77
大判大7・2・25	8-79
大判大7・4・13	4-165
大判大7・4・29	13-51
大判大7・4・30	6-376
大判大7・7・10	15-7, 15-46
大判大7・8・6	8-87
大判大7・8・14	3-32
大判大7・11・1	6-77
大判大7・11・5	3-160
大判大7・11・11	6-72
大判大7・11・18	5-17, 5-24
大判大8・1・29	6-346
大判大8・6・13	8-74
大判大8・7・5	3-165
大判大8・7・8	4-113
大判大8・9・15	4-159, 4-232
大判大8・10・1	12-87
大判大8・11・27	4-139
大判大9・4・12	4-76
大判大9・4・24	13-93, 13-104
大判大9・6・17	5-37
大判大9・9・24	6-387
大判大10・2・19	6-76
大判大10・4・23	13-28
大判大10・4・30	6-72
大判大10・5・17	4-222

746　判例索引

大判大10・5・27	4-98
大判大10・6・21	6-42
大判大10・9・26	10-137
大判大10・9・27	6-371
大判大10・9・29	8-86
大判大10・12・15	6-273
大判大11・4・1	6-334
大判大11・4・17	4-91
大判大11・8・21	14-22
大判大11・9・29	3-162
大判大11・10・25	8-12
大判大11・11・24	10-250
大判大11・11・25	4-91
大判大12・8・2	6-374
大判大12・11・20	14-45
大判大13・2・29	6-20, 6-23
大判大13・4・21	6-382
大判大13・5・20	14-34
大判大13・6・23	6-252
大判大13・7・15	4-80, 4-81
大判大13・9・24	6-90
大判大14・2・19	4-114
大判大14・3・13	6-207
大判大14・4・15	17-14
大判大14・9・8	13-80
大判大14・9・24	8-12, 8-15
大判大14・10・5	10-140
大判大14・10・29	3-23
大判大15・4・7	5-25
大判大15・4・21	8-76
大判大15・10・19	6-369
大判大15・11・25	12-15
大判大16・11・15	5-104
大判大50・10・27	4-217
大判昭2・1・26	13-78
大判昭2・2・2	4-86
大判昭2・4・7	10-140
大判昭2・10・27	17-20
大判昭3・3・30	6-280
大判昭3・5・28	13-47
大判昭3・5・31	3-61
大判昭3・7・11	10-118
大判昭3・12・12	4-92, 6-251
大判昭4・5・4	8-81
大判昭5・1・29	8-66
大判昭5・2・5	12-120
大判昭5・3・10	10-173
大判昭5・4・16	6-239
大判昭5・5・15	13-115
大判昭5・7・2	14-34
大判昭5・7・26	10-128
大判昭5・7・30	6-140
大判昭5・10・28	12-128
大判昭6・1・17	10-102
大判昭6・5・7	5-37
大判昭7・3・25	13-110
大判昭7・4・30	12-141
大判昭7・5・9	12-30
大判昭7・7・7	4-96
大判昭7・9・30	10-102, 17-20
大判昭7・11・15	10-172
大判昭7・12・10	15-55
大判昭8・1・14	6-226
大判昭8・2・24	4-213, 8-81, 8-84
大判昭8・2・25	5-98, 5-111
大判昭8・3・6	8-23
大判昭8・4・8	4-66
大判昭8・4・12	1-94
大判昭8・6・13	8-86, 8-88
大判昭8・7・5	6-58
大判昭8・7・11	17-7
大判昭8・9・15	8-20
大判昭8・12・11	10-227
大判昭9・2・19	4-80
大判昭9・3・7	10-250
大判昭9・6・27	10-118
大判昭9・6・30	12-32-1
大判昭9・10・30	10-119
大判昭10・3・28	9-7
大判昭10・4・5	6-381
大判昭10・9・3	17-29
大判昭10・11・6	12-30
大判昭10・11・9	6-133
大判昭11・2・25	15-61, 15-71
大判昭11・5・27	13-47
大判昭11・6・16	8-20, 8-23
大判昭11・7・17	4-18
大判昭11・12・15	5-2
大判昭12・2・9	3-41
大判昭12・3・18	6-161
大判昭12・3・24	13-66
大判昭12・7・6	13-66
大判昭12・9・17	6-105
大判昭12・11・16	10-140
大判昭12・11・30	5-36
大判昭13・2・12	15-56, 15-66, 15-69
大判昭13・2・15	15-66
大判昭13・3・1	10-100

判例索引 747

大判昭13・3・10	9-32	最判昭31・5・15	10-20
大判昭13・4・22	6-29, 6-387	最判昭31・5・25	4-36
大判昭13・8・17	10-121	最判昭31・6・1	13-115
大判昭13・9・30	4-103	最判昭31・10・5	10-200
大判昭13・10・6	17-17	最判昭31・10・12	13-44, 14-18
大判昭13・12・8	5-23	最判昭31・11・16	9-8
大判昭14・4・12	13-11, 13-110	最判昭32・2・28	6-345
大判昭14・4・15	6-351	最判昭32・5・21	5-101
大判昭14・5・12	15-41	最判昭32・8・30	9-30, 9-31
大判昭14・6・20	15-24	最判昭32・9・3	4-101
大判昭14・8・12	6-140	最判昭32・12・24	4-232
大判昭14・12・13	4-102	最判昭33・6・3	3-18
大判昭15・2・23	10-229	最判昭33・6・5	6-57
大判昭15・9・3	4-80	最判昭33・6・14	4-235, 6-274, 17-30
大判昭15・11・27	10-19	最判昭33・7・22	15-39-1, 15-55
大判昭16・9・20	5-23	最判昭34・5・14	3-61, 3-65
大判昭16・9・30	3-175	最判昭34・6・25	3-32
大判昭16・11・29	8-12	最判昭34・8・18	9-29
大判昭17・11・19	8-61	最判昭34・9・22	4-87, 4-192
大判昭18・2・18	12-32-1	最判昭35・2・9	10-85
大判昭18・7・6	10-140, 15-79-1	最判昭35・4・12	9-7
大判昭18・7・20	12-32	最判昭35・5・24	1-114
大判昭19・6・28	1-41	最判昭35・10・27	4-77
大判昭19・12・6	4-23	最判昭35・11・10	9-38, 9-39
最判昭23・5・1	13-114	最判昭35・12・2	6-335
最判昭24・5・31	3-95	最判昭35・12・9	15-40, 15-45, 15-46, 15-70
最判昭24・10・4	6-45	最判昭36・1・27	9-16
最判昭25・2・14	6-140	最判昭36・2・16	13-24
最判昭25・10・26	6-98	最判昭36・4・28	10-217, 10-220
最判昭26・2・6	4-30	最判昭36・5・25	11-5
最判昭26・4・19	15-6	最判昭36・5・30	6-379
最判昭26・4・27	10-229	最判昭36・5・31	11-27
最判昭27・4・25	10-63	最判昭36・7・31	15-41
最判昭27・5・6	5-9	最判昭36・11・21	4-104
最判昭28・4・23	13-115	最判昭36・12・12	5-37
最判昭28・6・16	3-18, 3-21	最判昭36・12・15	6-211, 6-335
最判昭28・9・25	10-210, 10-211-1	最判昭36・12・21	10-246
最判昭28・12・18	4-213	最判昭37・3・29	10-248
最判昭29・1・28	4-34	最判昭37・4・26	5-26
最判昭29・2・12	4-35	最判昭37・6・26	3-160
最判昭29・6・11	10-85	最判昭37・9・25	6-179
最判昭29・11・16	14-68	最判昭38・2・12	12-80
最判昭30・2・18	10-20	最判昭38・2・21	10-250
最判昭30・9・22	10-217	最判昭38・4・23	10-89
最判昭30・11・22	4-142	最判昭38・5・24	10-37
最判昭31・1・27	5-38	最判昭38・5・31	15-7, 15-47-1
最判昭31・2・10	10-250	最判昭38・10・15	10-217
最判昭31・4・5	10-251	最判昭38・11・28	10-138, 10-210
最判昭31・4・6	4-42, 10-100	最判昭38・12・27	6-124

最判昭39・1・16 … 10-218	最判昭44・10・21 … 15-80
最判昭39・2・25 … 4-135	最判昭45・3・26 … 10-29
最判昭39・5・26 … 5-37	最判昭45・6・18 … 13-77
最判昭39・6・26 … 4-87	最判昭45・10・22 … 13-69
最判昭39・6・30 … 10-210	最判昭45・11・11 … 15-7
最判昭39・7・7 … 8-15	最判昭46・2・19 … 10-148
最判昭39・11・19 … 10-217、10-220	最判昭46・3・5 … 12-32
最判昭40・3・17 … 10-29、10-30	最判昭46・3・25 … 3-18
最判昭40・3・26 … 5-38	最判昭46・4・9 … 17-17
最判昭40・6・18 … 10-218	最判昭46・6・10 … 13-29
最判昭40・8・24 … 3-18	最判昭46・7・1 … 14-48
最判昭40・9・21 … 10-218	最判昭46・11・25 … 10-83
最判昭40・10・19 … 14-19	最判昭47・1・25 … 6-337、6-339-1
最判昭40・11・19 … 6-98	最判昭47・5・25 … 5-104
最判昭40・11・24 … 6-56、6-61、6-66	最判昭47・6・22 … 10-32
最判昭41・1・21 … 6-65	最判昭47・9・7 … 3-18、3-20
最判昭41・1・27 … 10-211	最判昭47・12・22 … 13-81
最判昭41・4・14 … 6-239	最判昭48・2・2 … 10-177、10-188
最判昭41・4・27 … 10-32、10-33	最判昭48・3・16 … 8-21
最判昭41・5・19 … 10-251	最判昭48・3・27 … 14-52
最判昭41・9・8 … 6-104	最判昭48・7・17 … 10-148
最判昭41・10・7 … 5-39	最判昭48・10・12 … 10-250
最判昭41・10・21 … 10-207	最判昭48・12・12 … 11-13
最判昭41・10・27 … 9-7	最判昭49・9・2 … 10-176
最判昭41・11・25 … 15-34、5-66	最判昭49・9・4 … 6-124
最判昭41・12・23 … 3-90	最判昭49・9・20 … 3-59
最判昭42・4・6 … 4-107	最判昭50・2・1 … 10-36
最判昭42・7・18 … 17-34	最判昭50・4・25 … 10-117、11-36
最判昭42・11・24 … 9-33、9-34	最判昭50・7・17 … 3-67
最判昭42・12・5 … 10-19	最判昭50・10・2 … 10-19
最判昭43・2・23 … 4-106	最判昭50・11・28 … 10-32
最判昭43・3・15 … 17-35	最判昭50・12・25 … 6-110
最判昭43・4・4 … 6-98	最判昭51・2・13 … 4-195、4-199
最判昭43・6・6 … 5-97	最判昭51・4・9 … 13-47、14-18
最判昭43・6・21 … 6-56	最判昭51・7・8 … 11-20
最判昭43・6・27 … 10-196、15-45、15-55	最判昭51・10・1 … 10-49
最判昭43・7・11 … 13-52	最判昭51・12・20 … 4-104、6-57
最判昭43・8・2 … 6-98	最裁判昭52・2・22 … 12-48
最判昭43・8・20 … 6-138、6-140	最判昭52・4・4 … 6-56
最判昭43・9・20 … 13-105	最判昭52・8・9 … 14-57
最判昭43・10・8 … 10-200	最判昭52・12・23 … 12-21
最判昭43・11・21 … 10-138	最判昭53・2・17 … 5-61
最判昭43・11・28 … 3-36、10-116	最判昭53・7・10 … 13-26
最判昭43・12・5 … 3-161、3-162-1	最判昭53・9・21 … 12-108
最判昭44・4・15 … 4-86	最判昭53・11・30 … 5-27
最判昭44・4・24 … 10-218	最判昭53・12・22 … 10-191
最判昭44・7・17 … 10-184	最判昭54・2・2 … 12-90
最判昭44・9・12 … 12-32	最判昭54・3・20 … 12-93
最判昭44・10・7 … 11-22	最判昭54・7・20 … 11-12

判例索引　749

最判昭54・9・27……………………………5-39
最判昭和55・1・24…………………………8-70
最判昭55・1・24……………………………8-76
最判昭55・5・30……………………………11-12
最判昭55・10・28……………………………10-89
最判昭56・1・19………………………13-93、13-106
最判昭56・1・27……………………………1-17
最判昭56・2・5……………………………13-107
最判昭56・2・17……………………4-116、12-23
最判昭56・6・16……………………………4-24
最判昭56・10・8……………………………5-39
最判昭57・1・19……………………………3-18
最判昭57・3・4……………………………13-123
最判昭57・3・30……………………………4-96、14-57
最判昭57・4・30……………………………5-93、5-105
最判昭58・1・24……………………………5-104
最判昭58・4・19……………………………1-18-1
最判昭58・9・20……………………………13-107
最判昭59・4・20……………………………10-50
最判昭59・9・18……………………………1-19
最判昭59・12・13……………………………10-12
最判昭60・5・17……………………………12-22
最判昭60・11・29……………………………5-28、5-29
最判昭61・11・20……………………………13-109
最判昭62・2・13……………………………8-84
最判昭62・3・24……………………………10-250
最判昭63・12・22……………………………4-158
最判平元2・7………………………………10-35
最判平元2・9………………………………4-73
最判平3・4・2………………………6-222、6-223
最判平3・9・17……………………………10-227
最判平3・10・17……………………………10-153
最判平3・11・29……………………………10-108
最判平4・2・6……………………………10-18
最判平4・9・22……………………………13-116
最判平4・10・20……………………………6-308
最判平5・7・20……………………………8-10
最判平5・10・19……………………………12-42、12-43
最判平6・3・22……………………………6-71
最判平6・7・18……………………………10-248
最判平6・9・8……………………………3-18
最判平7・6・9……………………………13-24
最判平7・6・29……………………………10-19
最判平7・9・19……………………………10-144
最判平8・1・26……………………………6-161、6-238
最判平8・4・26……………………………14-71、14-76
最判平8・7・12……………………………10-110
最判平8・11・12……………………………41、43
最判平8・12・17……………………………9-3

最判平9・2・14……………………………12-107
最判平9・2・25……………………………10-246
最判平9・7・1……………………………4-27
最判平9・7・15……………………………12-109
最判平9・11・13……………………………10-94
最判平10・2・26……………………………9-5
最判平10・4・14……………………………15-73
最判平10・9・10……………………………3-160-1
最判平11・2・23……………………………15-7、15-79-2
最判平11・2・25……………………………9-41
最判平11・3・25……………………………10-184
最判平11・4・16……………………………14-65、15-64
最判平11・11・30……………………………4-108
最判平12・2・29……………………………13-36
最判平13・2・22……………………………6-131、6-132
最判平13・11・22……………………………6-141
最判平13・11・27……………………6-150、6-312、13-37
最判平14・1・17……………………………12-125、14-66
最判平14・3・28……………………………10-257
最判平14・9・24……………………………12-113、13-38
最判平15・2・21……………………………14-64
最判平15・3・12……………………………14-72
最判平15・6・12……………………………10-111
最判平15・10・10……………………………12-68、12-109
最判平15・10・21……………………………10-115
最判平15・12・9……………………………1-26
最判平16・8・30……………………………1-8
最判平16・11・5……………………………5-71
最判平16・11・18……………………………1-26
最判平17・3・10……………………………10-164
最判平17・3・17……………………………10-160
最判平17・4・26……………………………42
最判平17・9・16……………………1-26、6-86、13-55
最判平17・12・16……………………………10-166
最判平18・1・19……………………………10-30
最判平18・2・7……………………………6-365
最判平18・6・12……………………………1-28

〔控訴院・高等裁判所〕

東京控判大9・7・1………………………5-69
東京控判大10・10・11……………………4-88
東京控判大15・5・27……………………4-88
東京控判大15・11・15……………………4-88
朝鮮高判大15・11・30……………………15-79-1
東京控判昭14・6・24……………………4-105
東京高判昭23・7・19……………………6-292
福岡高判昭29・8・2………………………14-13
東京高判昭29・9・17……………………3-161
東京高判昭30・4・22……………………13-110

東京高判昭30・8・26 ················· 4-36
東京高判昭31・8・4 ················· 10-209
東京高判昭31・9・12 ················· 13-103
仙台高判昭32・8・28 ················· 6-335
東京高判昭34・6・23 ················· 13-71
大阪高判昭35・8・9 ················· 6-290
福岡高判昭36・9・9 ················· 6-221
仙台高判昭37・6・11 ················· 6-62
大阪高判昭37・6・21 ················· 6-242
東京高判昭38・4・19 ················· 10-255
大阪高判昭38・7・18 ················· 14-69
大阪高判昭39・12・16 ················· 17-33
広島高判昭40・2・10 ················· 10-251
東京高判昭40・12・18 ················· 10-163
東京高判昭43・7・31 ················· 8-16, 8-17
仙台高判昭43・8・12 ················· 10-205-1
大阪高判昭44・9・12 ················· 4-32
東京高判昭48・7・16 ················· 12-3
大阪高判昭48・10・29 ················· 1-46
東京高判昭49・12・18 ················· 6-58
大阪高判昭50・6・17 ················· 6-124
福岡高判昭50・7・9 ················· 6-56
東京高判昭50・12・18 ················· 3-24, 3-42
東京高判昭51・6・27 ················· 15-8
東京高判昭52・7・13 ················· 5-59
東京高判昭52・8・17 ················· 4-73
東京高判昭53・2・20 ················· 11-30
大阪高判昭53・11・29 ················· 4-37
仙台高判昭55・8・18 ················· 12-22
大阪高判昭55・8・26 ················· 11-5
大阪高判昭56・5・29 ················· 14-57
大阪高判昭56・10・30 ················· 13-63
東京高判昭58・7・28 ················· 12-42
大阪高判昭59・12・14 ················· 12-80, 12-117
東京高判昭60・2・28 ················· 15-27
東京高判昭60・6・26 ················· 5-110
東京高判昭61・1・28 ················· 5-59
東京高判昭61・4・28 ················· 10-31
福岡高判昭61・5・16 ················· 13-26
東京高判昭61・7・31 ················· 9-40
大阪高判昭61・12・9 ················· 12-80
東京高判昭61・12・24 ················· 12-37, 13-72
仙台高判昭62・4・27 ················· 13-26
東京高判昭62・8・31 ················· 14-8
東京高判平3・1・22 ················· 9-33
東京高判平3・6・27 ················· 5-110
東京高判平3・7・15 ················· 6-56, 6-70
東京高判平3・10・21 ················· 12-115, 12-116
東京高判平3・11・28 ················· 14-70

東京高判平3・12・4 ················· 13-90
福岡高判平4・1・30 ················· 13-72
東京高判平6・2・1 ················· 8-50
東京高判平6・7・19 ················· 5-59, 13-75
大阪高判平6・12・13 ················· 10-199
広島高判平7・2・22 ················· 4-192
東京高判平8・11・27 ················· 15-79
東京高判平9・3・13 ················· 12-132
大阪高判平9・5・29 ················· 9-33
大阪高判平9・12・3 ················· 15-64
東京高判平10・7・29 ················· 46
東京高判平10・11・27 ················· 12-32-1
東京高判平10・11・30 ················· 9-27
東京高判平11・8・9 ················· 6-216
東京高判平11・8・31 ················· 14-64
東京高判平11・9・8 ················· 1-1, 1-31
東京高判平11・9・22 ················· 5-70
福岡高判平11・10・28 ················· 12-95
東京高判平12・3・8 ················· 5-109
大阪高判平12・9・12 ················· 4-28
大阪高判平13・7・31 ················· 1-38
東京高決平14・5・10 ················· 14-56
東京高判平15・1・29 ················· 6-238
東京高判平15・5・28 ················· 5-112
東京高判平15・10・30 ················· 12-26
福岡高裁那覇支判平15・12・25 ······ 13-75, 13-76
東京高判平16・3・25 ················· 9-14
大阪高判平16・9・10 ················· 6-10
東京高判平16・9・30 ················· 3-162-3
大阪高判平16・12・2 ················· 6-248
福岡高判平16・12・16 ················· 12-97
札幌高判平17・2・23 ················· 1-44
名古屋高判平17・3・17 ················· 14-76

〔地方・簡易裁判所〕

大阪区判大7・5・15 ················· 4-88
東京地判大11・12・1 ················· 15-79-1
大阪地判昭25・3・25 ················· 13-66
宇都宮地判昭26・4・26 ················· 10-85
東京地判昭27・2・27 ················· 4-103
函館地判昭27・10・15 ················· 4-73
東京地判昭28・9・7 ················· 3-161
盛岡地判昭30・3・8 ················· 4-88
熊本地八代支判昭30・10・15 ················· 4-36
東京地判昭30・11・15 ················· 6-339-2
東京地判昭33・8・14 ················· 4-203
札幌地判昭34・8・24 ················· 5-52
名古屋地判昭35・7・29 ················· 6-55
松山地判昭35・8・5 ················· 6-241

東京地判昭35・9・7	6-263
東京地判昭36・3・31	10-179
東京地判昭36・12・18	13-62
鹿児島地判昭40・1・27	13-71
東京地判昭40・4・17	13-25
大阪地判昭40・6・30	1-40
東京地判昭40・11・27	17-32
東京地判昭41・9・26	13-70
福岡地判昭42・12・22	10-152
東京地判昭43・9・6	12-88
大阪地判昭43・9・17	6-178
京都地判昭43・11・5	13-71
大阪地判昭44・8・6	13-78
東京地判昭45・2・2	12-13
大阪地判昭45・5・9	5-49
旭川地判昭45・12・25	3-190
東京地判昭46・6・29	13-25
新潟地判昭46・11・12	5-50
前橋地判昭47・5・2	6-294
前橋地高崎支判昭47・5・2	12-13
東京地判昭47・11・30	10-125
東京地判昭48・7・27	12-80
鳥取地判昭48・12・21	14-8
東京地判昭49・2・7	12-80
広島地判昭49・2・20	5-106
名古屋地判昭49・11・27	12-118
横浜地判昭50・7・30	6-146
東京地判昭50・9・27	10-50
東京地判昭50・12・25	5-54
東京地判昭51・1・28	11-30
福岡地判昭51・3・30	13-109
高知地判昭51・4・12	14-8
東京地判昭51・6・29	5-60
東京地判昭52・7・11	12-52
東京地判昭52・9・28	13-25
東京地判昭53・10・16	6-237
大阪地判昭53・11・17	14-9
東京地判昭53・12・11	13-27
山形地米沢支判昭54・2・28	10-152
東京地判昭55・4・14	12-15
宇都宮地判昭55・7・30	5-106
東京地判昭55・9・17	4-28
高松地判昭55・11・28	6-294
大阪地判昭55・12・18	13-69
大阪地判昭56・1・26	10-152
横浜地判昭56・3・26	10-162
東京地判昭56・6・29	13-69
東京地判昭56・10・27	12-10
東京地八王子支判昭57・4・21	13-27
東京地判昭57・4・27	15-5
大阪地判昭57・9・22	13-27
東京地判昭58・1・27	12-48
津地判昭58・2・25	27
東京地判昭58・3・18	12-141
東京地判昭58・12・14	1-46
名古屋地判昭59・2・10	13-27
高知地判昭59・5・15	6-360
横浜地判昭59・6・20	15-7
東京地判昭59・7・31	14-4
東京地判昭59・12・26	13-27
東京地判昭60・9・17	1-12
京都地判昭61・2・20	1-2
東京地判昭61・5・27	12-42
神戸地判昭61・9・3	6-180
大阪地判昭61・12・12	1-32, 6-245
神戸地判昭62・3・27	9-40
東京地判昭62・6・26	15-7
大阪地判昭63・1・29	4-131
札幌地判昭63・6・28	1-30
神戸地伊丹支判昭63・12・26	4-41
東京地判昭63・12・27	13-54
長崎地判平元・3・1	12-66
大阪地判平元・4・20	5-51
東京地判平元・6・26	9-44
横浜地判平元・9・7	6-241
東京地判平元・9・29	6-56
東京地判平元・12・12	4-36
東京地判平2・6・26	1-30, 1-31
東京地判平2・10・25	14-70
東京地判平2・12・20	3-51
福井地判平3・3・27	1-23, 3-159
東京地判平3・5・9	9-33
京都地判平3・10・1	1-22
東京地判平4・1・27	8-50, 8-51
大阪地判平4・9・4	4-131
東京地判平4・16・4・15	6-251
大阪地判平5・2・4	1-22, 1-23, 3-159
東京地判平5・3・29	6-75
大阪地判平5・6・18	1-99
東京地判平5・8・10	4-121
東京地判平5・8・25	10-49, 10-50
東京地判平5・8・30	6-136, 6-222
京都地判平5・9・27	13-11
東京地判平5・11・29	1-30
大阪地判平5・12・9	6-247
浦和地判平5・12・27	1-33
東京地判平6・1・24	1-6
大阪地判平6・5・30	13-55

東京地判平 6・8・22	10-126	静岡地浜松支判平11・10・12	1-99
千葉地松戸支判平 6・8・25	6-287	東京地判平11・12・10	12-67
東京地判平 6・9・7	11-20	大阪地判平11・12・13	1-30
東京地判平 6・9・8	4-74、11-5	京都地判平12・3・24	1-35
東京地判平 6・10・24	4-121	大阪地判平12・6・30	12-66
大分簡判平 6・12・15	66	大阪地判平12・9・27	6-280
東京地判平 6・12・27	12-32-1	東京地判平13・1・25	14-13
東京地判平 7・3・16	10-132	東京地判平13・1・29	41
東京地判平 7・3・23	1-99	東京地判平13・3・22	6-87
大阪地判平 7・4・12	4-31	東京地判平13・6・27	6-221
東京地判平 7・5・31	6-241	横浜地川崎支判平13・10・15	6-85
東京地判平 7・7・12	10-160	東京地判平14・3・8	6-221
仙台地判平 7・8・24	6-244	東京地判平14・3・15	14-64
東京地判平 7・8・29	6-248	神戸地判平14・3・19	1-23
東京地判平 7・10・25	5-105	札幌地判平14・11・11	1-99
東京地判平 7・10・27	9-33	東京地判平15・1・27	10-152
東京地判平 7・12・8	6-221	東京地判平15・1・28	6-221
浦和地判平 7・12・12	3-157	東京地判平15・3・28	48
東京地判平 8・2・5	6-87	大阪地判平15・5・9	1-23, 1-48
横浜地判平 8・2・6	1-32	京都地判平15・7・16	1-52, 6-11
静岡地判平 8・6・11	3-158	福岡地判平15・8・27	13-30
東京地判平 8・8・30	1-44	東京地判平15・9・10	1-23
東京地判平 8・9・27	14-9	大津地判平15・10・3	1-27
大津地判平 8・10・15	1-34	大阪地判平15・10・9	1-52
東京地判平 8・10・25	6-352	大阪地判平15・11・7	1-52
東京地判平 9・1・30	9-16	東京地判平15・12・19	11-30
東京地判平 9・7・7	6-248	神戸地判平15・12・24	13-12
浦和地川越支判平 9・8・19	6-241	甲府地判平16・1・20	13-46
神戸地判平 9・9・8	6-300	東京地判平16・1・21	9-7
東京地判平 9・10・23	9-38	東京地判平16・2・16	13-31
長野地裁松本支判平10・3・10	5-89	京都地判平16・3・16	10-165
松山地判平10・5・11	1-26	名古屋地判平16・4・21	14-70, 14-74
東京地判平10・6・12	13-114	東京地判平16・5・24	14-14
神戸地尼崎支判平10・6・22	1-17	東京地判平16・8・4	1-7
東京地判平10・10・20	24, 26	大阪地判平17・1・12	6-285
東京地判平10・10・26	1-1	横浜地判平17・3・22	13-30
大阪地判平10・11・26	1-26	名古屋地判平17・6・24	13-30
東京地判平10・12・28	10-93	東京地判平17・9・2	1-94
大阪地判平11・1・21	15-8	東京地判平17・9・26	14-75
大阪地判平11・2・9	6-248	東京地判平17・12・5	6-221
神戸地判平11・7・30	6-221	東京地判平18・2・13	1-7

〈著者紹介〉

平野裕之（ひらの・ひろゆき）

1960年　東京に生まれる。
1982年　明治大学法学部卒業（1981年司法試験合格）
1984年　明治大学大学院博士前期課程修了
1984年　明治大学法学部助手
1987年　同　　専任講師
1990年　同助教授（1990年から1992年までパリ第1大学留学）
1995年　同教授（1993年より早稲田大学法学部非常勤講師）
2004年　慶應義塾大学大学院法務研究科教授（現在に至る）

〈著作〉

『製造物責任の理論と法解釈』（1990年、信山社）
『債権総論』（2005年、信山社）
『保証人保護の判例総合解説（第2版）』（2005年、信山社）
『間接被害者の判例総合解説』（2006年、信山社）
『不法行為法』（2007年、信山社）
『考える民法Ⅲ（債権総論）』（1997年、辰已法律研究所）
『考える民法Ⅳ（債権各論）』（1998年、辰已法律研究所）
『考える民法Ⅱ（物権法・担保物権法）』（1998年、辰已法律研究所）
『考える民法Ⅰ』（1999年、辰已法律研究所）
『物権法（第2版）』（2001年、弘文堂）
『基礎コース民法入門』（2001年、新世社）
『基礎コース民法Ⅰ（第3版）』（2005年、新世社）
『基礎コース民法Ⅱ（第2版）』（2005年、新世社）
『法曹への民法ゼミナールⅠ』（2004年、法学書院）
『法曹への民法ゼミナールⅡ』（2004年、法学書院）
『プチゼミ債権法総論』（2005年、法学書院）
『民法総則（第2版）』（2006年、日本評論社）

契　約　法	民法総合5

1996年3月30日　　第1版第1刷発行
1999年3月26日　　第2版第1刷発行
2007年2月20日　　第3版総合5第1刷発行
2008年3月25日　　第3版総合5第2刷発行

著作者　　平　野　裕　之

発行者　　今　井　　貴

発行所　　信山社出版株式会社

〒113-0033　東京都文京区本郷6-2-9
営業　TEL 03-3818-1019　FAX 03-3818-0344
編集　TEL 03-3818-1099　FAX 03-3818-1411

印刷・製本　　松澤印刷株式会社

©2007，平野裕之．Printed in Japan.
落丁・乱丁本はお取替えいたします。
ISBN 978-4-7972-5495-2 C3332
5495-0102-012-010-020

判例総合解説シリーズ

民法分野一覧

分野別判例解説書の新定番　　実務家必携のシリーズ

実務に役立つ理論の創造
緻密な判例の分析と理論根拠を探る

好評発売中

権利能力なき社団・財団の判例総合解説
河内 宏（九州大学教授）　2,400円
●民法667条～688条の組合の規定が適用されている、権利能力のない団体に関する判例の解説。

錯誤の判例総合解説
小林一俊（亜細亜大学名誉教授）　2,400円
●錯誤無効の要因となる要保護信頼の有無、錯誤危険の引受等の観点から実質的な判断基準を判例分析。

即時取得の判例総合解説
生熊長幸（大阪市立大学教授）　2,200円
●民法192条から194条の即時取得の判例を網羅。動産の取引、紛争解決の実務に。

入会権の判例総合解説
中尾英俊（西南学院大学名誉教授・弁護士）　2,900円
●複雑かつ多様な入会権紛争の実態を、審級を追って整理。事実関係と判示を詳細に検証し正確な判断を導く。

保証人保護の判例総合解説[第2版]
平野裕之（慶應義塾大学教授）　3,200円
●信義則違反の保証「契約」の否定、「債務」の制限、保証人の「責任」制限を正当化。総合的な再構成を試みる。

間接被害者の判例総合解説
平野裕之（慶應義塾大学教授）　2,800円
●間接被害による損害賠償請求の判例に加え、企業損害以外の事例の総論各論的な学理的分析をも試みる。

危険負担の判例総合解説
小野秀誠（一橋大学教授）　2,900円
●実質的意味の危険負担や、清算関係における裁判例、解除の裁判例など危険負担論の新たな進路を示す。

同時履行の抗弁権の判例総合解説
清水 元（中央大学教授）　2,300円
●民法533条に規定する同時履行の抗弁権の適用範囲の根拠を判例分析。双務契約の処遇等、検証。

リース契約の判例総合解説
手塚宣夫（石巻専修大学教授）　2,200円
●リース会社の負うべき義務・責任を明らかにすることで、リース契約を体系的に見直し、判例を再検討。

権利金・更新料の判例総合解説
石外克喜（広島大学名誉教授）　2,900円
●大審院判例から平成の最新判例まで。権利金・更新料の算定実務にも役立つ。

不当利得の判例総合解説
土田哲也（香川大学名誉教授・高松大学教授）　2,400円
●不当利得論を、通説となってきた類型論の立場で整理。事実関係の要旨をすべて付し、実務的判断に便利。

事実婚の判例総合解説
二宮周平（立命館大学教授）　2,800円
●100年に及ぶ内縁判例を個別具体的な領域毎に分析し考察・検討。今日的な事実婚の法的問題解決に必須。

婚姻無効の判例総合解説
右近健男（岡山大学教授）　2,200円
●婚姻意思と届出意思との関係、民法と民訴学説の立場の違いなど、婚姻無効に関わる判例を総合的に分析。

親権の判例総合解説
佐藤隆夫（國学院大学名誉教授）　2,200円
●離婚後の親権の帰属等、子をめぐる争いは多い。親権法の改正を急務とする著者が、判例を分析・整理。

相続・贈与と税の判例総合解説
三木義一（立命館大学教授）　2,900円
●譲渡課税を含めた相続贈与税について、課税方式の基本原理から相続税法のあり方まで総合的に判例分析。

(各巻税別)

信山社